社会学译丛

[美] 约翰·J.麦休尼斯 著
John J.Macionis

风笑天 等 译

社会学

第14版

Sociology
14th Edition

中国人民大学出版社
·北京·

作者简介

约翰·J. 麦休尼斯，美国凯尼恩学院（Kenyon College）社会学教授和著名学者。主要从事美国的社区生活、家庭中的人际亲密行为、有效教学、幽默、新信息技术以及全球化教育的重要性等方面的研究。曾出版《社会：基础》《社会问题》以及《城市和都市生活》（与他人合著）等著作，为推进社会学的发展做出了积极贡献。

译者简介

风笑天，1954 年生，北京大学社会学博士。现为南京大学社会学院教授兼社会学系主任，博士生导师。美国社会学协会会员，北美华人社会学协会会员。主要研究方向：社会学研究方法、家庭社会学、人口社会学、青年社会学、中国独生子女问题等。

本书献给那些期望能帮助学生理解他们在今天社会及明天世界中的位置的社会学教师们。

约翰·J·麦休尼斯

前　言

世界给我们带来的挑战从来没有像现在这样。我们都知道经济是不确定的，无论是国内还是国际。我们的技术灾难给自然环境带来威胁。对华盛顿领袖的所作所为有许多的愤怒。一份大多数人民对经济的未来表示担忧、对政府的表现感到不满、对地球的状况表示担心的民意调查也许没有人会感到吃惊。假如我们不去把握好我们遇到的问题，我们中的许多人将感到不知所措。

这正是社会学的用武之地。在过去的 150 年，社会学家一直在努力工作以便更好地理解社会是怎样运行的。社会学家也许不能提供所有的现成答案，但是我们已经了解了许多。社会学的入门课程可以引导你，使周围世界令人感兴趣，是一项对周围世界非常有用的研究，毕竟对这个世界我们都有自己的理解，要尽我们所能进一步完善它。

《社会学（第 14 版）》为你提供了所有有关这个世界如何运行的详尽理解。你会发现本书信息量大，而且非常有意思。在你读完第 1 章之前，你会发现社会学不仅非常有用，而且也是一个研究领域，它既可以改变你认识世界的方式，又打开了许多新机会的窗子。有什么比这更让人兴奋的？

教材和MySocLab：强大的互动式学习包①

《社会学（第 14 版）》，以互动式、多媒体的学习程序为核心，既包括全新修订的教材本身，又包括新的互动式学习实验室。作为教材的作者，我个人为修订教材、写作测试题库及教师注释负责，这些在教师版本中可以找到。现在，我相信培生公司的 MySocLab 技术具有传播学习的潜力，我个人对所有与本教材相配套的 MySocLab 负责。为保证最高质量，我写了社会探索（Social Explorer）互动地图练习及所有学习测验题目。我挑选了每章很关键的阅读材料和视频材料，除了发展实验室，我还修订了教材，使教材与实验室有密切、清晰的联系，这也许是对资料的最大的修订。

为什么要做这些艰巨的工作？答案只有一个：为了更好地学习。配以 MySocLab 来学习《社会学（第 14 版）》，可以让学生通过互动式学习来提高认知推理能力，鼓励更多的发现和创造式学习。为了这一目标，新版使用了人们熟悉的布鲁姆分类法，我已将之运用到学习社会学的学生当中，包括以下六个认知能力。

---

① 如下提到的在线资源为培生公司所有，为保持译文完整性，特将这部分也翻译出来。——译者注

记忆：回忆事实和界定重要概念的能力。

理解：解释社会模式、趋势或问题的能力。

应用：将概念、理论运用到新的问题或情境中的能力。

分析：认清社会结构的要素、社会不平等的模式，包括它们的原因和结果的能力。

评价：对于观点的优势与不足或社会安排的优劣作出判断的能力。

创造：将要素或观点与对某些新事物的想象联结起来的能力。

教材的每章以六个具体的学习目标为开头，章节的每个部分与它所包含的材料的认知能力水平相配套。同样重要的是，与一般教材相比，任何普通的教材不可避免地集中在较低的智力水平（记忆和理解材料以便能用自己的话来作出解释），MySocLab 中的互动活动扩大了在更高智力水平上的活动。比如说，实验室的社会探索练习让学生有机会分析地图中呈现的社会模式，自己得出结论。另外，实验室的"焦点中的社会学"中学生博客使读者有机会评价当今社会的许多争议和讨论，分享他们的观点，对别人的观点作出回应。在实验室的每个章节，我也撰写了新的"从你的日常生活中发现社会学"的短文，通过解释教材中的材料以体现与社会学的紧密关联，培养学生在个人生活和专业学习上的能力。每篇短文包括设计好的三个智力层次的学习活动（"记忆"练习、"应用"练习和"创造"练习）。

如果你还没有学习与《社会学（第 14 版）》相配套的 MySocLab 的新版本，你应当学习。你会因你的发现而激动万分！

新修订的教材与新的实验室一起构成了强有力的学习工具，为作为教师的你提供了更多的选择。通过使用《社会学（第 14 版）》和 MySocLab，你可以选择让学生作自己的实验练习，也可以在课堂上展示实验室强大的资料。你还可以决定将内容整合进你的课堂——从独立的自我测验到全部的课堂管理。实验室与教师手册相配套，该手册具有易懂的媒体板块、活动、样本音节、小贴士等可以整合进你的课堂。

这里有一些 MySocLab 中的学习工具：

社会探索®练习，由约翰·J·麦休尼斯撰写，提供易于查找的社会学地图，包括丰富的美国人口数据。

视频，由约翰·J·麦休尼斯为每章挑选了视频，将社会学概念引入生活，激发课堂讨论。

我的社会学图书馆（MySocLibrary）实际上相当于一个经典的当代阅读资料书架。约翰·J·麦休尼斯为每章挑选、衔接了阅读资料。

焦点中的社会学博客。与教材中每章类似标题的专栏相联系，让学生有机会评价他们的世界，对当今的争议表明立场，提出新的建议。

从你的日常生活中发现社会学短文。由约翰·J·麦休尼斯撰写，解释教材中每章的材料如何有益于学生的日常个人生活和专业学习。

写作辅导和研究数据库随时可供使用。

练习测验题和教学卡片帮助学生准备小测验和考试。

培生公司的 **MySearchLab**™ 为学生开展一项研究或写论文提供了最容易的方式。在研究程序和四个具有可靠权威资源的数据库的广泛帮助下，MySearchLab 帮助学生快速有效且最好地利用研究时间。

教师附录

教师注释版（0–205–11683–3）。在教师注释版的每页上都有作者提供的注释，是一本完整的教学用书。注释对新教师特别有用，对于经验丰富的老教师也极有帮助。空白处的笔记包括了最新研究发现的总结、美国和其他国家的统计数据、富有洞察力的引文、强调美国社会多样性模式的信息，以及来自国家舆论研究中心（NORC）“一般社会调查”的高质量数据、来自世界价值观调查协会所作的“世界价值观调查”的数据。

教师指导手册和测试题文件（0–205–11685–X）。本教材提供的教师指导手册甚至对于那些以前从没有用过的教师来说都是很有趣的。该手册（已由作者修订）提供了各章非常详细的提纲和讨论问题；它还包含了美国和其他国家的统计轮廓图、重要发展的总结、来自“教学社会学”上与课程学习相关的最新文章，还附上了课本每章的讲演材料。

测试题文件——仍由作者约翰·J·麦休尼斯撰写，相比于其他社会学导论教科书的测试题来说，它不仅在内容而且在专门术语上更好地反映了教科书中的材料。这一文件包含了 2 500 多道题，每章测试题都超过了 100 道，测试题包括有选择题、判断题，以及论述题等题型。所有题目都提供了标准答案及教材中材料所在的页码，并且按照布鲁姆认知层次编排以符合学生的要求。

MYTEST（0–205–11693–0）。该在线计算机软件允许教师们建立自己个性化的测验方式，教师可以编辑现有的部分或全部测试题，也可以补充进新的问题。这一程序还包括随机产生测试题、创建同样测试题的其他版本、打乱测试题顺序、打印之前预览测试题的特别功能。

TESTGEN（0–205–85401–X）。该测试题文件也可以通过 TestGen EQ 获得。这一全部网络化生成的测试题软件既可以在 Windows 计算机上使用也可以在 Macintosh 计算机上使用。

Prentice Hall 出版社的社会学导论 POWERPOINT® 幻灯片（0–205–11696–5）。这些 PowerPoint 幻灯片将图表和文字用彩色形式结合起来，有助于教师以一种可视的、有趣的方式表达社会学原理。每章有 15 ～ 25 张幻灯片，可以有效地表示那一章的关键概念。

学生附录

学习指导版（0–205–11699–X）。这一完整的学习指导版可以帮助学生温习和回顾《社会学（第 14 版）》中展示的材料。24 章中每章的“学习指导”提供了相应的学生教材的概览，总结了每章的关键主题和概念，提供了应用练习并在每章的末尾展示了附有答案的测试题。

MYSOCLAB（0–205–17797–2）。MySocLab 帮助学生进行个性化学习。这一新的 MySocLab 有着有趣的媒体活动、学习工具、可供选择的电子书，帮助学生理解教材中的资料并把社会学带入生活。

关于语言的说明

本教材致力于反映美国和全世界的多样性，作者有责任审慎地使用相关语言。大多数情况下，我们宁愿使用“非裔美国人”（African American）和“有色人种”（person of color）这样的表达，而不用“黑人”（black）的表述。同样地，我们一般使用“拉美裔美国人”（Latino 或 Latina）或“西班牙裔美国人”（Hispanic）这样的表达来指代具有西班牙血统的人。由于美国人口普查局在收集我们人口统计资料时用词的惯例，大多数表格和图形中都出现了“西班牙裔美国人”（Hispanics）的用法。

但学生们同时应该意识到，许多个体并不用这些词语来描述他们自己。尽管“西班牙裔美国人”（Hispanics）是美国东部的普遍用法，“拉美裔美国人”（Latino）及其女性格式“Latina”在西部被广泛使用，全美有着西班牙血统的人却都认同各自有别的祖先国家，这个祖先国家可能是阿根廷、墨西哥、其他一些拉丁美洲国家，也可能是欧洲的葡萄牙或西班牙。

多样性同样出现在亚裔美国人当中。尽管“亚裔美国人”（Asian American）这个术语在社会学分析上是一个简略易行的表达方法，但大多数亚裔美国人都根据各自的血统来称呼自己，比方说，日本人、菲律宾人、中国人或越南人。

本教材中，“土著美洲人”（Native American）指代的是所有北美洲的原有居民（包括阿拉斯加和夏威夷群岛），他们的祖先早在欧洲人来临之前已经在这片大陆上定居。然而在这里，这一广泛人群中的大多数人同样都认同他们自己的历史社会（比如，切罗基人、霍皮人、塞内卡人、祖尼人）。“美洲印第安人”（American Indian）指的仅仅是生活在美国大陆的土著美洲人，不包括生活在阿拉斯加或夏威夷的土著人。

在全球层次上，我们避免使用“American”指代美国，因为“American”字面意思包括两块大陆。比如，在涉及美国时，我们使用“U.S. economy”就比“American economy”更准确。这一表述看起来或许微不足道，但它意味着一个重要的认知，即我们国家仅仅代表了美洲的一个（却是很重要的一个）社会。

致　谢

单单只列出作者一人往往掩盖了其他许多人的努力，而正是这些人的努力，才促成《社会学（第14版）》的诞生。首先我要深深地真诚感谢培生公司的编辑团队，其中包括部门总经理 Yolanda de Rooy、编辑主任 Craig Campanella、执行编辑 Dickson Musslewhite、社会学高级编辑 Brita Mess，感谢他们不懈的热情以及对创新和卓越的追求。

这本书的日常工作是由作者和制作团队共同完成的。培生公司的制作编辑 Barbara Reilly 是这个团队的关键成员，她负责设计了富有吸引力的版面；事实上，比作者更加一丝不苟地专注于细节问题的人非她莫属！ Kimberlee Klesner 为本教材提供了最新数据，她带来了与其超强能力相匹配的激情，我要感谢她这两方面。

我也得感谢培生公司的销售人员。多年以来，这些人为本书提供了巨大的支持。谢谢你们，尤其要感谢 Brandy Dawson 和 Kelly May，他们共同承担了本书市场营销活动的任务。

也感谢 Ilze Lemesis 提供了教材内部设计，Anne Nieglos 对设计的管理，Maria Piper 对线条艺术方案的管理。原稿的审稿工作是由 Donna Mulder 完成的。

就这本书中所涉及的某些主题而言，作者的每位同事可能比作者了解得更多。由于这一原因，我向数百位曾写信给我向我提供建议和意见的师生们表示感谢。更正式地，我向读过第 14 版原稿的部分或全部的下列人士表示感谢：

Marisol Clark-Ibáñez (California State University San Marcos), Shirley A. Jackson (Southern Connecticut State University), Melinda Messineo (Ball State University), Deenesh Sohoni (College of

William and Mary), Laurel Westbrook (Grand Valley State University)。

除此之外，我要感谢以下审阅过 MySoclab 的人士：

Sharon Bjorkman (Pikes Peak Community College), Sonia Brown (College of Lake County), Gina Carreno-Lukasik (Florida Atlantic University), Brenda Chaney (Ohio State University at Marion), Susan Claxton (Georgia Highlands College), Joanna Cohen (Temple University), Theodore Cohen (Ohio Wesleyan University), Marian Colello (Bucks County Community College), David Curtis (Park University), Rose De Luca (Emmanuel College), Silvio Dobry (Hostos Community College), Mark Eckel (McHenry County College), Roberta Farber (Stern College, Yeshiva University), Karen Fischer (Finger Lakes Community College), Tammie Foltz (Des Moines Area Community College), Mara Fryar (Wake Technical Community College), Bonnie Galloway (Rider University), Jeff Gingerich (Cabrini College), Karen Harrington (North Central University), Jennifer Haskin (Washtenaw Community College), Pati Hendrickson (Tarleton State University), Marta Henriksen (Central New Mexico Community College), Alexander Hernandez (Boston College), Jennifer Holland (Clemson University), Kristin Holster (Dean College), Erica Hunter (University at Albany), Daniel Jasper (Moravian College), Shelly Jeffy (University of North Carolina Greensboro), Art Jipson (University of Dayton), Faye Jones (Mississippi Gulf Coast Community College JC Campus), Peter Kaufman (SUNY New Paltz), Shirley Keeton (American University of Afghanistan), Lloyd Klein (York College, CUNY), Mike Klemp-North (Northcentral Technical College), Brian Klocke (SUNY Plattsburgh), Amy Lane (Kalamazoo College), Mitchell Mackinem (Claflin University), Aubrey Maples-Saus (Wright State University), Amanda Miller (University of Central Oklahoma), Monica Miller (Kirkwood Community College), Richard Miller (Missouri Southern State University), Zachary Miner (University at Albany), Lisa Munoz (Hawkeye Community College), Michael O'Connor (Hawkeye Community College), Aurea Osgood (Winona State University), Leon Ragonesi (CSU Dominguez Hills), Carolyn Read (Copiah-Lincoln Junior College), Paul Rhoads (Williams Baptist College), Rebecca Riehm (Jefferson Community College), Daniel Roddick (Rio Hondo College), Judith Rosenstein (United States Naval Academy), Sharon Sarles (Austin Community College), Leslie Scoby (Sabetha High School), Greg Scott (Kuyper College), Laurence Segall (Southern Ct. State University), Mark Sherry (The University of Toledo), Steve Shuecraft (St Charles Community College), Tamara Sniezek (CSU Stanislaus), Karrie Snyder (Northwestern University), LaRoyce Sublett (Georgia Perimeter College), Donna Sullivan (Marshall University), Jennifer Sullivan (Mitchell College), Connie Veldink (Everett Community College), Yvonne Vissing (Salem State College), Stan Weeber (McNeese State University), Jene'Wilkerson (Paul D. Camp Community College), Carlos Zeisel (North Shore Community College)。

我也要感谢下列同行，在完善这本书方面，我分享了他们的智慧：

Doug Adams (Ohio State University), Kip Armstrong (Bloomsburg University), Rose Arnault (Fort Hays State University), Robert Atkins (North Seattle Community College), William Beaver (Robert Morris University), Scott Beck (Eastern Tennessee State University), Lois Benjamin (Hampton University), Philip Berg (University of Wisconsin, La Crosse), Kimberly H. Boyd (Germanna Community College),

Robert Brainerd (Highland Community College), John R. Brouillette (Colorado State University), Cathryn Brubaker (DeKalb College), Brent Bruton (Iowa State University), Richard Bucher (Baltimore City Community College), Evandro Camara (Emporia State University), Bill Camp (Lucerne County Community College), Karen Campbell (Vanderbilt University), Francis N. Catano (Saint Anselm College), Harold Conway (Blinn College), Dave Conz (Arizona State University), Allison Cotton (Prairie View A&M University), Gerry Cox (Fort Hays State University), Lovberta Cross (Shelby State Community College), James A. Davis (Harvard University), Sumati Devadutt (Monroe Community College), Keith Doubt (Northeast Missouri State University), Thomas Dowdy (Oklahoma Baptist University), William Dowell (Heartland Community College), Doug Downey (Ohio State University), Denny Dubbs (Harrisburg Area Community College), Travis Eaton (Northeast Louisiana State University), Helen Rose Fuchs Ebaugh (University of Houston), John Ehle (Northern Virginia Community College), Roger Eich (Hawkeye Community College), Heather FitzGibbon (College of Wooster), Kevin Fitzpatrick (University of Alabama, Birmingham), Dona C. Fletcher (Sinclair Community College), Charles Frazier (University of Florida), Karen Lynch Frederick (Saint Anselm College), Patricia Gagne (University of Kentucky, Louisville), Pam Gaiter (Collin County Community College), Jarvis Gamble (Owens Technical College), Patricia L. Gibbs (Foothill College), Steven Goldberg (City College, City University of New York), Charlotte Gotwald (York College of Pennsylvania), Norma B. Gray (Bishop State Community College), Rhoda Greenstone (DeVry Institute), Jeffrey Hahn (Mount Union College), Harry Hale (Northeast Louisiana State University), Dean Haledjian (Northern Virginia Community College), Dick Haltin (Jefferson Community College), Marvin Hannah (Milwaukee Area Technical College), Chad Hanson (Casper College), Charles Harper (Creighton University), Rudy Harris (Des Moines Area Community College), Michael Hart (Broward College), Gary Hodge (Collin County Community College), Elizabeth A. Hoisington (Heartland Community College), Kathleen Holmes (Darton College), Sara Horsfall (Stephen F. Austin State University), Dale Howard (NorthWest Arkansas Community College), Peter Hruschka (Ohio Northern University), Glenna Huls (Camden County College), Jeanne Humble (Lexington Community College), Cynthia Imanaka (Seattle Central Community College), Craig Jenkins (Ohio State University), Sam Joseph (Lucerne County Community College), Ed Kain (Southwestern University), Audra Kallimanis (Mount Olive College), Paul Kamolnick (Eastern Tennessee State University), Irwin Kantor (Middlesex County College), Judi Kessler (Monmouth College), Thomas Korllos (Kent State University), Rita Krasnow (Virginia Western Community College), Donald Kraybill (Elizabethtown College), Howard Kurtz (Oklahoma City University), Michael Lacy (Colorado State University), Carol Landry (Oakland Community College), George Lowe (Texas Tech University), Don Luidens (Hope College), Larry Lyon (Baylor University), Li-Chen Ma (Lamar University), Setma Maddox (Texas Wesleyan University), Errol Magidson (Richard J. Daley College), Kooros Mahmoudi (Northern Arizona University), Mehrdad Mashayekhi (Georgetown University), Allan Mazur (Syracuse University), Karen E. B. McCue (University of New Mexico, Albuquerque), Rodney A. McDanel (Benedictine University), Doug McDowell (Rider University), Ronald McGriff, (College of the Sequoias), Meredith McGuire (Trinity College), Karla McLucas (Bennett

College), Lisa McMinn (Wheaton College), Jack Melhorn (Emporia State University), Will Melick (Kenyon College), Ken Miller (Drake University), Linda Miller (Queens University of Charlotte), Richard Miller (Navarro College), Joe Morolla (Virginia Commonwealth University), Peter B. Morrill (Bronx Community College), Craig Nauman (Madison Area Technical College), Dina B. Neal (Vernon College), Jody Nedley-Newcomb (Southwestern Community College), Therese Nemec (Fox Valley Technical College), Joong-Hwan Oh (Hunter College), Richard Perkins (Houghton College), Maria A. Perry (Iowa State University), Anne Peterson (Columbus State Community College), Marvin Pippert (Roanoke College), Lauren Pivnik (Monroe Community College), Scott Potter (Marion Technical College), Nevel Razak (Fort Hays State College), George Reim (Cheltenham High School), Lee Reineck (Stautzenberger College), Virginia Reynolds (Indiana University of Pennsylvania), Laurel Richardson (Ohio State University), Rebecca Riehm (Jefferson Community College), Heather Rimes (Florida Southern College-Orlando), Keith Roberts (Hanover College), Ellen Rosengarten (Sinclair Community College), Frederick Roth (Marshall University), Mark Rubinfeld (Westminster College, Salt Lake City), Paulina Ruf (University of Tampa), Bill Ruth (Paris Junior College), Michael Ryan (Dodge City Community College), Marvin Scott (Butler University), Ray Scupin (Linderwood College), Steve Severin (Kellogg Community College), Tim Sexton (Chippewa Valley Technical College), Harry Sherer (Irvine Valley College), Walt Shirley (Sinclair Community College), Anson Shupe (Indiana University-Purdue University at Fort Wayne), Brenda Silverman (Onondaga Community College), Ree Simpkins (Missouri Southern State University), Scott Simpson (Arkansas Northeastern College), Glen Sims (Glendale Community College), Toni Sims (University of Louisiana, Lafayette), Sherry Smith (Georgia Perimeter College-Clarkston Campus), Sylvia Kenig Snyder (Coastal Carolina University), Thomas Soltis (Westmoreland Community College), Nancy Sonleitner (University of Oklahoma), Larry Stern (Collin County Community College), Randy Ston (Oakland Community College), Richard Sweeney (Modesto Junior College), Vickie H. Taylor (Danville Community College), Don Thomas (Ohio State University), Mark J. Thomas (Madison Area Technical College), Len Tompos (Lorain County Community College), Christopher Vanderpool (Michigan State University), Phyllis Watts (Tiffin University), Murray Webster (University of North Carolina, Charlotte), Debbie White (Collin County Community College), Marilyn Wilmeth (Iowa University), Stuart Wright (Lamar University), William Yoels (University of Alabama, Birmingham), Dan Yutze (Taylor University), Wayne Zapatek (Tarrant County Community College), Ji-kun Wei (Brevard Community College), William Wood (California State University Fullerton), Amy Wong (San Diego State University), and Frank Zulke (Harold Washing ton College).

最后，我要将此书献给我的孩子 McLean 和 Whitney，现在他们已经长大进入大学。你们两个已经长成如此善良、富有同情心的人！你们的诚实正直与良好才能相媲美。你们让我在许多方面感到自豪。祝你们两个能够发现特别的方式为我们人类通向更美好的世界做出贡献！

向我的所有同事致以最好的问候和敬意。

约翰 · J · 麦休尼斯

简要目录

第一部分　社会学的基础

第二部分　社会的基础

第三部分　社会不平等

第四部分　社会制度

第五部分　社会变迁

目　录

第一部分　社会学的基础

01 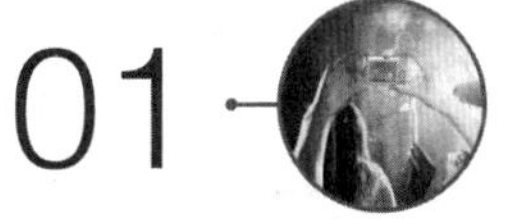

社会学的视野　3

02 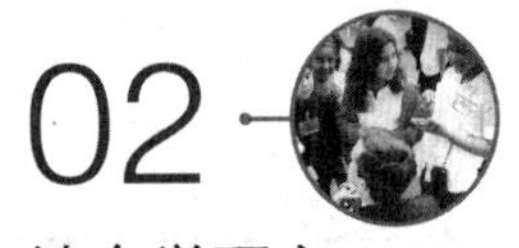

社会学研究　29

第二部分　社会的基础

03

文化　61

06

日常生活中的社会互动 141

07 群体与组织 165

08

性与社会 191

09

越轨 217

第三部分　社会不平等

10
社会分层　249

11

美国的社会阶级　275

12 全球分层 303

13 性别分层 329

14

种族和民族 357

15

老龄化和老年人 389

第四部分　社会制度

17 政治与政府 441

18 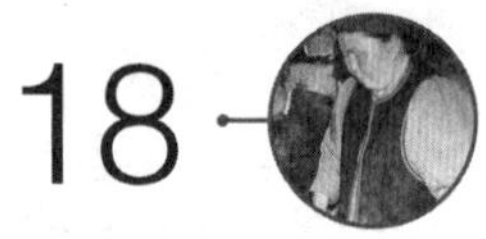

家庭 467

19

宗教 495

20 教育 521

21

健康与医疗　545

第五部分　社会变迁

22

人口、城市化与环境　571

23 集群行为和社会运动 603

24

社会变迁：传统社会、现代社会和后现代社会 631

社会学（第14版）

第一部分　社会学的基础

第1章 社会学的视野

学习目标

◇ 记忆

本章黑体关键名词的定义，包括社会学的视野和社会学的主要理论取向。

◇ 理解

社会学的视野及其与一般所说的“常识”的区别，以及全球化视野有何重要性。

◇ 应用

社会学理论视角于特定的社会现象，比如体育。思考一下社会学思维对个人生活和职业有哪些益处。

◇ 分析

社会学学科何时、何地、为何得到发展。

◇ 评价

日常生活中的臆断和常见的刻板印象，注意运用社会学的证据。

◇ 创造

对个人生活和社会环境更加多元真实的理解。注意运用社会学的思维，想象一下我们社会或者全球可能发展出的新的不同的社会组织。

2 本章概览

你即将开始一门可能会改变你生活的课程！社会学是一种新的、激动人心的理解世界的方式。它将改变你所看到的、你对这个世界的思考，甚至可能改变你对自己的理解。第1章将首先介绍社会学学科；通过这门课程的学习，最重要的是获得应用所谓“社会学的视野”的能力。其次，本章将介绍社会学理论，这将有助于我们用社会学的视野建立对所见之物的理解。

从他第一次看到汤娅走出地铁，万尼就知道她就是“那个”他要找的人。他们两人拾阶而上，从街区走进一起上课的大楼。万尼试着让汤娅停下来，和她说说话，一开始，汤娅并没有注意到他。但是下课后，他们又见面了，汤娅同意和他一起喝杯咖啡。那是三个月前的事。现在，他们已经订婚了。

如果你问生活在美国的人：“为什么两个人会结婚呢，像汤娅和万尼这样？”保准几乎每个人都会回答说：“人们结婚是因为他们相爱。”我们大部分人都很难想象，没有爱的婚姻会使人幸福。正因为如此，当人们相爱时，我们就会期待着他们谈婚论嫁。

但是，要嫁给谁真的只是由个人感情决定的吗？有大量的证据表明，如果爱情是婚姻的关键，那么，丘比特之箭则是由我们身边的社会来仔细瞄准的。

社会有着许多关于我们应该嫁给谁和不应该嫁给谁的“规则”。在除了马萨诸塞州、佛蒙特州、新罕布什尔州、康涅狄格州、艾奥瓦州、纽约州、哥伦比亚特区以外的各州中，法律将总人口的一半排除在外，即禁止人们与相同性别的人结婚，哪怕两人深深相爱。同样还有其他一些规则。社会学家发现，人们很有可能和与他们年龄相近的人结婚，特别是当他们年轻的时候。同时，各个年龄段的人都明显地会与来自同一种族的，有着相似社会阶级背景、大致相同的教育水平以及身体魅力的人结婚（Schwartz & Mare，2005；Schoen & Cheng，2006；Feng Hou & Myles，2008；第18章“家庭”将给出细节）。尽管要嫁给谁的决定最终是由个人做出的，但在他做出这种决定之前，社会早已将他的视野限定在十分狭窄的范围中。

当坠入情网时，人们做出的决定并不是简单地来自于哲学家所说的“自由意志”的过程。社会学教导我们，社会世界指引我们的生活选择，如同季节影响我们的穿衣选择一样。

什么是社会学的视野？

◇ 理解

社会学（sociology）是关于人类社会的系统研究。社会学的核心是一种被称作社会学的视野的特殊观点。

从特殊中发现一般

理解**社会学的视野**（sociological perspective）的一种好的方式，便是将其定义为从特殊中发现一般（Peter Berger，1963）。这个定义告诉我们，社会学家总是从特定的个人行为中寻求一般的模式。尽管每一个个体都是独特的，但社会却是按照一定的模式来塑造人们的生活，就像我们观察到的，不同类别的人们（比如儿童与成人、女人与男人、富人与穷人）的生活方式非常不同。我

◎ 图片中的儿童分别来自肯尼亚、埃塞俄比亚、缅甸、秘鲁、韩国和印度。如果我们出生于上述任何一个国家，那么我们的生活会有什么样的变化？这样想想，我们不难发现社会对个人是有所影响的。

们所属的一般社会类别决定了我们独特的生活经历。当我们意识到这一点的时候，我们也就开始从社会学的角度来观察世界了。

3 举个例子，社会阶层是否会影响女性择偶标准呢？在一个有关女性婚姻期待的经典研究中，莉莲·鲁宾（Lillian Rubin，1976）发现高收入女性的典型择偶标准是体贴他人、交谈愉快、可以分享感受和经历。而低收入女性的标准则大不相同，她们希望男性不酗酒、不暴力、有稳定的工作。很明显，女性对配偶的期望与其所处的社会阶层地位有关。

本书将探讨社会对我们行动、思想和感觉的影响力。我们可能认为婚姻只是源于互相爱慕的个人感情，但是社会学的视野告诉我们，诸如性别、年龄、种族和社会阶层等因素会引导我们如何选择另一半。社会塑造了我们对配偶的要求，而爱情也许恰恰是我们对那个符合要求的人产生的感情。

从熟悉中发现陌生

首先，运用社会学的视野可以从熟悉中发现陌生。想象一下，当一个人对你说“你符合所有条件，你可以成为一个极好的伴侣”时，你的反应如何。我们会习惯地认为人们坠入情网，并基于个人情感而决定结婚。但是，社会学的视野则揭示出起初陌生的观念：是社会塑造了我们的所思和所为。

由于我们生活在一个奉行个人主义的社会，要了解社会如何影响我们需要一些练习。如果有人问你为什么“选择”进入你所在的这所大学，那么你可能会给出下列原因中的一种：

“我想离家近一点。”

“我得到了一项篮球奖学金。”

“拿到这所大学的新闻学学位能让我找到好的工作。” 4

“我的女朋友在这里的学校上学。”

“我没有考上我真正想去的学校。”

社会学 关于人类社会的系统研究。

社会学的视野 运用社会学看待某类人群生活的一般社会模式的特别观点。

虽然这样的回答可能是真的，但这就是全部的原因吗？

从社会学的视野来思考上大学的问题，首先要认识到世界上每 100 个人中仅仅只有 7 个人取得大学的学位，而高收入国家的入学率远远高于贫穷国家（World Bank，2009；Barro & Lee, 2010; Organization for Economic Cooperation and Development, 2010）。即使是在一个世纪以前的美国，上大学也不是大多数人的选择。今天，上大学的人已经远比以前多。但是，环视教室里的人可以看出，社会力量仍然对谁上大学具有很大的影响。大多数美国大学生十分年轻，通常处于 18 岁和 30 岁之间。为什么呢？因为在美国，上大学是与这一时期的生活相联系的。但是上大学不光与年龄相关，因为全体青年男女中实际上只有不到一半的人读完大学。

另一个因素是费用。因为高等教育非常昂贵，大学生一般来自高于平均收入水平的家庭。
5 正如第 20 章“教育”所解释的，如果你幸运地来自一个年收入多于 80 000 美元的家庭，那么，你上大学的可能性会比那些年收入少于 20 000 美元家庭的人高出 50%。根据这一事实，我们能说上大学仅仅只是一种个人选择吗？

从日常生活中看社会影响

从妇女的子女生育数量上，可以看到社会如何影响个人的选择。在美国，每个妇女在她的一生中平均生育两个孩子。然而，在危地马拉，平均生育数量大约为三个；肯尼亚，大约是四个；也门，大约是五个；在尼日尔，女性平均生育数量在六个以上（United Nations Development Programme, 2010）。

为什么会有如此显著的差别？因为贫穷国家的妇女具有较少的教育和经济机会，他们的生活以家庭为中心，更少地采取避孕措施。很明显，妇女和男人做出的生育决定与其所处的社会有重要的联系。

社会力量影响着我们的选择，即使是最个人化的选择也不例外。以自杀研究为例，还有什么比结束自己的生命更个人化的决定呢？但是，社会学的先驱者之一，埃米尔・涂尔干（Emile Durkheim，1858—1917）表明，即使是在这方面，社会力量依然在起作用。

通过考察法国的官方记录，涂尔干发现，在他的国家某些类别的人比其他类别的人更可能会结束自己的生命。男性、新教徒、富人以及未婚者相对于女性、天主教徒和犹太教徒、穷人以及已婚者有着更高的自杀率。涂尔干用社会整合这个概念来解释这种不同：有较多社会关系的人有着较低的自杀率，而个人主义较强的人自杀率也较高。

在涂尔干的时代，男性比女性拥有更多的自由。尽管这是优势，但是自由却减弱了人与人之间的社会关系，因此增加了自杀的风险。同样，个人主义较强的新教徒比那些相对传统的天主教徒和犹太教徒更容易自杀，因为后者的宗教习俗鼓励更紧密的社会关系。富人比穷人有更多的自由，但同样，是以更高的自杀率作为代价。

一个世纪之后，涂尔干的分析依然保持着其正确性。图 1—1 向我们展示了不同类别美国人的自杀率。记住，自杀是很少见的——10 名自杀者之于 100 000 人相当于 6 英寸（1 英寸≈ 0.0254 米）之于 1 英里（1 英里≈ 1.6 公里）。即使如此，我们也能看到一些有趣的规律。2007 年，每 100 000 个白人中，有记录的自杀者为 12.9 个，这个比率几乎是非裔美国人的两倍多（4.9）。对于两个种族来说，自杀在男性中更为普遍。白人男性（20.5）自杀的比率几乎是白人女性（5.4）的四倍。在非裔美国人中，男性（8.4）的比率几乎是女性（1.7）的五倍（Xu et al., 2010）。运用涂尔干的逻辑可以帮助我们理解事情为什么是这样的：白人和男性的高自杀率反映了他们拥有更多的财富和自由；女性和黑人的低自杀率反映了他们有限的社会选择权。正如涂尔干一个世纪前所言，我们可以从一些特别的个人行为中发现普遍的规律。

从社会学的角度观察：边缘化与危机

任何人都可以通过社会学的视野去观察世界。但是有两种情况可以帮助人们更加清楚地观察社会是怎样决定人们的生活的：生活在社会的边缘和生活在社会的动荡时期。

多样化快照

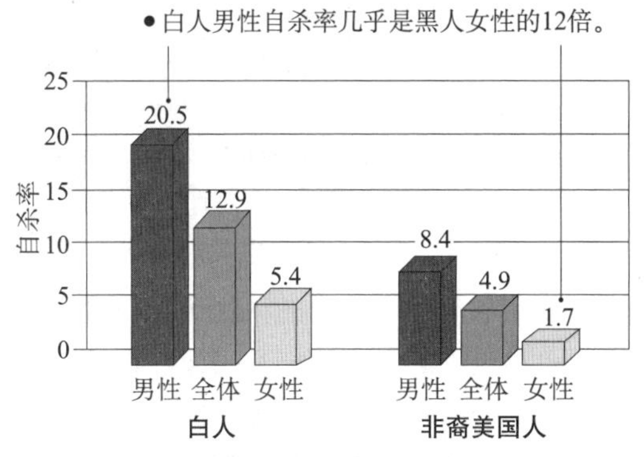

图 1—1　美国的自杀率（区分种族和性别）

◎ 白人的自杀率高于黑人，男性的自杀率高于女性。这个比率显示的是 2007 年这一年，各种类别中每 100 000 人中的自杀人数。

资料来源：Xu et al. (2010).

有时，每个人都感觉自己是“局外人”。然而，对一些类别的人而言，做一个局外人——不是主流群体中的一部分——是每天的经历。人们的社会边缘性越强，他们就能更好地运用社会学的视野。

所有在美国长大的黑人都知道种族对人们生活的重要影响。说唱歌手 Jay-Z 用歌曲表达着他的愤怒，不仅出于从小经历的贫穷生活，还出于在种族不平等的社会中因暴力而丧生的无辜生命。他的歌词和其他相似艺术家的作品通过大众媒体在世界上流行，这表明一些有色人种——特别是生活在城市里的非裔美国人——感觉他们的希望和梦想被社会摧毁了。但是白人，作为主流的大多数，很少想到种族的问题。即使多种族社会中白人身份为他们带来了特权，他们也认为种族只是对有色人种有影响，而对他们没有任何影响。那些处于社会生活边缘的人们，包括女性、同性恋、残疾人以及老年人，更能意识到社会的一些特征，而其他人则很少考虑到。为了更好地运用社会学的视野，我们必须退出我们熟悉的日常生活，用一种全新的好奇心来重新观察
6 我们的生活。

时代的变迁或动荡会让每个人感觉到不稳定，促使我们运用社会学的视野。社会学家 C·赖特·米尔斯（C.Wright Mills，1959）用 20 世纪 30 年代的大萧条验证了这个观点。当失业人口激增至 25% 时，没有工作的人们不得不意识到社会的力量在他们的生活中所起的作用。他们不再说：“我出了点问题，我找不到工作。”取而代之的是，他们采用社会学的方式并意识到：“经济衰退了，没有工作可找！”米尔斯相信，使用他所说的“社会学的想象力”不仅可以帮助人们认识他们所处的社会，还可以认识他们自己的生活，因为社会和个人生活是密切相关的。第 9 页“日常生活中的社会学”专栏将会进行更深入的探讨。

正如社会的变迁促使了社会学的思考，社会学的思考也会带来社会的变迁。我们对“系统”是如何运作的了解得越多，我们就越想从一些方面去改变它。例如，意识到性别差异的巨大影响，许多女性和男性开始为减少性别的不平等而努力。

全球化视野的重要性

◇ 理解

12 月 10 日，摩洛哥非斯。这座中世纪的城市布满了狭窄的街道和小巷。伴随着孩子们的欢笑、蒙着面纱的妇女们的沉默，以及那些男人们牵着驮货物的驴时镇定的眼神，这座城市显得有一些生机。非斯似乎几个世纪以来都没有改变过。在这里，非洲的西北部，我们离那熟悉的欧洲节奏只有短短几百英里的距离。然而，这个地方看起来却似乎距离千年。我们从来没有过这样的冒险经历！我们从来没有对我们的家园有过这么深刻的思索！

当新的信息科技甚至能将地球最远端彼此拉近的时候，许多学科也开始采用一种**全球化视野**（global perspective），来研究更为广阔的世界以及我们的社会在这个世界中的地位。对于社会学而言，采用全球化视野的重要性是什么呢？

首先，全球化意识是社会学视野的一种逻辑上的扩展。社会学告诉我们，我们生活的社会环

境决定了我们的生活经历。显而易见，在更广阔的世界范围中，我们的社会所处的位置影响了我们每一个在美国生活的人。第 10 页“全球性思考”专栏描述了一个地球村，向我们展示了世界上的社会形态和美国在其中所处的位置。

世界上的近 200 个国家可以根据它们的经济发展水平划分为三大类。**高收入国家**（high-income countries）是那些拥有最高生活水平的国家，包括美国、加拿大、阿根廷、西欧诸国、南非、以色列、沙特阿拉伯、日本和澳大利亚等大约 72 个国家。总的来说，这些国家生产和提供了世界上绝大多数的商品和服务，这些国家的居民也占有了这个星球上绝大多数的财富。从经济学角度出发，这些国家的居民非常富裕，并不是因为他们比世界上其他地方的人更加聪明或努力，而是因为他们很幸运地生活在富裕的国家里。

第二类是**中等收入国家**（middle-income countries），这些国家的生活水平是世界总体生活水平的平均数。在这 70 个国家——许多东欧的国家、一些非洲国家和几乎所有的拉美国家和亚洲国家，人们可能住在乡村，也有可能住在城市，人们步行或开拖拉机，骑滑轮车、自行车或是牲畜以至开汽车。他们平均接受了 8 ～ 10 年的教育。很多中等收入国家的内部也存在许多的社会不平等，因而一些人非常富裕（例如北非的商界精英），但是还有许多人缺乏安定的住所和足够的营养（在印度孟买和秘鲁利马的周边，人们住在简陋的小棚屋内）。

剩下的 53 个国家是**低收入国家**（low-income countries），这些国家生活水平非常低，大部分人都很贫困。最穷的国家大部分在非洲，也有一些在亚洲。当然，在这些国家中有一部分人很富有。但是大多数人在糟糕的住房条件、不干净的饮用水和很少的食物中挣扎；最糟糕的是，他们几乎没有提高自己生活水平的机会。

◎ 往往，拥有最高特权的人认为每个人都可以对他们自己的生活负责。而那些处于社会边缘的人却能深刻感觉到种族、阶级和性别可以带来一系列的不利条件。说唱歌手 Jay-Z 通过音乐表达了那些生活在城市中的非裔美国人所感受到的挫败感。

全球化视野 对更大范围的世界及我们的社会在其中的位置的研究。

高收入国家	**中等收入国家**	**低收入国家**
生活水平最高的国家。	在世界范围内生活状况处于平均水平的国家。	生活水平较低的国家，大多数国民都很贫困。

第 12 章（“全球分层”）解释了全球贫富差距出现的原因和带来的后果。但是本书的每一章都在比较美国和其他国家，这种比较基于以下四个原因。

*1. 我们的居住环境塑造着我们的生活方式。*在贫富不同的地区，妇女们的生活也会有所不同，这点在她们拥有的孩子数量上也会有所表现。要想理解自己和体会别人的生活，我们必须要了解国家间的差别是什么样的。

*2. 世界社会相互联系日益频繁。*历史上，美 7
国人鲜少留意其他国家的情况。然而，最近的几十年，美国和世界的其他国家开始密切联系，这在以前是从来没有过的。数秒内，声音、图片和文本文件便可以通过电子技术在全球范围内传递。

新技术的一个影响是世界人民现在可以共享各种口味的食品、各种款式的衣服和各种类型的音乐。像美国这样的发达国家可以影响其他国家，使得这些国家的人更有可能大口吃着巨无霸和特大汉堡，随着最新的嘻哈音乐起舞，用英语进行交流。

同时，更加广阔的世界也对我们有所影响。我们都知道像阿诺德·施瓦辛格（Arnold Schwarzenegger，从奥地利移民至美国）和葛洛里

日常生活中的社会学

社会学的想象力：将个人问题转变为公众议题

当麦克打开信封时，他感到心中一紧：手中这封信宣告了他工作的终结。他已经在这个职位上干了11年了！辛勤工作多年，本以为会升职，结果一切希望和梦想现在突然地破灭了。麦克感到挫败、愤恨，怪自己怎么不再多努力一些，怪自己将11年都浪费在这个最终被证明是没有前途的工作上。

但是，当他回到工作地点把东西打包时，他很快发现他不是孤独的。几乎所有技术支持小组的同事都收到相同的信。技术支持工作将搬到印度完成。在那里，公司可以提供电话技术支持，而所花的还不足加利福尼亚雇员费用的1/2。

周末的最后，麦克和其他12个前雇员坐在客厅，互相沟通，交换意见。现在他们终于意识到，他们只是大规模的工作外包浪潮中的一些牺牲品。工作外包，正是分析家所说的“经济全球化”的一部分。

不论在好时代还是坏时代，社会学视野的力量都在于理解个人的生活。可以看到，我们很多特殊的问题（也包括成功）不是个人独有的，而是更大范围的社会趋势的结果。半个世纪之前，社会学家C·赖特·米尔斯便指出他所说的社会学想象力的力量——帮助我们了解日常生活事件。正如他所言，社会是贫穷和其他社会问题的原因，而不是个人的过失。社会学的想象力将人们聚在一起，通过将个人问题转变为公众议题来创造改变。

在下面这段摘录*里，米尔斯（1959：3-5）解释了社会学的想象力的必然要素：

> 当一个社会被工业化时，农民变成工人，一个封建制度下的地主被清除或转变为一个商人。当阶级产生或消亡时，一个人被雇用或被解雇，投资比率增大或减小，一个人振作起来或者破产了。当战争发生时，一个卖保险的人变成了火箭发射者，一名商店职员变成了雷达探测员，一名妻子开始独自生活，孩子失去了父亲。个人的生活和社会发展的历史是无法分开解释的。
>
> 然而人们很少用历史的变迁来定义他们所承受的困难……对于所享受的宁静生活，人们通常不将其归因于社会的大起大落。普通人很少意识到他们自己的生活模式和世界历史的发展进程之间错综复杂的联系，他们通常也不会知道这种联系意味着他们将会变成怎样的人，以及他们可能参与的历史形成。他们没有那样一种思维能力去理解人与社会、传记与历史、自我与世界之间的相互作用。
>
> 他们所需要的……是这样一种思维能力，这种能力可以帮助他们发现世界上正在发生什么以及……他们自己将会遇到什么事。这种能力……可能就是所谓的社会学的想象力。

你怎么想?

1. 正如米尔斯所提到的，个人问题如何与公众议题相区别？可以从上文中发生在麦克身上的故事来讨论二者的区别。
2. 生活在美国，为什么我们经常因为我们所面临的个人问题而责备自己?
3. 通过运用社会学的想象力，我们怎样才能获得超越现实世界的力量?

*在原文摘录里，米尔斯使用“man”和男性代词来指称所有人。就社会性别角度而言，即使是这位直言不讳的社会批评家也反映出他所处时代的传统写作样式。

亚·伊斯特芬（Gloria Estefan，来自古巴）这样非常著名的移民者所做出的贡献。每年大约有100万的移民带着他们的技术和才智涌进美国，也带来他们的时尚和饮食习惯，从而大大增加了这个国家种族和文化的多样性（U.S. Department of Homeland Security, 2009; Hoefer et al., 2010）。

另外，跨越疆界的贸易创造了一种世界性的经济。大公司在世界范围内制造和销售产品。纽约的股票交易者关注东京和香港的金融市场，就像堪萨斯州的农民关注原格鲁吉亚苏维埃社会主义共和国的谷物价格一样。由于美国许多新职位涉及国际贸易，对于全球性的理解就显得越发重要。

全球性思考

地球村：浓缩的世界

地球是分布在近 200 个国家的城市和乡村的 70 亿人的家。要想把握世界的社会形态，我们可以假想将整个世界浓缩成一个仅有 1 000 人的“地球村”。首先，在这个“村子”里，一大半的居民（604 人）是亚洲人，这其中有 194 个来自中国。其次，从数量上看，还有 149 个非洲人，107 个欧洲人，85 人来自拉丁美洲和加勒比海地区，5 人来自大洋洲和南太平洋地区。只有 50 人来自北美，这其中 45 人来自美国。

近距离观察这个“地球村”，我们可以揭示出一些令人吃惊的现象：这个村庄很富裕，它拥有相当多的待售物品和服务，然而大部分的村民只能梦想这些财富，因为他们太贫穷了——村里总收入的 75% 只被其中的 200 人所赚取。

对于村中大多数人来讲，最大的问题是要获取足够的食物。每年，村中生产出的粮食足以养活每个人；然而即便如此，还有大约 130 个村民吃不饱，许多人每天必须在饥饿中入睡。境况稍好的 130 个村民（比村中最富的居民要穷）依然缺少干净的饮用水和安全的居住地。身体虚弱而不能工作，使他们受到致命疾病的威胁。

村子里有许多学校，包括一所不错的大学。大约有 67 个居民取得了大学的学位，但是还有大约 1/5 的人是文盲。

我们来自美国，平均说来处于村里最富有的人群当中。我们以为过上舒适的生活是因为我们的才智和辛苦的工作，但是社会学的视野却提醒我们：我们取得成就也是因为我们国家在世界社会体系中处于特权地位。

你怎么想?

1. 上边提供的数据是否有一些让你感到非常吃惊？是哪些？为什么？
2. 你认为生活在低收入国家的穷人和生活在美国的穷人有什么区别？
3. 你进入大学学习的“机会”是否会受到你所在国家的影响？

资料来源：Calculations by the author based on international data from Population Reference Bureau (2010), UNESCO (2010), United Nations Development Programme (2008, 2010), U.S.Census Bureau (2010), World Bank (2010).

3. 美国面临的许多社会问题在其他地方更加严重。在美国，贫困是一个严重的社会问题，但是按照第 12 章（“全球分层”）的陈述，在拉丁美洲、非洲和亚洲，贫困问题同样存在甚至更加严重。同样，虽然在美国，女性的社会地位低于男性，但是性别不平等在其他贫穷国家中更加严重。

4. 全球性思维可以让我们更多地认识自身。走在一个遥远城市的街道上，我们很难不去思考如果这发生在美国意味着什么。比较不同社会环境下的生活，可以让我们学习到许多意想不到的东西。例如在第 12 章中，我们可以看到印度金奈的一个非法聚居地。在那里，尽管极端贫困，但是他们在家人的关爱和支持中幸福地成长。为什么在我们国家，许多穷人却很狂暴和寂寞？物质财富——用于定义“富足”生活的核心概念——是不是度量人类生存质量高低的最佳标准呢？

总之，在这个人类交往日益密切的世界中，我们只能通过拓宽对别人的认识来认识自己。社会学邀请我们学习用一种新的方式看待周围的世界。但是这种邀请是否值得接受？接受了这种社会学的视野将给我们带来什么益处呢？

应用社会学的视野

◇ 应用

在很多地方采用社会学的视野是非常有效的。第一，社会学对我们生活中一些法规政策的制定起着一定的作用。第二，对于每个人而言，采用社会学的视野能够引导我们的成长，开阔我们的见识。第三，不论对谁来说，学习社会学都是走入社会前的一个重要准备。

社会学和公共政策

社会学家常常协助公共政策——那些引导人们在社会中生活和工作的法律和规章——的制定，包括各个方面，从废除种族歧视、校车制度到离婚法案。例如，在研究离婚如何影响人们收入时，社会学家勒诺·韦茨曼（Lenore Weitzman，1985，1996）发现那些离婚妇女普遍地出现收入显著减少。意识到这一事实后，许多州通过了一系列法律来增强妇女对于婚后财产的分割权。如果孩子的抚养权被判给母亲，法律就会强制执行孩子父亲所应承担的抚养义务。

社会学和个人成长

通过采用社会学的视野，我们在日常生活中会变得更加活跃、更加清醒，思考也会更加深刻。运用社会学让我们在以下四个方面受益：

1. 社会学的视野帮助我们辨别“常识”的真实性。我们都认为一些事情是理所当然的，但是这并不意味着它们就是真实的。一个很好的例子就是这样一种观点，即认为我们都是自由的个体，都可以对自己的生活负责。如果我们认为我们可以决定自己的命运，我们就很可能会称颂那些非常成功的人，认为他们高人一等，而觉得那些不怎么成功的人存在个人的不足。相对而言，社会学的方法促使我们去思考这样一些所谓的
9 常识究竟是不是真实的，如果不是，那么它们又为什么会这样广为流传。

第13页“焦点中的社会学”专栏会给我们一个例子，告诉我们有的时候，社会学的视野如何促使我们重新思考关于别人的一些常识性观念。

2. 社会学的视野帮助我们识别日常生活中的机会和约束。社会学的视野引导我们观察生活中的游戏规则，社会是发牌人，但是我们可以决定如何玩牌。我们越了解这个游戏，我们就越可以成为一个好的玩家。社会学帮助我们更多地了解世界，所以我们可以更加有效地追求人生目标。

3. 社会学的视野使我们能够成为社会中的一个积极的参与者。我们越了解社会是如何运作的，我们就越可以成为一名积极的公民。正如C·赖特·米尔斯（1959）在前面专栏中做的解释，正是社会学的视野将一个“个人问题”（例如失业）转化为一个“公共议题”（好工作的短缺）。当我们开始注意到社会如何影响我们时，我们可能会支持社会的现状，也可能会和他人一起去试图改变社会。

4. 社会学的视野有助于我们生活在这样一个多元化的世界中。北美居民只占世界人口的5%，正如这本书剩下章节中所解释的，另外95%的人口中的许多人过着和我们完全不同的生活。但是，就像世界各地的人一样，我们总试图将我们所拥有的生活定义为“正确的”、“自然的”，而且是“更好的”。社会学的视野促使我们去批判性地思考所有生活方式相对的优势与劣势，包括我们自己的。

职业生涯：“社会学优势”

今天，大学校园里的大多数学生都很希望将来能够获得一份好工作。拥有社会学的学科背景对今后的职业生涯是一个非常好的准备。当然，获得社会学的学士学位对那些想继续进行研究生学习并最终成为该领域的一名中学老师、教授或者研究人员是一个非常正确的选择。在美国，成千上万的男性和女性在大学、学院、中学里教授社会学课程。但是，他们也仅仅只是像许多专业的为政府机关或者私人机构和企业工作的研究人员一样，收集一些重要的社会行为信息，进行评估研究。在今天这个成本意识强烈的世界里，机关、企业都想要确定他们所实施的计划和政策能够以最低的成本完成工作。要达到这个目的，极其需要社会学家尤其是那些具备高深研究技能的社会学家的参与（Deutscher, 1999）。

另外，一群数量相对较小但正不断扩大的社会学家像临床社会学家（clinical sociologists）一样工作着。这些社会学家们就像临床心理学家一样，将改善处于困境中的委托人的生活作为工作目标。临床社会学家和临床心理学家的基本区别是，社会学家关注的焦点不是个体个性的问题，而是个体社会关系网络中的困境。

但是，社会学并不仅仅是为那些想要成为

◎ 现在经济中几乎所有工作都需要与人打交道。基于此，学习社会学将是对未来职业生涯很好的准备。拥有“人际交往能力”将如何帮助警官完成工作呢？

社会学家的人准备的。从事刑事审判的人，包括在警务部门、缓刑监督机关，以及惩戒机构工作的人，都可以通过学习哪些类型的人最有可能成为罪犯和受害者，各种政策和规划如何有效地防止犯罪，以及人们起初为什么会转向犯罪等知识而获得“社会学优势”（sociology advantage）。同样，从事卫生保健工作的人，包括医生、护士和技术员，也可以通过学习人们健康和疾病的模式，以及诸如种族、性别和社会阶层等因素如何影响人类健康的知识而获得“社会学优势”。

美国社会学协会（The American Sociological Association, 2002，2011a，2011b）指出，社会学对于其他许多领域的工作来说也是一种绝好的准备，这些工作包括广告业、银行业、商业、教育、行政管理、新闻、法律、公共关系和社会工作。几乎在任何类型的工作中，成功都依赖于理解不同类型的人在信仰、家庭模式以及其他生活方式上的差异。除非你打算从事一份无须与人打交道的工作，否则你就应当考虑一下了解社会学知识的好处。

社会学的起源

◇ 分析

就像“选择”是个人做出的，重大的历史事件很少是自然发生的，社会学的诞生其本身就是强大的社会力量推进的结果。

社会变迁与社会学

18 和 19 世纪期间，欧洲发生了惊人的变迁。在社会学的发展中以下三种转变是特别重要的：以工厂生产为基础的工业经济的腾飞、城市的急剧发展，以及关于民主制度和政治权利 10
的新思想。

一种新的工业经济

在欧洲的中世纪，大部分人都在家附近开垦土地或者从事小规模的制造业（manufacturing，该词源于拉丁语，意为“用手加工”）。到了 18 世纪末，发明家们利用新的能源——流水和蒸汽的力量，来运作磨坊和工厂里的大机器。取代了在家劳作，工人们成了陌生工厂主掌控之下的庞大无比的劳动大军的一部分。生产系统的这种变化，削弱了数世纪以来引导社会生活的传统，将人们带出了他们的家庭。

城市的发展

横穿欧洲，土地所有者都参加了那场历史学家所称的圈地运动（enclosure movement）——他们用栅栏和篱笆等隔开越来越多的田地，以便为羊创造放牧的场所，并为愈发繁荣的纺织工厂腾出场地。没有了土地，无数的佃农别无选择，他们不得不来到城市在新的工厂里寻找工作。

随着城市的发展壮大，这些都市移民面临着包括污染、犯罪和无家可归在内的许多社会问题。穿过挤满陌生人的街道，他们面临着一个全新的、没有人情味的社会世界。

政治变迁

中世纪的人们将社会视作上帝意愿的一种体现：从皇族到奴隶，社会阶梯上上下下的每一个人都与神圣的计划有关。这种关于社会的神学观念是从古老的英国圣公会（Anglican）赞美

焦点中的社会学

镍币和银币：在美国可（否）获得

我们所有人都知道，附近餐厅的服务员、地方路口的收费员以及廉价商店（例如沃尔玛）的促销员，他们都是低收入者。我们几乎每天都能碰到他们。实际上，我们中的许多人就是他们。在美国，“常识”告诉我们，人们的工作和薪水反映了他们的个人能力以及他们是否努力工作。

芭芭拉·埃伦赖希（Barbara Ehrenreich，2001）有她的疑惑。为了了解低收入工作者的真实世界是什么样的，这位成功的记者兼作家决定抛开她舒适的中产阶级生活，加入低收入工作者的世界。她从佛罗里达州基维斯特开始，找到的第一份工作是餐馆的服务员，报酬是每小时 2.43 美元外加小费。很快，她发现她必须比想象中还要更加艰苦地工作。下班时，她身心疲惫，但是在和厨房里的那些人平分小费后，她的平均工资少于每小时 6 美元。这个工资收入也仅仅是略高于最低收入，仅仅够支付她那间很小的公寓的租金、购买食物和其他一些最基本的花费。她只有祈祷自己不要生病，因为这份工作没有为她提供健康保险，而且她也难以承受看医生的费用。

在从事了一年多各种低收入的工作之后，包括在缅因州打扫汽车旅馆、在明尼苏达州的沃尔玛的一个楼层工作，她已经抛弃了原先的那样一种“常识”。第一，她知道了成千上百万的低收入者每天都非常辛苦地工作。埃伦赖希说，如果你不这样认为，你可以尝试一下这三种工作中的任意一种。第二，这些工作不仅需要辛勤的劳动（想象一下在一天里每个小时都要打扫完汽车旅馆的 3 个房间），而且需要娴熟的技巧和真正的才能（试试在同一时间里看好十张桌子并保证每一个用餐者心情愉悦）。她发现那些和她一起工作的人们，大体上说来，和那些她所认识的作家和大学里的老师一样，是灵活、聪慧、幽默的。

然而，为什么我们会认为那些低收入的人们是懒惰的、没有能力的呢？埃伦赖希吃惊地发现那些低收入者也同样这么认为。在这样一个告诉我们个人能力就是一切的社会里，我们用不同的工作去划分人们的等级。因为低收入者遭受到长期的监视、随意的药物检测和其他一些强硬的管辖，埃伦赖希猜测这令很多人最终感到无价值可言，甚至不再尝试改变以求更好。她推断，这样一些信念，支撑了一个“极端不平等”的社会，在这样一个社会里，一些人生活得好是因为剩下的那些人只能获得低工资。

加入博客讨论吧！

你曾经做过低收入的工作吗？如果有，你觉得你工作得辛苦吗？你的薪水怎么样？有什么益处吗？你认为那些在温迪屋和沃尔玛工作的人们有机会进入大学，从事另一个领域的工作吗？为什么？欢迎登录 MySocLab，加入“焦点中的社会学”博客，分享你的观点和经历，并看看别人是怎么想的。

诗——《所有的事物都是光明与美好的》（“All Things Bright and Beautiful”）里的诗句中获得的：

> 富人在他的城堡里，
> 穷人在他的门边，
> 上帝使他们或高或低，
> 并且安排了他们的财产。

经济增长和城市发展也带来了新的思考方式。在托马斯·霍布斯（Thomas Hobbes, 1588—1679）、约翰·洛克（John Locke, 1632—1704）和亚当·斯密（Adam Smith，1723—1790）的著述中，我们发现对上帝和君王的道德义务的关注逐渐转变为对个人利益的追求。在这种新的政治思潮下，哲学家们谈及个人自由和个人权利。和这些观点相符的是，我们的《独立宣言》声明每个人都拥有“一些不可剥夺的权利”（certain unalienable rights），包括“生命、自由和对幸福的追求”（life, liberty, and the pursuit of happiness）。

1789 年开始的法国大革命甚至是对政治和 11
社会传统更大的突破。法国社会分析学家阿列克

◎ 我们看到什么取决于我们的观点。当我们凝视星空时，情人看到浪漫，但是科学家看见的是热反应。怎样运用社会学的理论改变从我们周围世界所看到的事物？

西·德·托克维尔（Alex de Tocqueville, 1805—1859）认为法国大革命所带来的社会变化是如此的巨大，以至于这些变化相当于“整个人类民族的一次重生”（1955: 13，orig.1856）。

一种新的社会意识

庞大的工厂、不断膨胀的城市、一种新的个人主义精神——这些变化紧密联合在一起，使人们意识到了自身周围的环境。社会学这一新学科是在英国、法国和德国——实际上也正是变迁最大的地方——诞生的。

科学与社会学

法国社会思想家奥古斯特·孔德（Auguste Comte, 1798—1857）在 1838 年创造了“社会学”一词用以描述一种观察社会的新方式。这使得社会学成为最新兴的学术学科之一，它要比历史学、物理学或经济学诸如此类的学科新得多。

当然，孔德并不是第一个思考社会性质（the nature of society）的人。这些问题深深地吸引着文明早期的杰出思想家们，这其中就包括中国哲学家孔子（公元前 551—前 479）和古希腊哲学家柏拉图（Plato, 约公元前 427—前 347）以及亚里士多德（Aristotle, 公元前 384—前 322）。数个世纪以后，古罗马统治者马可·奥勒留（Marcus Aurelius, 121—180）、中世纪思想家圣托马斯·阿奎那（Saint Thomas Aquinas, 约 1225—1274）和克里斯蒂娜·德·皮桑（Christine de Pisan, 约 1363—1431），以及英国剧作家威廉·莎士比亚（William Shakespeare, 1564—1616）都有关于社会的著述。

然而相对于研究社会的本来面目，这些思想家们对设想理想的社会更感兴趣。孔德和其他一些社会学的先驱们都很关注怎样才能改善社会，但他们的主要目的是弄明白社会具体是怎样运行的。

孔德（1975，orig. 1851-1854）认为社会学是三个历史发展阶段的产物。在最初的历史神学阶段，即从人类历史的开始到大约公元 1350 年欧洲中世纪的结束，人们以一种宗教的观点，认为社会表达了上帝的意愿。

随着 15 世纪欧洲文艺复兴运动的到来，历史的神学论被形而上学所取代，在这一阶段中，人们认为社会是一个自然的而非超自然的系统。例如，托马斯·霍布斯（Thomas Hobbes, 1588—1679）认为社会反映的并不是上帝的完美而是人类本性自私的弱点。

孔德所说的历史发展中的科学阶段开始于早期的科学家，例如波兰的天文学家哥白尼（Copernicus, 1473—1543）、意大利的天文学家和物理学家伽利略（Galileo, 1564—1642），以及英国的物理学家和数学家艾萨克·牛顿（Isaac Newton, 1642—1727）等人的工作。孔德的贡献在于，将最早应用于自然界研究的科学方法引进到对社会的研究中。①

孔德的方法被称作**实证主义**（positivism），即一种基于自然科学的理解方式。作为一个实证主义者，孔德认为社会是按照自身的规律运行的，就像自然界是按照万有引力定律和其他自然定律运行的一样。

20 世纪初期，社会学发展到美国，孔德思

① 根据孔德的阶段说，古代希腊人和罗马人认为行星是众神；文艺复兴时期，形而上学的思想家认为它们受到星象的影响（导致了占星学的产生）；在伽利略的时代，科学家认为行星是根据自然规律运行的自然物体。

孔德社会三阶段说

历史神学阶段	形而上学阶段	科学阶段
（中世纪教堂）	（启蒙运动以及霍布斯、洛克和卢梭的思想）	（物理、化学、社会学）

想的影响也显现出来。当今，大多数的社会学家依然认为科学是社会学至关重要的组成部分。但是正如第 2 章（“社会学研究”）所解释的，我们现在认识到，人类的行为远比行星的运动以及其他生物的活动要复杂得多。我们是有想象力和自发行为的人，所以，严格的“社会规律”永远都不可能完美地解释人类的行为。另外，早期的社会学家们，例如卡尔·马克思（Karl Marx, 1818—1883）被工业社会所表现出的惊人的不平等所困扰，他的观点将在第 4 章（“社会”）中得到介绍。他们需要新的社会学知识，不仅仅为了理解社会，也希望能够带来一些改变以促进社会的公平。

12 社会学理论

◇ 理解

从观察层面深入到理解层面，我们就来到了社会学的另一个方面：理论。**理论**（theory）是对特定的事实如何相互联系以及为什么会有这种联系的一种概述。社会学理论的任务是解释现实世界中的社会行为。例如，埃米尔·涂尔干的理论认为，那些社会整合程度较低的人（男人、新教徒、富人、未婚者）自杀的风险较高。

正如下一章（“社会学研究”）所说的，社会学家使用各种各样的研究方法来搜集证据，以此来检测他们的理论。涂尔干就是这样做的。他找出了哪种类型的人更可能会自杀，哪种类型的人则不会，然后他提出了一种与现有各种证据最为一致的理论。

在构建理论的时候，社会学家面临两个基本问题：我们应该研究什么问题？各种事实该如何联系起来？在回答这些问题的过程中，社会学家们往往将一种或几种理论视角作为“道路指南”，即把理论视角看作社会的一种基本印象，以引导思考和研究。社会学家采用三种主要的**理论视角**（theoretical approach）：结构—功能视角、社会冲突视角和符号互动视角。

结构—功能视角

结构—功能视角（structural-functional approach）是一种建构理论的框架，这种理论认为社会是一个复杂的系统，系统的各部分一起运作以促进社会的团结与稳定。正如该理论的名称所指示的那样，结构—功能视角指向**社会结构**（social structure），即任何相对稳定的社会行为模式。社会结构形成了各种场合中的生活模式——家庭里的、工作场所中的、教室里的以及社区里的。这种理论视角也在找寻结构的**社会功能**（social functions），即任何社会模式下社会作为一个整体运转的结果。所有的社会结构，从简单的握手到复杂的宗教仪式，都在为保证社会的持续前进而运行，至少是以其当前的形式。

结构—功能视角主要归功于奥古斯特·孔德，他指出了在许多传统渐渐崩溃的同时有必要保持社会统一性。埃米尔·涂尔干，这位在法国的大学里创立了社会学研究的人，也是基于这种视角开展他的研究工作的。第三位结构—功能视角的先驱者是英国的社会学家赫伯特·斯宾塞（Herbert Spencer, 1820—1903），他将社会比作人的身体。正如人体的各个构成部分——骨架、肌肉和各种各样的内部器官，为保证整个组织的存活而相互依赖地运行一样，社会结构也为保持社 13
会的稳定而共同工作。因而，结构—功能视角引

社会功能　任何能使社会作为一个整体而运作的社会模式的效应。

显著功能	潜在功能
任何社会模式的可知的、可预期的结果。	任何社会模式的不可知的、不可预知的结果。

社会负功能　任何可能破坏社会运行的社会模式。

导着社会学家识别社会的各种结构，同时研究它们的功能。

罗伯特·K·默顿（Robert K. Merton, 1910—2003）扩展了我们对社会功能概念的理解，他指出任何一种社会结构很可能拥有多种功能，只是其中的一些比另一些更为明显罢了。他对**显著功能**（manifest functions，任何社会模式的可知的、可预期的结果）和**潜在功能**（latent functions，任何社会模式的不可知的、不可预期的结果）进行了区分。例如，美国高等教育系统的显著功能是为年轻人提供他们所需的信息和技术，以便于他们在毕业后能担当工作任务。可能同样重要但通常没有被人们认识到的是大学作为一种“婚介所”的潜在功能，即它将社会背景相似的人们聚集在了一起。高等教育的另外一个潜在功能是限制了失业人口，因为它将数以百万计的年轻人从劳动力市场上剥离出来，而这些人中有许多人可能很难找到工作。

然而默顿也认识到，社会结构的影响并不都是正面的。因此，我们将任何可能扰乱社会正常运行的社会模式称为**社会负功能**（social dysfunction）。经济全球化可能对一些公司是有益的，但是当生产转向海外时也会导致工人失去工作。因此，对于社会整体来说，哪些部分是有益的和哪些是有害的，人们常常意见不一。此外，对一个群体的正功能（例如，华尔街银行投资者获得高利润）可能同时是对另一个群体的负功能（例如，由于投资银行失利而赔掉养老金的人们，或者是不能偿还抵押贷款而失去房屋的人们）。

◇ 评价

结构—功能视角的主要思想是将社会看作稳定的和有序的。因此，社会学家采用这种视角的主要目标是揭示出“什么使社会正常运转”。

在20世纪中期，大多数的社会学家都赞成结构—功能视角。然而，近几十年来，这种视角的影响力在下降。批评家们指出，结构—功能视角聚焦于社会的稳定和统一，忽视了社会中阶级、种族以及性别的不平等，而这些不平等导致了紧张的态势和不断的冲突。通常情况下，避开冲突不谈而仅仅强调稳定，使得这一视角有时显得过于保守。作为一种批评性的回应，社会学家们发展出社会冲突视角。

社会冲突视角

社会冲突视角（social-conflict approach）是一种建构理论的框架，这种理论将社会看作是一个充满了不平等的舞台，而正是这种不平等带来了社会冲突和社会变迁。社会冲突视角不像结构—功能视角那样强调团结和稳定，它强调的是不平等和变化。在这种视角（包括性别冲突视角、种族冲突视角）引导下，社会学家们考察了社会的阶级、种族、种族隔离、性别、性取向以及年龄等因素是如何与社会的财富、权力、教育，以及社会声望的不平等分布发生联系的。冲突分析法反对社会结构促进社会作为一个整体而运行的观点，取而代之的是注重社会模式如何在使一部分人受益的同时损害另一部分人的利益。

社会学家们运用社会冲突视角观察优势群体和劣势群体——富人与穷人、白人与有色人种、男人与女人——之间持续的冲突。很典型的是，位于上层的人总是试图保护他们的特权，而位于

◎ 社会冲突视角指出不平等普遍地存在于日常生活中。电视连续剧《橘子镇贵妇的真实生活》（*Real Housewives of Orange Country*）详细地展示了极为富有的女人的生活。那么，她们是如何依赖于低社会地位的人们的工作呢？

▲检查你的学习 显著功能与潜在功能有什么区别？以美国的汽车为例，谈谈它的一个显著功能和一个潜在功能。

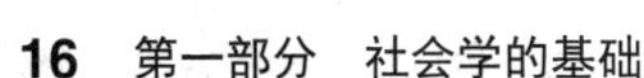

◎ 我们可以运用社会学的视野去认识社会学本身。这一学科中所有最著名的先驱者都是男性。这是因为在19世纪，从没有听说女性能够成为大学教授，很少有女性能在公众生活中扮演中心角色。但是简·亚当斯是一个例外，她是美国早期的社会学家。她创办了芝加哥的社会福利机构——“赫尔之家”（Hull House），并在这里投入大量的时间帮助年轻人。

下层的人也总是试图为他们自己争得更多的利益。

一项针对教育体系的冲突分析向我们展示出教育如何将阶级的不平等从一代传到下一代。例如，中学或者将学生分配到大学预备班或者是分配到职业培训学校。从结构—功能的观点出发，这样一种“分轨制”使得每个人都可以获利，因为他们都获得了符合自己能力的教育。但是冲突分析认为，所谓“分轨制”常常是取决于学生的
14 社会背景而不是聪明才智，所以，家庭富有的学生被划分到了高一级的发展轨道上，而穷人家的孩子只能被划分到低一级的轨道上去。

以此类推，富家子弟往往能得到最好的教育，他们可以上大学，然后获得一份高薪的职业。然而，穷人家的孩子没有能力为上大学做好准备，只好如他们的父辈那样，在低收入的工作中为了生活苦苦挣扎。在这两种情况下，一代人的社会身份传递到下一代人身上，而学校以个人品质为由将这种实践合法化（Bowles & Gintis，1976；Oakes，1982，1985）。

许多社会学家运用社会冲突视角不仅仅是为了解释社会，也为了减少社会的不平等。卡尔·马克思支持工人为反对工厂主而进行的斗争，他的观点将在第 4 章（“社会”）中得到详细的讨论。在一句著名的陈述（刻录在伦敦的海格尔墓地的纪念碑上）中，马克思声称：“哲学家们只是用不同的方式解释世界，而问题在于改变世界。”

女权主义和性别冲突视角

冲突分析的一种重要类型是**性别冲突视角**（gender-conflict approach），这是一种关注男性与女性之间不平等和冲突的观点。与性别冲突视角紧密联系的是**女权主义**（feminism），后者要求男女社会地位平等。

性别冲突视角的重要性在于，它使我们意识到，在我们生活中的许多场合，男性相对于女性都占据着主导地位：在家里（男性通常被认为是一家之主）、在工作的场所（男性可以获得更多的收入并拥有最多的权力地位），以及在大众传媒中（又有多少摇滚歌星是女性呢？）。

性别冲突视角的另一个贡献在于它使我们意识到女性对于社会学发展的重要性。哈丽雅特·马蒂诺（Harriet Martineau，1802—1876）被认为是第一个女性社会学家。马蒂诺出生在一个富有的英国家庭，1853 年她将奥古斯特·孔德的法文著作翻译成英文，这使得她开始成名。在她自己已出版的著作中，她用文献证明了奴隶制的罪恶并要求用法律保护工人，拥护工人团结抗争的权利。她特别关注女性在社会中的地位，并致力于教育政策的改变以使女性在生活中拥有更多的期盼，而不仅仅只局限于婚姻和抚养孩子。

在美国，简·亚当斯（Jane Addams，1860—1935）是一位社会学先驱，她的贡献始于 1889 年。那一年她帮助建立了“赫尔之家”，即芝加哥的一种专门帮助安置移民家庭的住所。虽然她

社会冲突视角 一种理论框架，这种理论认为社会是一个充满不平等的舞台，正是这种不平等带来了社会冲突和社会变迁。

性别冲突视角 强调男性和女性之间不平等和冲突的一种理论。

种族冲突视角 强调不同种族、不同教派之间不平等和冲突的一种理论。

女权主义 要求男女社会地位平等的主张。

多样性思考：种族、阶级和性别

一位先行者：杜波伊斯论种族

美国的一位社会学先驱，威廉·爱德华·伯格哈特·杜波伊斯将社会学看作是解决社会问题的关键，特别是针对种族的不平等。

杜波伊斯在哈佛大学获得社会学博士学位，创办了美国最早的社会学研究中心之一——亚特兰大社会学实验室。他帮助社会学同行及各处的人们看到了美国社会深层次的种族隔离。杜波伊斯指出，白人可以简单地被称为"美国人"，但是美国黑人就存在一种"双重意识"，这反映了他们的社会地位，这些人永远都不可能逃脱基于他们肤色的身份认定。在他的社会学名著《费城黑人：一项社会研究》（出版于1899年）一书中，杜波伊斯研究了费城的黑人社区，对于那些在日常生活中不能不面临各种社会问题的人们，他既认识到他们的长处，也认识到他们的弱点。他对当时广为流传的信念——黑人比白人低等——提出了质疑，他谴责了白人对黑人的偏见，这些偏见造成了黑人所面临的一系列问题。他也批评了一些有色人士，他们为了得到白人的认可而切断了与需要他们帮助的黑人社区的所有联系。

尽管学术成就卓著，但是杜波伊斯认为学术研究让他远离了有色人士所经历的痛苦。他越来越不满足于学术研究，希望有所改变。抱着以公众活动来抵制种族隔离的信念，他参与创办（美国）全国有色人种协进会(NAACP)。该组织积极支持种族平等，长达一个多世纪。作为《危机》（*Crisis*）杂志的编辑，杜波伊斯持续不懈地撰文质疑法律和社会习俗，认为这些法律和习俗剥夺了美国黑人应该与白人平等享受的权利和机会。

杜波伊斯认为种族问题是20世纪的美国所面临的一个主要问题。在他早期的学术生涯中，他对消除种族隔离充满希望。然而，在他晚年的时候，由于觉得这方面什么都没有改变，他感到十分痛苦。93岁的时候，杜波伊斯离开美国去了加纳，两年后他在那里去世了。

你怎么想？

1. 如果杜波伊斯今天还活着，你觉得他会如何看待21世纪的种族不平等现象？
2. 你认为今天的美国黑人有着一种怎样的"双重意识"？
3. 社会学家可以通过怎样的方式帮助我们认识并尽可能减少种族冲突？

资料来源：Based in part on Baltzell (1967)， Du Bois(1967,orig.1899), Wright（2002a, 2002b）, and personal communication with Earl Wright Ⅱ.

著述很多（她写了11本书和几百篇文章），但是亚当斯选择了做一个公众活动家而不是一个大学里的社会学者，她公开呼吁解决社会不平等和移民的问题，追求和平。她的和平主义在第一次世界大战期间遭到了激烈的争论，但多年之后，她依然获得了1931年的诺贝尔和平奖。

这本书的所有章节都涉及了性别及性别不平等的重要性。对女权主义和男女社会地位的更深层次的探讨请参考第13章（"性别分层"）。

种族冲突视角

社会冲突分析的另一个重要类型是**种族冲突视角**（race-conflict approach），这是一种关注不同种族、不同教派之间的不平等与冲突的观点。就像男性比女性拥有更多权力一样，平均而言，白人比有色人种拥有更多的社会优势，这些优势包括更高的收入、更好的教育、更健康，以及更长寿。

种族冲突视角也同时指出了有色人种对社会学的发展所做出的贡献。艾达·韦尔斯·巴尼特（Ida Wells Barnett，1862—1931）出生于一个奴隶家庭，但是她成长为一名教师，后来又做了记
15 者和报纸出版商。她为种族平等做出了不懈的努力，特别是终结了对黑人的私刑。

她终生都在为消除种族不平等而写作和演讲（Lengerman & Niebrugge-Brantley，1998）。

威廉·爱德华·伯格哈特·杜波伊斯（William Edward Burghardt Du Bois, 1868—1963）对理解美国的种族问题做出了重要的贡献。杜波伊斯出生于马萨诸塞州一个贫穷的家庭，他曾就读于田纳西州纳什维尔的费斯克大学，而后又求学于哈佛大学。在那里，他获得了博士学位，成为第一个获得哈佛大学博士学位的有色人士。随后，他创立了美国20世纪早期重要的社会学研究中心——亚特兰大社会学实验室。正如大多数遵循社会冲突视角（强调阶级、性别和种族）的学者一样，杜波伊斯认为社会学家不仅要了解社会的问题，也要努力地去解决社会问题。为此他研究黑人社区，指出大量的社会问题，从教育不平等、否认投票权的政治制度到恐怖的私刑。他呼吁与种族不平等作斗争，参与成立了（美国）全国有色人种协进会（NAACP）（E.Wright, 2002a, 2002b）。第18页“多样性思考”专栏对杜波伊斯的思想做了更深层次的阐述。

◇ 评价

各种社会冲突视角在近几十年来拥有了大量的追随者，但也正如其他视角那样，社会冲突视角也受到了一些批评。因为任何冲突分析关注的都是不平等，它在很大程度上忽视了如何通过分享价值和相互依赖来促进整个社会成员间的团结。另外，批评家们认为，冲突的视角在一定程度上只强调政治目标，它们不能够断言科学的客观现实。社会冲突视角的支持者们对此作出回应，他们认为所有的理论视角都有政治后果。

对结构—功能视角和社会冲突视角这二者的一个最后的批评是，它们对于社会的描绘都比较粗略——只是按照“家庭”、“社会阶级”、“种族”等等进行划分。第三种理论视角很少采用概括的方式来看待社会，而更多的是将社会看作个体日常生活的经历。 16

▲**检查你的学习** 你觉得，为什么社会学家将社会冲突视角视为“积极行动派”？其努力争取达到的目标是什么？

符号互动视角

结构—功能视角与社会冲突视角都采用**宏观层次定位**（macro-level orientation），广泛地关注将社会组织成一个整体的社会结构。宏观社会学关注大的场景，就像乘直升机从高空中俯瞰一座

应用理论

主要的理论视角

	结构—功能视角	社会冲突视角	符号互动视角
分析的层次是什么？	宏观层次	宏观层次	微观层次
该视角对社会是如何描述的？	社会是一个相对稳定的系统，它由相互关联的部分组成。 每一部分都在为保证社会的有序运转而发挥作用。 社会成员对道德正义具有大体一致的看法。	社会是一个由不平等所构成的系统。 社会的运转使某些类别的人得利，而使另一些类别的人受到伤害。 社会不平等所引起的冲突引导着社会变迁。	社会是一个正在进行的过程。 人们在无数地运用符号交流的背景中发生互动。 人们所经历的现实是可变的和正在变化的。
该视角回答的核心问题是什么？	社会是怎么组成的？ 社会的主要部分是什么？ 这些部分是怎么连接的？ 每一部分是怎么帮助社会运作的？	社会是怎样对人口进行划分的？ 优势人群是怎样保护他们的特权的？ 劣势人群是怎样挑战这种体系以寻求改变的？	人们如何体验社会？ 人们如何塑造他们所经历的现实？ 不同人之间，不同的情形下，行为和含义是如何改变的？

宏观层次定位 概括性的角度，注重将社会作为一个整体组织在一起的社会结构。

结构—功能视角 一种理论框架，这种理论认为社会是一个复杂的系统，系统的各部分一起运作以促进社会的团结与稳定。

社会冲突视角 一种理论框架，这种理论认为社会是一个充满不平等的舞台，正是这种不平等带来了社会冲突和社会变迁。

微观层次定位 注重对特定的情形下社会互动的密切关注。

符号互动视角 一种理论框架，它将社会看作是个体之间日常互动的产物。

城市，看到高速公路如何帮助人们南来北往，看到富人区与穷人区的住宅如何不同。社会学也采用**微观层次定位**（micro-level orientation），注重对特定的情形下社会互动的密切关注。我们可以用这种方式来探索发生在街区中的城市生活，比如观察学校操场上的孩子们如何创造出各种游戏，或者观察街道上的行人经过无家可归者身旁时有什么样的反应。因而，**符号互动视角**（symbolic-interaction approach）是一种把社会看作个体日常互动产物的理论建构框架。

“社会”是怎样从千百万人正在进行的活动之中产生的呢？一种回答是，社会不过是人们在互动过程中所建构的一个共享的现实体。这在第 6 章（“日常生活中的社会互动”）中做出了解释。这即是说，人类生活在一个符号的世界中，他们将意义附加在每一个真实存在的事物上，从这一页上的文字到眨一下眼睛都是如此。因此，“现实”只是我们如何定义我们周围的环境、他人，甚至是我们自己的身份。

符号互动视角源自马克斯·韦伯（Max Weber，1864—1920）的思想，韦伯是一位德国的社会学家，他强调从特定背景中的人们的观点来理解这个背景的必要性，他的理论观点将在第 4 章（“社会”）中得到更多的讨论。

从韦伯时代开始，社会学家们就开始从各种角度对社会进行微观层面的研究。第 5 章（“社会化”）讨论了乔治·赫伯特·米德（George Herbert Mead, 1863—1931）的思想，他研究了人们的个性是如何成为社会发展的结果的。第 6 章（“日常生活中的社会互动”）陈述了尔文·戈夫曼（Erving Goffman）的研究成果，他的拟剧分析法描述了我们是如何像舞台上的演员那样，扮演自己的多种社会角色的。另一些当代的社会学家，包括乔治·霍曼斯（George Homans）和彼得·布劳（Peter Blau），则发展出社会交换分析。在他们看来，社会互动取决于每一个人从他人那里得到什么、失去什么。例如，在求爱的过程中，人们寻找那些在个人魅力、聪明才智以及社会背景等方面与自己对等的人作为配偶。

▲检查你的学习 宏观层面的分析和微观层面的分析有什么不同？请对一个社会模式提供这两种层面的解释。

◇ 评价

不可否认，宏观层次的社会构成，例如“家庭”、“社会阶级”等等是存在的，而符号互动视角则提醒我们，社会本质上是人们之间的互动。这就是说，微观层次的社会学试图展现个人实际上是如何建构和体验社会的。但是，任何事物都有两面性，由于强调每一个社会情境的独特性，符号互动视角很可能忽略了文化以及诸如阶级、性别、种族这样的因素的广泛影响。

第 19 页“应用理论”表格总结了结构—功 17
能视角、社会冲突视角和符号互动视角的主要特征。每一种视角在回答各种特定的社会问题时都是有帮助的。然而，对于社会的最充分的认识来自对三种视角的综合应用，正如下面我们对美国社会中体育运动所进行的分析那样。

应用理论：体育运动社会学

◇ 应用

我们中的哪些人不喜欢体育运动？六七岁的孩子可能同时进行两三个有组织的体育运动，青少年擅长三个甚至更多的体育项目。对于不同年龄段的观众，周末的电视机里充满了体育新闻，报纸的整版都在报道比赛赛事。在美国，顶级的运动员例如亚历克西·罗德里格斯（Alex

Rodriguez, 棒球)、泰格·伍兹(Tiger Woods, 高尔夫球)、塞莲娜·威廉姆斯(Serena Williams, 网球)都属于最有名的名人。体育运动在美国也是一个创造了数十亿美元的产业。对于这样一个存在于每天生活中、非常熟悉的组成部分,这三种理论视角能给予我们怎样的社会学见解呢?

体育运动的功能

结构—功能视角将注意力放在了体育运动是如何帮助社会运行的。体育运动的显著功能有:提供娱乐、保持身体状况良好的手段以及一种危害相对较低的发泄过多精力的途径。体育运动还有许多潜在功能,从建立社会关系到创造成千上万的工作机会。体育运动鼓励竞争和追求成功,这两者是我们社会生活方式的核心。

体育运动也会产生负效应。例如,为了荣誉以及从校友、企业中获得更多的赞助捐款,学院和大学希望在运动场上取得胜利。因此,有时在招收新学生的时候,这些学校更多地考虑学生的运动技能而不是他们的学习能力。这样一种情况不仅仅降低了一个学校的学术水平,同时也欺骗了运动员,使得他们在学习上只花了很少的时间,而这些学习其实是为他们今后的事业做准备的(Upthegrove, Roscigno & Charles, 1999)。

体育运动与冲突

体育运动的社会冲突分析指出人们参与的体育运动反映了他们所处的社会地位。一些体育运动的价格是很高昂的——例如网球、游泳、高尔夫球、航海和滑雪,所以参与者往往都只限于富人。但是橄榄球、棒球,还有篮球,就几乎能够被任何收入水平的人所接受。因此,人们参与体育运动不仅是个人选择,更是他们所处社会地位的反映。

18 纵观历史,男性在体育运动中占有主导位置。例如,1896 年举行的第一届现代奥林匹克运动会就禁止妇女参加比赛。传统观念认为女孩子和妇女缺少运动所需的力量,参与运动的女性可能没有女人味。因此,在 20 世纪大多数的时间里,地方的小联盟比赛仍然禁止女性参加。虽然现在奥运会和小联盟比赛都已经向男性和女性开放了,但是即使今天我们的社会仍然鼓励男性成为运动员,而希望女性能够成为专心的观众和热情的拉拉队队员。在大学里,男性运动员比女性运动员更能获得关注和资源。男性教练的人数也多于女性,即使在女性运动项目中也不例外(Welch & Sigelman, 2007)。在专业水平上,女性也稍逊于男性,特别是在能够获得更高收入和更高社会声望的运动项目上。

几十年来,大的联盟比赛都禁止有色人种参加,他们只能被迫组建他们自己的联盟比赛。直到 1947 年的美国职业棒球大联盟(MLB)比赛上,杰基·罗宾逊(Jackie Robinson)打破了肤色的界限,作为第一个美国黑人运动员加入了布鲁克林道奇队。50 多年后,联盟中所有队的 42 号都取消了,以此表达对罗宾逊光辉职业生涯的敬意。2009 年,美国黑人(占美国人口的 13%)在 MLB 运动员中占了 9%,在全美橄榄球联盟(NFL)运动员中占了 67%,在全美职业男子篮球协会(NBA)运动员中占了 77%(Lapchick, 2010)。

黑人的人数在职业比赛中增加的原因之一是运动员自身的表现,每场比赛中击球的平均数和得分可以得到准确的测量,它们并不因种族的偏见而受到影响。一些有色人种在体育比赛中付出了很大的努力以获得出色的表现,因为在这一领

◎ 电视节目《体操公主》(*Make It or Break It*)清晰地展现了在无数的美国社区中,体育是社会生活的一个重要部分。社会学的三种理论视角都将帮助我们理解体育在社会中扮演的角色。

域，他们往往能够获得比在其他领域更多的机会（G. Steele，1990；Edwards，2000；Harrison，2000）。事实上，最近一些年来，黑人运动员在平均水平上比白人运动员挣的薪水更高。

但是种族歧视仍然存在于职业运动项目中。例如，运动员在场中所处的位置——我们称其为“阵式”——就和他们的种族有一定的联系。图 1—2 表明了在棒球比赛中对种族进行研究所得出的一个结论。注意，白人运动员多被置于需要“思考”的核心位置上——投球手（68%）、接球手（64%）。与此相反，黑人只有 4% 的可能成为投球手，1% 的可能成为接球手。总之 9% 的内场、28% 的外场都是黑人运动员，这些位置被描述为要求“速度和反应能力”（Lapchick，2010）。

更广泛地说，黑人运动员只有在以下五个比赛项目中能够占到大比例：棒球、篮球、橄榄球、拳击和田径。在所有职业性的体育比赛中，绝大多数的管理者、主教练和球队的所有者都是白人（Lapchick, 2010）。

谁能从专业体育运动中获益？虽然有许多运动员能够得到巨额的薪水，并且能得到数百万球迷的支持，但体育竞赛其实是一个大型的为少数人（主要是白人男性）谋取巨额财富的商业行为。总之，体育竞赛在美国是与性别、种族和财富的不平等密切联系在一起的。

作为互动的体育运动

在微观层面上，一场体育比赛是一种复杂的、面对面的互动。一方面，体育比赛受到运动员所分配的位置和比赛规则的影响。但是运动员的表现也是自发的和不可预见的。根据符号互动视角，我们更多地将体育竞赛视为一个正在进行的过程，而不是一个系统。

从这个观点出发，我们也希望每一个运动员能够从不同的角度去理解比赛。一些运动员从激烈的竞争情境中得到享受；而对另外一些运动员来说，对于体育运动的热爱可能远远大于赢得比赛本身。

另外，任何运动员的行为都会随着时间的流逝而改变。例如，一个职业棒球比赛中的新手在最初的几场大型比赛中可能会感到不自在，但是他会在队伍中慢慢地找到相对舒适的感觉。对于杰基·罗宾逊而言，在赛场上寻找到自在的感觉是一个缓慢而痛苦的过程，他知道许多白人运动员和数百万的白人球迷憎恶他的出场。然而，他出色的球技和自信以及他乐于合作的态度终于为他赢得了全国民众的尊重。 19

三个理论——结构—功能视角、社会冲突视角和符号互动视角——为我们提供了对体育比赛不同的观察角度，然而没有一个理论是优于其他的。当应用在分析任何一个问题上时，每一个理论都有它自己独特的解释。为了充分领悟社会学视野的超凡本领，你应该熟悉这三种理论视角。

第 23 页“争鸣与辩论”专栏讨论了对社会学视野的应用并回顾了出现在这一章里的许多思想。这一专栏提出了许多问题，它们将会帮助你理解社会学的普遍性与我们每天所遇到的一般性的老套问题的区别。

多样化快照

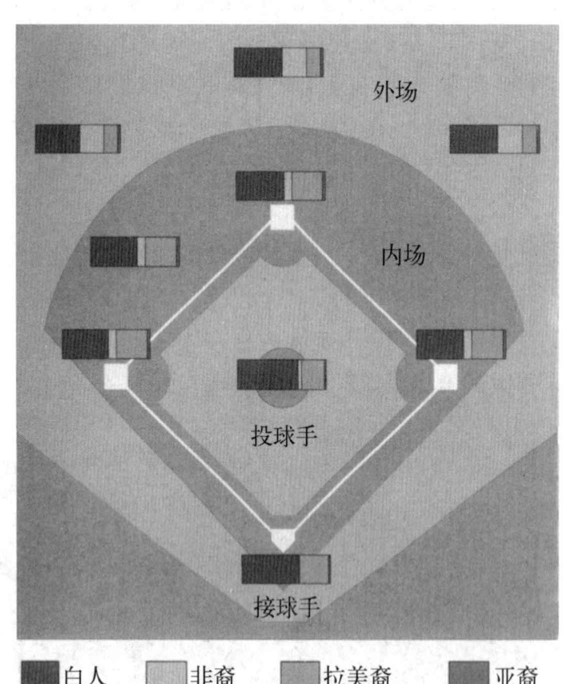

图 1—2 专业棒球赛的“阵式”

◎ 种族的不同在职业比赛中有影响吗？看看职业棒球比赛中这么多的位置，我们发现白人运动员在内场中间位置的可能性较大，而有色人士更有可能在外场。你怎样看待这样一个模式？

争鸣与辩论

社会学是否只是刻板印象的集合?

吉娜: (从她的笔记本中抬起眼)今天在社会学的课堂上,我们讨论了刻板印象。

玛西娅: (正将精力集中在科学实验上)是啊,这里就有一个:舍友不喜欢在学习时被打扰。

吉娜: 我好学的朋友,我们都有刻板印象,即使教授也不例外。

玛西娅: (变得有点兴趣)比如说?

吉娜: 钱德勒教授今天在课堂上说如果你是新教徒,你很可能自杀。然后亚妮娜,那个来自厄瓜多尔的女孩说,大致意思是:"你们美国很有钱,乐于结婚,也乐于离婚!"

玛西娅: 我哥哥上周对我说:"每一个人都知道,要打职业篮球赛你必须得是一个黑人!"这就是一个刻板印象。

像其他人一样,大学生总是很快地对人们进行概括总结。正如本章说明的,社会学家也喜欢寻找日常生活中的社会模式并加以归纳总结。然而,社会学的初学者可能很想知道归纳总结与刻板印象有什么区别。例如,前面吉娜和玛西娅所说的是恰当的归纳还是错误的刻板印象?

刻板印象(stereotype)是应用于对某个群体中的每一个人的简化描述。上文提到的这些陈述都是错误的刻板印象的例子,原因有三。第一,描述的不是一般现象,每一个句子对一类人群中的每个人用完全相同的方式进行描述;第二,每一个句子都忽略了事实,歪曲了事物的真实性(即使很多刻板印象的确包含了事实的某一个因素);第三,一个刻板印象通常由偏见激发而来,听起来更像是一种诋毁而不是来自于公平的观察。

那么什么是社会学?如果社会学要求寻找社会模式并做出归纳,那么这是不是在表达偏见?答案是否定的。规范的社会学进行归纳都必须满足三个条件。第一,社会学家们不会随便地将归纳结果应用于某个类别的每一个人。第二,社会学家们会确定任何一次归纳都会与所有可获得的事实相一致。第三,社会学家们以获得真相为目的提供公正的归纳总结。

首先,吉娜记起教授说(不是教授的原话)的是新教徒的自杀率高于天主教徒或犹太教徒。根据本章之前的内容,这个说法是正确的。但是,吉娜对课堂内容的表述不正确——"如果你是新教徒,你很可能自杀"。这个句子不是规范的社会学表述,不是一个恰当的概括,因为大多数的新教徒并不是这样。仅仅因为某一个朋友,因为他是新教徒且他要自杀,就仓促地得出这个结论是错误的。(想象一下,你拒绝借钱给恰好是名浸礼会教徒的室友,而理由仅仅是"因为你可能会自杀,所以我可能永远也收不回我的钱!")

其次,社会学家们依据可靠的事实进行归纳。亚妮娜说法更加恰当的版本是:平均而言,美国的民众有着很高的生活水平,几乎每一个人在生命的某个阶段都会结婚;然而,虽然只有少数的一些人离婚,但我们的离婚率也是最高的之一。

最后,社会学家们总是努力地保持公正,期待获得真相。玛西娅哥哥关于美国黑人和篮球的句子,更像是不公平的偏见,而不是规范的社会学表述。有两个理由:第一,虽然黑人在职业篮球赛中参与比例高于其在总人口中的比例,但是上述说法明显不是事实;第二,这更像是由偏见产生的说法而不是来自于对事实的考察。

重要的是,规范的社会学分析是与有害的刻板印象相区别的。大学里的社会学课程是极好的设置,它教会你从事实中得到真相而不是被普通的刻板印象遮住眼睛。课堂上鼓励讨论,并提供了你所需要的真实信息,让你判断一个特定的句子是一个恰当的社会学归纳,还是只是一个刻板印象。

你怎么想?

1. 你能想出有关社会学家的某一刻板印象吗?是什么?阅读过这一专栏后,你依然认为这是恰当的吗?
2. 你认为上一门社会学课程可以帮助你纠正人们的刻板印象吗?为什么?
3. 你能想出你自己的某一刻板印象,而这一刻板印象可能被社会学的分析所质疑吗?

◎ 社会学的课堂是一个从常见的固有观念中找到真相的好地方。

日常生活中的社会学

第 1 章　社会学的视野

为什么两个人要结婚？

在本章的一开始，我们就提出了这个问题。常见的回答是人们因为相爱而结婚。但是正如本章所解释的，社会在我们日常生活中起着指导作用，影响着我们的行动、思考和感觉。看下面三张图片，每张都展示了一对夫妇。我们假设他们都是“相爱的”。在每个案例中，你能否为故事的其余部分提供一些内容？通过观察他们所代表的群体，请解释一下社会如何发挥作用让两个人走到一起。

提示

社会在许多层面发挥作用。思考一下关于同性恋和异性恋婚姻的规则、人们可以与多少人结婚的规定、种族和民族的重要性、社会阶级的重要性、年龄的重要性，以及社会交换的重要性（每个配偶彼此为对方提供了什么）。所有社会通过各种强制规则规定人们应当或不应当与谁结婚。

著名歌手碧昂丝·吉赛尔·诺斯（Beyonce Giselle Knowles）在纽约麦迪逊广场花园与她的丈夫 Jay-Z（Shawn Corey Carter）一起演出。他们在 2008 年结婚，从中你看到了什么社会模式？

1997 年，在电视节目《艾伦秀》（*Ellen*）的第四季，艾伦·德詹尼丝（Ellen DeGeneres）以同性恋者的身份，出现在《时代》杂志的封面。从那以后，她成为代表同性恋期刊的积极分子。2008 年加利福尼亚州简化同性恋婚姻法律后，她与她的长期女朋友，澳大利亚的女演员波蒂亚·德·罗西（Pottia de Rossi）结婚。

2011 年，85 岁的休·海夫纳（Hugh Hefner）原本计划 6 月份迎娶 25 岁的克丽丝泰尔·哈里斯（Crystal Harris），但是在婚礼前几天得知女方改变心意而取消婚礼。7 月刊的《花花公子》杂志原以哈里斯为封面人物，题目为“介绍克里斯泰尔·海夫纳太太”，在发行最后一刻被贴上标签：“本期的落跑新娘！”从中你看到了什么社会模式？

从你的日常生活中发现社会学

1. 分析你父母的、其他家庭成员的婚姻，还有不同阶级、种族、年龄等不同背景的朋友的婚姻。你可以发现什么证据以说明社会引导了我们称为“爱情”的感觉？
2. 使用社会学的视野更加全面真实地理解你的个人生活，你可以指出生活中哪些决定是受到阶级、种族、年龄或其他社会因素影响的吗？
3. 正如本章所说，我们所处的时代、社会，以及我们的阶级地位、种族、性别都会影响我们的个人经历。这是否意味着我们无法决定自己的命运呢？不！事实上，我们越了解社会是如何运行的，我们越能够把握自己的生活。

登录mysoclab.com，阅读“从你的日常生活中发现社会学”专栏，更多地了解本章的学习如何帮助你深入地理解你自己以及身边的人，从而使你能够更好地追求自己的生活目标。

取得进步

第1章　社会学的视野

什么是社会学的视野？

社会学的视野向我们展示了社会对于个人生活的影响。

- 我们通常认为的个人选择，如是否上大学、生几个孩子，甚至是自杀的决定，都受到社会力量的影响。
- 彼特·伯格将社会学的视野描述成从特殊中发现一般。
- C·赖特·米尔斯将这种观点称为“社会学的想象力”，声称它将私人烦恼转变为公众论题。
- 成为一个边缘人或者经历社会危机有助于人们从社会学的视野进行思考。 pp.2-6[①]

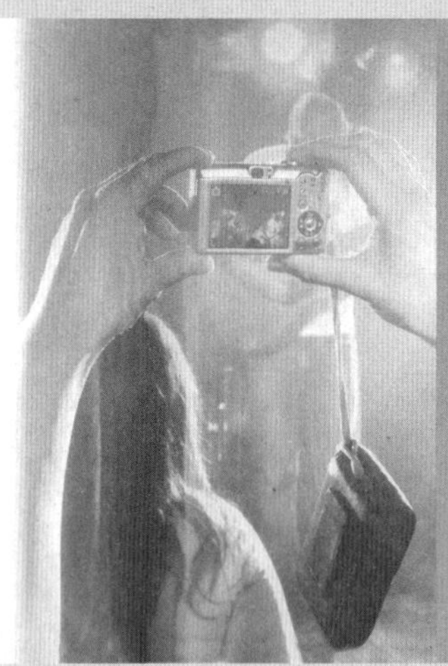

社会学（p.2）：关于人类社会的系统研究。

社会学的视野（p.2）：社会学的独特观点，即从特定的个人行为中寻求一般的模式。

全球化视野的重要性

我们在哪里生活——是像美国这样的高收入国家，像巴西这样的中等收入国家，还是像马里这样的低收入国家，影响了我们过什么样的生活。 pp.6-7

世界上所有的社会形态越来越紧密地联系在一起。

- 新的科学技术使得全世界的人都可以共享流行趋势。
- 世界移民增加了美国种族和民族的多样化。
- 跨国贸易创造了全球化的经济。 p.7

许多美国的社会问题在其他国家更加严重。 pp.7-8

了解其他社会的生活情况帮助我们更好地了解自己。 p.8

应用社会学的视野

社会学研究对公共政策的制定起着重要的作用。 p.8

在个人层面上，社会学帮助我们认识到生活中的机会和限制，鼓励我们更加活跃地参与社会。 p.9

社会学学习为我们在许多不同的工作中获得成功打下良好的基础。 pp.9-11

全球化视野（p.6）：对更为广阔的世界及我们的社会在这个世界中的地位的研究。

高收入国家（p.6）：拥有最高生活水平的国家。

中等收入国家（p.6）：在世界范围内生活状况处于平均水平的国家。

低收入国家（p.6）：生活水平非常低的国家，大部分人都很贫困。

社会学的起源

18 世纪和 19 世纪快速的社会变迁让人们更加关注周围环境，促进了社会学的发展：

- 工业经济的兴起将工作从家庭转向了工厂，削弱了那些数世纪来引导社会生活的传统。
- 城市的飞速发展产生了许多社会问题，比如犯罪、无家可归等。
- 追求个人自由和权利的政治变迁鼓励人们质疑社会结构。 pp.9-11

奥古斯特·孔德在 1838 年首次提出了“社会学”这一名词，用以描述一种新的看待社会的方式。

- 早期的社会思想家着重探讨了社会应该是什么样的。
- 孔德想要通过实证主义，即一种基于自然科学的理解方式，来了解社会实际上是什么样子的。
- 卡尔·马克思和许多后来的社会学家利用社会学以使社会变得更好。 p.11

实证主义（p.11）：一种基于自然科学的理解方式。

① 此页码为原书页码，即本书边码。——译者注

社会学理论

理论陈述了具体的事实之间是如何联系的，将观察到的事实演绎为一种深刻的见解和知识。社会学家采用三种主要的理论视角来描述社会的运行。 p.12

宏观层次

结构—功能视角解释社会结构——如宗教仪式、家庭生活等行为模式——如何一起工作，帮助社会运行。

- 奥古斯特·孔德、埃米尔·涂尔干和赫伯特·斯宾塞发展了结构—功能视角。
- 罗伯特·默顿指出社会结构拥有显著功能和潜在功能；他还指出存在社会负功能，即任何可能扰乱社会正常运行的社会模式。pp.12-13

社会冲突视角展示了社会的不平等如何创造冲突并引起变迁。

- 卡尔·马克思发展了社会冲突视角。
- 性别冲突视角与女权主义有关，关注社会中男女不平等如何产生。哈丽雅特·马蒂诺被认为是第一个女性社会学家。
- 种族冲突视角关注社会如何赋予白人比有色人种更多的优势，如更高的收入、更多的教育以及更好的健康状况。
- 杜波伊斯定义了美国黑人存在的“双重意识”。

pp.13-16

微观层次

符号互动视角研究人们如何在日常互动中建构现实。

- 马克斯·韦伯声称人们的信仰和价值观影响着社会发展，这是社会互动理论的基础。
- 社会交换论认为社会生活取决于每一个人从社会互动中得到什么和失去什么。 pp.16-17

理论（p.12）：对特定的事实如何联系的以及为什么会有这种联系的一种概述。

理论视角（p.12）：对于社会的基本印象，其引导了思考和研究。

结构—功能视角（p.12）：一种建构理论的框架，这种理论认为社会是一个复杂的系统，系统的各部分一起运作以促进社会的团结与稳定。

社会结构（p.12）：任何相对稳定的社会行为模式。

社会功能（p.12）：任何社会模式下社会作为一个整体运转的结果。

显著功能（p.13）：任何社会模式的可知的、可预期的结果。

潜在功能（p.13）：任何社会模式的不可知的、不可预期的结果。

社会负功能（p.13）：任何可能扰乱社会正常运行的社会模式。

社会冲突视角（p.13）：一种建构理论的框架，这种理论将社会看作是一个充满了不平等的舞台，而正是这种不平等带来了社会冲突和社会变迁。

性别冲突视角（p.14）：关注男性与女性之间不平等和冲突的观点。

女权主义（p.14）：要求男女社会地位平等的主张。

种族冲突视角（p.14）：关注不同种族、不同教派之间的不平等与冲突的观点。

宏观层次定位（p.16）：广泛地关注将社会组织成一个整体的社会结构。

微观层次定位（p.16）：注重对特定的情形下社会互动的密切关注。

符号互动视角（p.16）：一种建构理论的框架，它把社会看作个体之间日常互动的产物。

应用理论：体育运动社会学

体育运动的功能

结构—功能视角关注体育运动是如何帮助社会顺利运行的。

- 体育运动的显著功能有：提供娱乐、保持身体状况良好的手段以及一种危害相对较低的发泄过多精力的途径。
- 体育运动的潜在功能包括建立社会关系和创造成千上万的工作机会。 p.17

体育运动和冲突

社会冲突视角考察了体育运动与社会不平等之间的联系。

- 历史上，男性比女性更能从体育运动中获益。
- 有些体育运动的参与者仅限于富人。
- 种族歧视存在于专业的体育竞赛中。 pp.17-18

作为互动的体育运动

符号互动视角突出了人们对于体育运动的不同理解和意义。

- 在一个队伍里，运动员对体育运动的理解会相互影响。
- 公众的反应会影响运动员看待体育项目的方式。pp.18-19

刻板印象（p.19）：应用于对某个群体中的每一个人的简化描述。

SPEAK
Staff
KIDS SPE

第2章 社会学研究

学习目标

◇ 记忆

本章黑体关键名词的定义，包括从事社会学研究的三种方式和所有的社会学研究方法。

◇ 理解

社会学家如何根据研究问题和能够获得的研究资源来选择研究方法。

◇ 应用

社会学研究伦理于本章所有社会学研究调查的真实案例中。

◇ 分析

为什么研究者决定使用某一种或者几种研究方法回答他们的研究问题。

◇ 评价

读到的社会学研究中研究者所使用方法的优点与缺点。

◇ 创造

对研究逻辑的透彻理解，从而能够批判性地分析日常生活中得到的信息。

26

本章概览

之前我们学习了如何使用社会学视野和社会学理论，接下来我们开始学习社会学家如何“从事”研究。本章将介绍社会学研究过程以及社会学如何获得关于这个世界的信息。首先，本章将自然科学作为一种认知方式，同时讨论科学社会学的两个局限以及由此产生的另外两种认知方式——解释社会学和批判社会学。其次，本章将详细介绍四种数据收集方式，并举例说明。

社会学家路易斯·本杰明（Lois Benjamin，1991）在寒假期间访问了亚特兰大，她给一位大学朋友的母亲打电话，希望了解她的朋友谢芭的近况。她们两个人有着相同的梦想：读一个研究生学位、获得一份教书的工作，以及写一些书籍。现在，本杰明已经梦想成真，成为一位成功的大学教授。但是，正如后来她所看到的，谢芭就没有这么幸运。

本杰明回忆起导致谢芭这些不幸的早期征兆。大学毕业后，谢芭去了一所加拿大大学读研究生。在她给本杰明的信中，似乎变得越来越爱抱怨外部世界，并且将自己与他人隔离开来。本杰明疑惑她是否正遭受着病态人格的影响。但是在谢芭看来，主要的问题是种族歧视。作为一名非裔美国妇女，她感到自己成为种族敌对的目标。不久后，她退了学，并将这一失败归咎于她的白人教授。此后，她离开了北美，在英国获得了博士学位，然后去了尼日利亚。之后的这些年，本杰明再也没有听到她这位好友的消息。

本杰明听说谢芭已经回到了亚特兰大十分高兴。但是，当她看到谢芭，了解到她的朋友所经历的精神崩溃以及几乎不能对任何人作出反应的现实时，她的喜悦立刻变成了震惊。

好几个月中，谢芭的情感崩溃使本杰明十分苦恼。显然，谢芭存在着心理疾患。但是，同样有着种族主义刺痛感的本杰明怀疑，种族主义可能在谢芭的故事中也是一个重要的原因。作为对老朋友的一种回报，本杰明着手探索种族因素对那些生活在美国的幸福的、受过良好教育的非裔美国人的影响问题。

本杰明知道，她正在对一种常见的信念提出质疑。这种信念认为，种族现在比以往更不成为一种障碍——对那些有才能的非裔美国人更是如此（W.J.Wilson，1978）。但是，她自己的经历却与这种看法相反，她相信谢芭的经历也一样。

为了检验她的想法，本杰明用了两年时间，在全国各地访问了100位成功的非裔美国人，询问种族因素对他们生活的影响。在被称作“100个能人”[①]的男人和女人中，她发现了证据，表明即使在那些具有特权的非裔美国人中，种族主义依然是一种沉重的负担。

在本章的后半部分，我们将更加仔细地考察路易斯·本杰明的研究。现在，我们可以发现社会学视野是如何帮助她从个体的社会生活中发现广泛的社会模式的。同样重要的是，本杰明的工作告诉我们如何从事社会学，展示了社会学研究的过程。

许多人认为科学家只在实验室工作，采用复杂的仪器进行仔细的测量。但正像这一章所指出的，虽然有一些社会学家在实验室中从事科学研究，但大部分的社会学家却是在附近的街道、在居民家中、在工作场所、在学校和医院、在酒吧和监狱——简言之，在一切有人的地方开展工作。

本章考察社会学家从事研究的方法。在考察的过程中我们将会看到，研究不仅仅包括收集信息的方式，同时也包括有关价值观的争论：研究

① W.E.B.杜波伊斯用“十大能人”来描述非裔美国人领袖。

27 者应该追求客观性吗？或者，他们应该以改变现实为目标吗？显然，路易斯·本杰明开始这项研究不仅是为了表明种族主义存在，而是希望指出种族主义的问题，并向它挑战。我们将在展示了社会学研究的基础知识之后再来处理价值观的问题。

◎ 在一个复杂、日新月异的世界里，存在着许多不同的"真理"。在南太平洋小岛上的和平队志愿者学到至关重要的一点——不同的人常常以不同的方式看待事物。用科学的方式获得真理十分关键，但是在世界上生活着的人们的古老传统也是重要的真理。

社会学研究基础

◇ 理解

社会学研究开始于两个简单的必要条件。第一个就是第1章的焦点：应用社会学的视野。这一要点揭示出，对我们身边各种新奇的行为模式需要作进一步的研究。正是路易斯·本杰明的社会学想象促使她思考种族因素是如何影响到有才能的非裔美国人的生活。

第二个必要条件是好奇和提问。本杰明希望更多地了解种族因素如何影响到高成就者。她通过提问开始：这个国家黑人社区的领袖是谁？少数族群的身份对他们的自我认识有什么样的影响？少数族群身份如何影响白人对他们及其工作方式的看法？

从社会学的视野来看待世界和提出问题，是社会学研究的基础。但我们从哪里找答案呢？要回答这一问题，我们需要认识到存在着各种各样的"真理"。

作为真理形式之一的科学

我们说"知道"其实意味着许多。例如，在美国，大多数人说他们信上帝。尽管很少有人声称他与上帝有直接的接触，但他们说他们同样相信上帝。我们把这种知道称作"信仰"或者"信念"。

第二种真理来自公认的专家。例如，学生有了健康问题，就会去看校园医生或者在互联网上查询这一领域的专家所发表的文章。

第三种类型的真理基于普通人简单的意见一致。在美国，我们中的大部分人可能会说：我们"知道"10岁孩子之间的性交是错误的。但为什么呢？大部分是因为每个人都是这样说的。

世界各地人们的"真理"不同，我们经常遭遇到与我们看法不同的"事实"。想象你是一个和平队的志愿者，刚刚到达拉丁美洲的一个传统的小村庄。你的工作是帮助当地人种植更多的庄稼。在你到地里的第一天，你观察到一种奇怪的做法：在播下种子后，农民们在地面上放一条死了的鱼。当你询问这是为什么时，他们会解释说，这条鱼是给丰收之神的礼物。一位村里的长者还严肃地补充道，有一年没有给鱼时，收成就很差。

从社会学的视野看，用鱼作为礼物奉献给丰收之神具有意义。这里面有人们的信仰，他们的专家认可它，同时每一个人似乎都认为这样做是有效的。但是，由于你具有农业方面的科学训练，就会对此摇头和感到怀疑。在这种情况下，科学的"真理"是完全不同的事情：腐烂的鱼使得土地肥沃，生长出更好的庄稼。

科学代表了认识的第四种方式。**科学**（science）是一种基于直接、系统的观察所得认识的逻辑体系。与信念、"专家"的智慧以及一般的意见一致所不同的是，科学知识依赖于**经验证据**（empirical evidence），即那些能够用我们的感官确认的信息。

我们所举的和平队的例子并不意味着传统村

庄的人们无视他们的感官告诉他们的信息，也不是说技术先进的社会中的人们仅仅只用科学来认识事物。例如，研制新的药物来治疗癌症的医学研究者依然会把她的宗教活动作为一种信仰，当要做出有关金钱的决定时，她会去征求金融专家的意见，同时她还会关注家人和朋友对政治的看法。简言之，我们往往会同时拥有各种类型的真理。

常识与科学证据

与社会学的视野相似，科学证据有时也会挑战常识。许多北美人认为下列六种说法是真实的。

1. “穷人比富人更可能犯法。”不对。如果你定期观看像《美国警察》（*COPS*）这类的电视节目，你可能会认为警察只会抓那些来自“坏”居住区的人。第 9 章（“越轨”）将会解释，官方的抓捕统计中穷人比例的确很高，但是，研究同时也表明，警察和检举人可能对那些有钱人更加仁慈。比如一个好莱坞明星在商店里偷了东西或者酒后驾车都是如此。某些法律条文更是以一种对穷人定罪较多、对富人定罪较少的方式写成的。

焦点中的社会学

我们在大众媒体上看到的都是真的吗？以婚外性行为为例

每天，我们阅读报纸和杂志，从中了解现在人们的想法和行为。但是很多我们所看到的内容会误导我们，甚至是不真实的。

以婚外性行为为例，即已婚人士与配偶外的人发生性关系。看看超市结账通道上许多所谓的妇女杂志封面，或者浏览当地报纸的建议专栏，你可能会觉得婚外性行为是许多已婚人士面临的主要问题。大众媒体有很多报道可以告诉你如何防止配偶的“欺骗”，或者找到配偶有外遇的线索。大众媒体和网络上的大多数研究都表明超过一半的已婚人士，不论男女，都有过婚外情。

那么，婚外性行为是不是真的如此普遍呢？不是的。有学者做过全面的社会调查，发现在某一年，只有 3% 或者 4% 的已婚人士有过一次婚外情，不超过 15% ～ 20% 的已婚人士遇到这种情况。为什么大众媒体调查到的婚外情比例这么高呢？看看谁会参加这种大众调查，我们就会知道答案了。

第一，对调查主题感兴趣的人更有可能完成调查。因此，有过婚外情经历的人（他们自己或者配偶有过婚外性行为）更有可能参加这种调查。与大众调查不同，经验丰富的研究者会认真选择调查对象，因此调查结果更能够代表总体情况。

第二，进行此类调查的杂志和网络途径的受众都比较年轻，因此这类调查吸引较多的年轻人参与。正如我们所知道的，年轻人更有可能发生性行为。比如，一般而言，30 岁的已婚人士发生婚外性行为的可能性是 60 岁以上已婚人士的两倍。

第三，相比男性，女性更有可能阅读有性行为调查的杂志。因此，女性更有可能填答问卷。最近几十年，发生婚外性行为的女性（特别是年轻女性）的比例上升了。为什么今天的年轻女性比上一两代的女性更有可能发生婚外性行为呢？可能的原因之一是现在的女性可以离开家庭，在外工作。而在外出差甚至是许多女性工作的一部分。这种生活方式使得现在的女性拥有更大的社交网络，有机会与更多男性接触。

加入博客讨论吧！

你可以想到其他可能受大众媒体调查误导的话题吗？它们是什么？你是否认为大众媒体可以提供有关这个世界的准确信息呢？欢迎登录 MySocLab，加入“焦点中的社会学”博客，分享你的观点和经历，并看看别人是怎么想的。

资料来源：T.W. Smith (2006), Black (2007), and Parker-Pope(2008).

2.“美国是一个中产阶级社会，在这个社会中，人们基本上都是平等的。”错误。第 11 章（“美国的社会阶级”）中的数据表明，美国
28 家庭中 5% 最富裕的家庭掌握着全国 60% 的财富，而有近一半的家庭几乎没有一点财产。美国最富裕的群体与一般群体的差距从未如此巨大（Mishel,Bernstein & Allegretto, 2009; Wolff, 2010）。

3.“大部分穷人不愿意工作。”错误。第 11 章所描述的研究指出，这一陈述对某些穷人来说是正确的，但不能代表大多数穷人。事实上，在美国，超过 1/3 的穷人是儿童和老人，他们不属于应该工作的人群。

4.“男女在行为上的差别是人类的本性。”又错了。正如第 3 章（“文化”）所解释的，许多被我们称作“人类本性”的东西实际上是由我们所生活的社会所建构的。进一步说，正如第 13 章（“性别分层”）所指出的，某些社会中对“女子气”和“男子气”的定义与我们的定义非常不同。

5.“当人们变老时，人们会变得不同，开始关注健康而失去许多其他的兴趣。”并非真的如此。第 15 章（“老龄化和老年人”）说明了，老龄化对我们的个性改变非常小。人年老时健康问题会增加，但是基本上老年人会保持他们在整个成年生活中所具有的与众不同的个性。

6.“大部分人因相爱而结婚。”并非总是如此。对于我们社会中的成员来说，很少有这么明确的陈述。然而，令人惊讶的是，在许多社会中婚姻与爱毫不相干。第 18 章（“家庭”）将会解释为什么会如此。

这些例子确认了古老的说法：“那些与实际相反的已知带给我们的麻烦同无知带给我们的麻烦一样多。”第 32 页“焦点中的社会学”专栏解释了为什么我们也需要对互联网和大众媒体上的“事实”进行批评性的思考。

我们都已经被教育成相信那些被广泛接受的真理，不断受到大众媒体上专家建议的抨击，同时也感觉到那种要接受周围人们意见的压力。作为成年人，我们需要更加批判地评价我们所看到的、所读到的、所听到的。而社会学能够帮助我们做到这一点。

从事社会学研究的三种方式 29

◇ 理解

“从事”社会学研究意味着了解社会世界。从事这种工作的方式不止一种。就像社会学家能够运用一种或多种理论视角（参见第 1 章“社会学的视野”）一样，他们也可以运用不同的方法论倾向。以下部分描述三种做研究的途径：实证社会学、解释的社会学以及批判的社会学。

实证社会学

在第 1 章中，我们解释了早期的社会学家诸如奥古斯特·孔德以及埃米尔·涂尔干等人如何将科学应用于对社会的研究，就像自然科学家考察物质世界一样。因此，**实证社会学**（positivist sociology）就是基于对社会行为的系统观察来对社会进行研究。用实证主义研究世界会假定“在那里”存在着一种客观的现实。科学家的工作就是收集经验证据，即那些能够用我们的感官，比如“看”、“听”、“接触”来确认的事实去发现这种现实。

概念、变量与测量

让我们看看科学是如何运作的。科学的一个基本元素是**概念**（concept），即用一种简化的形式来表示世界某一部分的精神产物。社会学家使用概念来描述社会生活的各个方面，比如“家庭”和“经济”；还可以使用概念，如“性别”和“社会阶级”，对人们加以分类。

变量（variable）是取值随着情况的改变而改变的一个概念。例如，一个熟悉的变量“价格”，超市里不同商品的“价格”取值是不一样的。类似地，我们用“社会阶级”的概念来将人们区分成“上层阶级”、“中产阶级”、“工人阶级”或者“下层阶级”。

变量的使用依赖于**测量**（measurement），即为特定个案确定变量取值的过程。一些变量容易测量，就像你站在磅秤上看你的体重是多少。但是测量社会学的变量复杂得多。例如，你如何测量一个人的“社会阶级”？你可能会去看他穿的衣服，听他讲话的方式，或者记下他的住址。或者更为精确一点，你可能会询问他的收入、职业

概念 用一种简化的方式描述世界的某一部分的精神产物。

变量 取值随着情况的改变而改变的一个概念。

和教育。

因为几乎任何一个变量都可以用不止一种方式来测量，社会学家常常必须决定应该考虑哪些因素。例如，具有非常高的收入或许可以判定一个人是“上层阶级”。但是，如果收入是来自汽车销售这种被大部分人看作“中产阶级”的职业又该如何呢？而仅仅只有八年级的教育程度是否又将使这个人被归为“下层阶级”？在这样的例子中，社会学家通常结合这三种测量——收入、职业和教育——来确定社会阶级，正如第 10 章（“社会分层”）和第 11 章（“美国的社会阶级”）中所描述的那样。

社会学家也面临着如何处理众多人口数的问题。例如，如何描述数以百万计的美国家庭的收入？报告数百万个数字并没有大的意义，这并不能告诉我们作为整体的人们的情况。为了解决这个问题，社会学家使用描述性统计量来说明一个总体的平均水平。第 35 页“日常生活中的社会学”专栏将对此进行解释。

定义概念 测量总是存在某些含糊性，因为任何一个变量的取值都部分地依赖于变量如何定义。此外，很明显，诸如“爱”、“家庭”，或者“智力”这样的抽象概念存在多种测量方法。

因此，好的研究要求社会学家进行**变量的操作化**（operationalize a variable），这意味着在对变量赋值之前要确切地说明将被测量的内容。例如，在测量社会阶级的概念之前，你必须确切地决定你将打算测量什么：比如说，收入水平、上学的年限，或是职业声望。有时社会学家测量几种这样的事物，在这种情况下，他们需要确切地说明他们将如何把这些变量结合成一个总的分数。下次当你读到一项研究的结果时，可以注意研究者操作每一个变量的方式。他们如何定义术语将会极大地影响到研究的结果。

即使是美国人口普查局的研究者有时候也会面临概念操作化的问题。以测量美国种族和民族多样化为例。1977 年，美国人口普查局的研究者将种族和民族定义为白人、黑人、西班牙裔、亚太裔、美籍印第安人或阿拉斯加土著人，由调查者根据自己的情况进行选择。这一体系的一个问题是，一个人可能既是拉丁美洲人，同时又是白人或黑人。类似地，阿拉伯血统的人无法归于这些种类的任何一种之中。重要的是，跨种族的人的数量在美国不断增加。由于美国人口情况不断变化，所以，2000 年人口普查时扩展了选项， 30
并第一次允许人们选择多个类别来描述他们的种族和民族，而几乎有 700 万人这么做了。而其中有许多人同时选择了“西班牙裔”和某一国籍，如“墨西哥人”。因此，2010 年人口普查局研究员又更改了调查程序，提供了更加清晰的指引，将“种族”这个概念操作化为 5 个种族类别、“其他种族”和 57 个跨种族选项。从早期结果来看，大约有 750 万人（占总人口的 2.4%）认为自己是属于跨种族的。

信度与效度 一个有用的测量必须是可信的和有效的。**信度**（reliability）指的是测量的一致性程度。如果一次次重复测量的结果都是一样的，

◎ 科学研究的一个重要原则是社会学家以及其他的研究者在他们的研究中应该努力做到客观性，这样他们的个人价值和信念才不会歪曲他们的发现。但是，这样一种超然的态度可能会阻碍人们直言不讳以及分享信息所需要的关系。因此，社会学家需要考虑在多大程度上保持客观，在多大程度上表达自己的感受。

日常生活中的社会学

三个有用的（且简单的）统计量

你们学校的注册管理办公室正在准备一本新的小册子。作为勤工助学的一部分，你在那个办公室工作。你的上司要求你了解去年研究生班学生所得到的平均薪水。为了简便，假设你只与这个班上的7名研究生进行了交谈（一项真实的研究将要求接触更多的学生），得到他们目前收入的下列数据（美元）：

30 000　42 000　22 000
165 000　22 000　35 000
34 000

社会学家使用三个不同的统计量来描述平均水平。最简单的统计量是众数，即在一组数据中出现次数最多的那个数值。在这个例子中，众数是22 000美元，因为它出现了两次，而其他的数值都只出现了一次。如果所有的数值都只出现了一次，那就没有众数。如果两个不同的数值都出现了两次或者三次，那么就有两个众数。尽管众数很容易识别，但社会学家很少用它，因为它只用到了很少的数据，因而它只是对"平均水平"的一种粗略的测量。

一个更为常见的统计量是平均数，它指的是一组数据的算术平均水平，它通过将所有的数值加在一起除以个案数得到。这7个收入的总和是350 000美元，除以7，得到平均收入50 000美元。但是注意，这个平均数并不是一个非常好的"平均水平"，因为它高于7个收入中的6个，同时，它与任何一个实际数值也不特别接近。由于平均数会受到一个特别高的或特别低的数值的影响而被拉高或扯低（在本例中，一位研究生的薪水是165 000美元，他是一个棒球运动员，并成为辛辛那提红人队的一名新手），所以，包含一个或多个极端分数的任何数据都可能形成一种被歪曲的情况。

中位数是中间位置的个案，即处于从最低到最高的一组数据正中央位置的那个数值。本例中7名学生收入的中位数是34 000美元，因为当从最低到最高将这组收入排列起来时，这个数值正好将这组数据分为两半，3个收入比它更高，3个收入比它更低（当个案数目为偶数时，中位数等于两个中间的个案的数值之和的一半）。即使存在极端分数，中位数（与平均数不同）也不会受到它们的影响。在这种情况下，中位数给出的"平均水平"比平均数给出的更好。

你怎么想?

1. 你的平均成绩点数（GPA）就是平均水平的一个例子。它是一个众数，一个中位数，还是一个平均数？为什么？
2. 在研究人们的收入时，社会学家一般使用中位数而不是平均数。你知道为什么吗？
3. 快速计算这些简单数字的众数、中位数和平均数：1，2，5，6，6。

答案：众数=6，中位数=5，平均数=4。

那么，这个测量就是可信的。但是一致性并不保证效度，**效度**（validity）是指实际测量的与想测量的一致性程度。

得到一个有效的测量有时是棘手的。例如，如果你想研究你所在学院的学生有多么"虔诚"，你可能会询问他们参加宗教活动的频率。但是，

变量的操作化　在对变量赋值前精确地确定要测量什么。

信度　测量的一致性程度。

效度　实际测量的正是你所希望测量的一致性程度。

因果关系　一个变量（自变量）的变化引起另一个变量（因变量）发生变化。

自变量　引起其他变量发生改变的变量。

因变量　发生改变的变量。

去教堂、庙宇或清真寺与虔诚真的就是一回事吗？人们参与宗教活动或许是出于个人的信仰，但是也可能出于习惯这样做，还可能是其他人要求他们参与。还有那些完全不参与有组织的宗教活动的精神教徒又该如何呢？即使一项测量产生出一致性的结果（使它成为可信的），但还是有可能它所测量的并不是我们所想要测量的（因此缺乏效度）。在第 19 章（“宗教”）中，我们指出测量宗教信仰程度不仅仅要考虑去教堂的状况，同时还要考虑人们的信念和他们依靠宗教信念生活的程度。好的社会学研究需要仔细的测量，而这是社会学家经常要面对的挑战。

31 **变量之间的关系** 一旦作出了测量，研究者就可以进行真正关键的工作，即看看变量是如何相关的。科学的理想关系是**因果关系**（cause and effect），即这样一种关系，其中一个变量的变化引起另一个变量发生变化。因果关系每天都发生在我们周围，就像努力学习可以获得考试中的高分一样。引起其他变量发生改变的变量（在本例中，你多么努力地学习）称作**自变量**（independent variable）。而被引起发生变化的变量（考试成绩）称作**因变量**（dependent variable）。一个变量的值依赖于另一个变量的值。变量之间的因果关系是重要的，因为这种关系允许我们预测未来事件的结果——如果我们已知一个，就可以准确地预知另一个。例如，如果已知努力学习会得到好的考试成绩，我们就能有信心预测：在一般的情况下，一名为下次考试努力学习的人会比从来不学习的人获得更高的分数。

但是，两个变量的共同变化并不意味着它们就是因果关系。例如，社会学家早就认识到对于那些住在拥挤住宅里的青少年来说，其不良行为十分普遍。如果说，我们将变量“青少年的不良行为”操作化为一个人不满 18 岁时被拘留的次数，同时，我们将“拥挤的住宅”定义为一个家庭中每个人生活空间的平方英尺数（1 英尺≈ 0.3 米）。这就得出这些变量的相关性：人口密度大的居住区中青少年不良行为发生的比率较高。但是我们能够认为家中的拥挤（在本例中是自变量）是导致不良行为（因变量）的原因吗？

不一定。**相关性**（correlation）是一种这样的关系，其中两个（或多个）变量同时发生变化。我们知道密度和不良行为相关，因为它们一起发生变化。正如图 2—1(a) 部分所表明的那样。这种关系可能意味着拥挤导致较多的拘留，但它也可能意味着某种第三个因素在起作用，是第三个变量导致了我们所观察的两个变量发生改变。为了识别第三个变量，想一想什么样的人居住在拥挤的住宅里：没有钱也没有选择的人——穷人。穷孩子被警察记录在案的可能也更大。在现实中，拥挤的住宅与青少年不良行为同时可见，因为它们同时为第三个因素——贫穷——所引起，正如图 2—1(b) 部分所展示的那样。简言之，拥挤与不良行为之间的表面联系可由引起它们二者发生变化的第三个变量——收入水平——“解释”。所以，我们原有的关系变成了一种**虚假相关**（spurious correlation），即一种由某些其他的变量所引起的两个（或多个）变量之间表面的且是假的联系。

判定一个相关为虚假相关需要一点侦探头脑，这要靠一种被称作控制的技术的帮助。所谓**控制**（control），就是为了研究一个变量的作用而保持其他变量不变，以便清楚地看出这个变量的效果。在我们的例子中，我们怀疑收入水平可能会引起居住条件的拥挤程度与不良行为之间虚假的联系。为了检验居住条件的拥挤程度与不良行为之间的相关是不是虚假的，我们控制了收入水平，即我们通过仅仅查看具有相同收入水平的年轻人来使得收入成为常数。如果拥挤程度与不良行为之间的关系依然存在，即如果同样收入水平的年轻人中，那些住在拥挤住宅中的人比那些住在不拥挤的住宅中的人具有更高的拘留比例，我们就有更大的理由认为拥挤的确导致不良行为。但是，如果当我们控制住收入水平，关系就消失了，就像图 2—1(c) 部分所显示的那样，我们就知道这是一个虚假相关。事实上，研究表明，如果将收入控制起来，拥挤程度与不良行为之间的相关就消失了（Fischer, 1984）。所以，我们现在弄清楚了这三个变量之间的联系，正如图 2—1(d) 部分所展示的那样。居住条件的拥挤程度与青少年不良行为是一种虚假相关。证据表明两个变量都是随着收入的升高或下降而发生变化。

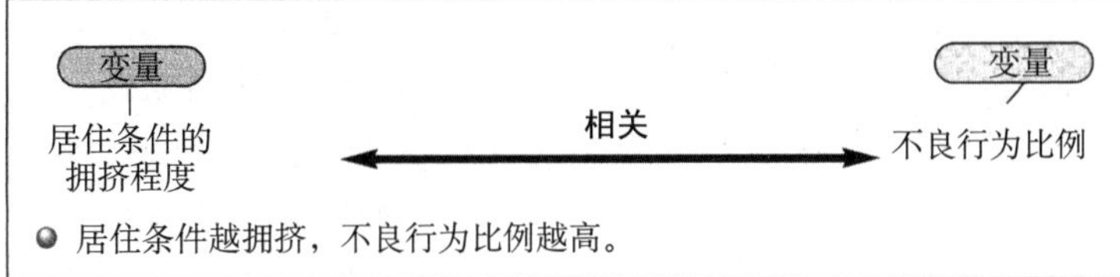

(a) 如果两个变量同时增长和减少，我们说它们是相关的。

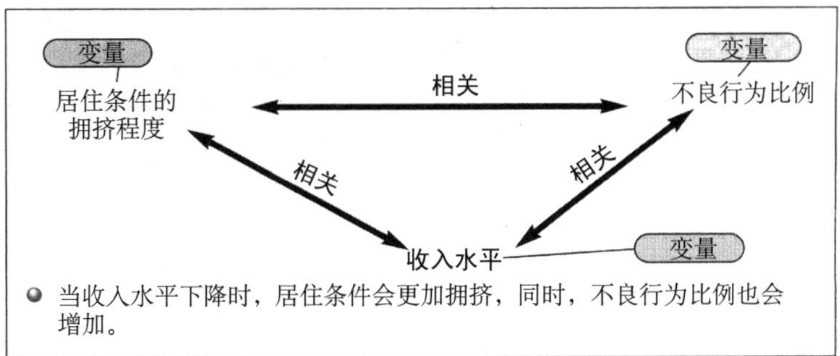

(b) 在这里我们考虑第三个变量的影响：收入水平。低收入可能带来居住条件的高拥挤程度和高的不良行为的比率。

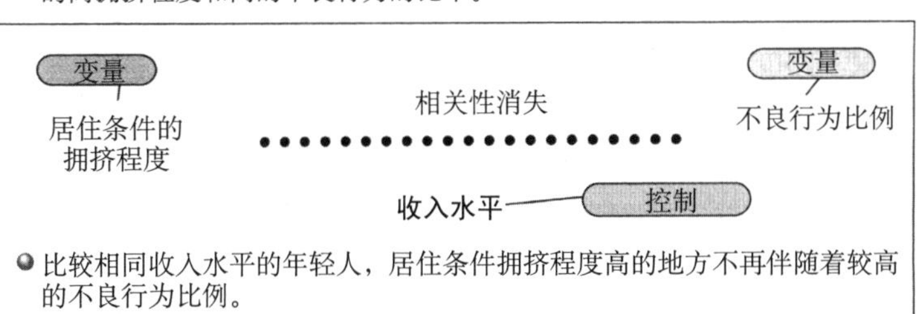

(c) 如果我们控制收入水平——也就是说，考察相同收入水平的年轻人——我们就会发现，居住条件的拥挤程度与不良行为比例并不是同时增长和减少的。

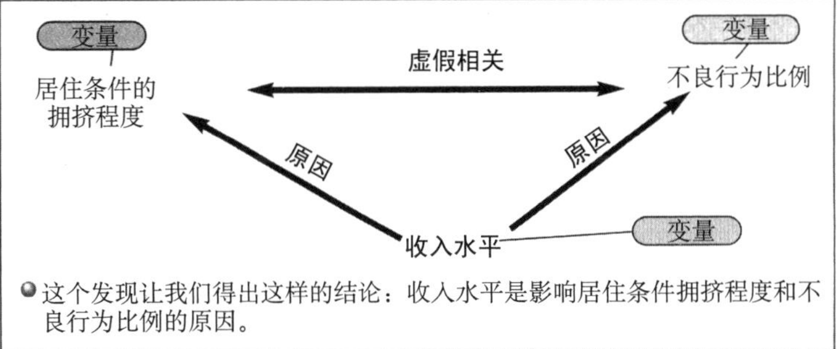

(d) 居住条件拥挤程度和不良行为比例是有关联的，但是它们的相关是虚假的，因为其中任意一个的变化都不导致另一个的变化。

图 2—1　相关与因果：一个例子

◎ 相关关系与因果关系是不同的。以上四幅图对此进行了说明。

32 总的来说，相关仅仅意味着两个（或多个）变量一起变化。要建立因果关系，必须满足三个条件：第一，具有明显的相关；第二，自变量（或者说原因变量）发生在因变量之前；第三，没有证据表明存在一个第三变量能够导致这两个变量的虚假相关。

由于自然科学家通常在实验室里工作，在那里他们能够控制其他变量，因此他们在确认因果关系方面通常比社会科学家更为容易。而在工作场所或者在大街上进行研究，就使控制变得非常困难，所以社会学家经常不得不满足于仅仅说明相关性。另外，人类的行为非常复杂，在任何一个时间点上都包含着许多可能引起其他变化的变量，所以，在任何一种情况下要建立所有的因果关系都是极其困难的。

理想化的客观性

10 个学生围坐在学生宿舍的休闲室里，讨论在即将到来的春假中自己梦想的度假场所。你认为会有一个地方能得到每一个学生的明确赞同吗？这看来是很困难的。

用科学的术语来说，可能 10 个人中每一个人对“梦想度假地”的操作化定义都有所不同。对于某个人来说，它可能是墨西哥的一个荒芜的、阳光灿烂的海滩；对于另一个人来说，它可能是新奥尔良，这个生机勃勃的城市有着非常活跃的社会景观；再对于另外一个人，可能最好的选择则是在积雪盖顶的高峰下徒步旅行于落基山脉。像生活中众多其他的“最好的东西”一样，最好的度假地也是一种个人喜好。

个人的价值观对于选择旅游的目的地来说无关紧要，但对于科学研究来说则会形成挑战。记住，科学假定现实是存在“在那里的”。科学家需要在不以任何方式改变它的前提下来研究这种现实。他们努力追求**客观性**（objectivity），即在进行研究时保持个人中立。客观性意味着研究者谨慎地保持科学程序，不让他自己的态度和信念影响到结果。

◎ 社会研究的一个基础知识是当人们发现自己正在被观察时会影响其行为方式。研究者无法确切了解这种影响怎么发生；有些人讨厌公众关注，而有些人一旦认为自己被关注，则会表现得格外活跃。

当然，由于没有人能够做到完全中立，所以，科学的客观性是一种理想而不是一种现实。即使是人们所选择的研究主题，也反映了一种这样的或那样的个人兴趣。就像路易斯·本杰明向我们所展示的她决定研究种族问题的理由一样。但是，科学的理想是要对结果的产生保持专业的距离感和超然态度。带着这种理想，在进行研究时你应该尽你所能去注意，保证各种有意识或无意识的偏见不会歪曲你的发现。作为一种特别的防范，许多研究者在研究报告中公开陈述他们的个人倾向，这样读者就能在解读他们的结论时注意到这一点。

德国社会学家马克斯·韦伯预料到人们会依据他们的个人信念和兴趣来选择研究主题。否则，为什么总是有人打算研究世界的饥荒，有人想研究种族主义的影响，还有人则希望考察单亲家庭中的儿童生活呢？认识到人们选择主题时是价值关联的，韦伯提醒研究者在他们的研究中要做到价值无涉。只有通过控制个人感情和意见（就像我们期待任何专业研究者这样做的那样），研究者才能研究世界实际如何，而不是告诉我们他们认为世界应该如何。对于韦伯来说，这种超然态度是科学的一种基本元素，它使得科学与政治分离。政治家只接受特定的结果；科学家对他们的研究结果持一种开放的心态，无论其结果实际如何。

尽管大多数社会学家承认我们不可能做到完全的价值无涉，甚至也不可能意识到我们所有的偏见，但韦伯的观点在社会学中依然具有非常重要的影响。然而，应该记住的是，社会学家并不 33
是“平均水平”的人：他们大部分都是白人，受过高等教育，同时比人口总体具有更加自由的政治态度（Klein & Stern, 2004）。要记住，社会学家就像其他任何人一样，也会受到他们的社会背景的影响。

一种限制由个人价值所导致的歪曲的方式是**复制**（replication），即由其他研究者对研究进行重复。如果其他的研究者运用同样的程序重复一项研究，并得到同样的结果，我们就对结果的正确性充满信心（既是可信的又是有效的）。科学研究需要不停重复，这可能可以解释为什么对知识的探求在一开始被称为“研究”（research）。

牢记科学的逻辑并不能保证客观性——绝对的真理。科学所提供的只是一种通向知识的途径，它是自我修正的，这样，研究者最终很有可能限制他们的偏见。因此，客观性和真理并不存在于任何一项研究中，而是存在于随时代不断发展着的科学自身的程序之中。

科学社会学的某些局限

科学是一种重要的认知方式。但是，当它应用于社会生活时，科学具有几个重要的局限。

1. 人类行为太过复杂，社会学家不可能精确地预测个体的行为。天文学家计算天空中物体的运动具有惊人的精确性。但是，彗星和行星是不会思考的物体，而人类具有他们自己的思想，所以，对任何事件（无论是一场体育比赛的胜利还是一场自然灾害）都不会有两个人以完全相同的方式做出反应。因此，社会学家往往满足于说明不同类型的人们在行动上具有各不相同的典型方式。这并不是社会学的一种失败，它只是反映了这样一种事实，即我们研究的是具有创造性和自主性的人。

2. 由于人类会对周围的环境有所反应，因此，研究者的在场可能会影响被研究的行为。天文学家的凝视不会对一颗遥远的彗星产生影响。但是，大部分人感觉到被人观察时都会有所反应。试着凝视某人几分钟，再看看他人的反应。被凝视的人可能会变得不安、恼怒，或者谨小慎微。有些人可能会特别友善或者乐于助人。研究行为本身就可以使人们的行为发生改变。

3. 社会模式是变化的，此时此地的真理可能在彼时彼地就不是真理。今天的物理定律明天也可以应用，它们在全世界都是真理。但是人类的行为却是如此地多变，因而不存在普遍的社会学定律。

4. 由于社会学家是他们所研究的社会世界的一部分，所以在进行社会研究时要做到完全的价值无涉是困难的。除了实验室事故，化学家个人很少受到试管中所发生的一切的影响。但是社会学家生活在社会中，也就是生活在他们自己的"实验试管"中。因此，社会科学家发现，要控制——甚至要认识——那些可能歪曲他们工作的个人价值观是困难的。

解释社会学

不是所有社会学家都同意科学是唯一的，甚至是最好的研究人类社会的方法。人类活动不像行星或自然世界中其他的要素一样可以被测量。更重要的是，人们是积极的创造者，给自身行动赋予意义，而这种意义难以被直接观察到。

因此，社会学家发展出第二种研究方式——**解释社会学**（interpretive sociology），即关注人们对他们的社会世界所赋予的意义的社会研究。作为这种研究范式的倡导者，马克斯·韦伯认为社会学恰当的研究重点应该是解释人们的行为，或者说，理解人们在他们日常生活中创造的意义。

意义的重要性

解释社会学并不是完全否认自然科学，而是改变了研究的关注点。解释社会学在四个方面与实证社会学有所不同。第一，实证社会学聚焦于行动，即人们做什么，因为这是可以被我们直接观察到的；与此不同，解释社会学聚焦于人们对行动和周围环境的理解。第二，实证社会学把客观现实看成是存在"在那里的"，但解释社会学认为现实是主观的，是人们在日常生活中建构出来的。第三，实证社会学趋向于使用定量的资料——对人们行为的数量化测量；而解释社会学则趋向于使用定性的资料，即人们如何理解他们周围的一切。第四，实证取向最适合在实验室里进行研究，在那里，研究者只是站在一旁进行仔细的测量。解释取向则更加适合通过与人们互动，聚焦于主观的意义，了解人们如何对他们的日常生活进行说明。

韦伯的"理解"概念

韦伯认为解释社会学的关键在于 Verstehen，它在德文中是"理解"的意思。解释社会学家不
仅仅观察人们做什么，同时也希望理解人们为什 34
么这样做。研究对象的思想和感情是解释社会学家关注的焦点，而这些则是科学家所不太考虑的，因为它们难以测量。

批判社会学

像解释取向一样，批判社会学是针对实证社会学的局限性而发展起来的。然而，这一次它所针对的问题则是科学研究的最重要的原则：客观性。

实证社会学认为，现实是存在"在那里的"，

研究取向

实证社会学	**解释社会学**	**批判社会学**
基于对社会行为的系统观察的社会研究。	集中于发现人们赋予社会世界的含义的社会研究。	集中研究使社会发生改变的必要条件的社会研究。

总结

社会学中的三种研究取向

	实证社会学	解释社会学	批判社会学
什么是现实?	社会是一个有序的系统。存在一种客观的现实。	社会是正在进行的互动。人们赋予他们的行为某种含义时就建构了现实。	社会是不平等的。现实是某些类型的人支配着其他人。
我们如何做研究?	研究者采用科学取向，仔细观察行动，收集经验的、理想的定量资料。研究者尽量做一个中性的观察者。	研究者尝试“深入”外在行为，关注主观意义。研究者收集定性数据，发现对人们关于他们生活世界的主观感觉。研究者是参与者。	研究者试图超越实证主义对世界实际情况的关注，具有政治倾向，将研究作为一种策略，推动所希望的社会变迁。研究者是行动者。
对应的理论视角是什么?	结构—功能视角	符号—互动视角	社会—冲突视角

研究者的任务就是去研究和记录这种现实。但是，卡尔·马克思拒绝了社会作为一种有着固定次序的“自然的”系统的观点，奠定了批判取向的基础。他声称，如果假定这一点，那就等于说社会不可能被改变。从这一点来看，实证社会学倾向于保持现状。与此相反，**批判社会学**（critical sociology）则是关注社会变迁的必要条件的社会研究。

变迁的重要性

与实证社会学提出的问题“社会是如何运转的”不同的是，批判社会学提出道德和政治的问题，比如“社会应该以目前的样子存在吗”，或者“为什么社会不平等现象没有减少呢”。他们对这一问题的典型回答是，社会不应该如此，而我们应该要努力让社会更加平等。批判社会学没有完全拒绝科学——马克思（像今天的批评社会学家一样）用科学的方法研究不平等。但是批评社会学拒绝实证立场，因为这要求研究者试着保持“客观”并将自己的工作限制在研究现状之上。

作为对马克思的观点的一种回应，近期有一种对这种取向的说明认为，社会学的实质“并不仅仅是研究社会世界，而是要使它朝着民主和社会公正的方向变化”（Feagin & Hernán, 2001: 1）。在做出社会应该如何改进的价值判断时，批判社会学拒绝了韦伯关于研究者应该价值无涉的目标，代之以强调研究者应该是社会活动家，并追求所希望的变迁。

运用批判取向的社会学家不仅仅寻求改变社会，同时也希望改变研究本身。他们经常为研究对象着想，鼓励他们，并在此基础上决定自己应该研究什么以及如何去研究。常见的是，研究者与研究对象利用他们的发现为弱势人群代言，实现政治目标，促进社会平等（Hess, 1999; Feagin & Hernán, 2001; Perrucci, 2001）。

作为政治的社会学

实证社会学家反对采取这种方式，他们指责批判社会学家（无论是女权主义者、马克思主义者，还是持其他批判取向者）成为了政治家，缺乏客观性，无法纠正自身的偏见。批判社会学家回应说，所有的研究都是政治的和有偏见的——它们要么要求变迁，要么不要求变迁。他们还指出，社会学家无法选择他们的工作是否与政治有关，但他们却可以选择支持什么立场。

批判社会学是一种将知识用于行动的激进取向，它不仅寻求理解世界，同时还要改变世界。总的来说，实证社会学对于非政治的或者持保守主义政治观点的研究者更有吸引力；持自由主义、激进左派政治观点的研究者更容易被批判社会学吸引。

研究取向与理论

◇ 分析

在研究取向与社会学的理论之间存在着联

系吗？虽然不存在精确的联系，但三种研究取向——实证、解释与批判——的每一种，都和第1章（“社会学的视野”）所介绍的某一种理论视角有着紧密联系。实证社会学与结构—功能视角有重要的共同点，即二者都旨在理解社会的实际
35 情况。同样地，解释社会学与符号互动视角的共同点在于二者都关注人们赋予他们社会世界的意义。而批判社会学则与社会冲突视角相联系，二者都争取减少社会不平等。第40页“总结”表格对三种研究取向之间的差异提供了一种简要的评论。许多社会学家喜欢其中的一种或另一种取向，但是由于每一种方法论取向都提供了有用的视角，所以，最好能熟练掌握这三种研究取向（Gamson，1999）。

性别与研究

◇ 分析

最近一些年来，社会学家开始意识到研究受到性别的影响。**性别**（gender）是社会成员所具有的作为女性或者男性的个人特征和社会地位。玛格丽特·艾克勒（Margrit Eichler，1988）指出性别通过五种方式影响社会学研究。

1. *男性中心*。男性中心（androcentricity, andro在希腊语中是男性的意思，centricity是中心的意思）指的是从男性视角来看待问题。有时，研究者表现出似乎只有男性的活动才是重要的，从而忽视了女性所做的一切。多年来，研究职业的研究者只关注有报酬的男性工作，完全没注意到传统上由妇女所担当的家务劳动和照料孩子的工作。显然，寻求理解人类行为的研究不能够忽视人类的另一半。

女性中心，即从女性的视角来看待世界，也会限制社会学的研究。然而，在男性占优势的社会里，这一问题并不经常出现。

2. *概括过度*。当研究者仅考察某种性别的人而得出有关“人类”或“社会”的结论时，这种问题就会出现。通过与男学生交谈来收集资料，然后得出有关整个校园的结论，这也是概括过度的一个例子。

3. *无视性别*。无视性别是指在研究中完全不考虑性别变量的影响。正像本书从头到尾所展示的，男人与女人的生活在许多方面有着不同。比如美国大部分老年男性都是与他们的妻子一起生活，但老年女性则更多的是单独生活，如果美国的老年人研究忽略了这一点，就犯了无视性别的错误。

4. *双重标准*。研究者必须同样地对待男性和女性，否则会歪曲研究结果。例如，一个家庭研究者将夫妇定义为“男人和妻子”。这可能意味着将男人定义成“户主”，并赋予重要的角色；而忽视女性，将女性视为辅助支持的角色。

5. *妨碍研究*。性别能够歪曲研究的另一种方式是，研究者的性别可能会对研究对象产生影响，妨碍研究的进行。例如，莫琳·吉拉尼尼（Maureen Giovannini，1992）研究西西里的一个小社区时发现，许多男人只把她当作妇女，而不是把她当作研究者。一些人认为一个未婚女性单独地与一个男人谈话是错误的；另一些人则拒绝让吉拉尼尼进入他们认为妇女禁止入内的地方。

针对某一种性别的研究本身并没有错。但是，所有的社会学家以及读者应该意识到性别可能会对研究产生的影响。

研究伦理

◇ 分析

像所有研究者一样，社会学家必须意识到对于研究对象或者社区而言，研究可能有伤害，也可能有帮助。因此，作为北美主要的社会学家专业协会，美国社会学

◎ 如果你只是询问男性对象的态度或行为，那么你可以得出关于“男性”的结论但不能推广到一般的“人类”。研究者要如何做才能确保研究资料能支持有关全体社会成员的结论呢？

多样性思考：种族、阶级和性别

研究西班牙裔的生活

乔治：如果你打算将拉美裔作为研究对象，那么你需要学习一些他们的文化。

马克：我正在访问许多不同的家庭。访问拉美裔有什么特别需要注意的吗?

乔治：坐下来。我来告诉你一些你需要知道的事情……

由于美国社会具有种族、民族和宗教的多样性，我们经常和那些与我们不同的人一起工作。社会学家也是如此。事先了解某种类型的人们的生活方式会使得研究过程更为容易，同时也可以保证在研究过程中不会有困难的感觉。

赫拉尔多·马林和芭芭拉·凡·奥斯·马林（Gerardo Marín & Barbara Van Oss Marín, 1991）指出了在进行西牙班裔研究时应注意的五个方面。

1. 慎用术语。马林夫妇指出，术语“西班牙裔”（Hispanic）是美国人口普查局使用的一种方便的标签。很少西班牙人（Spanish）后裔把自己看作是“西班牙裔”，大部分人认同于某个特定的国家（一般是一个拉美国家，比如墨西哥、阿根廷）。

2. 注意文化差异。基本上，美国是一个充满竞争的、个人主义的国家。相反，许多西班牙裔更看重合作与社区的价值。那么，外来者可能把一个西班牙裔的行为判断为遵奉者或者过度信任者，但实际上这个人可能只是一个乐于助人者。研究者也应该认识到，西班牙裔的回答者可能仅仅是出于礼貌而同意某种特定的陈述。

3. 事先估计家庭情况。总的来说，西班牙裔文化具有强烈的家庭忠诚感。向被访对象了解另一个家庭成员的情况可能会使他们感到不自在甚至感到气愤。马林夫妇补充道，在家中，研究者如果要求与一个西班牙裔妇女进行单独谈话，可能会引起她的丈夫或者父亲的猜疑，甚至是明显的谴责。

4. 从容进行。马林夫妇解释说，相比简单完成工作，西班牙裔文化更看重人际关系的质量。一位非西班牙裔的研究者试图尽快访问一个西班牙裔家庭，以免耽误他们的晚餐。但是这种做法没有按照一种更友好的和无拘束的方式进行，可能会被认为是不礼貌的。

5. 考虑个人空间。最后，西班牙裔通常比许多非西班牙裔维持着更近距离的身体接触。因此，如果研究者与研究对象相对而坐，并与之保持整个房间那么大的距离，那么研究者可能会被认为是冷淡的。与非西班牙裔相比，西班牙裔觉得靠得更近才自在，可能会导致研究者错误地将他们的行为看作是“亲热过头”。

当然，就像其他类型的人一样，同是西班牙裔的人们互相之间也有不同。这种概括可能更适用于群体中的某些人，而不是所有人。但是，研究人员在进行调查研究时应该要意识到文化互动，特别是在美国——这个由成百种不同类型的人组成的多文化社会。

你怎么想?

1. 给出一个特定的例子，说明如果研究者对研究对象的文化不敏感的话，就有可能影响到研究。
2. 为了避免这个专栏中所提到的各种问题，研究者应该如何做?
3. 与来自各种文化背景的同学一起讨论研究过程。有哪些问题是各种不同文化背景的人都同样关注的？有哪些是不同的?

协会（ASA）建立了从事研究的正式指导方针（1997）。

社会学家在他们的工作中，必须努力做到既熟练又公正。社会学家必须公开所有的研究发现，不能省略重要的资料。他们必须使自己的研究结果可以为其他研究者利用，特别是可以为那些想要复制这一研究的研究者所利用。

社会学家还必须保证参与研究项目的对象不会受到伤害。如果研究的进行在某种意义上威胁到参与者，研究者就必须立即停止他们的工作。即使研究者面临来自警局、监狱等要求公开保密信息的官方压力，研究者也要保护研究项目参与者的隐私。今天，研究伦理要求参与者的知情同意，这意味着研究对象理解研究所具有的责任和风险，并且在研究开始之前，同意参与。

另外一个重要的指导方针涉及资金。社会学家必须在他们发表的结果中写明所有经费支持的来源。他们也应该避免为了经费而去做与研究兴
36 趣冲突的研究。举例来说，如果一个组织从自身目的出发希望影响研究结果，那么研究者绝不能接受该组织提供的资金。

联邦政府也参与了规范研究伦理。每所寻求联邦政府基金从事与人类相关研究的大学和学院，都必须建立伦理审查委员会（IRB）来评价基金申请者，并保证研究不会违反伦理标准。

最后，还存在全球范围内的研究伦理问题。在到另一个国家开始研究之前，研究者必须对那个社会足够熟悉，以便于理解那里的人们可能会把什么看成是破坏隐私的或者危害个人安全的。在像美国这样的多文化社会里，这个规则适用于研究那些与你具有不同文化背景的人。第 42 页“多样性思考”专栏提供了一些小技巧，帮助外人在研究西班牙裔社区时理解他人感受。

社会学研究的方法

◇ 应用

研究方法（research method）是进行研究的系统计划。社会学研究通常运用的四种方法是：实验、调查、参与观察，以及现存资料的使用。没有一种方法比另一种更好或者更差。更准确地说，与一个木匠选择特定的工具做特定的事情一样，研究者根据他准备研究什么人以及他希望了解什么来选择某种方法——或者混合使用几种方法。

检验假设：实验

实验（experiment）是在高度受控的条件下 37
研究因果关系的一种研究方法。科学的逻辑在实验方法中体现得最为清楚。实验是典型的解释性研究，不仅考察发生了什么，还考察发生的原因。研究者设计一项实验来检验特定的**假设**（hypothesis），即两个（或多个）变量之间可能的关系的一种陈述。假设是对两个变量间关系有根据的猜测，通常采用“如果……就……”的形式来陈述：如果某件事情发生了，就会出现某种结果。

实验要搜集证据来拒绝或者不拒绝假设需要通过四个步骤：第一，指出哪个变量为自变量（导致变化的原因）和哪个变量为因变量（结果，发生变化的变量）；第二，测量因变量原始的值；第三，使因变量受到自变量的影响（“处置”）；第四，再次测量因变量看看发生了什么变化。如果所期望的变化的确发生了，那么实验就支持了该假设；如果变化没有发生，就必须修改假设。

但是，因变量所发生的变化可能是由于假设原因之外的其他因素的影响（回想一下我们在前面关于虚假相关的讨论）。为了找到准确的原因，研究者要仔细地控制有可能影响实验结果的其他因素。这种控制在实验室最为容易，这种专门建构的实验环境可以消除外部因素的影响。

进行控制的另一种策略是将对象分成实验组和控制组。在研究的开始阶段，研究者在两个组的对象中测量因变量，然后仅仅只让实验组的对象受到自变量的影响，或者进行处理（控制组则只得到一种“安慰剂”，即一种使该组对象认为他们与实验组的对象所受到的对待完全一样但实际上对实验没有一点影响的处理方式）。然后，研究者再次对两组对象进行测量。在研究的过程中所出现的影响实验组对象的任何因素（比如说，一个新的事件）都对控制组的对象产生同样的影响，这样，我们就控制了或者说“排除了”这些因素。通过比较两组对象的前测和后测的结果，研究者就能够了解有多少改变可以归于自变量的影响。

霍桑效应

正如一项经典的实验所揭示的，研究者要意识到，研究对象的行为可能会由于被特别的关注而发生改变。在20世纪30年代后期，西部电气公司邀请研究者到芝加哥附近的霍桑工厂研究工人的生产力（Roethlisberger & Dickson, 1939）。研究者进行了一项实验来检验增加照明将会增加工人产量的假设。首先，研究者测量工人的生产力或者产出（因变量）。然后，他们增加照明（自变量），并再次测量工人的产量。结果，生产力提高了，支持了假设。但是，当研究小组后来减少了照明时，生产力却再次增加 。这是怎么回事？此时，研究者意识到工人努力工作（即使他们还是看不清楚）仅仅是因为有人注意到他们并计算他们的产量。从这一研究中，社会科学家创造了**霍桑效应**（Hawthorne effect）一词，来指示那种仅仅由于意识到被研究而导致的研究对象行为改变。

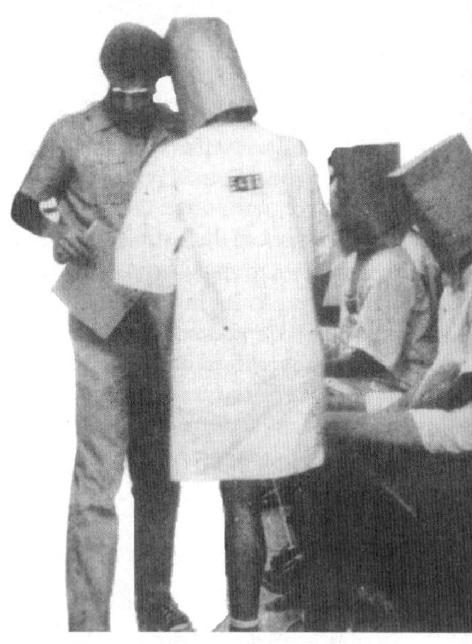

◎ 菲利普·津巴多的研究有助于解释为什么在我们社会的监狱中暴力是常见的部分。同时，他的工作证明了社会学研究对研究对象构成的危险，调查必须遵守保护参加研究者的伦理守则。

实验示例：“斯坦福监狱”

监狱可能是一个充满暴力的环境，但是，这仅仅由于待在那儿的都是“坏人”的缘故吗？还是像菲利普·津巴多（Philip Zimbardo）所怀疑的，监狱自身也会在一定程度上产生出暴力行为？这个问题引导着津巴多设计了一项被他称为“斯坦福监狱”的极为巧妙的实验（Zimbardo, 1972；Haney, Banks & Zimbardo, 1973）。

津巴多认为，一旦进入到监狱里，即使是精神健康的人也会具有暴力倾向。因此，津巴多将暴力行为作为因变量，监狱环境作为能导致暴力的自变量。

为了检验这一假设，津巴多的研究小组将加州斯坦福大学的心理学大楼改造为一座足以乱真的“监狱”。然后，他们在当地的报纸上刊登广告，以提供报酬的方式招募年轻人参加两周的实验项目。他们安排70个报名者参加了一系列的身体和心理检查，最后挑选了最健康的24人。

下一步就是随机地将其中的一半人作为“犯 38
人”，另一半人作为“看守”。研究计划要求犯人和看守在仿制的监狱中一起度过两周时间。当城市警察将实验对象从他们的家里“逮捕”后不久，他们就开始作为犯人的实验。经过搜寻并将这些人铐上手铐以后，警察开车将他们带到当地的警察局，在那里，他们被采集了指纹。然后，警察将他们的犯人转运到斯坦福监狱。到了那里，看守将他们锁在牢房里。津巴多打开摄影机观察后面将会发生什么。

实验远远超出了任何人事先的想象。看守和犯人不久都变得十分痛苦并且相互敌对。看守通过指派犯人空手打扫厕所等任务来羞辱犯人。对犯人来说，他们则抵抗和侮辱警察。在四天之内，研究者开除了5名犯人，他们“表现出极端的精神忧郁、哭叫、情绪激动以及严重的焦虑”（Haney, Banks & Zimbardo, 1973：81）。到第一周结束时，情形是如此糟糕，使得研究者不得不取消了实验。

人性中最丑陋的、最卑鄙的以及病态的一面显露无遗。我们十分震惊，因为我们看到一些男孩（看守）对待他人就好像那些人是可鄙的动物，他们在残忍中取乐。而另一些男孩（犯人）则成为奴隶和被剥夺人性的机械人，他们的想法

只有逃跑，只有他们自身的生存，只有不断增长的对看守的憎恨。（Zimbardo，1972: 4）

在“斯坦福监狱”实验中所呈现的结果支持了津巴多的假设，即监狱暴力根植于监狱环境的社会特征，而不在于看守和犯人的个性。这一研究发现了我们社会中监狱系统存在的问题，并要求进行基本的改革。还应该注意到，这一实验表明了研究过程可能对研究对象的身体和精神状况产生威胁。这种危险并不总是像这个例子中的这样明显，因此，研究者必须考察研究各阶段对研究对象的潜在伤害。如果发现研究对象遭到任何伤害，要像津巴多那样及时停止研究。

◇ 评价

在“斯坦福监狱”研究中，研究者选择做实验是基于检验假设的目的。案例中，津巴多和他们的同事想要考察监狱本身引起监狱暴力，而非看守和犯人的个性。实验证明，即使是“健康”的看守和犯人，暴力依然发生在监狱中。事实证明了他们的假设。

询问：调查研究

调查（survey）是一种研究方法，在问卷调查和面对面访谈过程中，被调查对象对一系列的陈述或问题作出回答。它是所有研究方法中应用最广泛的，它特别有利于研究不能被直接观察的事物，比如政治态度和宗教信仰。有时调查提供关于原因和结果的线索，但通常它们得到的是描述性的发现，描述人们对某些问题的观点。

总体与样本

调查的目标是某些**总体**（population），即一项研究所关注的群体。在本章开头提到了路易斯·本杰明的种族研究，她研究的是一个特别的总体——非裔美国精英。而像预测选举结果的政治民意测验这样的调查将国家中的所有成年人作为研究总体。

显然，要接触数以百万计的人即使是对于那些得到很大资助和最耐心的研究者来说也是不可能的。幸运的是，有一种简单的方式可以产生准确的结果：研究者从样本中收集资料。**样本**（sample）是总体的一个部分，能够反映整体的情况。本杰明选择了100个有才能的非裔美国人作为她的样本。全国政治民意测验通常调查1 000人左右的样本。

每个人随时都在运用抽样的逻辑。如果你看看坐在身边的学生，注意到有五六个正在那里打盹，你可能会说班上的学生感到今天的课程是乏味的。在得出这一结论过程中，你从对某些同学（“样本”）的观察中，做出了一个关于全班学生（“总体”）的判断。

但是我们如何能保证样本真的能够代表整个总体？一种途径是随机抽样，在这种方式中研究者从总体中随机地抽取出一个样本，使得总体中的每一个人具有同等的被抽中的机会。数学概率定律指出，一个随机样本是可能从整体上代表总体的。选择一个随机样本常常要列出总体中的每一个人，同时运用计算机进行随机选择。

起初，研究者会犯这样的错误，即把“随机地”在大街上或者购物中心碰到的人们作为样本来代表整个城市居民。这种方法不能够产生随机样本，因为每个人被选中参加研究的机会不同。首先，无论是在富人区还是在大学校园附近，任何一条街道或者购物中心都更多地包括某一类人而更少地包括另一类人。某些人比另一些人更容易被碰到是导致偏差的一个原因。

尽管好的抽样不是一种简单的工作，但它毕竟使我们节省了可观的时间和花费。我们避免了联系总体中每一个人这种单调乏味的工作，同时又能得到基本相同的结果。

问卷的使用

选择对象只是进行一项调查的第一步。我们还需要设计所询问的问题并记录回答。因此，大部分调查都采用问卷的形式。

问卷（questionnaire）是研究者向被访者所呈现的一组事先写好的问题。问卷的一种类型是不仅提供问题，同时也包括供选择的固定答案（就像考试中的多项选择题）。这种封闭形式的问题使得分析结果时十分容易，但由于它限制了回答的范围，所以也可能歪曲结果。例如，弗雷德里克·洛伦兹和布伦特·布鲁顿（Frederick Lorenz & Brent Bruton，1996）发现，问卷提供的选项不同，学生所说的他们每周用于学习学校

39

▲检查你的学习 津巴多的结论是什么？如何应用津巴多的研究解释2003年伊拉克战争后美军虐待伊拉克囚犯事件？

总体 一项研究所关注的群体。

样本 可以代表整体的总体的一个部分。

调查 一种研究方法，在问卷和访谈中，被试者对一系列的陈述或问题作出回答。

问卷 研究者向被访者所呈现的一组事先写好的问题。

访谈 研究者亲自向被调查者提出一系列问题。

课程的小时数也不同。当研究者提供的选择范围是从“小于或等于 1 小时”到“大于或等于 9 小时”时，75% 的回答者说他们学习 4 小时或者更少；但是，当选择范围变为从“小于或等于 4 小时”到“大于或等于 12 小时”（最高值增加，暗示学生应该学习更长时间）时，他们突然变得更热爱学习，只有 34% 的人报告说他们每周学习少于或等于 4 小时。

问卷的第二种类型——开放式问卷，让调查对象自由地回答，表达各种意见。这种方式的缺点是研究者不得不从非常宽泛的回答内容中寻找其背后的意义。

研究者还必须决定如何将问题提供给回答者。最常见的是，研究者采用自填式问卷调查，以邮寄或者电子邮件的方式将问卷发给回答者，同时请求他们完成这些问题并将问卷寄回。由于调查对象阅读、填答问卷时研究者不在场，所以，问卷必须是书写清晰且具有吸引力的。在将问卷发送给全体样本对象之前，让少数人对它进行预填答。否则太迟发现指导语或者问题过于含糊，会造成惨重的损失。

采用邮寄和电子邮件邮寄的方式可以让研究者用最少的费用在广泛的地理区域中接触大量的人。但是，许多人对待这种问卷就像对待垃圾邮件一样，所以，通常填完并返回的问卷不会超过半数（在 2010 年，74% 的人寄回了美国人口普查局的调查表）。研究者必须寄出跟踪信（或者，像人口普查局所做的那样，到人们家里访问）催促那些不情愿的回答者填答问卷。

最后，要记住的是，许多人自己不能够完成问卷。年幼的儿童显然是不能的，许多在医院的病人以及数量可观的缺乏必要阅读和写作技能的成年人也是不能的。

进行访谈

访谈（interview）即研究者亲自向被访者提出一系列问题。在一种封闭式设计中，研究者念一个问题或者一句话，然后要求被访者从所给出的几种答案中选择一种答案。然而，更常见的访谈则是开放式的，被访者可以按自己的方式作答，研究者也可以用后续问题进行探索。在两种情况下，研究者都必须防止对被访者的影响。当人们开始回答问题时，这种影响就像动一动眉毛那样容易产生。

尽管通过研究者与被访者亲自接触，被访者更有可能完成调查，但是，访谈依然具有一些缺点：让人们坐下来谈话是费时费钱的，特别是如果被访者不住在同一个地区更是如此。电话访谈允许我们“到达”更远的地方，但是由电话（特别是电话应答机）传出的无人情味的冰冷声音会使回答率大大降低。

在自填问卷和访谈中，问题的语言如何组织会极大地影响人们如何回答。例如，在上一次总统竞选中，询问奥巴马的种族身份是否会影响人们投票支持他，只有 3% 或 4% 的人表示有所影响。但是如果把问题改为美国是否将选出一位黑人总统，有几乎 20% 的人表示了一些怀疑。当询问人们是否反对同性恋者在军队中服役时，美国的大部分成年人都说是的。同样地，如果研究人员问美国成年人是否支持自己的军队，大部分人都会表示肯定。但是如果研究人员问他们是否支持军队在伊拉克所做的行为，大部分人的答案是否定的。

调查中问题使用的措词会影响填答者的答案，特别是带有情感的语言。任何可能引起填答者情绪的词语都可能改变选择的结果。例如，在一个问题中用“享受福利的母亲”而不是用“接受公共帮助的妇女”的表示方式，就添加了一种导致人们持否定态度的情感因素。

还有一个问题是，研究者提出的是一个双重含义的问题，这会把被访者弄糊涂。比如：“你认为政府应该通过降低消费和增加税收来减少赤

在研究中使用表格：路易斯·本杰明关于非裔美国精英的研究

如果你想要呈现有关多样性人口的大量信息，那么怎样才能快速、轻松地做到这一点呢？答案就是使用表格。一张表格在非常小的空间里提供了许多信息，所以，学会阅读表格能够增加你的阅读效率。当你看到一张表格时，先看看它的标题以便了解它包含什么方面的信息。下列表格的标题告诉你，它展现了参与路易斯·本杰明研究的100个对象的基本概况。横穿表格的上部，你可看到描述这些男人和妇女的8个变量。沿着每一列往下看，标出了每个变量不同类别的值，最后每一列的百分比总和为100。

从表格的左上端开始，我们看到，本杰明的样本中大部分是男性（63%的男性，37%的女性）。年龄方面，大部分回答者（68%）处于人生的中年阶段，同时大部分人生长在美国南部、北部或中部那些黑人占优势的社区中。

这些人的确是专业领域的精英。这些人中，一半的人获得了博士学位，包括哲学博士学位（32%），医学或法学博士学位（17%）。看到他们丰富的受教育经历（而且本杰明本人是一名大学教授），我们应该不会对他们中最多的一部分人（35%）在教育机构工作而感到奇怪。在收入方面，这些人也很富裕，在20世纪80年代后期，他们大多数人（64%）的年薪就已高于50 000美元（即使是今天，也只有37%的全职人员可以获得这个水平的薪水）。

最后，我们发现这100个人在他们的政治观点上普遍是偏左的。这在一定程度上反映了他们所接受的广泛的教育（导致了激进的思想），以及在学术倾向上倒向政治领域中自由党的一边。

你怎么想?

1. 为什么表格中的这些统计数据是一种传达大量信息的有效途径?
2. 看这张表格，你知道其中大多数人花了多长时间成为精英的吗？为什么？
3. 你能发现非裔美国精英有别于同等白人精英的地方吗？如果你发现了，请指出是哪些地方。

100个能人：路易斯·本杰明的非裔美国精英

性别	年龄	童年种族背景	童年生活地区	最高教育程度	工作部门	收入	政治取向
男	35岁以下	大部分黑人	西部	哲学博士	学院或大学	高于50 000美元	左
63%	6%	71%	6%	32%	35%	64%	13%
女	36～54岁	大部分白人	北部或中部	医学或法学博士	私人盈利	35 000～50 000美元	自由主义
37%	68%	15%	32%	17%	17%	18%	38%
	55岁以上	混血人种	南部	硕士	私人非盈利	20 000～34 999美元	中立
	26%	14%	38%	27%	9%	12%	28%
			东北部	学士	政府	低于20 000美元	保守派
			12%	13%	22%	6%	5%
			其他	以下	自营		随大流
			12%	11%	14%		14%
					雇用		不知道
					3%		2%
100%	100%	100%	100%	100%	100%	100%	100%

资料来源：Adapted from Lois Benjamin, *The Black Elite :Facing the Color Line in the Twilight of the Twentieth Century*（Chicago：Nelson-Hall, 1991），p.276.

40 字吗？”这里的问题是，被访者可能非常同意问题中的一部分但不同意另一部分。所以迫使一个被访者回答是或者不是就歪曲了研究者所试图测量的看法。

进行一项好的访谈意味着将技术标准化——以同样的方式对待所有的被访者。但是这也能够导致新的问题。要让人们说出实情，需要建立一种相互信任的关系，这又反过来依赖于对所访谈的特定个人的自然的反应，就像进行一场平常的谈话一样。最后，研究者必须决定如何在统一性和建立信任之间保持平衡（Lavin & Maynard, 2001）。

调查研究示例：对非裔美国精英的研究

在本章开始部分，我们解释了路易斯·本杰明为什么会去研究种族主义对有才能的非裔美国男性和女性的影响。本杰明怀疑，个人的成就并不能阻止人们对有色人种的敌意。她相信这一点，是因为在她成为坦帕大学历史上第一位黑人教授之后依然遭遇了不好的经历。但是，她是一个例外还是惯例？为了回答这一问题，本杰明开始探索种族主义是否影响到许多成功的非裔美国人；还有，如果影响存在，那么种族主义又是如何影响成功的非裔美国人的。

决定进行一项调查后，本杰明选择了对研究对象进行访问而不是发送问卷。首先，她希望与研究对象进行交谈，在过程中提出后续的问题，同时也可以探讨一些她不能事先预期的主题。本杰明采用访谈而不是自填问卷的第二个原因是，种族主义是一个敏感的主题。研究人员的支持能够使研究对象回答痛苦的问题更为容易一些。

41 选择进行访谈使得研究必须限制对象的数目。本杰明建立了一个由100名男性和女性组成的样本。她制定访谈日程表，在全国各地奔波，与每一位被访者交谈，即使是这个小小的样本也花去了她两年多的时间。她又花了两年多时间分析这些被访者的类型，决定哪些谈话内容与种族主义有关，以及撰写她的研究结果。

刚开始，本杰明访问她认识的人，然后请他们推荐其他人。这种方式被称作雪球抽样，因为所包括的个体数目随着时间的推移越来越大。雪球抽样是做研究的一种方便的方式——我们从熟悉的人开始，他们再向我们推荐他们的朋友和同伴。但是雪球抽样不能得到一个代表更大总体的样本。本杰明的样本可能包括了许多具有相似想法的个人，同时只与那些愿意公开谈论种族问题的人交谈也肯定是有偏差的。她意识到这些问题，力图使自己的样本在性别、年龄，以及所生活的地区等方面具有多样性。第47页“多样性思考”专栏中给出了本杰明所访谈对象的概览，以及关于如何阅读表格的一些提示。

本杰明的访谈采用一系列开放式问题，这样，她的访谈对象能够表达任何他们想说的事情。正像通常所发生的那样，访谈是在各种环境下进行的。她与被访者在（她的或者他们的）办公室、旅馆，或者车上见面。在每种情况下，本杰明都对访谈进行录音，因而她不会因为记录而分散注意力，访谈的时间一般持续两个半小时到三小时。

就像研究伦理所要求的，本杰明承诺不公开参与者的姓名。但是，许多人——包括像小弗农·E·乔丹（Vernon E.Jordan Jr.，全国城市联盟前总裁）和伊冯·沃克-泰勒（Yvonne Walker-Taylor，威尔伯福斯大学第一位女校长）这样著名的人——已经习惯了大众的注意，都允许本杰明用他们的真名。

在她的研究中，最让本杰明感到吃惊的是许多人非常渴望参与类似的访谈。这些通常很繁忙的男人和妇女，似乎是完全不顾他们自己的事情来全力投入本杰明的研究项目。本杰明还报告说，一旦进入了访谈，许多人都非常地动情；她所访谈的

◎ 焦点小组是调查的一种类型，在这种方式中，代表着一个特定总体的一小组人被问到他们关于某些问题或产品的看法。图中为一个社会学教授在入门介绍课程上要求学生对使用的教材进行评价。

100个对象中大约有40个都哭了。显然，对他们来说，本杰明的研究提供了一个机会，让他们可以释放情感，吐露从未述说过的经历。本杰明又是如何反应的呢？她报告说，她与他们一起哭。

关于本章前面提到的方法论取向的问题，你可以看到，本杰明的研究最适合解释社会学（她探讨了种族对于研究对象的意义）和批判社会学（她做这项研究的部分原因就是要证明种族偏见依旧存在）。她的许多对象报告说，他们担心种族主义某一天会破坏他们的成功。另一些人说，带有种族色彩的“玻璃天花板”阻碍着他们达到社会中的最高地位。本杰明得出结论说，尽管非裔美国人的社会地位有所改善，但是，美国的黑人依然感觉到种族敌意所带来的痛苦。

◇ 评价

本杰明教授想询问许多问题，并直接从对象那里收集信息，因此她选择调查作为研究方法。当然，她收集的一些信息也可以通过问卷调查得到。但考虑到话题的敏感性和复杂性，她还是选择进行访谈。在与对象一对一的长达数小时的互动中，本杰明让他们感到放松，与他们探讨个人遭遇，并紧接地提出相关的问题。

在实地：参与观察

路易斯·本杰明的研究表明，社会学的研究不仅仅在实验室中进行，同时也“在实地”进行。这种实地，就是人们日常生活的地方。在实地研究中应用最广泛的策略是**参与观察**（participant observation），即研究者在参与到人们日常活动中的同时对他们进行系统观察的研究方法。

参与观察使得研究者可以在自然的情景下以局内人的视角研究日常的社会生活，从夜间俱乐部到宗教研讨会都是适用的。社会学家将对特定背景下的社会生活的研究称作个案研究。文化人类学家通常采用参与观察（他们称之为实地工作）的方法来研究其他社会，并将他们的研究成果称为民族志。

在实地研究的开始阶段，大部分研究者的头脑中并没有特定的假设。事实上，他们可能也没有认识到应该提出什么样的重要问题。因此，大部分的实地研究是探索性的和描述性的。

◎ 参与观察是一种社会学研究方法，让研究者自然地参与到人们日常活动中，并对他们进行调查研究。从好的方面看，参与观察像是一场你个人的真人秀；但是生活在远离家庭、完全陌生的环境中长达数月之久的确是充满挑战的。

正如这一名称所指出的，参与观察具有两个方面。一方面，要获得一种内在的观察必须成为这一情景中的参与者，即要与研究对象“一起消 42
磨时间”，力图按照他们的方式去行为、去思考，甚至去感受。与实验和调查相比，参与观察具有更少的必须遵守的规则。但恰恰是这种灵活性允许研究者去探索不熟悉的事物和适应未曾预料的情况。

与其他研究方法不同，参与观察要求研究者进入研究情景中不只一两周，而是几个月甚至几年。与此同时，研究者作为“观察者”必须与实际情景保持一定的距离，从思想上跳出来，记录和随后解释有关研究情景的笔记。研究者必须“扮演参与者”，以赢得别人的信任，进入到人们生活中，同时又要“扮演观察者”，保持必要的距离进行理智的分析，因此，这种方法存在着一种内在的张力。要完成内在参与者和外在观察者的双重角色，常常需要一系列谨慎的妥协。

大部分社会学家独立地进行参与观察，所以，他们以及读者必须记住，这些结果往往取决于单个人的研究。参与观察的方法通常适合于解释社会学。尽管研究者有时也获得一些定量的（数字的）资料，但是它所产生的基本上都是定性的资料，即研究者对于人们的生活、人们对于自身和周围世界的看法的说明。从科学的观点来看，参与观察是一种极端依赖于个人判断、缺乏科学严格性的“软”方法。然而，这种个人的方

▲检查你的学习
你认为这一研究可以由一位白人社会学家进行吗？为什么可以或者为什么不可以？

研究方法 进行研究的系统的计划。

实验 在高度受控的条件下研究因果关系的一种研究方法。

调查 一种研究方法，在问卷调查和面对面访谈过程中，被调查对象对一系列的陈述或问题做出回答。

参与观察 一种研究方法，调查者通过参加人们日常的生活来对人们进行系统的观察。

运用现存资料

式也具有一种优势：一队打算进行正式调查的高调社会学家将会破坏许多的社会情景，而一个共情能力强的参与观察者却常常可以深刻地洞察人们的行为。

参与观察示例：街角社会

你是否曾经对陌生街区的日常生活感到好奇？20世纪30年代后期，哈佛大学一位叫做威廉·福特·怀特（William Foote Whyte, 1914—2000）的年轻研究生对波士顿附近一个相当破败地区的活跃的街头生活十分着迷。在被他称作“科纳维尔”（Cornerville）的街区里，出于好奇心，他进行了长达四年的参与观察。在这一过程中，产生了一项社会学的经典研究。

当时，科纳维尔是第一代以及第二代意大利移民的居住地。在这里居住的许多人都很穷，波士顿其他地区的人不敢进入科纳维尔，认为那里是一个充满诈骗的贫民窟。怀特不愿意简单地接受这种刻板印象，他力图亲自去搞清楚这个社区中人们的生活究竟是什么样的。他的名著《街角社会》（1981，orig.1943）将科纳维尔描述为一个有着独特价值规范、社会模式和社会冲突的复杂社区。

在调查初始，怀特考虑了很多种研究方法。他是否应该对科纳维尔的一个社区中心进行问卷调查，让当地人填答问卷？他是否应该在哈佛大学的办公室里访谈社区成员？显而易见，当地居民不会配合这些正式的调查方案。因此，怀特决定亲自进入科纳维尔生活，开展研究，了解这个相当神秘的地方。

很快，怀特就感受到了挑战，甚至包括如何开始实地调查。毕竟，一个来自中上阶层的、身为盎格鲁—撒克逊白人新教徒（WASP）的哈佛研究生并不能真正适应科纳维尔的生活。在那里，即使是外人友好的寒暄也会被看成蛮横的、粗鲁的。一天晚上，怀特偶然去了一家当地的酒吧，想找一个女性，请她喝酒，鼓励她说一些科纳维尔的情况。他环顾了一下屋子，找不到一个独处的女人。随后，他看见一个男人正和两个女人坐在一起，于是他走上前去，问道：“打扰一下，你们是否介意我和你们一起？”随即，他就意识到自己犯了一个错误：

> 那个男人紧盯着我，一时陷入了沉默。然后他说要将我扔下楼去。我向他保证我会马上离开，然后自己快速走出了那里。（1981：289）

就像这件事所揭示的，在实地调查中，融入一个团体是困难的（有时候是危险的）第一步。“破冰”需要耐性、敏捷的思维和一点运气。自从怀特在当地的社会福利机构认识一个名叫多克的年轻男人时，他的调查获得了重要的进展。怀特告诉多克，他很难在科纳维尔交朋友。于是多克就开始保护起怀特，并把他介绍给社区中的其他人。在多克的帮助下，怀特很快就成为这个社区的正式一员了。

怀特和多克的友谊说明了关键资讯提供者（key informant）在实地研究中的重要性。这样的关键资讯提供者不仅能把研究者介绍给这个社区，而且还能提供信息和帮助。但是依赖关键资讯提供者也有风险。因为每个人都有特定的朋友圈子，关键资讯提供者的指引会导致研究“转向”或偏向某一个方向。除此之外，在其他人的眼里，不论好坏，关键资讯提供者的声誉都将和调查者联系在一起。因此，参与观察者可以在初期寻求关键资讯提供者的帮助，随后必须快速在社区中扩大交往范围。

进入科纳维尔街区后，怀特很快学到另外一点：实地研究者需要知道什么时候应该大声说话，什么时候保持沉默。一天晚上，他和一群人一起讨论街区内赌博的事。为了直接弄清楚情况，怀特若无其事地问：“我猜你们给警察钱了吧？”

> 赌徒压低了头，怒视着我。然后，恼怒地否
> 43 认有人付钱给警察，并且立即转移了话题。那天晚上余下的时光里，我都觉得很不自在。

第二天，多克给了怀特一些可靠的忠告：

> 不要问太多的“谁”、“什么”、“为什么”、“什么时候”、“在哪儿”之类的问题。这样一问，人们就什么都不会说了。既然人们接受了你，你就在这里多串串，日子长了，不用问什么，就会得到答案。（1981：303）

在那以后的年月里，怀特开始熟悉科纳维尔的生活，甚至娶了当地的一个姑娘并与其共度余生。在这个过程中，他认识到人们的刻板印象是错误的。在科纳维尔，大部分人都努力工作，很多人都相当成功，甚至还有一些人夸耀把孩子送进了大学。即使在今天，怀特的这本书还是一个精彩的故事，讲述了移民的事迹、梦想和失望以及他们的子女在一个种族社会中的生活。它包含了只有通过多年的参与观察才能获得的丰富的细节材料。

◇ 评价

威廉·怀特选择参与观察的方法来研究他称作“科纳维尔”的社区，这是一个合适的决定。在这个案例中，他并没有假设要验证，在开始的时候也不能确切明白问题是什么。只有当他搬进社区并在那里生活多年，才能了解这个社区，并展现那里复杂的社会生活图景。

运用可得的资料：现存资料

不是所有的研究都需要研究者自己收集资料。有时候社会学家也分析他人收集的现有资料。

社会科学中最被广泛运用的统计资料是由政府机构收集的。美国人口普查局每十年进行一次人口普查（最近一次在2010年），并不断更新关于美国人口的大量资料。在加拿大，这样的资料可以从隶属于政府的加拿大统计局（Statistics Canada）获得。要获得国际性的数据，可以利用联合国和世界银行出版的各种资料。简而言之，关于整个世界的资料都可以从你身边的图书馆以及互联网上获得。

不论是政府统计资料还是个别研究者的研究结果，运用已有的资料可以节省时间和金钱。这种方法对低预算的社会学家有特别的吸引力。不管怎样，相比大多数研究人员自己获得的数据，政府的资料通常更准确，涉及的范围更广。

当然，运用现存资料有其自身的一些问题。一方面，可得的资料不可能刚好是你所需要的。你或许能够查到你所在学校付给教授的平均工资，但是却不能查到学校分别支付给男性教授、女性教授的工资额。另一方面，对于别人的研究的意义和准确性，我们总会有些疑问。例如，埃米尔·涂尔干在其经典自杀研究中，很快就发现根本没有办法知道一个被界定为自杀的死亡事件到底是不是一个意外事件。另外，不同的机构在收集资料时运用不同的程序和方法，所以很难将其收集的资料进行对比。最后，运用现存的资料有点像买一辆二手车：便宜货很多，但是你得仔细挑。

运用现存资料示例：双城记

为什么一个城市住着许多著名的人，而另一个城市几乎找不出一个名人呢？对于生活在今天的人，历史资料提供了一把可以打开过去秘密的钥匙。E·迪格尔·巴尔茨尔（E. Digby Baltzell，1979）的一项获奖研究，即《波士顿清教徒和费城贵格会信徒》，很好地例证了研究者如何利用可得的资料进行历史研究。

这项研究始于巴尔茨尔偶然拜访缅因州的鲍多因学院。当他走进鲍多因学院的图书馆时，他看见墙上挂着三个人的肖像——分别是著名作家纳撒尼尔·霍桑（Nathaniel Hawthorne）、著名诗人亨利·瓦兹沃斯·朗费罗（Henry Wadsworth Longfellow）以及美国第十四任总统富兰克林·皮尔斯（Franklin Pierce）。他很快认识到这三个伟大的人物都是1825年毕业于鲍多因的同班同学。巴尔茨尔很惊讶，为什么这个小型学院在这一年毕业的名人比他的母校——更大的宾夕法尼亚大学——有史以来毕业的所有名人还要多？为了解答这个问题，巴尔茨尔很快就翻阅历史文献，看看新英格兰造就的名人是否真的比他

▲检查你的学习
请说出三个社会学研究主题，分别适用于如下研究方法：实验、调查、参与观察。

◎ 社会学家E·迪格尔·巴尔茨尔无意中发现纳撒尼尔·霍桑、亨利·瓦兹沃斯·朗费罗和富兰克林·皮尔斯都是毕业于新英格兰地区一个小型学院的同班同学。这个发现促使他分析在新英格兰地区学院和宾夕法尼亚大学不同的宗教信仰对学生取得成就的模式有什么影响。

44 出生地宾夕法尼亚州还多。

巴尔茨尔的数据来自哪里？他查阅了《美国名人辞典》（*Dictionary of American Biography*），此书共 20 册，记载了各个领域超过 13 000 个杰出男女，诸如政治、法律以及艺术。从词典中巴尔茨尔知道了谁是伟大人物，他还意识到词典中谁的传记越长，人们就认为这个人越重要。

到巴尔茨尔确定传记记载最长的 75 个人时，他发现了一个显著的模式：到目前为止，马萨诸塞州拥有的名人数是最多的，75 个顶尖成功者中有 21 个属于马萨诸塞。而来自新英格兰地区的名人加总起来有 31 个。相比较而言，宾夕法尼亚州只有 2 个，而来自大西洋中部地区的州的名人加起来只有 12 个。再进一步看看，巴尔茨尔发现新英格兰地区大部分伟大的成功者都是在波士顿及其周围的城市长大的。截然相反的是，几乎没有一个比较知名的人物是来自他所在的费城这个比波士顿要大得多的城市的。

什么能够解释这种显著的模式呢？巴尔茨尔从德国社会学家马克斯·韦伯（Max Weber, 1958, orig.1904-5）那里受到了启发，韦伯认为一个地方功绩的记载受当地的主要宗教信仰的影响（参见第 4 章“社会”）。巴尔茨尔从波士顿和费城之间的宗教差异中发现了能够解开疑惑的答案。波士顿最初是个清教徒的殖民地，由非常重视追求卓越和公共成就的人建立。相反，费城则居住着贵格会信徒，他们信仰平等，避免引起公众注意。

清教徒和贵格会信徒都在躲避英格兰的宗教迫害，但是两种宗教信仰导致了极不相同的文化模式。波士顿的清教徒认为人类具有原罪，所以他们构造了一种通过家庭、教堂和学校来规范人们行为的严格的社会。清教徒们赞扬努力工作，将其视为赞美上帝的途径，他们认为取得公共成就是受到上帝祝福的一种可靠标志。简而言之，清教徒提倡一种人们既追求又尊敬成就的纪律严明的生活。

相反，费城的贵格会信徒将他们生活的方式建立在人性本善这样一个信念之上。他们不需要寻求什么强硬的社会制度来将人们从罪孽深重之中“拯救”出来。他们信仰平等，所以即使是那些富裕起来的人也不认为自己比别人好。因此富人和穷人以同样的方式谨慎地生活着，相互劝诫对方避免高调的追求名望甚至竞选政府公职。

在巴尔茨尔的社会学想象力中，波士顿和费城就像两种社会“试管”，清教徒被注入了一支试管，贵格会信徒被注入了另一支。数世纪以后，我们会发现两支试管里发生了不同的“化学反应”。这两种信仰体系导致了对待个人成就的不同的态度，从而又形成了各个地区的历史。今天，我们知道波士顿的肯尼迪家族（尽管是天主教徒）只是那个城市中众多清教徒式追求赞誉和领导能力的家族中的一个。相反，在费城的整个历史上从来没有过一个家族拥有这样的公众声望。

巴尔茨尔的研究运用了科学逻辑，但是也详细描述了人们如何理解他们的世界，从而阐明了解释社会学视角。他的研究提醒我们，社会学研究常常根据特定的问题，混合运用多种研究方法。

◇ 评价

巴尔茨尔选择用现存资料进行研究的主要原因在于，这是一种了解历史的好办法。对于那些生活在过去、不可能进行访谈的人，《美国名人辞典》提供了大量的信息。当然，现存资料不是为了回答当代社会学家的问题而存在的。因此，使

归纳逻辑思考 将特定的观察结果转化为概括性的理论的一种论证方法。

演绎逻辑思考 将概括性的理论转化为经得起试验论证的特定的假说的一种论证方法。

总结

四种研究方法				
	实验	调查研究	参与观察	现存资料
应用	适用于说明变量之间关系的解释性研究。 产生定量资料。	适用于对不能直接进行观测的主题进行信息收集，比如态度和价值。 对描述性和解释性研究很有用。 产生定量或定性资料。	适用于对“自然”情景中的人进行的探索性和描述性研究。 产生定性资料。	适用于探索性、描述性或者解释性研究。 能获得定性的和定量的任何一种资料。
优势	最能够说明因果关系。 重复研究相对容易。	运用问卷和抽样方法，能够对大量的人口进行调查。 访谈能获得深入的反馈。	能够研究“自然”情景下的行为。 通常比较不耗费财力。	节省时间和收集资料的费用。 使得历史性研究成为可能。
局限	实验室环境是人为设置的。 除非研究环境是受到严格控制的，否则结果会有偏差。	问卷必须精心设计，回收率可能不高。 访谈耗费财力和时间。	耗时。 很难重复研究。 研究者必须平衡好参与者和观察者的角色。	研究者对资料中可能出现的偏差没有控制。 资料可能只是部分地满足目前的研究需要。

用这些文件档案需要批判的眼光和创造性的思考。

本页“总结”表格提供了对四种主要的社会
45 学研究方法的概括回顾。现在我们要考虑最后一个问题：研究结果与社会学理论之间的联系。

理论与方法的相互作用

◇ 分析

不论社会学家们是如何收集资料的，他们都不得不通过建构理论来赋予社会事实以意义。这主要通过两种方式来达到：归纳逻辑思考和演绎逻辑思考。

归纳逻辑思考（inductive logical thought）是将特殊的观察结果转换成一般的理论的推理方式。在归纳法中，研究者的思维是从特殊到一般，会产生诸如此类的想法：“我这儿有一些有趣的资料，我想知道它们是什么意思？”E·迪格尔·巴尔茨尔的这项研究就是归纳逻辑的典型范例。他的资料显示，美国的一个地区（波士顿）造就了比另一个地区（费城）多得多的成功者。他从基层的观察开始一直“上升”到高层次的理论——宗教上的价值观是人们形成对待成就的态度的关键因素。

第二种类型的逻辑思考是以相反的方向“向下”移动的：**演绎逻辑思考**（deductive logical thought）是将一般理论转换为能进行测量的特殊假设的推理方式。研究者的思维是从一般到特殊：“我对人类行为有一些想法；让我们来收集一些资料，再对这些资料进行测量。”以演绎的方式进行研究，研究者最初以假设的形式陈述理论，然后选择一种方法来测量这个理论假设。当资料在一定程度上支持理论假设时，我们推断这个理论是正确的；当资料驳倒了理论假设时，我们知道这个理论需要进行修正或者完全被否决掉。

菲利普·津巴多的“斯坦福监狱”实验就是演绎逻辑的范例。津巴多以社会环境能够改变人类行为这个一般理论开始。然后他提出了一个明确的可测量的假设：当被安置在监狱情景之中时，即使是情绪很平稳的年轻男人也会表现得暴力。在他的实验开始后不久，很快就发生了暴力事件，这支持了津巴多的假设。万一在他的实验里囚犯和看守之间产生友好的行为，他的假设就明显是错的。

就像研究者常常在一个研究过程中使用几种方法一样，他们一般都同时使用这两种逻辑思考方式。图 2—2 解释了这两种类型的推理方式：从观察结果中归纳建构理论，为了测量一个理论进行演绎的观察。

最后，通过组织和呈现统计资料赋予社会事实以意义。确切地说，社会学家们如何处理他们的数据会影响他们得到的结论。简而言之，准备你的研究结果就等于以某种方式转述事实。

▲检查你的学习
你还想有什么关于过去生活的问题需要利用现存的资料来回答的？你可能通过什么渠道来寻找答案？

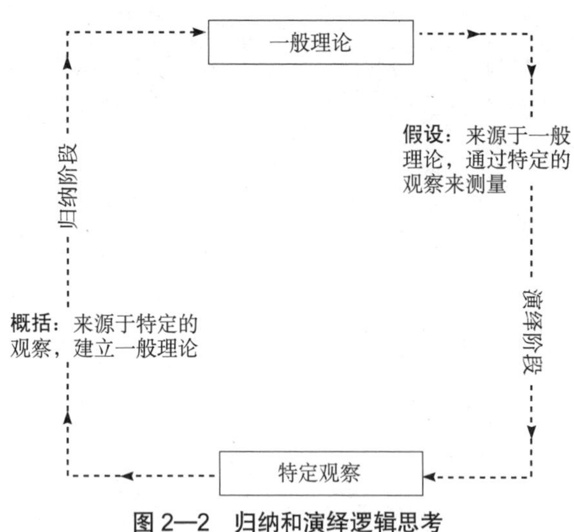

图 2—2　归纳和演绎逻辑思考

◎ 社会学家通过归纳和演绎两种逻辑将理论和方法联系起来。

我们常常因为有统计数据支持而轻易地断定一个论据肯定是正确的。然而，我们必须以审视谨慎的眼光看待统计数据。总之，研究者们会选择呈现的数据，解释统计值，可能还会运用图表来将读者引致特定的结论。第 55 页“争鸣与辩论”专栏更深入地探讨了这一重要问题。

总结：社会学研究中的10个步骤

◇ 评价

我们可以通过概述社会学研究过程中的 10 个步骤来总结这一章。每一个步骤都提出一个重要问题。

1. 你的主题是什么？保持好奇心并且运用社会学的观点能帮助你随时随地想出进行社会研究的主意。选择一个你认为有趣且重要的问题来研究。

2. 他人有哪些研究成果？你可能不是第一个对你的研究问题感兴趣的人。去图书馆查阅其他的研究者在你研究的主题上已经应用了哪些理论和方法。回顾已有的研究，注意出现过的问题
46 以避免重复过去的错误。

3. 你的具体问题是什么？你是否想要探索一个比较新的社会环境？描述某一类人？研究变量间的因果关系？如果你的研究是探索性的或是描述性的，那么确定你要研究的对象是谁，研究将在哪里进行，以及你想要探索哪一类的问题。如果你的研究是解释性的，那么你也必须确切地阐明你要检验的假设，将每一个变量进行操作化。

4. 你需要什么来完成研究？你能利用的时间和经费有多少？是否需要特殊的设备或训练？你能否独自完成研究？制定研究计划的时候你应该考虑清楚这些问题。

5. 是否存在道德伦理上的顾虑？不是所有的研究都引起严重的伦理问题，但是你必须注意这些问题。研究是否会伤害或者威胁到任何人的隐私？为了尽量减少造成伤害的概率你会怎样设计你的研究？你是否会向被调查者承诺研究的匿名性？如果你承诺了，你将如何保证始终维持匿名性？

6. 你会使用什么研究方法？考虑到所有主要的研究策略，以及多种方法的结合使用。记住，最好的研究方法取决于你所提出的研究问题以及你所能获得的资源。

7. 你将如何记录资料？你的研究方法就是一种资料收集的方案。准确清晰地记录下所有的信息，以便随后进行分析（或许就是在写研究结  47
果之前的某个时候）。谨防你的研究中出现任何的偏差。

8. 资料告诉你些什么？根据你最初的研究问题来研究收集到的资料，决定如何解释你所收集到的资料。如果你的研究涉及一个特定的假设，你必须判断收集到的资料是证实、反驳还是更正这个假设。记住，根据不同的理论视角有不同的方式解释你收集到的资料，你应该将所有的解释都考虑进去。

9. 你的结论是什么？准备一份陈述结论的最终报告。你的研究如何发展了社会学理论？你的研究有没有提出改进研究的办法？你的研究有没有政策方面的提议？普通公众会在你的研究中发现什么有趣的东西？最后，注意研究中出现的问题以及未得到解决的问题，以此来评价你自己的研究。

10. 如何分享你的研究成果？考虑将你的研究论文寄给一家校园报纸或杂志，或者向一个班级、一次校园集会或者一次专业的社会学家会议上做一个展示。关键是为了和别人分享你的研究成果，并得到他们的回应。

人们能用数据说谎吗?

约什：（正在讨论毕业后的工作前景）你知道吗，现在的大学生不像50年前那么聪明了。

山姆：少来，这不是真的。

约什：（得意地）不，兄弟。我这里有数据说明这是真的。

当我们在争论问题时，总有人给你看一些“数据”，认为这些数据就是“证据”。但是，这些数据就是“真相”吗？记住，19世纪英国政治家本杰明·迪斯雷利（Benjamin Disraeli）曾经说过：“有三种谎言：谎言、该死的谎言，以及数据！”

在这个数据爆炸的时代——这些数据通常被描述为“科学数据”或者“官方数字”——我们需要牢记“统计证据”并不像它所标榜的那样真实。首先，每个研究人员都会犯错。更重要的是，数据本身并不能说明什么，而是要靠人说明它的含义。有的时候，人们（甚至社会学家）“伪造”他们的数据，正如政治家们发表他们的竞选演讲——他们所考虑的是赢得你的支持，而不是从事实出发。

避免被愚弄的最好方法是弄明白人们是怎样通过数据进行误导的。

1. 人们选择他们需要的数据。很多时候，这些呈现出来的数据并不是错误的，但它们是不全面的。让我们来看一看，有些人认为电视机毁了我们的生活方式，他们所提供的一些数据表明，我们比上一代人看了更多的电视。同时，学术能力评估测试（SAT）的分数下降了。这两组数据可能都是正确的，但是他们想表达的是，这里有一个因果联系，即看电视降低了考试分数。但是，这一点其实并没有得到证明。一个喜欢看电视的人可能会将这一数据对应于另一个“事实”，即美国人在买书上比上一代人花了更多的钱，这表明电视为人们开创了智力上的新兴趣。我们可能可以找到支持任何观点的数据。

2. 人们对数据进行了解释。人们也可以根据事先设定好的解释对数据进行“打包”，让人感觉这些数据只能做一种解释。看一看右边的饼状图，它向我们展示了对美国贫困儿童进行研究的一项成果（National Center for Children in Poverty, cited in *Population Today*, 1995）。这些研究者报告说，43%的孩子生活在父母双方均无工作的家庭，39%的孩子生活在父母一方或双方拥有临时工作的家庭，18%的孩子生活在父母一方或双方拥有全职工作的家庭。这些研究者为这幅图形标了一个标题，即“大多数生活贫困的孩子与有工作的父母生活在一起”。你认为这种解释是正确的，还是一种误导呢？为什么呢？

3. 人们运用图表歪曲了事实。曲线图通常向我们展示出事物随着时间而向上或向下的变化趋势，是很好的一种数据呈现方式。但是，使用曲线图也为人们从多种方面来“歪曲”数据提供了机会。这种趋势，部分地依赖于所使用的时间框

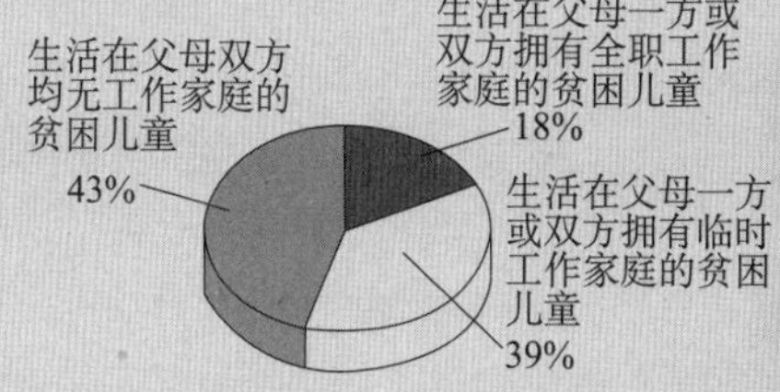

架。例如，在过去的10年中，美国的犯罪率下降了。但是，如果我们观察一下过去的50年，我们将会看到一个截然相反的趋势：犯罪率是急剧上升的。

画图所采用的比例也非常重要，因为它让一个研究者可以“缩小”或“扩大”这种趋势。下面的两幅曲线图都使用同一组1967—2010年之间SAT阅读部分得分。但是左边这幅图扩大了比例，表现出的是一个下降的趋势；右边这幅图压缩了比例，表现出的就是一个相对稳定的趋势。因此，理解数据意味着什么——或者不意味着什么——需要你做一名仔细的读者！

你怎么想?

1. 你觉得人们为什么会很快接受“数据”，并认为它是真实的？
2. 从科学的角度出发，歪曲事实可以被接受吗？如果从批判的视角看，人们希望以此促进社会变迁，这种做法是否可取？
3. 找到一则你认为数据或结论有失偏颇的社会新闻。你认为这些偏见是什么？

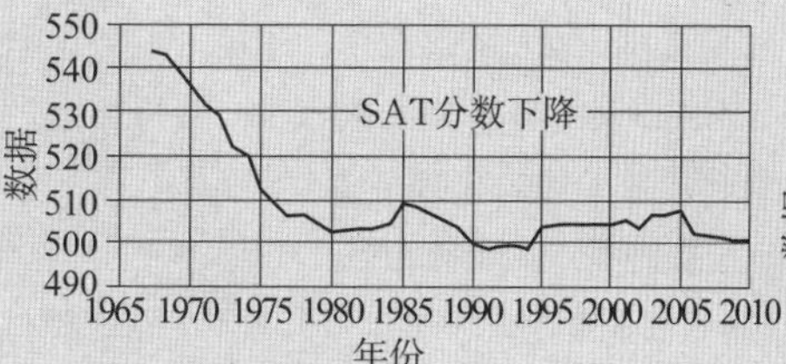

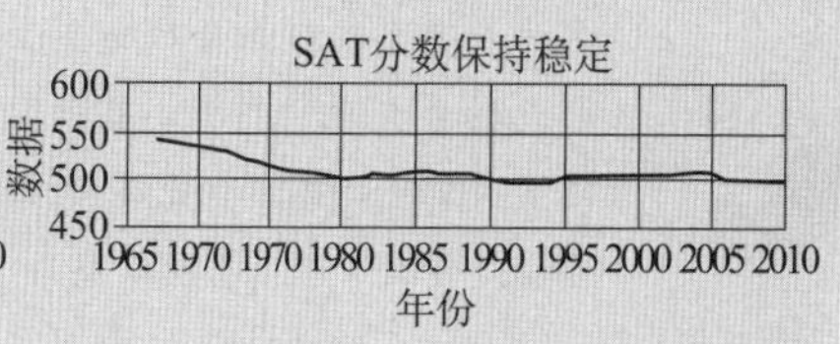

第 2 章　社会学研究

为什么要交朋友？

社会学研究是帮助我们更深入、更多地理解日常社会世界和自我的重要方式。以友谊为例。每个人都知道被朋友们簇拥着是一件很开心的事。但是你知道友谊对人类健康有实实在在的好处吗？你认为这些好处是什么呢？看看下面的图片，多了解一些研究告诉我们的交朋友所带来的积极影响吧。

提示

在第一个个案中，研究者将交朋友作为自变量，将长寿和健康作因变量。平均而言，那些有朋友的人（作为实验组）比那些没有朋友的人（作为控制组）实际上更长寿也更健康，第二个个案中，有许多朋友的妇女比没有朋友的妇女更可能战胜疾病、生存下来。第三个个案中暗示我们，相关并不表明就是因果。这项研究历经 6 年之久，跟踪了 700 多名男性，一些有许多朋友（作为实验组），另一些几乎没有朋友（作为控制组），他们健康程度类似。研究发现，有朋友的人心脏更健康，告诉我们友谊是自变量或因变量。在第四个个案中，研究者确实发现，人们成为朋友的时间越长，他们对事物的态度越积极。友谊万岁！

一项对老年人的跨 10 年的研究发现，在研究过程中，那些有许多朋友的男性老人和女性老人明显地比没有朋友或很少朋友的老人死亡要晚。另一项长时期研究确认有朋友的人比没有朋友的人不仅活得更长而且更健康。这项研究中，变量是什么？从变量间的关系中我们能得出什么结论？

另一项对 3 000 名得了乳腺癌的妇女进行的研究，比较了有朋友的妇女和没有朋友或很少朋友的妇女的存活率。你怎么看待他们有关友谊对恶性疾病的作用的结论？

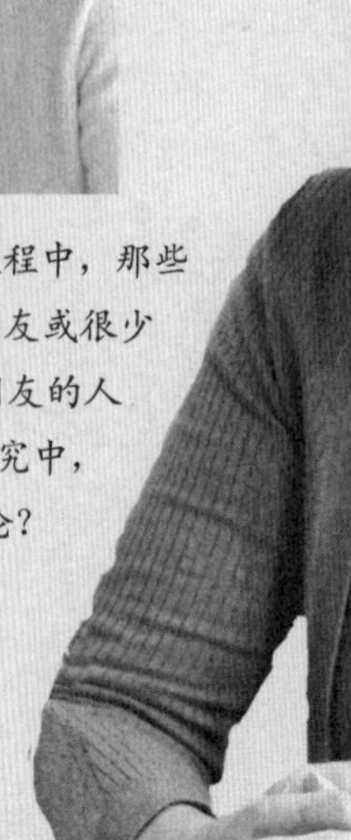

友谊可以增进健康的原因也许是因为朋友可以提升我们的精神并使我们更积极地对待生活。最后的一项研究是让年轻的大学生背着沉重的行李从陡峭的山脚下爬上山顶，询问他们是否感到艰苦，那些有朋友陪伴的人比独行者更加乐观。你是否认为朋友越好，人的态度越积极？

“友谊效应”也有助于男人健康。一项对男性老人的研究发现，那些有许多朋友的老年人比没有朋友的老年人更少得心脏病。你能否确认这些变量间有因果联系？如果是这样的话，我们怎么确认，是友谊增进了健康还是健康促进了友谊？

从你的日常生活中发现社会学

1. 前面的调查研究表明，友谊对于我们的意义远远超过我们的想象。想想第1章里涂尔干的自杀研究。他如何使用社会学研究来揭示更多有关社会关系的重要性？在自杀研究中，他使用了本章中的哪一种研究方法？
2. 选择一天，观察你班上的导师并给他或者她的教学技巧评分。在你开始上课之前，将“良好的教学”的概念操作化为你可以观察和测量的具体特质。是否有一些良好的教学特质是你无法实际观察到的？总的来说，测量“良好的教学”的难易程度如何？为什么？
3. 正如本章所说的，社会学远不止独特的视角和理论方法。这门学科还能获得更多的关于我们周围社会运作机制的知识。你可能会继续学习社会学，甚至以社会学研究为终身的职业追求。但是即使你从来不会亲自做研究，了解怎么完成一个好的研究项目也是很有好处的。这个好处是指：在这个不断接触信息的社会中，知道如何收集准确的信息是一种技能，能够帮助你评估你所读到的资讯。登录mysoclab.com，阅读“从你的日常生活中发现社会学”专栏，更多了解本章内容如何帮助你提高批判性思考能力。

第2章 社会学研究

社会学研究基础

社会学研究有两个基本的必要条件：

- 知道怎样运用社会学的视野。
- 对我们身边的这个世界充满好奇，并做好提问的准备。 p.27

世界上人们所接受的“真理”各不相同。

- 科学——一种通过直接系统的观察来了解知识的逻辑体系——是真理的一种形式。
- 通过社会学研究获得的科学证据常常挑战常识。pp.27-28

科学（p.27）：一种基于直接、系统的观察所得认识的逻辑体系。

经验证据（p.27）：能够用我们的感官确认的信息。

从事社会学研究的三种方式

实证社会学是通过系统地观察社会行为来研究社会的。

- 需要仔细地将概念操作化，并确定测量方法既可靠又可行。
- 观察变量之间的关系，尝试建立因果关系。
- 假定客观现实是存在“在那里的”。
- 偏好定量数据。
- 适合在实验室进行研究。
- 要求研究人员保持客观，不让个人价值观和偏见影响研究过程。 pp.29-33

解释社会学关注人们赋予行为的含义。

- 认为现实是人们在日常生活中建构出来的。
- 偏好定性数据。
- 适合在自然情景中进行研究。 pp.33-34

批判社会学将研究作为带来社会变迁的一种方式。

- 提出道德和政治的问题。
- 关注不平等。
- 拒绝接受客观性原理，认为所有的研究都有政治性的特征。 p.34

实证社会学（p.29）：基于对社会行为的系统观察来对社会进行研究。

概念（p.29）：用一种简化的形式来表示世界某一部分的精神产物。

变量（p.29）：取值随着情况的改变而改变的一个概念。

测量（p.29）：为特定个案确定变量取值的过程。

变量的操作化（p.29）：对变量赋值之前要确切地说明将被测量的内容。

信度（p.30）：测量的一致性程度。

效度（p.30）：实际测量的与想测量的一致性的程度。

因果关系（p.31）：一个变量的变化（自变量）引起另一个变量（因变量）发生变化的一种关系。

自变量（p.31）：引起其他变量（因变量）发生改变的变量。

因变量（p.31）：因为另一个变量（自变量）改变而发生变化的变量。

相关性（p.31）：两个（或多个）变量同时发生变化的一种关系。

虚假相关（p.31）：由某些其他变量所引起的两个（或多个）变量之间表面的且是假的联系。

控制（p.31）：为了研究一种变量的作用而保持其他变量不变。

客观性（p.32）：在进行研究时保持个人中立。

复制（p.33）：由其他研究者对研究进行重复。

解释社会学（p.33）：关注人们对他们社会世界所赋予的意义的社会研究。

批判社会学（p.34）：关注社会变迁的必要条件的社会研究。

研究取向和理论

- 实证社会学与结构—功能视角有一定联系。
- 解释社会学与符号互动视角有关。
- 批判社会学对应着社会冲突视角。 pp.34-35

性别与研究

性别——包括研究者的和研究对象的——会以五种方式影响调查研究：

- 男性中心。
- 概括过度。
- 无视性别。
- 双重标准。
- 妨碍研究。 p.35

研究伦理

研究者必须：

- 保护研究对象的隐私。
- 获得研究对象的知情同意。
- 表明所有的经费来源。
- 将研究提交给伦理审查委员会（IRB），保证研究不会违反伦理标准。 pp.35-36

性别（p.35）：社会成员所具有的作为女性或者男性的个人特征和社会地位。

社会学研究的方法

实验是指在受控制的情景下研究两个（或多个）变量之间的因果关系。

- 研究者通过实验来检验研究假设，即两个（或多个）变量之间可能的关系的一种陈述。

实验示例：津巴多的"斯坦福监狱" pp.36-38

调查是通过问卷和访谈的方式，收集调查对象对一系列问题的回应。

- 调查一般会得到描述性的研究结果，展示人们对某一问题的观点。

调查示例：本杰明的"100个能人" pp.38-41

通过参与观察法，研究人员在一段相对较长的时间里直接参与所研究的社会环境。

- 参与观察，也称为实地调查，使得研究者可以拥有对社会环境的内在观察。他们的研究是探索性的和描述性的，不是试图去验证特定的假设。

参与观察示例：怀特的"街角社会" pp.41-43

有的时候，研究者会分析现存资料，即由其他研究者收集的数据。

- 使用现有资料，特别是由政府机构收集的可广泛使用的数据，能够节省研究者的时间和经费。
- 现有资料是研究历史的基础。

使用现存资料示例："波士顿清教徒和费城贵格会信徒" pp.43-45

研究方法（p.36）：进行研究的系统计划。

实验（p.36）：在高度受控的条件下研究因果关系的一种研究方法。

假设（p.37）：两个（或多个）变量之间的可能的关系的一种陈述。

霍桑效应（p.37）：仅仅由于意识到被研究而导致的研究对象行为改变。

调查（p.38）：在问卷调查和面对面访谈过程中，被调查对象对一系列的陈述或问题作出回答。

总体（p.38）：一项研究所关注的群体。

样本（p.38）：总体的一个部分，能够反映整体的情况。

问卷（p.38）：研究者向被访者所呈现的一组事先写好的问题。

访谈（p.39）：研究者亲自向被访者提出一系列问题。

参与观察（p.41）：研究者在参与到人们日常活动中的同时对他们进行系统观察的研究方法。

归纳逻辑思考（p.45）：将特殊的观察结果转换成一般的理论的推理方式。

演绎逻辑思考（p.45）：将一般理论转换成能进行测量的特殊假设的推理方式。

第3章 文 化

学习目标

◇ 记忆

本章黑体关键名词的定义。

◇ 理解

人类开始生活在我们称之为“文化”的符号世界中的历史过程。

◇ 应用

社会学的宏观层次理论视角于文化中，以更好地理解我们的生活方式。

◇ 分析

流行的电视节目和影片，领会它们是怎样反映出美国文化的核心价值观的。

◇ 评价

文化的差异性（通过对种族中心主义和文化相对主义这两个重要的社会学概念的理解）。

◇ 创造

美国文化的广阔视野（通过学习文化的多样性，包括流行文化、亚文化和反文化模式）。

54

本章概览

本章聚焦于“文化”这一概念，即指一个社会的整个生活方式。我们注意到文化（culture）与培养（cultivate）同出于一个词根，表明聚居在某一社会的人们随着时间的推移而渐渐“养成”他们的生活方式。

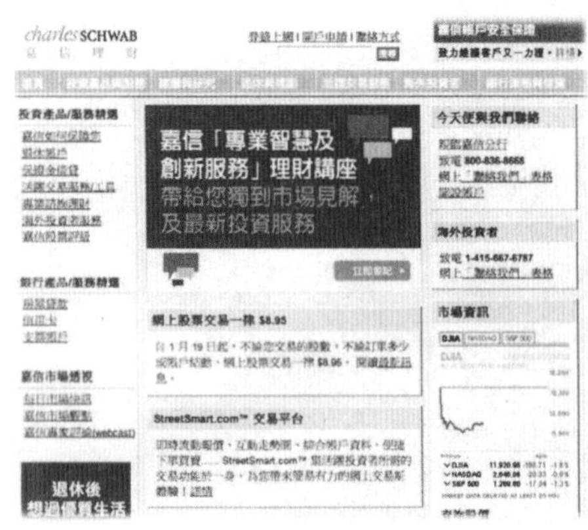

周二深夜，林芳（音）目不转睛地盯着她的计算机屏幕。王东（音），她的丈夫，站起来走到她的椅子后面。

“我正努力完成我们的投资活动。”林芳用中文解释道。

“我没有想到我们能用自己的语言在线完成这些，”王东看着屏幕说，“太好了，我非常喜欢这样。”

并不仅仅是林芳和王东有这样的感觉。回溯到1990年，一家大型投资经纪公司——嘉信理财的行政人员聚集在旧金山的公司总部讨论扩展他们公司业务的途径。他们提出的一个想法是，公司对美国社会日益增加的民族和种族的多样性给予更多的关注是使公司获利的一个途径。他们特别指出美国人口普查局的数据显示了不仅在旧金山，而且在整个美国亚裔美国人的数量正不断增加。这些数据也显示了亚裔美国人在经济上通常很在行。事实确实如此，今天一半以上亚裔美国人的家庭年收入高于65 000美元（U.S.Census Bureau，2010）。

1990年的这次会议中，嘉信公司决定发起一个关注多样性的行动，在亚裔美国人中安排三名主管人员专门对公司的多样性进行了解。自那以后，公司的项目领域不断扩展，以至于到目前公司雇用了300多名讲汉语、日语、韩语、越南语以及亚洲其他语言的员工。有了这些懂得英语以外语言的业务代表非常重要，因为有研究表明大多数来到美国的亚裔美国人宁愿用他们的母语进行交流，特别是在处理像投资这样重要事务时尤其如此。此外，公司还建立了汉语、韩语和其他亚洲语言的网站。成千上万名使用英语之外的自己熟悉语言的亚裔美国人，与欢迎他们的公司建立起开放式账户关系，林芳和王东仅仅是其中的两人。

嘉信公司已经获得了亚裔美国人的巨大投资份额。截至2009年，亚裔美国人有望每年花出去2 500亿美元。因此，任何一个追随嘉信公司的做法都会是明智的。而其他在美国甚至占有更大市场份额的民族和种族群体是非裔美国人（年花费5 000亿美元）和西班牙裔美国人（年花费6 000亿美元）(Fattah，2002；Karrfalt，2003；U.S.Census Bureau，2010；U. S. Department of Labor，2010)。

像嘉信这样的公司注意到这样一个事实，即美国是世界上最具有文化多样性的国家。这种文化的多样性反映了美国吸纳了来自世界各国移民悠久历史的事实。人们已经发现了世界各地的生活方式存在差异，这不仅表现在语言和穿着上，而且表现在首选食品、音乐偏好、家庭模式以及是非观上。一些地区的人们有很多孩子，而其他地区很少；一些地区尊敬老年人，而其他地区颂扬年轻人；一些地区的人热爱和平，而其他地区的人却崇尚武力。全世界人们信奉数千种宗教信仰，而关于什么是礼貌与粗鲁、美丽与丑陋、令人愉快与令人厌恶，人们也有着各自独特的观念。人类这种容纳如此多不同生活方式的能力实际上反映了人类文化的问题。

什么是文化？

◇ 理解

文化（culture）是共同塑造人们生活方式的思维方式、行为方式和物质产品。文化包括我们

◎ 世界各地的人们创造了多种多样的生活方式。这类差异首先表现在外貌上：比较图中展现的来自埃塞俄比亚、印度、肯尼亚、泰国和美国的女性以及来自中国、厄瓜多尔和巴布亚新几内亚等地的男性的差异。外在差异也许不明显，但更为重要的是内在的差异，因为文化也影响我们的生活目标、正义感，甚至是我们最为内在的自我感受。

的思想、行为以及我们所拥有的一切。文化引领过去又导向未来。

55 为了全面理解文化，我们必须同时考虑精神文化和物质文化两个方面。**非物质文化**（nonmaterial culture）是指一个社会的成员所创造的包括从艺术到禅宗在内的所有思想的总和。相反，**物质文化**（material culture）是指由一个社会的成员所创造的包括从扶手椅到拉锁在内的任何有形事物。

文化不仅影响我们的行为，而且影响我们的思想和感受——我们通常但却错误地称为“人类本性”的要素。生活在巴西热带雨林地区好战的

焦点中的社会学

面对雅诺马马人：体验文化震惊

一艘铝制的小汽艇正嘎嚓嘎嚓地沿着泥泞的奥里诺科河稳步前行，这条河位于南美洲广阔的热带雨林的深处。人类学家拿破仑·沙尼翁（Napoleon Chagnon）到雅诺马马人家园领地进行的长达三天的旅行正接近尾声，这一民族是世界上保持最原始技术的社会之一。

大约有 12 000 名雅诺马马人散居于委内瑞拉和巴西边界的村庄里。他们的生活方式和我们的很不相同。雅诺马马人穿得很少，他们生活的地方没有电、机动车、手机以及其他大多数美国人习以为常的便利设施。他们用于狩猎和作战的武器是传统的弓箭。大部分的雅诺马马人对外部世界一无所知，因此沙尼翁的到来对于雅诺马马人来说就像沙尼翁面对他们时所感到的一样陌生。

下午两点，沙尼翁已经快要到达他的目的地了。湿热的天气几乎让人难以忍受。他大汗淋淋，在周围一群群蚊虫的叮咬下他的脸和手已经开始肿胀。但是，他是如此兴奋以至于几乎没有察觉到这些痛苦，因为再过几分钟他就可以与他未曾了解过的人面对面地相见。

当汽艇滑上岸的时候，沙尼翁的心脏怦怦直跳。他和他的向导爬下汽艇，拨开茂密的矮树丛，朝着附近有声音的村庄走去。沙尼翁向我们描述了接下来发生的事情：

> 我抬起头立刻屏住了呼吸，我看见一大群粗壮的、裸露的、满身是汗的、丑陋的人正从拉满弓的箭杆下盯着我们。巨大的绿色烟草叶插在他们较为原始的牙齿和嘴唇之间，这使他们看起来更加丑陋，一股股深绿色的令人恶心的黏性液体从他们的鼻孔中滴落下来，有些还在鼻孔中悬挂着——这些液体如此之长以至于黏在他们的胸膛上或从他们的下巴上滴落下来。
>
> 我的下一个发现是十几条凶猛的、没有喂饱的狗正抓着我的腿，围绕着我好像我将要成为它们的下一顿美餐一样。我正手握笔记本无力可怜地站在那儿。之后，一股植物和污物腐烂的气味向我袭来，我几乎恶心得要吐出来。我非常恐惧，对于想和你们一起生活、研究你们的生活方式并想要成为你们朋友的人来说，这是一种怎样的迎接方式？（1992：11-12）

幸运的是，雅诺马马族的村民认出了他的向导，于是放下了他们手中的武器。尽管已经得到保证这个下午他能够幸存下来，沙尼翁仍然对自己无力弄清周围的人感到十分震惊。这种感觉持续到他回到家的一年半内。最重要的是，他想知道自己当初为什么要放弃物理学去研究人类文化。

加入博客讨论吧！

你能够想到一次自己与本文叙述相似的经历吗？对于陌生人曾引发的文化震惊你是怎么认为的？欢迎登录 MySocLab，加入“焦点中的社会学”博客，分享你的观点和经历，并看看别人是怎么想的。

雅诺马马人（Yanomamö），视侵犯行为天生而正常，但世界其他地区比如生活在马来西亚的塞马伊人（Semai）却能和平相处。美国和日本文化都特别强调成就和勤奋工作，但与日本社会非常珍视集体和谐相比，我们社会的成员尤其重视个人主义价值观。

考虑到世界上文化差异的程度以及人们倾向于认为自己的生活方式是“正常的”，旅行者进入一个不熟悉的文化环境中感觉全身不自在就毫不奇怪了。

这种不自在我们称之为**文化震惊**（culture
56 shock），即当人们经历一种不熟悉的生活方式时所产生的迷惑。在美国，人们也常常经历这种文化震惊，比如当非裔美国人进入洛杉矶的一个伊朗居住区时，大学生们闯入位于俄亥俄州的阿米什人 (Amish) 居住区时，或者纽约人穿过美国南部小镇时都会产生文化震惊。但是当我们在国外旅行的时候，文化震惊的体验会更加强烈。第64页“焦点中的社会学”专栏中，讲述了一位美国研究者第一次拜访生活在南美亚马逊河地区雅诺马马人家园的故事。

1月2日，秘鲁的安第斯山脉高地。在这偏远的高原上生活着一群贫穷的相依为命的人们。这里的文化是建立在家庭成员间以及附近邻居间世世代代相互合作的基础上。今天，我们用一个小时观察了一座新房的建设过程。一对年轻的夫妇请来他们的亲戚和朋友，这些人大概早上6：30就到了，并且立刻开始动工。到了正午，大部分的工程都已经完成，然后这对夫妇为他们提供了一顿盛宴、酒水和音乐，这样的盛宴在工程剩下的时间里没有间断过。

没有一种独特的生活方式对人类来说是“天然的”，尽管世界上的大部分人这样评价他们自己的行为。秘鲁安第斯山中人们自然产生的合作意识和许多生活在如芝加哥或纽约等城市的人们自然产生的竞争意识是不同的。这种差异来自于这样的事实，即作为人类，我们需要联合起来共同创造我们的生活方式。世界各地的其他动物——从蚂蚁到斑马——都有着十分相似的行
57 为，因为它们的行为是由本能驱使的，这些物种对生物进化进程不具有控制的能力。少部分的动物——特别是大猩猩和同种的灵长类动物——拥有有限的文化。研究人员通过观察，注意到它们会使用工具并能将简单的技巧传授给它们的后代。但是，人类的创造能力远远超过其他任何形式的生物并由此产生了无数的“人类”的生活方式。简而言之，只有人类依靠文化而非本能来创造他们自身的生活方式，并以此确保其生命的延续（Harris，1987；Morell，2008）。要了解人类文化是如何形成的，我们需要回顾一下人类演化的历史。

文化 共同塑造人们生活方式的思维方式、行为方式和物质产品。

非物质文化 由社会成员所创造的观念。

物质文化 由社会成员所创造的有形事物。

文化和人类智力

科学家告诉我们，我们这个星球已经有45亿年的历史（从本书最后插页中的时间轴上可以看出）。生命的诞生只是在距今35亿年左右。而在距今2.35亿至6 500万年的期间，我们会发现那是恐龙统治地球的时间。直到这些巨型动物从地球上消失，地球上开始出现我们称之为灵长类的动物时，我们的历史才掀开关键的一页。

灵长类动物出现的重要意义在于在所有动物中，相对于其体型，它们是拥有最大脑容量的动物。大约在1 200万年前，灵长类动物开始沿着两个不同的方向演化，其中一支的进化使得人类与其联系最紧密的类人猿相分离。然后，大约在500万年前，我们远古的人类祖先从中非的树上爬下来，开始在空旷的草原地区四处迁徙。这时，他们开始直立行走，懂得集体狩猎的好处，并使用火，利用一些工具和武器，搭起了简易的帐篷，而且披上了新式的简陋服饰。石器时代的这些成就可能显得微不足道，但它们标志着我们的祖先开始了截然不同的进化过程，他们最原始的生存策略意味着他们正在创造着文化。到了大约25万年前，我们这一物种——智人（Homo sapiens，源自拉丁语，意指“思考的人”）终于出现了。人类进化并没有中止，到了大约4万年前，多少与我们有些相像的人开始在地球上蔓延开来。有着较大的脑量，这些“现代的”智人迅速地发展起了文化，这一点可以从发掘自这一时期的智人使用过的工具和创作的壁画中看出来。

到了大约12 000年前，中东地区（今天的伊拉克和埃及地区）永久居住区的建立和专门职业的出现标志着“文明的诞生”。这个时候，我们称之为生物本能的力量消失了，取而代之的是更有效的生存技能，即有目的地改造自然为人类

服务。从那时开始，人类以无数的方式反复改造世界，最终形成了今天迷人的文化多样性。

文化、国家和社会

“文化”这个词，使人想起诸如“国家”、“社会”等其他相近的词。然而这些词在意义上存在着细微的差别。文化是人们共享的生活方式。国家是一个政治实体，一块有着特定边界的领土，例如美国、加拿大、秘鲁或津巴布韦。社会，第4章的主题，一般是指生活在一个国家或其他特定区域内的人们的有组织的互动。

那么，美国既是一个国家也是一个社会。然而包括美国在内的许多国家都具有文化的多样性，即这些国家的居民有着各种各样相互融合（有时相互冲突）的生活方式。

有多少种文化?

美国有多少种文化？判断文化的一个指标是语言；人口普查局列出了我们这个国家中使用的300多种语言，其中大部分语言（134种）是来自世界各国的移民所带来的方言。

根据有关专家的文献，全球范围内大约有7 000多种语言，表明了许多独特文化的存在。然而目前世界各地所使用的语种正在减少，现在大约一半的语言其使用人数不超过1万人。专家预测在未来几十年里或许将看到成百上千的语言消失，21世纪末前可能有一半以上的语言会消失（Crystal，2010）。濒临消失的语言包括嘎勒语（Gullah）、移入宾夕法尼亚州的德国语言（Pennsylvania German）和波尼语（Pawnee，全部在美国使用）、Han语（加拿大西北部使用）、Oro语（在巴西亚马逊地区使用）、撒丁语（Sardinian，使用于欧洲撒丁岛）、阿拉姆语（Aramaic，仍使用于中东地区的拿撒勒，基督教徒语言）、女书（使用于中国南部地区的语言，这是目前所知道的唯一一种专门由妇女使用的语言）、Wakka Wakka语以及其他几种使用于澳大利亚的土著语。正如你预料的那样，当一种语言濒临灭绝的时候，最后说这种语言的人就成为这

◎ 所有社会都包含着能够引起轻微文化震惊情形的文化差异。这位坐在英国地铁上的妇女正以诧异的眼神打量着坐在她旁边的戴着穆斯林头巾的妇女。

个社会最古老的人。语言消失的原因是什么？最主要的原因是全球化，包括高科技通信、日益增长的国家间的移民以及不断扩张的全球经济（UNESCO, 2001, Barovick, 2002, Hayden, 2003; Lewis, 2009）。

文化的要素 58

◇ 理解

尽管不同文化间存在巨大的差异，然而它们却有着共同的要素，这些要素包括符号、语言、价值观和规范。我们首先介绍所有文化中共同的最基本的要素：符号。

符号

如同所有的生物一样，人类运用感官去体验周围的环境，但不同的是人类还尽力去赋予世界以意义。人类将世界的构成元素转化为符号。**符号**（symbol）是任何由共享文化的人们承认的、承载特定意义的事物。如一个单词、一个口哨、一面涂鸦的墙、闪烁着的红灯、举起的拳头——这些全都是符号。人类具有创造并熟练使用符号的能力，这些符号具有不同的含义，例如眨眼可能表示兴趣，也可以表示理解甚至是侮辱的意思。

社会一直在创造新的符号。第67页“日常

即时通信世界中的新符号

莫利： gr8 to c u!

格雷格： u 2

莫利： jw about next time

格雷格： idk, lotta work!

莫利： no prob, xoxoxo

格雷格： thanx, bcnu

符号的世界一直在改变。人们创造新符号的原因之一是我们创造了新的交流方式。今天，大约 1.5 亿以上的美国人使用手机和手提电脑通过“发短信”的方式进行交流。发短信已经成为十八九岁和二十几岁年轻人的生活方式，他们中 95% 以上都拥有一部手机。上述富有特色的交流表明，日常社会互动怎样能快速发生并方便地使用即时通信（IM）符号。由于人们所使用的符号一直在改变，如同各地的即时通信语言有差异一样，使用距今一年的即时通信语言也会变化。下面就是一些常见的即时通信符号：

b 是
bc 因为
b4 之前
b4n 现在要说再见了
bbl 一会儿回来
bcnu 见到你
brb 马上回来

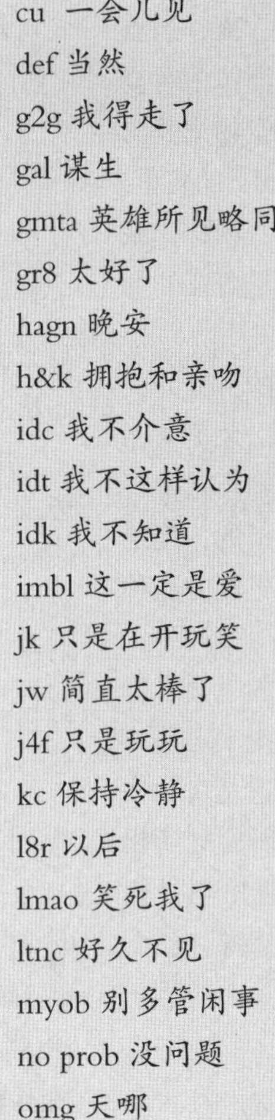
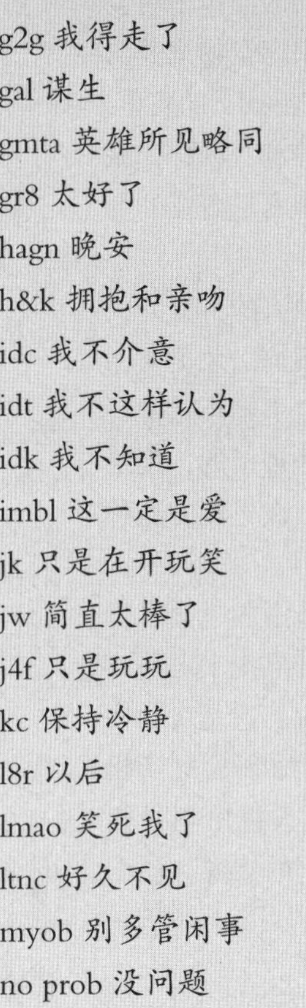

cu 一会儿见
def 当然
g2g 我得走了
gal 谋生
gmta 英雄所见略同
gr8 太好了
hagn 晚安
h&k 拥抱和亲吻
idc 我不介意
idt 我不这样认为
idk 我不知道
imbl 这一定是爱
jk 只是在开玩笑
jw 简直太棒了
j4f 只是玩玩
kc 保持冷静
l8r 以后
lmao 笑死我了
ltnc 好久不见
myob 别多管闲事
no prob 没问题
omg 天哪

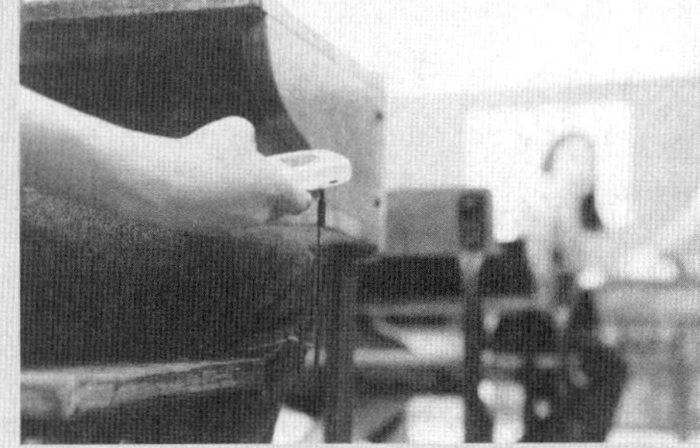

pcm 请联系我
plz 请
prbly 可能
qpsa 美股行情
rt 好
thanx 谢谢
u 你
ur 你是
w/ 和
w/e 无论怎样
w/o 没有
wan2 想要
wtf 什么样的怪物
y 为什么
2l8 太晚
? 提问
2 to 或 two
4 for 或 four

你怎么想?

1. 这里所列举的我们所创造的新符号表明了文化什么样的特征?
2. 你认为使用这些符号是一种好的交流方式吗？它会导致混淆或者误解吗？为什么是或不是?
3. 你还能想到你这一代所使用的其他新符号吗?

资料来源：J.Rubin(2003), Berteau (2005), Bacher (2009), and Lenhart (2010).

生活中的社会学”专栏描述了伴随日益增长的计算机交流而产生的“赛博符号”（cyber-symbols）。

我们是如此依赖文化符号，以至于我们认为它们是理所当然的。然而，当有人反常规地使用某种符号时，我们会急切地想要知道这一符号的含义。比如，当我们看到有人在政治示威时焚烧美国国旗时。进入一个我们所不熟悉的文化时也会提醒我们想起符号的力量；文化震惊实际上是我们在一个陌生环境中无法理解符号含义的体现。不能理解文化符号的含义会使人们产生失落感和孤独感，无法确定如何行动，有时甚至会感到害怕。

文化震惊是一个双向的过程。一方面，当旅行者进入与其本来的生活方式不同的群体中时会产生文化震惊。例如，把狗当作家庭宠物饲养的 59 北美人可能会遭到东非马萨伊人（Masai）的阻止，因为他们不重视狗，并且从不饲养狗。同样，旅行者可能也会十分震惊地发现在印度尼西亚的部分地区的人们把狗肉烤着来吃。

另一方面，旅行者在违反当地人的行为方式时，也可能会使当地人遭受文化震惊。北美人在印度饭店叫一份干酪汉堡时可能会不知不觉中冒犯了印度人，因为印度人认为牛是神圣的，是绝对不能吃的。环球旅行会经历无数次可能的这种误解。

符号的意义即便在某个社会范围内也会有所不同。对于一些美国人来说，一件毛皮大衣是成功的标志，而对另一些美国人来说，这是对动物的不人道行为。几年前关于在南加利福尼亚州议院悬挂联邦旗帜的争论中，有人视旗帜是州的骄傲，而也有人视之为种族压迫的体现。

语言

在婴儿期，一场疾病使海伦·凯勒（Helen Keller，1880—1968）失明又失聪。这两种感官的失去，割断了她与符号世界的联系，她的社会性发展受到了很大的限制。直到她的老师安妮·曼斯菲尔德·沙利文（Anne Mansfield Sullivan）用符号语言打破了海伦·凯勒的隔离，她才开始认识到她作为人的潜质。这位后来成为著名教育家的了不起的女人，向我们回忆了她第一次理解语言概念的时刻：

> 在金银花清香的吸引下，我们走下小径朝水井房走去。有人正在汲水，我的老师将我的一只手放在喷水管下。当一股清凉的水流泻到我的手上时，她开始慢慢地，然后快速地在我的另一只手上拼写出“水”这个单词。我静静地站着，我的整个注意力都集中于她手指的移动上。突然我感觉到一种模糊的意识，好像是曾经被遗忘的东西——一种重获思维的兴奋；不知为什么，语言的谜突然被揭开了。我终于知道水就是流过我手心的一种物质。这个活的字唤醒了我的灵魂，给我以光明、希望、快乐、自由！（1903：24）

语言（language），是通向文化世界的关键，是让人与人之间进行交流的一套符号系统。人类已经创造了许多字母来表达成千上万种我们所说的语言。图 3—1 中列出了几个例子，尽管文字书写的规则不同：西方社会的大多数人从左往右写，而在北非和西亚的人从右往左写，东亚的人们从上往下写。

语言不仅仅使得交流成为可能，而且它还是文化传承的关键。**文化传承**（cultural transmission），即由一代人将文化传递给下一代人的过程。正如我们身体中存有我们祖先的基因一样，我们的文化也包含着无数我们祖先创造的符号。语言是打开数世纪以来不断累积的人类智慧的钥匙。

图 3—1　人类语言：符号的多样性

◎ 这是英文“read”这个单词在上百种人类与他人交流的语言中的 12 种写法。

整个人类历史，每个社会都曾通过说来传播文化，这一过程社会学家称之为“口头文化传统”。大约 5 000 年前，人类发明了文字，然而那个时候仅有少数有特权的人才能学习读写，直到 20 世纪高收入国家的人有特权自豪地宣称全民普及了识字。然而，仍然有 14% 的美国成年人（超过 3 000 万人）还是半文盲，在日益要求掌握读写技能的社会中不具有读写的能力（U.S.Deprtment of Education，2008；Population

Reference Bureau，2011）。

语言技能可以让我们连接过去，同时也激发人类的想象力，通过新的方式与符号连接，创造出几乎是无限可能的未来。语言使人类区别于其他生物，人类因此成为唯一具有自我意识、了解自我局限性和最终要死亡、能够做梦和期望未来比现在更好的生物。

语言塑造现实吗?

说美洲印第安语——切罗基语（Cherokee）的人，他所体验到的世界会不同于其他例如用英语或西班牙语思考的北美人吗？爱德华·萨丕尔（Edward Sapir）和本杰明·沃尔夫（Benjamin Whorf）认为答案是肯定的，因为每种语言有它自身特有的符号，这些符号是服务于构建现实的材料的（Sapir，1929，1949；Whorf，1956，orig.1941）。他们进一步指出每一种语言都有其在任何其他符号系统中无法找到的措辞或短语。最后，如同通晓多种语言的人所了解到的，所有的语言当它将符号和特殊的情绪相结合时，其结
60 果是单一的概念在说西班牙语的人那里所感觉到的不同于说英语或汉语的人那里所感觉到的。

萨丕尔—沃尔夫假说（Sapir-Whorf thesis）可以规范地表述为：人们通过语言的文化透镜来看待和理解世界的观点。然而，从萨丕尔和沃尔夫发表他们的著作之后的几十年里，学者们对这一假说一直心存疑虑。目前的观点认为，尽管我们确实从我们的语言符号中获取现实，但却没有证据支持像萨丕尔和沃尔夫所声称的那样“语言决定现实”这一观点。例如，我们都知道远在孩子学习“家”这个词之前，他们就已经有了关于家的概念；同样地，成年人在为他们的发明物命名之前可以构思出新的思想或想象出新的东西（Kay & Kempton, 1984; Pinker, 1994; Deutscher, 2010）。

语言 让人与人之间进行交流的一套符号系统。

文化传承 一代人将文化传递给下一代人的过程。

萨丕尔—沃尔夫假设 人们通过语言的文化透镜来看待和理解世界的观点。

◎ 世界各地的人们不仅用口语进行交流，而且运用肢体语言进行沟通。由于不同文化的手势各不相同，这些手势偶尔可能成为误解的源头。例如，普通的“竖起拇指”的手势，我们常用来表示“做得好”，而这一手势却会让在希腊、伊朗以及许多其他国家的美国人陷入麻烦，因为在那里人们用这一手势表示“去你的”意思。

价值观和信念 61

是什么使好莱坞电影中的角色如詹姆斯·邦德（James Bond）、尼奥（Neo）、艾琳·布劳克维奇（Erin Brockovich）、劳拉·克劳馥（Lara Croft）以及洛奇·巴尔博（Rocky Balboa）出名的？他们个个都是身强体健的个人主义者，豪放不羁，依靠他们个人的技能和聪明才智挑战“制度”。我们在羡慕这些明星角色的同时，也在支持某种价值观。**价值观**（values），即文化上规定的，用来确定什么是可行的、好的、美丽的标准，从而为社会生活提供广泛的指南。价值观是共享某种文化的人用来作出怎样生活的选择标准。

价值观是支撑信念的主要原则。**信念**（belief），即人们坚持认为是真理的特定思想。换句话说，价值观是关于善恶的抽象标准，而信念是个人考虑事务正确与否的特定想法。举例来说，由于大部分美国人信奉为所有的人提供均等机会这一价值观，因此他们相信只要称职，妇女是能够担任美国总统的，正如2008年希拉里·克林顿竞选美国总统所展示的那样（NORC, 2011：393）。

美国文化的核心价值观

因为美国文化是世界各国生活方式的混合体，所以具有很高的多样性。尽管如此，社会学家罗宾·威廉姆斯（Robin Williams，1970）还是指出了在美国广泛传播并被许多人视为生活方式核心的10大价值观：

1. 机会均等。大部分美国人不主张条件平

价值观 文化上规定的，用来确定什么是可行的、好的、美丽的标准，为社会生活提供广泛的指南。

信念 人们坚持认为是真理的特定想法。

等，而主张机会均等。我们认为我们的社会应该根据个人的才华和努力为每个人提供发展的机会。

2. *成就和成功*。我们的生活方式鼓励我们竞争，我们每个人获得的报酬应该反映自身的价值。一个成功的人应被给予应得的尊称“赢家”。

3. *物质舒适*。在美国，成功通常意味着赚钱和享受金钱所能买到的一切。尽管我们有时候会说“钱无法买到幸福”，但是大多数人仍然一直追逐财富。

4. *行动和工作*。美国广受欢迎的英雄，从网球冠军维纳斯·威廉姆斯（俗称“大威”）和塞莲娜·威廉姆斯（俗称“小威”）到《美国偶像》（*American Idol*）的获胜者都是胜任工作的“行动家”。我们的文化主张积极行动，反对消极反应；主张控制事件的发展，反对消极接受命运的安排。

5. *实用主义和效率*。我们崇尚实用，反对空谈理论；主张“实干”，反对“空想”。在某种程度上行动就等于挣钱。家长们会对他们读大学的孩子说：“主修那些能够帮助你找到工作的课程。”

6. *进步*。尽管我们很怀旧，但是我们是乐观主义者，相信现在比过去更好。我们庆祝进步，把“最新的”当作“最好的”。

7. *科学*。我们希望科学家解决问题，提高我们的生活品质。我们认为我们是理性的、有逻辑的人，或许这有助于解释我们（特别是男性）瞧不起将感觉和直觉作为知识来源的文化倾向。

8. *民主和自由企业*。我们的社会成员相信个人拥有政府不能剥夺的权利。我们认为一个公正的政治制度是建立在政府领导人由成人自由选举以及经济是对个体消费者选择作出反应的基础上的。

9. *自由*。比起集体主义的一致性，我们更加崇尚个体的首创精神。尽管我们知道每个人都有对他人的责任，但是我们相信人们应该有追求他们个人目标的自由。

10. *种族主义和集体优越性*。尽管我们具有很强烈的机会均等和自由选择的观念，但大部分美国人仍根据性别、种族、民族和社会阶级来评判个人。总的来说，美国文化对男性的评价高于女性，白人高于有色人种，富人高于穷人，有西北欧背景的人高于那些其祖先来自世界其他地区的人。虽然我们喜欢把自己描述成一个平等的国家，但是仍存有一些疑虑，即我们中有些人是否比其他人“更加平等”。

价值观：通常彼此和谐但有时相互冲突

在很多方面，文化价值观是一致的。威廉姆斯的列举包含了我们生活方式中“价值观丛”的很多例子。比如，我们强调行动和努力工作，这是因为我们期望努力会获得成就和成功，从而会获得物质舒适。

然而，核心文化价值观之间有时相互冲突。以威廉姆斯所列举的最后一个价值观为例：美国人主张机会均等，但是他们或许仍然因为性别或种族的原因而歧视他人。价值观冲突造成了社会的张力，并通常导致我们各种信念间棘手的平衡性问题。有时我们认为一种价值观比另一种价值观更重要，例如，我们主张机会平等，同时又反对美国军队招收同性恋者。在此情形下，我们实 62
际上要学会在矛盾中生活。

正在出现的价值观

像文化的其他元素一样，价值观随时代而变迁。美国人过去一直崇尚勤奋工作。而在最近几十年内，我们对休闲日益重视——把时间花在工

◎ 广受欢迎的电视节目《美国偶像》展示了这里列举的哪些美国文化的核心价值观？

作以外的诸如阅读、旅行或者社区服务上，这些休闲能够提供给人们乐趣和满足感。同样，物质舒适的重要性自不待言，但越来越多的人正借以沉思和其他的精神活动寻求个人成长。

价值观：全球化视野

世界各地的价值观因文化而异。一般而言，高收入国家的核心价值观有点不同于低收入国家的核心价值观。

由于低收入国家有着饱受批评的大量人口，这些国家的人发展出重视生存的文化。这意味着这些国家的人更关注生理上的安全和经济上的保障。他们关注的问题是有没有足够吃的食物，晚上有没有安全睡觉的地方。此外，低收入国家倾向于尊奉传统，庆祝过去，强调家庭和宗教信仰的重要性。这些国家的权力大多数集中在男子手中，典型地不鼓励或者禁止像离婚和堕胎这类行为。

高收入国家发展出崇尚个人主义和自我表现的文化。这些国家十分富有，以至于大部分人认为生存是理所当然的。这些国家的人把注意力集中于考虑他们更喜欢哪种“生活风格”以及如何追求最大的个人幸福。此外，这些国家倾向于一个世俗理性的国家，不怎么强调家庭的联系和宗教信仰，而强调人们应为自己着想，对与自己不同的他人保持宽容。在高收入国家，妇女具有与男子同等的社会地位，离婚和堕胎这类行为获得广泛的社会支持（Word Values Survey，2008）。图 3—2 有选择地展示了世界上部分国家在文化价值观上的区别。

全球快照

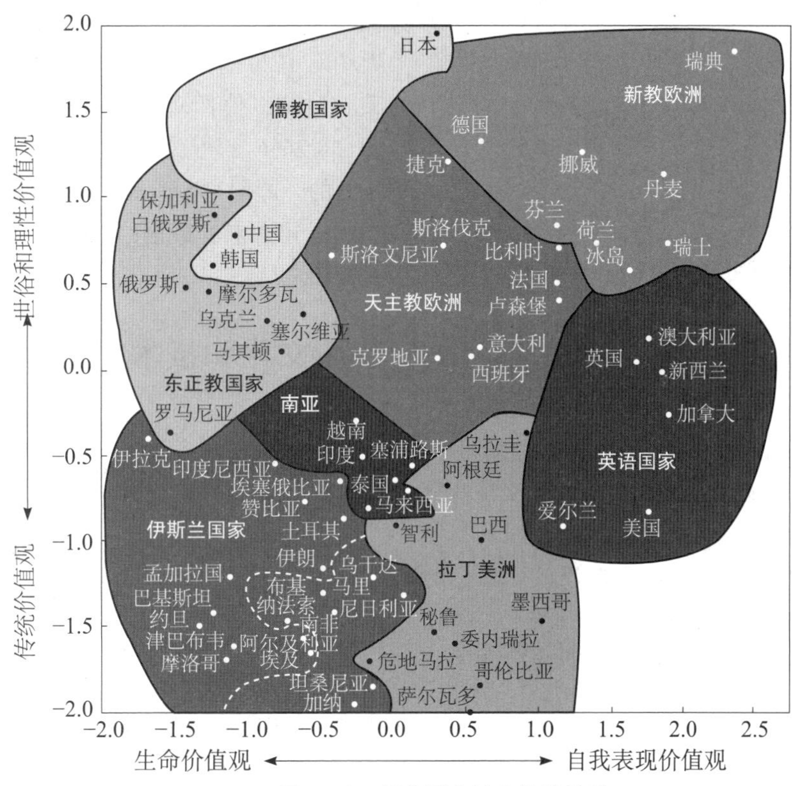

图 3—2　部分国家的文化价值观

◎ 高收入国家的一般模式倾向于世俗和理性，并崇尚自我表现。相反，低收入国家的文化比较传统并关注经济生存的问题。然而，世界上每个地区都有其包括宗教传统在内的独特的文化模式，这些模式影响了这些国家的价值观。观察一下上图，你能看出什么模式？

资料来源：Inglehart & Welzel (2005), and Inglehart (2005).

规范

美国的大部分人热衷于四处闲谈“谁是受欢迎的”、“谁不受欢迎”。然而，美国印第安社会成员一般谴责这类行为是粗鲁的、制造事端的行为。这两种模式说明了规范的作用。**规范**(norms)，是指一个社会用以指导其社会成员行为的规则和期望。日常生活中，人们通过认可、奖励或者惩罚等方式彼此作出反应，从而与文化规范保持一致。

民德和习俗

美国早期的社会学家威廉·格雷厄姆·萨姆纳（William Graham Sumner，1959，orig. 1906）发现，有些规范在我们的生活中比其他规范更重要。萨姆纳发明了**民德**（mores）来指代广泛被遵守并且具有重大道德意义的规范。民德，包括禁忌，是指那些我们社会中所主张的比如成人不应裸奔那样的规范。

人们很少注意习俗或民俗，**习俗**（folkways）是人们常规的或临时的互动规范。问候适当和着装适宜就是这方面的例子。简而言之，民德区分是非，而习俗在礼貌和粗鲁之间画出界线。没打领带去参加正式宴会的人可能因为违反习俗而让人皱眉头，但如果他只打领带去参加宴会，则会因为违反民德而招致人们强烈的反应。

63 社会控制

民德和习俗是日常生活中基本的行为规范。尽管我们有时候也会抵制要求遵从的压力，但是我们仍会发现这些规范使我们与他人的交往变得更加有序和可预期。遵守或破坏社会规范都会从他人那里得到或回报或惩罚的反应。社会约束——赞许的微笑或皱起的眉头——充当一种**社会控制**（social control）的机制，即指社会用以调节人们思想和行为的努力。

社会控制 社会调节人们思想和行为的努力。

规范 一个社会用以指导其社会成员行为的规则和期望。

民德 广泛被遵守并且具有重大道德意义的规范。

习俗 人们常规的或临时的互动规范。

我们在学习社会规范的同时，也获得了评价自身行为的能力。我们做错事的时候（比如说我们从网上下载了一篇学期论文）可能会产生羞耻感（他人谴责我们的行为时产生的痛苦感）和内疚感（我们对自身的一种负面评价）。在所有生物中，只有有文化的动物才能体验到羞耻感和内疚感。这可能正如马克·吐温在评价人类时所认为的那样，人类“是唯一会脸红的动物——人类也需要这种脸红”。

理想文化和现实文化

价值观和规范并没有像它们要求我们应该怎样行为那样描绘出我们的实际行为。我们必须承认理想文化总是不同于现实文化的——日常生活中实际发生的事情。例如，大部分女性和男性都一致认为婚姻中的性忠诚很重要，大多数人声称他们也符合这一标准。尽管这样，一项研究表明大约有 17% 的男女报告，在他们婚姻关系中的某一时刻，他们对其配偶有不忠行为（NORC，2011：2666）。但是文化的道德标准一直都是很重要的，即便这些标准有时遭到破坏，这让我们想起一句古老的谚语：“依其言而行事，勿观其行而仿之。”

物质文化和技术

除了像价值观和规范这类符号要素之外，每种文化还包括范围广泛的人类的有形创造物。社会学家们将其称为“人工制品”。中国人用筷子而不用刀叉来吃饭，日本人在地板上铺席子而不是地毯，印度的许多男性和女性喜欢穿宽松飘垂的长袍，而美国人比较流行穿紧身的衣服。人们的物质文化对外来者来说就如同其语言、价值观和规范那样让人感到陌生。

一个社会的人工制品部分地反映了其隐含的文化价值观。好战的雅诺马马人仔细地制作他们的武器，重视在他们的箭头上涂上毒物。相反，我们的社会强调个人主义和独立自主，这也很好地解释了我们对机动车辆给予高度重视的事实：我们国家拥有 2.5 亿的机动车辆——每个有驾照的驾驶员拥有一辆以上的机动车——甚至在高油价的时代，很多车辆是我们或许期望那些身强体健的个人主义者会选择的那种大型越野车。

物质文化除了反映价值观外，也反映一个社会的技术发展水平。**技术**（technology），即人们用以改变他们周围生活方式的知识。一个社会的技术越复杂，其社会成员就越有能力（无论是更好还是更坏）为自己塑造这个世界。先进的技术使得我们可以通过纵横的高速公路往来于这个国家，但也使高速公路上塞满了机动车。同时内燃机将二氧化碳排放到空气中，造成了空气污染和全球气候变暖。

由于我们赋予科学以重要的作用并高度评价尖端技术，因而我们社会的人们倾向于判断简单技术的文化不如我们自己的文化先进。一些事实证实了这样的评判。例如，在美国出生的孩子平均寿命高于 78 岁，而雅诺马马小孩的平均寿命只有大约 40 岁。

然而，我们必须谨慎地不对其他文化做出自私的评价。虽然许多雅诺马马人渴望获得现代技术（例如钢制工具或散弹猎枪），但总的来说，按世界标准，他们营养充足，并且大部分人对他们的生活非常满意（Chagnon，1992）。还要记住在我们用强大和复杂的技术生产出减少劳动力的设备和发明看起来不可思议的医学治疗法的同时，它也带来了不同程度的不利于健康的压力和肥胖，创造出了能在瞬间毁灭人类所创造的一切事物的武器。

◎ 有时高雅文化和流行文化之间的差异并不如此显著。英国的博纳姆拍卖行最近重点推出了涂鸦艺术家班克西（Banksy）的喷漆作品。这幅特殊作品有望卖到 25 万美元以上。

◎ 美的标准——包括颜色和日常生活环境的设计，各文化之间存在很大的差异。这对来自南非的恩德贝勒夫妇身着与他们房屋一样明亮颜色的服饰。相反，北美和欧洲社会的人很少使用明亮的颜色和复杂的细节装饰，因此他们的房子看起来显得柔和一些。

最后，技术在我们人口当中并不是平均分布的。尽管我们中很多人难以想象没有个人电脑、电视机、CD 播放机以及苹果手机的生活会怎样，但美国社会的确有很多人买不起这些奢侈品。还有些人根据他们的生活准则拒绝使用这些产品。生活在宾夕法尼亚州、俄亥俄州、印第安纳州小农业社区中的阿米什人，出于宗教的考虑拒绝使用大多数现代化的便利设施。穿着传统的黑色衣裳，坐着双轮单座的轻马车，阿米什人看起来有点像奇怪的出土文物一样。然而他们的社区却很繁荣，植根于强大家庭的每个成员都获得一种身份感和归属感。一些研究阿米什人的研究者已经得出结论：这些社区是“在重商主义和技术泛滥文化中的心智健全的孤岛”（Hostetler, 1980：4; Kraybill, 1994）。

新信息科技与文化 64

许多包括美国在内的富有国家已经进入了以计算机和新信息科技为基础的后工业社会阶段。工业社会的生产是以生产物质资料的工厂和机器为中心的。相反，后工业社会的生产是建立在计算机以及其他生产、处理、储存和运用信息的电子设备的基础上的。

在这个新信息经济中，工人们需要掌握符号性的技能以取代工业时代的机械操作技能。符号性的技能包括说、写、计算机操作、设计以及在诸如艺术、广告和娱乐领域中形象创造的能力。在今天以计算机为基础的经济中，从事创造性工作的人们正在源源不断地创造新的文化观念、形象和产品。

文化多样性：一个世界里的多种生活方式

◇ 分析

在美国，当我们在纽约街头吃着热狗或站在洛杉矶校园里听到几种不同口音时，我们就能够了解到我们文化的多样性。历史上的封闭，使得日本成为所有高收入国家中文化最为单一的国家。比起日本，经历了几个世纪的大量移民，美国已成为所有高收入国家中文化最具多样性的国家。

从 1820 年（此时政府开始跟踪记录移民情况）到 2010 年，大约 8 000 万人移民到我们国家。伴随着每年 150 多万人的移民，我们国家文化的多样性不断提高。一个世纪以前，几乎所有的移民都来自欧洲；现在，3/4 的移民则来自拉美或亚洲（U.S. Department of Homeland Security，2010）。为了解美国人的真实生活，我们必须跳出去，从更宽广的文化模式和人们共享的价值观中去理解美国文化的多样性。

高雅文化和流行文化

文化的多样性不仅涉及移民而且涉及社会阶级。实际上在日常谈话中，我们通常使用“文化”这个词指代诸如古典文学、音乐、舞蹈、绘画等艺术形式。我们将经常去歌剧院或电影院的人称之为“有文化的”，因为我们认为他们在欣赏“生活中更加美好的事物”。

我们给予普通民众以较低的评价，假定他们的日常文化没有多少价值。我们总是倾向于认为海顿的音乐比街舞“更富有文化”，蒸粗麦粉要比玉米面包精良，马球运动比乒乓球优雅得多。

这些差异源自许多文化模式对于某些社会成员更易获得。社会学家们用**高雅文化**（high culture）这个词指代区分出一个社会精英阶层的文化模式，用**流行文化**（popular culture）这个词指代在社会大众中广泛传播的文化模式。

常识会认为高雅文化比流行文化优越，但是社会学家们并不认同这样的判断，原因有两个。第一，社会精英和普通民众并不享有相同的品位和兴趣，两种类型的人在许多方面都存在差异。第二，我们是因为高雅文化比流行文化好些，还是仅仅因为高雅文化的拥趸者拥有更多的金钱、权力和地位，从而高度赞扬高雅文化呢？例如，“violin”和“fiddle”（均指小提琴）之间没有什么不同；然而，这个乐器在为具有更高社会地位的人演奏古典音乐时就是“violin”，而在给较低社会地位的民众演奏他们所喜欢的乡村音乐时就成了“fiddle”。

亚文化

亚文化（subculture）这个词是指将一个社会的人口分为几个部分的文化模式。开着改装过的摩托车（chopper）的车手、传统韩裔美国人、新英格兰“土著人”（Yankees）、俄亥俄州橄榄球迷、南加州的“海滨团体”（beach crowd）、艾尔维斯（即“猫王”）模仿者以及荒野露营者都展示了亚文化模式的特征。

将人们划分到某个亚文化类别中很容易，但往往并不准确，因为几乎每个人都参与到多种亚文化，而不必对其中任何一种亚文化投入太多的精力。然而在某些情况下，文化差异使人们相分离，以致产生悲剧性的结果。想想东南欧的前南斯拉夫国家吧，其在 20 世纪 90 年代的内战硝烟就是由极端的文化多元性引燃的。这样一个人口相

高雅文化 区分出一个社会精英阶层的文化模式。

流行文化 在社会大众中广泛传播的文化模式。

当于洛杉矶大都市地区的小国，使用两套字母表，拥有三个宗教教派，说四种语言，是五个主要民族的家园，被分为六个独立的共和国，并接受了周围七个国家的文化影响。使这个国家陷入内战深渊的文化冲突表明，亚文化不仅是一个令人喜欢的多样性文化的来源，而且也是社会紧张甚至是暴力行
65 为的根源。

许多人将美国称为“熔炉”，在这里许多民族融为一个单一的“美国”文化（Gardyn，2002）。但是考虑到如此多元性的文化，“熔炉”形象究竟有多么准确呢？一方面，亚文化不仅涉及差异而且包括等级问题。我们经常将拥有权力的人所推崇的模式称作“主导的”或“主流的”文化，而把处于不利地位的人们的生活方式称为“亚文化”。难道科罗拉多州阿斯彭富裕的滑冰者的文化模式与洛杉矶街头低收入的滑板者的文化模式相比，就是更高层次的亚文化吗？因此，一些社会学家宁愿强调文化多元主义来平等看待社会中的娱乐领域。

文化多元主义

文化多元主义（multiculturalism）是一种承认美国文化的多样性并促进所有文化传统平等性的观点。文化多元主义明显转变了过去的观念，过去我们社会低估了文化的多样性并主要根据欧洲移民特别是英格兰移民的标准来定义我们自身。今天，在我们是应该继续关注历史传统还是强调当代文化多样性之间出现了激烈争论。

显现在每枚美国硬币上的拉丁文“E pluribus unum”意思是说，“许多中脱颖而出的一个”。这一格言不仅象征着我们国家政治上的联合，同时也包含着一个理念，即来自世界各地的移民共同创造了美国新的生活方式。

但一开始，许多文化并没有融合到一起，而是形成了一个等级。等级顶端的是英国人，在美国历史的早期已构成美国人口的大多数，并使英语成为这个国家占主导地位的语言。接下来，来自其他文化背景的人被建议在“他们的长辈”之下塑造自己的生活方式。其结果是，“融合”实际是一个英国化的过程——采取英国人的生活方式。正如文化多元主义者所认为的那样，在我们的早期历史中，美国社会就把英国人的生活方式建立为理想的生活方式，每个人应该效仿这种生活方式，并以这种生活方式作为评判的标准。

从那开始，历史学家一直从英国人及其他具有欧洲血统的人的角度来记录重大历史事件，很少去关注土著美洲人、非洲或亚洲后裔的观点和成就。文化多元主义者把这一现象批评为**欧洲中心主义**（Eurocentrism），即欧洲（特别是英国）的文化模式占统治地位。文化多元主义的支持者莫莱菲·凯特·阿桑特（Molefi Kete Asante）认为：“就像15世纪的欧洲人禁不住相信地球是宇宙的中心一样，今天许多人发现不认为欧洲是世界的中心是很困难的。”（1988：7）

一个具有争议的问题涉及语

文化多元主义 一种承认美国文化的多样性并促进所有文化传统平等性的观点。

欧洲中心主义 欧洲（特别是英国）的文化模式占统治地位。

非洲中心主义 强调和提升非洲文化模式。

◎ 尽管我们能找到“美国文化”的一般模式，但这个国家事实上是多种文化模式的混合体，这些文化模式受到包括社会阶级、种族、年龄以及地理区域等多个因素的影响。你从诸如电视节目《泽西海岸》（*Jersey Shore*）中发现美国什么样的一般文化模式？这个节目究竟是高雅文化还是流行文化？你从这个节目中又能发现什么样的亚文化模式？

言。一些人认为英语应该成为美国的官方语言。到 2011 年，已经有 31 个州的立法机关制定法律将英语指定为官方语言 (ProEnglish, 2011)。但是大约 5 700 万的人——差不多占人口总数的 1/5——在家说的是英语之外的另一语言。西班牙语是使用最为普遍的第二语言，同时在这个国家中还能听到几百种其他语言，包括意大利语、德语、法语、菲律宾语、日语、韩语、越南语以及许多美洲土著语言。

文化多元主义的支持者认为这正是与我们国家日益增加的社会多样性保持一致的方式。随着这个国家亚裔和西班牙裔人口的迅速增加，一些分析家预测今天的年轻人将会目睹非洲、亚洲、西班牙血统的人口成为美国的主要人口。

支持者还声称文化多元主义是增强非裔美国孩子学术成就的一个很好的途径。为了反对欧洲中心主义，一些主张多元文化的教育家呼吁**非洲中心主义**（Afrocentrism），即对非洲文化模式的强调和提升。他们认为在经历数世纪对非洲社会及非裔美国人文化成就的轻视和忽略之后，这是十分必要的。

虽然最近几年文化多元主义已经寻找到支持者，但同时也遭到了同样多的批评。反对者认为文化多元主义鼓励分裂而不是统一，因为它促使人们认同自己群体的生活方式，而不是将国家视
66 为一个整体。批评者们认为，文化多元主义不承认真理的任何普遍标准，而是坚持应根据主张者的种族（和性别）来评价他们的想法。这样我们共同的人性就被割裂为“非洲经历”、“亚洲经历”等等。此外，批评者们还认为，文化多元主义实际上最终伤害了少数族群自身。文化多元主义政策（从非裔美国人研究到全黑人宿舍）似乎一样是在支持我们国家一直以来努力克服的种族隔离。而且，在低年级阶段，非洲中心主义的课程强迫学生只学习来自单一观点的某些主题，可能会导致儿童不能接受更为广泛的重要知识和技能。

最后，全球反恐战争已吸引了人们对多元文化主义的注意。2005 年，英国首相托尼・布莱尔对发生在英国伦敦的一起恐怖主义袭击事件作出反应，他声称：“我们捍卫我们的价值观和生活方式的决心比他们强加其极端主义给世界的决心要大得多，恐怖分子明白这一点很重要。”他进一步警告说，英国政府将把那些怂恿敌意和恐怖主义的所谓神职人员驱逐出境（Barone, 2005; Carle, 2008）。在一个文化差异和冲突的世界，对于宽容以及和平相处，我们还有东西要学习。

反文化

文化多样性也包括对传统观念或行为的公然反对。**反文化**（counterculture），指的是强烈反对被社会广为接受的文化模式的文化模式。

例如，在 20 世纪 60 年代期间，以年轻人为主体的反文化抵制主流文化，认为主流文化过于强调竞争、以自我为中心和物质主义。相反，嬉皮士以及其他反文化主义者推崇合作的生活方式，这种生活方式认为“存在”应优先于“做
事”，自我发展的能力或“扩展的自我意识”比 67
拥有房子和汽车这类物质财富更加受到珍视。这类差异使一些人“放弃”了大社会。

反文化方兴未艾。在极端情况下，存在于美国的军事小团伙（由出生在美国的人组成）或宗教激进团伙（来自于美国以外的其他国家），其中一些团伙从事旨在威胁我们生活方式的暴力活动。

文化变迁

也许这个世界最基本的人类真理就是“所有的事物都会成为过去”。即便是恐龙，曾经在这个星球上繁衍生息了 1.6 亿年，到如今遗留下来的也只是化石。人类能否再存活数百万年呢？我们能够确定的是，只要我们依赖于文化，只要我们能够存活下去，人类记录将会持续不断地变迁。

图 3—3 显示了 1969 年（20 世纪 60 年代正值反文化的高峰期）到 2010 年间一年级大学生态度的变化。有些态度的变化很缓慢：像前代人一样，今天大部分的男孩和女孩还是希望成立一个家庭。但是现在的学生再也没有兴趣像 20 世纪 60 年代大学生那样关注生活哲学，而更感兴趣于赚钱。

文化某方面的改变通常会引起其他部分的改变。例如，现在的女大学生对赚钱更加感兴趣，因为这些女生比她们的母亲或祖母更有可能

学生快照

相比于40年前的大学生，今天的大学生较少关注生活哲学，而更感兴趣于赚钱。

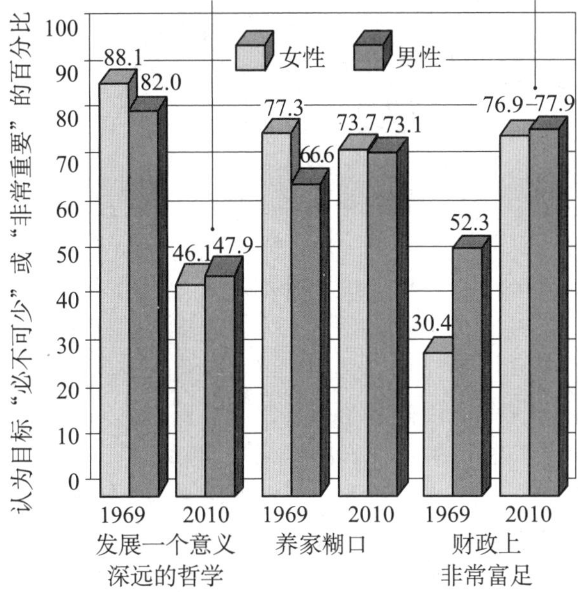

图 3—3　一年级大学生的生活目标（1969 及 2010）

◎ 研究者自1969年以来每年跟踪调查一年级大学生。尽管有关诸如家庭重要性等某些事务的态度变化不大，而有关其他生活目标的态度却发生了急剧的变化。

资料来源：Astin et al.(2002) and Pryor et al.(2011).

成为劳动力大军的一员。为收入而工作不会改变她们抚养家庭的兴趣，但却提高了首次结婚的年龄和离婚率。这种联系证明了**文化整合**（cultural integration）的原则，即一个文化体系中各组成要素之间具有密切的联系。

文化堕距

文化体系中有些文化元素比其他元素变迁得要快。威廉·奥格本（William Ogburn，1964）研究发现，技术进步一般很快，物质文化（比如用品）新要素的出现快于非物质文化（比如观念）所能赶上的速度。奥格本把这种不一致性称作**文化堕距**（culture lag），即由于某些文化要素的变迁快于其他要素，从而扰乱了一个文化体系的事实。比如，在一个妇女能够借用另一个妇女的卵子生育小孩的世界上，这个卵子与取自完全陌生人的精子在实验室里完成受精，这种情况下，我们如何运用传统的观念来确定父母亲的身份呢？

文化变迁的原因

文化变迁以三种途径进行。第一，发明，即创造新的文化要素的过程。发明为我们带来了电话（1876）、飞机（1903）、计算机（20 世纪 40 年代晚期）等，物质文化的每样东西都给我们的生活方式带来了巨大的冲击。这样的例子还包括最低工资法（1938）、废止学校种族隔离制度（1954）、妇女庇护所（1975）等等非物质文化的重要元素。发明的过程在持续进行。本书最后插页的时间轴展示了帮助改变我们生活方式的其他发明。

发现是文化变迁的第二个原因，包括认识和更好地理解业已存在的事物——可能是一颗遥远的恒星或另一种文化的食物或女性的政治领导才能。一些发现来源于艰辛的科学研究，一些发现源于政治斗争，而有些发现只是依靠意外的运气，如在1898年，当玛丽·居里（Marie Curie）将一块岩石无意地放在一张照相纸上时，发现这块岩石的放射物曝光在纸上，就这样居里夫人发现了镭。

文化变迁的第三个原因是文化传播，即文化特质从一个社会传播到另一个社会。由于新的信息技术允许在几秒钟内向全球传递信息，文化传播的影响从来没有像今天这样来得更为深远了。

当然我们自己的生活方式给世界贡献了许多重要的文化要素，范围从计算机到爵士音乐。当然，文化传播也以另一种方式发挥作用，从而导致许多我们所认为是“美国”的东西实际上来自于世界其他地方。我们所穿的大部分衣服、用的家具以及我们所戴的手表、所花的钱，所有这些在其他文化中才可以找到它们的起源（Linton，1937a）。

讨论“美国文化”一定是恰当的，特别是在我们把我们的生活方式与其他社会的文化相比较时。但文化变迁的这种讨论向我们表明文化总是复杂的、总是变迁的。第 78 页“多样性思考”专栏，在简要回顾摇滚乐历史的基础上，为我们提供了文化多样而动态特征的极好案例。

种族中心主义和文化相对主义 69

12 月 10 日，摩洛哥的一个乡村。看到许多

多样性思考：种族、阶级和性别

早期摇滚乐：种族、阶层和文化变迁

20世纪50年代，摇滚乐作为美国流行文化的一部分开始出现。稍早以前，主流的“波普”（pop）音乐的绝大部分对象为白人成人。歌曲由专业的作曲家谱写，由经营多年的唱片公司录音，由包括佩里·科莫（Perry Como）、埃迪·费舍尔（Eddie Fisher）、多丽丝·戴（Doris Day）以及佩蒂·佩姬（Patti Page）等在内的著名艺术家表演，而且每位大名鼎鼎的表演者都是白人。

20世纪50年代是美国种族隔离严重的时代。种族隔离意味着白人文化和黑人文化是不同的。在非裔美国人亚文化世界里，音乐有着不同的声音和节奏，体现为爵士、福音唱法、节奏布鲁斯歌曲。所有这些音乐风格都由非裔美国作曲者和表演者在黑人所有的唱片公司协同制作，并通过电台向几乎是清一色的黑人听众广播。

20世纪50年代，阶层也将音乐划分为几个不同的世界，甚至在白人中间也是如此。乡村音乐和西部音乐，一种在贫困白人特别是生活于美国南部人群中流行的音乐风格，是二流音乐亚文化。与同节奏布鲁斯歌曲一样，乡村音乐和西部音乐有它自己的作曲者和表演者、自己的唱片公司和自己的电台。

没有“交叉”音乐，这也意味着几乎没有任何表演者或歌曲会受到另一世界的欢迎。这种音乐隔离到1955年伴随摇滚音乐的诞生而开始打破。摇滚是一种许多业已存在的音乐元素的新混合，吸取了主流流行音乐元素，也包含了乡村音乐和西部音乐元素，特别是节奏布鲁斯歌曲元素。

新摇滚音乐综合了音乐的很多传统元素，但不久又以一种新的方式，即年龄的方式将社会割裂开来。摇滚音乐是第一种明显与年轻人文化相联系的音乐，摇滚在青少年中风行一时，而他们的父母却一点儿不欣赏和理解。摇滚音乐表演者大多是显得年轻且对“成人”文化持反叛立场的男性（一部分是女性）。典型的摇滚歌手是父母会称为“少年犯”或宣称要变得“酷”（一个大多数父母甚至不理解的概念）的年轻人。

摇滚音乐史上第一个成名的是比尔·哈利（Bill Haley）和他的彗星乐队（the Comets）。这些小伙子走出乡村和西部音乐传统。哈利于1954年录制的两首早期节奏布鲁斯歌曲“Shake, Rattle, and Roll”和“Rock around the Clock”，引起了巨大的轰动。

然而，年轻人很快便失去对比尔·哈利这样的老歌手的兴趣。他们开始把他们的注意力转向更年轻的有着更浓厚少年不良形象的表演者身上——留着络腮胡、立起衣领、穿着黑皮夹克的歌手。到1956年，来自密西西比州图珀洛（Tupelo）一位名叫艾尔维斯·普雷斯利（Elvis Aron Presley，即“猫王”）的南部白人贫穷男孩成为无可置疑的摇滚新星。受乡村传统影响，艾尔维斯熟悉乡村和西部音乐。在他举家移居田纳西州的孟菲斯后，他学习了几乎所有的黑人福音和节奏布鲁斯音乐。

普雷斯利成为第一位摇滚乐的超级明星，这不仅因为普雷斯利的天资聪颖，而且因为普雷斯利获得了巨大的市场交叉力量。在他早期如“Hound Dog”[源自胖妈妈桑顿（the Big Mama Thorton）录制的节奏布鲁斯歌曲]和“Blue Suede Shoes”[由乡村和西部明星卡尔·帕金斯（Carl Perkins）所谱写]的精选辑中，普雷斯利打破了美国音乐中许多种族和阶层隔离之墙。

到20世纪50年代末，流行音乐也在许多新的方向上加以发展，创造了包含轻柔摇滚[瑞奇·尼尔森（Ricky Nelson）和帕特·布恩（Pat Boone）]、山区乡村摇滚[约翰尼·卡什（Johnny

同行的旅行者正在参观一家小陶瓷工厂，我们毫不怀疑北美人是世界上最大的消费者。我们很高兴发现有中国或印度手工编制的地毯、土耳其精雕细凿的金属制品，在摩洛哥这里也能搜集到十分漂亮的彩色精美瓷砖。当然所有这些物件都是非常廉价的。但是低价格的一个重要原因是令人吃惊的：许多来自中低收入国家的产品是由儿童生产的——有些只有5岁或6岁那么小——他们为每小时几美分长年累月地工作。

Cash)] 以及许多以鸟类或车牌命名的黑人或白人杜沃普（doo-wop）摇滚乐团。20 世纪 60 年代期间，摇滚乐变得更流行，包括了民间音乐［金斯顿三重唱组合（the Kingston Trio），彼得、保罗和玛丽民谣三重唱组合（Peter, Paul and Mary），鲍勃·迪伦（Bob Dylan）］、冲浪音乐［沙滩男孩（the Beach boys）］和英国披头士（the Beatles）领衔的“英伦入侵”。

披头士乐队一开始非常接近于摇滚乐清晰、流行的一面，但不久他们与另一支以“反叛的”服饰和街头战士外形而自豪的滚石乐队（the Rolling Stones）分享了公众的注意力。到那时，音乐发展成一个巨大的商业，披头士和滚石乐队的重摇滚融合进了由飞鸟乐队（the Byrds）、妈妈爸爸乐队（the Mamas and the Papas）、西蒙与加芬克尔乐队（Simon and Garfunkel）以及克罗斯比—斯蒂尔斯—纳什乐队（Crosby, Stills, and Nash）演唱的民间“软摇滚”。此外，主流摇滚乐伴随“摩城之音”［Motown，发源于节奏布鲁斯，因“汽车城”（motorcity）底特律而命名］和“灵魂”（soul）音乐等的诞生而造就了许多美国黑人明星，包括艾瑞莎·富兰克林（Aretha Franklin）、詹姆斯·布朗（James Brown）、四顶尖合唱团（the Four Tops）、诱惑乐队（the Temptations）、黛安娜·罗斯（Diana Ross）、至上合唱团（the Supremes）等。

在西海岸，旧金山发展出一种不同的、政治色彩较为浓厚的由杰斐逊飞机乐队（Jefferson Airplane）、感恩而死乐队（the Grateful Dead）、贾尼斯·乔普林（Janis Joplin）演唱的摇滚乐。受吸毒影响，西海岸衍生的音乐风格包括“迷幻摇滚乐”，由大门乐队（the Doors）和吉米·亨德里克斯 (Jimi Hendrix) 所演唱。爵士对摇滚世界的影响也回归，创造了如芝加哥乐队（Chicago）和血汗泪合唱团（Blood, Sweat, and Tears）演唱的“爵士摇滚”。

◎ 艾尔维斯·普雷斯利（中）把节奏布鲁斯歌手［如胖妈妈桑顿（左）］、乡村和西部音乐明星［如卡尔·帕金斯（右）］的音乐的元素综合在一起。摇滚音乐的发展例证了美国文化千变万化的特征。

对摇滚乐在最初几十年内的简单回顾展示了种族和阶层在划分和隔离人群并形成不同亚文化模式当中的力量，同时它也展示了音乐把人们团结在一起的力量。我们也注意到音乐、电影音乐录像带等文化的生产已成为一个巨大的产业。但最重要的是，它向我们展示了文化不是一个静止不变的死板系统，而是一个不断变迁、适应并随时代发展而重塑自我的动态过程。

你怎么想?

1. 我们生活方式中的许多方面影响了摇滚乐。你认为摇滚乐的出现在什么方面改变了美国文化?
2. 在音乐发展的整个历史过程中，大多数演唱者都是男性。这告诉我们美国提倡一种什么样的生活方式？今天，流行音乐依然由男性所统治吗?
3. 你能继续把美国音乐变迁的故事延续到今天吗？（考虑一下迪斯科、重金属、朋客摇滚以及嘻哈文化）

资料来源：Based on Stuessy & Lipscomb (2008).

我们认为青少年阶段是天真无邪、无忧无虑的时期，没有成年人例行工作的负担。然而在全球各地的穷国，很多儿童依靠赚取的收入来补贴家用。因此，一个社会的人们认为是正确和自然的事物，其他社会的人们会感到困惑甚至感到不道德。也许正如中国哲学家孔子所说的：“性相近也，习相远也。”

每一个能够想象到的想法和行为几乎都在世界其他地方是平常的，这种文化上的变化会使旅行者既激动又不安。澳大利亚人向下按开关打开灯，北美人则向上按才打开灯。英国人靠道路左侧行驶，北美人则靠道路右侧行驶。日本人给城市街区命名，北美人则给街道命名，埃及人与人交谈时喜欢靠得很近，北美人则习惯保持几英尺距离的“个人空间”。在摩洛哥许多偏远的地区厕所里没有卫生纸使北美人感到十分不便，一想到像当地人那样用左手来保持洗手间卫生就让北美人退却了。

考虑到某种特殊的文化正是每个人现实生活的基础，各个地方的人们都表现出种族中心主义也就毫不奇怪了。**种族中心主义**（ethnocentrism），即用自己的文化标准评判另一种文化的做法。一定程度的种族优越感对于人们在感情上与他们的生活方式保持联系是有必要的。但种族中心主义也会产生误解，有时甚至会产生冲突。

甚至语言也具有文化上的偏见。几个世纪以前，欧洲和北美的人把中国称作“远东”（Far East）。但是这个当时中国人所不知道的词，实际上是一种具有种族中心主义倾向的表达，以我们为中心，把远离我们的东方地区称为“远东”。“中国”作为国家的名称，翻译过来就是“中心王国”，意味着中国也像我们一样把自己的国家看作是世界的中心。

种族中心主义逻辑上的替代是**文化相对主义**（cultural relativism），即以文化自身的标准来评价一种文化的做法。文化相对主义对旅行者来说很难做到：它不仅要求对陌生的价值观和规范保持开放的心态，而且还需要有将我们所熟悉的文化标准放到一边的能力。即使这样，随着世界上人们之间的联系越来越

种族中心主义 用自己的文化标准评判另一种文化的做法。

文化相对主义 以文化自身的标准来评价一种文化的做法。

多，对其他文化的了解就变得越来越重要。

正如本章开头所讲述的，美国的商业机构正在研究具有多元文化人口的市场价值观。同样，商业人士正逐渐意识到在全球化经济中，成功要依赖于对世界各地文化模式的了解。例如，IBM现通过建立30多种语言的网站为他们的产品提供技术支持（IBM，2011）。

这一趋势是对过去的改变，过去许多公司采取了一些对文化多样性缺少敏感性的市场战略。康胜（Coors）啤酒的广告语“让它放松”，使说西班牙语的消费者感到大吃一惊，西班牙语里这一广告语可以理解为这啤酒会引起腹泻。布拉尼夫航空公司（Braniff Airlines）如果将它的宣传口号“在羽毛里飞”不小心翻译为西班牙语，就是“裸飞”的意思。同样地，美国东方航空公司（Eastern Airline）的宣传口号“我们每天赢得我们的翅膀”会变成“我们每天向天堂飞去”。甚至家禽巨人弗兰克·普渡（Frank Perdue）也成了糟糕市场企划的受害者，其宣传语“硬汉才能做出嫩鸡”翻译成西班牙语就是“一个性感激情的男人将使小鸡变得可爱”（Helin，1992）。

但是文化相对主义自身也存在许多问题。假设几乎任何一种行为在世界的某个地方都是一种规范的话，那么是否意味着每件事物都同等地正确呢？难道存在一些印度和摩洛哥家庭让他们的小孩每天工作数小时并从中获利这样的事实，就可以证明雇用童工是正当的吗？既然我们都是同一个物种的成员，那么肯定存在一些适当行为的普遍标准。但是这些标准是什么呢？为了建立这样的标准，我们如何避免将我们自身的标准强加给他人呢？对于这些问题，没有简单的答案。

◎ 在世界上的低收入国家中，许多儿童必须工作为他们的家庭提供必需的收入。这些来自尼泊尔加德满都谷地的年轻女孩每天在一家砖厂要工作好多个小时。因为我们认为青少年应在学校接受教育，所以生活在高收入国家的人们因此谴责雇用童工的做法，这是种族中心主义的表现吗？为什么是或不是？

但是当我们面对一个陌生文化实践时，在弄清“他们”对这个问题的看法之前最好避免做出自己的判断。同时记住用其他人可能看你的生活方式那样来思考你自己的生活方式。毕竟，我们所获得的东西大部分来自于学习他人，学习他人是对我们自身更好的洞察。

是全球文化吗?

现在我们能比过去更加频繁地看到许多相同的文化在世界各地活跃。走在韩国首尔、马来西亚吉隆坡、印度金奈、埃及开罗，以及摩洛哥卡萨布兰卡的街道上，我们可以看到人们穿着牛仔裤，听到熟悉的流行音乐，看到许多我们国家也使用的同类产品的广告。我们是否在见证一个单一全球文化的诞生呢?

由于商品、信息和人口的相互流动，各社会之间现在比以往有着更多的相互联系：

70 1. *全球经济：商品流动*。国际贸易从来没有这么庞大。全球经济已经使许多相同的消费品——从汽车、电视节目到音乐和流行时尚——在全球范围内蔓延开来。

2. *全球通信：信息流动*。互联网和以卫星为基础的通信使人们能够就在事件发生的同时，体验到数千英里之外发生的事件。此外，尽管不到1/3的互联网使用者把英语作为第一语言加以使用，但大多数互联网网页都以英语方式呈现。计算机技术的发展帮助英语在世界范围内传播。

3. *全球移民：人口流动*。对世界其他地区的了解刺激了人们迁居到他们想象生活会变得更好的地方。此外，现代交通技术，特别是飞机旅行使得迁移变得比以往任何时候更加方便。结果是在大部分国家中，出现了为数庞大的出生在别国的人口。美国大约有占人口总数13%的3 800多万移民（U.S.Census Bureau，2010）。

这些全球间的联系使得全球的文化越来越相似。即便如此，全球文化这个命题存在三个重要的局限性。首先，商品、信息和人口的流动在世界各地是不均衡的。一般而言，城市地区（商业、通信和人口的中心）有着强劲的相互联系纽带，而许多偏远乡村地区仍然相互隔离。此外，北美和西欧日益强大的经济和军事力量意味着这些地区对世界其他地区的影响远超过其他地区对该地区的影响。其次，全球文化命题假设任何地方的人们能够买得起得起各种各样的新商品和服务。如第12章（“全球分层”）中解释的那样，世界大部分地区极度的贫困甚至剥夺了人们获得一个安全可靠生活所需起码的生活必需品的权利。

最后，尽管目前在世界各地都能看到许多文化实践，但各个地方的人们对同一事物并没有赋予相同的含义。看了有关哈里·波特的书，日本儿童与他们在纽约或伦敦的同伴会获得同样的体验吗? 同样地，我们喜欢来自世界各地的食物，但是却对生产这些食物的人的生活一点都不了解。简而言之，每个地方的人们仍然透过他们自身的文化镜头来看待这个世界。

文化的理论分析

◇ 应用

社会学家肩负着特殊的使命，即理解文化是如何有助于我们认知自身以及周围世界的。这里我们将分析几种理解文化的宏观理论视角；从微观层次探讨文化的个人体验，即强调个体在日常生活中怎样不仅遵守文化模式而且创造新的模式，这是第6章（“日常生活中的社会互动”）的重点。

文化的功能：结构—功能视角

结构—功能视角把文化解释为是满足人们需要的复杂策略。借用唯心主义的哲学原理，这一视角认为价值观是文化的核心（Parsons, 1966; R. M. Williams, 1970）。换句话说，文化价值观指导我们的生活，赋予我们的行为以意义，并将人们整合起来。无数的履行着各种各样功能的文化特质维持着社会的运转。

功能主义的思维方式有助于我们理解一个不熟悉的生活方式。想想阿米什的农民用一队马匹来耕种上千英亩的俄亥俄州农场。他们的耕作方法或许违背了我们讲究效率的文化价值观，但从阿米什人的角度来看，艰辛的工作对于建立具有高度宗教性的生活方式所需的磨炼来说履行着特定的功能。大家一起长时间的工作不仅使阿米什人产生自我满足感，而且加强了家庭的联系，团结了当地的社区。

当然，阿米什人的做法也存在着功能紊乱。艰辛的工作和严格的宗教戒律对一些最终要离开该社区的人来说要求过于严厉。另外，太强烈的宗教信念有时候妨碍了妥协和折中的实现；宗教实践中轻微的差异已经使得阿米什人分裂为两个不同的社区（Kraybill, 1989; Kraybill & Olshan, 1994）。

如果文化是满足人们需要的策略，我们或许期望能在世界上找到许多共同的模式。**文化普遍性**（cultural universals），指的是每种已知文化的共同特质。通过比较几百种文化，乔治·默多克（George Murdock，1945）确认出许多文化的普遍性要素。其中一个共同的要素是家庭，每个地方家庭在控制性繁衍和监督小孩抚养方面起着重要的作用。在各个地方也都能发现丧葬仪式，因为所有人类社区都要处理死亡这个现实问题。作为一种缓解社会压力的安全方法，笑话是另一个文化的普遍性特征。

▲检查你的学习
在美国，体育、国庆节、黑人历史月的功能有哪些？

◇ 评价

结构—功能视角的力量在于（其特点在第83页“应用理论”表格中加以总结），它向我们展示了文化是如何运作以满足人类的需要的。然而，由于过于强调一个社会占主导地位的文化模式，这一视角很大程度上忽略了存在于包括我们自己在内的很多社会中的文化多样性。而且，由于这一视角过于强调文化的稳定性，它低估了文化变迁的重要性。简而言之，文化体系不像结构—功能分析让我们相信的那样稳定，也不是完全一致而稳定不变。

▲检查你的学习
对大学生兄弟会和女学生联谊会的社会冲突分析怎样不同于结构—功能的分析？

不平等和文化：社会冲突视角

社会冲突视角强调文化和不平等之间的联系。从这个角度来看，任何文化的特质要使某些社会成员受益就要使其他社会成员付出一定的代价。

为什么某些价值观最初能够在社会中占统治地位？许多社会冲突理论家，特别是马克思主 *71*
义者认为文化是由一个社会的经济基础决定的。卡尔·马克思宣称：“不是人们的意识决定人们的存在，相反，是社会存在决定人们的意识。”（Marx & Engels，1978：4，orig. 1859）社会冲突理论以唯物主义为哲学基础，唯物主义认为一个社会的物质生产制度（比如我们的资本主义经济）对这个社会的文化具有决定性的影响。唯物主义者的这种分析方法与结构—功能主义者的唯心主义倾向形成了鲜明的对照。

社会冲突视角将我们文化中所推崇的竞争和物质成功的价值观与资本主义经济相联系，而这一经济是为这个国家中富裕的精英阶层利益服务的。资本主义文化进一步向我们灌输，富裕的、特权的人们比其他人工作得更艰辛或更持久，因此他们应当享有相应的财富和特权。它也鼓励我们将资本主义视为“自然的”，阻止我们为减少经济不平等作出努力。

然而，不平等的张力最终爆发了各种要求社会变迁的运动。发生在美国的两个例子是民权运动和妇女运动。这两个运动都寻求更大的社会平等，两个运动都遭到了现状维持者的反对。

◇ 评价

社会冲突视角认为文化系统没有平等地满足人类的需求，反而允许一部分人统治另一部分人。这种不平等反过来产生了要求改变现状的压力。然而通过强调文化的裂隙，这一视角低估了文化模式具有整合社会成员作用的一面。因此，我们应该结合运用社会冲突分析视角和结构—功能视角才能获得对文化更加全面的理解。

进化论和文化：社会生物学

我们知道文化是人类的创造物，但是人类的生物性是否影响这一过程的展开呢？既涉及生物学又涉及社会学的第三种理论视角是**社会生物学**（sociobiology），即探讨人类的生物性如何影响人们创造文化方式的一种理论视角。

社会生物学建立在查尔斯·达尔文（Charles Darwin）在其《物种起源》（1859）一书中提出

应用理论

文化			
	结构—功能视角	社会冲突视角	社会生物学视角
分析的层次是什么？	宏观层次	宏观层次	宏观层次
什么是文化？	文化是一个社会成员相互合作以满足自身需求的行为系统。	文化是一个让部分人受益而使另一部分人受损的系统。	文化是一个部分受人类生物性影响的行为系统。
文化的基础是什么？	文化模式植根于一个社会的核心价值观和信念。	文化模式植根于一个社会的物质生产。	文化模式植根于人类的生物进化。
该视角回答的核心问题是什么？	一种文化模式如何帮助社会运转？ 什么样的文化模式在所有的社会中都能找到？	文化模式如何使一些人受益而使其他人受损？ 一种文化模式如何维护社会的不平等？	一种文化模式如何帮助一个物种适应它的环境？

的进化论的基础上。达尔文认为，有机生物体经过了长时间的自然选择后发生了变异，并遵循四个简单的原则。第一，所有的生物都为了繁殖其后代而生存。第二，繁殖的蓝图存在于生物的基因当中，即生命最基本的单元，它能将上一代的特征遗传给下一代。第三，基因中一些随机变异允许物种在特定的环境中“试验”出新的生命模式。这些变异使得某些有机物比其他生物更好地存活下来，并将它们的优势基因遗传给它们的后代。第四，经过成千上万代的演变，这一基因模式提高了繁殖的存活率并占据了主导地位。如生物学家所说，通过这一方式一个物种适应了自然，占主导地位的遗传特征作为有机体的“本性”而保留。

社会生物学家声称大量的文化普遍性特征反映了这样一个事实，即所有的人类都是同一生物物种的成员。一般生物学给我们提供了依据，例如一个很明显的文化普遍性特征是性行为方面的“双重标准”。如性学研究者阿尔弗雷德·金赛（Alfred Kinsey）所说：“在世界任何地方的任何人中，男性比女性更渴望与不同的性伴侣发生性行为。”（quoted in Barash，1981：49）但原因何在？

我们都知道孩子是女性卵子和男性精子结合的产物。但是，单独一个精子和单独一个卵子的生物重要性是十分不同的。对于一名健康的男子 72
来说，通过测试表明，在其大部分生命历程中，精子是一种“可再生的资源”。一名男子在一次射精中可以释放出数亿个精子——技术上足以让北美的每位妇女怀孕（Barash，1981：47）。然而，一个新生的女性卵巢已经包含了她终其一生所有的卵泡，或未受精的卵子。一名女性通常每月从卵巢当中释放出一个卵细胞。因此尽管男性在生物上能够成为成千上万个小孩的父亲，但是女性只能生育较少数量的孩子。

鉴于这种生物学上的差异，男性可以通过性滥交——热衷于与任何有意的性伴侣之间的性行为，使其能够有效地复制他们的基因。但是女性看待生殖的眼光完全不同。每位妇女为数不多的

◎ 用进化论的视角看，社会生物学家解释了不同的生殖策略导致了一个双重标准：男性比女性更加趋向于将对方当作性的对象。尽管这一观点可能是对的，但许多社会生物学家反驳认为，诸如这里图片中所展示的行为更应准确地理解为男性占统治地位的文化结果。

全球性思考

美国与加拿大：它们在文化上存在差异吗？

美国和加拿大是世界上最大的两个高收入国家，两个国家拥有长达约 4 000 英里的共同边界线。但美国和加拿大是否共享相同的文化呢？

一种重要观点毫不迟疑地认为两个国家都属于多元文化的类型。两个国家不仅有着成百上千的土著美洲社会，而且移民使世界各地的人们涌入这两个国家。两个国家最早的移民大部分都来自欧洲，而最近几十年来，移民多来自亚洲和拉丁美洲。比如，美国洛杉矶城有一个拉丁美洲人社区，而加拿大的温哥华城中有一个规模与之差不多的华人社区。

加拿大和美国存在一个重要的不同之处——历史上，加拿大有两种处于主导地位的文化：法国文化（大约占人口数的 16%）和英国文化（大约占 36%）。具有法国血统的人是魁北克省（在那里法语是官方语言）的主要组成人口，而在新不伦瑞克法国人占人口的 1/3（在那里官方使用两种语言）。

加拿大占主导地位的价值观同我们所描述的美国价值观相同吗？西摩·马丁·利普赛特（Seymour Martin Lipset，1985）发现在某种程度上两者是不同的。美国于 1776 年宣布脱离英国获得独立，而加拿大直到 1982 年才正式脱离英国，而且英国女王仍然是加拿大的官方元首。因此，利普塞特坚持认为加拿大占主导地位的文化应位于美国文化和英国文化之间。

美国文化更加强调个人主义，而加拿大文化更加体现集体主义。在美国，个人主义可以从富有重要历史意义的西部牛仔身上看到。西部牛仔都是些喜欢孤独的自给自足者，甚至是些叛逆得像杰西·詹姆斯（Jesse James）和比利小子（Billy the Kid）那样挑战权威而被视为英雄的人。相反，在加拿大，那些皇家骑警队员——加拿大著名的马背上的警官——更受到人们的尊敬。加拿大对集体生活的强调也体现在更强大的工会中：加拿大工人可能加入工会的数量几乎是美国的 3 倍（Steyn，2008；U.S.Department of Labor，2010；Statistics Canada，2011）。

◎ 一个社会成员把什么样的人当作英雄来歌颂是该社会成员文化价值观的一个很好标志。在美国，像杰西·詹姆斯（以及之后的邦尼和克莱德）这些叛逆者被视为英雄，因为他们代表了挑战权威的个人主义力量。相反，在加拿大，人们总是尊敬皇家骑警，因为他们象征着个人之上的社会权威。

政治上，美国人倾向于认为个人应该为他们自己而努力。然而，加拿大人很像英国人，具有一股强烈的意识即政府应该照顾全体人民的利益。美国宪法强调“生命、自由和追求幸福”（重视个体的词语）的重要性，而加拿大社会植根于“和平、秩序以及好的政府”（重视政府的词语）（Steyn，2008）。今天这一差异的明显结果是：加拿大比美国（唯一没有这一项目的高收入国家）拥有更广泛的社会福利制度（包括大众卫生保健体系）。这也帮助我们解释这样一个事实，即大约 1/3 美国家庭拥有一把枪支。这也有助于我们理解这样一个广为流行的观念，即尽管很有争议，但个人拥有枪支的权利是不可剥夺的。相反，在加拿大，像英国一样，很少家庭拥有枪支并且政府严格控制枪支的所有权。

你怎么想？

1. 你认为为什么有些加拿大人会觉得他们的生活方式笼罩了美国人生活方式的阴影？
2. 考考你的朋友加拿大首都城市的名字（正确答案是位于安大略省的渥太华）。你惊讶于很少人知道这个问题的答案吗？为什么是或不？
3. 为什么许多美国人不十分了解那些与他们共同拥有很长边界线的国家如加拿大或墨西哥呢？

怀孕要求她怀胎九个月后生产，然后需要照料孩子很多年。因此，对女性来说，有效的生殖取决于谨慎地选择一个配偶，他的品质（从他陪伴在女性身边的可能性开始）要有利于他们孩子的存活以及之后的成功生产。

这一双重标准不仅涉及生物学问题，而且涉及男性统治女性的历史问题。但是社会生物学家认为这一文化模式像其他模式一样有一个隐含的“生物学逻辑”。简单来说，世界各地存在双重标准，是因为男女生物学上的差异导致了各地的男女支持了与众不同的生殖策略。

◇ 评价

社会生物学已经形成了有关某些文化模式的生物学基础的有趣理论。但这一视角仍具有争议，原因主要有两个。

第一，有些批评者担心，社会生物学可能会让一个世纪前所主张的种族或性别优越性的生物学争论死灰复燃。然而维护者反驳说社会生物学拒绝了过去那种种族优越性的伪科学。事实上，他们认为，社会生物学团结了所有的人类，因为所有的人们都共享一个进化史。社会生物学宣称男性和女性在某些方面确实存在文化上无法克服的生物学差异，但这远不等于宣称男性比女性更重要，社会生物学强调男性和女性对于人类繁殖都很重要。

第二，批评者认为，社会生物学家没有多少证据来支持他们的理论。到目前为止的研究表明，生物力量并没有在任何严格意义上决定人类的行为。相反，人类却在一个文化体系内学习如何行为。那么社会生物学的贡献仅仅在于解释了为什么有些文化模式似乎比其他文化模式更容易学习（Barash，1981）。

因为对文化进行分析的任何一种视角都需要广泛地关注社会的运行，因此本章所讨论的三种视角都是宏观层次的分析方法。第 6 章“日常生活中的社会互动”，即符号互动视角，将从微观层次上详细考察日常情境中的人类行为。

文化和人类自由

◇ 评价

本章全篇都在引导我们思考一个重要问题，即：作为文化性动物，人类在何种程度上是自由的？文化使我们同他人、同过去相联系了吗？文化提高了我们个人思考和独立选择的能力了吗？

作为约束的文化

作为符号的创造物，人类离不开文化而生存。但这种创造文化的能力也的确让人类面临着一些问题。我们可能是唯一给我们自己取名字的动物，但是生活在一个符号的世界里意味着我们也是唯一体验孤独的生物。此外，文化主要是一个习惯的问题，它限制了我们的选择范围，促使我们不断地重演令我们感到苦恼的模式，例如，每个新生的一代都存在种族偏见和性别歧视。

▲检查你的学习
运用社会生物学视角，解释一下为什么有些文化模式，比如手足之争（同一家庭孩子之间经常相互竞争甚至打架的现象）比较普遍。

我们社会强调通过竞争取得成就，这一价值观敦促我们追求卓越，然而这一模式也使我们与他人相隔阂。物质的东西在某些方面让我们感到舒适，但是却让我们远离了从亲密关系和精神力量中所获得的安全感和满足感。

作为自由的文化

无论好坏，人类都是文化性动物，正如蚂蚁
和大象是它们生物种群中的囚徒一样。但是二者 73
之间却有一个关键性的区别。生物本能创造一个现成的世界；相反，我们为自己建立和重建一个世界时，文化却在敦促我们作出选择。没有比我们自身社会文化的多样性以及世界上更大的人类多样性更能证明这种自由的存在了。

了解更多的文化多样性是社会学家的一个共同目标。第 84 页“全球性思考”专栏中对美国和加拿大的文化进行了比较。无论我们生活在什么地方，我们对周边环境的文化运行了解得越充分，我们就越有准备去享受文化提供给我们的自由。

日常生活中的社会学

第3章　文化

我们拥有什么样的线索去了解一个社会的文化价值观？

任何社会的价值观——也就是说，那个社会认为是重要的——在日常生活中的各个方面得到体现，包括人们的拥有物和他们的行为方式。“解读”我们自己文化价值观的一个有趣方法是看看我们所赞美的“超级英雄”。看一看下面三幅照片中所展示的角色，描述一下是什么使得这个角色很特别。每个角色在文化术语中又代表了什么？

提示

超人（还有所有超级英雄）把我们的社会定义为好的。毕竟，超人为“真理、正义和美国方式”而战。许多超级英雄都吸取了我们文化史中伟人的故事，包括像摩西和耶稣这样的宗教人物：他们有着神秘的出身（我们从来没有真正了解他们的真实家庭），他们受过伟大的道德挑战的“检验”，他们最终成功克服了所有障碍（然而今天的超级英雄往往使用强制力通常是暴力获得成功的）。拥有一个“秘密身份”意味着超级英雄可以过着普通人的生活（也意味着我们普通人能想象成为超级英雄）。但为了集中于对抗邪恶，超级英雄必须置他们的工作于任何罗曼蒂克的兴趣之前（“工作第一！”）。苏姬也证明了我们社会女性所面临的“多才多艺”的特别挑战：运用她的超能去对抗邪恶，同时她还必须保住一份全职工作。

在电视剧《真爱如血》（*True Blood*）中，苏姬·斯塔克豪斯［安娜·帕奎因（Anna Paquin）］是一名拥有读心术和其他超能的酒吧女招待，生活在一个你不知道你的客户是不是一个吸血鬼的世界中。在荧屏上刻画的拥有超能的英雄很少涉及女性。

超人第一次出现在1938年的《动作漫画》（*Action Comics*）中，其时美国正艰难地走出经济大萧条并面临着日益迫近的战争的威胁。从那时起，超人一直是电视节目和一系列好莱坞电影中的重要角色。大多数超级英雄的特征之一是他们都有一个秘密的身份；在这种情况下，超人的日常身份是“温和的新闻记者”克拉克·肯特（Clark Kent）。

另一个对于我们文化很重要的长期超级英雄是蜘蛛侠。在《蜘蛛侠》电影中，彼得·帕克（Peter Parker，面临邪恶时即转变成蜘蛛侠）与玛丽·简·沃森（Mary Jane watson）秘密相爱。男英雄一次又一次地将女主角从危险中解救出来。但在真实的超级英雄风格中，蜘蛛侠不允许自己听从内心的召唤，因为超能意味着必须承担更大的责任而且必须将其放在优先位置。

从你的日常生活中发现社会学

1. 每一文化的成员，当他们决定以什么样的方式生活时，总是参照“英雄”的角色模型，并以之作为激励。现代社会中，大众传媒在制造英雄角色过程中扮演了极其重要的角色。用什么样的特质去定义流行文化中的“英雄”，比如克林特·伊斯特伍德扮演的电影角色“警探哈里”、西尔维斯特·史泰龙扮演的电影角色“洛奇”和“兰博”（电影《第一滴血》男主角名），以及阿诺·施瓦辛格扮演的电影角色“终结者”？
2. 观看迪斯尼动画片，比如《海底总动员》、《狮子王》、《小美人鱼》、《一千零一夜》或《风中奇缘》。这些影片广受欢迎的原因之一是：它们都共享相同的独特文化主题，而这些主题为我们社会的成员所吸引。运用本章所列举的美国核心价值观作引导，识别出使得你所选择的电影特别“美国的”文化价值观。
3. 你知道在你的校园里有人来自别的国家或来自同你所熟悉的完全不同的文化背景吗？努力参加到与你的生活方式截然不同的同学的对话中。努力发现一些你从一个角度加以接受或习以为常的东西，而他人对这些东西却从另外角度看待。努力理解其中的原因。登录mysoclab.com，阅读“从你的日常生活中发现社会学”专栏，学习更多关于文化多样性的问题，了解我们从经历文化差异中怎样才能吸取教训。

第3章 文化

什么是文化？

文化是一种生活方式。

- 文化是一个社会成员共享的生活方式。
- 文化影响着我们怎样去行动、思考和感觉。 **p.54**

文化是人类特质。

- 尽管一些物种显示出了有限的文化能力，但是只有人类依赖文化而生存。 **pp.56-57**

文化是进化的产物。

- 随着人脑的进化，文化作为我们这一物种生存的首要策略最终取代了生物本能。 **P.57**

当我们进入一个不熟悉的文化环境且不能“解读”这一新环境的意义时，我们会经历文化震惊。当我们以他人不能理解的方式行动时会制造出文化震惊。 **pp.56-57**

文化（p.54）：共同塑造人们生活方式的思维方式、行为方式和物质产品。

非物质文化（p.55）：一个社会的成员所创造的所有思想。

物质文化（p.55）：一个社会的成员所创造的任何有形事物。

文化震惊（p.56）：当人们经历一种不熟悉的生活方式时所产生的迷惑。

文化的要素

文化依靠单词、手势、表达意义的行动等各种形式的符号。

- 不同意义能与同一符号相联系的事实（比如眨眼睛）表明人类有能力创造并使用符号。
- 社会一直在创造新的符号（比如，计算机新技术已经激发了新赛博符号的诞生）。 **pp.58-59**

语言是一个符号系统，通过这一系统，文化在代与代之间相传。

- 人们使用语言——不管是口头的还是书面的——从一代向下一代传承文化。
- 由于每种文化是不同的，每一种语言在其他语言中找不到相同的词语。 **pp.59-60**

价值观是关于应该怎么样（例如机会均等）的抽象标准。

- 价值观之间有时相互冲突。
- 低收入国家有着重视生存的文化，高收入国家有着重视个体主义和自我表现的文化。

信念是被共享一种文化的人奉为真理的特殊陈述（例如，“有条件的妇女能够参选总统”）。 **pp.61-62**

规范是指指导人们行为的规则，有两种类型：

- 民德（例如，性禁忌），具有重大的道德意义。
- 习俗（例如，问候或用餐礼仪），事关日常礼貌的一些事情。 **pp.62-63**

符号（p.58）：任何由共享文化的人们承认的、承载特定意义的事物。

语言（p.59）：让人与人之间进行交流的一套符号系统。

文化传承（p.59）：一代人将文化传递给下一代人的过程。

萨丕尔—沃尔夫假说（p.60）：人们通过语言的文化透镜来看待和理解世界的观点。

价值观（p.61）：文化上规定的，用来确定什么是可行的、好的、美丽的标准，从而为社会生活提供广泛的指南。

信念（p.61）：人们坚持认为是真理的特定思想。

规范（p.62）：一个社会用以指导其社会成员行为的规则和期望。

民德(p.62)：广泛被遵守并且具有重大道德意义的规范。

习俗（p.62）：人们常规的或临时的互动规范。

社会控制（p.63）：社会用以调节人们思想和行为的努力。

技术（p.63）：人们用以改变他们周围生活方式的知识。

技术和文化

- 一个社会的人工制品——共同构成一个社会物质文化的范围广泛的人类有形创造物——内在体现了该社会的文化价值观和技术发展水平。
- 一个社会的技术越发达，其成员越能改造他们所希望的世界。 **pp.63-64**

文化多样性

我们生活在一个文化多样性的社会。

- 这种多样性源于我们移民的历史。
- 多样性反映了地区之间的差异。
- 多样性也折射出社会阶层之间的差异，阶层之间分为高雅文化（精英阶层享有）和流行文化（普通大众可获得）。 p.64

许多价值观对于我们的生活方式极为重要。但整个社会的文化模式并不相同。

亚文化是建立在社会成员兴趣和生活经历差异的基础上。

- 嘻哈迷和狂热球迷是美国年轻人亚文化的两个例子。

文化多元主义是加强对文化多样性欣赏的一种努力。

- 文化多元主义对应于早期“熔炉”思想并伴随其发展，这一思想认为少数族群在接纳主流文化模式后失去了他们自己的身份。

反文化是强烈反对传统生活方式的文化模式。

阴谋破坏西方社会的美国宗教极端主义群体是反文化的例子。 pp.64-67

文化变迁源于：

- 发明（例如，电话和计算机）。
- 发现（例如，意识到妇女能够胜任政治领导人）。
- 文化传播（例如，各种各样民族食品和音乐流派的广泛流行）。

文化堕距，当某些文化要素比另一些文化要素变化的速度快时而产生。 p.67

我们怎样理解文化的差异性？

- 种族中心主义可以将所在社会成员联系起来，但也有可能引发国家间的误解和冲突。
- 文化相对主义，伴随世界各地人们越来越紧密的相互联系而日趋重要。 pp.69-70

高雅文化（p.64）：区分出一个社会的精英阶层的文化模式。

流行文化（p.64）：在社会大众中广泛传播的文化模式。

亚文化（p.64）：将一个社会的人口分为几个部分的文化模式。

反文化（p.66）：强烈反对被社会广为接受的文化模式的文化模式。

文化多元主义（p.65）：承认美国文化的多样性并促进所有文化传统平等性的观点。

欧洲中心主义（p.65）：欧洲（特别是英国）的文化模式占统治地位。

非洲中心主义（p.65）：对非洲文化模式的强调和提升。

文化整合（p.67）：一个文化体系中各组成要素之间具有密切的联系。

文化堕距（p.67）：由于某些文化要素的变迁快于其他要素，从而扰乱了一个文化体系的事实。

种族中心主义（p.69）：用自己的文化标准评判另一种文化的做法。

文化相对主义（p.69）：以文化自身的标准来评价一种文化的做法。

文化的理论分析

结构—功能视角认为文化是建立在核心价值观基础上的相对稳定的系统。所有的文化模式都有助于维持社会的持续运转。p.70

社会冲突视角将文化视为一个不平等和冲突的动态的竞技场。文化模式会使某些人比其他人获得更多的利益。 pp.70-71

社会生物学探讨人类的漫长进化史如何影响今天世界的文化模式。 pp.71-72

文化普遍性（p.70）：每种已知文化的共同特质。

社会生物学（p.71）：探讨人类的生物性如何影响人们创造文化方式的一种理论视角。

文化和人类自由

- 文化能限制我们作出的选择。
- 作为文化性动物，我们有能力去塑造和重塑我们的世界以满足我们的需求和实现我们的梦想。

pp.72-73

第4章 社 会

学习目标

◇ 记忆

本章黑体关键名词的定义。

◇ 理解

格尔哈特·伦斯基的社会文化进化过程以及人类社会存在的各种社会类型。

◇ 应用

马克思、韦伯以及涂尔干的观点分析包括信息革命的熟悉问题。

◇ 分析

我们的后现代社会与以往建立在其他生产技术上的社会有哪些不同。

◇ 评价

马克思、韦伯以及涂尔干对现代社会的观察。

◇ 创造

对现代社会的优势和缺陷，以及怎样在我们现代的世界中更有效地生活的批判性意识。

本章概览

我们每个人都生活在社会的世界里。这一章会探索社会是如何组织的，还会解释在过去几个世纪中社会是如何改变的。对于过去人类社会发生的事，我们将通过当代杰出的社会学家之一，格尔哈特·伦斯基，以及三位社会学的创始人，卡尔·马克思、马克斯·韦伯和埃米尔·涂尔干的研究成果作为指导依据。

西堤堤·奥哥·伊拿卡从来没有用过即时的信息联系方式，没有登录过互联网，甚至没有用过电话。在如今的高科技社会，这样的人真的存在吗？那么，这种情况如何：无论是伊拿卡还是他家中的任何人，都从来没有看过电影，没有看过电视，甚至没有读过一张报纸。

这些人是另外一个星球的来访者吗？是来自遥远孤岛上的囚犯吗？都不是。他们是西撒哈拉和中撒哈拉的图阿雷格人的游牧民，长年游牧在位于西非马里的辽阔的撒哈拉沙漠上。因为男男女女都穿着蓝色的长袍而被称作“沙漠上的蓝人”。图阿雷格人放牧骆驼、山羊和绵羊，他们居住在遭受风沙侵袭的露营里面，那里的白天温度经常达到近 49 摄氏度。生活是艰苦的，但是大多数图阿雷格人都努力保持传统的生活方式。伊拿卡表情严肃地说：“我的父亲是个游牧民，他的父亲是个游牧民，我是个游牧民，我的孩子们也将是游牧民。”

图阿雷格人是世界上最穷的人群之一。当风雨来临的时候，他们和他们的牲畜就面临生存的危险。也许将来有一天，图阿雷格人在他们行走过几个世纪的沙漠底下，可以通过挖掘铀矿来获得一些财富。但是无论他们的经济状况如何，伊拿卡和他的人民都处于一个与世隔绝的社会，对外面的大千世界及其先进的科学技术懵懂无知。但是伊拿卡没有抱怨：“这是我的祖先们的生活，这是我们能够知晓的生活。”（Buckley，1996；Matloff，1997；Lovgren，1998；McConnell，2007）

社会（society）是指一个特定的地域内相互影响并分享共同文化的人们。在这一章，我们将在四位重要的社会学家的帮助下学习更多的有关人类社会的知识。我们先从**格尔哈特·伦斯基**（Gerhard Lenski）开始，他描述了在过去的 10 000 年中社会是如何变化的。伦斯基指出科技在塑造任何社会中的重要性。然后我们转向三位社会学的创始人。**卡尔·马克思**（Karl Marx），同伦斯基一样，对社会进行了长期的历史的观察。但是马克思的观点都是有关社会冲突的，这些社会冲突来源于人们如何在生产商品的经济系统中工作。**马克斯·韦伯**（Max Weber）则告诉我们一个不同的故事，他认为是思想的力量塑造了社会。韦伯对比了传统的有关简单社会的思维与今天主宰复杂社会的理性思维。最后，**埃米尔·涂尔干**（Emile Durkheim）帮助我们认识了传统社会与现代社会结合在一起的不同方式。

所有四种关于社会的视角回答了若干重要的问题：什么促使人们的生活方式如此的不一样？比如撒哈拉沙漠上的图阿雷格人与一个在美国的大学生。随着时间的推移，社会为何以及如何变化？社会分裂的动力是什么？又是什么力量促使社会维系在一起？在我们看看这些重要的社会学家的工作的同时，这一章将为所有这些问题提供解答。

◎ 在附近的森林被烧毁后，这些澳大利亚土著女性要花费一整天的时间搜集树根，她们用这些树根来做衣服的染料。这些社会成员的生活和自然息息相关。

格尔哈特·伦斯基：社会与技术

◇ 分析

我们社会的成员，那些享用电视和即时信息的人，当然会感到疑惑，撒哈拉沙漠的游牧民族过着同他们若干世纪前的祖先一样的简单生活。格尔哈特·伦斯基的研究（Nolan & Lenski, 2010）帮助我们去理解贯穿整个人类历史的并存在于社会中的巨大差异。

伦斯基用**社会文化进化**（sociocultural evolution）这个术语来表示社会获取新技术时发
81 生的变化。像图阿雷格人只掌握简单的技术，对自然只拥有微乎其微的控制力，所以他们只能养活少量的人口。而拥有复杂科技的社会，比如有了小轿车和手机，当然这种状况不一定“更好”，但肯定更有生产力，能让亿万人过着更为丰富的物质生活。

发明和应用新技术给整个社会带来一波波的变化。当我们的祖先首先发现如何用风来推进帆船前进的时候，他们制造了能够把他们带到新彼岸的工具，这大大地发展了他们的经济，壮大了他们的军事力量。另外，一个社会对科技掌握得越多，它就变化得越快。科技匮乏的社会变化缓慢；西堤堤·奥哥·伊拿卡说他过着“我祖先的生活”。现在美国社会还有多少人能够说他们以他们祖父母或曾祖父母的方式生活着？我们现在自身所处的现代高科技社会变化得如此之快，以至于人们在短短的生命周期中要经历巨大的社会变化。设想一下如果我们的曾祖母听说“谷歌”和即时信息留言、人工智能和 iPods、人工心脏以及试管婴儿、航天飞机与情感核音乐时，该是何等惊讶。

通过伦斯基的研究，我们将根据它们的科技描述出五种社会形态：狩猎和采集社会、园艺与畜牧社会、农业社会、工业社会和后工业社会。每一种社会的描述都会在第 95 页“总结”表格里进行回顾。

狩猎与采集社会

在所有社会中最简单的社会，人们依靠**狩猎和采集**（hunting and gathering），通过使用简单的工具来猎取动物和采集植物果实。从人类出现的 3 万年前到 12 000 年前的这段时间，所有的人都是狩猎者和采集者。甚至到 1800 年，世界上仍能发现许多狩猎和采集的社会。但是到今天，只有少量的保留下来，包括中非的阿卡人（Aka）和俾格米人（Pygmies）、非洲西南部的布须曼人（Bushmen）、澳大利亚的土著居民、加拿大西北部的卡斯卡印第安人（Kaska Indians），以及马来西亚的贝特克人（Batek）和塞马伊人（Semai），还有生活在亚马逊雨林中而与世隔绝的当地人。

由于缺少能力去控制环境，狩猎者和采集者要花费他们大部分的时间去寻找野味和搜集植物吃。只有在有着大量食物的繁荣的地区，狩猎者和采集者们才有较多的空闲时间。由于需要大量的土地来养活少量的人，狩猎和采集社会人口稀少。同时他们必须四处游牧，为寻找新的植物来源或者跟着迁徙的动物而前行。尽管他们也会返回有利的地域，但是他们很少形成永久的居住地。

狩猎与采集社会依靠家庭去完成很多事情。家庭必须获取和分配食物，保护它的成员，教给小孩他们的生活方式。每个人的生命都是平等的；人们花费他们大部分的时间来获取他们下一餐的食物。年龄与性别对个人做的事情有影响。健康的成年人承担了大部分的工作，尽他们所能

◎ 在简单技术的社会中生活会是怎样一种情形呢？这就是电视节目《幸存者》（*Survivor*）揭示的主题。对于其成员来说，简单技术的社会有什么优点呢？在你看来又有什么缺点呢？

帮助年幼的和年老的人。妇女采集提供他们大部分食物的植物，而男子则承担不太确定的狩猎工作。尽管男人和女人履行着不同的任务，但是大部分的狩猎者和采集者也许会意识到，不同性别的人有着相同的社会重要性（Leacock, 1978）。

狩猎与采集社会中通常有一个巫师或者精神领袖，他享有崇高的威望但是也必须同其他人一起去寻找食物。简而言之，狩猎与采集社会中人们几乎都是平等的。

狩猎者和采集者使用简单的武器，比如矛、弓、箭以及石刀，但是他们极少发动战争。他们真正的敌人来自大自然的力量：暴风雨和干旱能在很短的时间内消灭他们的食物供给，如果有人遭遇了重大事故或者得了重病，他们一般是无能为力的。经常处于这种风险之下，促使人们合作与共享，这种策略增加了每个人的生存机会。但是事实上很多人在孩童时期就夭折了，不到一半的人能活到 20 岁。

82 百年以来，有着强大技术的社会日益逼近现存的少量的狩猎者和采集者，减少了他们的食物供给。结果，狩猎与采集社会正从地球上逐渐消失。幸运的是，这种有关人类社会的研究给我们提供了许多有关人类历史和我们同自然界基本关系的有用知识。

园艺与畜牧社会

10 000 到 12 000 年前，正如本书最后插页显示的时间轴，一种新的技术开始改变人类的生活。人类发现了**园艺**（horticulture），即使用手工工具种植作物。用锄头在土地上劳动以及用挖掘棒在地上打孔以种植一些什么都不像的种子，这将改变整个世界，但是这些发明需要人们放弃有利于增加他们自己的食物的采集方式。首批种植园林植物的人居住在中东肥沃富饶的地区。不久，文化传播把这种知识带到拉丁美洲和亚洲，最后到全世界。

并不是所有的社会都很快地因为园艺的原因而放弃狩猎与采集。生活在那些食物充足的地方的狩猎者和采集者或许看起来没有丝毫理由要改变他们的生活方式。生活在干旱地区（比如西非或者中东的撒哈拉沙漠）或者山区的人们发现园艺没有多少用处，因为这些地方不能种植任何东西。这些人（包括图阿雷格人）更有可能采用**畜牧**（pastoralism），也就是驯养动物。今天，园艺与畜牧混合的社会在南美洲、非洲和亚洲都可以找到。

种植植物和饲养动物极大地增加了食物的产量，所以人口从几十到几百的增长扩充。畜牧者保持着游牧的生活，带着他们的牧群到新鲜的牧草地。但是园艺者形成了定居点，只有当土地枯竭的时候才迁徙。随着贸易的融入，这些定居点形成了人口急剧增长的社会。

一旦一个社会能够生产剩余物资——拥有更多的超出我们人口需要之外的资源——那么不是

社会 人们在特定的区域内相互互动以及分享共同的文化习俗。

格尔哈特·伦斯基 科技的水平塑造了社会。

卡尔·马克思 社会冲突的类型产生了社会。

马克斯·韦伯 想法或思想的模式创造了社会。

埃米尔·涂尔干 团结的类型造就了社会。

每个人都需要去为获取食物而工作了。巨大分化的结果是：一些人制作手工艺品，另外一些人从事贸易、理发、文身或者做牧师。相比于狩猎与采集社会，园艺与畜牧社会更趋于多样化。

但是更多的生产并没有让社会在各个方面都变得更好。当一些家庭比其他家庭生产得要多的时候，他们就变得富裕和更为强大。园艺与畜牧社会存在巨大的不平等，其中的中坚分子用政府的力量和军事力量来保护他们自己的利益。但是领导者没有远距离行走和沟通的能力，因此与大帝国相比，他们只能控制少量的人。

不同形态的社会的信仰也不一样。狩猎者与采集者相信有很多神灵居住在世界上。而园艺者则相信有一个作为创造者的上帝的存在。畜牧社会把这种信仰进行更远的引申，认为上帝直接参与制造了整个世界的幸福。这种上帝观（“耶和华是我的牧者”——《圣经·诗篇》23 篇）在我们自己的社会中很是普遍，因为基督教和犹太教都起源于中东的畜牧社会。

农业社会

大约 5 000 年前，中东发生了另一轮的技术革命，最终导致整个世界的改变。这就是**农业**（agriculture）的发现，即用动物拉动的犁或者其他更为强大有力的方式来进行大面积耕作。动物拉动的犁的发明是十分重要的，同时伴随着这一时期的其他发明或发现——包括灌溉工程、推车、文字、数字以及各种金属的使用等等——这一时期在历史上通常被称为“文明的开端”。

使用了动物拉动的犁，农民们能够耕种的地要比园艺者们耕种的花园大小的地大得多。犁增

社会文化进化

总结

社会类型	历史时期	生产技术	人口规模	定居类型	社会组织	例子
狩猎与采集社会	12 000 年前出现唯一的类型；几个世纪前仍然很常见；今天还有少数例子面临着灭绝	原始武器	25~40 人	游牧的	以家庭为中心；专业化受年龄和性别的限制；很少有社会不平等	中非的俾格米人、非洲西南部的布须曼人、澳大利亚的土著人、马来西亚的塞马伊人、加拿大的卡斯卡印第安人
园艺与畜牧社会	从大概 12 000 年前开始，在约公元前 3000 年后数量不断减少	园艺社会使用手工具栽培植物；畜牧社会以动物的驯化为基础	几百人的居民区，通过交易关系形成几千人的社会	园艺者形成了小的定居点；畜牧者仍是游牧的	以家庭为中心；宗教系统开始发展；适当的专业化；社会不平等增加	约公元前 5000 年的中东社会、在今天的新几内亚和其他太平洋岛屿的各种社会、今天南美洲的雅诺马马人
农业社会	大概从 5 000 年前开始，数量大但是现在不断减少	动物拖动的犁	数百万人	城市变得常见，但是他们一般都只容纳一小部分人口	随着各种宗教、政治和经济体系的出现，家庭失去了其重要地位；广泛的专业化；社会不平等增加	大金字塔建设时期的埃及、中世纪的欧洲、当今世界上大量的占主导的农业社会
工业社会	从约 1750 年到现在	高级能源；机械化生产	数百万人	城市容纳了大部分人口	不同的宗教、政治、经济、教育和家庭体系；高度专业化；显著的社会不平等持续存在，随时间推移稍微减少	今天在欧洲、北美洲、澳大利亚和日本的大部分社会，这些国家形成了世界大部分工业生产
后工业社会	在最近几十年出现	计算机支持一个以信息为基础的经济	数百万人	人口主要集中在城市	和工业社会相似，用信息处理和其他服务性工作逐渐取代工业生产	上面提到的工业社会现在正进入后工业阶段

加了翻地使之通气的好处，使土地更加肥沃。结果，农民们能够世代耕种同一片土地，这增进了永久定居点的发展进程。由于有能力生产更多的剩余食物并通过动物拉动的轮车进行运输，农业社会在人口与规模上急剧扩充。比如，大约公元前 100 年左右的罗马帝国拥有超过 200 万平方公里的土地和 7 000 万人口（Nolan & Lenski，2010）。

更多的人口意味着更为专业的分化。现在有许许多多不同的职业，从农民到房屋建筑者，再到金属工艺者。由于如此多的人生产如此不同的东西，人们发明了货币作为交换的通用标准。而旧的物物交换制度，也就是用一件东西交换另一件东西的制度被淘汰了。

83 农业社会存在着比我们这样的现代的社会更加典型的极端的社会不平等。在大多数情况下，经受这种不平等的人大部分是农民和奴隶，他们做大部分工作。因此精英集团有时间从事更“精细”的活动，包括哲学、艺术和文学的研究。这就为我们在第 3 章（“文化”）中提到的“高雅文化”和社会特权之间的历史联系提供了解释。

在狩猎者和采集者，以及园艺家们中，妇女提供大部分食物，这些赋予了她们的社会重要性。然而，农业把男人提高到社会主导地位。利用由大动物拖的金属犁，男人们在农业社会负责食品生产。妇女们留下来做一些辅助工作，如除草，提水到田间（Boulding，1976；Fisher，1979）。

84 在农业社会，宗教通过定义忠诚和努力工作为道德责任来加强精英集团的势力。许多“古代世界的奇迹”有可能如此，如中国的长城和埃及的金字塔，仅仅因为皇帝或者法老基本上拥有绝对权力，他们可以命令他们的人民终身无偿为之劳动。

至今谈到的社会中，农业社会的社会不平等最多。耕地技术也给人们一个更大范围的生活选择，这也是农业社会之间的区别更大于园艺和畜牧社会的原因。

工业社会

工业主义（industrialism），首次立足于当今世界的富裕国家中，是指通过高级能源驱动大机器的商品生产。直到工业时代开始之前，主要的能量来源还是人们的肌肉和他们驯养的动物。1750 年左右，人们转向水力，然后用蒸汽炉来操作一些作坊和工厂，这些地方都是放满了越来越大的机器。

工业技术给予人们这种超越其自身环境的力量，以至于发生了前所未有的变化。可以直接地说，新的工业社会在一个世纪中的变化比之前一个千年的变化都要大得多。正如在第 1 章（社会学的视野）所解释的，变化是如此之迅速以至于激发了社会学的诞生。到 1900 年，陆地上铁路纵横，海上航行着蒸汽船，钢筋结构的摩天大楼远远高于任何一个象征着农业时代的老教堂。

但是那仅仅是个开始。不久，汽车使人们差不多在任何地方都跑得快，而电力充分应用于现代“便利”的设备中，如冰箱、洗衣机、空调和电子娱乐中心。电子通信，开始是电报和电话，接着便是收音机和电视机，还有电脑，这些都使人们能快速地到达世界上任何地方。

工作也发生了改变。在农业社区中，大部分男人和女人在家里或者附近的田间工作。工业化使人们离开家里到能源地附近（如煤田）的工厂中工作。其结果是，工人失去了亲密的工作关系、紧密的家庭纽带以及指导其农业生活的传统价值观、信仰和习俗。

12 月 28 日，莫里（Moray），位于秘鲁安第斯高地。我们在高高的山上，在由一些家庭组成的小村庄里，离最近的电线或铺有路面的道路还有几英里远。在约高 12 000 英尺处，人们不适应稀薄的空气，呼吸困难，因此我们缓慢行走。但是对于在自己的家附近用一匹马和犁耕田的人们来说，艰苦的工作是不成问题的。这些人太穷而买不起一个拖拉机，他们还是用其在 500 年前的祖先的方式耕地。

随着工业化的发展，职业分工变化空前。今天，你所从事的这种工作有不少与你的生活水平有关，因此人们现在经常以工作而不是像农业时代的人一样用家庭关系来衡量一个人。迅速的变化和人们从一地到另一地迁移的趋向也使社会生活更加匿名性，增加了文化的多样性，促进了亚文化和反文化的发展，如第 3 章（“文化”）中描述的。

工业技术也改变了家庭，降低了其作为社会生活中心的传统重要性。家庭不再是工作、学习和宗教崇拜的主要场所。如第 18 章（“家庭”）中所解释的，技术变化在家庭更加多样化方面也起了作用，出现了更多的单身族、离婚者、单亲家庭和继养家庭。

或许工业化的最大影响是提高了生活水平，在美国，与过去一个世纪相比提高了 5 倍。虽然刚开始，它仅仅使少数的精英集团受益，但是工业技术如此多产使得人们的收入提高，且人民有了更长久和更舒适的生活。甚至社会不平等也稍有减少，如第 10 章（“社会分层”）所解释的，工业社会提供日益增多的学校教育和政治权利。在整个世界中，工业化增加了人们对更大政治发言权的需求，在韩国、中国、东欧国家以及苏联，还有 2011 年的埃及和其他中东国家这种模式都比较流行。

后工业社会

许多工业社会，包括美国，已经进入了科技发展的另一个阶段，我们可以延伸伦斯基的分析来考虑最近趋向。在上一代，社会学家丹尼尔·贝尔（Daniel Bell，1973）定义了**后工业主义**（postindustrialism）这个术语，指的是支持一种以信息为基础的经济的技术。工业社会的生产是以工厂和生产有形的机器为主的；后工业生产依靠电脑和其他电子设备，这些设备能创造、加工、储存和应用信息。就像人们在工业社会学习机械技术一样，后工业社会的人们发展了以信息为基础的技术，并且用电脑和其他形式的高科技通信手段完成了他们的工作。

如第 16 章（“经济和工作”）所讲，后工 85
业社会使用越来越少的劳动力进行工业生产。同时，为文书工作者、教师、作家、销售经理和销售代表等加工信息的人提供了更多的工作。

信息革命是后工业社会的核心，在富裕国家中最为显著，还有新的信息技术影响着整个世界。如第 3 章（“文化”）所讨论的，一个世界范围的商品，大众和信息流现在联系着社会，而且发展了全球文化。从这种意义上讲，后工业社会是全球化的中心。

技术的局限性

更为复杂的技术通过提高生产力，减少感染性疾病，而且有时候只是缓解疲倦，从而使生活变得更好。但是技术对社会问题不能提供迅速的稳定作用。例如贫穷，在美国成千上万的人（参见第 11 章“美国的社会阶级”）和全世界 10 亿人中（Chen & Ravaillon, 2008；U.S.Census Bureau, 2010；见第 12 章“全球分层”）仍然是个现实。

技术也制造了一些新问题，这些问题是我们的祖先（以及像今天的西堤堤·奥哥·伊拿卡的人）无法想象的。工业社会和后工业社会给我们更多个人自由，但我们经常缺乏团体意识，这是前工业生活中的一部分。最严重的是，越来越多的国家已经使用核技术来制造武器，而这能使世界回到石器时代——如果我们都能幸存的话。

不断发展的技术也威胁着自然环境。在社会文化发展的每一个阶段，都会出现更强大的能量资源，且增加我们对地球资源的胃口。问问自己，我们是否应该继续追求物质繁荣而避免永久

社会文化进化 社会获取新技术时发生的变化。

狩猎和采集 使用简单的工具来猎取动物和采集植物果实。

园艺 使用手工工具种植作物。**畜牧** 驯养动物。

农业 用给动物套上马具或者其他更为强大有力的方式来犁田进行大面积耕作。

工业主义 通过高级能源驱动大机器的商品生产。

后工业主义 支持一种以信息为基础的经济的技术。

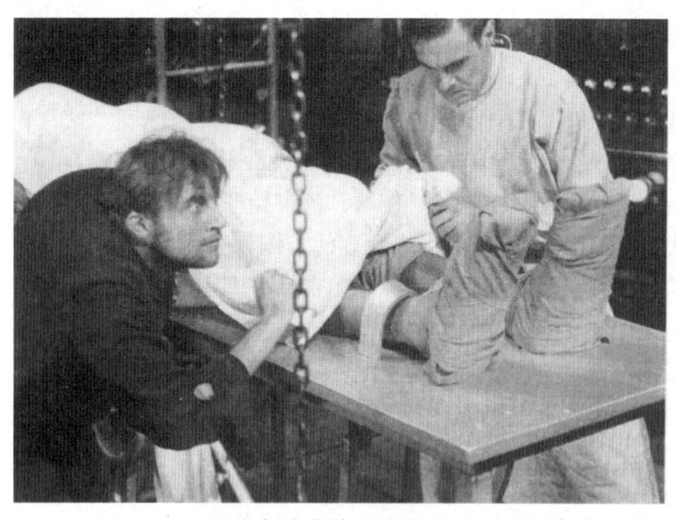

◎ 技术进步使社会变得更好吗？在某些方面或许是。然而，许多电影和电视剧——早在1931年的《弗兰肯斯坦》（*Frankenstein*，左图）和近在2011年的电视连续剧《边缘》（*Fringe*，右图）——都表达了对新科技不仅解决老问题但同样制造新问题的担忧。本章谈到的所有社会学理论家都在思考现代世界中这个矛盾的观点。

地毁坏我们的星球（参见第22章“人口、城市化与环境”）。

在某些方面，技术进步改善了人们的生活，使世界上的人距离更近。但是建立和平、确保公正以及保护环境都是不能单独由技术解决的问题。

卡尔·马克思：社会和冲突

◇ 分析

我们关于社会的第一部经典著作来自卡尔·马克思（Karl Marx，1818—1883），他是早期社会学领域的伟人，其影响甚至到当今仍在继续。马克思是一位敏锐地观察工业革命如何改变了欧洲的观察家，他在伦敦度过了大部分成年生活，伦敦是后来大英帝国的首都。他为整个英国日益兴起的新工厂的规模和生产力感到敬畏。伴随着其他工业国，英国生产了前所未有的大量商品，广泛汲取世界资源，以一个令人目眩的速度生产出产品。

使马克思更加惊讶的是，通过新技术产生的财富如何最终落在少数几个人手中。当他在伦敦市周围散步时，马克思亲眼见到大量的贵族和工业主义者生活在繁华的豪宅中，拥有一大批仆人，他们在此享受着奢侈和优待。同时，大部分劳工长时间工作，工资很低而且住在贫民窟里。一些人甚至睡在街道边，他们很可能在那里饱受寒冷和营养不良，导致病患而年纪轻轻就死去。

马克思依据一个基本的矛盾看这个社会：在如此富裕的国家，怎么会有如此多的人那么贫穷？他问道：怎样才能改变这种状况呢？许多人认为卡尔·马克思准备分裂社会。但是他被同情所激发，他想帮助一个极度分离的社会，创建一个新的公正的社会秩序。

马克思思想的中心是**社会冲突**（social 86
conflict）的观念，即社会各个集团对有价值的资源的争夺。社会冲突当然可以有许多种形式：个体间争吵、学院之间长期的运动竞赛以及国家之间的战争。然而，对于马克思来说，最重要的社会冲突形式是阶级冲突，它是由一个社会生产物质产品的方式所引起的。

社会和生产

马克思生活在19世纪，他观察了欧洲早期几十年的工业资本主义。马克思解释这种经济体系是：将人口的小部分变为**资本家**（capitalists），即指那些拥有并操纵工厂和其他公司来牟取利润的人。资本家试图以高于生产成本的价格卖出商品，从而获得利润。资本主义使大部分人口变成工人，马克思称他们为**无产者**（proletarians），即出卖自己劳动力换取工资的人。对于马克思而言，资本主义生产体系总是以资本家和工人之间产生的冲突而告终。为保持高的利润，资本家一直压低工人的工资，然而工人想要更高的工资。由于利润和工资都来自同一笔投资，其结果便是冲突。正如马克思所看到的，这种冲突只有伴随着资本主义自身的灭亡而终结。

所有社会都由**社会机构**（social institutions）组成，它是社会生活的主要范围，或者社会的次级系统，组织起来以满足人类的需要。社会机构的例子包括经济、政治系统，家庭，宗教和教育。在马克思对社会的分析中，他指出一个机构——经济，支配着所有其他机构并决定一个社会的真实本质。用哲学方法来说这称为唯物主义，指的是人类如何生产物质产品，形成他们的经验，马克思相信其他所有社会机构都以支持社会经济的方式而运作。伦斯基集中阐述技术如何塑造社会，但是马克思谈到经济才是一个社会的“真正基础”（1959：43，orig. 1859）。

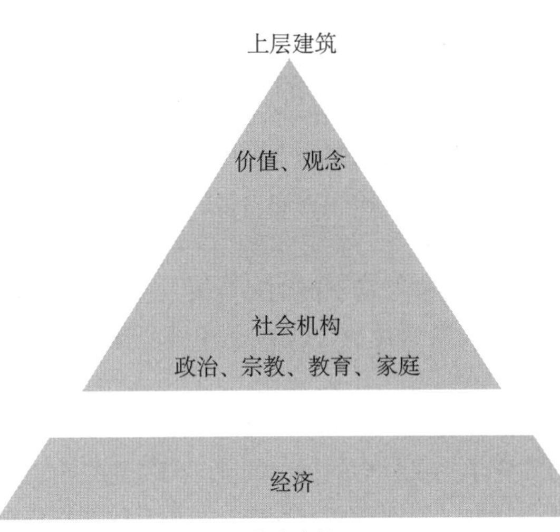

图 4—1　卡尔·马克思的社会模型

◎ 该图阐明了马克思的唯物观，即经济生产体系塑造了整个社会。经济生产涉及技术（资本主义下的工业）和社会关系（对资本主义来说，即资本家之间的关系，他们拥有工厂和商业，还有工人）。在这个基层建筑或基础之上便是社会的上层建筑，包括主要的社会机构，还有核心文化的价值观和思想。马克思坚持认为社会的每个部分都支持着经济体系。

马克思视经济体系为社会的基础建筑（infrastructure, infra 是拉丁语，意思是“在……之下”）。其他社会机构，包括家庭、政治体系和宗教都建立在这个基础之上，从而形成社会的上层建筑，并支撑着经济。马克思的理论在图 4—1 中已经阐明了。例如，在资本主义条件下，法律系统保护资本家的财产，就如同家庭允许资本家将他们的财产从一代传给下一代。

马克思同样意识到，生活在工业资本主义社会的大部分人没有看到资本主义如何完全操纵他们的社会。实际上，大部分人把拥有私有财产或者将其传给自己的子女的权力视为“自然的”。同样地，我们很多人容易把富人看作是通过长年的学习和努力工作“挣”得自己的钱；另一方面，我们把穷人视为是缺乏技能或个人驱动力专为自己挣得更多财富的人。马克思反对这种思维，他称之为**伪意识**（false consciousness），即从个体的缺点而非社会弊端来解释社会问题。马克思说，实际上，并不是“人们”使得社会如此不平等，而是资本主义生产这个体系所致。他相信，伪意识隐藏了导致他们问题的真正原因，从而伤害到人们。

冲突和历史

对于马克思来说，冲突就是驱动社会变化的引擎。有时候社会是进化式的缓慢变化，但是它们也可能是急速的、革命性的剧变。

马克思认为，早期的狩猎者和采集者形成了原始的共产主义社会。共产主义是一种体系，即人们普遍拥有相同的食物和其他生产品。生活在狩猎和采集社会的人们没有很多东西，但是他们分享他们所有的物品。此外，因为每个人都做相同的工作，所以产生社会冲突的几率很小。

技术进步导致了社会不平等。在园艺社会、畜牧社会和早期的农业社会中——马克思把它们

社会冲突　社会各个集团对有价值的资源的争夺。

资本家　那些拥有并操纵工厂和其他公司来牟取利润的商人。

无产者　出卖自己劳动力换取工资的人。

放在一起称为“古代世界”——战争频繁，胜利者将其俘虏作为奴隶。

农业给社会的精英集团带来了更多的财富，但是大多数人受益甚少，这些人像农奴一样劳动，而且比奴隶的状况好不了多少。正如马克思所看到的，国家支持封建体制（这种体制下，精英或贵族们拥有所有权力），以教堂为辅佐，他们声称这种安排是上帝的意志。这就是为什么马克思认为封建主义不过是“宗教和政治幻想掩盖着的剥削”（Marx & Engels, 1972: 337, orig. 1848）。

87 逐渐地，新生产力开始打破封建秩序。随着贸易稳步增加、城市的发展，商人和熟练手工艺者形成了新的资本主义阶层或资产阶级（bourgeoisie，一个法语词，意思是“城镇中的人”）。1800 年后，资产阶级也控制着工厂，他们变得越来越富有，甚至可以和古代的地主贵族相抗衡。对贵族们来说，他们瞧不起这种暴发户“商业”阶层，但最后，这些资本家控制了欧洲社会。按照马克思的思维方式，那么新技术仅仅是工业革命的一部分；它也为阶级革命服务，革命的结果是资本家推翻了旧的地主贵族。

工业化也导致工人阶级的成长。英国地主们把曾经由农奴耕种的田地变成绵羊的牧地，以生产羊毛提供给纺织作坊。受土地主的压迫，成千上万的人迁移到城市，别无选择，除了进入工厂工作。马克思预想这些工人将来有一天，联合起来形成一个革命性的阶级来推翻这资本主义体系。

◎ 在早期工业时代，思想家们有一种普遍的恐惧：人们，作为新机器奴隶的人们将会被剥夺人性。除了喜剧演员查理·卓别林在1936年主演的电影《摩登时代》外，没有谁能更好地表达这种思想。

阶级冲突 整个社会阶级间因社会财富和权力的分配而产生的冲突。

阶级意识 工人们意识到他们自己作为一个阶级，团结起来反对资本家并最终反对资本主义本身。

资本主义和阶级冲突

“迄今为止，一切人类社会发展的历史都是阶级斗争的历史。”带着这些话，马克思和他的合著者恩格斯开始写作他们最著名的声明：《共产党宣言》（1972：335，orig. 1848）。工业资本主义，像更早形式的社会，包括两个主要的社会阶级：统治阶级，其成员（资本家们或资产阶级）拥有生产资本，另一个是受压迫的阶级（无产阶级），他们出卖自己的劳动，反映了在这个生产体系下两种基本社会地位。如同古代世界中的主人和奴隶，封建体制下的贵族和农奴、资本家和无产阶级参与了当今的阶级冲突。当前，像过去一样，一个阶级控制着另外一个阶级，并将其视为生产资本。提及在对一个社会的财富和权力的分配上整个阶级间的冲突时，马克思用了一个术语叫**阶级冲突**（class conflict，有时候也说阶级斗争）。

阶级冲突并不是新的概念。是什么东西区分出在资本主义社会的冲突的呢？马克思指出，是其公开性。农业贵族和农奴，其所有的区别都被传统和相互的义务所限制。工业资本主义解散了那些关系，以致忠诚和荣誉被“赤裸的私利”所代替。因为无产阶级和资本家没有个人关系，马克思认为他们没有理由忍受资本家的压迫。

马克思知道革命不是那么容易来到。首先，工人必须意识到自己所受的压迫并看清资本家的本质。其次，他们必须组织并实际演讲说出他们的问题。这意味着伪意识必须被**阶级意识**（class consciousness）所代替，即工人们意识到他们自己作为一个阶级，团结起来反对资本家并最终反对资本主义本身。因为早期资本主义的非人道非常容易看出，马克思总结道，工人不久将起来摧毁这个经济体系。

资本家将如何反应？他们的财富使自己更加强大。但是马克思看出了资本主义盔甲中的一个弱点。受个人利益的欲望驱使，资本家害怕与其他资本家相互竞争。马克思预测，资本家将不会为他们的共同利益去慢慢组合在一起。此外，他推断，资本家保持给工人很低的工资为的是使自己的利润最大化，这使得工人陷入更大的痛苦之中。从长远来看，马克思相信，资本家将是其自身的掘墓人。

资本主义和异化

马克思也谴责资本主义社会产生**异化**（alienation），即由于无权力而遭受的孤立和痛苦的经历。对于资本主义来说，工人只不过是劳动力资源，可以随便雇用和解雇他们。工人们非人性化的工作（过去重复的工厂工作和当今在电脑上处理命令），使他们找不到满足感且感到不能改善他们的处境。这里我们又看到资本主义社会的另一个矛盾：随着人们发展技术以获取控制世界的力量，资本主义经济对人的控制程度也更强了。

马克思提出资本主义异化工人的四种方式：

1. *工作中的异化*。理想情况下，人们工作以满足他们的需要，且发挥自己的个人潜能。然而资本主义拒绝工人在他们所做的工作或如何才能成功方面有发言权。更有甚者，大部分工作是一个不断重复的例行公事。今天我们尽可能用机器替代工人工作，这个事实不会让马克思感到惊讶。对他来说，资本主义早已经将人类变成机器了。

88 2. *生产的产品中的异化*。生产出的产品不属于工人而属于那些把产品卖掉以获取利润的资本家。如此马克思推断，资本家在他们的工厂中，投入的工人越多，其将会失去更多。

3. *同其他工人的异化*。马克思声称，通过工作，人们建立了社团纽带。然而工业资本主义使工作变成竞争性的而非合作性的，将每个人和其他人分开，从而几乎没有机会建立人们之间的友谊。

◎ 在外界看来，证券交易大厅的人看起来就像完全陷入狂热之中。但在这种活动中韦伯看出了现实生活的本质。

4. *人类潜力中的异化*。工业资本主义从工人的潜力中异化他们。马克思认为，一个工人不能在他自己的工作中实现自我价值而是在否定自己，那么他们就会感到痛苦而不是幸福。不能自由发挥自己的体力和精神能量，但他们在身体上极度疲惫，精神上受到折磨。因此，工人只有在休闲的时间里，他们才有像在家的感觉，而在工作的时候则感觉是无家可归（1964：124-25，orig.1848）。总之，工业资本主义把一种本应该表现人类最好的品质的活动变成了一个枯燥而灭绝人性的经历。

马克思从异化的各种形式出发将它视为是社会变化的障碍。但是他希望产业工人们能通过联合成为一个真正的社会阶级来克服他们的异化，意识到导致他们诸多问题的原因并做好准备来改变这个社会。

革命

马克思认为走出资本主义陷阱的唯一出路便是重建这个社会。他想象着这样一种能满足社会一切需要的生产体制。他称这种体制为社会主义。尽管马克思知道这样一种巨大的变化不会那么容易发生，但他对于不能遇到英国工人起义这件事一定感到非常失望。他还确信资本主义是一种社会邪恶，也相信劳苦大众最终能意识到他们拥有开启更好未来的钥匙。这种变化将肯定是革命性的，甚至可能是暴力的。马克思相信，社会主义社会将使阶级冲突走到尽头。

第 10 章（“社会分层”）解释了更多有关自马克思时代以来，工业资本主义社会的变化，以及为什么他想要的革命在他有生之年从未发生。此外，如第 17 章（“政治和政府”）中所解释的，马克思没有预见到他所想象的革命会以强制性的政体的形式出现，如苏联的斯大林政府，那将以牺牲成百上千的人而告终（R.F.Hamilton, 2001）。但是在他自己的时代，马克思对未来充满着希望：无产阶级什么也不会失去，他们要做的就是挣脱身上的铁链，赢得世界。

马克斯·韦伯：社会的理性化

◇ 分析

马克斯·韦伯（Max Weber，1864—1920）有广博的法律、经济、宗教和历史知识，他被许多专家公认为对社会学贡献最大的人。这位学者，出生在德国的一个富裕家庭，对现代社会如何不同于早期形式的社会组织有很多想法。

韦伯理解技术的力量，在社会冲突问题上，他和马克思的许多观点一致。但是他不赞同马克思的唯物主义哲学。韦伯的哲学方法，称为理想主义，即强调人类的思想——特别是信仰和价值观——如何塑造着社会。他认为社会间最重要的区别，不是人们如何生产事物，而是人们怎么去看世界。在韦伯看来，现代社会是一种新的思维方式的产物。

韦伯比较了不同时代和地方的社会。为了做比较，他依赖**理想类型**（ideal type），即抽象地阐述任何社会现象的本质特征。依照韦伯的方法，举个例子，我们可以认为“前工业”和“工业”社会是理想类型。“理想”这个词的使用不是指一事或另一事“好”或者“最好”，一种理想类型也不涉及任何实际的社会。理想类型可以认为是以纯粹的社会形式定义一种社会的方式。我们已经用理想类型对“狩猎和采集社会”与“工业社会”、“资本主义”和“社会主义”做了比较。

两种世界观：传统和理性

韦伯不是按照社会的技术或者生产体系来对社会进行分类，而是以人们看世界的方法来判断。前工业社会的成员被传统所束缚，而工业资本主义社会用理性作导向。

从**传统**（tradition）上说，韦伯认为价值观和信仰代代相传。换句话说，传统的人被过去所指引，而且他们对已经长久建立的生活方式有一种强烈的依赖感。他们认为特定的行为大多是正确和合理的，因为他们已经接受这个观点很久了。 89

然而，现代社会的人们支持**理性**（rationality），这是一种思维方式，它强调深思熟虑并依据客观事实计算最有效的途径完成某特定任务的方法。以一种理性的世界观来看，怀旧情结是无处生存的，而传统变得只是一种信息而已。典型地，现代人思维和处事是建立在他们对自己的选择对于现在和将来有何后果的基础上的。他们评价工

◎ 马克斯·韦伯同意卡尔·马克思所说的，现代社会正异化着个人，但他们对这个问题的原因有不同的看法。在马克思看来，原因在于经济的不平等；而在韦伯看来，问题在于广泛的和丧失人性的官僚体制。乔治·图克（George Tooker）的画《数字风景》（*Landscape with Figures*），反映了韦伯的观点。

资料来源：George Tooker, *Landscape with Figures*, 1963, egg tempera on gesso panel, 26 × 30 in. Private collection. Reproduction courtesy D.C.Moore Gallery, New York.

社会理性化 把从传统到理性的历史变化视为人类的主要思维模式。

传统 价值观和信仰代代相传。

理性 一种思维方式，它强调深思熟虑并依据客观事实计算最有效的途径完成某特定任务的方法。

作、学习，甚至人际关系，是看他们投入了多少精力，而所期望的回报有多大。

韦伯将工业革命和资本主义的发展都视为现代理性的证据。这些变化都是**社会理性化**（rationalization of society）的一部分，即把从传统到理性的历史变化视为人类的主要思维模式。韦伯接着将现代社会描述为“祛魅的”，因为科学的思维方式已经将大多数人的怀旧情结一扫而空。

采用最先进技术的积极性是衡量一个社会的理性化程度一个强有力的指标。例如，一般来说，北美和欧洲一些高收入的国家使用私人电脑最多，但是在低收入国家却很少有人使用私人电脑。

90 为什么一些社会相对于其他一些社会更加想要采用新技术呢？那些有着更理性世界观的人可能认为计算机或者医学技术是一个突破，但是那些有着非常传统文化的人则会拒绝这种设备，他们将其视为生活方式的一大威胁。在本章一开始谈到的生活在马里北部的图阿雷格游牧民，对使用电话的观念不以为然：谁会在沙漠中放牧的时候想要一部手机？类似地，在美国，阿米什人拒绝在家里安电话机，因为这不是他们传统生活方式中的一部分。

在韦伯看来，科技革新的数量决定于一个社会上的人如何理解自己的世界。历史上很多人有机会去采用新技术，但是仅仅在西欧这种理性文化氛围下，人们才会去不断开拓科学发现，从而点亮了工业革命之火（Weber，1958，orig.1904-05）

资本主义是理性的吗？

工业资本主义是一个理性的经济体系吗？这和之前那个问题一样，韦伯和马克思又有不同的观点。韦伯认为工业资本主义是高度理性的，因为资本家想利用一切他们可以做到的方式去挣钱。而马克思认为资本主义不理性，因为它没有满足大多数人们最基本的需要（Gerth & Mills, 1946: 49）。

韦伯的伟大命题：新教伦理与资本主义

韦伯花了许多年思考了这样的问题：工业资本主义为什么是第一个形成的，以及如何形成的？为什么它在 18 世纪和 19 世纪的西欧部分国家出现？

韦伯声称工业资本主义的诞生是因为新教革新。特别地，他将工业资本主义视为加尔文教派的主要成果，这个教派源自约翰·加尔文（John Calvin，1509—1564）发起的一个基督宗教运动。加尔文教徒以一种高度自律和理性的方式走进生活，韦伯把它定义为内心世界的苦行主义。这种思维定式促使人们否定自己享乐，赞成把焦点高度集中在经济追求上。实际上，加尔文教派鼓励人们把他们的时间和精力都放在工作上；用现代的话讲，我们可以说这些人会成为优秀的商人和企业家（Berger，2009）。

加尔文的另一个最重要的观点就是预言，即相信知万物且无所不能的上帝已经预见一些人要超度，而其他人要受到诅咒。相信每个人的命运是在生前已定的，早期的加尔文教徒认为人们只能猜测他们的命运会是怎样，无论如何，做任何事都不能改变自己的命运。因此加尔文教徒在精神超度的希望和永久诅咒的恐惧中飘移不定。

加尔文教徒认为不知道他们的命运是不可容忍的，因此他们逐渐形成各类决议。他们推理，为什么那些在下一个世界注定辉煌的人不能在这个世界上看到神助的迹象。以这种推理方式，加尔文教徒开始将世界繁荣视为上帝恩惠的标志。他们想急切地获得确证，加尔文教徒开始投身于寻求成功，应用理性、纪律和辛勤来做自己的工作。他们不为自己追求财富，因为花费将会是放纵自己，而且是罪恶的。加尔文教徒也不会与穷人分享财富，因为他们将财产视为上帝拒绝的东西。他们的职责是为自认为听到神的呼唤而奋力向前，将利润重新投入再生产以获得更大的成功。很容易看出这种活动——节俭，用财富创造更多的财富，并采用新技术——也就为资本主义形成奠定了基础。

其他世界宗教不支持加尔文教派的合理追求财富的方式。天主教是个传统的宗教，在欧洲大部分地方，提倡的是一种被动的、“来世”的观点：在世界上行善将会去天堂。对于天主教来说，加尔文教徒以那种方式挣钱没有一点精神意义。韦伯得出结论：这就是为什么工业资本主义
91 首先在欧洲一些地方发展起来，因为这些地方有很强大的加尔文教派存在。

韦伯研究的加尔文教派，为思维的力量形成社会这一观点提供了有力的证据。没有一个人接受这个简单的解释，韦伯知道工业资本主义的形成有许多原因。但是为了强调思维的重要性，韦伯试图反对马克思用严格的经济学来解释现代社会的观点。

几十年过去了，后来几代的加尔文教徒失去了他们早期的宗教热忱。但是他们对成功和个人纪律的驱动力还在，且慢慢地，一个宗教道德规范被转变为工作道德规范。在这种意义上，工业资本主义可以看作是“祛魅”宗教，现在他们为自己挣得财富。这种趋势在实践“清算”的事实中可以看出，这是加尔文教徒每日坚持记录的道德行为，不久就变成单纯的对金钱的追逐。

理性的社会组织

根据韦伯的观点，理性是现代社会的基础，它引发了工业革命和资本主义。它还奠定了理性的社会组织七种特征：

1. 不同的社会机构。在狩猎和采集社会，家庭是所有活动的中心。逐渐地，宗教、政治和经济体系发展成独立的社会机构。在现代社会，新的机构——包括教育和卫生保健——也开始出现。专门化的社会机构是一个理性且有效地满足人类需求的决策。

2. 大规模组织。现代理性可以在大规模组织中见到。早在园艺时代，政治官员的小集团所做的决策是关于宗教观察、公共建设工程和战争的。到欧洲发展到农业社会时，天主教教堂已经发展成为更大的组织，拥有几千官员。在当今现代，理性的社会，基本上每个人为大的正式组织工作，联邦政府和国家政府雇用了成千上万的员工。

3. 专业化任务。不像传统社会的成员，现代社会的人会有很专业的工作。任何城市的电话通讯录的黄页都可以表明当今那里有许多不同的职业。

4. 个人纪律。现代社会支持自律。大多数商业和政府组织期望他们的工人受纪律的约束，我们的成功文化价值观同样支持纪律。

5. 时间意识。在传统社会，人们根据太阳和季节的节律去测量时间。相比较而言，现代人安排事情非常准确，按小时，甚至是按分钟。钟表的出现是在 500 年前的欧洲城市，大概在相同的时间，商业开始膨胀。不久人们开始认为（借用本杰明·富兰克林的话说）“时间就是金钱”。

6. 技术竞争。传统社会成员评价他人基于他们是谁——他们的家庭关系。现代理性指导人们，判断一个人要根据他们的工作，关注他们的教育、技术和能力。为了成功，大部分工人不得不学习其相关领域最先进的技术和知识。

7. 非人格性。在一个理性的社会，技术竞争是雇用的基础，因此世界变得非人格化。人们以专业的形式相互交流是为了特定的任务，而不是以人的角度去相互交流。因为表达你的感情会威胁到自律，现代人容易减少情绪上的东西。

所有这些特征都可以在对现代理性的一个重要表达中找到：官僚主义。

理性、官僚体制和科学

韦伯认为一个大的理性组织的增长是现代社会的标志之一。这种组织的另一个条件是官僚体制。他相信官僚体制与资本主义——现代生活的另一关键因素——有很多共同之处：

> 今天，主要是指资本主义的市场经济，它要求公共管理的官方经济应尽快地毫无疑问地不断解除掉。一般来说，大的资本主义企业本身就是不平等的官僚组织的典范。(1978: 974，orig.1921)

正如第 7 章（“群体和组织”）中所说的，我们在现在的商业机构、政府部门、工会组织和大学中看到了官僚主义。韦伯认为官僚体制由于其中的要素——办公、责任和政策——能够促使有效地达到特定的目标而高度理性化。韦伯看到资本主义、官僚体制以及科学——经高度训练的知识行业——都是理性这个潜在因素的表达。

理性和异化

工业资本主义是高度多产的，这一点马克斯·韦伯赞成卡尔·马克思的观点。韦伯还赞成马克思的现代社会产生广泛的异化，虽然他们俩的解释不同。马克思认为异化是由经济不平等造成的，韦伯则认为是由官僚体制的数不尽的规章制度造成的。韦伯警告过，官僚主义视人类为一个“数字”或一个“事件”，而不是作为一个特别的个体。此外，为大公司工作需要高度专业化和常常很单调的例行公事。最后，韦伯视现代社会为一个巨大的并不断增长的统治体系，以试图管制一切，他还担心现代社会将以摧残人类的精神而告终。

像马克思一样，韦伯发现很有讽刺意味的是，现代社会，意味着服务人类，成为他们的创造者同时又使他们成为奴隶。正如马克思描述工业资本主义灭绝人性的结果一样，韦伯描述现代个体为“在永无停止的机器中的一个小齿轮，这机器指示着它在一个永无止境的固定的长征路线上运转”（1978：988，orig. 1921）。虽然韦伯看到现代社会的优点，但是他对未来深表悲观。他担心最终社会的理性化将人类变成机器人。

92 埃米尔·涂尔干：社会和功能

◇ 分析

“热爱社会就是热爱超越我们的东西和自身的东西。”这是法国社会学家埃米尔·涂尔干(Emile Durkheim，1858—1917) 所说的话（1974：55，orig.1924），他是学科的另一位创始人。用涂尔干的观点看，我们又找到一个研究人类社会的重要的视角。

结构：超越我们自身的社会

埃米尔·涂尔干的伟大见识在于他认识到社会超越我们自身而存在。社会不仅仅是构成它的个体。社会在我们出生前已经存在了，当我们生活时，它塑造着我们，而且这将会在我们都消逝后一直存在。人类行为的形式——文化规范、价值观和信仰等——以确定的结构，或者社会事实而存在，是一个超越个体生活的客观现实。

由于社会比我们每个人都要大，它有指导我们思想和行为的力量。这是为什么单个个体（如心理学家和生物学家所做的）永远不能捉摸到社会经验的核心。大学生在一个教室里考数学，一个家庭聚在一起围着桌子共同进餐，人们在医院静静地按照自己的顺序等待——所有这些例子都说明了这些司空见惯的情况：任何一个特殊的个体与一个熟悉的组织不同，而他又曾经是这个组织的一部分。

涂尔干声称，社会一旦被人们所创造，它呈现的是其自身的生活，且需要一个遵从其创造者的量度。我们在自己的生活中或当我们面临着诱惑和感到道德的约束的时候，体验着社会的本质。

功能：作为一个系统的社会

涂尔干确立了社会具有一个结构，他就转向了功能这个概念。他说任何社会事实的意义比社会个体在他们自己生活中的所见更重大；社会事实可以帮助社会作为一个整体来运转。

我们来看看犯罪。作为犯罪的受害者，个体会经历痛苦和损失。但是涂尔干从更广阔的观点看，犯罪对不断前进的社会自身有很重要的作用。正如第 9 章（“越轨”）所解释的，只有创立并捍卫道德的人们把这些行为定义为错误的，才能为我们的集体社会指明方向和意义。由此，涂尔干反对通常把犯罪看作不正常的观点。相反，他总结道，犯罪是“正常的”，其理由是最基本的：一个社会没有它就不能存在 (1964a, orig. 1983; 1964b, orig. 1895) 。

◎ 涂尔干观察到，社会的弱势群体容易有自杀行为，他的这个结论是社会力量塑造个体生活的铁证。当摇滚乐歌手开始成名，他们挣脱了熟悉的生活模式和存在的人际关系，有时候会导致致命的结果。摇滚史上有很多这样的悲剧故事，包括（从左）贾尼斯·乔普林和吉米·亨德里克斯服用过量药物而死亡（都在1970年）、库尔特·科班的自杀（1994），还有迈克尔·杰克逊因为药物过量而死亡（2009）。

个性：存在于我们自身的社会

涂尔干说社会不仅仅是“超越我们自身”，而且还“在我们自身中”，帮助我们形成我们的个性。我们如何行动、思考和感觉都来自于滋养我们的社会。社会还以另一种方式塑造我们——通过提供道德约束来规范我们的行为和控制我们的欲望。涂尔干相信人类需要社会限制，因为生物会想要越来越多的东西，我们一直都处在被我们自己的欲望所控制的危险中。他说：“一个人拥有的越多，他想要的也越多，因为满足只有在刺激下而不是满足需要来获得的。”(1966: 248, orig. 1897)

没有什么能比涂尔干关于自杀的研究更好地阐明对社会规则的需要了（1966，orig.1897），他的理论在第1章（“社会学的视野”）提到过。为什么那些摇滚乐明星们看起来更容易有自杀倾向，从德尔·香农（Del Shannon）、艾尔维斯·普雷斯利、贾尼斯·乔普林和吉姆·莫里森（Jim Morrison），到吉米·亨德里
93 克斯、基斯·穆恩（Keith Moon）、库尔特·科班（Kurt Cobain）和迈克尔·杰克逊（Michael Jackson）——涂尔干在电吉他发明之前就已经有了答案：到现在为止，发现自杀率最高的人是社会整合水平最低的一类人。简言之，从自杀的风险来看，年轻人、富人和名人会为自身的巨大自由付出很高的代价。

现代性和失范

与传统社会相比，现代社会强加给人们的限制更少。涂尔干承认现代自由的优点，但是他要人们警惕**失范**（anomie）现象，即社会向社会个体提供很少的道德指导的一种状态。许多名人“因名声而身败名裂”很好地阐明了失范现象的毁灭性效应。一时的名声使人们家庭破裂，脱离熟悉的例行公事，破坏既有的价值观和道德标准，打破社会对社会个体的支持和管制，有时候是致命的结果。因此，涂尔干解释，个人的欲望必须由社会的要求和指导来平衡——这个平衡有时候在现代社会中都很难做到。看到现代社会中不断上升的自杀率，如美国，涂尔干将不会感到惊讶吧。

进化的社会：劳动分工

像马克思和韦伯一样，涂尔干生活在19世纪的欧洲，那时工业革命开展，社会变化非常之迅速。但是涂尔干对这个变化有着不同的解释。

他解释说，在前工业社会，传统像社会的接合剂一样将人们联系在一起。实际上，他所定义的集体意识影响非常强大，以至于社团行动很迅速，以惩罚那些敢于与传统的生活方式挑战的

◎ 在传统社会，人们穿着差不多，每个人都做差不多相同的工作。这些社会依靠强的道德信仰团结在一起。现代社会，如右图中这个国家的城市地区所阐明的，通过一种生产体制使人们团结在一起，即人们做比较专业化的工作，而且他们为了所有他们自己无法完成的事情相互依赖。

人。涂尔干用一个术语即**机械团结**（mechanical solidarity）来表达这种社会关系，以共有的情感和道德价值观为基础，这在前工业社会成员中很强大。实际上，机械团结以相似性为基础。涂尔干称这些关系是“机械性的”是因为人们以陈旧古板的方式连接在一起，他们联系在一起，行动相似，有着或多或少的机械感。

涂尔干接着说，随着工业化的发展，机械团结变得越来越弱，越来越少的人们受传统的约束。但是这并非意味着社会分裂。现代生活产生了一种新型的团结，涂尔干称这种团结为**有机团结**（organic solidarity），是以专门化和相互独立为基础的社会关系，这种基础在工业社会成员中很强大。那些曾经植根于相似性的团结现在都以人们之间的不同点为基础，这些人发现他们的专业化工作——比如水管工人、大学生、助产士或社会学讲师——使得他们依赖其他人来满足他们的日常需要。

94 于是对涂尔干来说，社会中改变的关键是不断扩张的**劳动分工**（division of labor），或者专门化的经济活动。韦伯认为现代社会专门化是为了变得更加有效率，而涂尔干则如此理解，即现代社会的成员依靠其他成千上万的人——而且大多数是陌生人——获得他们日常所需的商品和服务。作为现代社会的成员，我们现在越来越依赖于那些我们越来越不信任的人。为什么我们会依赖那些我们根本就不熟悉，而且信仰也和我们不同的人呢？涂尔干的答案是“因为我们离开他们就无法生存”。

因此社会不是依靠普遍一致的道德，而是更大程度地依赖于功能性的相互依赖。里面包含了我们可能所称的“涂尔干困境”：现代社会更大的个人自由空间和科技力量是以社会道德败坏和不断增加的失范现象为代价的。

像马克思和韦伯一样，涂尔干担心社会的走向。但是他们三人中，涂尔干是最乐观的。他看到，与小镇相比，大而匿名的社会给人们更多的自由和隐私。失范仍然是一个危险，但是涂尔干希望我们能制定法律和道德标准来规范我们的行为。

我们如何将涂尔干的观点运用到信息革命中去？第109页“焦点中的社会学”专栏中表明他和本章提到的其他两位理论家对当今新的计算机技术将会有更多话要说。

机械团结 以共有的情感和道德价值观为基础，这在前工业社会成员中很强大。

有机团结 以专门化和相互独立为基础的社会关系，这种基础在工业社会成员中很强大。

劳动分工 专门化的经济活动。

批评性的评论：四种社会观

◇ 评价

本章围绕几个重要的有关社会的问题展开。我们将总结归纳四种社会观分别是如何回答这些问题的。

是什么使社会团结在一起的？

有什么事像社会那么复杂？伦斯基认为虽然随着社会获得更多复杂的技术，文化形式变得越来越多样化，社会成员仍是通过共同的文化团结起来的。他还指出随着技术越来越复杂，不平等使社会越来越分化，虽然工业化某种程度上减少了不平等现象。

马克思看社会不是从团结的角度，而是从以阶级地位为基础的社会分化的视角出发。按照他的观点，精英集团会强迫形成一个不稳定的和平，但是只有在生产变成一个合作性的过程时，才会有真正的社会团结。对韦伯来说，社会的成员拥有共同的世界观。就如同在过去，传统使人们团结在一起，所以现代社会已经形成了理性的、大规模的组织使人们的生活相互联系起来。最后，涂尔干把团结作为他工作的重点。他对前工业社会的机械团结（以共同的道德观为基础）和现代社会的有机团结（以专业化为基础）进行了比较。

社会是如何变化的？

按照伦斯基的社会文化进化模型，社会依照技术的不同而有所不同。现代社会区别于以往社会的是其巨大的生产力。马克思也提出生产力的历史差异导致了持续的社会冲突（除了那些简单的狩猎者和采集者）。对马克思而言，现代社会的独特之处主要在于这种冲突公开化了。韦伯是从人们的世界观这个角度来看待变化这个问题的。工业化社会之前的人们，观念很传统；而现代人采取一种很理性的世界观。最后，对涂尔干而言，传统社会的特点是道德相似性基础上的机械团结。在现代工业化社会，这种机械团结被建立在生产专业化基础上的有机团结所取代。

社会为何变化？ 95

如伦斯基所说，社会变化来自技术革新，它曾改变了整个社会。马克思的唯物主义方法强调阶级间的斗争是社会变化的引擎，将社会推向革命。相比之下，韦伯则指出意识促进了社会的变化。他举例说明一个具体的世界观——加尔文主义——如何引起了工业革命，工业革命结束了改造社会一切的这种现象。最后，涂尔干指出扩大的劳动分工是社会变化的主要尺度。

这四种观点的不同并不意味着他们中任何一种在绝对意义上是正确的或错误的。社会非常复杂，我们对社会的理解得益于这四种观点的应用。

◎ 我们如何理解复杂的人类社会？每个思想家都用自己的眼光，就本章中关于现代社会的意义和重要性的问题描绘了一个轮廓。每个人都有不同的观点，并且对这一复杂的问题提供了部分解答。

今天的信息革命：涂尔干、韦伯和马克思将会想到什么？

焦点中的社会学

科琳： 马克思没有预言将会发生一场阶级革命吗？

雅子： 好吧，是的，但是在信息时代，阶级中的什么因素可能会导致冲突呢？

新技术正以一种令人眩晕的步伐改变着我们的社会。他们今天还有生命吗？本章讨论的社会学创始人如果还在的话，他们将会是当今这一幕的热心观察者。想象一下埃米尔·涂尔干、马克斯·韦伯和卡尔·马克思可能会问问有关计算机技术对社会的影响。

涂尔干将可能想弄清新信息技术是否会更深入地推进专业化，他强调现代社会中劳动分工的增加。有很好的理由认为那是可能的。因为电子通信（比如说，一个网站）给予每个人一个广大的市场（已经有16亿人进入互联网），人们可以在此实现专业化，远远超过他们试图在一个小地方谋生。例如，大部分小镇律师有一个一般的实践，信息时代的律师，不管住在哪里，都能提供专业化的指导，如婚前协议或者电子版权法。随着我们进入电子时代，高度专业化的小公司（其中一些由于太大而破产）的数量在整个领域中是急速增加的。

涂尔干可能还要指出：互联网威胁会增加社会混乱。使用计算机会使人们之间的人际关系有隔离的趋势。也许，正如一个分析学家所说，我们对机器的期待越高，则会对身边人的期望越低（Turkle, 2011）。此外，虽然互联网提供大量的信息，但是对于什么是可取的、好的或者值得我们知道的，它并不提供道德指导。

韦伯认为现代社会是独特的，因为他们的成员共享一个理性的世界观，且没有什么可以阐明这种世界观比官僚主义要好。但是在21世纪，官僚主义会被认为是重要的吗？这里有一个理由说明可能不是：虽然各个组织将很可能继续管制工人们做些例行公事的任务，这在工业时代很普遍，但是后工业时代的大量工作都涉及想象。可以将这种“新时代”看作设计一个家、作曲和编写软件。这种创造性工作不可能像将汽车聚在一起移到一个生产线上那样进行管制。或许这是许多高科技公司已经废除了服装规定和考勤钟的原因。

最后，马克思对信息革命会了解什么呢？由于马克思认为早期工业革命是一个阶级革命，是让工业主们支配社会的革命，他可能关心新的象征性的精英集团出现。一些分析学家们指出，影视作家、生产商和演员现在享有大量的财富、国际声誉和强权。正如过去的几十年里，没有工业技术的人们停留在阶级体系的底层，因此那些没有特别的技术的人们可能变为21世纪的“底层阶级”。世界上，富裕国家的大部分人中都存在一种“数码分裂”现象，但在贫穷国家这种人很少，这些是信息革命的一部分（United Nations, 2010）。

涂尔干、韦伯和马克思大大地改善了我们对工业社会的理解。随着我们继续进入后工业时期，对新一代的社会学家来说，有很大的空间继续他们的工作。

加入博客讨论吧！

随着我们试图去理解定义我们后工业化社会的信息革命，那些在本章中引发思考的社会学家们——马克思、韦伯，或者涂尔干——你觉得哪个人的观点最有用？为什么？欢迎登录MySocLab，加入“焦点中的社会学”博客，分享你的观点和经历，并看看别人是怎么想的。

日常生活中的社会学

第4章　社会

先进的技术是否会使社会变得更好？

本章中的四位思想家都有他们自己的疑惑。现在给你一个机会，可以考虑一下计算机技术对于我们日常生活影响的利弊。看着展示在这里的三张照片，回答这些问题：你认为科技给我们日常生活带来什么好处？又有什么坏处？

提示

第一种情况，能够连接互联网就允许我们始终和办公室保持联系，这将对我们的事业有所帮助。同时，用这种方式“连接”可能会使学习和工作的界限变得模糊，就像它允许我们工作就像在家里生活一样。另外，雇用者可能也希望我们可以随叫随到。

第二种情况，手机可以使我们与其他人交谈或者收发信息。当然，我们都知道开车的时候用手机就不能做到安全驾驶。另外，在公共场合不使用手机能够减少我们隐私的泄露吗？在我们身边的其他人呢？当你不得不听站在你边上的人说话时，你会有什么感觉？

第三种情况，电脑游戏确实很有乐趣，而且它还能培养很多关于机械技术的感觉。同时，越来越多的电脑游戏使超过1/5的孩子懒得动，并且一定程度上造成了令人担忧的肥胖问题。而且，电脑（包括 iPods）使个人变得孤立，不仅从自然世界，还来自于其他的人。

马克最近开始了一份新工作，他决定携带一台轻便电脑，这样就可以随时随地连接网络和接收邮件，甚至在湖面上也可以。你认为这种科技对马克来说有什么利弊？

肯妮娜喜欢在车里，在机场等飞机的时候，在饭店吃饭的时候，或者甚至在当地一个球场看一场午后篮球赛时和朋友们电话交流。你觉得手机科技有什么利弊？

就像所有美国的孩子一样，安迪和崔西喜欢玩电脑游戏，他们有最新的电子设备。他们把电脑技术的应用当作一种娱乐的形式。

从你的日常生活中发现社会学

1. 后工业化社会最典型的标志就是计算机技术。花几分钟，到你的房间、宿舍或者家里走走，试着找出每一种带有电脑芯片的设备。你能找到多少？你会对这个数量感到惊讶吗？
2. 在接下去几天，对日常生活中以下这些概念的迹象留意一下，即马克思的异化理论、韦伯的异化理论和涂尔干的失范理论，这样你就可以辨别日常生活中这些概念的具体事例。现在回答以下问题：哪种行为类型或社会模式可以证明每一个事例在实践中是合格的？
3. 现代社会对于我们是否很好？这章已经说得很清楚，社会学的创始者们意识到现代社会给我们带来了很多好处，但我们也都对现代社会很挑剔。基于我们在这章中读到的，列出三条你认为现代社会比传统社会好的地方。也指出三个传统社会比现代社会好的地方。登录mysoclab.com，阅读“从你的日常生活中发现社会学”专栏，了解更多关于现代社会的生活经历以及我们如何面对现代生活中的挑战。

第4章 社会

社会是指人们在特定的区域内相互互动以及分享共同的文化习俗。

- 什么因素导致社会团结在一起?
- 什么使社会变得不同?
- 过去社会是如何以及为何变化的? p.80

社会（p.80）：一个特定的地域内相互影响且分享共同文化的人们。

四种社会观

格尔哈特·伦斯基：社会和技术

伦斯基指出科技在塑造社会中的重要性。他使用社会文化进化探索了技术进步如何改变社会。

在狩猎和采集社会，男性使用简单的工具来打猎，女性则采集植物果实。

狩猎和采集社会的特点有：

- 只有少量的家庭成员而且是游牧的。
- 围绕家庭建立的。
- 男性和女性的社会地位大致平等。 pp.81-82

园艺和畜牧社会从 12 000 年前开始，人们开始使用手工工具耕作，而且他们把猎杀动物改成驯养它们作为食物。

园艺和畜牧社会的特点有：

- 能够生产更多的食物，因而人口增加到几百人。
- 在工作上显得更加专业。
- 社会不平等的水平也在不断增加。 p.82

农业社会大概在 5 000 年前形成，他们使用动物拉动的犁或者更有力量的能量资源进行大规模耕种。

农业社会的特点有：

- 可能会膨胀成大的帝国。
- 显示更多的专业性，并且形成很多独特的职业。
- 导致了更多的社会不平等。
- 女性的重要性降低了。 pp.82-84

工业社会就在 250 年前于欧洲开始，人们使用新的能量资源来操作大机器。

工业化的特点有：

- 工作从家庭转向工厂。
- 减少了传统意义上家庭的重要性。
- 提高了生活标准。 p.84

后工业社会展示了最近的科技发展水平，也就是说，一个信息基础的经济时代要靠科技来支持。

后工业化的特点有：

- 产品制造从重机械加工原材料转向电脑合成信息。
- 要求一定数量的人口掌握信息技术。
- 是一种信息革命下的驱动力，自此，一个世界范围的商品，大众和信息流现在联系着社会，而且发展了全球文化。 pp.84-85

社会文化进化（p.80）：伦斯基的术语，即社会获得新技术时发生的变化。

狩猎和采集（p.81）：通过使用简单的工具来猎取动物和采集植物果实。

园艺（p.82）：使用手工工具种植作物。

畜牧（p.82）：驯养动物。

农业（p.82）：利用动物拉动的犁或其他更强大有力的方式来进行大面积耕作。

工业主义（p.84）：通过高级能源驱动大机器的商品生产。

后工业主义（p.84）：支持一种以信息为基础的经济的技术。

卡尔·马克思：社会和冲突

马克思的唯物主义主张社会是由它们的经济体系来决定的：人们如何生产物质商品来形成他们的经验。

冲突和历史

阶级冲突是所有阶级对于社会财富和权力之间的分配所产生的。

马克思通过历史追溯，认为社会阶级之间的冲突是社会变化的源头。

- 在“古代”社会，统治者统治奴隶。
- 在农业社会，贵族统治农奴。
- 在工业资本主义社会，资本家统治无产者。 pp.85-87

社会冲突（p.86）：社会各个集团对有价值的资源的争夺。

资本家（p.86）：拥有并操纵工厂和其他公司来牟取利润的人。

无产者（p.86）：出卖自己劳动力换取工资的人。

社会机构（p.86）：社会生活的主要范围，或者社会的次级系统，组织起来以满足人类的需要。

伪意识（p.86）：马克思反对的思维，即从个体的缺点而非社会弊端来解释社会问题。

阶级冲突（p.87）：整个社会阶级之间因社会财富和权力的分配而产生的冲突。

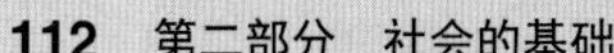

资本主义

马克思关注的焦点在于资本主义加剧了现代社会的不平等和阶级冲突。

- 资本主义之下，统治阶级（资本家，拥有生产资料）压迫工人阶级（无产者，出卖他们的劳动力）。
- 资本主义从工作行为、生产的产品、其他工人以及他们自身的潜能上分化工人。
- 马克思预言工人的革命最终将推翻资本主义并且用社会主义来替代，社会主义就是一个生产系统可以提供社会的全部需要。 **pp.87-88**

阶级意识（p.87）：马克思的术语，即工人意识到他们作为一个阶级，团结起来反对资本家并最终推翻资本主义本身。

异化（p.87）：由于无权力而遭受的孤立和痛苦的经历。

马克斯·韦伯：社会的理性化

韦伯的理想类型主张思维对社会有强大的作用力。

理想和历史

韦伯追溯了思想的根源——尤其是信仰和价值观——已经在历史长河中塑造了社会。

- 前工业时代的成员通过传统聚集在一起，信仰和价值观代代相传。
- 工业资本主义社会的成员是被理性所指导的，一种强调深思熟虑的思维方式，实际上是计算如何用最有效的方式来完成详细的任务。 **pp.88-90**

理性的兴起

韦伯关注巨大的、理性的具有典型现代社会特征的组织的成长。

- 理性的兴起引起了工业革命和资本主义。
- 新教（尤其是加尔文教派）鼓励合理地追求财富，为工业资本主义的发展打好基础。
- 韦伯担心提升效率时过度的理性化，将会扼杀人类的创造力。 **pp.90-91**

理想类型（p.88）：抽象地阐述任何社会现象的本质特征。

传统（p.89）：代代相传的价值观和信仰。

理性（p.89）：一种强调深思熟虑并依据客观事实计算最为有效的途径完成某个特定任务的思维方式。

社会理性化（p.89）：韦伯的术语，即把从传统到理性的历史变化视为人类的主要思维模式。

埃米尔·涂尔干：社会和功能

涂尔干解释说社会除了个体外，有一个客观存在。

结构和功能

涂尔干相信因为社会比我们任何一个人都要大，它命令我们在任何社会情况下应该如何行动。

- 他指出社会要素（比如犯罪）有帮助社会运行的功能。
- 社会也塑造了我们的个性，提供道德约束来指导我们的行为，控制我们的欲望。 **pp.92-93**

进化的社会

涂尔干通过描绘整个历史中社会用不同的方法指导他们成员的生活，来追溯社会进化的起源。

- 在前工业社会，机械团结或社会团结是建立在共同的情感，以及分享道德价值观的基础之上，来指导个人的社会生活。
- 工业化和劳动分工削弱了传统的团结，导致了现代社会的生活是以有机团结为特征的，社会团结是以专业化和互相依赖为基础的。
- 涂尔干警告现代社会中不断增加的失范现象，这样社会将无法向个人提供道德指导。 **pp.93-94**

失范（p.93）：涂尔干描述社会向社会个体提供很少的道德指导的一种状态。

机械团结（p.93）：涂尔干的术语，指以共有的情感和道德价值观为基础的社会关系，在前工业社会成员中很强大。

有机团结（p.93）：涂尔干的术语，指以专门化和相互独立为基础的社会关系，在工业社会成员中很强大。

劳动分工（p.94）：专门化的经济活动。

第5章
社会化

学习目标

◇ 记忆
本章黑体关键名词的定义。

◇ 理解
关于人类发展中先天与后天的争论。

◇ 应用
社会学的视野考察社会在生命历程的不同阶段里如何定义行为。

◇ 分析
家庭、学校、同辈群体和大众媒体对于人格发展的作用。

◇ 评价
六位重要思想家对理解社会化过程理论的贡献。

◇ 创造
一种综合的理解，即我们的人格不是与生俱来的，而是在与他人的交流过程中形成和改变的。

102 本章概览

第3章（“文化”）和第4章（“社会”）从宏观层面探讨了我们的社会世界，我们现在转向一个微观层面考察个体是如何通过社会化的过程转变为社会成员的。

1938年冬天的一个夜晚，在宾夕法尼亚州的乡村，为了调查一起可疑的儿童虐待事件，一名社会工作者快步地朝一间农舍走去。走进房子后，这名社会工作者很快发现了一个被藏在二楼储藏室的5岁小女孩。为了不让这个名叫安娜的5岁小女孩活动，她被塞在一个破旧椅子里，双臂被绑在头顶。她穿着脏破的衣服，手臂和腿都瘦得像火柴棍一样（K.Davis, 1940）。

安娜的境遇只能用悲剧来形容。她生于1932年，母亲是一名受过精神创伤的26岁单身女性，与自己父亲住在一起。出于对自己女儿“未婚妈妈”身份的愤怒，这位外祖父甚至不愿意让安娜待在自己家里，因此在出生后的最初六个月中，安娜辗转于许多福利机构之间。但是安娜的母亲承担不起由此而来的照料费用，所以安娜还是回到了充满敌意的外祖父家中。

为了减少外祖父的愤怒，母亲将安娜关在储藏室里，仅提供维持其生命所必需的牛奶，安娜就在这种与世隔绝的环境中，日复一日、年复一年地度过了五年。

得知安娜被解救后，社会学家金斯利·戴维斯（Kingsley Davis）立即去探望她。获得当地政府官员的允许后金斯利·戴维斯在一家救助机构见到了安娜，这个孩子的瘦弱让他震惊，安娜不会大笑、说话，甚至都不会微笑。她对外界完全没有反应，仿佛独自活在一个空洞的世界中。

社会经历：人性的关键

◇ 理解

社会化对人类如此地根本，以至于有时候我们会忘记其重要性。然而，通过一个被隔离儿童的悲惨个案，我们可以看到缺乏社会交流的结果会是怎样的。虽然安娜作为一个生物个体活着，但是她几乎不能被看作是人类。缺乏社会经历，儿童就不能以有意义的方式行动或者与他人交流，看来更像一个物体而不是一个人。

社会学家用**社会化**（socialization）这一概念来指代这样一个贯穿一生的社会经历，人们通过这种经验来发展自己的人类潜能并学习文化。与行动为环境所决定的其他物种不同，人类需要通过社会经历来学习文化并生存下去。社会经历也是**人格**（personality）形成的基础，人格表现了一个人相对稳定的行为、思考和感知的方式。我们通过对外在环境的内化来建立自己的人格。然而，像安娜那样缺乏社会经历，人格就几乎不会得到发展。

人类发展：先天与后天

通过安娜的个案可以清楚得知，无论是生理成长还是人格的发展，人类都依赖于他人的关心和培养。然而，一个世纪以前，人们错误地相信本能决定了人类的人格和行为，它们是与生俱来的。

生物科学：先天的角色

如第3章“文化”中所述，达尔文1859年关于进化的突破性研究让人们以为人类行为是本能地、简单地源于我们的“本性”。基于此种观念的引导，出现了诸如美国经济体系反映了“人类竞争的本性”，或者有些人“生来就是罪犯”，或者女性“天然”是情绪化的而男性“天然”是理性的等言论。

尝试了解文化多元性的人们也误解了达尔文

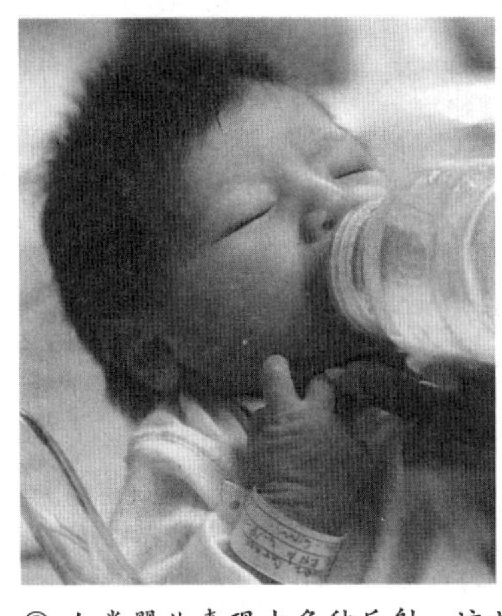
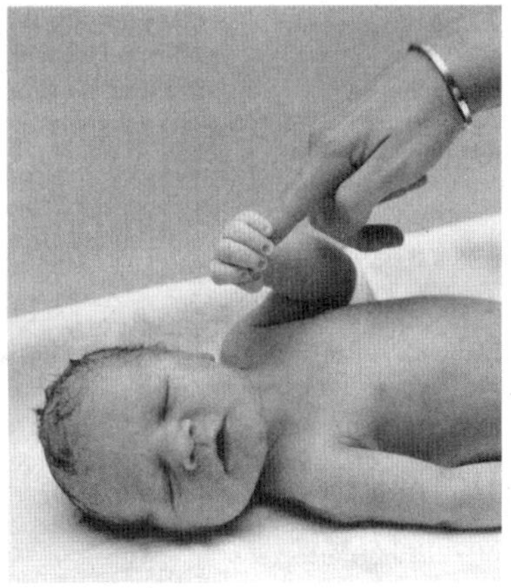
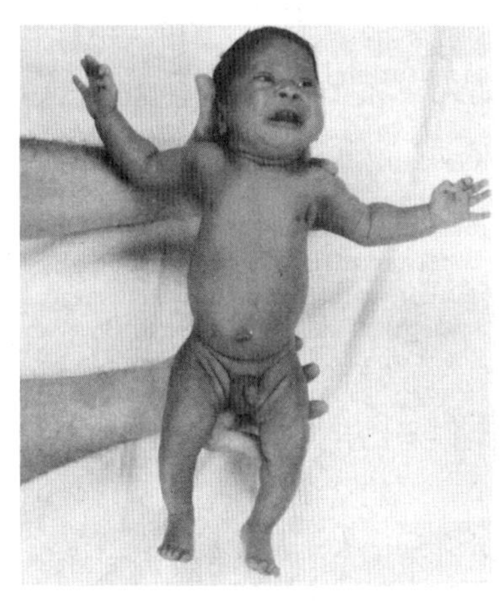

◎ 人类婴儿表现出多种反射，这些基于生物性的行为提高了婴儿的存活率。在出生前就表现出的吮吸反射可以保证婴儿获得营养。抓握反射——当把一个手指放在婴儿手掌上时，会刺激婴儿紧握双手——有利于婴儿与父母保持接触，并有助于日后抓握物品。由惊吓而激发的拥抱反射会让婴儿先向外伸展双臂，再在胸前合拢。这一动作在婴儿出生几个月后消失，有可能来自我们进化过程中的祖先，这一反射用以帮助坠落的幼兽抓住父母的体毛。

的思想。在探索世界的几个世纪里，欧洲人了解到世界各地的人们的行为方式很不一样。但他们将这些不同归于生物学而非文化。

把技术简单的社会看作在生物上进化程度低，从而“人性较少”的社会，这种观念简单而
103 错误，并且极具破坏性。此类基于民族优越感的观点为殖民主义提供了合法性：为什么不利用那些与自己比起来进化程度较低的人呢？

社会科学：后天的角色

到了20世纪，对人类行为的生物学解释成为众矢之的。心理学家约翰·B·华生（John B.Waston，1878—1958）提出了行为主义（behaviorism）理论，指出人类行为并非源自本能，而是后天习得。因此，任何地方的人都是平等的，彼此之间只存在文化模式上的差异。简言之，华生认为人类行为根植于后天而非先天。

今天，社会科学家们对将人类行为归为本能的观点表现得非常谨慎。这并不是指人类行为中没有生物的部分，毕竟人类生命依赖于机体的功能。同时，我们也知道儿童有一些与其父母相同的生物特征（如身高和头发颜色），并且遗传对智力、音乐和艺术天赋及人格（例如对挫折的反应）也都有一定的影响。然而这些遗传潜质是否得到发展，取决于个人如何被养育。例如，只有在童年早期儿童基于刺激使用大脑，大脑才能得到充分的发育（Goldsmith, 1983；Begley, 1995）。

在不可否认先天重要性的前提下，我们可以正确地指出后天在行为塑造上起了更大的作用。更准确地说，即后天就是我们的先天（Nurture is our nature）。

社会隔离

正如安娜的故事所述，把人们与社会世界隔离开是非常有害的。出于道德的要求，研究者不能将人置于完全隔离的状态下来研究发生了什么。但在过去，研究者研究过社会隔离对非人类的灵长类动物的影响。

对猴子的研究

在由心理学家哈利·哈洛和玛格丽特·哈洛（Harry Harlow & Margaret Harlow，1962）所做的一项经典研究中，某些方面与人类行为惊人相似的恒河猴被放置在各种社会隔离的状态下进行研究。结果发现，仅仅六个月的完全隔离（同时提供充足的营养）就会严重影响恒河猴的发育。当这些猴子被放回群体中，它们显得焦急、焦虑和害怕。

随后，哈洛夫妇将恒河猴的幼猴放到一个有人造“母亲”的笼子里，这一铁丝网制作的人造母亲有一个木制的头，在胸部的位置有一个连通

喂养管道的奶嘴。在这种状态下成长起来的幼猴也存活了下来，但在放回群体后无法与其他猴子互动。

但第三种状态下成长起来的幼猴表现得更好一些，这些幼猴被隔离在由铁丝网制造的、覆盖厚绒布的人造“母亲”环境下，这种状态中的每只幼猴都可以紧紧抱着人造“母亲”。与前面几组猴子比起来，这些恒河猴的发育受到的破坏更小，因此哈洛夫妇得出结论，即幼猴与母亲的亲近有利于猴子的发展。这一实验证明了成人对婴儿亲切抚育的重要性。

最终，哈洛夫妇发现幼猴可以从大约三个月左右的隔离状态下得到恢复。但到了六个月，隔离就将造成永久的情感和行为伤害。

对隔离儿童的研究

被有虐待倾向的家庭成员所隔离的儿童的悲惨事例显示了剥夺人类的社会经验所造成的破坏，下面让我们来回顾三个这样的案例。

安娜：剩下的故事 安娜故事的剩下部分与哈洛夫妇的发现相一致。安娜被发现后，她得到了多方面的医学治疗，并在不久后有了改善。当

◎ 人格的形成在很大程度上依赖于我们的成长环境，当儿童的世界为暴力所撕裂时，这种人格上的破坏将是深远而持久的。上面的这幅画由来自苏丹达尔富尔地区一名13岁的儿童所作。自2003年以来，已有超过30万人在达尔富尔地区被自卫队所杀害。这样的经历会怎样影响一个年幼个体的自信和与他人建立信任纽带的能力？

▲检查你的学习
被隔离儿童的研究告诉我们社会经历的重要性有哪些？

金斯利·戴维斯10天后再去看安娜时，他发现安娜变得更为机灵，甚至还会微笑（这可能是 104
安娜有生以来第一次微笑！）。在接下来的一年中，安娜有了缓慢但稳步的进步，她渐渐地愿意与他人亲近并慢慢学会了走路。一年半后，安娜学会了自己吃饭和玩玩具。

但正如哈洛夫妇所预料的，长达五年的社会隔离已经对安娜造成了永久性的伤害。到了8岁时，安娜的心智仍没有达到两岁的水平。直到10岁她才学会说话。安娜的母亲就有些智障，所以可能安娜也存在这种问题。但也许是之前常年的虐待所致，安娜在10岁时死于血液病，这一谜题始终没有得到解答（K.Davis，1940，1947）。

第二个案例：伊莎贝拉 第二个案例是关于另一个与安娜几乎同时发现并处于相同状况下的女孩，伊莎贝拉。在经过了六年多的隔离后，这个名叫伊莎贝拉的女孩和安娜一样反应迟钝。然而，在经过心理学家指导的一系列强化学习后，伊莎贝拉有了改观。一周之内，伊莎贝拉便尝试讲话，一年半后，她已掌握了2 000个词。心理学家认为这种强化的努力帮助伊莎贝拉把六年的正常发展缩短为两年。到16岁时，虽然因为之前的隔离所造成的伤害，伊莎贝拉只升到六年级，但是她正以自己的方式过着相对正常的生活（K.Davis，1947）。

第三个案例：吉妮 近期被隔离儿童的一个案例是一名受父母虐待的加州女孩（Curtiss，1977；Rymer，1994）。从两岁起，吉妮就被父母关在黑暗的车库，绑在小椅子上。1970年，在她13岁被救出时，仅有55磅（1磅≈0.45千克）重，并只达到1岁的心智发育水平。随着强化治疗的进行，吉妮在生理上变得健康起来，但她的语言能力始终停留在幼儿阶段。目前，吉妮生活在一个专为发展上有残障的成年人设置的住处。

◇ 评价

所有的案例均表明社会经历在人格发展中的关键作用。人类可以从虐待和短期隔离中恢复，但在儿童期的某一时刻，这种隔离会对发展造成永久性的伤害。然而，由于个案研究的数目有限，这一分割点具体在何时尚不清楚。

对社会化的理解

◇ 理解

社会化是一个复杂的、长达一生的过程，接下来将重点讨论对理解人类发展做出持久贡献的六位学者（弗洛伊德、皮亚杰、科尔伯格、米德、埃里克森）的研究。

弗洛伊德的人格组成因素

弗洛伊德（Sigmund Freud，1856—1939）生活在维也纳，当时大部分的欧洲人都认为人类行为是生物既定的。在接受过医学训练之后，他慢慢地转向了对人格和精神病的研究，并最终提出了精神分析理论。

人类的基本需求

弗洛伊德提出，虽然生物因素在人类发展中，就像在其他种群的发展中一样扮演了重要的角色，但并不与某些特定的本能相联系。相反，他指出人类本来就有两种基本需求或驱力。第一种是对性和情感关联的需求，他将这种本能定义为“生的本能”，或eros(源自古希腊神话中的爱神)。第二种我们所共享的攻击性驱力被弗洛伊德命名为“死的本能”，或thanatos(源自希腊语，意为“死亡”)。这两种在无意识层面运作的对抗力量制造了深度的内在张力。

弗洛伊德的人格模型

弗洛伊德将基本需求和社会影响一并放置到了由三部分组成的人格模型中：本我、自我和超我。**本我**（id，拉丁语“它”）表示人类的基本驱力，处在无意识层次，需要立即满足。源于生物学的本我生来就有，新生儿对注意、抚摸和食物的多种需求由此产生。但是，社会反对以自己为中心的本我，这也是为什么“不”成为婴儿最初学会的词语之一。

为了避免挫折，儿童必须学会实际地接触世界。这一过程便通过自我，得到了实现。**自我**（ego，拉丁语“我”）即个人天生的追求愉悦的驱力与社会要求之间的有意识的平衡努力。当我
105 们意识到自己的存在，并同时认识到我们不能得到所有我们想要的东西时，自我就得到了发展。

弗洛伊德的人格模型

本我	自我	超我
人类的基本驱力。	个人天生追求愉悦的驱力和社会要求之间的有意识的平衡努力。	人格中内化于个体的文化价值与规范。

超我（superego，拉丁语意为“自我之上”或“超越自我”）是人格中内化的文化价值与规范。超我在意识层次运作，告诉我们为什么我们不能得到所有自己想要的东西。从儿童认识到父母的需要开始，超我就形成了。超我的成形取决于儿童对行为都必须考虑文化规范的认识。

人格发展

对以本我为中心的儿童来说，世界是一个充满困惑的生理感觉分类，带来的不是愉悦就是痛苦。然而随着超我的发展，儿童学会了是与非的道德概念。换言之，最初儿童只能通过生理的方式感觉良好（例如被握着或抱着），但3～4年后，儿童通过把自己的行为与文化规范对比来感觉良好或不好（做“正确的事情”）。

本我和超我处于持续的对抗状态，但对一个调适得当的人来说，自我会控制这对矛盾的力量。弗洛伊德认为这种对抗如果在儿童期没有得到解决，就会在以后表现出人格失调。

以超我形式出现的文化会压制自私的需求，迫使人们超越个人欲求。通常情况下，自我需求和社会要求之间的竞争会以一种弗洛伊德称为“升华”（sublimation）的妥协结束。升华将自私的驱力变为社会所能接受的行为。例如，婚姻把对性驱力的满足变得可以为社会接受，竞争性的体育为侵略性提供了出口。

◇ 评价

在弗洛伊德时代，很少有人能接受把性作为一种基本的人类驱力的观点。近期的评论指责弗洛伊德的研究以男性的视角表现人类，而贬低了女性（Donovan & Littenberg, 1982）。同时，弗洛伊德的理论也难以为科学所证明。但是，弗洛伊德确实影响了之后研究人格的每一位学者。其关于社会规范的内化和儿童期经历对人格有持久影响的观点，对社会学来说具有特别重要的意义。

▲检查你的学习
弗洛伊德的人格模型包括哪三个因素？并解释各自是如何运作的。

皮亚杰的认知发展阶段

感知运动阶段 仅通过感官认识世界的人类发展阶段。

前运演阶段 首次使用语言和其他符号的人类发展阶段。

具体运演阶段 个体开始认识到自己周围环境中因果关系的人类发展阶段。

形式运演阶段 个体开始抽象和批判思考的人类发展阶段。

皮亚杰的认知发展理论

瑞士心理学家皮亚杰（Jean Piaget，1896—1980）曾研究人类认知，即人们怎样思考和理解。皮亚杰看着自己的三个孩子长大，他不仅想知道自己的孩子知道什么，也想知道他们如何认识世界。皮亚杰给出了认知发展的四个阶段。

感知运动阶段

第一阶段为**感知运动阶段**（sensori-motor stage），即个体仅通过感官认识世界的人类发展阶段。大约在生命的最初两年，婴儿仅通过五种感知方式来认识世界：摸、尝、闻、看和听。“知道”对幼儿来说就意味着感觉所告诉自己的东西。

前运演阶段

到了大约两岁时，儿童进入**前运演阶段**（preoperational stage），即个体首次使用语言和其他符号的人类发展阶段。这时儿童开始从精神和想象的层面思考世界。但是，2～6 岁间处于前运演阶段的儿童仍然紧紧将意义与特定的经历和事物联系起来。他们能够认出自己最喜欢的玩具，但不能说明自己喜欢什么样的玩具。

抽象概念的缺失同样使得儿童不能分辨大小、重量或容量。在皮亚杰最著名的一个实验中，他将两个形状相同、装有同等质量的水的玻璃杯放在桌子上，然后问数个年龄在 5～6 岁之间的儿童两个杯子里的水是不是一样多，孩子们点头称是。然后他让这些孩子看着自己将其中的一杯水倒入一个更高更窄的玻璃杯中，从而使得液面上升，这次皮亚杰再问这些孩子两个杯子里的水是不是一样多。一般情况下 5～6 岁的儿童坚持认为高一点的杯子里的水更多，而 7 岁左右的儿童则可以通过抽象思考认识到两个杯子里的水一样多。

▲检查你的学习
皮亚杰的认知发展理论包括哪四个阶段？他的理论给了我们理解社会化哪些启发？

具体运演阶段

接下来的是**具体运演阶段**（concrete operational stage），即个体开始认识到自己周围环境中因果关系的人类发展阶段。在 7～11 岁之间，儿童关注于事情怎样和为什么发生。其次，儿童开始将多个符号与某一特定时间或物体联系起来。例如，你对一个 5 岁大的孩子说“今天是星期三”，她或许会说：“不，今天是我的生日！”但一个处于具体运演阶段的 10 岁大的孩子来说或许会回答：“是的，但今天也是我的生日！”

形式运演阶段

皮亚杰模型的最后一个阶段为**形式运演阶段**（formal operational stage），即个体开始抽象和批判思考的人类发展阶段。到了大约 12 岁，青少 106
年开始抽象地推理，而不仅仅只考虑实际发生的情况。例如，问一个 7 岁的儿童“你长大以后想干什么”，得到回答可能是“老师”。但大多数青少年能更为抽象地思考，并可能回答：“我想找个帮助别人的职业。”在他们获得抽象思考能力的同时，青少年也学会了如何理解隐喻。当听到“给你一便士，告诉我你在想什么”（美国俗语，意味着“你呆呆地在想什么呢”）时，可能小孩会问你要一个硬币，而大一点的孩子则会知道这是对亲密性的一种委婉的请求。

◇ 评价

弗洛伊德认为人类为生物和文化的相对力量所撕扯，皮亚杰则认为心智具有主动性和创造性。在他看来，在生物成熟和社会经济共同作用下，人类有能力以阶段性的方式进入世界生活。

然而，所有社会的人们都会经历皮亚杰所说的四个阶段吗？生活在变化缓慢的传统社会或许会限制个人抽象和批判性思考的能力。即使在美国，也有大约 30% 的人们从未达到形式运演阶段（Kohlberg & Gilligan，1971）。

科尔伯格的道德发展理论

科尔伯格（Lawrence Kohlberg，1981）以皮

亚杰的理论为基础，对道德发展即个体如何判断对错进行了研究。道德的发展也以阶段的形式展开。

以痛苦或愉悦的方式（皮亚杰的前运演阶段）来认知世界的幼儿处于道德发展的前习俗水平（preconventional）。换言之，在这一早期阶段“正确”就意味着“对我来说感觉好”。例如，幼儿可能去取桌子上的某件东西，仅仅因为它闪闪发亮，所以有幼儿的家长不得不使整个家变得“对孩子来说是安全的”。

第二阶段为习俗水平（conventional），出现在青少年时期（与皮亚杰的最后一个阶段，即形式运演阶段相对应）。这时，青少年的自私性下降，他们学会了以什么让父母高兴和什么符合文化规范来定义对错。同时，这一阶段的个体以符合道德标准的程度，而不是简单地以行为评价意图。例如，他们理解为了给饥饿的孩子吃的而偷东西，与为了赚钱而偷一个 iPod 播放器是不同的。

科尔伯格道德发展的最后一个阶段是后习俗水平（postconventional），在这一阶段人们超越社会的规范来思考抽象的道德准则。该阶段的人们开始思考法律、自由或正义等问题，并可能提出合法的但并不正确的观点。1955 年在亚拉巴马州的蒙哥马利，非裔美国人罗莎·帕克斯（Rosa Parks）拒绝离开自己公车上的座位，她违反隔离法律是为了唤起人们对这种种族歧视性法律的关注。

◇ 评价

和皮亚杰的研究相同，科尔伯格的模型以阶段性阐释了道德发展的过程。但是这一模型是否适用于各种社会并不清楚，此外，虽然原因不明，但事实上许多美国人也看似从未达到道德发展的后习俗水平。

◎ 童年期是一个学习对与错标准的时期。在吉利根看来，男孩和女孩以不同的方式定义什么是“对的”，了解了吉利根的理论后，你能设想一下图片中的两个孩子在为什么争执吗？

科尔伯格的研究存在的另外一个问题是研究对象均为男孩。如第 2 章（“社会学研究”）所述，他犯了一个基本的研究错误，即把适用于男性对象的结果推广到所有人。科尔伯格的这一错误引起了另一同事吉利根（Carol Gilligan）关于社会性别对道德发展的研究。

吉利根的社会性别与道德发展理论

吉利根通过比较女孩和男孩的道德发展，得出了两性以不同的标准衡量对错的结论。吉利根的方法在第 122 页“多样性思考”专栏中列出。吉利根（1982，1990）认为男孩采取公平的视角，通过正式规则来定义对错。相反，女孩则采取关怀和责任的视角，通过人际关系和忠诚的维度来判断实情。例如，男孩认为偷窃是错误的，因为偷窃触犯了法律。女孩则倾向于了解为什么某人要偷窃，并对为了养活家庭的穷人的偷窃行为表示同情。

科尔伯格认为以原则为基础的男性推理优于以人为基础的女性方式。吉利根发现非个人的原则在工作中占据着男性的生活，而人际关系与女性作为母亲和照顾者的生活联系得更为紧密。于是，吉利根提出疑问：为什么我们必须将男性的标准作为规范来评价所有人？

◇ 评价

吉利根的研究强化了我们对于研究人类发展和社会性别的理解。但 107
之前的问题还存在着：究竟是先天还是后天决定了男性与女性之间的区别？在吉利根看来是文化型塑在发挥作用。此观点在其他研究中得到了验证，南希·裘德洛（Nancy Chodorow，1994）认

▲检查你的学习 在吉利根看来，男孩和女孩是怎样区分他们理解对与错的方法的？

为在母亲照顾多于父亲的家庭中成长起来的女孩，由于女孩与母亲在一起，她们变得更加关心他人和对他人富于责任感。相反，男孩变得更像父亲，他们经常离开家，形成与父亲同样超然的人格。随着越来越多的女性以工作为中心来组织自己的生活，也许女性和男性的道德发展将趋向一致。

米德的社会自我理论

米德（George Herbert Mead，1863—1931）提出社会行为主义理论以解释社会经历如何影响个体人格的形成（1962，orig. 1934）。

自我

米德理论的关键概念是**自我**（self），即个体人格中由自我意识和自我形象所组成的部分。米德的天才之处在于指出自我乃是社会经历的产物。

第一，米德指出自我仅随社会经历发展。自我不是身体的一部分，并非生来就有。米德不同意人格来自生物性驱力（如弗洛伊德所述）或生物成熟（如皮亚杰所述）的论断。

第二，只有当个体与他人互动时，自我才会产生。如果没有互动，就像在被隔离儿童的例子中看到的那样，身体成长，但自我并不会出现。

第三，米德指出社会经历就是对符号的交换，只有人类通过词汇、挥手或是一个微笑来创造意义。我们可以通过奖赏或赏罚训练狗，但狗本身并不会把行动与意义联系起来。相反，人类则通过想象对方的潜在意图为行动赋予意义。

第四，米德指出赋予行动意义导致人们想象他人的意图。简言之，我们可以从他人的行动和想象他人的潜在意图中得出结论。一只狗仅对你做什么动作作出反应，一个人则对你为什么这么做的想法作出反应。你可以训练一只狗到门厅把雨伞拿回来。但是由于狗并不了解你的意图，如果它找不到雨伞，它就无法作出同样情况下的人类反应：找雨衣作替代。

第五，米德指出对意图的了解是基于从对方的角度想象情况。通过符号，我们可以设身处地

多样性思考：种族、阶级和性别

研究中社会性别的重要性

吉利根（1990）指出了社会性别对社会行为的导向作用。她近期的研究揭示出科尔伯格和其他仅以男性为研究对象的学者的性别偏见。随着研究的展开，吉利根得到一个重要的发现，即男孩和女孩实际上是运用不同的标准来做道德判断的。因此，如果忽视了社会性别因素，我们只能得到对人类行为的不完整解释。

吉利根也同时考察了社会性别对自尊的影响，她的研究小组历时五年访问了超过 2 000 个 6～18 岁的女孩。最终得出明确模式，即小女孩满怀渴望与自信，但她们的自信水平在青春期后出现滑落。

为什么会这样？吉利根指出，答案就在于女性的社会化过程。在美国，理想的女性应该冷静、自制并渴望讨人喜欢。随着女孩从小学升到中学，女教师越来越少，大部分的权威形象为男性。结果，到了青少年晚期，女孩挣扎着企图恢复 10 年前的个人力量。

研究结束时，吉利根和同事回到之前访问过的一所女子私立学校和被访者分享研究结果，正如结果所显示，大部分被访问的小女孩都希望她们的名字能出现在即将出版的书中。而大一点的女孩则显得比较犹豫，他们中的许多人还怕自己被别人谈论。

你怎么想？

1. 吉利根的研究是怎样表明社会性别在社会化过程中的重要性的？
2. 你认为男孩是否也受制于和女孩一样的压力与困难？给出你的理由。
3. 你能指出你的社会性别是如何型塑你的人格发展的吗？给出性别型塑你自己生活的三个重要方式。

来想象他人的情况。这样可以在未行动前预测他人对我们的反应。一个简单的投球动作要求我们换位来思考对方如何接球。所有的社会互动都包括以他人看待我们的方式来看待自己——米德称这一过程为扮演他人角色。

镜中我

在我们与他人的交流中，他人就如同一面镜子，我们从中可以看到自己。我们如何看待自己，则依赖于我们认为他人会如何看待我们。例如，如果我们认为别人觉得我们聪明，
108 我们就会这样来认识自己。但如果我们感觉别人认为我们笨拙，那么我们也就是这样认识自己的。查尔斯·霍顿·库利（Charles Horton Cooley，1864—1929）使用术语**镜中我**（looking-glass self）来表示一个建立在我们如何认为他人怎样看待我们的基础上的自我形象（1964, orig. 1902）。

主我和客我

米德观点中的第六点是通过扮演他人的角色，我们开始认识自己。换句话说就是自我分为两部分。自我的一部分以主体的形式运作，是积极的和自发的，米德称自我主观的一面为"主我"（"I"，人称代词的主格）。自我的另一部分作为客体运作，那就是我们想象他人看待我们的方式，米德称自我客观的一面为"客我"（"me"，人称代词的宾格）。所有的社会经验都由这两种成分构成：我们发起一个行动（自我的主我阶段，或者主体方面），然后我们根据他人做出的反应来继续我们的行动（自我的客我阶段，或者客体方面）。

自我的发展

根据米德的观点，自我发展的关键是学习角色扮演，因为婴儿的社会经验有限，他们只能通过模仿来做到。这种模仿的行为是没有潜在的目的的，因此从这一点上说，他们没有自我。

当孩子开始学习使用语言和其他的符号时，自我就以"玩耍"的形式显露出来。玩耍中包含了假设像父母这样的对社会化有重要作用的**重要他人**（significant others）和人们的角色模型。"过家家"就是一种重要的活动，可以帮助小孩们从父母的角度来想象这个世界。

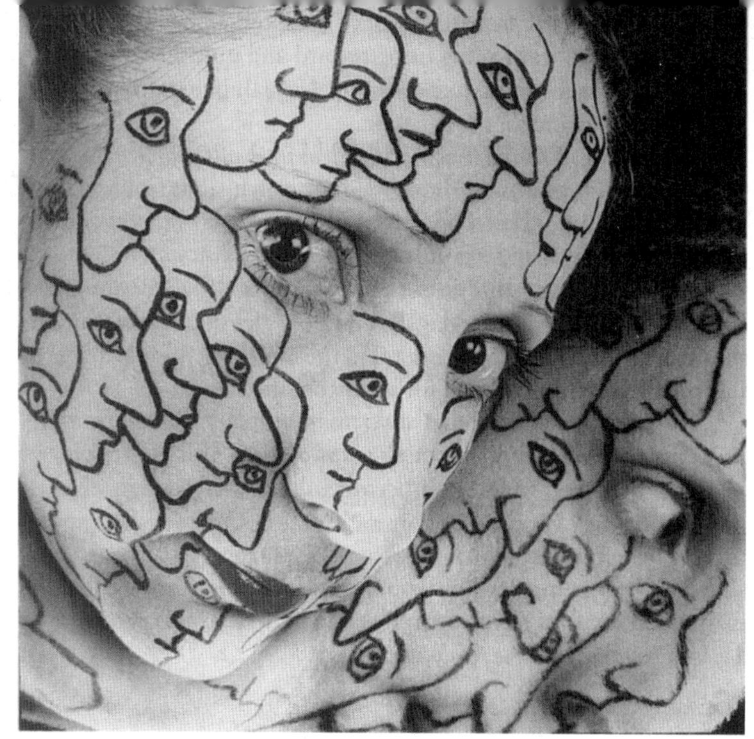

◎ 乔治·赫伯特·米德写道："在主我和宾我之间没有一条一成不变的界线。"里玛·格劳维娜（Rimma Gerlovina）和万勒瑞·格劳芬（Valeriy Gerlovin）的作品《众多》（*Manyness*）表达了这一重要事实。尽管我们倾向于认为自己是独特的个体，但是每个人的个性是在与他人互动的持续过程中形成的。

资料来源：Rimma Gerlovina and Valeriy Gerlovin, *Manyness*, 1990. ©the artists, New City, N.Y.

渐渐地，孩子开始学习一次扮演几个角色。这项技能使他们从与另一个人的简单玩耍（比如捉迷藏），变成有更多人参与的复杂的游戏比赛（比如棒球）。大概到7岁的时候，大多数孩子拥有了需要在团队运动中获得的社会经验。

图5—1绘制出了从模仿到玩耍到游戏比赛的演进，但是自我发展中还有最后一个阶段。一个游戏比赛只需要在一个情境中扮演特定的角色。但是就像我们社会中任何成员可能的那样，每天的生活需要我们根据文化规范来看待自己。米德使用**概化他人**（generalized people）这个术语来指我们在评价自身时，用普遍的文化规范和价值标准作为参考。

随着时间的流逝，自我随着我们的社会经验继续改变，但是，不管这个世界怎样塑造我们，我们总是保有创造的本质，能够对我们周围的世界做出反应。因此，米德得出结论：我们在自己的社会化进程中扮演一个关键的角色。

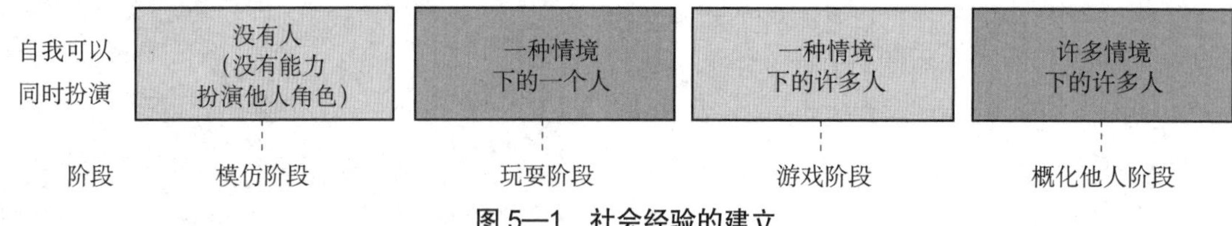

图 5—1 社会经验的建立

◎ 乔治·赫伯特·米德将自我的发展描述为社会经验获得的过程。这就是自我发展的过程，因为我们发展了扮演他人角色的能力。

◇ 评价

米德的工作探讨了社会经验本身的特性。在人类的符号互动中，他相信他已经找到了自我和社会两者的根源。

米德的视角完全是社会的，完全不涉及生物性。这对那些站在弗洛伊德（认为我们一般的内驱力是根植于身体的）和皮亚杰（发展的阶段是与生理上的成熟相联系的）立场上的评论家来说是个问题。

注意不要将米德的主我、客我的概念与弗洛伊德的本我、超我概念相混淆。对弗洛伊德来说，本我源于我们的生物性，但是米德抵制所有生物学上有关自我的因素（尽管他从没有讲清楚主我的起源）。另外，本我和超我处在不断斗争中，但是主我和客我是相互配合的（Meltzer, 1978）。

109

埃里克森的发展的八个阶段

尽管一些精神分析学家（包括弗洛伊德）指出童年是人格成形的决定性时期，但埃里克·H·埃里克森（Erik H. Erikson, 1902—1994）用了一个更广泛的视角来看待社会化。他解释说，在我们的一生中都面临着挑战（1963, orig. 1950）。

阶段 1：婴儿期——信任感的挑战（对不信任感）。在 0 到 18 个月之间，婴儿面临人生中的第一个挑战：建立一种信任感，即他们的世界是一个安全的地方。家庭成员在任何婴儿面临这项挑战时都起着关键作用。

▲检查你的学习
解释米德主我和客我概念的含义和重要性。米德的“角色扮演”是什么意思？为什么这一过程对社会化如此重要？

阶段 2：学步期——自主感的挑战（对怀疑感和羞怯感）。接下来的挑战持续到 3 岁，是学习技能以便充满信心地应对世界。不能进行自我控制会导致孩子怀疑自己的能力。

阶段 3：学龄初期——主动感的挑战（对内疚感）。四五岁的孩子必须学会参与他们周围的环境——包括家庭之外的人，在没有达成父母或他人的期望时，就会体验到内疚感。

阶段 4：青春前期——勤奋感的挑战（对自卑感）。在 6 到 13 岁之间，孩子进入学校，交朋友，并且越来越多地依靠自己的力量。他们要么为自己的成就感到自豪，要么担心自己不够格。

阶段 5：青春期——自我认同的挑战（对自我混乱）。在青春期，青少年努力建立自己的身份认同。在某种程度上，青少年认同他人，但是他们也想变得特别。几乎所有的青少年在努力建立自己的身份时都经历过困惑。

阶段 6：成年早期——亲密感的挑战（对孤独感）。成年早期的挑战是形成和保持与他人的亲密关系。恋爱中（交亲密朋友也是一样）能在彼此联系的需要与保留独立身份的需要之间保持好平衡。

阶段 7：成年中期——创造力的挑战（对自我关注）。中年期的挑战是在工作上或更广阔的世界里对家庭中的其他成员做出贡献。应对这一挑战失败的话，人们就会变得自我中心，卷入对自己的有限关心当中。

阶段 8：老年期——完美感的挑战（对失望感）。当接近生命的尾声时，人们希望带着完美和满意的感觉回头看一看他们完成的事。对那些自我关注的人来说，老年期只会带给他们对错过的机会的失望感。

◇ 评价

埃里克森的理论将人格的形成视作一个终生过程，只有当一个阶段成功度过（比如一个婴儿获得了信任感），我们才能准备面对下一阶段的挑战。然而，并不是每个人在面对这些挑战的时候都严格按照埃里克森提出的顺序。有一点还不明确，那就是应对生命中某一阶段的挑战失败就意味着注定在日后的生活中失败。还有一个更广泛的问题，在之前我们讨论皮亚杰的观点时提出的，其他文化中和历史上其他时期的人们是否会从埃里克森的角度来界定一个成功的人生。

总之，埃里克森的模型指出了许多因素，包括家庭和学校，塑造着我们的人格。在下一部分，我们将仔细研究这些社会化的机构。

社会化的机构

◇ 分析

我们的每一个社会经验都或多或少地在不同程度上影响着我们。然而，一些熟悉的机构在社会化的进程显得尤为重要。这些机构包括家庭、学校、同辈群体和大众传媒。

家庭

110 家庭在不同方面影响着我们的社会化。对大多数人来说，家庭实际上是所有社会化机构中最重要的一个。

儿童早期的养育

幼儿完全依赖于他人的照料，提供一个安全、温馨的环境的责任通常就落到了父母和其他家庭成员的身上。在孩子出生后的很多年当中——至少直到孩子开始上学——家庭都肩负着传授给孩子技能、价值观和信仰的职责。总的来说，研究表明，没有什么比一个充满爱的家庭更能培养出一个快乐的、适应能力良好的孩子（Gibbs, 2001）。

不是所有的家庭教育都来自于父母有意识的教导。孩子们也从成人为他们创造的环境类型中学习。孩子们学习看待他们自己是强壮的还是弱小的，是聪明的还是愚蠢的，是被爱的还是仅仅是被忍受的——就像埃里克·埃里克森表明的那样，他们把这个世界视为值得信赖的还是危险的——很大程度上依赖于父母和其他照料者所提供的周围环境的品质。

种族和阶层

通过家庭，父母给予了孩子一个社会身份。在某种程度上，社会身份包含种族。种族身份可能是复杂的，因为就像第 14 章（“种族和民族”）所阐释的那样，社会以不同的方式定义种族。此外，在 2010 年有超过 750 万的人（2.4%）认为他们自己属于两个或两个以上种族类别。这个数字在 2000 年的时候只有 1.4%，因此它是在不

▲检查你的学习
在社会化这个问题上，埃里克森在哪些方面比这一章的其他人的视角更广？

◎ 社会学研究表明经济条件好的父母倾向于鼓励孩子们的创造性，而贫穷的父母则倾向于培养一致性。尽管这种普遍的差异可能是固有的，但所有阶层的父母通过参与孩子的生活，都能够并且确实提供给孩子爱的支持和引导。亨利·奥萨瓦·坦纳（Henry Ossawa Tanner）的画《班卓琴课》（*The Banjo Lesson*）成为这一进程的一个永恒的证明。

资料来源：Henry Ossawa Tanner, *The Banjo Lesson*, 1893. Oil on canvas. Hampton University Museum, Hampyon,Virginia.

焦点中的社会学

我们长大了吗？定义成年

索利：（看见几个朋友刚吃完晚餐回来，走过宿舍走廊）嗨，朋友们！杰罗姆今天过21岁，我们正准备去棚车庆祝。

麦特：（摇头）我不知道，老兄。我还有一个实验要完成，这只是另外一个生日而已。

索利：不是只是一个生日，我的朋友。他21岁了——一个成人。

麦特：（讽刺地）如果21岁能把我变成一个成人，我不会仍然对我人生中想做的一无所知。

你是一个成人或者还只是一个青少年？21岁是否令你“长大了”？根据社会学家汤姆·史密斯（Tom Smith，2003）的研究，在我们社会，仅仅一个因素是不能说明成年的开始的。事实上，他研究的结果——用1 398个具有代表性的18岁青年构成的样本——表明许多因素在我们定义一个青少年长大时起了作用。

根据这项调查，今天在美国声称成为成人的一个最重要的转变就是完成学业，但是其他因素也很重要：史密斯的回答将成人与拥有一份全职工作、在经济上获得支持家庭的能力、不在与父母居住以及最终结婚并成为一个家长联系在一起。换句话说，在美国几乎每个人都认为一个人完成了所有这些事就是完全地“长大了”。

在什么年纪这些转变可能被完成？平均来说，答案是约26岁，但是这个平均数掩饰了一个基于社会阶层的差异。那些不上大学的人（通常更多存在于在低收入家庭长大的人）一般在20岁之前就从学校毕业，并且在接下来的一两年内拥有一份全职工作、独立生活、结婚、为人父母。那些来自于比较有权势的家庭的人可能进入大学，甚至继续读研究生或者专业学校，延迟转变为成人的进程长达10年，超过30岁。

加入博客讨论吧！

你认为你自己是一个成人吗？你认为成年期开始于几岁？为什么？欢迎登录MySoclab，加入“焦点中的社会学”博客，分享你的观点和经历，并看看别人是怎么想的。

断上升的。无疑这个百分比还会继续上升，因为现在美国所有的出生人口中有甚至更多的人（大约4%）被记录为是混合种族的（U.S. Census Bureau, 2010）。

社会阶层，就像种族一样在塑造孩子的人格中发挥着很大作用。无论出生在社会地位高还是低的家庭，孩子们都会渐渐明白他们自身家庭的社会地位影响着别人如何看待他们，最终也影响着他们如何看待自身。

此外，研究发现阶层地位不仅影响着父母在孩子身上的花费，而且影响着父母对孩子的期望（Ellison, Bartkowski & Segal, 1996）。当美国人被要求从一系列品质中挑选一个孩子身上令人满意的品质时，所有社会阶层背景的父母都声称他们希望自己的孩子“受欢迎”。但是相对于只 111
有约40%的社会上层的父母来说，几乎60%的较低阶层的父母指出“顺从”是孩子的一个关键品质。通过比较发现，富裕的父母比收入低的父母更有可能表扬那些能够“独立思考”的孩子（NORC, 2011）。

什么原因导致了这种差异？根据梅尔文·柯恩（Melvin Kohn，1977）的解释，社会地位较低的人通常受教育水平有限并且从事受严密监视的日常工作，他们认为自己的孩子可能保持相似的地位，因而鼓励孩子顺从，甚至通过像打屁股这样的体罚来达到目的。而富裕的父母由于受过更高的教育，因而他们通常从事需要独立性、想象力和创造力的工作，因此他们会尝试激发孩子身上这样的品质。不知是有意还是无意的，所有的父母都会鼓励孩子跟随自己的脚步。

经济条件更好的父母更有可能推动他们的孩子达成目标，并且非常典型的是他们会提供给子女大量的休闲活动，包括体育、旅行以及音乐课。这些丰富的活动——对于在低收入家庭长大的孩子来说是遥不可及的——建立起了“文化资本”，提高了学习技能并培养了自信心，让孩子们在以后的人生中能够获得成功（Lareau, 2002; NORC, 2011）。

就像第126页“焦点中的社会学”专栏中所解释的那样，社会阶层也影响着成长所需要的时间。

学校

教育将孩子们的社会世界扩大，包括了和他们自身背景不一样的人们。只有当孩子们遇到与自己不一样的人时，他们才会明白诸如种族和社会地位等因素的重要性。就像他们表现出的那样，他们倾向于在操场上按照同一个阶层、种族或者性别聚集起来。

性别

学校和家庭共同完成孩子们性别角色的社会化。研究表明，在学校中男孩子参加更多的体育活动并且待在室外的时间更多，而女孩更倾向于帮助老师做各种家务杂事。在教室中男孩们更容易参与攻击性的行为，而女孩们的典型形象则是更加安静，表现得更好（Best, 1983; Jordan & Cowan, 1995）。

112 孩子们学习什么

教育对于生活在富人区和穷人区的孩子来说是不一样的。就像第20章（“教育”）所阐释的，在学校中富裕家庭的孩子很明显地比贫穷家庭的孩子有着更好的经历。

对所有学生来说，在学校里所学的课程要比正式课程计划中的多。学校也以非正式的方式传授更多的东西，这些也许可以被称作“隐形课程”。诸如拼字比赛这样的活动，不仅教会孩子们怎样拼字，也教会他们社会怎样将人们划分为“成功者”和“失败者”。有组织的体育活动帮助学生锻炼他们的力量和技能，同时也教会了他们合作与竞争这两项重要的人生课程。

对于大多数孩子来说，学校也是他们第一次体验科层制的地方。学校生活是建立在客观规则和严格的时间表基础之上的，不必惊讶，这些也是将来要雇用年轻人的大机构的特点。

同辈群体

等到孩子进入学校，他们就加入了**同辈群体**（peer group），这是一个由有着相同兴趣、社会地位和年龄的成员组成的社会团体。不像家庭和学校，同辈群体让孩子逃脱了大人们的直接监管。在孩子们的同辈人群中，他们学习怎样独立建立关系。同辈群体也提供了讨论那些大人们也许不会和孩子们分享的兴趣爱好（比如服装和流行音乐）或者禁止性内容（比如毒品和性）。

这样，父母经常对自己的孩子交了什么样的朋友表示关心也就不奇怪了。在一个快速变迁的社会，同辈群体有着巨大影响，并且由于“代沟”，青少年和老人的态度往往不同。在青春期，也就是当青少年开始脱离家庭并开始视自己为一个成人的时候，同辈群体的重要性达到顶峰。

但是，即使是在青春期，父母对孩子的影响依然很大。同辈群体在音乐或者电影这样的短期兴趣上产生影响，但是父母在长期目标上有着巨大影响，比如上大学（Davies & Kandel, 1981）。

最后，任何邻里或者学校都是由许多同辈群体组成的。就像第7章（“群体与组织”）所阐释的那样，个体倾向于从积极的方面来看待他们自己的群体而贬低其他的群体。另外，人们受他们想要加入的群体的影响，这一过程被社会学家称为**预期社会化**（anticipatory socialization），预先学习可以帮助一个人获得想要的地位。比如在学校，青少年要是想让一个群体接纳自己，就会模仿该群体的风格和俚语。在以后的生活中，一个年轻的律师如果希望成为律师事务所的一员，就会遵照该事务所成员的态度和行为行事以便被接纳。

大众传媒

8 月 30 日，苏格兰西海岸外科尔岛。我们最后一次游览这个遥远的小岛的时候，那里没有电力，大多数人都说着古老的盖尔语（Gaelic）。由于大陆的电力电缆牵到了这里，家里就有了电灯、电视和网络。几乎一夜之间，这个小地方就被推进了一个现代世界。毫不奇怪，这个岛上的传统迅速消失，只能看到少数传统舞蹈或者音乐的表演。现在越来越多的大陆人开车来到这儿，在他们的度假房中打发时间。并且现在所有人都说英语了。

大众传媒（mass media）是向广大受众传递非个人信息的途径。“media” (medium 的复数) 这个术语来自拉丁文，意为“中间的”，表示媒介连接着人们。大众传媒作为通信技术而产生（首先是报纸，然后是收音机、电视、电影和网络），在很大程度上起到传播信息的作用。

在当今的美国，大众传媒对我们的态度和行为有着巨大影响。电视，发明于 20 世纪 30 年代，在二战后成为了支配性的媒介，现在 98% 的美国家庭拥有至少一台电视机（相比之下，只有 95% 的家庭有电话）。5/6 的家庭还拥有有线电视或者卫星电视。如图 5—2 所示，美国是世界上拥有电视比例最高的国家之一。在这个国家，那些低收入的人群花最多的时间看电视，并且用电视机看电影和玩电子游戏（Nielsen Media Research, 2008; U.S. Census Bureau, 2010）。

113 大众传媒触及的范围

我们究竟有多依赖电视？调查数据显示，平均说来，家庭中至少有一台电视机每天 8 个小时都开着，并且人们花在看电视上的时间占到他们空闲时间的一半以上。一项由凯泽家庭基金会（Kaiser Family Foundation）主持的研究发现，与成人相比，学龄青少年显然花费更多的时间——大约每天 7.5 小时——看电视或者玩电子游戏。非裔美国孩子和拉美裔孩子每天看电视的时间要比白人孩子多（非裔美国孩子平均 6 个小时，拉美裔孩子大约 5.5 小时，白人小孩大约 3.5 小时）。

大约 2/3 的美国孩子报告说电视在吃饭的时间一直是开着的，有超过 70% 的孩子声称父母并不会限制他们坐在电视机面前的时间。小孩子喜欢看电视和玩电子游戏，当他们长大了，音乐录影带和上网冲浪在他们生活中就占到了更大一部分。各个年龄段的男孩子都喜欢电子游戏，而女孩子则偏爱音乐录影带（Rideout, Foehr & Roberts, 2010; U.S. Census Bureau, 2010; Nielsen Media Research, 2011）。

在儿童学习阅读之前的那些年，看电视是他们日常生活中的常规部分。在孩子的成长过程中，他们花在电视机面前的时间和花在学校或者与父母沟通的时间一样多。这是一个事实尽管研究表明电视让孩子变得更被动，并且运用他们想象力的可能性减小。研究解释，大多数的电视并不是它们自身对孩子有害，而是看电视阻止了孩子参加其他活动——尤其是与其他孩子和大人们的互动，这些活动对社会技能和心智发展是至关重要的（American Psychological Association, 1993; Fellman, 1995; Shute, 2010）。

电视与政治

喜剧演员弗雷德·艾伦（Fred Allen）曾经

全球快照

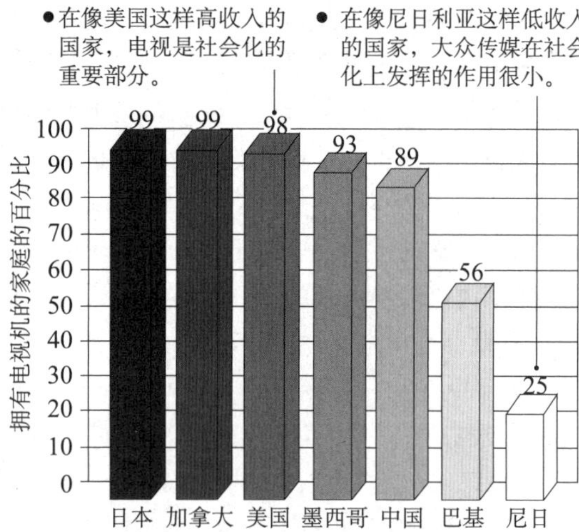

图 5—2　全球化视野下的电视拥有情况

◎ 电视在高收入和中等收入的国家很受欢迎，在那里，几乎每个家庭都拥有至少一台电视机。

资料来源：U.S Census Bureau (2020); World Bank (2010).

讽刺道，我们称电视为一个“中间物”[①]因为它“很少做得好”。由于多种原因，电视（其他大众传媒也一样）激起了大量的批判。一些自由派评论家评论道，在电视历史上的多数时期，少数民族和种族是不可见的或者只被包括在老套的角色中（例如非裔美国人扮演男管家和女仆的角色，亚裔美国人扮演园丁的角色，或者拉美裔美国人扮演新移民的角色）。但是近些年来，电视上的少数族群已经越来越接近舞台中心。在20世纪70年代拉美裔的演员在电视黄金时段出现的次数已经达到10次，并且他们扮演的角色范围更加广泛（Lichter & Amundson, 1997; Fetto, 2003b）。

另一方面，保守派评论家指责电视和电影产业是被自由主义的“文化精英”所操控的。近些年中，他们声称，“政治立场正确的”媒体已经提出自由主义的目标，包括女权主义和同性恋权利（Rothman, Powers & Rothman, 1993; B.Goldberg, 2002）。但是随着一些研究表明主流媒体在很多问题上是相当保守的，因此并不是每个人都同意这种观点（Adkins & Washburn, 2007）。此外，一些有线电视频道（例如微软全国广播公司）明显持有自由主义的观点，而其他频道（如福克斯电视网）则更加保守。

一项对2008年总统大选的研究发现，认可民主党候选人巴拉克·奥巴马的美国报纸比认可共和党候选人约翰·麦凯恩的多了几乎3倍（“Ongoing Tally,” 2008）。同时，研究表明在当今的大众传媒上许多各种不同的政治观点都能获得，并且我们中的大多数倾向于关注那些更接近于我们自己观点的媒体资源，不管是更多自由主义的还是更多保守主义的（Morris, 2007）。

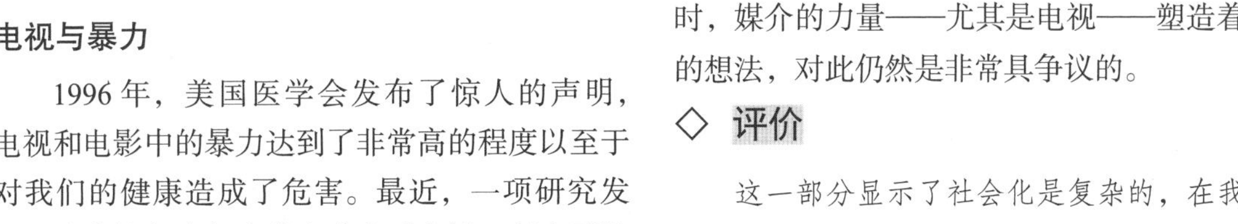

电视与暴力

1996年，美国医学会发布了惊人的声明，电视和电影中的暴力达到了非常高的程度以至于对我们的健康造成了危害。最近，一项研究发现，攻击性行为与小学生花在看电视、玩电子游戏的时间多少有着很强的相关（Robinson et al., 2001）。公众关心这样一件事：美国3/4的成人声称由于太多的暴力，他们从电影院中走出或者

◎ 暴力和大众传媒延伸到电子游戏的世界，尤其是那些在年轻男孩中受欢迎的游戏。在最有争议的游戏中，包含了严重暴力行为的是《使命召唤》。你认为目前的评级代码足以引导那些购买电子游戏的父母和孩子吗？或者你会支持对游戏内容做较大限制吗？

关掉了电视。大约2/3的父母说他们非常担心他们的孩子接触太多的媒体暴力。产生这种担心的原因也许是：差不多2/3的电视节目包含暴力内容，在大多数这样的场面中，暴力角色没有表现出懊悔也没有被惩罚（B.J. Wilson, 1998; Rideout, 2007）。

回到1997年，电视行业采用了一种评分系统。但是我们仍在疑惑，是否看色情或者暴力节目对人们的伤害真像评论家说的那么大。更重要 114
的是，为什么大众传媒首先充斥着如此多的性和暴力？

电视和其他大众传媒通过娱乐和教育节目来充实我们的生活。媒体也增加了我们接触各种文化的机会，并且引发我们对时事的讨论。与此同时，媒介的力量——尤其是电视——塑造着我们的想法，对此仍然是非常具争议的。

◇ 评价

这一部分显示了社会化是复杂的，在我们的成长过程中，许多不同的因素在塑造着我们的性格。此外，这些因素并不总是同时发生作用，例如，孩子们从同辈群体和大众传媒那里学习到的一些东西可能与他们在家里学到的产生冲突。

在家庭、学校、同辈群体和大众传媒之外，

① medium又可译为“中间物”。——译者注

其他生活方面在社会学习中也起到一定作用，对大多数的美国人来说，这些包括工作场所、宗教组织、军队和社交俱乐部。最后，社会化不仅是一个简单的学习过程，也是一个复杂的协调过程，因为我们会从各种各样的资源中获取信息。在对我们接收到的所有信息进行分类和权衡的过程中，我们形成属于自己的与众不同的性格。

115

社会化与生命历程

◇ 应用

尽管童年时期在社会化进程中显得尤为重要，但是学习仍然贯穿我们的一生。对生命历程的概述显示出我们的社会根据年龄来组织人们的人生经历——童年期、青少年期、成年期和老年期。

童年期

几年前，耐克公司，一家受欢迎的运动鞋制造商，受到了攻击。相当多的案例显示，它的鞋子是中国台湾和印度尼西亚的那些在工厂工作而没有去上学的儿童制造的。世界上的儿童大约有 2 亿在工作，其中有 60% 的儿童从事农业生产。世界上有一半的童工在亚洲，有 1/4 在非洲。童工中大约一半的人从事全职劳动，他们中有 1/3 的男孩和女孩在从事有害他们身心健康的工作。他们努力工作，但挣的钱却很少——通常，1 小时 50 美分（Human Rights Watch, 2006; International Labor Organization, 2010; Thrupkaew, 2010; U.S. Department of Labor, 2010）。

对耐克公司的批评源自这样一个事实，那就是大多数北美人认为童年——大致是生命中最早的一个 12 年——是用来学习和玩耍的一个无忧无虑的时间段。然而，历史学家菲利普·阿里耶斯（Philippe Ariès, 1965）解释说，“童年”是一个全新的概念。在中世纪，四五岁的小孩就被视为成人对待，并被期望去自谋生计。

▲检查你的学习 掌握本章中该部分讨论的所有社会化的主要机构。其中，每一个机构通过什么样的独特方式来帮助我们发展我们的个性?

我们为童年这个概念辩护，因为儿童在生物学上是不成熟的。但是，回顾过去和环顾全球，童年的概念不仅是生物学的，也是一个文化概念（LaRossa & Reitzes, 2001）。在富裕的国家，不是每一个人都要去工作，所以童年可以延长，从而能使年轻人有更多的时间去学习将来在高科技工作场合所需要的技能。

由于美国人的童年持续相当长一段时间，当孩子们的成长似乎太快时，一些人就开始担心了。在某种程度上，这种“忙碌儿童综合征”是家庭的变迁导致的——包括高离婚率和双亲都是劳动力，这些家庭使孩子受到更少的监管。另外，电视上的“成人”节目（更不必说电影和互联网上的）也将成人关心的事，比如性、毒品和暴力，带入青少年的生活中。一个少儿频道的执行总监说，现在 10 至 12 岁的孩子与上一代 12 至 14 岁的孩子有着相同的兴趣和经历。也许这就是为什么现在的孩子与 50 年前的孩子相比，有更大的压力和更多的焦虑（K.S. Hymowitz, 1998; Gorman, 2000; Hoffman, 2010）。

◎ 在最近数十年中，一些人开始担心美国社会正在缩短童年期，逼迫孩子越来越快地成长。在电视剧《美少女的谎言》(*Pretty Little Liars*) 中，一个高中的年轻女生已经和她的老师有了亲密关系。像这样的电视节目和电影是不是“忙碌儿童综合征”的原因？你是否把这种现象视为一个问题？为什么？

高中生的自我发展

多样性思考：种族、阶级和性别

在青春期这样一个时期，人们开始问自己“我是谁”、“我想成为怎样的人”这类问题。最终，我们都必须回答这些问题，而种族会影响我们的回答。

格瑞丝·卡奥（Grace Kao，2000）研究了芝加哥郊区的约翰斯顿高中（有3 000名学生）学生的身份认同和目标状况。约翰斯顿有超过平均水平的测验分数，被认为是一所不错的高中。同时这也是一所具有种族多样性的学校：学校中47%的学生是白种人，43%的学生是非裔，7%的学生是西班牙裔，还有3%的学生为亚裔。

卡奥访问了63名男女学生，访谈分为个案访谈和以同种族为标准的小团体访谈。在与他们的交谈中，卡奥认识到种族的刻板印象对年轻人自我感的形成意义重大。

这些刻板印象包括哪些？白种人学生被认为在学校读书刻苦，关心如何取得好分数。非裔美国学生被认为很少读书，或许是因为他们不够聪明，或许是因为他们不够努力。无论如何，学生们都认为非裔美国人极有可能在学校失败。因为关于西班牙裔的刻板印象是他们多以手工劳动为职业取向，如园丁或工人，这些学生被认为不在乎做得好不好。而亚裔美国人则被认为是努力学习的高成就者，或许是他们聪明，或许是他们把时间都花在学业上而非其他方面，如体育运动。

从访谈中考得知，大部分学生都认为这些刻板印象是正确的，并各行其是。他们希望学校里的其他人，包括自己，都能或多或少地按照这些刻板印象行事。此外，年轻人——无论白种人、非裔、西班牙裔——基本上都只和同类人待在一起，从而少有机会去发现自己所持观点的错误。

所有种族学生都声称希望自己在学校表现良好。但由于对其他种族学生不了解，他们对成功的衡量仅限于自己的种族。换言之，对非裔美国学生来说，表现良好就意味着和其他黑人学生做得一样好，不退学。对西班牙裔学生来说，成功则意味着不做体力活，并最终在办公室找到一份工作。相反，对白种人和亚洲人来说，成功意味着获得高学分并开心地取得高成就。因此，对所有这些学生来说，自我都是透过社会定义的种族镜头而形成与发展的。

你怎么想？

1. 在你的高中，有没有文中所述的刻板印象？在大学呢？
2. 你认为关于男性和女性的社会性别刻板印象是不是也像种族刻板印象一样影响学生的在校表现？为什么？
3. 如何减轻种族刻板印象的消极作用？

青少年期

工业化创造了童年这个生命中的独特阶段的同时，青少年期作为童年期和成年期之间的一个过渡期而出现。由于年轻人努力显露他们自己的身份，我们通常将青春期或者是青少年时期与情绪化、社会动乱相联系。此外，我们被诱导着将青少年的叛逆和迷茫归因于青春期生理上的变化，但是，实际上这是文化不一致的结果。举例来说，即使父母极力反抗，大众传媒还是赞美性，学校也会分发避孕套。让我们再想一想，一个18岁的人可能面临成年去参军的义务，但却没有成年喝啤酒的权利。总之，青春期是社会矛盾产生的时期，因为他们不再是孩子但也没有成为大人。

对生命中所有阶段都是如此，青少年也会随着社会背景而产生分化。大多数来自工人阶级家庭的年轻人，高中毕业直接进入成人的世界，工作并养育子女。然而，更富裕的青少年有进入大学的资源，并且可能毕业之后继续他们的青少年时期直到二十八九岁甚至 30 岁（T.W. Smith, 2003）。第 131 页“多样性思考”专栏提供了这样一个例子，种族和种族划分怎样型塑高中生的学习成绩。

成年期

如果生命历程的每一阶段都是建立在生物性变化上，那么定义“成年”将会非常简单。不管它准确开始的时间，成年期是大多数人生成就获得的时期，包括从事一种职业和建立一个家庭。那时候人格已经大致成型，尽管个人环境中的显著变化——例如失业、离婚或者严重的疾病——可能导致性格的重大改变。

成年早期

116 在成年的早期——直到约 40 岁——年轻的成人学习掌控自己每天的事务，通常要兼顾相互冲突的优先级：教育、工作、伴侣、孩子和父母。在人生的这一阶段，许多妇女试着“包办一切”，该模式反映出这样一个事实，那就是我们的文化给了她们抚养孩子和做家务的主要责任，即使她们在家庭以外还有高要求的工作。这一阶段，即使妇女在家庭外有工作，我们的文化仍将养育子女和做家务看作他们的责任，所以妇女试图“同时做所有的事情”。

中年期

中年期大致从 40 岁到 60 岁，这时人们对自己的生活环境感到满意。他们也越发认识到自己的健康水平在下降，年轻时人们从来不考虑这一点。那些多年养育子女的妇女到了中年会觉得烦恼。孩子已经长大成人，不想再被管束，丈夫完全投入工作，这种情况给很多妇女的生活留下无法填补的空虚。许多离婚的妇女面临严重的经济困境（Weitzman，1985，1996）。基于上述理由，越来越多的妇女选择在中年回到学校学习或找个新工作。

对任何人来说，变老意味着身体机能的下降，而对妇女来说，文化更让这一点变得尤为痛苦。长得漂亮对女性来说特别重要，皱纹和灰白的头发让人难过。变老对男性来说也造成特定困难。一些人不得不承认他们无法实现早期的事业目标。另一些人则认识到为事业成功而忽视家庭和个人健康是需要付出代价的。

老年期

老年是成年晚期和生命的最后阶段，大约开始于 65 岁。社会赋予生命这一阶段不同的意义。在美国，65 岁以上老年人的比例大约超过了 1/8，且老年人的数量超过了青少年的数量（U. S. Census Bareau，2010）。 117

此外，社会赋予此阶段不同的意义。正如在第 15 章“老龄化和老年人”所述，在传统社会一般年龄大的社会成员占有最多的土地和财富，同时，由于传统社会变迁缓慢，老年人一生积累了许多有用的知识，这些智慧为他们赢得了尊敬。

然而，在工业社会，大部分年轻人都不和父母工作、居住在一起，他们不依赖父母。快速的变迁使社会成为“青年导向”，将老的事物看作不重要甚至认为是陈腐的。对年轻人来说，老年人远离新趋势和潮流，而他们的知识和经验也过时了。

也许这种反老年的偏见将随着老年人比例在美国的持续上升而减少。现在全美人口中超过 65 岁的人口比例在过去的 100 年中已增加了 3 倍。由于生命周期仍在持续增长，因此现在处于 60 多岁的男性和女性（老年早期，young elderly）有望多活几十年。到了 2030 年，老年人的数量将再增长两倍多，达到 7 200 万，而美国人的平均年龄将达到 40 岁（U. S. Census Bureau，2010）。

老年与之前的各生命阶段有一个重要不同。成年意味着进入新的角色并承担新的责任，而变老则意味着相反的经历——离开提供满足感和社会身份的角色。对一些人来说，退休是一段开始休息的时间，而对其他人来说，退休则意味着失去有意义的日常事物和彻底的无聊。如同任何生命变化一般，退休意味着学习新的生活方式并放弃原来的爱好。

死亡与临终

在人类历史的大多数时期，低生活标准和有限的医疗技术都意味着死亡的突然来临或疾病可能发生在生命的各个阶段。但是今天在美国的死亡人口中的84%都超过了55岁（Xu et al.，2010）。

在对许多临终的人进行观察后，心理学家伊丽莎白·库伯勒–罗丝（Elisabeth Kübler-Ross，1969）将死亡描绘为包括五个不同阶段的变化过程。一般而言，人们第一次面对死亡时多采取否认的态度，原因可能是出于害怕，或者是由于文化对死亡这一事实的否认。第二阶段为愤怒，临死的人认为死亡多半是不公正的。到了第三阶段，讨价还价代替愤怒成为人们主要的情绪，人们想通过与上帝讨价还价来避免死亡。第四阶段的反应为放弃，多半伴随心理上的抑郁。最后一个阶段，对死亡的完全调试需要采取接受的态度。这时，人们不再感到害怕或焦虑，临终的人平静下来，并好好利用生命的最后时期。

◎ 同期群是指拥有相同生活经历且年龄相近的人群。例如，20世纪60年代听滚石乐队音乐会的主要是年轻人，至今许多乐队的粉丝仍是同一批人群，已经超过60岁。

最近研究表明库伯勒–罗丝简化了临终的过程，不是每个人都需要经过这些阶段，或者遵循他所描述的阶段顺序（Konigsberg，2011）。同时，此研究有助于引起人们对死亡和临终的关注。随着老年人口比例在男性和女性中增长，可以预期死亡这一主题在我们的文化中将变得让人容易接受。近年来，美国人开始更多地公开讨论死亡的问题，目前的趋势是临终被越来越看作一个自然而非痛苦或长期折磨的阶段。越来越多的已婚夫妻开始为死亡做法律和财产上的规划。这种开诚布公也许能够缓和丧偶一方的痛苦，尤其对女性来说更是如此，她们一般比自己的丈夫活的时间长。

生命历程：模型与变量

对生命历程的短暂回顾得出两点结论。首先，虽然生命的每个阶段都与生物学上的老化过程联系在一起，但生命历程基本上是一种社会建构的过程。因此，其他社会中的人们可能以不同的方式经历某个生命阶段，甚至不经历某个阶段。其次，在任何社会，生命历程的阶段都反映了某些问题和转变，这些转变包括学习新的东西，也包括多数情况下经过学习就知道的常规事物。

社会根据年龄来组织生命历程，但其他一些动力，如阶层、种族和社会性别也会型塑人们的生活，这就意味着本章所描述的一般模型在应用到社会中不同类型的人们身上时会有所不同。

人们的生活经验也因出生在历史上不同的社会中而不同。**同期群**（cohort）通常指的是年龄一致的人群，由于相同的经济和文化趋势常常影响同一个年龄组的人们，这些人倾向于拥有相同的态度和价值。例如，20世纪四五十年代出生的女性和男性都成长在经济上升时期，因此他们多为乐观主义者。但今天的大学生成长在经济不稳定时期，因而对未来表现得不那么乐观。

再社会化：全面控制机构 *118*

◇ 应用

美国每年有250多万人经历过的社会化的最后一种形式，包括在监狱或精神病院中进行的违背本人意愿的监禁（U.S. Department of Justice，

2010；U.S. National Institute of Mental Health，2011）。这就是**全面控制机构**（total institution）的世界，在此人们与社会其他部分隔离，并处于某种管理机构的控制下。

根据戈夫曼（Erving Goffman，1961）的论述，全面控制机构拥有三个重要的特征。第一，管理人员监控日常生活的各个方面，包括居住者（通常称为“病人或犯人”）的吃、住、睡和工作。第二，在全面控制机构的生活是被控制和标准化的，每个人都吃一样的食物，穿一样的制服，并从事一样的活动。第三，正式规章规定病人或犯人何时、何地、如何从事日常例行事务。**再社会化**（resocialization）是从事这种严格的例行事务的目的之所在。再社会化指的是为了彻底改变犯人或病人（inmate）的人格而详细控制其环境的过程。

监狱和精神病医院将犯人或病人隔离在篱笆、锁住的窗子和门之后，限制他们打电话、写信和被访。监狱或医院成为他们生活的全部，这样的环境有利于工作人员改变犯人或病人的人格，或仅仅使其变得顺从。

再社会化分为两个阶段：第一阶段，工作人员抹去新犯人或病人原有的身份。例如犯人或病人看起来与众不同的装饰物品。工作人员给犯人或病人标准化物品，这样每个人看起来都一样。通过搜身、剃头、体检、印指纹和编号，工作人员使新犯人或病人成为“懊悔的自我”。一旦进入高墙之内，个人就失去了隐私，生活的各个方面都被看守所例行检查。

在再社会化过程的第二阶段，工作人员试着通过奖励和惩罚机制为犯人或病人建立一个新的自我。可以读书、看电视或是打电话在高墙之外的人看来微不足道，但在全面控制机构的严格环境内，这些基本的特权却可以成为有力的服从动机。监禁时间的长短取决于犯人或病人与工作人员的合作程度。

全面控制机构以不同的方式影响人们。一些犯人或病人最终可以“恢复”或“复原”，但其他一些人则可能没有什么变化，并且有些人或许变得充满敌意和痛苦。长时间生活在严格控制的环境下可能使个体变得制度化（institutionalized），丧失独立生活的能力。

但我们其他这些人又怎样呢？社会化粉碎了我们的个性还是赋予了我们实现创造性潜能的能力？第135页“争鸣与辩论”专栏将对这一问题进行更深入的探究。

◎ 监狱是全面控制机构的一种，犯人在监狱里穿着相同，并在管理人员的直接监督和控制下从事例行事务。我们希望监狱能为犯罪的年轻人做些什么？你认为人们对监狱的期望是否得到满足？

争鸣与辩论

119 ## 我们在社会中自由吗?

迈克：社会学是一门非常有趣的课程，自从我的老师开始教我们如何从社会学的视角看待世界，因为社会，我开始意识到一系列“我是谁”和“我在哪里”等问题。

金姆：（嘲笑地说）哦，那么社会是你变得如此聪明、机灵和好看的原因吗?

迈克：绝不是，那都是我，但我认为上大学和踢足球并不都是我。我的意思是，至少关于社会阶层和性别，人们和其生活的社会是不可完全分离的。

本章强调一个主题，即人们的想法、感觉和行为都为社会所型塑。如果真是这样，那么我们的自由何在？为了回答这个问题，我们先来看看木偶明星（Muppets）。看着克米特（Kermit）青蛙、猪小姐（Miss Piggy）和剧组其他木偶的滑稽动作，我们几乎认为他们真的存在，而并不仅仅是被幕后操纵的木偶。正如社会学的视野所指出的那样，人类和木偶一样地回应幕后力量。社会赋予我们文化，并通过阶层、种族和社会性别来型塑我们。如果真是这样，我们能说得上是自由的吗?

社会学家对这一问题的回答不同。政治自由主义者称个人对社会而言并不自由——实际上，作为社会产物，我们从来就不是自由的。但是如果我们必须生活在这样一个社会控制个人的地方，那么通过缩小阶层差异，减少少数族群（包括妇女）获得机会的障碍，从而尽可能地把生活变好就显得那么重要。保守主义者的回答则是社会型塑我们的生活但我们仍然是自由的。因为，第一，我们相信我们的行为准则，社会并不反对。第二，即使遇到我们不接受的社会障碍，我们仍然是自由的，因为社会并不能指挥我们的梦想。美国从建国以来，作为民族的历史就是由一个接一个的关于人们追求个人目标的故事构成，而无论这些目标看起来是多么不可能。在乔治·赫伯特·米德关于社会化的分析中，我们同时发现上述两种态度。他理解社会对我们的要求，有时限制了我们的选择。但他同时也看到人类是自发的和有创造性的，能不停地用于社会并带来变化。米德指出社会的权力仍然肯定人类有评估、批判并作出最后的选择和改变的能力。

◎ 对“社会如何型塑我们的生活，给我们更多力量去‘剪断绳索’和选择自己生活方式”的理解是否更进一步？

综上所述，我们也许看起来像木偶，但这只是表面现象。我们与木偶的最大区别在于我们能停下来，抬头看看控制我们的“绳索”甚至猛拉“绳索”（Berger，1963：176）。如果我们的拉力够大，我们所能做到的就会超出我们的想象。就像玛格丽特·米德（Margaret Mead）曾说的：“不要怀疑一小撮有思想、富有责任感的公民能够改变世界。实际上，这正是事实本身。”

你怎么想?

1. 你认为我们的社会是不是给了男人更多的自由？为什么？
2. 你认为我们社会的大部分人能不能控制他们自己的生活？为什么？
3. 对社会化的学习是增加还是降低了你的自由感？为什么？

日常生活中的社会学

第 5 章　社会化

我们什么时候开始长大成人？

正如本章所阐明的，许多因素在一个生命阶段向另一个生命阶段转变的过程中起作用。从全球的视角来看，没有一件事件可以清楚地告诉我们每一个人成年的标志已经到来，这使得我们社会变得非常独特。例如，我们会经历一些重要的事件，从我们完成高中学业（毕业仪式）到结婚（结婚仪式）。看这里给大家展示的图片，在每个案例中，我们从社会如何界定生命从一个阶段向另一阶段的转变过程中学到了什么？

提示

不同社会构造生命历程的方式是不同的，包括哪一生命阶段被认为是重要的、不同生命阶段对应的年份是什么、一个阶段向另一个阶段转变标志的清晰程度。考虑到我们的文化强调个人选择和自由，许多人倾向于说“你只是自己感觉老了”，让人们自己决定这些事情。当提到步入成年时，我们社会也不是很清楚，126 页“焦点中的社会学”专栏中指出许多因素被列为成年的标志。所以，没有下面图片中那样普遍的“成人仪式”。需要记住的是，对于我们来说，阶层在这个过程中起了非常重要的作用，与来自相当多财富家庭的年轻人一起待在学校，使得整个成年期延长到 20 岁甚至 30 岁，最后，在这段经济困难时期，20 岁时仍然与父母亲住在一起的年轻人比例不断攀升，这可能会影响整个群体的成年期。

生活在埃塞俄比亚的奥莫河谷的年轻男孩们必须要经历一个标志他们成年的测试。通常，事件被男孩表达结婚的愿望所激发，在这个仪式中，社会中的每一个人见证这一时刻，男孩必须跳过一个由女方家庭挑选的一排公牛。如果在三次机会中就能成功，那么他可宣告他自己是男人和举办婚礼（使得女孩转变为女人）。我们社会中是否也存在这样相似的标志成年的仪式呢？

在美国亚利桑那州，年轻阿帕切族（Apache）女孩表演日出舞标志她们成年，伴随着一位老者根据阿帕切族传统认真地给她们绘色，每个女孩拿着一个特别的手杖，象征着她们追求长寿、健康和精神愉快的渴望。世界上许多社会将这些成熟仪式与女孩的第一次月经周期联系起来，你是如何看的呢？

在韩国首尔，这些年轻的男人和女人正参加一个标志他们进入成年的儒家仪式。这个仪式发生在20岁生日时，明确规定年轻人是完整的社区成员，同时也提醒他们需要履行的全部责任。如果在美国有这样的仪式，在哪个年龄举行比较好呢？一个人的社会阶层会影响这个仪式的时间吗？

从你的日常生活中发现社会学

1. 在全美国，许多家庭都会精心安排聚会来庆祝青年人的高中毕业。这个事件中哪一方面的仪式象征一个人已经达到成年？社会阶层是如何影响人们是否把高中毕业作为成年开始的标志的。
2. 在美国，我们所说的“老年期”生命阶段什么时候开始？是否有一个事件标志着向老年期的过渡？在过去的几代中，老年期的意义、老年期开始的年龄是否发生了改变？社会阶层在界定这一生命阶段时是否起作用？如果有，通过什么方式起作用？
3. 在哪种意义上，人类是自由的？阅读本章后，形成一份个人陈述：你认为你在多大程度上可以主导自己的生活，注意本章中讨论的某些思想家（如弗洛伊德）认为在行动自由能力上存在着大幅的限制。相反，其他的学者（如米德）认为人类具有重要的创新能力。你个人关于人类自由程度的意见是什么？登录mysoclab.com，阅读“从你的日常生活中发现社会学”专栏，学习更多关于社会中个人自由的程度，以及关于我们拥有的大部分自由获得方式的建议。

第5章 社会化

什么是社会化？

社会化是贯穿一生的过程。

- 社会化发展了我们的人性和特定的人格。
- 社会化的重要性表现在这样的一个事实中，即延伸阅读（安娜、伊莎贝拉和吉妮个案）中的社会隔离导致永久性的伤害。 pp.102-4

社会化是后天的而不是先天的。

- 一个世纪以前，大多数人认为人类行为都受生物本能的引导。
- 就我们人类来说，我们的本性是后天培养。 pp.102-3

社会化（p.102）：人们发展自己的人类潜能并学习文化的贯穿一生的社会经历。

人格（p.102）：一个人相对稳定的行动、思考、感知的方式。

对我们理解社会化的重要贡献

弗洛伊德的人格模型包括三部分：

- 本我：先天的追求愉悦的人类驱力。
- 超我：内化于文化价值和规范的社会要求。
- 自我：努力平衡天生的追求愉悦的驱力和社会要求。 pp.104-5

皮亚杰认为人类发展包含生物成熟和获得社会经历。他给出了认知发展的四个阶段：

- 感知运动阶段仅通过感官认知世界。
- 前运演阶段开始使用语言和其他符号。
- 具体运演阶段允许个体理解因果关系。
- 形式运演阶段包含抽象的和批判性的思考。 pp.105-6

科尔伯格采用皮亚杰的路径区分了道德发展阶段：

- 在前习俗水平阶段，我们根据个人需要判断正确性。
- 接下来，习俗水平阶段的道德判断考虑到父母的态度和文化规范。
- 最后，后习俗水平阶段道德判断允许我们批判社会本身。 p.106

吉利根认为社会性别在道德发展过程中起重要作用，并发现男性以抽象的标准来判断对错，而女性则关注判定对人际关系的影响。

关于米德：

- 自我是人格的组成部分，包含自我意识和自我形象。
- 自我随着社会经历发展。
- 社会经历是对符号的交换。
- 社会互动依赖于通过扮演他人角色来理解对方的意图。
- 人类行动部分是自发的（主我）和部分是回应他人的（客我）。
- 我们通过模仿、玩耍、游戏和理解“概化他人”来获得社会经验。 pp.107-8

库利使用“镜中我”的概念来解释我们如何看待自己，依赖于我们认为他人如何来看待自己。pp.107-8

埃里克森根据个体在从婴儿期到老年期的不同生命历程划分出每一阶段都面临着挑战。 p.109

本我（p.104）：弗洛伊德的概念，即人类的基本驱力。

自我（p.104）：弗洛伊德的概念，即个人在天生追求愉悦的驱力和社会要求之间的有意识的平衡努力。

超我（p.105）：弗洛伊德的概念，即人格中内化于个体的文化价值与规范。

感知运动阶段（p.105）：皮亚杰的概念，即个体仅通过感官认识世界的人类发展阶段。

前运演阶段（p.105）：皮亚杰的概念，即个体首次使用语言和其他符号的人类发展阶段。

具体运演阶段（p.105）：皮亚杰的概念，即个体开始认识到自己周围环境中因果关系的人类发展阶段。

形式运演阶段（p.105）：皮亚杰的概念，即个体开始抽象和批判思考的人类发展阶段。

自我（p.107）：米德的概念，即个体人格中由自我意识和自我形象所组成的部分。

镜中我（p.108）：米德的概念，一个建立在我们如何认为他人怎样看待我们的基础上的自我形象。

重要他人（p.108）：像父母这样对社会化有重要作用的人。

概化他人（p.108）：米德的概念，即我们在评价自身时，用普遍的文化规范和价值标准作为参考。

社会化的机构

家庭通常作为最初的社会化结构。

- 家庭对儿童的态度和行为的发展具有重要的影响。
- 家庭的社会位置，包括种族、社会阶层，型塑孩子的人格。
- 关于性别的想法首先在家庭中习得。**pp.110-11**

学校给予大多数儿童带来最初关于官僚和非个人性评价的经历。

- 学校教孩子以后生活需要用到的知识和技能。
- 学校为孩子展示更为广阔的社会多样性。
- 学校强化了性别观念。 **pp.111-12**

同辈群体有助于态度和行为的形成。

- 同辈群体在青少年阶段发挥着重要的作用。
- 同辈群体使儿童从成人的监督下解放出来。**p.112**

在现代和高收入社会中，大众传媒对社会化有巨大的影响。

- 美国孩子花在看电视和视频的平均时间和他们上学或与父母互动的时间一样多。 **pp.112-14**

同辈群体（p.112）：一个由有着相同兴趣、社会地位和年龄的成员组成的社会群体。

预期社会化（p.112）：可以帮助一个人获得想要的地位的预先学习。

大众传媒（p.112）：向广大受众传递非个人信息的途径。

社会化与生命历程

童年期的概念植根于文化而非生物学。在富裕的国家，童年期被延长。 **p.115**

青春期的情感和社会骚动来源于人们不再是孩子但也不是成人的文化断裂。青春期因社会阶层不同而不同。 **p.115**

成年期是一个人的生命中产生多数成就的阶段，虽然人格已经形成，但是仍然会根据新的生活经历而改变。 **pp.115-16**

老年期是根据生物学和文化来界定的。

- 传统社会给予老年人权力和尊敬。
- 工业社会认为老年人是不重要的和远离潮流的。 **pp.116-17**

接受死亡和临终是老年人社会化的一部分。这个过程包括五个阶段：否认、愤怒、讨价还价、放弃、接受。 **p.117**

同期群（p.117）：通常指的是年龄一致的人群。

再社会化：全面控制机构

全面控制机构包括监狱、精神病医院、修道院。

- 管理人员监控日常生活中的各个方面。
- 生活是标准化的，所有的犯人或病人遵循制定的规则和日常化事务。 **p.118**

再社会化包含两个过程：

- 抹去新犯人或病人原有的身份。
- 通过奖励和惩罚机制建立一个新的自我。 **p.118**

全面控制机构（p.118）：人们与社会其他部分隔离，并处于某种管理机构控制下的环境。

再社会化（p.118）：为了彻底改变犯人或病人的人格而详细控制其环境的过程。

第6章 日常生活中的社会互动

学习目标

◇ 记忆

本章黑体关键名词的定义。

◇ 理解

不同地位与角色组合下的日常互动方式。

◇ 应用

我们称之为现实的社会构建过程于以下议题：情绪、性别和幽默。

◇ 评价

文化、阶层及性别在现实的社会构建中的重要性。

◇ 创造

一种更深层次的能力，来解读我们每天所经历的无数情境的模式与含义。

本章概览

这一章从微观的角度来观察社会，考察了日常社会互动的模式。

首先，本章界定了一些重要的社会结构单位（如地位、角色），当他人在场时它们对我们的行为起着引导作用。然后，探讨了我们是如何在社会互动中构建生活现实的，并最终将上述学习要点应用于三种日常体验：情绪、性别及幽默。

哈罗德与希碧正驱车前往位于佛罗里达州劳德尔堡的朋友家中。他们费了很大的劲儿来寻找棕榈街，但20分钟过去了，还是没找到。

“哈罗德，你看，”希碧忍不住发话了，“前面有人，我们去问问路吧。”听到这里，哈罗德狠狠地把住了方向盘，并开始低声抱怨：“我知道我在哪儿，我可不想跟陌生人浪费口舌！跟着我没错的！”

“我肯定，你明白现在身处何处，哈罗德，”希碧双眼直视前方，回应道，“但是，我认为你并不清楚你要去哪里。”

此时，哈罗德与希碧已经多次迷路了。他们不明白为什么对于目前的状况越来越生气，而且开始相互埋怨。

究竟怎么了？像大多数男人一样，哈罗德不能忍受自己迷路。绕的弯路越多，对自己就越不满意。而让希碧无法理解的是，哈罗德为何就不能停下车来，询问怎样前往棕榈街。希碧心想，如果由她来开车，肯定早就到达目的地了，也许现在正舒舒服服地跟朋友聊天呢。

为什么男人都不愿问路呢？因为男人更看重自主性，这使得他们不愿意向他人求助（因而也不愿意接受来自他人的帮助）。向某人寻求帮助，就等于说：“你知道我所不知道的。”如果能够再多给哈罗德一些时间，让他自己找到那条街，并且在整个过程中保持其自尊，哈罗德认为这才是正确的方式。

而女人们则更倾向与他人保持一致，努力与外界保持联系。在希碧看来，求助才是正确的，唯有通过信息交流才能建立与社会的联系，使事情顺利完成。因此，希碧认为，问路就像哈罗德坚持要自己找路一样，再自然不过了。显然，如果双方无法理解对方的想法，迷路就必然带来矛盾。

诸如上述的生活体验正是本章的重点。核心概念为**社会互动**（social interaction），指的是人们在与他人的联系中如何采取行动并做出反应的过程。首先，我们提供给大家几个重要的社会学概念，它们是构成日常体验的基石；然后，共同踏上一条神奇之旅，来看看面对面的互动是如何创造我们的生活现实的。

社会结构：日常生活的指南

◇ 理解

10月21日，越南胡志明市。今早我们离船，沿着码头前往胡志明市——这个曾被一代人称为西贡的市中心。政府门前的警卫透过厚厚的铁门向我们挥手，而栅栏外满是揽客的车夫，他们都驾着越南式的出租车，即前部置有小型车厢的改装自行车。在接下来的20分钟里，我们则不断地向这些脚踩踏板、等待生意的车夫们摆手、摇头以示拒绝。这种压力实在让人不舒服。当我们打算穿过街道时，居然发现没有任何车站标志或交通信号灯，而来来往往的自行车、摩托车、越式出租车和小型货车在整个街道上川流不息。当地人似乎早已习以为常，横穿街道时会在相对安全的地段行走，置身于随时可能靠近他们的车辆洪流之中。直接走入车流中？还背着我们的孩子？唉，我们确实是这样做的。在越南就得这么干才行。

每个社会成员必须依赖社会结构才能明白各

地位 个人所拥有的社会位置。

先赋性地位 个人与生俱来的，或通过后天努力也无法改变的社会地位。

自致性地位 个人自愿获得的、能够反映其能力与努力的社会地位。

地位群 个人在特定时间内所拥有的全部地位。

主要地位 对于社会认同极其重要的、贯穿个人整个生命过程的一种社会地位。

127 种日常情境的意义。从上述我们在越南街头的感受，大家可以看到，当社会规范不明晰时，这个世界有时候是令人困惑的，甚至是可怕的。那么，现在我们就仔细看看社会是如何确立日常生活规范的。

地位

◇ 理解

每个社会中，人们会运用**地位**（status，即个人所拥有的社会位置）这个概念来构建他们的日常生活。这个词通常也意味着“声望”。譬如，我们会说，与一个刚雇用的助教相比，大学校长的地位更高。但就社会学的意义而言，校长和教授只是大学校园中的不同身份而已。

地位作为我们社会认同中的一部分，有助于界定我们与他人的关系。正如社会学奠基者之一格奥尔格·齐美尔（Georg Simmel，1950: 307，orig. 1902）所指出的，在与他人交往之前，我们需要知道这个人是谁。

地位群

我们每一个人会同时拥有许多地位。**地位群**（status set），则是指个人在特定时间内所拥有的全部地位。一位少女可能既是其父母的女儿，又是其弟弟的姐姐，同时还是学校的一名学生，及其所在足球队的守门员。

地位群随着生命过程的变化而变化。孩子长大后会为人父母，学生毕业后可能成为律师，单身族通过结婚将为人夫（或妇），而丧偶或离异则使个人回到单身状态。同样地，加入一个组织或找到一份工作，将会扩大我们的地位群；一旦退出这些活动，我们的地位群就会相应地缩小。这样，随着生命历程的发展，人们在不断地获得或失去许多地位。

先赋性地位与自致性地位

社会学家根据人们获得地位的方式，将地位划分为**先赋性地位**(ascribed status)与**自致性地位**(achieved status)。前者是指个人与生俱来的，或通过后天努力也无法改变的社会地位。譬如，女儿（家庭角色）、古巴人（种族）、青少年（年龄）或寡妇（婚姻状况）。先赋性地位的重点在于，获得该地位时我们几乎没有选择性。

相反地，自致性地位是指个人自愿获得的、能够反映其能力与努力的社会地位。在美国，包括诸如荣誉学生、奥运选手、软件工程师、小偷等。

当然，在真实世界中，多数地位往往是先赋性地位与自致性地位的综合体。换言之，人们的先赋性地位会影响到其后天获得的地位。比如，拥有律师地位的人往往出生于相对殷实的家庭。类似地，越是具有不如意的地位（如罪犯、吸毒者、失业人员），则越可能由来自于贫困家庭的个人获得。

主要地位

通常，某些地位会比其他的地位更为重要。**主要地位**(master status)

◎ 举国上下为曼尼·帕奎奥(Manny Pacquiao)的凯旋庆功。在菲律宾，曼尼·帕奎奥不仅因多次拳王夺冠而成为国民英雄，其出道前因家境贫困而辍学上街靠卖甜甜圈讨生活的坎坷经历更是令人叹服。

是指对于社会认同极其重要的、贯穿个人整个生命过程的一种社会地位。对多数人而言，职业是一种主要地位，因为它充分体现了个人的社会背景、受教育程度及收入等信息。而在某些场合里，姓名则可能成为一种主要地位。比如，你是布什或肯尼迪家族的成员，则可能获得更多的关注与机会。

主要地位不仅带来积极影响，也会带来消极影响，比如某些重病。有时候，人们会因为癌症或艾滋病而疏远这些患者，即使他们是自己最好的朋友。又如，所有的社会中，妇女的机会都是有限的，这种事实使得性别成为一种主要地位。

甚至有时候，身体的残疾也会成为一种主要地位，尽管，如果我们只是关注他人的残疾，此举很不人道。第 145 页“多样性思考”专栏将会加深我们对这一过程的理解。

角色

◇ 理解

第二个重要的社会结构单位是**角色** (role)，指的是拥有特定社会地位的个人所期望的行为。个人拥有地位并履行角色（Linton，1937b）。譬如，处于学生的位置，使得你必须履行上课和完成功课的角色。

地位属性与角色都会因文化的不同而不同。
128 在美国，叔叔这一地位既可以指你父亲的兄弟，也可以指你母亲的兄弟；而在越南，叔叔这个词在父亲和母亲家族中的含义不尽相同，故双方承担的责任也各异。在每个社会中，尽管有些社会允许对于一个角色能够有更多的个性表达，但实际的角色表现会根据个人的特质而表现出差异性。

角色丛

由于我们会同时拥有众多地位（即地位群），每天的生活就是多种角色的集合。默顿（Robert Merton, 1968）引入了**角色丛**（role set）这个概念来概括由单一地位所衍生的一系列角色。

图 6—1 向我们展示了一个人同时拥有的四种地位属性，及其各自衍生的一系列角色丛。首先，这位女士作为一名教授，会以教师的角色与学生互动，同时以同事的角色与其他学院的人员进行交流。其次，作为研究者开展工作时，她会以实地调研者的角色收集与分析资料，并利用这些资料完成她的著作（此时的角色是作家）。再次，她还是妻子，这种地位属性使她拥有婚姻角色——对她丈夫而言，既是爱人又是性伴侣，双方共同承担家务劳动。最后，这位女士还处于“妈妈”的位置，使得她承担照顾孩子的责任（母亲的角色），同时对于居住社区内的学校及其他组织扮演者公民的角色。

综观之，人们用以界定其生活的主要角色在每个社会都不尽相同。在收入较低的国家，人们在学生角色（教育）上花费的时间较少，往往家庭角色对于社会身份意义重大。而在收入较高的国家里，人们在教育上投入时间较长，家庭角色自然地对于社会身份的意义就不那么重要。这种差异性还表现在家务劳动的分配上。家务活大部分都由妇女来承担，这种现象在贫困国家尤为普遍。

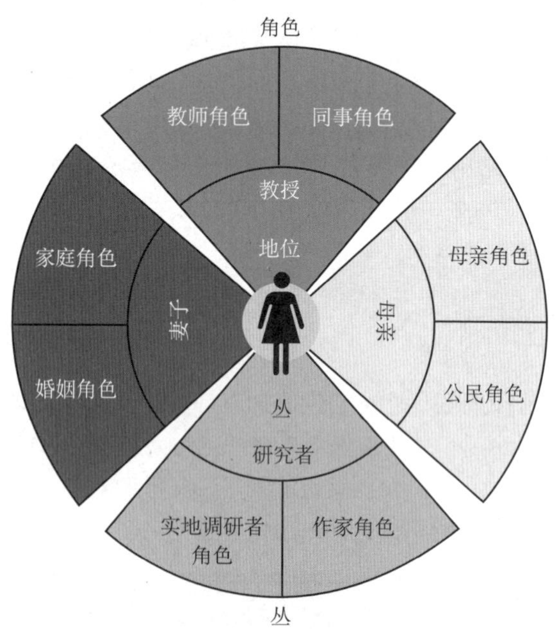

图 6—1　地位群和角色丛

◎ 地位群包含了个人在特定时期所拥有的所有地位。由于一个地位通常涉及不止一个角色，角色丛包含的意义更为广泛。

多样性思考：种族、阶级和性别

当身体残疾作为一种主要地位时

在某些人的眼里，身体残疾就如同种族、阶级或性别一样，成为定性他人的标志。在以下访谈中，两名妇女为我们揭示了身体残疾是如何成为其主要地位的。

第一位被访者：唐娜·芬奇，29岁，盲人，拥有社会工作专业硕士学位，现与丈夫、孩子住在俄克拉荷马州的穆斯柯吉。

> 多数人并不期望残疾人长大，总把他们当作孩子……你们（残疾人）不该有约会，也没必要工作，甚至认为你们最终会从这个世界上消失。我并不是说，每个人都是如此。但就我自身而言，相较于其他孩子，我心智成熟得更早，而感情上则较晚熟。直到最近的四五年，我才感受到世界的真实模样。

第二位被访者：罗丝·赫尔曼，已退休，现居于纽约市郊。她也是一个盲人，同时还患有脊髓脑膜炎。

> 你可能会问我，现在的人们是否与20世纪二三十年代的人有所不同。实际上，差不多。他们仍然惧怕残疾人。我不清楚用惧怕这个词是否准确，但至少令人感觉不太舒服。可是，这种感觉我还是能理解的，因为我曾经就有这样的经历。有一次，我向一个人问路，想知道乘坐哪部电梯才能由地铁站直达街面。他开始给我指路，可我听得一头雾水。所以，我就问："你能给我带路吗？"他欣然答应，并一把扶住我。碰巧我的导盲犬也在同一边，我就请他扶住我另一条胳膊。只听他说："不好意思，我只有一只胳膊。"我连忙答道："没关系，我握着你的夹克也行。"说实在的，握着一个空荡荡的没有胳膊的袖子，感觉滑稽极了。

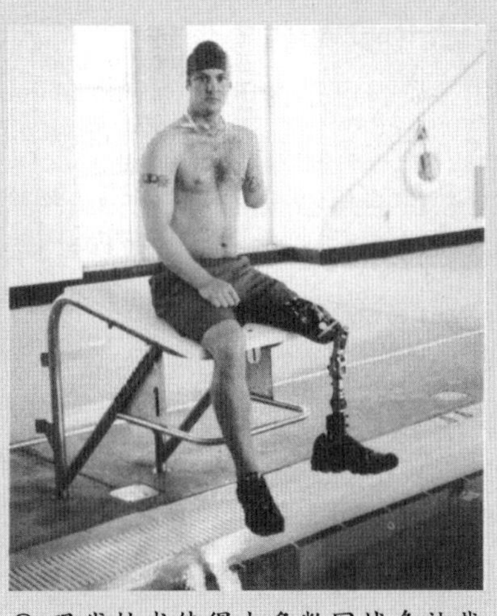

◎ 现代技术使得大多数因战争被截肢的士兵存活下来。你认为，失去手臂或大腿会怎样影响一个人的社会认同和自我认同呢？

你怎么想?

1. 是否出现过疾病或残疾对你的生活造成重大影响的状况（即当疾病或残疾成为一种主要地位时）？如果有，他人的反应如何?
2. 上述这种主要地位是如何影响某些人的品格的?
3. 过度肥胖（或瘦弱）是否能成为一种主要地位属性？请说明原因。

资料来源：Orlansky & Heward (1981).

角色冲突与角色紧张

在高收入的现代化国家中，人们普遍感到各种地位与角色所带来的责任间的挤压。就像大多数母亲所能证实的，既要抚养子女，又得在外工作，确实让人身心疲惫。当然，目前有越来越多的父亲也加入此行列。其实，这就是社会学家所界定的**角色冲突**（role conflict），即两个及以上的地位所衍生的角色之间的冲突。

当我们试图对自己所拥有的众多角色逐一做出反应时，会让人不知所措，此时便陷入角色冲突的状况。对角色冲突的反应之一，就是抉择哪些角色是不得不放弃的。比如，由于忙乱的竞选议程干扰了正常的家庭生活，不止一个竞选者已经决定放弃参选。而在其他情况下，人们会为了能够继续停留在事业成功的"快车道"上而推迟生育孩子。

即使是单一地位所衍生的角色之间也可能发生冲突。**角色紧张**（role strain），是指由单一地位所衍生的角色之间的紧张。比如，一位大学教授平时很乐意与学生们打成一片，但又必须与学 129
生保持一定的距离，这样才能保证对所有学生一视同仁。简言之，即使是扮演附属于同一地位的不同角色，有时也是左右为难的权衡过程。

减小角色冲突的策略之一，在于将我们的生活进行分区。这样，我们就能在一定的时空扮演一个地位属性所要求的角色，而在另一个完全不同的情境下扮演另一个地位属性所要求的角色。这与我们熟知的“在回家见到家人之前，把工作留在办公室”，道理是一样的。

角色隐退

在海伦·罗丝·富赫斯·伊博（Helen Rose Fuchs Ebaugh，1998）由一名天主教修女成为大学的社会学学者之后，她便以自己的亲身经历来研究角色隐退，即人们从重要的社会角色中脱离出来的特定过程。通过研究诸如前修女、前医生、前夫、前酒鬼等一系列带有“以前”色彩的角色，她找到了成为“以前”角色过程中的共同特征。

在伊博看来，当人们开始怀疑自己是否还有能力继续扮演某种特定角色时，这个过程就开始了。人们会一直在心中描述替代性的角色，但当此想法发展到极致时，他们便决定开始追求新的生活。即使开始新的生活，以前的角色仍继续影响人们的生活。以前的种种烙印会通过早期的角色阻挠自我印象的更新。譬如，以前曾为修女的女性可能不敢轻易尝试时髦的着装。

这种“以前”角色也使得人们必须同早期结识他们的个人重新建立联系，并且还得面临学习新的社会技巧的挑战。比如伊博在报告中指出，数十年后，当前修女们在教堂约会时，她们会吃惊地发现，少女时所了解到的两性交往规范与现在的情形大相径庭。

现实的社会建构

◇ 分析

1917年，意大利作家路伊吉·皮兰德娄（Luigi Pirandello）写了一部名为《诚实的快乐》（*The Pleasure of Honesty*）的戏剧。剧中的主人公安吉洛·鲍多维诺（Angelo Baldovino）才华横溢，人生阅历丰富。当安吉洛·鲍多维诺踏入伦尼（Rennie）豪宅时，他以一种奇特的开场白来介绍自己：

> 我们总在塑造自己。让我来解释一下为什么。当我一踏入这个家门，我就迅速变成我应该且能够表现出来的样子——这就是自我塑造。换言之，站在你们面前的我，取决于我期望与你们建立什么样的关系。当然，反过来你们也是如此。（1962：157-158）

安吉洛·鲍多维诺的自我介绍提示我们，尽管行为由地位与角色所主导，但我们依然能够塑造自我，决定不同场合中事件的发展。或者说，“现实”并非像我们所认为的那样一成不变。

现实的社会建构（social construction of reality）这个词语概括了人们通过社会互动，能动地塑造社会现实的过程。这个理念为第1章（“社会学的视野”）的符号互动视角奠定了基础。正如安吉洛·鲍多维诺所暗示的，在每个人的心中总有一小部分“现实”不那么明确，尤其是在陌生的环境中。因此，我们会根据情境与目的来呈现自我，并努力把握事态的发展。当他人也有类似反应时，“现实”便形成了。实际上，社会互动是一种复杂的协商过程，社会现实便在这种协商中构建起来。我们至少对大部分日常情境中正在发生的事件进行协商。但人们如何来看待事件的结果，则取决于其各自的背景、兴趣与意图。

◎ 在现实的构建中，调情是再平常不过的经历了。男女向对方做出浪漫的暗示，双方各自心领神会。然而，这种互动必须在暧昧而轻松的氛围中进行，以便于双方能够无所顾忌地及时脱身。

130 街头的烦恼

人们通常称之为街头烦恼（拦路虎）的现象，实际上就是构建社会现实的表现形式之一。在皮瑞·托马斯（Piri Thomas）的自传文学作品《走进阴暗的街道》(*Down These Mean Streets*）中，皮瑞·托马斯回忆了在西班牙黑人社区中的一次遭遇。傍晚，年轻的皮瑞·托马斯正在回家的路上，突然发现温科（Waneko, 当地帮派的头目）拦住了他的去路，自己被其手下包围了。

> “约翰尼·格林戈先生，你有什么要说的吗？”温科故作漫不经心地问道。
>
> 想清楚了，我对自己说道，一定得设法冲出他们的包围，我会没事的。“我想，作为第104大街的人，想必你们都听说过，”我停顿了一下，“许多街头帮派之所以能够取胜，靠的就是一拥而上，然后拳打脚踢。你们不是也想这样吧。”我希望这番话能迫使温科能够走出来与我单打独斗，以证明他自己不是以多欺少。但他脸上的表情没有丝毫的改变。
>
> “也许，我们并不这么看。”
>
> 中计了！我在心中暗自高兴，这个家伙乖乖地转进了我的圈套……
>
> “我当然不是指你，”我顺势答道，“在我们那儿，他们就是这么干的。”
>
> 温科开始有点不安，一声不吭。无疑，我的话语击中了他的软肋。他手下的喽啰们现在都将目光投向了我——与对我群起而攻之相比，他们倒更愿意我俩决一雌雄。“就按你说的做。”这是温科的回答。
>
> 我知道，我已经赢了。当然，还是有一场恶战等着我。但是，与其同时应付10个或更多的小混混，一对一的打斗要好得多。如果我输了，我肯定会被他们揍一顿；如果我赢了，也许仍不可避免地要被揍——意识到这一点，我接下来的措辞格外小心。“其实，我既不认识你，也不认识你的手下。但是，我觉得他们很了不起，一点也不像小流氓。”
>
> 当我提到“他们”的时候，故意把温科划到这个圈子之外。这样，温科被我成功地从他们中间剥离出来，而他手下的混混们就处于另一立场。因此，温科就不得不独自出来，接受我的挑战。对于他自己及其手下，这都是一种实力的证明。当然，他还得保住他的地盘。温科从门口的台阶上走了下来，问道：“单挑？格林戈？”（1967：56-57）

上述情境极具戏剧性——时而一触即发，时 131
而峰回路转。人们就是在这样的过程中能动地建构社会现实的。当然并非所有情境中每个人的身份都是平等的。假设在皮瑞与温科单挑时，警察驱车而至，那么这两个年轻人的恩怨估计得在监狱中才能了结。

托马斯定律

通过与黑帮首领温科的斗智斗勇，皮瑞·托马斯最终获得了整个帮派的认同。上述发生在西班牙裔及黑人社区的一幕，正是托马斯定律的鲜活再现。**托马斯定律** (Thomas theorem) 因其创始人 W.I. 托马斯（W.I.Thomas）而得名，是指假定真实的情境在其结果中也为真。

应用到社会互动中，托马斯定律则意味着：尽管社会现实由于其可塑性在初期具有一定的“弹性”，但最终它在结果上会逐渐趋于稳定或一致。如上所述，当地的帮派成员看到皮瑞·托马斯敢于挑战时，那么，在他们眼中皮瑞·托马斯就是值得尊敬的。

常人方法学

大多数时候，我们认为社会现实理应如此。为了更有益于了解我们所创造的世界，哈罗德·加芬克尔（Harold Garfinkel）在1967年首创了**常人方法学**（ethnomethodology），以研究人们是如何理解日常生活中的共同情境的。这种方法的前提认为，人们日常的行为互动主要依赖于一些共同的假定。比如，当你向某人提到“你好吗”这个简单的问题时，一般地，你只是想大致地了解这个人的近来情况如何，但也可能你的确想知道这个人是否有身心困扰或手头比较紧张。然而，对于被问者而言，他可不认为你会对他这些鸡毛蒜皮的小事感兴趣，你只不过是“客套”而已。

◎ 人们构建社会现实时会受到其所处文化的影响。也正是因为文化系统的差异性甚至相互冲突性，社会现实的构建通常不仅面临着各种选择，同时也矛盾重重。在土耳其，虽然大部分人口为穆斯林，信奉伊斯兰教，但也受到了西方文化的冲击。如图所示，看看宣传画中露骨的西方式的“女人味”，土耳其妇女性想必有着自己的想法。

有目的地打破常规这一法则，是揭示我们日常共同生活假定的方法之一。比如，当下次别人向你打招呼时，你就把你最近一次的体检结果一项项地告诉他，或者详细描述早上醒来之后你的种种遭遇，看看这个人的反应如何。同样地，为了试探谈话时人们所能忍受的最近距离，你也可以在对话过程中慢慢地向对方靠近，通过对方的反应来做出判断。

实际上，我们对日常互动的“游戏规则”都心里有数，因此上述行为的结果可想而知。对方极有可能会被我们的意外之举弄糊涂或被激怒，然而，对方的这种反应不仅让我们知道互动规则的具体内涵，也让我们明白这些规则对于日常现实的重要性。

现实的建构：阶层与文化

人们并不是空穴来风地构建日常的体验。在具体情境中，我们所看到的及其反应的一部分有赖于我们的兴趣。譬如，在繁星点点的夜晚仰望天空，恋人们会感受到浪漫，科学家们则会发现氢原子融合为氦气的过程。社会背景也会影响到我们所看到的，这也就是为什么西班牙黑人区的居民与曼哈顿的富有阶层相比，感受迥异的原因。

社会现实的构建在全球范围内差别更大。让我们来看看下面这些生活场景：在瑞典机场，人们通常会站在距离行李传送带 10 英尺的黄线之后，等待自己的行李，只有当看到自己的行李传送过来时才会上前提取；而在美国，认领行李的人们则会径直冲向传送器，斜着身子张望着等待行李的出现。在沙特阿拉伯，法律禁止妇女驾驶车辆，而这道禁令在美国则是闻所未闻。在美国，“短途步行”也就是穿越几个街区或是几分钟的路程；而在秘鲁的安第斯山脉，则意味着好几英里的山路。

关键在于，人们往往是根据自己身边的文化来构建社会现实的。第 3 章（“文化”）曾解释过，一些特定的姿势在不同的地域含义也不尽相同。因此缺乏经验的游客往往会陷入一种不受欢迎的，自己也不愿看到的境地。相似地，在一项大众文化的研究中，乔艾伦·夏夫利（JoEllen Shively，1992）分别向欧洲绅士、美洲土著男子放映同一部西方影片。结果发现，这两组受试者都宣称自己很喜欢这部影片，但原因各异。白人男子认为这部影片讴歌了西部开拓者及其征服自然的精神，而美洲土著男子则在这部影片中看到了一场土地与自然的庆典活动。正是迥异的文化背景，带来了他们对影片的不同看法。

除此之外，影片还对我们的现实生活发生着反作用。比如，2009 年一部名为《亚当》（*Adam*）的影片，讲述了一名身患阿斯伯格综合征的年轻人的磨难经历。这其实只不过是近年来改变大众对重症患者及其家人看法的力作之一。

拟剧论分析：“自我呈现” 132

◇ 分析

尔文·戈夫曼（Erving Goffman，1922—1982）是研究社会互动的另一位社会学家，他认为人们的日常互动就如同舞台上的角色扮演。假设我们以导演的角色来观察日常生活的舞台，实际上我们就在进行**拟剧论分析**（dramaturgical analysis）——从剧本角色扮演的角度来研究社会互动。

拟剧论为我们提供了关于地位与角色等相关概念的新视角。这里，地位就如同戏剧中的一部分，角色作为戏剧脚本，为剧中人物提供台词和动作。戈夫曼将每个人的“扮演”称为**自我呈现**（presentation of self），即个人努力在他人心中形成某种特定印象的过程。这个过程源于个人角色扮演的理念，故有时亦被称为印象管理（Goffman, 1959, 1967）。

角色扮演

当我们在各种生活情境中呈现自我时，我们会有意识（或无意识）地向他人透露某种信息。整个角色扮演通常包括如何穿着（即戏服），可利用的工具（即道具），及语调和姿势（即表演风格）。而且，我们会根据不同的场景（即舞台背景）来调整角色的扮演。譬如，在饭馆里我们可以开怀大笑，但进入教堂时我们会有意识地压低自己的声音。同时，人们也会通过设计种种舞台背景（如家庭或办公室），来引导他人给予我们期待的反应。

实例：医生的办公室

下面我们来看看，一名外科医生是如何运用其办公室向候诊的患者传达特定信息的。在美国，医生普遍享有较高的权威与声望，这一点从你踏入其办公室时就一目了然。首先，医生并不是随处可见的。即患者必须先经过戈夫曼称之为“前台”的一些场景或人物（如接待员、门卫等），再由这些“前台”人物决定患者在何时何地能见到医生。随意地往候诊室一瞥，通常会发现，患者们都一脸焦急地等待着被召唤至里面的诊疗室。毋庸置疑，在这里，医生及其属下掌握着主动权。

舞台的“后台”则由诊疗室及医生的私人办公室构成。当进入医生的私人办公室时，患者便会看到一大堆道具（如专业书籍、学位证书），让人觉得这个医生够专业。而医生往往端坐于办公桌之后，办公桌越大，则表明其权威越高；相比之下，患者通常仅被提供一把椅子而已。

医生的着装与言行则表露出更多的信息。白大褂（即戏服）虽然发挥着防止衣服变脏的实际功效，但更重要的，其社会功能在于让人一眼就能判断其职业；而脖子上的听诊器及手中的医学图（及更多的道具）也起到同样的作用。在交谈

资料来源：© 2002 David Sipress from cartoonbank.com,

中，医生常会用到深奥的术语——这虽然会令患者一头雾水，但也再次强调了医生的主导地位。最后，我们还可以发现，患者会对医务工作者使用“医生”这个尊称，而医生对患者则直呼其名，由此进一步表明了二者关系中医生的统治地位。显然，作为医生的角色行为只不过透露了以下信息：“我会帮助你，但你得听我的。”

非言语交流

小说家威廉·桑塞姆（William Sansom）在下文中描述了一位虚构的普里迪（Preedy）先生，一个在西班牙海滩度假的英国游客：

> 他刻意避开众人的目光。首先，他让可能的旅途陪伴者都明白，他与他们毫无干系。他直视着他们，眼神迷茫，好像海滩上空无一人。偶尔有球扔向他这边，他会颇感意外，随后不以为然地笑笑，自顾自地将球扔回去……
>
> 他收起沙滩浴巾和钱包，一并放到干净的防沙袋中（细心而又有条理的普里迪），然后站起来伸了个懒腰（大猫普里迪，像猫咪一样伸了懒腰），拎起身旁的拖鞋（总之，自由自在的普里迪）。（1956：230-231）

无需只言片语，普里迪先生已经向为之侧目的人表明了一切。这就是**非言语交流**（nonverbal communication）的过程，即主要通过肢体动作、姿势与面部表情而非语言来进行沟通。

人们通常会运用身体的各个部分（即肢体语言）来传达信息。面部表情是最重要，也是最典型的肢体语言之一。比如，微笑代表欢乐。我们还可以将其细分为友善的普里迪先生在沙滩上腼
133 腆的微笑、见到老友的不亦乐乎、打翻咖啡时愠怒而尴尬的笑容，以及赢得某个重要赛事后疲惫而满意的笑容。

眼神的交流是非言语交流的另一个重要组成部分。通常，我们会运用眼神邀请对方参与社会互动。有时，某人经过房间时的不经意一瞥，可能会引发一场热烈的讨论；相反，有意地躲开他人的目光则会阻碍交流。同时，我们的双手也会“说话”。在我们的社会中，手势一般都会夹杂着其他东西，传达诸如侮辱、要求搭顺风车、向某人发出加入团队邀请，或者命令他人止步。另外，姿势也是口头语言的补充。比如，作威胁状地指着某人，实际上是口头警告的一种加强。类似地，当我们说“我不知道”时，耸耸肩会更令人觉得你对此不感兴趣；当我们说出“赶紧啊”这个词时，并快速挥舞手臂，则是进一步催促对方行动。

身体语言与谎言

任何演员都知道，再完美的表演都可能有破绽。日常行为中，任何无意识的肢体语言都会泄露我们的真实想法。比如，一个男孩正在向母亲解释为何晚归，但他母亲却对其解释表示怀疑。因为男孩的目光躲闪，不敢正视母亲。电影明星在电视采访中声明自己在餐厅雅座里的丑闻“没什么大不了的”，可她紧张得发抖的双腿似乎说明“肯定还有别的什么”。由于非言语交流难以控制，因此它常常为我们破解谎言提供了线索。正如测谎仪所显示的，当一个人撒谎时，会出现呼吸急促、脉搏加速、出汗及血压上升等症状。

要想分辨假扮的行为往往很难，因为没有任何身体姿势能告诉我们这个人在撒谎。但是，由于任何行为都会包括较多的肢体语言，因此很少有人能够不露破绽地撒谎，从而引起细心的观察者的疑心。揭穿谎言的关键，在于观察整个过程中是否有前后矛盾的地方。

性别与角色扮演

相对于男性，由于女性在社会化过程中被认为是需要依赖他人的，所以她们对于肢体语言会更敏感。事实上，性别是决定个人行为表现的核心要素之一。

举止

举止，即我们行动和展现自我的方式，暗示了社会权力的大小。简单说，权力越大的人，行事越无拘无束。如果你是公司的老板，那么，给人脸色、拿腔拿调，或者将脚放到办公桌上都是可接受的；但反过来，如果你是员工，则不行。类似地，权力较大者可随时打断他人的谈话，而权力较小者则会通过保持安静来表示尊重（Smith-Lovin & Brody，1989；Henley，Hamilton

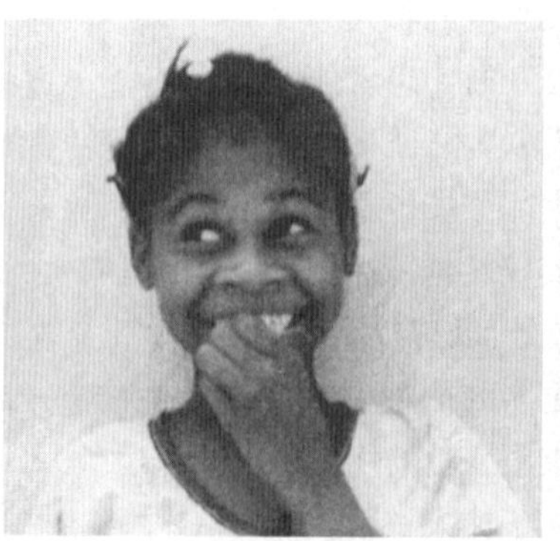

◎ 手势因文化差异而存在很大的不同。然而，世界各地的人们会通过窃喜、露齿微笑或嬉皮笑脸，来反映他们不以为然的态度。所以，在全世界各地，我们都可以看到人们在情不自禁地微笑。

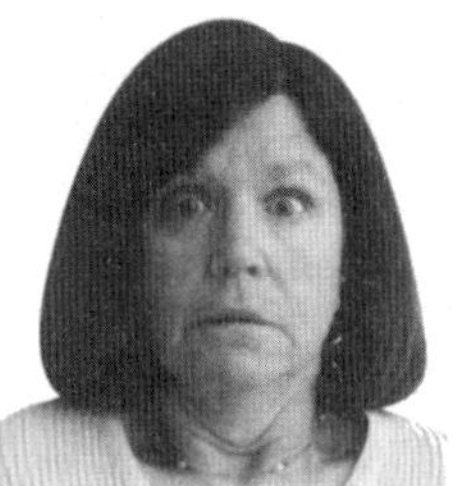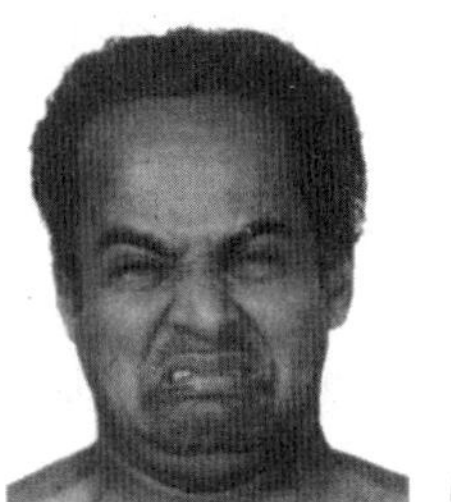

◎ 对大部分美国人而言，这些表情传达了愤怒、恐惧、厌恶、高兴、吃惊与悲伤等信息。世界上其他地方的人们是否也是这样定义表情的呢？研究发现，所有的人类都会以相同的方式向他们表达诸如上述的基本情感。但是，通过说明不同情境的含义，文化主要担负着激发某种情感的功能。

& Thorne，1992；C.Johnson，1994）。

通常女性在权力中占据相对弱势的地位，故举止也成为一个具有性别色彩的议题。正如第13章（“性别分层”）中将会提到的，在美国，39%的妇女从事文职或服务行业的工作，而其领导通常为男性。因此，在日常互动中，女性会比男性更注重自己的举止，表现出对男性的服从。

空间的运用

个人行为需要怎样的空间呢？权力在这里起了关键作用。你拥有的权力越大，你能占有的空间越多。通常，男性会比女性要求更多的空间，不论是在人面前踱来踱去，还是随意地坐在一张凳子上。为什么？我们的传统文化往往将“优雅”作为衡量女性的标准，即女性占有的空间越少越好；而男性则以“势力范围”作为评价标准，即男性能够控制的范围越大越好（Henley，Hamilton & Thorne，1992）。

不过，对两性而言，**个人空间**（personal space）都是指个体认为实际隐私的周围领域。在美国，人们谈话时一般会与对方保持几英尺的距离；而在整个中东，人们则会站得更近些。而且，男性（由于拥有更大的社会权力）常会侵入女性的空间。反过来，如果女性侵入男性的个人空间，则无疑是给男性发出性暗示。

134 直视、微笑与触摸

眼神的交流有利于互动。谈话时，女性会比男性进行更多的眼神交流。但是，男性有他们自己的眼神交流形式：直视（盯着你）。当男人直视女人时，通常是宣示着他们的社会统治地位以及将女性视为其性目标。

笑容常常表示欢乐，可有时候也是试图取悦他人或表示臣服的一种信号。就此而言，在男性占统治地位的社会中，女性要比男性笑的次数更多，这一现象就不难理解了。

相互的触摸，意味着亲密的关系与关心。除了较亲密的关系之外，触摸常常发生在男女之间（在我们的文化中极少会发生在男性之间）。在共同讨论病例时，男大夫轻拍女护士的肩头；穿越街道时，年轻男性会轻抵女性朋友的背部；男教练在教授滑雪技巧时，会手把手地向女学生演示。在上述行为中，触摸的初衷并不具有侵犯性，也不会引起对方的强烈反应，实际上它是一种宣称男性统治女性的微妙仪式。

理想化

在人们各种行为表现的背后，往往蕴含着众多复杂的动机。即便如此，戈夫曼仍建议我们从理想化的角度来构建我们的行为。即我们试图让他人（当然也包括我们自己）相信，我们的所作所为反映了理想的文化准则而非一己之利。

让我们重新回到医患互动中，看看理想化的具体表现。医院里，医生们通常具有所谓的“查房”的举动。当进入患者的病房后，医生伫立于患者的床头，默不作声地阅读患者的检查结果。随后，医生与患者之间会有一个简短的对话。理想状态下，上述过程还应包括医生对患者的身体检查。

然而，在现实中并非总是如此完美。一名医生可能在一天中需要察访数十个患者，因而不太可能记得每个病患的具体情况。所以，阅读检查结果只不过是让医生回想起患者的姓名和病情，显然，医疗照顾的这种非个性化也破坏了文化中对于“医生应该关注每一个人的健康”的要求。

无论是医生、教授，还是其他的专业人员都将其职业选择的动机理想化。比如，其工作会被形容为“为社会作贡献”、“帮助他人”、“服务社区”，甚至是“响应上帝的召唤”。而他们却很少承认更普遍的、“光环”更少的职业选择动机——这些职位所带来的财富、权力、声望及闲暇时光。

在日常生活中，我们会不同程度地运用理想化过程。当面对自己很讨厌的人时，是否还得以礼相待？类似的欺骗伎俩在生活中随处可见。即使我们怀疑他人行为的虚假性，有时候也不愿拆穿。具体原因将在下面探讨。

窘迫与机智

无论人们对自己的行为是多么小心翼翼，仍不可避免地会遇到窘境。譬如：知名的演说家在校园巡讲时不断地念错了学校的名字；总教练准备在赛季末庆功会上致辞时却没意识到餐巾仍挂在脖子里；迟到的学生浑身湿透地跑进教室，引起其他学生侧目。造成的后果就是窘迫——一种因弄糟的行为而导致的不舒服感，戈夫曼称之为“丢脸”。

经过理想化的行为通常会隐含一些虚假的行为，因此陷入窘境总是存在一定的危险性（或意味着随时可能被拆穿）。而且，大部分行为之所以能够进行下去，需要多方面的配合甚至是欺骗，故一时粗心有可能带来的是功亏一篑。

然而，一个有趣的事实是作为“观众”的我们常会忽视行为表演中的缺陷，以免让“演员”陷入尴尬的境地。我们可以直接指明某人的错误（比如，“对不起，你裤子的拉链开了！”），但我们宁可委婉地给予提示，以帮助对方避免陷入更尴尬的局面。在安徒生的童话《皇帝的新装》中，走在游行队伍中的皇帝一丝不挂的真相被一个小男孩一语道破。要在如今，这个小男孩肯定会被训斥，并认为此乃不礼貌之举。

通常，在实际生活中，作为“观众”的成员会帮助“表演者”掩盖有漏洞的演出，使之继续下去。那么，现场的机智就相当于帮助某人“挽回面子”。譬如，某位貌似权威的专家发表了不合时宜且错误的言论，现场的观众可能会机智地略过这段论述，就像他从未讲过这番话，或者对此一笑而过。或者，现场的观众只是说道“我知道你本意并非如此”——表明自己确实听到了，但认为没必要中断这次演讲。正是意识到这一点，我们就不难理解林肯的一句名言：“机智是 135
一种描述他人如何看待自己的能力。”

为什么机智在现实生活中如此普遍？因为，陷入窘境不仅令“表演者”不舒服，对于在场的其他人也是如此。就如同演员忘记台词时台下的观众会着急一样，当看到他人笨拙的行为表演时，人们就会联想到自己在生活中的行为也不会有多高明。社会中所构建的现实，其作用好比挡住咆哮海水的大堤——当一个社会成员的行为造成了漏洞，其他成员会立马帮忙修补。毕竟，在构建现实的过程中每个成员都肩负责任，没人愿意看到其坍塌。

总之，戈夫曼的研究表明，尽管行为在某些方面是无意识的，但它远比我们所认为的有规律。四个世纪以前，莎士比亚已经在其经典的文字中有过类似领悟，让我们至今记忆犹新：

> 整个世界是个大舞台，
> 所有的男男女女不过是些表演者；
> 你方唱罢我登台；
> 每个人在其一生中扮演着不同的角色。
> ——《皆大欢喜》（*As You Like It*，第 2 场，第 7 幕）

日常生活中的互动：三种实际应用

◇ 应用

在本章的最后部分，通过具体分析日常生活的三个方面，即情绪、语言与幽默，向大家阐明社会互动的要素。

情绪：情感的社会构建

情绪（更习惯称之为情感）在人类的日常生

活中扮演着重要的角色。实际上，我们的所作所为反而没有我们的感受影响力大。情绪看起来很私人化，因为它们是“内在的”。即便如此，它依然引导我们的情感生活，就像社会引导我们的行为一样。

情绪的生物性

通过一项对全世界人类的研究，保罗·艾克曼（Paul Ekman，1980a，1980b）总结出六种世界各地的人们的基本情绪：高兴、悲伤、愤怒、恐惧、厌恶与吃惊。同时还发现，世界各地的人们用以表达上述情绪的表情基本相同。他认为，这主要是某些情绪反应已经“根植”于人类，即这些反应在我们的面部特征、肌肉组织及中枢神经系统中是“既定程序”。

原因何在？纵观人类的进化过程，情绪的确具有生物本能性的根基，但它们更发挥着一种社会功能：维持集体生活。情绪能够让我们克服私心，建立与他人的联系。这样，情绪的地位随着文化力量的提升而凸显出来（Turner，2000）。

情绪的文化性

不管怎样，文化确实在引导人类情绪的方面扮演着重要角色。艾克曼认为，首先，文化明确了究竟是什么引发情绪反应。无论人们将与老友的分离视为乐事（激发幸福感）、侮辱（带来愤怒感）、怅然所失（带来悲伤感）或者匪夷所思（令人吃惊与敬畏），这一切都与文化息息相关。其次，文化为情绪的表达提供规范。比如，大部分美国人认为，就情绪表达方面而言，面对自己的家人比面对同事更加放松。相似地，我们通常期望孩子能够向父母敞开心扉，可父母却倾向于在孩子面前隐瞒自己的某些情绪。再次，文化引导我们如何看待情绪。有些社会鼓励情绪的表达，而有些社会则要求其成员克制情绪、“三缄其口”。性别在其中也扮演着重要角色。至少，在传统上，许多文化认为女性更容易流露情绪，但若男性也“多愁善感”则被认为是软弱的标志，是不被社会所鼓励的。当然，某些文化中，这种模式没有如此明显，甚至是完全颠倒的。

◎ 许多人都认为，情绪只不过是生物外壳的表现形式之一而已。诚然，人类的情绪有其生物基础，但社会学家却认为隐藏在情绪背后的东西受到文化的影响——情绪会随着时空与对象的不同而表现各异。例如，许多工作不仅规定员工的行为，还要求他们呈现出某些特定的情绪反应，正如在飞机上我们可以看到微笑服务的空乘人员。请想想，还有哪些行业对员工也有类似的要求？

工作中的情绪

在美国，与工作状态相比，大多数人在家中更能自如地表达他们的感受。阿里·拉塞尔·罗斯柴尔德（Arlie Russell Hochschild，1979，1983）认为，原因是一般的公司试图控制的不仅是员工的行为，还包括他们的情绪感受。让我们来看看以下场景：飞机上，空姐微笑着为乘客提供饮料。或许，这种微笑是为乘客服务时发自内心的喜悦，但是罗斯柴尔德却得出截然不同的结论： *136* 这种微笑，只不过是航空公司要求其员工所应有的工作态度。因而，我们可以发现，戈夫曼所描述的“自我呈现”不仅包括表层的行为，还包括情绪的“深层活动”。

了解上述模式之后，我们就不难理解构建社会所认可的情绪，并将此作为日常现实的过程之一，社会学家称之为“印象管理”。在第155页“争鸣与辩论”专栏中，讲述了决定堕胎的妇女的特殊情感经历，其中，对中止妊娠的个人看法起着决定性作用。

语言：性别的社会建构

正如第 3 章（“文化”）所阐明的，语言是将一个社会成员植入我们称之为文化的符号网络的桥梁。语言的交流并不仅仅停留在表面，还包含着更深层次的含义。性别就是这么一个深层面的体现。无论是在权力，还是价值观上，语言对男女两性的界定都有所不同（Henley，Hamilton & Thorne，1992；Thorne，Kramarae & Henley，1983）。

语言与权力

一个年轻人颇为得意地骑着他的新摩托，边超赶他的同伴边炫耀道：“难道她不是很漂亮吗？”表面上，这个问题与性别一点关系也没有。然而，为什么这个小伙子用“她”来指称自己的摩托车呢？

答案在于，男性通常运用语言来建立自己对周围事物的控制。一名男性之所以将摩托车（或轿车、轮船及其他物品）冠以女性意味的代词，是因为这样能够反映其对事物的所有权。或许，这也解释了为什么在美国及世界其他地区的妇女传统上婚后会改用其丈夫的姓氏。由于当今许多已婚妇女十分重视自身的独立性，她们（现约 7% 的妇女）越来越倾向于保留自己的姓氏，或将两个家族的姓氏结合起来 (Gooding & Kreider, 2010)。

语言与价值观

通常，英语作为一门语言具有典型的男性特质，无论什么词汇都体现了更宏观的价值观、力量及重要性。比如，单词“virtuous”的意思是“有道德的”或“出色的”，源于拉丁文“vir”，意为“男性”；而形容词“hysterical”的意思是“歇斯底里的”，则源于希腊文“hystera”，意为“子宫”。

在我们所熟悉的许多方式上，语言赋予了两性迥异的价值观。传统的男性词汇（如“国王”与“贵族”），都具有阳性的含义；而其对应的词汇（如“皇后”、“女士”、“夫人”）则具有阴性的含义。相似地，运用后缀“-ette”与“-ess”来表示女性，这种做法常会使派生词的重要性降低。比如，男指挥“major”通常比女指挥“majorette”的地位高。这种类似的关系在男主人“host”与女主人“hostess”、男教师“master”与女教师“mistress”等词汇中都可以体现出来。语言既是社会态度的一面镜子，反过来又起到了强化的作用。

如果考虑到性别在日常生活中的重要性，我们也许就不会惊讶为何男女双方在沟通时存在一定的问题。在第 157 页“焦点中的社会学”专栏中，哈罗德与希碧夫妇——我们曾在开篇时提到过，他们运气不佳，未能及时找到朋友家——反过来，这次遭遇也向我们展示了两性看起来讲着多么不同的语言。

现实的运转：幽默的社会建构 137

幽默在日常生活中发挥着重要作用。每个人听到笑话都会开怀大笑，但很少有人去仔细想想究竟是什么让某些东西更有趣。我们可以运用本章中衍生的众多观点来解释，人们是如何利用幽默来“玩转”社会现实的（Macionis，1987）。

幽默的基础

幽默是社会现实建构的产物。当人们创造出两种截然不同的事实并将之对比时，幽默就出现了。通常说来，一种社会事实是“司空见惯”的，即人们在特定的情境下所期望发生的；而另一种社会事实则是“不合惯例”的，即对既有文化模式的不期然违反。因而，幽默来源于对同一种情境的不同界定，这些界定相互矛盾、模棱两可或者具有双重含义。

要想搭配各种社会事实，以达到幽默的效果，方法不计其数。你会发现，在下列语言环境中容易形成事实间的对比效果：前后矛盾的陈述，如“怀旧并不是曾经的定义”（Nostalgia is not what it used to be）；自我重复的陈述，如尤吉·贝拉（Yogi Berra）的诗文“随处又是似曾相识的感觉”（It's *déjà vu* all over again）；或者，语言的混搭，如奥斯卡·王尔德（Oscar Wilde）的台词“工作是对嗜酒者的紧箍咒”（Work is the curse of the drinking class）。甚至是音节上的稍许

争鸣与辩论

情绪管理：妇女堕胎经历

丽兹：我就是不能怀孕！我明天就去医院堕胎。

珍：我真是不敢相信，丽兹，你怎么能这么做！想想看，假设这个孩子活下来了，若干年后你对自己现在的所作所为怎么看？

如今，很少有什么话题能像堕胎这样引发众多争议。在一项有关女性堕胎经历的研究中，社会学者詹尼弗·凯伊（Jennifer Keys，2002）发现：情感的潜规则引导着女性对终止妊娠的看法。

詹尼弗·凯伊认为，政治上的正义催生了情感的潜规则。反堕胎运动将堕胎视为个人的悲剧，是"对未出生儿童的谋杀"。既然堕胎被如此定义，那么，通过堕胎来终止妊娠的妇女就大错特错，她们将会为此而感到悲伤、内疚及遗憾。在这种立场的施压下，一些妇女不堪这些情感的重压而纷纷患上"堕胎综合征"。

而对堕胎持肯定态度的人们则有着截然不同的观点。在他们看来，妇女遭遇的是意外怀孕，而堕胎则是可以接受的医疗补救办法。因此，终止妊娠的妇女感到的不应是内疚、而是解脱。

在詹尼弗·凯伊的研究中，她对40名最近有过堕胎经历的女性进行了深度访谈，发现无论被访者对于堕胎的态度如何，上述理解都会影响被访者在整个过程中的感受。诚然，这种对现实的理解反映了当事人自身对堕胎的看法。但同时，这些女性的伴侣和朋友则会明显地强化她们对此事件的特定感受。比如，本次研究中有一名叫做艾伊的年轻女性，她的一个好朋友也怀孕了。当这个朋友了解到艾伊的状况后，她兴奋地大叫道："恭喜你啊！我们将会一起做妈妈了！"这些话建立了一个"情感法则"——怀孕是件好事，同时也传达给艾伊一个信息——如果艾伊打算堕胎的话，她会感到内疚。而在相反的情况中，乔的男友则被她怀孕的消息吓坏了。他认为，自己还不具备做一名父亲的能力，因此不假思索地脱口而出："我宁可一把枪顶着我的脑袋，也不愿要这个孩子。"他的这种恐慌不仅意味着将怀孕定性为错误的，同时也是对乔一种警告。显然，从男友的反应中，我们可以看到，决定堕胎意味着从一个严重的问题中解脱出来。

通过运用某些特定的词汇，医务工作者对女性堕胎的这一现实构建也发挥着影响力。交谈时使用"孩子"（baby）这个词的医生及护士往往会促使患者形成反堕胎的立场，并引发悲伤、内疚等情绪体验。相反，如果他们使用诸如"妊娠组织"、"胎儿"或"子宫容纳物"等词语，则会促使患者倾向于人工流产的立场，并将其视为一项减轻痛苦的小手术。奥利维亚开始使用从医生那儿听来的术语"胚胎的产物"来形容怀孕，而丹尼斯则将堕胎的过程描述为："将多余的细胞从

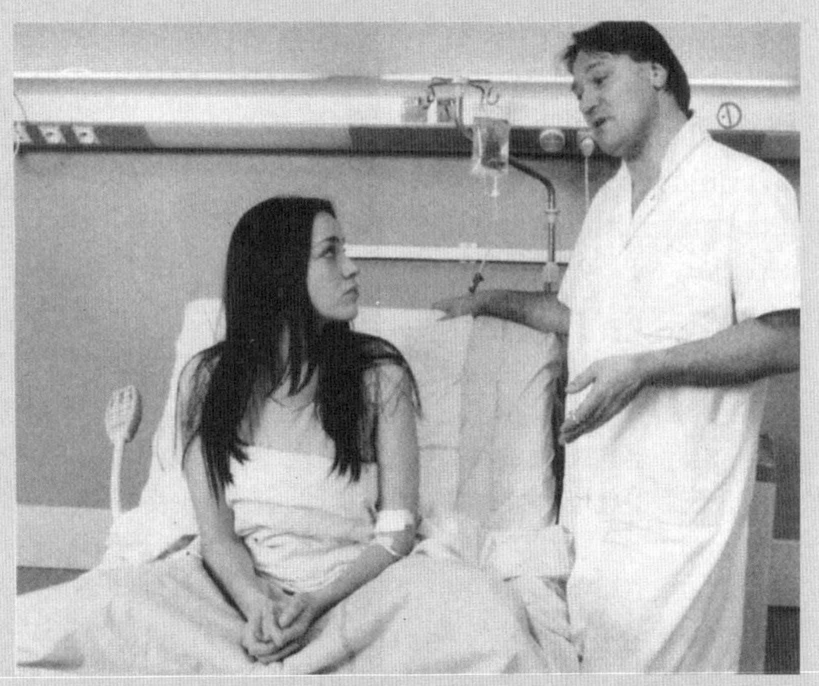

◎ 医生和护士针对女性堕胎所使用的词汇可以在一定程度上左右着患者的情绪体验。

我身体里拿走。不得不承认，当想到这是一个生命的时候，我确实有些难过，可我浑身都是有生命的呀，有成千上万个细胞组织呢。”

人工流产后，大多数妇女都反映自己会主动地调整情绪。艾伊解释道：“我从来不用‘孩子’这个词。我不断地告诉自己，它还没成形呢。那里什么都没有。我必须牢牢记住这一点。”另一方面，詹尼弗·凯伊发现，只要是持有反对堕胎立场的被访者都会用到“孩子”这个词。吉纳解释说：“我确实把它看做是一个孩子。事实的真相是，我扼杀了我孩子的生命……一想到这个，就让我悲伤不已。但是，看看我所做的，也许我更应该内疚。”换言之，由于吉纳认为自己的所作所为是错误的，因此她会主动地唤起内心的愧疚感，以此作为对自己的部分惩罚——这是詹尼弗·凯伊对其反应的总结。

你怎么想？

1.请用自己的语言概括，什么是“情感潜规则”。

2.试用“潜规则引导的情感”来解释结婚这种情感体验。

3.通过本文的讨论，我们的情感并非像我们所认为的那般个人化，你认为这个说法有道理吗？

转换，也能达到同样的效果。正如在乡村民谣中所唱到的：... I'd Rather Have a Bottle in Front of Me than a Frontal Lobotomy。这句歌词如果直译，就没有了音节转换所带来的幽默感。

当然，制造一个笑话也可以反其道而行之。这样，当听众被引导着期望一个非同寻常的答案时，往往却得到了极其普通的一个。比如，某位记者采访了臭名昭著的大盗威利·萨顿（Willy Sutton），问到其抢劫银行的原因，他干巴巴地回答道，“因为那是金钱的老家”。所以，无论笑话是如何制造出来的，只要关于事实的两种定义的差异越明显，则幽默的效果越好。

在讲述笑话时，喜剧演员会使用不同的技巧来强化这种反差，使得笑话更加有趣。常用的技巧有：首先，将“司空见惯”的事实以与另一个演员谈论的形式描述出来，然后转向听众（或摄像机）来传达第二个“出乎意料”的台词。在马克斯兄弟（Marx Brother）的电影中，格鲁乔·马克斯（Groucho）评论道：“除了狗之外，书籍是人类最好的朋友。”随后，他提高嗓门，把目光投向摄像机，补充道：“但在狗肚子里，太黑了，以至于啥也不能读！”如此“转换方向”无疑增强了两种社会事实的反差。按照同样的逻辑，唱独角戏的喜剧演员会通过“但严肃地来讲，各位……”这种笑话中的插科打诨，把对正常情况的期待“重新植入”听众的心中。

喜剧演员通常会非常留意他们的表演行为——恰到好处的语言及“抖包袱”时机的把握。如果喜剧演员在事实之间制造的反差越明显，那么笑话就越有趣；相反，不注重上述细节，则会使笑话索然无味。正是由于幽默的关键在于社会事实之间的碰撞，所以我们可以明白为什么笑话的高潮部分被称为“点睛之笔”。

幽默动力学：“明白！” 138

在某人给你讲完一个笑话后，你是否也曾经不得不承认：“我还没明白呢？”为了“明白”幽默，你必须对司空见惯的与不合常规的社会事实都有所了解，这样才能够领会到它们之间的差别。如果一个喜剧演员遗漏了某些重要信息，那么这个笑话可能就无法达到预期的效果。在这种情况下，作为听者，就不得不高度关注这个笑话中已经提到的要点，然后靠自己的努力将缺失的部分填充进去。我们来看一个简单的例子：电影制片人哈尔·罗奇（Hal Roach）在其百岁寿诞的聚会上曾做过如此评论：“如果我早知道自己能活到 100 岁的话，我应该更加好好地照顾自己！”这里，是否明白这个笑话，取决于是否意识到：为了能够活到 100 岁，罗奇本应该加倍呵护自己。或者，就像我 94 岁的老父亲经常说的：“到我这个年纪，绿香蕉都不用买了！”其实，没人知道他还能活多久，我们只不过是想着赶紧“结束”这个玩笑。

这里还有一个更为复杂的笑话：如果你同时

性别与语言："你就是不理解！"

焦点中的社会学

在本章的开篇故事中，哈罗德与希碧的遭遇对于许多人而言再真实不过了：当他们迷路时，男人宁愿自责或埋怨其伴侣，而不愿问路。如果换位思考，女性就不难理解为什么男性在需要帮助时却还将其拒之千里。

黛博拉·坦纳（Deborah Tannen，1990）认为，男性普遍地将生活中的大多数遭遇视为竞争性活动。所以，迷路已经够糟糕了，而问路则只会让其他人有机会"表现"。相反，由于女性在传统上一直处于附属地位，对她们而言，向他人求助并非难事。坦纳甚至指出，女性有时候会在并不需要时向他人寻求帮助。

另一个与性别相关的类似问题，则是夫妇们在日常生活中常会遇到的——男性称之为"唠叨"、女性认为自己在"试图有所帮助"的状况。仔细看看下面的对话（Adapted from Adler，1990：74）

希碧：怎么了，亲爱的？

哈罗德：没什么……

希碧：你一定有什么烦心事，我能感觉得出来。

哈罗德：我跟你说过了，什么事也没有。让我一个人待会儿。

希碧：可我看得出来肯定有问题……

哈罗德：好吧。那么，为什么你就认为有问题呢？

希碧：嗯，首先，你看，你的衬衫上全是血。

哈罗德：（有些不耐烦）哦，你别烦我了。

希碧：（忍无可忍）好吧，可它确实让我不舒服！

哈罗德：（起身离开）那我去换件衬衫好了。

这里的问题在于，一方言语中所透露的意图并没有完全被对方所理解。对希碧而言，她刚开始的询问，实际上是希望解决问题的一种努力。她能够发现哈罗德有些不对劲（除草时他的手受伤了），并希望帮助他。但是，哈罗德却认为希碧指出问题就意味着对自己的轻视，并且试图打断谈话。而希碧则不断地提醒自己，哈罗德如果明白她是一片好意，他的态度就会更积极些。双方的互动陷入了一种恶性循环——由于哈罗德感到妻子认为自己不能照顾自己，故采取不合作的态度；反过来，这种不合作的态度又使得希碧更加确信自己不能袖手旁观。双方就这么僵持着，直到有一方被激怒。

最终，哈罗德虽然同意去换衬衫，但仍然拒绝讨论最根本的问题。由于认定他的妻子在"唠叨"，哈罗德宁可独处。对希碧而言，她不能从丈夫的角度来看待问题，只得悻悻走开，并认为哈罗德是个不识好歹的家伙。

加入博客讨论吧！

可能你已经意识到，男女在交流时存在着诸多差异。欢迎登录MySoclab，加入"焦点中社会学"博客，分享你的观点和经历，并看看别人是怎么想的。

遇到一个失眠症患者、诵读困难症患者和不可知论者，你能联想到什么？答案是：一个人整夜不眠，怀疑附近有狗。要明白这个答案，你必须了解到：失眠症是指睡眠方面的障碍，诵读困难症则会让人把词语中的字母颠倒过来看，而不可知论者则怀疑上帝的存在。

为什么喜剧演员会让其听众做诸如上述的努力来理解一个笑话呢？原因在于，要想"明白"一个笑话，我们就得拼凑其所需要的所有碎片——而在此过程中我们会不断地获得一些乐趣。获得的乐趣越多，我们就越能享受这个笑话。另外，相对于那些无法"明白"某个笑话的人而言，“明白”这个笑话使得你成为“自己人”。我们都曾经遇到过因不理解某个笑话而带来的挫败感：担心自己被认为是蠢笨的，同时还伴有一种因不能分享笑话的乐趣而产生的被排斥感。有时候，人们也会非常有技巧地解释某个笑话，以免对方有被忽视的感觉。但是，老话说得好，如果一个笑话还得被解释得清清楚楚，那么它就不是那么好笑了。

幽默的话题

世界各地的人们，有时会心一笑，有时开怀大笑，使幽默成为人类文化中的基本元素之一。但由于全球的人们生活在不同的文化氛围中，幽默很少能够“放之四海而皆准”。

> 10月1日，日本横滨。你能够与居住在地球另一端的人们分享笑话吗？晚餐时，我让两个日本女学生给我讲个笑话。“你知道‘蜡笔’吗？”其中一个问道。我点点头。“你在日本怎么能找
> 139 到一根蜡笔？”我表示不知道。当她看到我的反应，特别是当说到什么东西听起来像“蜡笔、蜡笔”时，她禁不住大笑起来。她的同伴也跟着笑起来。而我和我的妻子则绷着脸，尴尬地坐在一旁。在她给我们解释了日语“给我”的发音听起来与“蜡笔”的发音非常相像之后，我的脸上才勉强挤出了一点笑容。

日本人认为幽默的东西，对中国人、伊拉克人或者美国人则不尽然。甚至一个国家的社会差异，也意味着不同类型的人们会在不同情境下发现幽默。美国新英格兰人、南部人及西部人有着各自独特的幽默，这种情形对于诸如拉美裔与北欧裔（种族差异）、15岁的少年与50岁的中年人（年龄差异）、华尔街的银行家与放牧人（职业差异），也是一样的道理。

但对每个人而言，具有双重含义或争议的话题常常会带来幽默。在美国，我们大多数人刚开始听到的笑话是关于孩提时的身体功能的，而孩子们并不以此为乐。然而，对“隐秘行为”甚至某个特定身体部位的简单提及，都会令孩子们开心不已。

那么，是否存在能够跨越文化鸿沟的笑话呢？答案是肯定的，但它们必须涉及人类的普遍体验，比如，拿朋友当垫背的。

> 我想起了许多笑话，但似乎没有一个有效果。对我们文化知之甚少的人，要想理解关于美国的笑话并非易事。是否有更具普遍性，大家都能接受的笑话呢？这里有个不错的小笑话：两个人正在树林里走着，突然遇到了一只大黑熊。其中的一个家伙迅速蹲下身去并系紧了跑鞋的鞋带。“杰克，”他的同伴说道，“你在干吗呢？你没这只熊跑得快！”“我不必比这只熊跑得快，”杰克答道，“但我必须跑得比你快！”闻者大笑。

在幽默中所发现的争议常常游走在“有趣”与“病态”之间。中世纪时，人们使用幽默一词（源于拉丁词“Humidus”，“潮湿”的意思），意指调整人体健康的体液平衡。现代研究者也有证据证明，幽默在减压和提高免疫力等方面的作用，正应了那句老话“笑一笑，十年少”（Bakalar，2005；Svebak，cited in M.Elias，2007）。近期一项关于癌症病人的研究显示，越具有幽默感的病人存活率越高。然而，在极端情况下，那些不拘泥于习俗的人们也会冒着被认为是越轨者（放荡不羁）或有精神病的风险（毕竟，在我们心中早已形成了一种刻板印象：只有精神病患者才会恣无忌惮地大笑，而且精神病院长久以来就因“怪笑农场”而著称）。

因此，在每个社会集团中，某些特定的话题由于太过敏感而不能作为笑料谈论。当然，你仍然可以拿这些话题来开玩笑，但很可能被批评这个笑话很“病态”（或自己被贴上“病态”的标签）。人们的宗教信仰、悲惨事件或者惨绝人寰的犯罪行径都是病态笑话的来源，或者根本都不好笑。即使是在2001年的“9·11”恐怖事件发生五年之后，也没有任何关于遇害者的笑话。

幽默的功能

幽默之所以随处可见，是因为它对潜在的破坏性情绪起到安全阀的作用。换言之，幽默提供了一种相对轻松的方式来讨论某些敏感话题。即使是无意中谈论到有争议的问题，人们只需说一句“我什么也没说——只是开个玩笑而已”就用幽默化解了这种尴尬的局面。

人们也常常用幽默来缓解不自在的情境所带

来的紧张情绪。一项医学调查研究显示，大部分患者都试图与医生开开玩笑，以此自我放松。

幽默与冲突

幽默可能是欢乐的来源，但也能被用以奚落他人。譬如，与女性开玩笑的男性常在言谈中表现出某种性别歧视（Powell & Paton, 1998; Benokraitis & Feagin, 1995）。类似地，关于同性恋者的笑话也暴露了性取向。当一个（或双方）党派不愿将冲突公开化时，真正的冲突会以幽默为伪装表现出来（Primeggia & Varacalli, 1990）。

"打击式"的笑话可能以牺牲他人为代价，从而使某类人感觉愉悦。通过搜集与分析来自多个社会的笑话素材，克里斯蒂·戴维斯（Christie Davies，1990）坚信：在当今大多数世界中，种族冲突是潜藏在幽默背后的驱动力。典型的种族式笑话在取笑弱势群体时，也令笑话的叙述者感到高高在上。如果我们考虑到美国社会的盎格鲁—撒克逊传统，就会发现波兰裔及其他少数族群长期以来一直是美式笑话的嘲弄对象。同样地，加拿大东部的纽芬兰人、苏格兰的爱尔兰人、印度的锡克教徒、德国的土耳其人、尼日利亚的豪萨人及伊拉克的库尔德人，也同样处于这种尴尬的境地。

处于弱势地位的人群也会开强势人群的玩笑，但会小心翼翼。美国女性会取笑男性，就像非裔美国人以取笑白人为乐、穷人以取笑富人为乐。综观全世界，人们会在领导身上寻开心。在一些国家，某些职员甚至因玩笑开过了火、对领导不敬而被拘捕（Speier，1998）。

总之，幽默远比我们想象的重要。实际上，它是帮助我们从常规世界中获得精神解脱的一种方式（Flaherty，1984，1990; Yoels & Clair，1995）。因而，就不难解释为什么我们国家的喜剧演员大部分来源于历史上的边缘性阶层，包括犹太人、非裔美国人。只要保持幽默感，我们就可以宣告自身的自由而非现实的奴隶。面露微笑，能够让我们满怀信心地改善自我和这个世界，哪怕是一点点的努力。

◎ 由于幽默往往涉及对现有惯例的挑衅，美国大多数的喜剧演员[包括乔治·洛佩兹(George Lopez)]都只是社会的"旁观者"—— 他们出身卑微，多为有色人种或少数民族的后裔。

第6章 日常生活中的社会互动

我们如何建构起我们经历的现实？

莎士比亚曾感叹“世界是个大舞台”，本章就给出了有力证明。而且，倘若如此，那么互联网则是迄今为止最新，也是最宏伟的舞台。正如戈夫曼所阐明的，当我们使用诸如脸谱网（Facebook）之类的网站时，我们正是按照自己期望留给他人的形象来进行自我呈现的。无论是我们所写下的自身的每个故事，还是网页的版面设计，都会给任何想要“搜索我们”的看客留下印象。看看以下Facebook的一个网页，仔细观察每个细节。这个小伙子明显地想给我们留下什么印象？你从“字里行间”又能发现什么？换言之，是否有某些信息——这个小伙子试图隐瞒，但却被你发现了？或者，至少是他避而不谈的？你认为，他的“自我呈现”的可信度有多高？看看下页中的一个年轻姑娘的Facebook网页，试做同样的分析。

提示

几乎自我呈现中的每个细节都会向他人透露我们自身的信息，因此，在网站上搜集到的所有信息（如下图）都是至关重要的。有些信息是刻意安排的，譬如，人们写下的文字和精心挑选后上传的照片。而有些信息则可能是无意识的，但是会被某个细心的访问者所发现。

- 个人档案的长度与风格（是不是列了一长串的个人特长及成就呢？或者，标榜自己幽默又谦逊？）。
- 所使用的语言（糟糕的语法可能表明此人的文化程度不高）。
- 撰写个人档案的具体时间段。在白天还是晚上？（如果一个人在周六晚上11点还在修改其个人档案，他就不可能是如自己所标榜的派对动物）。

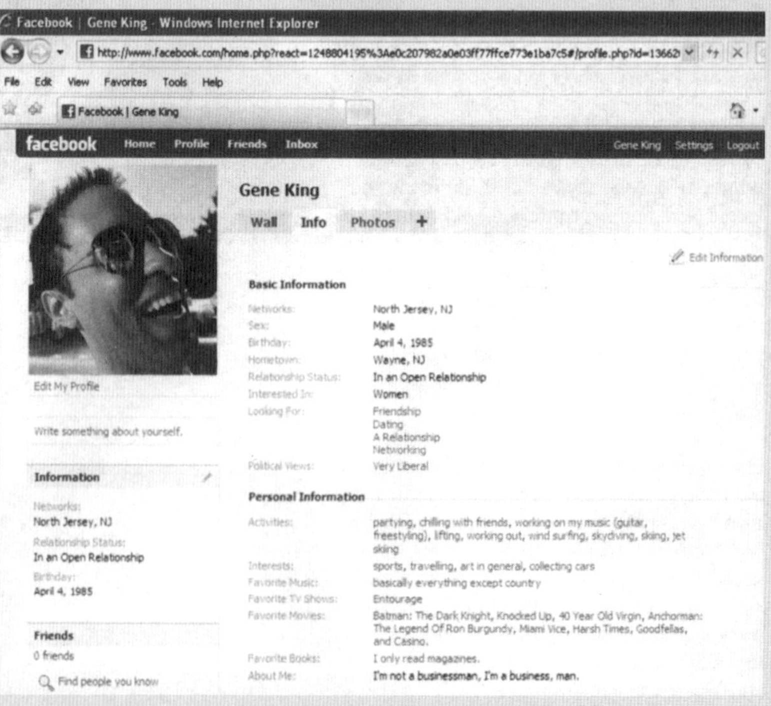

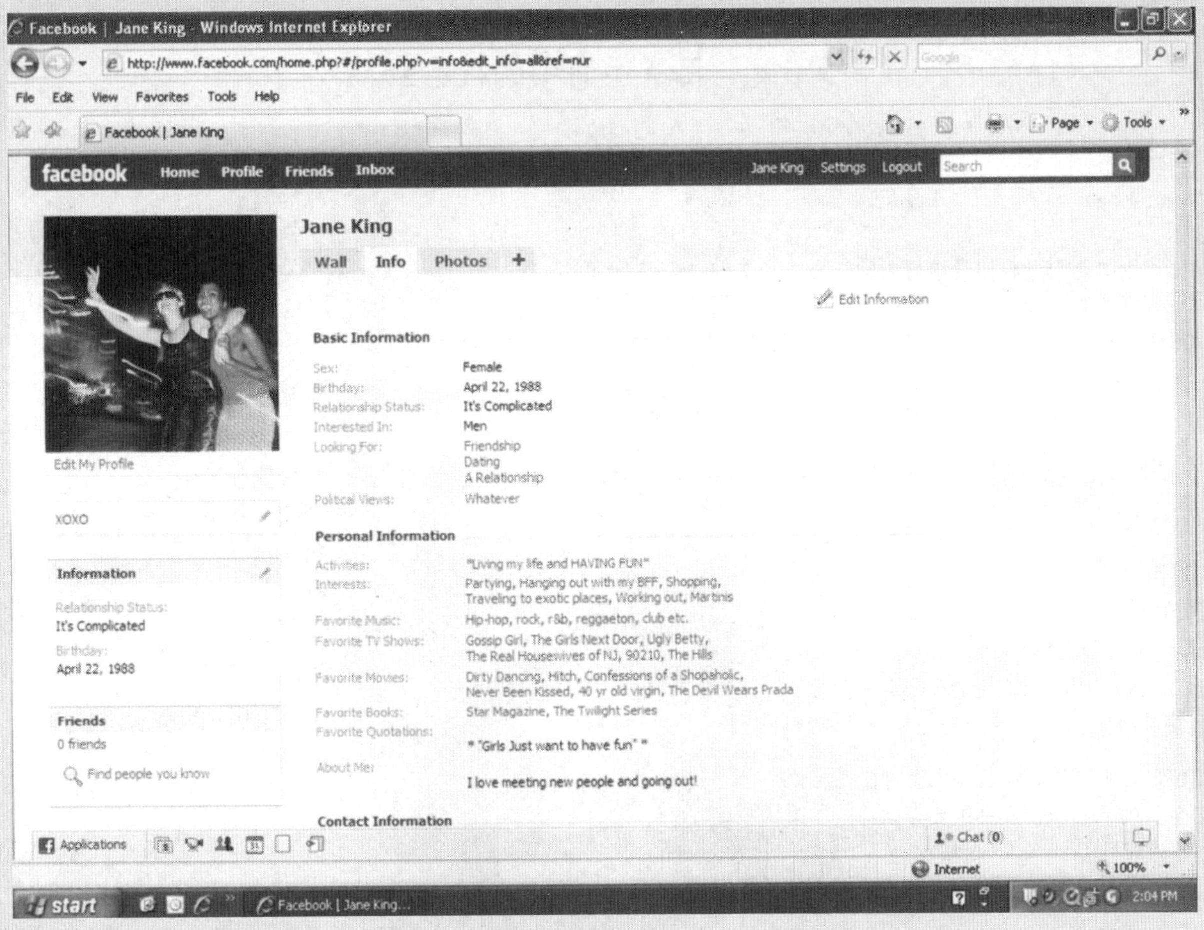

从你的日常生活中发现社会学

1. 试列举你向他人“自我呈现”的五种重要方法。比如，如何装扮自己的房间，如何衣着，或在教室里如何行为。请思考，在每种情境中你试图向自己传达哪些信息？面对不同的对象（如朋友、教授、父母）时，你是不是表现出了不同的自己？如果是这样的，请说明原因。
2. 在接下来的一整天里，当有人问及“你好啊？”“最近怎么样啊？”时，你试着一五一十地说出自己的实际情况。那么，你如实地回答一个礼貌性的问候时，看看会发生什么？仔细观察对方的反应及其肢体语言，试作出总结。
3. 通过本章的阐述，可以看到，我们每一个人都参与了这个称之为日常现实的社会建构过程。因此，也意味着，我们每个人都为塑造自己正在经历的社会现实贡献着一份力量。如果将这种理念应用于个人自由，看看文中所提供的素材在何种程度上验证了以下说法：人们能够自主地塑造自己的生活。登录mysoclab.com，阅读“从你的日常生活中发现社会学”专栏，了解更多关于日常生活的社会建构的知识，并看看有哪些途径能让我们的现实世界更美好。

取得进步

第6章 日常生活中的社会互动

什么是社会结构？

社会结构，指的是引导我们日常行为的社会模式。

社会结构的要素，包括：

- 地位——个人所拥有的社会位置，既是社会认同的一部分，也有助于界定我们与他人的关系。
- 角色——拥有特定社会地位的个人所期望的行为。

pp.126-29

地位可以是：

- 先赋性地位，通常都是非自愿的（如成为少年、孤儿，或者墨西哥裔美国人）。
- 自致性地位，通常是后天获得的（如成为荣誉学生、飞行员或小偷）。

主要地位，有可能是先赋的，也有可能是自致的，通常对个人的社会身份极其重要（如盲人、医生或肯尼迪家族成员）。 p.127

角色冲突，源于两个（或更多）的地位所衍生的角色之间的紧张（比如需要同时兼顾母亲、公司CEO之责的女性）。

角色紧张，源于单一地位所衍生的角色间的冲突（比如，一位大学教授平时很乐意与学生们打成一片，但又必须保持一定的距离，这样才能保证对所有学生的一视同仁）。 pp.128-29

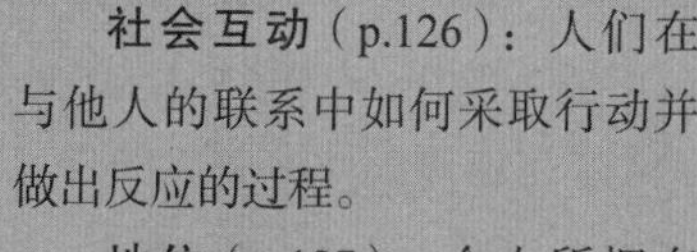

社会互动（p.126）：人们在与他人的联系中如何采取行动并做出反应的过程。

地位（p.127）：个人所拥有的社会位置。

地位群（p.127）：个人在特定时间内所拥有的全部地位。

先赋性地位（p. 127）：个人与生俱来的，或通过后天努力也无法改变的社会地位。

自致性地位（p.127）：个人自愿获得的、能够反映其能力与努力的社会地位。

主要地位（p.127）：对于社会认同极其重要的、贯穿个人整个生命过程的一种社会地位。

角色（p.128）：拥有特定社会地位的个人所期望的行为。

角色丛（p.129）：由单一地位所衍生的一系列角色。

角色冲突（p.129）：两个及以上的地位所衍生的角色之间的冲突

角色紧张（p.129）：由单一地位所衍生的角色之间的紧张。

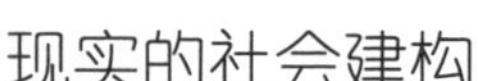

现实的社会建构

通过社会互动，我们建造我们所经历的社会世界。

- 比如，互动中的双方都试图塑造其具体情境的社会现实。 pp.129-31

托马斯定律阐述了一旦情境被界定是真实的，将会导致结果的真实。

- 如果教师相信一部分学生是极具天赋的，那么将很好地促进学生的学习成绩。p.131

常人方法学则是提供了一种策略，以揭示人们在社会世界中互动时暗含的假定及认识。

- 我们可以通过有意识打破社会互动的“惯例”并观察他人的反应，来揭示这些暗含的假定及认识。 pp.131-32

人们所构建的社会现实是对文化及其社会阶层的反映。

- 对纽约人来说，“短途步行”也就是穿越几个街区；而对于拉丁美洲的农夫而言，则意味着好几英里的山路。 pp.131-32

现实的社会建构（p.129）：人们通过社会互动能动性地塑造现实的过程。

托马斯定律（p.131）：假定真实的情境在其结果中也为真。

常人方法学（p.131）：研究人们是如何理解日常生活中的共同情境的。

拟剧论分析：“自我呈现”

拟剧论分析从剧本角色扮演的角度探讨了社会互动。地位就如同戏剧中的一部分，而角色则作为戏剧脚本。

角色扮演是我们向他人呈现自己的主要方式。

- 表演既可以是有意识的（有目的行动），也可以是无意识的（非言语交流）。
- 表演涉及戏服（我们的穿着方式）、道具（我们所携带的物件）及举止（说话的腔调与行为方式）。 pp.132-33

传统上，男性较女性拥有更多的社会权力，因此性别影响着个人的行为表现。这种性别差异，涉及举止、空间的运用，以及直视、微笑与触摸。

- 举止——由于男性拥有更多的社会权力，因而他们在行事方式上有着更大的自由度。
- 空间的运用——传统上，男性比女性会要求更多的空间。
- 直视、微笑与触摸，通常都是男性对女性的主动行为。
- 作为取悦他人的方法之一，女性更多地微笑。

pp.133-34

表演行为的理想化，意味着我们试图让他人相信我们的所作所为反映了理想的文化准则而非一己之利。 p.134

窘迫是表演行为中的“丢脸”。人们会利用机智来帮助他人“挽回面子”。 pp.134-35

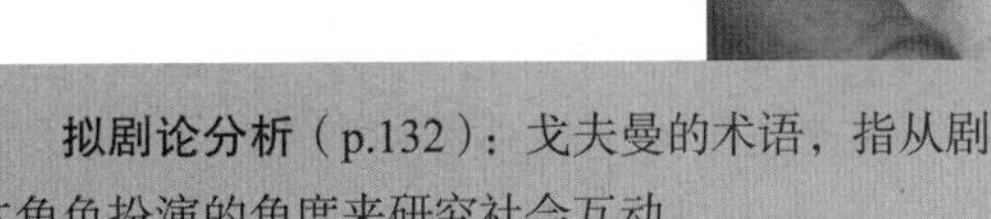

拟剧论分析（p.132）：戈夫曼的术语，指从剧本角色扮演的角度来研究社会互动。

自我呈现（p.132）：戈夫曼的术语，指个人努力在他人心中形成某种特定印象的过程。

非言语交流（p.133）：主要通过肢体动作、姿势与面部表情而非语言来进行沟通。

个人空间（p.133）：个体认为实际隐私的周围领域。

日常生活中的互动：三种实际应用

情绪：情感的社会建构。

某些相同的基本情绪反应已经“根植”于人类，但确实文化明确了究竟是什么引发情绪反应、我们如何表现情绪、如何看待情感。在每天的生活中，自我呈现不仅包括了行为，还包括了情绪管理。 pp.135-36

语言：性别的社会建构。

性别是日常生活互动中的重要元素。而语言则将两性作为不同类型的人区分开来，反映了社会对具有男性特征的事物赋予了更多的权力和价值。

p.136

现实的运转：幽默的社会建构。

对同一种情境，当人们创造出两种迥异的事实（不合惯例、司空见惯）并将之对比时，幽默就出现了。正由于幽默是文化的一部分，因此世界各地的人们会找到不同的笑点。 pp.137-39

第7章 群体与组织

学习目标

◇ 记忆

本章黑体关键名词的定义。

◇ 理解

人类历史进程中，社会日益依赖大型的正式组织。

◇ 应用

群体遵从的研究分析日常生活中司空见惯的事情。

◇ 分析

现代社会人们对于个人隐私日益增长的关注。

◇ 评价

生活在高度理性化社会所带来的收益与挑战。

◇ 创造

在大型正式组织所构建的社会中更有效、更幸福生活的能力。

146

本章概览

我们大量的日常生活是作为群体和组织中的一员度过的。本章首先分析社会群体，包括小群体以及大群体，并比较两者的不同之处。然后将关注点转向现代社会中履行各项职责的正式组织。

工作了一天，胡安和乔治走进当地的麦当劳餐厅。“伙计，我饿了，”胡安边喊边径直朝点餐队伍走去，“瞧瞧这些肉，我要把它们都干掉。”而最近刚从危地马拉的小村子移民到美国的乔治，却正在用社会学的眼光打量这间屋子：“这儿看到的不仅仅是吃的啊，这儿看到的是美国！”

正如我们在下文中将会谈到那样，的确如此。1948 年，在加利福尼亚州的帕萨迪纳，几乎没有人没有注意到莫里斯·麦克唐纳（Maurice McDonald）和理查德·麦克唐纳（Richard McDonald）兄弟俩新餐馆的开张。麦克唐纳兄弟俩后来被称为“快餐”的基本经营理念是：向众人快速低价地提供食物。兄弟俩培训其雇员从事专业化的工作：在一个人烤汉堡的同时，其他人负责“包装”汉堡，炸薯条，拌奶昔，把食物呈递给顾客，整个过程如同一条装配流水线。

过了几年，麦克唐纳兄弟攒了钱，又开了几家类似的餐厅，其中一家位于圣伯纳迪诺。1954 年，一位多头搅拌器的经销商雷·克罗克（Ray Kroc），路过并拜访了餐厅。

克罗克对兄弟两人餐厅经营系统的运作效率很感兴趣，他看中整个连锁快餐的潜力。三个人达成伙伴计划。1961 年，随着销售额的迅速增长，克罗克买下了麦克唐纳兄弟（已经回去经营他们最初的餐厅）的专利经营权，并书写了有史以来最成功的传奇之一。现在，麦当劳已经成为全球最广为人知的品牌，32 000 多家的麦当劳餐厅为全美以及全球其他 117 个国家的 600 万人口提供日常餐饮服务（McDonald’s, 2010）。

麦当劳的成功不仅仅是汉堡和薯条普及的证明。其引导公司经营的组织原则也逐渐统治了美国以及其他地区的社会生活。正如乔治所准确观察到的那样，这桩小生意不仅变革了餐饮业，而且改变了人们的日常生活。

本章我们首先来审视一下社会群体，即日常生活中我们与之互动的人群的集合。你将了解到，美国群体生活的范围在 20 世纪扩大了许多。从家庭，邻里以及小型商业组织的范围扩展开，我们的社会现在日益依赖于社会学家称为正式组织的大型商业公司和其他科层组织的运作。本章主要目的在于理解社会生活这种扩大的规模，并体会这对我们作为个体而言意味着什么。

社会群体

◇ 理解

几乎每个人都希望有归属感，这就是群体生活的本质。**社会群体**（social group），是由两个或以上的人组成、彼此认同和互动的人群。人们以夫妻、家庭、朋友圈、教堂、俱乐部、商业组织、邻里以及大型组织的方式聚集在一起。无论群体是如何形成的，它都是由拥有共同的经历和利益、对团体具有忠诚感的人组成。总之，社会群体的成员在保持个性的同时，也将他们自己视为特殊的“我们”。

并非所有个体的聚集都能形成群体。一个国家中具有共同特征的人，例如女性、自有住房者、军人、百万富翁、大学毕业生和天主教徒就不属于群体，而是一种类别（category）。虽然他们清楚知道其他人与自己有相同的属性，但大部
147 分人彼此陌生。与之类似的还有坐在大讲演厅里的学生，他们在一个很小的有限的空间内互动。这种在一个区域内形成的松散人群的聚集与其说是群体不如说是群众（crowd）。

但是，恰当的环境能够很快地将群众转变为群体。停电、恐怖袭击之类突发事件都能使陌生人很快团结在一起。

初级群体和次级群体

朋友间经常笑着问候："嗨，你好吗？"通常会回答："很好啊，谢谢，你怎么样？"这种回应与其说是如实回答，不如说是习惯性的应对。真的去解释你现在在做什么会使大多数人觉得尴尬而把人吓跑掉。

根据团体成员间感情的亲密程度，社会群体分成两种类型。按照查尔斯·霍顿·库利（Charles Horton Cooley，1864—1929）的观点，**初级群体**（primary group）是指群体成员共享亲密持久的关系、规模较小的社会群体。为初级关系（primary relationships）所联结，群体成员大量的时间在一起度过，做各样的事情，感觉彼此间非常了解。总而言之，群体成员间真心地关心彼此。家庭是每个社会中最重要的初级群体。

库利将个人的、密切整合的群体称为"初级的"是因为他们是我们人生中经历的最早的一些群体。此外，家庭和朋友在社会化过程中对个体态度、行为和社会认同的形成也很重要。

初级群体的成员在许多方面互相帮助，但他们注重的是群体本身，并非将其视为达到目的的手段。换句话说，人们更偏向于认为是家庭和友谊把"属于彼此"的人们联系起来，初级群体的成员也相互视同伴为独一无二、不可替代的。尤其是在家庭中，情感和忠贞把家庭成员联系在一起。兄弟姐妹不一定总是共同生活在一起，但他们永远是手足。

与初级群体不同，**次级群体**（secondary group）是一种群体成员追求某个具体的目标或行为、大型的、非个人的社会群体。次级群体绝大多数的特征与初级群体中对应的特征相反。次级关系（secondary relationships）涉及的是一种几乎没有感情联系、彼此间缺少私人了解的关系。大多数次级群体持续时间短暂，群体的形成与解体不是特别重要。如大学里修读某门课程的学生，他们在课堂上彼此互动，但学期结束后可能不再见面。

次级群体比初级群体的规模要大得多。十几人甚至是上百人可能在同一家公司上班，但他们中的大多数遇到时只是彼此匆匆一瞥。在某些情况下，随着时间的推移，次级群体会转变为初级群体，譬如共事多年且关系密切的同事。但通常而言，次级群体的成员并不将他们自己视为"我们"。这种次级关系也未必是敌对的或冷冰冰的。学生、同事以及商业伙伴间的互动即使不涉及私人情感，通常也相当愉快。

与初级群体的成员不同，次级群体成员加入群体是目标导向的，而初级群体成员的结合是以私人情感为导向的。初级群体的成员从家庭关系或个人品质角度通过"他们是谁"（who they are），来判定其他人是否属于本群体，而次级群体中的成员则考虑"他们是什么"（what they are），也就是说，他们更多是想能为彼此做些什么。在次级群体中，每个人心里都有一本账，清楚自己能给别人带来什么以及会得到怎么样的回报。这种目标导向性往往使得次级群体成员间的交往是形式上的，彼此礼貌客气。在次级关系中，我们如果问："你怎么样了？"通常不要期望会获得真实情况。

第 169 页"总结"表格回顾了初级群体与次级群体的特征。需要明确的是表中列举的群体特征是一种理想状态，现实中大多数群体兼有两者的特点。譬如大学校园中的女性群体规模可以是相当大的（因而是次级群体），但是成员间可能有高度的认同感，彼此间相互协助（又似乎是初级群体）。

许多人认为小城镇或者农村地区的人们彼此间的关系多是初级关系，而在大城市则更多以次级关系纽带为特征。这种想法部分是正确的，但是城市里——尤其是在单一种族或者单一宗教信

社会群体 两个或以上的人组成的、彼此认同和互动的人群。

初级群体 群体成员共享亲密持久的关系、规模较小的社会群体。

次级群体 群体成员追求某个具体的目标或行为、大型的、非个人的社会群体。

148 仰居民的居住地——邻里之间关系非常密切。

群体领导

群体是如何运作的？群体动力的要素之一是领导人。虽然小规模的朋友圈没有领导人，但大多数的大型次级群体仍需要领导发号施令。

两种领导角色

群体受益于两种类型的领导。**工具型领导**（instrumental leadership）关注的是如何实现群体目标。成员依赖工具型领导人制订计划，下达命令，实现群体目标。而**表意型领导**（expressive leadership）属于关注群体福利的领导类型。表意型领导更多的是考虑如何提升群体士气，化解群体紧张感与冲突，对如何实现群体目标相对关注较少。

由于工具型领导人常致力于工作的完成、群体目标的实现，他们与其他成员的关系往往是正式的次级关系。工具型领导发号施令，根据成员对群体贡献的大小给予奖惩。而表意型领导与成员间营造的是一种更私人的初级关系。他们在成员遇到困难时给予同情与支持，维护群体团结，用幽默的言语化解紧张气氛。通常成功的工具型领导得到成员更多的尊敬，而表意型领导获得成员更多的喜爱。

三种领导类型

社会学家按照决策风格的不同将群体领导划分为三种类型。独裁型领导（authoritarian leadership）带有浓厚的工具色彩，独自决定群体决策，要求成员服从命令。虽然这种领导风格难以得到成员的喜爱，但在紧要关头，雷厉风行的专制型领导会受到欢迎。

民主型领导（democratic leadership）带有更

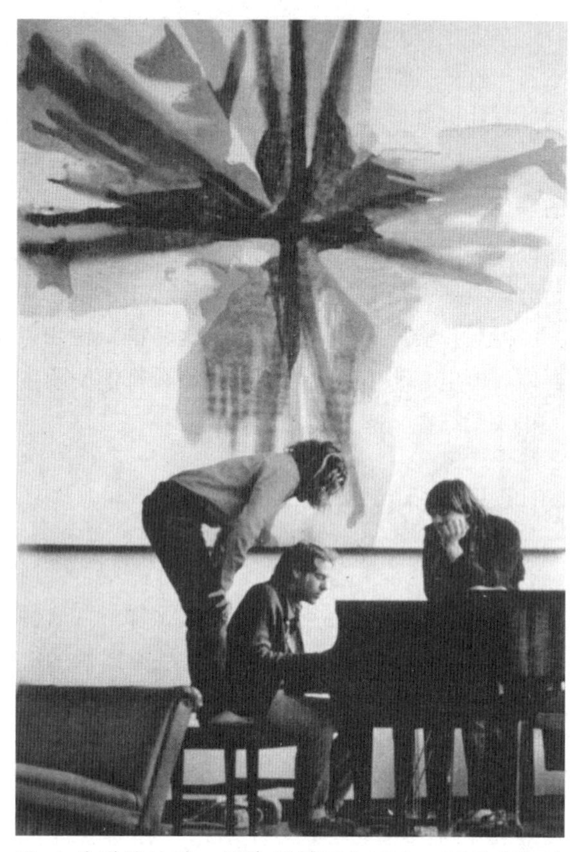

◎ 人是群居性的。群体规模可大可小，可以是临时的，也可以是持久性的，可以是以血缘、文化遗承为基础的，也可以因某些共同的兴趣而聚在一起。

多表意型成分，在决策过程中听取全体成员的意见。民主型领导虽然在紧急情况下或紧要关头不如独裁型领导有用，但这种领导方式通常能群策群力，用创造性的方法解决问题。

放任型领导（laissez-faire leadership，laissez-faire 在法语里的意思是“放任不管”）几乎任由群体成员自行决策。这种领导风格在提升团体目标方面最为低效（White & Lippitt，1953；Ridgeway，1983）。

群体遵从

群体借由提高群体的遵从性来影响成员的行为。遵从性提供了安全的归属感，但在极端情况下，群体压力将导致不愉快甚至是危险。有趣的是，所罗门·阿希（Solomon Asch）和斯坦利·米尔格兰姆（Stanley Milgram）的研究显示，即使是陌生人也能促使群体保持一致。

阿希的研究

所罗门·阿希（1952）招募了一批学生，假称要进行视觉感知的研究。实验开始前，他对小群体中除一名真正被试者以外的所有人预先告知了实验的真实目的：向被试者施加压力。阿希安排 6 ～ 8 名学生围坐桌边，并在群体面前展示一条“标准”线段，如图 7—1 中第一张卡片所显示的那样，要求学生找出卡片 2 中哪条直线与之长度相等。

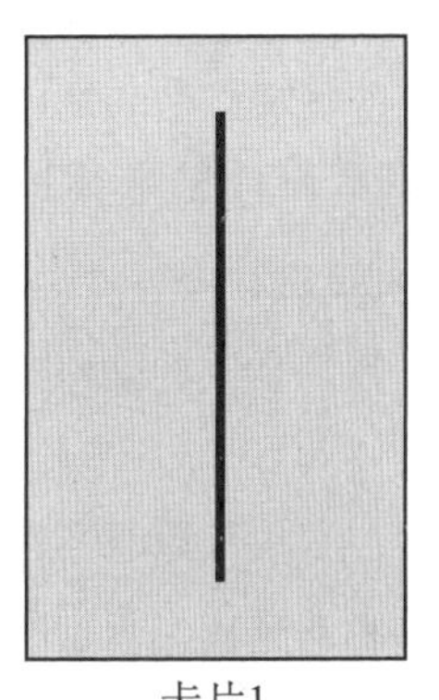
卡片1

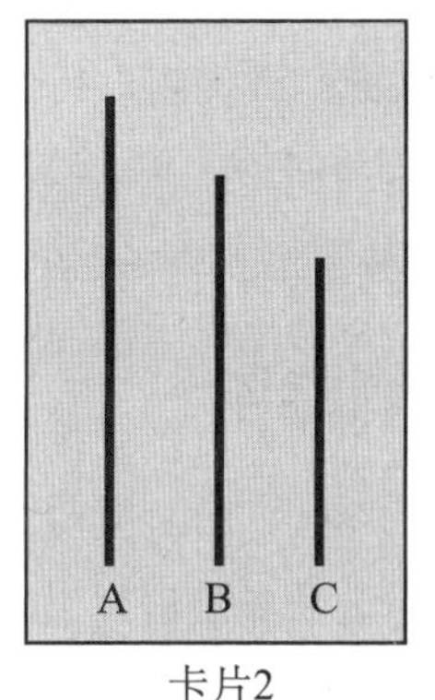

卡片2

图 7—1　阿希群体遵从性实验中使用的卡片

◎ *在阿希的实验中，被试者被要求找出卡片 2 中与卡片 1 长度相同的线段。大多数被试者同意了所属群体中其他人给出的错误答案。*

资料来源：Asch（1952）.

任何一个视力正常的人都能很容易看出卡片 2 中的线段 A 是正确选择。实验之初，每个人都做出了正确判断。但当阿希的秘密帮手都做出错误的回答后，剩下的那名真正的被试者（被安排坐在桌子边上，最后一个回答问题）变得迷惑不解，心神不安。

究竟实验结果如何？阿希发现 1/3 的被试者选择做出与群体成员相一致的错误选择。很显然，许多人宁愿改变自己的判断，以消除因“不合群”而带来的不安，即使压力来自于根本不认识的陌生人。

米尔格兰姆的研究

阿希以前的学生斯坦利·米尔格兰姆，自己设计了一套测量群体遵从的实验。在他具有争议性的研究中（1963, 1965；A.G.Miller, 1986），研究者告知男性被试者他们将要参加一项实验，研究惩罚对学习效果的影响。米尔格兰姆逐一指定每名被试者扮演教师，并安排其他人（实际是米尔格兰姆的助手）作为学生待在隔壁房间里。

教师看着学生坐在“电椅”上（并非真的电椅）。实验者在学生手腕上涂上电极糊，告知教师这是为了“防止起水疱和烧伤”；然后在手腕上粘上电极，用皮带把学生绑缚在椅子上，告知教师这是为了“防止学生受到电击时乱动”。实 149
验者一再向教师保证，虽然电击比较疼，但不会对学生造成永久性的身体伤害。

随后，实验者带着教师回到隔壁房间，告诉教师“电椅”和这个房间中的“电休克仪”相连。“电休克仪”实际上是个仿真设备，上面贴着一行标签“电休克仪，型号 ZLB，道森仪器设备公司，沃尔瑟姆，马萨诸塞州”。电休克仪前的调节钮标有控制的电压强度，从 15V（标示“轻微电击”）到 300V（标示“强度电击”）到 450V（标示“危险：剧烈电击”）不等。

坐在“电钮”前面，教师大声朗读一对单词，然后教师复述第一个单词，学生复述第二

初级群体与次级群体

总结

	初级群体	次级群体
关系的性质	私人情感导向的	目标导向的
关系的持久性	通常是长期的	可变的，通常是短期的
关系的广度	广泛的，通常共同参与许多活动	狭隘的，通常共同参与的活动很少
对关系的认知	群体本身就很重要	群体是达到目标的手段
例子	家庭、朋友圈	同事、政治组织

个。如果回答错了，教师将对学生施以电击。

实验人员告知教师，电击从最低的15V开始，学生每出错一次，电压增加15V。教师服从了安排。当电压增加到75V、90V、150V，可以听到学生的呻吟声；120V时，学生发出痛苦的呼喊；电压加到270V，学生开始大声喊叫；电压继续增强到315V，学生猛踢墙壁；再提高电压，学生昏厥了过去。在最初的实验中，所有扮演教师角色的40名被试者中，没有人在电压增加到危险的300V前对实验流程提出质疑，有26名受试者（约2/3的比例）将电压提高到450V。即使米尔格兰姆本人也对被试者如此毫不犹豫地服从权威感到吃惊。

随后，米尔格兰姆（1964）修正了研究方案，期望了解如果不是权威而是普通人，向其他人下达电击命令的效果如何，方案类似于阿希实验的安排（群体施加压力，迫使个体做出错误的选择）。

这次，米尔格兰姆安排了一组3名老师，其中两人是他的实验助手。学生回答错误时，3人各建议一个电压，选择最小的强度给予电击。这种安排给了那些被试者执行自己的想法、施以较低电击的权力。

每次学生回答错误时，助手都要求增加电击强度，向小组中第三名成员施加压力，保持群体一致性。结果，群体中的被试者给学生的电击强度比他们单独操作时高出了3～4倍。由此，米尔格兰姆证明即使命令不是源于权威而是普通群体，人们也倾向于服从领导，即使行为意味着要伤害其他人。

贾尼斯的“群体思维”

贾尼斯（Janis，1972，1989）认为专家也会屈从于群体压力。他分析了美国一系列外交政策失误后认为，美国外交政策的失误，包括二战中的珍珠港偷袭事件，以及越战的失败，都与当时最高政治领导人的群体遵从有关。

常识认为群体讨论会有助于决策的制定。贾尼斯却指出群体成员经常会忽视其他人的建议，以寻求一致意见的达成。这个过程称为**群体思维**（groupthink），指的是群体成员为保持一致性而导致群体决策偏颇的倾向。

群体思维的经典案例是1961年美国入侵古巴失败的猪湾事件。回顾整个事件，约翰·肯尼迪总统的顾问小亚瑟·施莱辛格(Arthur Schlesinger Jr.)对自己在内阁会议的关键讨论中保持沉默感到内疚，当时内阁讨论的气氛拒绝任何不同意见，坚持主张施莱辛格后来称之为“可笑的”决策（quoted in Janis，1972：30，40）。群体思维可能也是2003年美国政府断定伊拉克存有大规模杀伤性武器而决定对其开战的影响因素之一。言归正传，有教授提出大学教师交流了彼此的政治观点后，即使这些观点是非常自由主义倾向的，他们也会屈从于群体思维(Klein，2010)。

参照群体

个体是如何评估自己的态度和行为的？通常人们借助**参照群体**（reference group）。参照群体是人们在评价和决策时作为参照点的社会群体。

年轻人假想家人对自己约会对象的态度时，正是把家人作为参照群体。上级主管想象下属雇员对新休假制度的反应时，是将雇员作为了参照群体。上述例子表明，参照群体既可以是初级群体，也可以是次级群体。在任何情况下，人们将参照群体作为心理参照点说明他人的态度会影响个体的行为。

个体也将自身不从属的群体作为参照群体。求职面试时，做好充分的准备意味着要按照所应聘公司的着装风格着装。遵循自身不从属的群体的行事风格是获得群体接纳的有效策略，并说明了预期社会化（anticipatory socialization）的过程，预期社会化的内容在第5章（“社会化”）中有所论述。

斯托佛的研究

二战期间，萨缪尔·A·斯托佛（Samuel A.Stouffer）及其同事（1949）对参照群体的群体动力做了一项经典研究。斯托佛询问士兵在所在部队中的晋升情况。你可能会认为晋升速度快的特种部队士兵会对晋升更为乐观。斯托佛的研 *150*
究却得出了完全相反的结论。他发现军队中晋升速度慢的陆军部队士兵反而对晋升更为乐观。

要理解斯托佛的观点，关键在于了解士兵们作为参照物的群体。在晋升速度比较慢的部队服役的士兵，周围的人升职速度同样不快。也就是说，虽然他们自己没有升迁，但其他人也一样，因此没有被剥夺感。然而，升迁比较快的部队中的士兵，会感觉到其他人比自己升迁的更快更频繁。头脑中有了这种想法后，即使是已经升职的士兵也会觉得不公平。

问题在于我们并非孤立地对自身情况做出判断，也不会把自己与所有人都做比较。我们通常不是依据绝对的、客观的标准来评价在自己生活中所处的位置，而是在与特定参照群体的对比中，形成关于自身状况的主观印象。

内群体与外群体

每个人都有比较认同的群体，或因为其政治主张，或因为其社会声望，或仅是因为其着装风格。譬如在大学校园中，思想偏左的激进学生通常瞧不起联谊会的成员，认为其过于保守；而联谊会成员又不喜欢他们认为读书太过用功的“计算机狂”。每种社会背景下的人都会对其他群体的成员持欣赏或否定的态度。

人们的这种判断解释了群体动力的另一核心要素：内群体与外群体的对立。**内群体**（in-group）是成员对之有尊重感与忠诚感的社会群体。内群体是相对于**外群体**（out-group）而言的。后者是成员对之有竞争感或对立感的社会群体。内群体与外群体的区分基于如下理念：群体内的“我们”拥有群体外的“他们”所不具备的特质。

群体间的紧张会加深群体界限，赋予个体更明确的社会认同。但内群体成员通常过高评价自身所属群体，而给予各种外群体不公正的负面评价。

权力对群体间关系也有一定的影响。一个强势的内群体会将其他群体视为社会地位较低的外群体。在美国历史上，无数城镇的白人都曾将其他有色人种视为外群体，并从社会、政治、经济等方面加以压制。随着负面观点的持续内化，少数族群不断努力，试图摆脱负面的自我形象。在这一过程中，内群体与外群体培养各自的忠诚感，但社会冲突也随之产生（Tajfel，1982；Bobo & Hutchings，1996）。

群体规模

下次你如果有机会参加聚会或集会，试着第一个到，你会看到与群体动力有关的一些有趣现象。大概到第 6 名客人到达之前，先期到达的人通常围在一起交谈。随着更多客人的到来和聚会的进行，群体一分为二，并不断分化。群体规模在成员互动过程中扮演了重要角色。

为理解这一现象，首先统计一下 2 ～ 7 人间产生的社会关系的数目。如图 7—2 所示，2 人间构成 1 对关系；增加一个人，关系增加到 3 对；第 4 人加入后，形成 6 对关系。每增加一名新的成员，都会与旧有成员形成互动，群体中关系数目成几何级数增长。当第 7 人加入谈话时，两两间形成 21 对关系。当成员间关系数量过多时，群体通常分化为若干小群体。

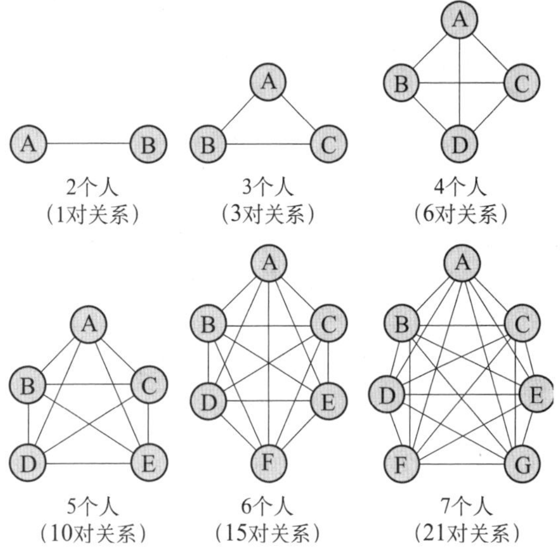

图 7—2 群体规模与关系

◎ 随着群体成员数量的增加，成员间关系的数目随之加速增长。当 6 人或 7 人参与谈话时，群体通常会分成两组。为什么小群体中的群体关系较大群体更为密切？

资料来源：Created by the author.

二人群体

德国社会学家齐美尔（Georg Simmel，1858—1918）曾对规模最小的群体的社会动力进行了研究。他 (1950，orig. 1902) 将由两名成员组成的社会群体界定为**二人群体**（dyad，希腊语中成对的意思）。齐美尔指出，由于没有第三方的介入，二人群体的社会互动比更大规模的群体更为密切。在美国，恋爱关系、婚姻关系与密友间的关系属于二人群体性质的关系。

二人群体就像只有两条腿的凳子，非常不稳定。群体成员必须相互考虑对方，维持群体关系；任何一方退出，群体将会瓦解。为保证婚姻的稳定性，二人构成的婚姻关系受到法律、经济，以及宗教关系的保护。

三人群体

齐美尔也对**三人群体**（triad）进行了研究。所谓三人群体，是指由三名成员组成的社会群体，三人中两两互动，包含三对社会关系。由于群体中任何两人间关系紧张或对立时，第三者可以充当调解人缓解气氛，所以三人群体较二人群体更为稳定。三人群体的群体动力解释了为什么
151 二人群体中的成员（如夫妻双方出现冲突时），常找第三者（譬如律师）调解纠纷。

另一方面，这类群体中两名成员可能联合起来把他们的观点强加给第三人，或者其中两人的关系更加密切，令第三人感到被排斥。例如当三人中的两人彼此爱慕时，他们就能体会到俗话说的“二人成伴，三人不欢”的意思了。

当群体规模超过三人时，群体更加趋于稳定，一两名成员的退出不会导致群体解体。同时，群体规模的扩大减少了只存在于小规模群体中的密切的人际互动。这也是为什么大型群体更多以正式的制度规范而不是私人关系为基础构建的原因。

社会多元化：种族、阶级与性别

群体动力还受到种族、民族、阶级和性别因素的影响。彼得·布劳（1977；Blau, Blum & Schwartz, 1982；South & Messner, 1986）指出社会多元化通过以下三种途径影响群体间的互动：

1. *大型群体的内分化*。布劳解释说，群体规模越大，其内部成员形成小群体的可能性越大。为使校园更为多元化，大学招收了更多的外籍学生。外籍学生增加了群体异质性，但随着来自某个国家学生的增多，他们容易形成自己的社会群体。本意是为促进多元化，但结果可能导致群体间的分离。

2. *异质性群体的外部化*。群体内部越趋于多元化，其成员与其他群体互动的可能性越高。一个招募各类社会背景成员、不限性别的校园团体比单一社会类别的团体会有更多的群体间互动。

3. *行动受限导致社会隔离*。社会群体由于行动受限与其他群体隔离（例如，有自己的宿舍和就餐处），其成员不太可能与其他人交往。

网络

网络（network）是指较弱的社会联系网。我们可以将网络视为一个“模糊”群体，群体成员偶然相遇，但缺少界限感和归属感。如果将群体比作“朋友圈”，网络就是向外扩张的“社会网”，向外部扩展，涵盖众多人口。

最大规模的网络是互联网中的万维网（World Wide Web of the Internet）。但互联网在全球区域的普及并不平衡。互联网在美国和西欧国家之类的富裕国家中更为普及，而其在非洲和东南亚之类的贫穷国家的普及率却相当低。

言归正传，一些网络近似于群体，例如毕业后仍通过班刊和聚会的方式保持联系的大学同学。绝大多数情况下，网络包括我们认识的或认识我们的人，即使我们很少与这些人联系，甚至根本不联系。曾经一位颇有名气的女性社区组织者说过：“我在家接到电话，在电话里对方问：‘你是罗西尼·纳瓦罗吗？有人让我找你。我有一些问题……’”（quoted in Kaminer, 1984：94）

网络的联系常常使我们觉得这个世界很小。在一项经典实验中，斯坦利·米尔格兰姆（Stanley Milgram, 1967；Watts, 1999）要求实验对象从堪萨斯州和内布拉斯加州发信给波士顿的收件人，他们彼此间互不认识。实验者并没有提供收件人地址，只是要求实验对象通过可能认识收件人的熟人传递信件。米尔格兰姆发现，平均通过六次转手，收件人会收到信件。根据实验结果，他推断认为任何两人之间所间隔的人不会超过六个（六度分离，Six Degrees of Separation）。但后人的研究对他的结论提出了质疑。对米尔格兰姆的原始数据进行分析后，朱迪思·克莱因菲尔德（Judith Kleinfeld）指出米尔格兰姆的实验中大多数的信件（300封中的240封）并没有寄到收件人手中（Wildavshy, 2002）。收到信的人多是有钱人，这一事实使克兰因菲尔德认为国内的富人通常比普通男女更容易被联络到。伯纳德·麦道夫(Bernard Madoff)的行为对这一论断给予了极佳的注释。诈骗犯伯纳德·麦道夫通过自己广泛的商业社交网络招募了5 000多名投资者，每名新加入的投资者又会发展新的下线。在这场历史上规模最大的庞氏金字塔诈骗中，牵涉其中的投资者和公司损失超过500亿美元（Lewis, 2010）。

◎ 三人群体，如上图乔纳森·格林(Jonathan Green)的油画《朋友》(*Friends*)中所展示的，包括三名成员。由于三人群体中任何两人之间的冲突可经第三人调解，因而较二人群体更为稳定。即便如此，三人群体中也会出现两人间关系更为密切，从而孤立第三人的情况。

资料来源：Jonathan Green，*Friends*, 1992.Oil on masonite,14 inx 11 in. © Jonathan Green, Naples, Florida. Collection of Patrick McCoy.

网络关系虽然属于较弱的社会联系，但却是一项有用的资源。移民想要在新国家扎根，商人想要扩展生意，或是大学毕业生想要找工作，你
152 认识谁与你知道什么同等重要（Hagan，1998；Petersen，Saporta & Seidel，2000）。

网络建立在大学校友、俱乐部、邻里、政治党派、宗教组织以及个人兴趣爱好的基础上。显然，一部分网络会聚集一些较其他人拥有更多财富、权力和声望的人群；这种现象说明了“优越的社会关系”的重要性。特权人群所形成的网络，譬如奢华的乡村俱乐部，属于颇有价值的一类社会资本，更有可能带给人一份高薪工作（Green, Tigges & Diaz, 1999；Lin，Cook & Burt，2001）。

一部分人群拥有较其他人更为密集的网络关系，换言之，他们与更多的人保持联系。典型例子是一群住在大城市里接受过良好教育的富有的年轻人，他们组成了最大规模的社会网络。通常每隔七年，个人社会网络中会有半数人会被换掉（Fernandez & Weinberg, 1997; Podolny & Baron, 1997; Mollenhorst, 2009）。

性别也塑造网络。虽然男性与女性的网络规模相同，但女性的网络包含更多的亲属（更多女性），男性的网络则包含更多的同事（更多男性）。研究显示女同学关系网的影响力弱于男同学的关系网。即使如此，研究表明在两性日益平等的美国，男性与女性的网络趋于同质（Reskin & McBrier, 2000; Torres & Huffman, 2002）。

正式组织 153

◇ 理解

100年前，大多数人生活在家庭、朋友圈、邻里这类的小群体中。现在人们生活涉入了更多的**正式组织**（formal organizations），即为有效达成目标而构建的大型次级群体。正式组织，譬如商业企业和政府机构，因其非人格化以及正式计划的氛围，而区别于家庭和邻里。

设想一下，把美国约3亿人口整合为一个完整的社会是何等神奇，不论是修路、收税、教育儿童或是邮递信件都要整合一致。要完成这些任务中的大部分任务，我们依赖各种不同类型的大型正式组织。

正式组织的类型

阿米塔伊·埃兹欧尼（Amitai Etzioni，1975）

根据成员加入组织原因的不同将组织划分为三种类型：功利型组织、规范型组织、强制型组织。

功利型组织

成员为了获得报酬而加入组织工作，这种类型的组织属于功利型组织（utilitarian organizations），成员按照业绩获取酬劳。例如，大型企业为其股东带来利润，向其雇员支付薪水。虽然绝大多数人为了谋生必须加入某个类似的组织，但加入哪个功利型组织通常是个人的选择。

规范型组织

成员为了追求他们认可的道德伦理上的目标而非获取报酬加入规范型组织(normative organizations)。这类组织又称为志愿者协会，包括社区服务团体（例如家庭教师协会、狮子会、妇女选民联盟、红十字会）、政党和宗教组织。放眼全球，居住在美国以及其他政治氛围较为民主的高收入国家的民众更有可能加入志愿者协会。近期调查研究发现，过去一年中美国73%的大一新生参加了某项志愿活动（Pryor et al., 2011）。

强制型组织

强制型组织（coercive organizations）的成员是非自愿性的。他们以惩处的形式（监狱），或治疗的方式（精神病院）被迫加入群体。该组织具有特定的外在特征，例如紧锁的大门、装有栅栏的窗户以及保安的监视。为彻底改变个体的态度和行为，组织将“犯人”或“病人”隔离一段时间。第5章（“社会化”）中曾提到，全面控制机构的权威会改变个体的自我认知。

单一组织可以同时具备上述三种类型的特征。譬如精神病院，对病人而言属于强制型组织，对精神病医生而言属于功利型组织，对医院志愿者而言则属于规范型组织。

◎ 2010年电影《社交网络》描写了Facebook的诞生。Facebook已成为全球最大规模的社交网络之一。在美国，以互联网为基础的社交网络是如何改写了社会生活？

正式组织的起源

正式组织的历史可以追溯到数千年前。掌管早期帝国的精英依靠政府官员收税、打仗、修建不朽的建筑，譬如中国的长城和埃及的金字塔。

但早期的组织有两个局限性。首先，早期组织缺少有效的技术手段方便人们长途跋涉，迅速沟通以及收集和存储信息。其次，这些前工业社会拥有的传统文化，使得大多数的管理组织试图保留旧的文化体系，因而缺少变革。但在过去的数百年间，一些国家开始提倡马克斯·韦伯的“理性世界观”，这一过程在第4章（“社会”）中有所阐述。在欧洲和北美，工业革命产生了一类新的正式组织结构类型，一种韦伯称之为“科层制”的并关注于组织效率的结构类型。

科层制的特征

科层制（bureaucracy）是为有效完成任务而理性构建的一种组织模式。为提高效率，科层制的成员经常制定和修订政策。要想了解科层组织的影响力和影响范围，你可以试着想象一下，美国4亿多部电话中的任何一部都能在数秒钟之内使你与在家中、公司里、汽车上甚至远在落基山脉的偏远山区背包旅行的人进行通话。如此迅捷的通信远远超出古人的想象。

电话系统依赖于电学、纤维光学以及计算机等技术的发展。但是如果没有科层制来管理和记录每部电话的通话信息（电话的通话对象、通话时间、通话长短），并且每个月通过账单的方式将这些信息告知超过3亿的电话用户，该套系统就会难以运行(CTTA, 2010；FCC, 2010)。

究竟科层制的哪些特性有助于提升组织效率？马克斯·韦伯（1978，orig. 1921）明确了理想状态下科层组织所具有的六个特征：

1．专门化。我们的先人曾花费大量时间找寻食物和住所。而科层制中，成员各有高度专门化的分工。

154 2．职务分等。科层制的成员处于自上而下的等级制度中。组织中，每个人接受上级管理的同时，对其下属进行监督。科层组织类似于金字塔形的结构，少数人处在上层位置，多数人位于底部。

3．成文规则。科层制中文化传统无足轻重。成文的规章制度控制着成员的行为，引导科层体系的运作。理想状态下科层体系以完全可预测的方式运行。

4．绩效制。科层制中，工作人员根据技术能力确定职务。用人制度方面，科层体制依照制定的标准，评估成员的表现决定其是否被录用。这与传统方式中任人唯亲、不考虑能力的用人方式完全不同。

5．非人格化。科层制中规章制度是第一位的，优先于个人的意志。规章制度面前客户与员工一视同仁。这种非人格化的管理又被称为“面无表情的官僚”。

6．文件档案制度化。有人认为科层制的核心不在于人而在于文案工作。与小群体临时性的、面对面的交流特征不同，科层组织的运作依赖正式的书面备忘录和报告，因而累积了大量的文档。

通过悉心挑选雇员，控制个人偏好和主张所带来的不可预测性影响，科层组织有效提高了运作效率。第 177 页“总结”表格回顾了小型社会群体与大型科层组织之间的区别。

组织环境

任何组织都不是在真空环境中运作的。组织的发展不仅取决于其发展目标和管理体制，也依赖于它所生存的**组织环境**（organizational environment），即影响一个组织运行的、组织之外的因素。影响因素包括技术手段、经济与政治发展趋势、当前事件、可供给的劳动力数量以及其他组织。

◎ 韦伯指出，理想状态下科层制的运作是理性和高效的。现实生活中，正如电视剧《我为喜剧狂》（*30 Rocks*）所演的那样，真正大型组织的运作与韦伯的理想型差别很大。

计算机、传真机、电话系统等技术手段对当代组织有重要影响。这些技术手段有助于雇员获得较以往更多的信息，接触更广泛的人群。同时也帮助管理人员更加密切地监控下属的工作（Markoff，1991）。

经济与政治发展趋势亦对组织产生影响。所有组织都受益于或受损于周期性的经济增长或衰退。绝大多数产业除了需要面对海外竞争，也需要应对国内法律监管，如新的环保标准。

人口模式也是影响组织的要素之一。人口的平均年龄、总体受教育水平、当地的社会多元化程度和社区规模决定了可供给的劳动力数量和质量，以及组织所提供的产品与服务的市场划分。

当前事件也会对组织发展产生重大冲击，即使组织远离事件发生地。2010 年美国国会选举共和党的获胜、2011 年卷席中东的政治革命，诸如此类的事件都对政府机构和商业组织的运行产生影响。

其他组织也对组织环境产生影响。为应对竞争，医院必须应对保险业的索赔以及其他机构对医生、护士和医护人员的申诉。同时医院也需要了解附近的便利设施可提供的设备配置和操作程序，以及他们的价格。

科层制非正式性的一面

韦伯理想状态下的科层制对组织行为的每个方面都做了详细的规定。然而在现实的组织中，雇员有足够的创造性（也是很坚决的）抵制科层制下的成文规则。非正式性虽然意味着在完成工作方面的投机取巧，但它提供了组织成员适应与发展所必需的弹性。

非正式性部分源于组织领导者的个性与性格。对美国企业的研究证实，个人的品质与习惯——包括个人魅力、人际交往技巧、发现问题后的应对能力——对组织的成就有重要影响（Halberstam, 1986; Baron, Hannan & Burton, 1999）。

独裁型、民主型和放任型三种领导类型（本章前文有所论述）反映了人的个性和组织规划。在现实组织中，领导人有时会滥用组织权威谋求个人私利。譬如 2008 年金融危机中破产的银行
155 和保险公司的高管都在获得高额赔偿费后才离职。在企业里，领导因其下属的努力工作而受到好评。此外，在对领导表现所起的作用上，许多秘书的重要性远超人们想象（且其重要性远远超出他们的职位头衔以及获得的薪水）。

组织非正式性的另一面体现在沟通上。函件和书面文档是组织内部发布信息的正规途径。但雇员利用非正式的网络，或者说“小道消息”，迅速传递信息，虽然这些消息并不总是正确。由于高层通常希望重要信息对员工保密，因此通过电子邮件和口口相传的方式传播的小道消息对普通职员而言格外重要。

电子邮件的运用使得组织管理变得扁平化，即使是低级职员也能越过主管与组织的领导者直接沟通或者及时与同事交流。但一些组织并不认可这种开放式的沟通渠道，对公司中电子邮件的使用做出了限制。微软公司（创立者比尔·盖茨，有一个不公开的电子邮件地址，避免了每天受到众多信息的打扰）研发了一套“屏蔽”系统过滤邮件，只接收被许可的人的信息（Gwynne & Dickerson, 1997）。

科层制的成员运用智慧以及新的信息技术，试图打破严格的规章制度的桎梏，创立人性化的工作程序和氛围。鉴于此，我们应该近距离地了解一下科层制的缺陷。

科层制的缺陷

人们依赖科层制有效管理日常生活，但许多人对大型组织过分的影响表现出担忧。有人认为科层制操控员工、使人迷失本性，是对政治民主的威胁。下面将对科层制的缺陷一一展开讨论。

科层制的异化

马克斯·韦伯认为科层制是生产力模式的典范。同时他也敏锐察觉到科层制会使得为之服务的成员非人格化。去情感化在提高组织效率的同时，导致工作僵化，忽视客户个性化的需求。组织机构中的员工以标准化的模式，去情感化地接待每一位服务对象。譬如 2008 年美军方以“某某”代称收信人，发信给殉职于伊拉克与阿富汗战争中的战士家属（“Army Apologies,” 2009)。

韦伯指出，正式组织使得员工成为“永不停转的机器上的一个小螺丝钉”（1979：988，orig. 1921），从而导致了组织的异化（alienation）。虽然构建正式组织的本意是为人类服务，但人类可能毁于他们为之服务的正式组织。

科层制的无效率和仪式主义

2005 年五一国际劳动节，当新奥尔良和其他海湾区域的人们正在为卡特里娜飓风过后的生存而搏斗的时候，在亚特兰大一间旅馆的会议室里，来自全美的 600 名消防队员正等着联邦紧急事务管理局（FEMA）的官员们分配任务。这些官员先安排他们听一场关于“机会均等、性骚扰和客户服务”的演讲，发给每人一摞印有联邦紧急事务管理局电话号码的小册子，用于疏散受灾地区的人群。一名消防员站起来吼官员：“太荒谬了，消防队和市长让我们赶来是救人的，你竟让我们做这个？”FEMA 的官员斥责他：“你现在是机构雇员，必须服从命令，听从安排！”（“Places,” 2005: 39)

人们通常将这种无效率形容为组织过于“文牍主义”(red tape)。因 18 世纪消极怠工的英国政府官员习惯用红色布带将官方文件档案系成一札一札的，“文牍主义”因此而得名（Shipley, 1985）。

总结

小型群体与正式组织

	小型群体	正式组织
成员行动	趋同的	明确的，高度专门化
分层体系	通常是非正式的或不存在	分工明确，与职务相对应
规范	通用的规范，未明文实施	明文的规章制度
成员标准	可变的，以私人情感和血缘关系为基础	工作职位与技术能力挂钩
关系	可变的，典型的初级关系	典型的次级关系，选择性的初级关系
沟通方式	典型临时性的，面对面的	典型形式化的，书面化的
关注点	私人情感导向的	任务导向的

156 罗伯特·默顿（1968）认为，文牍主义赋予了人们熟知的概念——群体遵从以新的含义。他提出**科层制仪式主义**（bureaucratic ritualism）的概念，形容严格遵循成文的程序规则而损害组织目标的情况。程序规则是实现目标的手段，而非目的本身，否则关注焦点将会远离组织的既定目标。2001 年“9·11”恐怖袭击后，美国邮政管理局无视联邦调查局的反对，仍将收信人为奥萨马·本·拉登的信件发往阿富汗的邮政机构。结果导致美国国会修改相关法规（Bedard, 2002）。

科层惰性

科层制下的员工很少人有动力特别努力地工作，但他们总有各种理由保住自己的饭碗。即使已达成既定的组织目标，科层组织仍然存在，维持现状。正如韦伯所说的：“科层制这种社会结构一旦建立起来，就很难被摧毁。”（1978：987, orig. 1921）

科层惰性 (bureaucratic inertia)，指的是永久设置科层组织的倾向。正式组织往往会越过组织设定的目标自我扩展。例如美国农业部在全国 50 个州的几乎所有县都设有办事机构，即使周围七个县中仅一县有农庄。组织通过修正目标维持组织运行，农业部现在不仅负责农业事务，同时负责其他一系列工作，包括营养与环境研究。

寡头政治

20 世纪早期，罗伯特·米歇尔斯（Robert Michels，1876—1936）分析指出科层制与政治**寡头政治**（oligarchy）有关。寡头政治，指的由极少数人统治许多人（1949，orig 1911）。按照米歇尔斯提出的“寡头政治铁律”，科层制金字塔式的结构导致了少数领导人掌握组织全部的资源。

韦伯将科层组织的高效率归功于管理体系中严格的责任分级制度。米歇尔斯认为由于官员有能力并常会动用掌握的信息、资源和媒体满足个人利益，因而分层式结构会导致权力的高度集中，构成对民主的威胁。

此外，当公司的董事和公共官员宣称他们“无权评论”地方新闻媒体时，当美国总统宣称拥有“行政特权”而否决国会议案时，科层制的推波助澜加大了普通民众与科层官员之间的距离。源于科层制金字塔式结构的寡头统治最终减轻了组织领导人对下属和人民所承担的责任。

党派竞争、议员连任设限制度，以及三权分立的法律体制有效阻止了美国政府陷入完全的寡头政治的境地。即便如此，美国政治体制中，在职竞选人比其他候选人拥有更高的曝光率、更多的权力和资金，竞争优势明显。近期的国会选举，几乎 90% 的国会议员在国会大选中获胜。

正式组织的演化

◇ 分析

科层制的缺陷，尤其是制度导致的异化以及寡头政治的趋势，源于组织的两个特性：分层与刻板。对韦伯而言，科层制属于一项管理严密

◎ 乔治·图克的绘画《政府机构》（*Government Bureau*）生动反映了科层制所耗费的人力成本。画中人物着千篇一律的单调色彩——人被简化为一个个被期望以最快速度处理掉的个案。职员所处的位置与其他人隔离开，面无表情，他们只关注于数字，而忽视了为客户提供真诚的帮助（注意画面中每个职员的手都放在计算器上）。

资料来源：George Tooker, *Government Bureau*, 1956. Egg tempera on gesso panel, $19^{5/8}$by$29^{5/8}$ inches. The Metropolitan Museum of Art, George A. Hearn Fund, 1956 (56, 78). Photograph © 1984 The Metropolitan Museum of Art.

的制度：规章制度作为最高准则发布一系列的指令，引导组织成员各方面行为。100 年前的美国，组织机构运用韦伯的理念，形成“科学管理”的组织模式。我们首先分析科学管理这一组织模式，然后来了解在 20 世纪中它所遇到的三重挑战，这些挑战导致了新的组织模式——弹性组织（flexible organization）——的产生。

科学管理

弗雷德里克·温斯洛·泰勒（Frederick Winslow Taylor，1911）曾下过一个简单的结论：美国绝大多数的企业效率相当低。企业管理者不知道如何提高产量，而工人沿袭前人的工艺技术。泰勒提出，为提高效率，企业必须运用科学的原理。**科学管理**（scientific management）是指运用科学的原则来运行企业或其他大型组织。

科学管理包括三个步骤。第一步，管理者需要详细了解每个工人的工作任务，明确操作流程以及每个流程所耗费的时间。第二步，管理者对资料进行分析，制定更佳的操作流程提高
157 工作效率。譬如管理者需要考虑给每个工人配以不同的工具，或者重新排定工作流程。第三步，管理者依照确定的方法，指导并激励工人完成或超额完成生产任务。假如工人一天内能生产 20 吨生铁，管理人员所要做的就是指导工人如何进一步改进流程，提高效率，做到多劳多得。泰勒认为，如果科学管理原则得以充分运用，将会增加企业利润，提高工人报酬，降低消费者的购买价格。

一个世纪以前，汽车业的先驱亨利·福特（Henry Ford）是这样评价科学管理的：“12 000 名工人如果每人每天少做 10 个多余的动作，他们一天将少走 50 英里路，少消耗走 50 英里路所需能量。”（Allen & Hyman，1999：209）20 世纪早期，福特汽车公司和其他企业采用泰勒的管理原则，有效提高了生产效率。今天，公司企业仍然反复审视每步操作流程，永无止境地追求效率的提高。

科学管理的原则主张工作现场效能的提高应该由股东和主管人员负责，而很少考虑工人的想法。正式组织面临来自种族、性别、海外竞争加剧以及变化的工作性质等多重挑战。下面，我们将对每种挑战给予简要分析。

第一重挑战：种族与性别

20 世纪 60 年代，批评家指出大型企业以及其他组织用人方面存在不公。这些组织在用人时，并未坚持韦伯“以能取人”的用人原则，将女性与少数族群拒之门外，实权职位的用人更是如此。“以能取人”是一种相对公平的用人方式，也是招揽人才、提升组织效率的有效途径。

特权模式与排他模式

如图 7—3 所示，即使在 21 世纪的头十年，在美国占劳动人口 33% 的非西班牙裔白人男性也占据了 64% 的管理职位。占劳动人口 33% 的非西班牙裔白人女性仅担任 24% 的管理职位（U.S. Equal Employment Opportunity Commission，2010）。其他少数族群所占的比例更是远低于此。

罗莎贝丝·莫斯·坎特 (Rosabeth Moss Kanter，1977；Kanter & Stein，1979) 指出，拒绝雇用女性与少数族群实际上忽视了占美国半数以上人口的人才。而且在组织中人数较少的少数

多样化快照

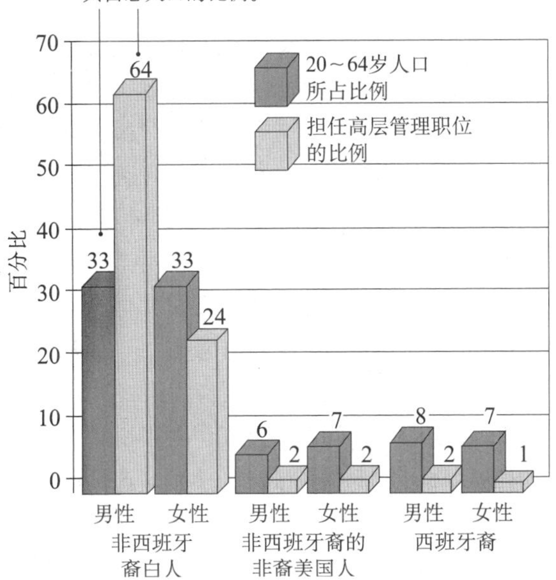

图 7—3　分种族、性别、民族的美国私营企业管理职位分布比例（2009）

◎ 相对其人口规模，白人男性在私营企业中担任了更多的管理职位，而白人女性与其他族裔的情况与之相反。你认为哪些因素导致了这种现状？

资料来源：U.S.Census Bureau（2010），U.S. Equal Employment Opportunity Commission（2010）.

族群和女性职员常会感到自己是被社会隔离的外群体——会感觉不自在，不受重视，升迁机会较少。往往组织中的好工作或好处仅给特定的社会群体 (Castilla，2008)。

坎特提出，要想更经常性地实现组织的变革与发展，组织需要变得更为开放，施行“直通车”式的激励制度，从员工中选拔优秀人才，使职员工作更为卖力，更加忠于公司，最终提高工作绩效。反之，工作毫无发展前途的组织会使得员工成为效率低下、“行尸走肉”式的人，没有人去倾听他们的想法和意见。而开放的组织则鼓励负责人了解所有雇员的想法，这通常有利于改进决策。

“女性优势”

部分组织研究人员认为，女性拥有一些特殊的可以增强组织实力的管理技巧。黛博拉・坦纳（Deborah Tannen，1994）的研究结果表明，女性更为“关注资讯”，为了弄清楚事情随时准备问问题。而男性比较“关注形象”，认为居于特定的职位而向他人请教问题会影响自己的名声。

另一项女性管理人员的研究中，萨莉・赫尔格森（Sally Helgesen，1990）发现另外三种与性别有关的管理模式。第一，女性较男性更注重沟通技巧，更愿意分享信息。第二，女性领导人具有更多的弹性，给下属更多自由发挥的空间。第三，与男性相比，女性重视各类组织运行的相互关联性。女性所带来的女性优势（female advantage）使公司变得更为弹性和民主。

综上所述，传统的科层制所面临的挑战是：为了充分利用员工的经验、想法和创造性，科层制不应该考虑种族与性别，应该更为开放、更为富有弹性。其结果将更符合公司的底线：更丰厚的利润。

第二重挑战：日本的工作组织 *158*

1980 年，美国企业界倍感不安，他们发现国内卖得最好的汽车车型不再是雪佛兰、福特、普利茅斯，而是日本产的本田雅阁。近期日本丰田公司已超越通用成为全球最大的汽车制造商 (BBC，2011)。真是世事变迁，直到 20 世纪 50 年代，美国汽车制造商还统治着汽车业生产，“日本制造”还是廉价与低质量的代名词。日本汽车工业的成功（不久之后，延伸到相机和其他产品的公司）很快使得分析家一窝蜂似的去研究“日本的组织”。这么个小国家是如何挑战美国这个世界经济中心的呢?

日本的组织反映了这个国家强烈的集体主义精神。与美国人所强调的刚毅的个人主义不同，日本人更崇尚合作。事实上，日本的正式组织更近似于大型的初级群体。20 年前，威廉・乌奇（William Ouchi，1881）指出日本与美国的正式组织存在以下五点差异。第一，日本企业对于新招入的员工，支付相同的薪水，令其承担的相同责任。第二，日本企业推行终身雇用制，培养员工高度的忠诚感。第三，由于员工终身为企业服务，日本企业施行通才式管理，培训员工获得整个公司运作的整体知识。第四，在日本，虽然由企业领导人最终对组织效益负责，但他们通过“品质圈”的方式，使企业员工参与到组织决策过程中，员工讨论、分析工作问题，向上级提交决策提案。第五，日本企业在员工的生活中发挥了极大的作用，企业向员工提供住房抵押贷款，资助休闲旅游，安排社会活动。和美国类似的企业相比，上述措施激发了日本员工对企业更为强烈的忠诚感。

日本的公司也并非事事如意。20 世纪 90 年代后，日本经济陷入持续 20 年的低迷。受经济衰退的影响，大多数的日本企业不再推行终身雇用制，乌奇提到的很多福利也遭到削减。但长远看，日本商业组织的前景是光明的。

近年，广受赞誉的丰田公司也遭遇了挑战。在扩大产能成为全球最大的汽车制造商后，由于制造缺陷，丰田公司被迫召回数百万汽车。召回事件反映出丰田的迅猛扩张是以牺牲其以往成功的核心要素——产品质量为代价的（Saporito，2010）。

第三重挑战：变化的工作性质

传统组织除了面临全球竞争加剧以及要求就业机会均等的挑战，其变革压力还来自于工作本身性质的改变。第 4 章（“社会”）讲述了工业产品到后工业产品的转变过程。人们不再在工厂里用笨重的机器生产产品 (things)，越来越多的人开始运用计算机以及其他的电子技术提供或处理信息 (information)。后工业社会是一个以资讯组织为特征的社会。

由于高强度的工作任务成为常规性的工作事务，泰勒对科学管理的概念做了进一步发展。工人铲煤，将铁水浇入铸模，在装配流水线上焊接车身板件，为修建摩天大楼把热铆钉射入钢梁。泰勒时代，多数工业工人是外国移民，学历很低，几乎不懂英语。因此，劳动力有限的劳动技能加上工业时代工作的性质使得泰勒将工作视为一系列模式化的任务，由管理人员制订计划，由工人操作。

而在信息时代，许多工作与工业时代的大不相同：设计师、艺术家、作家、作曲家、程序员、商人以及其他职业的工作需要个体发挥想象力与创造力。下面列举了当代组织与 100 年前的组织的几点差别：

1. *创造上的自主性*。如同惠普的一位主管人员所说：“从加入惠普第一天起，员工便承担了重要的责任，公司鼓励他们成长。”（Brooks，2000: 128）当代组织把掌握信息时代技能的员工视为重要的组织资源。主管人员制定组织生产目标，但并不限定员工该如何完成那些需要想象力和发现力的任务。这就给高技能的员工提供了自由发挥才能的空间，意味着只要员工最终能提出好的创意，公司无需太多的日常监督与管理。

2. *竞争性的工作团队*。当代组织通常会给工作团队自由解决问题的空间。对提出最佳解决方案的团体，组织给予最高的奖励。这种竞争性工作团队的策略，最先被日本的组织所采用，它能够激发团队中每个人的创造性，同时减少在传统组织常发生的异化现象（Maddox, 1994; Yeatts, 1994）。

3. *扁平化组织*。为了创造性地解决问题，组织采用了员工分担职责的方式，并呈现为一种扁平的形状。如图 7—4 所示，这种组织模式的指令链环节大为减少，并取代了传统的金字塔式科层组织。

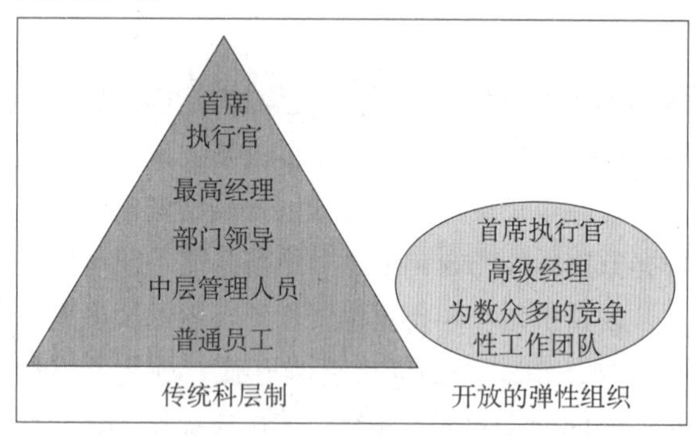

图 7—4 两种组织模式

◎ 科层制组织的传统模式属于金字塔式结构，有明确的指令链。命令自上而下地传达，业绩报告自下而上地呈递。这类组织制定了大量的规章制度，员工的工作高度专门化。而更为开放性、富有弹性的组织是扁平状的，形状更像橄榄球。与传统模式相比，组织的管理分层较少，决策职能由组织内部共同承担，共同构思理念。员工以团队形式工作，掌握整个组织运作的整体性知识。

资料来源：Created by the author.

4. *更大的弹性*。典型的工业时代的组织是一种从上至下的刚性组织结构。这类组织可以完成大量的工作，但创造性不足，难以迅速地应对大环境的改变。而信息时代理想的组织模式更为开放和富有弹性，不仅能提出新的理念，也能迅速应对风云变化的全球化市场。

这些对正式组织意味着什么呢？如同戴维·布鲁克斯（David Brooks）所说："机器不再是健康型组织效仿的衡量标准。现在的标准是生态系统。"（2000：128）当代"智能型"公司寻求的是有才华的创造型人才（"美国在线"的主楼被称为"创意中心一号"），并培养其才华。

然而，现代的许多工作根本不需要创造力。更确切地说，在后工业时代，经济发展借由两种差异性很大的工作模式推动：高技能的创造型工作和低技能的服务型工作。在快餐业工作属于程序性的高度管理型工作。与信息时代典型的创造
159 型团队工作相比，它和一个世纪前工厂中的工作更为相似。因此，当代一些组织采用扁平化的、弹性组织模式时，其他组织则继续采用传统的刚性组织结构。

社会的"麦当劳化"

本章一开始曾指出，麦当劳取得了巨大的成功，32 000多家麦当劳餐厅遍布全球。在日本就有3 700多家麦当劳，而全球规模最大的麦当劳餐厅就开在北京，能同时容1 000多人就餐。

麦当劳不仅是一家连锁餐厅。作为美国文化的符号，全世界的人都把麦当劳与美国联系在一起，而且民意调查显示即使在美国国内，98%的学龄儿童认得麦当劳叔叔，他的知名度与圣诞老人不相上下。

更重要的是，引导麦当劳发展的组织原则正在统治美国社会。美国的文化变得"麦当劳化"，我们生活中的许多方面都在模仿这家餐馆的连锁模式：父母在带有统一标志的全球连锁店给孩子买玩具；我们驱车到便利店做10分钟的免下车换油；日益普及的电子邮件、语音信箱、即时通信工具取代了人们面对面的沟通；越来越多人度假都跑到度假胜地或者参加旅行社包办的旅行团；电视用10秒钟的摘要剪辑的方式播放新闻；大学入学招生人员根据GPA和SAT成绩评估素未谋面的学生；教授给学生指定的是抄袭的教材，用出版公司批量出版的试题测验学生①。诸如此类，不胜枚举。

四项原则

所有这些事情有哪些共同点呢？乔治·瑞泽尔（George Ritzer，1993）认为，社会的"麦当劳化"构建在四项组织原则的基础上：

1. *效率*。雷·克罗克，这位20世纪50年代麦当劳扩展背后的市场天才，规定员工要在55秒内把汉堡、薯条、奶昔送到顾客面前。目前麦当劳推出的最受欢迎的品种是吉士蛋麦满分，整个早餐就这一份三明治。在麦当劳，顾客在出门的时候就顺手把垃圾处理掉或者把自己用的盘子叠起来，更方便的是，客人开车经过回收窗口时，可以顺便把吃完后的垃圾扔进去。这种效率无疑是人们日常生活的核心要素。单为"效率"这个理由，人们便认为事情越快做完越好。

2. *可预测性*。高效率的组织希望组织中的所有事情都是可预测的。麦当劳按统一的配方烹调食物。公司的政策引导着每一项工作的运行。

3. *一致性*。麦当劳第一版的操作手册规定每个生汉堡重1.6盎司，直径3.875英寸，脂肪含量19%。每片奶酪重量精确到0.5盎司。每根薯条厚度为9/32英寸。

在每个人的家、学校和工作单位周围，到处都是按照标准化的方案设计并批量生产的物品。不仅人们所处的环境，而且个人的生活经历（无论是美国国内的州际旅行还是待在家里看电视）比以往任何时候都要一致。

在世界的任何一个地方，人们走进任何一家麦当劳餐厅，都会吃到相同的三明治，喝到相同的饮料，尝到相同的甜点。② 这种一致性源于高

---

① 社会学方面许多普及性的书籍都不是作者亲自撰写的，但本书不是，本书及其试题库在Mysoclab网站上的绝大部分内容都由作者本人编写。

② 随着麦当劳的全球化，它会根据当地的口味添加或改变一些产品。譬如：在乌拉圭，消费者能吃到荷包蛋汉堡（汉堡面上加了一个荷包蛋）；挪威的消费者可以尝到烤鲑鱼三明治；而荷兰人有素食汉堡（纯蔬菜的汉堡）；在泰国，麦当劳提供卤肉汉堡（汉堡里的碎猪肉用红烧酱调味）；日本的麦当劳则推出了照烧鸡肉三明治（用大豆和生姜调味的鸡肉）；在菲律宾，麦当劳推出了麦式意大利面（加了番茄酱和一点点热狗的意大利面）；在印度，由于印度人不吃牛肉，麦当劳推出了素食麦香堡(Sullivan, 1995)。

度理性化的系统，它详细规定了所有的行为，不允许任何变动。

160 4. 控制。麦当劳系统中最不可靠的因素是员工。毕竟每个人的心情都会时好时坏，有时候会漫不经心、胡思乱想，想换种方式做事情。为把这种人为的不可预测性因素的影响降到最低，麦当劳用机械化的设备，以固定的温度和固定的时间生产食品。在麦当劳，甚至收款机上都标的是每种食品的图标，以便员工在记录客户的点餐时尽可能简单。

与麦当劳模式类似，自动柜员机取代了银行；人们用自动面包机制作面包，而自己只用站

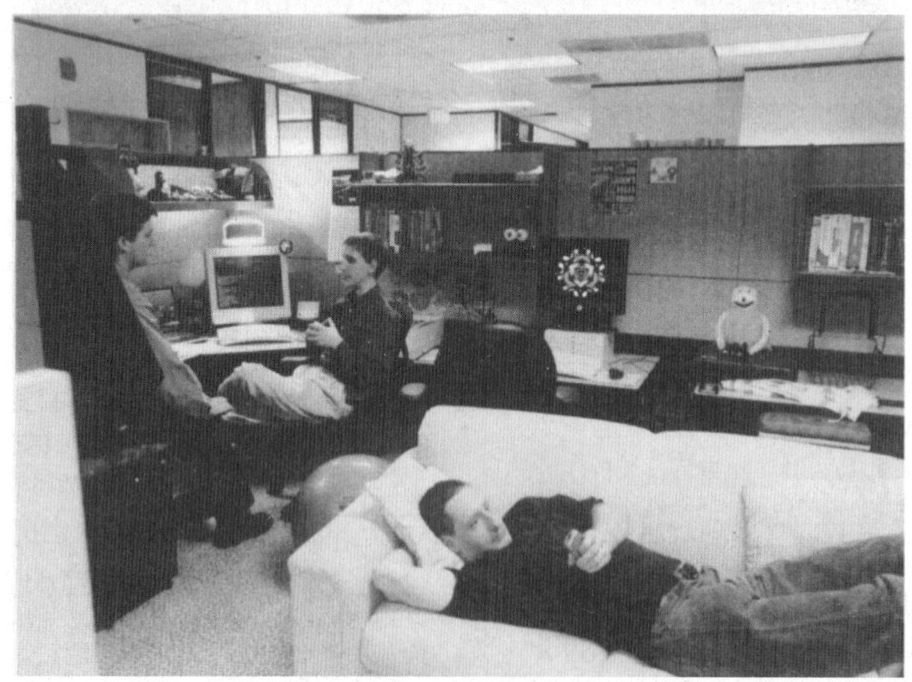

◎ 信息时代最好的工作，包括在众所周知的搜索引擎网站谷歌上班，只要员工能提出好的创意和理念，就可以给予员工相当的个人自由。与此同时，其他的许多工作与一个世纪前的工厂类似，例如在麦当劳的前台上班，员工每天做重复性的常规工作，执行严格的人员管理。

计算机技术、大型组织与侵犯隐私

焦点中的社会学

杰克：我正在上Facebook。这太酷了。

邓肯：你想让自己的生活暴露在所有人面前？

杰克：朋友，我出名了！

邓肯：哈，出名？你正在失去自己仅有的一点儿隐私。

杰克做好了他在Facebook上的网页，上面有他的姓名、学校、电子邮箱、照片、简历和兴趣爱好。全世界数十亿人都能得到这些信息。

与新客户的见面快要迟到了，莎拉驾车经过一个主要路口时在信号灯由黄转红的瞬间冲了过去。电子眼拍照记录下这一违章，拍下了莎拉的车牌和她当时坐在驾驶席的情景。7天后，莎拉收到了交通法庭的出席传票。

胡里奥检查邮件时发现一封来自华盛顿的信。信中，数据服务公司告知胡里奥，约145 000人的姓名、住址、社会安全号码以及信用档案被卖给了加州自称是商人的犯罪分子，他也是其中之一。其他人可以利用这些信息，用胡里奥的名字获得信用卡或者申请贷款。

上文中的案例都说明当代的组织——掌握了比以往任何时候都多的信息资料并且其掌握程度超出大多数人的认识——对个人隐私的威胁越来越大。大型组织对社会的运作而言是必要的。在某些情况下，组织确实能够运用或出售资料信息帮助我们。但身份盗用的案件在不断增加，个人隐私的保密度在不断下降。

过去小城镇的生活给人感觉没有任何的隐私可言。但至少别人知道你一些事情的同时，你也知道他们的一些事情。现在，陌生人却能在我们不知情的情况下随时获取我们的相关信息。

隐私的泄漏部分源于日益复杂的计算机技术。你是否意识到，你发送的每封电子邮件以及你所访问的网站都会在电脑上留下相关记录？陌生人、雇主和其他公共官员能够检索到绝大多数的记录。

此外，当今隐私的泄漏与正式组织的数量和规模有关。就像在本章所谈到的，大型组织趋向于去情感化地对待每个人，它们迫切需要信息资讯。毫无疑问，受大型组织与日益复杂的计算机技术的共同影响，美国绝大多数人都很关心谁知道自己的什么事情，以及他们会怎么利用这些信息。

近几十年来，美国个人隐私的保密度在不断下降。20世纪早期，州政府开始讨论汽车驾照的问题，政府为每个拿到驾照的人建立一份档案。现在只要点击一下按钮，政府官员不仅能把资料传给警方，还能提供给其他组织。美国税务局和美国社会保障局，以及其他一些为士兵、学生、失业人员和穷人提供福利的政府机构，都搜集了堆积如山的个人信息。

现在商业组织做的是与政府机构几乎相同的事情。个人的许多选择最后会记录在公司的数据库中。大多数美国人用信用卡——当今的美国有10亿多张信用卡，平均每人5张——但负责"信用核查"的公司收集信息并提供给任何一个询问的人，包括那些计划身份盗窃的犯罪分子。

其次，不仅在交通路口，而且在商店、公共建筑、停车场以及大学校园里都装有微型摄像头。监控个人行为的监测探头的数量每年迅速增加。就某种意义而言，所谓的安全摄像头能加强公共安全——比方说，震慑行凶抢劫犯甚至恐怖分子——但却以牺牲人们仅存的少得可怜的隐私为代价。英国或许是全球安装监测探头最多的国家，一共安装了400万个的安全摄像头。伦敦常驻居民每天出现在闭路电视监控系统画面中约达300次，他们的所有"行踪"都被记录在电脑里。美国纽约市已在地铁中安装了4 000个监测探头，官员还计划于2011年底前在公共场合安装 3 000 多个监测探头。

近年来，美国政府稳步扩大对公民的监控范围。2001 年 “9 · 11” 恐怖袭击事件后，联邦政府逐步采取措施加强国家安全（包括《美国爱国者法案》）。现在，美国的政府官员不仅更为密切地监控谁进入了美国，而且监控每个美国公民的行为。日益加强的国家安全与个人隐私难以共存。

一些法律保护措施仍然在发挥作用。美国的 50 个州都有相关法律赋予公民权利，可以核查由雇主、银行和信用局保留的个人信息记录。1974 年的联邦《隐私法案》也对政府机构间个人信息的交流做出了限制，并允许公民检查核对大多数的政府文件。为应对日益升级的身份盗窃，国会有可能通过更多的法案规范信用信息的出售。但是组织数量众多，有公共性质的也有私人性质的，它们都保存有人们的信息资料——专家预测 90% 美国家庭的信息记录在某处的数据库中——仅依靠当前的法律很难有效处理个人隐私问题。

加入博客讨论吧!

你认为公共场所架设安全摄像头是加强了个人安全还是降低了个人安全？你怎么看自动收费技术（如电子收费系统 E-ZPass）？该技术在使你快速通过高速公路收费站的同时也记录下“你去哪儿，什么时候经过的”之类的个人信息。欢迎登录 MySoclab，加入“焦点中的社会学”博客，分享你的观点和经历，并看看别人是怎么想的。

资料来源：“Online Privacy” (2000), Heymann (2002), O'Harrow (2005), Tingwall (2008), Werth (2008), Hul (2010), and Stein (2011).

在旁边看；自动化的养鸡场生产大量的鸡和鸡蛋（还是鸡和鸡蛋吗？）。在超市，客户自行付费结账的激光扫描仪淘汰了收银员。人们通常都在商场购物，而商场里的一切，从温度、湿度到商品和货物的种类，都经过精心的安排和管理（Ide & Cordell, 1994）。

理性还是非理性

毫无疑问，麦当劳的效率原则在现代社会被广为运用。但任何事情都有两面性。

马克斯 · 韦伯担心，随着人类的不断理性化，正式组织会抑制人的想象力，扼杀人文精神。如同韦伯所预见的，理性系统虽然提高了效率，但剥夺了人性。麦当劳化就是一例。四项原则中的任何一项都在讨论如何压制人的创造性，限制人的选择和自由。作为对韦伯的回应，瑞泽尔指出：“麦当劳化最终的非理性化意味着人们将失去对理性系统的掌控，反过来受制于该系统。”（1993：145）或许麦当劳也意识到这一点，公司扩大了经营范围，提供更多的高档食品，如更精美、更新鲜、更健康的超值炭烧咖啡和沙拉拼盘（Philadelphia, 2002）。

组织的未来：截然相反的趋势

◇ 评价

在 20 世纪早期，美国的大型组织大多数采用了韦伯描述的科层制的组织形式。这些组织在很多方面都有点类似于一位威猛的将军领导下的军队，将军向所属的上尉和中尉下达命令，工厂工作的步兵执行上级的命令。

随着 1950 年前后工业经济的出现，以及海外竞争的加剧，越来越多的组织朝着扁平化、弹性化的方向发展，鼓励员工的交流与创造。这种“智能组织”（Pinchot & Pinchot, 1993; Brooks, 2000）比以前更有创造性。更重要的是，高技能的员工拥有更多创新的自由，韦伯所担心的组织异化现象也有所减少。

但这只是事情的一个方面。在过去 50 年里，虽然后工业经济提供了许多高技能型的工作岗位，但它也创造了比以往更多的常规性的服务型工作岗位，譬如在麦当劳的工作。在美国，当今的快餐企业是低收入劳工最大的聚集地，提供的工资只比报酬最低的流动工人高一些 (Schlosser,

2002)。瑞泽尔把这种类型的工作称为“麦克工作”（McJobs），它提供的报酬比高技能型员工能得到的要少得多。但在快餐业、电话营销业等类似的行业中，规定工作程序的自动化流程与泰勒100 年前提到的内容倒是非常相似。

组织的弹性给予表现优异的员工以更多自主权，但普通员工却随时面临裁员的风险。面对全球化的竞争，组织迫切需要创造型的雇员，但也同样迫切需要通过尽可能地削减例行公事式的、重复性的工作职位来降低成本。最终的结果是部
161 分员工比以前收入更高、发展更好，而其他人整天为保住饭碗而担忧，努力工作勉强维持生计——第 11 章（“美国的社会阶级”）对此有详细的分析。

美国组织的生产效率为全世界所称羡。全球很少有地方能像美国那样把邮件迅捷、可靠地送达目的地。但组织未来的发展趋势对部分人而言前途更为光明，对其他人而言则相对黯淡。此外，就像第 183 页“焦点中的社会学”专栏所谈到的，组织对个人隐私的威胁日益增大——人们在展望组织的未来时应牢记此事。

日常生活中的社会学

第7章　群体与组织

现代社会的组织方式是什么样的？

第 7 章阐述了自 1948 年第一家麦当劳餐厅开业以来，引领快餐业的原则——效率、可预测性、一致性、控制——在社会中的广泛运用。现在给你个机会通过若干熟悉的日常事物来辨别“麦当劳化”的要素。在下面第二幅和第三幅图中，你能指出麦当劳化的几个特定要素吗？与之相关的组织模式和技术以何种方式提高效率、可预测性、一致性和控制？在下面第一幅图中，你认为哪些要素是与麦当劳化截然相反的？

提示

社会的麦当劳化在某些方面使人们的生活更为便捷，但也使社会变得更加非人格化，人际接触的范围趋于缩小。虽然这种组织模式能够满足人们的需求，但它迫使人们的生活必须服从于机器的需求，组织模式因此走向反面而终结。马克斯·韦伯担心人类社会将会过度理性化，迷失了本性。

如图中那样的小型邻里商店在美国曾随处可见。但随着大卖场式折扣店和快餐连锁店的扩张，小型零售店的数量日益减少。为什么小型零售店会消失？在它们消失的过程中，人们失去了零售店所具有的哪些社会特质？

20世纪70年代早期，自动柜员机（ATMs）在美国日益普及。任何一名持有银行卡的客户都能无需通过银行柜台出纳完成某项银行操作（比如取钱）。为什么自动柜员机是麦当劳化的一个例子？你喜欢用自动柜员机吗？为什么？

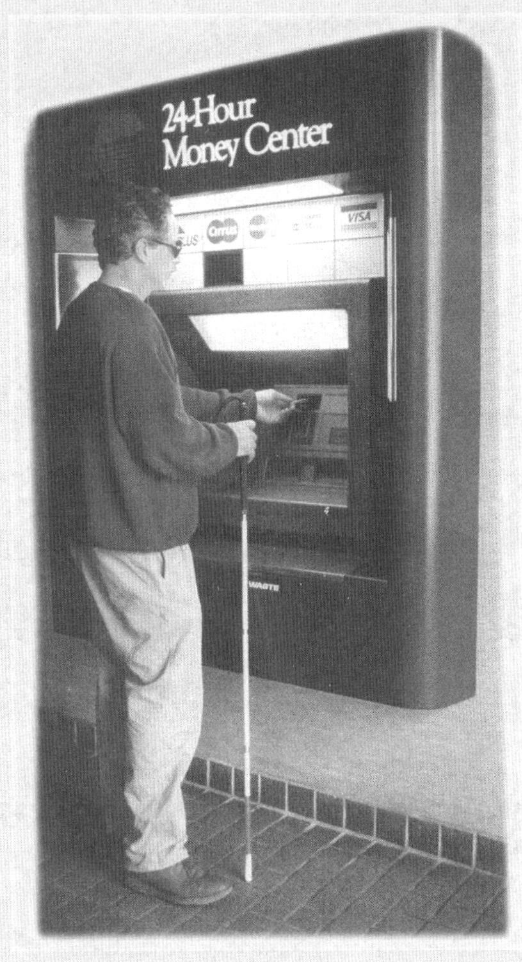

在许多超市的收银台，顾客通过连着电脑的激光扫描仪识别所购商品及其价格后，用信用卡或借记卡付款，将商品装袋。

从你的日常生活中发现社会学

1. 学院或大学是否受到麦当劳化进程的影响？教师千篇一律的大班授课是“麦当劳化”的例子吗？为什么？试举出你所知的大学校园“麦当劳化”的其他例子。
2. 参观任何一栋带电梯的大型公共建筑。观察等电梯的人，和他们一起乘电梯。留心观察他们的行为：电梯门关闭时人们谈了什么？电梯里，人们的眼睛通常朝哪儿看？你能解释他们的这些行为吗？
3. 你曾经有过用自动柜员机或在折扣店自助购物之类的经历吗？试着举几个例子，谈谈你从中得到哪些好处。它又给你带来哪些坏处？登录MySoclab，阅读“从你的日常生活中发现社会学”专栏，了解更多关于理性社会相关特征的论述、生活在高度理性化社会所带来的好处与坏处，以及一些有助于提高自己生活品质的选择的建议。

第7章 群体与组织

什么是社会群体？

社会群体是由两个或以上的人组成的、彼此认同和互动的人群。

- 初级群体是群体成员共享亲密持久的关系、规模较小的社会群体（如家庭和密友）。
- 次级群体是群体成员追求某个具体的目标或行为、大型的、非个人的社会群体(如学校班级和公司)。 pp.146-47

群体动力的要素

群体领导

- 工具型领导关注如何实现群体目标。
- 表意型领导关注于群体成员的福利。
- 独裁型领导要求成员服从命令，独自决定群体决策；民主型领导决策过程中听取全体成员意见；放任型领导几乎任由群体成员自行决策。

p.148

群体遵从

- 阿希、米尔格兰姆和贾尼斯研究显示，为实现群体遵从，群体成员通常会向其他成员施加压力，以求达成一致意见。
- 在形成态度和作判断时，个人通常会以参照群体（包括内群体和外群体）为参照点。 pp.148-50

群体规模和多元化

- 齐美尔认为，二人群体关系密切但不稳定；而三人群体虽然稳定，但很容易将第三者排斥在外，转变为二人群体。
- 布劳分析了大型群体的内分化、异质性群体的外部化，以及行动受限导致社会隔离。

pp.150-51

网络作为一种社会联系网，将彼此间不太熟悉、互动有限的人联系起来。“优越的社会关系”属于颇有价值的一类社会资本。pp.151-52

社会群体（p.146）：由两个或以上的人组成、彼此认同和互动的人群。

初级群体（p.147）：群体成员共享亲密持久的关系、规模较小的社会群体。

次级群体（p.147）：一种群体成员追求某个具体的目标或行为、大型的、非个人的社会群体。

工具型领导（p.148）：关注如何实现群体目标的领导类型。

表意型领导（p.148）：关注群体福利的领导类型。

群体思维（p.149）：群体成员为保持一致性而导致群体决策偏颇的倾向。

参照群体（p.149）：人们在评价和决策时作为参照点的社会群体。

内群体（p.150）：成员对之有尊重感与忠诚感的社会群体。

外群体（p.150）：成员对之有竞争感或对立感的社会群体。

二人群体（p.150）：由两名成员组成的社会群体。

三人群体（p.150）：由三名成员组成的社会群体

网络（p.151）：较弱的社会联系网。

什么是正式组织？

正式组织是为有效达成目标而构建的大型次级群体。

- 功利型组织中成员为获取报酬而工作（如商业组织和政府机构）。
- 规范型组织中的成员是为了追求他们认可的道德伦理上的目标（如家庭教师协会之类的志愿者协会）。
- 强制型组织中成员是非自愿加入的（如监狱和精神病院）。 p.153

所有的正式组织在一定的组织环境下运作。组织环境受到下列因素影响：

- 技术手段。
- 经济与政治发展趋势。
- 当前事件。
- 人口模式。
- 其他组织。 p.154

正式组织（p.153）：为有效达成目标而构建的大型次级群体。

组织环境（p.154）：影响一个组织运行的、组织之外的因素。

现代的正式组织：科层制

韦伯认为，科层制是现代社会中占主导地位的一种组织类型。科层制的六大特征为：

- 专门化。
- 职务分等。
- 成文规则。
- 绩效制。
- 非人格化。
- 文件档案制度化。 pp.153-54

科层制的缺陷包括：

- 科层制的异化。
- 科层制的无效率和仪式主义。
- 科层惯性。
- 寡头政治。 pp.155-56

科层制（p.153）：为有效完成任务而理性构建的一种组织模式。

科层制仪式主义（p.156）：严格遵循成文的程序规则而损害了组织目标。

科层惯性（p.156）：永久设置科层组织的倾向。

寡头政治（p.156）：由极少数人统治许多人。

科学管理（p.156）：泰勒提出的概念，指运用科学的原则来运行企业或其他大型组织。

正式组织的演化

传统的科层制

- 20世纪早期，泰勒的科学管理运用科学的原则提高生产效率。 pp.156-57

更为开放性、富有弹性的组织

- 20世纪60年代，罗莎贝丝·莫斯·坎特建议，为提高组织效率，组织应对所有雇员，尤其是少数族群和女性职员开放，以能取人，倾听员工意见。
- 20世纪80年代，全球化竞争使日本企业的集体主义精神受到广泛关注。 pp.157-58

变化的工作性质

后工业经济的发展催生了两种差异性很大的工作模式：

- 高技能的创造型工作（如设计师、顾问、程序员、主管）。
- 低技能的服务型工作。低技能的服务型工作与社会的麦当劳化有关，建立在效率、一致性和控制的基础上（如快餐店和电话推销的工作）。 pp.158-60

第8章 性与社会

学习目标

◇ 记忆
本章黑体关键名词的定义。

◇ 理解
性与生物学有关，但同时也是社会的产物。

◇ 应用
社会学的主要理论分析性问题。

◇ 分析
为什么人类是唯一有乱伦禁忌的物种。

◇ 评价
各种富有争议的问题如少女怀孕、色情、卖淫、校园“挂钩”。

◇ 创造
一种更具批判性和复杂性的观点来评价性与社会的许多关联。

168 # 本章概览

性——没有人怀疑它是我们生活的一个重要方面，但是，正如本章所解释的，性远非仅仅与生育相关的生物过程。正是社会，包括文化和不平等模式，塑造了人类性行为，并指导着我们日常生活中的性意义。

帕梅·古德曼和朋友简·德洛泽、辛迪·托马斯沿着走廊走着。这三个年轻的女孩是杰弗逊城高中的二年级学生，杰弗逊城是中西部的一个小镇。

“放学后做什么？”帕梅问道。

“我不知道，”詹妮弗回答，“也许托德正过来呢。”

“带上照片，”辛迪补充道，“我们这就去。”

“闭嘴！”帕梅结结巴巴地说，一边笑了，“我几乎不认识托德。”三个女孩大笑起来。

不必惊讶，年轻人花大量时间去思考和谈论性。但是正如社会学家彼得·比尔曼 (Peter Bearman) 发现的，性不仅只是谈谈。比尔曼和他的两名同事（Bearman, Moody & Stovel, 2004）进行了一项研究，他们对中西部一个名为杰弗逊城的小镇的832名高中学生进行了保密性访谈，表明573人（69%）在之前的18个月中至少有一次“性和浪漫的关系”。有如此众多的学生，但不是所有的学生，有活跃的性活动。

比尔曼期望了解性活动以便理解年轻人当中的性传染病（STDs）。为什么性传播疾病流行率如此之高？为什么社区中会有几十个年轻人突然“暴发”疾病？

为找到这些问题的答案，比尔曼和他的同事请学生们确认出自己的性伴侣（当然，承诺不公开任何隐私信息）。这一信息使他们得以从性活动的角度追踪同学之间的关系，得出了一个令人吃惊的模式：性活跃的学生通过共同的伙伴彼此相互关联，大大超出任何人的预期。总而言之，共同伙伴联结了一半的性活跃的学生，如图所示。

男性
女性

其他关系
（如果某种模式不止一次被观察到，那么数字表示频数）

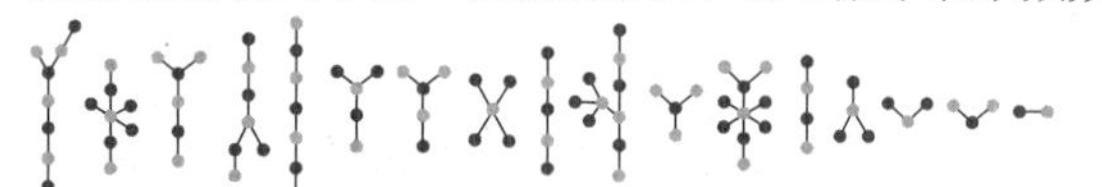

资料来源：Bearman, Moody & Stovel (2004).

意识到人们之间的联系会有助于我们理解STDs（性传染病）是怎样短时间里从一个被感染者传播到另一个人的。比尔曼的研究也表明研究可以教给我们大量有关人类性的知识，这是社会生活的重要方面。你也会看到美国在过去的一个世纪性态度和性行为已经发生了急剧的变化。

理解性

◇ 理解

每天你的思想和行为有多少与性有关？如果你像大多数人那样，那么你的答案很可能是“有很多”。

因为性不只是发生性关系。性是一个几乎随

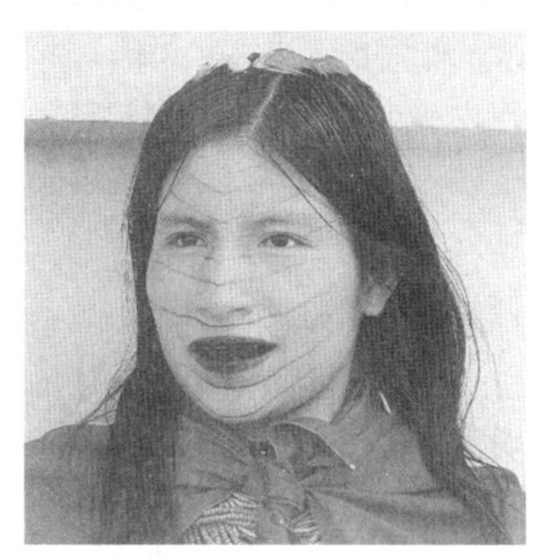

◎ 我们认为，美在于观众的眼睛，意即文化在确定魅力标准上有重要作用。这里照片上的所有人——来自肯尼亚、亚利桑那、新西兰、泰国、埃塞俄比亚和厄瓜多尔——对于他们自己社会中的人们来说是美的。同时，社会生物学家指出，全球每个社会的人们都被年轻所吸引。其理由正如社会生物学家指出的，魅力是我们选择繁衍生育的基础，生育在人的成年早期几乎很容易完成。

处都能发现的主题——在运动场、校园、工作场所，特别是在大众传媒。性产业，包括色情和卖
169 淫，在美国都是达几十亿美元的产业。性对于我们如何考虑自身以及他人如何认识我们，起着重要的作用。因此，社会生活中几乎没有什么领域，性不发挥某种作用。

尽管性是日常生活的重要组成部分，然而，美国文化长期将性视为禁忌；即使在今天，许多人仍避免谈论性。结果，虽然性可能带来很多快乐，但也造成混乱、焦虑，有时候甚至是彻底的恐惧。即使是科学家，长期以来也将性作为研究的禁区。直到 20 世纪中叶，研究人员才将注意力转向这一社会生活中的重要维度。从那时起，正如本章所解释的，我们对人类性行为有了相当多的发现。

性：一个生物学的问题

性（sex）指的是女性和男性之间的生物差别。从生物学的观点看，性是人类繁衍的途径。女性的卵子和男性的精子，每个都包含了 23 条染色体（指导机体成长的生物编码），两者结合形成受孕胚胎。这些染色体中的一对，将决定孩子的性别，母亲提供一个 X 染色体，父亲提供一个 X 或 Y 染色体。如果父亲提供的是一个 X 染色体，则形成女性（XX）胚胎，如果父亲提供的是 Y 染色体，则形成男性（XY）胚胎。这样，一个孩子的性别在受孕的瞬间就在生物学上被确定了。

胚胎的性别指引它的发展。如果胚胎是男性，睾丸组织开始产生出大量的睾丸激素，荷尔蒙催发男性生殖器的生长（性器官），如果睾丸激素很少，胚胎则发育出女性器官。

性和身体

身体上的某些差别使男性和女性区别开。从出生开始，这两种性别就有不同的**第一性征**（primary sex characteristics），即用于生育的生殖器官。在青春期，当人们性发育成熟时，另外的性差别开始出现。这时，人们出现了**第二性征**

（secondary sex characteristics），即除了生殖器官外，使成熟男性和成熟女性区别开来的身体的发育。性成熟的女性有着较宽的臀部用于生育，可 170 以产乳的胸部用来喂养婴儿，柔软、丰满的组织以提供怀孕期和哺乳期需要贮存的营养。典型的成熟男性长出更发达的肌肉，有着更茂密的体毛、更雄浑的声音。当然，这是总体差别；有些男性比有些女性更矮小，有较少的体毛、更尖的嗓音。

第一性征 用于生育的生殖器官、组织。

第二性征 除了生殖器之外的身体发育，以在生物上区分成熟的男性和女性。

记住，性（sex）与性别（gender）不是一回事。性别是一种文化因素，指的是文化赋予的男性或女性的个人特质和行为模式（包括责任、机会和特权），第 13 章（“性别分层”）解释了性是社会不平等的重要维度。

两性人

性并不总是像我们刚才描述的那么清晰分明。**两性人**(intersexual people) 是指身体（包括生殖器官）既具有男性特征，又具有女性特征的人。两性人的另一个名称是双性人［hermaphrodites，源自 Hermaphroditus，它是希腊神话中的神赫尔墨斯（Hermes）和阿芙洛狄忒（Aphrodite）的孩子，它具有两种性别］。一个真正的两性人既有女性的卵巢，又有男性的睾丸。

然而，我们的文化要求性别明确清晰，一个事实证据就是在新生儿出生时，要求父母记录孩子的性别是男或是女。在美国，一些人对两性人的反应是混乱甚至恶心。但是，在别的文化中却很不一样：比如，东非的普科特人（Pokot）几乎很少关注这种简单的生理上的差错，纳瓦霍人（Navajo）怀着敬畏看待两性人，认为在他们身上具有女人和男人的全部潜力（Geertz，1975）。

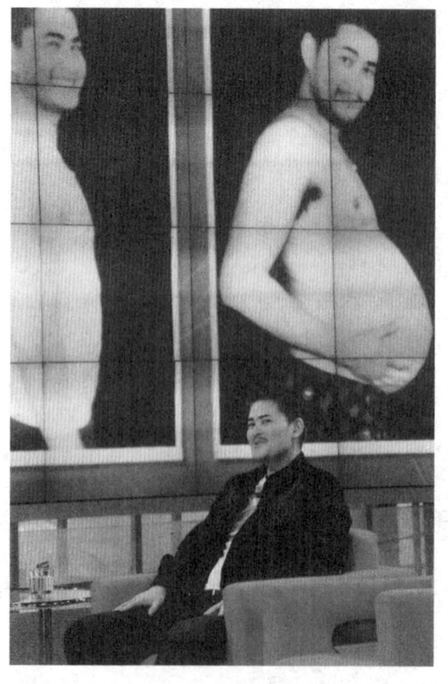

◎ 我们通常认为是男性还是女性是件非常清楚的事情。但是性倒错的人不适合这样简单的分类。2008 年，34 岁的托马斯·贝蒂 (Thomas Beatie) 怀孕并生下健康的女婴，一年后，他又生下第二个孩子，一个男孩。出生时为女性的贝蒂通过外科手术去除了胸部，并从法律上将他的性从女人改变为男人，却又选择了怀孕。对类似例子你的反映是什么？

性倒错

性倒错（transsexuals）指的是那些感到自己是某种性别，即使在生理上是另一种性别的人。据估计，在美国，每 1 000 人当中就有一两个人感到身陷错误性别，他们强烈要求变成另一种性别。有时，许多被称为性倒错的人开始蔑视女性和男性应当看起来怎样、应当如何行事的传统观念。一些人更进一步地，重新选择性别，用手术选择他们的生殖器，通常伴随着处置荷尔蒙。这个医疗过程是复杂的，要用数月或者甚至几年的时间，但这有助于许多人获得最终从外表变成他们心里想要的性别的快乐感（Gagne, Tewksbury & MaGaughey，1997；Olyslager & Conway, 2007）。

性：一个文化上的问题

性有其生物学的基础。但是正像人类行为的所有元素，性无疑也是一个文化问题。生物学可以解释一些动物的交配仪式，但是人类没有类似的生物过程。虽然存在着生物上的“性驱力”，使人们感受到性的快乐，使人们发生性行为，但是，我们的生物学没能指出人类的性的任何特殊的地方，正如我们的食欲不能说明任何特别的饮食方式或餐桌上的行为规范。

文化间的差异

几乎每一种性行为在不同的文化之间都表现出重要的差别。阿尔弗雷德·金赛（Alfred Kinsey）和他的同事（1948）在对美国人的性行为进行的开拓式研究中发现，大多数的伴侣报告称他们性交中采用唯一的姿势是面对面，女人在下面，男人在上面。但几乎在世界的另一半，南太平洋地区的多数伴侣从不采用这种姿势。事实上，当南太平洋人从西方传教士那儿知道这种方式时，他们开玩笑，认为这是一种奇怪的“传教士姿势”。

即使是表达爱这一简单行为，不同社会之间也不相同。在美国，多数人喜欢在公共场合接吻，但是中国人只是在私人场所接吻。法国人公开地接吻，经常是两下（一边脸颊一下），比利时人亲吻三次（从任一边脸颊开始），新西兰的毛利人摩擦鼻子，多数尼日利亚人从不接吻。

不同的文化对端庄的表达也不相同。如果一位正在浴盆洗澡的女士被惊扰了，你认为她会遮盖身体的哪个部位？海伦·科尔顿 (Helen Colton，1983) 的报告是：穆斯林妇女会掩面，老挝的妇女会遮盖胸部，萨摩亚的妇女盖上肚
171 脐，苏门答腊岛的妇女盖住膝盖，欧洲的妇女用一只手遮住胸部，另一只手遮住阴部。

从全世界来看，有些社会限制性，另一些社会则比较开放。比如，在一些亚洲国家，对性爱采取严密控制的规范，因此，很少有人婚前发生性行为。在美国——至少在最近几十年——婚前性行为已成为规则，一些人甚至在没有强烈义务感的情形下选择发生性关系。

乱伦禁忌

当谈及性，是否有一些任何社会都认同的方面？回答是的。一种文化上的普遍性——全世界各个社会都可以发现的事物——就是**乱伦禁忌**（incest taboo），禁止在某些亲属之间发生性关系或者结婚的规则。在美国，无论是法律还是文化道德都禁止近亲之间（包括兄弟姐妹之间、父母和子女之间）发生性关系或者结婚。但是，另一个文化差异的例子说明，一个社会中的乱伦禁忌究竟包括哪些家庭成员，不同的州的规定也不相同。近一半的州认定第一表亲间的婚姻是不合法的，另一半的州则认为这种婚姻合法，另有几个州允许有限的结合（National Conference of State Legislatures，2011）。

一些社会（像北美纳瓦霍人）将乱伦禁忌只用于母亲及家族中的母系成员。整个人类历史上，很多社会贵族在亲属之间通婚，甚至有的社会（包括古代秘鲁和埃及）记录着允许贵族兄弟姐妹间通婚，以便保持某个家族内的权力（Murdock，1965，org.1949）。

为什么某种形式的乱伦禁忌普遍存在？部分理由在于生物学，物种近亲之间的繁衍会增加后代患上精神或身体疾病的概率。但是为什么，在所有物种中只有人类遵守乱伦禁忌？这一事实提示人们控制近亲之间的性行为是社会制度的一个必要部分。第一，乱伦禁忌限制了家庭成员间的性竞争（比如说，排除了父母和孩子之间的性）。第二，由于家庭关系确定了人们彼此间的权利和义务，近亲之间生育后代绝对会混淆亲属关系；如果一个母亲和儿子生育了一个女儿，那么，这 172
个女孩认为这个男人是父亲还是哥哥？第三，由于要求人们与他们直系家庭成员之外的人结婚，当人们试图组成新的家庭时，就会超出近亲的范围，这样，乱伦禁忌使社会在更大的范围得到整合。

乱伦禁忌一直是美国社会，也是全世界的一个性规则。但是在美国，许多其他的性规则已历经变化。在20世纪，正如下一部分所解释的那样，我们的社会经历了性革命和性反革命。

美国人的性态度

◇ 理解

在美国，人们怎么认识性？我们对性的文化取向一直是有些自相矛盾的。早期新英格兰的清教徒定居者要求在态度和行为上严格一致，对任何性“过错”施以严厉的惩罚，即使这种行为发生在家中秘密场所。从那以后，大多数欧洲移民将鲜明的“正确的”性观念带到美国，典型的就是把性与生育限制在婚内，这些性规则一直延续着。例如，20世纪60年代后期，有几个州在法律上禁止商店销售避孕套。直到2003年，当最高法院取消这些规定时，有13个州的法律禁止同性间的性行为。即使今天，仍有11个州有“私通法”，禁止未婚伴侣间的性行为。

◎ 经过20世纪，美国的社会态度变得更加接受性行为。你认为这种开放度的增加会带来哪些益处？又有什么负面效果？

但是这只是问题的一方面。正如第3章（“文化”）所解释的，由于美国文化是个人主义的，我们中的许多人相信：只要没有对别人造成直接伤害，人们应当有自由尽可能地做他们想做的事情。人们在他们自己家这种私密场所做的事情与他人无关，这种观念使得性成为一种个人自由和私人选择。

当谈及性，美国是限制式的还是开放的？答案是两者都有。一方面，许多美国人仍然视性行为是个人道德的重要标志。另一方面，性越来越成为大众传媒所宣传的通俗文化的一部分——最近的一个报道称播出性内容的电视节目数量在短短10年中翻了一番（Kunkel et al.，2005）。正是在这一复杂背景下，我们开始分析美国在过去一个世纪里发生的性态度和性行为的改变。

性革命

整个20世纪，美国人目睹了性态度和性行为的深刻变化。这一变化的第一个征兆来自20世纪20年代，上百万的妇女和男性从农场和小镇迁入不断扩大的城市。在那里，年轻男女远离他们的家庭，在工作场所遇到新结识的人们，他们享受相当多的性自由，这10年成为人所共知的“咆哮的20年代”。

20世纪30年代和40年代，大萧条和第二次世界大战减缓了变化的速度。但是，在战后时期，即1945年之后，阿尔弗雷德·金赛带来了后来被称为性革命的时代。金赛和他的同事们于1948年出版了第一个他们对美国人的性的研究，之所以引起全国性的骚动，更多的来自性问题正在被科学家研究这一事实，性曾经是一个许多人即使在家中私密场所也不易谈论的话题。

金赛还有些有趣的事情要说。他的两部著作（Kinsey, Pomeroy & Martin, 1948; Kinsey et al., 1953）之所以成为畅销书，部分是因为它们揭示了普通的美国人远远不是多数人以前想象的那样 173
在性问题上很保守。这些书鼓动着人们对性采取一种新的开放姿态，这对性革命的兴起起到了推动作用。

20世纪60年代后期，性革命真正开始了。青年文化占据了公共生活的主导，像“性、毒品和摇滚”以及“如果感觉好，那就去做”总结了对性的新的、更自由的态度。出生于1946—1964年间的生育高峰的一代人成为美国历史上第一代伴随着新的性观念成长起来的人群，这种性观念认为性是人们生活的组成部分，不论他们是否结婚。

新技术在性革命中也发挥着作用。1960年发明的避孕丸，不仅避免了怀孕，而且使“受保护”的性行为更为方便。不像避孕套或者避孕膜，必须用于性交时，避孕丸可以有规律地提前服用，就像每天补充维生素。现在女人和男人可以在不做任何特殊准备的情况下发生性关系。

由于在历史上妇女比男性更多地受到性规范的约束，性革命对妇女有着特别重要的意义。社会传统的“双重标准”允许（甚至鼓励）男人在性方面积极，但是期望妇女保持贞节一直到结婚，婚后要保持对丈夫的忠诚。图 8—1 的调查数据说明由于性革命这种双重标准正趋向缩小。1933—1942 年出生的人们（即现在七八十岁的人），有 56% 的男性、仅 16% 的女性报告说，在达到 20 岁之前，他们有两个或更多的性伴侣。这与生于 1953—1962 年生育高峰期的人们（现在的他们五六十岁）相比，差别很大，这些人是在性革命以后到达 20 岁。在这些人当中，62% 的男性和 48% 的女性报告在 20 岁之前有两个或者更多的性伴侣（Laumann et al. 1994：198）。性革命总体上增加了性活动，但是它对女性行为的改变要比对男性的改变大得多。

随着社会更加富裕以及女性机会的增加，对性也更为开放。

性反革命

性革命使性成为日常生活讨论的话题，使性活动更多地成为一种个人选择的事情。然而，到 1980 年，标志着 20 世纪 60 年代晚期和 70 年代性自由的社会风气被一些人批评为美国道德下降的证据，性反革命开始了。

从政治上讲，性反革命是一种保守的呼吁，呼吁人们重返“家庭价值”，从性自由返回到批评家所认为的、老一辈人所持有的视性为责任的价值观，对性革命的批评，不仅只是反对“自由爱情观”，而且针对像同居（未婚就在一起生活）和未婚生育潮流。

回溯以往，性反革命并没有很大地改变这种性观念，即认为人们应当自我决定什么时候以及与谁发生性关系。但是不论是出于道德的原因还是考虑到性传播疾病，更多的人开始选择限制性伙伴的数量或者根本不发生性行为。

性革命是否结束了？的确人们现在更加小心地选择性行为，但是正如本章后面部分所解释的，现在的人们更多地接受婚前性行为以及更加容忍各种性取向，表明性革命正在进行中。

婚前性行为

考虑到性革命和性反革命，在美国，人们的性行为究竟发生了多大改变？一个有趣的趋势是年轻人当中的婚前性行为——结婚之前发生性关系。

首先，考虑一下美国成年人怎样认识婚前性行为。表 8—1 表明，约有 29% 的认为婚前性关系“总是错的”或“基本上是错的”。另约 17% 的人认为婚前性行为“有时是错的”，约有 52% 的认为婚前性行为“完全没有过错”。较之上一

多样化快照

- 南希·霍克，现年76岁，在她经历的一生的大多数时光里，男人比女人有多得多的性自由。
- 莎拉·诺霍特，现年50岁，是一个婴儿潮时代的人，她感到她和她的女性朋友有着与男性相当近似的性自由。

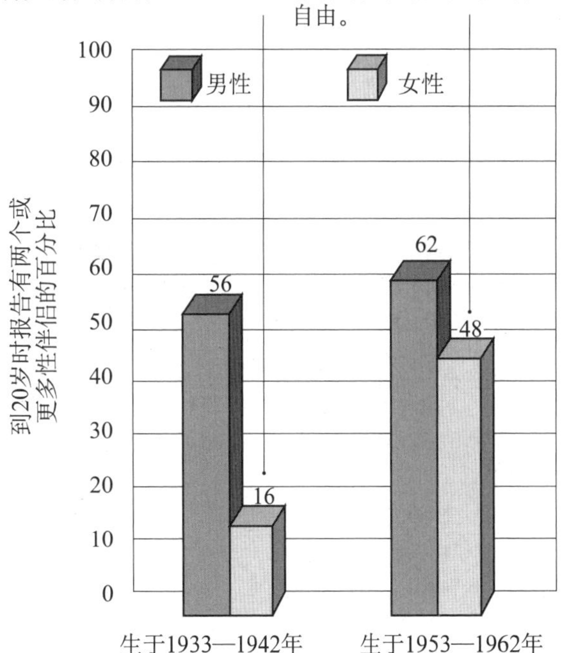

图 8—1　性革命：双重标准正在缩小

◎ 到 20 岁时，较之女性，尽管有更多的男性报告说有过两个或更多的性伙伴，但是性革命极大地缩小了这一性别差异。

资料来源：Laumann et al.（1994：198）.

174 代人，今天的公共舆论已经大大接受了婚前性行为。但是，即使这样，我们的社会对此问题的看法也是多种多样的。

现在，让我们看看年轻人是怎么做的。经过一段时间，女性已发生了显著改变。金赛研究报告说：生于 20 世纪早期的人们当中，约有 50% 的男人，但仅有 6% 的女性在 19 岁之前有过婚前性行为。对生于二战后生育高峰的人们的研究表明，在男性当中，婚前性行为有稍微增加，而在女性当中，有较大的增长，增长了约 1/3。最新的研究表明，在高中高年级之前，有 46% 的年轻人有过婚前性关系（非裔美国人的比例为 65%，西班牙裔的比例为 49%，白人的比例为 42%）。另外，即使是性活跃程度较高的高中生，其性经历也是有限的——只有 14% 的学生报告说有 4 个以上的性伙伴。据统计，在过去的 20 年，高中生中的性活动呈现出逐渐但稳定的下降趋势（Laumann et al., 1994; Abma, Martinez & Copen, 2010; Centers for Disease Control and Prevention, 2010）。

通常的观念认为年轻人中口交的比例更高。这种选择反映了人们避免怀孕风险的事实。另外，许多年轻人认为口交不必“从头至尾”。近期的一项研究表明，年轻人当中有口交的比例高于有性交的比例，但仅高出约 10%。因此，大众传媒所宣称的“口交传染病”几乎肯定是言过其实的。

表8—1　我们怎样看待婚前和婚外性行为

问卷调查问题：“对于美国社会在性道德和性态度方面正在发生的变化一直有许多讨论。如果一个男子和一个女子婚前发生性关系，你认为是总是错的，基本上是错的，有时是错的还是完全没有过错？你又怎么看待一个已婚的人发生婚外性关系？”

	婚前性关系	婚外性关系
总是错的	21.3%	77.1%
基本上是错的	8.1	13.1
有时是错的	16.9	6.3
完全没有过错	51.9	2.0
不知道 / 没有回答	1.8	1.4

资料来源：*General Social Surveys, 1972-2010*：Codebook(Chicago: National Opinion Research Center, 2011)，pp.410-11.

最后，极少数的年轻人选择节欲（不发生性关系）。许多年轻人也会选择不发生口交，因为口交一样可能传播疾病。即使这样，研究证明今天婚前性行为在年轻人当中被广泛接受了。

成人之间的性 175

从大众传媒来看，美国人在性方面非常活跃。但是流行说法是否反映了现实？劳曼的研究（Laumann，1994）是自金赛开拓式研究之后规模最大的性研究，他发现，美国人当中性活动的频率变化幅度很大，1/3 的成年人报告每年与伴侣间只有几次性行为或者根本没有性行为，另有 1/3 的成年人每月有一次或几次性行为，还有 1/3 的人每周与性伴侣有两次或者更多的性行为。简单地说，实际上没有唯一的模式能描述美国人的性活动。

尽管电视上像《欲望都市》（*Sex and the City*）这样的节目中，可能看到“时髦单身”的流行形象，但是已婚人群是性行为频率最高的人。已婚人群也报告：与性伴侣的性生活无论在情感上还是在肉体上满意程度最高（Laumann et al.，1994）。

婚外性行为

婚姻以外的性的情况是怎样的？这种行为，通常被称为“通奸”，是被广泛指责的（社会学家宁愿使用更为中性的词“婚外性”）。表 8—1 表明，90% 以上的美国成年人认为一个已婚的人与婚外伴侣发生性关系“总是错的”或者“基本上总是错的”。婚内性忠诚规范仍然是美国文化的重要组成部分。

但是实际行为却不符合文化观念。劳曼的研究报告认为，约有 25% 的已婚男性和 10% 的已婚女性至少有一次婚外性经历。换一种说法就是 75% 的男性和 90% 的女性在婚姻中保持对配偶的性忠诚。研究表明年轻人比老年人婚外性行为的发生率更高，男性比女性发生婚外性行为的比例更高，低社会地位的人比生活条件好的人发生

性取向　一个人对另一个人浪漫的、情感上的吸引。

异性恋　对另一种性别的人的性吸引。	**同性恋**　对同一种性别的人的性吸引。	**双性恋**　对男女两种性别的人都有吸引。	**无性恋**　对任何一种性别的人都缺乏性吸引。

婚外性的比例更高。另外，在那些报告没有宗教信仰的人当中婚外性行为的可能性更大。正如我们预料的，那些报告婚姻生活不幸福的人当中有更高的婚外性行为（Laumann et al.，1994：214；T. W. Smith，2006; NORC，2011：411）。

生命历程中的性

性行为模式随年龄而变化。在美国，多数年轻男子在 16 岁时性行为开始活跃，女性则是在 17 岁时。在他们长到 25 岁时，超过 90% 的男性和女性报告说，在过去的一年中至少和一位性伴侣发生过性关系 (Mosher, Chandra & Jones, 2005; Reece et al., 2010)。

总的来说，成年人报告说一年当中有 62 次性生活，大概 1 周 1 次多。年轻些的成年人报告说每年最高有 84 次性生活。在成年人 40 多岁以后，这个数字下降到 64 次，到成年人到达 70 多岁时，每年下降至约 10 次。

从另一个角度说，到约 60 岁时，不到一半的成年人（男性为 54%，女性为 42%）说他们在过去的一年中有一次或以上的性生活，到 70 岁时，只有 43% 的男性和 22% 的女性报告说有上述同样的性行为（T. W. Smith, 2006; Reece et al., 2010）。

性取向

◇ 分析

最近十几年来，公共舆论对于性取向已经发生了重大变化。**性取向**（sexual orientation）是一个人对另一个人浪漫的、情感上的吸引。在所有人类社会中的规范都是**异性恋**（heterosexuality，hetero 是希腊语，意思是“两个中的另一个”），意味着是对异性的性吸引。然而，在每个社会，有相当一部分人有**同性恋**（homosexuality，homo 是希腊语，意思是“同样的”）经历，即是对同性的性吸引。记住，人们并不一定正好是两者之一，人们只是被男女两种性别吸引的程度不一样。

性取向并非鲜明清晰的，这一观点被双性恋的存在所证实。**双性恋**（bisexuality）即对两种性别的人都有性吸引。一些双性恋者受男性和女性吸引的程度是一样的；许多双性恋者更多地被一种性别吸引。最后，**无性恋**（asexuality），指的是对任何性别的人都缺乏性吸引。图 8—2 描述了每一种性取向与他人的关系。

性吸引与性行为不是一回事，记住这一点很重要。许多人，也许甚至大多数人都曾被某个同 176
性所吸引，但是极少数人发生同性性行为。这在很大程度上，是因为我们的文化不鼓励这种行为。

在美国和世界其他地区，异性恋是规范，因为从生物上讲，异性性关系使人类得以繁衍。即使这样，多数社会也容忍同性恋。在古希腊，上层男人视同性恋为关系的最高形式，部分原因是

多样化快照

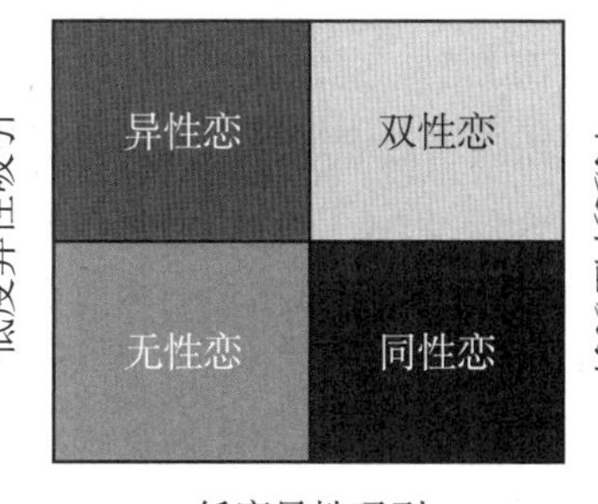

图 8—2　四种性取向

◎ 一个人的同性性吸引和异性性吸引是两个明显不同的维度，二者通过各种不同的方式组合产生出四种主要的性取向。

资料来源：Adapted from Storms（1980）.

◎ 社会对同性恋的接受的一个因素是在大众传媒上公开出现同性恋人物，特别是在电影和电视节目当中。在大众流行音乐剧《欢乐合唱团》（*Glee*）当中，克里斯·柯尔弗（Chris Colfer）扮演库尔特·胡梅尔（Kurt Hummel），在第一季当中他作为同性恋者出现。你怎么评价传媒中的同性恋人物？

他们轻视妇女，认为她们智力低下。正如男人们看到的，异性恋是必要的，只有这样他们才能有孩子，但当时“真正”的男人宁愿要同性关系（Kluckhohn, 1948；Ford & Beach, 1951；Greenberg, 1988）。

什么使我们具有某种性取向？

对于人们刚开始如何获得某种性取向这一问题的争论十分激烈。这些争论可以归纳为两种观点：性取向是社会的产物以及性取向是生物学的产物。

性取向：社会的产物

这一理论认为，任何社会的人们都赋予性行为以某种意义。这些意义在不同地方、不同时期也不相同。正如米歇尔·福柯 (Michel Foucault, 1990, orig.1978）指出的，比如，直到一个世纪之前，才有明确的“同性恋”的说法，科学家最后是公众开始用同性恋来界定这种人。从整个历史看，毫无疑问，许多人都有“同性恋经历”，但是无论是他们自己还是别人并不认为这种行为有什么特殊的地方。

人类学的研究表明，不同的社会，同性恋的模式也有很大不同。在西伯利亚，比如说楚克奇爱斯基摩人中有一种行为，男人像女人一样穿戴，做女人的工作。居住在新几内亚东部高地的萨摩亚人，有一种仪式，在这一仪式上，年轻的男孩对年长的男性进行口部性行为，他们相信吃精液会增强他们的男子气。在墨西哥东南部，古代的宗教认为上帝既是男性又是女性，当地的文化界定人们不仅是男或女，而且还有 muxes（发音为 MOO-shays）第三种性类型。这是指那些穿着和行为举止像女人的男人，他们中的一些人仅在某些场合那样，另一些则总是那样。第 201 页“多样性思考”专栏更加近距离地考察了这种性类型。全世界不同社会中这种多样化模式的存在似乎表明人类性的表达是社会建构起来的（Murray & Roscoe, 1998；Blackwood & Wieringa, 1999；Rosenberg, 2008）。

性取向：生物学的产物

有越来越多的研究表明，性取向是先天的，或者说植根于人类的生物学，正如人们生下来就是右撇子或者左撇子。西蒙·莱沃伊（Simon LeVay，1993）论证了这一观点，即将性取向与人的大脑结构相联系。莱沃伊研究了同性恋男性和异性恋男性的大脑，发现下丘脑的大小有微小  177
但重要的差别，下丘脑是人脑中调节荷尔蒙的部分。他认为，这种解剖学上的不同，对形成不同的性取向有一定的作用。

基因也会影响性取向。一项对 44 对兄弟的研究（他们都是同性恋）发现，33 对有着特殊的 X 染色体基因类型。而且，同性恋兄弟也有着相当多数量的同性恋男性亲属——但是这些亲属都只是母系一方的亲属。这些证据使一些研究者思考在 X 染色体上可能有“同性恋基因”（Hamer & Copeland，1994）。

◇ 评价

有不断增多的证据支持性取向源于生物学，尽管目前最好的猜测是先天和后天二者都起作用。记住，性取向不是绝对清晰的分类。多数认

多样性思考：种族、阶级和性别

第三性别：墨西哥的muxes

现年16岁的亚历杭德罗·托莱多站在胡契坦的街角，这是南墨西哥中部地区瓦哈卡州的一个小镇，她的朋友叫她亚历克斯，她刚刚和母亲一起卖完一天的花，现在正等着坐公交回家吃饭。

正如你可能知道的，亚历杭德罗通常是男孩的名字。事实上，这个年轻人生下来曾是男孩。但是，几年前，亚历克斯决定，不管她的性别是什么，她感到自己是女孩，并决定按照自己的感觉生活。

在所在社区，她并不孤独。胡契坦及周边地区不仅以美丽的黑陶和精美的食品享有盛名，而且还以大量的男女同性恋者、性倒错者而闻名。乍一看来，这一事实可能令人吃惊，许多人认为墨西哥是一个传统的国家，特别是在性别和性方面。在墨西哥，固有观念认为，男人掌控女人，特别是在性方面，但是，正如所有成见一样，这忽视了一些重要事实。从全国来看，墨西哥已经变得更能容忍多元化的性表现方式。2009年首都墨西哥城开始承认同性恋婚姻。没有哪个地方比胡契坦地区更能容忍性取向。

在那里，性倒错者被称为muxes(发音为MOO-shays)，来自西班牙语mujer，意为“女人”。在这种文化背景下，人们并不绝对地被分成“女人”和“男人”，因为还有第三个性别类型。一些muxes穿着女人的服装，言谈举止几乎全部按照女人的样子。另一些则只是在特殊的场合在扮相、举止上像女人一样。最流行的事件之一是该地区的盛大庆祝会，它每年的11月份举行，有超过2 000个muxes和他们的家庭参加，这个事件的重点是竞争“年度易装癖冠军”。

在墨西哥中心地区，接受性倒错者有很深的文化根基，这种文化在西班牙人到来之前就已经存在。那时，性别模糊的人被看成是特别聪明和有天才的人。该地区的历史包括阿芝特克（Aztect）祭司和玛雅上帝都是跨性式穿着或者被认为既是男性又是女性。在16世纪，西班牙殖民者的进入以及基督教的影响，大大降低了这方面的性容忍程度。但是，今天该地区对混合性别的认同继续存在。许多人如此坚持他们的传统以至于他们只讲古老的阿芝特克语，而不是西班牙语。

在胡契坦也是这样，muxes受到尊敬、接纳，甚至祝贺。muxes在商业界是成功的，在宗教和政界占据领袖地位，最重要的是，他们同样被朋友和家人接受。亚历杭德罗和她的父母及五个兄弟姐妹生活在一起，帮妈妈在街头卖花和做家务。她的父亲，维克多·马丁内斯·吉梅内斯是当地的一个建筑工，他仍然用“他”来称呼亚历克斯。但是他说：“是上帝赋予了‘他’，为什么我要拒绝接受‘他’？他对他母亲有很大帮助。我为什么要发疯？”亚历克斯的母亲，罗萨·托莱多·维森特补充道：“每个家庭都会认为有一个同性恋儿子是上帝的恩宠，女儿会结婚，离开家，而muxes会照顾父母直到父母老迈。”

你怎么想?

1.你认为美国会容忍人们混淆男女两性的穿戴和举止吗？为什么会或不会?

2.muxes生为男性，这个故事中当地的人们会怎么看待那些想穿戴举止像男人的女人？你怎么认为？你是否期望人们对女性会同样地容忍？为什么是或不是?

3.你个人怎么看待第三性别？解释你的观点。

资料来源：Gave (2005), Lacey (2008), and Rosenberg (2008).

▲**检查你的学习**
哪些证据支持性行为是由社会建构的立场？哪些证据支持性取向植根于生物学？

为自己是同性恋的人也有一些异性恋的经历，正如许多认为自己是异性恋的人有一些同性恋经历。因而，解释性取向是一件复杂的工作。

这里对于男性同性恋和女性同性恋者也有一个非常重要的政治问题。性取向在一定程度上根植于生物学，同性恋者没有办法选择他们的性取
178 向，正如他们无法选择他们的肤色。如果是这样，那么男同性恋和女同性恋难道不应当同非裔美国人一样，期望得到免于歧视的法律保护？

有多少同性恋人口？

美国人口中有多大比例是同性恋者？这个问题很难回答，因为，正如我们解释的那样，性取向不是完全清晰的分类形式。另外，不是所有人愿意向陌生人甚至家庭成员讨论自己的性状况。阿尔弗雷德·金赛估计约4%的男性和2%的女性有绝对的同性恋取向，尽管他指出，多数人在人生的某个时候经历过同性恋吸引。

一些社会科学家认为，同性恋占总人口的比例为10%。但是研究表明，对同性恋的界定不同，导致研究结果有很大差异。正如图8—3(a)表示的那样，在15～44岁间的美国人当中，约6%的美国男性和约11%的美国女性报告说，在他们人生的某个时间有同性恋行为。与此同时，只有2.3%的男性和1.3%的女性认为自己是“部分”同性恋者或“完全”同性恋者。

在近期的调查中，约1.8%的美国成年人认为自己是双性恋者。但是，双性恋经历在年轻人当中，特别是在大学校园看起来相当普遍（至少是某一时间里）（Laumann et al.，1994；Leland，1995；Mosher, Chandra & Jones，2005；Reece et al., 2010)。许多双性恋者不认为自己要么是同性恋者，要么是道德正直的人，他们认为自己的行为既有同性恋因素，又是正直的生活。

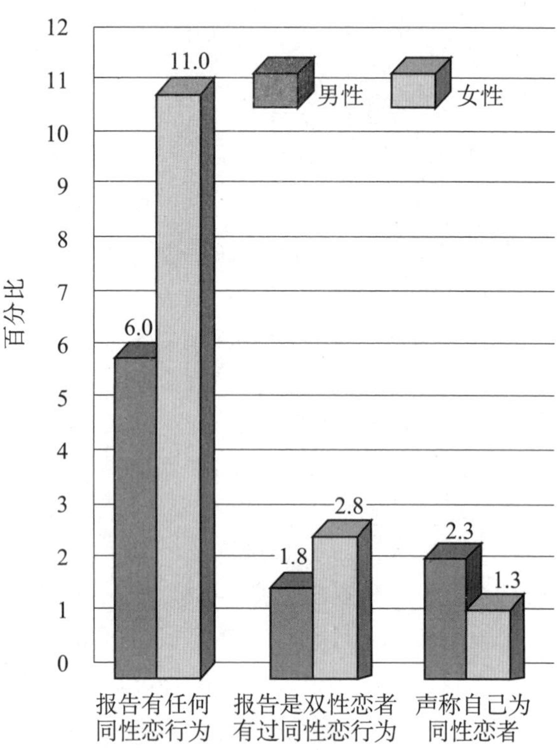

（a）双性恋或同性恋人口的比例

◎ 尽管女性比男性更多地报告说有过同性恋经历，但是男性比女性更多地声称自己是同性恋者。

(b) 1973–2010年对待同性恋的态度

图8—3 美国性取向调查数据

资料来源：（a）adapted from Mosher, Chandra & Jones (2005). (b) NORC (2011: 411).

同性恋权利运动

公众对同性恋的态度在不断趋向接纳。回溯至1973年，正如图8—3(b)部分所示，约有3/4的美国成年人认为同性恋关系“总是错的”或“基本上是错的”。在20世纪70年代和80年代这一比例变化幅度很小，到2010年，这一比例下降到47%（NORC，2011：411）。在大学生中，人们通常认为，他们比一般人群更能容忍同性恋关系，我们看到了类似的趋势。1980年，约一半的大学生支持法律禁止同性恋关系；到2008年，正如图8—4所示，只有约1/4的大学生认为应当这样（Astin et al., 2002；Pryor et al., 2009）。

多样化快照

• 从1980年以来，反对同性恋关系的大学生大幅度下降。

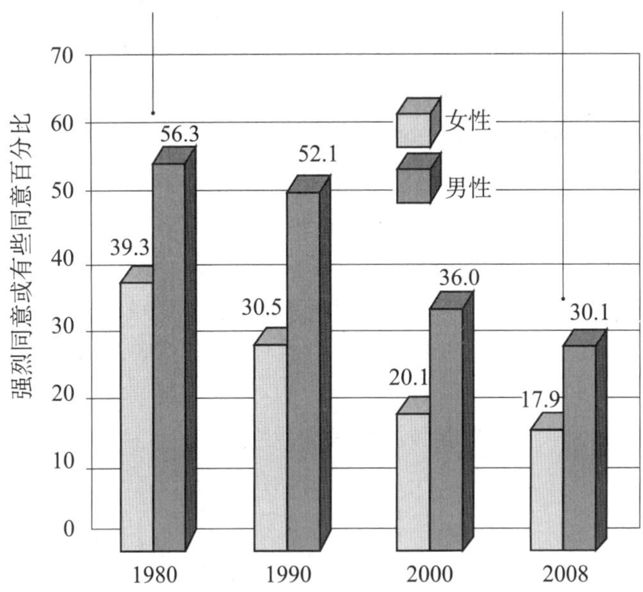

观点：“制定禁止同性恋关系的法律是重要的。”

图 8—4　大学一年级学生中反对同性恋关系的态度（1980—2008）

◎从历史趋势来看，大学生对同性恋关系越来越趋向于更加容忍，大多数人都持此种观点。

资料来源：Astin et al. (2002) and Pryor et al.（2009）.

在很大程度上，这一变化是同性恋权利运动带来的结果，这一运动开始于 20 世纪中期。直到那时，美国多数人还不讨论同性恋问题，公司（包括联邦政府和军队）解雇被指责为同性恋者的雇员是很普遍的事情。精神健康专家也采取强硬态度，将同性恋视为“疾病”，有时把他们关进精神病院，期望他们得到“治疗”。因此，并不令人吃惊的是，多数女同性恋者和男同性恋者保持在“秘密”状态，严守着他们性取向。但是，1960 年期间，同性恋权利运动赢得了力量。早期的一个里程碑式的事件发生在 1973 年，美国精神病协会（APA）宣布同性恋不是一种疾病，而只是“一种性行为形式”。2009 年，APA 宣布不应当将心理治疗运用于让同性恋者重新做人 (Cracy, 2009)。

同性恋权利运动也开始使用**同性恋恐惧症** (homophobia) 一词来描写一些人害怕和担心与男同性恋、女同性恋或双性恋者进行亲密的人际接触（Weinberg，1973）。同性恋恐惧症这一概念，即“害怕同性”使这一问题摆在社会当中：不是质问“同性恋人群有何过错”，而是质问“不接受与自己性 179
取向不同的人们有何过错”。

2004 年，许多市镇开始允许同性恋配偶结婚，尽管宣布的这些结合后来在法律上是非法的。但是同性婚姻在马萨诸塞州于 2004 年成为合法的，现在在下面各地区同性婚姻也是合法的，包括康涅狄格州（2008）、佛蒙特州（2009）、艾奥瓦州（2009）、新罕布什尔州（2009）、纽约州（2011）以及哥伦比亚地区（2009），另外七个州——加利福尼亚（2008 年承认同性婚姻合法），华盛顿、俄勒冈、内华达、威斯康星、新泽西和夏威夷——都承认同性婚姻是“家庭伴侣”或者“合法结合”，保护了这种婚姻的大部分或全部利益。同时，大部分州已制定了禁止同性恋婚姻的法律，禁止承认在其他地方缔结的同性恋婚姻（National Conference of State Legislatiture, 2011）。

性问题和争论

◇ 评价

今天，性在美国社会中居于许多争论的核心。这里我们考察四个主要问题：少女怀孕、色情、卖淫和性暴力。

少女怀孕

由于涉及怀孕的风险，进行性活动——特别是发生性关系——要求高度的责任感。青少年可能在生物学上足够成熟可以怀孕，但是许多人在感情上还没有成熟到了解他们行为的后果。调查表明，每年美国约有 74 万的青少年怀孕，其中的大多数都是意外怀孕。美国十几岁少女的生育率高于所有其他高收入国家，是加拿大的两倍（Alan

Guttmacher Institute, 2006；Ventura et al., 2009）。

在所有类型的种族、民族的年轻女性中，弱势家庭和低收入大大增加了性活动和意外怀孕的风险。使情况更糟糕的是，意外怀孕增加了年轻女孩（将做年轻爸爸的男孩也是如此）不能完成高中教育的风险，使之终生陷入贫困中生活（Alan Guttmacher Institute，2006）。

性革命是否提高了少女怀孕的程度？也许令人吃惊的是，回答是否定的。1950 年时美国青少年中怀孕的比例要高于现在，部分原因在于那时人们结婚的年龄更早。由于堕胎是违法的，许多怀孕导致快速结婚。结果，虽然有许多怀孕青少年，但是接近 90% 的都结婚了。今天，少女怀孕的数量降低了，但是约 80% 的个案中女孩是未婚的。这些个案中，略微多数的（58%）女孩要她们怀着的孩子，其他的女孩则堕胎（27%）或者自然流产（15%）（Alan Guttmacher Institute，2010）。

◎ 未婚少女怀孕曾经是一种社会禁忌，现在已变成大众传媒的一部分，像音乐电视节目《少女妈妈》(*Teen Mom*) 及《16 岁与怀孕》(*16 and Pregnant*)。这种节目清楚地表达出年轻妈妈将要面临的许多挑战。你认为这些节目反映了美国的少女怀孕比例吗？请解释。

色情

色情（pornography）是指试图带来性冲动的、直接暴露性的事物。然而，什么是色情或不是色情是一件争论已久的事情。美国最高法院考虑到不同的人们看待性描写也不相同，因而将权力交给地方社区，由它们自己决定什么类型的
180 资料是侵犯了“正派的社区标准”，什么是“没有任何可取的社会价值”。

先将界定放在一边，色情在美国非常普遍：X 级录像片、电话“色情热线”、有色情暴露的电影和杂志、成千的网站造就了每年超过 100 亿美元的繁荣产业。美国的多数色情产业在加利福尼亚创造，绝大多数的色情消费者是男性 (Steinhauer, 2008)。

在传统上，人们站在道德的立场批评色情。全美调查证实，60% 的美国成年人关心“性方面的资料导致道德下降”（NORC，2011：413）。然而，今天，色情也被视为政治问题，因为多数色情贬低妇女，将她们描写成男人的性玩物。

一些批评家还指出，色情是造成针对妇女暴力的原因之一。尽管很难在人们观看色情和人们怎么行动之间提供科学的因果关系，但公众对色情与暴力表示关注，几乎一半的成年人认为色情鼓动了男人强奸（NORC，2011：413）。

尽管所有地方的人们反对带有攻击性的色情资料，但也有许多人认为应有言论自由，应保护艺术表现的价值原则。无论怎样，保守派（站在道德的立场反对色情）和自由派（出于政治原因遣责色情）之间不大可能的联盟正在造成限制色情的压力。

卖淫

卖淫（prostitution）即性服务的出售。卖淫经常被称为“世界上最古老的职业”，自有人类历史记录以来就一直广泛存在。在今天的美国，约 1/7 的成年男性报告说曾在某个时间购买过性服务（NORC，2011）。由于多数人认为性是两人亲密关系的表达，他们感到用性来换取金钱是不妥当的。结果，在美国除了内华达州的农村，所有地方的卖淫都是违法的。

在全世界范围，卖淫在穷国最为普遍，在那些地方，父权制强大，传统文化规范限制了女性赚钱的能力。

卖淫的种类

多数卖淫的（许多人宁愿用道德上中立的词“性工作者”）是妇女，她们可以分为不同种类。

181 用电话召唤的妓女，她们是高级卖淫者，一般都很年轻、富有魅力、受到良好教育，她们通常用电话安排与客人的“约会”。任何大城市报纸的分类广告上都有大量的“陪同服务”广告，通过这种方式，妇女（有的是男性）提供陪伴和性服务来换取金钱。

位于中间等级的卖淫者是被雇用在“按摩院”或妓院、被经理控制的妓女。这些性工作者对客户没有多少选择权，服务换取的金钱也较少，还不到她们收取嫖资的一半。

性工作者科层制中位于最底层的是街头卖淫者，是在大城市“街头工作”的男人、女人。一些女性街头卖淫者处在男皮条客的控制下，后者拿走了多数嫖资。另外，许多卖淫者是吸毒分子，她们出卖性以便有钱购买她们需要的毒品。这两类人群是受暴力侵犯的高风险人群（Davidson, 1998；Estes, 2001）。

性工作者的生活是多样的，有的挣得比别人多，有的则处在很大的暴力风险当中。但是研究指出，这些妇女中的大多数是一样的：她们都认为她们的工作是低贱的。正如一位研究者所指出的，这一分钟性工作者被崇拜为“最美的女性”，而下一分钟她又被贬低为“淫妇”（Barton, 2006）。

许多卖淫者为异性提供服务。然而，同性恋卖淫者也为金钱出卖性。研究者报告，许多男同性恋卖淫者由于他们的性取向遭到家庭和朋友的反对后，终止了出卖性（Weisberg, 1985；Boyer, 1989；Kruks, 1991）。

◎ 专家认为，导致大学校园性暴力问题的因素之一是酒精饮料的滥用。你所在的学校使用了哪些政策来消除这类导致一个人对另一个人实施性暴力的饮料？

没有受害人的犯罪？ 182

在美国几乎所有的地方，卖淫都是违法行为，但是，许多人认为卖淫是没有受害人的犯罪（根据第 9 章定义，“越轨”是指一种没有明确受害人的犯罪）。结果，警察部门不是严格执行卖淫法，而只是偶尔镇压卖淫。这一政策反映了控制卖淫的愿望，同时承认要完全消灭卖淫是不可能的。

许多人对卖淫持“听之任之”的态度，声称成年人应当按照他们喜欢的方式去做事，只要不是被别人强迫去做某件事。但是，卖淫真的没有受害人吗？性交易使许多妇女被虐待，遭受暴力，对扩散性传播疾病，包括艾滋病也起到一定作用。另外，许多贫穷的妇女——特别是在低收入国家——陷入出卖性的生活困境。东南亚的泰国，有 200 万卖淫者，占所有女性劳动力的约 10%。这些妇女中的约一半——都是在十几岁之前就开始卖淫——通常遭受身体虐待和情感伤害，并冒着感染 HIV 的高风险（Wonders & Michalowski, 2001；Kapstein，2006；UNAIDS，2010）。

过去，执法的焦点一直是放在挣钱的性工作者妇女身上。但是，如果没有男人一方的需求，卖淫根本不可能存在，由于这一原因，现在警方更可能针对试图购买性服务的“约翰们”（Johns）。

性暴力：强奸和约会强奸

从理想上来说，性活动发生在两个成年人彼此同意并拥有爱情关系的情形下。然而，事实上，性可能被恨和暴力所扭曲。这里我们考察两种类型的性暴力：强奸和约会强奸。

强奸

尽管一些人认为强奸只是被性欲所激发，但实际上，它是力量的一种表达——一种使用性来伤害、污辱或控制另一个人的暴力行为。根据美国司法部（U.S.Department of Justice, 2010）的调查，每年几乎有 9 万名妇女向警方报告被强奸，这只反映了报告了的案例，实际强奸数几乎肯定高于这一数字几倍。

官方政府将强奸定义为“违背妇女意志、强迫妇女发生性关系”。这样，官方的强奸统计数

焦点中的社会学

什么时候性仅仅是性："挂钩"校园文化

布莱恩：我妈妈曾经告诉我，直到结婚以后她才和我的爸爸发生性关系。

凯特：我猜想时代真的已经改变了！

你是否曾处于某种性情景中不知道应当如何应对？多数大学强调两项重要规则。第一，必须只有在双方明确表示同意的情况下才能发生性活动，这一同意原则使"发生性关系"区别于约会强奸。第二，任何人都不应该在明知道会使对方得性传染病的情况下与对方发生性关系，特别是对方不知道这一危险的时候。

这些规范是非常重要的；但是，它们几乎没有论及性意味着什么这一大问题。比如说：什么时候发生性关系是"对的"？你必须真正了解另一个人吗？如果你确实发生了性关系，你是否一定会再见到那个人？

两代人之前，对于校园性有不成文的规则。约会是求爱过程中必经的步骤。也就是说，"出去走走"是男女评价彼此是否可能作为结婚对象的一种方式。在性关系中，他们对自己想要什么、自己的感觉如何非常敏锐。因此，平均来看，结婚一般在20多岁，许多大学生在校期间就订婚、结婚了。在这种文化风气下，性成为与义务相关联的一部分——对另一个人能否成为结婚伴侣的严肃的兴趣。

今天的校园性文化有了很大不同。部分原因在于现在人们结婚要迟得多，求爱文化几乎消失了，在最近的一次全国调查中，约3/4的女性指出一种新的校园模式，即"挂钩"（hooking up）。究竟什么是"挂钩"？多数人这样描述："一个姑娘和一个小伙子在一起发生肉体接触——从亲吻到发生性关系——而不必期望更进一步地发展其他关系。"

学生对调查的回答说明"挂钩"有三个特点。第一，多数"挂钩"的伴侣彼此几乎不了解。第二，一个典型的"挂钩"通常涉及在校园聚会中喝过酒的人们。第三，多数女性对"挂钩"文化持批评态度，对这种遭遇非常不满。当然，一些"挂过钩"的女性（和男性）只是简单地走开，很高兴彼此既可以享受性，又不必负责任。但是，在付出了性所释放的强烈激情后，"挂钩"经常使一个人想知道下一步会怎样："你明天会给我打电话吗？""我会再见到你吗？"

该调查询问了近来刚经历了"挂钩"的女性，问她们一天之后对这一经历感觉如何。多数回答者说她们感到"很糟"，约一半的人感到"失望"和"困惑"，1/4的人感到"被利用了"。很显然，对多数人来说，性不仅仅是肉体接触。另外，由于今天的校园风气对性利用的费用非常敏感，需要有更清楚的公平游戏的标准。

加入博客讨论吧！

你所在的学校，"挂钩"模式广泛吗？你怎么看待不受责任约束的性的优点？这种关系的缺点是什么？男性和女性在回答上述问题时是否会有什么不同？欢迎登录MySocLab，加入"焦点中的社会学"博客，分享你的观点和经历，并看看别人是怎么想的。

资料来源：Based in part on Marquardt & Glenn (2001).

据仅包括受害人为妇女的被强奸者。但是，也有男性被强奸——也许占所有个案的15%。多数强奸男性的男人不是同性恋者；他们是异性恋者，他们的冲动不是被性欲所激发的而是被主宰另一个人的欲望所激发的。

约会强奸

一个普遍的说法是强奸涉及陌生人。然而，事实上，只有约1/3的强奸符合这一模式。每三个强奸中有两个涉及互相认识的人们——更多时候是彼此关系相当好的，这些犯罪通常发生在亲密的环境中，特别是在家里或校园。因此，用“约会强奸”或“熟人强奸”这一名词来指代男人强迫认识的女性发生性关系的性暴力行为（Laumann et al.，1994；U.S. Department of Justice, 2010）。

第二个经常与约会强奸相联系的神话是，被强奸的妇女一定是做了某些鼓励男人、使他认为她想发生性关系的事情。也许受害者同意与侵犯者出去，也许她甚至邀请他到她的房间里，但是，当然这样做并不证明强奸比其他的肉体侵害更有理由。

虽然强奸是肉体的攻击，但它经常留下感情和心理的伤疤。除了肉体上被侵犯的残忍，被熟人强奸还破坏了受害者对他人的信任能力。在18岁以下的被强奸者中，2/3的被强奸者遭受的心理创伤尤其严重，1/3的12岁以下的受害者更会感到受伤严重。家不是远离强奸的庇护所：18岁以下的所有受害者中有1/3被她们的父亲或继父攻击（Snyder, 2000）。

约会强奸是否普遍？一项研究发现，对美国高中女生的一个抽样调查中，约10%的女生报告遭受到她们约会的男生的性暴力或身体暴力。约10%的高中女生和5%的高中男生报告说被强迫，违背自己的意愿发生性关系。受害的风险在年纪不到15岁的性活跃的女孩当中特别高（Dickinson，2001；Centers for Disease Control and Prevention，2010）。

没有什么地方比大学校园更广泛地讨论到约会暴力。在大学校园，约会暴力的危险很大。大学环境有助于年轻人很容易地建立友情、增进信任。与此同时，许多年轻的大学生还需要更多地学习关于关系和自身认识的知识。正如第206页“焦点中的社会学”专栏所解释的那样，尽管大学生活鼓励社交，但大学几乎没有提供多少社会规范来指导年轻人的性经历。为了应对这一难

◎ 在人类历史上，对妇女的性控制是一个普遍的主题。中世纪时，欧洲人发明了“贞操带”——一种为防止妇女性交而锁住其腹股部位的金属器械（也许还会影响身体的其他机能）。虽然这种器械今天已经几乎不被人知，但是对性的社会控制仍在继续。你能举出几个例子吗？

题，现在许多学校通过校园工作坊形式积极揭露强奸的秘密。另外，现在更多地关注使性暴力可能增加的酒精滥用。

性的理论分析 183

◇ 应用

各种理论可以让我们更好地理解人类性行为。以下内容讨论三种主要理论，第208页“应用理论”表格说明了每种理论的主要观点。

结构—功能理论

结构—功能视角强调任何社会模式对社会总体运行的贡献。由于性行为会产生非常重要的后果，所以社会要规范这一行为。

规范性行为的需要

从生物学的视角，性可以使我们的物种繁衍。但是，文化和社会制度规范人们和“谁”生育、“何时”生育。比如，多数人谴责已婚的人和配偶之外的人发生性关系。放纵性激情不受抑制，会威胁家庭生活，特别是子女抚养。

乱伦禁忌到处存在的事实清楚地证明没有哪个社会容许完全自由地选择性伙伴。夫妇之外的家庭成员间的生育会打破整个亲属制度，并且令人绝望地搅乱整个人际关系。

在历史上，性的社会控制是严格的，最主要原因在于性通常会带来生育。我们看到这些控
制都是在“合法”生育（婚内）和“非法”生 184
育（婚外）的传统区分中起作用的。但是一旦社会发展出生育控制技术，性规范就会变得更加宽容。美国已经出现这种情况了。在整个20世纪，美国人的性离开了其基本的生育功能，而越来越被接受为一种亲密形式，甚至是娱乐形式（Giddens, 1992）。

应用理论

性			
	结构—功能视角	符号互动视角	社会冲突/女权主义视角
分析的层次是什么？	宏观层次	微观层次	宏观层次
性对社会的重要意义是什么？	社会依靠性行为繁衍。社会利用乱伦禁忌和其他规范控制性行为，以便维持社会秩序。	性活动在世界许多文化中是变化的。在性行为上，一些社会比另一些社会允许个体有更多的自由。	性和社会不平等相关。美国社会对女性的性行为的规范比男性更多，这是男性统治女性的社会模式的组成部分。
性在时代变迁中发生改变了吗？如果有，发生了怎样的改变？	是的。随着生育控制技术的进步，使性与生育相分离，社会放松了对性的一些控制。	是的。人们赋予贞操意义和其他性方面的东西都是社会建构起来的，会发生改变。	既改变了，又没有改变。一些性标准放松了，但是，社会仍然用性规范限制女性。正如同性恋者被社会的异性恋偏见所损害。

潜功能：以卖淫为例

很容易看到卖淫是有危害的，因为卖淫传播疾病、压迫女性。但是，是否能用潜功能来帮助分析为什么卖淫如此广泛地存在？根据金斯利·戴维斯（Kingsley Davis，1971）的分析，卖淫为许多没有现成渠道满足性需求的人们提供了一种满足方式，这些人包括士兵、旅行者、外表缺乏魅力的人，或者太穷困无法吸引一个人作为婚姻伴侣的人。一些人赞成卖淫，因为他们想要一种没有“麻烦”关系的性。正如一位分析家所说的：“男人不必为性付出代价，他们付过钱就可以离开。”（Miracle, Miracle & Baumeister，2003：421）

◇ 评价

结构—功能视角有助于我们看到性在社会组织中扮演的重要角色。乱伦禁忌和其他文化规范说明社会一直关注着谁和谁发生性关系，特别关注和谁生育。

功能主义者的分析有时忽视了性别；当金斯利·戴维斯写到卖淫对社会的益处时，他真正谈的是对一些“男性”的好处。另外，功能主义视角几乎没有关注性模式随着时代在变迁这一事实，正如性模式在全世界范围有相当的不同。为正确分析性的变迁和性的多样化，现在我们转向符号互动视角。

▲检查你的学习
与传统社会相比，为什么现代社会给予人们更多的性方面的选择？

符号互动理论

符号互动视角强调当人们互动时，他们怎样建构起了日常现实。正如第6章（“日常生活中的社会互动”）解释的那样，人们有时建构起非常不同的现实，因此，一个群体或社会的看法与另外一个的看法可能有很大不同。同样，我们对性的理解可能也确实会随着时代而改变。

性的社会建构

几乎所有有关性的社会模式在20世纪都发生了重大的改变。一个很好的例子就是贞操的重要性在改变。一个世纪以前，我们社会的规范——至少对女性——是婚前保持贞洁。这一规范非常严厉，因为当时缺乏有效的方法控制生育，贞操是能确保男人的准新娘不会怀上别的男人的孩子的唯一方式。

今天，由于社会使用控制生育技术使性与生 185
育分离，人们界定性生活有很大的不同。对性的态度变得更加宽容，因此，贞操规范已经相当弱化了。在美国，生于1963—1974年的人们中间，只有16.3%的男性和20.1%的女性报告，初婚前保持贞操（Laumann et al.，1994：503）。

性是由我们的社会建构起来的另一个与年轻人有关的例子。一个世纪之前，儿童时代是对性方面一无所知的时期。最近几十年来，无论怎样，想法已经改变。尽管没有多少人鼓励孩子们之间的性行为，但是，多数人相信小孩子在十几岁之前应当接受性教育，这样，当他们长大些时，能够对他们的行为做出智慧的选择。

全球的比较

全世界，不同的社会赋予性以不同的意义。比如，人类学家鲁思·本尼迪克特（Ruth

Benedict，1938）花费了多年时间研究新几内亚东南部的美拉尼西亚人的生活方式，她报告说，当那里的小孩子彼此进行性尝试时，成年人很少关注他们。美拉尼西亚的父母之所以忽视孩子们的性行为，是因为青春期之前，性不可能导致生育。美国的多数家长可能作出同样的反应吗？

不同的文化当中，性活动也不一样。在美国，未成年男孩的男性环切术很普遍（去掉所有或部分阴茎的包皮），但是，在世界绝大多数地方这种情况很少见。这种手术有时被错误地用来表示女性环切术（一种去掉女性阴蒂的手术），这在美国及世界多数地方非常罕见，但在非洲和中东的部分地方很常见（Crossette，1995；Huffman，2000）。（有关这一手术的更多资料，更准确地叫做“女性生殖器切除术”，见第13章“多样性思考”专栏。）

◇ 评价

符号互动视角的重点在于揭示我们熟悉的社会模式具有被建构起来的特点。通过了解人们是如何“建构”性的，我们可以更好地理解历史上以及世界各地所发现的性态度和性行为的多样化。

这一视角的局限之一是并非所有性活动都是如此变化多样。不管什么地方的男人总是更可能从性方面而不是其他方面看待女性。一定有一些更宏大的社会结构对这一广泛存在的模式起着作用，正如我们在下一部分社会冲突视角中所看到的那样。

社会冲突与女权主义理论

正如你在前些章节中看到的，社会冲突视角（特别是性别冲突或女权主义视角）强调不平等这一维度。该理论表明性怎样既反映了又有助于揭露社会不平等模式。女权主义是一种集中分析性别不平等的社会冲突理论，它把性和男人压迫女人相联系。

性：反映社会不平等

回忆一下我们对卖淫的讨论，这一违法行为在美国几乎到处存在。卖淫法的执行充其量也是不公平地被执行，特别是当涉及谁会和谁不会被拘捕时。这里存在的性别偏见很明显：尽管卷入的是两个人，但记录表明，警察极为可能拘捕卖淫女（权力较小的一方）而不是（权力更大的）男嫖客。还涉及阶层不平等：正是街头卖淫者——她们收入最低，大多数为少数族群——面临被捕的风险最高（Saint James & Alexander，2004）。女权主义理论还会让我们提问：如果和男性有平等的经济机会，是否会有如此多的女性走上卖淫的道路？

更一般地，美国社会中哪些人最可能被从性方面界定？答案又一次是那些较少权力的人们：女性相对于男性，有色人种相对于白人，同性恋者相对于异性恋者。这样看来，性作为人类生活的自然组成部分被社会用于贬低某类人的价值。

性：创造社会不平等

社会冲突理论家，特别是女权主义者，指出性是男女之间不平等的根源。用性来界定女人等于将她们从整个人类中贬值为男人们的玩物。色情一词（pornography）就源自希腊语porne，意即“妓女”或“娼妇”，这没有什么可奇怪的。

如果男人从性方面界定女 186
性，就很容易将色情——几乎都是由男性来消费的——视作一个权力问题。因为色情典型地表明了女人集中于取悦男人，它支持了男性有权统治女

◎从社会冲突的视角看，性不仅仅是我们人类的“自然属性”部分，因为它是被社会性地建构为某种行为模式。性在社会不平等中扮演着重要角色：通过从性方面界定女性，男人将她们贬低为物。你认为，这里表现的行为是“自然的”还是“社会的”？为什么？

▲检查你的学习
你能提供哪些证据表明性是由社会建构的？

争鸣与辩论

堕胎争论

弗兰克：关于堕胎人们又在校园游行了。

马尔文：赞成还是反对？

弗兰克：二者都有。我不能确定哪个先来，但有人说已经有论战了……

一辆黑色大蓬货车开进城市繁忙的沿街铺面。两个妇女从前面座位上站起来，警惕地观察着街道。过了一会儿，一个向另一个点点头，她们打开了后门，让第三个妇女从货车里出来。两个女人站在她的左右，迅速地将其护送进大楼里。

这一情景也许描写的是两个联邦法院执行官将罪犯带进警察局，但是，实际上，它记录的是两个门诊工作人员帮助一个决定做堕胎手术的妇女。她们为什么如此小心？任何阅读最近几年报纸的人都了解全北美对堕胎诊所的愤怒对抗。一些反对者甚至将矛头指向实施堕胎手术的几个医生并杀死了他们。每年约120万人在美国做堕胎手术（Ventural et al., 2009）。这是今天争论最激烈的问题之一。

堕胎并非一直像今天这样富有争议。在殖民地时期，接生婆和其他医治者帮助别人堕胎几乎不会受到社区的反对，法律也完全允许。但是，大约在1850年，争议开始出现。当时，早期的医疗医生想要消除来自接生婆和其他传统健康提供者的竞争，后者的收入大多来自中止怀孕。到1900年，医疗医生取得了成功，使每个州都通过了禁止堕胎的法律。

这样，法律大大减少了堕胎的数量。保留下来的那些只能“暗地里”做，尽可能地在秘密状态。许多想堕胎的女性——特别是贫穷的女性——几乎没有其他选择，只能寻找没有执照的“背街的”堕胎医生的帮助，不卫生的条件和使用危险的医疗技术，时常导致悲剧的发生。

到20世纪60年代，反对禁止堕胎法的呼声日益提高。1973年，美国最高法院（罗伊诉韦德案和多伊诉博尔顿案中）做出里程碑式的决定，破除了所有州立禁止堕胎法。这一行动使妇女在全国范围内可以合法地堕胎。

即使如此，堕胎争论仍在继续。一方自称“亲选择派”，支持妇女有选择堕胎的权利。另一方自称“亲生命派”，反对堕胎，认为堕胎在道德上是错误的；他们期望推翻最高法院1973年的决定。

堕胎争论双方的支持状况如何？一个最近的全国调查向成年人做了抽样，询问：“如果一个怀孕妇女因为任何原因想要堕胎，是否应当获得合法的堕胎权？”其中42%的人回答“可以”（可将他们视为亲选择派阵营），54%的人说“不可以”（表现了亲生命派立场），剩余的4%没发表意见（NORC，2011：399）。

性的观念。

一些激进批评家怀疑权力因素能否从异性恋关系中消除掉（A. Dworkin, 1987）。多数冲突理论家不反对异性恋，但是他们的确赞成：性可以并且确实贬低了女性。我们的文化经常用运动的话语（男人“给女人打分”）和暴力的话语（比如“使劲干”、“命中”，都是既用于战斗，又用于性的动词）来描述性。

酷儿理论

最后，社会冲突理论将目标不仅对准男性对女性的统治，而且朝向异性恋对同性恋的统治。近些年来，由于女同性恋者和男同性恋者寻求到了公众的接纳，社会学中开始出现了同性恋者的声音。**酷儿理论**（queer theory）是指美国社会中挑战异性恋偏见的一系列研究。

酷儿理论主张我们的社会是以异性恋主义为特征的，**异性恋主义**（heterosexism）指的是将任何不是异性恋的人贴上“酷儿”标签的观念。我们的异性恋文化使大量人群成为受害者，包括男同性恋、女同性恋、双性恋者、两性人、性倒错者，甚至无性人。而且，虽然多数人认为歧视女性（性别主义）和歧视有色人种（种族主义）的偏见是错误的，但是异性恋却被广泛接纳，有时甚至以法律的形式固定下来。比如，美国军队不可能仅仅因为一个女兵行为做事“像个女人”就从法律上指控她，因为这是明显的性别歧视案更新的考察表明：不同的情形使人们看待这一问题时发生重大差别。数据表明，如果怀孕严重威胁女性的健康，如果怀孕是强奸的结果，或者胎儿有严重缺陷，这些情形下，多数美国成年人赞成合法堕胎。约 42% 的人支持任何情况下进行堕胎，接近 83% 的人支持某些特定情形下可以堕胎。

许多持亲生命派立场的人们强烈感到堕胎等于杀死了未出世的孩子——自从罗伊诉韦德案判决后，约有 5 000 万孩子被堕掉。对他们而言，人们绝没有权利用这种方式结束无辜的生命。但是，亲选择派主张，妇女必须能控制她们自己的身体，如果怀孕决定了女性的生命历程，那么，妇女永远不能与男性在平等的条件下竞争，无论是在学校还是在工作场合。因此，合法、安全的堕胎是妇女全面参与社会的必要条件（Alan Guttmacher institute, 2011）。

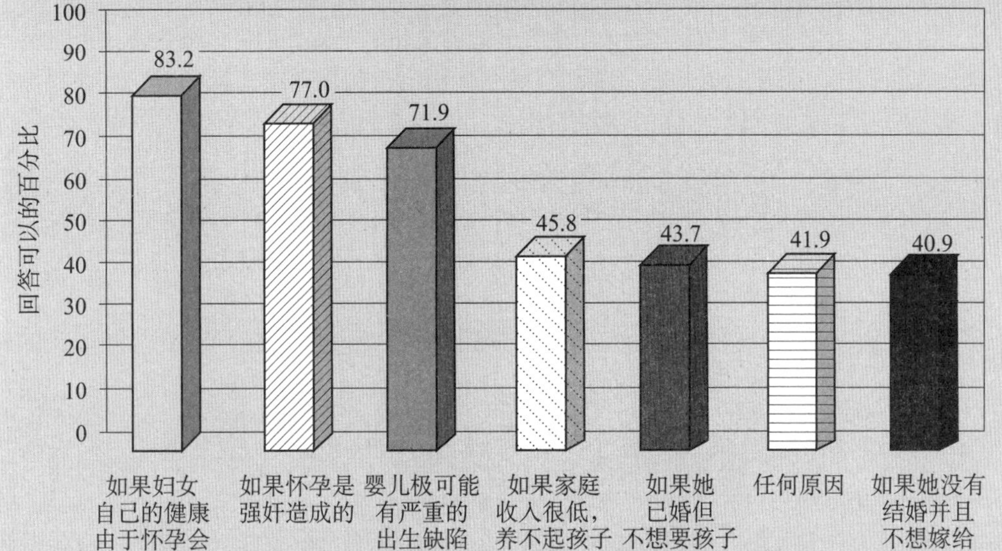

什么情况下法律应当允许妇女选择堕胎?

◎ 公众对合法堕胎的支持程度有赖于问题出现的情形。

资料来源：NORC（2011：397-399）.

你怎么想?

1.较为保守的亲生命派认为堕胎是一个道德问题，较为自由的亲选择派视堕胎为权利问题。比较这些立场，说明保守派和自由派如何看待色情问题。

2.调查表明，男人和女人对堕胎的意见几乎相同。对此，你是否感到吃惊？为什么吃惊或不吃惊?

3.你认为，关于堕胎的争论为什么常常用如此激烈？你认为，美国对这一问题能否找到中间立场?

例。但是，直到 2010 年底，法律才开始改变，军队可以解聘性活跃的男、女同性恋者。

异性恋也是日常文化的组成部分（Kitzinger，2005）。比如，当我们描写某些事物是“色情的”时，我们真正所指的难道不是对异性恋者的诱惑吗?

◇ 评价

社会冲突视角表明性既是不平等的原因，又是不平等的结果。它特别有助于我们理解男性对女性的权力以及异性恋人群对同性恋者的统治。

同时，这一视角忽视了另一事实，许多人并不认为性是一个权力问题。相反，许多情侣享受着充满生机的性关系，认为这加深了彼此的责任感。另外，社会冲突视角很少关注美国社会为减少不平等采取的措施。今天的男人较之几十年前，更加不可能将女性视为性玩物。在工作场所，最重要的问题之一是确保所有雇员远离性骚扰。公众的不断关注减少了工作场所的性骚扰（参见第 13 章“性别分层”）。同样地，有充分证据表明同性恋权利运动已经使同性恋者获得了更多的机会以及社会对同性恋人群的接纳。

本章结束之际，考察一下与性有关的，也许是最富于争议的问题：**堕胎**（abortion），即有意终止怀孕。在这一充满争议的问题上没有中间立场。第 210 页“争鸣与辩论”专栏会帮助人们理解为什么会是这样。

▲检查你的学习
性在创造社会不平等方面是怎样发挥作用的?

日常生活中的社会学

第8章 性与社会

大众传媒在塑造美国社会的性观念上是如何发挥作用的？

性绝非仅是“自然的”或“生物性的”概念，世界各地的文化赋予人类的性以各种意义。下列照片显示出大众传媒——这里是流行杂志——怎样反映了我们自己的文化对于性的看法。在每一个案中，你能“解密”出杂志封面所传递的信息吗？你认为在多大程度上这一信息是真实的？

提示

这些类似的大众传媒资料不仅可以告诉我们有关性方面的信息，而且还告诉我们应当成为哪种类型的人。性对于女人来说赋予了许多重要意义，它给女性压力使她们让男人看来很好，用她们的性来吸引男人被定义为成功的生活。类似地，变得有男子气意味着成功、老于世故、负责，当然，还有能吸引合意的女人。大众传媒几乎总是根据异性恋规范来欣赏性的。

像这样的杂志在美国的几乎每一个超市和折扣店的结账处都能找到。看看封面，你对美国社会有关妇女的性方面会得出什么结论？

有关男人性方面的信息与女人一样直接。这是近期的一本《智族》（*GQ*）杂志。你能发现哪些有关男子气的信息？你发现了什么有关异性恋偏见的证据吗？

从你的日常生活中发现社会学

1. 看一看《时尚》(*Cosmopolitan*)杂志封面，你从中发现了哪些异性恋偏见的证据？请解释。
2. 联系你所在学校的学生服务处，询问有关学校性暴力的情况。一般情况下，人们会报告这种犯罪吗？学校为应对性暴力采取了哪些政策和措施？
3. 以对本章的内容为基础，有哪些证据支持性是被社会建构的观点？登录mysoclab.com，阅读“从你的日常生活中发现社会学”专栏，了解更多关于性如何是一个社会问题，你会发现应用社会学的视野看待性问题的优势。

第8章　性与社会

什么是“性”？

性指的是女性和男性之间的生物性区别。

性别是一个文化概念，指的是由社会赋予的作为女人或男人的行为、权力和特权。

性是一个生物学的问题。

- 性别由男性精子和女性卵子结合所产生的胚胎决定。
- 男性和女性有不同的生殖器官（第一性征）以及身体的发育（第二性征）。
- 两性人（又称双性人）兼具男人和女人的生理特征。
- 性倒错者指那些感到自己应当是某一性别，即使在生物学上他们是另一性别的人。 pp.169-70

性是一个文化上的问题。

- 对人类而言，性具有文化意义，是个人选择而非生物学的程序。
- 性行为在不同社会有相当大的差异（如接吻、观念、端庄和美的标准）。
- 由于规范性行为，特别是生育，乱伦禁忌在所有的社会都存在，这是社会组织的必要要素。不同社会中的乱伦禁忌有所变化。 pp.170-72

性（p.169）：女性和男性之间的生物差别。

第一性征（p.169）：用于生育的生殖器官。

第二性征（p.169）：除了生殖器官外，使成熟女性和成熟男性区别开来的身体的发育。

两性人（p.170）：身体（包括生殖器官）既具有男性特征，又具有女性特征的人。

性倒错（p.170）：那些感到自己是某种性别，即使在生理上他是另一种性别的人。

乱伦禁忌（p.171）：禁止在某些亲属之间发生性关系或者结婚的规则。

美国人的性态度

在20世纪60年代和70年代达到高潮的性革命使对性的讨论公开化。婴儿潮一代是在性是社会生活的正常部分的观念下成长起来的第一代人。 pp.172-73

到20世纪80年代形成的性反革命旨在谴责性自由，呼吁回归到较为保守的“家庭价值观”。 p.173

性研究工作始于金赛，研究人员已经研究了美国人的性行为，并得出许多有趣的结论：

- 在20世纪，婚前性行为变得更加普遍。
- 约有46%的未婚青年在高中的高年级发生过性关系，只有14%的报告说有4个或以上的性伴侣。
- 美国成年人的性活动水平有所不同。1/3的成年人报告说，每年只与配偶发生几次性行为甚至完全没有性行为；另1/3每月有一次或几次性行为；其余的1/3每周有两次或更多次的性行为。
- 婚外性行为广泛受到指责，只有25%的已婚男子和10%的已婚女子报告说，在某段时间里对他们的配偶在性方面不忠诚。 pp.172-75

性取向

性取向指的是一个人对另一个人浪漫的、情感上的吸引。四种主要的性取向是：

- 异性恋。
- 同性恋。
- 双性恋。
- 无性恋。 pp.175-76

多数研究支持这一观点：性取向植根于生物学，正如人们是右撇子或左撇子。 pp.176-77

性取向不是一个清晰的类型，因为许多人认为自己是异性恋者，但有同性恋经历，反之亦然。

- 美国人口中的同性恋比例的多少要看你怎样界定同性恋。
- 约有6%的成年男性和11%的成年女性报告曾从事过某种同性恋活动。2.3%的男性和1.3%的女性认为自己是同性恋者，1.8%的男性和2.8%的女性认为自己是双性恋者。 p.178

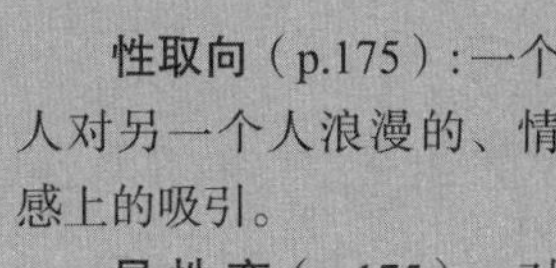

同性恋权利运动有助于改变公众的态度，更多接纳同性恋。但仍然有近一半的（47%）的美国成年人说同性恋是错误的。 pp.178-79

性取向（p.175）：一个人对另一个人浪漫的、情感上的吸引。

异性恋（p.175）：对异性的性吸引。

同性恋（p.175）：对同性都有性吸引。

双性恋（p.175）：对两种性别的人都有性吸引。

无性恋（p.175）：对任何性别的人都缺乏性吸引。

同性恋恐惧症（p.178）：害怕和担心与男同性恋、女同性恋或双性恋者进行亲密的人际接触。

性问题和争论

少女怀孕 在美国，每年有约 74 万的少女怀孕。自 20 世纪 50 年代以来，少女怀孕的比例已经下降了，因为当时许多青少年会结婚并生孩子。今天，大多数怀孕青少年是未婚的，冒着辍学和面临贫穷的高风险。 p.179

色情 法律允许地方社区制定有关体面的标准。保守主义者从道德立场谴责色情；自由主义者视色情为权力问题，谴责色情是对女性的贬低。 pp.179-80

卖淫 是指对性服务的出售，在美国几乎所有的地方卖淫都是违法的。尽管许多人认为卖淫是没有受害者的犯罪，但是，卖淫牺牲了妇女，扩散了性传染疾病。 pp.180-82

性暴力 美国每年报告的强奸案有 9 万例，但实际数据可能要高于此数据数倍。约有 15% 的强奸案中受害者为男子。约会强奸是一种受害者和侵犯者通常彼此认识的暴力犯罪。 pp.182-84

堕胎 直到 1900 年，所有州的法律都禁止堕胎。20 世纪 60 年代，反对这些法律的声音开始出现，1973 年，美国最高法院宣布这些法律是违反宪法的。今天，每天有 120 万例堕胎。自称“亲选择派”的人支持妇女有选择堕胎的权利，自称“亲生命派”的人站在道德的立场反对堕胎。 pp.186-87

色情（p.179）：试图带来性冲动的、直接暴露性的事物。

卖淫（p.180）：性服务的出售。

堕胎（p.187）：有意中止怀孕。

性的理论分析

结构—功能视角强调社会必须规范性活动，特别是生育。一个普遍的规范是乱伦禁忌，这使家庭关系保持明确清晰。 p.184

符号互动视角强调人们赋予性以不同的意义。不同的社会中性存在差别，性模式在经过一段时间会发生改变，这里都说明性是由社会建构的。 pp.184-85

社会冲突视角将性与社会不平等相联系。女权主义理论主张男人通过将女性贬低为性玩物来统治女性。酷儿理论指出，我们的社会有异性恋偏见，将任何不同的事物说成“酷儿”（queer）。 pp.185-87

酷儿理论（p.186）：美国社会中挑战异性恋的一系列成果。

异性恋主义（p.186）：将任何不是异性恋的人贴上“酷儿”标签的观念。

第9章 越 轨

学习目标

◇ 记忆

本章黑体关键名词的定义。

◇ 理解

越轨不仅是坏人的行为，还是社会的组织方式的一部分。

◇ 应用

社会学分析越轨的主要理论视角。

◇ 分析

刑事司法系统的主要部分的运行机制。

◇ 评价

联邦调查局提供的官方犯罪统计资料的重要性和局限性。

◇ 创造

超越关于对与错的惯性思维的能力。

194

本章概览

本章将探讨社会是如何鼓励遵从和越轨的，并对犯罪和刑事司法系统予以解释。

布鲁斯·格洛弗在一个州监狱待了漫长的26年。当刑满释放、回到久违的家乡密歇根州底特律市的时候，他仍心有余悸："我就像迷失在另一个层面的家伙，一个城市里的陌生人，不知道该往何处去。"格洛弗现年56岁，而他被捕入狱的时候还是一个30岁的年轻人。他抢夺应召女郎的戒指，被判有罪而锒铛入狱。

格洛弗摇着头继续说道："我失去了一切，我母亲去世我都不在她身边。"在走出监狱的那一天，他才意识到现实是如此真实。他没有地方可去，也无路可走。想找一个赖以栖身的地方和一个工作，却没有合法的身份。想要外出寻找机会，却没有钱买衣服。他只得回到监狱官员那里寻求帮助，但他只能从国家机构的附属部门那里得到一些钱和一个临时住所。（C.Jones，2007）

本章探讨的问题包括犯罪、罪犯，不仅要回答我们的刑事司法系统如何处理罪犯的问题，还要回答为什么社会首先需要制定正确和错误的标准问题。正如你将看到的，法律只是复杂的社会控制系统的一部分，至少在绝大多数的时间里，社会教导我们去遵守无数的规则。下面，我们界定几个基本的概念。

什么是越轨？

◇ 理解

越轨（deviance）被认为是违反了被认可的文化规范。几乎所有的人类行为都由规范来指导，所以越轨这个概念是非常宽泛的。有一种越轨是**犯罪**（crime），即违反了社会正式颁布的法律。甚至违法所包含的行为也是宽泛的，从较小的交通违规到性攻击和谋杀都算。

大多数我们所熟悉的不遵从行为被认为是消极地违反规范，例如从一个大学的书店里偷书、攻击同学，或者酒后驾车，但是我们也特别地把那些守法的人——课堂上讲话太多的学生或者对新的计算机技术过分热情的人——看作是越轨的，即便我们在一定程度上尊重他们。越轨行为或者态度——不管是积极的还是消极的——都有一些使我们把某个人当作"局外人"的不同要素（H.S.Becker，1966）。

并不是所有的越轨都包含着行为乃至选择。某些类型的人的存在对于其他人来说就是惹人烦。对于年轻人，老年人或许看起来就绝望地成了"局外人"，而对于异性恋者，同性恋者的存在可能会引起他们的不适。肢体健全的人通常把残疾人视为另类，就像富人因为穷人不能达到他们的标准而可能避开穷人一样。

社会控制

我们都要受到**社会控制**（social control），即社会企图规范人们的思想和行为。社会控制的过程通常是不正式的，像父母亲表扬或者批评自己的小孩，或者朋友们取笑一个同学的歌唱或衣着志趣，就是如此。然而，严重的越轨可以涉及**刑事司法系统**（criminal justice system），即由警察、法院和监狱官员对所谓的违法行为做出正式的反应。

一个社会怎样界定越轨，谁会被贴上越轨的标签，以及人们会对越轨做些什么，所有这些都与该社会的组织方式有关。然而，人们渐渐地认识到，就像本章所解释的那样，越轨的根源深植于社会之中。

越轨 违反了被认可的文化规范。

犯罪 违反了社会正式颁布的法律。

生物学的视角

第 5 章（“社会化”）指出，一个世纪以前，多数人认为，或者更准确地说，多数人误认为，人类行为是其生物本能的结果。因而早期对犯罪的研究兴趣集中在对其生物原因的探讨上。一位在监狱工作的意大利外科医生塞萨雷・隆布罗索
195 (Cesare Lombroso，1835—1909) 在 1876 年归纳出罪犯有如下生理特征：前额低、下巴和颊骨凸起、秃头以及手臂很长。总而言之，隆布罗索认为罪犯看起来像我们的祖先类人猿。

如果隆布罗索再仔细一点观察的话，他就会发现他将之与犯罪联系起来的那些生理特征遍及所有的人。现在我们知道了，那些将罪犯从非罪犯中区分出来的生理特征根本就不存在。

20 世纪中期，威廉・谢尔登（William Sheldon）采用了一个不同的视角，认为身体结构可能预示着犯罪（Sheldon，Hartl & McDermott，1949）。他反复核对了好几百个青年男子的体型和犯罪记录，得出结论说肌肉发达、体格健壮的男子最有可能犯罪。格鲁克夫妇（Sheldon Glueck & Eleanor Glueck，1950) 证实了谢尔登的结论，但是也警告说强健的体格并不必然会引起犯罪。他们认为，父母亲对体格强健的儿子通常有些淡漠，反过来他们长大后对别人也会缺少敏感。而且，在一种自我实现的预示中，那些认为肌肉发达的男孩子会成为小流氓的人，可能会以他们期望的侵略性行为的方式去对待这些男孩子。

今天，遗传学研究在探索生物学与犯罪之间的可能的联系。威斯康星州立大学的科学家在 2003 年报告了一项关于犯罪的研究成果，这项研究在 400 个男孩中进行，历时 25 年。研究者从每个男孩身上采集了 DNA 样品，并且记录下他们所有的违法情况。研究者的结论是，遗传因素（尤其是有缺陷的基因，比方说能产生大量的某种酶）连同环境因素（尤其是小时候被虐待）对成年人犯罪和暴力行为有强烈的解释力。他们还注意到，多因素比单因素对犯罪的解释力更强（Lemonick，2003；Pinker，2003）。

社会控制 社会企图规范人们的思想和行为。

刑事司法系统 由警察、法院和监狱官员对所谓的违法行为做出正式的反应。

◎ 越轨总是一个差异问题。越轨出现在日常生活中，就像我们遇到其外貌和行为不同于我们所认可的“正确的”标准的那些人一样。这幅照片中谁是“越轨者”呢？源自谁的观点？

◇ 评价

生物学的理论对犯罪所作的解释是有限的。目前最佳的猜测是用生物学的特征结合环境因素去解释某种严重的犯罪。但生物学视角的最大问题是，我们所界定的越轨的行为大多数都是身体很正常的人干的。

另外，因为生物学的视角关注的是个人，它起初并没有关注某些行为是怎样被定义为越轨的。因而，尽管对于人的生理怎样影响其行为，我们还有很多东西值得去了解，但是当下的研究已经把重点放到了对社会影响因素的探讨上。

▲检查你的学习 生物学研究在哪些地方增进了我们对犯罪的理解？生物学视角的局限在哪里？

人格因素

像生物学理论一样，心理学对越轨的解释集中在个人人格的异常上。某些人格特征是固有的，但是多数心理学家认为人格主要是由社会经

验塑造的。因此，越轨被看作社会化不成功的结果。

沃尔特·雷克利斯（Walter Reckless）和西蒙·迪尼茨（Simon Dinitz）在 1967 年的经典研究例证了心理学的视角。他们首先请许多老师把一些 12 岁的男学生分成两类：可能惹上法律纠纷的和不太可能惹上法律纠纷的。接下来他们对这两类孩子及其父母进行访谈，以评估每个孩子的自我观念以及和他人相处的方式。他们通过分析结果发现："好孩子"表现出了强烈的道德意识（弗洛伊德所谓的超我），能够对付挫折，能够遵从文化规范和观念；相反，"坏孩子"的道德意识比较薄弱，对挫折缺乏忍受力，与传统文化不合拍。

正如我们所期望的，这些"好孩子"和警察打交道的机会比"坏孩子"要少一些。因为所有这些孩子都生活在一个违法行为普遍的地区，调查者把不违法归功于一种控制越轨冲动的人格。基于这个结论，雷克利斯和迪尼茨把他们的分析称之为"抑制理论"（containment theory）。

196 在最近的另一项研究中，研究者对 500 名孪生兄弟进行了从出生一直到 32 岁的跟踪研究。以双胞胎作为研究对象，便于研究者在控制社会阶层和家庭环境的条件下对兄弟俩进行比较。当他们还是幼儿的时候，父母、老师、研究者就对这些孩子进行观察，进而对他们的自我控制水平、抗挫折能力、忍耐力进行评估。与沃尔特·雷克利斯和西蒙·迪尼茨早期的研究结论相呼应，研究者发现孪生兄弟中童年时期评估成绩较低者几乎都会遇到麻烦，包括犯罪（Moffitt et al.，2011）。

◇ 评价

生物学家已经阐明人格模式与越轨有一定联系。一些重刑犯是心理变态者，他们感觉不到罪恶和羞愧，不害怕惩罚，而且对他所伤害的人没有同情心（Herpertz & Sass，2000）。更普遍的是，自我控制能力和抗挫折能力被认为有助于遵循规范。然而，像我们在生物因素的案例中所注意到的那样，大多数恶劣的犯罪是心理正常者干的。

▲检查你的学习
生物学的分析和心理学的分析为什么不能很好地解释越轨？

生物学的视角和心理学的视角都把越轨看作是个人的特征。在解释越轨与社会的组织方式有更大的关系方面，上述两个视角所持的理由的价值是有限的。现在我们转向社会学的视角。社会学的视角探讨的是，对与错的观念来源于什么地方，为什么人们把一些违反规范者界定为越轨而把其他的违反规范者又不当作越轨，权力在这个过程中扮演着什么样的角色。

◎ 为什么类似于这幅照片中的街头赌博经常被认为是违法的，但是在花式赌场里玩同样的游戏却不被认为是违法的呢？

越轨的社会基础

尽管我们倾向于把越轨视为自主的选择或者个人的自我缺陷，但是所有的行为——越轨和遵从——都是由社会塑造的。本章在后面将会详细阐述在此处确定了的越轨的三大社会基础。

1. 越轨依照文化规范的不同而变化。根本就没有哪种思想或行为天生就是越轨的，只有在与特定的文化规范联系起来才会变成越轨。不同地方的文化规范不同，越轨也会发生相应变化。内华达州的法律允许在其农村地区卖淫，虽然卖淫在美国的其他州是违法的。美国有 13 个州设有赌场，有 29 个州在印第安人保留区设有赌场，另外 12 个州在赛马场设有赌场，而在其他的州，赌场是非法的。开车发短信在 18 个州是合法的，但在 26 个州是违法的，另外有 6 个州禁止年轻的司机发短信。同性婚姻在 6 个州以及哥伦比亚特区是合法的，但在 44 个州是非法的。牛奶对我们是有益的，大家都会这么认为。但出售生奶在 10 个州是合法的，而在其他州被禁止或被严格控制（American Gaming Association，2010；Ozersky，2010；National Conference of State Legislature，2011）。

再者，大多数城镇至少有一部独一无二的法令。例如：在亚拉巴马州的莫比尔，穿细高跟的女鞋是违法的；在密苏里州的派恩朗，禁止穿松松垮垮的低腰裤；在阿拉斯加州的朱诺，把火鸡带入理发店是违法的；在得克萨斯州的南帕德拉岛，打领带是禁止的；在伊利诺伊州的芒特普罗斯佩克特，法律禁止饲养鸽子或者蜜蜂；在堪萨斯州的托皮卡，打雪仗是禁止的；在南达科他的胡佛，用煤油灯照明捕鱼是不允许的；而加利福尼亚州比弗利山庄则规定了在网球场上打一次球所允许使用的网球个数（R. Steele，2000；Wittenauer，2007；Belofsky，2010）。

纵观世界，越轨更是五花八门。阿尔巴尼亚把一切在公开场合表露宗教信仰的行为都视为违法，比如在自己胸口画“十”字；古巴禁止公民拥有个人电脑；在越南，那些碰到了外国人的公民可能会被起诉；马来西亚的妇女不允许穿紧身牛仔裤；沙特阿拉伯禁止在情人节销售红玫瑰；伊朗不允许妇女化妆，禁止任何人玩说唱音乐（Chopra，2008）。

2. *人们成为越轨者是其他人界定的结果。*任何人都会偶尔违反文化规范。你闲逛的时候自言自语过吗？或者你从办公室“借”过钢笔吗？这些行为是否被定义为违法或者精神病，取决于其他人对此如何看、如何定义、如何回应。

3. *规范和人们定义违反规范的方式涉及社会权力。*卡尔·马克思断言，法律是权力阶层保护自我利益的工具。发表反对政府言论的街角的无家可归者，就有可能因扰乱社会治安而被捕。选举运动中，一位发表完全一样言论的市长候选人，却会得到警察的保护。简而言之，规范以及我们如何适用规范，反映出社会的不平等。

197 # 越轨的功能：结构—功能理论

◇ 应用

结构—功能视角的核心观点是，越轨是社会组织的必要部分。埃米尔·涂尔干在一个世纪前就提出了这个观点。

涂尔干的基本观点

在他对越轨的先行研究中，涂尔干（1964a，orig. 1893；1964b，orig. 1895）语出惊人：越轨并非异常。实际上，越轨履行着四大基本功能：

1. *越轨确认文化价值和规范。*相比较其他的态度和行为，人作为道德动物对某些态度和行为会更喜欢。但是，对于美德的任何限定都要依赖于对立的邪念。没有恶与罪，可能根本就没有善良与正义。对于界定和支持道德，越轨是必要的。

2. *对越轨的反应澄清道德的边界。*通过定义某些人为越轨者，人们可以在对与错之间勾勒出一条边界。例如，一所大学通过惩罚考试舞弊的学生就在诚实学习和舞弊之间划出了边界。

3. *对越轨的反应增强人们的团结。*严重的越轨会引起人们特别的公愤。涂尔干认为，人们在群情激愤中会重新确定把人们团结起来的道德纽带。例如，亚利桑那州 2011 年 1 月的枪击案，6 人死亡，19 人受伤，包括国会议员加布里埃尔·吉福德（Gabrielle Gifford）在内。在此之后，美国人民萌发出一个普遍的愿望，希望控制这类毫无意义的暴力。

4. *越轨激励社会变迁。*越轨者摒弃社会的道德边界，这意味着现状是可以选择的，鼓励有所变化。涂尔干断言，今天的越轨能够成为明天的道德（1964b：71，orig. 1895）。例如，摇滚乐在 20 世纪 50 年代被指责为不道德的，但仅仅几年以后就成为了一项几十亿美元的产业（参见第 68 页“多样化思考”栏目）；近年来的嬉哈音乐（hip-hop music）也走着同样的路子。

一个实例：马萨诸塞海湾的清教徒

凯伊·埃里克森（Kai Erikson，2005b，orig. 1966) 对马萨诸塞海湾的清教徒所作的经典研究给涂尔干的理论带来了活力。埃里克森指出，连清教徒这样一个诫训严明、高度虔诚的群体都制造越轨以澄清他们的道德边界。事实上，涂尔干早已想到了清教徒，他写道：

> 让我们设想，一个社会里全是圣人，一所修道院里全是堪称模范的人。在这里不存在完全意

◎ 涂尔干认为，越轨是社会组织的必要组成部分，有着重要的作用。在一个人被控告杀害了居住在新罕布什尔州一个小镇的孩子之后，居民们走到了一起，重塑团结他们社区的纽带，确认他们对正确和错误的理解。在你的校园里发生过能引起类似反应的事件吗？

义上的犯罪，那些在外人看来无关紧要的过错也会像平常的普通犯罪那样招致耻辱……同样的原因，完美而正直的人会严肃地评判自己的哪怕是最小的过失，而多数人只有真的犯下了罪行才会有这种严肃的态度。（1964b：68-69，orig.1895）

越轨不是一些“坏家伙”的问题，而是“好的”社会生活的必要条件。

任何社会都能发现越轨，但是越轨的性质取决于人们想去澄清的道德问题。例如，清教徒经历了许多“罪恶的浪潮”，包括1692年爆发的众所周知的巫师审判事件。就每次的反应，清教徒通过赞美某些成员和声讨其他人越轨来回应正当信仰的范围问题。

埃里克森发现，即使犯罪发生了改变，清教徒所界定的越轨者的人口比例随着时间的流逝也总是保持稳定的。他推断这种稳定性证实了涂尔干的主张：社会创造越轨者是为了凸显变化着的道德边界。换句话说，清教徒通过持续地定义少数人为越轨者维持了他们社会的道德形态。

默顿的紧张理论

某些越轨对于社会的运行来说可能是必要的，但是罗伯特·默顿（Robert Merton，1938，1968）认为很多越轨是由特殊的社会安排所导致的。特别是越轨的程度和性质取决于社会是否提供达到文化目标（例如金融的成功）的手段（例如学校教育和就业机会）。图9—1表示的就是默顿关于越轨的紧张理论。

遵从是指通过被认可的手段去追求文化目标。因而美国的“个人的成名史”展现的总是某个人通过才干、学校教育和努力工作获取了财富和声望。但是并不是每一个希望实现传统意义上的成功的人都有实现自己心愿的机会。例如，如
果穷人的孩子按照常规行事的话，他们就没什么  198
希望获得成功。按照默顿的理论，文化对财富的强调与缺乏致富的机会之间的紧张可能怂恿一些人，尤其是穷人，从事偷盗、毒品交易或者其他形式的街头犯罪。默顿把这种越轨称之为革新（innovation）——使用非传统的手段（街头犯罪）而不是传统的方式（辛勤工作）去实现文化上被认可的目标（财富）。

无力达到一个文化目标可能促成另一类越轨，默顿称之为仪式主义（ritualism）。例如，许多人相信他们不能实现致富这个文化目标，因此他们为了使自己成为至少是值得尊敬的人，就严格地坚守规则（传统的手段）。

对无力成功的第三种反应是退却主义（retreatism）——既拒绝文化目标又拒绝手段，以至于个人有效地实现了“不参与”。一些酒鬼、

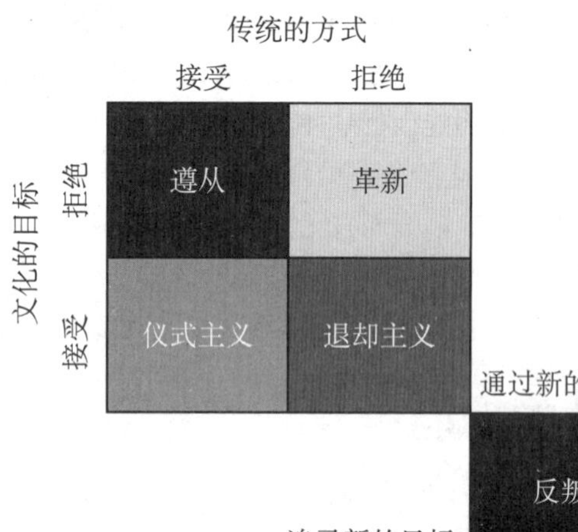

图9—1　默顿的越轨紧张理论

◎ 罗伯特·默顿把个人的文化目标的观点与获取文化目标的传统方式结合起来，区别了各类越轨者。

资料来源：Merton（1968）.

瘾君子和贫民窟的居民就是退却主义者。退却主义的越轨在于他们非传统的生活方式以及他们似乎是愿意按照这种方式生活。

对失败的第四种反应是反叛（rebellion）。像退却主义者那样，诸如激进的“活命主义者”之类的反叛者既拒绝成功的文化定义，又拒绝传统的获取成功的手段。但是他们更进了一步，对于现有的社会秩序，他们支持形成一个反文化的可供选择的办法。

越轨亚文化

理查德·克罗沃德和劳埃德·奥欣（Richard Cloward & Lloyd Ohlin，1966）发展了默顿的理论，提出犯罪不仅仅是由有限的合法的机会引起的，而且还是由易接近的非法的机会引起的。简而言之，越轨或者遵从起因于构成一个人生活相关联的机会结构。

臭名昭著的黑帮教父阿尔·卡彭（Al Capone）的生活证实了克罗沃德和奥欣的理论。作为贫穷的移民的儿子，阿尔·卡彭面临着贫穷和种族偏见的障碍，这些障碍减少了获取传统意义上的成功的机会。在1920—1933年期间，美国颁布了禁酒令，禁止出售含有酒精的饮料。年轻的阿尔·卡彭发现在他附近有人能够教他如何非法卖酒——非法的机会来源。克罗沃德和奥欣预言，诸如阿尔·卡彭的犯罪组织或者街头帮派之类的犯罪亚文化会在机会结构促成犯罪行为的地方发育。

但是，当人们不能识别哪些是合法或者哪些是非法的机会的时候，会发生什么呢？越轨可能采取两种形式：一种是冲突亚文化的形式（武装的街头帮派），在这种亚文化中挫败和渴望尊重会引发暴力；另一种是退却主义亚文化的形式，在这种亚文化中越轨者不参与，可能酗酒或滥用其他的毒品。

◎ 年轻人被断绝了合法的机会通常促使形成所谓的越轨亚文化。帮派亚文化是年轻人获取归属感和尊重的一种方式，尽管主流文化对这种归属感和尊重持否定态度。

艾伯特·科恩（Albert Cohen，1971，orig. 1955）提出，行为不良在底层的青少年当中是非常普遍的，因为他们获取传统意义上的成功的机会最少。被社会忽视的他们通过创造一种有过失的亚文化来寻求自尊，这种亚文化恰恰把这些青少年所有的特征界定为有价值的。尽管整体上赢取不了什么社会的认可，但这种亚文化可能满足一个年轻人在地方上“成为大人物”的愿望。

沃尔特·米勒（Walter Miller，1970，orig. 1958）补充说，有过失的亚文化有如下特征：（1）麻烦——与老师和警察之间频繁发生冲突；（2）健壮——看中体格的大小和力量，在男性当中尤其是这样；（3）机灵——在街头成功、比其他人更聪明和避免被利用等方面的能力；（4）需要刺激——寻求颤抖、冒险和危险；（5）相信命运——感觉到对自己的生活缺乏控制；（6）渴望自由——经常向权威人物表示愤怒。

最后，伊莱贾·安德森（Elijah Anderson， 199
1994，2002；Kubrin，2005）解释说，贫穷的城市街区中的大多数人都设法遵守传统的（正派的）价值。然而，面对街区犯罪和暴力、警察的漠不关心甚至敌意，以及有时候甚至被父母所忽视，一些年轻人决定依据“街头法则”（street code）去生活。为了展示他们能幸存于街头，一些年轻人展示出了勇敢地抵抗任何威胁的“胆量”。追随这种街头法则，这个青年相信，与其不被他人所尊重，还不如在暴烈中死亡。有些人在设法规避危险，但是对于这些被排挤到社会边缘的青年人来说，他们死在监狱里的风险非常高。

◇ 评价

涂尔干做出了重要贡献，指出了越轨的功能。然而很显然，社会共同体并不总是在对犯罪的反应中集合而成。有时候畏惧犯罪会引起人们退出公共生活（Liska & Warner，1991；Warr & Ellison，2000）。

默顿的紧张理论因为

▲**检查你的学习**
为什么许多理论都认为：犯罪在社会地位比较低的人群当中更加普遍？你认为呢？

焦点中的社会学

越轨亚文化：违反规范变成了好事情吗？

阿斯特丽德：西蒙！你在非法下载音乐，这会让我们惹上麻烦！

西蒙：你瞧瞧，欺诈满天飞。首席执行官们商业欺诈。普通老百姓偷税漏税。警察们扯谎。还有新鲜东西吗？

阿斯特丽德：这样说来，偷盗是对的了？你真正相信的是什么？

西蒙：我没说偷盗是对的。我只是说大家都习以为常……

对于照章行事的观念来说，这几年太糟糕了。首先，我们知道许多美国公司的首席执行官犯下了欺骗和直接窃取的罪行，其犯罪比例超出了常人的想象。最近，我们意识到那些掌控美国经济的华尔街领导人不仅在工作上糟糕透顶，还贪污几千万美元。甚至被我们拥戴为道德行为楷模的天主教会也被一些指控搞得晕头转向。有人指控有数百牧师对教区居民（大多数是未成年人）进行性虐待而教会官员却忙于掩盖罪行。

对于是什么东西引起了这种普遍的不道德行为，有很多种说法。有些人认为，在今天这种高度竞争性的法人社会，采用一切必要的手段去获取成功的压力可能是压倒一切的。像一位分析家指出的，你的盗窃行为和说谎能侥幸逃脱处罚，但是你的过失能永远侥幸逃脱处罚吗？

这些思想有助于解释众多首席执行官在企业和金融界的不道德行为，但是对虐待成性的牧师问题缺乏深刻的洞见。至少在某些方面，不道德行为对几乎所有的人都已经成为了一种生活习惯。例如，美国税务局报告说，上百万的美国纳税人在纳税中存在欺骗，每一年的漏税额估计有3 450亿美元。音乐行业声称他们因为非法盗版唱片（在年轻人中尤其普遍）而损失了数十亿美元。或许最烦扰的是，对中学生和大学生的多次调查显示，至少有一半人说他们在过去的一年内有至少一次考试作弊行为（Gallup，2004；Morin，2006）。

◎ 你认为考试舞弊是错误的吗？如果你看到有人作弊，你会告发吗？会，为什么？不会，又是为什么？

埃米尔·涂尔干认为，社会是一个建立在一套规范之上的道德系统，规范决定人们应该或者不应该做什么。比涂尔干更早的另一位法国思想家布莱士·帕斯卡（Blaise Pascal）做出了相反的观点，认为“欺骗是社会的基础”。今天，这两种观点中哪一种更接近事实呢？

加入博客讨论吧！

在你看来，今天美国社会中的不道德行为普遍到什么程度呢？情况变得更糟糕了吗？你非法下载过音乐吗？如何看待大学里写课程作业或者考试当中舞弊的情况？欢迎登录Mysoclab，加入“焦点中的社会学”博客，分享你的观点和经历，并看看别人是怎么想的。

资料来源：“Our Cheating Hearts”(2002)，Bono (2006)，and Lohr (2008).

解释越轨的类别（例如偷盗）胜于其他（例如激情犯罪或心理疾病）而遭到批评。另外，并不是每个人都像紧张理论所提出的那样在传统的财富方面追求成功。

克罗沃德和奥欣、科恩、米勒这几个人的总的观点——越轨反映社会的机会结构——已经被后来的研究所证实（Allan & Steffensmeier，1989；Uggen，1999）。然而，这些理论的不足之处在于假定每个人都共享相同的判断对与错的文化标准。此外，如果不仅把入室行窃或偷盗汽车列为犯罪，还将诈骗和公司高管与华尔街富豪的其他罪行也列入犯罪的话，那么许多高收入者就会被算在罪犯之列。很显然，所有不同社会背景的人违反规则正在变得更具偶然性，就像本页“焦点中的社会学”专栏中所解释的那样。

最后，所有的结构—功能理论都提出，任何

违反重要规范的人都将被贴上越轨的标签。然而，像我们在下一部分要解释的那样，变成越轨者实际上是一个高度复杂的过程。

200 标签越轨：符号互动理论

◇ 应用

符号互动视角解释的是人们在日常生活的情境中如何定义越轨。基于符号互动的观点，对越轨和遵从的界定非常灵活。

标签理论

符号互动分析的主要贡献是**标签理论**（labeling theory）。标签理论认为越轨和遵从的主要起因不在于人们做了什么，而在于他人对人们行为的反应。标签理论强调越轨的相对性，认为人们可能用众多不同的方式去定义同一个行为。

看看这些情景：一位大学生从室友的抽屉里拿了一件衣服去周末旅行；在一个偏远的城市一位按照习俗结了婚的妇女和她过去的男朋友发生了性关系；一位市长把一个重大的市政合同给了一位竞选运动的主要捐助者。我们可能把第一种情境界定为粗心、借用或者行窃。对第二种情境的界定主要取决于这位妇女的行为在回家以后是否被外人知晓。对第三种情境的界定取决于这位市长是选择了一位最佳的承包人还是只是偿还政治债务。事实上社会建构是一个变化多端的过程，包括察觉、定义和反应等环节。

初级越轨和次级越轨

埃德温·雷梅特（Edwin Lemert，1951，1972）说，某些对规范的违反，比如逃学、未成年就喝酒，只惹起他人轻微的反应，对个人的自我概念也没有什么影响。雷梅特称这些偶然的有趣事件为初级越轨。

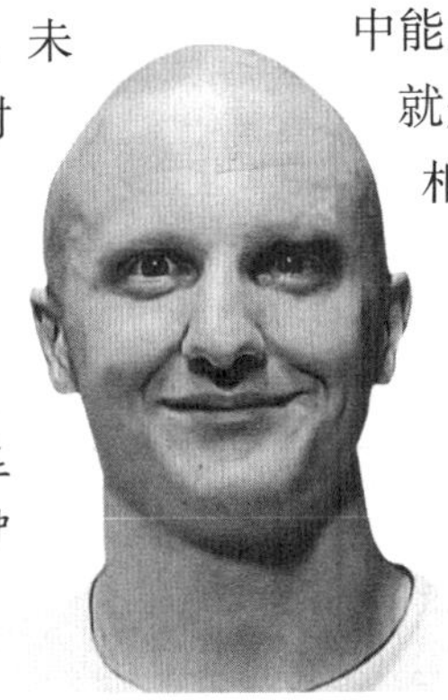

但是如果他人注意到了某人的越轨并且利用它，那将会发生什么呢？一个人的某种行为被定义为初级越轨后，这个人就可能开始改变，他可能通过语言、行为或者奇怪的穿着、拒绝关键性人物、不断地违反规则去获得一种越轨的身份。雷梅特（Lemert，1951：77）把自我概念的改变称为次级越轨。他解释说："当一个人开始越轨……越轨行为可能成为一种防御、攻击或者调整的方式，以应对在社会互动中产生的问题……越轨就成为次级越轨了。"例如，人们开始把一个年轻人描写为一个"酒鬼"，这构建着初级越轨。于是人们可能把他从他的朋友圈子中排挤出去，他可能会更痛苦，于是会喝更多的酒，会去寻找那些认可他喝酒的同伙。这些行为标志着次级越轨的开始，使他获得更深层次的越轨者身份。

污名

次级越轨标志着被尔文·戈夫曼（Erving Goffman，1963）称为"越轨生涯"(deviant career)的开始。如果人们采用更强烈的错误方式来待对越轨行为，越轨者则会典型地获得一种污名。**污名**（stigma）这种强有力的消极标签能极大地改变一个人的自我概念和社会身份。污名一旦作为主要身份（参见第6章"日常生活中的社会互动"）发生作用，社会身份的其他方面就无法抵抗，于是这个人在他人心目中就变得不可信任，被社会所孤立。当人们认为某个人是离经叛道的，这个人不经意间就获得了污名。有时候整个社会通过被哈罗德·加芬克尔（Harold Garfinkel，1956）称为"堕落仪式"（degradation ceremony）的东西给一个人正式地打上污名的烙印。在犯罪审判中能见到这样的例子，某些中学生往往就是以这种方式走向犯罪的，而不是相反。在社会面前，个人会用消极的方式胜于用积极的方式去面对被贴上的标签。

回溯性的标签和规划性的标签

人们一旦给一个人打上了污名的烙印，就可能给他贴上回溯性的标签，即根据现

◎ 2011年，在亚利桑那州的图森发生了令全美国震惊的枪击案，拉夫纳（Jared Lee Loughner）枪杀了6个人，另有包括国会议员加布里埃尔·吉福德（Gabrielle Gifford）在内的13人受伤。社会应该对一个罪犯作何种反应？是视其为"疯子"，还是认定其有罪？请你解释。

在的越轨去解释他的过去（Scheff，1984）。例如，当发现一名牧师对一个小孩子进行了性骚扰以后，人们就会反思这名牧师的过去，或许会想：“他总是对他身边的孩子为所欲为。”回溯性标签很可能歪曲一个人的过去，更加强化了越轨者的身份。

同样地，人们也可能给一个打上污名烙印的人贴上规划性的标签，也就是说，人们用越轨者的身份去预测他将来的行为。关于这个牧师，人们可能说：“除非他被抓，否则他会继续猥亵儿童。”在某个人的社会世界中，这样考虑事情的人越多，他成为真实的越轨者的可能性就越大。

作为越轨的标签差异

一个无家可归者在寒冷的夜晚拒绝被警察收容，他是试图独立生活呢，还是“发疯”呢？人们倾向于把那些激怒或威胁他们的行为当作越轨甚至是精神病，而不单单当作“差异”来对待。

精神病学家托马斯·萨茨（Thomas Szasz，1961，1970，2003，2004）指责人们过急地把精神病的标签应用在那些仅仅是我们不喜好的差异上。他继续指出，避免这种现象的唯一途径是完全放弃这种精神病的观念。世界上到处都是观念和行为上有“差异”的人，他们可能惹恼我们，但是这些“差异”不是界定某人为精神病的根由。萨茨声称，此类标签只不过是强迫遵从强势人群的标准，把强势人群的意志强加在其他人身上。

大多数精神康复治疗的专业人士拒绝精神病不存在的观念，但是他们承认批判地反思我们如何定义“差异”是重要的。首先，相对于癌症患者或其他身体有毛病的人，精神病患者不应遭到
201 更多的责备。因此，患了精神的或身体的疾病不是被贴上“越轨者”标签的理由。其次，没有诊断精神病知识的普通人应该避免使用此类标签，致使人们遵从某种行为标准。

用医学的方法处理越轨

标签理论，尤其是萨茨和戈夫曼的思想，有助于解释我们的社会推定越轨的方式的重要变化。在过去的50或者60多年中，精神病学和医学的影响在逐渐扩大，这导致了**用医学的方法处理越轨**（medicalization of deviance），也就是把道德的和法律的越轨转化为一种医学的情形。

用医学的方法处理越轨有利于改变贴在某个人身上的一系列标签。用道德上的术语来说，我们用“坏的”或“好的”来评价一个人的行为。然而，医学的科学目标传递的不是道德判断，而是使用诸如“有病的”或者“健康的”之类的临床诊断。

举例来说，直到20世纪中期，人们还通常把酒鬼看作是容易受饮酒快感诱惑的道德意志薄弱者。然而，医学专家们逐渐地重新定义了酒精中毒，以至于现在大多数人认为酗酒是一种致使人“有病的”而不是“坏的”的疾病。同样地，肥胖、吸毒上瘾、虐待儿童、男女乱交和其他在过去通常被认为是严重道德问题的行为，在今天被广泛地定义为疾病。患者需要的是帮助，而不是惩罚。

同样，诸如吸食大麻之类的在过去被当作犯罪的行为，今天更可能被视为医学治疗的一种方式。有12个州制订了医用大麻的法律（Ferguson，2010）。

标签制造的差异

我们是把越轨定义为道德问题还是医学问题，会有三个结果。第一，它会影响到由谁来对越轨做出反应。一个冒犯公众道德的行为通常会招致众多社会成员或者警察的反应。然而，一个医学标签却把这种情况置于包括法律顾问、精神病学家和医生在内的临床专家的控制之下。

第二个差异是人们怎样对越轨做出反应。道德的视角把越轨者定义为应遭受惩罚的冒犯者。然而在医学上，越轨者是需要治疗的病人。惩罚是为了惩治犯罪而设计的，但治疗程序是为病人量身定做的，事实上可以包括一个专家所能想到的有助于预防未来疾病的任何治疗。

标签理论 越轨和遵从的主要起因不在于人们做了什么，而在于他人对人们的行为的反应。

污名 一种强有力的消极标签，能极大地改变一个人的自我概念和社会身份。

用医学的方法处理越轨 把道德的和法律的越轨转化为一种医学的情形。

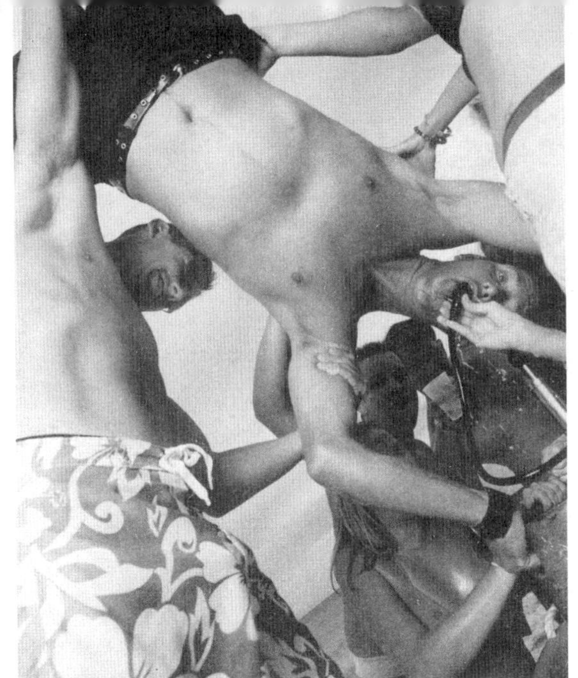

◎ 所有的社会群体都教导它们的成员一些鼓励某种行为的技能和态度。最近几年，关于大学校园的讨论集中在狂欢豪饮的危险上，狂欢豪饮在美国每年都要致使几十人死亡。狂欢豪饮这个问题在你的校园里严重吗？

第三，也是最重要的，这两种标签在越轨者的个人能力上是不一样的。从道德的观点来看，不管我们是对的还是错的，我们至少要对自己的行为负责任。一旦被定义为“有病的”，我们就被看作不能控制（如果是“精神病”，甚至是不能理解）自己的行动。那些被贴上无能标签的人反过来必须服从治疗，这通常又违背了他们的意愿。单是这个原因，试图在医学的情形下定义越轨，需要非常谨慎。

萨瑟兰的差异交往理论

任何行为模式，不管是常规的还是越轨的，都是一个在群体中发生的过程。依据埃德温·萨瑟兰（Edwin Sutherland，1940）的理论，一个人是趋向于遵从或者越轨，取决于他与那些鼓励或者拒绝常规行为的人接触的数量。这就是萨瑟兰的差异交往理论。

许多研究证实，如果年轻人相信他们的同类群体的成员鼓励不良行为，他们就更可能犯下行为过失（Akers et al.，1979；Miller & Mathews，2001）。一项研究最近集中调查了八年级学生中的性行为。年轻的姑娘如果有一位鼓励性关系的男朋友或者有一些认可性行为的女性朋友，那么她们很可能就有性行为。同样，男孩子也被朋友们鼓励在性方面积极主动，朋友们会因此在同类群体中给予他很高的地位（Little & Rankin，2001）。

赫希的控制理论 202

社会学家特拉维斯·赫希 (Travis Hirschi，1969；Gottfredson & Hirschi，1995) 提出了控制理论，认为社会控制取决于人们对自己行为的结果的预期。赫希假定任何人都会遇到一定的越轨的诱惑，但是考虑到会毁了前程，大多数人都没有违反规范。对某些人来说，仅仅设想一下家人和朋友的反应，就望而却步了。另一方面，那些觉得自己即使越轨了也没什么损失的人可能变为越轨者。

值得一提的是，赫希将遵从与四类不同的社会控制联系起来：

1. 依附。强烈的社会依附鼓励遵从。淡漠的家庭、同类群体和同学关系让人们更易于越轨。

2. 机会。一个人可利用的合法机会越多，遵从的好处也就越多。相反，一个对未来的成功没有信心的人更可能转向越轨。

3. 连累。法律活动中广泛的连累现象，诸如就业、升学或体育比赛之类，约束着越轨（Langbein & Bess，2002）。相反，那些相互之间完全没有牵连（hang out）、等着事情发生的人则有时间和精力从事越轨行为。

4. 信仰。强烈地信仰传统道德和尊重权威人物会抑制越轨倾向。道德意志薄弱的人或者是缺乏监管的人更难抵制诱惑（Stack，Wasserman & Kern，2004）。

赫希的分析包含许多早期的关于越轨行为的原因的观点。要注意的是，与个人相关的社会权力、家庭和社会环境可能影响到越轨行为的可能性 (Hope，Grasmick & Pointon，2003)。

◇ 评价

各种符号互动理论都把越轨看作一个过程。标签理论没有把越轨与行为联系起来，而是把越轨与他人的反应联系起来。因而，一些人被定义为越轨

▲检查你的学习
请清楚地定义初级越轨、次级越轨、越轨生涯和污名。

者，而另外一些人有同样的言行却没有越轨。次级越轨、越轨生涯和污名等概念展示了被贴上标签的越轨者是怎样变成一个永久的自我概念的。

然而，标签理论有几个局限。首先，因为标签理论对越轨采用非常相对的观点，所以它忽视了诸如谋杀之类的行为几乎在任何地方都要受到谴责的事实。因此，标签理论只在应用于诸如男女乱交或者精神病之类的不怎么严重的问题时才非常有用。其次，关于越轨标签的后果研究没有清楚地展示出越轨的标签是引起进一步越轨还是阻碍越轨（Smith & Gartin，1989；Sherman & Smith，1992）。再次，并不是每个人都能容忍被贴上越轨的标签，一些人会积极地寻求摆脱 (Vold & Bernard，1986)。例如，为了唤起对社会不公的注意，人们参加不合作主义的活动和自愿遭受逮捕。

社会学家认为萨瑟兰的差异交往理论和赫希的控制理论对我们认识越轨做出了重要贡献。但是为什么社会规范和法律起初就把某些行为定义为越轨呢？社会冲突分析将在下一部分集中阐释这个问题。

越轨与不平等：社会冲突理论

◇ 应用

社会冲突视角（总结见如下“应用理论”表格）将越轨与社会不平等联系起来。就是说，什么人或什么事会被贴上越轨的标签，取决于社会上由哪些人掌握着权力。

越轨与权力

203

亚历山大·利亚泽斯（Aleander Liazos，1972）指出，我们倾向于将那些被我们当作“刺儿头”和“荡妇”而加以遣散的人定义为越轨者，他们并不坏，也对社会无害，只是这些人没有权力。拥有越轨污名的往往是街角的流浪妇人和失业者，而非公司污染者和国际军火商。

社会冲突理论从三个方面阐释这种模式。首先，所有的规范，尤其是任何社会的法律，总体上都体现富人和有权势的人的利益。面对富人和权贵，那些通过获得他们财产所有权或者倡导更加公平的社会以占取他们财富的人，被定义为“公贼”或者“政治激进分子”。社会冲突视角的主要倡导者卡尔·马克思认为法律和其他的社会制度支持富人的利益。或者像理查德·昆尼（Richard Quinney）提出的：“资本主义的法律是由资产阶级制定的，支持资产阶级，反对工人阶级。”（1977：3）

其次，即使有权势的人的行为出现了问题，他们也有办法抵制越轨的标签。近些年卷入公司丑闻的经理们大部分仍只是拘留，坐牢的很少。

再次，人们普遍相信规范和法律是自然的，是好的，这遮蔽了规范和法律的政治特征。因为这个原因，尽管我们谴责不平等的法律的适用，但我们也很少去思考法律本身是否真的公平这一问题。

应用理论

越轨

	结构—功能视角	符号互动视角	社会冲突视角
分析的层次是什么？	宏观层次	微观层次	宏观层次
什么是越轨？	越轨是社会组织的基本组成部分。	越轨是社会在互动中所建构的现实的一部分。	越轨是社会不平等的结果。
它在社会中扮演什么角色？	社会通过界定越轨来规定其道德边界。	当人们给某事物贴上越轨的标签的时候，越轨就会产生。	包括法律在内的规范反映着社会中有权势的人的利益。
关于越轨的重要观点是什么？	越轨具有普遍性：所有的社会都存在越轨。	越轨是变化的：任何行为或个人都可能被贴上越轨者的标签，也可能不被贴上越轨者的标签。	越轨是政治性的：没有权势的人成为越轨者的风险很大。

越轨和资本主义

在马克思主义传统中，史蒂文·斯皮策（Steven Spitzer，1980）认为越轨的标签适用于那些妨碍资本主义运转的人。首先，因为资本主义是以财产私有制为基础的，那些威胁他人财产的人，尤其是盗取富人财产的穷人，是被贴上越轨标签的首要人选。相反，利用穷人的富人被贴上越轨标签的可能性很小。例如，房东向穷房客索要高额房租和逐出无力支付房费的房客，他们不被认为是犯法，只是在“做生意”而已。

其次，因为资本主义依靠的是生产性的劳动，那些不劳动或者不愿劳动的人就冒着被贴上越轨标签的风险。社会上许多人认为，即使不是他们自己的过错，失业者也是莫名其妙的越轨者。

再次，资本主义依靠对权威人物的尊重，致使那些抵制权威的人被贴上越轨的标签。逃学或者与父母和老师顶嘴的小孩，与老板或者警察不合作的成年人，就是这方面的例子。

最后，那些直接挑战资本主义现状的人可能被定义为越轨者。劳工组织者、激进的环境保护论者和反战激进主义分子，就是这方面的例子。

事情的另一方面是，社会给支持资本主义运转的任何东西贴上正面的标签。例如，获胜的运动员享有名人地位，因为他们表达了个人成就和竞争的价值观，这两者对资本主义来说都是重要的。斯皮策也注意到，我们认为使用走私毒品（大麻、迷幻剂、海洛因和毒品）为越轨，但鼓励那些促进适应现状的毒品（例如酒和咖啡因）。

◎ 或许没有比伯纳德·麦道夫更能象征着席卷华尔街危机的贪婪了，他从成千上万的人和机构那里诈骗了大约50亿美元。2009年，麦道夫被指控犯下11项重罪，被判入狱共计150年。你认为白领犯罪受到了刑事司法系统的公正对待吗？是，为什么？不是，又是为什么？

资本主义制度也设法去控制那些不适合该制度的人。老人、有精神疾病或者身体残疾的人和罗伯特·默顿所谓的退却主义者（对酒和其他毒品上了瘾的人）更是社会的一份“昂贵但相对无害的负担”。斯皮策称这些人受到社会福利代理机构的控制。但是那些资本主义制度的公然挑战者，包括市中心区的下层阶级和革命者（默顿所谓的革新者和反叛者），受到刑事司法系统的控制，而且，在社会危机的时刻，他们要受到诸如国民警卫队之类的军事力量的控制。

要注意的是，社会福利系统和刑事司法系统都在因为社会问题而责备个人，而不是责备系统本身。福利接受者被认为是不足取的揩油的人，对他们的困境表达了愤怒的穷人被贴上了聚众闹事者的标签，任何挑战政府的人都会被烙上激进分子的印记，那些设法非法地获取某些东西（这些东西他们永远不能合法地获取）的人会被当作公共的罪犯加以围捕。

白领犯罪

作为白领犯罪的征兆，华尔街上一位名叫迈克尔·米尔肯（Michael Milken）的股票经纪人在1987年上了报刊头条，他因为交易欺诈行为被监禁。米尔肯引起人们的注意并不是因为从那时起阿尔·卡彭让大家一年当中赚了5.5亿美元（一天大约150万美元）（Swartz，1989）。

米尔肯实施的是**白领犯罪**（white-collar crime）。埃德温·萨瑟兰（Edwin Sutherland，1940）将社会地位高的人在他们的职业过程中的犯罪定义为白领犯罪。白领犯罪不涉及暴力，很 204
少让警方注意到枪击的场景。更准确地说，白领罪犯是利用他们的权力职位去使自己和他人致富，这个过程中经常会引起严重的公共危害。因为这个原因，社会学家有时称，与适宜于在大街上发生的犯罪相反，白领犯罪是适宜于在政府办公室和公司会议室发生的犯罪。

◎ 电视连续剧《大西洋帝国》(*Boardwalk Empire*)让观众窥视了这个国家历史上帮派流氓的生活。你认为大众媒介是怎样准确地描述有组织的犯罪的呢？请给予解释。

最普通的白领犯罪是银行公款挪用、商业欺诈、贿赂和违反反托拉斯法（antitrust violations）。萨瑟兰（1940）解释说，这些白领罪犯通常被追究民事责任，很少被追究刑事责任。民法规范个体当事人之间的商业交易行为，而刑法规定个人对于社会的道德责任。因而在现实中，有人输了民事官司，赔偿损害或伤害，但是没有被贴上罪犯的标签。大多数对白领罪犯的指控是指向组织而非个人，这样公司官员也就受到了保护。

当白领罪犯被控诉和宣告有罪时，他们通常会逃避惩罚。一项政府研究发现，那些犯有欺诈罪的人交纳了不到他们欠款的10%就结束了惩罚，多数人为了避免赔偿而设法隐藏或转移财产。在那些犯有更严重的挪用罪行的白领罪犯中，仅仅只有大约一半曾经在监狱里服过刑。一份统计资料表明，在美国联邦法院判罪的挪用者中，仅仅54%在监狱服刑，其余的被处以缓刑或者罚金（U.S.Bureau of Justice Statistics，2010）。像一些分析家所指出的，除非法院判处更长的刑期，否则白领犯罪依然会很普遍（Shover & Hochstetler，2006）。

▲检查你的学习
请定义白领犯罪、公司犯罪和有组织的犯罪。

白领犯罪 社会地位较高的人在他们的职业过程中所犯下的罪行。	**公司犯罪** 一个公司或者代表公司行动的人的违法行为。	**有组织的犯罪** 提供非法商品或服务的交易。

公司犯罪

有时候整个公司而不只是个人违反了法律。**公司犯罪**（corporate crime）是指一个公司或者代表公司行动的人的违法行为。

从出售已知有缺陷或有危险的产品到故意污染环境，都属于公司犯罪（Derber，2004）。最近几年，许多大的美国公司的倒闭致使上万人失去了工作和退休金。甚至更严重的是，在2007至2011年这几年中，有130名煤炭工人死于矿难；数百名煤炭工人因为长年吸入煤粉而死于“黑肺病”。在美国，源于职业危险而死亡的人每年可能超过5万（Frank，2007；Jafari，2008；Mine and Safety Administration，2011）。

有组织的犯罪

有组织的犯罪（organized crime）指的是提供非法商品或服务的交易。有时候犯罪组织强迫人们和他们交易，比如某帮派向店主敲诈“保护费”。然而在多数案例中，有组织的犯罪涉及把非法商品和服务（包括性、毒品、赌博）销售给自愿的买家。

有组织的犯罪在美国已经活跃了一个多世纪。其运作的范围向移民中间扩张，移民们觉得美国社会不愿和他们共享机会。一些雄心勃勃的人（诸如前面描述的阿尔·卡彭）取得了成功，尤其是在禁酒令期间（1920—1933），当时美国政府禁止生产和销售酒类。

意大利的黑手党是一个众所周知的有组织的犯罪的例子。但是其他的犯罪组织还有非裔美国人、哥伦比亚人、古巴人、海地人、尼日利亚人和俄罗斯人，以及其他几乎所有的种族。今天，有组织的犯罪所指的行为范围宽泛，从出售非法的毒品、卖淫、信用卡欺诈到向非法移民出售假证件都算（Valdez，1997；Federal Bureau of Investigation，2010）。

◇ 评价

根据社会冲突理论，资本主义社会在财富和权力方面的不平等造就了该社会的法律和法律适用范围。因而，刑事司法系统和社会福利系统充当了政治代理，控制了那些对资本主义制度造成威胁的人。

像批评研究越轨的其他视角一样，也有人批评社会冲突理论。首先，社会冲突的视角提出法律和其他的文化规范是由富人和有权势的人直接创造的。至少，这种观点过度简单化了，因为法律也保护工人、消费者和环境，有时候法律也反对公司和富人的利益。

其次，社会冲突分析认为，只有到了社会不平等地对待其成员的程度，犯罪行为才会涌现出来。然而，像涂尔干所说的，不管经济制度如何，不管社会的不平等程度如何，任何社会都存在越轨。

205 越轨、种族与性别

◇ 分析

人们认为，越轨反映着不同人群的相对权力和特权。下面提供两个例子来说明种族敌意如何激发出于仇恨的犯罪和性别是如何与越轨联系起来的。

出于仇恨的犯罪

出于仇恨的犯罪（hate crime）是指，罪犯被种族的或者其他的偏见所激发而实施的一种针对某个人或者某个人的财产的犯罪行为。出于仇恨的犯罪可能对某个人的种族、宗教信仰、祖先、性倾向或者身体残疾表现出敌意。联邦政府在2009年记录了大约6 604例出于仇恨的犯罪（U.S.Department of Justice，2010）。

1998年，怀俄明州立大学的学生、男同性恋者马修·谢巴德（Matthew Shepard）犯下了残忍的杀人罪行，令全美国震惊。这起案件被两个仇恨同性恋的人所激发。全美男女同性恋工作组织报告说，2008年有2 424起针对男女同性恋者的出于仇恨的犯罪，估计有1/5的男女同性恋者因为性倾向而受到过身体袭击（Dang & Vianney，2007; National Coalition of Anti-violence Programs，2009）。那些与多重污名斗争的人，诸如有色人种的男同性恋者，尤其可能成为牺牲品。然而这也可能发生在任何人身上：在2009年，大约有17%的出于种族仇恨的犯罪是针对白人的（Federal Bureau of Investigation，2010）。

在2010年前，有45个州和联邦政府就制定法律，增加对由仇恨而激发的犯罪的处罚（Anti-Defamation League，2009）。支持者是满意了，但是反对者指称，这种基于罪犯态度增加处罚的法律是惩罚“政治上错误的”思想。出于仇恨的犯罪的法律在第232页“多样性思考”专栏中得到了密切的关注。

女权主义视角：越轨与性别 206

2009年，苏丹的几位妇女遭到“穿着不合体统”的指控，被判以监禁。还有几位妇女因为穿长裤的罪名被拔了10根睫毛（BBC，2009）。

上述虽然是特殊的例子，但事实上，世界上任何社会对女人的规范控制都比对男人的规范控制要严格一些。在历史上，美国社会把家庭置于妇女生活的中心位置。甚至在今天的美国，妇女在工作场所，在政治、运动和军事等领域的机会比男性要受到更多的限制。

在世界的其他地方，像前面的例子所标明的，对妇女的压制更严重。在沙特阿拉伯，妇女不能参加投票或者合法地驾驶汽车；在伊朗，在公共场合暴露头发的妇女可能受到鞭笞；不久前，一家尼日利亚的法院指控一位离婚的妇女在非婚姻生活状态下抚养小孩，并且处以被石头砸死的刑罚，后来她由于需要照顾小孩而被宽恕（Eboh，2002；Jefferson，2009）。

性别也出现在这一章前面你所阅读到的越轨理论中。例如，罗伯特·默顿的紧张理论根据金融的成功来定义文化目标。传统上，至少这个目标与男性的生活更加相关，因为女性被教化着根据关系，尤其是婚姻和母亲身份来定义成功（E.B.Leonard，1982)。更加关注女性的理论可能会承认，由文化中平等的理念所产生的紧张会与基于性别不平等的现实相冲突。

根据标签理论，性别影响我们如何定义越轨，因为人们一般都用不同的标准去判断男性和女性的行为。此外，因为社会把男性置于比女性权力更大的位置上，男性经常逃避那些侵害女性

多样性思考：种族、阶级和性别

出于仇恨的犯罪的法律：惩罚的是行为还是态度？

一个凉爽的10月之夜，19岁的非裔美国人托德·米切尔（Todd Mitchell）和一些朋友站在他们位于威斯康星州基诺沙的住宅公寓前面。他们刚刚观看了电影《密西西比在燃烧》，正对影片中一位白人男子殴打一位跪地求饶的黑人少年的场景愤怒不已。

米切尔问：“你觉得这是对关于白人电影的大肆宣传吗？”几分钟后，他们看见一位白人少年从街的另一边向他们走来。米切尔命令说：“那里有个白人崽子，去抓住他！”他们一窝蜂地包围了这个少年，把他打得鲜血淋漓。他们把这位被打得晕死过去的少年丢在地上，还拿走了他的一双网球鞋作为战利品。

警察不久就逮捕了这帮十几岁的青少年，指控他们打人。作为头目，米切尔进了监狱，陪审团认为他这种被种族仇恨所激发的恶性殴打他人的行为是有罪的。米切尔要在监狱服刑4年，而不是2年。

像这个案子所例证的，如果罪犯是被针对某类人的偏见所激发，出于仇恨的犯罪的法律对犯罪的惩罚会更严厉。支持者给出了三个论据，以赞同出于仇恨的犯罪的法律。首先，罪犯的意图在衡量犯罪的责任方面总是重要的，而认为仇恨是一种意图并不新奇。其次，出于仇恨的犯罪的牺牲品比其他目的的犯罪的牺牲品所受到的伤害更大。最后，被种族或者其他的偏见所激发的犯罪比为金钱而犯下的罪行更能点燃公众的情绪之火。

相反，批评者认为，虽然有一些出于仇恨的犯罪案例包括绝对的种族主义，但是大多数是年轻人的冲动之举。批评者坚持认为，更为

◎ 你认为蓄意的破坏行为应该以出于仇恨的犯罪去起诉吗？换句话说，相对于“正常的”涂鸦，对故意在墙上喷漆的行为的惩罚应该更严厉吗？是，为什么？不是，又是为什么？

重要的是，出于仇恨的犯罪的法律对保证言论自由的“美国宪法第一修正案”是一种威胁。出于仇恨的犯罪的法律允许法院不但针对行为而且还针对态度对犯罪进行判罚。哈佛大学法学教授阿兰·德肖维茨（Alan Dershowitz）警告说：“这和我仇恨顽固差不多，但我更畏惧试图控制公民精神的法院。”简而言之，按照批评者的观点，出于仇恨的犯罪的法律适用于穷人，惩罚信仰胜于惩罚行为。

1993年，美国最高法院支持了对米切尔的判罚。司法规定政府不应该惩罚个人的信仰，这是无异议的。但是他们推论，当信仰成为了犯罪动机的时候就不再受到保护。

你怎么想？

1. 你认为被仇恨激发的犯罪比被贪欲激发的犯罪更具危害性吗？是，为什么？不是，又是为什么？
2. 你认为诸如非裔美国人之类的少数族群应该和白人一样去服从出于仇恨的法律吗？应该，为什么？不应该，又是为什么？
3. 你是支持还是反对出于仇恨的犯罪的法律？说说你的观点。

资料来源：Terry(1993)，A.Sullivan (2002)，and Hartocollis (2007).

的行为所引起的直接责任。在过去，那些骚扰或攻击女性的男性只不过会被贴上温和的越轨者的标签，有时候会完全逃脱惩罚。

相反，那些受害的女性可能必须让他人（甚至是陪审团的成员）确信，遭遇性骚扰并不是她们的错。有研究证实了一个重要事实，即人们是否定义一种情形为越轨——如果是越轨的话，谁是越轨者——取决于观众和行为者的性别（King & Clayson，1988）。 207

最后，尽管关注社会的不平等，但是很多社会冲突的分析并没有涉及性别问题。像冲突理论提出的那样，如果经济上的劣势是犯罪的初级原因，那么为什么女性（其经济地位比男性更糟糕）犯罪远少于男性呢？

犯罪

◇ 理解

犯罪是指违反了由地方、州或者联邦政府所颁布的刑法的行为。所有的犯罪由两个要素组成：行为本身（或者在一些案件中，未能履行刑法所要求的义务）和犯罪的目的（在法律术语中指犯罪意图或者犯罪动机）。目的是一个程度的问题，从故意行为到过失不等。因过失而犯罪的人并不是要去故意伤害某人，但是其行为（或者不作为）在某种程度上导致了伤害。例如，检举人在决定是否以一级谋杀罪、二级谋杀罪或者过失杀人罪去指控某人时，需要衡量犯罪目的的程度。可供选择的是，他们也认为有些杀人事件是有理由的，是自卫。

犯罪的类型

在美国，联邦调查局收集关于犯罪的信息，并且定期在一份叫做《美国的犯罪》（*Crime in the United State*）的出版物上报告结果。两种主要的犯罪类型组成了美国联邦调查局的《犯罪索引》（"crime index"）。

针对人身的犯罪（crimes against the person），也称暴力犯罪，指对他人直接使用暴力或以暴力相威胁。暴力犯罪包括谋杀、一般的杀人罪（法律上定义为"某人故意杀害另一个人"）、恶性攻击（一个人为了施加严重的或者恶性的身体伤害而非法袭击他人）、暴力强奸（违背女性的性意愿而暴力侵害其肉体）和抢劫（通过强制或以强制相威胁的方式，或者通过暴力将其置于恐惧之中的方式，占取或设法占取他人有价的东西，比如，他人的照料、监管和控制等）。

针对财产的犯罪（crimes against property），也称财产犯罪，指偷盗他人财产的犯罪。财产犯罪包括入室行窃（"非法进入某建筑物去实施严重的犯罪或者盗窃"）、盗窃（"非法取走、运走、诱导走或者驾走他人的财产"）、偷盗汽车（"盗窃或者设法盗窃机动车辆"）和纵火（"任何故意或者恶意地烧毁或设法烧毁他人的私人财产的行为"）。

针对人身的犯罪 也称暴力犯罪，指对他人直接使用暴力或以暴力相威胁。

针对财产的犯罪 也称财产犯罪，指偷盗他人财产的犯罪。

无受害人的犯罪 没有明显的受害人的违法行为。

第三种犯罪没有包括在《犯罪索引》之内，是**无受害人的犯罪**（victimless crimes），即没有明显的受害人的违法行为，也称之为没有抱怨的犯罪。无受害人犯罪包括非法使用毒品、卖淫和赌博。然而，无受害人犯罪这个术语容易令人误解。年轻人必须偷盗来维持吸毒的习惯这种无受害者的情况是否构成犯罪？一位年轻的孕妇因为无节制的吸烟而永久地伤害了她的婴儿，算什么情况呢？或许我们认为实施这类犯罪的人既是罪犯又是受害人更准确一些。

◎ 朱利安·阿桑奇（Julian Assange）是维基解密（WikiLeaks）的创办人。维基解密试图使政府和其他强势组织对自己的行为负责。阿桑奇于是陷入了法律的纠葛之中，这并不奇怪。这里显示的是，他在2010年已获准保释，等候未来的起诉。

因为公众对无受害人犯罪的观点变化很大，各个地方的法律也不一致。在美国，尽管赌博和卖淫仅在极其有限的地区是合法的，但是这两类行为在整个国家都是普遍的。

犯罪统计

联邦调查局收集的统计资料表明，从1960年到1990年，犯罪率一直在上升，随后犯罪率开始下降。即便如此，警察计算出每年还是有接近1 100万宗严重的犯罪。图9—2展示了各种严重的犯罪的趋势。

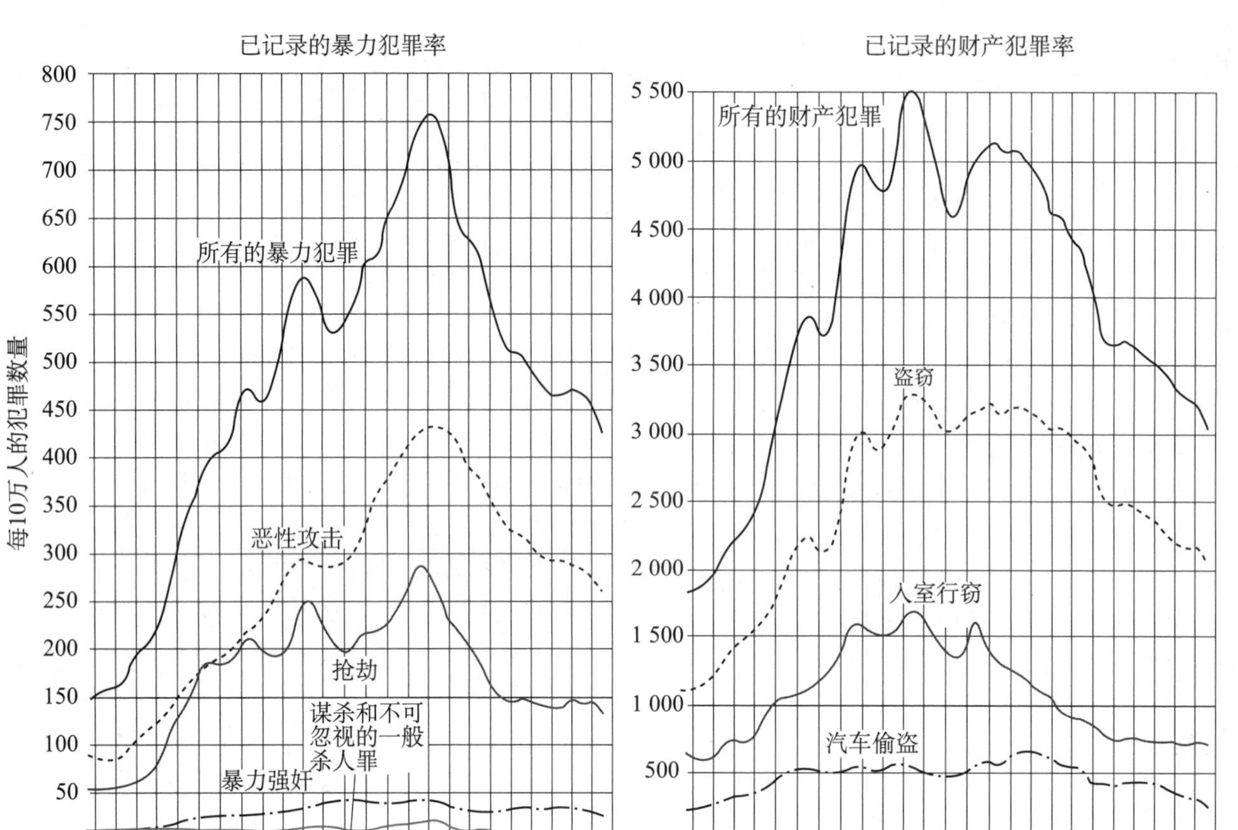

图 9—2　1960—2009 年美国的犯罪率

◎ 曲线图描绘的是最近几十年间各种暴力犯罪和财产犯罪的犯罪率。自从大约 1990 年以来，犯罪率趋向于降低。

资料来源：Federal Bureau of Investigation (2010).

阅读犯罪统计资料的时候总是要谨慎，因为犯罪统计表只包括警察知道的犯罪。几乎所有的杀人案件都被报道过，但是攻击，尤其是相互认识的人之间的攻击，通常都没有被报道。警察对财产犯罪的记录甚至更少，损失较小的案件尤其没被记录。

研究者采用“受害人调查”来核对官方的犯罪统计资料，他们询问一个有代表性的样本，他们是否经历过犯罪侵害。根据这类调查，2008 年的犯罪率大概是官方报告中所显示的犯罪率的两倍（Rand，2009）。

208

街头犯罪概述

使用政府的犯罪报告，我们能够对那些最有可能因为暴力和财产犯罪而被逮捕的人给出一个大体的类型描述。

年龄

官方的犯罪率在处于青春期的人当中急剧上升，在接近 20 岁的那几年达到顶峰，然后随着年龄的增大而下降。年龄处在 15 岁和 24 岁之间的人口只占美国人口的 14%，但在 2009 年这类人占所有因暴力犯罪而被逮捕的人的 40.9%，占所有因财产犯罪而被逮捕的人的 49.1%（Federal Bureau of Investigation，2010）。

性别

尽管男女两种性别大概各占人口的一半，但警察在 2009 年所逮捕的财产犯罪罪犯中有 62.6% 是男性，女性只占 37.4%。换句话说，因为财产犯罪而被捕的男性几乎是女性的两倍。在暴力犯罪案件中，男女性别间的差异甚至更大，因暴力犯罪而被逮捕的罪犯中，男性占 81.2%，女性只占 18.8%（超过 4 ∶ 1）。

我们怎样去解释这类明显的性别差异？或许是一些法律执行官不愿把妇女定义为罪犯。事实上，就全球范围来看，男女两性在犯罪率上的最大差异发生在那些对女性的机会限制得最严格的社会。然而在美国，男女两性在逮捕率上的差异很小，这可能说明美国社会的性别平等在增加。在 2000 年到 2009 年之间，被逮捕的女性上升了 11.4%，而被逮捕的男性下降了 4.9%（Federal Bureau of Investigation，2010）。

209 社会阶级

美国联邦调查局没有评定被逮捕的人所属的社会阶级，所以得不到类似于以年龄和性别来统计犯罪分布的统计数据。但是研究始终显示，街头犯罪在社会地位较低的人群中更普遍一些（Thornberry & Farnsworth，1982; Wolfgang，Thornberry & Figlio，1987）。

然而，阶级和犯罪之间的联系比它表面上所表现出来的更复杂。首先，许多人认为穷人比富人缺乏价值，富人的财富和权力使他们成为可被尊敬的人（Tittle，Villemez & Smith，1978; Elias，1986）。尽管犯罪，尤其是暴力犯罪，在最穷的市中心区是一个严重的问题，但是这些犯罪的大多数都是由少数铁杆犯罪分子所为。生活在贫穷地区的多数人根本就没有犯罪记录（Wolfgang，Figlio & Sellin，1972；Elliott & Ageton，1980；Harries，1990）。

社会身份和犯罪之间的联系也取决于犯罪的类型。如果我们不局限于街头犯罪，扩大犯罪的定义，把白领犯罪和公司犯罪也包括在内的话，"普通的犯罪"看起来忽然就会多很多，而且可能出现在家财万贯的家庭中。

种族与民族

种族和民族与犯罪率有很强的联系，尽管其原因很多且很复杂。官方的统计资料显示，在 2009 年因为触犯了联邦调查局《犯罪索引》中已有的罪名而被逮捕的人当中有 69.1% 是白人。然而，按照各自在美国的总人口中所占的比例，非裔美国人的被捕率比白人的被捕率更高。非裔美国人占美国人口的 12.9%，但因为财产犯罪而被捕的人当中，非裔美国人占 29.8%（白人占 67.6%），因为暴力犯罪而被捕的人当中，非裔美国人占 38.9%（白人占 58.7%）（Federal Bureau of Investigation，2010）。

这种被逮捕的非裔美国人与非裔美国人总人口不成比例的现象有几个原因。第一，种族在美国是与社会身份紧密相关的，像我们已经解释的那样，这影响着参与街头犯罪的可能性。许多生活在财富中间的穷人会感觉到社会是不公平的，因而更可能诉诸犯罪来获得他们的份额（Blau & Blau，1982；E.Anderson，1994；Martinez，1996）。

第二，黑人和白人的家庭模式不同：72.3% 的非西班牙裔黑人的小孩（与 52.6% 的西班牙裔的小孩和 28.9% 的非西班牙裔白人的小孩相比）是单身母亲所生。单亲家庭会带来两种风险：小孩得到的监管少和经历更大的贫穷风险。有 1/3 以上的非裔美国人的小孩是在贫困的家庭中长大的（白人小孩的相应比例是 1/8），谁都不会对非裔美国人如此高比例的犯罪率感到惊讶（Martin，Hamilton et al.，2010；U.S.Census Bureau，2010）。

第三，偏见促使白人警察更容易去逮捕黑人，也促使市民更情愿去告发非裔美国人，因此有色人种犯罪过多（Chiricos，McEntire & Gertz，2001；Quillian & Pager，2001；Demuth & Steffensmeier，2004）。

第四，要记住官方的《犯罪索引》不包括那些因为酒后驾车、白领违法等所引起的逮捕。这种统计上的遗漏助长了把有色人看作典型的罪犯的观点。如果我们把犯罪的定义放宽一些，把酒后驾车、商业欺诈、挪用公款、股票诈骗和偷漏所得税等包括进来，白领罪犯的比例就会急剧上升。

我们也要切记，那些被逮捕率高的群体成为犯罪牺牲品的风险也更高。例如，在美国，非裔美国人死于被杀害的可能性几乎是白人的 6 倍（Rogers et al.，2001；Xu et al.，2010）。

第五，某些人群的被逮捕率异乎寻常地低。亚洲人的后代占总人口的大约 4.4%，但其被逮捕的人数只占所有被逮捕人数的 1.2%。像第 14 章（"种族和民族"）所解释的那样，亚裔美国人有比平均水平更高的教育成就和收入。亚裔美国人的文化也强调家庭团结和纪律，这两者都抑制了犯罪行为。

◎“你看起来像这幅素描中正在考虑实施犯罪的某个人。”

资料来源：© The New Yorker Collection 2000. David Sipress from cartoonbank.com. All rights reserved.

全球化视野下的犯罪

按世界的标准，美国的犯罪率是高的。尽管最近的犯罪率趋向于下降，但在2009年美国仍然有15 241起谋杀，这意味着每隔35分钟就有1起谋杀。在诸如纽约之类的美国大城市，几乎没有哪一天没有人被杀害。

美国的暴力犯罪率和财产犯罪率比欧洲高几倍。这方面的差异在美国和亚洲国家之间就更大。尤其是日本，日本的暴力犯罪率和财产犯罪率在世界上是最低的。

210 埃利奥特·柯里（Elliott Currie，1985）提出，犯罪根源于我们的文化对个人经济上成功的强调，且经常以损害牢固的家庭和邻里关系为代价。美国也有非凡的文化多样性，这是几个世纪的移民的结果，当然这也可能导致冲突。另外，美国经济上的不平等比其他大多数高收入国家都严重。因而，结合穷人间的相当大的挫折来考虑，我们的社会结构相当虚弱，且会提高犯罪水平。

助长美国社会暴力的另外一个因素是私人广泛拥有枪支。美国大约有2/3的被谋杀者死于枪杀。美国的手枪枪杀死亡率大约是加拿大的6倍，加拿大严格限制私人拥有手枪（Statistics Canada，2010）。

调查显示，大约1/3的美国家庭拥有至少一支枪。事实上，美国的枪支数量（大约2.85亿）比成年人口的数量多，这些枪支的40%是那种通常在暴力犯罪中使用的手枪。在很大程度上，枪支所有权反映人们对犯罪的畏惧，然而容易在这个国家获得枪支也使犯罪更具致命性（NORC，2011: 427；Brady Campaign，2010）。

枪支管制的支持者指出，严格控制枪支所有权将减少美国的谋杀数量。例如，加拿大禁止绝大多数人拥有枪支，其每年的谋杀案低于美国纽约一座城市的谋杀案。但是像枪支管制的批评者所指出的，法律控制枪支所有权并不会使枪支置于罪犯的手之外，罪犯几乎总是能够非法地获得  211
枪支。枪支管制在打击犯罪的战争中并不是什么具有魔力的子弹：每年被刀杀害的美国人的数量超过了被所有类型的武器杀害的加拿大人的数量（Currie，1985；J.D.Wright，1995；Munroe，2007；Federal Bureau of Investigation，2010；Statistics Canada，2010）。

在美国，在枪支管制这个问题上，支持者和反对者势均力敌。49%的人认为拥有枪支对保护个人权利很重要，46%的人认为控制枪支所有权很重要。有趣的是，甚至2011年在图森发生震惊全美的枪击案以后，对是否管制枪支的态度也没发生变化（Pew Research Center，2011）。

12月24至25日，旅行穿过秘鲁。在秘鲁的首都利马，人们对犯罪的关注是显而易见的。几乎每栋房子都用几道门、带刺的铁丝网、嵌入墙顶水泥里的碎玻璃来加强防范。在沿海岸的富人区，我们可以看到一些大使馆、昂贵的旅店和国际机场，以及随处可见的私人保安。

当我们经过东边的安第斯山脉上的小村庄的时候，情况就大不相同了。相同的家庭几代人都生活在这些地区，人们都相互认识。这里没有门和围墙。整个下午我们只看见一辆警车。

犯罪率在一些世界最大的城市里是很高的，包括秘鲁的利马、巴西的圣保罗和菲律宾的马尼拉，这些城市的人口急剧增长，而且有数百万的绝对贫困人口。然而，在大城市的外面，低收入社会的传统特征和他们牢固的家庭使地方社会可以非正式地控制犯罪。

◎ 当经济活动发生在法律调节的边界之外，人们更可能采用暴力而不是法庭去解决纠纷。在中美洲，与毒品相关的暴力导致其谋杀率达到世界最高水平。

某些犯罪类型一直是跨国性的，诸如恐怖主义、间谍、军火走私（Martin & Romano，1992）。但是我们今天正在许多领域出现的全球化扩大了犯罪。非法的毒品交易是近来的一个相关案例。在一定程度上，美国的非法毒品问题也是一个“需求”问题。也就是说，可卡因和其他毒品在美国的需求大，许多人为了抓住致富的机会冒着被逮捕甚至暴死的风险去从事毒品交易。但问题的“供给”方与问题本身一样重要。南美国家哥伦比亚至少有 20% 的公民依靠生产可卡因为生。可卡因不但是哥伦比亚最有利可图的出口商品，每年有 7 亿美元的经济收入，而且它卖得比其他所有的出口商品（包括咖啡）的总和还多。很明显，毒品交易和许多其他的犯罪与美国和其他地方的社会经济环境密切相关。

不同的国家有不同的对付犯罪的策略。死刑的采用提供了一个相关的例证。2010 年记录在案的死刑中，超过 80% 的死刑发生在伊朗、朝鲜、沙特阿拉伯、也门和美国。全球的趋势是趋向于废止死刑。大赦国际 (Amnesty International，2011) 报告说，自从 1985 年以来，有 66 多个国家停止使用死刑。

美国的刑事司法系统

◇ 分析

刑事司法系统是一个社会正式的社会控制系统。我们将简要地介绍美国的刑事司法系统的关键要素：警察、法院和惩罚与矫正系统。然而，我们首先要理解一个处在整个系统根本层面的重要原则，即程序正当的思想。

程序正当

程序正当是一个简单但是又非常重要的思想：刑事司法系统必须在法律的范围内操作。这个原则在美国宪法的前十次修改中被打下了基础。美国的宪法，即我们所知道的《权利法案》，是 1791 年国会通过的。美国宪法给受犯罪控诉的任何人提供各种各样的保护，包括辩护的权利、拒绝做不利于自己的证明的权利、面对所有原告的权利、同一桩犯罪不接受第二次审问的自由和没有正当的法律程序就不能剥夺生命、自由或财产自由。此外，美国宪法给所有人迅速、公开、有陪审团参加的审判的权利，不能过度保释，也不能有残酷的和不同寻常的惩罚。

在一般的术语中，程序正当这个概念意味着遭到犯罪控诉的任何人必须：（1）收到清楚的程序通知单；（2）拥有控告的听证（hearing）期间有依法提供辩护的机会；（3）拥有一个公正地衡量证据的法官或陪审团（Inciardi，2000）。

程序正当限制了政府的权力，着眼于这个国
家对个人的权利和自由的文化支持。当然，在多 212
大程度上决定政府的运作，还是一个正在进行的过程，这个过程弥补了司法系统，尤其是美国最高法院的许多工作存在的不足。

警察

警察是服务于刑事司法系统和社会人口之间的基本纽带。原则上，警察通过执法来维持公共秩序。当然，要监管 3 亿多人的行为，美国的 70 多万名全职警官要做的事情实在太多。结果，警察对于哪些情形要加以注意和如何处理这些情形等方面使用大量的个人判断。

◎ 如果警察想要有效地处理他们每天所要面对的众多不同的情形，就必须要有判断力。同时，警察公平待人也很重要。上图中，我们看到一个警官正在决定是否控诉一位酒后驾车的年轻妇女。你认为哪些因素会对他的决定起作用呢？

警察如何履行他们的职责呢？在一项对 5 个城市的警察行为的研究中，道格拉斯·史密斯（Douglas Smith，1987）和克丽斯蒂·维谢尔(Christy Visher，1981) 认为，因为警察必须行动迅速，他们会根据六个方面的因素迅速对情形进行估计。第一，警察认为情形越严重，就越有可能实施逮捕。第二，在决定是否实施逮捕方面，警察会考虑到受害人的愿望。第三，嫌疑犯越是不合作，被逮捕的可能性就会越大。第四，警察更可能"关照"那些有被捕记录的人，可能是因为被捕的经历使人想起罪行。第五，有旁观者在场会增加逮捕的可能性。根据史密斯和维谢尔的说法，如果把这种遭遇从大街上（嫌疑犯的地盘）移到警察局（执法人员在这里有优势），有旁观者在场会促使警察对情形采取更强硬的控制。第六，即使其他方面都一样，警察逮捕有色人种的可能性比逮捕白人的可能性要大，他们觉得非洲人或拉丁美洲人的后裔嫌疑犯不是更具危险性，就是更可能是有罪的。

法院

逮捕以后，法院确定嫌疑犯是有罪的还是清白的。在原则上，美国的法院依靠一种对抗性的程序，包括审判现场的律师（一位代理被告，另一位代理这个州），律师监控着法律的程序。

然而在实践中，约 97% 的违法案件在法院露面之前就通过**辩诉协议**（plea bargaining）解决了。"辩诉协议"是一种法律上的沟通，即原告减小控诉，以换取被告的有罪请求。例如，某个州可以给一个被指控入室行窃 (或许是拥有入室行窃工具) 的被告较小的控诉，以换取对方有罪的请求（U.S. Department of Justice，2011）。

"辩诉协议"是很普遍的，因为这为刑事司法系统节省了审判的时间和费用。如果对案件的事实没有什么分歧，审判通常就是没必要的。另外，因为进入刑事司法系统的案件数量在过去的 10 年中每年都在成倍地增长，原告即使想，也不能把每一桩案件送入审判程序。通过快速地解决他们大部分的工作，法院可以把他们的资源整合到最重要的案件当中去。

但是"辩诉协议"强制被告（假设被告是清白的）恳求有罪。一个人可以在审判中行使他的权利，只是要承担这样的风险：一旦被查明有罪，就要遭到更严重的判罚。而且，低收入的被告是在公设辩护队的指导下进入审判程序的，这些律师典型地工作过度而所得报酬又过低，他们甚至对最重要的案件也只投入很少的时间（Novak，1999）。"辩诉协议"也许是有效率的，但是它既削弱了对抗性的程序，又削弱了被告的权利。

惩罚

2011 年一个晴朗的星期六早上，在亚利桑那州的图森，国会议员加布里埃尔·吉福德坐在一个位于超市前面的折叠式桌子旁边。早上 9 点 58 分，她还在"国会就在你身边"活动现场通过扩音设备大声说："我的首次'国会就在你身边'活动现在开始，请大家安静下来，让我知道你们在想什么。"此后不久，一辆出租车驶抵路边，下来一个乘客——一位有暴力倾向、陷入困境的年轻男子。他支付了20美元车费，然后径直走向吉福德女士，掏出格洛克19式手枪。枪击持续了15秒钟。20人受到枪击，其中6人死
213 亡（von Drehle，2011）。

诸如此类的案件促使我们去思考导致这类暴力事件的原因是什么，也促使我们去考虑社会对于此类行为应该做出何种反应。在图森枪击案中，罪犯似乎陷入了严重的心理疾病，因此存在一个他在多大程度上要对自己的行为负责的问题（Cloud，2011）。当然，一般的情况是，犯罪嫌疑人遭到逮捕，进行审判，责任问题就解决了。如果要对该行为负责任，接下来的步骤就是惩罚。

一个社会为什么要惩罚做了坏事的人呢？学者们的回答有四个基本的理由：补偿、威慑、复原和社会保护。

补偿

惩罚的最古老的理由是满足人们的补偿的需要。**补偿**（retribution）是一种道德的复仇行为，通过它社会使罪犯遭受到与由其罪行所引起的同样多的苦楚。补偿依赖于社会的道德平衡的观念。当犯罪行为颠覆了社会的道德平衡时，社会要用同等标准的惩罚来修复道德秩序，像远古的谚语所说的那样："以眼还眼，以牙还牙。"

在中世纪，多数欧洲人把犯罪视为一种需要做出苛刻的反应的罪过（对上帝和社会的攻击）。在今天，尽管批评家指出补偿对于罪犯的改过自新没有什么作用，但是许多人认为复仇是惩罚的充分原因。

威慑

惩罚的第二个理由是**威慑**（deterrence），即设法通过惩罚来阻碍犯罪行为。威慑基于18世纪的启蒙思想，即作为能计算的、理性的动物，人如果认为惩罚的痛苦超过了犯罪的快乐，就不会违法。

作为一种革新的尺度，威慑是响应基于补偿的苛刻惩罚而出现的。如果刑狱不能阻碍偷窃，为什么要因为偷窃而把一个人置于死地呢？随着威慑这一概念在工业社会被接受，死刑和罪犯身体毁损在多数高收入的社会被诸如关押之类比较温和的惩罚形式所代替。

惩罚能在两个方面威慑犯罪。特殊的威慑被用于使个体罪犯确信犯罪是不合算的。通过普通的威慑，惩罚一个人可以起到警示他人的作用。

复原

惩罚的第三个理由是**复原**（rehabilitation），即一种革新罪犯以预防再犯的计划。复原是连同19世纪的社会科学一起发展的。从那时起，社会学家就主张犯罪和其他的越轨起源于以贫穷和缺乏父母监管为特征的社会环境。在逻辑上，如果罪犯的越轨是习得的，那么他们也能够学会遵守规范，所以问题的关键是控制他们的环境。少年管教所或者感化院提供被控制的环境，人们在那里可以学习到正确的行为（回想在第5章"社会化"中对整套制度的描述）。

如同威慑那样，复原激发着罪犯遵从规范。与只是简单地给罪犯制造痛苦的威慑和补偿相反，复原鼓励建设性的改进。不同于要求罪罚相当的补偿，复原因人而异地对待每一个罪犯。这样，同样的罪行鼓动的是类似的补偿行动，而非不同的复原计划。

社会保护

惩罚的最后一个理由是**社会保护**（societal protection），即通过暂时的关押或者永久地服刑
致使罪犯无力进一步犯罪。像威慑那样，社会 214
保护对于惩罚是一种理性的方法，旨在保护社

惩罚的四种理由

补偿	威慑	复原	社会保护
补偿是一种道德的复仇行为，通过它社会使罪犯遭受到与由其罪行所引起的同样多的苦楚。	设法通过惩罚来阻碍犯罪行为。	一种革新罪犯以预防再犯的计划。	通过暂时的关押或者永久地服刑致使罪犯无力进一步犯罪。

总结　惩罚的四种理由

补偿	惩罚的最古老的理由。 惩罚是社会对道德过错的复仇。 原则上，惩罚在严厉程度上应该等同于越轨本身。
威慑	一种现代早期的方法。 越轨被认为是社会需要控制的社会破坏。 人被认为是理性的和利己的。 威慑是能起作用的，因为惩罚的痛苦超过了越轨的快乐。
复原	一个与社会科学的发展相联系的现代策略。 越轨被认为是社会问题（例如贫穷）或者个人问题（例如精神疾病）的结果。 社会条件在改善。矫正措施根据犯人的情况因人而异。
社会保护	一种比复原更容易执行的现代方法。 如果社会不能或不愿使罪犯复原，也不能革新社会条件，人们可以通过关押罪犯或死刑而得到保护。

▲**检查你的学习**
社会的四种惩罚的理由是什么？把犯人关进监狱就能实现每个理由吗？为什么？

会免受犯罪之害。

当前，美国有大约230万人被监禁。尽管近年来犯罪率在下降，但被关押的囚犯数自1980年以来却增长了4倍。被关押犯人的增加，既反映了公众对待犯罪的态度更加强硬，也体现了因为毒品犯罪而被捕的人在增加。结果就是，现在美国被关进监狱的人口比例比世界上其他任何国家都要高，大约每100成年人就有1个在监狱（Sentencing Project，2008；Pew Center on the States，2010；U.S. Department of Justice，2010）。

◎ *诸如《法律与秩序》（Law & Order）之类的电视剧非常清楚地展示了刑事司法系统对被告是有罪还是无辜的权衡过程。但是像此处所解释的那样，仅有5%刑事案件是通过正式审判得到解决的。*

◇ 评价

本页“总结”表格回顾了惩罚的四种理由。然而，对惩罚结果的精确评估并不是一个简单的任务。

补偿的价值在于涂尔干所主张的通过惩罚越轨者来增强社会的道德意识。因为这个原因，惩罚在传统上是一个公共事件。尽管美国最后一起公开的死刑发生在70多年前的肯塔基州，今天的大众传媒让公众确信死刑是在监狱的高墙内执行的（Kittrie，1971）。

惩罚威慑犯罪了吗？尽管我们广泛地使用惩罚，但还是有较高的**累犯**［（criminal recidivism）先前被判罪的人后来再犯罪］率。州监狱里的囚犯大约有3/4有被监禁的前科，而且大约有2/3的人在被释放后的3年内将又回到监狱 (DeFina & Arvanites，2002；U.S. Department of Justice，2008)。如此看来，惩罚真正地威慑犯罪了吗？所有的犯罪中只有大约1/3为警察所知，而被警察所知的这些犯罪中，只有大约1/5导致逮捕。当我们意识到多数犯罪都逃脱了惩罚时，古语“恶有恶报”（crime does not pay）听起来就不可信了。

监狱通过不让罪犯接近社会来提供短期的社会保护，但是对长期地改造态度和行为没有什么作用（Carlson，1976；R.A.Wright，1994）。或许我们不应该期望监狱能复原同监犯人，因为根据萨瑟兰的差异交往理论，把罪犯关押在一起数年可能会加强犯罪的态度和技能。被关进监狱也给罪犯打上了污名的烙印，导致他们出狱后难以找到工作 (Pager，2003)。此外，监狱割断了罪犯与外面的社会关系纽带，根据赫希的控制理论，这让罪犯们更可能一被释放又犯下新的罪行。

死刑

在惩罚所涉及的问题里面，或许最具争议的问题是死刑。从1977年到2011年之间，美国的法院判处了 7 500 起死刑，其中 1 234 起死刑得以执行。

有 34 个州的法律允许对犯一级谋杀罪之类的罪犯处以重罚。尽管多数州都允许死刑，但只有少数州有可能执行死刑。在 2010 年初，整个美国有 3 173 名死囚，加利福尼亚、得克萨斯、佛罗里达和宾夕法尼亚这四个州就占了一半（U.S. Bureau of Justice Statistics，2011）。

死刑的反对者们指出：有研究表明，作为一种犯罪的威慑力，死刑的价值是有限的。诸如加拿大之类的禁止死刑的国家，并未见到谋杀案数量的上升。批评者们还指出，美国是唯一定期执
215 行死刑的西方高收入国家。公众对死刑日益关注，死刑在逐渐减少，2000 年有 85 例，2010 年降至 46 例。

民意调查显示，支持对谋杀罪处以死刑的美国成年人占 64%，并且这个比例比较稳定（NORC，2011：248）。大学生也持相同的态度，大约有 2/3 的大一学生支持死刑（Pryor et al.，2008）。

但是支持死刑的法官、刑事检察官和陪审团成员越来越少。第一个原因是，近年来犯罪率在下降，公众对犯罪的畏惧感在降低，对实行最严厉的惩罚也不再那么有兴趣。

第二个原因是，公众关注死刑执行的公平性。运用新近的 DNA 分析技术检测旧的犯罪现场的证据，就发现许多犯罪嫌疑人因误判而定罪。在整个美国，在 1973 年到 2010 年期间，有超过 138 人在判处死刑后被释放，包括 17 例经 DNA 技术检测而证实无罪。正是因为这个原因，伊利诺伊州州长在 2000 年宣布他不再支持死刑，该州监狱中的死囚全部得到改判（S.Levine，2003；Death Penalty Information Center，2010）。

死刑适用下降的第三个原因是，现在有更多的州允许法官和陪审团对重刑犯判处不得假释的终身监禁。这种惩罚不需要执行死刑，社会也免受颇具危险性的犯罪的侵害。

最后一个原因是，鉴于起诉死刑案件的成本高昂，现在许多州都回避死刑。死刑案件要求做更多的法律事务，需要优越的辩护律师，经常还需要公费办案。另外，这类案件通常需要各类“专家”（包括外科医生、精神科医生）提供的证词，支付给专家的费用也会增加审判成本。再者，判处死刑需要不断搜集证据，多次起诉，这也需要成本。所有这些因素综合起来，死刑的成本明显要超过判处终身监禁。各州选择回避死刑的原因也就显而易见。比如，一个财会人员表明，新泽西州每年要为起诉死刑案件花费 1 000 万美元，却没有执行一起死刑（Thomas & Bant，2007）。

反对死刑的组织在法庭上对死刑提出了质疑。例如，2008 年，美国最高法院支持使用致命的注射，但被指控该程序增加了惩罚的残酷性和不寻常性，违背了宪法（Greenhouse，2008）。目前还没有迹象表明美国将废弃死刑，但远离死刑是发展趋势。

社区矫正

监狱使罪犯不接近街区，但是有证据表明，这对多数罪犯的复原并没有什么作用。而且，监狱在建造和运转上需要昂贵的成本，除了最初的

◎ 为了增加威慑犯罪的惩罚力量，长期以来死刑都是公开执行的。这张照片是美国最后一次公开执行死刑的情景：1937 年 8 月 16 日，22 岁的雷尼·贝西亚（Rainey Bethea）站在肯塔基州的欧文斯博罗的一个绞刑台上，等待被处死，周围挤满了孩子和大人。因为大众传媒在全美国都报道了这桩处决事件，各州就秘密地执行死刑了。

争鸣与辩论

暴力犯罪在下降，但原因何在?

杜安：我学的是刑事司法专业，我想当个警察。美国的犯罪太严重了，警察要保持低的犯罪率。

桑迪：我学的是社会学专业。关于犯罪，我认为没有那么简单……

20世纪80年代，犯罪率急剧上升。几乎每个人都生活在暴力犯罪的恐惧之中。在许多大一点的城市，被杀害和受伤的人数使整个社区看起来像个战区。对这个问题似乎束手无策。

然而在20世纪90年代，严重的犯罪率开始下降，直到2000年，未曾料到的好现象出现，很多代人没见过这么低水平的犯罪率。为什么呢？研究者指出了几个原因：

1. 年轻人口的减少。我们已经注意到，要对暴力犯罪负责的往往是年轻人（尤其是男性）。在20世纪90年代，年龄在15岁到24岁的人口下降了5%（部分原因是堕胎在1973年合法化）。

2. 警察的变化。犯罪的下降（以及更早时期的犯罪的增加）多数都发生在大城市。纽约市的谋杀案，从1990年的2 245起下降到2009年的仅仅471起（该市自1963年保存相关记录以来的最低数字）。犯罪减少的部分原因是，纽约市采用了一项社区警务政策，该政策意味着警察不仅仅只关心实施逮捕，还要关心在犯罪发生前预防犯罪。警察熟悉他们巡逻的地区，阻止年轻人在外闲荡或其他较小的违规行为，这样警察能够检查出他们隐藏的武器（已有传言携带枪支会被逮捕），在大城市里工作的警察也更多。在

◎犯罪在下降的原因之一是这个国家有超过200万人被关进了监狱。这已经引起了监狱设施的过度拥挤，例如图中的亚利桑那州的马里科帕县的监狱。

建造监狱设施设备的支出以外，每年要为每个罪犯花费大约30 000美元。

社区矫正（community-based corrections）是传统监狱的一种替代，即罪犯在未被捕的状态下，身处社会而不是监狱的高墙内进行的矫正项目。全美国有许多城市和州已经采用了社区矫正。社区矫正有三个优势：减少成本，减轻监狱里犯人的过度拥挤，在做到监管罪犯的同时还能消除罪犯的牢狱之苦和缠身的污名。一般而言，社区矫正与其说是惩罚还不如说是革新。因此，这类项目通常提供给那些罪行不严重的犯人和看起来将
216 来继续犯罪可能性不大的犯人（Inciardi，2000）。

缓刑

社区矫正的一种形式是缓刑，即允许罪犯待在社区里，处在法院能够施加影响的情形之下，包括定期的监管。法院可以要求缓刑犯接受咨询服务、参加戒毒计划、参加劳动、避免和那些“臭名昭著的罪犯”取得联系，或者其他认为适当的一切事情。有特色的是，缓刑犯必须按既定的时间表定期到法官（缓刑监督官）那里报道，以确信各项方针得到了遵循。如果缓刑犯不能适应法院规定的各项条件或者犯下了新的罪行，法院可以撤回缓刑，收监关押。

震慑式缓刑

有一种相关的策略是震慑式缓刑，即法官判定罪犯接受短时间的监禁，然后延缓余下的刑期，实行缓刑。因而震慑式缓刑是监禁和缓刑的混合体，被用于让罪犯意识到没有诉诸全面关押这种情形的严肃性。在一些案子中，震慑式缓刑在一种特殊的“海军新兵训练营”的设施下被采

20世纪90年代，洛杉矶的警察加起来超过了2 000名，在那个时期他们为洛杉矶的暴力犯罪下降作出了贡献。

3. *更多的囚犯*。从1985年到2010年，美国监狱里的囚犯数量从75万名飙升到230万名。囚犯增加的主要原因是法律严格要求许多犯罪，尤其是毒品犯罪，都要判罚监禁。大规模的监禁有了效果。如一个分析家所提出的："如果再关押100万人，犯罪率就会受到影响。"（Franklin Zimring，quoted in Witkin，1998：31）

4. *较好的经济状况*。美国的经济在20世纪90年代繁荣起来了。失业的人数减少，更多的人找到了工作，这减少了一些人由于经济上的绝望而走向犯罪的可能性。其中的逻辑很简单，即更多的就业等于更少的犯罪。政府的统计数据显示，直到21世纪头一个十年的中期，犯罪率持续在下降。但是，我们可以预期，近几年的经济低迷可能会使犯罪率反弹。

5. *衰退中的毒品交易*。许多分析家认为，减少暴力犯罪率的最重要的因素是毒品可卡因的交易下降。可卡因大约是在1985年出现的，当年轻人（尤其是市中心区的年轻人和越来越多的携带枪支的年轻人）成为盛行的毒品交易的一部分时，暴力犯罪就蔓延开来。然而，在20世纪90年代早期以前，随着人们明白了可卡因给整个社会带来的损害，可卡因的流行开始下降。这种现实，连同稳定的经济进步和对毒品犯罪的更严厉的判罚，有助于暴力犯罪产生好转。

上文中的这张最近的照片看起来更像10年或者20年前的情况。但是一位研究者警告说："现在看起来要好一些……那只是因为20世纪90年代早期的情况太糟糕了。因此，我们不能自欺欺人地认为一切问题都解决了。还早着呢！"

你怎么想?

1. 你支持社区矫正的政策吗？支持，为什么？不支持，又是为什么？
2. 你认为建造更多监狱的支持者和反对者的论据是什么？
3. 这里所提到的所有因素中，你认为哪种因素对犯罪控制来说是最重要的？哪种因素是最不重要的？为什么？

资料来源：Winship&Berrien(1999)，Donahue& Leavitt(2000)，Rosenfeld(2002)，Liptak(2008)，C.Mitchell(2008).Antlfinger(2009)，and Federal Bureau of Investigation(2010).

用，犯人可能在军事化的"营地"度过1到3个月时间，目的是教导犯人遵守纪律和权威（Cole & Smith，2002）。

假释

假释是指把犯人从监狱里释放出来，余下的刑期到当地的社区去服刑，接受缓刑监督官的监管。尽管一些判罚明确地否认了假释的可能性，但多数罪犯在服完一定的刑期以后都变成符合了假释的条件。这个时候，
217 假释委员会会评估提前释放罪犯的风险和好处。如果给予假释，假释委员会会监视罪犯的行为，直到刑期结束。如果罪犯没能遵守假释的条件，或者因为其他的罪行被逮捕，假释委员会可以撤回假释，重新把罪犯关进监狱直至服完刑。

◇ 评价

研究人员对缓刑和假释的效果有深入的研究。对缓刑和假释的评价并不一致。毫无疑问，这些项目比传统的关押更经济一些，也为重刑犯腾出了监狱空间。然而有研究指出，尽管缓刑和震慑式缓刑看起来对某些人奏效，但并没有明显地减少罪犯。作为在犯人当中鼓励好的行为的一种手段，假释对于监狱官也是有用的。但是那些被假释的人中犯罪率还是很高，以致许多州停止了假释项目（Inciardi，2000）。

这些评价指出了一个让人清醒的事实：刑事司法系统不能消除犯罪。像在第242页"争鸣与辩论"专栏中所解释的那样，尽管警察、法院和监狱不能影响犯罪率，但犯罪和其他形式的越轨不只是"坏人"的行为，而且还影响到社会自身的运转。

▲检查你的学习
社区矫正有哪三种类型？它们各自的优点是什么？它们各自的局限在哪里？

日常生活中的社会学

第9章 越轨

为什么我们中的大多数，至少是大多数时候，遵守各项规则？

像本章所解释的那样，每个社会都有一套社会控制系统，鼓励尊崇社会规范，阻止越轨或违规。一方面，社会通过建构英雄和恶棍来实现这个目的。当然，英雄作为榜样，我们应该仰视。恶棍不是榜样，被人们瞧不起。各类组织创造英雄和恶棍，以指导日常行为。在下面的例子中，谁被塑造成英雄？为什么？在我们的生活中，鼓励我们遵从的价值和行为是什么？

提示

在一个没有英雄和恶棍的社会，没有人会关心人们如何思考或者如何行动。社会制造英雄作为榜样，激励我们去追随。社会通过强调某个人生活的一个方面而忽视其他的许多方面去塑造英雄。例如，贝比·鲁斯（Babe Ruth）是一个伟大的棒球运动员，但是他的私生活有时候并不令人称道。或许正是这个原因，天主教教堂从不考虑把某个人列为圣徒的候选人，直到该人去世，而且通常是去世很久以后才有可能。

高等院校用各种各样的方式制造英雄。这里我们看到的是马里兰州华盛顿学院的校长在最近的毕业典礼上颁发索菲亚·凯尔奖（Sophie Kerr Prize）。这个奖项有5万美元的奖金，颁发给克莱尔·汤普金斯（Claire Tompkins）式的、写优秀短篇小说能力强的英语专业学生。在这个例子里，英雄是什么？获得各种荣誉或赞美被定义为英雄？恶棍是什么？高等院校又是如何制造恶棍的？

宗教组织也使用英雄去鼓励某种行为和信仰。罗马天主教教堂把圣母玛利亚和1万多名善男信女定义为“圣徒”。一个人因为什么原因才能获得这个荣誉呢？对于其他人来说，圣徒能起到什么作用？

许多运动都有自己的名人堂。传奇勇猛的棒球手贝比·鲁斯享有非同一般的地位，去纽约市古柏城的棒球名人堂瞻仰其形象的纽约市儿童络绎不绝。使一个运动员成为传奇的品质是什么？仅仅是某个人能把棒球击打得有多么远那么简单吗？

从你的日常生活中发现社会学

1. 在运动队、兄弟会和联谊会，甚至在大学教室里的学生中，也制造英雄和恶棍吗？解释制造的过程和原因？
2. 观看一集警察出警的真实片子。基于你所看到的，你是怎样勾勒街头犯罪嫌疑人的轮廓的？哪些类型的犯罪是我们在现实的警务活动中所看不到的？
3. 依据本章所提供的素材，我们可能认为，越轨是人为制造的差异。或者如涂尔干所主张的，越轨是社会生活的一部分，越轨是被建构的，社会需要越轨。私下里做一个包含10种消极特征的行为清单，这些消极行为是别人针对你的，或者是你自己针对别人的。对照你的清单，试图去决定这份清单对我们所生活于其中的社会意味着什么。换句话说，这些差异为什么对我们社会的成员制造了某种差异？登录mysoclab.com，阅读“从你的日常生活中发现社会学”，了解更多社会学的思维如何加深你对对与错的观念的理解，并获得怎样对差异作出反应的启发。

什么是越轨？

越轨指违反规范，小到轻微违规，比如没有礼貌，大到严重违规，诸如严重暴力。 p.194

越轨的理论

生物学的理论

- 关注个人异常。
- 把人的行为解释为生物本能的结果。隆布罗索认为罪犯有类人猿的身体特征；后来的研究把犯罪行为与某种体型和基因联系起来。 pp.194-95

心理学的理论

- 关注个人异常。
- 越轨被看作社会化不成功的结果。

雷克利斯和迪尼茨的“抑制理论”把过失行为与道德意识的薄弱联系起来。 pp.195-96

社会学的理论把所有的行为——越轨和遵从——都看成是由社会塑造的。社会学家指出：

- 越轨依照文化规范的不同而变化。
- 人们成为越轨者是其他人界定的结果。
- 社会定义什么人、什么事为越轨，反映着他是否掌握着社会权力。 p.196

越轨（p.194）：违反了被认可的文化规范。

犯罪（p.194）：违反社会正式颁布的法律。

社会控制（p.194）：社会企图规范人们的思想和行为。

刑事司法系统（p.194）：由警察、法院和监狱官员对违法行为做出正式的反应。

越轨的理论分析

越轨的功能：结构—功能理论

涂尔干认为越轨是社会的正常构成要素，越轨可以：

- 确认文化价值和规范。
- 澄清道德的边界。
- 增强人们的团结。
- 激励社会变迁。 p.197

默顿的紧张理论根据一个社会的文化目标和实现这些目标的手段去解释越轨。

克罗沃德和奥欣、科恩、米勒、安德森讨论过越轨亚文化。 pp.197-99

标签越轨：符号互动理论

标签理论主张越轨在于人们对某个人的行为的反应，而不在于其行为本身。如果某个人的初级越轨被冠以污名，可能导致次级越轨和越轨生涯。 pp.200-1

用医学的方法处理越轨是把道德的和法律的越轨转换成医学的情形。实际上，这意味着一种思维方式的变化，即从用“好的”或“坏的”来思量越轨转变为依据人们是“有病的”或“健康的”来思量越轨。 p.201

萨瑟兰的差异交往理论把越轨与有多少其他人鼓励或阻碍越轨行为相联系起来。 p.201-2

赫希的控制理论认为，对越轨可能导致的后果的想象会抑制越轨行为。那些很好地融入了社会的人做出越轨行为的可能性比较小。 p.202

标签理论（p.200）：认为越轨和遵从的起因不在于人们做了什么，而在于他人对人们行为的反应。

污名（p.200）：一种强有力的消极标签，能极大地改变一个人的自我概念和社会身份。

用医学的方法处理越轨（p.201）：把道德的和法律的越轨转化为一种医学的情形。

越轨与不平等：社会冲突理论

基于卡尔·马克思的思想，社会冲突理论主张法律和其他的规范反映了社会上有权势的群体的利益。

- 白领犯罪是指社会地位比较高的人在工作中犯下的罪行。萨瑟兰认为，白领犯罪通常在民事法庭而非刑事法庭结案。
- 公司犯罪是指一个公司或者代表公司行动的人的非法行为。尽管公司犯罪会引起极大的公共危害，但多数公司犯罪都逃脱了惩罚。
- 有组织的犯罪在美国有很长的历史，合法的机会比较少的那些人尤其是这样。pp.202-4

越轨、种族与性别

- 人们对越轨的考量反映出不同人群的相对权力和特权。
- 出于仇恨的犯罪是被种族的或者其他的偏见所激发的；在种族、性别或性取向具有劣势的人通常成为该类犯罪的目标。
- 在美国和其他地方，社会对女性的行为的控制比男性要更严格一些。pp.205-7

白领犯罪（p.203）：社会地位高的人在他们的职业过程中的犯罪。

公司犯罪（p.204）：一个公司或者代表公司行动的人的违法行为。

有组织的犯罪（p.204）：提供非法商品或服务的交易。

出于仇恨的犯罪（p.205）：罪犯被种族的或者其他的偏见所激发而实施的一种针对某个人或者某个人的财产的犯罪行为。

什么是犯罪？

犯罪指违反由地方、州或者联邦政府制定的刑法。严重的犯罪主要有两类：

- 针对人身的犯罪，也称暴力犯罪，包括谋杀、恶性攻击、暴力强奸和抢夺。
- 针对财产的犯罪，也称财产犯罪，包括入室行窃、盗窃、偷盗汽车和纵火。p.207

美国的犯罪模式

- 官方的统计表显示，逮捕率在处于青春期晚期的人中达到最高峰，随后随着年龄的增大而稳定地下降。
- 被逮捕的人当中大约有63%是因为财产犯罪，因为暴力犯罪而被逮捕的人当中有81%是男性。
- 街头犯罪在社会地位比较低的人当中更常见。如果把白领犯罪和公司犯罪都包括在犯罪行为当中，犯罪行为的社会经济差异就会变得比较小。
- 因为街头犯罪而被逮捕的白人比非裔美国人多。然而，按照各自在人口中所占的比例，被逮捕的非裔美国人要多于白人。亚裔美国人的被逮捕率低于平均水平。
- 参照世界标准，美国的犯罪率是高的。

pp.207-9

针对人身的犯罪（p.207）：对他人直接使用暴力或以暴力相威胁的犯罪，也称暴力犯罪。

针对财产的犯罪（p.207）：偷盗他人财产的犯罪，也称财产犯罪。

无受害人的犯罪（p.207）：没有明显的受害人的违法行为。

美国的刑事司法系统

警察

警察通过执法来维持公共秩序。

- 在决定是否以及如何处理某种情形方面，警察会使用个人的自由裁量。
- 研究表明，警察遇到如下情形更容易实施逮捕：犯罪情形严重，有旁观者在现场，嫌疑人为非裔美国人或拉丁美洲人。p.212

法院

法院依靠一种对抗性的程序，在该程序中，被告方律师和公诉方律师当场呈现案件，法官监控法定程序。

- 在实践中，美国的法院通过“辩诉协议”处理绝大多数案件。尽管“辩诉协议”的效率比较高，但容易把弱势人群置于不利地位。p.212

惩罚

惩罚的理由有四种：

- 补偿。
- 威慑。
- 复原。
- 社会保护。pp.212-13

美国是唯一例行处死重刑犯的高收入国家。死刑在美国存在争议。减少死刑是发展趋势。pp.214-15

社区矫正包括缓刑和假释。此类项目降低了监管罪犯的成本，减轻了监狱的过分拥挤，但是还未显示出能减少累犯。p.215-17

辩诉协议（p.212）：一种法律上的沟通，即原告减小控诉，以换取被告的有罪请求。

补偿（p.213）：一种道德的复仇行为，通过它社会使罪犯遭受到与由其罪行引起的同样多的苦楚。

威慑（p.213）：设法通过惩罚来阻碍犯罪行为。

复原（p.213）：一种革新罪犯以预防再犯的计划。

社会保护（p.213）：通过暂时的关押或者永久地服刑致使罪犯无力进一步犯罪。

累犯（p.214）：先前被判罪的人后来再犯罪。

社区矫正（p.215）：罪犯在未被捕的状态下，身处社会而不是监狱的高墙内进行的矫正项目。

Sanghi

第10章
社会分层

学习目标

◇　**记忆**

本章黑体关键名词的定义。

◇　**理解**

社会分层是社会的一个特征，而不仅只是个人差异的简单反映。

◇　**应用**

社会学的主要理论来分析社会分层。

◇　**分析**

世界各地及不同时期的社会不平等制度有何差别，以及为什么有差别。

◇　**评价**

用于支持社会不平等的意识形态。

◇　**创造**

预测我们社会不平等制度变化的能力。

本章概览

这一章介绍了有关社会分层的核心概念和后六章将要关注的内容。社会分层非常重要，因为我们的社会地位差不多影响着我们生活的各个方面。

1912年4月10日“泰坦尼克”号远洋客轮从英格兰的南安普敦港出发，开始了其穿越北大西洋直至纽约的处女航。作为新工业时代的象征，这艘高级客轮承载了2 300名乘客，其中一些乘客所享受的奢华是今天的很多游客都是难以想象的。贫穷的乘客则拥挤在底层的甲板上，向着他们看来可能给他们带来幸福生活的美国行进。

两天过去了，虽然人们从收音机里听到过关于冰山的报道，但这并未引起太多注意。然而，在接近午夜时分，就在客轮快速地向西方行进时，一名被惊呆了的监视员报告了正前方黑色的海面上耸起的巨大物体。很快，“泰坦尼克”号就撞上与自身一般高大的冰山，船身被撕开，就像一个巨大的锡杯。

海水涌进底层的船舱，船头开始向下沉。在25分钟的冲撞过程中，人们纷纷涌向救生艇。到凌晨两点，“泰坦尼克”号完全沉没，仅有船尾竖立于水面，几分钟后，所有的灯都熄灭了。上千个无助的乘客和船员紧紧地粘贴在甲板上，在那些置身于救生艇中的人们的默默注视下，随着“泰坦尼克”号在寒冷的大西洋中消失而庄严地度过了他们生命中的最后时刻。（W.Lord，1976）

“泰坦尼克”号的沉没使得1 600人命丧黄泉，这是一个世界性的消息。如果用社会学的视角来回顾这一可怕的事件，我们将发现某些类别的乘客相对于其他乘客有着更多的生还机会。体现那个时代人们有关性别的传统观念的是，妇女和儿童被许可优先登上救生艇，结果80%的死亡者是男性。而阶级同样是一个起作用的因素。60%的持有头等舱船票的乘客获救了，这是因为他们处在最上层的甲板上，在那里可以及时地听到警报，并且救生艇也最易获得。对于二等舱的乘客来说，只有36%的人生还，而对于处在底层的三等舱乘客来说，这一比例只有24%。在“泰坦尼克”号上，阶级所体现的远远不只是好的铺位——因为它关系着生和死。

“泰坦尼克”号上乘客的命运，戏剧性地阐明了社会不平等如何影响人们的生活方式，而社会不平等有时候甚至决定着人们的生与死。这一章将探讨一个有关社会分层的重要概念，并分析不平等的形式在不同的地区和不同的历史时期有何不同。第11章将介绍美国的不平等，第12章则以更为广阔的视角来探讨我们的国家将如何适应一个全球化了的财富和贫困系统。

什么是社会分层?

◇ 理解

上万年前，人们生活在狩猎和采集的小型社会中，尽管个别成员表现得更为灵活、健壮，或者在寻找食物的过程中表现出更多的技巧，但每个人都有着大体一致的社会地位。随着社会变得越来越复杂，一个重要的变化发生了（这一变化的详细过程见第4章“社会”），社会开始使一部分类别的人优于另一部分类别的人，使一些人相对于另一些人来说，拥有更多的财富、权力和声望。

社会分层（social stratification）是指社会将人们按层次分成若干类别的机制，这一机制建立在以下四个基本的原则的基础上：

1. 社会分层是社会的一个特征，而不只是个人差异的简单反映。大多数人将社会地位理解为个人天赋和努力的结果，这种理解通常会导致人们夸大对自身命运的把握。难道“泰坦尼克”

225 号上的头等舱乘客中擅长游泳者的比例大大高于二等舱和三等舱的乘客？很难说。他们的优势是由于他们在船上的特殊位置决定的，这种特殊位置使他们能够最先到达救生艇。如此类似，出生于富裕家庭的孩子相对于那些出生于贫困家庭的孩子，有可能更健康、接受更好的教育、在事业中更成功并且享受更长的寿命。既非富裕也非贫困建构了社会分层，但是社会分层机制则型塑着我们每个人的生活。

2. *社会分层具有代际延续性*。观察父母亲如何将其社会地位传递给自己的子女我们就会发现，社会分层不仅仅只是个体差异的反映，更为重要的是，它是社会的一种特征。有些社会成员，特别是工业社会中的社会成员，确实体验着**社会流动**（social mobility）。社会流动是指从社会阶梯中的一个位置移到另一个位置，这种移动可以是向上的，也可以是向下的。我们祝贺像克里斯蒂娜·阿奎莱拉（Christina Aguilera）和Jay-Z那样的少数成功者，他们都是从社会的最底层变得出名和富有的。有些人则由于破产、失业或者疾病等，在社会阶梯中向下流动。通常人们都是水平地进行流动，他们在社会的同一个水平上从一个职业转向另一个职业。很多人终其一生保持着大体一致的社会地位。

3. *社会分层具有普遍性和变异性*。社会分层无处不在，但是，什么是不平等以及不平等的表现在不同的社会中各不相同。在有些社会中不平等意味着声望的差异，在另一些社会中不平等则意味着财富和权力的差异。另外，一些社会相对于其他社会表现出更多的不平等。

4. *社会分层不仅涉及不平等，同时也涉及社会信仰*。对任何一个不平等体系而言，在它使得一部分人所得比其他人更多的同时，也使这种安排看起来是公平的。正因为如此，什么是不平等以及对人们处于不平等位置的解释，在不同的社会看来是不一样的。

种姓制度与阶级制度

◇ 理解

在比较不同社会的不平等时，社会学家区分了社会结构的封闭性与开放性。在封闭性的社会中，不同社会位置间存在着很少的流动，而开放性社会则允许有较高的社会流动。种姓制度代表一种封闭性的社会，而阶级制度则意味着更多的开放性。

◎ 从这张有关无家可归者的庇护所的图片中，可以清楚地看出贫困的个人体验。社会学的主要观点认为，尽管我们以个体的形式感受着社会分层，但我们的社会地位很大程度上是由社会（或者社会世界）结构提供机会及奖赏来决定的。最为核心是，我们的存在都是社会分层的产物。

种姓制度

种姓制度（caste system）是指按照出生和归属进行社会分层。纯粹的种姓制度意味着社会结构完全封闭，因为一个人的出生就完全决定了这个人将来的全部生活，经由个人努力而实现的社会流动很少或几乎不存在。在这种制度条件下，人们按照由他们的出生所决定的等级界限进行生活，向上和向下流动都是不可能的。

一个例证：印度

这个世界上有许多社会是种姓制度的，其中大多数为农业社会。例如对印度来说，大量人口生活在传统的乡村社会，在那里种姓制度是他们日常生活的一部分。传统的印度种姓制度包括四个主要的等级（或者叫Varnas，梵语的意思是“颜色”）：婆罗门、刹帝利、吠舍、首陀罗。其中每一个等级又包括上百个亚等级的集团（梵语称为Jatis）。

从出生开始，种姓制度就决定了一个人一生的生活方向。首先，除农业之外（农业对所有人开放），不同种姓的家庭从事不同类型的工作，如祭司、士兵、理发师、皮革工人、清扫夫等等。

其次，种姓制度决定了人们只能同相同阶层的人联姻。如果有人同其他种姓进行“混合”联姻，那么他们的孩子将属于哪个种姓呢？社会学家将这种同一社会阶层之间的婚姻模式称为“内婚姻”（endogamous，endo- 这个词干来自希腊语，意思是“在……之内”）。按照传统，印度的农民在自己的子女十几岁时就为其子女挑选结婚的对象——这种婚姻现在非常少见，仅见于偏远的农村地区。

再次，种姓制度将人们限定在自己所隶属的等级内规范他们的日常生活。这种规范通过教育而得到强化，例如，一个属于高等级种姓的人与低等级的人接触就意味这个人被“污染”。

最后，种姓制度建立在强有力的文化信仰的基础上。印度文化建立在印度教的基础上，这种文化将种姓生活和接受安排好的婚姻理解为一种道德责任。

种姓与农耕生活

226 种姓制度属于典型的农业社会，因为农业文化决定了终生辛劳的生活。通过培育一种道德责任感，种姓制度确保人们遵守这样的规则，那就是终生工作，并且从事与父母亲一样的职业。种姓制度在被正式宣布为不合法之后，还在印度的偏远农村地区持续了 60 多年。生活在印度工业城市的人们相对于生活在农村地区的人们，在择业和择偶方面有着大得多的选择余地。

种姓制度与阶级制度

种姓制度	阶级制度	能人统治
按照出生和归属进行社会分层。	社会分层同时建立在出生和个体成就的基础之上。	社会分层完全建立在个人品质的基础之上。

种姓制度占主导地位的社会还有南非，然而在那里，种族隔离制度将不再合法且日益衰落。详细内容参见第 253 页“全球性思考”专栏。

阶级制度

由于现代经济吸引着人们去从事农业之外的很多职业，这就需要人们在多个不同的领域内去发展他的才能。学校教育和专业化使得阶级制度得以兴起。**阶级制度**（class system）指的是，社会分层同时建立在出生和个体成就的基础之上。

◎ 在印度农村，传统的种姓制度依然影响着人们的生活。这个女孩是一个“贱民”——贱民的地位低于四个基本种姓。她和她的家人都是洗衣者——专门洗涤那些被血液和人体排泄物弄脏了的衣物的人。这种工作对于高等级的种姓而言是一种不干净的工作。而在城市中，种姓制度开始让位于阶级制度，在城市中，个体成就在人们的社会地位获得中起着非常重要的作用，并且收入和消费已成为社会地位的重要体现。

地球村：浓缩的世界

全球性思考

杰罗姆：哦，我已经阅读了有关南非的种族种姓了。我很高兴这已经成为历史……

雷吉：但是种族不平等远未……

南非位于非洲的南部顶端，这是一个跟美国阿拉斯加州差不多大、有着4 800万人口的国家。生活在这里的非洲土著被白人统治了300年，17世纪中期首先被定居在此的荷兰商人和农场主所统治，接着被英国人统治，英国人早在19世纪就对这儿进行了殖民统治。在19世纪早期，英国占领整个南非，并将它命名为南部非洲联盟。

在1961年该国宣布独立，将自己命名为南非共和国，但是黑人大众获得自由却是几十年后的事情。为了确保对黑人进行控制的政治权力，白人制定了种族隔离制度。种族隔离制度1948年被写入法律，它否认黑人的国家公民权，否认黑人的土地拥有权和在政府中的发言权。作为最低的等级，黑人缺少教育，他们从事当仆人等低收入的工作。即使是拥有一般财富的白人家庭都至少拥有一个仆人。

在黑人抵抗种族隔离制度的同时，白人则实施了残酷的军事镇压以维持自身的权力。即便如此，持续的抵抗运动，特别是来自年轻黑人的抵抗运动（这些黑人要求政治权利和经济机会）还是逐渐推动了种族制度的变化。来自其他工业国家的批评也对种族制度产生了影响。到20世纪80年代中期，潮流开始发生了变化，南非政府开始有限度地承认混合种族和亚裔的政治权利。接下来全民被允许拥有的权利包括组织劳动工会、从事以前仅限于白人从事的职业和拥有自己的财产。官方也废除了有关在公开场合进行种族隔离的法律。

变化的步伐在20世纪90年代随着曾经领导种族隔离抵抗运动的纳尔逊·曼德拉（Nelson Mandela）从监狱被释放而加快。1994年首次全国大选面向所有的种族，曼德拉在大选中当选为总统，这一事件结束了几个世纪的白人少数族群的统治。

尽管有这样戏剧性的政治变化，南非的社会分层依然建立在种族的基础上。即虽然享有财产所有权，但1/3的南非黑人没有工作，大多数黑人生活贫困。生活情况最糟糕的是人数大约700万的“边缘人”（ukuhleleleka，科萨语）。海边的索维托听起来像夏日之门，但这里却是成千上万人的家园，这些人挤在用包装箱、皱巴巴的铁皮、纸板和其他废物搭成的小屋中。这里没有电灯，更没有冰箱。没有自来水，人们用水桶提取污水；妇女们排着长队，等待在供1 000人使用的一个水龙头旁。就业非常困难，那些有幸找到工作的人，一个月的收入仅为250美元。

南非目前的总统是2009年当选的雅各布·祖马（Jacob Zuma），他领导着这个被自身历史上的种族制度所削弱的国家。旅游业现在兴起并主宰着未来经济的繁荣，但是南非若要和其过去决裂，必须为其全部国民提供真正的机会。

你怎么想？

1. 种族是如何促成了南非的等级制度？
2. 虽然种族隔离制度不再合法，为什么种族不平等依然是南非社会的特点？
3. 在美国，种族是否作为一个因素而作用于社会等级？为什么？

资料来源：Mabry & Masland, 1999; Muphy, 2002; Perry, 2009.

阶级制度相对于种姓制度来说意味着更多的开放，人们可以通过获得教育和技能来实现社会流动。正因如此，阶级界线要模糊得多，即便是有血缘关系的亲戚也有可能有着不同的社会地位。由于人人都拥有政治权利以及在法律面前人人平等，在现代社会按照肤色、性别或者社会背景将人们进行分类是不恰当的。另外，职业并不是在出生时就确定，而是个体选择的结果。日益被强调的个性同样意味着人们在选择配偶时有着更多的个人自由。

能人统治

能人统治（meritocracy）是指社会分层完全建立在个人品质的基础之上。因为工业社会需要除了农业之完全外的更多技能，所以社会分层不仅仅决定于出生这一事件，而且决定于个人的“品质”（merit，这个词来源于拉丁语，意思是“值得赞扬”），包括个人所拥有的知识、技能以及个人的努力程度。对一个人品质的粗略的衡量是这个人的工作的重要性和他在工作中的表现。为了推进能人统治，工业社会使得平等的机会大大增加，并鼓励人们去获取建立在个人表现差异基础上的不同的社会回报。

在纯粹的能人统治社会（实际上这种社会从来不存在），人们的社会地位完全由个人的能力和努力程度所决定。这种制度意味着持续的社会流动，社会类别因为人们持续不断的向上和向下流动而变得模糊，人们的社会地位则由其最近的表现而决定。

在种姓制度社会，“品质”意味着对种姓这一制度的忠诚——忠实地去从事在出生时就决定了的职业。由于在不考虑人们的能力和兴趣的基础上安排了人们职业，种姓制度压抑了人们的潜能。但另一方面，种姓制度清晰地安排了每一个人在社会中的“位置”，以及人们工作的类型，使得社会非常有序。基于对必要的秩序的需求，工业社会，甚至后工业社会保留了种姓制度的某些成分——如保留了财富的代际传递——而不是表现出纯粹的能人统治。在纯粹的能人统治的社会，人们持续在社会阶梯中上升或下降，会弱化家庭以及其他类别的社会群体。毕竟经济方面的表现并不意味着一切：我们是否可以仅仅依据我们家庭成员在工作中的成功与否来评价他？也许这是不可取的。工业社会的阶级制度所表现的能人统治取向是为了提高生产力及效率，而保留了种姓制度的某些成分，如家庭忠诚，则是为了保证社会秩序和社会团结。

地位一致性

地位一致性（status consistency）是从社会不平等的多个维度来衡量一个人社会身份统一性的程度。种姓制度有着低社会流动性和非常高的地位一致性，特定个体的财富、权力和声望都处在同一个社会水平上。阶级社会的高流动性使得 227
地位一致性非常低。在美国，很多有着很高学术地位的教授，他们在享有较高社会声望的同时，却只领取社会平均水平的薪酬。低地位一致性使得人们的社会地位很难界定，因此“阶级”比“种姓”更难界定。

等级与阶级：英国

阶级制度中混合有能人统治和种姓制度成分的最好例子就是有着很长农业历史的工业国家英国［大不列颠（包括英格兰、威尔士和苏格兰）及北爱尔兰联合王国］。

贵族传统的英格兰

在中世纪，英格兰有着类似于种姓制度的贵族制度，这一制度包括作为领导阶层的神职人员，他们被认为是与权威的上帝进行对话的人。有些神职人员是当地的牧师，他们过着简单的生活，并且不属于贵族。但是那些教堂的高级官员则住在宫殿里，并且掌管着拥有大量土地的组织（土地是财富的主要来源）。教堂的领导者通常是法国或其他欧洲国家的第一阶层，他们还有相当大的权力去影响当时的政治事件。

其他贵族在法国或欧洲其他国家被称作为第 228
二阶层，他们是世袭的贵族，占整个人口的 5%。从王室（位于权力最顶端的国王和王后）到最低层次的贵族（包括上百个家庭，这些家庭的主人拥有公爵、伯爵或男爵等头衔）拥有了整个国家的大部分土地。由于拥有土地，贵族当中的多数人都很富有，不仅有很多农民帮助他们耕作土地，他们的家中也拥有很多佣人。由于他们的工作都由其他人帮助完成，很多贵族没有职业，他们认为如果为了收入而工作，那就是对他们的贬低。贵族们运用他们大量的空闲时间去提高有关骑射和战争的技巧，去培植有关艺术、音乐和文学方面的高雅品位。

为了避免在贵族去世之后，大量拥有的土地被继承人所均分，长子继承法（primogeniture，这个词来源于拉丁语，意思是“头胎出生”）规定，所有的土地均由贵族的长子或者其他男性亲戚继承。非长子们则需要寻找其他方式的社会支持，他们当中有的人成为教堂的领导者，过着和以前一样的生活，并且维护由共同家庭成员所统治的教堂和国家的联系。有的人则成为军界官员、法官，或者从事其他被认为适合绅士从事的体面职业。在那个时代，由于妇女不能从其父亲那里获得财产，也很少有妇女能有机会去挣钱养活自己，所以贵族女儿所能依赖的是确保好的婚姻。

在贵族和神职人员之下的大量的男男女女被称为平民，在法国或其他欧洲国家被称为第三阶层。大多数平民是在贵族或教堂所拥有的土地上劳作的农奴。与贵族成员不同的是，平民缺少教育机会并且多为文盲。

随着工业革命对英格兰经济的推动，一些生活在城市中的平民获取了足够多的财富，并且开始挑战贵族。随着对能人统治的强调、金钱作用的加强，以及学校教育和法律权利的普及最终打破了贵族和平民间的界线，阶级体制开始形成。

也许是时代的象征，近来传统的贵族头衔被一些需要金钱的贵族用来出售。例如 1996 年，戴安娜王妃的弟弟斯宾塞伯爵出售了他的一个温布尔登领主的头衔，并因此获得了 30 万美元，这笔钱被用于他的一所大房子重新安装水管（Mckee，1996）。

现在的英国

现在的英国有着阶级制度，但是由英格兰的过去保留下来的种姓制度的某些成分依然很明显。少数的英国家庭依然拥有相当可观的继承而得的财富，并且享有非常高的社会声望，在最好的大学接受教育，有着相当的政治影响力。传统的君主——女王伊丽莎白二世是英国的领主，议会中的上议院由相当于贵族的人（peers）构成，他们中的半数出身于真正的贵族。然而，政府权力现在由众议院所掌握，众议院首相和其他领导者的职位获得不是借助出身，而是通过个人努力——选举中获胜而获得的。

◎ 2011 年英国王位第二顺位继承人威廉王子和平民凯瑟琳·米德尔顿结婚了，后者获得了“王室剑桥公爵夫人殿下”的头衔。他们已经成为延续其血统千年以上的王室家族的一个部分——这一血统的延续是作为种姓制度的因素而存在于英国的阶级制度中。

阶级等级的较低层次是大约由 1/4 的英国人构成的中产阶级。中产阶级中的大多数成员从职业或商业活动中获得相当可观的收入，并且通常都以股票或债券的形式进行投资。在中产阶级以下的是大约半数英国人自认为的“工人阶级”，他们从体力劳动中获取适当的收入。剩下的 1/4 的英国人构成了社会的最底层——缺少稳定工作的穷人，或者虽然有全职工作，但却不足以过上体面生活的人。许多底层的英国人生活在这个国家的北部和西部，那儿因许多矿山和工厂倒闭而一片萧条。

当代的英国阶级制度混合有种姓制度成分和能人统治的成分，由此产生了一个高度层级化的社会，这个社会为人们的向上和向下流动提供了一定的机会（Long & Ferrie，2007）。传统的种姓制度对英国社会流动影响的其中一个结果就是，英国的社会流动率通常低于美国。口音是英国的社会不平等的刚性系统一个重要体现。来自不同地方的人们在特定的地方定居几代之后，就会形成特定的语音习惯。在美国，人们将口音当着判断人们生活或成长于何处的线索（我们很容易判别中西部的鼻音和南方人懒洋洋的说话方式）。然而在英国，口音是阶级的一个标志，上等阶级说的是纯正的英语（the King's English），而多数人说的是普通的英语（speaking “like commoners”）。在英国两种口音看起来是如此的不同，正如俗话所说：“同一种语言却可区分每一个人。”

◎ 20 世纪最重大的事件之一就是俄国社会主义革命，其结果是产生了苏维埃联盟。按照马克思的观点，人们起义推翻了封建主义贵族，正如鲍里斯·米哈伊洛维奇·库斯妥基耶夫（Boris Mikhailovich Kustodiev）1920 年画作《布尔什维克》（*Bolshevik*）所描述的那样。

另一例证：日本

日本的社会分层同样包含有种姓制度和能人统治的成分。日本既是世界上最古老的持续实行君主制的国家，又是一个财富按照个人的努力程度进行分配的现代社会。

封建时代的日本

直到公元 15 世纪，日本都是个有着严格的种姓制度的农业社会，天皇家族统治着贵族与平民。天皇以神授权力进行统治（神授权力意味着他的统治权力是上帝给予的），而他的军事将领
229 （或者说 shogun，即幕府时代的将军）则利用地方贵族和军阀的帮助确保天皇的统治权。

在贵族之下的是武士阶层，武士阶层名字的意思就是“去服务”（to serve）。这个日本社会的第二个阶层由士兵组成，他们深谙军事艺术，并以对领导者绝对服从为人生信条。

跟英国一样，在那个时代的日本，多数人是平民，他们为了生存日复一日辛劳地工作。但与欧洲不同的是，日本的平民并不属于社会的最底层。日本社会的最底层是部落民（burakumin），或流民（outcasts），他们既被地主也被平民所鄙视。跟印度的最低层次的种姓一样，这些流民远离他人，从事着令人生厌的工作，而且他们无法改变自己的社会地位。

现代日本

19 世纪 60 年代（也就是美国的国内战争时期），日本的贵族意识到传统的种姓制度将有碍于日本进入现代工业社会。与此同时，就像英国那样，一些贵族非常乐意自己的子女与那些比自己富有的平民联姻。随着日本向外界的开放，传统的种姓制度在日本日益衰落。尽管直到今天依然有人看不起那些先人是“流民”的人，但在 1871 年日本已正式取缔了社会类别中的“流民”。第二次世界大战日本战败后，贵族失去了他们的特权，天皇作为日本传统社会的象征被保留下来，但是他却不拥有真正的权力。

日本的社会分层跟几个世纪以前的种姓制度有着很大的不同。现在日本社会由“上层”、“中上层”、“中下层”和“下层”等几个阶级构成。对大多数日本人来说阶级之间的界线是很模糊的，随着时间的推移，许多人在不同的阶级间流动。但是，由于日本文化倾向于尊重传统，在衡量一个人的社会地位时，家庭背景远非只是个表面的因素。虽然在法律面前人人平等，但是在实际中，许多人还是通过有几个世纪般陈旧的种姓这个透镜来考察别人。

最后，传统的有关性别的观念持续地影响着日本社会。从法律上来说，男女两性是平等的，但是男性在很多方面支配着女性。由于日本的父母亲更倾向于送儿子而不是女儿去上大学，所以男女两性在教育方面有着显著的差异。随着近来日本经济进入一个低迷时期，许多妇女已经加入到劳动力大军中。但是很多职业女性在职场中扮演的是低层次的支持者的角色，只有非常少的人会扮演领导者的角色。总之，在日本的现代阶层体系中，个人成就是处在有着几个世纪传统的

男权的阴影下（Norbeck，1983；Brinton，1988；H. W. French，2002；OECD，2009）。

无阶级社会？苏联

在这个世界上我们很难找到一个社会，其中不存在某种程度的社会不平等。然而有些国家则宣称是无阶级社会。

第二次俄国革命

作为20世纪中期至后期与美国相抗衡的超级强权的苏维埃共和国联盟，源于1917年俄国革命。俄国革命结束了由贵族掌权的封建财产制度，私人所拥有的农庄、工厂和其他生产性资产转变为国家所有。

俄国革命受到马克思思想的指导。马克思认为财产的私有制是社会阶级的基础（参见第4章“社会”）。随着经济被国家所控制，苏维埃官员认为他们首次建造了现代的无阶级社会。

然而，批评家们则指出，根据人们的职业，苏联人民实际上被划分为四个不平等的类别。在社会最上层的是政府的高级官员（apparatchiks），紧接着的是苏联知识分子，包括低级的政府官员、大学教授、科学家、医生和工程师。再接下来的是体力工人，最底层的是乡村的农民。

实际上，苏联并不是绝对没有阶级。但是将工厂、农场、大学和医院置于国家的控制之下，确实使得经济上有着比资本主义社会，如美国更多的平等（尽管在权力上有着突出的差异）。

当代的俄罗斯联邦

1985年戈尔巴乔夫（Mikhail Gorbachev）掌管苏联政权，他带来了一项新的经济计划，即有名的“改革”（perestroika），这项计划意味着“结构重组”。戈尔巴乔夫认为，尽管苏维埃体制降低了经济上的不平等，但人们的生活水平远远低于其他工业化国家。戈尔巴乔夫竭力通过减少对经济无效的中央控制来推动经济的发展。

戈尔巴乔夫的经济改革被演变成历史上最引 230
人注目的社会运动。苏联人民和东欧其他社会主义国家的人们都开始抱怨他们的贫困，以及由高级官员压制性统治所导致的自由的缺乏。从1989年开始，东欧人民推翻了他们的社会主义政府。1991年苏联解体，其主体为俄罗斯联邦所继承。

苏联事件表明，社会不平等并不仅仅只包括经济因素。苏联社会并没有出现在英国和美国出现的极端的富裕和贫困，但同样存在一个精英阶层，并且，这个精英阶层的存在与其说是建立在财富的基础上，不如说是建立在政治权力的基础上。

在所谓的无阶级社会中，社会流动的情况如何呢？在20世纪，苏联有着和美国或英国一样频繁的向上社会流动。快速扩张的工业和政府部门使得许多贫苦的农民进入工厂和办公室。这种情况反映的正是社会学家所谓的**结构性社会流动**（structural social mobility）。结构性社会流动是指，由于社会自身的变化而非个人努力所导致的多数人的社会位置的变化。

11月24号，乌克兰敖德萨。当船到达黑海前苏联最南端的敖德萨港的时候，我们旅程的第一场雪飘落在甲板上。我们看见不远处的波特金台阶（Potemkin steps）——通向这个城市的最为陡峭的台阶，这里正是俄国革命枪声响起的地方。我们上次旅行是多年以前的事情了，许多东西已经发生了变化。事实上，苏联本身已经倒台。那么人们的生活改善了吗？对一些人来说这

◎ 中国在主要经济体中是经济增长最快的国家，并且现在中国制造业生产的产品甚至超过美国。因为有更多的钱用于消费，中国人现在已经成为汽车消费的主要群体——中国人的汽车消费恐怕也是别克汽车免遭灭绝的一个推动因素吧。

是肯定的。这里现在有别致的专卖店，穿着时髦的顾客购买着上好的葡萄酒、精心设计的衣服和进口的香水。但是对于多数人来说，生活似乎变得更为糟糕。跳蚤市场沿街展开，一些家庭在出售家具。当肉价为 4 美元 1 磅的时候，大家的平均月收入才 30 美元，人们变得相当绝望。甚至这个城市为了节俭而在晚上 8 点就关闭街灯。大多数人的精神状态就如敖德萨的街道一样暗淡。

20 世纪 90 年代，俄罗斯联邦经历了类似于 30 年代的美国所经历的大萧条，结构性社会流动的动力开始衰落。其中一个表现就是俄罗斯男性的平均寿命减少了 5 岁，女性的平均寿命减少了 2 岁。许多因素导致了这种衰落，其中包括俄罗斯糟糕的卫生保健系统，更为重要的是从 1991 年开始的经济变革的狂乱时期，俄罗斯人民确实遭受了不少苦难（Gerber & Hout，1998；Mason，2004；World Bank，2011）。

从长远的角度来看，关闭低效的国有工业将有助于推动国民经济的发展。可是，经济增长了，但人们生活水平开始下降；尽管有少数人创造了巨额财富，但多数普通市民则面临一个困难的时期。事实上，随着政府权力对俄罗斯经济控制的加强，经济的不平等因此得到削减。然而，与此同时，很多人开始迷惑向社会主义社会做怎样的回归才能平衡他们的生活水平和政治自由（Zuckerman，2006；Wendle，2009）。

中国：正在出现的社会阶层

大规模的政治与经济变革不仅影响了俄罗斯，而且影响了中国。1949 年新中国成立之后，国家控制了所有的农场、工厂和其他生产性资产。共产党的领导人毛泽东宣布所有类型的职业都同样重要，于是在官方看来，社会阶层已经不存在了。

新的计划大大降低了经济上的不平等，但正如苏联一样，社会差别依然存在。政治精英管理着国家，他们拥有强大的权力和相当的特权。在政治精英之下的是大企业管理者和专业技术人员，再接下来的是产业工人，最底下的是农民，农民甚至不允许离开他所在的村庄而移居到城市中去。

随着毛泽东的去世和邓小平成为国家领导人，1978 年更进一步的经济改革得以展开。国家逐步放松了对经济的控制，允许新的企业主阶层出现。于是，一部分开始变得富裕，他们掌控着新兴的私人企业。中国的经济经历了快速的发展——从经济产出上来看，中国已经成为仅次于美国的第二大经济体，并且中国已经进入“中等收入国家”的行列。但这些新的经济增长都集中在城市地区，特别是沿海地区，在这些地区人们的生活水平已经远远高于中国内陆的农村地区（United Nations，2008）。

20 世纪 90 年代后期，中国沿海日益繁荣的城市已经成为经济增长过程中成千上万的寻求致富者的家园。与此同时，这些城市吸引了上亿的来自农村地区的青年民工，他们试图在这些城市寻求更好的工作和更好的生活。他们当中的很多人希望移居到这些繁华的都市，但政府依然限制他们的这种流动，这在一定程度上限制了向上的社会流动。对于那些有能力移居到城市的人而言，他们所能获得的职业通常要比人们之前所知道的工作好。但这些新职业中很多是具有危险性的工作，并且工资的增长被城市较高的生活花费所抵消了，所以这些移民中的大多数依然贫困。更糟糕的是，近年来的全球经济衰减使得很多中 231
国的工厂不得不减员，甚至不得不停产。受此影响，在 2008 年初，一些人开始从城市返回农村——这是一种向下的社会流动（Atlas，2007；Wu & Treiman，2007；Chang，2008；Powell，2008）。

在中国的社会阶梯中有一个新的类别叫做“海归”，这个概念源自“从海外归来”或者说“海龟”。随着在国外，其中多数是在美国接受教育的年轻人的回国，“海归”这一社会层级每年以数万人的速度在增加。这些年轻人，其中多数最初来自富裕家庭，回到中国去寻找大量的机会，并且他们很快就变得非常有影响（Liu & Hewitt，2008）。

在中国，一个混合有旧的政治分层和新的商业分层的新的阶层体系开始出现。中国的经济开始显现出不平等，新商业精英的成员开始被称为百万富翁，甚至亿万富翁；如图 10—1 所示，中国的经济不平等程度已经跟美国的情形差不多了。随着中国社会这样剧烈的变化，中国的社会分层有可能一定时期内会保持强劲的动力（Bian，2002；Kuhn，2007）。

全球快照

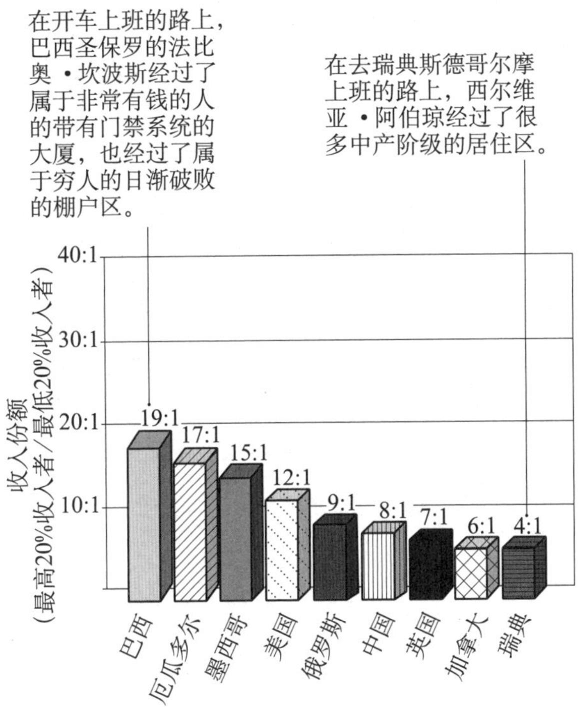

图 10—1 部分国家的经济不平等（2009）

◎ 许多中低收入国家的经济不平等程度比美国还严重，但美国的经济不平等程度比很多高收入国家要高。

资料来源：U. S. Census Bureau (2010) and World Bank (2010).

意识形态：社会分层背后的动力

◇ 分析

为什么社会不能以资源均享的方式存在？高度层级化的英国贵族制度存在了几个世纪，而 2000 年以来印度人民依然接受这样的观念，那就是他们的出身决定了他们是拥有特权还是注定贫困。

社会层级化的一个主要原因是**意识形态**（ideology）——确保社会配置和不平等模式合法化的文化信仰。信仰——举例来说，有关富人是聪明的，而穷人是懒惰的观念——是这样一种意识形态，它使不平等合法化来支撑不平等。

柏拉图和马克思的意识形态

按照古希腊哲学家柏拉图（Plato，公元前 427—前 347）的观点，每一种文化都会认定一些类型的不平等具有合法性。尽管卡尔·马克思认同这一点，但相对于柏拉图而言，马克思对不平等持有更多的批判。马克思批判资本主义社会将保护财产和权力为少数人占有视为“市场法则”。马克思继续论述道，资本主义法律定义了财产的私有权，确保了财富可以停留在一个家庭中，并且可以在代际传递。总之，在马克思看来，文化和制度一起青睐于社会精英，这就是既有的社会层级会长久持续的原因。

意识形态的历史模式

意识形态随着社会经济和技术的变化而变化。由于需要多数人终生进行劳作，农业社会发展出了种姓制度以履行这样的职责，那就是一个人的社会地位是一个人必须履行的道德责任。随着工业资本主义的出现，能人统治意识形态逐步兴起，能人统治意味着财富和权力是那些努力工作之人应得的回报。这种转变意味着穷人——在封建社会通常是慈善活动的对象——被鄙视为个人原因所导致并且不值得同情。这种苛刻的观点在早期的社会学家赫伯特·斯宾塞的思想中就有体现，参见第 260 页“多样性思考”专栏。

历史表明改变社会分层是非常困难的。然而对现状的挑战则时常出现。举例来说，传统的有关妇女应该待在家中的观念，现在则由于经济日益增长为妇女带来越来越多的机会而发生了变化。南非持续的种族平等进程也表明种族隔离的意识形态遭到普遍的反对。2011 年中东地区兴起的针对政治独裁的暴动表明，对根深蒂固的社会分层的挑战过程一直在持续。

多样性思考：种族、阶级和性别

阶级的含义：成为富人是“适者生存”吗?

杰克：我爸太令人惊奇了，他真的很聪明！

法兰克：你是说他很富有。我都数不清他拥有多少生意。

杰克：难道人们不聪明也能变得富有吗？

这是一个让所有人困惑的问题，人们的社会地位在多大程度上受制于他们的智力？多大程度上决定于他们的努力，或者出生在恰当的家庭？又或者是由于撞了大运？

在美国人们更倾向于将人们的社会地位和人们的个人才智联系起来，这种观点由来已久。我们都听过“适者生存”这一概念，“适者生存”将社会描述为一个竞技场，在其中优者胜，劣者被淘汰。这个概念是社会学的先驱赫伯特·斯宾塞提出的，斯宾塞有关社会不平等的思想直到今天依然广为流传。

出生于英格兰的斯宾塞紧紧跟随自然科学家查尔斯·达尔文的研究。达尔文有关生物进化的理论认为，一个物种在经历了上千代之后会发生身体上的变化，以适应自然环境。斯宾塞拓展了达尔文的理论，将其运用到社会运行中，其实社会并不一定以生物的规则运行。在斯宾塞那扭曲的观点中，社会变成“竞技场”，在这里，“适者”变得富裕，而“败者”则变得贫困潦倒。

斯宾塞的观点在当时受到正在兴起的美国工业家的欢迎，并不令人感到奇怪。因石油工业而发家的约翰·D·洛克菲勒（1839—1937）在周末学校中为年轻人朗读了斯宾塞的“社会福音”。在洛克菲勒看来，大公司的成长——以及公司拥有者惊人的财富的获得——仅仅是最基本的自然规则“适者生存”的结果。斯宾塞和洛克菲勒都不同情贫困者，他们将贫困看作是不适应社会竞争的表现。斯宾塞反对社会福利计划，认为这是（通过税收）对社会中“优胜者”的处罚，是（通过福利）奖赏社会中的“失败者”。如果错误运用达尔文的理论，则富人可以无视其他人的存在，因为在他们看来，不平等是不可避免的，并且是自然的法则。

现在的社会学家很快就能指出社会并不是斯宾塞所谓的能人统治的。公司或个人积聚有大量财富也未必是对社会有利的证据。近年来那些花费成百上千万美元购买次级贷款金融产品者的结局伤害了所有人。然而，斯宾塞有关“适者”应该处在社会最上端的观点，在我们这个非常不平等和个人主义的文化中依然很流行。

你怎么想?

1. 你认为我们社会中的不平等在多大程度上可以用“适者生存”来解释？为什么？
2. 你为什么会认为斯宾塞的观点在今日美国依然流行？
3. 你是否认为你得到多少就代表你对社会有多少贡献?为什么是或为什么不是?

社会分层的功能

◇ 应用

为什么社会分层一直存在？按照结构—功能视角，其中一个原因就是，社会不平等在社会运行过程中扮演着一个非常重要的角色。这种观点是金斯利·戴维斯和威尔伯特·摩尔（Kingsley Davis & Wilbert Moore，1945）在很多年前提出的。

戴维斯—摩尔论题

戴维斯—摩尔论题（Davis-Moore thesis）认为社会分层对社会运行是有益的。然而，试问戴维斯和摩尔，能否解释这样的一个事实，那就是：为什么有些形式的社会分层在任何社会中都会出现？ 232

戴维斯和摩尔认为，现代社会有着很多职位，不同的职位分别都有着各自不同的重要性。有些工作，比方说洗车或者接电话，是非常容易做的，并且几乎所有人都能胜任。而另外一些工作，比方说设计新一代计算机，或者进行人类器官移植，这些工作是非常难胜任的，需要那些少数有天赋且经过长期（同时也是代价昂贵的）训练的人来从事。

由此，戴维斯和摩尔认为，一个职位的功能越是重要，社会给予这个职位的回报就应该越大。这种策略有利于提高生产效率，因为收入、声望、权力和闲暇可以用来鼓励人们从事重要的工作，并且长时间地、努力地做好这些重要的工作。总之，不平等的回报（这正是社会分层所在）将有利于社会成为一个整体。

戴维斯和摩尔认为只要让人们自由地从事他们想从事的工作，任何社会都有可能是平等的。平等同时也有可能意味着同样一份工作，做得好与做得差有着同样的回报。这样的一种系统会削弱人们努力工作的动机，从而导致社会生产效率下降。

戴维斯—摩尔论题指出了社会分层的原因，但这一论题却没有清楚地表明社会应该给予不同的职位什么样的报酬，不平等的报酬又应该是怎样的。它仅仅指出了那些重要的社会职位必须用足够的回报从那些不是特别重要的职位中吸引有潜力的人。

◇ 评价

尽管戴维斯—摩尔论题对理解社会分层非常重要，但它同时也激起了大量的批评。图明（Melvin Tumin，1953）首先进行了质疑：我们如何评估特定工作的重要性？社会给予医师较高的回报，这其中的部分原因可能是由于医学行业处心积虑地、有意地限制医师的供给，结果导致社会对医师工作需求的提升。

进而言之，社会回报确实反映了一个人对社会的贡献吗？年收入3.15亿美元的奥普拉·温弗瑞（Oprah Winfrey）[①]一天的收入超过
233 美国总统奥巴马一年的收入。这是否意味着主持脱口秀节目比领导一个国家更重要？又如何评价在伊拉克和阿富汗的美国士兵工作呢？他们面临作战的危险，一个美国的上等兵2011年的收入仅为21 000美元（Pomerantz & Rose，2010；Defense Finance and Accounting Service，2011）。2008年倒闭的华尔街的大金融公司的高管们的收入又如何呢？很显然这些大公司的高管们做出了一些错误的决策，然而他们的薪水却是惊人的。尽管经历了损失270亿美元的最糟糕的一年，美林证券公司还是为700个员工支付了100万美元以上的奖金。2010年高盛集团的CEO罗伊德·布莱克芬（Lloyd Blankfein）为自己支付了价值1 260万美元的股票红利（相当于一个美国士兵600年的收入），而其所在的公司没有创造新的利润，但工作和福利水平则在金融行业中达到了史无前例的高度（Fox，2009；New York Times，2011；Roth，2011）。

即便公司的高级执行官失业了，他们依然过得相当好。在最近的金融行业危机中，查克·普林斯（Chuck Prince）被迫辞去花旗集团的领导职务，但在此之前却获得价值3 000万美金的解雇补偿金。当保险业巨头美国国际集团（AIG）破产后，集团的领导马丁·沙利文（Martin Sullivan）在离开的时候，拿到了4 700万美金（Beck & Simon，2008；Scherer，2008）。公司执行官对社会的贡献真的值如此之多的收入吗？

其次，图明认为戴维斯和摩尔忽视了社会分层的等级因素对个人潜能发展的阻碍作用。出生于特权的、富裕的家庭的孩子有更多的机会去发展他们的能力，而这些机会则是贫寒但有天赋的贫家子弟所缺乏的。

再次，生活在一个过于强调金钱的社会，我们会倾向于过高地估计高收入职业的重要性。股票经纪人或外汇经纪人对社会到底起着多

◎ 奥普拉·温弗瑞2010年的收入为3.15亿美元。按照戴维斯—摩尔论题进行分析，为什么社会给一些人的回报要远远高于其他人？按照马克思的观点来回答这个问题，又有何不同？

① 美国著名的脱口秀女王。——译者注

◎ 回顾 20 世纪 30 年代的大萧条时期，属于绝对贫困者的“帐篷城”在美国到处可见。大萧条结束了，但贫困却一直持续。最近的经济衰退使得帐篷城再次重现，包括这张图片所示的位于加利福尼亚州弗雷斯诺的帐篷城。结构—功能分析如何解释这种贫困呢？社会冲突论又是如何解释的呢？

▲检查你的学习 用自己的话陈述戴维斯—摩尔论题，图明是如何评判这一论题的呢?

大的贡献？出于同样的原因，有些工作的价值是很难衡量的，如养育、创作、在交响乐队中演奏，或者仅仅作为某个人真正的朋友（Packard，2002）。

最后，由于强调社会分层对社会百利而无一害，戴维斯—摩尔论题忽视了不平等可能导致社会冲突，甚至彻底的革命。这种批评把我们带向了社会冲突视角，这种视角对社会不平等提供了不同的解释。

社会分层与冲突

◇ 应用

社会冲突分析认为，社会分层并非有利于社会作为一个整体，而是使一部分人受益，而使另一部分人受损。这种分析大量吸收了卡尔·马克思的思想，同时也受益于马克斯·韦伯的观点。

卡尔·马克思：阶级冲突

马克思的观点在第 4 章“社会”中做了较为详细的讨论，马克思解释道，人们在生产过程中结成两种基本的关系：人们要么拥有生产的所有权，要么出卖劳动力给他人。在生产过程中的两种不同关系产生了不同的阶级。在中世纪的欧洲，贵族家庭，包括教会的领导人和有贵族头衔者拥有土地，农民则在这些土地上劳作。在工业资本主义社会，资本家（capitalists，有时也被称为资产阶级）拥有工厂，他们使用土地和工人（或者说无产者）。

马克思生活在 19 世纪，在那个历史时期的美国，只有很少的工业家聚集了大量的财富。安德鲁·卡内基（Andrew Carnegie）、J. P. 摩根（J. P. Morgan）、约翰·洛克菲勒（John D. Rockefeller），以及约翰·雅各布·埃斯托（John Jacob Astor，他是泰坦利克号中少数死亡的富人游客之一）生活在神话般的布满了无价的艺术品的大厦中，有几十个佣人服侍着。即使按照今天的标准，他们的收入依然是令人惊愕的。举例来说，安德鲁·卡内基在 1900 年时年收入是 2 000 万美元（相当于现在的 5.25 亿美元），而当时一个普通工人的收入仅 500 美元（Baltzell，1964；Williamson，2010）。

马克思解释道，资本主义阶级结构在代与代之间进行着再生产，这种情形的产生是由于家庭获得财富并将财富在代与代之间进行传递。但是他预言，压迫和不幸终将促使劳动大众团结起来推翻资本主义，结束阶级差别进入社会主义社会。

◇ 评价

马克思对社会学思想有着巨大的影响，但他
革命的观点——号召人们推翻资本主义社会—— 234 
也为他的著作带来了很多争议。

对马克思主义最为强烈的批评之一是认为马克思主义否定了戴维斯—摩尔论题最核心的观点：不平等的社会回报系统有助于安排人们从事不同的工作，并促使他们努力地工作。马克思将回报与工作表现分离开来，他的平等主义理想是建立在这样的原则上的：从按能力分配到按需分配。然而，没有按个人表现进行分配恰恰是导致苏联和世界上其他一些社会主义国家生产力低下的原因。马克思主义的辩护者对这种批评回应道：为什么我们假定人类天生就是自私而非社会性的呢？个人回报并不是促使人们去扮演社会角色的唯一方式（M. S. Clark，1991）。

第二个问题是马克思所断言的革命并没有发生，起码在高级资本主义社会没有发生。接下来将讨论为什么革命没有发生。

为什么没有马克思主义革命？

尽管马克思曾断言资本主义将最终灭亡，但是为什么产业工人没有推翻资本主义？拉尔夫·达伦多夫（Ralf Dahrendorf，1959）认为有四个方面的原因：

1. *资产阶级的碎片化*。现在，数以百万计的股票经纪人，更不用说诸多单个家庭，拥有着很多大公司的股份。公司的日常管理掌握在为数众多的经理人阶层手中，他们既可能是大股东也可能不是大股东。随着股票普遍地被分散拥有（大约50%的美国成年人拥有股票），资本主义体系直接关系着很多人的利益（U. S. Census Bureau，2010）。

2. *高质量的生活水平*。正如第16章（“经济和工作”）所表明的那样，一个世纪以前，大多数美国工人在工厂或农场被雇用从事**蓝领职业**（blue-collar occupations），这类工作职业声望低，并且通常是体力劳动。现在多数工人从事着**白领职业**（white-collar occupations），这类工作职业声望高，并且通常是脑力劳动。现在的多数白领工作者并不认为自己是“工业社会的无产阶级”。同样重要的是，即便是考虑到通货膨胀和周工作时间的缩短，在20世纪美国人的平均收入也呈差不多10倍的速度增长。现在工人的状况比一个世纪前要好得多，其中一个例证就是结构性社会流动。生活水平增长的结果之一便是人们乐于接受现状。

3. *日益增多的工人组织*。现在的工人有权组织工会，以此向管理方提出要求，并以降低工作进度或罢工的方式确保自己的要求得以实现。于是，劳动争议在不影响资本主义制度的前提下得以解决。

4. *强有力的法律保障*。在过去的一个世纪，政府通过制定法律来保证工作场所的安全。另外，现在的失业保险、工伤保险和社会保险也为工人提供了很大的经济方面的安全。

一个相反的观点

理论的发展论述了我们的社会对资本主义矛盾的削减。然而很多观察者认为，马克思对资本主义的分析依然有着很大的合理性（Domhoff，1983; Hout, Brooks & Manza，1993; Foroohar，2011）。第一，社会财富依然很集中，美国35%的私人财富被1%的人口所拥有（Keister, 2000；Wolff，2010）。第二，相对于一个世纪前的工厂工作来说，现在很多的白领职位并没有为人们提供足够的收入、安全和满意度。第三，虽然不是全部，但许多工人现如今被高失业率、公司裁员、工作机会往海外迁移、工作受益被削减以平衡预算等问题所困扰。第四，现在工人所得到的益处正是马克思所谓的阶级冲突的结果，并且，2011年俄亥俄州、威斯康星州和其他一些州的工人大众与政府直接的持续冲突表明，工人们将继续为得到他们所要得到的而斗争。第五，尽管工人得到一些法律的保护，但普通人在法律上依然面临着诸多无法克服的不利条件。所以，社会冲突理论家们认为，美国没有经历社会主义革命并不能否认马克思关于资本主义论述的合理性。

◎ 农业社会中的社会不平等的程度比工业社会中的不平等更为激烈。表现之一就是统治者相对于普通大众而言所拥有的不可挑战的权力是在多年基础上建立起来的一种不朽的结构。尽管印度的泰姬陵是世界上最漂亮的建筑，但它却只是作为一个人的坟墓而被建造的。

▲检查你的学习
马克思的观点与戴维斯—摩尔论题有着怎样的不同？

马克斯·韦伯：阶级位置、地位与权力

马克斯·韦伯同意卡尔·马克思有关社会分层导致社会冲突的观点，但他认为，马克思两阶级分析模型过于简单。他进而认为社会分层包括三个不同维度的不平等。

第一个维度的不平等是经济上的不平等（对马克思来说，经济上的不平等至关重要），韦伯将之称为阶级位置（class position）。韦伯并不认为阶
235 级可以明确界定其类别，而是一个从高到低的连续的序列。韦伯所谓的第二个维度是地位（status），或者说社会声望。第三个维度是权力（power）。

韦伯之社会经济地位等级

马克思认为社会声望和权力仅仅是经济地位的反映，没有将它们理解为社会不平等的独立的维度。而韦伯则指出，现代社会的地位一致性通常比较低：一个地方官员也许拥有很大的权力，却有可能只拥有很少的财富或较低的社会声望。

于是，韦伯将工业社会的社会分层描述为多个维度的等级，而不是一个界定清晰的阶级等级。受韦伯观点的影响，社会学家们运用**社会经济地位**（socioeconomic status，SES）这个概念来衡量建立在多个社会不平等维度上的综合等级。

历史上的不平等

韦伯宣称，他的有关社会不平等的三个维度中的每一个维度都分别在人类社会演进的不同时期表现得特别突出。地位，或者说社会声望是农业社会最主要的社会差别，它以荣誉的方式存在。在农业社会中社会成员通过遵从应用于他们各自独特身份基础上的文化的标准，以获得社会声望。

工业化和资本主义的发展消解了传统的建立在出身的基础上的等级制度，但是带来了惊人的经济上的不平等。于是在工业社会，人与人之间至关重要的差别是经济维度上的阶级差别。

随着时间的推移，工业社会见证了官僚国家的兴起。强大的政府和广泛分布的其他类型的社会组织使得权力在社会分层体系中非常重要。特别是在社会主义社会，在那里政府掌控着人们生活的多个方面，高级官员成为新的统治精英。

这种历史分析指出了马克思和韦伯之间的根本差别。在马克思看来，消除作为资本主义社会基础的私有制就可以使社会去阶层化。韦伯则怀疑推翻资本主义是否会导致社会分层的显著减弱。韦伯解释道，也许这会削弱经济上的差异，但是社会主义会因为政府的扩张和权力集中在政治精英的手上而导致不平等的加剧。反对东欧和苏联社会主义官僚制度的大众起义者支持韦伯的这种观点。

◇ 评价

韦伯有关社会分层的多维度观点对社会学家们产生了深远的影响，并使得社会经济地位等级

应用理论

社会分层

	结构—功能视角	社会冲突视角	符号互动视角
分析的层次是什么？	宏观层次	宏观层次	微观层次
什么是社会分层？	社会分层是一个不平等的社会回报系统，它有利于社会的整体性。	社会分层是社会资源的分割，它使得一部分人受益，而使另一部分人受害。	社会分层是在日常生活中引导人们社会互动的因素。
什么决定着我们的社会位置？	社会位置是人们在经济竞争中的能力和才干的体现。	社会位置是社会分配资源的结果。	我们所消费的东西体现着我们的社会位置。
不平等的回报公平吗？	是。不平等通过鼓励人们创新和努力工作而有益于社会生产力。重要的工作应得到更多的回报被广泛接受。	否。不平等回报的作用在于对什么进行区分，以产生“有产者”和“无产者”。社会不平等遭到普遍反对。	也许。人们既有可能认为不平等是公平的，也有可能认为不平等是不公平的。人们有可能将自己的社会位置作为自身价值的体现，把不平等看作是个人差异的反映。

日常生活中的社会学

当阶级遭遇个人：结识你的朋友

五弦琴的乐声在夏日午后的原野上响起。我放下画笔，翻过被我画下的栅栏，朝着声音的方向走去，去看看到底发生了什么。于是我认识了我的邻居马克斯，他是个退休工人，生活在公路边上。马克斯是个善于交际的人，一小时后我带着自己的吉他回到了他的门廊。我打电话给我的一个在大学当老师的朋友霍华德，他很快就带着六弦琴出现了。我们三个人聚在一起好几个小时，期间欢笑声不断。

第二天早上，当我在门前割草的时候，马克斯沿着马路走了过来。当他走近时，我关了割草机。"你好，马克斯，"我说道，"谢谢昨晚的聚会，我真的非常快乐。"

马克斯说道："不要再提了。"接着他停了下来，摇摇头说道："你知道吗，你们走后我在想，我的意思是，我在想，你们和我这样的人在一起度过了那段愉快时光的时候，你们看起来是什么样子的。""是的，很好，"我回答道，其实我并不知道他的意思，"你肯定弹奏得比我们好。"

马克斯看看地上，被我恭维得有点不好意思。他接着说："我的意思是你们跟像我这样的人在一起度过了一段愉快的时光。你们都是教授，是吗？医生，或者……"

你怎么想？

1. 为什么马克斯会认为那两个大学教师跟自己在一起不一定愉快？
2. 马克斯的反应表明个人是如何呈现他的社会地位的？
3. 你能想起类似的与一个跟自己社会地位不同（或高或低）的人交往的情形吗？

非常流行。批评者（尤其是那些偏爱马克思观点的人）则认为，虽然社会阶级的界限可能变得模糊，但工业社会和后工业社会依然有着突出社会不平等模式。

正如第11章（"美国的社会阶段"）将要提到的那样，收入的不平等近来在美国有所加剧。尽管有人依然欣赏韦伯的多维度等级论，但是按照现实的趋势，另一些人则认为马克思有关富人与穷人之间的对立更加接近事实。

社会分层与社会互动

◇ 应用

由于社会分层涉及整个社会如何被组织起来，社会学家们（包括马克思和韦伯）都将社会分层看成是典型的宏观问题。但是对社会分层进行微观的分析也非常重要，这是因为人们的社会地位影响着他们日常的互动。第264页"应用理论"表格中概括了三种理论视角的社会分层研究的贡献。

在多数社区，人们最初都是与相似社会地位的人进行互动。这种互动的模式起始于社会分层的事实，人们倾向于与那些和自己类似的人生活在一起。在一些大的公共空间中，如大购物场，我们通常会发现配偶双方或同一群体中的人在外表和购物习惯方面比较相似。而社会地位有着显著差异的人之间通常会彼此保持一定的距离。例如，穿着考究的人走在街上前往价格昂贵的餐馆，他们会横穿人行道，甚至横穿街道以避开那些他们眼中的无家可归者。本页"日常生活中的社会学"专栏中，给出了另一个有关社会阶级地位差异对人们互动的影响。 236

▲检查你的学习　韦伯的三个维度的社会不平等是什么？按照韦伯的观点，这三种形式的不平等中的哪种形式在美国更为突出？为什么？

最后，众所周知我们的穿着、我们驾驶的汽车（或者我们乘坐的汽车），甚至我们在大学校园的小吃部点的食物和饮料都在某种程度上反映着我们的个人预算和个人品位。社会学家用**炫耀性消费**（conspicuous consumption）这个概念来指代那些购买或使用商品以显示自身的社会地位的现象。放弃饮水机而选择瓶装水，是表明你有额外金钱去花费。其实也没有人真的需要一辆10万美金的汽车到处游荡，人们驾驶价值如此的汽车是要表明自身在多个方面所达到的成就。

社会分层与技术：一个全球化视野

◇ 应用

将本章所作的各种观察综合在一起可以发现，特定社会的技术与该社会的社会分层模式之间的关系。两者关系的分析来源于格尔哈特·伦斯基有关社会文化进化的模型（详见第4章“社会”）。

狩猎与采集社会

由于技术简单，狩猎者和采集者所获得的仅仅是日常的必需品。其中一些人的收获可能会比其他人多，但是群体的生存依赖于人们分享其所获。因此，人们没有类别上的差异，不存在谁更优于谁的情形。

园艺、畜牧和农业社会

由于技术的进步带来了生产的剩余，不平等程度开始增加。在园艺和游牧社会，少数精英控制着大量的社会剩余。大规模的农业生产使得产量更高，以及人类史上所罕见的分配不平等使得贵族凌驾于大众之上，拥有上帝般的崇高地位。

工业社会

工业化使得不平等有所减缓。由发展个人潜能需要的推动，能人统治开始起作用并且削弱了传统精英的权力。工业生产也使得历史上贫困的大众生活水平有所改善。专门化的工作需要依靠学校教育，这使得文盲大大减少。受教育的人口在政治决定中施加了影响，减少了不平等，削弱了男人对女人的控制。

随着时间的推移，财富的集中化程度也有所 237
减缓（这与马克思的断言相反）。在20世纪20年代，美国最富有的1%人口拥有全社会40%的财富，这一数字在20世纪80年代由于税收的原因——收入越高者承受的税负越重——而降低为30%（Williamson & Lindert，1980；Beeghley，1989；U.S House of Representative，1991）。这种倾向帮助我们解释为什么马克思主义革命没有像马克思预言的那样在工业社会发生，而是发生在不平等非常显著的农业社会，如俄国（1917）、古巴（1959）、尼加拉瓜（1979），这些地方的社会不平等程度比马克思所预言的工业社会还要高。然而美国财富的不平等在20世纪90年代又开始如20年代那样增长（Keister, 2000；Wolff, 2010）。为了削弱这一趋势，奥巴马政府已经同意扩展当前税率以帮助刺激经济的恢复，但同时也表达了这样的一种意图，那就是提高针对高收入者的联邦税率。

库兹涅茨曲线

然而在人类历史上，技术进步先加剧了社会分层，然后又减弱了社会分层。强烈的不平等在农业社会具有功能性，而工业社会则受益于较为缓和的不平等系统。这种趋势被诺贝尔奖获得者经济学家西蒙·库兹涅茨（Simon Kuznets，1955，1966）所发现，并用库兹涅茨曲线描述出来，见图10—2。

全世界范围内的不平等从总体上验证了库兹涅茨曲线。已经经历了工业化时期的高收入国家
（包括美国、加拿大和西欧的一些国家）相对于 238
那些大量劳动力依然从事农业劳动的国家（一般为拉丁美洲和非洲的一些国家）来说，收入的不平等程度反而要低。与此同时，值得注意的是收入的不平等不仅反映技术的发展程度，而且反映政治和经济特权。在上个世纪的大多数时候，美国的经济不平等呈下降趋势，但它的经济不平等

程度要高于加拿大、欧盟国家和日本，尽管它的经济不平等程度要低于少数低收入国家，如智利和南非。

另外一种对库兹涅茨曲线的批评指出，该曲线是在比较那些处在经济发展不同阶段的国家的基础上得出的（使用了社会学家称之为“横截面”数据）。这样的数据没有告诉我们任何一个社会的未来。在美国，最近的趋势表明，经济不平等的增长意味着库兹涅茨曲线需要更精确的修正——如图10—2的虚线所示。随着信息革命的推进，美国社会正在经历的剧烈的经济不平等表明其长期的趋势可能有别于库兹涅茨在50年前所作的观察。

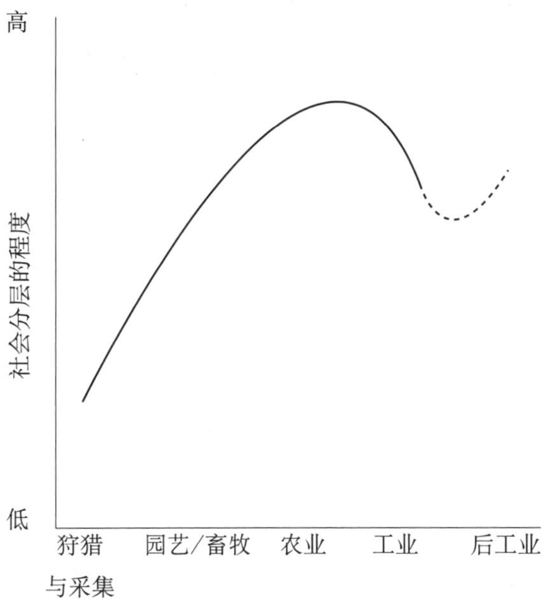

图10—2　社会分层与技术发展：库兹涅茨曲线

◎ 库兹涅茨曲线表明随着技术的发展，社会分层的程度也随之增加，随着机会的增加和法律面前的人人平等，这种趋势出现了减弱并逆转。尽管政治权利在很大范围内得到扩展，一定程度的经济不平等还是存在的。然而后工业社会的经济不平等又开始增加，如作者在图中用虚线表示的那样。

资料来源：Based on Kuznets (1995) and Lenski (1996).

社会分层：事实与价值

◇ 评价

这是2081年，人人绝对平等。这不只是在法律和上帝面前的平等，这是在所有方面的平等。谁也不比谁更聪明，谁也不比谁更漂亮、更强壮或更敏捷。所有的这些平等都归功于宪法第211、第212、第213修正案，和一般裁判员（the Handicapper General）的代理人的持续警觉。

运用这样的语言，小说家小库尔特·冯内古特（Kurt Vonnegut Jr.，1968：7）开始了关于哈里森·伯格隆（Harrison Bergeron）的故事，一个虚构的关于所有的社会不平等都被消除了的美国未来的故事。冯内古特警告道，尽管平等在理论上而言具有吸引力，但在实践上则是一个危险的概念。他的故事描述了社会平等的可怕性——体现个体差异的每个个体的天赋被政府有组织地中和了。

为了消除让个人“优”于他人的差异，冯内古特所谓的政府要求相貌出众的人戴上面具以使得他们看上去很普通，要求聪明的人戴上播放着让人分神的音乐的耳机，要求优秀的运动员和舞者负重以使得他们跟其他人一样笨拙。简言之，尽管我们可以想象社会平等可以解放人们，使他们释放出更多的才能，但冯内古特总结道，一个平均主义的社会只有在每个人的才能被压缩至等于最小分母的情况下才有可能存在。按照冯内古特的观点，这种平等不是一种解放，而是一种压迫。

正如冯内古特的故事那样，本章所有关于社会分层的解释都牵涉价值判断。戴维斯—摩尔论题所陈述的不仅是社会分层的普遍性，而且还包括社会分层对于提高社会生产力的必要性。按照这种观点，美国社会的阶级差异同时体现着人们在能力方面的差异和不同工作岗位的重要性的差异。综合起来看，这一事实让我们注意到，绝对的平等是不可能的，这是因为绝对的平等只有在刚性的、没有效率的社会才会实现，这种社会不关心个体天赋的发展，也不关心对优秀者的奖励。

由卡尔·马克思所倡导的社会冲突论则对平等抱有更多积极的看法。马克思认为不平等是有害的，这是因为不平等不仅会给人类带来痛苦，也会导致穷人和富人之间的冲突。正如他所看到的那样，社会分层起源于不公正和贪婪。马克

焦点中的社会学

有关钟形曲线的争论：富人真的就优秀吗？

埃琳娜：（面带微笑）你怎么看？跟我出去以促进你的向上社会流动？

乔：饶了我吧。你家比我家富裕，但这并不意味着你比我更突出或更优秀……

富人比其他人要更优秀吗？社会科学书籍很少会引起全社会所有人关注，但是理查德·J·赫恩斯坦（Richard J. Herrnstein）和查尔斯·默里（Charles Murray）的《钟形曲线：美国生活中的智力与阶级结构》（*The Bell Curve: Intelligence and Class Structure in American Life*，1994）则不同凡响。针对社会分层为什么区隔了我们的社会，以及同样重要地，面对社会分层我们该做些什么，这本书激起激烈的争论。

《钟形曲线》是一部涉及许多复杂议题的大部头，但这本书有8个主要的主张：

1. 被我们称之为“一般智力”（general intelligence）的东西确实存在。那些拥有更多一般智力的人比那些拥有较少一般智力的人在其职业生涯中更倾向于获得成功。

2. 人类智力中至少有一半遗传自父母，其他部分则受制于环境因素所决定的个人社会化。

3. 在过去的半个世纪——特别是信息革命开始的几十年以来——智力因素成为从事社会重要职业的越来越重要的因素。

4. 与此同时，美国的多数大学改变了他们的入学规则，从偏爱家境富裕的孩子到选择在各种标准化测试，如SAT、ACT、GRE中获得高等级或高得分的年轻人。

5. 工作场所和校园中发生这种变化的结果是，我们的社会现在被“知识精英”（cognitive elite）所主宰，他们不仅接受过良好的教育，而且确实在智力方面非常优秀。

6. 无论是在工作场所还是在校园里，聪明的人总是希望和自己一样的人交往，于是聪明的人之间彼此恋爱、结婚和生出聪明孩子的几率就比较大，这又使得另一代“知识精英”得以产生。

7. 同样的情形发生社会阶梯的另一端——穷人，他们一般智力低下，被社会性地隔离开来，他们倾向于与自己类似的人结婚，结果他们平庸的能力被传递到他们的下一代。

8. 于是赫恩斯坦和默里总结道：由于富裕精英成员或赤贫底层阶级的成员是经由遗传的智力因素所决定的，所以我们不必为穷人倾向于更高的犯罪率和吸毒泛滥而感到惊讶；甚至，我们希望诸如儿童发展先导计划（Head Start）、反歧视行动方案（affirmative action）不要去帮助穷人。

评估《钟形曲线》书中的主张，必须仔细搞清楚智力这个概念。这本书的批评者认为，我们多数人所谓的“智力”并不是遗传的结果而是社会化的结果。换言之，智力测验并不能像测量认知实践那样可以衡量一个人的认知能力。随着美国民众接受更多的教育，平均智商得分已经有所提高。如果学校教育对智力是如此重要，那么仅仅是教育就可以解释为什么富人的孩子在上述测验中表现得更好。

许多研究智力的学者都同意，虽然遗传在孩子的智力中起到一定的影响，但是更多的结论是，只有25%到40%的智力是来源于遗传——远远低于赫恩斯

思希望人们最终能够平等地分享资源。

本页“焦点中的社会学”专栏中提到了智力与社会阶级之间的关系。这一话题在社会科学中是一个最为复杂的话题，这可能是由于界定和测量“智力”本身就比较困难，也可能是由于精英们以某种方式“优”于他人，进而挑战了我们的政治文化。

在接下来的一章（“美国的社会阶级”）中，

坦和默里的宣称。再者，《钟形曲线》在表述社会分层是遗传而得的智力的自然结果时，也误导了读者。批评者认为，这本书重复了一个世纪前流行的社会达尔文主义，社会达尔文主义以“适者生存”论述了工业大亨巨额财富的合理性。

当越来越多的人认为社会分层是再自然不过的事情的时候，今天竞争激烈的社会看起来是不是个竞技场？但是，即便《钟形曲线》是有缺陷的，它也引发了一个重要的问题。如果一些人确实比其他人优秀，那么我们是否可以要求他们不要处在较高的社会位置上？那么我们是否可以要求那些处在顶端的人在多数领域都至少比其他人优秀？如果答案是肯定的话，那么这是否公平呢？最后，我们的社会将如何做以确保所有人都有机会去尽可能地发展自身的能力？

加入博客讨论吧！

你是否认为有“一般智力”存在？你是否认为那些富裕者（well-off people）总的来说比那些社会地位低者有着更高的智力？如果是的话，原因是什么呢？结果又如何？欢迎登录 MySocLab，加入“焦点中的社会学”博客，分享你的观点和经历，并看看别人是怎么想的。

资料来源：Herrnstein & Murray (1994); Jacoby & Glauberman (1995); Kohn (1996); Arrow, Bowles & Durlauf (2000).

◎ 没有人会怀疑一些富人确实很聪明，如世界上最成功的一位投资者沃伦·巴菲特（左）和大学辍学后成为微软的创始人的比尔·盖茨（右）。但智力是社会分层的基础吗？

我们将考察美国的不平等，并重点关注最近以来的经济极化现象。第 12 章（“全球分层”）将调查全世界范围内的社会不平等，分析为什么有些国家相对另一些国家而言更加富有。正如你将要学到的那样，在所有层面上，研究社会分层都将涉及关于公正社会得以型塑的事实与价值。

第10章　社会分层

你能发现美国社会中的种姓制和精英制的因素吗？

本章探讨了现代社会中的阶级制度，这一制度同时混合了种姓制度和精英制度的因素。运用社会学的眼光你会发现两类因素都会影响人们日常生活的很多方面。你可以从这里的三个例子开始。看看下列图片，然后给出你的列表。

提示

养育子女是一项没有工资的工作，这一事实意味着人们不是为了金钱而养育子女，而是出于道义。“为人父”也许只是一种生物学上的家长。“为人母”则意味着更深地投入孩子身上，这表明性别因素长期以来将养育与妇女联系在一起。索托马约尔（Sotomayor）是第一个西班牙裔女法官，也是第三个［在桑德拉·戴·奥康纳（Saudra Day O'Connor）和鲁丝·巴德·金斯伯格（Ruth Bader Ginsburg）之后］服务于美国最高法院的女法官。仅仅有两名非裔美国法官［瑟古德·马歇尔（Thurgood Marshall）和克拉伦斯·托马斯（Clarence Thomas）］服务于美国最高法院。优秀的职业一般都是特别重要的并且需要特殊才能的职业。即使这样，大多数成功的音乐家一直是男性。

你拥有的要求最多的一项工作是做家长。至少传统上，大多数情况下是由妇女来养育子女，性别在此发挥了巨大作用。你认为为什么我们的社会不给养育子女支付报酬？“为人父”与“为人母”这两个词之间有什么区别？

2009年索尼娅·索托马约尔成为美国最高法院的首位西班牙裔女性法官。她的成就记录开始于纽约市布朗克斯区的卡蒂纳尔·斯佩尔曼高中（Cardinal Spellman High School），在那里她是致告别辞者。在100多个服务于最高法院的法官中，你认为有多少是西班牙裔呢？又有多少是女性呢？

贾斯汀·比伯（Justin Bieber）是一位加拿大歌手，他由一个十来岁的单身妈妈所生，他的妈妈在低收入住房中将他养大。当他的第一张唱片在美国成为铂金唱片之后，他成为薪酬最高的演艺人士之一——一个“白手起家”实现社会地位提高的例子。

从你的日常生活中发现社会学

1. 由罗马天主教教堂在中世纪发现的人性的弱点“七宗罪”，分别是傲慢、贪婪、嫉妒、淫欲、愤怒、饕餮、懒惰。为什么人性中的这些特质对农耕时代的等级制度是有害的？这些特质是否危及今天资本主义的阶级制度？为什么？
2. 跟你的父母亲、祖父母，或其他亲戚一起坐下来聊聊你家族的社会位置在过去三代中发生什么样的变化。有社会流动吗？如果有，请描述这一变化。这一变化是个体努力的结果还是社会本身变动的结果？
3. 从你校园同学的日常生活中去辨别社会分层的三个方面的证据。在每个案例中，解释什么是不平等的以及这种不平等带来了什么差异。在你看来，导致这些社会差异的最主要的因素是个体天赋还是家庭背景？登录mysoclab.com，阅读的“从你的日常生活中发现社会学”专栏，了解更多关于种姓制度和阶级制度之间的交互作用，以及为什么我们的社会倾向于将优势阶级地位看成是个体能力和努力的结果。

什么是社会分层？

社会分层是指社会将人们按层次分成若干类别的机制，通过这一机制，有些人相对于其他人而言，更加有钱、有权，或者更有声望。

- 社会分层是社会的一个特征，而不只是个人差异的简单反映。
- 任何社会都有社会分层，但社会分层随着不同社会中不平等的内涵与程度的不同而不同。
- 社会分层具有代际延续性。
- 社会分层受到特定的文化信仰的支持，这些文化信仰决定了什么样的不平等是公正的。
- 两种基本的形式：种姓制度和阶级制度。 pp.224-25

社会分层（p.224）：社会将人们按层次分成若干类别的机制。

社会流动（p.225）：从社会阶梯中的一个位置移到另一个位置。

种姓制度与阶级制度

种姓制度

- 建立在出生的基础之上（先赋性）。
- 没有或很少有社会流动。
- 型塑着人们的整个生活，包括职业与婚姻。
- 在传统的农业社会中比较多见。 p.225

一个例证：印度

- 尽管种姓制度在法律上被正式废除，但在农业文化决定了终生辛劳生活的农村地区依然可见。
- 在传统的乡村，人们的种姓决定着他从事的职业类型。
- 人们只能与同一等级的人互动和通婚。
- 强有力的文化信仰将种姓生活和接受安排好的婚姻理解为一种道德责任。 pp.225-26

阶级制度

- 建立在出生（先赋性）和能人统治（个体成就）基础之上。
- 有些许基于个体成就的社会流动。
- 常见于现代工业社会和后工业社会。
- 阶级制度包括种姓制度和能人统治的要素。
- 阶级制度以能人统治为首以促进专业化、生产力和效率。
- 阶级制度保持种姓制度的基本要素，如家庭，来保证秩序和社会统一。
- 较强的社会流动使得阶级制度中的地位一致性较低。pp.226-27

种姓与阶级：英国

- 在中世纪，英格兰有着类似于种姓制度的贵族制度，这一制度包括作为领导阶层的神职人员和世袭贵族。人数最多的是普罗大众。
- 当代的英国阶级制度混合有种姓制度成分和能人统治的成分，由此产生了一个有着一定流动性的高度层级化的社会。 pp.227-28

种姓与阶级：日本

- 中世纪，日本是个有着严格的种姓制度的农业社会，天皇家族统治着贵族与平民。
- 家庭背景和传统的性别角色对现在日本的阶级制度依然有着重要的影响。 pp.228-29

种姓制度（p.225）：按照出生和归属进行社会分层。

阶级制度（p.226）：社会分层同时建立在出生和个体成就的基础之上。

能人统治（p.226）：社会分层完全建立在个人品质的基础之上。

地位一致性（p.226）：从社会不平等的多个维度来衡量一个人社会身份统一性的程度。

结构性社会流动（p.230）：由于社会自身的变化而非个人努力所导致的多数人的社会位置的变化。

意识形态（p.231）：确保社会配置和不平等模式合法化的文化信仰。

无阶级社会？苏联

- 尽管1917年的俄国革命试图废除社会阶级，但在新的苏维埃共和国仍然存在着以职业类别和新政治精英的权力集中为基础的社会分层。经济的发展促使了新的职业类型的出现，这带来结构性的社会流动。
- 随着20世纪90年代苏联的解体，结构性社会流动出现了向下的趋势，贫富之间的差距有所增大。 **pp.229-30**

中国：正在出现的社会阶层

- 发生在1949年新中国成立之后的经济改革——政府控制工厂和物质财富，使得经济不平等大大削减，尽管社会差异仍然存在。
- 在过去的30年中，中国政府放松了对经济的直接控制，这使得企业主这样一些新的阶层开始出现，并且经济的不平等也开始增加。 **pp.230-31**

社会分层理论

- 结构—功能主义视角指出社会分层有助于社会的运行。
- 戴维斯—摩尔论题认为，因为社会分层的功能性结构，所以社会分层是普遍存在的。
- 在种姓制度下，人们所获得的回报建立在人们对其出生时所赋予的社会位置的职责的履行情况的基础上。
- 在阶级制度下，不平等的回报是为了吸引并鼓励才智出众的人去从事重要的工作。

pp.231-33

社会冲突视角认为社会分层将社会区分为不同的阶级，使得一些人的获益建立在以其他人受损为代价的基础上，并且会导致社会冲突。

- 卡尔·马克思认为，在资本主义社会中资本家拥有生产资料并剥削那些出卖劳动力以获得收入的无产者。
- 马克斯·韦伯确定了社会不平等的三个维度：经济阶级、社会地位或声望和权力。冲突存在于那些位于社会经济地位（SES）的多维差异的不同人之间。 **pp.233-35**

作为微观层次的分析，符号互动视角认为，我们可以根据人们与其社会位置的联系来判断一个人。炫耀性消费指的是人们购买和使用商品是为了标明其社会地位。人们倾向于与那些社会地位跟自己差不多的人交往。 **pp.235-36**

戴维斯—摩尔论题（p.231）：认为社会分层对社会运行是有益的。

蓝领职业（p.234）：低社会声望的职业，往往涉及体力劳动。

白领职业（p.234）：高社会声望的职业，往往涉及脑力劳动。

社会经济地位（p.235）：建立在多个社会不平等维度上的综合等级。

炫耀性消费（p.236）：购买或使用商品以显示自身的社会地位。

社会分层与技术：一个全球化视野

狩猎和采集 ——→ 园艺和畜牧 ——→ 农业 ——→ 工业 ——→ 后工业

- 格尔哈德·伦斯基认为技术的进步导致了社会分层的加剧，尤其是在农业社会中。
- 工业化改变这一趋势，社会分层开始减弱。
- 在后工业社会，社会分层又开始加剧。

pp.236-38

社会分层：事实与价值

人们相信，社会不平等不仅反映了社会事实，而且政治与价值也会影响到一个社会应该如何去组织。 **p.238**

第11章 美国的社会阶级

学习目标

◇ 记忆

本章黑体关键名词的定义。

◇ 理解

社会分层包含多个维度的不平等。

◇ 应用

不同观点来分析贫穷和无家可归的原因。

◇ 分析

证据推论美国的一般社会流动的真实状况。

◇ 评价

美国是一个“中产阶级社会”这种常见的说辞。

◇ 创造

一个更加清晰的美国社会阶级差别的图景，包括什么是不平等，以及不平等程度如何。

246 本章概览

美国的社会不平等状况如何？本章将帮助你们理解美国社会不平等的含义和程度。本章从对不平等的重要测量指标的细致分析开始。你们将发现，美国社会存在着众多维度的不平等，而且不平等的程度超出了许多人的想象。

罗莎·乌利亚斯向前倾斜着身体，在硬木地板上前后上下地拖动着真空吸尘器，这个动作她已经重复了无数次，以至于她的右手腕和手肘感到剧烈的疼痛。现在是下午5点钟，这个有两个小孩的45岁单身妈妈正在干她今天第三个清洁工作。她和她36岁的表妹梅丽莎·斯米安托每周要清扫9个公寓和5所房子。她们都从萨尔瓦多来到美国，两人平分每年所挣的钱，每人大概可得28 000美元，仅仅够支付他们在纽约每年的生活花费。

但清洁工的工作机会很多，无数纽约人的收入比她们的多得多，足以雇用她们。当他们在外做着高薪工作的时候，或者在健身俱乐部健身的时候，或者在和朋友吃午饭的时候，像梅丽莎和罗莎那样的清洁工正在掸掉他们桌子上的灰尘，拖洗他们房间的地面，擦洗他们的浴缸和抽水马桶。

为了能看得更清楚，罗莎爬上浴室的浴缸去开灯。她拉了下银质的开关链子，链子突然断了，她站在那里，断下的那部分链子挂在她手上。她俯看着梅利莎，两人一起迸发出一阵大笑。然后罗莎变得严肃起来，用西班牙语柔和地说："我女儿跟我说，我需要新的梦想。"(Eisenstadt，2004)

纽约也许是一个单一的大城市，但是罗莎和梅利莎所生活的世界跟雇用他们的人所生活的世界是不同的。美国最富有的人的生活，与那些依靠整天艰苦劳动而勉强度日的人的生活有何不同？那些甚至没有固定工作的人的生活又是怎样的？这一章回答了所有这些问题，解释了在美国社会发现的这些不同的"世界"有何差异，为何它们之间的差异正在不断扩大。

社会不平等的维度

◇ 理解

跟大多数欧洲国家和日本不同，美国从来就没有具有头衔的贵族阶级。除了曾经存在的种族主义历史这个明显的例外，美国还没有过将不同种类的人们进行高低排序的社会等级制度。

尽管如此，美国社会还是一个高度分层的社会。富人们不仅占有社会的大多数财富，而且获得最多的教育机会，拥有最好的健康条件，消费大部分商品和服务。这些特权和成百上千万穷人的贫困形成了鲜明的对比，这些穷人也许正在为支付下个月的房租，或者为小孩看病的医生账单而发愁。很多人认为美国是一个中产阶级社会，但现实是这样的吗？

收入

不平等的一个重要的方面是从工作或投资中获得的财产，即**收入**（income），美国人口普查局的报告显示，2009年美国家庭收入的中位数是60 088美元。图11—1中的饼图说明了所有美国家庭的收入分布情况。[①] 20%最富有美

① 美国人口普查局同时报告了美国家庭（由因血缘、婚姻或收养关系而联系在一起的两个以上的人组成）和住户（两个以上的人同住在一个居住单位之中）收入的均值和中位数。2009年家庭收入的均值为78 538美元，高于中位数60 088美元，是因为高收入家庭拉高了平均值，而对中位数没什么影响。对于住户来说，这两个数字相对小一些（均值为67 976，中位数为49 777），主要是因为家庭的平均人口为3.16人，而住户的平均人口为2.59人。

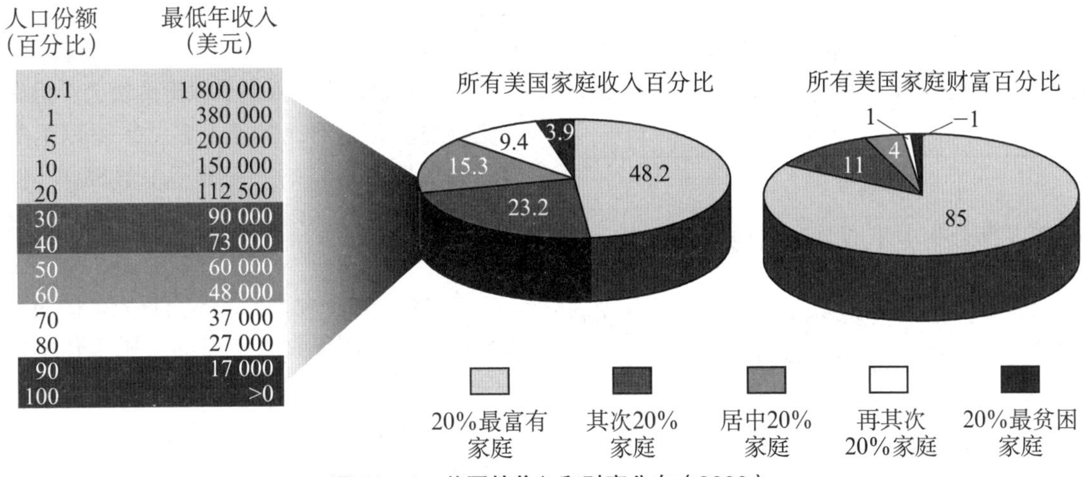

图 11—1　美国的收入和财富分布（2009）

◎ 收入，尤其是财富，在美国社会的分配是不平等的。

资料来源：Income data from U.S. Census Bureau (2010); wealth data based on Keister (2000), Bucks et al. (2009), Wolff (2010), and author estimates.

国家庭（每年收入至少 112 500 美元，平均收入为 189 500 美元）的收入占所有美国家庭总收入的 48.2%，而最贫困的 20% 家庭（每年收入不高于 27 000 美元，平均收入为 15 000 美元）的收入只占总收入的 3.9%（U.S. Census Bureau, 2010）。

247 图 11—1 中左边提供了更具体的收入分配情况。2009 年收入最高的 5% 的美国家庭收入至少要 200 000 美元（平均 325 000 美元），相当于全部家庭收入的 20.7%，比收入最低的 40% 家庭的总收入还要多。在这个收入金字塔的顶端，最富有的 1% 的家庭的收入至少为 1 800 000 美元。

最近 10 年以来，收入不平等状况有所上升。这一趋势的部分原因是，最富有的人的收入在全部收入中占有比以往更大的份额。举例来说，在 1978 年，所有赚工资的人中 0.1% 的最高收入者得到了全部收入的 2.7%。到 2008 年，精英类赚工资者（年收入 1 800 000 美元或更多）的收入是原来的 4 倍，占全部收入的 10%（Fox, 2009; Internal Revenue Service, 2010）。

财富

收入只是一个人或一个家庭财富的一部分，**财富**（wealth）是指金钱和其他资产价值的总和减去应偿还债务。财富包括股票、债券和房地产，它比收入的分配更不均等。最近对个人所得税的减免以及财富的代际继承可能使这种不均等更加剧烈（Wahl，2003）。

图 11—1 右边的饼图说明了财富的分配。占美国家庭总数 20% 的最富有的家庭大概拥有这个国家全部财富的 85%。这类特权家庭的上层是占家庭总数 5% 的“非常富有”的家庭，它们占有全部私有财产的 62%。还有更富有的拥有千万美元财产的“超级富有”家庭，它们占家庭总数的 1%，却拥有全国私有财产的 35%（Bucks, Kennickell & Moore, 2006；Davis et al., 2006；Wolff, 2010）。在财富金字塔的顶端是 10 个最富有的美国家庭，它们所组成的财富网络市值超过 2 700 亿美元（Kroll，2010）。这个数字相当于 220 万个一般美国家庭财产的总和，这些人口已经足够填满芝加哥、洛杉矶和迈阿密这些大城市。

一般美国家庭的财产现在大概为 120 000 美元（Bucks et al.，2009）。家庭财产可以从房产、汽车、投资、保险单、退休金、家具、衣服和其他私人财产的价值，减去住房抵押贷款和其他债务反映出来。一般人的财产不仅少于富人，而且财产种类也不同。大多数人的财产集中于住房和汽车，而这些财产是无法产生收益的，而富人们

收入 从工作或投资中获得的收益。

财富 金钱和其他资产价值的总和减去应偿还债务。

的财产大部分集中于股票和其他可以取得收益的投资。

金融资产一经与债务抵消，最贫困的 40% 的美国家庭实际上没有任何财产。图 11—1 中最贫困的 20% 家庭中有的百分比是负数，意味着这些家庭实际上生活在债务之中。

权力

在美国，财富是权力之源。控制全国大多数财富的少数美国家庭，同时也制定了整个社会的议程。正如在第 17 章（“政治和政府”）将要解释的，有些社会学家认为，因为政治系统服务于超级富豪的利益，如此集中化的财富会削弱民主。

248

职业声望

除了获得收入，工作也是取得职业声望的重要手段。我们一般根据对方所从事的工作来评价彼此，对那些从事我们所认为的重要工作的人，我们会给予更多的尊重；而对于那些从事一般工作的人，我们则不会给予太多的尊重。社会学家测量了不同职业的相对声望（NORC，2011）。表 11—1 表明，人们给予诸如医生、律师和工程师等职业很高的声望，这些职业都需要广泛的训练并能获得较高的收入。与此相对，诸如女服务生、门卫等收入较低、不需要太多教育的工作，职业声望就比较低。在所有高收入国家，职业声望的排序都是相同的（Lin & Xie，1998）。

在任何社会，高声望的职业一般由特权人群占有。例如在表 11—1 中，最高等级的职业中都是男性占支配地位，我们从这个表开始一直往下找，直到第 12 个以后才出现以女性为主的“中学教师”和“注册护士”职业。许多声望最低的职业同样一般由有色人种从事。

学校教育

工业社会扩大了人们受教育的机会，但有些人获得的教育仍然比其他人多。25 岁以上的美国人中，超过 85% 的人完成了中学教育，但只有 29% 的男性和 30% 的女性完成了四年制大学学业。

学校教育对职业和收入都有影响，因为大多数（并不是全部）收入丰厚的白领工作（如表 11—1 所示）都需要有大学学位或更高的研究水平，大多数收入和声望都不高的蓝领工作则对受教育程度要求不高。

美国社会分层：能力和等级

◇ **理解**

正如我们在第 10 章（“社会分层”）所讨论的，美国的阶级体系在某种程度上是精英主义的，在这样的社会体系中，社会地位反映了个人的天赋和成就。但是美国社会也具有等级制度的因素，因为如同种族、民族、性别等赋予性特征，出生将每个人社会定位于一个特定的家庭，出生对我们以后的发展具有一定的作用。

家族

在美国，没有什么比出生在一个教育、职业和收入方面具有优势的特殊家庭更重要的了，它能够影响一个人的社会地位。研究表明，拥有上亿美元财产的美国人中，1/3 以上的人的财产部分来自于继承（Miller & Newcomb，2005；Harford，2007）。可同样继承而来的贫困，规定了成百上千万穷人的未来。

种族和民族

在美国，种族和社会地位紧密关联。白人比非裔美国人拥有更高的职业地位和更多的教育机会。

非裔美国家庭 2009 年收入的中位数是 249

表 11—1 美国职业的相对社会声望

白领职业	声望	蓝领职业	白领职业	声望	蓝领职业
内科医生	82		房地产经纪人	49	
大学教授	78		簿记员	48	
律师	76			48	机械师
牙科医生	74			48	警官
物理学家 / 天文学家	74		音乐家 / 作曲家	46	
建筑师	71			46	秘书
心理学家	71		股票经纪人	44	
航空公司飞行员	70			42	邮递员
电气工程师	69		摄影师	41	
神职人员	69			41	裁缝
社会学家	66			40	木工
中学教师	63			37	汽车车身修理工
验光师	62			36	瓦工 / 石匠
注册护士	62			33	面包师
牙齿保健医士	61			33	推土机手
药剂师	61			33	理发师
小学教师	60			32	卡车司机
兽医	60		出纳员	31	
演员	58		档案管理员	30	
会计师	57		零售员	29	
经济学家	57			28	侍者
画家 / 雕塑家	56			25	酒吧侍者
图书管理员	55			25	儿童保育员
	53	飞机机械师		23	农场工人
	53	消防队员		23	家政工作者
社会工作者	52			22	上门推销员
运动员	51			22	门卫
计算机程序员	51			22	出租车司机
编辑 / 记者	51			17	垃圾清运工
电台 / 电视台播音员	51			14	旅馆侍者
	49	电工		9	擦鞋者

资料来源：Adapted from *General Social Survey,1972-2010: Cumulative Codebook* (Chicago: National Opinion Research Center，2011).

38 409 美元，只占非西班牙裔白人家庭收入（67 341 美元）的 57%。在收入方面的不平等导致了生活方面的重大差异。举例来说，76% 的非西班牙裔白人家庭拥有自己的住房，而拥有自己住房的黑人家庭只占 49%（U.S. Census Bureau, 2010）。

夫妻双全的家庭跟单亲家庭相比，收入更高。非裔美国家庭收入方面的种族差异部分来自于单亲家庭的比例较高。单就夫妻双全的家庭进行比较，非裔美国家庭的收入也只占非西班牙裔白人家庭收入的 81%。

随着时间的流逝，这种收入方面的差异造成了种族间的财富鸿沟（Altonji, Doraszelski & Segal, 2000）。美国联邦储备委员会最近对美国家庭住户的调查发现，少数族群家庭（包括非裔、西班牙裔和亚裔）财产的中位数（约 27 800 美元）只是非西班牙裔白人家庭（170 400 美元）的 16%（Bucks et al.，2009）。

◎ 这些女性出现在电视节目《亚特兰大贵妇的真实生活》(*Real Housewives of Atlanta*)中，运用下文所讨论的分类方法，你认为她们各自应列入哪一类社会阶级？为什么？

社会地位也受到民族因素的影响。美国社会中的英裔美国人总是拥有最多的财富和最大的权力，而人口最多的少数种族或民族——拉美裔美国人在这些方面长期处于不利的地位。西班牙裔美国家庭 2009 年收入的中位数是 39 730 美元，这个数字只相当于所有非西班牙裔白人家庭收入中位数的 59%。关于种族和民族如何影响社会地位，将在第 14 章（“种族和民族”）详细研究。

性别

各个阶级的家庭当然都是由男性和女性组成的。但一般来说，女性的收入、财富和职业声望都远不如男性。在单亲家庭中，由女性维持的单亲家庭陷入贫困的可能性，是由男性维持的单亲家庭的两倍。第 13 章（“性别分层”）探讨了性别和社会分层的关系。

美国的社会阶级

◇ 分析

正如第 10 章（“社会分层”）所解释的，人们在社会等级系统中的位置都是固定且显而易见的。但是要对我们这样流动性比较强的社会系统进行分类并不容易。

有这样一个老笑话：两个人叫了一个比萨饼，要求将它分成六块，因为他们现在还不太饿，没法吃下八块。与此类似，在社会阶级划分方面，有些社会学家划分的阶级要比其他社会学家多。一个极端是，有些社会学家将社会分为六个或七个阶级；另一个极端是，有些社会学家追随卡尔·马克思的脚步，只看到了资产阶级和无产阶级两大阶级，还有些社会学家站在马克斯·韦伯一边，声称社会分层形成的不是界限分明的阶级，而是多维的社会地位等级制度。

因为社会地位一致性程度相对比较低，所以定义美国社会阶级是一件难事。特别是对于处在社会等级中间层次的人，他们在某一社会层面上所处的地位，并不与另一层面上的地位相当。举例来说，一个政府官员有权管理数百万美元的政府预算，但他也许只有中等的个人收入。与此相类似，许多神职人员享有很高的声望，但他们只有中等的权力和很低的收入。再如一个以赌纸牌行骗的熟练赌徒，虽然并不能获得公众的尊重，却能大赚其钱。

最后，阶级系统的社会流动特性，最明显地表现在围绕中产阶级的流动，这意味着在一个人的一生中社会地位可能发生变化，进而模糊阶级界限。基于上述讨论，我们大体把社会分为四个等级：上层阶级、中产阶级、工人阶级和底层阶级。

上层阶级

占美国人口 5% 的上层阶级家庭年收入最少的是 200 000 美元，有些家庭的收入是这个数字的 10 倍或者更多。有这样一条普遍的规则：一个家庭的收入来自于所继承的股票、债券、房地产和其他投资形式的财产越多，这个家庭成为上层阶级的可能性就越大。

2010 年《福布斯》杂志简要介绍了美国最富有的 400 个富豪，每人身家至少 10 亿美元，最多 540 亿美元（Kroll，2010）。这些人构成了上层阶级的核心，也就是马克思所说的占有生产

◎ 人们经常要在“新贵”和“旧富”之间做出区分。突然间获得很高收入的人倾向于把钱花在能象征他们社会地位的东西上，因为他们陶醉于豪华生活带来的新刺激，还希望别人知道他们的成功。与此相反，在财富环绕中长大的人对优裕的生活已经司空见惯，对此更为平和。因此，上层阶级的下层炫耀式的消费（左图），与上层阶级的上层更注重私人空间、保守的消费取向（右图）截然不同。

资料或大部分私有财产的资产阶级。许多上层阶级的成员是工商企业主、大公司的高级管理人员，或者资深政府官员。在过去，上层阶级大多由盎格鲁—撒克逊白人新教徒组成，但现在已并非如此（Pyle & Koch，2001）。

上层阶级的上层

上层阶级的上层有时被称为“蓝血人”，或者就叫“上流社会”，他们只占美国人口的 1%（Coleman & Neugarten，1971; Baltzell，1995）。有这样一个笑话：成为上层阶级的上层最容易的方法是天生如此。这个笑话指出了上层阶级的上层成员总是生来就属于这个阶级。大多数此类家
250 庭都拥有最初继承而来的巨额财富。因此，上层阶级的上层成员被称为“旧富”。

除了财富之外，上层阶级的上层居住在老式的单独的社区，比如波士顿的灯塔山、费城的利顿豪斯广场、芝加哥的黄金海岸和旧金山的诺布山。他们的子女一般和其他相同背景的人一起就读于私立学校，并在声名卓著的学院和大学完成学业。遵循欧洲贵族的传统，他们学的是文科而非职业技能。

上层阶级的上层的妇女为慈善机构做义工，她们这么做是出于这样的双重目的：在帮助社会大众的同时，建立赖以扩大精英阶层权力的社会网络。

上层阶级的下层

大多数上层阶级的上层的人实际上已经滑落到了上层阶级的下层。英国女王处于上层阶级的上层并不是因为她 6.5 亿美元的财产，而是因为她显赫的家庭谱系。《哈里·波特》的作者 J.K. 罗琳身家大概 10 亿美元，甚至更多，但这个曾经靠救济金生活的女人属于上层阶级的下层。换句话说，上层阶级的下层和上层的主要区别在于，他们大多靠工作而非祖业致富。这些富足的家庭占美国人口的 3% ～ 4%，他们一般居住在高档社区的大房子里，拥有依山傍水的度假屋，送孩子去私立学校和名牌大学念书。但是大多数“新贵”无法进入“旧富”家庭的俱乐部和联盟。

在美国，我们常说的“美国梦”就是指挣足够的钱以加入上层阶级的下层的行列。签下百万美元合同的运动员、在好莱坞电影中得到一个重要角色的演员、创造最新网站吸引公众注意的计算机奇才，甚至赢得彩票大奖的人都是进入上层阶级的下层行列的天才成功者和幸运儿。

中产阶级

中产阶级由美国人口的 40% ～ 45% 组成，庞大的中产阶级对美国文化有着巨大的影响。电视节目和电影经常表现中产阶级题材，大多数商业广告也是直接针对他们设计的。中产阶级保持着比上层阶级广泛得多的种族和民族的多样性。

上层中产阶级

中产阶级中，平均年收入在112 500 ～ 200 000

美元之间叫做上层中产阶级，他们处于中产阶级的上层。这样的收入使上层中产阶级家庭可以居住在位于豪华社区的舒适房子里，拥有几辆汽车，可以不断进行投资。2/3 的上层中产阶级家庭的孩子从大学毕业，很多拥有研究生学历。许多人进而从事诸如内科医生、工程师、律师、会计师和商业经理等声望较高的职业。虽然没有像最富有的人那样的影响国内或国际事务的能力，上层中产阶级经常在地方政治事务中扮演重要角色。

普通中产阶级

普通中产阶级在美国社会结构中位于中间位置。普通中产阶级通常从事诸如银行分行经
251 理、中学教师和政府文员等职业声望较低的白领工作，或者从事电工、木工等高技术含量的蓝领工作。普通中产阶级家庭的年收入为 48 000 ～ 112 500 美元，跟全国平均收入差不多。[①]

在工作期间，他们能积累起一小笔财产，大多为一所房子和一笔退休金。他们一般中学毕业，他们中一半人会在学费较低的州立学校完成大学学业。

工人阶级

工人阶级（有时也被称为下层中产阶级）大约占总人口的 1/3。按照马克思主义理论，工人阶级是工业无产阶级的核心。工人阶级所从事的蓝领工作给他们家庭带来 27 000 ～ 48 000 美元的年收入，稍微低于全国平均水平。工人阶级家庭很少或根本没有财产，很容易因失业或疾病而陷入经济困境。

工人阶级所从事的许多工作很难令人得到自我满足。这些工作都强调纪律性而不需要想象力，并将工人置于持续不断的监督管理之下。这些工作所提供的医疗保险、退休金等福利比较少。大约 2/3 的工人阶级家庭拥有自己的房子，他们的房子通常位于廉价的社区。只有 1/3 的工人阶级家庭的孩子有机会接受大学教育。

底层阶级

最后剩下 20% 的人口组成底层阶级。低收入使他们过着没有安全感的困苦生活。2009 年，联邦政府把 4 360 万人（占总人口的 14.3%）归为“穷人”。更多的人被归为“工作的穷人”，他们经济状况比“穷人”好一点，有一个很难令人满意且收入微薄的低声望工作。他们中仅有 2/3 的人读完了中学，只有 1/3 的人曾经上过大学。

社会将底层阶级隔离开，对少数种族和民族更是如此。大约 45% 的底层阶级家庭拥有自己的房子，一般位于最差的社区。尽管穷人社区经常位于城市内部，但底层阶级家庭，特别是南部的家庭，还同样生活在乡村社区。

最近的经济衰退扩大了全美底层阶级的规模。在全美城市中，加州的埃尔森特罗的官方失业率最近创纪录地达到最高 23%，而居民的平均年收入降至约 15 000 美元。但诸如密歇根州的弗林特等许多中西部的工业城市的平均年收入现在还勉强达到 20 000 美元，远低于全国平均收入。佐治亚州的梅肯，以及南部的许多城市都同样如此（Zumbrun，2009）。

阶级造成的差异

◇ 应用

社会分层几乎影响到我们生活的各个方面。我们将简要分析一下社会地位与我们的健康、价值观、政治观点和家庭生活相关联的一些途径。

健康

健康和社会地位紧密关联。穷人家的孩子出生一年内死于疾病、疏忽、意外事故，或者暴力的可能性是出生于特权家庭孩子的两倍。在成人中间，收入高于平均水平的人与低收入者相比，自我感觉健康状况极好的，前者是后者的近两倍；前者的寿命平均比后者长 5 岁，是因为前者食用营养更丰富的食物，生活在更安全更少压力的环境中，能得到更好的医疗护理（Adams,

① 美国一些地方（比如纽约、旧金山）的生活费用非常高，一个家庭的年收入要在 150 000 美元或更多，才能达到中产阶级水平。

Lucas & Barnes, 2008; National Center for Health Statistics，2010; Singh，2010）。

价值观和态度

文化价值观存在阶级差异。因为“旧富”们的社会地位基于代代相传的财富，所以他们对家族历史有一种异乎寻常的强烈的感情。为了保护与生俱来的特权，他们还偏爱保守的礼仪和品位。许多“新贵”热衷于炫耀式的消费，用房子、汽车，甚至飞机作为象征物，来宣示他们的社会地位。

教育程度越高、经济越宽裕的富人，越能够宽容诸如同性恋等有争议的行为。教育程度越低、成长于越严格的纪律和监督管理的环境中的工人阶级，越不能够容忍此类行为（Lareau，2002; NORC，2009）。

252 社会阶级对自我概念有很大的影响。社会地位较高的人在日常交往中更自信，原因很简单，因为其他人将他们视为重要人物。第 284 页“多样性思考”专栏描述了一位来自贫困家庭的年轻女孩所面临的挑战：去一所大多数学生来自精英家庭的大学上学。

政治观点

政治观点也有阶级差异吗？答案是肯定的，但具体模式是复杂的。出于保护自己财产的需要，富人们在经济议题上倾向于保守，比如支持更低的税率。但在诸如堕胎、同性恋权利等社会议题方面，教育程度越高、越富有的人，政治观点越开明。与此相反，社会地位较低的人更倾向于经济自由，支持政府扶持穷人的社会计划，但在社会议题方面，他们一般更保守（NORC，2009）。

在政治参与方面有一个更清晰的模式。政治系统更多是为高收入者服务的。高收入者与低收入者相比，更倾向于参与投票和加入政治团体。在2008 年总统选举中，80% 的家庭收入100 000 美元的成年人参与投票，而家庭收入少于40 000 美元的成年人中，参与投票的大约只有57%（U.S. Census Bureau，2009）。

◎ 2010 年的电影《斗士》（*the Fighter*）中的故事发生在 20 世纪 90 年代，经济处于衰退之中的马萨诸塞州的罗威尔。马克·沃尔伯格（Mark Wahlberg）饰演的斗士——“爱尔兰人”米奇·沃德（Micky Ward）代表了工人阶级在这个充满挑战的世界中的梦想。尽管有点不顺，米奇还是取得了一些成功，但这个故事昭示：工人阶级付出更大的努力，却只能得到一般的安全感。

家庭和性别

社会阶级也塑造了家庭生活。一般来说，底层阶级的家庭要比中产阶级家庭稍大，因为底层阶级家庭与中产阶级家庭相比，更早结婚，更少控制生育。另一种家庭模式是，工人阶级父母鼓励孩子遵守传统规范和尊重权威人物。更高社会地位的父母将与此不同的“文化资本”传递给他们的孩子，教导他们更加自由地表达自己的个性和想象力。上述两种不同的安排中，父母都是着眼于孩子的未来；不同点在于，非特权阶级的孩子将来所从事的工作需要他们遵守规范，而特权阶级的孩子将来从事的职业需要更多的创造性。（Kohn，1977；McLeod，1995；Lareau，2002）。

家庭越有钱，父母越倾向于开发自己孩子的天才和能力。将一个生于 2009 年的孩子抚养到 18 岁，年收入达 171 710 美元的富裕家庭将花费 369 360 美元，年收入达 76 250 美元的中产阶 253
级家庭将花费 222 360 美元，年收入不到 56 670 美元的低收入家庭将花费 160 410 美元（Lino，2010）。权力导致权力，同样在每一代人中，家庭生活复制社会结构。

阶级也塑造了我们的关系世界。在关于婚姻生活的经典研究中，伊丽莎白·博特（Elizabeth

多样性思考：种族、阶级和性别

阶级的力量：一个来自低收入家庭学生的疑问："我和你们一样吗？"

马塞拉在成长中未享受任何特权，而在这所私立文理学院的大多数学生中，享有特权是理所当然的。在她大学四年级，她和我进行了一次长谈，谈她的大学经历，以及为什么社会阶级对她来说是一个巨大的挑战。她希望保持匿名，因此马塞拉不是她的真名。我将她说的有关校园生活的情况概括如下：

当我来到这里，我进入了一个全新的世界。我发现自己身处一个看似陌生、间或危险的地方。我不理解周围所有人的习惯和思想。我对自己说了一千遍，我希望你们所有人明白，除这里之外，还存在其他世界，我就是来自其中之一。你们接受我吗？

我是一个在贫穷和暴力中长大的女孩。我现在身处一所精英学院的校园中，拥有一个大学生的新身份，但我过去的生活印迹仍在我的意识之中，我无法改变这种自我意识。

你想认识我更多吗？更多了解社会阶级如何型塑我们自我意识的力量，这就是我想要告诉你的。

在我成长过程中，我羡慕你们中大多数人。你们生活在中产阶级世界中，它帮助你、保护你、安慰你，而我什么也没有。当你们的父母在讨论时事、计划家庭旅行和照看你们的时候，我的父母正在互相尖声喊叫。我永远不能忘记那些夏日的夜晚，我汗涔涔地躺在床上咬手指甲，一个电话机撞碎在隔壁的墙上。我父亲喝醉了，我母亲及时躲过了电话机。

你们的父母在办公楼上班，他们或者拥有诸如医生、律师、建筑师等好工作，或者是公司经理，或者经营小生意。你们的父母都是别人在意的人。我母亲搭公交车去医院，在病人走后做清洁工作，每小时赚 10 美元。她按规定轮班工作。我父亲？你知道，他是一个懒人、酒鬼和瘾君子。我已经 8 年没有他的消息了。

你们在一个地区成长，在同一所房子里很可能生活很多年。我家住在低租金的房子里，搬家是家常便饭。当没有钱付租金的时候，我们就收拾东西搬到一个新地方。我们看上去像经常因为什么事情逃跑。

你们的成长中有书籍、图书馆，有父母读给你听。你们学会了得体的语言和大量词汇。我从来没有听过睡前故事，大概只遇见一位令人鼓舞的老师。大部分我所知道的东西都不得不靠自己去学习。也许这就是为什么我经常有正在努力跟上你们的感觉。

Bott，1971, orig. 1957）发现，大多数工人阶级夫妇根据性别角色来对职责进行分工，与此相对，中产阶级夫妇之间关系更平等，共同参与更多的活动，表达也更为亲密。凯伦·沃克（Karen Walker，1995）稍近的研究发现，工人阶级的友谊一般被作为物质支援的来源，而中产阶级的友谊包含着共同的兴趣和闲暇追求。

254 ## 社会流动

◇ 评价

我们的社会是以大量社会流动为标志的动态社会。取得大学学位、获得报酬高的工作，或者和一个收入高的人结婚，都将导致向上的社会流动。失学、失业，或者离婚（特别是女性），都可能导致向下的社会流动。

从长远来看，社会流动与其说是个人的变化，还不如说是社会本身的变化。举例来说，在 20 世纪上半叶，工业化扩大了美国的经济规模，提高了生活水平，就连那些不太适应那个潮流的人也跟着发家致富。在最近十年，大量美国工厂关停推动了向下的结构性社会流动，并使很多人尝到了经济衰退的恶果。2007 年底遭受沉重打击，并在之后持续多年的经济衰退，减少了成百上千万人的收入和工作机会。

你们知道如何正确使用刀、叉和汤匙，你们知道怎么吃中国菜和在泰国餐馆如何点菜，你们享用喜爱的意大利菜肴，你们知道怎样点酒水，你们了解德国啤酒、丹麦奶酪和法国酱汁。我呢？在我成长过程中，在纸碟上吃感恩节晚餐，吃的火鸡是由社会服务志愿者提供的。当你们邀请我跟你们一起去某个特别的餐厅时，我会推辞不去待在家里。我不能负担餐费，不仅如此，我担心你们会发现，那些你们认为理所当然的事情我却一无所知。

我曾经是怎样来这所学院的？我记得我的一位老师对我说"你有希望"。这个学院录取了我，但我不知道为什么。我被授予奖学金，解决了我大部分学费。这样就解决了一个大问题，所以我现在可以在这儿，但有时我不能确定我是不是要待下去。我不得不去学习更多的东西，而这些东西你们已经熟知。我不得不从事两份兼职工作，赚钱购买二手电脑、衣服，偶尔在街角买一个比萨饼，而对你们中很多人，这是家常便饭。

我能在这儿是令人惊奇的事，我知道我有多幸运。但是我现在在这儿，我知道未来之路比我想象的要长好多。进入这所大学只是这个旅程的一部分，奖学金只是答案的一部分。对我来说最大的挑战是每天发生的事情，你们的生活方式，我仍然不能真正理解；有成百上千的事情我不知道，或者因此做错事而被揭穿，从而显得我是个冒牌货。

你怎么想?

1. 这个故事是如何展现除个人财富外，社会阶级还包含更多的内涵的?
2. 马塞拉为什么担心别人会认为她是个冒牌货？假如你跟她谈谈这个问题，你会怎么说?
3. 你曾经有过基于社会阶级地位比别人低（或者高）的类似感觉吗？请解释。

社会学家将社会地位短期和长期的变化区分开来。**代内社会流动**（intragenerational social mobility）是指发生在个人一生中的社会地位的变化。**代际社会流动**（Intergenerational social mobility）是指子女和父母之间向上或向下的社会流动。代际流动的重要性在于，它通常能揭示诸如工业化等影响到每个人的长期的社会变化。

流动性研究

很少有像美国这样的社会，人们老是想着要"往上爬"。Lady Gaga 声称成长于底层阶级家庭，去年她赚了超过 6 000 万美元。约翰尼·德普（Johnny Depp）生于肯塔基州，父亲是工程师，母亲是服务员，他去年赚了 1 亿美元。向上流动，甚至到顶点成为一名超级巨星，就是美国梦。但是每个人都能向上流动吗？哪怕只是一点点？社会流动正如我们想的那样吗?

关于代际流动的一项最新研究表明：大约 32% 的美国男性和他们父亲从事同类的工作，37% 向上流动（比如父亲从事蓝领工作，现在儿子从事白领工作），其余 32% 向下流动（比如父亲从事白领工作，而儿子从事蓝领工作）。在女性中，27% 的女性和她们父亲从事同类工作，46% 向上流动，其余 28% 向下流动（Beller & Hout, 2006）。第 288 页"焦点中的社会学"专栏提供了另一项有关长期社会流动的研究结果。

◎ 与高收入者相比，低收入者声称健康状况良好的可能性只占高收入者的一半，低收入者的寿命一般比高收入者要短5年。低收入的代价——营养不良、缺医少药、压力很大——很容易从穷人的脸上看出来，因为他们看上去比实际年龄要老。

代内社会流动 发生在个人一生中的社会地位的变化。

代际社会流动 子女和父母之间向上或向下的社会流动。

在同一阶级层面上更换工作的水平社会流动更为普遍。总的来说，大约80%的人从事跟他们父亲类似的工作，但在具体职业上至少有所变化（Hout, 1998; Beller & Hout, 2006）。

有关美国社会流动的研究指出了四个普遍的结论：

1. 20世纪的社会流动率是非常高的。在一个工业化阶级系统中，高频率的流动正是我们所希望的。大多数人的社会流动与他们的父母有关。

2. 在同一代人中，社会流动率通常较小。大多数年轻的家庭随着时间的推移，获得教育和技能，从而增加收入。一些社会流动产生于人们的生命过程中，举例来讲，一个家长年龄为30岁的典型家庭，2009年年收入为54 000美元，而一个家长年龄为50岁的典型家庭，2009年年收入为77 000美元（U.S. Census Bureau, 2010）。但只有很少的人从赤贫到巨富（就像J.K.罗琳），或者失去大量金钱（很多推广壮大嘻哈文化的明星几年后几乎没什么钱）。大多数社会流动是同一阶级层面的有限流动，而不是阶级间的显著的流动。

3. 社会流动的长期趋势是向上流动。整个20世纪的工业化极大地发展了美国经济，增加了白领工作岗位，提高了生活水平。但在最近十年中，向下流动与向上流动持平（Keister, 2005）。

4. 20世纪70年代以来的社会流动是不均衡的。从20世纪70年代到20世纪末，除去通货膨胀后的实际收入稳步增长。其后，如图11—2所示，实际收入的波动总体上小于70年代之前。最近，开始于2007年的经济衰退导致  255
大多数人几年内收入下降。随着向下社会流动的蔓延，声称能实现美国梦的人的比例从2001年的76%下降到2010年的57%，这一点也不奇怪（Zogby，2010）。

收入水平的流动

社会流动经历的差异取决于你碰巧所处的社会阶级系统。图11—3显示了1980—2009年间，不同收入水平的美国家庭的收入状况。富有的家庭（收入最高的20%家庭，但在整个时期，并不是同样的那些家庭）收入增长了55%，从1980年的平均122 054美元增加到了2009年的189 486美元。收入中等的家庭也有所得，不过所得有限。收入最低的20%的家庭的收入减少了3.8%。

对在收入阶梯顶端的家庭（最高端的5%）来说，最近几十年发了横财。这些家庭1980年的平均收入超过173 000美元，而2009年是325 000美元，几乎是20年前的两倍（U.S. Census Bureau，2010）。

流动：种族、民族和性别 256

在美国，白人往往比非裔或西班牙裔居于更优越的地位。在20世纪80年代和90年代的经济扩张中，更多非裔美国人进入了富有者的行列，但是总体上来讲，30年来非裔美国人的

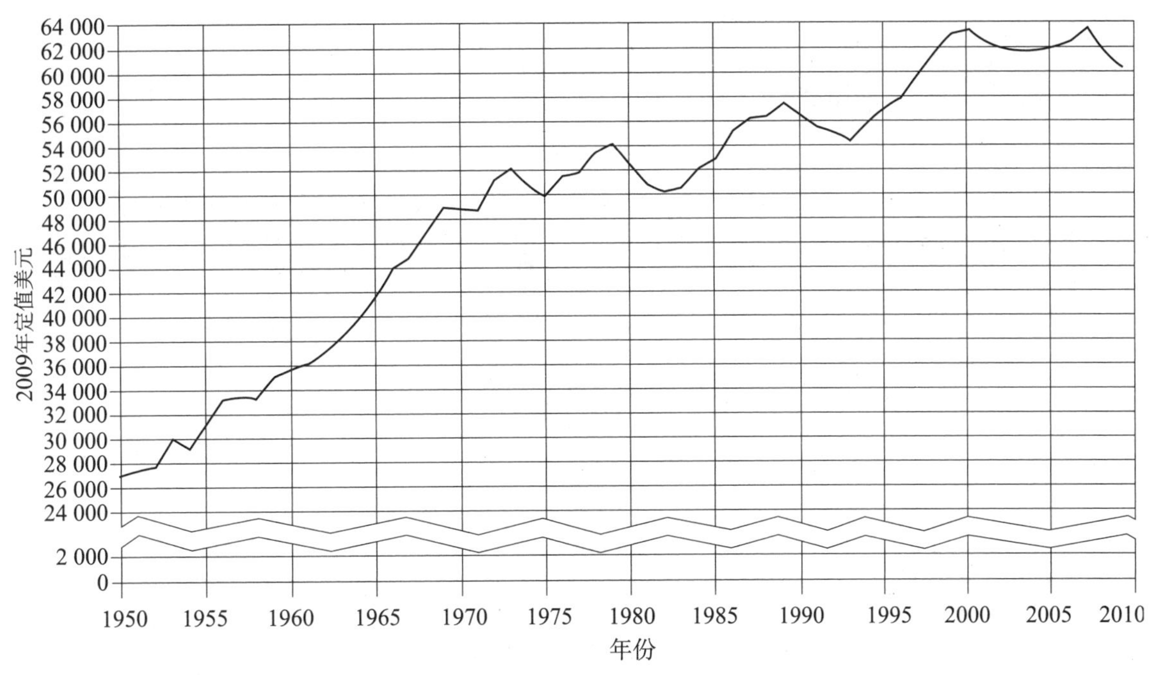

图 11—2 1950—2009 年美国家庭年收入的中位数

◎ *在 1950—1970 年间，普通美国家庭的收入增长迅速。但此后，收入增长慢了下来。*

资料来源：U.S. Census Bureau (2010).

实际收入几乎没有改变。2009 年非裔美国家庭收入占白人家庭收入的百分比（57%）只略微低于 1975 年的水平（61%）。美国的拉美裔家庭和白人家庭相比，这个比例的前后差距更为悬殊，1975 年拉美裔美国家庭收入占白人家庭收入的 66%，而 2009 年这个数字下滑到了 59%（U.S. Census Bureau, 2010）。

女权主义者指出，美国社会的女性向上流动的机会比男性要少，因为大多数女性从事的是办事员（比如秘书）和服务（比如侍者）工作，这些工作很少能提供晋升的机会。

女性和男性之间的收入鸿沟正随着时间而逐渐变窄。全职工作的女性 1980 年的收入是全职工作男性的 60%，到 2009 年，这个数字是 77%（U.S. Census Bureau，2010）。

流动和婚姻

研究结论指出，婚姻对社会地位有重要影响。在一项对 40 多岁的男性和女性的研究中，杰伊·扎戈尔斯基（Jay Zagorsky，2006）发现，结婚并且维持婚姻的人所积累的财产是单身或离婚者的两倍。造成这个差距的原因是，夫妻双方生活在一起，通常享有双份工资，而且在费用支出方面，比单身且分开居住要省一半。

结婚的人比单身的人工作更努力，存款更多，这也是有可能的。为什么呢？主要原因是他们工作不仅仅为自己，还要供养依赖他们的人（Popenoe, 2006）。

正如结婚能提高社会地位，离婚通常会降低社会地位。离婚的夫妇要承担两个家庭的经济重担。离婚后女性受到更多的伤害，因为男性的收入通常比女性多。许多离婚的女性失去的不仅是大部分收入，还有诸如医疗、保险等福利（Weitzman，1996）。

美国梦：仍然是现实吗？

向上社会流动的期望深深根植于美国的文化土壤之中。经济的稳步增长贯穿于美国大部分历史时期，提高了生活水平。甚至在今天，至少对某些人来讲，美国梦依然是有活力的和美好的。在 2010年，大约 1/4 的美国家庭挣了 100 000 美元或者更多，与此前相比，1967 年只有刚好

焦点中的社会学

社会流动是意外还是规则?

美国社会的向上流动是怎样的?向下流动的概率如何?从小到大一直在同一阶级的人有多大比例?丽萨·A·基斯特(Lisa A. Keister)利用全美青年纵贯调查(NLSY,一项对9 500名男性和女性的长期研究)获得的数据来回答这些问题。这些人第一次被研究的时候是1979年,那时他们是14～22岁的青年,和双亲或其中一方一起生活。同样这些人在2000年被再次研究,这时他们是35～43岁的成年人。大约80%的研究对象已经结婚,并拥有自己的家庭。

基斯特想知道的是,研究对象的经济地位在一生中是怎样改变的,她通过估计(根据NLSY数据)他们在两个不同时间财产的数量加以测量。在1979年,因为研究对象年轻且住在家里,她测量了研究对象父母的家庭财产。基斯特将每个家庭归入从最富的20%到最穷的20%的五个财产层级之一,这些层级显示于附表的纵轴。在2000年,她测量了相同的研究对象,他们现在住在自己家里。2000年的财产等级显示于表中横轴。

那么,基斯特得到了什么?以家庭财产计算,在21年中发生了多少社会流动?看看这个表,我们能学到很多。左上角的格子显示,1979年研究对象中最富有的20%中,55%的人在2000年仍留在最高财产等级中。很明显,因为这些人一开始就在最高等级中,就不会有向上流动(尽管有些研究对象成年后比年轻时更富有)。25%的1979年最富有的研究对象下降了一个等级。这意味着80%的1979年最富有的研究对象在2000年仍然过得很好,只有20%的最富有人向下流动了两个或两个以上等级(下降两个等级的是9%,下降三个等级的是6%,下降到最低财产等级的是5%)。

我们从1979年财产等级底层的最穷研究对象开始,也能得到相似的模式。很明显,又因为这些人一开始在最低等级中,他们除了向上流动无路可走。但是他们中45%的人成年后仍留在最低财产等级中(右下角的格子),27%的人上升了一个等级,另外28%的人成年后上升了两个或两个以上等级(上升两个等级的是11%,上升三个等级的是9%,上升到最富有等级的是8%)。

数据显示,对于中间等级的研究对象,社会流动较为明显。一开始处于第二富有等级的人中,仅33%的人成年后仍留在原等级,其余67%的人上升或者下降至少一个等级,然而最常见的流动是上升或下降一个等级。一开始处于第三(中间)等级的人中,35%的人成年后仍留在原等级,65%的人上升或者下降至少一个等级,最常见的流动还是变动一个等级。同样地,一开始处于第四等级的人中,35%的人成年后仍留在原等级,其余65%的人中大多数上升或者下降一个等级。

那么关于一代人在1979年和2000年的财产流动模式,我们能得出什么结论?第一个结论是大多数人确实经历了社会流动,向上或向下流动了一个或多个等级。因此社会流动是规律,而不是例外。第二,向下流动与向上流动一样普遍。第三,社会流动在处于财富等级中间的人中更为普遍。保持在原有财产等级中的人,占最大比例的是最高和最低层级(一开始位于最高层级的人中,55%保持在原层级,一开始位于最低层级的人中,45%保持在原层级)。

加入博客讨论吧!

上文哪方面的研究结果让你觉得诧异?总体来说,上文的研究结果与你所认为的这个国家大多数人对社会流动的看法相符合吗?登录MySocLab,加入"焦点中的社会学"博客,分享你的观点和经历,并看看别人是怎样想的。

儿童地位(1979)	成年地位(2000)				
	最富裕20%	次富裕20%	中间位20%	次贫穷20%	最贫穷20%
最富有20% →	55	25	9	6	5
次富有20% →	25	33	23	11	8
中间位20% →	13	21	35	20	11
次贫穷20% →	7	14	20	35	24
最贫穷20% →	8	9	11	27	45

1/15 的家庭赚这么多（除去美元通货膨胀的影响）。美国现在有超过 800 万个百万富翁家庭，
257 是 1995 年的两倍（U.S. Census Bureau, 2010; Smith, 2010; Wolff, 2010）。

但并不是所有的指标都是乐观的。请注意下列这些令人烦扰的趋势：

1. *许多工人的工资增长停止了*。1958—1974 年间，全职工作的 50 岁男性的收入增长了 65%，从 29 233 美元增加到 48 184 美元（以 2009 年的美元为基准折算）。然而在 1974—2009 年间，这些工人的收入下降了 7%，但其工作时间却增加了，住房、教育和医疗保险等生活必需品的花费也提高了。

2. *更多的工作支付很少的报酬*。经济全球化扩展使许多工业工作转移到海外，减少了美国高薪工厂工作的数量。同时，服务经济的膨胀意味着今天更多的工作（在快餐店或大型折扣店）提供相对较低的工资。

3. *年轻人留在父母家里*。目前，超过一半的 18～24 岁的年轻人（53% 的男性，49% 的女性）和父母住在一起。从 1975 年以来，结婚的平均年龄增长了 5 岁（女性 26.1 岁，男性 28.2 岁）。

在最近的这代人中，很多人致富了，本来富有的变得更富了。正如第 290 页“日常生活中的社会学”专栏中所指出的，在这个财富金字塔的顶端，报酬最高的公司管理人员的收入正失控似地增长。但低收入工作份额的增加也导致了向下的社会流动，成百上千万的家庭满怀有朝一日享受中产阶级的生活方式的希望，却滑出了这个“轨道”。如图 11—2 所示，尽管 1950—1973 年这代人家庭收入的中位数翻了一番，但 1973 以来几乎两代人的家庭收入只增长了 15%（U.S. Census Bureau, 2010）。

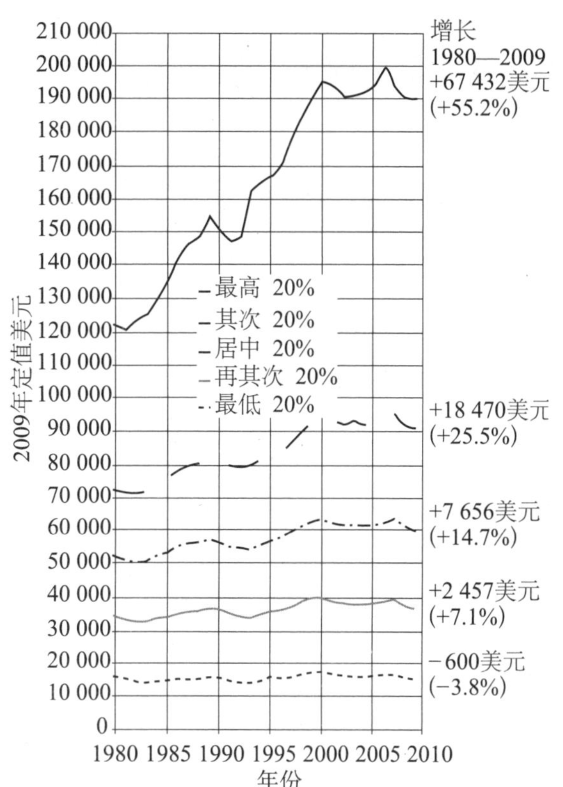

图 11—3　1980—2009 年美国家庭年均收入（以 2009 年美元为基准校准通货膨胀）

◎ 如今，高收入家庭和低收入家庭之间的收入差距比 1980 年时更大了。

资料来源：U.S. Census Bureau (2010).

全球经济和美国阶级结构

美国阶级结构变化的潜在原因是全球经济的变化。很多给上一代美国工人带来丰厚收入的工业品的生产已经迁移到了国外。因为国内工业较少，美国现在已是外国工业品的巨大市场，这些工业品包括汽车、音响设备、相机和电脑等大众消费品，产自中国、日本、韩国和其他地方。

在 1960 年，制造业中的高收入工作拥有 28% 的美国劳工，今天只有 9% 的工人从事这样的工作。经济系统用收入较低的服务工作来填补他们的位置。传统上薪酬高的公司比如 USX（从前的美国钢铁公司）现在比正在扩张的麦当劳连锁店雇用的人要少，而快餐店店员的收入只是钢铁工人收入的一小部分。

对每个人来说，全球化的工作重组并不是坏消息。正相反，全球化经济推动了以法律、金融、营销和计算机技术为专业的饱学之士向上的社会流动。1980—2011 年间，全球化的经济扩张也帮助抬高了股票市场，即使从 2008 年开始有所下滑，也提升了约 12 倍。有钱的家庭投资并获得了收益。

日常生活中的社会学

当CEO们越来越富有，豪宅又回来了

我在宾夕法尼亚州埃尔金公园长大，埃尔金公园在费城的正北面，是一个较老的郊外社区。尽管像大多数郊区居民那样，一些邻居的房子比其他人的要大些，但在那个时候的埃尔金公园仍然主要是一个中产阶级社区。埃尔金公园的特别之处在于那几所散布于此地的大房子，它们是由早期的费城工业家于一个世纪之前修建的。在那个时候，所有这些豪宅，加上旷野和草地，从郊区一直延伸向城镇。然而大约到1940年，大部分土地被分成小块用以建造更新的中产阶级郊区住宅。豪宅们顿时显得很不协调，它们的继承人也正想方设法支付日益高涨的财产税。结果许多豪宅被出售，建筑被推倒，土地被分割。

在20世纪60年代，当时我只有十几岁，在埃尔金公园骑自行车短短地走一段路，就可以经过布莱耶庄园（Breyer estate，由布莱耶冰淇淋公司的创始人修建，现在是镇区警察大楼）、柯蒂斯庄园（Curtis estate，由一个杂志发行人建造，现在已变成社区公园）、和瓦纳梅克庄园（Wanamaker estate，由费城一家大型百货商店的创始人建造，现在这个地方已修建了多座高层公寓）。也许它们中规模最大的是林内伍德堂（Lynnewood Hall），这座有110个房间的大厦由工业家魏德纳（Peter A. B. Weidner，他的儿子乔治和孙子哈里名列1912年葬身"泰坦尼克"号头等舱乘客名单之中）建成于1900年。魏德纳的大厦模仿法国的一处古堡，连门把和窗户拉手都是包金的。它曾经归教会所有，现在已经人去楼空。

在那个时代，这些建筑不仅仅是奴仆如云的豪富家庭们的住宅，而且还是一个时代的纪念碑。在那个时代，富人确实非常有钱。与此相比较，在这些豪富家庭们曾经拥有的土地上，出现的是把房子建在较小的地块上的中产阶级社区。

那么所谓镀金时代的巨额财富永远消失了吗？不可能。到20世纪80年代，美国掀起了建造豪宅的新浪潮。建筑师蒂埃里·德蓬（Thierry Despont）主要为超级富豪们设计豪宅。一处由德蓬设计、相对较小的住宅，面积达20 000平方英尺（大约是美国平均住宅面积的10倍），它所设计的更大的豪宅，面积足足超过60 000平方英尺（跟任何建于一个世纪以前的埃尔金公园的豪宅面积相仿，几乎和白宫一样大）。这些大型住宅的厨房像大学教室那样大，还有健身房、室内游泳池，甚至室内网球场（Krugman, 2002）。

这些大型住宅由新富起来的大公司的首席执行官们（CEO）建造。CEO赚的钱一直比大多数人多，最近几年他们的收入直冲云霄。在1970—2009年间，一般美国家庭的收入只有适度增长（计入通货膨胀因素后大约24%），但根据一项新的研究，在同一时期，100个工资最高的CEO的薪酬从130万美元（大约是当时普通工人工资的40倍）猛涨到2 340万美元（大约是现在普通工人工资的372倍）。还有人赚得更多，25个收入最高的投资基金经理2009年人均收入达10亿美元，他们17分钟赚的钱比普通工人整年赚的还多（Schwartz & Story, 2010; U.S. Census Bureau, 2010; The Corporate Library, 2011）。

你怎么想?

1. 你认为正在增长的经济不平等到什么程度会成为一个问题？请解释。
2. 一个CEO的收入应该是一个普通工人收入的几倍？请解释你的答案。
3. 始于2008年的经济衰退后几年，华尔街的收入和CEO的红利又创了新纪录。你认为这种情况反映了一种自由和公平的经济模式吗？政府应该控制对最富有的人的补偿吗？请解释你的答案。

但是同样的趋势却损害了许多普通工人的利益，他们失去了工厂的工作，现在正从事低工资的服务工作。再加上许多公司（通用和福特是最近的例子）缩减规模，减少劳工职位，以保持在世界市场上的竞争力。结果是即使所有家庭中的 54% 拥有两个或更多的工人——1950 年份额的两倍多——许多家庭也仍在更努力的工作，仅仅是为了保持他们已拥有的东西（U.S. Census Bureau, 2010）。

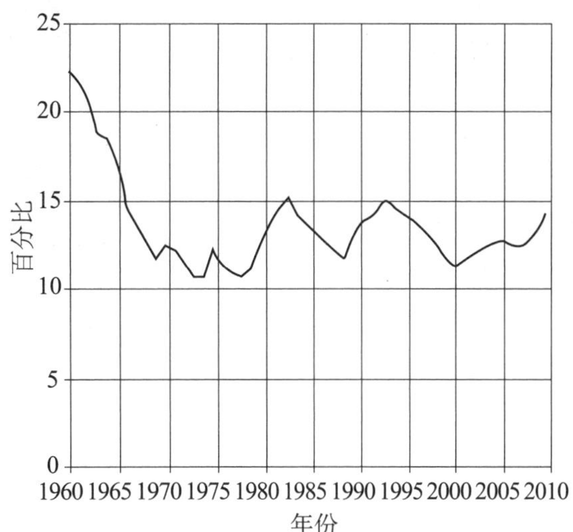

图 11—4　1960—2009 年美国的贫困率

◎ 1960-1970 年间，贫困人口的份额明显下降。此后，保持在 10% ～ 15% 的水平上。

资料来源：U.S. Census Bureau (2010).

美国的贫困问题

◇ 分析

社会分层人为地将人们分为富人和穷人。所有不平等的社会系统都会产生贫困，或者至少是**相对贫困** (relative poverty，某些人缺失是因为某些人拥有更多)。一个更重要的且可以防止的问题是**绝对贫困** (absolute poverty，缺乏维持生存的基本必需品)。

258 正如第 12 章（“全球分层”）所说的，大约 14 亿人——全球 5 个人中就有 1 个——处在绝对贫困的边缘。甚至在富庶的美国，许多家庭因严重缺乏资源而挨饿，住房条件极差，健康状况糟糕。

贫困程度

2009 年，美国政府将 4 360 万（占总人口的 14.3%）成年人和儿童归为贫困人口。这种相对贫困的计算是以家庭收入低于官方贫困线为标准。对一个四口之家来说，2009 年官方贫困线定在 21 954 美元。这个贫困线大约是政府所估计的、人们维持生存所必需的食品消费额的 3 倍，但一般贫困家庭的收入只有这个数字的 59%，这就意味着标准的贫困家庭 2009 年不得不依靠不足 13 000 美元的收入艰难度日（U.S. Census Bureau，2010）。图 11—4 说明，20 世纪 60 年代官方统计的贫困率下降了，此后几十年在小范围内上下波动，在最近的经济衰退期上升了。

谁是穷人？ 259

尽管没有一种描述能适合所有的穷人，但贫穷确实是我们中某些种类人的“专利”。当这些类别指标重叠起来的时候，问题就非常严重。

年龄

一代人以前，年龄大的人变穷的风险最大。但由于如今的私营雇主和政府提供了更好的退休计划，65 岁以上老人的贫困率已从 1967 年的 30% 跌到 2009 年的 8.9%，远低于全国平均水平。从另外一个角度看，只有 7.9%（340 万）的穷人是老年人（U.S. Census Bureau, 2010）。

如今，贫困的重担大多沉重地压在了儿童身上。2009 年，小于 18 岁的人中 20.7%（1 550 万儿童）和 18 ～ 24 岁的人中 20.7%（610 万年轻人）是穷人，换句话说，美国贫困人口中 49% 是不超过 24 岁的年轻人。

绝对贫困　缺乏维持生存的基本必需品。

相对贫困　某些人缺失是因为某些人拥有更多。

种族和民族

所有贫困人口中 71% 是白人，23% 是非裔美国人。但跟他们各自种族的人口总数相比较，非裔美国人的贫困率几乎是非西班牙裔白人的 3 倍。2009 年，25.8% 的非裔（990 万人）、25.3% 的西班牙裔（1 240 万人）、12.5% 的亚裔和太平洋岛裔（175 万人）以及 9.2% 的非西班牙裔白人（185 万人）处于贫困之中。1975 年以来，白人和少数族群之间的贫困差距并没有多少改变。

有色人种中，儿童贫困率特别高。美国非裔儿童贫困率为 35.7%，与此相比较，西班牙裔儿童贫困率为 33.1%，非西班牙裔白人儿童的贫困率为 11.9%（U.S. Census Bureau，2010）。

◎ 非裔美国画家亨利·奥萨瓦·坦纳在他的画作《感恩的穷人》(*The Thankful Poor*) 里，抓住了赤贫状态下人们的谦卑和仁慈。在一个倾向于将穷人视为道德卑劣、应受苦境折磨的社会里，这种洞察力非常重要。

资料来源：Henry Ossawa Tanner（1859 – 1937），*The Thankful Poor*. Private collection. Art Resource, New York.

性别和家庭模式

在 18 岁及以上年龄的所有贫困人口中，56% 是女性，44% 是男性。这种差异反映了这样一个现实：女性为家长的家庭贫困风险较高。在所有贫困家庭中，单身女性为家长的家庭占 48%，单身男性为家长的家庭只占 8%。

美国正在经历**贫困的女性化**（feminization of poverty，女性贫困率上升的趋势）。1960 年，所有贫困家庭中 25% 是以女性为家长，大多数贫困家庭夫妻双全。但到 2009 年，以单身女性为家长的贫困家庭的比例已几乎翻倍，达 48%。

贫困的女性化是一个更大范围变化的结果：各个阶级单身女性家庭数量正在迅速增长。这个趋势，再加上以女性为家长的家庭贫困风险较高，可以帮助解释为什么女性和她们的孩子在美国贫困人口中占的比例日益增长。

城市和乡村的贫困

在美国，市中心是贫困最集中的地方。2009 年市中心贫困率达 18.7%，市郊的贫困率 11.0%。因此，城市地区总的贫困率为 12.9%，低于 15.1% 的乡村地区贫困率。

260 解释贫困

作为地球上最富有的国家，美国却有着好几千万的贫困人口，存在着严重的问题。就像有些分析家提醒我们的，美国的大多数穷人确实要比其他国家的穷人富得多：33% 的美国贫困家庭拥有住房，70% 拥有一辆汽车，81% 的贫困家庭声称经常有足够的食物（U.S. Bureau of Agriculture, 2010; U.S. Census Bureau，2010）。但是毫无疑问，贫困损害了这个国家成百上千万人的幸福生活。

首先，为什么会贫困？我们将先介绍两个相反的解释，然后导出一场生动而重要的政治讨论。

一种观点：指责穷人

这种观点坚持认为，穷人要为他们的贫困负主要责任。纵观我们的历史，在美国人的价值观中，自立具有很高的地位。他们坚信社会地位很大程度上是个人天才和努力的反映。根据这种观点，社会给每个人提供了足够的机会，只要他们能够和愿意利用好这些机会。因此，穷人就是那些因没有一技之长、几乎没上过学或动力不足而不能或者不愿工作的人。

人类学家奥斯卡·路易斯（Oscar Lewis），1961 年在研究拉美城市的贫困问题后指出，许多穷人深陷于贫困文化，这种底层阶级的亚文化能够摧毁人们提高自己生活水平的雄心。在贫困家庭成长的孩子会屈从于他们的环境，从而形成

当工作消失了，结果就是贫困

日常生活中的社会学

最近几十年，美国经济创造了成百上千万的新工作，但居住在市中心的非裔美国人却面临失去工作的灾难性局面。甚至在最近的经济衰退之前，失业率仍然高居不下，经济衰退只是加剧了问题的严重程度。威尔逊指出，虽然人们一直在谈论福利制度的改革，但民主党和共和党领袖很少提及市中心的工作短缺问题。

威尔逊进而指出，因为失去了市中心的工作，美国历史上第一次出现了市中心有大量成年人没有工作。通过研究芝加哥的华盛顿公园地区，威尔逊发现了一个令人烦恼的趋势。回到1950年，大部分美国非裔社区的成年人都有工作，但是到了20世纪90年代中期，2/3的人没有工作。正如一位1953年就搬到这个社区的老妇人所言：

> 当我搬进来的时候，这个社区是完美无缺的。它有漂亮的房子、小型的公寓，有商店、自助洗衣店，还有中国清洁工，一切都这么完美。我们还有药店，还有旅馆。我们还有医生在第39大街，社区里还有医生诊所。我们过着中产阶级和上层中产阶级的生活。然而这一切都一去不复返了，变成了现在这样子。（W. J. Wilson，1996b：28）

为什么这样的社区衰落了？威尔逊通过8年研究，得出这样一个结论：那里几乎没有工作岗位。就是因为失去工作，将人们推入了令人绝望的贫困之中，削弱了家庭，迫使人们求助于社会福利。在附近的伍德朗，威尔逊去寻找1950年时正常运转的800家商业机构，发现如今只有100家还存在。另外，大量过去的主要雇主——包括西部电气公司和国际收割机公司——在20世纪60年代晚期关闭了它们的工厂。市中心地区成了经济调整的牺牲品，包括缩减地域面积，因工厂转移海外而失去工业工作岗位。

威尔逊描绘了一幅可怕的画面，但他也认为解决问题的办法是创造新的工作机会。威尔逊建议分阶段解决这个问题。首先，政府可以雇用人们从事清扫贫民窟、建造新房子等各种各样的工作。这个模仿大萧条时期成立于1935年的工作改进署（WPA）的计划，可以使人们离开福利系统参加工作，在此过程中让他们感到为社会所需要，建立起信心。联邦政府和州政府还必须通过制定成绩考核标准和提供更多的拨款来提高教育水平。其中最重要的是教孩子们语言技巧和计算机技术，为他们将来从事信息革命所创造的新工作做准备。改善地区公共交通条件，将城市（这里的人们需要工作）和郊区（大多数工作在这里）连接起来。另外，提供更多价格合理的儿童看护服务，以帮助单身母亲和单身父亲兼顾工作和养育孩子。

◎ 威尔逊研究像这样的芝加哥社区多年。他现在任教于马萨诸塞州剑桥的哈佛大学。

威尔逊声称他的建议是很好地建立在研究的基础上的，但他知道，政治是围绕其他的考虑因素运转的。一方面，因为公众认为有很多的工作机会，所以很难改变那种认为穷人只是逃避工作的成见。威尔逊也承认，至少在短期内，他的建议比继续向失业者发放福利救济要昂贵。

但是，放任我们的城市凋敝、城郊繁荣的长期代价是什么？另一方面，给每个人规定他们人生之路的希望和满足又有什么好处？

你怎么想？

1. 如果威尔逊参选政府官员，你认为他能当选吗？为什么能或者为什么不能？
2. 据你自己的观点，为什么人们不愿将市中心的贫困作为一个问题来看待？
3. 威尔逊对贫困问题的分析，哪里你同意？哪里你不同意？

▲检查你的学习 请解释穷人自己应该为贫困负责的观点和社会为贫困负责的观点，哪一个更接近你自己的观点？

了一个能使自身永久存在的贫困怪圈。

1996年，为了打破美国的这个贫困怪圈，国会改变了自1935年开始实行、提供联邦资金救济穷人的福利系统。联邦政府照旧把钱发到各州，再由各州分发给需要的人，但救济金有严格的时间限制——大多数情况下，一个人不能连续领取救济金超过两年，领取救济金时间总长不能超过5年。这种改革的目的是为了促使人们自给自立，不再依靠政府救济生活。

对立观点：指责社会

威尔逊（William Julius Wilson,1996a, 1996b; Mouw，2000）持不同立场，他认为社会要为贫困负主要责任。威尔逊指出，丧失市中心地区的工作是贫困的主要原因，而那里根本就没有足够的工作让人养家糊口。威尔逊发现，穷人表面上不去努力是缺乏工作机会的结果，而不是造成贫
261 穷的原因。从威尔逊的观点看，路易斯的分析可以归纳为因受害而指责受害者。第293页“日常生活中的社会学”专栏的文章可使我们近距离考察威尔逊的论点，思考它将怎样影响美国的公共政策。

◇ 评价

在应该是由政府，还是由人们自己负责减少贫困的问题上，美国公众分成势均力敌的两派（NORC, 2011：499）。这是我们所知道的有关贫困和工作的情况：政府的统计数字表明，在2009年，54%的贫困家庭的家长根本就不工作，另外32%的家长只做零工（U.S. Census Bureau, 2009）。这些事实看上去是支持“指责贫困”这一边的，因为贫困的主要原因是没有工作。

但是从“指责社会”的立场出发，人们似乎还有更多不工作的原因。中产阶级妇女也许能将工作和抚养儿女结合起来，但这对贫困的妇女来说要困难得多，因为她们不能负担孩子的看护费，而且很少有雇主提供儿童看护服务。正如威尔逊所解释的，许多人空闲在那里，并不是因为他们逃避工作，而是因为没有足够的工作岗位。总之，减少贫困最有效的办法是确保提供更多的工作机会，为双职工提供更多的儿童看护服务（W. J. Wilson, 1996a; Bainbridge, Meyers & Waldfogel, 2003）。

有工作的穷人 262

并非所有的穷人都没有工作。有工作的穷人博得了贫困问题争论双方的同情和支持。2009年，15%的贫困家庭的家长（130万人）至少工作了50周，但他们还是不能摆脱贫困。另外32%的贫困家庭的家长（280万人）尽管也打打零工，但依然贫困。换个角度看，大约3.3%的全职工人因赚钱太少而依然贫困（U.S. Census Bureau，2010）。国会2008年设定的最低工资是每小时6.55美元，2009年7月提高到每小时7.25美元。但工资如此增长也不能中止在职贫困，就算工资提高到每小时8美元，一个全职工人仍然无法将他的城市四口之家的生活水平提升至贫困线以上。现在要达到这个目标，工资需达到每小时大约10.5美元。

个人能力和进取心在社会地位的形成中确实起了一定作用。在做诸如辍学和没有足够家庭收入维持生活时生孩子的决定也是这样。但是权衡社会现实可以发现，导致贫困的主要原因更多的是社会，而不是个人性格特征，因为越来越多的工作只提供低工资。另外，穷人就是下列这些类型的人：身为家庭家长的女性、有色人种、远离主流社会隔绝于市中心的人们——他们面临着特殊的壁垒和有限的机会。

第295页“争鸣与辩论”专栏的文章是对当前福利政策的近距离考察。理解这个重要的社会议题，能帮助我们决定我们的社会应该怎样去回应贫穷问题，还有下面要讨论的无家可归问题。

无家可归

2009年，美国政府的住房和城市发展部（HUD）主持了一项全国性的城镇调查，以查明有多少美国人在这一年里曾经无家可归。调查结果是大约643 000人，包括住在收容所、过渡房和大街上的人（U.S. Department of Housing and Urban Development, 2010）。因为使用相对简单的方法来估计无家可归者人口数，批评家们断言住房和城市发展部的调查低估了无家可归者的数字，他们可能有几百万人。另外，证据表明，美国无家可归者的数字正在增长（L. Kaufman, 263

2004; National Coalition for the Homeless, 2007)。

我们所熟悉的对无家可归者的老套原型——男人睡在门廊，女人提着装有所有家当的购物袋——已经被“新无家可归者”所取代。他们包括：因工厂关闭而失业的人、为逃避家庭暴力而携子女离家出走的妇女、因房租涨价而被迫搬出所租公寓的人和其他因工资低或根本没有工作而不能偿还抵押贷款或租金的人。如今，已经无法描绘一幅完整的无家可归者的原型画面。

尽管大约19%的无家可归者至少做点零工，但多数无家可归者声称他们没有工作（U.S. Conference of Mayors，2010）。不管是有工作还是没有工作，所有无家可归的人都有一个共同的特点：贫困。因为这个原因，对于贫困的解释也同样适用于无家可归者。有些人（更多的是保守派）指责无家可归者的个人品质。他们中1/3的人是瘾君子，1/4的人有精神病。更概括地讲，我们人口中区区1%的人，由于种种原因看起来不能适应我们复杂而高度竞争的社会（U.S. Conference of Mayors，2007; U.S. Department of Housing and Urban Development，2007）。

其他人（更多的是自由派）认为无家可归问题是由社会因素造成的，这些因素包括低工资和缺乏提供给低收入者的住房（Kozol，1988; Bohannan，1991; L. Kaufman，2004）。这种观点的支持者发现，1/3的无家可归者是整个家庭无家可归。他们指出儿童是无家可归者中增加最快的群体。

没有人会反对，一大部分无家可归者或多或少具有个人缺陷，但是哪个为因哪个为果却很难区分。美国经济的长期结构性调整、社会公共服务预算的削减和最近的经济衰退，所有这些都导致了无家可归。

最后，社会分层问题已经远远超出了美国的国境线。实际上，最令人震惊的社会不平等不仅在任何国家内部都可以发现，还可以发生在世界上不同生活水平的国与国之间。在第12章（“全球分层”），我们将通过考察全球化的不平等来扩展社会分层研究。

争鸣与辩论

福利制度的两难

麦科：（冲进门）对不起！我迟到了。我在商店结账时被堵在几个福利妈妈后面。

塞吉：（带着困惑的笑容回头看）确切地说，依靠社会福利生活的人看上去是什么样子？

你印象中的“福利接受者”是怎样的？如果你像很多美国人那样，你也许会想到一个中年非裔美国女性形象。但是你错了，事实上，美国接受社会福利的典型人物是白人儿童。

福利制度存在着很多困惑。社会福利是一种有益的还是有害的帮助，也存在争议。1996年，国会辩论了这个问题并制定了新的法律，停止向所有穷人发放联邦公共救济金。现在取而代之的是新的由州政府运作的计划对穷人提供有限的帮助，它要求获得救济的人参加职业训练或者找到工作，否则他们的救济金就会被取消。

为了理解我们如何到达我们所在的地方，让我们从解释社会福利的确切含义开始。英文单词“welfare”是指为提高某些低收入者的安康水平而设计的许多政策和计划。直到1996年的福利制度改革，大多数人用这个词专指整个福利系统的一部分：未成年儿童补助计划（Aid for Families with Dependent Children，AFDC），这个联邦计划每月给父母（大多数是单身母亲）和他们需要照顾的孩子经济援助。在1996年，大约500万家庭或长或短地接受过AFDC援助。

保守派反对未成年儿童补助计划。他们声称，未成年儿童补助计划并不能减少儿童贫困，相反，它从两方面使问题变得更糟。首先，他们认为未成年儿童补助计划削弱了家庭，因为这个计划开始执行后的几年里，只要是家里没有丈夫的单身母亲，就可以获得这种补助。结果，政府实际上为女性拥有婚外孩子提供了经济刺激，保守派因穷人中迅速上升的婚外出生率而指责此项政策。对保守派来说，婚姻是减少贫困的“钥匙”：只有5%的夫妻双全的家庭是贫穷的；由未成年儿童补助计划补助的家庭中，超过90%的家长是未婚女性。

其次，保守派认为，福利制度鼓励穷人依靠政府施舍。主要原因是80%的贫困家庭家长没有全职工作，更有甚者，只有5%的接受未成年儿童补助的单身母亲从事全职工作，而从事全职工作非贫困单身母亲超过一半。保守派说，福利制度远远偏离了它原来的意图，它本想短期内帮助带小孩而没有工作的妇女（因离婚或丈夫死去），却逐渐变成了她们的生活方式。她们一旦深陷依赖福利制度的境地，她们所抚养的孩子长大成人后也可能无法摆脱贫困。

自由派持不同的观点。他们问：在大量的“福利”实际上流向富人的情况下，为什么人们要反对政府向贫穷的母亲和孩子发放补助金？未成年儿童补助计划每年的预算是250亿美元（确实不是个小数目），但远远少于5 640亿美元的年度社会保险金，山姆大叔将其提供给穷人占少数的4 280万老年人。对于国会于2008年和2009年表决通过的支持金融产业复兴的10 000亿美元，更是九牛之一毛。

自由派坚持认为，大多数寻求公共补助的贫困家庭确实需要帮助。大多数通过这种途径得到帮助的人是儿童，而且他们并没有得到很多。此类典型家庭每月只得到大约512美元，不足以吸引人们依靠福利制度生活。甚至加上以食品券方式发放的额外的钱，依靠社会福利帮助的家庭依然挣扎在美国各地的贫困线以下。自由派批评公共救济对于美国太少的工作机会和太多的收入不平等等严重的社会问题来说，只是权宜之计。对于公共救济会削弱家庭的指控，自由派也认为单亲家庭的比例上升了，但他们将单亲养育子女视为在许多国家所有阶级都存在的总体趋势。

回到1996年，保守派的论点获得了胜利，AFDC计划终止了。美国社会的个人主义文化总是鼓励人们将贫困视为懒惰和个人失败的标志，从而批评个人（而不是社会）造成了贫困。这种观点可能是国会将联邦未成年儿童补助计划替换为由州政府运作的贫困家庭的临时救助计划(Temporary Assistance for Needy Families, TANF) 最大的原因。这个计划规定贫穷的成年人获得职业培训，将收入援助限制在连续的两年之内，终身受援时间限制在5年之内。

到2008年，贫困家庭的临时救助计划减少了大约60%接受社会福利家庭的数量。这就

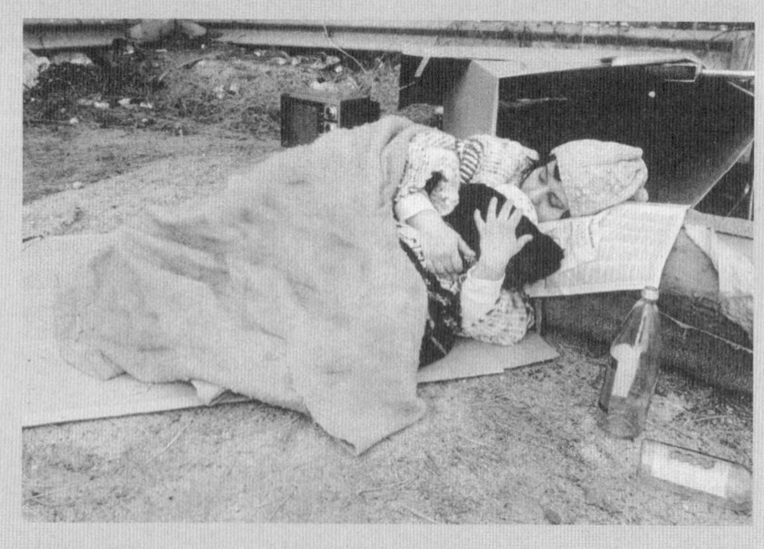

◎ 对于贫困，是该指责社会，还是指责个体自身？当涉及无家可归者时，多数人都认为社会应该做得更多。

意味着曾经依靠社会福利的许多单身父母重新找到工作，或正在接受职业培训。另外，婚外出生率也下降了。考虑到这些事实，支持福利制度改革的保守派将之视为新计划的巨大成功。社会福利资助名单缩减过一半，更多的人从接受福利转而工作谋生。但自由派声称改革远远没有成功。他们指出，许多现在正在工作的人收入非常少，他们的生活并不比以前好，一半人还没有健康保险。换句话说，这种改革只是大幅度削减了领取救济金的人的数量，但并没有减少贫困。

你怎么想?

1. 我们推崇自立的文化怎样可以帮助解释这场围绕公共福利的论战？为什么人们不批评流向更富有的人的福利（比如住房抵押的减免）？
2. 你同意将救济时间限制加入贫困家庭的临时救助计划吗？为什么同意或者为什么不同意？
3. 你认为奥巴马政府将减少贫困吗？请解释理由。

资料来源：Lichter & Crowley (2002), and Lichter & Jayakody (2002), Von Drehle(2008); U.S. Census Bureau (2010).

日常生活中的社会学

第11章　美国的社会阶级

我们是怎样理解美国社会的不平等的？

本章概述了美国的阶级结构，以及在这个不平等的社会系统中，人们如何最终获得他们的社会地位。在美国社会，你认为大众传媒如何精确地反映现实中的不平等？请看以下三张电视节目照片，一张来自20世纪50年代，另外两张是现在的。社会地位是什么？我们如何获得社会地位？每个电视节目都传达这些信息了吗？

提示

总的说来，大众传媒所呈现的社会地位反映了个人特质，有时纯粹是运气。在《百万富翁》(*The Millionaire*)节目里，财富落到有些人头上根本没有什么明显的理由。在《单身贵族》(*The Bachelor*)节目中，女人们设法得到一个男人的认可。在《全美超模大赛》(*America's Next Top Model*)节目里，获得成功的关键是美貌和个人风度。但是社会结构也包含了我们容易忽视的方面。在2011年的《单身贵族》节目中，要是所有的单身汉都是白人，这个事实重要吗？美貌对男人和女人同等重要吗？就像电视节目暗示的，社会地位来自个人努力吗？

广受欢迎的电视节目《百万富翁》从1955年到1960年持续播出，一位阔佬（从未在镜头里出现）有个奇怪的爱好，赠送100万美元给从未谋面的人。他每周给他的个人助理迈克尔·安东尼（Michael Anthony）一张支票，让他传送给“下一位百万富翁”。安东尼找到这个人并把钱交给他，故事继续披露，不知从什么地方冒出来的如此巨大的财富是如何改善（有时是恶化）这个人的生活的。这个故事情节在社会阶级地位方面似乎暗示什么？

电视节目《单身贵族》首播于2002年，节目方式是一位年轻的单身汉与一群25岁的迷人年轻女性从群体约会开始，发展为与三位最终入围者隔夜会见，最后（在大多数情况下）向他的“最终选择”求婚。大部分互动交流发生在位于南加州某地一座占地7 500平方英尺的奢华住所。这个电视节目表明社会地位的关键是什么？电视节目在婚姻对女性的重要性问题上有何寓意？

2003年，泰拉·班克斯（Tyra Banks）创办了电视节目《全美超模大赛》，她也是这个节目的主角。在每一季节目中，多达13位年轻女性在一组包括班克斯在内的考官前展示她们的模特才能。每周淘汰一位竞争者，直到最后一位胜出。这个电视节目在社会地位和获得成功方面给予年轻女性什么启示？

从你的日常生活中发现社会学

1. 看一晚上电视，评估你在各种节目中看到的人物的社会阶级等级。你是否发现了许多明显属于上层阶级的人？属于中产阶级的人？属于工人阶级的人？还是穷人？描述你所发现的模式。
2. 编制一些问题以集中测量社会阶级地位。诀窍在于确定社会阶级的真实含义。然后在几个成年人身上试测这些问题，继续完善这些问题。
3. 社会分层涉及一个社会如何分配资源，它还有一个相关的维度——社会不平等引导我们跟谁和不跟谁交往，也影响我们与他人的交往方式。在你的日常生活中，社会阶级差异是如何引导社会交往的？你能提供一些例子吗？为继续讨论社会分层的相关方面，包括如何与社会背景不同于你的人交往，登录mysoclab.com，阅读“从你的日常生活中发现社会学”专栏，了解更多有关社会分层的关系部分的讨论，包括如何与和自身社会背景不同的人建立关系的建议。

第11章 美国的社会阶级

社会不平等的维度

收入（p.246）：从工作或投资中获得的财产。

财富（p.247）：金钱和其他资产价值的总和减去应偿还债务。

社会分层包括很多维度：

- 收入——工作收入和投资收入是不同的，最富的20%家庭的收入是最穷的20%家庭收入的12倍。
- 财富——所有资产减去债务的总价值。财富的分配比收入更不平等，最富的20%家庭拥有所有财富的85%。
- 权力——收入和财富是权力的重要源泉。
- 职业声望——工作不但获得收入，而且带来声望。白领工作通常给予比蓝领工作更高的收入和声望。很多低声望工作由妇女和有色人种从事。
- 学校教育——学校教育影响职业和收入。某些类别的人拥有比其他人更多的受教育机会。 pp.356-48

美国社会分层：能力和等级

尽管美国是一个精英管理的社会，但社会地位包含了一些等级因素：

- 家族——出生在一个特定的家庭影响一个人在教育、职业和收入方面的机会。
- 种族和民族——基于收入和财富，非西班牙裔白人家庭享有很高的社会地位。与此相反，非裔美国人和西班牙裔家庭处于社会底层。
- 性别——与男性相比，女性通常拥有更少的收入和财富，以及更低的职业声望。 pp.248-49

美国的社会阶级

因为地位一致性程度较低和社会流动相对较高，定义美国的社会阶级有点困难。但我们大致可以将之描述为四个等级：

- 上层阶级。
- 中产阶级。
- 工人阶级。
- 底层阶级。

200 000 美元

上层阶级——人口中的5%。大多数上层阶级的上层的成员，或者说“旧富”们，通过继承获得财富。上层阶级的下层，或者说“新贵”们，是通过工作获得高薪致富。

200 000 美元 / 60 000 美元

中产阶级——人口中40%～45%。上层中产阶级拥有实质性的财富，一般中产阶级只有较低的声望，从事白领工作，大多数上过大学。

60 000 美元 / 27 000 美元

工人阶级——人口中30%～35%。底层中产阶级成员从事蓝领工作；他们的孩子只有1/3上大学。

27 000 美元

底层阶级——人口中的20%。底层阶级的大部分成员因低收入而缺乏经济保障；许多人生活在贫困线以下；一半人没有完成高中学业。 pp.249-51

阶级造成的差异

健康

- 富人比穷人平均寿命更长，获得更好的医疗保障。 p.251

价值观和态度

- 富人衣食无忧、接受比穷人更高的教育，表现得比穷人更宽容。 p.251-52

政治观点

- 与穷人相比，富人在经济议题上更倾向保守，在社会议题上更倾向自由。 p.252

家庭和性别

- 富裕家庭将优势地位以“文化资本”的形式传给他们的后代。
- 阶级也塑造家庭分工，底层阶级保留了更传统的性别角色分工。 pp.252-53

社会流动

- 如同其他高收入国家，社会流动在美国也很平常。然而，通常只有很小的变化发生在代与代之间。
- 1980—2009年，美国最富的20%家庭的年收入跃升了55%，而收入最低的20%家庭的年收入却下降了3.8%。
- 从历史上看，美国社会的非裔美国人、西班牙裔美国人和女性向上流动的机会比白人少。
- 美国梦（向上社会流动的期望）深深根植于美国文化。尽管高收入家庭赚得越来越多，但许多普通家庭正努力奋斗以保住已有的东西。
- 婚姻促进向上社会流动。离婚降低社会地位。
- 在美国，工作的全球化重组给受教育的人创造了向上社会流动的机会，但伤害了一般工人，他们的工厂工作被转移到了国外，被迫从事低工资的服务工作。

pp. 254-57

代内社会流动（p. 254）：发生在个人一生中的社会地位的变化。

代际社会流动（p. 257）：子女和父母之间向上或向下的社会流动。

美国的贫困问题

贫困概况

- 政府将4 360万人（占全部人口的14.3%）归为穷人。
- 大约49%的穷人年龄在24岁以下。
- 71%的穷人是白人，但从人口比例看，非裔和西班牙裔美国人中穷人比例更大。
- 贫困的女性化意味着更多贫困家庭的家长是女性。
- 大约46%的贫困家庭的家长属于“工作中的穷人”，他们至少打些零工，但赚不到足够的钱将一个四口之家提升至贫困线以上。 pp.257-60

解释贫困

- 指责穷人：有关“贫困文化”的讨论指出，贫困是由穷人自己的缺点造成的（路易斯）。
- 指责社会：贫困是由社会财富的不平等分配和缺乏好的工作机会造成的（威尔逊）。 pp.260-61

相对贫困（p. 257）：某些人缺失是因为某些人拥有更多。

绝对贫困（p. 257）：缺乏维持生存的基本必需品。

贫困的女性化（p. 259）：女性贫困率上升的趋势。

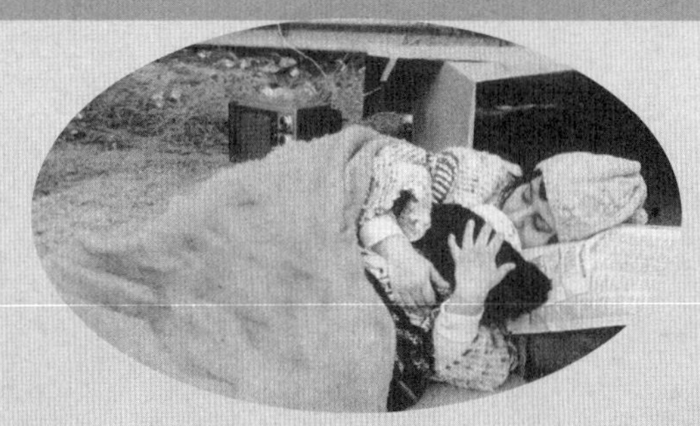

第12章
全球分层

学习目标

◇ 记忆
本章黑体关键名词的定义。

◇ 理解
社会分层不仅包括社会中各成员之间的不平等，还涉及世界上各国家之间的不平等。

◇ 应用
两大不同的理论视角深入剖析全球分层的原因。

◇ 分析
全球化视野下的妇女的社会地位。

◇ 评价
奴隶制度在现代世界已经被废止这一普遍观点。

◇ 创造
一种能理解世界社会不平等的程度的能力，这种不平等远远超过了一般人在美国所能看到的社会不平等状况。

270 # 本章概览

社会分层不仅仅涉及某个国家内部的社会成员，也是一种世界性的现象，在一些经济发达国家更为普遍。本章将关注的焦点由美国国内的不平等转移到世界范围内的不平等。首先对全球不平等进行描述，然后提供两个解释全球分层的理论模型。

纳尔辛迪（Narsingdi）是位于孟加拉国首都达卡东北方大约30英里的一个小镇。纳尔辛迪的制衣厂的四楼有1 000多名工人正忙于缝制球衣。有好几百台缝纫机联合生产，漫长的工作日里机器轰隆声不绝于耳。

但是情况马上就发生了变化：一名工人的电子手枪发出了火花，点燃了易燃的液体。突然，一个工作台起火了，附近的工人赶紧用球衣灭火，但是阻止不了火势，火焰在一个装满易燃材料的房间里迅速蔓延。

工人们忙乱地涌向通往街道的楼梯。然而，楼梯陡峭狭窄，工人们一拥而下，撞上一扇横亘在门口的可折叠的金属大门。门是锁上的，以防止工人们在上班时间开小差。前面的工人惊慌失措，马上转身，但身后却有数百名工人在往前推。一瞬间，尖叫声四起，令人恐怖，几十个工人被压垮和踩倒。等到打开门，扑灭火，已经有52个工人死亡。

在孟加拉国，类似上述的制衣厂是重要的厂家。服装占孟加拉国出口经济商品总数的77%。孟加拉国的服装有1/3被海运到美国，在美国的服装店里销售。为什么我们买的衣服有这么多是由像孟加拉国这样的贫穷国家制造的呢？其原因是：孟加拉国的制衣工人有77%是妇女，每天工作接近12小时，每周工作7天，而一年所赚的钱却只有500美元，这点钱只是美国的制衣工人所赚的钱的零头。

坦维·乔杜里管理着他自己家的这个制衣厂。对于这起惨案，他向记者痛苦地抱怨说："火灾已经花费了我586 373美元，这还不包括损失机器的70 000美元和损失设备的20 000美元。我许诺过遵守最终期限，我还有时间。我现在为一打（尸体）支付10美元的航空运费，而采用海运的话，一打（尸体）只需87美分。"

还有另外一项花费乔杜里先生没有提到。他最后同意按每个遇难者1 952美元的标准给在火灾中失去亲人的家庭补偿。在孟加拉国，像劳工这样的生命是很廉价的。（based on Bearak，2001；World Bank，2010）

世界上大约有14亿人每日都辛苦劳作，却依然贫穷，孟加拉国的这些制衣工人只是其中的一部分（Chen & Ravallion，2008）。像本章所要解释的，尽管贫穷在美国和其他国家是一种事实，但最大的社会不平等不在国家内部，而在国家之间（Goesling，2001）。只有通过探究**全球分层**（global stratification），即世界整体上的社会不平等模式，我们才能详尽地理解贫穷的维度。

全球分层概观

◇ 理解

第11章（"美国的社会阶级"）描述了美国的社会不平等。然而，全球化视野下的社会分层更强烈。图12—1表示的是，用世界的总收入除以五等分的人口所得出的收入分布状况。回忆一下第11章中所阐述的，美国人中最富有的20% 271
赚取国民收入的48%（见图11—1）。然而，全球人口中最富有的20%获取了世界收入的大约77%。另一个极端是，美国人中最贫穷的20%赚取国民收入的4%，全球人口中最贫穷的20%仅靠世界收入的2%来维持生存。

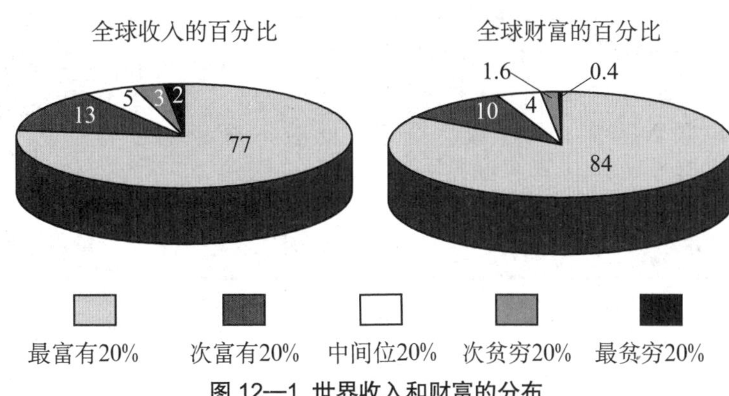

图12—1 世界收入和财富的分布

◎ 全球收入的分布是非常不平衡的，世界人口中最富有的20%所赚取的收入是最贫穷的20%所赚取的收入的40倍。全球财富的分布也很不均衡，世界人口中最富有的20%拥有84%的私人财富，而最贫穷人口的一半几乎是一无所有。

资料来源：Based on Davies et al. (2009) and Milanovic (2009, 2010).

在财富方面，就像图12—1所表明的，全球的不平等很明显。尽管在最近的经济衰退中全球的财富有所减少，初步估计世界人口中最富有的20%拥有84%的财富，不到世界人口5%的人占有几乎一半的财富，世界人口中最富有的1%的大约占有30%的财富。另一方面，全球人中最贫穷的一半只占有所有财富的3%。以美元计算，世界上大约有一半的家庭占有的财富不到8 600美元，远低于美国一般家庭的120 000美元（Porter，2006；Bucks et al.，2009；Davies et al.，2009）。

美国是世界上最富有的国家之一，甚至那些收入远低于政府贫困线的美国人也比世界上的多数人过得好（Milanovic，2010）。参照世界的情况，生活在诸如美国之类的富裕国家的一般人都能过上很富裕的生活。世界上最富有的人的财富（2010年世界富豪的前三甲——墨西哥的卡洛斯·斯利姆·赫鲁、美国的沃伦·巴菲特和比尔·盖茨，每人都拥有超过470亿美元的财富）超过世界上57个国家的经济总量（Kroll & Miller，2010；World Bank，2011）。

术语说明

给世界上的近200个国家分类，这忽视了许多惊人的差异。这些国家有悠久的和各式各样的历史，说着不同的语言，以各自有特色的文化为骄傲。然而，以全球分层为基础，各种有助于把这些国家区分开来的模式已经发展起来了。

二战后发展起来的一种模式指称，那些富裕的工业国家为“第一世界”，那些工业化程度较低的社会主义国家为“第二世界”，那些非工业化的贫穷国家为“第三世界”。但是“三个世界”模式现在已经没有什么益处了。首先，它是西方资本主义（“第一世界”）用以对抗东方社会主义（“第二世界”）的冷战政治的产物，其他的国家（“第三世界”）或多或少地被排除在界线之外。而且20世纪90年代早期的东欧剧变和苏联解体意味着与众不同的“第二世界”不复存在。

第二个问题是“三个世界”模式把像“第三世界”这样的100多个国家混在了一起。事实上，“第三世界”中有一些境况相对较好的国家（例如南美洲的智利），它们的人均生产力是世界上最贫穷的国家（例如东非的埃塞俄比亚）的15倍。

这些事实要求对分类方法适当地加以修正。在这里，我们把72个**高收入国家**(high-income countries)界定为富有的国家，享有最高的、全面的生活水准。这些国家的人均国内生产总值（GDP）超过12 000美元。世界上的70个**中等收入国家**(middle-income countries)没有高收入国家那样富有，享有世界平均水平的生活水准，人均国内生产总值（GDP）处于2 500美元至12 000美元之间。余下的是53个**低收入国家**(low-income countries)，拥有低的生活水准，多数人是贫困的，人均国内生产总值（GDP）低于2 500美元（United Nations Development Programme，2010；World Bank，2011）。

全球分层　世界范围内的社会不平等模式。

高收入国家　享有最高的、全面的生活水准。

中等收入国家　享有世界平均水平的生活水准。

低收入国家　低的生活水准，多数人是贫困的。

272 与旧的“三个世界”模式相比较，这种模式有两个优势。第一，它关注经济发展情况胜过于关注政治结构（资本主义或者社会主义）。第二，它更好地描述了各个国家相对的经济发展情况，因为它没有把所有的低收入国家混入单一的“第三世界”。

给国家归类的时候，要记住每个国家内部存在社会分层。例如，在孟加拉国，乔杜里家族的成员（拥有本章开头的故事中所提及的制衣厂）每年要赚取100万美元，这是他们的工人所能赚取的几千倍。当然，全球不平等的总体程度甚至更大，因为富裕国家（例如美国）中最富有的人的生活世界远离低收入国家（例如孟加拉国、海地或苏丹）中最贫困的人。

高收入国家

在那些200多年前就率先进行了工业革命的国家，生产力提高了100多倍。要理解工业技术和计算机技术的力量，想想荷兰就知道了。荷兰不过是欧洲的一个小国家，只比美国的佛蒙特州大一点，其生产力却超过了撒哈拉沙漠以南的非洲大陆的生产力总和。

世界上的高收入国家包括美国、加拿大、墨西哥、阿根廷、智利、西欧国家、以色列、沙特阿拉伯、新加坡、日本、韩国、俄罗斯、马来西亚、澳大利亚和新西兰等。

这些国家大约占地球大陆面积（包括五大洲在内）的47%，大部分位于北半球。2010年，这些国家的人口总和大约是16亿，约占世界人口的23%。高收入国家的人口大约有3/4生活在城市里或者城市附近（Population Reference Bureau，2010；World Bank，2011）。

高收入国家之间存在着巨大的文化差异。例如，欧洲的国家认可30多种官方语言。但是这些国家也有共同的一面：它们都能生产出足够多的商品和服务，使它们的国民过上舒适的生活。人均收入（即每人的年平均收入）从大约12 000美元（罗马尼亚、土耳其和博茨瓦纳）到45 000多美元（美国、新加坡和挪威）不等。事实上，高收入国家的人们享有世界总收入的78%。

需要注意的是，高收入国家里面有许多低收入的人。尽管生活在美国最贫穷的社区的居民要

◎ 美国代表着世界上的高收入国家。工业技术和经济膨胀造就了美国的物质繁荣。市场力量在纽约市表现得很明显（左上图）。印度近来跻身为世界上中等收入国家的行列（右上图）。城市大街上的机动车数量剧增。埃塞俄比亚（左图）代表着世界上的低收入国家。像照片所暗示的，这些国家经济发展有限，而人口却在急剧增长，结果就是普遍的贫困。

比世界上大约一半的人口过得好，但对于多数生活在高收入国家的人来说，这部分人呈现出一种
273 鲜明的对比。第308页“焦点中的社会学”专栏勾勒出了存在于美国南面边境上拉斯维加斯地区的令人吃惊的贫困。

富裕国家的生产是资本密集型的，它以工厂、大型机器和先进的技术为基础。大多数设计和销售计算机的大型公司以及大多数计算机用户都在高收入国家。高收入国家控制着世界的金融市场，纽约、伦敦和东京的日常金融交易活动会影响到全世界的人。简单地说，富裕国家具有高度发达的生产力，既得益于它们拥有先进的技术，也得益于它们控制了世界经济。

中等收入国家

274 中等收入国家的人均收入在2 500美元到12 000美元之间，大概是世界的平均水平（大约8 000美元）。中等收入国家中有52%的人生活在城市里或者城市附近，普遍从事工业职业。余下的48%的人生活在农村地区，且多数是穷人，缺乏受教育的机会，医疗和住房条件不足，甚至没有安全的饮用水。

世界上大概有70个国家属于中等收入国家。最高的有乌拉圭（拉丁美洲）、保加利亚（欧洲）和哈萨克斯坦（亚洲），这些国家的年人均收入大约是11 000美元。最低的有尼加拉瓜（拉丁美洲）、佛得角（非洲）和越南（亚洲），这些国家的人均年收入大概是3 000美元。

一些中等收入国家过去被划作“第二世界”。这些国家，地处东欧和西亚，直到1989年到1991年之间盛行一时的反叛推翻了当局政府之前，多数都实行社会主义经济体制。从那时起，这些国家开始引入市场。这些中等收入国家包括：乌克兰、乌兹别克斯坦、格鲁吉亚和土库曼斯坦。

其他的中等收入国家包括南美洲的秘鲁和巴西以及非洲的纳米比亚和南非。印度和中国也进入了中等收入国家的行列。现在多数亚洲国家都属于中等收入国家。

概而言之，中等收入国家大约占地球陆地面积的36%，有人口42亿，大约占世界总人口的61%。一些国家（例如中国）的人口密度远低于其他国家（例如萨尔瓦多），但是与高收入国家相比，这些国家的人口密度很大。

低收入国家

低收入国家主要是农耕社会，有少许工业。这些国家的多数人都非常贫穷。世界上大概有53个低收入国家，其中许多在中非、东非和亚洲。低收入国家占地球陆地面积的17%，大约有10亿人口，占世界总人口的17%。人口密度一般比较高，尽管亚洲国家（例如孟加拉国）的人口密度比中非国家（例如乍得和刚果民主共和国）的人口密度更大。

这些贫穷国家有1/3的人生活在城市里，多数人像他们的世代祖先那样居住在乡村和农场里。实际上，低收入国家中有一半人是农民，多数农民都遵循着各种文化传统。因为工业技术有限，他们的生产力不高，这是许多人遭受严重贫困的原因之一。饥饿、疾病和不安全的住宅条件
塑造着低收入国家中最贫穷人口的生活状况。 275

生活在诸如美国这样的富裕国家的人难以了解这个世界上有多少贫困人口。有时候，一些反映极度贫穷的国家（例如埃塞俄比亚和孟加拉国）饥荒情景的电视画面，使我们见识了低收入国家里那种为了谋生而使得每个日子都变得生死攸关的贫困，真是骇人听闻。在这些影像背后的是文化力量、历史影响力和经济实力。我们在这一章余下的部分将会探究这些东西。

全球的财富和贫困

◇ 分析

10月14日，菲律宾马尼拉。引起我注意的是一位非常干净的女孩，大概有七八岁。她穿着洗过的衣服，清新宜人，头发也细心地梳理过。她停下来，看着我们，眼睛跟着我们转：那些镜头中的美国小孩好像在这个全世界最穷的街区突然出现了。

焦点中的社会学

殖民地区："美国的第三世界"

奥尔加·鲁兹解释说："我们需要属于自己的东西。"奥尔加·鲁兹在得克萨斯州"大学园"（College Park）的边远地区生活了11年。"大学园"并没有一个什么大学，这条满是灰尘的乡下土路没有下水道管线，甚至没有自来水。然而，这个小镇只是类似的居民点之一。从得克萨斯州的南部开始，沿着1 200英里的边境线，从埃尔帕索（El Paso）到布朗斯维尔（Brownsville），类似的居民点大约有2 300个，总共居住着500 000人左右。

许多人谈及殖民地区（西班牙语为"las colonias"）时，把它当成"美国的第三世界"，因为这些地区绝对贫穷，看起来很像墨西哥或其他中低收入国家的类似地区。但是这里是美国，几乎所有生活在该殖民地区的人都是西班牙裔美国人，其中有85%是合法居民，美国公民超过一半。

阿纳斯塔西亚·莱德塞玛，现年72岁，40多年前移居到一个名叫斯帕克斯（Sparks）的殖民地区。莱德塞玛生于墨西哥，和一个得克萨斯男人结了婚。夫妇俩还花了200美元在新的边境地区买了一块0.25英亩的地。他们俩在这块地上露营了几个月。他们一步一步地把自己的劳动和金钱投向这个地方，修了一处不大的房子。他们这个小社区直到1995年才通自来水——这项服务开发者数年前就允诺过。然而，当水管终于接过来以后，情况的变化出乎他们所料。莱德塞玛回忆说："当我们能用上水的时候，许多许多人都搬过来了。"斯帕克斯的人口马上就翻倍了，达到了大概3 000人。水的供给无法跟上，以至于有时候水龙头根本就没有水。

这些殖民地区的所有人都知道他们很穷，年人均收入大约只有6 000美元。确实，人口调查局最近宣布，边境地区周围的乡村是全美最穷的地区。考虑到有如此多的类似地区缺乏基本的服务，得克萨斯州官方禁止一切新的移民进入这里。但是大多数迁居到这里的人——这些人甚至起初都睡在自己的汽车或卡车上——把这些地区看作走向美国梦之路上的第一步。奥斯卡·索利斯是帕诺拉马村的一个街区领导，这个村大约有150人。他骄傲地带着游客在这个虽然小但正在成长的村镇四处转悠。他微笑着说："我们做的所有工作都是为了我们梦想成真。"

加入博客讨论吧！

美国存在这样的贫困，你感到惊讶吗？惊讶，为什么？不惊讶，又是为什么？欢迎登录MySocLab，加入"焦点中的社会学"博客，分享你的观点和经历，并看看别人是怎么想的？

资料来源：Based on Schaffer (2002) and *The Economist* (2011).

"烟雾山"（Smokey Mountain）是马尼拉北边的一个巨大的垃圾堆存处。可降解的垃圾产生沼气，由沼气引起的火在"烟雾山"上经久不息。烟雾迷漫在垃圾山丘上，像浓雾一样。但是"烟雾山"不只是一个垃圾堆存处，它还是一个居住着几千人的街区。我们很难想象还有哪个地方会比这里更不适宜人居住了。人们在烟雾和脏物中辛苦劳作，以求生存。他们从垃圾堆里拾捡塑料袋，并将其在河里洗干净，收集纸板箱和他们能卖的一切东西。这些小孩来自每年只能赚取几百美元的家庭，几乎没有任何上学的机会，年复一年地呼吸着污秽的空气，会有什么样的机会呢？这个可爱的小女孩穿着清新，走出去玩耍，这显得与这种人间悲剧的背景格格不入。

我们前往马尼拉的另一边，的士司机在繁忙的交通中好不容易挤出了一条路。变化令人惊

◎ 一般来讲，高收入国家遭遇自然灾害时，财产损失会很大，但人们的生命损失不大。2011 年日本遭遇了三次灾害（左图）：先是大海啸，紧接着是大地震，然后是核电厂的核泄漏。这三次灾害毫无疑问是经济灾难，而且还致使 20 000 人丧生或失踪。即使如此，2010 年的海地地震并没那么强烈（右图），但伤亡的人数是上述数字的 3 倍。

异：垃圾堆的烟雾和气味没有了，街区能与迈阿密和洛杉矶相媲美。一群游艇在远处的海湾上漂荡着。不再是有车辙的街道，我们沿着宽敞的林荫大道平静地行驶着，大道两边种着树，大道上尽是昂贵的日本轿车。我们路过购物中心、迎合高层次消费者的旅馆以及超高层的办公楼。大约在每个街区，我们能看到在进入高级住宅区的大门入口处都有安全警卫站岗。马尼拉的富人生活在宽敞的、有空调的家里，而许多穷人却在辛苦
276 劳作。

低收入国家有一些富人，也有许多穷人。多数人靠着每年几百美元的收入为生，这意味着这种贫困的负担远远大于美国穷人的负担。这并不是暗示美国的贫困是一个次要的问题。在一个如此富裕的国家里，食物太少，住房标准不达标，上千万人（其中几乎有一半是小孩）没有医疗保障，这也等于是一个国家的悲剧。

贫困的严重性

贫穷国家的贫困比富裕国家的贫困更严重。这个世界上生活质量的差别非常大，关键原因之一是，这些地区的经济生产力是最低的，而恰恰其人口的增长却是最快的。图 12—2 说明了，在经济发展的每个水平上，几个世纪以来的世界人口和全球收入的比例。高收入国家到目前为止是最有利的，用全球收入的 78% 来供养仅仅 23% 的世界人口。中等收入国家占世界人口的 61%，但其赚取的收入是全球收入的 21%。剩下的 17% 的全球人口仅仅享有全球收入的 1%。简而言之，低收入国家的人每赚取 1 美元，高收入国家的人就能赚取 41 美元。

表 12—1 展示的是世界上一些特定的国家的财富和福利的拥有情况。表格的第一列给出的是许多高收入、中等收入和低收入国家的国内生产

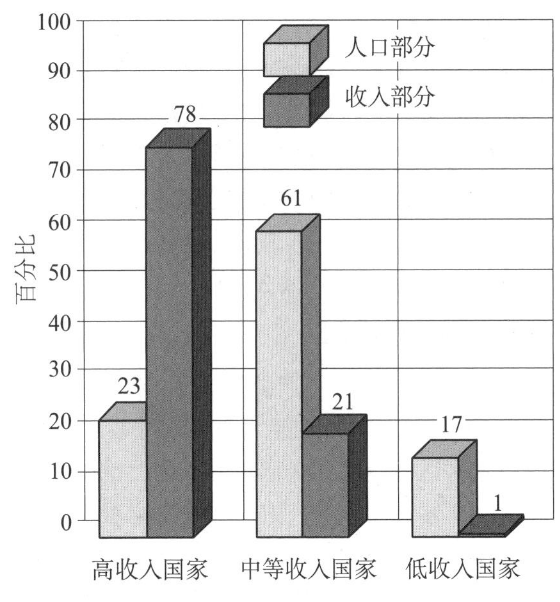

图 12—2 不同的经济发展水平下人口和收入的相对比

◎ 低收入国家的人们每赚取 1 美元，高收入国家的人们就可以赚取 41 美元。

资料来源：Based on Population Reference Bureau (2010) and United Nations Development Programme (2010).

总值（GDP）的情况。[①]美国这样一个庞大而高生产力的国家，其2009年的GDP超过了14万亿美元。日本的GDP超过了5万亿美元。从GDP值的情况比较来看，世界上最富裕的国家的生产力高出最贫困的国家数千倍。

表格的第二列是用GDP除以总人口规模，以估计人们在当地经济条件下的收入的购买力。像美国、瑞典和加拿大这样的富裕国家，其人均GDP是非常高的，超过了35 000美元。像印度、哥斯达黎加这样的中等收入国家，其人均GDP在3 000至11 000美元不等。低收入国家的人均GDP只有一两千美元。例如，在尼日尔或埃塞俄比亚，一个标准的劳动力全年的收入只相当于一个美国普通工人的周薪。

表格的最后一列测量的是各个国家的生活质量。由联合国（2010）计算出的这个指数是以收入、教育（成人的读写水平和平均受教育年限）以及寿命（人们的预期寿命）为基础的。指数值处于1和0之间，最大是1，最小是0。从这种计算来看，挪威人的生活质量最高（0.938），美国人的生活质量与之相接近（0.902）。非洲国家马里和尼日尔却处在另一个极端，其人们的生活质量最低（分别为0.309和0.374）。

相对贫困与绝对贫困

我们在第11章（“美国的社会阶级”）中对相对贫困和绝对贫困作了区分，这种区分应用到全球的不平等上也很有用。富裕国家的人们通常关注相对贫困 (relative poverty)，即一些人缺乏其他人视之为当然的资源。根据这种定义，相对贫困存在于每个社会，不管是富裕的社会，还是贫穷的社会。

然而在全球视野下，更重要的是绝对贫困 (absolute poverty)，即缺乏对生

① 国内生产总值（GDP），即在特定的某一年，一个国家在其疆界内所生产出的所有商品和服务的总价值。

表 12—1　2009年全球化视野下的财富与福利

国家	GDP总量（10亿美元）	人均GDP（PPP，美元）*	生活质量指数
高收入国家			
挪威	382	58 278	0.936
澳大利亚	925	40 286	0.937
美国	14 119	46 653	0.902
加拿大	1 336	39 035	0.888
瑞典	406	36 139	0.885
日本	5 069	33 649	0.884
韩国	833	29 326	0.877
英国	2 175	34 342	0.849
中等收入国家			
东欧			
保加利亚	49	11 547	0.743
阿尔巴尼亚	12	7 737	0.719
乌克兰	114	6 591	0.710
拉丁美洲			
哥斯达黎加	29	11 143	0.725
巴西	1 573	10 847	0.699
厄瓜多尔	57	8 170	0.695
亚洲			
伊朗	331	11 891	0.702
中国	4 986	7 206	0.663
泰国	264	8 328	0.654
叙利亚	52	4 857	0.589
印度	1 310	3 354	0.519
非洲			
阿尔及利亚	141	8 477	0.677
纳米比亚	9	6 474	0.606
低收入国家			
拉丁美洲			
海地	6	1 040	0.404
亚洲			
老挝	6	2 404	0.497
柬埔寨	10	1 952	0.494
孟加拉国	89	1 458	0.469
非洲			
肯尼亚	29	1 622	0.470
几内亚	4	1 037	0.340
埃塞俄比亚	29	991	0.328
尼日尔	3	781	0.374
马里	9	1 207	0.309

* 这些数据是联合国的购买力平价（PPP）的计算结果，为避免通货膨胀率的影响，给出的是每种国内货币的当地购买力。

资料来源：United Nations Development Programme (2010).

命构成威胁的资源。处于绝对贫困中的人缺乏健康和长期生存所必需的营养。美国自然也有绝
277 对贫困者，但是在美国的人口中遭遇到这种直接对生命构成威胁的贫困的只是极少一部分。相反，低收入国家有 1/3 或者更多的人陷入绝对贫困。

绝对贫困是致命的，低收入国家的人们面临的年轻时期死亡的风险在上升。在富裕国家，85% 的人的寿命都能超过 65 岁。然而，在世界上最贫穷的那些国家，只有 1/3 的人能活到 65 岁，有 1/5 的小孩还不到 5 岁就夭折了（World Health Organization，2008；United Nations，2010）。

贫困的程度

贫穷国家的贫困比像美国这种富裕国家的贫困更普遍。第 11 章（“美国的社会阶级”）提到美国政府正式地将其人口的 14.3% 划归为贫困人口。然而，低收入国家中的多数人过得和美国的这些穷人差不多，而且许多人比美国这些穷人的情况更糟糕。在撒哈拉以南的非洲国家人口寿命超过 65 岁的可能性比较小，有 1/4 的人口营养不良，这表明那里存在严重的绝对贫穷。如果将世界视为一个整体，在某个既定的时间，世界上有 13% 的人（大约 10 亿）遭受着慢性的饥饿，这使他们无力工作，把他们置于染患疾病的高风险境地（Chen & Ravallion，2008；United Nations Food and Agriculture Organization，2011）。

在像美国这样的富裕国家，一个标准的成年人一天大概消耗 3 500 卡路里的热量，这已经超标了，导致了普遍的肥胖和相关的健康问题。而在低收入国家，一个标准的成年人不但要干更多的体力活，而且一天只消耗 2 100 卡路里的热量。这些成年人营养不良：食物太少或者种类合适的食物不足（United Nations Food and Agriculture 278
Organization，2010）。

在我们阅读本章这个部分的 10 分钟时间里，世界上就有 100 个因为饥饿而身体虚弱或患病的人走向死亡。这个数目加起来一天有 25 000 人，一年就有 900 万人。显然，减轻世界上的饥饿是人类今天要面对的最严肃的责任之一（United Nations Development Programme，2008）。

贫困与儿童

在贫穷国家，家庭缺乏足够的食物、干净卫生的水、安全的住房和医疗机会，死亡早早地来临。在世界上的低收入和中等收入国家，1/4 的儿童不能获得维持健康的足够营养（World Bank，2008）。

那些贫困家庭的儿童，有许多在艰难度日。一些反儿童贫困的组织估计，贫穷国家的城市里至少有 1 亿儿童为补贴家用而乞讨、偷盗、卖淫或受雇于贩毒团伙。这种生活几乎总是意味着退学和将小孩置于疾病和暴力的高风险境地。许多女孩子在只有少许或者根本没有医生协助的情况下就怀孕，她们连自己都养不活，就生养小孩了。

分析家估计，世界上还有成千上万的儿童

◎ 在贫穷城市的街头，每天有上千万的儿童靠自己谋生，其中有许多儿童沦为疾病、吸毒和彻头彻尾的暴力的牺牲品。你认为必须采取什么样的措施来保证与这些印度的班加罗尔的儿童相似的儿童获得足够的营养和优质的学校教育呢？

是孤儿或者完全离开了家庭，尽其所能漂宿街头，或者试图移居美国。这些街头小孩中大约有一半在诸如墨西哥城和里约热内卢这样的拉丁美洲城市，在那里有一半的小孩是在贫困中长大的。许多美国人知道这些城市是具有异国情调的旅游目的地，但是它们也是数以千计的街头孩子的家乡，这些孩子生活在临时搭建的棚屋里、桥头底下或小巷子里面（Leopold，2007；Levinson & Bassett，2007；Consortium for Street Children，2011）。

贫困与妇女

在富裕国家，妇女做的许多工作被低估了，报酬过低，或者干脆就没注意到。在贫穷国家，妇女面临的劣势甚至更大。在本章的开头所描述的那样的血汗工厂里工作的人，多数都是妇女。

更糟糕的是，低收入国家的传统使妇女不能从事许多工作。例如，在孟加拉国，妇女在制衣厂工作，因为社会上保守的宗教规范禁止妇女从事多数有报酬的工作，限制妇女接受先进的学校教育（Bearak，2001）。同时，贫穷国家的传统规范把培养孩子和维持家庭的首要责任给了妇女。据分析家估计，在贫穷国家，尽管妇女生产出 70% 的食物，但男性拥有 90% 的土地，在财产占有方面，这种性别的不平等远远大于高收入国家。因而，世界上 10 亿绝对贫困人口中有 70% 是妇女，也就不足为奇（Moghadam，2005；Center for Women's Land Rights，2011；Hockenberry，2011）。

最后，贫穷国家的妇女得到很少或者没有生殖健康服务。由于节育方法有限，妇女只能和孩子们待在家里，导致高生育率，抑制了国家的经济发展。另外，世界上最贫穷的妇女生育小孩时通常不会有懂行的医护人员在场。图 12—3 表明，低收入国家和高收入国家在这方面有明显差别。

奴隶制度

除了饥饿以外，贫穷国家还有许多问题，包括文盲、战争，甚至还有奴隶制度。英国在 1833 年取缔了奴隶制度，美国跟着在 1865 年也取缔了奴隶制度。但是至少有 1 200 万的男子、妇女和孩子还是奴隶，有 2 亿人（大约总人口的 3%）仍然生活在相当于奴隶制度的条件之下（Anti-Slavery International，2008；U.S. Department of Labor，2009）。

国际反奴隶制度组织把奴隶制度区分为五种类型。第一类是奴役制度，即一个人拥有另一个人。尽管奴役制度的存在几乎在任何地方都属于违法，但还是有几百万人沦为此类奴隶。买卖奴隶（一般都是一个种群或阶级集团成员奴役另一个种群或阶级集团成员）在亚洲，尤其是非洲的许多国家依然存在。第 313 页“全球性思考”专栏中描述了非洲国家毛里塔尼亚的一个奴隶的生活事实。

第二类是国家强加的奴役制度。这种情况下，政府强制触犯刑法的罪犯劳动，或者只是因

全球快照

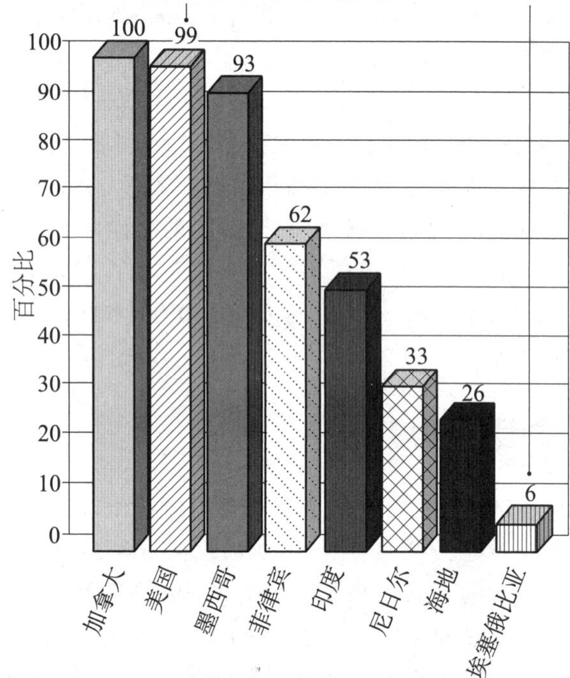

图 12—3　由技术熟练的医务人员助产的百分比

◎ 在美国，绝大多数分娩都有医务人员助产，这种情况在低收入国家却不常见。

资料来源：World Bank (2010).

全球性思考

“上帝让我做奴隶”

法蒂玛·美恩特·马马多乌是北非的毛里塔尼亚伊斯兰共和国的一名年轻妇女。问她的年龄，她停下来，微笑着，摇了摇头。她不知道自己是什么时候出生的。她也不能阅读和写字。她所知道的就是照管骆驼、放羊、拖运水袋、扫地和侍候主人喝茶。毛里塔尼亚大概有9万名这样的奴隶，她只是其中的一个。

在毛里塔尼亚的中部地区，一个人如果是黑褐色的皮肤，就总是意味着他是某个阿拉伯主人的奴隶。法蒂玛认可了她的境遇，她不知道其他的任何事情。她用平常的口吻说，与她妈妈、祖母甚至更远的祖辈一样，她也是奴隶。她耸耸肩说：“正像上帝创造骆驼成为骆驼一样，上帝创造我成为奴隶。”

法蒂玛、她妈妈以及她的兄弟姐妹生活在毛里塔尼亚首都努瓦克肖特郊区的一个棚户区小村庄。他们的家是一个宽9英尺长12英尺的棚屋。这个棚屋是他们用木材废料和从建筑工地上捡来的材料搭建起来的。屋顶只不过是一块布，没有蓄水设施和家具。离家最近的一口水井有1英里路远。

◎ 人类奴隶制度在21世纪继续存在。

这个地区的奴隶制度始于500多年前，大约是哥伦布向西航行、探险美洲大陆的时候。阿拉伯人和柏柏尔人部落袭击了当地的村庄，使当地人沦为了奴隶。因而，从那时到现在，这种状况已经有许多代人的历史了。毛里塔尼亚的法国殖民统治者在1905年取缔了奴隶制度。1961年毛里塔尼亚取得独立以后，新政府重申了这项禁令。然而，奴隶制度直到1981年才被正式取缔，甚至即使在那时候，奴隶制度也不违法。2007年，国家通过法令，对买卖或使用奴隶行为可以判处10年监禁，政府对奴隶制度的牺牲者给予经济抚恤。但是新法令难以改变这种强大的传统。悲哀的是，像法蒂玛这类人还没有“自由选择”的概念。

下一个问题是更加私人性的：“你和其他的姑娘曾经被强奸过吗？”法蒂玛再一次犹豫了。她不带任何感情地回答：“当然了，到了晚上，男人们就过来让我们生育后代。你所说的被强奸就是这个意思吗？”

你怎么想?

1. 在保留奴隶制度方面，传统扮演着什么角色？
2. 这个世界容忍奴隶制度的原因是什么？
3. 解释奴隶制度和贫困之间的关系。

资料来源：Based on Burkett（1997）.

279 为政府需要他们劳动。例如，在朝鲜，政府可以以任何理由强制人们劳作。

第三类是儿童奴役制度，即一些极其贫穷的家庭把小孩送到大街上去乞讨或偷或做任何他们赖以生存的事情。这类奴隶数以百万计，多在拉丁美洲和非洲一些最贫穷的国家。另外，在70多个国家里有大约有1 000万儿童被迫去生产烟草、甘蔗、棉花和咖啡。

第四类是债务奴役制度，即雇主付给工人工资，但工资不够支付雇主提供的食物和住房的款项。在这种安排下，工人总是还不清债务，就沦为奴隶。低收入国家许多血汗工厂的工人就陷入这类奴隶制度。

第五类可能相当于婚姻奴隶制度。在印度、泰国和一些非洲国家，家庭把违背他们意愿的妇女嫁出去。许多这样的妇女就像奴隶一样为夫家干活，还有一些则被逼迫去卖淫。

另外一种奴隶形式就是人口非法买卖，即把男子、妇女和儿童拐到其他地方，强迫他们劳动。这是一种特殊的奴隶制度形式。先许诺找到工作，把妇女和男子带到其他国家，然后强迫他们卖淫或者做农场劳工，或者从其他国家收养小孩，然后迫使他们到血汗工厂工作。拐卖人口是大买卖，仅次于买卖枪支和毒品，为世界上的有组织的犯罪带来了极大的利润（Orhant，2002；International Labor Organization，2010；U.S. Department of Labor，2010；Anti-Slavery International，2011）。

1948 年，联合国发布了《世界人权宣言》，其中声明："任何人都不能受奴隶制度或奴隶状态的束缚，禁止任何形式的奴隶制度和奴隶买卖。"不幸的是，60 多年过去了，这种社会罪恶依然在继续。

对全球贫困的解释

如何解释严重而广泛的贫困遍及世界这么多的地方？本章余下的篇幅就从贫穷国家的如下情况来梳理出一些解释。

1. *技术*。低收入国家大约有 1/4 的人使用人力或牲畜耕种土地，因为能源有限，经济发展也不快。

2. *人口增长*。如第 22 章（"人口、城市化和环境"）所解释的，最穷的国家的出生率世界最高。尽管要为贫穷付出死亡的代价，但非洲许多贫穷国家的人口每隔 25 年就要翻一倍。在撒哈拉沙漠以南的非洲国家，43% 的人口不到 15
280 岁。步入生育年龄的人口是如此之多，将来又是一波迅猛的人口增长。例如，在最近几年，乌干达的人口以每年超过 5% 的速度在膨胀，即使经济在发展，生活标准也会下降。

3. *文化模式*。贫穷国家通常是传统的。坚持长期以来形成的生活习惯，就意味着抵制变迁——甚至那些能带来更富裕的物质生活的变迁。阅读第 315 页"日常生活中的社会学"专栏，解释为什么印度的传统的人在面对贫穷时会和美国的穷人做出不同的反应。

4. *社会分层*。低收入国家的财富分配是非常不公平的。第 10 章（"社会分层"）揭示了农耕社会的不平等比工业社会的不平等更大。例如，在巴西，仅仅 4% 的人就拥有了所有农田的 75%（Galano，1998；IBGE，2006；Frayssinet，2009）。

5. *性别不平等*。贫穷国家的性别不平等阻止了妇女就业，这基本上就意味着她们会生育很多小孩。一个庞大的人口进而又会减缓经济发展速度。许多分析家断定，要提高世界上许多地方的生活标准，就要改善妇女的社会地位。

6. *全球的力量关系格局*。全球贫困的最终原因在于世界上各个国家之间的关系。在历史上，财富通过殖民主义从贫穷国家流向富裕国家。**殖民主义** (colonialism) 是一些国家通过对一些其他国家实施政治和经济控制而使自身富裕起来的过程。大概开始于 500 年前，西欧国家把拉丁美洲的大部分国家沦为了殖民地。这种全球性的剥削允许一些国家在牺牲其他国家利益的情况下发展自己的经济。

尽管 130 个前殖民地在 20 世纪取得了独立，但剥削通过新殖民主义的方式仍在继续。**新殖民主义** (neocolonialism) 是全球力量关系格局的一种新形式，它不是通过直接的政治控制而是通过跨国公司来实施经济剥削。**跨国公司** (multinational corporation) 就是在许多国家中运转的大企业。公司领导经常把他们的意志强加给有他们生意的国家，以创造有利的经济条件，正像殖民者过去的做法一样（Bonanno, Constance & Lorenz，2000）。

殖民主义　一些国家通过对其他国家的政治和经济控制从而使自己富裕起来的过程。

新殖民主义　全球力量关系格局的一种新形式，它不是通过直接的政治控制而是通过跨国公司来实施经济剥削。

日常生活中的社会学

印度的“幸福的贫困”：搞清一种陌生的观念的意思

尽管印度已经是一个中等收入国家，但它的人均GDP仅仅3 354美元，大约是美国的7%。因为经济生产力很低，且人口达到12亿，印度有世界上贫困人口的28%。

但是多数北美人不容易理解印度的贫困。许多印度人的生活条件远不及美国社会中所谓的“穷人”。一位旅游者对印度人的生活的第一体验可能是深感震惊。比如，印度最大的城市之一金奈（Chennai，以前叫马德拉斯），有700万居民，但在一个局外人看起来金奈是混乱无序的——摩托车、卡车、牛车和一波波的人浪一起冲塞着街道。沿着路边，卖主们坐在粗麻布上卖着水果、蔬菜和熟食，而附近却有人在聊天、洗澡和睡觉。

尽管有些人生活得不错，但是在金奈散布着1 000多个棚屋居民点，居住着50万农村人，他们来到这里是为了寻找一个好点的生活。棚屋区聚集着一些由树枝、树叶、废弃的纸板和罐子搭建起来的小屋。这些住处常受干扰，缺乏制冷设备、自来水和浴室。来自美国的游客在这种地方可能会感到不适应，尽管他们也知道美国的市中心最贫穷的地方也充斥着挫折和时不时的暴力。

但是印度人所理解的贫困和我们的理解不一样。只要没有得不到休息的年轻人在街角游荡，只要没有毒贩在街头交易，就没有什么暴力危险。在美国，贫困常常意味着愤怒和孤立。在印度，甚至连棚屋区也由一个个强大的家庭组织起来——孩子、父母，通常还有祖父母——他们通常给陌生人致以欢迎的微笑。

对印度传统的人们来说，生活是由“法”（dharma）来塑造的。“法”是印度教中关于责任和命运的概念，它教导人们无论什么样的命运都要接受。在印度最贫穷的人们中间工作的（女修道院的）特蕾莎修女指出了这种文化差异的核心。她说：“美国有令人愤怒的贫困，印度的贫困尽管更糟糕，但却是一种幸福的贫困。”

或许我们不应该描述某个人幸福地依附在生存的边缘的样子。但是在印度，贫困由于有了家庭与社区的力量支持而变得心安理得，感觉到生命有一种目的，有一种鼓励每一个人接受生活所赋予的一切的世界观。那些首次遇到印度的贫困的游客会犯糊涂：“这些人是如此贫穷，可他们又怎么能如此满足、积极和快乐呢？”

你怎么想？

1. 特蕾莎修女说印度的部分地方存在“幸福的贫困”，她指的是什么意思？
2. 在一个非常贫困的社区的类似经历在多大程度上可能会改变你对什么是“富裕”这一问题的看法呢？
3. 你知道有美国的穷人对贫困抱有与印度人相类似的态度吗？什么东西将使人们可以接受自己是穷人这一现实？

全球分层的理论分析

◇ 应用

对于世界的财富与权力的不平等分配，有两种主要的解释：现代化理论和依附理论。每种理论对世界上许多地方的穷苦人们的苦难提出了不同的解决办法。

现代化理论

现代化理论（modernization theory）是一种经济与社会发展的模式，该模式根据国家间的技术和文化差异来解释全球的不平等。现代化理论，遵循结构—功能的范式，出现于20世纪50年代。这个时期的美国社会因为新技术的发展而令人着迷。为了显示技术的强大生产能力，也为了对抗苏联逐步上升的影响，美国的政策制定者设计了以市场为基础的外交政策。从那时到现在，这种外交政策就一直陪伴着我们（Rostow，1960，1978；Bauer，1981；Berger，1986；Firebaugh，1996；Firebaugh & Sandhu，1998）。

历史的视角

直到几个世纪以前，整个世界还都是很贫穷的。因为人类在历史上一直是贫困的，现代化理论主张，需要给富裕一个解释。

随着世界探险和贸易膨胀，西欧人在中世纪
281 后期越来越多地来到北美，富裕也随之而来。不久进行了工业革命，这首先改变了西欧，随后改变了北美。工业技术与资本主义精神相结合，创造了前所未有的新财富。起先，这些新财富只让少数人受益。但是工业技术是如此具有生产力，以至于慢慢地连最穷的人的生活标准都开始得到改善。历史上一直折磨着人类的绝对贫困终于日渐远去。

高收入国家在17世纪末和18世纪初开始工业革命。高收入国家的生活标准在20世纪至少上升了4倍。亚洲和拉丁美洲的许多中等收入国家已经实现了工业化，他们也变得更加富裕。但是因为工业技术有限，低收入国家的变化比较小。

文化的重要性

为什么工业革命没有将世界上的贫困现象一扫而空呢？现代化理论指出，并不是每个社会都想采用新技术。采用新技术需要一种强调物质财富和新观念的文化环境。

现代化理论视传统为经济发展的最大障碍。在一些国家，强大的家族系统和对过去的敬重阻碍了人们采用新技术，而新技术能提高他们的生活标准。即使在今天，许多人——从北美的阿米什人到中东传统的伊斯兰教徒，再到马来西亚的塞马伊人——都反对技术进步，认为技术进步威胁到了他们的家庭关系、风俗习惯和宗教信仰。马克斯·韦伯（Max Weber，1958，orig.1904-1905）认为，在中世纪末期，西欧的文化环境支持变迁。正如第4章（“社会”）所讨论的，新教改革改造了天主教的传统信仰，开辟了一条进步取向的生活之路。财富——天主教会对此持怀疑的态度——成为了个人美德的象征，日益重要的个人主义逐渐取代了传统的对家庭和社区的强调。这些新文化模式共同酝酿了工业革命。

罗斯托的现代化阶段 282

现代化理论认为，富裕之门向所有人都开放。随着技术进步在全世界展开，所有的社会都应该会逐渐地实现工业化。根据沃尔特·罗斯托（Walt Rostow，1960，1978）的理论，现代化的

◎ 在美国这样的富裕国家，多数父母都希望他们的孩子能拥有一个快乐的童年，尽量使他们少承担一些原本属于成年人的生活责任。拉丁美洲、非洲和亚洲的那些贫穷国家就不是这种情况了。贫穷的家庭依靠他们的孩子所能赚取的一切收入贴补家用，许多小孩子只有六七岁的时候就全天工作，他们织布或者做些其他的手工活。

实现有四个阶段：

1. 传统阶段。传统社会中的人们在尊重过去的环境下完成社会化，他们难以想象生活怎么会是如此不同。因此，他们围绕家庭和当地的社区营造自己的生活，沿着没有个人自由和变化的旧路走下去。生活在精神上通常是富有的，但物质上很贫乏。

一个世纪前，世界上的许多国家都处在这个经济发展的初始阶段。例如孟加拉国、尼日尔和索马里这样的国家，现在还处于这种传统阶段，依然贫穷。甚至在一些新近进入中等收入行列的国家，例如印度，人口的某些因素依然保持着高度的传统性。

2. 起飞阶段。社会一旦摆脱了传统的控制，人们就会开始利用自己的才干和想象力激励着经济的增长。当人们生产的货物不只是为了自给自足，而是为了和他人交易，以获取利润时，市场也就形成了。通常在损害家庭关系、历史悠久的规范和价值的基础上，更伟大的个人主义、敢于冒险的精神和对物质的渴望等也就出现了。

英国大约在 1800 年前到了起飞阶段，美国在 1820 年前到了这个阶段。东亚的中等收入国家泰国目前正处于起飞阶段。这种发展在富裕国家的帮助下一般都会加速。这种帮助包括外援、获得先进的技术、投资和国外留学的机会。

3. 科技的加速成熟阶段。在这个阶段，“增长”已是一个被广泛接受的概念，推动着社会去追求更高的生活标准。变化多端的经济系统驱使着人们渴望享有工业技术的好处。然而，人们同时开始认识到（有时候是惋惜）工业化正在侵蚀着传统的家庭和地方的社区生活。英国大约在 1840 年前进入了这个时刻，美国则是 1860 年前进入这个时刻的。今天，墨西哥、过去美国的领地波多黎各和波兰这些国家正处于科技的加速成熟阶段。

绝对贫困在处于这个发展阶段的国家极大地减少了。人们离开农村来城里寻找经济机会，城市膨胀起来。工作的专门化使人与人之间的关系缺少私人性。个人主义的发展引起了要求更大政治权利的社会运动。接近科技成熟的社会也为其所有的人们普及基本的学校教育，为部分人提供先进的训练。新近受过教育的人认为传统是“落后的”，他们奋力争取更进一步的改变。另外，妇女的社会地位稳定地接近男人的社会地位。

4. 大众高消费阶段。经济发展稳定地提高了生活标准，因为大规模的生产刺激了大众消费。简单地说，人们不久也学会了“需要”更多的社会生产的商品了。美国、日本和其他富裕国家在 1990 年前进入了这个阶段。现在正进入这个经济发展阶段的是两个地方：香港（1997 年后由中国恢复行使主权）和新加坡（1965 年独立）。这两个地方地处亚洲，虽然地域面积小但是繁荣富裕。

富裕国家的角色

现代化理论声称，高收入国家在全球经济发展中扮演四种重要的角色。

1. 控制人口。最贫穷国家的人口增长最快，其增加的人口可能超过经济的进步。富裕国家通过输出节育技术和促进节育技术的使用，帮助限制人口。一旦经济发展上路了，出生率就会 283
像工业化国家曾经的情况那样出现下降，因为孩子不再是一种经济财产。

2. 增加食物生产。富裕国家向贫穷国家输出高科技耕作方法，以提高农业产量。这些技术，如“绿色革命”共同提到的，包括新的杂交种子、现代的灌溉方法、化肥和控制虫害的杀虫剂。

3. 推广工业技术。富裕国家通过推广有助于提高生产力的机械和信息技术鼓励贫穷国家的经济增长。工业化也推动劳动力由农业向更有技术含量的工业和服务业转移。

4. 提供外援。富裕国家的投资推进贫穷国家设法到达罗斯托所谓的起飞阶段。外援帮助贫穷国家购买更多的化肥和建造灌溉工程，这能够提高农业产量。同样，金融和技术援助有助于建造发电厂和工厂，以改进工业产量。美国每年向发展中国家提供的外援大概是 300 亿美元（U.S. Census Bureau，2010）。

◇ 评价

现代化理论在社会科学家中有许多有影响的

支持者（Parsons，1966；W.E.Moore，1977，1979；Bauer，1981；Berger，1986；Firebaugh & Beck，1994；Firebaugh，1996，1999；Firebaugh & Sandu，1998）。几十年来，现代化理论已经塑造了美国和其他富裕国家或地区的外交政策。支持者指出，亚洲经济的迅速发展——包括韩国、中国台湾、新加坡和中国香港——就是一个证据：西欧和北美国家伴随着工业化而实现的富裕是其他国家的发展目标。

但是现代化理论受到的来自社会主义国家（和西方左派倾分析家）的攻击与他们对资本主义的抵御没什么差别。根据这些批评家的观点，现代化理论最严重的缺点是，现代化在许多贫穷国家根本就没有出现。联合国的报告指出，许多国家，包括拉丁美洲的海地和尼加拉瓜，非洲的苏丹、加纳和卢旺达，今天的生活标准事实上与20世纪60年代没发生什么变化，有些地方情况更糟糕，今天的生活标准甚至不如20世纪60年代（United Nations Development Programme，2008）。

对现代化理论的第二种批评是，它没有承认受益于这种现状的富裕国家经常妨碍贫穷国家的发展。批评家指责说，几个世纪前，富裕国家在他们全球性强势地位的基础上实现了工业化。我们能指望今天的贫穷国家在全球性弱势地位的基础上实现现代化吗？

第三，现代化理论视富裕国家和贫穷国家为两个分离的世界，忽视了国际关系会影响到所有国家的情形。拉丁美洲和亚洲的许多国家现在还在为克服殖民主义引起的伤害而挣扎，而殖民主义却成就了欧洲。

第四，现代化理论把世界上最发达的国家作为评判他国的标准，暴露了种族中心主义的偏见。我们应该铭记，西方的“进步”观念已经使我们轻率地走向了一条竞争的、唯物质主义的生活之路，这条路耗尽了世界上的稀有资源，污染了自然环境。

第五，也是最后一点，现代化理论提出，全球贫困的原因几乎全部在于贫穷国家自身。批评家们认为，这种分析与为他们自己的问题而责备受害人没有什么两样。相反，他们认为，一项对全球不平等的分析，不仅要集中分析贫穷国家自身的行为，还要同样地集中分析富裕国家的行为，以及这些行为对全球经济系统的影响。

诸如此类的关注反映了另一种重要的理解全球不平等的视角：依附理论。

现代化理论 一种经济和社会发展的模式，该模式根据国家之间的技术和文化差异来解释全球不平等。

依附理论 一种经济和社会发展的模式，该模式根据历史上富裕国家对贫穷国家的剥削来解释全球的不平等。

依附理论

依附理论（dependency theory）是一种经济和社会发展的模式，该模式根据历史上富裕国家对贫穷国家的剥削来解释全球的不平等。这种分析基于社会冲突范式，把全球贫困的主要责任归咎于富裕国家。富裕国家几个世纪来一直在不断地使低收入国家走向贫穷，使它们依附于自己。 284
这种破坏性的过程现在仍在继续。

历史的视角

每个人都承认，工业革命前，整个世界都不富裕。然而，依附理论断言，贫穷国家的人们过去的经济状况要好于他们今天的子孙后代。依附理论的著名支持者安德烈·冈德·弗兰克（Andre Gunder Frank，1975）指出，殖民的过程推动了富裕国家的发展，也导致了贫穷国家的发展不足。

依附理论基于一个这样的观念：世界上的富裕国家和贫穷国家的经济地位是相关联的，不能彼此分开来理解。贫穷国家不仅仅在“发展的路线”方面落后于富裕国家，而且，多数发达国家的繁荣在很大程度上是以牺牲欠发达国家为代价而实现的。简而言之，一些国家之所以变得富裕是因为其他的国家变穷了。二者都是5个世纪前开始的全球贸易的结果。

殖民主义的重要性

15世纪后期，欧洲人开始到美国西部、非洲南部和亚洲东部探险，建立殖民地。他们取得

▲检查你的学习
阐述现代化理论的重要观点，包括罗斯托的经济发展的四个阶段理论。例举现代化理论的优点与缺点。

了很大的成功，以至于一个世纪后，英国控制了世界陆地的大约 1/4，自夸为“日不落大英帝国”。美国起初是英国在北美东海岸的一些小殖民地，不久扩大到了整个大陆，买下了阿拉斯加，获得了海地、波多黎各、关岛、菲律宾、夏威夷群岛、巴拿马的一部分和古巴的关塔那摩湾等地方的控制权。

随着殖民主义的蔓延，大概从 1500 年起，直到 1850 年，残忍的人类剥削，即奴隶贸易，一直存在。甚至在整个世界都在抵制奴隶制度的时候，欧洲人还控制着非洲大陆的大部分地区。直到 20 世纪 60 年代，非洲大陆的大部分地区还在欧洲势力的支配之下。

形式上的殖民主义几乎从世界上消失了。然而，根据依附理论的观点，政治上的解放远远没有转化为经济上的独立。贫穷国家和富裕国家之间的经济关系延续着殖民地的支配模式。新殖民主义是资本主义世界经济的核心。

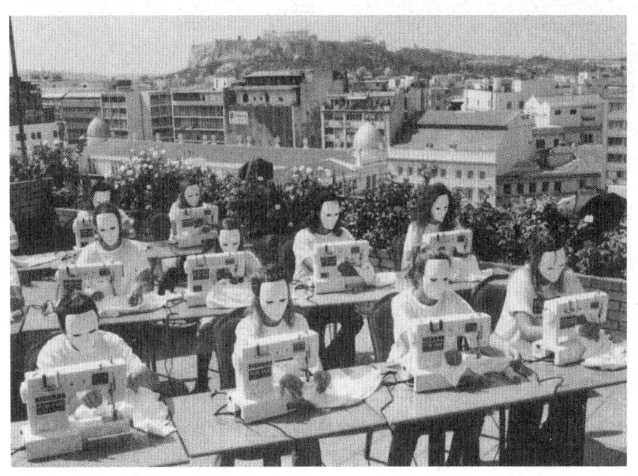

◎ 现代化理论声称，在低收入国家建立工厂的公司对（低收入国家的）人们有帮助，因为提供给他们工作和比以前更高的工资。依附理论却视这些工厂为剥削工人的“血汗工厂”。为回应奥林匹克运动会售卖由血汗工厂生产的运动服这一事件，这些妇女在希腊雅典举行抗议活动。妇女们戴着面具，它们象征着制作了大部分服装却“没有脸面”的工人。你穿的衣服是由血汗工厂生产的吗？

沃勒斯坦：资本主义的世界经济

伊曼纽尔·沃勒斯坦（Immanuel Wallerstein，1974，1979，1983，1984）用“资本主义的世界经济”模型来解释全球分层。沃勒斯坦的术语“世界经济”暗示着，某些国家的繁荣和其他国家的贫困与依附是全球经济体系的结果。他将全球经济的根源追溯到 500 年前的殖民地化的开端，那时候欧洲人就开始从世界的其他地方敛聚财富了。因为世界经济是以高收入国家为基础的，所以它在性质上是资本主义的。①

沃勒斯坦称富裕国家为世界经济的“中心”。殖民主义把世界各地的原材料掠夺到欧洲，推动了工业革命，从而使这个中心富裕起来。今天，跨国公司在全世界经营，获取利润，把财富输送到北美、西欧、澳大利亚和日本。

另一方面，低收入国家代表世界经济的“外围”（periphery）。贫穷国家因为殖民地的剥削而陷入世界经济，现在还在继续支援着富裕国家，给它们提供廉价的劳动力和巨大的工业品市场。余下的国家被认为是世界经济的“半外围”（semiperiphery）。包括像印度和巴西这样的与全球经济中心的关系比较靠近的中等收入国家。

根据沃勒斯坦的理论，世界经济有益于富裕国家（通过产生利润），而不利于世界其他国家（通过引起贫困）。从而世界经济使贫穷国家 285
依附于富裕国家。这种依附涉及三种因素：

1. 狭窄的、出口取向的经济。贫穷国家只生产少数农作物，以将其出口到富裕国家。这种例子包括拉丁美洲国家的咖啡和水果、尼日利亚的石油、菲律宾的硬木以及马来西亚的棕榈油。今天的跨国公司廉价购买贫穷国家的原材料，将其运送到中心国家的工厂加工，从这种贱买贵卖中获取利润。因而，贫穷国家自身的工业没什么发展。

2. 缺乏工业能力。因为没有工业基础，贫穷国家面临着双重束缚：它们依靠富裕国家购买它们的廉价的原材料，同时又设法从富裕国家购买它们所能支付得起的任何昂贵的制成品。这种依附的一个经典的例子是，英国殖民主义者鼓励印度人种植棉花，但是阻止他们自己织布。取而

① 这部分讨论吸收了下列人的观点：A.G. Frank（1980，1981），Delacroix &Ragin（1981），Bergesen（1983），Dixon & Boswell（1996），and Kentor（1998）。

◎ 尽管世界变得日益富裕，但仍有上十亿的人被抛弃在后头。位于海地的太阳城这类棚屋地区，在低收入国家的许多城市里都很普遍。对于生活在这类地方的人的生活质量，你有什么看法吗？

代之的是，英国人将印度的棉花海运到本国位于伯明翰和曼彻斯特的纺织厂，将其织成布，再把制成品海运回印度，而恰恰是那些收获棉花的人购买这些衣服。

依附理论家主张，“绿色革命”——受到现代化理论家的广泛称赞——以同样的方式起着作用。贫穷国家向富裕国家出售廉价的原材料，反过来，又设法去购买富裕国家的化肥、杀虫剂以及机械。富裕国家从这种交易中获取的利润要比贫穷国家多。

3. 外债。不平等的贸易模式使贫穷国家陷入了对中心国家的债务之中。总共算起来，世界上的贫穷国家欠富裕国家的债务大概是 35 000 亿美元。其中有好几千亿美元是欠美国的。这种令人惊愕的债务引起高失业和猛烈的通货膨胀，从而使国家瘫痪（World Bank，2011）。

富裕国家的角色

现代化理论和依附理论赋予富裕国家以非常不同的角色。现代化理论认为，富裕国家通过资本投资和新技术“创造财富”。依附理论却根据国家间如何“分配财富”来看待全球不平等，认为富裕国家使自己“过度发达”的同时，却使世界上其他的国家“发展不足”。

依附理论家否定了这种观点，即富裕国家开展的，旨在控制人口、提高工农业产值的计划提高了贫困国家的生活标准。相反，他们声称，这种计划事实上对富裕国家和统治精英有利，而不利于贫穷国家的多数穷人（Kentor，2001）。

▲检查你的学习
阐述依附理论的主要观点。依附理论的优点和弱点各有哪些？

反饥饿激进主义分子弗朗西斯·穆尔·拉佩和约瑟夫·柯林斯（Frances Moore Lappé & Joseph Collins，1986；Lappé，Collins & Rosset，1998）主张，美国的资本主义文化鼓励人们把贫困看作原因不明的必然现象。循着这种推理逻辑，贫困就是由“自然的”过程产生的，包括孩子太多以及诸如干旱之类的自然灾害。但全球贫困绝非不可避免，在他们看来，这种贫困是预有准备的政策的结果。拉佩和柯林斯指出，世界上所生产出的食物足以养活地球上的每一个人。而且，印度和非洲的多数国家事实上在出口食品，即使他们国内的许多人在饿着肚子。

根据拉佩和柯林斯的观点，富庶中的贫困这种矛盾根源于富裕国家的盈利性食品生产政策，而不在于人们自身。换句话说，富裕国家的公司与贫困国家的精英联合起来，种植和出口有利可图的诸如咖啡之类的农作物，占用了那些原本可以为当地人生产诸如豆类、玉米等基本作物的土地。贫穷国家的政府支持增加农产品出口，因为需要偿还巨额外债。拉佩和柯林斯认为，全球经济的资本家企业结构是罪恶的核心。

◇ 评价

依附理论的主要观点是，没有哪个国家会在孤立之中变得富裕或者贫穷，因为一个统一的全球经济塑造了所有国家的命运。依附理论家指出，拉丁美洲、非洲以及亚洲依然贫困，在当前这种由富裕国家所强加的约束下，发展是难以为继的。他们进而要求对整个世界经济进行激进的改革，使世界经济按照大多数人的利益运转。

第一，依附理论声称，没有其他国家变得更穷，就没有国家会变得更富裕。批评家们对此则不以为然。农民、小工商业主、公司以及国家通过辛勤劳动和颇具想象力地使用新技术，能够而且确实创造了新的财富。他们指出，别忘了，整个世界上的财富自从 1950 年来增加了 10 倍。

第二，依附理论因为全球的贫困而责备富裕 286
国家是错误的，因为世界上许多最穷的国家（像埃塞俄比亚）和富裕国家之间的联系很少。相反，和富裕国家之间的长期贸易往来极大地改善了许多国家的经济状况，包括斯里兰卡、新加坡，还有韩国和日本。批评家们说，简而言之，多数证据都表明，富裕国家的国外投资像现代化理论所主张的那样鼓励着经济增长，而不是像依附理论所主张的那样导致了经济衰退（E. F. Vogel, 1991; Firebaugh, 1992）。

第三，批评家们认为依附理论过分地简单化了，它把资本主义这种单一的因素指称为全球不平等的原因（Worsley，1990）。依附理论视贫穷国家为被动的牺牲品，忽视了引起这些国家经济问题的内部因素。社会学家始终承认文化在塑造人们拥护或抵制变化的意愿方面的重要作用。例如，在极端传统的塔利班的统治下，阿富汗在经济上变得孤立，其生活水平降到世界最低水平。对于这种国家的发展停滞，难道有道理责备资本主义国家吗？

富裕国家也不能为一些国外领导人的不计后果的行为承担责任，这些国外领导人的贪污腐败和军国主义行径使这些国家变得更贫穷。这种例子包括菲律宾的费迪南德·马科斯（Ferdinand Marcos）政权、海地的弗朗索瓦·杜瓦利埃 (Francois Duvalier) 政权、巴拿马的曼纽尔·诺列加（Manuel Noriega）政权、扎伊尔（今天的刚果民主共和国）的蒙博托（Mobutu Sese Seko）政权、津巴布韦的罗伯特·穆加贝（Robert Mugabe）政权、伊拉克的萨达姆·侯赛因（Saddam Hussein）政权、埃及的穆巴拉克（Hosni Mubarak）政权、利比亚的穆阿迈尔·卡扎菲（Muammar el-Qaddafi）政权。一些领导人在国内的政治斗争中甚至使用食物供给作为斗争武器，让群众挨饿。非洲国家埃塞俄比亚、苏丹、索马里就是这样。同样地，世界上的许多国家对于改善妇女地位或控制人口增长少有作为。

第四，依附理论声称全球贸易总是使富裕国家更富，使贫穷国家更穷，批评家们认为这是错误的。例如，美国 2010 年的贸易逆差达 6 470 亿美元，这意味着美国的商品进口比商品出口要多出 10 000 亿美元的 3/4。中国作为美国最大的债权国（2 730 亿美元），其有利可图的贸易现在已经把它推入了中等收入国家的行列（U.S. Census Bureau，2011）。

第五，依附理论提供了仅仅是含混不清的解决全球贫困的办法，批评家们认为这是有缺点的。多数依附理论家都力劝贫穷国家断绝和富裕国家的所有联系，一些依附理论家提倡外资企业国有化。换句话说，依附理论真正的是某种世界社会主义的论调。鉴于一些社会主义社会在满足其人们的需要方面都存在困难，批评家们试问：我们真的指望这样一种制度能拯救整个世界于贫困吗？

“应用理论”表格对现代化理论和依附理论的主要论点作了总结。

全球贫困

应用理论

	现代化理论	依附理论
应用哪一种理论视角？	结构—功能视角	社会冲突视角
全球贫困是如何产生的？	直到一些国家发展工业技术之前，整个世界都是贫穷的。工业技术允许了大规模生产，创造了富裕。	殖民主义把一些国家的财富转移到了其他国家，在成就了其他国家的富裕的同时，却导致了一些国家的贫穷。
今天的全球贫困的主要原因是什么？	传统文化和缺乏生产技术。	新殖民主义——跨国公司在全球的经营，以及资本主义经济。
富裕国家扮演的是制造问题的角色，还是解决问题的角色？	富裕国家贡献新技术、先进的学校教育和外援，扮演的是解决问题的角色。	富裕国家使贫困国家背上债务包袱，在经济上处于依附地位，扮演的是制造问题的角色。

全球分层：展望

◇ 评价

最近几十年来，最重要的趋势之一就是全球经济的发展。在美国，生产的发展和海外销售给许多公司及其股东，尤其是那些财富殷实的人带来了利润。同时，全球经济已经把制造业的岗位转移到海外，国内关闭了一些工厂，使许多普通工人受到了损害。其直接的结果就是，美国出现了经济的极化。

支持全球经济的人们主张，贸易的膨胀为涉及的所有国家带来利益。因为这个原因，他们认可像《北美自由贸易协定》(NAFTA) 这样的政策。《北美自由贸易协定》由美国、加拿大、墨西哥三个国家签订。全球化扩张的批评家们却另
287 有主张：制造业在美国正在消失，现在更多的制造业岗位在海外出现了，在那里，工人的报酬过低，也很少有法律来保证他们在工作场所的安全。另外，其他的全球化扩张的批评家们指出，我们的经济给自然环境施加了更大的压力。

但是，最关心的或许是存在于世界各国之间的巨大的经济不平等。财富向高收入国家集中，伴随着的是低收入国家挥之不去的贫困，这也许是 21 世纪人类所面对的最大的问题。

现代化理论和依附理论对这个紧迫的问题都提供了一些解释。在评价这些理论的时候，我们必须考虑经验主义的根据。整个 20 世纪，生活水平在世界的大部分地方都提高了，甚至连世界上最贫穷的那 25% 的人的经济产量在 20 世纪也几乎增加了 3 倍。于是，每天生活费低于 1.25 美元的人口数量由 1981 年的大致 19 亿下降到 2005 年的 14 亿（Chen & Ravallion，2008）。总而言之，世界上的多数人在绝对的意义上都比过去富裕了。

最显著的贫困减少现象发生在亚洲。这个地区通常被视为经济成功的传奇。早在 1981 年，全球每天生活费不足 1.25 美元的贫困人口有 80% 在亚洲。但到了 2005 年，这个数字就降到了 17%。自从那时起，印度和中国这两个亚洲最大的国家都加入了中等收入国家的行列。在过去的 20 年间，印度和中国的经济增长非常迅速，伴随着物质财富由欧洲和北美向亚洲流动，全球经济的不平等状况得到切实缓解（Sala-i-Martin，2002；Bussollo et al.，2007；Chen & Ravallion，2008；Davies et al.，2008）。

拉丁美洲的情况有些复杂。在 20 世纪 70 年代，这个地区的经济增长迅速。然而，在 20 世纪 80 年代到 90 年代期间，情况则很少有全面的改进。全球每天生活费不足 1.25 美元的贫困人口的比重，2005 年（3%）比 1981 年（2%）有所上升（Chen & Ravallion，2008）。

大约有一半的非洲国家现在的经济增长速度都要快于过去。然而，在许多国家，尤其是撒哈拉沙漠以南的那些国家，极度贫困的现象变得更为糟糕。1981 年，撒哈拉沙漠以南非洲的贫困人口占每天生活费不足 1.25 美元的贫困人口的 11%。到 2005 年，这个比例已经上升到了 28%（Sala-i-Martin，2002；Chen & Ravallion，2008）。

在过去这个世纪，经济产量在富裕国家和贫穷国家都有所增加，但增长率却不是同一水平。世界上富裕国家和贫穷国家之间的差距，2010 年是 1900 年的 6 倍。见图 12—4。

近期的发展趋势提醒我们，有必要批判性地看待现代化理论家和依附理论家。一方面，在亚洲和其他地方出现了政府在经济增长中起着重要作用的情况。这种事实对现代化理论及其发展的自由市场之路提出了挑战。另一方面，自从苏联解体和东欧剧变以来，一种对社会主义的全球性的再评估已经开始。因为一些社会主义国家有几十年糟糕的经济业绩的纪录，许多低收入国家不愿意追随依附理论的建议，将经济发展一概地置于政府的控制之下。

尽管世界的未来是不可预测的，但我们对全球分层已经了解了许多。现代化理论富有洞察力地认为，贫困在某种程度上是一个“技术问题”。为世界上波涛汹涌般的人口提供较高的生活标准，依赖于贫穷国家提高农业和工业生产力。第二个富有洞察力的观点源自依附理论，即全球的不平等也是一个“政治问题”。即使有较高的生产力，人类必须要解决一些至关紧要的、关于资源如何在社会内部和世界各地进行分配的

问题。

尽管经济发展提高了生活标准，但也给自然环境施加了更大的压力。像印度和中国这样的国家——两国共有25亿人口——变得更加富裕了，但他们的国民将消耗更多的能量和其他资源，引起更多的污染。中国最近超过了日本成为第二大石油消耗国，仅次于美国，这是石油价格上涨和供给紧张的原因之一。富裕国家也生产出更多的固体废料，制造了更多的污染。

最后，存在一个把世界上最富裕与最贫穷的人们隔离开来的鸿沟，这道鸿沟把每个人都推入了更大的战争和恐怖主义的风险之中，因为最贫穷的人们要挑战那些威胁到其生存的社会配置（Lindauer & Weerapana，2002）。从长远看，我们只有保证所有人都享有高标准的尊严和安全，才能在这个世界上实现和平。

全球快照

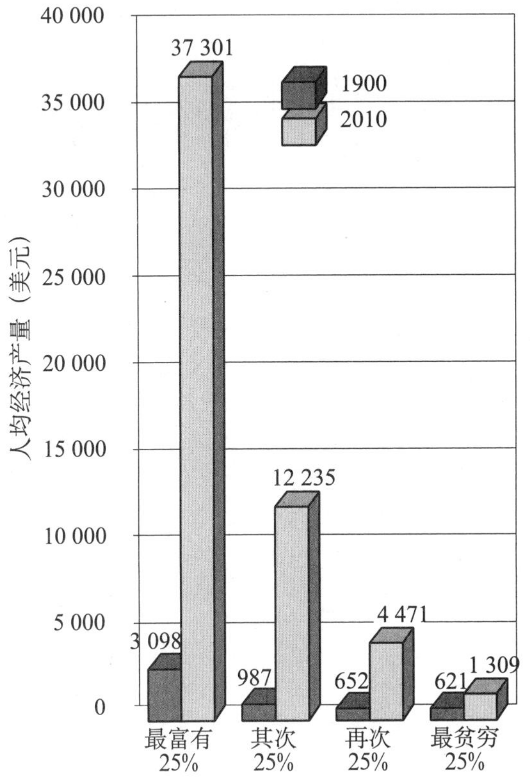

图 12—4　渐增的世界经济不平等

◎ 世界上最富的人与最穷的人之间的差距，2010年是1900年的6倍。

资料来源：United Nations Development Programme (2010).

第12章　全球分层

如果环顾一下这个世界，我们能发现多少社会不平等呢？

本章阐明，全球性的视角能够揭示出的社会分层要多于我们在美国内部所发现的。整个世界上，从低收入国家为寻求工作而移民到高收入国家的人越来越多。像“外籍劳工”一样，他们接手本国更加富裕的居民不愿意从事的低薪酬工作。在这种情况下，富人和穷人真正地生活在“隔离的世界”。

提示

迪拜在最近的建筑热潮中雇用了大约100万外籍劳工。这个数字大约是阿拉伯联合酋长国人口的85%。近些年逐渐增加的社会动荡，包括工人罢工，使劳工的工作和卫生保健条件得到了一定改善。但是，外籍劳工没有组织工会的合法权利，也没有获取公民权的机会。

迪拜的外籍劳工很多都来自印度，他们在迪拜建筑高层酒店和大型商场。他们通常每天只能在狭小的房间里睡上6小时，而收入却少得可怜。生活在陌生的国家，没有合法的权利，会影响这些工人改善他们的工作条件吗？你如何看待这个问题。

迪拜是阿拉伯联合酋长国的一部分，世界上最富有的地方之一。石油财富造就了部分迪拜富翁。甚至在这个世界上最炎热的地区，最富有的迪拜人都能在偌大的室内滑雪场（如图片所展示的）享受滑雪。这张图片上的场景会让你感到难受吗？解释一下你的反应。

迪拜的外籍劳工每天工作12小时，但一个月只能赚50至175美元。你认为，这种在国外就业的机会是一种机遇（收入是在家乡工作的两倍），还是一种剥削形式？

从你的日常生活中发现社会学

1. 在来到中东地区迪拜的外籍劳工和从墨西哥或拉丁美洲其他国家来到美国的工人之间，你能做出什么样的比较吗？
2. 任意翻阅几期最近的新闻杂志或者旅行杂志，注意一下杂志上提及的低收入国家的任何事迹或者广告（比如，销售哥伦比亚的咖啡或印度的异国情调的假期）。这些广告呈现了低收入国家的生活的什么画面？根据在本章所学到的知识，你认为这种形象有多大的真实性呢？
3. 你曾经到过低收入国家旅行吗？你认为，来自诸如美国之类的高收入国家的人面对世界上最贫困人口的艰难营生，应该感到内疚吗？如果内疚，为什么？如果不内疚，又是为什么？登录mysoclab.com，阅读“从你的日常生活中发现社会学”，了解更多关于全球分层的知识，以及那些对有机会和低收入国家人们互动的旅行者的建议。

第12章 全球分层

全球分层概观

高收入国家

- 占世界人口的23%。
- 拥有全球收入的78%。
- 享有基于先进技术的高水准生活。
- 生产出的经济货物足以保证国民过上舒适的生活。
- 有72个国家，包括美国、加拿大、墨西哥、阿根廷、智利、西欧国家、以色列、沙特阿拉伯、俄罗斯、日本、韩国、马来西亚和澳大利亚等。 **pp.272-73**

中等收入国家

- 占世界人口的61%。
- 拥有全球收入的21%。
- 能达到世界平均的生活水准。
- 有70个国家，包括东欧国家、秘鲁、巴西、纳米比亚、埃及、印度尼西亚、印度和中国等。 **pp.273-74**

低收入国家

- 占世界人口的17%。
- 拥有全球收入的1%。
- 生活水准低，工业技术有限。
- 有53个国家，一般都位于中部非洲、东部非洲和亚洲，包括乍得、刚果民主共和国、埃塞俄比亚和孟加拉国等。 **pp.274-75**

全球分层（p.270）：世界整体上的社会不平等模式。

高收入国家（p.271）：享有最高的、全面的生活水准。

中等收入国家（p.271）：享有世界平均水平的生活水准。

低收入国家（p.271）：拥有低的生活水准，多数人是贫困的。

全球的财富和贫困

所有的社会都存在相对贫困，但低收入国家面对的却是危及生存的绝对贫困。

- 因为营养不良，全世界有大约10亿人生活在危险之中。
- 每年大约有900万人死于因贫困而引起的疾病。
- 在世界的几乎各个地方，妇女陷入贫困的可能性都比男子要大。对妇女的性别偏见在那些贫穷的社会最严重。
- 有2亿的男子、妇女和孩子（大约总人口的3%）仍然生活在相当于奴隶制度的条件之下。 **pp.275-79**

引起贫困的因素

- 技术的缺乏制约着生产。
- 高生育率致使人口快速增长。
- 传统的文化模式让人们抵制变迁。
- 极端的社会不平等导致财富分配过分不均。
- 过度的性别不平等限制了妇女的机会。
- 殖民主义允许一些国家剥削其他国家，新殖民主义今天依然存在。 **pp.275-80**

殖民主义（p.280）：一些国家通过对其他一些国家实施政治和经济控制而使自身富裕起来的过程。

新殖民主义（p.280）：全球力量关系格局的一种新形式，它不是通过直接的政治控制而是由跨国公司来实施经济剥削。

跨国公司（p.280）：在许多国家中运转的大企业。

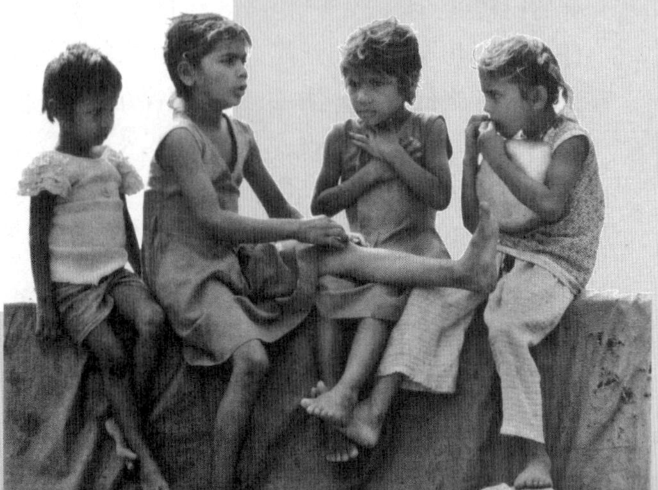

全球分层的理论分析

现代化理论认为，国家的富裕依赖于不断发展的先进技术。这个过程又取决于鼓励创新和变化的文化，而且这种创新和变化要面向更高的生活水准。

罗斯托把发展区分为四个阶段：

- 传统阶段——人们围绕家庭和当地的社区营造着自己的生活（如孟加拉国）。
- 起飞阶段——人们生产的货物不只是为了自给自足，而是为了和他人交易，以获取利润时，市场就此形成（如泰国）。
- 科技的加速成熟阶段——诸如经济增长和更高的生活水准之类的观念获得广泛的支持，教育机会广泛可得，妇女的社会地位得到改善（如墨西哥）。
- 大众高消费阶段——先进的技术驱动着大规模的生产和大众高消费，人们在此时“需要”无数的商品（如美国）。 pp.280-83

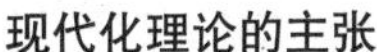

现代化理论的主张

- 富裕国家能通过提供人口规模控制、提高食品产量、扩大工业和信息经济输出之类的技术，以及通过提供支持新经济发展的外援，来帮助贫穷国家。
- 亚洲的经济快速发展表明，达到世界上其他国家的富裕程度是可以做到的。 pp.282-83

批评家的观点

- 富裕国家在帮助贫穷国家方面无所作为，并且从既有的现状当中受益。多数非洲和南美洲国家的低生活水准是由富裕国家的政策造成的。
- 因为富裕国家（包括美国）控制了全球经济，许多贫穷国家为支持其人民而斗争，未能走上几个世纪前富裕国家走过的发展道路。 p.283

依附理论认为，全球的财富与贫困肇始于500年前开始的殖民过程。殖民过程造就了富裕国家的高度繁荣，也导致了贫穷国家的徘徊不前。这个资本主义过程今天以新殖民主义的形式继续存在——通过跨国公司对贫穷国家进行经济剥削。

沃勒斯坦的资本主义世界经济模型把国家分为三类：

- 中心——世界上的高收入国家，跨国公司的总部所在地。
- 半外围——世界上的中等收入国家，连接中心国家的纽带。
- 外围——世界上的低收入国家，为工业品的生产和销售提供廉价劳动力和广泛的市场。

pp.283-85

依附理论的主张

- 出口取向的经济、缺乏工业能力和外债，是使贫穷国家依附于富裕国家、阻止其经济发展的三个关键因素。
- 需要对整个世界经济进行激进的改革，使世界经济按照大多数人的利益运转。

pp.284-85

批评家的观点

- 依附理论忽视了两个事实：世界上的财富自1950年以来增长了10倍，世界上最贫穷的国家与富裕国家之间的联系并不紧密。
- 富裕国家不应为阻碍许多贫穷国家经济发展的文化模式或政治腐败负责。 p.285

现代化理论（p.280）：一种经济与社会发展的模式，该模式根据国家间的技术和文化差异来解释全球的不平等。

依附理论（p.283）：一种经济和社会发展的模式，该模式根据历史上富裕国家对贫穷国家的剥削来解释全球的不平等。

第13章
性别分层

学习目标

◇ **记忆**

本章黑体关键名词的定义。

◇ **理解**

性别不仅是生物学的概念，而且也是社会的产物。

◇ **应用**

社会学的主要理论分析性别概念。

◇ **分析**

性别成为社会分层维度的方式。

◇ **评价**

今天的社会使用各种各样的女权主义理论。

◇ **创造**

一种男人和女人有着总体上同等社会地位的图景。

本章概览

我们生活的社会不仅是一个由社会阶层组织化的社会，而且还是一个由男性和女性组织起来的社会，社会学家称之为“性别”。本章将考察性别，分析社会赋予男性或女性的意义，解释性别如何成为社会分层的重要维度。

“刚开始，我们独自旅行……但是，没有走多久，我们搭上了开往同一方向的妇女们的汽车。当我们到达不同的十字路口时，我们看到来自这个国家各地的汽车，很快我们像一列行进着的队伍一样到达塞尼卡瀑布。”

夏洛特·伍德沃德（Charlotte Woodward）在她的日记中这样写道，当时她独自行进在通往塞尼卡的颠簸、肮脏的小路上，这是纽约州北部地区的一个小镇。当时是1848年，在美国许多地方奴隶制是合法的，所有妇女的社会地位，无论何种肤色，都远远低于男性。那时，在美国的多数地方，妇女不能拥有财产，婚后不能自己领薪水，不能立遗嘱，不能在法庭提出诉讼（包括要求对自己孩子的监护权的诉讼），也不能上大学，丈夫被普遍地视为对他的妻子和孩子拥有毋庸置疑的统治权威。

约300名妇女聚集在塞尼卡的威斯莱亚小教堂（Wesleyan Chapel），向妇女的二等公民身份提出挑战。她们听从她们的领袖伊丽莎白·凯蒂·斯坦顿（Elizabeth Cady Stanton）的号召，要求扩大妇女的权利和机会，包括投票权。那时，多数人认为这种建议是荒谬的、不能容忍的。即使许多参加集会的人也对这一想法感到震惊，斯坦顿的丈夫，亨利（Henry）就乘车离开小镇以示抗议（Gurnett，1998）。

自从塞尼卡集会之后，发生了许多变化，斯坦顿的许多建议现在已经作为基本的公平被人们广泛接受。但是，正如本章所解释的，美国和世界其他地方的妇女和男子仍在过着不同的生活；在多数方面仍然由男性掌管。本章探讨性别的重要性，并说明同阶级地位一样，性别是社会分层的重要维度。

性别与不平等

◇ 记忆

第8章（“性与社会”）说明了将人类分为女性和男性的生物学上的区别。**性别**（gender）指的是社会成员赋予的、作为女性或男性的个人特质和社会地位。性别作为社会制度的一个维度，塑造着我们如何与他人互动，甚至如何认识自身。更重要的是，性别还涉及等级制度，给予男人和女人不同等级的权力、财富和其他资源。这就是为什么社会学家谈论性别分层（gender stratification），即男女之间在财富、权力和声望方面的不平等分配。简而言之，性别影响了机会，压制着我们面临的整个生活。

男女之间的差别

许多人认为性别差别带有某种“自然性”，因为生物学确实使一种性别区别于另一种性别。但是，我们必须注意，不要用生物学概念认识社会差别。比如，1848年妇女被否认有投票权，因为许多人假定妇女缺乏足够的政治方面的智力或兴趣。这种态度与生物学毫不相干；它反映的是当时当地的文化模式。

另外一个例子是体育成绩。1925 年，多数人——包括女性和男性——相信最好的女选手也永远不可能和男选手在马拉松比赛中竞争。今天，正如图 13—1 所示，性别鸿沟已经大大缩小，现在跑得最快的女子通常比过去几十年里跑得最快的男子还要快很多。这又一次证明，男女之间的
295 多数差别是社会建构的结果。

性别之间存在着体能方面的一些差别。平均来看，男人比女人要高 10%，重 20%，强壮 30%，特别是在上半身。另一方面，在人的生命的最后比赛中，女性超过了男性：美国男性的预期寿命是 75.7 岁，女性为 80.6 岁（Ehrenreich，1999；McDowell et al.，2008；Kochanek et al.，2011）。

青春期时，男性比女性在数学和 SAT 的阅读上要好一些，而女性在写作上更强一些，这种差别既是生物学的反映，又是社会化的反映。然而，研究并没有指出男女在智力方面有什么总体差别（Lewin，2008；College Board，2010）。

那么，从生物学上看，男女之间的区别是有限的，没有哪个在自然属性上更占优势。但是，文化可以相当不同地界定两性，正如以下对性别的全球研究中所阐述的那样。

全球化视野中的性别

考察性别是如何奠基于文化基础之上的最好方式是一个社会与另一个社会进行比较。有三个重要的研究着重考察了“男子气”和“女子气”究竟有什么差别。

以色列的集体农庄

在以色列，集体聚居地叫做集体农庄（kibbutizm）。集体农庄（kibbutz，这个词的单数形式）是一个重要的研究框架，因为性别平等是农庄声称的目标之一；男人和女人分享工作和决策。

近几十年来，集体农庄的集体性已经减少，因此，该组织的特色也在减少。但是在它们历史的大多数时期，两种性别共同分担大多数的日常工作。许多男人加入女人当中照顾小孩，女人也加入男人去维修房屋、武装保卫。两种性别的人都对农庄的日常事务作出决定。用同样的方式培养女孩子和男孩子；在许多个案中，小孩子们远离父母，一起在集体宿舍被养大。在集体农庄，女人和男人获得了显著的（虽然还不是全部）社会平等，很明显是文化界定了什么是男子气和什么是女子气。

玛格丽特·米德的研究

人类学家玛格丽特·米德（Margaret Mead）对性别进行了开创式的研究。她推论说，如果性别是基于男女之间在生物学上的差别，那么世界各地的人们应当用同样的方式界定“女子气”和“男子气”；如果性别是文化的，这些概念应当有所不同。

米德研究了新几内亚的三种社会（1963，orig. 1935）。在阿拉佩什（Arapesh）的高山家庭里，米德观察到男人和女人有非常相似的态度和行为。她报告说，两种性别都善于合作，对他人很敏感——简而言之，这些特质在我们的文化中会被贴上“女子气”的标签。

米德接着研究了南方的蒙杜古马人（Mundugumor），这个社会的人们割取敌人的头颅作为战利品，同类相食，与阿拉佩什人的温和截然不同。在这种文化中，两种性别的人都是典型的自私自利、带有强烈的攻击性，都具有我们所界定的更为“男子气”的特质。

最后，米德研究了西部的德昌布利人（Tchambuli），她从中发现了与我们自己的文化相同的文化，即用不同方式界定女性和男性，但是，米德报告说，德昌布利人颠倒了我们的许多性别信条：在那里，女性占统治地位，并且富于理性，男性则顺从，富于感情，并且养育孩子。米德根据她的观察，得出结论，文化是性别差异的关键，因为一种社会认定为“男子气”的东西，而在另一个社会可能被视为“女子气”。

一些批评家认为米德的发现“过于简单”，好像她在这三个社会中看到的恰恰是她正想要寻

性别 社会成员赋予的、作为女性或男性的个人特质和社会地位。

性别分层 男性和女性之间在财富、权力和特权方面的不平等分配。

多样化快照

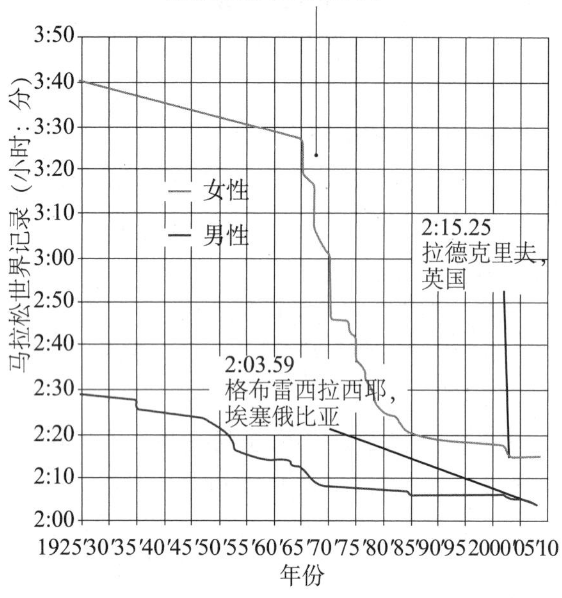

图 13—1　男子和女子的体育成绩

◎ 在体育比赛中，男子自然地强过女子吗？答案是并不明显。在 20 世纪早期的马拉松比赛中，男子在速度上要比女子快一个多小时。但是，随着女子在体育方面机会的增加，这一差距已经缩小了。目前，世界马拉松比赛的女子纪录（2003 年的纪录）和男子纪录（2008 年的纪录）只相差 11 分钟。

资料来源：Marathonguide.com (2011).

找的模式。黛博拉·格韦茨（Deborah Gewertz，1981）向她所谓的米德"颠倒假设"提出挑战，指出德昌布利的男性是真正更具有攻击性的性别。格韦茨解释说，米德 1930 年期间访问的德昌布利（实际上，他们自称卡姆里 Chambri），当时正处于在部落战争中损失了许多财产之后，所以，米德观察到男人在重建家园，那只是卡姆里男人的暂时的角色。

296

乔治·默多克的研究

乔治·默多克（George Murdock，1937）对 200 多个前工业化社会进行了更为广泛的研究。他发现关于男女分工问题，在某些方面，世界范围内都具有一致性。默多克观察得到，狩猎和战争通常是男人的事情，以家庭为中心的任务像烧饭和照顾儿童倾向于由妇女承担。由于前工业社会的技术简单，很明显，前工业社会的性别角色分工反映了男人和女人在体力上的特征。由于男人的身体更强壮、更高大，男人负责狩猎和保护群体；由于女人生孩子，她们承担家里的多数劳动。

▲检查你的学习
通过对许多文化的比较，对于性别差异的起源我们学到了什么?

但是，默多克发现，除了这一总的模式外，各个社会存在着很多差别。在农业社会，妇女在干农活儿方面大概和男人一样多；在多数社会中，两种性别都分担了农业生产劳动。当涉及其他许多事情——从盖房子到文身——默多克发现前工业社会中这些事情可能由男性做，也可能是女性来做。

◇ 评价

全球的比较研究表明，总的来看，社会并没有一贯地界定哪些事情是女人的事情或者哪些事情应是男人的。随着工业化的发展，肌肉力量的重要性降低了，进一步减少了性别差异（Nolan & Lenski，2010）。总的来说，性别角色的变化非常之大，以至于不能说性别是生物学的简单表现；作为女性和作为男性意味着什么，基本上是社会的产物。

父权制与性别歧视

性别的概念是变化的，有证明表明有的社会中妇女比男人有更大的权力。例子之一就是摩梭人，中国西南部的云南省的一个小社会，在那里妇女控制着多数财产，挑选她们的性伙伴，对日常生活作出决策。摩梭人看起来是一个**母权制**（matriarchy，"由母亲统治"）的例子，即一种由女性统治男性的社会制度，母权制在人类历史上几乎没有文献记载。

在世界各地几乎到处都可以发现的模式是**父权制**（patriarchy，"由父亲统治"），一种由男性统治女性的社会制度。不同的国家，女性和男性在权力和特权方面相当的不同。根据联合国性别发展指数，荷兰、丹麦和瑞典给予妇女的社会地位最高；相反，在尼日尔、刚果共和国和也门，与男子相比，妇女的社会地位最低。在全球

母权制 女性统治男性的一种社会制度。

父权制 男性统治女性的一种社会制度。

性别歧视 相信一种性别内在地优于另一种性别。

近200个国家中，美国的性别平等状况在全世界排列在第44位（United Nations Development Programme，2010）。

父权制的表现是**性别歧视**（sexism），这种观念认为一种性别内在地优于另一种性别。性别歧视并不只是一种个体态度，它嵌入社会制度当中。在整个经济当中，会发现制度性的性别歧视，妇女高度集中于低报酬的工作。同样，长期以来，法律制度宽恕针对妇女的暴力，特别是来自男友、丈夫和父亲对妇女的暴力。

性别歧视的代价

性别歧视限制了占全人类总人口一半的妇女的才能和抱负。尽管男人从性别歧视中得到某些益处，但是，他们的特权也付出了高昂的代价。我们文化中的“男子气”鼓励男人做许多高风险的事情：吸烟喝酒、危险的运动、粗心地驾驶。正如马林·弗伦奇（Marilyn French，1985）指出的，父权制使男人不懈寻求的不仅仅是控制女人，而且也控制了男人自身和男人的世界。这就是为什么男子气不仅与各种事故紧密相关，而且与自杀、暴力、压力性疾病紧密相连的原因。A型人格——以长期急躁、野心勃勃、富于竞争、游动的敌意为标志——是得心脏疾病的关键影响因素，它几乎完全符合我们的文化所认定的男子气（Ehrenreich，1983）。

最后，当男人寻求对他人的控制时，他们失去了亲密和信任的机会。正如一名分析家所说，竞争会将“男人从男孩中分隔开来”。然而，实际上，竞争使男人与男人以及其他所有人分隔开来（Raphael，1988）。

父权制一定要继续吗？

在前工业社会，妇女几乎不能控制怀孕和生育，这限制了她们的生活范围。在那些社会中，男人的高大和身强力壮被认为是价值更高的资源。但是，工业化，包括生育控制技术，给了人们相当多的生活选择。在像美国一样的社会 297
中，生物学上的差别几乎不能为父权制提供任何借口。

但是，男性在美国和世界其他地方都占有统治地位，是否意味着父权制是必然的？一些研究者认为，像荷尔蒙和大脑结构“线”的细微差别这些生物性因素，使两性有不同的动机和行为——特别是男性的攻击性——这使得父权制很难，甚至也许不可能被消除（S.Goldberg，1974；Rossi，1985；Popenoe，1993b；Udry，2000）。然而，大多数社会学家相信，性别是社会建构的，是可以改变的。并不能因为父权制长期统治着这个世界，就意味着我们必须做过去时代的囚徒。

为了理解为什么父权制今天仍在继续，我们下面讨论性别是如何根植于社会并在社会中再生产出来的，它是一种开始于人们的童年，并持续我们一生的过程。

◎ 在每个社会，人们都会假定某些工作、某些行为方式、穿着方式“自然而然”地是女人的，而另一些则显然是属于男人的。但是，从全球的视野来看，我们发现这种社会规定有相当的不同。生活在非洲尼日尔的沃达贝（Wodaabe）游牧民男子非常自豪于展示自己的美貌，这在我们社会的多数人看来是女子气的表现。

性别与社会化

◇ 理解

从生到死，性别塑造着人类的感情、思想和行动。小孩子很快就学会了他们的社会将男人和女人视为不一样的两类人；到了大约 3 岁时，孩子们开始用男、女来认识自己。

过去，许多美国人用诸如“感性的”、“被动的”、“善于合作的”等词来形容女性。相反，对男性则用相反的词，诸如“理性的”、“主动的”和“竞争性的”等来描述男人。这么长时间以来，我们一直被教育着用截然对立的方式去认识两性，这真的令人奇怪，特别是因为女性和男性有如此多的共同之处，并且研究发现，大多数年轻人的人格是兼具女子气和男子气特质的某种混合体（Bem，1993）。

298 正由于性别影响了我们怎样认识自己，所以性别教给我们如何行为做事。**性别角色**［gender roles, 也称**性角色** (sex roles)］是一个社会中与每个性别相联系的态度和行为。界定男性是野心勃勃、富于竞争性的文化会鼓励男人追求领导职位、进行团队式体育运动。在某种程度上，女人被界定为恭顺的、感性的，人们期望女性是乐于助人的、易于表露情感的。

性别与家庭

人们对一个新生儿通常问的第一个问题是：“是男孩还是女孩？”：这个问题非常重要，因为答案不仅涉及性别，而且与这个小孩子的未来的人生方向有关。实际上，性别在孩子出生前甚至就在起作用，特别是低收入国家，父母期望他们生育的第一胎是男孩而不是女孩。

出生后不久，家庭成员让幼儿进入女孩子的“粉红色世界”或者男孩子的“蓝色世界”（Bernard，1981）。父母甚至在对待幼儿的方式上传递出性别信息。英国大学的一名研究者发现，他将一名幼儿递给许多妇女，幼儿有时穿得像男孩，有时像女孩。他的被试验对象对待“女”孩很温柔，不断地紧紧拥抱孩子、爱抚孩子，而对“男”孩就比较粗糙，经常把孩子举到高空或者在膝盖上颠动（Bonner，1984；Tavris & Wade，2001）。给孩子的教育非常清楚：女性世界围绕着合作和情感，男性世界重视独立和行动。

性别与同辈群体

当孩子们进入学校，他们开始走向家庭之外，和同龄的其他孩子交朋友。大量的研究表明，小孩子们倾向于与同性别的孩子组成玩耍群体（Martin & Fabes，2001）。

同辈群体为孩子们上了另一堂关于性别的课。雅内・利弗（Janet Lever，1978）花了一年的时间观察孩子们玩耍，得出结论，男孩喜欢有着复杂规则和明确目标的团体运动（如得分的跑步或有底线得分的比赛）。这种游戏几乎都有胜方和负方，这加强了攻击性和控制力这样的男子特质。

女孩也参加团体游戏活动。但是，利弗解释说，女孩也玩跳房子、跳绳或者只是谈天、唱歌或跳舞。这些活动规则很少，几乎没有达到最后目标的“胜利”。利弗解释，女孩同辈群体不是去教育女孩子富于竞争力，而是增加了沟通和合作的互动能力，这可能是女孩子未来承担妻子和母亲角色的基础。

我们做的游戏为我们以后的人生提供了重要的课程。利弗的观察使人们想起卡罗尔・吉利根 (Carol Gilligan) 基于性别的道德推理，见第 5 章（“社会化”）中的讨论。吉利根认为（1982），男孩根据抽象原则推理，

◎ 性是在人们出生之前就已形成了的生物学上的区别。性别意味着社会赋予的女性或男性的意义。性别差异事关权力，因为被确定为典型的男子气比女子气更为重要。婴儿从父母对待他们的方式中学习性别的重要性。你认为这个孩子是女孩还是男孩？为什么？

对于他们来说，“正确”等于“按照规则游戏”。另一方面，女孩认为道德是一种对他人的责任。

性别与学校学习

性别塑造了我们的兴趣、对自己能力的信心，以及学习的方向和领域，直至职业选择（Correll，2001）。在高中，较之男生，有更多的女生学习秘书技能，选择像整容和食品服务这样的职业课程。木工和机械课程基本上吸引了年轻的男生。

现在美国的大学校园里，女生已经占了大多数（57%）。随着她们数量的增加，女生出现在许多以前曾经排斥她们的学习领域，包括数学、化学和生物。但是在许多领域男生仍然占主导，包括机械、物理和哲学。女生主要集中在艺术领域（包括音乐、舞蹈和戏剧）、英文、外国语以及社会科学（包括心理学、人类学和社会学）。学习的新兴领域也可能是性别式的：较之女生，有更多的男生选择计算机科学，较之男生，注册学习性别研究课程的大多数为女生（U.S. Department of Education，2010）。

性别与大众传媒

自从20世纪50年代早期电视开始吸引公众的注意，当时白人男性占据中心舞台；有色人种和少数族群一直在电视中缺场，这一状况一直持续到1970年代。即使当两种性别都出现在电影中，男子也通常表现为智慧的侦探、无畏的探险家、技术高超的医生。女性表演的则是能力较低的角色。除为了补充剧情需要、引起人们性方面的兴趣外，她们经常是无足轻重的。近些年来，男明星比女明星收入更高。比如查理·辛（Charlie Sheen）在离开剧集《好汉两个半》（*Two and a Half Men*）之前是收入最高的男电视演员，每集赚取875 000美元，玛莉丝卡·哈吉塔（Mariska Hargitay）是收入最高的女演员，在《法律与秩序：特殊受害者》（*Law & Order: SVU*）当中，每集赚取400 000美元。

◎ 在我们的社会中，大众传媒对我们的态度、行为有巨大影响，我们所看见的东西型塑了我们的性别观念。在2009年的电影《暮光之城》（*Twilight*）中，我们看到了一个强大的、负责任的男人和一个被动的女人。你认为大众传媒创造了这些性别模式吗？或者更准确地说，传媒复制了这些模式？还有其他选项吗？

历史上来看，广告总是把女人表现为在家里愉快地使用着清洁产品、做食品、试用器械和作服装模特。广告中，男人占主导地位的有轿车、旅行、银行服务和含酒精饮料。权威的“画外音”——在电视广告中描述产品的不露面的声音——大多数总是由男性配音（D. M. Davis，1993；Coltrane & Messineo，2000；Messineo，2008）。 *299*

有人对广告中的性别进行了认真的研究，表明广告中出现的男性的身高都高于女性，暗示着男性的优越。相反，表现女性时，更经常的是躺着（在沙发上和床上）或者像孩子一样坐在地板上。男子的面部表情和行为表现出一种有能力的样子，暗示着控制；女性出现时则常常像孩子一般，顺从、性感。男人集中于广告中的产品，女人则经常把注意力集中于男人（Goffman，1979；Cortese，1999）。

广告还深刻揭示了娜奥米·沃尔夫(Naomi Wolf，1990）所谓的“美人神话”。第336页“日常生活中的社会学”专栏进一步讨论了这个神话。

性别与社会分层

◇ 应用

性别绝不只是涉及人们怎样思考和行动，它还与社会等级制度有关。首先，我们从工作领域中的女性和男性来看性别分层的现实。

工作着的女性和男性

1900年，当时美国劳动力中只有20%的妇

日常生活中的社会学

美人神话

贝丝：我不能吃午餐，我必须确保今晚我能穿进那件黑色的晚礼服。

莎拉：也许吃东西比让汤姆看着漂亮更重要。

贝丝：你说得容易。你是2号尺码，杰克崇拜你！

温莎（Windsor）公爵曾经评论道："一个女人无论怎样富有都不过分，或者无论怎么苗条都不过分。"这个观点的前半部分也适用于男人，但后半部分却不适合。毕竟，每年耗费300亿美元的美容广告和500亿美元的减肥广告中的绝大部分都是以女性为对象的。

根据娜奥米·沃尔夫（1990）的观点，某种文化模式创造了一个损害妇女的"美人神话"。美人神话的出现，首先是因为社会教给妇女用身体的外表衡量她们的价值。然而，《花花公子》插页中表现的美人标准或者体重100磅的纽约时装模特的标准是多数妇女无法企及的。

社会教给女性以能用美貌来吸引男子、建立关系为荣耀，还告诉女性为美人神话而奋斗。为美丽而努力不仅驱使女人极为严格地训练，而且迫使她们与男人高度协调一致，对男人作出回应。简而言之，美丽时时于心的女人试图取悦男人，而避免挑战男人的权力。

如此多的年轻女性关注体形，特别是尽可能地苗条，以致经常损害她们的健康，相信美人神话是一个原因。在过去的几十年里，患有饮食失调如神经性厌食症（节食到挨饿）或贪食症（社交聚餐后呕吐）的年轻女性的比例急剧上升。

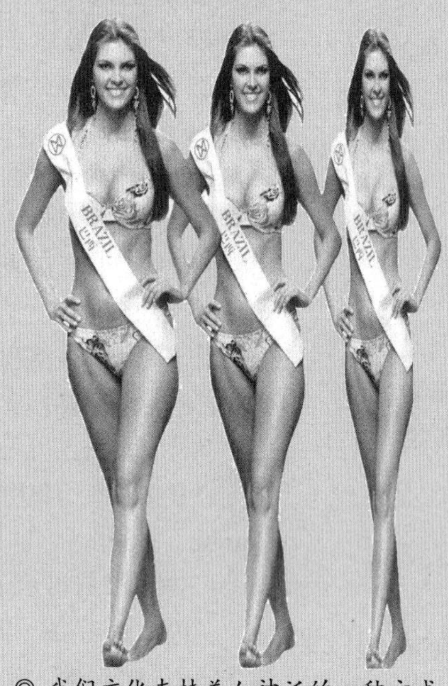

◎ 我们文化支持美人神话的一种方式是美女表演；这些年来，选美比赛的参加者变得越来越苗条。

美人神话也影响着男人：男人被反复告诉应当想要占有美丽的女人。这样，我们对于美的观念就把妇女降低为目标，鼓励男子占有女性，好像女性是玩物而不是人类。

毫无疑问，美的观念在日常生活中非常重要。根据沃尔夫的观点，是否美丽这一问题关系着我们如何期待或者如何行动。

你怎么想?

1.是否存在"金钱神话"，认为人们的收入是他们价值的反映？这更多地运用在哪种性别?

2.你能否发现美人神话和美国年轻女性中饮食失调的增加之间存在着关联?

3.在身体有残疾的人中，你认为遭遇"外表特殊"问题更严重的是女性还是男性？为什么？

女。今天，这一数据已增加了两倍，到达近60%，其中，67%是全日制工作（U.S. Department of Labor，2011）。传统的观念认为赚钱是男人的事情，这已经不再是真理。

使得美国劳动力发生改变的因素包括农业地位的下降、城市规模的增长、家庭规模的缩小以及不断上升的离婚率。美国与世界绝大多数国家一样，认为妇女为收入去参加工作是一种惯例而不是例外。妇女现在几乎占了美国付薪劳动力的一半，54%的美国已婚夫妇是双职工夫妻。

过去，美国劳动力中的许多年轻妇女是没有孩子的。但是，今天，59%的已婚职业女性的小孩在6岁以下，72%的已婚职业女性的小孩在6岁至17岁之间。对于那些丧偶的、离婚的或独自带孩子的妇女，相应的数据是61%带有年龄较小的孩子，73%带有较大的孩子（U.S. Department of Labor，2010）。

性别与职业

尽管在工作收入方面，妇女与男子之间的差

距正在缩小。但是，两性所从事的工作仍然有很大差别。美国劳工部（U.S.Department of Labor，2010）报告，妇女高度集中于两类工作。23% 的女性做行政辅助性工作，她们中的多数是秘书或其他办公室人员。这些人经常被称作“粉领”，因为从事这类工作的人中有 75% 的是女性。另外 16% 的被雇用女性从事服务工作，这些工作的大多数是食品服务、儿童照料和健康服务。

表 13—1 显示了妇女最集中的 10 种职业。这些工作一般处于工资收入的低端，发展的机会有限，由男人做主管（U.S. Department of Labor，2010）。

表 13—1　2010 年女性最集中的职业类型

职业	雇用女性的数量	女性占该职业的百分比
1. 牙医助理	289 000	97.5
2. 学前或幼儿园教师	691 000	97.0
3. 谈话—语言病理学家	127 000	96.3
4. 秘书或行政助手	2 962 000	96.1
5. 牙科保健员	134 000	95.1
6. 照顾孩子的护工	1 181 000	94.7
7. 接待员或问询员	1 188 000	92.7
8. 文字处理者和打字员	133 000	92.5
9. 教师助理	893 000	92.4
10. 营养学家	97 000	92.3

资料来源：U.S. Department of Labor（2011）.

男性占主导的工作类型包括建筑业，99% 的砌砖工人、石匠、重型设备机械工人都是男性，同样地，男性占据了警官的 87%，工程师的 87%，律师的 69%，物理学家和外科医生的 68%，公司经理的 57%。根据最近的一项调查，在《财富》500 强美国企业中，只有 12 家公司是女执行总裁，董事会中只有 16% 的席位由女性执掌。美国 25 名收入最高的总经理中只有两名是女性。即使这样，女性在商业领域不断增长的领导角色不仅只是公平的问题，研究美国 500 家最大公司的收入表明董事会中女性多的公司也是最盈利的公司（Graybow，2007；*Fortune*，2010；Catalyst，2011；U.S. Department of Labor，2011）。

很容易发现日常生活中的性别分层：女护士协助男医生，女秘书辅助男主管，女航空小姐受男飞行员的指挥。在任何领域，收入越高、声望 300
越高的职业就越是由男性占领。比如，女性占了幼儿园教师的 97%，小学和中学教师的 82%，中等学校教育工作者的 57%，学院和大学教授的 46%，学院和大学校长的 23%（U.S. Department of Labor，2011）。

妇女怎么会被排除在某种工作以外？通过把某些工作界定为“男人的”，社会认为女性的能力不如男性。在一项对西弗吉尼亚州南部煤矿的研究中，苏珊娜·塔里切特 (Suzanne Tallichet，2000）发现，多数男人认为妇女加入他们煤矿工作是“不合人情的”、“反常的”。因此，做那些工作的妇女冒着被人看成“不正常的”风险，会被贴上“性感缺失”或者女同性恋的标签。这类标签使这些妇女受到排斥，坚持这种工作遇到挑战，要想发展几乎不可能。

在企业界也是这样，我们看到公司里职位越高，我们能找到的女性就越少。你几乎都能听到谁说妇女不属于公司的上层，但是许多人似乎感到是这样的，这种到处充斥的感觉妨碍了女性的提升。社会学家将这种障碍称为“玻璃天花板”，尽管不易看到但仍然会阻碍妇女的职业发展。

对男性在工作场所占主导地位的挑战来自女企业家。2008 年，美国有 1 000 万由妇女拥有的企业，比 10 年前增长了两倍，它们雇用了超过 1 300 万的劳动力，销售额达 2 万亿美元。通过开创她们自己的业务，女性已经显示出妇女可以为自己创造出男性统治的大公司以外的机会（Center for Women’s Business Research，2009）。

性别、收入和财富 301

2009年，全职工作妇女的一般收入为 36 278 美元，而全职工作的男人挣到 47 127 美元。这意味着男人每挣 1 美元，妇女挣约 77 美分。这一差别在年老的劳动力中更为明显，因为年纪大的工作女性一般受教育程度低，而且比在职老年男性的资历浅。在年轻劳动力中，男女收入的差别较小，因为年轻男女的受教育程度和工作经验一般比较接近。

在全部年龄段的所有全职工作者当中，2009

年，24% 的妇女年收入少于 25 000 美元，相比较，男人的这一数据则是 15%。在收入层次的上端部分，收入超过 75 000 美元的人数当中，男人是女人的两倍 (23% 对 11%)（U.S. Census Bureau，2010）。

妇女收入较低的主要原因是她们从事工作的性质：大多数是秘书性和服务性工作。实际上，工作和性别相互作用。人们仍然认为不重要的工作是“女人的活儿”，正如人们贬低某种工作仅仅因为那是女人干的工作（England, Hermsen & Cotter，2000；Cohen & Huffman，2003）。

最近几十年，性别平等的支持者提出了一项“可比财富”的政策。支付人们薪水时，不是根据历史上的双重标准，而是根据他们所做工作的价值。包括英国和澳大利亚的几个国家，已经采取了这一政策，但是美国对这一政策的接纳是有限的。为此，美国妇女每年损失的收入达 10 亿美元之多。

造成以性别为基础的收入不平等的第二个原因与社会对家庭的看法有关。当然，男人和女人都有小孩，但是，我们的文化赋予妇女更多的养儿育女的责任。怀孕和抚养年幼的孩子使许多年轻女性在一段时间里脱离工作岗位，而他们的男同事正在事业生涯上取得重要进步。当妇女重返工作岗位时，与男同事相比，她们只有较少的工作经验和较少的高级职位（Stier，1996；Waldfogel，1997）。

另外，选择生育孩子的妇女可能无法或不愿从事需要占用晚上和周末时间的紧张的工作。为避免角色紧张，她们可能愿意从事路途较近、工作时间更灵活、雇主提供照顾幼儿服务的工作。追求家庭事业两全的妇女经常被双重责任所折磨，而男人则不是这样。一项研究表明，在富有竞争性的工作岗位上，近一半的妇女要从工作中抽出时间给孩子，比较而言，男人只有约 12%。同样地，在人生的后半期，妇女更可能从工作中抽出时间来照顾年迈的父母（Hewlett & Luce，2005，2009）。学校中的妇女也经历着角色冲突：几项研究证明，与同一领域的男教授相比，有一个及以上孩子的年轻女教授取得终身职位的可能性更小（Shea，2002；Ceci & Williams，2011）。

以上提及的两种因素——工作类型和家庭责任——说明了男女之间收入差距原因的 2/3。第三个因素——妇女歧视——可以说明剩余的大部分原因（Fuller & Schoenberger，1991）。由于公开歧视是非法的，因此，歧视的方式是微妙的。妇女在向上攀登企业的阶梯时，经常遇到前面讲过的玻璃天花板；公司主管可能会否认存在这种障碍，但是它实际上使许多妇女不能升入中层以上的管理层。

由于所有这些原因，妇女在所有主要职业类型中，收入都少于男性。即使这样，许多人认为，妇女占有美国财富的大多数，也许因为妇女一般要比男性寿命更长。政府统计数据说明了一个不同的情况：57% 的拥有 150 万美元及以上财产的人是男性，尽管这一精英俱乐部中鳏夫占了很大比例（Johnson & Raub，2006；Internal Revenue Service，2008）。2010 年《福布斯》杂志评选的美国最富有的 400 人中间，只有 11% 是妇女（Goudreau，2010）。

家务劳动：妇女的“第二战场”

在美国，家务劳动一直呈现出一种文化上的矛盾：我们认为它对于家庭生活是必不可少的，但是做家务的人几乎得不到任何报酬（Bernard，1981）。在美国，正如在全世界一样，照顾家庭和孩子一直被视为“妇女的工作”。随着妇女加入劳动力大军，家庭主妇的数量确实有了下降，但是妇女做家务的比重仍保持原样。图 13—2 表明，总的来看，妇女一周平均做 15.8 小时的家务，男人则是 8.9 小时。正如数据显示的那样，所有类型的妇女做家务的时间都显著多于男性（U.S. Bureau of Labor *302*
Statistics 2011）。

男性支持女性加入付薪劳动力大军的想法，多数丈夫指望妻子挣得的收入。但是许多男人不愿意承担同等份额的家务责任（Heath & Bourne，1995；Harpster & Monk-Turner，1998；Stratton，2001）。

多样化快照

平均来看，妇女比男人做家务花的时间要多得多。

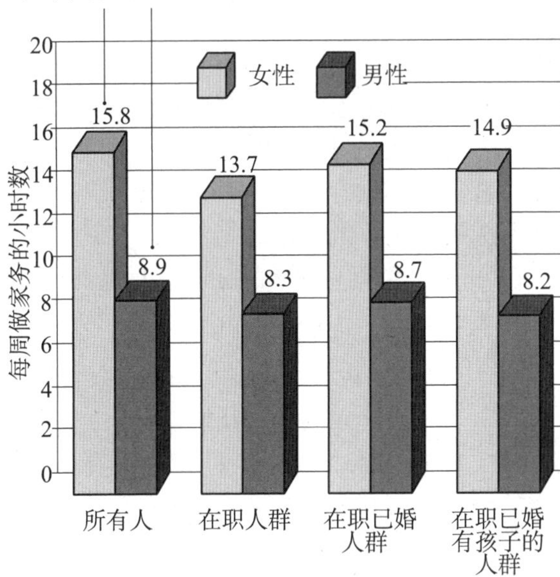

图 13—2　家务劳动：谁做了多少？

◎无论什么样的就业状况或家庭状况，妇女都比男人做更多的家务。你认为额外的家务负担会对女性在职场上能力的发挥带来什么影响？

资料来源：Adapted from U.S. Bureau of Labor Statistics (2011).

性别与教育

过去，我们的社会认为学校对于在家庭以外工作的男性比对在家里做家务的女性更为必要。但是时代已经发生改变。到 1980 年，女性占据了所有准学士和学士学位的大多数。2008 年，她们所占比例上升到 59%（National Center for Education Statistics，2010）。

近几十年来，大学校门对女性更加开放，男生和女生在专业选择上的差别正变得更为缩小。比如，1970 年，女生仅占自然科学、计算机科学和工程学学士学位的 17%，到了 2008 年，这一比例已提高了两倍，到了 34%。

1992 年，妇女第一次在获得了研究生学位的人中占了大多数，研究生学位经常是高声望职业的跳板。2008 年，妇女获得了所有硕士学位的 61%，博士学位的 51%（包括社会学专业全部博士学位的 61%）。妇女还进入了许多以前通常以男性为主的研究生学习领域。比如，1970 年，只有几百名妇女获得工商管理硕士（MBA），但到了 2008 年，这一数字差不多有 69 000 人（占所有这类学历的 45%）（National Center for Education Statistics，2010）。

尽管有了这些进步，但是男性仍然主导着某些专业领域。2008 年，男性获得医学学位（医学博士）的 51%，法学学位（法学学士和法学博士）的 52%，牙科学位（牙科博士和牙科硕士）的 56%（National Center for Education Statistics，2010）。我们的社会仍然认为高报酬的职业（它们的成功需要有动力和竞争性）是男人的。但是妇女在所有上述专业中所占的比例正在稳步上升。比如说，美国律师协会（American Bar Association，2010）报告，男性占了美国法学院学生中的 53%。

根据女性在教育方面取得的成绩，一些分析家认为教育领域是一个女性超过男性占主导地位的社会机构。更广泛地说，妇女在学校表现的相对优势引起了全国范围内有关男人是否处于落后的危险中的争论。第 340 页“焦点中的社会学”专栏对此有更详细的考察。

性别与政治

一个世纪以前，几乎没有女性占据美国的选举办公室。实际上，在 1920 年“宪法第十九修正案”通过之前，妇女在法律上被禁止参加全国选举的投票。然而，即使在妇女能够投票之前，仍有几个女性是政治官员的候选人。“平等权利”派支持维多利亚·伍德哈尔（Victoria Woodhull）竞选 1872 年美国总统。也许那是一个时代的标记，她的选举日是在纽约市监狱度过的。表 13—2 显示了美国妇女为登上政治舞台而不断发起的各种运动中的里程碑事件。

今天，全美有几千名女市长、女镇长，成千上万名妇女在联邦政府中担任行政职位。在州层次上，2011 年，23% 的议员（尽管这一比例比 2010 年下降了 1 个百分点，但在 1970 年仅有 6%）303 是女性。

政治最高层领域发生的变化较慢，尽管多数

焦点中的社会学

今天的性别：男人正在被甩在后面吗?

看一下大学校园，很容易地想到性别分层更有利于女生。最新的数据表明，50%的准学位和学士学位正被女性获得。另外，在大多数校园，学校评定奖学金时，女生占据了优胜者的大多数。

正如许多分析家看到的，女性强过男性的模式不仅限于大学。在低年级时期，男孩被诊断出学习能力方面需要处方干预的或被放在特殊教育班的可能性是女孩的两倍。学校里大多数问题都涉有男生；几乎所有校园枪击和其他暴力都是男生干的。男孩的成绩落后于女孩。到后来，更少比例的男孩从高中毕业。年轻男孩的自杀率几乎是年轻女孩的5倍。所有这些数据使一些人指责我们的社会已发起了针对男孩的战争。

那么，男人到底怎么啦？一种观点认为，女权主义的兴起导致了对女孩和妇女的巨大支持和关注，忽视了男人的需要。另一种观点声称，太多的男孩遭受生活中父亲的缺席，女孩可以把妈妈作为角色榜样，但没有父亲的男孩该怎么做？还有一些人指出，我们生活的工业化方式（男子的肌肉力量和操纵目标技术更有价值）已让位于信息时代文化，它更需要语言表达，更有利于女性。

并非每个人都承认男孩和男人是如此糟糕。的确大多数暴力犯罪都涉及男性，但是近15年来，犯罪率已经下降。可能在课堂上和一些标准化测验中，女孩优于男孩，但是男孩的得分从来都没有高过。不管所有人说了什么、做了什么，难道男人不是仍然掌管这个国家和整个世界吗?

加入博客讨论吧!

男人是否落后了？你怎么想？欢迎登录MySocLab，加入"焦点中的社会学"博客，分享你的观点和经历，并看看别人是怎么想的。

资料来源：Sommers (2000)，von Drehle (2007)，Lamm (2010)，and Paton (2010).

美国成年人声称，他们会支持一名合格的女性进入任何职位，包括总统。2008年，希拉里·克林顿的竞选证明了妇女现在是总统政治的组成部分。2011年，50个州长中有6名是女性（占总数的12%），在国会，女性占据了众议院435个席位的72个（占总数的16.6%），参议院100个席位的17个（占总数的17%）（Center for American Women and Politics，2011）。

尽管妇女构成了世界人口的一半，但她们在世界188个议会的席位中仅占19%。尽管这一比例较50年前的3%是一个提高，但是，只有16个国家，包括瑞典、挪威，妇女占有的议会人数超过1/3（Paxton, Hughes & Green, 2006; Inter-Parliamentary Union，2011）。

性别与军队

自从殖民时代以来，妇女就在军队中服务。然而，1940年二次世界大战时，只有2%的武装力量人员是妇女。2010年秋季，妇女占到了所有美国军队人员包括部署部队的约15%。

很显然，妇女在美国军队中占有的比例正在提高，几乎所有的军事任务现在都同时向男性和女性开放。但是，法律禁止女性从事进攻性的战争活动。即使这样，随着人们了解到妇女在伊拉克服役的情况，部队支持与直接的军事战斗之间的界线很容易跨越。事实上，2003年3月到2011年3月，伊拉克战争和阿富汗战争索取了136名女战士的生命。

有关妇女在军事中的角色已经争论了几个世纪。一些人反对这样敞开大门，声称女子没有男性身强力壮。另一些人则反驳，认为部队中的女性受过良好教育，在智力测试中比男性得分更高。但是，问题的中心是我们的社会深信妇女是养育者——给予生命和照顾他人的人——被训练去杀人摧毁了妇女的形象。

无论我们怎样看待女性和男性，现实是军队

中的妇女正在受伤害。这一事实也部分地反映了部队人员短缺的紧张。除此之外，我们在伊拉克的军队周围的暴力形式可能带来对任何时候、任何士兵的暴力战争。最后，我们的现代战争技术模糊了作战人员和非作战人员之间的差别。一个作战飞行员可以通过雷达向几公里外的目标发射导弹；相反，非作战的医疗遣送队必须直接进入前线（Segal & Hansen，1992；Kaminer，1997；McGirk，2006）。

妇女是少数族群吗？

少数族群 (minority) 是指由于身体上或文化上的显著差别而被社会隔离和歧视的任何一类人群。假使美国社会中妇女的经济地位低下，就有理由认为美国妇女是少数族群，即使她们在人数上超过男性。

即使这样，多数白人妇女并不这样看待自己（Lengermann & Wallace，1985）。理由部分在于，与 304 少数种族（包括非裔美国人）和少数民族（比如说，西班牙裔）不同，白人妇女很好地代表了阶级结构中的所有层次，包括最上层。

然而，要记住，在每一个阶级里，与男人相比，妇女通常收入较低、财富较少、受教育程度较低、权力较少。父权制使妇女依赖男性——首先是她们的父亲，以后是她们的丈夫——依靠他们的社会地位（Bernard，1981）。

少数族群妇女：交叉理论

如果妇女被界定为少数族群，那么少数族群妇女的情况如何呢？她们是否面临双重的劣势？这一

表 13—2　　妇女在美国政治中的重要的“第一次”

1869	法律允许妇女在怀俄明地区投票。
1872	妇女第一次代表“平等权利”派参加总统竞选（维多利亚·伍德哈尔）。
1917	妇女第一次被选入众议院［蒙大拿州的珍妮特·兰金（Jeannette Rankin）］。
1924	妇女第一次被选举为州长［怀俄明州的内莉·泰勒·罗斯（Nellie Taylor Ross）和得克萨斯州的米拉姆·马·弗格森（Miriam “Ma” Ferguson）］，两人都跟随丈夫担任职位。在一个主要政党的大会上，妇女第一次被提名为副总统［莱娜·琼斯·斯普林斯（Lena Jones Springs），民主党］。
1931	妇女第一次在参议院工作［阿肯色州的哈蒂·卡拉维（Hattie Caraway）］；在丈夫去世后接替丈夫完成任期，1932 年在重新选举中获胜。
1932	妇女第一次被任命为总统内阁［弗朗西斯·珀金斯（Frances Perkins），在总统富兰克林·D·罗斯福的内阁任劳工部部长］。
1964	在一个主要政党的大会上，妇女第一次被提名为总统候选人［玛格丽特·切斯·斯密斯（Margaret Chase Smith），共和党］。
1972	在一个主要政党的大会上，非裔美国妇女第一次被提名为总统候选人［雪莉·奇斯霍姆（Shirley Chisholm），民主党］。
1981	妇女第一次被任命在美国最高法院任职［桑德拉·戴·奥康纳 Sandra Day O’Connor）］。
1984	妇女第一次被成功地推选为副总统候选人［杰拉尔丁·费拉罗（Geraldine Ferraro），民主党］。
1988	妇女第一次被连续三届选为州长［玛德莲·库宁（Madeleine Kunin），佛蒙特州州长］。
1992	政治上的“妇女年”，诞生了许多创纪录的数据：参议院中有女性 6 位，众议院有女性 48 位，并且，非裔美国妇女第一次在美国参议院选举中获胜［伊利诺伊州的卡罗尔·莫斯里－布朗（Carol Moseley-Braun）］。第一次一个州（加利福尼亚州）有两名女参议员［芭芭拉·鲍克斯（Barbara Boxer）和丹尼尔·费斯汀（Dianne Feinstein）］。波多黎各血统的妇女第一次被选入众议院［纽约州的尼迪娅·维拉奎兹（Nydia Velazquez）］。
1996	妇女第一次被任命为国务卿［马德琳·奥尔布莱特（Madeleine Albright）］。
2000	第一次前第一夫人赢得政治职位［希拉里·罗德姆·克林顿 (Hillary Rodham Clinton)，来自纽约州的参议员］。
2001	妇女第一次成为国家安全顾问［康多莉扎·赖斯（Condoleezza Rice）］；第一个亚裔美国妇女在总统内阁中任职［赵小兰（Elaine Chao），劳工部］。
2005	第一个非裔美国妇女被任命为国务卿（康多莉扎·赖斯）。
2007	第一个女性被选为白宫发言人［南希·佩洛斯（Nancy Pelos）］。
2008	第一次妇女占据州立法机构的大多数（新罕布什尔州）。
2009	妇女在参议院（17 位）和众议院（73 位）的人数创纪录。

◎ 近几十年来，美国社会已经承认性骚扰是一个重要问题。至少从官方上，在工作场所人们已经不再容忍不受欢迎的性关注。电视剧集《广告狂人》（*Mad men*）给了我们一个回溯 20 世纪 60 年代早期的窗口，表现了在近期女权主义兴起之前的美国社会的情况。

问题正是**交叉理论**（intersection theory）的核心，即种族、阶级和性别的交互作用常导致多方面的不利。研究表明，与种族和性别相关联的不利条件经常共同地给某些人带来非常低的社会地位（Ovadia，2001）。

收入数据证明了这一理论的有效性。首先，看种族和民族，2009 年非裔美国妇女全日制工作的中等收入为 31 933 美元，非西班牙裔白人妇女的收入为 39 010 美元，前者仅为后者的 82%；西班牙裔妇女的收入为 27 268 美元——仅为白人妇女收入的 70%。再看性别，非裔美国妇女的收入为非裔美国男人收入的 85%，西班牙裔妇女的收入相当于西班牙裔男人收入的 86%。

这些不利因素结合起来，非裔美国妇女的收入相当于非西班牙裔白种男人收入的 62%，西班牙裔妇女的收入则相当于非西班牙裔白种男人收入的 53%（U.S. Census Bureau，2010）。这些差别反映了作为少数族群的妇女在职业和教育的科层体系中较低的社会地位。这些数据证明，尽管性别对我们的生活有重大影响，但它从来不是单独发挥作用的。阶级地位、民族和种族、性别和性取向共同构成了一个多层级的制度，在这一制度中，一些人处于劣势，另一些人享有特权（Saint Jean & Feagin，1998）。

针对妇女的暴力

19 世纪时男性声称对他们的家庭拥有统治权，甚至可以在身体上惩罚他们的妻子。即使今天，仍然存在着大量的男性针对妇女的暴力。一项政府报告估计，每年共有 294 000 起针对妇女的恶性侵犯。这一数据再加上 106 000 起强奸或性骚扰，对妇女的一般侵犯可能有 150 万例（U.S. Department of Justice，2010）。

性别暴力也是大学校园里的一个问题。据美国司法部做出的研究报告，一学年度内约有 3% 的女大学生成为强奸的受害人（强奸未遂或已强
奸的）。根据这一数字预测，在一个典型的五年 305 
制大学生活中，约有 20% 的女生经历强奸。所有这些案例中，85% ～ 90% 的受害人认识侵害人，多数袭击发生在他们聚会或约会时的男生或女生宿舍（National Institute of Justice，2011）。

校园以外的、与性别有关的暴力多数发生在男女交往的地方：家里。理查德·盖利斯（Richard Gelles，cited in Roesch，1984）指出，除了警察和部队以外，家庭是美国最暴力的组织，妇女遭受的伤害最多。生活在低收入家庭中的妇女遭受家庭暴力的风险特别高；她们在逃离危险家庭中能做的选择也比较少（Smolowe，1994；Frias & Angel，2007）。

针对妇女的暴力也发生在偶然的关系中。正如第 9 章（“越轨”）中说明的，多数强奸案中的男人是受害人认识的，并且常常是信任的人。戴安娜·赫尔曼（Dianne Herman，2001）认为，性虐待的程度表明性暴力倾向已经嵌入我们的生活方式。针对妇女的各种暴力形式——从城市街头侮辱妇女的嘘声到拥挤地铁中对女性的拧捏，再到发生在家里的身体攻击——都表现了她所说的男人试图统治女人的“强奸文化”。女权主义者解释：性暴力从根本上与权力有关而不是性，因此应当被视为性别分层的一个方面。

从全球的视野看，针对妇女的暴力以不同的方式嵌入不同的文化。这方面的一个例子是女性

外生殖器切除术，这一痛苦的、经常是很危险的外科手术曾在 40 多个国家实行过，在美国也时有所闻。第 344 页“多样性思考”专栏中描述了发生在加利福尼亚的一个外生殖器切除案例，并提出问题：这一被某些人辩护为促进“道德”的行为是否等同于对妇女的一种暴力？

针对男人的暴力

如果我们的生活方式鼓励针对妇女的暴力，那么它甚至可能鼓励更多的针对男性的暴力。正如第 9 章（“越轨”）中所讲，在所有警察逮捕的暴力犯罪，包括杀人、抢劫、袭击，超过 80% 的案件中，侵犯人是男性。另外，暴力犯罪的所有受害人中，53% 也是男性（U. S. Department of Justice，2010）。

我们的文化倾向于用侵犯和暴力来界定男子气。“真正的男子汉”勤奋工作、表现欲强，在高速公路上飞驰，什么也不能阻挡他，其结果之一就是较高的犯罪率。但是即使不违法，比起女人的生活来，男人的生活也更紧张、更孤独，这是男人自杀率高出女性 4 倍的一个原因。另外，如前所述，男人的平均寿命要比女人短 5 岁。

暴力不仅仅是个体作出的选择，它已经嵌入我们的生活方式，给男人和女人都带来伤害。简而言之，任何文化构建性别的方式对一个社会将是暴力的还是和平的会产生重要影响。

306 性骚扰

性骚扰（sexual harassment）指的是有意的、重复的、不受欢迎的性方面的评论、姿势或者身体接触。20 世纪 90 年代期间，性骚扰成为一个全国性的重要问题，以至于重新修订了工作场所男女交往的规定。

多数（但不是全部）性骚扰的受害人是妇女。原因在于，第一，我们的文化鼓励男人在性方面自信、从性的角度看待妇女。结果，在工作场所、学校和其他地方的社会互动很容易表现出性联想。第二，多数有权力的人——包括公司经理、医生、部门主管、生产线主管、教授和军官——都是男性，他们监管着女性的工作。对各种不同工作领域的调查表明，约 35% 的妇女表示去年她们在工作中被骚扰，约一半的妇女回答说，受到过令人不快的性关注（NORC，2011：1508）。

性骚扰有时是明显的和直接的：一名主管可能向属下要求性方面的好处，如果进一步的要求被拒绝的话就对下属进行威胁。法庭已经宣布这种交易性（quid pro quo，拉丁语，意为“为了回报另一件事的某件事”）的性骚扰是违反人权的。

然而，性骚扰更经常的是一种微妙的行为——性的戏弄、讲黄色笑话、对某人的外表品头论足——甚至可能不是有意要骚扰谁。但是，按照许多女权主义者坚持的效果（effect）立场，这种行为共同创造了一种对妇女敌意的环境。这类事件更为复杂，因为它们涉及对同一行为的不同认识。比如，一个男子可能认为他不断地夸奖 307
女同事的外表，只是表示友好而已。而女同事可能认为这个男人在从性方面认识她，对她的工作不够严肃，这种态度可能有损于她的工作表现，损害了她晋升的前程。

色情

第 8 章（“性与社会”）将色情界定为引起性冲动的直接描述性的事物。然而，人们对什么是色情的、什么不是色情的，有不同的看法。法律将权力授予地方社区，由它们确定什么样的直接的描述性的事物违反了“关于正派的社区标准”以及缺少“任何可取的社会价值”。

◎ 交叉理论的基本观点是社会分层的各种维度——包括种族和性别——可以共同地使某类人处于非常不利的地位。正如非裔美国人的收入少于白人，妇女的收入低于男性。这样非裔美国妇女面临“双重不利因素”，非西班牙裔白种男人每挣 1 美元，非裔美国妇女则仅挣 62 美分。某些类别的人群要比其他类别的人群更有可能一直从事像这样的低收入工作。你怎样解释这一事实？

多样性思考：种族、阶级和性别

女性外生殖器切除：以道德为名的暴力

米塞拉克·拉米西是一名出生于埃塞俄比亚的妇女，目前在加利福尼亚做护士，一次她去一个老朋友家作客。到那儿不久，她发现她朋友的18个月大的女儿明显痛苦地蜷缩在屋角。“她怎么了？”她问。

当听朋友回答说她的女儿最近才做了阴蒂切除——一种去除阴蒂的外科手术时，拉米西感到十分震惊。这种女性生殖器切除手术——由助产婆、部落行医者或者医生实施，一般都没有麻醉——在尼日利亚、塞拉利昂、塞内加尔、索马里和埃及很普遍，据说这在世界其他国家的某些文化群体中也存在。在美国这是非法的。

在高度父权制的社会中，丈夫要求他们的妻子结婚时是处女并且婚后要保持性忠贞。女性外生殖器切除的关键是消除性的感受，人们相信，这会使女孩子不太可能违反性规范，这样更合乎男人心意。在所有案例中，约有1/5的手术更为严厉，称作阴部扣锁法，这一手术中，女性整个外生殖器区域被切除，表面被缝合在一起，只留下一个小洞用于小便和月经。婚前，丈夫拥有权利打开伤处，以确保他的新娘的贞洁。

有多少妇女外生殖器被切除？在全世界范围内估计这一数字超过1亿（World Health Organization, 2010）。美国，每年有成百甚至成千例的这种手术。在多数案例中，自己曾被做过这一手术的移民母亲和祖母坚持要家庭中的年轻女孩像她们一样。的确，许多移民妇女坚持这种手术，因为她们的女儿现在生活在美国，美国的性道德更加开放。“现在我不必担心她了，”女孩的母亲向米塞拉·拉米西解释道，“她会成为一个好女孩。”

从医学上，女性外生殖器切除的后果不仅是丧失性快乐——痛苦是深重的，且持续多年，还存在着感染、不育甚至死亡的危险。拉米西完全知道这些：她自己在年轻时外生殖器就被切除。她是其中幸运的，后来几乎没有碰到身体上的麻烦。但是她痛苦的程度被一个故事所揭示：她曾邀请一对美国夫妻待在她家。夜晚，她听到妇女的呼叫，她立即闯入房间察看，结果只是发现这对夫妇正在做爱，这位妇女刚才只是处于性高潮。“我不理解，”拉米西回忆说，“我当时认为美国女孩一定出什么问题了。但是，现在我知道是我出了问题。”或者说以传统道德的名义造成这种苦涩的制度有问题。

◎ 这些年轻女子刚刚经历女性外生殖器切除术，你认为针对这种行为应当做些什么？

你怎么想？

1. 女性外生殖器切除是一种外科手术还是一种社会控制方法？请解释你的答案。
2. 针对广泛实行女性外生殖器切除术的地区你认为应当做些什么？在这一案例中，你认为尊重人权应该优先于尊重文化差异吗？请解释你的观点。你能想到残害妇女身体的其他例子吗？是哪些例子？
3. 旧金山市向投票人建议采取措施禁止男婴手术，一些批评家称为“男性外生殖器手术”，你是否支持对这一手术的争论。请解释。

资料来源：Crossette（1995），Boyle, Songora & Foss（2001），Population Reference Bureau (2010), and Sabatini (2011).

传统上，人们将色情作为一个道德问题来考虑。但是，色情还在性别分层中起作用。从这一视角看，色情确实是一个权力问题，因为多数色情使妇女失去人的价值，将她们视作男人的玩物。

另外，人们广泛关注：由于色情将女性描写为弱者和不值得尊敬的形象，鼓励了针对妇女的暴力。男人可能通过打击妇女的方式来表现对妇女的轻视。全国调查表明，约有一半的美国成年人认为，色情鼓励男人去强奸（NORC，2011：413）。

308 像性骚扰一样，色情引发的问题是复杂的，有时是充满矛盾的。尽管一些事物可能侵犯了几乎每一个人，但是许多人赞成言论自由和艺术表现的权利。然而，近几十年来，限制色情的压力一直在增强，这既反映了长期存在的人们对色情削弱道德的担忧，又反映了近期人们对色情贬低和威胁女性的更多担忧。

性别的理论分析

◇ 应用

为什么性别是一种重要的存在？社会学的三种主要理论洞察了性别在社会制度中的重要性。“应用理论”表格总结了每种理论的重要观点。

结构—功能理论

结构—功能视角认为社会是一个由许多独立但又相互整合的部分组成的复杂体系。从这一观点出发，性别是一种组织社会生活的方式。

正如第 4 章（“社会”）中解释的那样，最早的狩猎和采集社会对生物学几乎没有控制力。由于缺乏有效的控制生育的方法，那时的妇女几乎无法避免怀孕，照顾孩子的责任使得她们紧紧围绕着家庭。同时，男人更加身强力壮使他们更适合战争和狩猎。经过几个世纪，这种以性别为基础的劳动分工逐渐制度化，很大程度上被视为理所当然的（Lengermann & Wallace，1985；Freedman，2002）。

工业技术为文化的可能性提供了更广阔的选择余地。随着人类肌肉不再是主要的能量来源，男人体力上的强壮变得不再重要。另外，控制生育的能力使女性对如何生活有了更多的选择。随着现代社会日益成为能人统治的社会，现代社会放松了传统的性别角色模式，因为这种僵化的角色分工浪费了巨大的人类潜能。然而，变化是缓慢的，因为性别深深植根于文化深处。

性别与社会整合

正如塔尔科特·帕森斯（Talcott Parsons，1942，1951，1954）观察到的，性别有助于社会整合，至少是在传统的形式上。性别形成一套互补的角色，将男性和女性联系在一起组成家庭单元，让每个性别承担起某些重要的责任。妇女主管家务和养育孩子，男人通过参与劳动使家庭与更大的世界相连。

因此，性别在社会化中发挥着重要作用。社会教育男孩——预计未来的目标是作为劳动力——要理性、自信和富有竞争精神。帕森斯将这些特质的总和称为工具性品质。为使女孩为抚养孩子做好准备，她们的社会化强调情感性品质，像情感的反应性和对他人敏感。

社会通过向男人和女人灌输一种恐慌感，来鼓励人们按照性别规范行事。即如果过于偏离人

应用理论

性别

	结构—功能视角	符号互动视角	社会冲突视角
分析层次是什么？	宏观层次	微观层次	宏观层次
性别意味着什么？	帕森斯用“男子气”和“女子气”两种行为的互补模式来描述性别。	许多社会学家认为性别是现实的组成部分，指导日常生活中的社会互动。	恩格斯用一种性别对另一种的权力来描述性别。
性别是有益的还是有害的？	有益的。 性别使男人和女人承担不同的角色和责任，有助于社会良好运转。男女结合构成家庭这一社会单元。	很难说；性别既有益又有害。日常生活中，性别是帮助人们彼此联系的因素。性别塑造人类行为。男女互动方式不同。	有害的。 性别限制了人们的人格发展。通过给予男性权力控制女性生活。性别使社会割裂。资本主义使父权制更加强大。

◎ 20 世纪 50 年代，塔尔科特·帕森斯指出，社会学家将性别解释为一种差异。正如他所言，富于男子气的男人和富于女人味的女人组成稳固的家庭，形成一个有秩序的社会。然而，最近几十年来，社会冲突理论将性别重新解释为某种不平等。按照这一观点，美国社会将男性放在统治女性的地位。

▲检查你的学习
在帕森斯的分析中，性别为社会履行哪些功能？

们能够接受的“男子气”或“女子气”的话，将会被异性拒绝。简单地说，女人要学会拒绝没有男子气概的男人，正如他们缺乏性魅力一样。男人则学习拒绝没有女人味的女子。总体来说，性别既使社会在结构上加以整合（通过人们做什么的方式），又使社会从道德上加以整合（通过人们相信什么的方式）。

◇ 评价

20 世纪 50 年代结构—功能视角甚为流行，今天这一视角已失去了相当大的统治地位。第一，结构—功能主义假定社会具有单一的图景，实际上，并非每个人都如此。比如，从历史上看，由于经济上的需要，许多妇女在家庭之外工
309 作。这一事实不会反映在帕森斯所说的保守的、中产阶级家庭生活中。第二，帕森斯的分析忽视了僵化的性别角色导致的个人紧张和社会代价。第三，在寻找性别平等的人们看来，帕森斯所描述的性别“互补”几乎就等于女人屈从于男人的统治。

符号互动理论

符号互动视角对社会持一种微观视角，聚焦于人们日常生活中面对面的互动。正如第 6 章（“日常生活中的社会互动”）中所指出的，性别从很多方面影响着日常生活中的互动。

性别与日常生活

如果你观察男性和女性的互动，你也许会注意到一般女性比男性更多地运用眼神接触。为什么？保持目光接触是一种鼓励对话继续下去的方式；另外直视某人清楚地表达出你正在关注另外一个人。

这一模式是性别角色的一个例子，性别角色是指社会所规定的男人和女人应当怎么想和怎么做的方式。要理解这一模式，请考虑一下有更多权力的人们倾向于控制社会交往的事实。那就是说，男人首先讲话，设定讨论的主题，控制结果。作为较少权力的妇女一方被期望要较为顺从，意即她们要表现出对较高社会地位的人的尊重。在许多场合，这意味着妇女（就像孩子或较少权力的人）要在更多的时间保持沉默，还要通过不仅是目光接触，还有微笑或点头同意来鼓励男人（或者说有更多权力的人）。在控制谈话的技术中，男人经常打断别人，正如他们通常较少感到需要征求别人的意见，特别是那些较少权力者（Tannen，1990，1994；Henley，Hamilton & Thorne，1992；Ridgeway & Smith-Lovin，1999）。

◇ 评价

符号互动视角的优势在于有助于我们看到性别在塑造几乎我们所有的日常生活体验中所发挥的作用。由于我们的社会将男人（以及任何我们认为有男子气的东西）视作比女人（以及女子气的东西）更有价值的事物，正如所有的日常社会交往都是“性别化的”，这样男人和女人通过不同的和不平等的方式进行互动。

符号互动视角提出个体将性别作为他们的个人“表现”的一种因素，通过他们的互动经验，建构起社会现实。性别可能是我们该如何行事的一种有用指导。然而，性别作为社会的一个结构维度，不仅是对我们作为个体的即刻控制，而且赋予某些人对另一些人拥有权力。因此，日常生活中的社会互动模式反映了我们社会的性别分层。日常生活互动也有助于强化这种不平等。比

如说，在某种程度上，父亲统领家庭中的讨论，整个家庭学着期望男人“扮演领导者”以及“表现出他们的智慧”。

符号互动视角的局限性是聚焦于情境化的社会经验，很少提及为我们日常生活设置规则的宏观的不平等模式。要想理解性别分层的根源，我们必须“去寻找”以便更接近地看到社会如何使男女两性不平等。我们将运用社会冲突视角。

▲检查你的学习
指出性别塑造个体日常生活中面对面互动的方式。

社会冲突理论

从社会冲突视角来看，性别不仅和行为差异有关，而且也意味着权力上的差别。考虑一下吧，性别有利于男人的观念与压迫少数种族、少数民族有利于白人的观念有着惊人的相似。传统的关于性别的观念没能使社会平稳运转；它们创造了分裂和紧张，当妇女挑战现状时，男人寻求保护他们的特权。

正如前些章节所解释的，社会冲突视角很大程度上源于卡尔·马克思的思想。然而，说到性别，马克思是他的时代的产物，他的著述几乎完
310 全集中在男性上。然而，他的朋友和合作者恩格斯确实发展了性别分层理论。

性别与阶级不平等

通过回顾历史，恩格斯发现，在狩猎和采集社会，尽管男人和女人的活动不一样，但是二者同样重要。一次成功的狩猎给男人们带来无上的荣誉，但是妇女们采集的植物为群体提供了大部分的食品供给。然而，随着技术进步导致生产的剩余，社会平等和彼此分享让位于私有财产，最后是阶级等级制度。这时，男人获得了统治妇女的重大权力。随着剩余财富向后代继承人传继的需要，上层阶级的男人期望确定谁是他们的儿子，这导致他们控制女性的性行为。控制财产的愿望带来了一夫一妻制婚姻和家庭。妇女被教导婚前要保持贞操，婚后保持对丈夫的忠诚，她们的生活主要是给某个男人生儿育女。

◎ 纳斯卡赛车（NASCAR）一直是男人的世界。但是丹妮卡·帕特里克（Danica Patrick）作为一个出色的选手刻上了她自己的名字。同时，她还从她的美丽外表赚得了大量收入，包括2009年《体育画报》（*Sport Illnstrated*）泳装特辑。男人可能做同样的事吗？为什么会或为什么不会？

根据恩格斯（1902，orig.1884）的观点，资本主义制度使男性统治更为强大。第一，资本主义制度创造了更多财富，这使男人作为收入的获取者和财产占有者，拥有了更多的权力。第二，不断扩大的资本主义经济依靠将人们尤其是妇女变成通过购买和使用商品来寻求自我实现的消费者。第三，社会分配给女人的工作是维持家庭，将男人解放出来到工厂工作。正如恩格斯所说，资本主义制度的双重剥削就在于支付男人的劳动以低工资，妇女的劳动没有任何工资。

◇ 评价

社会冲突理论强烈批评传统性别观念，认为如果我们将这种社会结构维度缩到最低程度甚至消除干净，社会的状况就会变得更美好。也就是说它将传统主义者在道德上积极支持的传统家庭视为一种社会弊病。那么，社会冲突理论面临的一个难题是将男女之间共同生活的合作减至最低限度，常常减少了家庭中的快乐。第二个问题在于断定资本主义制度是性别分层的基础。事实上，一般来说农业社会比工业社会来说是更典型的父权制。尽管一些社会主义国家，的确使妇女参加劳动，但他们提供给妇女极低的工资，妇女从事着性别隔离的工作（Rosendahl，1997；Haney，2002）。

▲检查你的学习
根据恩格斯的观点，性别怎样支持了资本主义社会的社会不平等？

女权主义

◇ 评价

女权主义（feminism）主张男女社会平等，反对父权制和性别歧视。美国女权主义的第一次浪潮开始于1840年代，当时妇女反对奴隶制，

包括伊丽莎白·凯蒂·斯坦顿和卢克丽霞·莫特(Lucretia Mott)将非裔美国人遭受的压迫与妇女受的压迫相提并论。她们的主要目标是获得投票权，这一权利最终于1920年实现。但是，其他不利因素仍然继续存在，这引起了1960年代开始持续至今的第二次女权主义浪潮。

全球快照

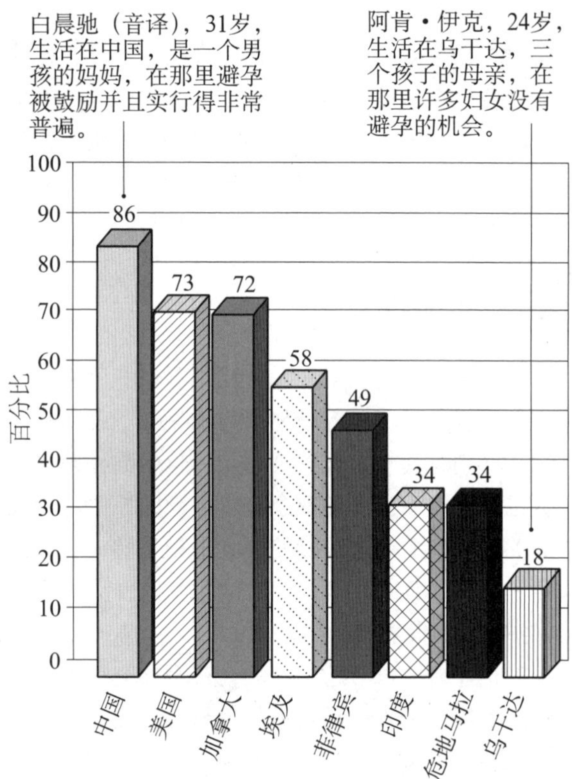

图 13—3　育龄期已婚妇女使用避孕工具的情况

◎ 在美国，多数育龄期已婚妇女使用避孕工具。然而，在许多低收入国家，多数妇女没有做这种选择的机会。

资料来源：Population Reference Bureau (2010).

女权主义者的基本观点

女权主义通过性别这个透镜来看待女性和男性的日常生活。我们怎么认识自我（性别认同），我们怎么行为做事（性别角色）和我们作为男人或女人的社会地位（性别分层）全都植根于社会的运行当中。

尽管女权主义者在许多方面存在分歧，但多数女权主义者支持下面五个总的原则：

1. *致力于增进平等。*女权主义者的思想具有政治性；它将思想与行动相联系。女权主义批判现状，推动社会向男女平等的方向变迁。

2. *扩大人们的选择。*女权主义者认为性别的文化观念将整个人类的性质分成两种既对立又有限的方面：情感与合作的女性世界和理性与竞争的男性世界。作为一种替代理论，女权主义者提出“重新整合人类”，让所有个体可以发展所有的人类品质（M.French，1985）。

3. *消除性别分层。*女权主义反对限制女性教育、收入和工作机会的法律和文化规范。因此，女权主义者一直支持美国宪法通过《平等权利修正案》（ERA），这一法案主张：“在美国或其他任何州，法律上的权利平等不应当因为性别而被否定或减少。”《平等权利修正案》于1923
311 年第一次提交国会。尽管《平等权利修正案》受到广泛的公众支持，但至今还未成为法律。

4. *终止性暴力。*今天的妇女运动寻求消除性暴力。女权主义者主张，父权制扭曲了男女之间的关系，鼓励强奸、家庭内部虐待、性骚扰和色情等针对妇女的暴力（A.Dworkin，1987；Freedman，2002）。

5. *推动性自由。*最后，女权主义赞成妇女支配她们的性行为和生育行为。女权主义者支持可以自由获得生育控制的信息。如图13—3所示，美国育龄期妇女中，大约有73%使用避孕工具。在许多低收入国家，避孕工具的使用远远不够普遍。多数女权主义者也支持妇女有权选择是否怀孕或终止怀孕，而不是让男人——父亲、丈夫、医生和立法者——来控制他们的生育行为。许多女权主义者还支持同性恋者的努力，克服占统治地位的异性恋文化中的偏见和歧视（Ferree & Hess，1995；Armstrong，2002）。

女权主义的类型

尽管所有的女权主义者同意性别平等的重要意义，但是在如何获得性别平等上，她们的意见并不一致。自由主义女权主义、社会主义女权主义和激进的女权主义对于要实现妇女与男性真正平等所需要的社会变迁的程度有不同的观点（Stacey，1983；L.Vogel，1983；Ferree & Hess，1995；Armstrong，2002；Freedman，2002）。下面的“应用理论”表格强调了每种女权主义思想的主要观点。

自由主义女权主义

自由主义女权主义（liberal feminism）植根于经典自由主义思想，认为个体应当自由地发展他们自己的才能，追求他们自身的利益。自由主义女权主义接受我们社会的基本制度，但是寻求扩大妇女的权利和机会，她们期望《平等权利法案》的通过作为取得这一目标的重要步骤。自由主义女权主义也支持所有妇女在生育上的自由权。她们尊重家庭这一社会机构，但是寻求社会的变迁，包括更广泛地推广母亲产假和父亲产假，以及为工作的双亲提供儿童照顾服务。

由于自由主义女权主义相信个体的权利，所以她们认为妇女应当根据自身的努力和优点获得进步，而不是通过集体化劳动带来改变。无论男女，通过个人成就都能够改善他们的生活，只要社会消除法律和文化上的障碍。

社会主义女权主义

社会主义女权主义（socialist feminism）源于卡尔·马克思和弗里德里希·恩格斯的思想。这一观点认为，资本主义制度通过将财富和权力集中于少数男人的手中，强化了父权制。社会主义女权主义认为自由主义女权主义所支持的改革还远远不够。他们相信，由资本主义创造的家庭形式必须改变，以便用集体做家务和照顾孩子的

◎ 你认为性别观念会多大程度上改变你的人生？它对男人改变得更多还是对女人改变得更多？为什么？

方式来取代“家庭中的奴隶制”。只有通过社会主义革命，创造一个以国家为中心的经济，才能满足所有这些要求，才能实现对传统家庭的取代。

激进的女权主义

和社会主义女权主义一样，激进的女权主义发现自由主义女权主义是不适当的，激进女权主义者相信，父权制是如此深地扎根于社会，以至于连社会主义革命都不能结束父权制。相反，要达到性别平等的目标意味着社会必须消除性别本身。

实现这一目标的一个可能的方式是使用新的生育技术（参见第 18 章“家庭”）。这种技术可以使妇女的身体同孕育孩子的过程相分离。随着做母亲的结束，社会可以把整个家庭制度抛开，将女人、男人和孩子从家庭、性别和性本身的压迫中解放出来 (A. Dworkin，1987)。这样，激进的女权主义寻求一个平等的、性别自由的社会， 312

应用理论

女权主义

	自由主义女权主义	社会主义女权主义	激进的女权主义
是否接受社会的基本秩序？	接受。自由主义女权主义只寻求确保机会平等的变迁。	不接受。社会主义女权主义主张结束社会阶级和鼓励“家庭中的奴隶制”的家庭性别角色。	不接受。激进的女权主义主张结束家庭制度。
妇女怎样提高社会地位？	个体性的，根据个人的能力和努力。	集体性的，通过社会主义革命。	集体性的，通过消除性别本身。

一场比马克思要寻求的更加横扫一切的革命。

对女权主义的反对

由于女权主义号召巨大的变迁，所以人们对它一直持有争议。但是，今天，只有20%的美国成年人表示反对女权主义，这一比例随着时间的推移已经在下降（NORC，2009）。图13—4表明，1970年以后在大学生当中，对女权主义的反对呈类似的下降趋势。然而，要注意的是，近些年来，这一趋势几乎没有发生什么变化。男性比女性更多地表达了反对女权主义的态度。另外，调查数据表明，只有20%的妇女表示她们愿意称自己是“女权主义者”（“The Barrier that Didn't Fall,” 2008）。

女权主义激起了坚持性别保守观点的男人和女人的批评和抵制。一些男人反对性别平等，其理由与许多白人在历史上反对有色人种争取社会平等的理由一样：他们不想放弃他们的特权。另外一些男人和女人，包括那些既不富有也没有权力的人，不相信社会运动（特别是激进主义的表达）能打败传统的家庭，能抗拒已经统治了人们几个世纪的男女关系模式。

社会教化让男人看重权力和统治的价值，他们对于女权主义者认为男人应当温和与热情感到不安（Doyle，1983）。同样地，一些生活中心围绕着丈夫和孩子的妇女可能认为女权主义不承认她们生活的意义，不重视她们的社会角色。总的说来，那些受教育最少、没有家庭之外工作的妇女反对女权主义最强烈（Marshall，1985；Ferree & Hess，1995；CBS News，2005）。

种族和民族在塑造人们对女权主义的态度上 313
发挥着某些作用。总的看来，非裔美国人（特别是非裔美国妇女）表现出最支持女权主义者的目标，其次是白人，拉美裔美国人对性别的态度则比较传统（Kane，2000）。

在学术界内部也有反对女权主义的声音。一些社会学家指责女权主义者忽视了：有越来越多的证据说明男女之间在思想和行为方式上存在某些差异，这使完全的性别平等是不可能的。批评家说，而且，由于女权主义鼓动妇女在工作场所的表现，低估了妇女为孩子成长特别是在生命的最初几年里做出的关键的、独特的贡献（Baydar & Brooks-Gunn，1991；Popenoe，1993b；Gibbs，2001）。

最后一个问题是，妇女应当怎样提高她们的社会地位。美国绝大多数成年人认为妇女应当拥有平等权利，但是70%的成年人也认为妇女应当根据她们的训练和能力，个体性地发展自己，只有10%的人支持妇女权益群体或集体行动（NORC，2007：430）。

由于这些原因，对女权主义的多数反对意见针对的是社会主义女权主义和激进的女权主义，而对自由主义女权主义的支持比较广泛。另外，确定无疑的趋势是走向性别平等。1977年，65%的成年人赞成：“如果男性在家庭之外获得更大的成就，那么女性照顾好家庭，对有关的每个人来说都是非常好的事情。”到2010年，支持这种观点的人数的比例急剧下降至36%（NORC，2011：438）。

学生快照

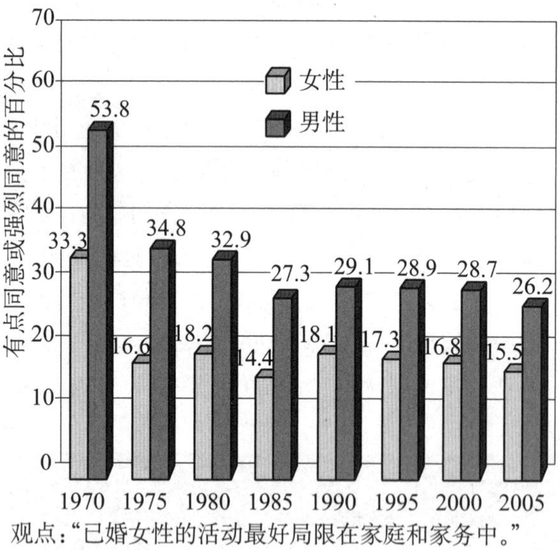
有点同意或强烈同意的百分比
70
60
50
40
30
20
10
0
女性
男性
33.3
53.8
16.6
34.8
18.2
32.9
14.4
27.3
18.1
29.1
17.3
28.9
16.8
28.7
15.5
26.2
1970
1975
1980
1985
1990
1995
2000
2005
观点：“已婚女性的活动最好局限在家庭和家务中。”

图13—4　大学一年级学生中反对女权主义的情况（1970—2005）

◎ 1970年后，大学生中表示反对女权主义观点的比例在下降。男生仍然比女生更可能坚持反女权主义态度。

资料来源：Astin et al.（2002）and Pryor et al.（2006）.

性别：展望

◇ 评价

有关未来的预测只是一种有根据的猜想。正如经济学家对未来一年的通货膨胀率可能会多少意见不一致一样，社会学家只能就性别与社会的未来可能走向提供一般的观察。

迄今为止的变化是显著的。一个世纪之前，妇女是二等公民，不能进入许多工作领域，不允许参与公共活动，没有权利投票。尽管妇女在社会上仍处于不利地位，但迈向平等的运动浪潮一浪高过一浪。20 世纪 90 年代期间，成为劳动力的人数中有 2/3 是妇女，2000 年，在美国的绝大多数家庭中，丈夫与妻子都是拿工资的劳动力。今天的经济很大程度上要依靠妇女的收入。另外，超过 1/5 的妻子挣钱比丈夫多 (Fry & Cohn, 2010)。

许多因素造成了这一变化。也许最重要的是，工业化和计算机技术的进步，改变了工作的性质，从需要体力、重视男人力气的工作转变为需要思想和想象力的工作。这一变化使得女性和男性站在同一起跑线上。而且由于生育控制技术使人们能够更多地控制生育，妇女的生活较少地受到意外怀孕的束缚。

许多女性和男性有意识地追求社会平等。比如，比起一代人以前，人们现在对于工作场所性骚扰的抱怨要认真严肃得多。随着更多的妇女在企业和政治领域承担职位，21 世纪的社会变迁可能与已经发生的社会变迁同样巨大。

日常生活中的社会学

第13章　性别分层

可以从你周围的世界指出“性别信息”吗？

正如本章所揭示的，性别是日常生活的基本组织原则之一。在我们去的多数场所、从事的多数活动中，我们的日常惯例是“性别化的”，意即它们被界定出哪些更属于“女人的”或者更属于“男人的”。理解了这一事实，当企业向公众推销产品时，要将性别记在心里。请看下列图片中的广告。你能否解释在每幅图中，性别在推销这些产品时是如何发挥作用的？

提示

寻找广告中的“性别信息”的过程包含几个层次的分析。从表面开始，注意广告中明显的每个事物，包括场所、背景，特别是人物。然后，注意人物是如何表现的——他们在做什么，他们的位置是怎样的，他们的面部表情如何，他们怎样穿戴，他们彼此之间有怎样的关系。最后，根据广告本身和你了解的社会环境指明广告中的信息。

在这则广告中出现了许多性别动力，你发现了什么？

总的来说，我们的社会将化妆品视作属于女人的，因为多数化妆品以女性作为推销对象。这则广告有什么不同？为什么？

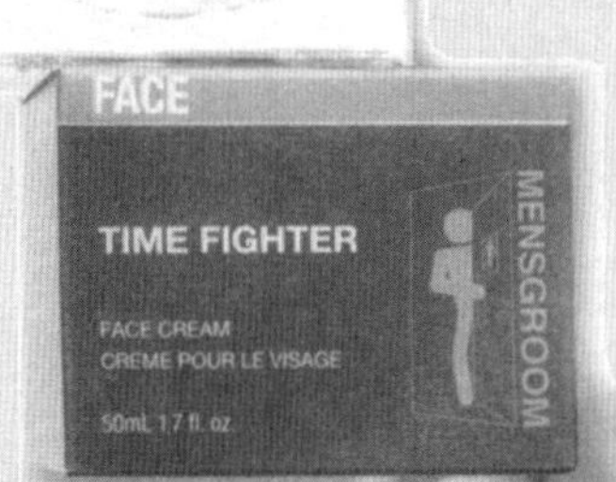

在这则广告中你看到了什么信息？

从你的日常生活中发现社会学

1. 浏览几份近期的杂志，挑选三个与性别有关的广告，分析每个广告是如何运用性别的。
2. 观察几小时周六早晨的儿童电视节目。注意大部分卖玩具和早餐麦片的广告。跟踪观察有多少比例的玩具带有“性别”倾向，也就是说，是指向男孩还是女孩的。你从为男孩准备的玩具中联想到了哪些品质？女孩的呢？
3. 研究你所在州的妇女问题的历史。何时第一位妇女被选入国会？曾有哪些法律限制妇女工作的领域？现在这样的法律还存在吗？登录mysoclab.com，阅读“从你的日常生活中发现社会学”专栏，了解更多有关性别如何发生变迁的文章，并从中得到一些个人收获。

第13章 性别分层

性别与不平等

性别是指一种文化赋予女性或男性的意义。

- 玛格丽特·米德和其他的研究者提出证据说明性别是植根于文化包括全球的比较中的，表明社会如何通过各种方式规定什么是“女子气”和“男子气”。
- 性别不仅仅是差别：由于社会给予男性比女性更多的权力和其他资源，性别是社会分层的一个重要维度。性别歧视嵌入社会机构的运行中。
- 虽然，在全世界几乎所有地方都存在着某种程度的父权制，但是，在不同历史阶段、不同国家父权制处在不断变化当中。 pp.294-97

性别（p.294）：社会的社会成员赋予的、作为女性或男性的个人特质和社会地位。

性别分层（p.294）：男女之间在财富、权力和声望方面的不平等分配。

父权制（p.296）：一种由男性统治女性的社会制度。

母权制（p.296）：一种由女性统治男性的社会制度。

性别歧视（p.296）：认为一种性别内在地优于另一种性别。

性别与社会化

经过社会化，性别变成为我们人格（性别认同）和我们行动（性别角色）的一个组成部分。社会化的主要机构——家庭、同辈群体、学校和大众传媒——强化了对什么是女子气和什么是男子气的文化界定。 pp.297-99

性别角色（性角色）（p.298）：一个社会中与每个性别相联系的态度和行为。

性别与社会分层

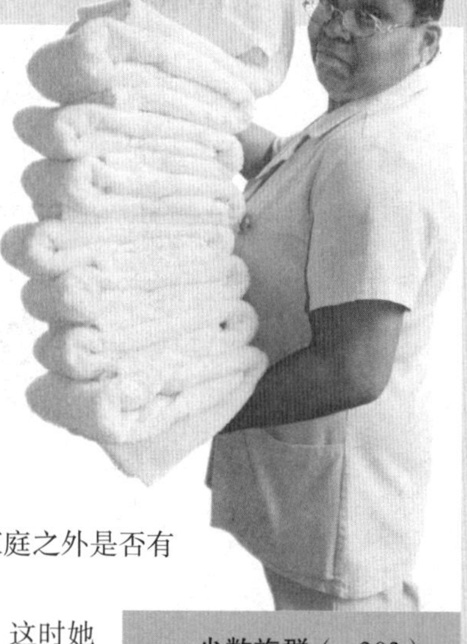

性别分层塑造工作场所：

- 尽管现在大多数妇女从事付薪劳动，但是，42%的妇女从事秘书类或服务类工作。
- 比较美国的全职工人，妇女所赚收入相当于男人的78%。
- 收入上的性别差异源自工作的差别、家庭责任的不同以及对妇女的歧视。 pp.299-301

性别分层塑造家庭生活：

- 多数不付薪的家务是由妇女来做的，无论她们在家庭之外是否有工作。
- 怀孕和养育小孩使许多妇女在某段时间远离工作，这时她们的男同事们正获得重要的事业收获。 p.301-2

性别分层塑造教育：

- 目前，妇女占所有协会会员和学士学位的59%。
- 妇女占法学院学生的47%，妇女在传统上由男生主导的专业，包括医疗和商业管理方面的研究生的比例在增加。

少数族群（p.303）：由于身体上或文化上的显著差别而被社会隔离和歧视的任何一类人群。

p.302

性别分层塑造政治：

- 一个世纪以前，几乎没有女性占据美国的选举办公室。
- 最近几十年，政坛上妇女的数量急剧增长。
- 即使这样，被选官员的绝大多数，特别是在国家层面的，仍然是男性。
- 妇女仅占美国军事人员的15%。 pp.302-3

交叉理论研究种族、阶级和性别之间的交叉作用共同导致对某些群体特别不利。

- 有色妇女比白人妇女遇到更多的社会不利因素，比白人男子的收入要低得多。
- 由于妇女有显著的社会认同标志和不利的社会地位，所以妇女是少数族群，尽管多数白人妇女并不这么认识自己。 **p.304**

针对妇女和男性的暴力是一个广泛存在的问题，这与社会怎样界定性别有关。相关问题包括：

- 性骚扰的多数受害人是妇女，因为我们的文化鼓励男人自信、从性的角度看待女性。
- 色情将妇女描述成性玩物。许多人认为色情是一个道德问题，因为它使妇女失去人的价值，它也是一个权力问题。 **pp.304-8**

交叉理论（p.304）：种族、阶级和性别之间的交互作用常导致多方面的不利。

性骚扰（p.306）：有意的、重复的、不受欢迎的性方面的评论、姿势或身体接触。

性别的理论分析

结构—功能视角指出：

- 在前工业社会，男女之间的角色差别反映了性别之间的生物学差异。
- 在工业化社会，以性别为标志的不平等则会导致社会机能失调，这种不平等正逐步减少。 **pp.308-9**

符号互动视角指出：

- 当人们通过日常互动建构社会现实时，个别使用性别作为人格表现的一个要素。
- 性别在塑造几乎我们所有日常经验中都发挥着作用。

因为社会把男人定义得比女人更有价值，性别角色规定了男人和女人应当如何行事，使男人控制社会情境，而妇女扮演更加顺从的角色。 **p.309**

社会冲突视角指出：

- 性别是社会不平等和冲突的重要方面。
- 性别不平等有利于男性，不利于女性。

弗里德里希·恩格斯将性别分层与私有财产的出现和阶级制度相联系。男人通过控制妇女的性行为来控制他们的财产。资本主义通过支付男人低工资和让女人持家剥削每个人。 **pp.309-10**

女权主义

女权主义

- 赞成性别的社会平等，反对父权制和性别歧视。
- 寻求消除针对妇女的暴力。
- 主张给予妇女控制生育的权利。 **pp.310-11**

女权主义的三种形式

- 自由主义女权主义寻求在既有社会制度内两性机会的平等。
- 社会主义女权主义主张用社会主义取代资本主义，性别平等就会到来。
- 激进的女权主义寻求消除性别概念本身并创造一个平等的、性别自由的社会。

今天，只有20%的美国成年人说他们反对女权主义。多数反对指向社会主义女权主义和激进的女权主义。自由主义女权主义受到广泛支持。 **pp.311-13**

女权主义（p.310）：主张男女之间的社会平等，反对父权制和性别歧视。

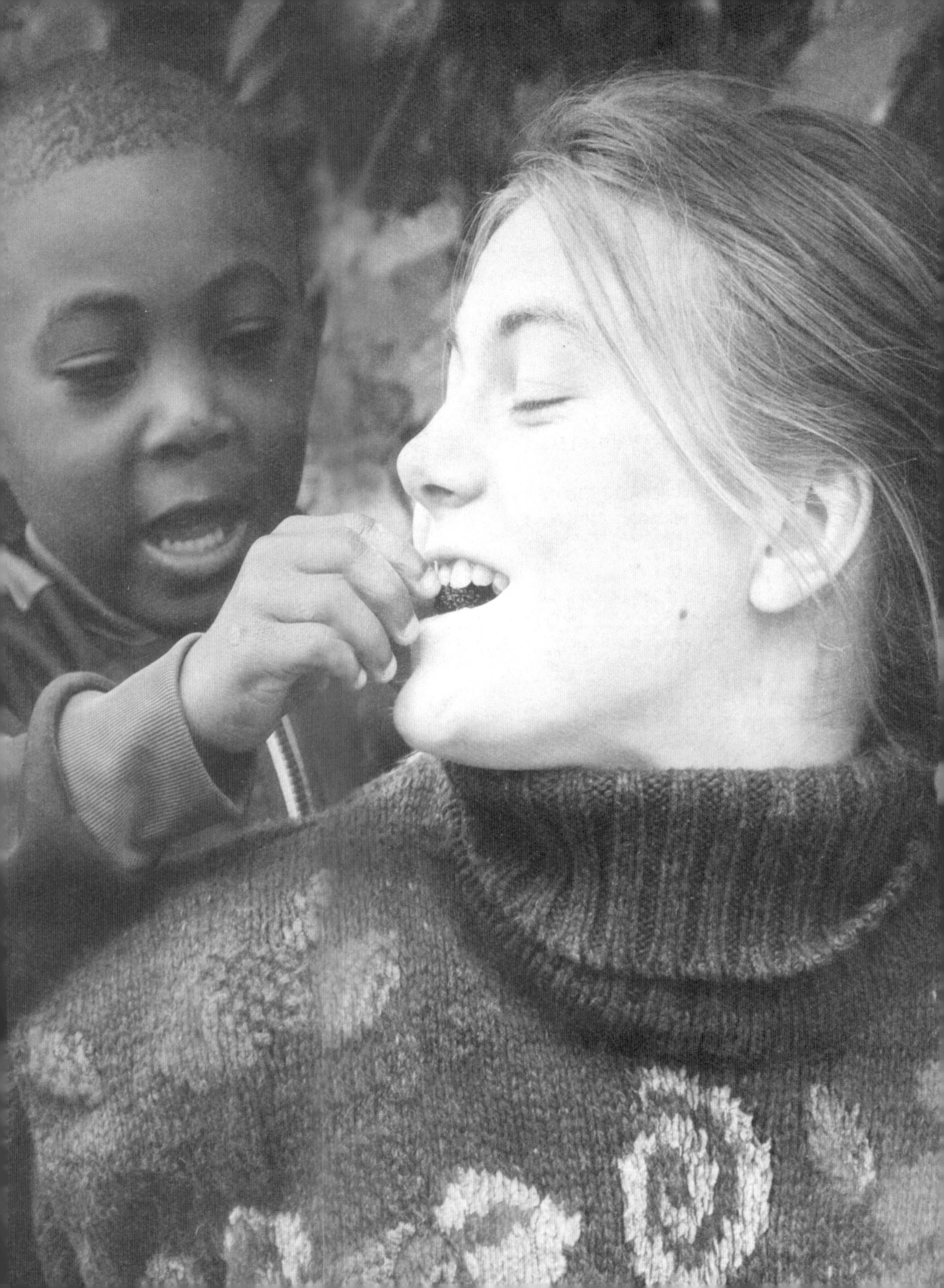

第14章
种族和民族

学习目标

◇　**记忆**

本章黑体关键名词的定义。

◇　**理解**

作为社会分层重要维度的民族和种族由社会建构的思想。

◇　**应用**

各种社会学理论分析偏见的概念。

◇　**分析**

美国各种族和民族人群的社会地位。

◇　**评价**

涉及偏见和歧视的最近发展趋势。

◇　**创造**

对美国社会过去、现在与未来种族和民族多样性的更深理解。

320 本章概览

本章解释了社会是如何建立种族和民族的。美国有着比世界上任何其他国家都要多样化的种族和民族。不管在这里或其他地方，种族和民族不仅是差异问题而且是社会不平等的两个维度。

11月纽约的一个寒冷早晨，布朗克斯社区学院的一次社会学课上，指导老师正在组织一项关于民族和种族问题的小组讨论。他解释说，对民族和种族这两个概念的理解远不像大多数人们所认为的那样清晰。然后他问："你是怎样描述自己的？"

一位叫伊娃·罗德里格斯的学生坐在椅子上身体前倾并很快作出回答："我是谁？或者我应该说我是谁？这个问题我很难作出回答。许多人认为种族就是指黑人和白人。然而事实并不如此。至于我，既有黑人又有白人的血统，但是你知道吗？我并没有用那种方式来定位自己，我根本不是以人种来定位自己的。你可以叫我波多黎各人或者西班牙裔美国人。我个人喜欢'拉美人'这个称呼。叫我拉美人说明我是混血后裔，而那就是我。我希望更多的人意识到一个人的种族并不是界限分明的。"

本章主要考察种族和民族的内涵。在美国现在有成千上万的人都跟伊娃·罗德里格斯一样，并不认为自己是单一的种族而认为自己有着混合的血统。

种族和民族的社会含义

◇ 理解

正如本章开头所介绍的故事那样，人们常常会混淆"种族"和"民族"这两个概念。为此，我们先来对一些基本概念进行界定。

种族

种族（race）是社会建构起来的某类人群，他们共同拥有被社会成员认为是重要的生物遗传特质。人们可以根据肤色、面部特征、头发构造以及外形等身体特征来划分彼此的种族。

由于生活在地球的不同地理区域，人类祖先的身体特征显示出很大的差异。比如生活在热带地区，人们的肤色要深一些（自然界中黑色素的原因），以防止阳光对身体的伤害；而在温带地区，人们的肤色要浅一些。这些差异仅仅是肤色深浅的不同，而世界各地的人们都同属于一个生物物种。

现今发现的人类身体特征上的巨大差异也是移民的产物，在某个地方曾经一致的遗传特征（比如浅色皮肤或卷发）如今在许多大陆都可以发现。历史上，人类移民的十字路口中东，混合特征尤其显著。居住地越与其他地方相隔离，居民则越体现出身体特征的一致性，比如日本各岛的居民。然而人类的每一种群都有遗传上的混合性，而随着世界各地人们交往的日益频繁，未来人类的身体特征有着更大的混合性。

我们通常以生物特征来思考种族，但种族其实是一个社会建构的概念。的确人类在包括身体特征方面存在着许许多多的差异，但只是在社会成员决定身体的某些特征（比如肤色和眼睛大

种族 社会建构起来的某类人群，他们共同拥有被社会成员认为是重要的生物遗传特质。

民族 共享某一文化传统的群体。

◎ 人类生物上的差异比任何种族划分所涵盖的差异都要多得多。当我们试图将上图中所有的人进行简单的种族划分的时候，这一事实就显而易见了。

小）关系确实重大时“种族”才形成。

由于种族是一个社会定义的问题，它也就成为一个高度多样化的概念。例如，我们社会成员要比其他国家成员认为种族差异更为重要。我们也倾向于“看到”三个种族分类，典型意义上有白人、黑人和亚洲人种，而其他一些国家把人种划分得更多一些。比如在巴西，将种族更具体地
321 区别为白人、棕色人、浅黑肤色人、黑白混血人、黑人、黄种人等（Inciardi，Surratt & Telles，2000）。

此外，即便在一个国家内部，种族的界定也因人而异。例如在美国，研究表明，白人比黑人“看待”黑人更黑（Hill，2002）。

种族的含义和重要性因时因地变化。例如回溯到1900年，美国人普遍认为爱尔兰人、意大利人或犹太人的祖先为“非白种人”。而到了1950年，这种看法就不多见了，今天这些人被视为“白种人”的一部分（Loveman，1999；Brodkin，2007）。

今天，人口普查局允许人们使用一种以上的种族身份来描述自己（提供6个单一种族选择和57项跨种族选择）。我们社会在官方意义上承认大范围跨种族现象的存在（U.S. Census Bureau，2011）。

种族类型

一个多世纪以前，当科学家们试图将世界上人们的身体差异区分为三个类型时，他们发明了“种族”这个概念。他们称那些肤色相对较浅、发质较细的种族为“高加索人种”，称那些肤色较黑、发质较粗的人为“黑色人种”，而称那些有着黄色或棕色皮肤且眼睑上有分明褶皱的种族为“蒙古人种”。

社会学家认为这种划分会误导人，在最糟糕的情况下甚至是有害的。其一，没有哪个社会生活着生物意义上“纯粹的”人。被我们称为“高加索人种”（或者说“印欧人”、“高加索人”，更广泛意义的“白种人”）的人们肤色从很浅（典型地位于斯堪的纳维亚地区）到很深（南部印度）都存在。同样的变化存在于所谓的“黑色人种”（“非洲人”或更广泛地称为“黑”人）和“蒙古人种”（意即“亚洲人”）人们当中。事实上，许多“白”人（比如，在南部印度的人）实际上的肤色比许多黑人（比如澳大利亚的土著黑人）还要深。总体说来，前面所述的三种

划分只区分了6%的基因，事实上每一人种内部的基因差异比人种之间的差异还要大。这意味着在欧洲国家比如瑞典随机挑选两个人之间的基因差异，与瑞典人和来自非洲国家比如塞内加尔两个人之间的差异同样大（Harris & Sim，2002；American Sociological Association，2003；California Newsreel，2003）。

那么，种族究竟有多重要？从生物学角度看，知晓人们种族类别的唯一意义在于评估人们罹患某些疾病的风险性。那社会为什么要作出这样的种族划分呢？有了这些分类，社会就将人们分成了不同的等级，赋予其中一部分人比另一部分人以更多的财富、权力和社会声望，这让某些人觉得自己与生俱来就比其他一些人“优越”。由于种族可能如此重要，社会有时就以这样极端的方式构建了种族类别。比如，在20世纪的大部分时间里，南方许多州的人，就算他们只拥有1/32的非洲血统（也就是说一个非裔美国人的曾曾曾祖父是非洲人），他们都会被贴上“有
322 色人种”的标签。今天法律上已经规定了由父母亲按照他们的意愿来宣布（或不申报）孩子的种族。即使这样，大多数美国人仍对种族背景十分敏感。

混合趋势

全美经过很多代后，来自全世界的遗传特征已经渐渐融合。许多“黑”人具有很大比例的高加索血统，就像许多“白”人有着黑人的一些基因一样。不管人们怎么想，种族不仅仅是黑白的问题。

今天，人们更愿意把自己定义为跨种族的人。最近的2009年人们在填写人口普查表时，750万人通过核对，最后用两个或两个以上的种族类别来描述自己。在2009年，年龄在5岁以下儿童中4%是混血儿，而年龄在65岁及以上的跨种族人口比例不到1%。

民族

民族（ethnicity）是共享某一文化传统的群体。人们根据赋予他们以特定社会身份的共同祖先、语言和宗教，来确定自己和他人属于某一民族的成员。美国是个多民族的社会。尽管我们主张说英语，但仍然有5 700多万人（占美国人口的20%）在家里讲西班牙语、意大利语、德语、法语、汉语或其他一些语言。在加利福尼亚州，大约有43%的人口这样做（U.S. Census Bureau，2010）。

在宗教方面，美国是一个基督教占主导地位的国家，但大多数西班牙、意大利、波兰裔信奉天主教，许多希腊、乌克兰、俄罗斯裔皈依东正教。650多万犹太裔美国人的祖先与全世界很多国家有联系。穆斯林男女的数量一般估计在200万到300万之间，并由于移民和高出生率的双重原因其增长速度越来越快（Sheshkin & Dashevsky，2010；Pew Research Center，2011）。

正如种族一样，民族也是社会建构的。这一概念之所以重要，只是因为社会以这种方式定义了它。比如即使一个意大利裔比西班牙裔可能有更多的“拉美”文化，美国社会也会把西班牙裔定义为“拉美人”。尽管两种人之间差别很小，意大利裔在美国被视为“欧洲人”而不是“拉美人”（Camara，2000；Brodkin，2007）。就像种族差异一样，民族差异的重要性也随着时间的改变而改变。一个世纪以前，美国压倒多数的新教徒认为天主教徒和犹太教徒是“不同”的，今天这一看法已经很少存在了。

需要记住的是，种族是基于生物特征而建构的，而民族是建构于文化特征基础上的。不过，民族和种族往往紧密相连。例如，日裔美国人不仅具有独特的体型特征，那些秉持传统生活方式的日裔美国人也具有一种独特的文化。表14—1提供了美国最新的民族和种族多样性的数据。

在个体层面，人们是抬高还是贬低其文化特质，取决于他们是想适应还是脱离该文化的社会环境。移民可能随时间的推移而削弱他们的文化传统，或者像近年来许多美国印第安人土著后裔那样，试图重振其文化遗产。对于大多数人来说，民族比种族问题更复杂，因为他们认同数个民族背景。摇滚乐传奇人物吉米·亨德里克斯（Jimi Hendrix）既是非裔美国人，也是白种人，还是切罗基族人；新闻主播索莱达·奥布莱

表 14—1　2009 年美国种族和民族分类

种族或民族分类*	近似人口数	人口占比（%）
西班牙裔	**48 419 324**	**15.8**
墨西哥人	31 689 879	10.3
波多黎各人	4 426 738	1.4
古巴人	1 696 141	0.6
其他	10 606 566	3.5
非裔	**39 641 060**	**12.9**
尼日利亚人	254 794	0.1
埃塞俄比亚人	186 679	0.1
索马里人	103 317	<
其他	39 096 470	12.7
美洲土著后裔	**2 457 552**	**0.8**
印第安人	1 998 949	0.7
爱斯基摩人	108 763	<
其他	349 840	0.1
亚洲或太平洋岛后裔	**14 592 307**	**4.8**
华人	3 204 379	1.0
印度人	2 602 676	0.8
菲律宾人	2 475 794	0.8
越南人	1 481 513	0.5
韩国人	1 335 973	0.4
日本人	766 875	0.2
柬埔寨人	241 520	0.1
其他	2 483 577	0.8
西印第安人后裔	**2 572 415**	**0.8**
阿拉伯裔	**1 706 629**	**0.6**
非西班牙欧裔	**199 851 240**	**65.1**
德国人	50 709 194	16.5
爱尔兰人	36 915 325	12.0
英国人	27 658 720	9.0
意大利人	18 086 617	5.9
波兰人	10 091 056	3.3
法国人	9 411 910	3.1
苏格兰人	5 847 063	1.9
荷兰人	5 024 309	1.6
挪威人	4 642 526	1.5
其他	31 464 520	10.2
两种或两种以上种族背景	**7 505 173**	**2.4**

*具有西班牙血统的人可能是任何一个种族。许多人不止认同一个民族种类。因此，总数超过了100%。

<表示人口数少于0.1%。

资料来源：U.S. Census Bureau (2010).

恩（Soledad O'Brian）则认为自己有白种人和黑种人双血统，既是澳大利亚裔又是爱尔兰裔，既是盎格鲁裔又是西班牙裔。

少数族群

3 月 3 日，得克萨斯州达拉斯。坐在美国各大城市任何一个饭店的大堂里，会看到这样一个对比：进进出出的客人绝大多数是白人；行李搬运、餐厅服务和房间清洁等饭店雇员则绝大部分属于有色人种或少数族群。

正如第 13 章（“性别分层”）所定义的那样，**少数族群**（minority）是由于体型或文化上的显著差别被社会分离而处于从属地位的任何人群。少数族群的地位取决于种族、民族或这两者。如表 14—1 所示，非西班牙裔白人(占总数的 65%) 仍然占美国人口的大部分。但少数族群的人口比例日益增长。今天，少数族群在四个州（加利福尼亚州、新墨西哥州、得克萨斯州和夏威夷州）以及美国 100 个最大城市中的一半以上的城市中都占多数。到 2042 年左右，少数族群可能成为美国全部人口中的多数。 323

少数族群有两个重要特点。第一，他们共享有独特的身份认同，这种认同或许植根于其共同的生理基础，也或许建立在其共同的文化特质。第二，少数族群处于从属地位。就像本章的其余部分所显示的那样，美国少数族群一般收入较少、职业声望较低，接受的教育也有限。这些事实意味着阶级、种族、民族以及性别等因素相叠加，强化了社会分层的程度。第 362 页“多样性思考”专栏刻画了近年来拉丁美洲移民的斗争情况。

当然，并不是所有的少数族群成员都处于劣势。一些拉美裔美国人十分富有，一些美籍华人成为著名的商界领袖，而有些非裔美国人成为我国的政治领导人。但即使事业上成功，上述个人也很少能够摆脱其少数族群的地位。像第 6 章（“日常生活中的社会互动”）所描述的那样，种族或民族往往成为个人的首要身份，从而使个人成就黯然失色。

少数族群通常只占一个社会人口的小部分，但事实并不总是如此。南非的黑人人数尽管在数量上占这个国家的多数，但仍处于不利地位。在美国，妇女占人口的一半多一点，但仍在为争取被男性所享有的很多机会和特权而斗争。

勤奋工作：美国移民的生活

休斯敦的清晨，已经热起来了。一队小型货车缓缓开进一个灰尘满天的院子，在那儿已经聚集了200个从黎明就开始等候的工人，他们希望找到这一天的工作。第一辆货车司机打开车窗告诉工头，他需要几个人去抹天花板上的焦油。工头阿布多内尔·塞斯佩德斯转向人群。几分钟后，三个工人走到前面，爬进货车的后车厢。第二个司机要找两个有经验的油漆工。现场找人的叫声此起彼伏，不断有男人和少数妇女走出人群，要么去挖沟渠，要么去抹水泥，要么去补墙板，要么去开腐化池，要么去房子下面毒老鼠。

一有车开进院子，工头就问："多少钱？"大多数人愿意1小时付5美元。塞斯佩德斯机械地回答："7.25美元，行情是1小时勤奋工作7.25美元。"有时候，他说服了司机们让他们付这么多，但是通常都没有这个价。那些来自墨西哥、萨尔瓦多和危地马拉的人知道，他们中有很多人一天下来也没有工作。许多人接受1小时5美元或6美元的价格，因为他们知道当这一天结束的时候，有50美元要比什么都没有好。

◎ 每天早上这些移民聚集在纽约街角，希望被雇用去从事每天大约60美元而没有其他福利的建筑工作。

像这种劳力市场在大城市中十分普遍，特别是在美国的西南部。最近几年来的移民浪潮使得数以百万计的人来到这个国家寻找工作，其中大部分人没有接受过什么教育且只能说一点儿英语。

曼努埃尔·巴雷拉接到一份搬货的一天活儿，将一堆货物搬到一个仓库中去。他走到那堆高高的货物面前，双眼盯着山一般沉重的家具，他必须将它们搬到车上去，开过市区，然后再次搬下来。当他意识到外面很热而房子里面更热时叹了口气。他没有时间吃饭。也没有人说到梳洗的事情。巴雷拉摇摇头："我做这种工作，因为它能给我带来食物，但是我没有想到它会像这样。"

移民到美国的人面临的残酷的事实是他们要做那些其他人不愿意做的工作。在国民经济的底层，他们要么在饭店、宾馆、建筑队从事没有多少技术含量的工作，要么为私人家里做饭、搞清洁和照看小孩。整个美国，所有保姆、家庭厨师、裁缝以及饭店服务生中的大约一半来自出生于国外的人。很少移民工资超过官方最低工资（2011年每小时7.25美元），移民工人也很少获得医疗或养老福利。许多富有的家庭对移民的劳动已经习以为常，就像他们的多用途体育运载车和移动电话一样。

你怎么想?

1. 你和你的家人在什么方面需要依靠移民的低薪劳动?
2. 你赞成允许进入美国的1 100万非法移民获得美国公民身份吗?应该采取一些什么措施?
3. 美国政府应当行动起来减少未来进入美国的移民数量吗？为什么是或为什么不?

资料来源：Booth(1998)，Tumulty (2006)，U.S. Department of Homeland Security（2011），and U.S. Department of Labor（2011）.

偏见 对某一整体人群刻板的、不公正的概括判断。

刻板印象 将对某类人群的简化描述运用于该人群中每一个体。

偏见和刻板印象

◇ 应用

11月19日，耶路撒冷。我们在这一历史古城的郊外开着车——对于犹太人、基督徒、穆斯林来说这是圣地。这时我们的出租车司机拉兹发现街角有一群法拉沙人，即信奉犹太教的埃塞俄比亚人。司机指着他们说道："那边那些人与众不同，他们不开车，也不希望改善自己。即使我国为他们提供教育，他们也不接受。"他冲着那些埃塞俄比亚人摇摇头，继续开车。

偏见（prejudice）是对某一整体人群刻板的、不公正的概括判断。偏见是不公正的，因为某一人群的所有人在很少或没有直接证据的情况下被固执僵化地视为同样的。偏见可能针对那些有特殊社会阶层、性别、性取向、年龄、政治信仰、身体残疾、种族或民族的人。

324 偏见可能是积极性的也可能是消极性的预先判断。积极性的偏见倾向于夸大像我们自己一样的人的优点，消极性的偏见通常谴责那些与我们不同的人。消极性的偏见可以表现为温和的回避，也可以表现为公然的敌意。因为这一态度植根于文化中，每个人或多或少都存在一定程度的偏见。

偏见往往以**刻板印象**（stereotype）的形式加以表现（stereo来源于希腊字母solid，意思是"坚实"）。刻板印象就是将对某类人群的简化描述运用于该人群中每一个个体。许多白人对少数族群的人存有刻板的观点。刻板印象对于工作场所中的少数族群尤为不利。如果公司的上层仅以刻板印象来看待员工，那么他们将对他们的能力作出预先的假设，让他们承担某一类特定的工作，同时限制他们获得更好的机会(R.L.Kaufman，2002)。

同时，少数族群对白人和其他少数族群成员也存在着刻板印象(T.W.Smith，1996；Cummings & Lambert，1997)。例如，调查显示：非裔美国人比白人更相信亚裔从事了不公正的商业行为；而相比白人，有更多的亚裔批评西班牙裔有着太多的孩子（Perlmutter，2002）。

偏见的测量：社会距离量表

测量偏见的一种方法是社会距离，即人们愿意与某一人群成员接触的亲密程度。

20世纪20年代，埃默里·博加德斯（Emory 325
Bogardus）提出如图14—1所示的社会距离量表。博加德斯（1925）询问美国大学和学院的学生他们愿意与30个种族和民族的人群亲密接触的程度。一个极端是，一些学生宣称某一特殊人群完全应被阻止进入本国（得分为7），表现出这部分学生的最大社会距离（最消极性的偏见）；另外一个极端是，一部分学生声明他们愿意接受某一特殊人群以婚姻的方式进入他们的家庭（得分为1），表现出最小的社会距离（最高的社会接纳度）。

博加德斯（1925，1967；Owen，Elsner & McFaul，1977）发现，对不同人群的人，人们表现出不同的社会距离。一般说来，参与这项调查的学生对西班牙裔、非裔、亚裔和土耳其裔表现出了最大的社会距离，他们表示愿意忍受这些人为其同事，而不是邻居、朋友或者家庭成员。学生们对那些来自北欧和西欧的人，包括英国人和苏格兰人以及加拿大人表现出最小的社会距离，他们表示愿意通过婚姻方式接纳这些人为家庭成员。

今天大学生的社会距离又是什么情形呢？最近一项使用了同样社会距离量表的研究报告了三
个主要发现（Parrillo &Donoghue，2005）[①]： 326

1. 学生的观点表明了更大社会接纳度的趋势。相比数十年前，现在的学生对少数族群表现

① 帕里略和多诺霍删去了博加德斯提及的7类人群（亚美尼亚人、捷克人、芬兰人、挪威人、苏格兰人、瑞典人、土耳其人），宣称他们不再是明显的少数族群。他们又新增加了9类人群（非洲人、阿拉伯人、古巴人、多米尼加人、海地人、牙买加人、穆斯林、波多黎各人、越南人），宣称这些人群今天是明显的少数族群。这一变化可能增加了社会距离的分值，使得社会距离下降的趋势变得意义愈加重大。

学生快照

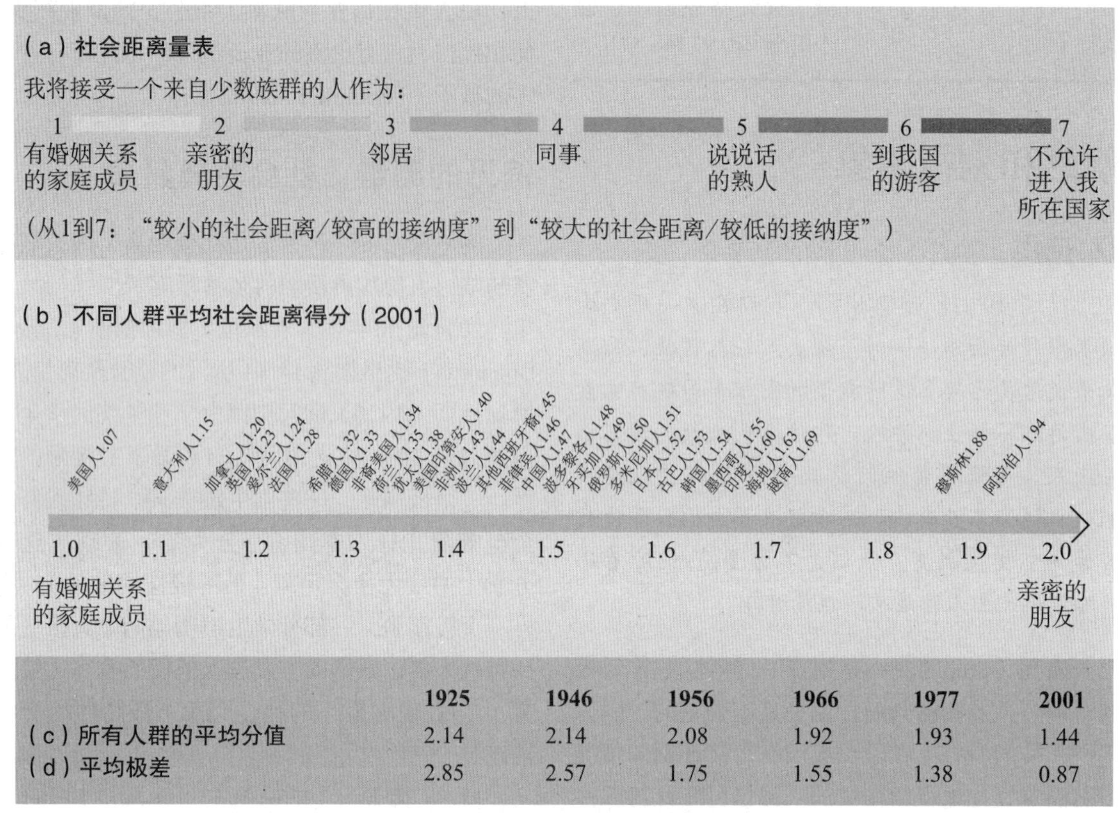

	1925	1946	1956	1966	1977	2001
（c）所有人群的平均分值	2.14	2.14	2.08	1.92	1.93	1.44
（d）平均极差	2.85	2.57	1.75	1.55	1.38	0.87

图 14—1　博加德斯社会距离研究

◎ 社会距离量表是一种测量偏见的好方法。图（a）展示了完整的社会距离量表，从最左边最小的社会距离到最右边最大的社会距离。图（b）展示了 2001 年对每一人群的平均社会距离得分。图（c）展示了个别年份的总平均得分（所有种族和民族人群的平均得分）。得分从 1925 年的 2.14 降到 2001 年的 1.44，表明今天的大学生对少数族群的社会距离比过去更小。图（d）展示了平均极差，即既定年份最高分值与最低分值之差（比如，2001 年为 0.87，即阿拉伯人最大的社会距离分值 1.94 减去美国人的最低分值 1.07）。自从 1925 年以来，这一数字也已变得越来越小，表明今天的学生看待不同人群之间的差异倾向于缩小了。

资料来源：Parrillo & Donoghue（2005）.

出较小的社会距离。图 14—1 表明社会距离量表的平均分从 1925 年的 2.14 分降到 1977 年的 1.93 分再降到 2001 年的 1.44 分。调查对象（81% 是白人）对非裔美国人表现出极大的包容性，非裔美国人在 1925 年几乎占据了社会的底层，而到 2001 年，占据了社会顶层的 1/3。

2. 不同少数族群之间的差异在人们的眼中缩小了。早期研究发现，在量表中最高等级和最低等级少数族群之间的差异（平均极差）几乎达到了 3 分。而如图 14—1 所示的那样，最近的研究表明，这种极差已经不超过 1 分了。这一结果表明今天的学生看待不同人群之间的差异倾向于缩小了。

3. 2001 年“9·11”恐怖袭击事件可能减少了对阿拉伯人和穆斯林的社会接纳度。这项最近的调查是在 2001 年 9 月 11 日之后的几个星期进行的。也许部分因为袭击世贸大厦和五角大楼的 19 人都是阿拉伯人和穆斯林的缘故，学生将这类人放在量表的最后面。然而，没有一个学生给阿拉伯人和穆斯林 7 分的社会距离，这一距离意味着这些人应该被禁止入境。相反，2001 年测量的得分（阿拉伯人 1.94，穆斯林 1.88）表明这一年度学生对阿拉伯人和穆斯林的社会接纳度比1977年学生对被研究的30个类别人群中的前18位人群的接纳度还要高。

种族主义

作为一种强烈而有害的偏见形式，**种族主义**或**种族歧视**（racism）是相信一个种族先天地优于或劣于另一个种族。种族主义贯穿于人类整个历史。不管其他族群取得多大成就，古希腊人、古印度人和中国人都认为其他族群的人比自己要低级一些。

种族主义在美国整个历史上流传甚广，有关种族劣等的观念支撑了奴隶制的存在。今天，我们国家公开的种族歧视已经减少了，因为更多人愿意用小马丁·路德·金（Martin Luther King Jr.）的话即“不要以他们的肤色而要根据他们的秉性”来评价他人。

即使这样，种族主义仍然是一个严重的社会问题，因为总有一些人认为某些种族和民族的人比另外一些人聪明。正如第366页“日常生活中的社会学”专栏中所解释的那样，智力的种族差异与其说是生物原因倒不如说是环境原因造成的。

偏见理论

偏见源自哪里？对于这个令人烦恼的问题，社会科学家给出了几种回答，主要集中在挫折、人格、文化和社会冲突等理论上。

替罪羊理论

替罪羊理论认为偏见来源于自身处于不利状态的人的挫折（Dollard et al.，1939）。以一个白人纺织女工由于低工资而受挫为例。由于直接表达对有权有势的工厂主的敌意而被解雇的风险很大，因此她可能将她的低工资归咎于其他少数族群同事的出现。她的偏见虽然不会改善她的处境，但这是相对比较安全的表达愤怒的方式，同时由于感到自己至少比某些人还优越一些，这或许给她以稍许的安慰。

替罪羊（scapegoat），是指人们为了自己遇到的麻烦而不公平地指责基本上没有权力的某个人或某类人。因为他们没有什么权利通常是“安全的靶子”，少数族群成员经常成为替罪羊。

◎ 测量学生态度的最新研究确认，学生对美国所有种族和民族人群的偏见都有下降的趋势。在你所在的校园，种族和民族会引导人们对于婚恋方面的选择吗？相比其他人群，某些种族和民族人群之间的融合更多一些吗？解释一下为什么。

专制型人格理论

西奥多·阿多尔诺（Theodor Adorno）和他的同事（1950）认为极端的偏见是某些特定个体的人格特征。研究表明，那些对某一少数族群成员有强烈偏见的人通常也会对所有少数族群成员产生偏见，这项研究支持了阿多尔诺和他同事的结论。这种专制型人格刻板地遵守传统文化价值观念，同时将道德问题视为非对即错的泾渭分明的问题。根据阿多尔诺的观点，有着专制型人格特征的人还认为社会中存在竞争是自然的，“优越”的人（像他们自己）不可避免地要统治那些“弱势”的人（包括所有少数族群成员）。

阿多尔诺和同事们还发现相反的模式也成立：能够容纳一种少数族群的人一般能够接纳所有少数族群。他们在作出道德判断时倾向于更加灵活，并平等地看待所有的人。

阿多尔诺认为那些接受过较少学校教育的人，以及在冷漠、要求苛刻家庭中长大的人容易产生专制型人格。在孩童时充满愤怒和焦虑，长大后就会充满敌意、富有攻击性，遇到挫折时倾向于寻找替罪羊。

文化理论

第三种理论声称，虽然极端偏见可能只表现在某些人身

日常生活中的社会学

种族影响智力吗?

在我们度过每一个普通的日子里，我们会遇见不同种族和民族的人群。我们也会与或智力超群或能力低下的人打交道。但种族和民族与智力之间有联系吗?

普遍的刻板印象认为亚裔美国人比白人聪明，典型的白人比普通的非裔美国人智商高。纵观美国历史，许多人认为某个种族的人比其他种族的人智商要高，并以此为所谓的优等人特权作辩护，甚至以此阻止所谓的劣等人入境。

对于智力我们究竟了解多少呢？我们知道，人类作为个体在智力上有差异。人类智力分布呈现一条正态分布的钟形曲线（如右图所示）。一个人的智商（IQ）计算方法为：通过量表测试出的智力年龄除以实际年龄乘以 100。如果一个 8 岁的小孩测试表现得跟一个 10 岁的小孩一样，他的智商得分就是 $10/8=1.25\times100=125$。平均智商为 100。

在一项充满争议的有关智力和社会不平等的研究中，理查德·赫恩斯坦和查尔斯·默里（Richard Herrnstein & Charles Murray，1994）声称种族和智力的测量有关。他们更明确地宣称，有着欧洲血统的人的平均智商为 100，东亚血统的人的平均智商为 103，而有着非洲血统的人的平均智商为 90。

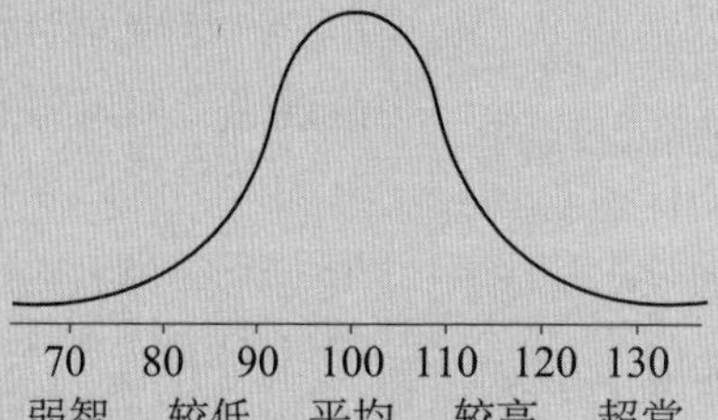

这一断言违背了我们关于民主和平等的信念，而这一信念坚持认为没有一个种族生来就比其他种族优越。一些批评家指责智力测试是无效的，他们甚至指责智力的概念几乎没有任何实际意义。

大多数社会科学家相信智商测试的确可以测量出我们视之为智力中的重要东西，同时他们同意个人在智力天分上的确存在差异。但是，他们反对那种认为某一种族的人比其他种族的人天生就聪明的观点。那么，我们如何来解释不同种族智商得分总体上的差异呢?

上，但是有些偏见却在每个人身上都能找得到。为什么？因为偏见嵌入于我们大家均生活于其中并加以学习的文化中。博加德斯社会距离量表有助于证明这一点。博加德斯发现，全美各地的学生对特定的种族和民族人群差不多是类似的态度，对某些人亲密，对某些人则疏远。

偏见来源于文化的其他证据还基于这样一个事实，即少数族群对除自己之外的其他人群也表现出与白人同样的态度。这一情况表明个人表
327 现出偏见是因为他们生活在一种“偏见的文化”中，这种文化告诉我们某一人群比另一人群“更优越”或“更糟糕”。

冲突理论

第四种解释认为，偏见是有权有势的人不仅用以为自身辩护而且用以压迫他人的一种工具。比如在西南部，盎格鲁裔美国人看不起西班牙裔移民，他们只付给辛勤工作的移民以低工资，同时又能够逃脱惩罚。类似地，当偏见将工人按照种族和民族分离开来，防止他们因工作在一起而促进其共同利益的时候，所有的精英都受益了（Geschwender，1978；Olzak，1989；Rothenberg，2008）。

根据谢尔比·斯蒂尔（Shelby Steele，1990）提出的另一个基于冲突的观点，少数族群自身也鼓励种族意识的觉醒，以获得更大的权力和更多的权利。因为他们在历史上的劣势，少数族群宣称他们是历史上的受害者，因此有权享受基于种族考虑的特殊照顾。虽然这一策略在短期内可能有效，斯蒂尔警告说这样的想法经常会激起白人或其他人的激烈反对，这些人以种族或民族

托马斯·索维尔（Thomas Sowell，1994，1995）解释认为，大部分智商测量结果的差别与其说是因为生物的原因倒不如说是环境的原因。索厄尔追踪了整个20世纪不同种族和民族人群的智商后发现，平均而言20世纪早期来自波兰、立陶宛、意大利和希腊等欧洲国家以及来自包括中国和日本在内的亚洲国家的移民，其智商一般要比美国人的平均智商低10到15分。但是到20世纪末，同样来自这些国家移民的智商已经达到或超过平均值。索厄尔发现，意大利裔美国人的平均智商差不多提高了10分，而波兰裔和华裔的平均智商几乎提高了20分。

因为基因的变异需要数千年的时间，而上述人群中大多数人都是和同类人结婚，因此生物因素不可能解释他们智商得分的急速提高。唯一合理的解释是不断变迁的文化模式。早期移民的后裔由于生活水平的提高和受教育机会的增加而提高了他们的智力水平。

索维尔发现，非裔美国人的情况也类似于此。历史上，居住在北部的非裔美国人的平均智商要高出居住在南部的非裔美国人10分。1940年以后从南部移居到北部的非裔美国人的后代中，智商的提高如同欧洲和亚洲移民的后代智商提高一样。这样，环境因素在解释不同种族人群的智商差异上似乎很关键。

根据索维尔的说法，这些测试分数的差异表明了文化模式的问题。在测试中得分高的亚洲人并不比其他人聪明，只是他们越来越重视学习，追求卓越。非裔美国人也不比其他人笨，只是他们背负了祖先传下来的不利遗产，这一遗产削弱了人的自信，阻碍了成就的取得。

你怎么想？

1. 如果智商得分反映了人们所处的环境，那么对智力的测量还是有效的吗？它们可能是有害的吗？
2. 据托马斯·索厄尔的说法，为什么一些种族和民族的人的平均智商在短期内得以迅速提高？
3. 你认为父母亲和学校会影响一个孩子的智商得分吗？如果有影响，那么是如何影响的？

为基础而反对对少数族群的“特殊待遇”。

328 歧视

◇ 评价

与偏见关系十分紧密的是**歧视**（discrimination），即不平等地对待不同人群的人。偏见是一种态度，而歧视是一种行为。像偏见一样，歧视既可能是积极的（提供特别的有利条件），也有可能是消极的（制造障碍），同时歧视既可能是隐晦的，也可能是明显的。

制度性偏见和歧视

我们一般认为偏见和歧视是特定人的有害想法或行为。但是，斯托克利·卡迈克尔和查尔斯·汉密尔顿（Stokely Carmichael & Charles Hamilton，1967）指出，更大的危害来自于**制度性偏见和歧视**（institutional prejudice and discrimination），即嵌入社会制度运行的偏见和歧视，这种偏见和歧视存在于学校、医院、警察局以及工作场所当中。比如，研究发现，银行对少数族群成员房屋抵押贷款申请的拒绝比例要高于对白人的比例，即便在少数族群成员收入和邻里关系稳定时也是如此（Gotham，1998；Blanton，2007）。

根据卡迈克尔和汉密尔顿的说法，人们谴责并进一步承认制度性偏见和歧视的过程是很缓慢的，这是因为制度性偏见和歧视通常涉及受人尊敬的公共官员以及确立已久的惯例。一个典型的例子就是布朗诉托皮卡教育委员会案①。1954 年最高法院作出判决终结了曾合法存在的学校种族隔离。教育设施"隔离的但是平等的"一直以来是我们这块大陆奉行的信条和法律，允许学校种族隔离借以支撑了种族不平等。尽管这一划时代的裁决已经过去了半个多世纪，但今天大多数美国学生还是到那些一个种族占压倒性多数的学校上学（KewalRamani et al.，2007）。1991 年，最高法院指出，只要我们的人口是种族隔离的，即大部分非裔美国人居住在城区而大部分白人和亚裔美国人生活在郊区，那么社区学校就永远不可能提供平等的教育。

偏见和歧视：恶性循环

偏见和歧视相互加强。第 6 章（"日常生活中的社会互动"）中所讨论的托马斯定理给这一现象提供了一个简单的解释：如果人们把情境当作是真实的，那么其结果将成为真实的（Thomas & Thomas，1928；Thomas，1966：301，orig.1931）。

根据托马斯定律，我们了解到：对于那些相信它们甚至有时为它们所害的人，刻板现象怎样变成了事实。部分白人对有色人种的偏见不会造成有色人种天生的低级，但是它能造成有色人种的社会劣势，从而将少数族群推向低工资、劣势学校以及种族隔离房。然后，当白人看到这些社会不利条件时，就以此作为少数族群不合格的证据，他们开始了新一轮的偏见和歧视，引发了如图 14—2 所示的相互延续的恶性循环。

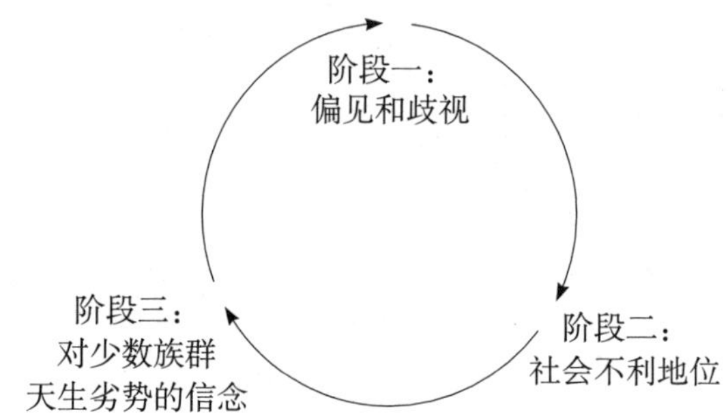

阶段一：偏见和歧视开始，通常是一种族群优越感的表达，或者是努力为经济剥削辩护。

阶段二：作为偏见和歧视的结果，少数族群在社会上处于不利地位，在社会分层体系中占据较低位置。

阶段三：这种社会不利条件不被解释为早期偏见和歧视的结果，而是充当为少数族群天生劣势的证据，于是新的偏见和歧视开始了，这一循环不断重复。

图 14—2 偏见和歧视：恶性循环

◎ 偏见和歧视可以形成一个恶性循环，使其永续存在。

主导族群和少数族群：互动的模式

◇ 分析

社会学家用四种模式来描述一个社会中种族和民族类别之间互动的模式：多元主义、同化、种族隔离和种族灭绝。

多元主义

多元主义（pluralism）是指所有种族和民族的人虽然有明显区别但拥有平等社会地位的一种状态。换句话说，不同外表或社会传统的人都享有大致平等的资源。

美国是一个多元主义的国家，一定程度上，法律面前，人人平等。与此同时，大城市存在无数的"民族村落"，在那里，人们自豪地展示他

歧视 不平等地对待不同人群的人。

制度性偏见和歧视 嵌入社会制度运行的偏见和歧视。

① 20 世纪 40 年代以来，美国联邦最高法院审理了一系列案件，确认和保护了非裔美国人起码的公民宪法权利。其中尤以 1954 年布朗诉托皮卡教育委员会案最具代表性。它宣布公立学校中的黑白种族隔离制度违反宪法，由此撕开了美国南方种族隔离制度的缺口，吹响了全面废除种族隔离制度的号角，成为黑人民权运动和结束种族隔离制度斗争的一个里程碑。——译者注

们移民祖先的传统。这些民族村落包括纽约的西班牙哈莱姆区、小意大利、唐人街，费城意大利人的“南费城”，芝加哥的小西贡，以及拉丁美洲人的东洛杉矶。仅在纽约市就有300多种不同民族的杂志、报纸和广播电台，超过90多种语言加以发布（Logan，Alba & Zhang，2002；U.S. Department of Homeland Security，2008b；New York Community Media Alliance，2011）。

但美国并不是真正的多元化，理由有三个。第一，虽然大部分人重视他们的文化遗产，但在与他们一模一样人的生活中，很少有人完全出于自愿选择这样做（NORC，2009）。第二，我们对社会多样性的宽容仅仅才起步。对美国日益增多的少数族群，一个应对措施就是推动英语成为官方语言的社会运动。第三，我们将在这一章稍后的内容中看到，不同肤色和文化的人并不享有平等的社会地位。

329 ## 同化

许多人认为美国是一个“大熔炉”，在这个大熔炉里面不同民族的人混合在一起。但是，不是每一个人“熔”入了一些新的文化模式，而是大多数少数族群成员主动采纳了由我们早期的殖民者所创立的主导文化。为什么？因为这样做既是在社会流动中向上爬的途径，也是一种避免针对外国人的明显的偏见和歧视的方法。社会学家用**同化**（assimilation）这一术语来描述少数族群逐渐采纳占主流地位的文化模式的过程。同化包含改变服饰、价值观、宗教信仰、语言和朋友等多方面。

不同的人群同化的程度不同。比如，在美国，加拿大人比古巴人、荷兰人比多米尼加人、德国人比日本人更为“熔化”。多元文化主义者反对将同化作为一种目标，因为同化将少数族群视为“一个问题”和需要作出全部改变的人。

注意同化涉及的是民族的改变而不是种族的改变。例如，许多日本移民的后代抛弃了他们民族的传统，但是却保留了他们种族的特征。种族的特征在数代后得以削弱，可以借助于**种族间通婚**（miscegenation），也就是不同种族的配偶

◎ 我们应当期望来到美国的人为“熔”入美国而改变他们的语言习惯和文化模式，还是我们应当期望他们固守他们自己的传统？为什么？

之间繁衍后代。虽然跨种族的婚姻变得越来越普遍，但它仍只占所有美国婚姻中的7%（U.S. Cencus Bureau，2010）。

种族隔离

种族隔离（segregation）是各类人群在身体上和社会上的分离。一些少数族群，特别是像安曼教派信奉某种宗教规范，自愿地将自己与他人隔离。然而，主导族群通常排斥少数族群而使其处于隔离状态。居住区、学校、工作场所、医院甚至墓地也可能被隔离。多元主义鼓励特殊性，去除劣势，而隔离却加强了危害少数族群的分离。

种族隔离在美国有着悠久的历史，从奴隶贸易开始，一直到种族隔离房、隔离学校、隔离公共汽车以及隔离火车。类似于1954年布朗一案①，法院的判决已经在法律上减少了歧视在我们国家的合法性，然而实际上，种族隔离以无数社区居住着单一种族人的形式一直延续到今天。

尽管种族隔离近年来有些下降，但它在美国还持续存在。例如，密歇根州利沃尼亚市90%的居民是白人，而邻近的底特律市76%是非裔

① 1954年，美国联邦最高法院作出了著名的布朗案判决，宣布南方公立学校中的种族隔离制度违反美国宪法的平等保护原则。——译者注

主导族群和少数族群的互动模式

多元主义 所有种族和民族的人虽然有明显区别但拥有平等社会地位的一种状态。

同化 少数族群逐渐采纳占主流地位的文化模式的过程。

种族隔离 各类人群在身体上和社会上的分离。

种族灭绝 一个种族被另一个种族有组织的杀戮。

美国人。库尔特·梅茨格（Kurt Metzger，2001）解释道："利沃尼亚几乎是由（从底特律）飞来的白人创造的。"研究进一步表明，在整个国家，白人（尤其是那些有着年幼孩子的白人）避免和非裔美国人作邻居（Emerson，Yancey & Chai，2001；Krysan，2002）。道格拉斯·马西和南希·丹顿 (Douglas Massey & Nancy Denton，1989）指出，更极端的是在一些内陆城市存在着对贫穷的非裔美国人的高度隔离。高度隔离意味着与当地社区之外的人几乎没有任何形式的接触。高度隔离对大约 20% 的贫困非裔美国人来说是一种家常便饭，这一隔离模式在美国大约 25 个大城市当中都能发现（Wilkes & Iceland，2004）。

种族灭绝

种族灭绝（genocide）是指一个种族被另一个种族有组织的杀戮。这种种族歧视和种族中心主义的致命形式几乎违反了人类每一个公认的道德标准，然而它还是在人类历史上一次又一次地发生了。

在欧洲移民和美洲大陆土著接触的历史中，种族灭绝是普遍的。从 16 世纪以来，西班牙人、葡萄牙人、英国人、法国人和荷兰人依靠武力建立起强大的殖民帝国。由于本土居民对于欧洲殖民者带来的疾病没有多少自然免疫力，他们大部分死于这些疾病，但许多原居民是因为反对殖民者而被蓄意杀害的（Matthiessen，1982；Sale，1990）。

种族灭绝同样发生在 20 世纪。在第一次世界大战中，至少有 100 万亚美尼亚人在东欧奥斯曼帝国的统治下丧生。不久之后，在阿道夫·希特勒的统治下，令人难以置信的恐怖发生在欧洲犹太人身上。大约从 1935 年持续到 1945 年的大屠杀期间，纳粹杀害了 600 多万犹太人，包括男人、妇女和儿童，甚至包括同性恋者、吉普赛人以及残疾人。从 1975 到 1980 年，波尔布特的政权在柬埔寨屠杀了所有的"资本家"，包括任何一个能说西方语言的人。在柬埔寨总共有 200 万人（人口的 1/4）被消灭在所谓的"杀戮场"中。

可悲的是，有计划的种族灭绝和屠杀今天仍在继续。最近的例子发生在非洲国家，卢旺达的胡图族人杀害图西族人。此外，东欧巴尔干半岛 330
上的塞尔维亚人杀害波斯尼亚人，苏丹达尔富尔地区成千上万的人遭到杀害。

以上四种少数族群和主导族群互动的模式（即多元主义、同化、种族隔离和种族灭绝）在美国都有发生。尽管许多人很骄傲地指出美国多元化和同化的传统，然而认识到美国社会一定程度上是建立在种族隔离（非裔美国人）和种族灭绝（土著美洲人）的基础上也很重要。本章的剩余部分将考察这四种模式是如何塑造美国主导种族和民族群体的历史及现有社会地位的。

美国的种族和民族

◇ 分析

把你的疲惫、贫困给我吧，
那广大民众对自由呼吸的向往，
那丰饶海岸给不幸难民的庇护，
那风雨颠簸过后的无家可归，统统交给我吧：
我高擎明灯屹立于黄金门！

这些诗由艾玛·拉扎勒斯（Emma Lazarus）所写，镌刻在自由女神像上，反映了这个国家人性自尊、个性自由和经济机遇的文化理想。相比其他任何国家，美国给很多移民的确提供了更多的“好生活”。每年大约有 130 万的移民来到这个国家，他们各种各样的生活方式创造了一个社会整体，而这在有着许多不同种族和民族社区的大城市中尤为突出。

然而，有关美国少数种族和民族群体的调查会显示，我们国家的“黄金门”对某些人打得更开一些。接下来我们考察一下美国人口中主要群体的历史和当今社会地位现状。

◎ 在促使同化的努力中，美国印第安人事务局将印第安儿童从家里接出来，把他们放到如图所示的寄宿学校——俄克拉荷马州的河畔印第安人学校。在那儿，非印第安教师教他们英语，其目的是为了让他们成为“美国人”。

土著美洲人

“土著美洲人”这一术语涉及数以百计的社会团体——包括阿芝特克人、印加人、阿留申人、切罗基人、祖尼人、苏族人和莫霍克人等——最早定居在西半球的人。早在 1492 年哥伦布到达美洲大陆前大约 15 000 年，移民就跨过一条大陆桥即如今的白令海峡（阿拉斯加海岸）所在地从亚洲来到北美洲。渐渐地，他们又闯出了北美洲到南美洲之路。

15 世纪末期，当第一批欧洲人到达美洲的时候，土著人口还有数百万人。但到了 1900 年，在长达几个世纪的种族冲突和种族屠杀之后，“消失的美国人”只剩下 250 000 人了（Dobyns，1966；Tyler，1973）。

哥伦布把他们在巴哈马群岛上最先遭遇的土著人称为“印度人”，因为他误以为已经到达航行的目的地印度。哥伦布发现，与物质主义和竞争性的欧洲人形成鲜明对比的是，土著美洲人顺从而平和。然而，欧洲人却把他们的受害者称为小偷和杀人犯，以此为他们攫取土著人的土地寻找正当理由（Josephy，1982；Matthiessen，1984；Sale，1990）。

美国独立战争后，美国新政府对土著美洲人采取了多元主义的方式，通过与土著美洲人签订条约竭力从他们手里获取更多的土地。而对土地的赔偿却远非公平，当土著美洲人拒绝交出他们的土地时，美国政府就用其强大的武力来驱逐他们。到 19 世纪早期，只剩下极少数土著美洲人居住在密西西比河以东。

1871 年，美国以土著美洲人抵制政府为由，宣称对土著美洲人采取强制同化的政策。将土著美洲人重新安置在被称为“保留地”的特定区域，这使得土著人继续失去他们的土地和文化传统。保留地的生活迫使他们依附于外界，他们放弃了祖先的语言而改说英语，改变了原来的宗教信仰而代之以基督教。印第安人事务局的官员把土著人的孩子从他们的父母身边带走，送他们到寄宿学校，在那里他们被重新社会化为“美国人”。当局将保留地的控制权交给少数支持政府政策的土著人，由他们分配保留地的土地，传统中由集体拥有的土地成为个体家庭的私有财产（Tyler，1973）。

直到 1924 年，土著美洲人才享有美国的公 331
民权。从那以后，许多人从保留地迁移出来，采纳主流文化的模式并和非土著人通婚。现在，几乎有一半的土著美洲人认为他们自己是双种族或多种族的人（U.S. Census Bureau，2011），现在许多大城市也容纳了相当数量的土著居民。然而，如表 14—2 所示，土著美洲人的收入远在美国人均收入之下，相对少的土著人接受过大学教育。[①]

表 14—2　　2009 年土著美洲人的社会地位

	土著美洲人	所有美国人
家庭年平均收入（美元）	40 552	60 088
贫困人口比例	27.3%	14.3%
完成四年或四年以上的大学教育（≥ 25 岁）	13.0%	29.9%

资料来源：U.S Census Bureau (2010).

在西部一个城市与一位土著美洲人进行深入的面谈后，琼·阿尔邦（Joan Albon，1971）得出结论：他们的低社会地位是文化因素的结果，这些因素包括他们对生活无竞争的态度和拒绝追求高等教育。此外，她注意到，许多土著美洲人的肤色较深，这使得他们成为偏见和歧视的目标。

今天美国 200 个多印第安部落的成员对他们传统文化的自豪正在回归。传统文化组织报告称，新会员申请出现了一个高潮，同时许多小孩的母语说得比他们的父母好。土著居民管理其保留地的合法权利使得一些部落能够建起一些有利可图的供赌博的娱乐场所。但是，从赌博中赚取的财富只是使相当少的土著人富裕起来，大部分的盈利都被非印第安投资者获取（Bartlett & Steele，2002）。虽然出现了一些兴旺的迹象，但
332 大部分土著人仍旧处于极为不利的状态，同时遭受到一种白人掌控下的深刻的不公正感。

盎格鲁—撒克逊白人新教徒

盎格鲁—撒克逊白人新教徒（White Anglo-Saxon Protestants，WASPs）不是第一批移居到美国的人，但在欧洲人开始殖民之后他们很快便统治了这个国家。大多数 WASPs 有英格兰血统，但这一人群也包括来自苏格兰和威尔士的人。大约有 3 500 万人宣称有着英格兰、苏格兰和威尔士的血统，因此我们国家有 11.6% 的人有 WASPs 的背景，同时我们会发现 WASPs 分布在社会的各个阶层中（U.S. Census Bureau，2010）。

许多人将 WASPs 与在东部和西部海岸上的精英团体联系在一起。但 WASPs 最集中的地方在犹他州（因为有英国血统的摩门教徒的迁徙）、阿巴拉契亚以及新英格兰北部（也由于移民的历史模式）。

历史上，WASPs 移民技术娴熟且积极追求我们今天称为新教伦理的东西。由于他们有很高的社会地位，WASPs 移民没有受到其他种族移民的歧视。事实上，由于 WASPs 移民历史上的优势，他们成为许多人的榜样（K.W.Jones，2001）。

WASPs 移民从来不是一个单一的人群，特别是在殖民时代，巨大的敌意将英国圣公会教徒和苏格兰教徒隔离开来（Parrillo，1994）。但在 19 世纪，大多数 WASPs 移民联合起来反对“不受欢迎的人”的到来，比如 19 世纪 40 年代的德国人以及 19 世纪 80 年代的意大利人。那些能够负担得起的人，在独立的郊区和加入规定的俱乐部里把自己给保护起来。这样，19 世纪 80 年代——自由女神像首次欢迎移民到美国的这 10 年——同样见证了第一个排他性的 WASPs 移民的国家俱乐部的建立（Baltzell，1964）。

然而大约到 1950 年，祖先是 WASPs 的美国人的财富和权力达到顶峰，这表现在 1960 年约翰·肯尼迪当选为美国历史上第一位爱尔兰天主教教徒身份的总统。不过，WASPs 移民的文化遗产保留下来了。英语成为这个国家的主导语言，新教是主要宗教信仰。我们的法律体系同样反映了美国的英格兰起源。但是当我们广泛使用“种族”和“民族”这些术语指代除了他们自己以外的所有人的时候，祖先是 WASPs 的美国人在历史上的统治地位就更加凸显出来。

非裔美国人

尽管在 15 世纪非洲人跟随欧洲探险者就来到了新大陆，但是大部分记录都把 1619 年作为美国黑人历史的开端，这一年一艘从事贸易的荷兰船只载着 20 个非洲人来到弗吉尼亚州的詹姆斯敦，之后更多满载黑人的船只抵达了这里。不管是以奴隶身份到来的黑人，还是同意工作一段

① 在进行教育特别是收入比较时，要记住的是，不同类别的美国人口有不同的平均年龄。2009 年，所有美国人口的平均年龄是 36.8 岁，而土著美洲人平均年龄为 31.0 岁。由于人们的学校教育和收入会随着年龄的增加而增加，因此这种年龄差异部分说明了表 14—2 所示的差距。

◎ 这四位妇女的努力极大地提高了非裔美国人在美国的社会地位。上图从左至右：索乔纳·特鲁斯（Sojourner Truth，1797—1883），出身奴隶的她成为一个有影响力的传道士和公开的废奴主义者，被林肯总统在白宫授予荣誉勋章。哈丽雅特·塔布曼（Harriet Tubman，1820—1913），在摆脱奴隶身份后，策划了上千名非裔美国男人和女人通过“地下铁路”逃离奴役。伊达·韦尔斯－巴尼特（Ida Wells-Barnett，1862—1931），出生时父母都是奴隶，后来成为了一份孟菲斯报的一个合伙人，是一位不知疲倦地反对恐怖私刑的战士。玛丽安·安德森（Marian Anderson，1902—1993），一位早期事业生涯被种族偏见限制的优秀歌手，通过在白宫（1936）和在林肯纪念堂前的台阶上面对几乎10万人（1939）演唱来打破象征隔离的“肤色界限”。

时间以支付旅费的契约佣人，来到这些海岸的非洲人很快就变得和真正的奴隶没有多少区别了。1661年，弗吉尼亚州颁布了第一部承认奴隶制的法律（Sowell，1981）。

奴隶制是南方殖民地种植园经济的基础。白人利用黑人奴隶的廉价劳动力来经营种植园。直到1808年，一些人还在贩卖黑奴。奴隶贩子——包括北美人、非洲人和欧洲人——强行运送了大约1 000万非洲人到美洲各国，其中有40万被运到美国。在狭小的船上，上千名奴隶被锁在一起，经过几个星期的时间跨过大西洋。恶劣的卫生条件和疾病夺去了很多人的生命，也迫使一些人自杀。总的说来，整个航行中可能要死掉一半的人（Frankin，1967，Sowell，1981）。

度过了悲惨的大西洋航行，对于幸存者来说即将面临的是苦役生活。尽管一些奴隶可以在城市各种不同的贸易行业中工作，但大部分奴隶都要到田地里干活，经常要从黎明干到日落，收割季节还要干得更长。法律允许奴隶主使用他们认为必要的所有惩罚措施来确保奴隶服从和辛勤工作。即使是杀死一名奴隶也很少受到法律起诉。
333 奴隶主们还在公开的拍卖会上拆散奴隶的家庭，在那里奴隶像财产一样被买卖。由于奴隶们没有受过教育而且其基本需要又依赖于奴隶主，奴隶基本上不能掌控自己的命运（Franklin，1967；Sowell，1981）。

一些生活在南北两部的自由有色人种，有些是小型农场主，有些是熟练工人，有些是小商人。但是大多数非裔美国人的生活与美国建国的原则即平等和自由的理念相差甚远。《独立宣言》上这样写着：

> 我们认为下述真理是不言而喻的：人人生而平等，造物主赋予他们若干不可转让的权利，其中包括生存权、自由权和追求幸福的权利。

然而，大部分白人没有对黑人运用这一理念。在1857年的德雷德·斯科特案（Dred Scott case）中，联邦最高法院提出这样的问题：“黑人是公民吗？”回答写道：“我们认为他们不是，黑人不是也不可能是联邦宪法意义上的‘公民’。因此他们既没有任何权利，也没有任何特权，这种权利和特权是提供给美国公民以保证其安全的工具。”（quoted in Blaustein & Zangrando，1968：160）这就导致了瑞典社会学家冈纳·米尔达尔（Gunnar Myrdal）1944年提出的“美国的困境”，即一个民主社会对某一个人群基本权利和自由的抹杀。换句话说，人们为公平而大声疾呼，但却没有包括全部种族。很多白人简单地认为黑人天生就劣等不配得到平等，以此来摆脱这一困境（Leach，2002）。

◎ 国会黑人核心小组代表了非裔美国人在美国日益增长的政治力量。即便如此，2011 年，非裔美国人出任众议院议员的只有 44 位，联邦州长 1 位，没有参议院议员。

1865 年，“美国宪法第十三修正案”宣布奴隶制不合法。三年后，“宪法第十四修正案”推翻了德雷德 · 斯科特案的判决：给予所有在美国出生的人以公民身份。1870 年批准通过的“宪法第十五修正案”宣称，不得因种族、肤色或以前曾服劳役而剥夺任何公民的选举权。然而，所谓的吉姆 · 克劳法律体系[①]——制度性歧视的典型案例——将美国社会分成了两个种族等级。特别是在南方，白人对那些向种族等级制度挑战的黑人（和一些白人）鞭打并使用私刑。

20 世纪，非裔美国人的境况发生了很大的变化。第一次世界大战结束后，数以万计的妇女、男人在“大移民”中逃离南方到北方的工厂找工作。尽管大部分人的确找到了工作机会，但很少有人能够摆脱种族偏见和歧视，这使得他们的社会地位比那些刚从欧洲移民来的白人还要低。

20 世纪 50 年代和 60 年代，一场全美性的民权运动导致了里程碑式的司法判决，即法院宣布种族隔离学校以及公共设施和就业当中的公然歧视为非法。20 世纪 60 年代和 70 年代黑人民权运动给非裔美国人以新的自豪感和目的感。

尽管有以上的成功，非洲血统的美国人在美国的社会地位仍然很低，如表 14—3 所示。2009 年非裔美国人家庭年平均收入为 38 409 美元，只有非西班牙裔白人家庭年平均收入（67 341 美元）的 57%，这一比例在 30 年内几乎没有变化。[②]黑人家庭贫困率依然是白人家庭贫困率的 3 倍。

表 14—3　2009 年非裔美国人的社会地位

	非裔美国人	所有美国人
家庭年平均收入（美元）	38 409	60 088
贫困人口比例	25.8%	14.3%
完成四年或四年以上的大学教育（≥ 25 岁）	19.8%	29.9%

资料来源：U.S. Census Bureau (2010).

1980 年到 2010 年非裔美国家庭中产阶级的人数稳步地增加了一半多。41% 的人挣的钱达到或超过每年 48 000 美元。这意味着非裔美国家庭经济上出现了多样化趋势。即便如此，大部分非裔美国人还是工人阶级或者依然贫穷。最近几年里，由于对中心城市居民至关重要的城市工厂的工作机会转移到了劳动力更为廉价的其他国家，许多黑人的收入甚至在减少。这就是为什么黑人失业者比白人失业者人数高出两倍以上的原因之一；很多城市非裔美国青少年失业人数甚至超过了 40%（R.A.Smith，2002；Pattillo，2007；U.S. Department of Labor，2011）。 334

自 1980 年以来，非裔美国人的教育事业取得了长足的进步。成人完成中学教育的比例升高到 2009 年的 84%，白人和黑人在这方面的差距几乎没有了。1980 年到 2009 年期间，非裔美国人中至少拥有一个大学学历的人的比例从 8% 上升到 20% 多。但正如表 14—3 所示，非裔美国人完成四年大学的人数比例仍然在全美平均水平之下。

非裔美国人的政治影响力也提高了。由于黑人移居到城市而白人移居到郊区，非裔美国人已经在城市地区取得了越来越大的政治影响力。而且，很多大城市已经选举了黑人当市长。在联

① 吉姆 · 克劳法律体系（Jim Crow laws），指美国内战后重建时期南方各州相继实行的种族隔离、歧视黑人的法律。——译者注

② 在这里，平均年龄的差异（非西班牙裔白人，41.2 岁；黑人，31.3 岁）部分说明了收入和教育上的差异。更重要的是，黑人比白人有高得多的单亲家庭比例。如果我们仅仅比较夫妻家庭，则非裔美国人 2009 年的家庭年平均收入为 61 360 美元，大约相当于非西班牙裔白人家庭年平均收入（76 103 美元）的 80%。

邦层面上，巴拉克·奥巴马成为美国第44任总统——同时也是第一位黑人总统——这是一个历史性的极其重要的事件。这说明我们的社会已经打破了一个假设，这一假设认为种族是这块大陆最高行政长官难以跨越的障碍（West, 2008）。然而在2011年，非裔美国人在众议院中只有44个席位（435个席位的10%），在参议院（100个席位）中没有席位，50个州长中只有1位是黑人（National Governors Association，2011）。

总而言之，在近400年里，非裔美国人一直在为争取社会平等而努力。作为一个国家，美国这一追求已经走了太久。公开的歧视现在是非法的，研究也表明对非裔美国人的偏见在持续的下降（Firebaugh & Davis，1988；J.Q.Wilson，1992；NORC，2009）。

1913年，距离废除奴隶制差不多有50年之际，杜波伊斯（W.E.B.Du Bois）指出，黑人成就的确逐渐扩大，但是她也发出警告，种族等级在美国仍旧存在。差不多一个世纪后，种族等级还继续存在。

亚裔美国人

虽然亚裔美国人有一些体格上的共性，但是由于他们的祖先来自数十个国家，这使得他们在文化上存在着巨大的差异。2009年，亚裔美国人的总数超过了1 400万，大约占美国人口的4.8%。亚裔美国人中最多的是华人（320万），接下来是印度人（260万）、菲律宾人（250万）、越南人（150万）、韩国人（130万）以及日本人（76.7万）。1/3的亚裔美国人生活在加利福尼亚州。

由于获得了很高的学术成就，以及在我们国家最好的学院和大学就读人数非常多，许多年轻的亚裔美国人赢得了关注和尊敬。他们中许多年长的亚裔美国人也获得了经济成就和社会地位。大多数亚裔美国人现在居住在中产阶级所居住的城郊，住在富人区的亚裔人数也越来越多。尽管（有时是由于）亚裔美国人取得了这些成就，但他们还是有时发现其他人对他们很冷漠或直接存有敌意（O'Hare，Frey & Fost，1994；Chua-Eoan，2000；Lee & Marlay，2007）。

部分亚裔美国人的成功已形成“少数族群模范”的刻板印象，这一刻板印象可能让人误入歧途，因为它隐藏了他们中阶级地位的明显差异。我们现在主要关注一下华裔美国人和日裔美国人——两个在美国移民时间最长的亚裔少数族群——的历史和现状，再简单梳理一下最新移民的情况。

华裔美国人

中国人移民到美国始于1849年加利福尼亚淘金热所带来的经济繁荣之际。新的城镇和商业在一夜之间涌现出来，对廉价劳动力的需求吸引了大约10万中国移民。大部分中国工人是年轻男子，他们愿意从事那些白人不愿意干的、条件艰苦的且地位低的工作。但到了19世纪70年代，经济开始衰退，绝望的白人为了任何可以找到的工作开始与华人竞争。突然之间，勤奋工作的华人被视为一种威胁。简而言之，经济萧条导致了偏见和歧视（Ling，1971；Boswell，1986）。禁止华人从事很多职业的法律很快被通过，公众舆论开始强烈抵制“黄祸”。

1882年，美国政府第一次通过了限制中国移民的几项法规。这一行动导致了华人家庭的艰辛，因为美国的华人男性事实上生活在“光棍社会”中，男女比例失调到20∶1。这种性别失衡导致华人人数到1920年下降到仅仅6万人。由于已经在美国的中国妇女变成“紧俏货”，很快她们便不再屈服于传统意义上对男人的服从（Hsu，1971；Lai，1980；Sowell，1981）。

出于对这一种族敌意的反应，一些华人开始移民到东部，许多人在城市里的唐人街中寻求相对的安全。在那里，中国传统盛行，被称为宗族的血缘关系网络能够为个人提供经济援助，同时也能代表大家的利益。然而，另一方面，居住在一个全部是华人的社区会妨碍他们学习英语，从而会减少他们的工作机会（Wong，1971）。

第二次世纪大战期间对劳动力的再次需要使得富兰克林·罗斯福总统在1943年结束了对中国移民的禁令，同时扩大了出生在国外的华裔美国人的公民权利。于是许多华人开始移出唐人
街，追求文化的同化。比如在檀香山，1900年 335
时有70%的华人住在唐人街，而现在这个数字已经下降到20%以下。

表 14—4　　2009 年亚裔美国人的社会地位

	所有亚裔美国人	华裔美国人	日裔美国人	印度裔美国人	菲律宾裔美国人	所有美国人
家庭年平均收入（美元）	75 027	82 129	88 129	100 431	84 670	60 088
贫困人口比例	12.5%	12.7%	7.8%	7.5%	5.8%	14.3%
完成四年或四年以上的大学教育（≥ 25 岁）	52.4%	51.9%	47.4%	70.7%	47.3%	29.9%

资料来源：U.S. Census Bureau (2010).

到 1950 年，许多华人都经历了向上的社会流动。今天，华人后代已经不仅仅局限于洗衣店和饭店一类自我雇佣式工作了，许多人拥有很高的社会地位，特别是在科技领域。

正如表 14—4 所示，2009 年华人的家庭年平均收入为 82 129 美元，超过全美平均水平（60 088 美元）。然而，所有亚裔美国人的高收入反映了其大部分家庭成员都是劳动力的事实。[①] 华人在教育方面所取得的成就也创造了纪录，大学毕业的人数几乎是全美平均水平的两倍。

尽管取得这些成就，许多华人还是要与隐蔽的（有时是公然的）偏见和歧视作斗争。这种敌意是造成很多华人的贫困率仍然接近全国平均水平的原因之一。贫困问题对那些仍生活在社会孤立的唐人街、在饭店工作或从事其他低收入工作的人中尤为普遍。这一问题引发了这样的疑问，即种族和民族聚居区是帮助了其居民还是利用了他们（Portes & Jensen，1989；Kinkead，1992；Gilbertson & Gurak，1993）。

◎ 平均而言，亚裔美国人的收入要高于美国的平均收入。然而同时，很多亚裔美国人社区的贫困率——包括旧金山的唐人街——也在全美平均水平之上。

日裔美国人

日裔美国人在 19 世纪 60 年代开始慢慢移民到美国，到 1890 年人数才达到 3 000 人，其中大部分是作为廉价劳动力来到夏威夷岛（1898 年并入美国，1959 年成为美国的一个州）的男性。然而 1900 年后，随着日本移民到加利福尼亚州的人数日益增加（1915 年达到 14 万人），白人的敌意也随之增强了 (Takaki，1998)。1907 年，美国与日本签署了一份协议，限制日本男性移民到美国——主要是经济威胁——而允许日本女性移民到美国，为的是缓和日裔美国人性别比的失衡。20 世纪 20 年代，加利福尼亚州和其他一些州的法律将日本人强制隔离起来，而且禁止种族间的通婚，这差不多结束了日本人的进一步移民。直到 1952 年美国才扩大了出生在国外的日裔美国人的公民权利。

中国和日本移民有三个重要方面的不同。第一，因为日本移民较少，因此他们避免了一些直接指向数量更多的中国人的敌意。第二，日本人比中国人更了解美国，这有利于他们更好地被同化（Sowell，1981）。第三，日本移民更乐意选择农业生产而不是聚集在城市，这使得他们不太引人注目。但是许多白人反对日本人占有土地，

① 2009 年亚裔美国人的平均年龄是 35.3 岁，比全美平均年龄 36.8 岁和非西班牙裔美国人平均年龄 41.2 岁低一些。但是不同类别的亚裔美国人平均年龄差距很大：日本人 47.7 岁，菲律宾人 38.7 岁，华人 38.1 岁，韩国人 36.3 岁，印度人 32.3 岁，柬埔寨人 29.0 岁，越南人 20.7 岁（U.S. Census Bureau，2010）。

因此在1913年，加利福尼亚州禁止日裔美国人进一步购买土地。许多出生在外国的日裔美国人（称为Issei）对此作出回应，将他们购置的土地置于他们在美国出生的子女（称为nisei）名下，因为他们在宪法上拥有美国公民权。

1941年12月7日，日本轰炸了美军在夏威夷珍珠港的舰队后，日裔美国人遇到了最大的危机。愤怒直接指向在美国的日本人。一些人担心日裔美国人会为日本充当间谍或阴谋从事破坏活动。袭击发生后的一年内，富兰克林·罗斯福总统颁布第9066号行政命令，把有日本血统的人拘留进军事集中营，以这一前所未有的措施来确保国家的安全。当局很快将12万（占这个国家全部日裔美国人的90%）有日本血统的人重新安置到偏远的内陆保留地（Sun，1998；Ewers，2008）。

对国家安全的关注通常发生在战时，但是对日裔美国人的拘留却受到了严厉的指责。首先，它针对整个类别的人群，而不是针对某个有背叛行为的个人。其次，这些被拘留的人中大约2/3是在美国出生的第二代日本人，已经获得了美国的公民权。最后，美国同时也在和德国人和意大利人打仗，但是对有着德国和意大利血统的人却没有采取类似的行动。

重新安置意味着为了得到一笔现钱而匆忙卖出房子、家具以及商店。结果，几乎全部日裔美国人在经济上都遭了殃。在军事监狱里——周围布满了带刺的铁丝网同时有全副武装的士兵站岗——一家人挤在一个小房间里，这些房间以前曾是圈养牲畜的屋子。1944年，联邦最高法院宣布对日裔美国人的拘留违反宪法，而最后一座拘留营直到1946年3月（第二次世界大战已经结束后）才关闭。1988年，国会判给每一位受害者2万美元作为他们所曾经遭受痛苦的象征性补偿。

第二次世界大战后，日裔美国移民迅速地复苏。许多人在离开了他们传统的商业后进入了新的行业。受其文化价值观中对接受教育和勤奋工作重要性的强调这一因素的推动，日裔美国人获得了巨大的成功。2009年，日裔美国人家庭平均年收入比全美家庭年平均水平差不多高出45%，而日裔美国人的贫困比例却远低于全美贫 336
困比例。

向上的社会流动促进了文化的同化和种族间的通婚。日裔美国人的年轻一代很少像华裔美国人一样住在居民聚集地，许多人与非日裔美国人结婚。在这一过程中，一些人放弃了他们的传统，其中包括他们的日语。然而，还有大部分比例的日裔美国人隶属于一些伦理协会，作为保持他们民族特征的一种方式。还有一些人似乎摇摆于两个世界之间：一方面不再是文化意义上的日本人，另一方面由于种族的差异又不完全被更大的社会所接纳。

亚裔移民的近况

从亚洲来得更晚的移民包括菲律宾人、印度人、韩国人、越南人、关岛人以及萨摩亚人。从1990年到2009年，亚裔美国人的数量总共增长了93%，目前已经达到了所有移民到美国人数的1/3还多（U.S. Department of Homeland Security，2010）。

◎ 2010年，在联邦政府声明不负责“捍卫”我们的边界后，亚利桑那州颁布了一项新的法案，该法案赋予执法官员在决定移民是否有合法身份入境方面有更大的主动权。尽管这项法案在亚利桑那州很受欢迎，但新法案引发了批评者的怒火，批评者把这项法案视为对西班牙裔的权利侵犯。

亚裔移民有着很强的事业心。这部分反映了亚裔移民重视成就和自力更生的文化模式，但开设一家自己拥有的小公司也是应对社会偏见和歧视的一个策略。在小企业上取得的成功部分说明了亚裔美国人家庭年平均收入高于全国平均水平的事实；但另一方面，在许多小企业中，大量家庭成员没日没夜地工作也是事实。

支撑亚裔美国人家庭收入的另一个因素是高教育水平。如表 14—4 所示，对于所有亚裔美国人来说，其完成四年大学的成人比例远高于全国平均水平。在所有的亚裔美国人中，印度移民拥有最高的教育成就，25 岁以上男性和女性超过 2/3 完成大学教育，这一比例是全国平均水平的两倍还多。这一了不起的教育成就部分说明了印度裔美国人 2009 年平均家庭收入 100 431 美元的事实，而这一数字高出全国平均水平 67%。

总而言之，对亚裔美国人的调查呈现出一幅复杂的景象。日裔美国人得到了最高的社会认同，但一些调查也发现对亚裔美国人的偏见要高于非裔美国人（Parrillo & Donoghue，2005）。家庭年平均收入的数据反映了许多亚裔美国人很富有。但是这些数字也反映了这样一个事实：许多亚裔美国人生活在夏威夷、加利福尼亚和纽约这些收入高同时生活成本也很高的地区。而且，许多亚裔美国人仍很贫困。可以肯定的是——他们的高移民率意味着亚裔美国人将会在未来的几十年内在美国社会扮演一个十分重要的角色（Takaki，1998；Barbassa，2009）。

西班牙裔或拉美裔美国人

2009 年，西班牙裔美国人的数量达到 4 800 万（占全美人口的 15.8%），超过亚裔美国人的数量（1 460 万或全美人口的 4.8%），也超过非裔美国人的数量（3 960 万或全美人口的 12.9%），使西班牙裔美国人成为美国最大的少数族群。然而，需要记住的是，这一类人中只有少部分人称自己为“西班牙裔”或“拉美裔”。如同亚裔美国人一样，西班牙裔美国人事实上是由不同类别的人组成的群体。每一类别都认同各自不同的祖国，不同的家庭可能会也可能不会觉得自己是全国拉美裔群体的一部分（Marín & Marín，1991；Jimenez，2007）。大约 2/3 的西班牙裔美国人（约 3 200 万）是墨西哥裔美国人或“奇卡诺人”。接下来是美籍波多黎各人（440 337
万），然后是古巴裔美国人（170 万）。另外还有许多其他国家的拉美裔，他们人数较少。

尽管拉美裔美国人在全美各地的人口正日益增长，但他们大部分还是生活在西南部。1/3 的加利福尼亚人是拉美裔（在洛杉矶地区，几乎有一半的人是拉美裔）。

所有西班牙裔美国人的家庭年平均收入——2009 年为 39 730 美元（如表 14—5 所示）——比全美平均水平低很多。① 然而，正如接下来一部分所解释的那样，某些西班牙裔美国人比其他人生活得要好很多。

墨西哥裔美国人

一些墨西哥裔美国人是那些原生活在墨西哥，后在美墨战争（1846—1848）中被吞并为美国领土的一部分的墨西哥人的后代。然而，大多数墨西哥裔美国人是最近才移民过来的人。目前从墨西哥移民到美国的人比其他任何一个国家移民到美国的人都要多。

像许多其他移民一样，许多墨西哥裔美国人在农场或别的什么地方干活，但收入却比较低。表 14—5 显示了 2009 年墨西哥裔美国人家庭年平均收入为 39 754 美元，相当于全美家庭年平均收入的 2/3。差不多 1/4 的墨西哥裔美国人家庭生活贫困，贫困率高于全美平均水平。最后，尽管从 1980 年开始有所改善，但墨西哥裔美国人辍学率仍然很高，受教育程度相比全体国民平 338
均水平要低得多。

波多黎各人

波多黎各和菲律宾一样在 1898 年美西战争结束时成为美国的领土。1917 年，国会通过《琼斯法案》，这一法案让波多黎各人（非菲律宾人）成为美国公民，并让波多黎各成为美国的国土。

纽约市有超过 75 万波多黎各人。然而，这

① 2009 年，西班牙裔美国人的平均年龄为 27.4 岁，远低于非西班牙裔白人平均年龄 41.2 岁。这一差异部分解释了收入和受教育程度的差异。

一群体中大约有 1/3 的人处于极度的劣势地位。适应大陆的文化模式——对许多人来说包括学习英语——是一个主要的挑战；同样，有着较深肤色的波多黎各人遭到了偏见和歧视。结果，每年回到波多黎各的人比来的人还要多。在 1990 年到 2009 年期间，纽约的波多黎各人实际已经下降了 10 万多人（Navarro，2000；Marzán，Torres & Luecke，2008；U.S. Census Bureau，2010）。

这种“旋转门”模式限制了同化。美国大约 2/3 的波多黎各家庭在家说西班牙语。说西班牙语可以保持强烈的民族身份认同，但却限制了经济机会。波多黎各人比其他西班牙裔美国人有更高比例的家庭妇女，差不多是全国平均水平的两倍。这一模式进一步加大了波多黎各家庭的贫困风险（U.S. Census Bureau，2010）。

表 14—5 显示了 2009 年波多黎各家庭年平均收入为 41 542 美元，大约相当于全美平均水平的 69%。尽管长期在美国大陆定居的不少波多黎各人已经获得经济上的成功，但最近从波多黎各来的移民还在艰难地寻找工作。总的看来，波多黎各人是西班牙裔美国人中社会地位最低的少数族群。

◎ 在美国东部和西海岸的许多大城市当中可以发现阿拉伯裔美国人的社区，但最为集中的社区在美国中西部以北。图中的清真寺坐落在俄亥俄州托莱多市农村地区的麦田中。

古巴裔美国人

在 1959 年菲德尔·卡斯特罗（Fidel Castro）领导的革命之后的 10 多年中，40 万古巴人来到了美国。大部分人定居在佛罗里达州的迈阿密。这些人大部分是受过良好教育的商人和专业人员，他们在美国几乎没有花费多少时间就取得了如同在他们自己国家一样的成功。

表 14—5 显示，2009 年古巴裔美国人家庭年平均收入为 49 356 美元，高于其他西班牙裔美国人的收入，但还是远低于全美 60 088 美元的平均水平。现在生活在美国的 170 万古巴裔美国人已设法保持了一个微妙的平衡，即在一个更大的社会中取得成就而同时又保留了大部分他们自身的传统文化。在所有西班牙裔美国人中，古巴人是最有可能在家说西班牙语的：80% 的古巴人家庭都这样做。然而，文化差异和极明显的社区聚落，比如迈阿密的小哈瓦那，激起了一些人的敌意。

表 14—5　2009 年西班牙裔美国人的社会地位

	所有西班牙裔美国人	墨西哥裔美国人	波多黎各人	古巴裔美国人	所有美国人
家庭年平均收入（美元）	39 730	39 754	41 542	49 356	60 088
贫困人口比例	25.3%	25.1%	25.7%	15.5%	14.3%
完成四年或四年以上的大学教育（≥ 25 岁）	13.9%	9.0%	15.4%	24.0%	29.9%

资料来源：U.S. Census Bureau (2010).

阿拉伯裔美国人

阿拉伯裔美国人是美国又一个正日益增长的少数族群。如同西班牙裔美国人，这些人的祖先来自于多个不同国家。有时被称为“阿拉伯世界”，包括了 22 个国家，横跨北部非洲，从非洲西海岸的毛里塔尼亚、摩洛哥到非洲东海岸的埃及和苏丹，再延伸到西亚，包括了伊拉克和沙特阿拉伯。然而并不是所有居住在这些国家的人都是阿拉伯人，比如摩洛哥的柏柏尔人和伊拉克的库尔德人就不是阿拉伯人。

每个国家的阿拉伯文化也有着差异，但他们共同使用广泛普及的阿拉伯字母和语言，并把伊斯兰教作为他们的主流宗教。但要记住的是，“阿拉伯”（民族类别）不同于“穆斯林”（伊斯兰教的信众）。生活在大多数阿拉伯国家的绝大多数人都是穆斯林，但也有一些阿拉伯人是基督徒或是其他宗教的信众。此外，没有居住在非洲或中东的大多数穆斯林不是阿拉伯人。

由于世界上很多国家有着规模庞大的阿拉伯人口，移民到美国的阿拉伯人也创造了文化的多样性。有些阿拉伯裔美国人是穆斯林，而有些则不是；有些阿拉伯裔美国人说阿拉伯语，有些则不说；有些阿拉伯裔美国人保持着他们自己的传统，而有些则没有。如同西班牙裔美国人和亚裔美国人一样，有些阿拉伯人是最近来的移民，而有些则在美国居住了数十年甚至几代了。

如同表 14—1 所显示，政府统计出的阿拉伯裔美国人数量为 170 万，但由于有些人不愿意公布他们的民族背景，事实上这一数字可能至少有
339 两倍之多。① 数量最多的阿拉伯裔美国人是黎巴嫩人（占阿拉伯裔美国人的 30%），其次是埃及人（12%）和叙利亚人（10%）。大多数阿拉伯裔美国人（69%）声称只有一个国家的血统，而 31% 的阿拉伯裔美国人声称既有阿拉伯血统又有非阿拉伯血统（U.S. Census Bureau，2010）。

阿拉伯裔美国人分布在所有社会阶层当中。其中一部分是受过良好教育的专业人士，比如医生、工程师和教授，另外一些则是在工厂或建筑工地从事各种技术工作的工人阶层，还有一些在餐馆、医院或其他场合从事服务性工作或在小型家族式企业中工作。如表 14—6 所示，阿拉伯裔美国人家庭年平均收入略高于全美平均水平（2009 年为 65 843 美元，全美为 60 088 美元），但阿拉伯裔美国人的贫困率高出全美平均水平很多（分别为 17.8% 和 14.3%）（U.S. Census Bureau，2010）。

在纽约、芝加哥、洛杉矶、休斯敦和迪尔伯恩（密歇根州）等美国许多城市都能发现大型而显眼的阿拉伯裔美国人社区。阿拉伯裔美国人或许会选择贬低自己所属的民族，以此避免偏见和歧视。最近由一些阿拉伯人发动的许多针对美国和其他国家的恐怖主义袭击事实已经刺激产生了把阿拉伯人（或穆斯林）与恐怖主义分子相联系的刻板印象。这一刻板印象是不公正的，因为它把少数个体的行动归咎于整个人群。可能正是由于这个原因，本章前面所讨论的社会距离研究显示出，相比于其他种族或民族人群，学生对于阿拉伯人表现出更消极的态度。这也有助于解释为什么阿拉伯裔美国人成为日益增长的仇恨犯罪的目标，以及为什么许多阿拉伯裔美国人感受到他们正遭受警察和安全人员的“种族成见”，这种成见威胁到他们的个人隐私和公民自由（Ali & Juarez，2003；Ali，Lipper & Mack，2004；Hagopian，2004）。

表 14—6　2009 年阿拉伯裔美国人的社会地位

	阿拉伯裔美国人	所有美国人
家庭年平均收入（美元）	65 843	60 088
贫困人口比例	17.8%	14.3%
完成四年或四年以上的大学教育（≥ 25 岁）	44.5%	29.9%

资料来源：U.S. Census Bureau (2010).

白种少数民族美国人

“白种少数民族”（white ethnics）这一术语意味着许多白人的民族传统和社会劣势。白种少数民族是其祖先居住在爱尔兰、波兰、德国、意大利或者其他欧洲国家的非盎格鲁—撒克逊白人新教徒（non-WASPs）。超过一半的美国人有一

① 2009 年，阿拉伯裔美国人的平均年龄为 30.5 岁，远低于全国平均年龄 36.8 岁。

◎ 白种少数民族社区存在于美国许多城市，尤其是在国家的东北地区。这些社区主要是其祖先作为工薪阶层移民来到这里的男女的居住地。对很多人来说，像费城的意大利市场是一个富有吸引力的文化多样性之地。

种或多种白人血统。

19 世纪欧洲的高移民率首先带来了德国人、爱尔兰人，然后是意大利人和犹太人来到美国。虽然文化不同，但是他们都怀着同样的希望，那就是期盼美国能比他们的祖国提供更多的政治自由和经济机会。大多数人在美国的确比以前生活得更好了，但是结果他们发现“美国街头遍地是黄金”的这一信念与现实未免相差太远了。许多移民发现只有靠辛勤劳动才能换取较低的报酬。

白种少数民族同样承受着偏见与歧视。许多雇主不愿雇用新移民，并贴着“只要美国人”（Handlin，1941：67）的标语。到 1921 年，国会颁布了移民配额法，更大地限制了移民，特别是对于南欧人和东欧人限制得更为严格，这些人可能有更深的肤色，他们的文化背景也不同于占主导地位的 WASPs。移民配额法持续到 1968 年才终止。

针对这种偏见和歧视，许多白种少数民族建立了聚居支持区。一些人还在某些商业和贸易中占据了一席之地：意大利裔美国人进驻了建筑业，爱尔兰人在建筑业和社会服务业上小有成就，犹太人在服装业上占支配地位，许多希腊人（与华人一样）从事食品零售业（W.M.Newman，1973）。

虽然那些兴旺发达起来的人接受了美国主流的文化而逐渐被同化了，但许多工人阶级还住在传统的社区。大多数在血汗工厂工作过并生活在拥挤的经济公寓的移民后代，现在挣了足够的钱过上了比以前舒适得多的生活。结果，他们的民族传统成为他们的自豪之源。

340 种族和民族：展望

◇ 评价

美国曾经是而且将一直是一个移民大陆。移民带来了巨大的文化差异，也带来了成百上千种语言讲述的关于希望、奋斗以及成功的故事。

大多数移民在 1910 年移民潮高峰时期来到美国。接下来的两代人见证了经济成功以及与大的社群的一些起码的同化。同时，政府还将公民权扩展至土著美洲人（1924 年）、出生在外国的菲律宾人（1942 年）、华人（1943 年）以及日裔美国人（1952 年）。

另一个移民潮开始于第二次世界大战后，并随着 20 世纪 60 年代政府放宽了移民法后达到高潮。现在，每年大约有 130 万人移民到美国（其中大约 110 万是合法进入的，而 20 万是非法进入的）。现在的移民主要不是来自欧洲而是来自拉丁美洲和亚洲，其中大量的墨西哥人、华人和菲律宾人纷至沓来。

许多新移民需要面对与此前移民同样经历过
的偏见和歧视。事实上，最近几年对外国人的敌 341
意［有时又称为“恐外症”（xenophobia），希腊词根意思是“害怕所有陌生的事物”］有所增加。1994 年，加利福尼亚州投票通过了 187 号提案，规定对非法移民停止提供医疗保障、社会服务和公立教育，这一提案后来被联邦法院推翻。最近，投票者要求所有儿童在校学习英语。美国西南边境上的土地所有者开始拿起武器阻止大量越过边境的墨西哥非法移民。美国在增强边境安全的同时，还不知道怎样才能更好地处理 1 080 万业已形成的非法移民。即便是在美国已经生活了几代的少数族群也感受到了偏见和歧视带来的刺痛。旨在为少数种族和民族群体提供机会的“赞助行动”计划，仍在这个国家受

焦点中的社会学

"赞助行动"计划：解决问题还是带来问题？

史蒂芬妮：我认为格蒂勒受到了不公平待遇，她本应被录取。

吉娜：但多样性很重要。我支持"赞助行动"计划。

马尔科：或许有些人上大学的确更容易一些，但这包括那些像我一样，父亲都因此上大学的家伙。

白人芭芭拉·格鲁特纳声称她是种族歧视的受害者。她坚持认为密歇根大学法学院不公平地拒绝了她的入学申请，但却通过了许多条件不如她的非裔美国学生的申请。她向法院提起诉讼，声称密歇根大学作为一所州立大学，在她的GPA及法学院能力测试的成绩下，仅仅招收了9%的白人学生，却招收了100%的分数差不多的非裔美国申请者。

2003年，美国联邦最高法院听取了格鲁特纳关于密歇根大学法学院和本科课程招生政策的诉讼。法院以6票对3票作出了对格蒂勒不利的判决。法院声称密歇根大学法学院可以考虑申请者的种族背景采纳"赞助行动"政策，以创造一个社会多样性的学生群体。然而同时，法院也取消了密歇根大学的本科招生政策，这一政策规定学分的获得不仅要反映成绩等级和大学入学总分，还要考虑那些代表名额不足的少数族群成员。这一裁决的关键在于，法院不太愿意批准过去的硬性配额制度。

根据这项裁定，最高法院继续反对这样的配额制度，同时重申校园种族多样性的重要性。这也就意味着，如果在每位个体申请的评估过程中种族必须被视为一个因素加以考虑，那么学院和大学可以实施种族倾斜政策以增加传统代表名额不足的少数族群学生的数量（Stout，2003）。

这项富有争议性的"赞助行动"计划是如何开始的？答案得追溯到第二次世界大战结束时，当时美国政府为所有种族的退伍军人资助了高等教育。所谓的《退伍军人权利法案》对大部分需要财政资助才能进入大学的非裔美国人做出了特殊的承诺。到1960年，在政府的资助下，大约35万黑人男性和女性进入了大学校园。

只是存在一个问题：即便接受了高等教育，这些人也并没有找到他们能胜任的工作。因此，肯尼迪政府发起了一项"赞助行动"计划，以扩大合格的少数族群成员的工作机会。雇主经教育工作者被告知在监督雇用、

到激烈的争辩。本页"焦点中的社会学"专栏描绘了双方的争辩，并请你在MySocLab网站的"社会学"博客上发表高见。

跟以前的移民一样，今日的移民希望获得承认并融入美国社会，却又不完全丢掉他们自己的传统文化。一些人仍然建起了种族和民族聚居

提拔和招收政策等方面必须消除对少数族群成员的哪怕是无意识的歧视。

“赞助行动”计划的支持者认为，第一，这是一个明智的对我们国家种族和民族历史的回应，特别是对那些遭受了长达两个世纪的奴役和在吉姆·克劳法律下遭遇了一个世纪的种族隔离的非裔美国人更是如此。他们声称，在我们整个历史中，成为白人就给他们以很大的优势。他们认为，现在对少数族群的偏爱是对过去不公平偏爱主导族群的公平补偿。

第二，考虑到我们种族的历史，许多分析学家怀疑美国将会永远成为“色盲社会”。他们声称因为偏见和歧视在美国文化中是如此根深蒂固，简单地断言我们是“色盲社会”并不意味着每一个人都会真正得到公平对待。

第三，支持者坚称“赞助行动”是有效的。如果20世纪60年代政府不制定这一政策，那么少数族群今天会沦落到何处呢？大的雇用部门，像大城市中的消防队和警察机关，只是因为“赞助行动”计划才开始第一次雇用少数族群成员和妇女。这一计划在帮助扩大非裔美国人中产阶级队伍以及增加大学校园的种族多样性方面起到了重要的作用。

仅仅约12%的白人支持对非裔美国人的种族偏好。甚至在非裔美国人中，也只有44%支持这个政策（NORC，2011）。批评者认为，第一，“赞助行动”只是一种短期的保证公平竞争的弥补方案，但不久却演变成了一个“群体优惠”和配额的制度。简而言之，一种“倒过来的歧视”形式，即不是以人们的成就和努力而是以种族、民族或性别作为赞助的标准。

第二，批评者认为，如果种族偏爱在过去是错误的，那么它现在也是错误的。为什么今天的大部分没有享受到特权的白人要为过去压根儿就不是他们犯的错误歧视而受到惩罚呢？我们的社会在早些时候已经取消了大多数制度性的偏见和歧视——难道黑人当选美国总统不能说明这个问题吗？因此给予某一整个人群特殊待遇会有损成就的标准，也会给少数族群成员真正的成功带来麻烦。

第三个反对“赞助行动”计划的理由就是，它只是使那些不是特别需要的人受益。支持少数族群成员拥有公司或者在法学院预留名额都是帮助了那些已经有特权的人。“赞助行动”对那些最需要帮助的处于社会下层的非裔美国人很少起到作用。

对“赞助行动”计划的支持和反对都有充分的理由。而那些希望我们国家种族和民族更为平等的人在这场辩论中左右为难。许多州的选民，包括加利福尼亚、华盛顿、密歇根和内布拉斯加州，已经通过公民投票禁止实施基于性别或种族的“赞助行动”计划。然而2008年，科罗拉多州的选民却否决了这样的提议。所以国家在这个问题上仍然存在分歧。分歧不在于所有肤色的人是否应该获得平等的机会，而在于目前的“赞助行动”计划是解决了问题还是带来了问题。

加入博客讨论吧！

你怎么认为？“赞助行动”计划是解决了问题还是带来了问题？为什么？欢迎登录MySocLab，加入“社会学焦点”博客，分享你的观点和经历，并看看别人是怎么想的。

资料来源：Bowen & Bok (1999), Kantrowitz & Wingert (2003), Flynn (2008), Leff (2008), and NORC (2011).

区，以至于在全美的许多城市中，新的小哈瓦那和小韩国城林立在旧的小意大利城和唐人街旁边。另外，新移民仍然怀揣着传统的希望，即期待着他们的种族和民族多样性能够成为自豪之源而不是劣等的标志。

第14章　种族和民族

种族对人们的社会地位是否依然重要？

本章探讨了种族和民族在美国社会地位中的重要性。你已经知道，例如，非裔美国人的贫困率是白人的3倍；你也知道，典型的黑人家庭收入只有非西班牙裔白人家庭的57%。但是这里提到的“富人”，是我们定义为家庭年收入超过75 000美元的人。这是一个检验你的社会学见解的机会，回答几个有关种族怎样影响致富的问题。看看下面的陈述：这些陈述是正确的还是错误的？

陈述

1. 在美国，所有的富人都是白人。
2. 富裕的白人家庭的确比富裕的非裔美国人家庭更有钱。
3. 富裕黑人家庭的人不比富裕白人家庭的成员工作努力。
4. 当你有钱了，肤色并不重要。

答案

1. 这当然是不对的。但当谈到富有，种族的确很重要：大约 23% 的非裔美国人家庭是富有的，而西班牙裔家庭比例为 22%，非西班牙裔白人家庭约 46%。
2. 的确如此。富有的白人非西班牙裔家庭年平均收入超过 200 000 美元，富有的非裔美国人家庭年平均收入约为 130 000 美元。
3. 错误。平均而言，富有的黑人家庭比他们的白人同事更有可能依赖多项收入（也就是说，他们得为多份收入而工作）。此外，富有的白人家庭获得比富有的非裔美国人家庭更多的非劳动所得——投资收入。
4. 错误。富有的非裔美国人仍然面临着基于其种族的社会壁垒，就像富有的白人受益于他们的肤色所带来的特权一样。

从你的日常生活中发现社会学

1. 给你的几个朋友或家人做一个快速测试，问问他们美国白人、西班牙裔、非裔和亚裔的人口比例（参见本章的表14—1）。你认为为什么大多数白人夸大这个国家的少数族群人口？（C.A.Gallagher，2003）
2. 你所在的学院和大学的招生政策是否考虑了种族和民族的因素？同一位招生处的官员，看看你能从你所在学校招生时种族和民族政策的运用中学习到什么。咨询一下那些父母亲曾在该校上过学的学生在申请入学资格中是否有一项“优惠”的政策。
3. 你认为人们往往是依据生物学特征，还是依据社会构建的类别来看待种族？你呢？登录mysoclab.com，阅读“从你的日常生活中发现社会学”，了解更多有关社会怎样构建出种族含义的内容，以及一些有关你怎样思考种族含义的建议。

种族和民族的社会含义

种族是社会建构起来的某类人群，他们共同拥有被社会成员认为是重要的生物遗传特质。

- 种族的含义和重要性因时因地而变化。
- 社会运用种族类别把人们划分成不同等级，赋予一些人以更多财富、权力和社会地位。
- 历史上科学家建立了三大人种划分，即高加索人种、蒙古人种、黑色人种，但事实上没有纯粹的种族。 pp.320-22

民族是社会建构起来的某类人群，他们共同拥有被社会成员认为是重要的文化特质。

- 民族反映了共同的祖先、语言和宗教。
- 民族的重要性因时因地而变化。
- 人们选择或抬高或贬低他们的民族。
- 社会基于民族差异或许能也或许不能将不同人群划分。 p.322

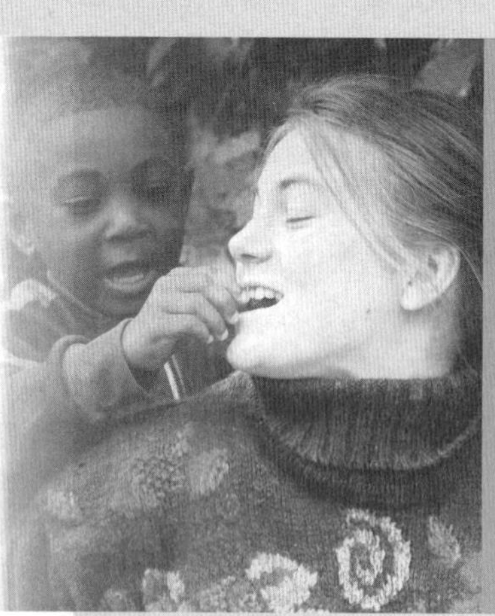

种族（p.320）：社会建构起来的某类人群，他们共同拥有被社会成员认为是重要的生物遗传特质。

民族（p.322）：共享某一文化传统的群体。

少数族群（p.322）：由于体型上或文化上的显著差别被社会分离而处于从属地位的任何人群。

偏见和刻板印象

偏见是对某一整体人群刻板的、不公正的概括判断。

- 社会距离量表是测量偏见的一种方法。
- 刻板印象是偏见的一种类型，即将某类人群的简化描述运用于该人群中每一个体。
- 种族主义，一种破坏性很强的偏见，它声称某一种族的人先天地优于或劣于其他种族。 pp.323-26

有四种关于偏见的理论：

- 替罪羊理论声称偏见源于不利地位人群的挫折感。
- 专制型人格理论（阿多尔诺）声称偏见是某一特定个体的人格特征，特别是那些受过较少学校教育以及在冷漠、要求苛刻家庭中长大的人。
- 文化理论（博加德斯）声称偏见植根于文化；我们学会从某些人群身上感受到更大的社会距离。
- 冲突理论声称偏见是权势阶层用于分化和控制人们的工具。 pp.326-27

偏见（p.323）：对某一整体人群刻板的、不公正的概括判断。

刻板印象（p.324）：将对某类人群的简化描述运用于该人群中每一个体。

种族主义（p.326）：相信一个种族先天地优于或劣于另一个种族。

替罪羊（p.326）：人们为了自己遇到的麻烦而不公平地指责基本上没有权力的某个人或某类人。

歧视

歧视是一种不平等地对待不同类别人群的行为模式。

- 偏见是指态度，而歧视涉及行动。
- 制度性偏见和歧视是嵌入社会制度运行中的偏见，包括学校、医院、警察和工作场所。
- 偏见和歧视以恶性循环的方式使自身延续，产生了社会弱势群体，反过来刺激了额外的偏见和歧视。 p.328

歧视（p.328）：不平等地对待不同人群的人。

制度性偏见和歧视（p.328）：嵌入社会制度运行中的偏见和歧视。

主导族群和少数族群：互动的模式

多元主义要求不同种族和民族的人虽然有明显区别、但拥有大致平等的社会地位。

- 美国社会是奉行多元主义的，因为这一社会所有人，不分种族和民族，在法律面前有着同等地位。
- 美国社会又不是多元主义的，因为所有种族和民族人群并不拥有同等社会地位。 **p.328**

同化是指少数族群逐渐采用主流文化模式的过程。

- 同化涉及着装、语言、宗教、价值观和朋友等方面的变化。
- 同化是逃避偏见和歧视并获取向上社会流动的一种策略。
- 一些人群比另一人群有着更多的同化。 **p.329**

种族隔离是不同类型人群之间的人身的及社会的隔离。

- 尽管有些隔离是自愿的（如阿米什人），但大多数隔离是将少数族群排除在他们邻里、学校和职业之外。
- 法律隔离通过颁布法律加以隔离，事实隔离反映了包含某一人群事实上的隔离状态。 **p.329**
- 高度隔离意味着与社区之外的人群几乎没有社会联系。

种族灭绝是一个人群对另一人群系统地杀害。

- 历史上种族灭绝的例子包括纳粹对犹太人的屠杀。
- 种族灭绝在现代世界还在继续，包括非洲卢旺达的胡图族人杀害图西族人、东欧巴尔干半岛上的塞尔维亚人杀害波斯尼亚人，以及苏丹达尔富尔地区系统性的杀害。 **pp.329-30**

多元主义（p.328）：所有种族和民族的人虽然有明显区别但拥有平等社会地位的一种状态。

同化（p.329）：少数族群逐渐采纳占主流地位的文化模式的过程。

种族间通婚（p.329）：不同种族的配偶之间繁衍后代。

种族隔离（p.329）：各类人群在身体上和社会上的分离。

种族灭绝（p.329）：一个种族被另一个种族有组织的杀戮。

美国的种族和民族

土著美洲人，最早居住在美洲的原住民，他们经历过种族灭绝、隔离然后被迫同化。今天，土著美洲人的社会地位远低于全美平均水平。 **pp.330-32**

盎格鲁—撒克逊白人新教徒（WASPs），在最初欧洲向美国的移民中占主导地位，一直到今天许多人还是拥有很高的社会地位。 **pp.332**

非裔美国人，经历了两个多世纪的奴役。1865 年的《解放黑奴宣言》撤销了由法律（所谓的吉姆·克劳法律体系）对他们实施的隔离。20 世纪 50 年代到 60 年代，一场全美性的民权运动促使宣布种族隔离学校以及公共设施和就业当中的公然歧视为非法。今天，尽管在法律上已取得了平等的地位，但非裔美国人依然处于劣势地位。 **pp.332-34**

亚裔美国人，曾遭受了种族和民族的敌意。虽然一些偏见和歧视还在继续，但华裔美国人和日裔美国人目前收入和学校教育都已高出平均水平。亚裔移民，特别是韩裔、印度裔以及菲律宾裔移民，现在占所有移民到美国人数的 1/3。 **pp.334-36**

西班牙裔或拉美裔美国人，作为美国最大的少数族群，包括很多共享西班牙传统的民族。西班牙裔美国人中人数最多的是墨西哥裔美国人，主要聚居在美国西南部，也是西班牙裔中最穷的。聚居在迈阿密的古巴人是西班牙裔美国人中最富裕的。 **pp.336-38**

阿拉伯裔美国人，是美国增长最为迅速的少数族群。由于他们来自于不同国家，阿拉伯裔美国人是一个文化上多元的群体，在美国所有社会阶层中都有体现。作为将阿拉伯裔美国人与恐怖主义相联系的刻板印象的结果，最近几年他们成为偏见和仇恨犯罪的目标。 **pp.338-39**

白种少数民族，是指祖先不是 WASPs 的 19 世纪和 20 世纪欧洲移民。作为对偏见和歧视的反应，许多白种少数民族建立了相互扶持的居住地区。 **pp.339**

第15章 老龄化和老年人

学习目标

◇ 记忆

本章黑体关键名词的定义。

◇ 理解

老年尽管与生物学相联系，但它也是由社会定义的一个生活阶段。

◇ 应用

各种社会学理论视角分析老龄化和老年人。

◇ 分析

老龄化是社会分层的一个维度。

◇ 评价

与老年相关联的挑战和机遇。

◇ 创造

一个未来美国社会不断灰色化的前景。

348 # 本章概览

对于我们来说，生命是一个逐渐老化的过程。这一章将探索老龄化的影响以及老龄化何以成为社会分层的一个维度。伴随着人口老龄化的过程，老龄化的重要性也在日益凸显。

安则泉已经做了决定。在经济衰退时期，他在日本东京开的一家米店已经有超过 20 年不如从前那样盈利了。现在，这位 63 岁的老人将要关闭这家店。

“你正在变老，”他的一个孩子指出，“你为什么不退休？”“我不能，”他回答道，“虽然我不能赚钱来维持商店运营，但没有工作，我怎么能生活呢？”

在一周内，安则找到了工作——这一次，是出租车司机这个岗位。他发现在城里驾驶出租车很难，而且需要的时间很长，但是他所得的薪资会比之前更好。他希望可以一直从事这一工作。（Trumbull，2011）

几十年前，大多数美国人以及那些在其他高收入国家的人，将达到六七十岁定义为“变老”。在那个时代，人们被期望早日退休。在美国，由“强制退休”这一法规的施行，迫使许多人失业。

但时代在不断的变迁。一方面，人们的寿命比以前更长了，年满 65 岁的男人和女人能够期待生命拥有更多的几十年。然而，经济的不确定性使得许多人拥有和安则泉一样的担忧，即担心失去劳动力将意味着在他们生命结束前就可能花光所有的积蓄。

在我们变老的同时，我们的生活也在发生着改变，而且这种改变并非简单地以反映出我们身体的形式在发生变化，社会同样也在发挥着作用。事实上，社会为我们安排了既定模式，让我们符合成为一个孩子、一个青少年、一个成年人，以及一名老人的标准。正如这一章所解释的那样，老龄化的过程会带来与众不同的经历以及一些明显的不利因素，这些不利因素包括低收入，有时也包含工作中和工作外的偏见与歧视。因此，就像阶层、性别和种族那样，老龄化是社会分层的一个重要维度。由于美国（日本同样也如此）的老年人群体数量比以往都多，而且增长速度极快，故此，加强对老龄化这一现象的了解与认识的重要性开始不断地凸显。

美国的银色浪潮

◇ 理解

一场静悄悄但却强有力的革命正在重塑着美国。图 15—1 中的数据表明，1900 年美国是个年轻型社会，50% 的人口年龄不超过 23 岁，年满 65 岁的人口仅占 4%。但是在上个世纪，老年人口（男女年龄在 65 岁及以上的人口）上升了 10 倍。到 2010 年，老年人口达到了 4 000 万，而一半人已经超过了 37 岁。老年人口也超过了少年儿童人口的数量，他们在总人口中占到了 13%。预计到 2040 年，老年人口数量将再增长 2 倍，超过 8 100 万。届时美国人的平均年龄将超过 40 岁（US.Census Bureau，2010）。

在几乎所有的高收入国家里，老年人口的比例正快速增长。究其原因主要有以下两个方面：其一是低生育率（人们生育的孩子越来越少），再就是日益增长的人均寿命（人们正越来越长寿）。

在美国，由于第一次“婴儿潮”，到 2011 年老年人的数量将迅速增长到 6 800 万左右，平均年龄达到 65 岁。正如最近的政治争论中所表明

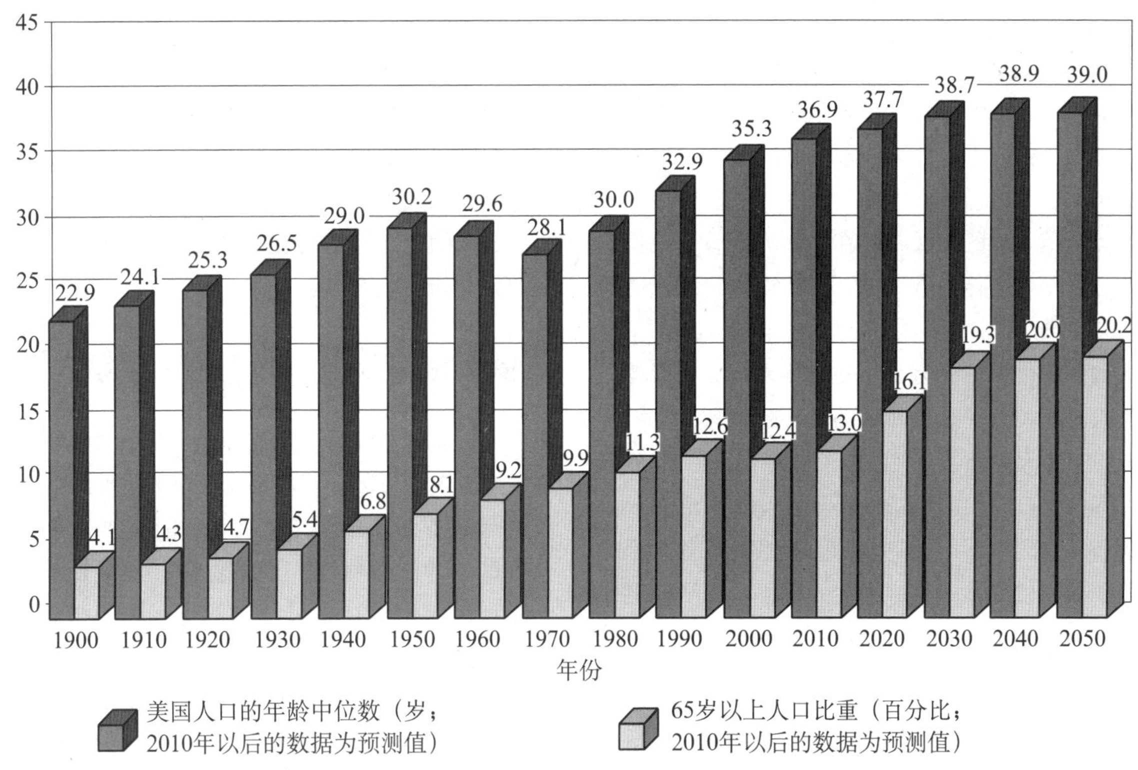

图 15—1　美国社会的银色浪潮

◎ 美国 65 岁以上的老年人口在过去的一个世纪里增长了两倍。美国人口的年龄中位数超过了 35 岁，并且还将持续地增长。

资料来源：U.S. Census Bureau（2010）.

的那样，目前的社会保障体系对如何满足如此多老龄人口的需要存在着较多的问题。

人口出生率：日趋下降

一个世纪以来美国人口出生率一直在下降，这一现象主要是社会工业化所导致的。因为在工业化社会，孩子们更容易存活下来直至成年，而夫妻们将不愿再生育小孩。再者，虽然孩子对于农耕家庭来说是一种经济资源，但在工业化社会里，他们同样也是经济负担。换言之，孩子不再能增加家庭经济福利，反而给家庭带来了较大的成本。

最后，越来越多的妇女走出家门到外面工作，她们也因此选择了少生孩子。这一趋势是妇女社会地位的提高和过去一个世纪以来避孕技术不断提升的体现。

预期寿命：日趋延长 349

美国人的预期寿命正在不断地延长。1900 年美国女婴的预期寿命仅 48 岁，男婴为 46 岁。相比之下，2009 年出生的女婴的预期寿命为 80.6 岁，而男婴平均能达到 75.7 岁 (Kochanek et al.，2011)。

寿命的延长是由工业革命所导致的结果之一。巨大的物质财富的增长及医疗技术的不断改进，使人们享受到了更好的居住环境和更优质的营养水平，生活质量得到改善。此外，医疗技术的进步已经完全消除了诸如天花、白喉和麻疹这些一个世纪以前可能导致婴儿和儿童夭折的疾病。其他医学的进步帮助我们抵御癌症和心脏病，这使得美国大部分人口的寿命得到延长。

随着寿命的延长，美国最年老部分的人口——85 岁以上人口的数量——正快速增长，其数量已经是1900年的40倍。这部分男女总数现已达到560万（大约占人口总数的1.8%）。数据表明，到2050年这些人口数量将增至2 000万（大约占总人口的4.3%）（U.S.Census Bureau，2010）。

老龄人口的增长将会在许多方面改变我们的社会。随着退休人数增加，无工作人口比重已经达到1900年的10倍之多，这就需要更多的卫生保健和其他资源。有工作的成年人同无工作的老年人之间的比率，即所谓的老年依赖比（old-age dependency ratio），将会在2030年由现在的5：1下降到3：1（U.S Social Security Administration，2010）。随着老年人口日益膨胀和赡养老年人的劳动力人数逐渐减少，当今天的年轻人迈向老年时，他们能得到多少安全保障？第393页“全球性思考”专栏将更为关注老龄化速度比美国还要快的日本。

一个老龄化社会：文化变迁

随着人口平均年龄的增长和65岁以上人口所占总人口比例的上升，文化模式很可能也会随之改变。21世纪的大部分时间中，年轻人很少和老年人在一起相处，以至于绝大多数人很少了解老年人。但是随着一个国家老年人口数量的稳步上升，年龄的隔离将不断地减弱。年轻人将看见更多的老年人在公路上、在购物中心、在电影院里和在运动项目中。此外，建筑物的设计——包括家庭、仓库、露天体育场和大学教室——可能发生变化以使年老的购物者、运动迷和学生轻松地进入。

大学为更多的老人敞开了大门，而在许多高校，老年人也逐渐成为一道令人熟悉的风景。当那些婴儿潮时代出生的人（1946年至1964年出
350 生的人）步入老年时，许多人会决定推迟退休并且完成学业或为了新职业而参加培训。社区大学提供大量的项目，为人们适应新工作而作准备，现今，由于提供各种“第二职业”项目而吸引了老年人（Olson，2006）。

当然，和老年人联系的程度很大程度上取决于你所生活的国家。这是因为老年人在一些地区占了极大的比重，特别是在中部，即从北达科他和明尼苏达到得克萨斯。

当我们思考老年人口将如何改变我们的生活时，一定要考虑到老年人口是有社会区分的。每个人都可以成为老年人，只要他能幸运地活那么久。美国的老人包括所有的阶级、种族和宗教背景的男性和女性人口。

“低龄老年人”和“高龄老年人”

分析家有时候将两个在比例上大致相等的老年人口群体进行区分（Himes，2001）。低龄老年人是指65岁到75岁的老人，他们能够独立生活，有着良好的健康状态和经济保障，而且他们很可能和老伴生活在一起。高龄老年人是指年龄超过75岁、在健康和物质上有困难以至于要依赖其他人的老年人。由于女性的寿命更长，在老年人口中女性老年人口数量多于男性人口数量。随着年龄的增长，男女性别比失衡也随之加大。在高龄老年人口中，超过85岁的老人中68.3%为女性。

衰老：生物和文化的表征

◇ 分析

对社会人口中老年人进行研究是**老年学**（gerontology，源于希腊词geron，意思是“一个老人”）的焦点，即对老龄化和老年人的研究。老年学研究者——他们的工作涉及不同的学科领域，包括医学、心理学，以及社会学——不仅调查研究人们年老时如何变化，而且调查他们周围社会界定老年期的不同方法。

生物变化

老化包括逐渐的、不断发生的身体上的变化。但是我们如何体会到这些生命变化的历程——我们是愉快地接受成熟还是抱怨身体机能的下降——在很大程度上依赖于我们的文化体系如何界定生命中的不同阶段。一般而言，美国文

全球性思考

将会有更多的人变得更老吗？来自日本的报告

日本的人口平均年龄为 45 岁，是世界上老龄化程度最高的国家之一。这种现象出现的原因之一是日趋降低的出生率，到 2011 年已经下降到每位妇女只生育 1.2 个孩子；原因之二就是日本老年人口预期寿命的增长。2011 年在日本出生的女孩平均预期寿命是 86 岁，而男孩是 79 岁。

展望未来，日本的未来人口模式将警醒世人。首先，低生育率（2010 年，日本死亡人数高于出生人数）不足以完成人口的再生产。这将意味着日本人口将从今天的 1.265 亿逐渐减少到 2050 年的 9 400 万。其次，到 2050 年，日本总人口中的一半将是 54 岁以上的人口。这将意味着国家劳动力市场将减少数百万人，同时会致使国家经济产出减少和生活标准显著降低。再次，日本人担忧他们将如何为日益增加的老年人口提供保障。2011 年，23% 的日本人为 65 岁及以上的老人，而到了 2035 年，这一比重将增至 1/3，而到 2050 年将增至 37%。今天，日本是 2.6 个劳动力供养 1 个 65 岁以上的老人。然而这一供养比率正在下降，到了 2050 年，老年人口抚养比将会降到 1 : 1。到那时，老年人的收入将无法达到现在的水平。

日本这一案例的重要性在于它的模式并不是独一无二的。在其他国家，包括意大利和西班牙都有着和日本一样老化的人口，到了 2050 年，他们同样也面临着和日本一样的问题。虽然美国是世界高收入国家之列中“最年轻”的国家，但是其他国家发生的这些情况也将会在美国发生，这一情况的出现只是时间上的问题。

你怎么想？

1. 活得更长一般被认为是件好事情，那么人口老龄化会带来什么问题呢？
2. 当一个国家的人口平均年龄超过50岁时，你认为大众文化将产生怎样的变化？
3. 实行什么样的移民政策能够提高老年依赖比？

资料来源：Porter (2004), Haub (2008), Associated Press (2011), and U.S. Census Bureau (2011).

化对于生命早期的变化持乐观态度。孩童期间和青春期，人们向往着更多的机会和责任。

但是在今天青年人主导的文化中，人们对于生命后期发生的变化持隐讳（dimmer）的态度。很少有人能够在老年时候接受到祝贺，至少要等到 85 岁或 90 岁。当人们看到朋友踏入 40、50、
351 60 岁还开着玩笑、逃避生理和心理不断衰退时，总是很同情他们。简而言之，人们认为人活到 50 或 60 岁，就停止生长并且不断衰弱。

变老带来可以预期的变化：花白的头发、皱纹、身高和体重的缩减、体力和活力的下降。老年人 50 岁以后，骨头变得更脆弱，身体损伤需要更长时间去恢复，更易患慢性疾病（诸如关节炎和糖尿病），以及危及生命的症状（诸如心脏病和癌症）的上升。感官系统——味觉、视力、触觉、嗅觉特别是听力——将随着年龄的增长而不灵敏 (Treas，1995；Metz & Miner，1998)。

虽然健康会随着年龄的增长变得脆弱，但是绝大多数老人并没有丧失身体自理能力。2008 年，仅有 16% 的老年人声称他们无法独立行走 0.25 英里，少于 1/20 的老年人需要在疗养院。大约有 13% 的老人需要在购物、日常事务或是其他日常活动中得到帮助。总体而言，75 岁以上的老年人中仅有 30% 的人认为自己健康状况“一般”或者“不太好”，70% 的认为他们的总体健康“好”或者“非常好”。事实上，报道老年人身体好或非常好的比例正在不断上升 (Adams，Martinez & Vickerie，2010；National Center for Health Statistic，2011)。

当然，一部分老年人比其他老人更健康。健康问题在 75 岁以上老年人中更加普遍。此外，因为女性一般比男性长寿，她们更多遭受着像关节炎等慢性疾病的困扰。富裕的人健康状况也会更好一些，因为他们能够生活或工作在一个更安全和健康的环境中，并能够负担得起更好的医疗

护理。那些较为富裕的老人中有近 80% 认为自己的健康状况“非常好”或者“好”，而这比例在那些生活在贫困线以下的人中降到了 56%。与低收入和压力相关联的是偏见和歧视，这也能够解释为什么美国的白人群体的老人中有 77% 积极地看待自己的健康，而黑人老人中的比例只 有 63%（National Center for Health Statistics，2011）。

心理变化

正如我们趋向于过分强调老年人口的身体问题一样，我们有时夸大了年老时伴随的心理变化。关于生命过程中智力的这一共识被概括为“有起必有落”。

如果我们用感觉运动协调（sensorimotor coordination）——一种根据既定图纸安排事情的能力——来衡量一个人的能力，我们就会发现人到中年后直趋下降。同样，一个人学习新知识
352 和快速思考的能力也有所衰退，虽然这一衰退可能要到 70 岁。即便如此，在超过 70 岁的老人中也只有 9% 的人遭受从轻度记忆丧失到更为严重的精神疾病。对大多数老人来说，专心思考熟悉问题的能力却随着年龄的增长而保持稳定，深入反思的能力有所提升，精神上也变得更加成熟（Baltes & Schaie，1974；Metz & Miner，1998；Cortez，2008）。

我们都想知道当我们变老时，我们的想法和感觉是否会有所不同。老年学家们不管是认为变得更好还是更坏，他们的答案通常都是否定的。随着年龄增长，性格上最普遍的改变是不再那么物质化，看法上更成熟，更具有思想。通常，两位孩童时曾是朋友的老年人，会在对方身上发现同样的性格特征，正是这个特点才让他们年轻时成为朋友 (Neugarten，1997；Wolfe，1994)。

老龄化和文化

11 月 1 日，斯里兰卡的康提。我们的小车在山间的陡坡上前行着。两旁茂密的植物让我们大开眼界，这壮观的景象打断了我们关于变老问题的谈话。“那么你们国家没有老年人的公寓吗？”我问道。“在科伦坡（斯里兰卡首都）和其他的城市，我确定是有的，”我们的司机答道，“但是不多。我们不像你们美国。”“那是怎么回事？”我变得有些严肃地回击道。他的眼睛一直注视着公路：“我们是不会让我们的爸爸妈妈独自居住的。”

何时人会变老？年轻人对于社会中最老的成员持何种看法？老年人是如何认识他们自己的？这些问题的答案会因人们所在社会的不同而有所差异，这表明变老尽管是一个生理过程，但同样也是属于文化范畴。

人们能活多久和生活状况如何，首先依赖于社会技术和生活标准。正如英国哲学家托马斯·霍布斯 (Thomas Hobbes，1588—1679) 所言，纵观人类历史，人们的生命是“脏的、野蛮的和短暂的”（虽然霍布斯自己活到 91 岁高龄）。在他那个年代，绝大多数人在十几岁时结婚并生孩子，在他们二十几岁时候就达到中年，在他们 30 岁和 40 岁时死于各种疾病。很多伟大的男性和女性从来没有达到我们所说的老龄：英国诗人济慈（Keats）26 岁就早逝了；莫扎特（Mozart），奥地利作曲家，35 岁时逝世的。在著名的作家当中，勃朗特（Bronte）三姐妹中没有一个能活过 40 岁；爱德加·艾伦·坡（Edgar Allan Poe）死于 40 岁，亨利·大卫·梭罗（Henry David Thoreau）45 岁死的，奥斯卡·王尔德（Oscar Wilde）46 岁死的，莎士比亚（William Shakespeare）活到了 52 岁。

然而大约到 1900 年，美国和西欧日益增长的生活水准和先进的医疗技术使人均寿命达到了 50 岁。在高收入国家，富裕程度的不断提高让人均寿命增加了 30 多岁。

和寿命一样重要的是社会赋予老年人的价值。正如第 10 章（“社会分层”）所解释的那样，所有社会的基础资源分配是不平等的。下面，我们将转为叙述这个过程中年龄的重要性。

年龄分层：全球概观

就像种族、民族和性别一样，年龄也是区分社会等级的基础，**年龄分层**（age stratification）

◎ 变老事实上是文化以及生物方面的。在美国，变老经常意味着变得不再活跃；而在世界许多其他国家，老人常常继续从事着许多熟悉的、具有生产性的日常事务。

是社会中不同年龄阶段的人在财富、权力以及权利上的不平等分配。年龄分层根据每个社会科技发展水平的不同而不同。

狩猎和采集社会

正如第 4 章（“社会”）解释的那样，没有技术提高所致的食物剩余，狩猎者和采集者肯定是游牧的。这意味着生存依赖于身体的力量和精力。当社会的成员变老时（举例而言如 30 岁时），他们变得不活跃，甚至可能被认为是经济负担。当食物匮乏时，他们将被抛弃（Sheehan，1976）。

353 ### 畜牧、园艺和农业社会

一旦社会技术发展到人们能种植自己的庄稼和饲养动物，他们的生产就出现了剩余。在这样的社会里，一些个体一生中集结了巨大的财富。在所有的年龄类别中，最有权威的是长老，即所谓的**老人统治**（gerontocracy）——一种社会组织形式，在这里老人有最多的财富、权力和威望。老人特别是男性老人，被他们家族成员所尊敬，有时甚至是敬畏，并且直到死之前他们仍是活跃的社会领导者。这种对老人的尊敬也解释了在农耕社会中广泛存在的祖先崇拜。

年龄分层 社会中不同年龄阶段的人在财富，权力以及权利上的不平等分配。

老人统治 一种社会组织形式，在这里老人有最多的财富、权力和威望。

工业和后工业社会

工业化促进了人们生活水平的提高和医疗技术的进步，而这又延长了人们的平均寿命。可是工业化虽然提高了人们生命的时限，但却损害了老年人的生活质量。与传统的社会实践相反，工业社会给予老人很少的权力和威望。原因在于随着工业化，首要的财富资源从土地（一般被社会中年长者所控制）转移到商业和其他的物品（一般被年轻人掌握和经营）。在所有低收入国家的 65 岁以上老年人口中，37% 的男性和 14% 的女性仍旧在劳动力市场中。而在所有高收入国家中，这一比例相对较小：男性占 15%，女性占 8%。在美国，劳动者一般在 50 岁左右时收入最高，从那以后开始下降。这也是美国老年人辞去工作的原因之一（U.S. Census Bureau，2010；International Labour Organization，2011）。

在高收入的国家中，青年人离开父母去寻找他们的职业，很少依赖他们的父母，而更多依赖他们自己的能力挣钱。此外，由于工业化，城市 354
社会变化迅速，老年人所拥有的技术、传统和生活经验对于年轻人来说并不重要。最后，工业化的巨大产量意味着并不是社会中所有的成员都需要工作，所以绝大多数的老年人和小孩成为非生产者。

这些因素的长期效应是让“老者”（一个具有褒义的词）转变为“老不死的”（一个远没有威信的词）。在后工业社会诸如美国和加拿大，经济和政治领袖通常都是在40和60岁之间的人，他们有着创新的本领。甚至在美国人口总体老化的背景下，国家各部门的执行者正日趋年轻化——平均年龄从1980年的59岁到今天的54岁（Spencer Stuart，2008）。

在经济快速变化的部门里，特别是高科技领域，很多关键领导者都是年轻人，有时是刚刚大学毕业的。工业社会通常带给老年人的仅仅是非主要经济部门的参与，因为他们缺乏市场快速发展所需要的知识和技能。

一些职业被老年人掌握着。农场主的平均年龄是55岁，而整个美国劳动力市场的平均年龄仅有41岁。今天，超过1/4的农场主年龄在65岁以上。老年人也在其他一些传统的部门占统治地位，诸如理发师、裁缝、商店职员还有包括很少体力活的工作，如夜间门卫（Yudelman & Kealy，2000；U.S. Department of Agriculture，2009；U.S. Bureau of Labor Statistics，2011）。

日本：一个特例

20世纪以来，工业化降低了老年人的社会地位，而日本却成为例外。这不仅因为日本老年人口比例上升得和世界任何其他地方一样迅速，还由于日本的传统文化使得老人尤为重要。绝大多数的日本老人和他们的成年女儿或儿子生活，而且他们在家庭生活中扮演着重要的地位。相对于美国老年人而言，日本老年人更可能留在劳动力市场，并且在很多日本公司里，最老的员工享受着最高的尊敬。但是日本正越来越像其他的工业化国家了，变老就意味着不得不放弃一些重要的社会事务。此外，长期的经济萧条使得日本家庭很少能照顾他们的老人，这将大大削弱老年人的传统重要性（Ogawa & Retherford，1997；Onishi，2006；Lah，2008）。

老龄化的转变和挑战

◇ 评价

我们在生命不同阶段都面临着改变，年长当然是一种财富，然而在生命的进程中，它却代表着最大的挑战。

老年时身体机能的下降，可能没有年轻人想象中的那么严重。但即便如此，老年人还是要忍受着疼痛，限制自己的活动，增加对其他人的依赖，失去至亲的朋友和亲戚，勇敢地面对死亡。因为美国的文化给青年以很高的评价，年老则意味着恐惧的增加和自我怀疑。正如一位退休了的心理学家对老年人的建议那样：“不要让现在退休的喜悦骗了你，这并不是最好的选择，很可能是更糟糕的。”（Rubenstein，1991）

寻找意义

第5章（“社会化”）曾提到埃里克森关于老年人必须克服“完美感与失望感”而导致紧张的理论。无论他们是否依旧具有学习能力和可能获得成功，他们都要认识到他们的生命已经接近尾声。因而老年人会花更多的时间反思过去，记忆中有失望也有成就。对于埃里克森（1963，

◎ 尽管在人生的所有阶段中，寻找到生命的意义始终是一项挑战。然而这一过程对于老年人来说会显得更加困难，他们将自己的生命视作失去或是他们再也无法做到他们想做的事。在最近一部动画片《飞屋环游记》中，一名叫卡尔的老人决定实现他一生的梦想——到南美洲旅行。

orig.1950；1980）来说，现实意味着实事求是地看待自己的生命。如果不这样，这一阶段的生命就变得绝望，最后以混乱而告终。

在一项对70岁老年人的经典研究中，伯尼斯·纽加藤（Bernice Neugarten，1971）发现，有些人可以很好地处理年岁的增高这一问题，而最糟糕的是那些不能正确认识年迈过程的人，他们在绝望中开始人格分裂和崩溃，最后大都在医院或养老院等待死亡。

经济状况稍微好点的人们有着被动的独立个性。他们在处理日常小事上很少有自信，有时甚至会在他们事实上不需要帮助的时候寻找帮助。他们总是在逃避现实的危险中，生活满意度相对较低。

第三类人形成了一种防卫性的人格，他们独自生活同时也害怕变老，他们试图通过让自己保
355 持年轻健康的体格来逃避现实，尽管关心自己健康是好事，但是不切实际的要求导致压力和绝望。

纽加藤的绝大多数主题展现了什么是她界定的完整性格，这能很好地解决衰老的挑战。正如纽加藤所说的，成功老龄化的关键在于承认变老的同时保持个人的尊严和自信。

社会孤独

在任何年龄中孤独都会导致焦虑，在老人中这尤其是普遍的现象。退休封闭了社会互动的资源，身体的毛病可能限制活动，将老人比作“日落西山”的老套的否定态度阻碍了年轻人与老年人的社会接触。

但导致老人社会孤独感的最主要原因是那些对于自己很重要的人去世，特别是配偶的离世，一项研究发现三至四成的寡妇或鳏夫认为寂寞是他们最严重的问题（Lund，1989）。

社会孤独的问题更多地发生在女性人口中，因为他们一般比他们的丈夫活得长，表15—1显示，72%的65岁及以上的男性与配偶一起居住，而仅仅42%的老年女性与配偶一起居住。此外，老年女性（特别是高龄人口）中独自居住的占40%，相比之下，男性老人独居的只有19%（Federal Interagency Forum，2011）。

对绝大多数老人而言，家庭成员是社会支持的主要来源。美国的绝大部分老人至少有一个成年子女生活在仅10英里远的地方。虽然很多研究认为女儿比儿子更可能经常看望父母，不过这些住在附近的子女约有一半人每周至少探望一次他们的父母（Lin & Rogerson，1994；Rimer，1998）。

表15—1　老年人的居住安排（2008）

	男性	女性
独自居住	18.5%	39.5%
夫妻两人居住	71.9%	41.7%
和其他亲属或非亲属居住	9.6%	18.8%

◎ 在2008年，3.5%的老年人住在疗养院中，这一数据包括来自上述各种居住类型的老人。

资料来源：U.S. Census Bureau (2009)，Federal Interagency Forum on Aging-Related Statistics (2011).

退休

工作不仅是我们谋生的手段，还是确立我们身份认同的重要组成部分。因此退休不仅意味着收入的下降，还意味着社会声望的降低，同时可能还意味着某些生活目标的丧失。

好在有些组织可以帮助减少这一转变的影响。例如，在学院和大学里，一些退休的教员被授予“名誉退休教授”（professor emeritus，其中emeritus源自拉丁语，意思是“完全拥有”）头衔。他们很多被允许保留利用图书馆资源的权利，拥有一个停车位和一个邮箱帐号。这些经验丰富的高级教员可能是一个巨大的资源，不仅是对于学生，对于年轻的教授也同样如此（Parini，2001）。

因为老年人具有社会差异性，因此对于成功退休来说没有固定的模式。兼职工作占据了许多人颐养天年的时间，但同时也给他们提供了一些额外收入。照看孙子女，对于很多老人而言也是一项巨大的快乐源泉。从事志愿工作是老年人回馈社会的另外一条途径，特别是那些经济资源充足而不需要再去工作的人——这也是为什么老人比其他任何阶段的人口群体更多地加入志愿者行列的原因之一（Gradyn，2000；Savishinsky，

日常生活中的社会学

回归工作！我们还会退休吗？

对于60岁的阿莎·佩里来说，老年正像“黄金年代”。她已经努力工作了几十年，而且也有所回报。她的小生意的销售收入，加上她几年的日常积蓄，总共有100万美元，同时她还有额外投资。基于她投资的预期收入，以及从社会保险中得到的额外收入，佩里认为她就是为后半生而活的。她向往打高尔夫，能享受活跃的社交生活，再就是周游全世界。

但那已是2000年股市大跌之前的事了。一年后她的经纪人告诉她一则坏消息：她的储蓄金已经贬了一半价值，而她只有预期收入的一半了，即每年大约16 000美元，所以她不得不暂停旅行计划。“我必须得去找份兼职工作，”她摇着头说道，“但是一些事情告诉我，该结束这份正做着的全职工作了。”

从2007年开始的严重经济衰退使得股价大跌、房产缩水。这一经济衰退已经沉重地打击了每个人，但是那些依靠投资收入的老人遭到了比多数人更大的打击。即使在2010年股市开始复苏，许多老年人还是被迫改变他们的退休计划。其他一些人也因为公司丑闻而失去退休金投资。这也解释了为何成千上万的原来期望退休的老年人仍然在工作的原因，同时也解释了为何无数的原本再也不用量入为出的退休人员如今也要读招聘广告，并再一次找工作的原因。

这一趋势解释了为什么劳动力市场的老年人工作比例曾经下降，而现在却正在上升。当然一些老人很乐意继续他们的工作，另一些人享受着兼职的快乐。但是在过去，很多人可以自由选择地这样做，他们在享受工作快乐的同时，可以在任何想退休时退休。现在无数的老人发现自己不能再有选择了。更糟的是，他们怀疑自己是否还能退出劳动力市场。对于那些不喜欢他们现有工作的人而言，毫无疑问，这样的将来会是很不快乐的。

◎ 过去人们相信如果他们按规则办事并且努力工作数十年，他们可以期望得到一个舒适的退休生活。而近期的经济衰退对这一期望做了什么呢？

底线是：一个世纪前风靡一时的“早点退休”的梦想，在现在已经不是如此了。

你怎么想？

1. 经济状况和人们的退休计划之间的关系是什么？
2. 为什么“阶段性退休”对于老年人来说意味着“推迟退休”？
3. 你知道有人退休金被公司削减或取消吗？这会对个人和金融安全产生怎样影响？

资料来源：Kadlec，2002；Koskela，2008；and Trumbull，2011.

2000；Shapiro，2001）。

尽管对我们来说退休是一个很熟悉的概念，然而它只在20世纪和高收入国家中有所发展。在高收入社会中，生产力水平很高，并不是每个人都需要工作；此外，高科技为最新技能提供了保障。因此可以推测，退休只是作为一项让那些拥有知识和受过训练的年轻人变成最主要的劳动力的对策。50年前，尽管美国国会颁布了逐步淘汰一些政策的法令——这些政策在20世纪70年代存在，而今天已经很少有了，但美国绝大多数企业都有强制性的退休年龄，一般在65岁到70岁之间。例如，在1972年以后被雇用的飞行员必须在56岁时退休，商业航空公司的飞行员必须在55岁至60岁之间退休（Gokhale，2004）。在绝大多数高收入国家中，私人和公共养老金的计划使得退休成为一种个人选择，但这些机会对于那些生活在贫困条件下的绝大多数人而言是不存在的。

当然，即使是在高收入的国家，只有当人们能够养得起自己的时候才会选择退休。一般而言，在经济形势较好的时期，人们储蓄更多而且会考虑早点退休。这一例子正如美国在20世纪末的状况。到2007年，老年人家庭的净资产中位数增至约23.7万美元。巨大的财产允许人们更早地退休，因此退休年龄的中位数从1950年的68岁降至2005年的63岁。

然而，从2007年开始的经济衰退起到了相反作用，迫使老人面临着一个严酷的事实，他们的退休储备金被下跌了的股市及消失了的养老金所稀释。伴随着如此多财富的瞬间消失，许多老人除了继续工作以外别无选择。例如，1998年，11.9%的65岁及以上的老人仍在工作。到2010年，这一比例增加到了17.4%。许多面临着退休金项目花费快速增长的其他高收入国家，也正在考虑通过立法来鼓励或甚至是授权推迟退休年龄。（Toossi，2009；Brandon，2010；Bureau of Labor Statistics，2011）。

最近一项解决老龄化这一困难时期的政策是“阶段性退休”（staged retirement）是指人们过了65岁仍要继续工作。虽然他们休息的时间减少了，但他们有了更强的经济保障（Kadlec，2002；McCartney，2005；Koskela，2008；Trumbull，2011）。

一些退休了的老人，包括那些投资价值缩水了的或面临着无法支付花费的人，正被迫回去工作。第398页“日常生活中的社会学”专栏将对此作更进一步的阐述。

多样化快照

一代人以前，在美国处于最高贫困风险的人群是老年人，而今天，则是儿童和青年人。

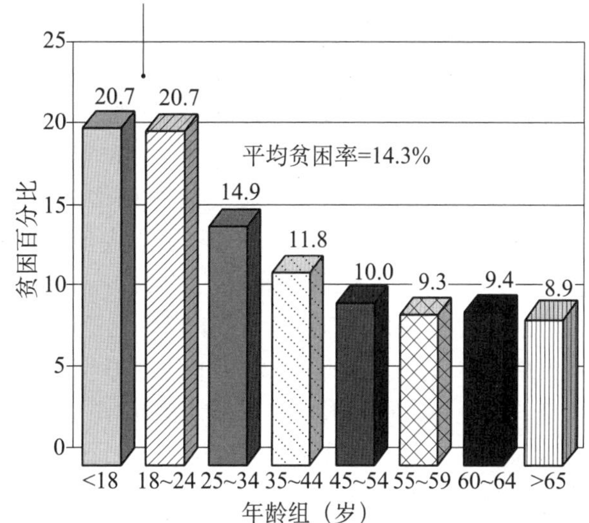

图15—2　2009年按年龄分组的美国贫困率

◎ 从几代前开始的一个戏剧性的转变是，美国贫困率最高的人群不是老年人而是25岁以下的青年人。尽管无数老年人很贫困，但老年人的贫困率处在国家平均水平之下。

资料来源：U.S. Census Bureau (2010).

老龄化和贫困

当人们达到65岁时，绝大多数人已经还清了他们家庭的债务和孩子上大学的花费。但是医疗照顾、家务帮助以及家庭设施（如暖气）等方面的花费都在明显上升。同时，退休常常意味着收入的巨大下降。

即便如此，近几十年来，老年人比过去也有
356 了更多的财富（他们的净资产中位数在2007年达到了23.7万美元）。然而，这些数值绝大多数都与他们的房产紧密相关，而在近几年这一数值也在逐渐下降。同时，房产价值并不为日常开销提供收入。经济衰退同样也伤害了许多老年人，随着投资收入的下降，雇主们削减了退休金及福利。如今的现实是，对于绝大多数超过65岁的老人来说，收入的最大来源是政府的社会保险。即便如此，今天的老年人贫困率还是处于国家平均水平之下，如图15—2所示。

回顾过去，我们可以看到一个戏剧性的变化：老人中的贫困率从1960年的35%迅速下降到2009年的8.9%——低于总人口贫困率（为14.3%）。自1980年左右以来，老年人的平均年收入增长了44%（连续收入），几乎10倍于25岁至34岁之间的人，这类人年收入增长为4.7%（U.S.Census Bureau，2010）。

一些因素促成了老年人经济实力的增强。更好的健康状况允许那些想工作的人仍旧留在劳动力市场，今天更多的夫妇也因此拥有两份收入。政府政策也起到一定作用；财政计划使老年人受益（包括社会保险），这些将近占到政府开支的一半，甚至和政府为孩子们所做的开支持平。即便如此，由于近期的经济衰退，一些人已经失去了一些他们所指望的养老金收入，正如越来越多的企业减少或取消了退休福利，工人们以及退休人员获得更少的资金来投资他们的未来。

正如我们在前面章节中看到的那样，一些人种面临着特殊的挑战。与种族和民族联系在一起的不利因素固化于老年人身上。2009 年，西班牙裔老人（18.3%）和非裔美国老人（25.8%）的贫困率比非西班牙裔白人（9.4%）的贫困率高出两到三倍（U.S.Census Bureau，2010）。

性别也决定了老年人的生活。在全职工人中，65 岁以上女性在 2009 年的中等收入是 36 583 美元，同龄男性为 47 555 美元。一个快速的计算表明，那些全职女性劳动人口的收入仅是同期男性的 77%。回顾第 13 章（“性别分层”），我们可以看到，所有在职女性的收入只是在职男性收入的 77%。因此与性别联系在一起的
357 收入差距，存在于各个年龄层次的人们中间，同样也继续存在于老年人中。但是因为绝大多数老年人已经从劳动力市场退休，所以更现实的财政规划必须考虑到所有老年人。当我们将那些工作的和不工作的人都算在内时，个人收入的中位数更低：女性是 17 379 美元，只是男性 27 937 美元的 62%（U.S. Census Bureau，2010）。根据这些低水平的平均收入，就不难理解为什么老年人（尤其是那些不太可能获得退休金或是除了社会保险以外的收入的女性）关心不断上涨的健康照顾和处方药的花费（Fetto，2003a；Institute for Women’s Policy Research，2007）。

在美国，今天的情况和几十年前相比没有发生太多变化，变老（特别是对于女性和少数族群的老年人而言）意味着贫困的风险也在增加。一项来自政府的研究表明，贫穷的老年人家庭一般要花去他们收入的 80% 用于房屋供给、食物、健康照顾以及其他必要的支出。这意味着他们只是勉强度日（Federal Interagency Forum，2011）。

最后老人贫困常常隐匿于人们的视野。由于个人的自尊和仍想保持独立的想法，许多老人隐瞒了他们的贫困问题，甚至对他们自己的家庭也这样。已经抚养孩子多年的人们发现，承认自己不再能养活自己是很困难的。

照护

在老龄化社会中，照护的需求注定会增加。**照护**（caregiving）指的是由家庭成员、其他亲戚或朋友为不能独立的老人提供的非正规的免费的照料。虽然父母也向孩子提供照护，但这个名词更多的用在老年男女身上。实际上，今天的中年人之所以被称为“三明治”，是因为他们许多人要像照护自己的小孩一样花费很多时间去照护老人。[1]

谁是照护者？

调查表明，80% 的老人照护是由其家庭成员提供的，并且在绝大多数案例中是由其中一人所提供。绝大多数照护者（caregiver）和老人住得很近，许多人住在一所房子里。此外，所有的照护，75% 是由女性提供的。她们绝大多数身份往往是女儿，再就是妻子。

大约 2/3 的照护者是已婚者，1/3 的照护者也有小孩需要照顾。此外，这些照护者中的一半人还有着兼职或全职工作。显而易见，这些照护对绝大多数人而言，是在已经有了一整天工作安排之外的任务。主要照护者中有 80% 的人一周要花 20 多个小时的时间去照护老人（U.S. Administration on Aging，2011）。

虐待老人

虐待老人有多种形式，从消极疏忽到主动折磨，包括口头上、情感上、经济上、身体上的伤害。每年大约有 100 万老人（老年人的 3%）遭受到严重的虐待，有比这多两倍的人在一定程度上受到虐待（大约为老年人的 10%）。像其他形式的家庭暴力一样，虐待老人的事件通常没有报道出来，因为这些老年受害者不愿意讲述他们自身所面临的种种困境（Holmstrom，1994；M.Thompson，1997，1998；National Center on Elder Abuse，2005）。

很多照护者要应对疲劳、痛苦情绪和不能

① 关于照护的讨论基于 Lund (1993)，以及与 Dale Lund 的个人交流。

付出更多照顾的内疚之情。虐待往往在如下情况的时候出现：（1）全职工作；（2）照顾小孩；（3）贫穷；（4）对老人没有很深的感情；（5）发现老人很困难；（6）没有其他人的支持和帮助。

不过虐待老人的比例相对较小，这不会掩盖掉家庭照护的积极作用。帮助他人是人类慈善的一种无私表现，这是我们最好的宣言，也为我们提供了个人致富的源泉和幸福（Lund，1993）。

年龄歧视

在前面几章，我们已经解释了意识形态（包括种族歧视和性别歧视）怎样使对少数族群的歧视合理化，同样，社会学家用**年龄歧视**（ageism）来指对老人的偏见和歧视。尽管中年人也会同样受到年龄歧视，但稍上年纪的老人是年龄歧视的主要受害对象。例如，年龄歧视包括公司对年老的合格应聘者视而不见，对年轻合格应聘者偏爱有加，或者公司首先解雇年老的工人。

像种族歧视和性别歧视一样，年龄歧视可能是公开的（如由于年龄因素，公司决定不再聘用一个60岁的求职者）或者隐约难辨的（比如年轻的护士使用有优越感的语气与老年病人交流，
358 把他们当作儿童）。与种族歧视和性别歧视一样，年龄歧视也建立了身体特征的刻板印象。比如对于老年人，一些人会想到以花白的头发、皱纹、弯腰驼背为特征的老弱无力。否定的刻板印象将老人描绘成无助、迷惑，不能应付变化以及常常不快乐的形象。即使有关于年纪稍大的甜美妇女或古怪绅士的“积极”形象，那也是掩盖了个性特征，忽略了他们多年经验和成就的刻板印象（Butler，1975；E.Cohen，2001）。

有时年龄歧视也能够反映出一些社会事实。统计表明，老人更可能比年轻人在精神和身体上受到损害。当我们对不同类别的人所受不公平做一个概括后，还是陷入到年龄歧视中去。

贝蒂·弗里丹（Betty Friedan，1993）——当代的一位女权运动先锋，相信老年人歧视根深于我们的文化。弗里丹指出，很少有老人出现在大众媒体中；仅有很少比例的电视节目上演60岁以上主要人物的特写。更普遍地，当我们的绝大多数想到老年人时，经常用的是否定的词汇：这个老人没有工作，那个老年妇女失去了她们的活力，老人们只会回顾过去。简而言之，弗里丹说道，我们将衰老视同疾病，它被标记为不断衰弱和退化，无药可救。

◎ 在美国，商家普遍地为65岁以上（有时甚至是为55岁）的人提供老年人折扣。这一举动的理由是什么？你是否更赞同向那些有孩子的单身父母——更容易陷入贫困的群体提供折扣优惠。

即使如此，弗里丹认为，美国的老年男性和女性都觉得他们付出的比其他人给予他们的更多。建议一些小商业主——正在为穷人设计住所、教育小孩读书的人——这儿有数不尽的办法，能让老年人在帮助其他人的同时也改善他们自己的生活。

老年人是少数族群吗?

在美国的老年人面对着社会不利因素。这意味着老年人像黑人和妇女一样，是少数族群吗?

老年人的出现符合少数族群的定义，因为他们有着基于年龄上的明确社会地位，而且他们遭受着歧视和不平等待遇。但是戈登·斯特赖伯（Gordon Streib，1968）认为我们不应该将老年人视为少数族群。首先少数族群身份一般都是永久的和排他的。例如，一个人如果是黑人或者妇女，那么他就不可能成为社会主体——白人和男

人的一部分。但是变老是一个开放的状态，因为老年是人们生命中的一部分，而且每个能幸运地活足够长的人都会变老。

其次，老人非常容易变得贫困，或者因其他不利因素陷入这样一些族群——妇女、非裔美国人、西班牙裔美国人——这些人整个一生中都处在落入贫困的高风险中。正如斯特赖伯所理解的那样，与其说老年人陷入贫困不如说贫困者变老。

如果像前面所说那样，老年人并不像其他种类的人是一种少数族群。或许这样说更好，老年人是我们人口的一部分，他们面临着基于年龄的特别挑战。

老龄化的理论分析

◇ 应用

我们现在应用社会学的理论视角去探究社会怎样塑造老年人生活。下面从结构—功能、符号互动和社会冲突视角依次加以考虑。

结构—功能理论：老龄化和脱离

引用塔尔科特·帕森斯（Talcott Parsons，结构—功能理论的集大成者）的观点，伊莱恩·卡明和威廉·亨利（Elaine Cumming & William Henry，1961）解释道，随着老龄化而出现的身体衰弱和死亡会使社会陷入混乱。为此，社会脱离老年人，逐渐将以往由老人担负的社会角色和地位转移给年轻人，以使得在完成社会使命中尽可能少地出现中断。**脱离理论**（disengagement theory）的观点是，社会功能有条不紊的实现在于让上年纪的人们从责任位置上脱离出来。

脱离让老年人在他们不再能从事生产劳动时从生产性的角色中出来，确保了社会的有序运行。在快速变迁的社会中，脱离的另一个好处就是给年轻的劳动者腾出空间。他们是接受过最先进的训练并掌握着最新的技能的代表。脱离同样也为老年人提供了利益。虽然美国绝大多数60多岁的人希望继续工作，但大部分老年人都开始考虑退休，或尽可能削减自己的工作负荷。当然，人们真的开始从他们的职业脱离出来，还取决于他们的健康状况、对工作的喜爱和经济情况。

退休并不意味着懈怠。一些人开始新的职业或者不同的工作，而另外一些人则追求爱好或者投身于志愿者工作。一般而言，人们到了60岁时开始很少考虑他们做了些什么，更多的是考虑他们在有生之年想干些什么（Palmore，1979；Schulz & Heckhausen，1996）。

脱离理论 社会功能有条不紊的实现在于让上年纪的人们从责任位置上脱离出来。

活动理论 高水平的活动会增加老年人对自身的满意度。

◇ 评价

脱离理论解释了为什么快速变化的高收入社会趋向于将最老的成员定义为社会边缘人群，但是这一理论仍存在一些局限。

第一，特别在近些年，很多人发现他们由于需要收入而不能脱离有偿工作。第二，一些老年人——不管富裕或贫困，就是不愿脱离开他们喜爱的工作。脱离意味着失去朋友和社会权利。第三，“脱离”所带来的社会收益是否会超过其社会支出并不明确。这些支出包括人力资源流失，以及需要照顾那些本来或许可以自己 359

◎ 脱离理论认为，社会有条不紊地使上了年纪的人们从责任位置上脱离出来。而活动理论则相反，认为，就像处于任何阶段的人一样，老年人会发现生活依然保有一定的活动水平。因此，许多年老者会物色到新的工作、爱好和社会活动。

▲检查你的学习 详细阐述脱离理论的基本观点。说说脱离理论如何对老年个体有益？该理论又如何对社会有益？

养活自己的人。在老龄人口的膨胀期，探索一条帮助老年人保持自立的方法不失为上策。第四，任何僵化的脱离制度都没有考虑到老年人中广泛存在的能力差异。这些弊端促使我们走向符号互动视角。

符号互动理论：老龄化和活动

利用符号互动视角，**活动理论**（activity theory）认为高水平的活动会增加老年人对自身的满意度。因为每个人的社会身份都建立在多重角色的基础上，脱离注定会淡化生活的涵义，减少老年人对生活的满意度。老年人所需要的不是被脱离出角色，而是拥有一些生产性的或消遣性的角色选择。拥有选择的重要性对于那些现在已经 65 岁的人尤为重要，他们希望能再活 20 多年（Smart，2001；M.W.Walsh，2001）。

活动理论并不是否定隔离理论，只是认为人们需要寻找新的角色去代替以前所脱离的角色。研究表明，维持着高活动水平的老人从他们生活中得到了最多的满足。

活动理论也认为老年人是富有差异的，有着高度变化的兴趣、需要和体能。因此，人们选择的活动和他们追求活动的方法总是因人而异（Neugarten，1977；More，Dempster-McClain & Williams，1992）。

◇ 评价

活动理论转变了分析焦点，从分析社会需要（如谈到的脱离理论）转到老人自己的需要。它强调老人的社会差异性，强调政府政策的可供选择性很重要。

这种理论的局限在于其假设老年人都是健康和富有竞争力的。而事实可能确实如此，也可能并非如此。这种理论的另一个缺陷在于它忽略了很多老人面对的问题——诸如贫困——往往是社会更能够去应对，而非他们自己。我们现在转向另一理论观点：社会冲突理论。

社会冲突理论：老龄化和不平等

社会冲突分析是基于这样的观点：不同年龄阶段的人获得的机会和社会资源是不同的。因此，年龄是社会分层的维度之一。在美国，中年人享受着巨大的权力、绝大多数的机会和权利，而老人和 25 岁以下的人处在贫穷的高风险中。雇主用年轻人替代老年工作者，目的是为了保持低水平的工资，而不一定就是歧视老人。然而，依据目前的法院法规，如果这样的政策对老人产生了特殊的伤害，则被视同歧视。

社会冲突视角认为，我们的工业化经济造就了一个年龄等级制度。和马克思的想法一样，史蒂文·斯皮策（Steven Spitzer，1980）指出，利益导向的社会贬低任何缺乏生产力的人群。在这种层面上，如果老年人不工作，我们的社会就会给他们贴上轻度不正常人（mildly deviant）的标签。

社会冲突分析也注意到不同维度的社会不平等存在于老年人口中。阶级、种族、民族和性别的不同，像区分每个人一样区分了老年人。也正因为如此，一些老人年老时，有着远远好于他人的经济保障和医疗护理的机会，以及更多方面的个人满足感。同样，老年白人特别地拥有一些权利，而这些权利却将少数老人群体拒之门外。此外，妇女——一个随着人们年龄增长出现的多数群体，面对性别和年龄歧视，遭受着经济和社会的双重不利因素。

◇ 评价

社会冲突视角通过强调年龄基础上的不平等，和揭示资本主义是如何贬低生产力低下的老人的价值，强化我们对老化过程的理解。但是批
评者认为真正的罪犯是工业化。他们指出，事实 360
上老年人并没有在马克思分析指出的社会制度下变得富裕。此外他们认为，不管是工业化还是资本主义会使老人遭遇困境的观点，都受到了美国老人的收入和福利长期增长等事实的挑战。第 404 页“应用理论”表格总结了我们从不同理论视角中学到的知识。

死亡和临终

◇ 分析

世间万物都有其恰当的季节，

▲检查你的学习
解释一下活动理论有关老龄化的观点。这一理论如何挑战脱离理论？

▲检查你的学习
对于资本主义社会中的老龄化问题，马克思理论教会了我们什么？

应用理论

老龄化和老年人

	结构—功能视角	符号互动视角	社会冲突视角
分析的层次是什么?	宏观层次	微观层次	宏观层次
我们如何理解变老?	人们变老以及最终死亡的事实会扰乱社会的运转。因此，当人们到达老年时，社会将老人从重要的任务及其他责任中脱离出来。	对于老年人来说，就像其他人一样，变得活跃有助于健康及幸福。因此，老年人努力维持一种高水平的活动，用新的角色来替代他们丢弃的角色。	老年化是社会分层的一个维度。通常来说，中年人拥有最多的财富及权利。穷人、女人及其他少数人，当他们变老时将面临最大的不利。

做任何事也有其恰当时机。

生有时，死有时……

《圣经》中的这些著名格言阐明了两个关于人类存在的基本事实：出生和不可避免的死亡。正如生命在整个历史上和世界范围内是变化的，死亡也有很多面孔。我们可以通过概览死亡（老化过程的最后阶段）变动的特性结束本章。

历史上的死亡模式

过去，死亡在生活中很常见。很多小孩在出生后就夭折，这种状况使得很多家长直到孩子一岁或两岁时才给孩子取名。而对于那些幸运地活下来的孩子，疾病、事故和自然灾害也会让生命变得不确定。

有时食物短缺迫使社会通过牺牲生产能力最差的成员去保护多数人。溺婴（infanticide）就是杀死新生儿，弃老（geronticide）则是杀死老人。

因为死亡是普遍的，所以它容易被接受。中世纪基督教徒确信死亡符合神让人类存在的部署。以下是历史学家菲利普·阿里耶斯（Philippe Ariès）对兰斯洛特（Sir Lancelot，亚瑟王的圆桌骑士之一）的描述，当他认为自己被致命地击伤时就随时准备去死。

他的姿势符合古老的习俗，这是快死的人必须做的仪式型姿势。他挪开了他的武器，安静地躺在地上……伸出胳膊在身前形成交叉……这样他的头朝向东边耶路撒冷。（1974：7-8）

随着社会对死亡和药物逐渐认识的更多，死亡在日常经验中变得少了。小孩生后即死的比率更小，事故和疾病发生在成年人身上的概率也更小。这样，今天绝大多数生活在高收入社会的人，将死亡视作非同寻常的事情，只会发生在特别年老的人身上，或者发生在那些罕见悲剧情况中的年轻一点的人身上。回到 1900 年，美国所有死亡者中约有 1/3 不足 5 岁，2/3 不到 55 岁。今天，相比而言，人口中的 84% 是在 55 岁之后死的。死亡和老龄与我们的文化紧密关联。

生与死的现代分离

现在死亡淡出人们的日常经验，看起来多少不像自然现象了。社会条件让我们的祖先接受死亡，而当今社会的年轻文化和进步的医药技术提供了一个青春永驻的期望。死亡已经逐渐从生活中分离出来。

死亡在形式上（physically）也同日常活动相脱离。最鲜明的证据就是我们中的很多人没有看过一个人的死亡。我们的祖先一般是死在家中，朋友和家人都在场，但是今天绝大多数的死亡发生在非个人的环境中，诸如医院或者疗养院。医院里，生命垂危的病人占据了一部分房间，医院太平间则很好地避开了病人和来访者的视线（Aries，1974；Lee，2002）。

与伦理相关的话题：面对死亡

在一个科技能让人们的生命不断延续的社会里，关于人们何时和如何去世的道德问题变得尤为尖锐。举例而言，2005 年，围绕特丽·夏沃（Terri Schiavo）之死（她靠医疗手段维持了 15 年的生命）展开的全民大争论认为，这并非仅关

争鸣与辩论

死亡要求：荷兰的安乐死

马库斯·埃里奇拿起话筒给他的兄弟阿吉打电话。在一个安静的声音中，32岁的马库斯宣布，“星期五五点钟”。当这一刻到来时，阿吉正驱车赶往他兄弟的农庄，一个距阿姆斯特丹南部一小时车程的地方。他们作了最后的道别。稍后，马库斯的医生到了。马库斯和医生说了片刻话，然后医生准备了一杯含巴比妥酸盐和其他麻药的“鸡尾酒”。当马库斯喝这杯混合物时，他做了个鬼脸，开玩笑说：“你能使它更甜一点吗？”

随着时间过去，马库斯躺了下来闭着眼睛。但是在半小时后，他依旧还在呼吸。在那时，依据他们早期协议，这位医师给他打了致命一针。数分钟后，马库斯的生命结束了。

像这样的事件坚定了我们的信念，即每个人都有死亡的权利。马库斯死于能导致艾滋病的病毒。五年来，他的身体逐渐衰弱，而且没有丝毫恢复的希望，忍受着巨大的痛苦。他想让他的医生结束他的生命。

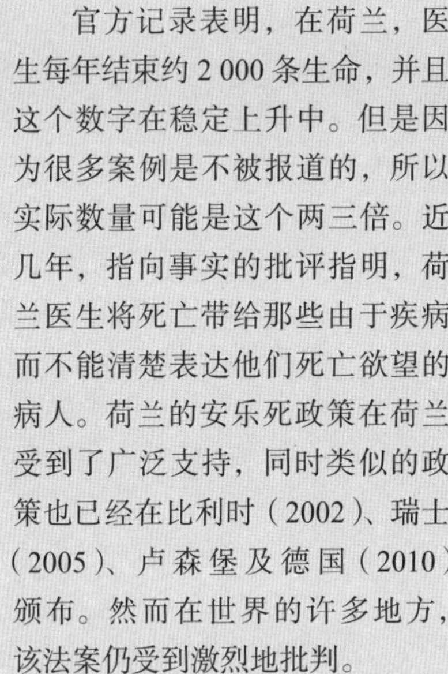

荷兰，欧洲西北部的一个小国家里，在允许安乐死方面走在了世界任何其他国家的前列。1981年的荷兰法案允许在下述五种情况下可以由医生帮助自杀：

1. 病人应是自愿、充分考虑过、并反复要求医生帮助死亡的。

2. 病人的痛苦必须是不能忍受并且没有好转的希望。

3. 医生和病人必须讨论其他可供选择的办法。

4. 医生必须至少咨询一位接诊过该病人的同事并且有病人的医疗记录。

5. 帮助自杀必须依据合理的医学实践来完成。

官方记录表明，在荷兰，医生每年结束约2 000条生命，并且这个数字在稳定上升中。但是因为很多案例是不被报道的，所以实际数量可能是这个两三倍。近几年，指向事实的批评指明，荷兰医生将死亡带给那些由于疾病而不能清楚表达他们死亡欲望的病人。荷兰的安乐死政策在荷兰受到了广泛支持，同时类似的政策也已经在比利时（2002）、瑞士（2005）、卢森堡及德国（2010）颁布。然而在世界的许多地方，该法案仍受到激烈地批判。

你怎么想?

1. 在你看来，荷兰法律允许医生帮助自杀有哪些好处?
2. 这样的法律有哪些不利方面或危险?
3. 如果一个人病到无法表达他想或者不想死亡的欲望，那么该怎么办? 在这种情况下安乐死应该被允许吗? 如果被允许的话，应在何时执行? 为什么?

资料来源：Della Cava (1997), Mauro (1997), and B.Barr (2004).

乎一个女性的命运。很多人觉得我们需要更好地理解什么是“死亡的权利”。

死亡何时发生?

或许最基本的问题是最大的困难：我们如何确切地定义死亡? 一般意义上当呼吸和心跳停止
361 时表明生命终止。但是，医务人员能将人从心脏病里救活并且保持人工呼吸，这一能力让“死”变得毫无意义。在美国，医学家和法学家就死亡问题一直争论不休，但现在很多人认为，死亡是一种不可逆转的状态，对于刺激，没有移动或呼吸，没有反应，没有任何大脑活动迹象（Wall，1980；D. G. Jones，1998）。

关于死亡权利的争论

在一次心脏病发作停止了脑供血后，特丽·夏沃在没有任何知觉、在对环境毫无反应的状况下活了15年。当喂食她的饲管被挪走时，围绕这个案例的争论也停止了。这一事实说明，相对于不惜任何代价地保持活命，更少人恐惧死亡。换句话说，能维持生命的医疗技术通过医生或者其他人，而不是濒临死亡的人，来决定何时结束生命的方式，威胁着个人的自由。由此，如同人们寻求掌控自己生命的方法一样，现在支持死亡运动的人同样在探索控制死亡的方法（Ogden，2001）。

在深入的讨论之后，病人、家庭和医生可能决定不会采用“英雄式的办法”使一个人继续活着。医生和家庭成员可能会决定签订一个“无法复苏”协议，这将允许停止呼吸的病人死去。“生的意愿”——一些被描述为在特殊情况下视个人需求决定是否实施医疗程序——正在被广泛使用。

一个更艰难的讨论则包括了安乐死（即无痛苦致死术）——帮助那些不能忍受疾病痛苦的垂死之人结束生命。**安乐死**（euthanasia，从希腊语而来，意思是“完美的结局”）引发了伦理上的困境，因为这不仅意味着放弃治疗，更是主动采取措施去结束生命。一些人视安乐死为一种仁慈的行为，而另一些人认为这是一种谋杀方式。

患了不治之症的人可以选择不接受可能拖延他们生命的治疗，但是医生是否可以被允许帮助死亡是争论的实质。人们有对于死亡的选择吗？1997年，俄勒冈州投票者们通过了有权利主动死亡的法案。虽然这项法案自此后已经多次受到挑战，但是俄勒冈州的医生还是可以合法地帮助病人结束生命。从1997年开始，俄勒冈州的医生已经合法帮助525名病人结束了生命（Oregon Public Health Division，2011）。然而，在1997年，美国联邦最高法院在瓦科诉奎尔案中宣布美国宪法认定没有死亡权利。这一决定阻止了那些想要像俄勒冈州一样立法的其他州。只有在邻近 362
的华盛顿，2008年投票者通过了允许医生协助自杀的公民投票（Leff，2008）。

◎ 不像医院那样试图挽救和延续生命，临终关怀运动只是试图给快死的人巨大的安慰，包括陪伴及家人的支持。

一些死亡权利运动的支持者举出荷兰的例子。在世界范围内该国法律对安乐死有着最大的宽容。荷兰制度是如何运行的呢？第405页“争鸣与辩论”专栏中有更为详细的阐述。

美国应该对安乐死的态度保持不变，还是跟随领头的荷兰？死亡权利倡导者主张一个饱受极度痛苦的人可以选择生或死。如果死亡可以选择，医疗援助就能帮助人们获得“愉快的死亡”。调查表明，2/3的美国成年人赞同病人可在医生的帮助下选择死亡（NORC，2011：416）。

另一方面，反对者们担心允许医生帮助自杀的法律会招致滥用。就荷兰而言，批评者引用调查结果指出，在绝大多数情况下，医生帮助自杀的五项条件并没有都满足。具体而言，多数医生在帮助安乐死时，并没有咨询其他医生，或者向权威人士汇报。更令人担忧的是在大约1/5的医生帮助自杀案例中，患者从未明确请求过死亡的事实，虽然有一半的病人有意识，并且能够为自己作出决定（Gillo，1999）。这样的事实让反对者认为，医生帮助自杀的合法化使得一个民族在不明不白中陷入越来越多的安乐死。他们问道：我们如何能确定病人们不是被迫接受死亡，而这只是因为医生把自杀作为一劳永逸的良方，或只是因为家庭成员疲于照顾病人，抑或是想避免高额的治疗费用？

事实表明，美国无需确认此种担忧。在俄勒冈州，每年医生帮助自杀的数量始终很低——大约每年65例。不过，无论死亡的权利这一争论最终会如何，当这一争论结束的时候，我们已经进入了一个新时期。现在，个人、家庭成员和医疗人员必须面对死亡不再作为医学事件，而是作为一个谈判协商的结果。

丧亲

伊丽莎白·库布勒－罗斯（Elisabeth Kübler-Ross，1969）发现，在人生的舞台上，绝大多数人常常面对的是他们自己的死亡（参见第 5 章“社会化”）。最初，个人往往是否定的反应，接着是愤怒，然后他们试着协商，希望得到神的救助，逐渐地他们放弃，直到最后接受。

一些研究人员的发现表明，丧亲都经历了这一过程。例如，那些即将去世的人，最初往往不愿面对即将死亡的事实，然后随着时间的推移，慢慢达到一个接受的程度。然而其他的研究者质疑这些线形的“阶段理论”（stage theory），认为丧亲是一种个人的和不可预料的过程，并且认为由库布勒－罗斯界定的“阶段”经常不适用（Lund，Caserta & Dimond，1986；Lund，1989；Cutcliffe，1998，Konigsberg，2011）。不过专家们同意这样的看法，即家人和朋友如何看待迫近的死亡会影响一个快要死去的人。通过接受死亡临近的事实，其他人可以帮助快要死去的人面对现实；否认死亡会让快死去的人孤独，不能和其他人分享其感受和经验。

很多临终的人在“临终病人院运动”(hospice movement）中寻找到支持。临终病人院并不像医院一样被设计成治疗疾病的地方，而是意在帮助人们获得一个很好的死亡。临终病人院尝试将痛苦和折磨最小化——不论是在这种护理中心还是在临终病人的家中，并鼓励他们的家人一起陪伴他们。绝大多数临终病人院同样为正经受亲人去世的家庭成员提供社会支持 (Foliart & Clausen，2001)。

在最好的环境中，亲人去世常常意味着深深的悲伤。研究表明，对那些能够接受所爱之人亡故，并能为亲属关系圆满画上句号的人而言，亲人去世对情感的冲击并不很强烈。这样的结局也会让家人和朋友更坦然地面对其他死亡的出现。

在死亡不期而至时，人们很难终止自己与亲人的情感。特别是在这样一些情况中，社会迷失（social disorientation）可能很深，而且可能持续好几年。一项对刚经受丈夫亡故的中年妇女的调查表明，她们中很多人都觉得失去的不仅仅是配偶，还有生活的理由。因此，成功地应对亲人去世，需要时间和必要的社会支持，以便形成新的自我感觉，找到新的生活方向（Atchley，1983；Danforth & Glass，2001）。随着美国老年人的快速增长，对死亡和临终的理解正显得更为重要。

老龄化：展望

◇ 评价

这一章探讨了美国和其他高收入国家的“银色浪潮”。到 2050 年，美国的老年人口将超过 1900 年的美国人口总数。此外，1/4 的未来老人将活到 85 岁以上。未来的几十年中，社会最老的群体将在日常生活中获得更多的发言权。年轻人将发现和老年学联系的职业——老年人口研究——其重要性肯定会有所增长。

随着更多的老人活得越来越长，我们的社会需要向他们提供社会支持吗？由于老年人口的需求增加，比例相对更小的年轻人就得应对这些问题。在一个老龄化的社会里，不断增加的医疗费用又会怎样呢？随着婴儿潮一代人进入老年阶段，一些分析家描绘了美国的世界末日画面：到处是 363 绝望的和快死的老人（Longion，1994）。为健康照顾的需求发表演说——老人及年轻人——是奥巴马政府面临的一项重要任务。

不过也有好的方面。首先，未来老人（即今天的中年人）的健康状况会更好：抽烟的人逐渐减少，更多的人饮食越发健康。这样的趋势表明，老人可能会变得更富有活力、更加独立。未来的老人还将享受到日趋先进的医疗技术，不过就像第 408 页“焦点中的社会学”专栏所说的，老年人能获取多少国家医疗资源正处于热烈的讨论中。

另一个积极因素是，针对老人的财政支出有所增加。2000 年之后的经济衰退，到了 2008 年得到强化，财政紧张，许多老年人失去收入、退

焦点中的社会学

局限性：针对老年问题我们必须未雨绸缪吗?

西莫内：我现在已经快60岁了，当我85岁的时候，我想要最好的医疗照顾。为什么我不能得到呢?

胡安：我来告诉你为什么——因为当如此多的孩子处于危险境地的时候，我们的社会已经无法花费越来越多的钱用在延长老年人的生命上。

塞尔吉奥：我猜想这个问题的答案是建立在你是年轻还是年老的基础上。

随着美国老年人口的急速增长，随着新技术给了我们更多延长寿命的能力，以及医疗护理费用的日趋昂贵，许多人想知道我们究竟能够担负起多少老人的生活。现在，每个人平均在临终前最后一年的医药花费占到了他整个一生中医药花费的一半，并且这一比例正不断上升。对于因延长生命而不断增加的费用，我们最好反思一下，医学上的可能是不是道德上的必需。老年学家丹尼尔·卡拉汉（Daniel Callahan, 1987）警告道，在未来的几十年里，老年人口的寿命必然会延长，这使得我们最终要么阻止人们年老时活得太久，要么每个人都准备受穷。

他承认，这件事说起来有点冷酷和不近人情，但是2009年老年人的健康开销已经达到4 200亿美元，是1990年的4倍多。这项费用的巨额增长，反映了越来越多的医疗资源被用以研究和治疗老人们的疾病和失能（disabilities）。

因此他就这一事情的问题所在阐述了如下观点。第一，我们给老人提供的支持越多，为其他人提供的支持就越少。随着儿童贫穷问题的增加，我们能否担负起在老人身上越来越多的花费?

第二，更长的寿命并不必然意味着更好的生活。如果不考虑花费，心脏手术能使84岁的老太太多活一两年，但这是不是提高她生活质量的必需呢？还是只是延长她生命的衰退？如果考虑到花费，这些钱用于为10岁小孩进行肾脏移植，或给成千上万的低收入人群基本医疗保障，会不会带来更多的“生活质量”？

第三，我们需要重新思考对待死亡的态度，它是不是我们需要不惜一切代价去征服的敌人。卡拉汉认为，对于一个老龄化的社会，更现实的观点是把死亡作为人生的自然终结。如果我们不能同死亡和谐共处，在一个资源有限的社会里，我们就要考虑到其他人利益。

但是不是所有的人都同意他这样的观点。难道那些辛苦工作一辈子为我们创造了这个社会的人，不应该在生命的最后时间里享受生活吗？反对向能负担并愿意付费的老人施行医疗照顾的观点正确吗?

现在，我们面对的问题是50年前的人难以想象的：高度的长寿是否对每个人都是好事？是否对每个人都有可能?

◎ 年龄超过65岁的老年人比重正在上升。另外，老年人十分愿意参与投票，这一现象会使你对解决老年人健康照顾的政府政策做出何种预期?

加入博客讨论吧!

你认为医生以及其他医疗人员的目标应该是不惜任何代价延续生命吗？社会应该如何平衡那些高收入的老人和低收入或没钱的老人对于医疗的需要？欢迎登录MySocLab，加入“焦点中的社会学”博客，分享你的观点和经历，并看看别人是怎么想的。

资料来源：Callahan (1987，2009), and U.S. Census Bureau (2010).

休福利及家中的平等地位。但是对于大多数成年人来说长期趋势可能将保持相对光明，未来的老年人——在婴儿潮出生的人——将比之前的老人更富裕。为什么？一个重要的事实是，在婴儿潮出生的人是那些毕生处于劳动力市场的妇女的后代，成为美国第一代老人。因此，他们的实际储蓄和养老金可能更为可观。

然而，同时，照料年迈父母的责任将爬上成年子女的肩头。随着生育率下降、老年人口的增长，中年人将要去履行日趋增长的照料老人的任务。

我们绝大多数人需要更多地去了解如何照料年迈的父母，这绝不仅仅是如何满足他们的物质需要。更重要的包括交流，爱的表达，勇敢地面对最终的死亡。照顾我们的父母也是给我们的孩子上了重要的一课，他们终有一天也要学会怎么照顾我们。

日常生活中的社会学

第15章　老龄化和老年人

老年人是如何改变今日社会的？

对于婴儿潮一代（生于1945年至1964年的男性和女性）已经说了很多，他们是发生在1960至1970年间社会变化的背后动力。公民权利、妇女权利以及同性恋者权利仅仅反映了一些社会运动，是由他们开创的或继续着的社会运动。现在，当这一群人开始步入老年，他们正再一次重写着规则，而这一次是关于变老意味着什么。

提示

婴儿潮一代已经成为主要社会变化的责任人，同时当他们变老时他们已经重新定义了每一个生命阶段。作为老年人，他们似乎决意维持活跃的生活状态，超越传统时期退休的活跃程度。下列照片中的名人同样意味着老年人可以很性感，而为了年轻人把性公开化的那一代正在把性定义为变老的一部分。社会正义重视将婴儿潮一代定义为年轻人，同样也应定义为老年人。最重要的是，他们似乎决意让他们的政治呼声能被听到。

50年前，米克·贾格尔（Mick Jagger）和基思·理查德（Keith Richard）创立了滚石并在他们近70岁时仍在经营。这些流行文化的巨星们对于老年人会说什么？

一个名叫保罗·麦卡特尼（Paul McCartney）的年轻人曾写了一首歌《当我64岁时》，或许他从未设想过他至今仍在写音乐和表演——到2012年，他将达到70岁。他是以什么样的方式作为老年人的榜样的？

2009，朱迪·柯林斯（Judy Collins）70岁，作为一名民歌歌手以及政治活动家继续着忙碌的事业。但当婴儿潮一代步入老年时，他们将如何重塑美国政治？

琼·贝兹（Joan Baez）同样是一名民歌歌手及政治活动家，已经活跃了超过半个世纪。这些女性已经支持了无数的社会运动，从反对使用矿山土地到抵制战争运动。你期望当你步入老年时，你们这一代会以何种方式重塑美国社会？

从你的日常生活中发现社会学

1. 从大众杂志上查看一个问题，比如《时代》、《新闻周刊》、或者《人物》，研究下新闻故事及广告图片中的男性和女性。这些分享的图片向老年人展示了什么？这些广告展示了老年人的哪些特征？
2. 获得一份生前遗嘱的复本（在网上搜索），尝试回答生前遗嘱上所有的问题。完成一份生前遗嘱的好处是什么？这么做有什么不好的地方吗？
3. 基于你在这一章中阅读到的内容，如何理解老龄化（正如生命中的全部过程一样）虽然在表面上仅仅是一种生物意义上的变化但却是社会建构的结果？登录mysoclab.com，阅读“从你的日常生活中发现社会学”专栏，了解更多关于社会是如何构建生活中的不同阶段吧，此外还可以理解老年社会带来的一些益处。

第15章 老龄化和老年人

美国的银发浪潮

“美国银发浪潮”意味着美国人口的平均年龄正在逐步上升。

- 在1900年，美国人口年龄中位数是23岁，老年人占人口总数的4%。
- 到2040年，美国人口年龄中位数将达到40岁，老年人将占到人口总数的20%。 p.348

在像美国这样的高收入国家，老年人口比重上升的原因有两个：

- 家庭选择拥有更少的孩子导致了出生率的下降。
- 生活水平的提高使得预期寿命增加，医疗技术的进步减少了传染病的死亡率。 pp.348-49

衰老：生物和文化的表征

生物和心理变化与老龄化密切相关。

- 尽管人们的健康会随着增长的年龄而变得脆弱，然而富有的老人相较于那些无法支付高品质医疗照顾的穷人来说遇到更少的健康问题。
- 心理学的研究表明，衰老并不导致人的智力完全丧失和个性的剧烈变化。 pp.350-52

尽管老龄化是生理过程，但社会如何界定老年人则是一个文化问题。

哪个年龄阶段的人被界定为老年人是不同的：

- 几个世纪以前，老龄阶段从30岁开始。
- 今天在那些预期寿命较低的贫穷国家，人们在50岁甚至是40岁时就变成老人。 p.352

年龄分层：全球概观

- 在狩猎和采集社会，生存都需要依靠体力的时代，特别年轻以及特别老的人对于社会的贡献都很小。
- 在农业社会，老年人是最具特权以及最受尊重的社会成员，老人统治的模式被人熟知。
- 在工业及后工业社会，社会变化的快节奏是由年轻一代统治，导致了老年人的社会地位很低下。 pp.352-54

老年学（p.350）：对老人和老龄化的研究。

年龄分层（p.352）：社会中不同年龄阶段的人在财富、权力和权利上的不平等分配。

老人统治（p.353）：一种社会组织形式，在这里老人有着最多的财富、权力和威望。

老龄化的转变和挑战

老年人面对的个人挑战包括：

- 对于生命即将结束的意识。
- 朋友或配偶的去世带来的社会孤独感、身体失能，或退休。
- 降低了的社会尊严，以及由于退休而失去生活目标。 pp.354-55

步入中年后一个人的贫困风险就会增加，尽管自1960年以来，老人中的贫困数已经下降，现在已经低于人口总体贫困水平。

- 贫困老人有多种群体——诸如单身妇女和有色人种——他们在任何阶段都是高风险贫困人群。
- 一些退休了的老人为了维持生计不得不重新回到工作岗位，这一现象是近年来经济衰退的结果。 pp.355-57

在我们老龄化社会中，对于照护的需求正在上升。

- 大多数对于老年人的照护是由家庭成员，尤其是妇女承担。
- 每年至少有100万的老年人成为老年虐待的受害者。 p.357

年龄歧视——对老人的偏见和歧视——常用来证明年龄分层。

- 正如种族歧视和性别歧视，年龄歧视使身体特征固化为刻板印象，对所有老年人造成了不公平的概括。 pp.357-58

照护（p.357）：由家庭成员、其他亲戚或朋友为不能独立的老人提供的非正规的免费照料。

年龄歧视（p.357）：对老人的偏见和歧视。

老龄化的理论分析

结构—功能视角指出了老年人在有秩序的社会中扮演的角色。

- 脱离理论指出，社会让老年人在失能或死亡发生前从社会责任中脱离出来。
- 这使得老年人改变了其社会地位以及和年轻一代的角色关系。

pp.358-59

符号互动视角聚焦于老年人变老的意义。

- 活动理论认为高水平的活动提高了人们年老时的个人满意度。
- 人们必须在老年时寻找到新角色来代替他们失去了的旧角色。

pp.359

社会冲突视角强调处于不同年龄阶段的人们所能获得的机会以及社会资源是不公平的。

- 资本主义社会强调的是经济效应，这将导致那些缺乏生产能力的人丧失其社会价值，老人也是如此。
- 一些老年群体——换句话说，也就是妇女和其他少数人——拥有比其他人更少的经济安全、医疗照顾的机会以及更少的个人满足感。

pp.359-60

脱离理论（p.358）：认为社会功能有条不紊的实现在于让上年纪的人们从责任位置上脱离出来的观点。

活动理论（p.359）：认为高水平的活动会增加老年人对自身的满意度的观点。

死亡和临终

历史的视角

- 在过去，死亡是每个人生命的一部分，作为一个可能发生在任何年龄的自然事件而被大家接受。
- 现代社会已将死亡从日常生活中脱离出来，医疗技术的进步导致了人们不能够或不愿意接受死亡。
- 这一对死亡的逃避同样反映了在高收入社会中，人们绝大多数都是很老的时候去世的。 p.360

与伦理相关的话题：面对死亡

- 一个垂死的人应该用医疗方法继续维持生命的这种情况，使得社会延长生命力量的事实引发了争论。
- 那些支持人们死亡权利的人在寻找对自身死亡过程的控制。
- 安乐死抛出了一个伦理困境，由于它不仅是拒绝治疗，更是积极采取方式来结束一个人的生命。 pp.360-62

丧亲

- 一些研究者相信丧亲的过程遵循了一个相同的阶段模式，正如一个垂死的人接受即将到来的死亡：否定、愤怒、协商、顺从、接受。
- 临终运动向垂死的人及他们的家人提供支持。 p.362

安乐死（p.361）：帮助那些不能忍受疾病痛苦的垂死之人结束生命，也就是所谓的无痛苦致死术。

CLOSING
Sale!

第16章 经济与工作

学习目标

◇ **记忆**

本章黑体关键名词的定义。

◇ **理解**

重塑人类社会的三次经济革命。

◇ **应用**

全球化视野看待世界各经济体系的差异。

◇ **分析**

美国经济体系正在发生的关键转型。

◇ **评价**

资本主义和社会主义的生产率、平等以及个人自由。

◇ **创造**

有益于你未来事业的关于经济趋势的新视角。

370 # 本章概览

本章开始我们将检视主要的社会制度。本章首先关注的是经济，其被普遍认为是在整体上对社会具有最大影响力的制度。本章考察经济的实际运行，并且解释经济生产的革命性变迁是如何重塑社会的。

关于美国经济的小测验（提示：六个问题的答案是相同的）：

- 哪家美国公司每周有超过1.37亿美国人光顾？
- 哪家美国公司出售超过61 000家公司生产的产品？
- 哪家美国公司平均每天开出1家新店或是改造1家店面？
- 哪家美国公司每年购入超过180亿美元的中国产品，使其成为中国第七大贸易伙伴？
- 哪家美国公司2009年为美国提供了22 000个新工作岗位（为其他国家提供了30 000个新工作岗位）？
- 哪家美国公司在近期的经济低迷中仍然不断扩大规模？

你应该已经猜到了，正确答案正是沃尔玛（Walmart），山姆·沃尔顿（Sam Walton）创办的全球平价连锁超市。1962年，山姆在阿肯色州开出了他的第一家店，2011年，沃尔玛的收入达到了4 190亿美元，收入来自美国的4 400多家本土店面以及从巴西到中国的4 456家境外店面。

但并非每个人都对沃尔玛的扩张感到高兴。美国已经有很多人组织了社会运动阻止沃尔玛进入他们当地的社区，他们害怕当地经济的损失，在某些情况下，他们也害怕当地文化的丧失。沃尔玛的反对者也声称这一销售巨头支付廉价的工资，拒绝加入工会，并且销售的大量产品都来自境外的血汗工厂（Saporito，2003；Walsh，2007；Walmart，2011）。

本章探讨的是经济，其被广泛认可为最有影响的社会制度（另一主要的社会制度将在下一章进行探讨）。沃尔玛扩张的故事表明，美国乃至整个世界的经济都是由一些巨型公司支配的。谁会从这些大型商业中获利？谁会从中受损？在这样的大型公司中工作会是怎样的？社会学家通过研究经济如何运行、工作的性质以及工作对于我们每个人的意义来回答上述问题。

经济：历史概观

◇ 理解

经济（economy）是组织社会产品和服务的生产、分配以及消费的社会制度。作为一种制度，经济无论是好是坏都以可预见的方式运行；产品包括了从必需品（食品、衣物、住所）到奢侈品（汽车、游泳池、游艇）的所有商品；服务则是指使他人受益的活动（如神父、医生、教师以及计算机软件专家的工作）。

我们赋予产品和服务价格因为它们保证我们的生存，或者使我们的生活更方便或是更有趣。同时，人们作为生产者或消费者也是社会认同建构的重要部分，比如我们会说“他是一个钢铁工人”或者“她开奔驰”。而产品和服务的分配，通过将更多资源给一部分人而将较少的资源给另一部分人，也型塑着每个人的生活。

现代高收入国家的经济是数百年社会变迁的

结果。现在我们就转向改造生产并且在同一过程中改变社会生活的三次技术革命。

农业革命

最早的人类社会是由并不靠土地为生的猎人和采集者形成。在这些技术落后的社会中，并不存在清晰的经济。应该说，生产和消费是家庭生活的一部分。

正如第 4 章（“社会”）已述，当人类在大约 5 000 年前以畜力耕作后，新的农业经济产生了。相对于狩猎和采集，其效率提高了 50 倍。因此带来的过剩意味着并非每个人都必须从事食物生产，于是很多人开始从事专门的工作：制造工
371 具、饲养动物以及建造住所。不久，城镇就开始出现，并通过从事食物、动物或其他商品交换的贸易者的网络联结起来。农业技术、职业分化、固定居住、贸易交换这四种因素，使得经济成为一种清晰的社会制度。

◎ 随着社会的工业化，从事农业劳动的劳动者比例越来越小。在美国，农业劳动大部分是由低收入国家的移民完成的。在西红柿丰收的季节，这些农业劳动者从墨西哥进入美国，忙碌在整个佛罗里达州。

工业革命

从 18 世纪中期开始，第二次技术革命最先在英格兰，而后在北美逐渐展开。工业发展带来的经济领域的变迁要比农业上升带来的更为有力。工业化在五个基础性的方面改变了经济：

1. *新能源*。历史上“能源”一度指人力或者畜力。但是 1765 年，英国发明家詹姆斯·瓦特（James Watt）发明了蒸汽机。比畜力强劲 100 倍，早期蒸汽机不久就被用于推动重型机器。

2. *工厂集中生产*。蒸汽动力机器不久就将工作从家庭转移到工厂——集中的、非人格化的、满是机器的工作场所。

3. *制造业与大众生产*。工业革命之前，大多数人种植或采集原材料（如谷物、树木或羊毛）。而在工业经济中，大多数人从事的工作转向了将原材料加工成各种各样的制成品（如加工食品、家具和衣物）。

4. *专业化*。数世纪前人们在自己家里制造产品，他们需要完成从开始到成品的所有工作。而在工厂中，工人一次又一次地重复同一项工作，其工作对成品的贡献却很小。

5. *雇佣劳动*。工厂雇佣劳动使工人为陌生人工作而不是为自己工作，而这些陌生人往往更关心工人操作的机器而不是工人。

随着无数的新产品和新服务刺激不断扩大的市场，工业革命逐渐提高着生活标准。然而，工业技术带来的收益并没有被公平地分享，尤其是在刚开始的时候。一些工厂主积聚了大量的财富，而大多数产业工人生活在贫困线。儿童也在工厂或是煤矿工作，每天只能得到几个便士。工厂里的妇女只能领取最低的工资条件，并且她们还忍受着特殊的问题，就像第 418 页的“多样性思考”专栏指出的那样。

多样性思考：种族、阶级和性别

马萨诸塞州洛威尔纺织厂中的妇女

1810年，几乎没有人关注到波士顿两大显赫家庭（卡波特和洛威尔，Cabots & Lowells）的祖先弗朗西斯·卡波特·洛威尔（Francis Cabot Lowell）从一艘来自英格兰的轮船上走下来。但是洛威尔随身携带的文件却将改变美国的经济进程。该文件正是基于英国的机器操作经验而要在美国建立第一个动力织机纺织工厂的计划（Eisler，1977；Wertheimer，1982）。

洛威尔将他的工厂建在马萨诸塞州梅里麦克河一个瀑布边上，以便利用水能驱动巨大的织机来织布。这个高效的工厂不久就将一个小农村变成了一个繁荣的工业城镇。在洛威尔死的时候，城镇以他的名字命名作为纪念。

从一开始，90%的纺织工人就是妇女。工厂主宁愿雇用妇女，因为只需要支付2或3美元一周，这只相当于男工工资的一半。尽管许多移民男子都愿以这样低的工资工作，但是通常偏见取消了“外国人”的所有工作机会。

驾着马车的招聘者穿越新英格兰的小镇，游说父母送他们的女儿到工厂。他们许诺，在工厂里，年轻的姑娘们会被严格地督导，她们将学会技能和纪律。提议吸引了大量几乎无力供养自己子女的父母。而独立的愿望肯定也使许多年轻姑娘动心。在当时，几乎没有职位公开雇用妇女，而那些需要妇女的职位——小学教师和家政服务——支付的甚至比工厂还要低。

在洛威尔纺织厂，年轻姑娘们住在集体宿舍，1/3的工资被用于支付房租和伙食。她们服从于宵禁，并且，作为受雇的前提，她们定期去做礼拜。任何品行上的疑点（如带男人去她们的房间）都将导致公司纪律的惩罚。

除了完成对父母的许诺之外，工厂主还有其他动机来实施这种严格的规则：他们知道严密监管的妇女不可能被组织起来。每天工作12或13个小时每周工作6天，使得洛威尔的雇员有足够的理由要求改善他们的工作状况；然而，任何对工厂的公开指责，甚至是拥有“激进的”文献都会导致解雇。

你怎么想？

1. 在早期的纺织工厂中，种族、民族和性别如何体现的？
2. 为什么女工受到如此严格的监管？你能思考一下今天的工作场所中相似的控制吗？
3. 比较洛威尔纺织厂和第12章开头所描述的孟加拉国的血汗工厂，它们有什么相同点？又有什么不同？

信息革命与后工业社会

大约从1950年开始，生产的性质又一次改变了。美国开创了**后工业经济**（postindustrial economy）：基于服务业和高科技的生产体系。自动化机器（后来是机器人技术）降低了劳动者在工厂生产中的作用，扩大了文员和经理队伍。后工业时代是以工业向服务业的转向为标志的。

引起这种变迁的是第三次技术突破：计算机。就像工业革命在两个半世纪前做的那样，信息革命引进了新的产品和新的通信手段，改变了工作的性质。总的来说，有三个重要变迁：

1. *从有形产品到理念*。工业时代以商品的生产为标志；而在后工业时代，人们与符号一起工作。电脑程序员、作家、金融分析家、广告经理、建筑师、编辑以及各种各样的咨询专家形成了信息时代的主要劳动力队伍。

2. *从机械技术到知识技能*。工业革命带来机

经济产业

第一产业 从自然环境中提取原材料的经济部门。

第二产业 将原材料转化为生产产品的经济部门。

第三产业 有关服务而非产品的经济部门。

械技术，但信息革命要求知识技能：优秀的说和写的能力，当然，还有计算机操作技术。能够更有效通信的人享受着新的机遇；而缺乏这些技能者只能面临更少的机会。

3. *从工厂到几乎一切地方。*工业技术将工人集中于靠近能源地的工厂，但是计算机技术使得人们能在几乎任何地方工作。便携式计算机、无线网络以及手机现在使得家里、汽车里甚至飞机上都能成为“虚拟办公室”。对于日常生活而言，这意味着新信息技术模糊着工作和生活的 372
界限。

全球快照

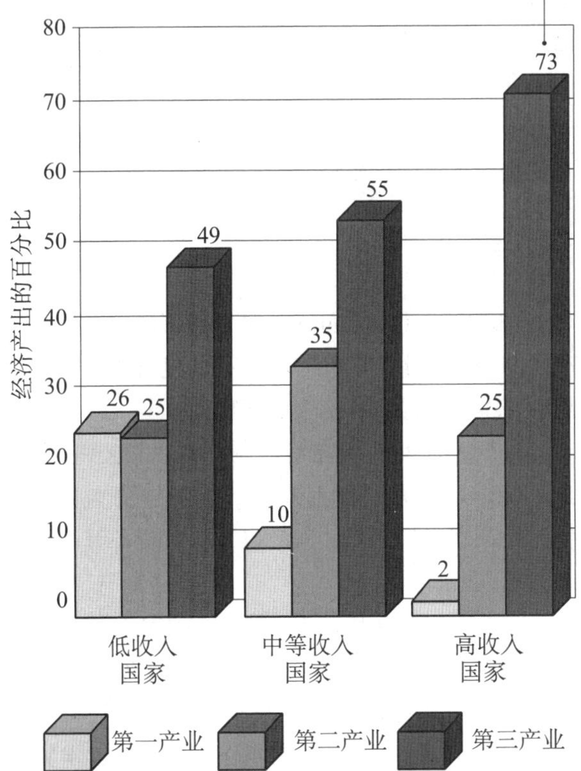

图 16—1 分国家收入水平的经济产业规模

◎ 随着国家收入的提高，第一产业比例变得越来越小而第三产业或者服务业比例变得越来越大。

资料来源: Estimates based on World Bank (2010).

经济产业

前面讨论的三次技术革命反映了三大社会经济产业之间的平衡转变。**第一产业**（primary sector）是从自然环境中提取原材料的经济部门。第一产业——农业、畜牧业、渔业、林业以及矿业——在低收入国家中比例最大。图 16—1 表明，低收入国家 26% 的经济产出来自第一产业，相比较而言，中等收入国家的该比例下降为 10%，高收入国家（如美国）该比例仅为 2%。

第二产业（secondary sector）是将原材料转化为生产产品的经济部门。该产业随社会的工业化增长迅速。它包括将原油变为汽油以及将金属变成工具和汽车的种种操作。工业全球化意味着几乎在世界上的所有国家，都有很大一部分的劳动者受雇于第二产业。图 16—1 表明，目前低收入国家和高收入国家在第二产业的经济产出比重是相等的。

第三产业（tertiary sector）是有关服务而非产品的经济部门。第三产业随着工业化的发展而发展，低收入国家 49% 的经济产出、中等收入国家 55% 的经济产出以及高收入国家 73% 的经济产出来自第三产业。在美国，大约 85% 的劳动力从事服务业，包括秘书、文员工作以及食品服务、销售、法律、卫生保健、执法、广告、教育等等。

全球经济 373

新信息技术促进了全世界人们的紧密联结，形成**全球经济**（global economy），即跨越了国界线的经济活动。全球经济的发展带来了五个主要影响。

第一，我们看到了劳动力的全球分配：全球不同地区是同一个经济活动的不同专业分工。数据表明，农业占据了全球最贫穷国家所有经济产出的大约一半，高收入国家（包括美国）的大多数经济产出在服务业。简言之，最贫穷的国家主要生产原材料，而最富裕的国家则专门提供各种各样的服务。

第二，越来越多的产品生产不止通过一个国家完成。就看一下你的早餐咖啡：咖啡豆可能是在哥伦比亚种植的，是用在利比里亚登记的、由日本的船厂利用韩国生产的钢材制造的货船，以委内瑞拉生产的油为燃料运送到新奥尔良市的。

第三，一国政府不再能控制本国国界内发生的经济活动。事实上，政府甚至不能调控本国的货币价格，因为美元、欧元、英镑、日元无时无刻不在纽约、伦敦和东京的金融市场进行着交易。

全球经济的第四个影响在于少数在全球运作的商业现在控制了全球大量的经济活动。最新的数据表明，1 750 家最大的跨国公司（销售额大约 30 万亿美元）占了全球经济产出的一半（DeCarlo，2010；World Bank，2010）。

第五也是最后，经济全球化使我们更关注工人的权利和机遇。全球化趋势的批评者宣称美国，尤其是美国的工厂，正在被低收入国家夺去工作。这意味着美国的工人面临更低的工资和更高的失业率，而国外的许多工人只能得到极端低廉的工资。因此批评者认为，资本主义的全球扩张威胁着全球工人的福利。

世界仍然被划分为 195 个政治独立的国家。然而，不断增长的全球经济活动使得“邻居”的意义不再像哪怕 10 年前那样重要。

经济体系：通往公正之路

◇ 应用

10 月 20 日，越南胡志明市。对于每一个经历过 20 世纪 60 年代的人而言，渡过那窄窄的西贡河是令人不安的经历。像我这样的人必须牢记，越南是一个国家，而不是一个战场；自从最后一架美军直升机从美国大使馆屋顶起飞结束了美国在那里的存在，快 40 年过去了。

胡志明市如今是一个新兴都市。霓虹灯用各种颜色充满着城市的滨水地区；西方公司投资的宾馆将自己的大量建筑升向天空；出租车费用以美元来结算而不是越南盾；维萨（Visa）和美国运通（American Express）的标签装点着时尚商店的门面以迎合来自日本、法国以及美国的游客。

几十年的战争，数百万人丧生，共产党胜利之后，越南也建立了商业体制。如果是美国军队赢得了这场战争的话，我们今天看到的景象大概也会是这样吧。

每个社会的经济系统都通过判定什么人有什么权利来体现自己的公正性。两个一般经济模型是资本主义和社会主义。但世界上任何一个国家的经济都不是完全的资本主义或社会主义；资本主义和社会主义代表的是所有真实世界经济组成的连续统（continuum）的两个极端。下面我们将依次检视这两种模型。

资本主义

资本主义（capitalism）是自然资源以及生产产品和服务的生产资料个人私有的经济体系。理想的资本主义经济有三个显著特征：

1. 财产的私人所有制。在资本主义经济中， 374
个人能够拥有几乎任何东西。经济越资本主义化，生产资料如工厂、地产以及自然资源等就越能为私人所有。

2. 对个人利益的追逐。资本主义社会追寻利润和财富。利润是人们寻找新职业、创办新公司或是改进产品的动机。获利被认为是经济生活的自然方式。值得一提的是，苏格兰哲学家亚当·斯密（Adam Smith，1723—1790）就宣称：个人追逐自身利益将带来整个社会的繁荣（1937，orig. 1776）。

3. 竞争与消费者选择。纯粹的资本主义经济是无政府干预的自由市场经济［有时被称为自由放任主义经济（laissez-faire economy），该词源自法语，意为“不干预”]。亚当·斯密认为，自由竞争的经济通过市场供需关系这只“看不见的手”调节自身。

斯密解释道，消费者通过选择最大价值的商品和服务来调节自由市场经济。当生产者为消费者的购买而竞争时，他们将以最低的可能价格提供最高质量的商品。用斯密的名言来说，狭隘的自利带来的是“最大多数人的最大利益”(greatest good for the greatest number of people)。而另一面，政府控制经济降低了商品的数量与质量，是扭曲市场的力量，同时，也就欺骗了消费者。

“公正”在资本主义体系中就是市场的自由，在其中个体能够根据自我利益去生产、投资和消费。本章开头描述的沃尔玛的扩张反映了这样一个事实：沃尔玛的消费者认定他们在沃尔玛消费时获得了很多。

美国被认为是一个资本主义社会，因为其大多数的商业是私有的。然而，美国并非是纯粹资本主义的，因为政府在经济中发挥着相当大的作用。政府拥有并经营了一些商业，包括几乎所有的学校、公路、公园和博物馆、美国邮政服务、美国全国铁路系统以及整个美国武装部队。美国政府也是建立互联网的重要力量。此外，政府还运用税收和其他调控手段影响公司的生产，控制商品的质量与成本，推动消费者保护自然资源。

375 美国政府也设立最低工资标准线，执行工作场所安全标准，调控公司合并，提供农业价格支持，并以社会保障、公共援助、助学贷款以及退伍军人津贴的形式补给大多数公民的收入。地方、州以及联邦政府加起来是全美最大的雇主，他们雇用了全国17%的非农劳动力（U.S. Department of Labor，2011）。

社会主义

社会主义（socialism）是自然资源以及生产产品和服务的生产资料集体所有的经济体系。理想的社会主义经济否定资本主义的三大特征而具有三个完全相反的特征：

1. *财产的集体所有*。社会主义经济限制财产私有权，尤其是用以增加收入的财产。政府控制这样的财产，并为所有人提供住房和其他产品，而非仅向有钱人提供。

2. *对集体目标的追求*。社会主义的集体倾向反对个人追逐私利。资本主义赞美的“企业家精神”被社会主义谴责为贪婪；个人被要求为所有人的共同利益工作。

3. *政府控制经济*。社会主义反对资本主义的自由放任，实行由政府运作的中央控制或者命令经济。因此，商业广告在社会主义经济中几乎没有作用。

“公正”在社会主义语境下意味着在一个总体平等原则下满足每个人的基本需求而非为获得财富而竞争。在一个社会主义者看来，通常的资本主义实践是以尽可能少地支付工人工资和福利来增加公司的利润，是将利润置于人之上，因而是不公平的。

一些亚非拉国家建立了社会主义经济体系， 376
国家控制大部分的增值财产（Miller，2011）。世界社会主义在20世纪90年代以来因为东欧和苏联将其经济转向了市场体系而有所衰退。但是在近期，玻利维亚、委内瑞拉、厄瓜多尔以及南美洲其他国家的选民已经选出了正将他们本国的经济推向社会主义方向的领导人。

社会主义与共产主义

很多人认为社会主义与共产主义是一回事，但它们不是。**共产主义**（communism）是社会所有成员享有社会平等的一种假说性的经济与政治体系。卡尔·马克思将社会主义看作是通往理想的、废除所有阶级分化的共产主义社会的必经之路，然而，共产主义目标还没有在任何社会中得到实现。

资本主义 自然资源以及生产产品和服务的生产资料个人私有的经济体系。	**社会主义** 自然资源以及生产产品和服务的生产资料集体所有的经济体系。	**共产主义** 社会所有成员享有社会平等的一种假说性的经济与政治体系。

福利资本主义 将基本的市场经济与广泛的社会福利联结起来的经济与政治体系。

国家资本主义 公司私人所有但与政府紧密合作的经济与政治体系。

为什么？首先，社会分层不仅来自权力的差异还来自财富的差异。社会主义社会已经通过调节公民选择降低了经济差异。但在这个过程中，政府并没有像马克思预想的那样“衰退”；相反，政府变得更为强大，给社会政治精英极大的权力甚至是特权。

很多人可能同意共产主义社会是一个乌托邦（希腊语意为“没有的地方”）。但也有一些人认定共产主义是一个有价值的目标，并且也许会批判一些所谓的社会主义社会，因为共产主义的承诺并没有兑现。

福利资本主义与国家资本主义

西欧的某些国家，包括瑞典和意大利，实行市场为基础的经济但同时提供广泛的社会福利项目。分析家称这种经济体系为**福利资本主义**（welfare capitalism），即将基本的市场经济与广泛的社会福利联结起来的经济与政治体系。

福利资本主义的政府拥有一些大型工业和服务业，如运输、大众媒体和卫生保健。在希腊、法国和瑞典，大约一半的经济生产都是“国有化”的或是国家控制的。其他大多数的工业尽管服从国家的宏观调控，但掌握在私人手中。高税率（尤其针对富人）形成了包括全民卫生保健和儿童照管在内的广泛的社会福利项目。例如，在瑞典，政府提供的社会服务占所有经济产出的 27%，这比美国的 16% 要高得多了（OECD，2011）。

资本主义和社会主义的另一种调和是**国家资本主义**（state capitalism），即公司私人所有但与政府紧密合作的经济与政治体系。国家资本主义在环太平洋国家很多见。日本、韩国、新加坡都是资本主义国家，但是他们的政府作为大公司的合作伙伴，提供财政补助并控制外国进口来帮助公司在世界市场上竞争（Gerlach，1992）。

资本主义和社会主义的优势比较

哪种经济体系更好？很难比较，因为各国都在不同程度上混合了资本主义和社会主义。此外，各国在对工作的文化态度、对自然资源的使用、技术发展水平、贸易类型上也全都不同。但尽管有种种复杂因素，我们仍然可以进行一些简单的比较。

◎ 资本主义在中国香港仍然很兴旺（左图），街道上充斥着广告和商店。中国的首都北京则更社会主义（右图），城市的地标更多的是政府建筑而非商业中心。

377 **经济生产率**

经济运行的一个重要维度是生产率。普遍使用的经济产出指标是 GDP（gross domestic product，国内生产总值），即一年内所有商品和服务的总值。人均 GDP 使我们能够比较不同人口规模国家的经济运行情况。

资本主义国家的产出在 20 世纪 80 年代末——东欧剧变与苏联解体之前——尽管有所不同，但是平均约为人均 13 500 美元；相同的指标在社会主义国家苏联以及东欧为大约 5 000 美元。这意味着资本主义国家与社会主义国家在该指标上的比率为 2.7∶1（United Nations Development Programme，1990）。近期的社会主义朝鲜（人均 GDP 1 800 美元）和资本主义韩国（人均 GDP 29 326 美元）则表现出更强烈的对比（CIA World Factbook，2010；United Nations Development Programme，2010）。

经济平等

资源在人口中的分配是衡量经济体系运行的另一重要维度。20 世纪 70 年代中期在欧洲做过一个比较研究，当时的欧洲还分裂为资本主义和社会主义两个阵营，研究对比了各国最富有的 5% 和最贫困的 5% 人口的收入差异（Wiles，1977）。资本主义社会的收入差异比约为 10∶1；而社会主义社会约为 5∶1。换句话说，资本主义经济提供更高的一般生活标准，但也带来更大的收入不平等；社会主义经济创造更多的经济平等，但只维持较低的一般生活标准。

个人自由

评估资本主义和社会主义仍需考虑的是社会给予公民的个人自由。资本主义强调追逐私利的自由，其有赖于生产者和消费者在几乎没有国家干预下的互动。与之比起来，社会主义强调自由在基本需求上的意义。平等的目标要求国家控制经济，这样自然限制了公民的个人选择和机会。

是否有一个社会能够同时提供政治自由和经济平等？在资本主义美国，政治系统保证了许多个人自由，但是经济系统生产了很多的不平等，因此自由对于穷人和富人并非是同等价值。相对地，朝鲜或者古巴有更多的经济平等，但人们拥有较少的个人自由。也许最接近“两者皆有”的国家是丹麦，第 425 页“全球性思考”专栏将进行更进一步的检视。

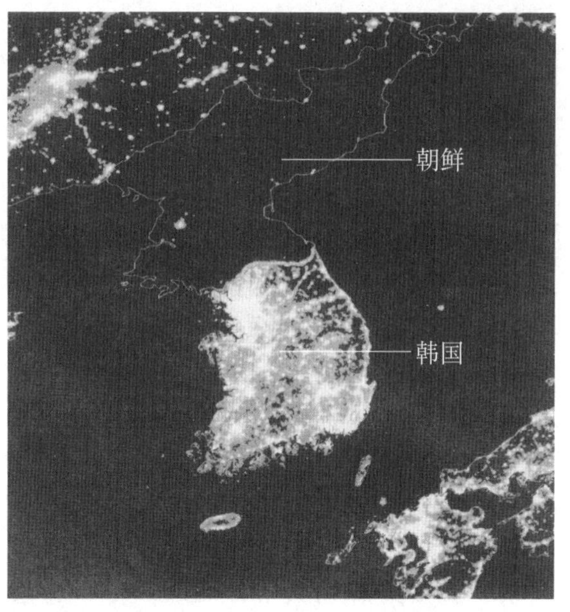

◎ 直接比较资本主义和社会主义的经济运行状况是困难的，因为各国在很多方面存在不同情况。一张社会主义朝鲜和资本主义韩国夜晚的卫星图戏剧性地向我们展现了这两个国家在用电量上的不同。用电量正是经济活动的一个指标。

社会主义与资本主义国家的变迁

1989 年和 1990 年，二战末曾被苏联占领的东欧各国废除了它们的社会主义制度。这些国家——包括民主德国（后重新并入德国）、捷克斯洛伐克、匈牙利、罗马尼亚和保加利亚——在几十年的国家控制经济之后都转向了资本主义市场体系。1991 年，苏联正式解体，许多苏联的原加盟共和国都在本国的经济中引入了某些自由市场原则。十年之内，苏联 3/4 的国有企业部分或全部地落入私人之手（Montaigne，2001）。

剧变有很多原因。第一，在这些地区，资本主义经济比它的社会主义对手有高得多的产出。社会主义经济在经济平等上很成功，但与西欧国家相比，人们的生活水平相对较低。第二，苏联的社会主义是高压型的，其严厉控制大众传媒、限制个人自由。总之，社会主义像卡尔·马克思预言的那样废除了经济精英，却如马克斯·韦伯预见的那样，增加了政治精英的权力。

迄今为止，这些地区的市场改革进程并不平衡。一些国家（如阿塞拜疆、乌兹别克斯坦以及土库曼斯坦）有丰富的石油和天然气储备，即使在近期的全球经济衰退中仍然发展得不错；另一些国家（包括立陶宛、拉脱维亚和乌克兰）已经进入到经济收缩并且面临不断上升的失业率。在几乎所有前社会主义国家，市场经济的引入都已经带来了经济不平等的上升（Ignatius，2007；World Bank，2010）。

一些其他国家在近期开始转向更为社会主义的经济。2005 年，玻利维亚人民选举了埃沃·莫拉莱斯（Evo Morales）——一位农民、工会领袖以及活动家——作为他们的新总统。这使得玻利维亚进入了包括了厄瓜多尔、委内瑞拉、巴西、智利以及乌拉圭在内的南美国家群，这些国家都正将经济转变得更加社会主义。每个国家经历这种转变的原因各不相同，但是相同的一个因素是经济不平等。例
378 如在玻利维亚，经济生产在近几十年发展很快，但是大多数的利益流向了富有的商业精英，而该国一半以上的人民仍然过着非常贫困的生活（Howden，2005）。

美国后工业经济中的工作

◇ 分析

经济变革不仅发生在社会主义世界，也发生在美国。2011 年，1.38 亿美国人为收入而工作，大约占 16 岁及以上美国人口的 58%。男性工作的比重（62.8%）要高于女性（53.1%），性别之间的差异已经趋于稳定。在男性中，56% 的非裔美国人被雇用，相对于 67.1% 的白人和 71.6% 的西班牙裔美国人。而女性中，54.6% 的非裔美国人被雇用，相对于 55.3% 的白人和 51.5% 的西班牙裔美国人。无论是男性还是女性，亚裔美国人被雇用的比例都是 60.4%（U. S. Department of Labor，2011）。

农业劳动的下降

1900 年，大约 40% 的美国劳动者是农民。2010 年，仅 1.7% 的劳动者从事农业。尽管近年来由于有机食物和当地种植食物的流行，家庭农场小有复苏，但是难挡 100 年前的家庭农场被农业工商业企业（corporate agribusiness）所替代的大趋势。土地现在的生产率更高，但这种变迁在整个美国都带来了痛苦的适应过程，因为这是一种传统生活方式的丧失（Dudley，2000；A. Carlson，2008）。图 16—2 表明，第一产业在美国经济中的比重不断降低。

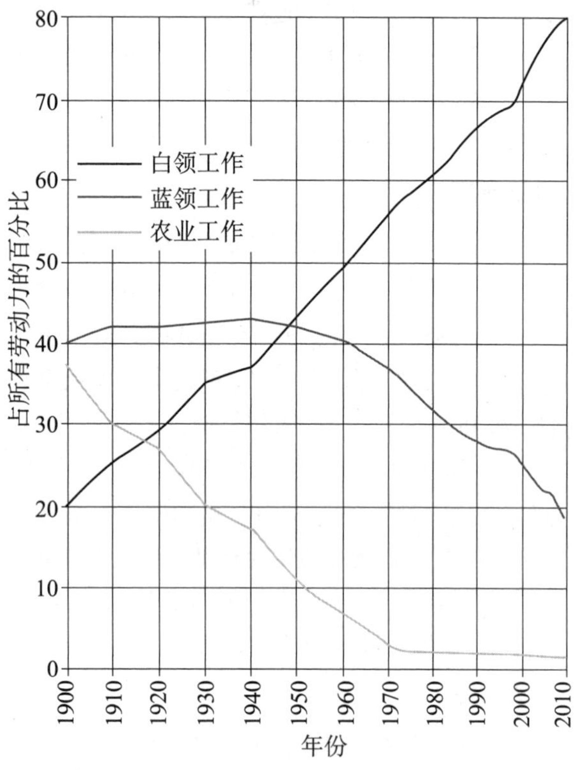

图 16—2 1900—2010 年美国工作类型的变迁

◎ 与一个世纪前相比，美国现在的工作主要是白领的服务工作，而不再是工厂（蓝领）和农业工作。

资料来源: Estimates based on U.S. Department of Labor (2011).

初级劳动市场 市场的职业为劳动者提供广泛的利益。

次级劳动市场 市场的职业为劳动者提供最低限度的利益。

全球性思考

想要平等和自由？试试丹麦的方法

丹麦是西北欧的一个小国，人口约560万。丹麦是所谓福利资本主义的典型代表，丹麦的市场经济混杂着广泛的为所有丹麦人提供福利的政府项目。

大多数的丹麦人认为他们国家的生活是相当好的。丹麦有相当高的生活标准。其人均GDP为35 763美元，与美国的46 653美元差距并不大。但是丹麦的收入不平等仅仅是美国的一半。丹麦2009年的失业率为6.1%，比美国的9.3%要低。

低不平等和低失业率很大程度上是政府调控经济的结果。丹麦的税收是全世界最高的之一，大多数的人需要缴纳其收入的约40%为税，而收入超过70 000美元的更要缴纳60%以上。除此之外，人们买的所有商品都有25%的销售税。这些高税率增加了经济平等（通过对富人收更多的税而给穷人更多的好处），也帮助政府建立为所有人提供好处的社会福利项目。举例来说，每个丹麦公民都有资格进入公立的学校、公立的医疗机构，而每个工人每年至少有5个星期的带薪假期。失业者可以最多5年，从政府领取先前薪水的约75%（与家庭规模相关）作为补贴。

◎ 为了使每个男人和女人都能够工作，丹麦政府为所有的父亲和母亲都建立了带薪的孩子照料休假（child-care leave）。

许多人，尤其是丹麦人自己，认为丹麦相当理想地既提供了政治自由（丹麦有广泛的政治权利并且通过投票选举领导者）又提供了经济安全（所有的公民都获益于广泛的政府服务和项目）。

你怎么想？

1. 如果你去丹麦旅行，那么你期望能在这个国家看到哪些收入不平等很少的证据？
2. 如果政府为你提供诸如教育和医疗这样的福利，那么你是否愿意将你的大部分收入缴税？为什么愿意？为什么不愿意？
3. 你认为美国人是否愿意看到自己的社会变得更像丹麦？为什么？

资料来源：Fox (2007), Population Reference Bureau (2010), United Nations Development Programme (2010), World Bank (2010), and OECD (2011).

从工厂工作到服务工作

一个世纪之前，工业化壮大了蓝领工作者的队伍。然而1950年开始，一场白领革命将大多数劳动者转向服务性岗位。到2010年，足足80%的劳动力在服务业部门工作，而美国几乎所有的新工作也是在服务业部门中创造的（U.S. Department of Labor，2011）。

正如第11章（“美国的社会阶级”）揭示的，服务业工作的扩张是美国被称为中产阶级国家的一大原因。但是许多服务工作——包括销售
379 和文书职位以及医院和饭店的工作——报酬比原来的工厂工作要低很多。这意味着，今天后工业社会的许多职业仅能提供一种中等的生活标准。女性和其他少数群体，以及许多刚开始职业生涯的年轻人，最有可能去从事低薪的服务业职业（Kalleberg, Reskin & Hudson，2000；Greenhouse，2006）。

二元劳动市场

社会学家认为现代经济中的职业分为两个类别。**初级劳动市场**（primary labor market）提供能给工作者带来广泛的利益的职业。这一劳动市场包括传统的白领专业职业，如医药和法律，同时包括上层管理职业。这些职业是人们通常认为

的事业——能带来高收入、安全保障和晋升机会的有意思的工作。

次级劳动市场（secondary labor market）几乎不具有这些好处，其提供的职业仅给予工作者最低限度的利益。这一劳动市场雇用低技术、蓝领生产线操作工以及低层次的服务性职业，包括文书工作。在次级劳动市场工作的劳动者获得较低的收入，只有较少的职位安全保障和较低的利益，觉得工作较少令人满意。妇女与其他少数人群体总是被过度局限在次级劳动市场（J. I. Nelson，1994；Kalleberg Reskin & Hudson，2000）。

工会

美国经济的一大变迁是工会的衰退。**工会**（labor unions）指通过谈判与示威等手段寻求改善工人工资水平和工作条件的工人组织。20世纪30年代的大萧条时期，工会成员增长迅速，到1950年时，1/3以上的非农劳动者都是工会成员。大约1970年时，工会成员达到2 500万的顶峰。从那时起，工会成员开始下降到约占非农劳动者的12%，大约1 470万男女工作者。更详细的检视表明，36.2%的政府工作者是工会成员，而在私人部门（非政府部门）的劳动者中该比例仅为6.9%。从绝对数来看，到2010年，政府工作者已经是最主要的工会成员（Clawson & Clawson，1999；U. S. Department of Labor，2010；Riley，2011）。

工会衰退也在其他高收入国家发生，但工会宣称美国的工会成员比例要远比其他国家低。工会成员比例在日本大约为18%，在大多数的欧洲国家为15%～40%，在加拿大为27%，在瑞典高达68%（Visser，2006；OECD，2011）。

工会成员数量的普遍下降反映了经济中工业部门的缩小。新兴服务工作——如在本章开头所描述的沃尔玛这样的零售商做销售——普遍不愿意加入工会。低廉的工资以及众多工人的抱怨，使工会一再试图组织沃尔玛的雇员，但是迄今为止未在一家沃尔玛获得过成功。过去几年的经济疲软给了工会一个短暂的复兴。奥巴马政府正推动新的法律使工人形成工会变得更容易。但是工会的长期成果也许要靠工会适应新全球经济的能力了。曾视外国工人为“敌人”的美国工会成员将不得不建立新的国际联盟（Rousseau，2002；Dalmia，2008；Allen，2009）。

2011年，整个美国的注意力都被若干州的限制州雇员工会的权力所吸引。争论一方的人们宣称政府雇员的高工资和高福利已经威胁到州政府的财政，另一方的人们则认为某些政治家正试图摧毁工会运动。第427页“焦点中的社会学”专栏提供了更为详细的信息，你可以据此提出你的观点。

专业职业

今天的许多职业都被称为专业的（professional）——我们听到过专业网球选手、专业家政清洁甚至专业扑杀者。与爱好者（amateur，来自拉丁文“爱”，意为某人出于对活动本身的热爱而从事某项活动）不同，专业职业者为生存而工作。但这一术语是否有更多的含义？什么是确切的专业职业呢？

专业职业（profession）是指需要广泛的正式教育的有声望的白领职业。从事这种工作的人宣称或者公开申明乐意在某些职业伦理原则下工作。专业职业包括神职、医药、法律、学术、建筑、会计以及社会工作。某一职业是不是专业职业取决于其满足以下四个基本特征的程度（W. J. Goode，1960；Ritzer & Walczak，1990）：

1. *理论知识*。专业职业者对本专业有理论理解而不仅仅是技术训练。例如，任何人都掌握急救知识，但医生对人体健康有理论理解。这意味着网球选手、家政清洁工以及扑杀者事实上并不是“专业职业者”。

2. *自我管理实践*。典型的专业职业者是自我雇佣的，“私人实践”（in private practice）而非为公司工作。专业职业者以一系列的职业伦理规范监管自己的工作。

3. *委托人权威*（authority over clients）。因掌握专门技术，专业工作者被委托人雇用，后者为他们的建议付款并遵行他们的指导。

4. *社区倾向而非自利*。传统的专业职业职责要求专业工作者以服务他人为目标而非仅追求个

焦点中的社会学

2011年的大工会之战：平衡预算还是向劳动者开战？

“我们将要改革政府。”俄亥俄州州长约翰·卡西奇（John Kasich）在2011年3月8日他的第一次“州情咨文”演讲中这样告诉州议员。而当他演讲时，超过1 000名的消防队员（政府雇员）就堵在州议会门外的大厅里，他们齐声高呼：“否决这个提案！否决这个提案！否决这个提案！”

到底发生了什么？俄亥俄州面临危急的经济状况——州政府负债80亿美元。卡西奇州长认为巨额赤字的一大根源在于之前州政府与政府雇员（包括消防队员、警察和教师）工会达成的协议。

在卡西奇克看来，问题在于这一体系给了政府雇员工会过分的权力以至于可能使州政府破产。在这一体系下，工会有效地使每一个政府雇员都加入工会，并且以工资代扣的形式支付大量的会费。这些会费使得工会有大量政治权力选举出来自民主党的领导者，而在过去，来自民主党的领导者签署了使得政府雇员收入远超私人部门劳动者，而同时州政府却没有办法简单负担得起的劳动合同。卡西奇和共和党人控制的州政府最终成功颁布的改革将继续和政府雇员工会进行工资的集体谈判，但是不再允许工会以此为手段获取利益。此外，工资将与以绩效为基础的奖励制度而不是资历相挂钩，政府雇员工会也不允许进行罢工。

国际消防队员协会的哈罗德·斯卡尔特伯格（Harold Schaltberger）认为这些“改革”根本就是对工会开战。他声称这些建议措施“将使我们退回到根本不存在真正劳动权利的几十年前去”。

在威斯康星，斯科特·沃尔克（Scott Walker）以通过削减政府雇员工会的权力来减少州赤字的施政纲领在2010年当选为州长。2011年3月11日，他签署了已经由州议会通过的法案来限制政府雇员对工资（非津贴）的集体谈判，限制工资增长超过通货膨胀率，以及降低州政府为其卫生保健和退休养老金所缴款项的份额。这一已经在法院备受争议的新法律，也赋予政府雇员加入或者不加入工会的权利。

在整个美国，有34个州批准政府雇员工会为工作场所状况进行集体谈判，5个州明确禁止这种行为。在大多数情况下，联邦雇员没有进行集体谈判或者罢工的权利。由于许多州——也包括联邦政府——都面临巨额的财政赤字，俄亥俄州和威斯康星州争论的结果可能对整个美国都具有重要的意义。

民众在2011年的争论中形成了两个阵营，调查数据表明政府雇员工会得到了45%民众的支持，但是也得到了大约相同比例的民众的反对。

加入博客讨论吧！

在这一问题上你站在哪一边？你是赞同卡西奇州长或沃尔克州长要削减工会的权力，还是站在工会一边希望他们仍然强盛？登录MySocLab，加入“焦点中的社会学”博客，分享你的观点和经历，并看看别人是怎样想的。

资料来源：Gray (2011), Murphy (2011), Rasmussen (2011), Ripley (2011), and Sulzberger (2011).

人收入。在几乎所有案例中，专业职业要求不仅
380 是大专学历，更要求大学学位。因此，并不令人
吃惊，专业职业被选为大学新生毕业后希望从事
的职业，见图16—3。

很多职业并不是真正的专业职业而不过是寻 381
求其服务的专业化。声称自己有专业地位通常开

学生快照

在美国这样的社会中，职业的种类如此繁多，因而今天每一个职业仅能吸引很小比例的学生的注意。

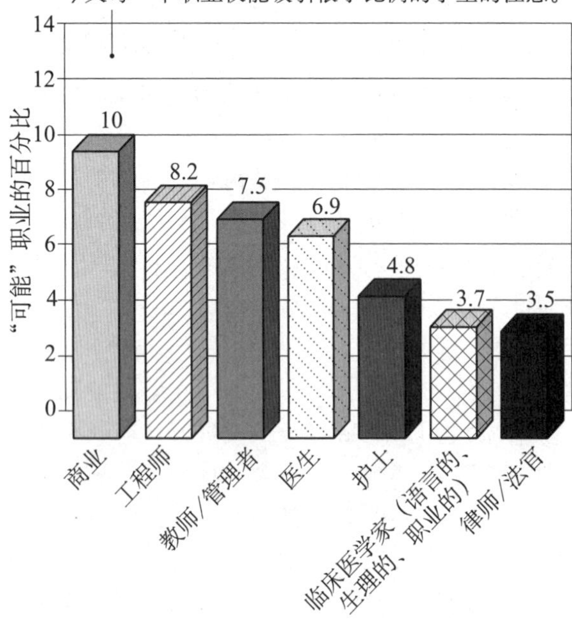

图 16—3　2010 年最为大一新生认同为事业的职业

◎ 今天的大学生期望从事报酬高且声望高的职业。

资料来源：Pryor et al. (2011).

始于重新命名工作，暗示工作的专业性、理论知识，使工作摆脱原来缺少声望的处境。于是仓库管理员变成“存货供应经理”，扑杀者重生为“昆虫控制专家”。

◎ 几十年前，蓝领工作和工厂工作开始从美国流向工资更为低廉的其他国家。最近，白领工作者和办公室工作者也发现他们的工作正流向其他国家。《世界是平的》（*Outsources*）这一电视剧就关注于处理美国公司订单的一家印度孟买的电话中心。

兴趣团体也可能会形成专业协会来证明他们的技能和伦理。这些组织随后进行成员认证、制定伦理规范，并强调工作在社区中的重要性。为获得公共认可，专业协会也可能开办学校或其他训练机构，甚至创办专业期刊。但并非所有职业都试图要获得专业地位。一些辅助职业人员（paraprofessionals），包括律师专职助手和药剂师，拥有特殊技能但是缺乏完全的专业职业所要求的广泛的理论教育背景。

自我雇佣

自我雇佣——并不为大组织工作来谋生——曾经在美国很普遍。在 1800 年，大约 80% 的劳动力都是自我雇佣的，而今天，该比例下降为仅 6.8%（男性 8.0%，女性 5.5%）（U.S. Department of Labor，2011）。

律师、医生以及其他专业职业者是自我雇佣的代表。但是大多数的自我雇佣者是小商业所有者、水暖工、木工、自由撰稿人、编辑、艺术家以及长途卡车司机。总之，自我雇佣的更可能是蓝领职业而非白领职业。

女性拥有美国 30% 的商业，而且该比例还在不断上升。美国女性拥有的 780 万家公司雇用了 6.4% 的劳动力，每年产出 1.2 万亿美元的销售额（U.S. Census Bureau，2011）。

失业与不充分就业

每个社会都有一定的失业。进入劳动力队伍的年轻人很少能马上找到工作；劳动者也许会放弃现有工作去寻找新工作或者待在家里带小孩；某些人可能在示威游行或是遭受长期疾病的折磨；当然还有一些人缺乏技能去从事有用的工作。

但失业并不仅是个人问题，它也是由经济本身引发的。工作岗位因为职业老化或是公司转变经营方式而消失。1980 年以来，美国商业 500 强已经淘汰了超过 500 万的工作岗位，尽管其创造了更多的新岗位。

一般来说，公司会精简机构以提高竞争力，工厂也会因为国际竞争或者经济不景气而倒闭。

多样化快照

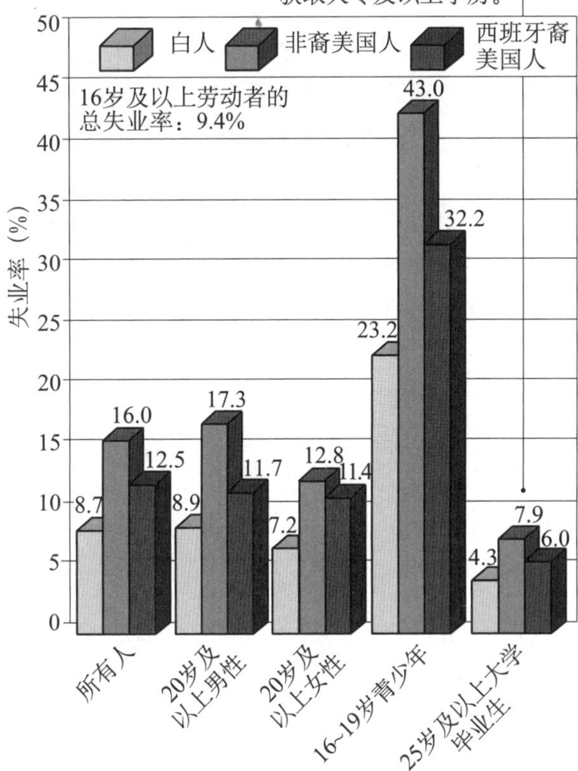

图 16—4　2010 年美国各类成人群体官方失业率统计

◎ 尽管所有大专及以上毕业生的失业风险都很低，但种族在各类人群都与失业率联系在一起。

资料来源: U.S. Department of Labor (2011).

美国在 2008 年开始的经济危机中失去了数以万计的工作岗位，导致失业率在经济的每一个角落里不断上升。不仅仅是蓝领工作者，就连过去通常能抵御衰退的白领工作者，也在经济危机中不断失业。

2008 年，经济进入衰退，美国有 700 万年满 16 岁以上人口失业，约占全国劳动力的 4.6%（U. S. Department of Labor，2008b）。但是
382 在 2011 年初，美国失业人口 1 450 万，失业率达到 8.9%；相对于 2010 年初高达 9.9% 的失业率，这已经有所下降。但即便失业率已经有所下降，2008 年以来，失业人口数量也已经翻了两倍多，而人们的失业时间也在增加。2011 年，超过 40% 的失业者失业时间超过半年（Tuttle，2011）。当然，失业率在美国并非各处都相同。在某些区域，尤其是农村地区，失业率一般要高得多，大约是全国平均水平的两倍。

从图 16—4 中可以看到，2010 年非裔美国人的失业率（16.0%）大约是白人（8.7%）的两倍。在各个性别和年龄组，白人的失业率都要低于非裔美国人；这种差异在青少年中表现得尤为明显。对各组人群来说，降低失业风险的最好办法之一就是获得一个大学学历：从图中可以看到，大学毕业生的失业率仅为 4.3%，大约是全国平均水平的一半。

不充分就业也是数百万劳动者面临的问题。美国经济处于公司破产期，到处有大银行倒闭，各种公司也不断缩小规模，数以万计的劳动者——他们很幸运地仍能保留自己的工作——只能得到更低的薪水、更少的福利（如医疗保险），甚至没有养老金。国际竞争的加剧、工人组织的孱弱以及经济危机都使得许多人只能通过同意减少报酬或是放弃其他福利待遇来保住自己的工作（K. Clark，2002；Gutierrez，2007；McGeehan，2009）。

此外，政府报告显示，超过 2 700 万人仅仅从事兼职工作，即每周工作时间少于 35 小时。尽管大多数人说他们满足于这样的工作，但是仍有约 1/3 表示他们想要更多的工作，只是没有办法找到（U.S. Department of Labor，2011）。

地下经济

美国政府要求个人和公司报告他们的经济行为，尤其是所得。未报告的收入就形成地下经济的一个部分。**地下经济**（underground economy）指没有按照法律要求将收入上报给政府的经济行为。

大多数人时不时地在一些小的方面参与地下经济：家庭在车库售卖旧货来获得额外的收入，或是年轻人为邻居照看孩子却不上报所得。更多的地下经济来自犯罪行为，如卖淫、贿赂、偷窃、非法赌博、高利贷以及贩卖毒品。

然而对地下经济贡献最大的却是人们在交纳所得税时没有上报的部分或全部合法收入。自

多样性思考：种族、阶级和性别

多样化的2018：工作场所的变迁

美国少数族群人口的增长趋势正改变着工作场所。如右图所示，美国劳动力中非西班牙裔白人男性的数量从 2011 年到 2018 年根本不会有任何增长，非裔美国男性数量将增长 7.8%，西班牙裔美国男性将增长 21.6%，亚裔美国男性将增长 18.9%。

非西班牙裔美国白人女性预计将降低 0.1%，非裔美国女性将增长 8.1%，亚裔美国女性将增长 20.2%，而西班牙裔美国女性增长最快，大约为 25.5%。

在十年之内，非西班牙裔美国白人男性将仅占所有劳动力的 33%，这一比例仍将继续下降。因此，接受社会多样性的公司将发掘出最大限度的人才流而享受带来更高利润的竞争优势（Graybow，2007；Harford，2008；U. S. Department of Labor，2010）。

接受社会多样性首先意味着不断吸收不同性别、不同种族以及不同文化背景的有才能的劳动者。然而，开发所有雇员的潜能要求满足妇女和其他少数族群的并不完全等同于美国白人男性的需求。例如，对于有小孩的工作妇女而言，工作场所的儿童照管就是重大问题。

其次，商业必须发展有效的途径去处理好社会差异带来的紧张。他们将不得不更努力工作以保证所有的工作者被平等对待和受人尊重，这意味着对待种族和性别歧视将毫不留情。

最后，公司将不得不反思现行的晋升实践。最新研究表明，《财富》100 强的主管中，72% 是白人男性，28% 是女性或来自少数族群（Executive Leadership Council，2008）。在一项关于美国公司的调查中，美国就业机会平等委员会（U.S. Equal Employment Opportunity Commission，2009）发现非西班牙裔美国白人男性占 20 ～ 64 岁美国成人的比例为 33%，却占据了 53% 的管理职位。相应的数据是非西班牙裔白人女性的 34% 和 29%，非裔美国人的 12% 和 7%，以及西班牙裔美国人的 14% 和 6%。

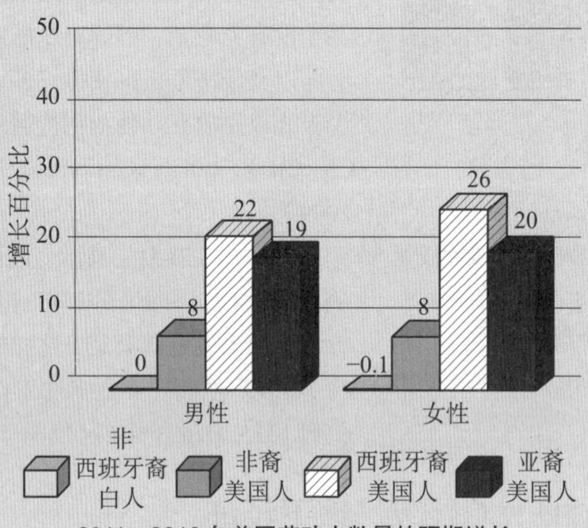

2011—2018 年美国劳动力数量的预期增长

◎ 预期来看，美国劳动力中少数族群比例的增长将远高于白人男性和白人女性。

资料来源: U. S. Department of Labor (2010).

你怎么想?

1. 美国工作场所的社会多样性增加的根本原因是什么?
2. 你认为商业应该在哪些具体的方面支持少数族群工作者?
3. 在哪些其他机构中（如学校）社会多样性正变得越来越重要?

我雇佣者如木工、医生和小商业所有者也许没有完全上报他们应缴税的收入，食品服务和其他服务人员也许不会上报他们的小费收入。从个人而言，每个人没有上报的都很少，但加在一起，美国纳税人每年逃交联邦税收额高达 3 450 亿美元（Internal Revenue Service，2006）。

工作场所差异：种族与性别

过去，白人男性是美国劳动力的主流。然而，美国的少数族群人口比重迅速增长。非裔美国人口的增长速度高于非西班牙裔白人，亚裔美国人口和西班牙裔美国人口的增长速度更快。

这样的动态变迁可能在无数方面影响美国社

公司 包含权利和责任并与其成员相分离的依法存在的组织。

联合公司 由大量小公司组成的巨型公司。

383 会。不仅越来越多的劳动者是妇女或是少数族群，而且工作场所将不得不发展各种满足社会差异需要的项目和政策，同时鼓励每个人有效而相互尊重地共同工作。第430页“多样性思考”专栏将更详细地检视变迁中的工作场所。

◎ 在今天的公司世界中，计算机正在改变着工作的性质，正如工厂在一个多世纪前做的那样。基于计算机的工作在哪些方面不同于工厂工作？你认为在哪些方面两者又几乎是相同的？

信息技术和工作

7月2日，纽约州提康德罗加。当地硬件商店的经理扫描了一袋产品的条形码。“计算机并不仅仅是成本，”她解释道，“它也保存报表清单，安排仓库的发货顺序，并决定哪种产品继续销售而哪种应该下架。”“听起来很像是你过去常干的工作，莫林。”我笑着说。“是的。”她点头，但却没有笑。

另一个工作场所的变迁是计算机和其他信息技术作用的增加。信息革命正在很多方面改变着人们的工作（Rule & Brantley，1992；Vallas & Beck，1996）：

1. *计算机取代人的工作*。就像早一个时代工业机械取代工匠一样，现在计算机威胁着管理者的技能。更多的商业运作不是基于管理决策而是计算机模型。换句话说，是机器在决定是否获得订单、是否库存某一大小和颜色的服装，或者是否批准一次贷款申请。

2. *计算机正使得工作更抽象*。大多数工业时代的工人与他们的产品有直接接触。后工业时代的劳动者利用符号去完成诸如使公司更有利可图或使软件更人性化的抽象任务。

3. *计算机减少了工作场所的互动*。随着劳动者在电脑终端前花的时间越来越多，他们相互之间也变得越来越孤立。

4. *计算机增加了雇主对工人的控制*。计算机使管理人员可以持续不断地监控雇员的产出，无论后者是在计算机终端上工作还是在生产线上工作。

5. *计算机允许公司重新部署工作*。由于计算机技术使信息几乎能随时随地传播，今天经济的符号工作也许会在我们意想不到的地方发生。我们都有这样的经验，电话联系本城镇的某项商业（如一家旅店或一个书店）却发现我们正在 384
和数千里外的计算机工作站的人交谈。计算机技术使得许多工作可以外包到劳动力工资更为低廉的其他地区去。

随着华尔街的广泛失败，也许将会出现一种趋势：不再让计算机来管理风险，而让商业决策的责任重新回到人的手中（Kivant，2008）。计算机与人都不完美，因此我们也许永远没有办法进入完美的世界。但是商业对计算机日益增长的依赖提醒我们，新技术永远不会是社会中立的。它改变了工作场所人与人之间的关系，型塑了我们的工作方式，并且时时改变着雇主与雇员之间的权力平衡。因此可以理解的是，人们接受信息革命的某些方面，却拒斥着另一些。

公司

◇ 理解

今天的资本主义经济的核心是**公司**（corporation），即包含权利和责任并与其成员相分离的依法存在的组织。成立公司使组织成为法律实体，能够订立合同和拥有产权。在全美超过 3 200 万的商业中，590 万成立了公司（U.S. Census Bureau，2010）。公司保护所有者的财产不受来自商业债务或损害消费者的诉讼的影响，其同时带来更低的公司利润税率。

经济集中

大多数的美国公司是小型的，资产不超过 50 万美元，因此，一小部分巨型公司支配着美国的经济。2007 年，政府公布了 2 848 家资产超过 25 亿美元的公司，这些公司的总资产占了所有公司资产总额的 81%（Internal Revenue Service，2010）。

美国销售额最高的公司是沃尔玛，其年销售额（2011 年是 4 190 亿美元）等于美国 44 个州的税收总额。

联合公司与公司的联合

经济集中已经创造了**联合公司**（conglomerate），即由大量小公司组成的巨型公司。联合公司作为一种公司形式进入新的市场，派生出新公司或者与其他公司合并。例如，百事（PepsiCo）公司是包括百事可乐、菲多利（Frito-Lay）、佳得乐（Gatorade）、纯品康纳（Tropicana）和桂格（Quaker）在内的联合公司。

很多联合公司由于拥有相互的股票而联结在一起，其结果是形成超巨大的世界公司联盟。2009 年时，通用汽车拥有欧宝（德国）、沃克斯豪尔（英国）、萨博（瑞典）以及一定份额的大宇（韩国），并与铃木和丰田（日本）有伙伴关系。相似地，福特拥有沃尔沃（瑞典）以及一定份额的马自达（日本）。

公司还以“连锁董事会”的方式联结在一起。连锁董事会是能主管多个公司的董事们组成的网络（Weidenbaum，1995；Kono et al.，1998）。这种董事会的联结给了公司获得其他公司生产和市场战略的有用信息的途径。尽管完全合法，这种联合却容易鼓励非法行为的产生，如当所有公司都分享他们的价格策略时所形成的价格垄断。

垄断 单一生产商控制市场。

寡头垄断 少数生产商控制市场。

公司：它们竞争吗？

根据资本主义模型，商业在一个竞争性市场下独立运行。然而由于彼此之间广泛联系的存在，大公司显然并不独立运行。同时，一些大公司支配着很多市场，因此，它们并非真正竞争性的。

联邦法律禁止任何公司形成**垄断**（monopoly），即单一生产商控制市场。因为如果没有竞争，垄断公司就能轻易为它的产品制定任何它想要的价格。然而**寡头垄断**（oligopoly），即少数生产商控制市场，却既合法又常见。进入一个新的主要市场（如汽车工业）所需要的大量投资只有最大的公司才可能承担，因而寡头垄断不断上升。此外，竞争意味着风险，而大商业总是规避风险的。虽然如此，我们也在近期看到，就算是最大的公司也不能对经济危机免疫，2009 年时，通 385
用汽车就申请了破产。大公司同样也面临着不断激烈的竞争，如美国的汽车工业就受到像起亚和现代这样公司的挑战。

联邦政府从保护公众利益出发试图调控公司。然而从近来已经曝光的公司丑闻（如最近的住房贷款业以及大量银行的倒闭）来看，调控措施常常是又少又迟，直到公司损害了成千上万人的利益。美国政府是公司世界唯一的最大客户，2008 年和 2009 年，其介入并以数十亿美元的紧急援助项目支持大量陷入困境中的公司。尤其是在经济不景气的时期，公众倾向于支持政府对经济有更多的干预（Sachs，2009）。

公司与全球经济

公司发展如此之大以至于今天它们几乎占据了世界全部的经济产出。最大公司的基地在美国、日本和西欧，却在全世界拥有市场。事实上，很多美国大公司（如麦当劳、英特尔）从美国以外的地区获得他们的主要收入。

全球公司看到低收入国家拥有全球大多数的人口和自然资源。此外，其劳动力成本相当低廉：墨西哥一个制造工人每小时的工资约为 5.38 美元，其工作一个多星期的收入才和日本（平均每小时约 30 美元）或者美国（每小时 34 美元）劳动者一天的收入相当。

正如第 12 章（“全球分层”）指出的，跨国公司对不发达国家的冲击是争议性的。现代化理论宣称跨国公司通过释放资本主义的巨大生产力，提升了不发达国家的生活标准，给不发达国家带来了税收收入、新工作岗位以及先进技术，这些都加速了其经济的增长（Berger，1986；Firebaugh & Beck，1994；Firebaugh & Sandu，1998）。

依附理论则回应道，跨国公司阻碍了当地工
386 业的发展并将不发达国家推向了出口导向的货物生产而非以当地人为目标的食物及其他产品生产，因而加剧了全球不平等。从这一立场出发，跨国公司不断加剧不发达国家对发达国家的依附（Wallerstein，1979；Dixon & Boswell，1996；Kentor，1998）。

简言之，现代化理论欢呼市场，把市场作为进步以及使世界所有人富裕的关键；而依附理论则呼吁以政府为主导的经济政策取代市场体系。第 434 页“争鸣与辩论”专栏更详细地检视了市场经济还是政府经济的问题。

经济：展望

◇ 评价

社会制度是社会满足人们需求的方式。然而，正如我们已经看到的，美国经济只是部分地完成这个任务。多年来，美国的经济经历着扩张和衰退。此外，无论在扩张期还是衰退期，美国经济提供给一部分人的总是要远远好于给其他人的。

经济变迁背后的一个重要趋势是工厂工作向信息革命创造的新工作的转变。首先，美国目前的工业制造业劳动力只有 1960 年的 1/3；服务业，尤其是运用计算机的工作，填补了空缺。对产业工人而言，后工业经济带来了失业的上升和工资的下降。我们的社会必须正视挑战，为数以万计的男女提供他们在新经济中获得成功所必需的语言和计算机技术。然而近年来，数以万计从事“好”服务业职业的人也面临失业。此外，经济前景的地区差异明显。

近年来的第二个转变是全球经济的扩张。两
个世纪以前，人们体验到的经济起落仅反映他们 387
城镇的经济事件和发展趋势。一个世纪以前，社区被经济地联系在一起，所以一个城镇的繁荣需要依靠国内其他地方的人对其生产产品的需求。今天，我们不得不超越国家经济；例如，美国当地社区的石油价格的上升是与全球（尤其是中国和印度）石油需求的不断增长紧密相关的。作为生产者和消费者，我们现在需要对遥远且不可见的因素和力量作出回应。

最后，全球分析家都在反思传统的经济模型。全球经济显示一些社会主义国家比资本主义国家生产率要低，这是东欧和苏联的社会主义政治体制崩溃背后的一个重要原因。但资本主义国家也有其自身的问题，包括高度的不平等和不断涌现的公司丑闻，这是经济现在有大量政府调控的两个重要原因。

这些变迁的长期影响会是怎样的？两个结论看来是无疑的。第一，美国和其他国家经济的未来将在全球语境中展开。随着更多的工业生产转移到其他国家，美国的新后工业经济已经浮现。第二，全球不平等和人口增长这两个相关问题的处理是不可避免的。世界是缩小还是扩大发达国家和不发达国家之间的差距也许决定着我们的星球是走向和平，还是战争。

争鸣与辩论

市场："看不见的手"在照顾我们还是掏空我们?

"市场"还是"政府计划"?所有的国家都不同程度地同时依靠两者来决定公司的产品和服务生产或是民众的消费。这一问题如此重要，对这个问题的回答与国防、同盟选择以及敌人认定有很大的联系。

历史地看，美国社会是依靠市场的"看不见的手"实现经济决策的。市场根据产品供给和消费需求动态调高或调低价格。市场因此联结了无数人的努力，每个人——按照亚当·斯密的洞见——都仅以自己的利益为动机。市场体系的拥护者——特别突出的是经济学家米尔顿·弗里德曼和罗丝·弗里德曼（Milton Friedman & Rose Friedman，1980）——指出几乎自由运行的市场体系是国家获得高生活标准的关键。

但其他人也指出了政府对于美国经济的贡献。政府必须介入私人企业不能很好完成的任务，如保护国家不受外敌或恐怖主义袭击。政府（与私人企业伙伴合作）也在建设和维护公共设施方面，如道路、公用事业、学校、图书馆以及博物馆，发挥关键作用。

然而弗里德曼夫妇反对说，无论什么任务，政府总是以并不有效的方式来完成。他们指出，对大多数人而言，今天最低满意度的产品和服务——公共学校、邮政服务和铁路客运服务——都是由政府运行的；而大家最喜欢的产品——家用电器、计算机以及其他新电子技术、时装——都是市场生产的。弗里德曼夫妇和其他自由市场的支持者相信，最少的政府调控带来最多的公众利益。

政府经济干预的支持者做出其他的辩解。第一，他们指出市场只刺激生产有利可图的产品。几乎没有私人公司愿意去满足穷人的需求，因为顾名思义，穷人只有极少的钱可供花费。

第二，只有政府能控制市场的某种自我毁灭倾向。例如1890年，政府通过了《谢尔曼反托拉斯法》（Sherman Antitrust Act）以打破美国的石油和钢铁垄断。而那之后的几十年里——特别是20世纪30年代的罗斯福新政之后——政府通过强硬手段控制通货膨胀（通过调整利率），提高工人的福利（通过制定工作场所安全标准），使消费者受益（通过制定产品质量标准）。2008年，当市场不能阻止严重经济衰退时，公众要求政府在美国经济中发挥更大的作用。

第三，因为市场扩大了社会不平等，政府必须在社会公正的层面介入。由于资本主义经济将收入和财富集中于少数人之手，政府就有必要向富人征更高的税来保证财富被更多的人分享。

市场的"看不见的手"是在照顾我们还是在掏空我们?尽管大多数美国人赞成自由市

◎ 你认为多大程度的政府经济调控是必要的?

场，但他们也支持政府干预经济。公众意见不断地左右摇摆。2008年的经济危机之后，公众对公司的信心下降，对联邦政府的信任增强。民主党在2008年大选的胜利表明，公众认为政府的工作并不仅仅在于保障国家安全，也在于维护经济稳定。到2010年，共和党赢得了更多的选票，这表明公众有所退回到更喜欢私人企业而非政府的境地。在未来的几年，我们应该能看到美国人民和世界人民继续争论市场力量和政府决策的最佳平衡点。

你怎么想?

1. 你同意不同意这样的说法，即“管得越少，政府越好”？为什么？
2. 人们是否在繁荣时期更希望政府减少对经济的控制而在艰难时期希望政府加强对经济的控制？为什么？
3. 奥巴马政府和民主党在哪些方面增强了政府对经济的作用？共和党在哪些方面试图减少政府对经济的作用？

日常生活中的社会学

第16章 经济与工作

今天的经济面临的挑战是什么？

本章阐明了经济是组织社会产品和服务的生产、分配以及消费的社会制度。毫无疑问，我们正处在经济不景气时期。失业率很高，挣得维持生活的工资比之前要难得多，公众对于有保障的未来缺乏信心。C·赖特·米尔斯也许会说，我们所面对的个人问题其实根源于经济。观察以下三张图片然后问你自己：今天经济的哪些变迁形成了对现有劳动力的挑战？

提示

工业生产已经从美国转向劳动力工资更为低廉的其他国家。例如在中国，对工业工人仅需要支付美国工人工资的大约 10%。中国的经济总量仍然不到美国的一半，尽管其有 5 倍于美国的劳动力。但是从 2000 年开始，中国的工业生产以大约每年 15% 的速度增长。事实上，美国的工业生产在新世纪的前五年是有所下降的，平均每年的增长不超过 1%。印度的经济活动也正不断扩展，其服务业工作显著增加，在下图的班加罗尔的一个电话中心中可以看到。回到美国，即使是大学教授这样有高技术的人也在今天的经济中面临挑战。计算机技术的使用使得教授可以在更大的课堂授课，也使得一个教员可以同时给不同地方的多个教室的学生讲课。简言之，即使一个公司或者机构变得更为多产，其也并不总是需要雇用更多的人。这有助于我们理解，为什么某些分析家开始不断讨论“失业型复苏”（jobless recovery）。

去一家大型商店走走，看看店里的商品都是哪里生产的。不需要花太多时间你就会发现一种模式：这种模式是什么？随着产品越来越多由国外生产，美国的制造业工作出现了怎样的变化？

你曾经打过 800 服务热线并且想知道电话那头的人在什么地方吗？并不仅仅只是制造业工作正流向美国国外。低廉的工资已经使得公司将它们的许多服务型工作（包括许多需要技能的办公室工作）重新部署在如印度这样服务型雇用不断猛涨的地方。总之，在我们称为“外包”的这种趋势中，有谁是安全的？

高科技使我们的经济更为高效，是不是？一般来说，是的。但是采用新技术可以使机构在更少雇员的条件下更为高效。你是否上过教授并不在教室中的“远程学习”（distance learning）课？计算机技术是怎样使得大学以更少的教员来教授更多的学生的？

从你的日常生活中发现社会学

1. 想象下你的家人也集合在一起来拍摄和上述图片相似的照片。你家的所有物会有哪些显著的不同？
2. 参观一个沃尔玛或凯马特那样的平价卖场，在你感兴趣的区域做一点“实地”调查。选择10个产品，看看它们分别是哪里生产的。你的结果能支持全球经济的存在吗？
3. 基于本章所学，请你对20年以后的工作性质和职业作三个预测，即：你学到的哪种趋势可能会继续？

登录mysoclab.com，阅读“从你的日常生活中发现社会学”专栏，你会了解到很多有意思的事实，你将发现，本章的信息将有助于你自己的职业生涯。

第16章 经济与工作

经济：历史概观

经济是组织社会产品和服务的生产、分配以及消费的主要社会制度。 p.370

在技术落后社会，经济活动就是家庭生活的一部分。

农业革命（5 000 年前）通过以下因素使得经济成为清晰的社会制度：

- 农业技术。
- 职业分化。
- 固定居住。
- 贸易交换。 pp.370-71

工业革命（大约开始于 1750 年）扩展了经济，它基于以下因素：

- 新能源。
- 工厂集中生产。
- 专业化与大众生产。
- 雇佣劳动。 p.371

后工业经济由信息革命推动，大约开始于 1950 年，其基于以下因素：

- 工业工作向服务业工作的转变。
- 计算机技术。 pp.371-72

三大经济产业

第一产业

- 从自然环境中提取原材料。
- 在低收入国家重要性最大（占经济的26%）。

如：农业、渔业、矿业。 p.372

第二产业

- 将原材料转化为生产产品。
- 在低收入国家、中等收入国家和高收入国家都占有重要的地位（25% ~ 35%）。

如：汽车生产、服装生产。 p.372

第三产业

- 服务而不是产品。
- 是低收入国家、中等收入国家和高收入国家最大的经济部门（49% ~ 73%）。

如：秘书、销售、教育。 p.372

经济（p.370）：组织社会产品和服务的生产、分配以及消费的社会制度。

后工业经济（p.371）：基于服务业和高科技的生产体系。

第一产业（p.372）：从自然环境中提取原材料的经济部门。

第二产业（p.372）：将原材料转化为生产产品的经济部门。

第三产业（p.372）：有关服务而非产品的经济部门。

全球经济（p.373）：跨越了国界线的经济活动。

经济体系：通往公正之路

资本主义基于财产的私人所有制以及在竞争市场中对利润的追逐。资本主义导致：

- 更高的生产率。
- 更高的一般生活标准。
- 更大的收入不平等。
- 自利行动的自由。

如：美国大体上采用一种资本主义经济。

社会主义基于政府控制经济下的财产集体所有制。社会主义导致：

- 更低的生产率。
- 更低的一般生活标准。
- 更少的收入不平等。
- 基本需求的自由。

如：委内瑞拉大体上采用社会主义经济。 pp.373-76

资本主义（p.373）：自然资源以及生产产品和服务的生产资料个人私有的经济体系。

社会主义（p.375）：自然资源以及生产产品和服务的生产资料集体所有的经济体系。

共产主义（p.376）：社会所有成员享有社会平等的一种假说性的经济与政治体系。

在福利资本主义体系下：

- 政府拥有如交通和大众媒体这样的大型产业。
- 大多数工业私人所有，但是受到政府的高度调控。
- 对富人征收高税以便负担服务全民的广泛政府服务。

如：瑞典和意大利具有福利资本主义经济。**p.376**

在国家资本主义体系下，政府通过以下方式与大公司紧密合作：

- 提供财政支持。
- 控制外国进口。

如：日本和新加坡具有国家资本主义经济。

p.376

福利资本主义（p.376）：将基本的市场经济与广泛的社会福利联结起来的经济与政治体系。

国家资本主义（p.376）：公司私人所有但与政府紧密合作的经济与政治体系。

美国后工业经济中的工作

工作

- 农业工作的比例仅占1.7%。
- 蓝领工业工作的比例下降到13%。
- 白领服务业工作的比例上升为85%。 **p.378-79**

二元劳动市场

- 初级劳动市场的工作是提供高收入、高福利以及工作安全的有意思的工作。
- 次级劳动市场的工作则工资更低、工作安全更低、福利更少，也带来更少的个人满意度。 **p.379**

自我雇佣

- 6.8%的美国劳动者是自我雇佣的。
- 许多专业工作者是自我雇佣的，但是自我雇佣者大多是蓝领。

p.381

失业

- 失业有很多原因，包括经济本身的运行状况。
- 2011年初，8.9%的美国劳动力处于失业状态。
- 年轻人和非裔美国人的失业风险最高。 **p.381-82**

信息技术

信息技术正改变工作场所以及人们的工作方式。计算机：

- 取代人的工作。
- 正使得工作更抽象。
- 减少了工作场所的互动。
- 增加了雇主对工人的控制。
- 允许公司重新部署工作。**p.383-84**

初级劳动市场（p.379）：提供能给工作者带来广泛的利益的职业。

次级劳动市场（p.379）：提供的职业仅给予劳动者最低限度的利益。

工　会（p.379）：通过谈判与示威等手段寻求改善工人工资水平和工作条件的工人组织。

专业职业（p.380）：需要广泛的正式教育的有声望的白领职业。

地下经济（p.382）：没有按照法律要求将收入上报给政府的经济行为。

公司

公司形成了美国经济的核心。成立公司：

- 使组织成为法律实体。
- 保护所有者的财产不受针对公司的诉讼的影响。
- 能够带来更低的公司利润税率。 **p.384**

经济集中和竞争

最大的公司，即联合公司，占去了绝大部分公司资产和利润（如百事和通用汽车）。

- 公司通过连锁董事会的形式联结。
- 由于公司联结以及大公司支配某些市场减少了竞争，联邦法律禁止垄断以及价格限定。 **p.384-85**

公司与全球经济

许多大型公司跨国运作，在全世界生产和分配产品。

- 现代化理论认为跨国公司通过提供更多的职业和新技术提高了不发达国家的生活标准。
- 依附理论认为跨国公司通过将不发达国家推入出口导向的产品生产以及使不发达国家更为依赖发达国家使得全球不平等更为严重。 **p.385-86**

公司（p.384）：包含权利和责任并与其成员相分离的依法存在的组织。

联合公司（p.384）：由大量小公司组成的巨型公司。

垄断（p.384）：单一生产商控制市场。

寡头垄断（p.384）：少数生产商控制市场。

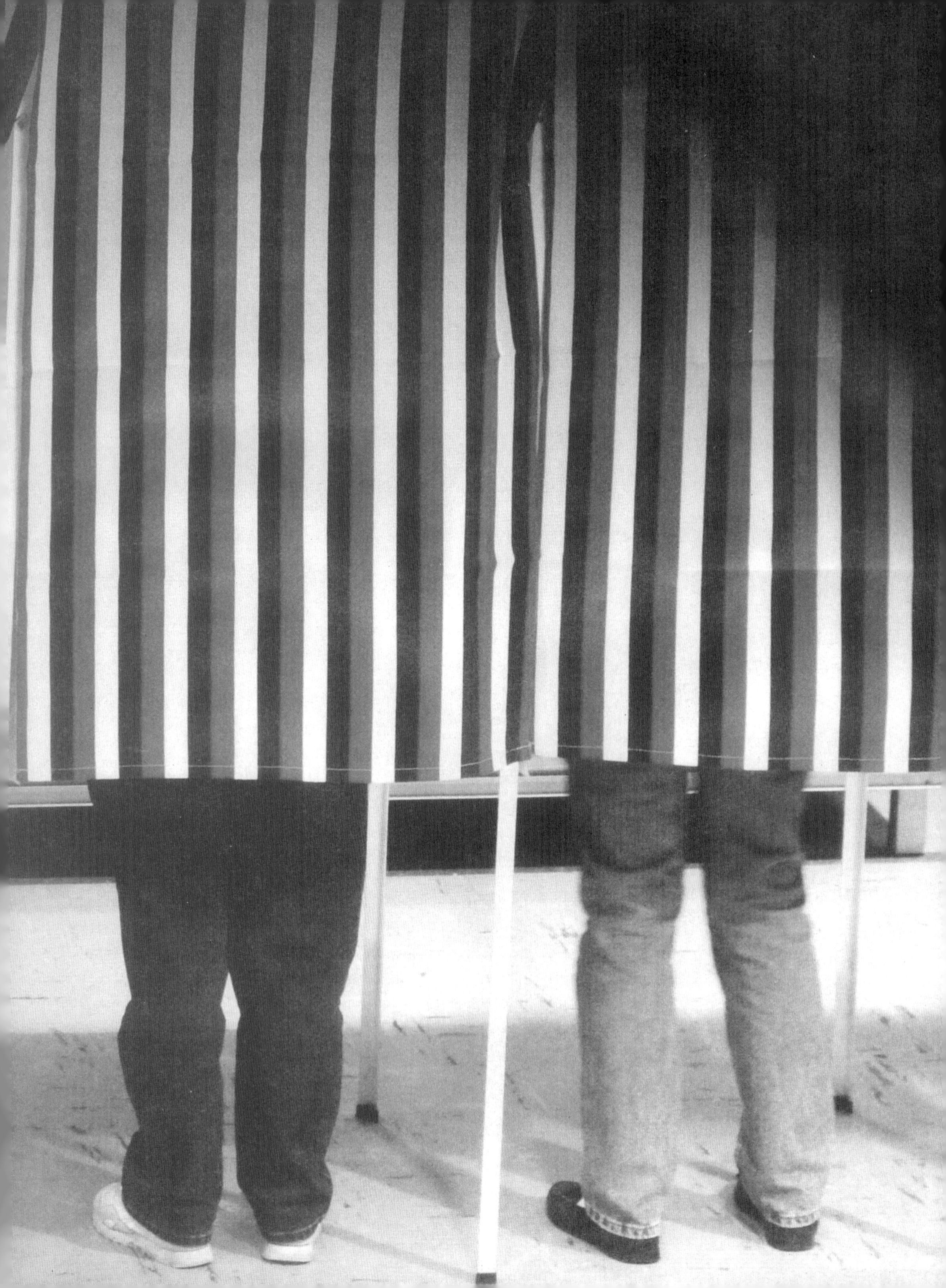

第17章 政治与政府

学习目标

◇　**记忆**

本章黑体关键名词的定义。

◇　**理解**

政治谱以及经济与社会问题的差异。

◇　**应用**

社会学的主要理论视角于政治和政府。

◇　**分析**

导致战争和恐怖主义的原因以及结果。

◇　**评价**

各类政治系统的优势与劣势。

◇　**创造**

世界减少暴力冲突追求和平的措施。

本章概览

政治是有关分配权力、树立目标并做出决策的社会制度。本章探讨政治和解释政府的运作，同时分析战争和恐怖主义的性质及它们产生的原因。

太阳还没有升起，就有几千人聚集在巴林的首都麦纳麦重要的十字路口。这些人一部分从自己的家中来，一部分来自附近的大学，一部分整晚都睡在这里。很多人拿手机看关于一天安排的最新消息。整个现场弥漫着一个年轻的突尼斯歌手“厄尔将军”（El Général）写的说唱歌曲声。歌中唱道：“总统先生，你的人民正在走向死亡……我看到冤屈无所不在。”

2011 年作为愤怒与说唱结合进行革新的一年在历史上完美落幕，促进这种结合的一个关键因素就是年轻人。在巴林街头的人群和中东其他地方一样，大部分是 30 岁以下的年轻人。这一代人被定义为掌握掌上电脑技术的人群，这些年轻人充满雄心和希望，厌倦失业、饥饿和在政治系统拥有很少甚至没有话语权。

2010 年底突尼斯人民开始起义迫使独裁者放权，这项运动蔓延到阿尔及利亚、约旦、也门、埃及、苏丹、巴勒斯坦、伊拉克、伊朗、巴林、利比亚。我们无法预测这场运动的最终结果，但整个中东年轻人的目标很明显——他们为改变世界而来。（Ghosh，2011；Zakaria，2011）

本章的重点是一个社会中权力是如何运作的——谁拥有它，它怎样被使用。**政治**（politics）——或更正式的“政体”——是有关分配权力、树立目标并做出决策的社会制度。我们将从各种不同的视角研究美国的政治制度，并评估美国社会在何种程度上才是真正的民主。然后，我们将注意力放到整个世界，包括革命以及国际权力在战争和恐怖主义形式下的使用。

权力与权威

◇ 理解

社会学家马克斯·韦伯（1978，orig.1921）声称每个社会都是以权力为基础的，他将**权力**（power）定义为克服其他人的抵制而实现目标的能力。**政府**（government）是指挥社会政治生活的正规组织，权力的使用就是政府的事务。政府要求各部分人顺从其统治，然而韦伯指出大多数政府并不公开地威慑人民。在大多数时候，人民尊崇（至少是接受）他们社会的政治系统。

韦伯继续指出，如果顺从仅仅来源于残忍的武力威慑，那么没有哪一个政府能长久保持其权力。甚至最残忍的独裁者也必须考虑是否有足够多的警察去监视每一个人，而且谁又能监视警察呢？因此，每个政府都设法使它自己在人民的眼中具有合法性。讲到这里，自然就引出了韦伯提出的一个概念：**权威**（authority），即人们接受为合法的而不是强迫的权力。那么，政府如何将原初的权力（raw power）转化成更稳定的权威呢？韦伯提出三种类型：传统型权威、法理型权威和克里斯玛型权威。

传统型权威

韦伯指出，前工业社会基于**传统型权威**

政治 有关分配权力、树立目标并做出决策的社会制度。

政府 指挥政治生活的正规组织。

权力 克服他人的抵制而实现目标的能力。

权威 人们接受为合法的而不是强迫的权力。

（traditional authority），其权力合法性来源于人们对于长期建立的文化传统模式的尊敬。传统型权威沉淀在集体记忆中，意味着人们接受继承领导这样一种系统，只是因为它一直是这样做的。在过去的几个世纪，如同中世纪欧洲的贵族一样，中国的皇帝便是通过传统来获得合法性的。传统
395 的权力如此强大，以至于人们不管怎么样都不出所料地逐渐神化传统统治者。

随着社会工业化，传统型权威开始退场。汉娜·阿伦特（Hannah Arendt，1963）指出，只有当每个人享有一样的信念和生活方式时，传统型权威才能坚挺地维持。现代科学思想、工业化生产所要求的社会分工，以及移民所带来的社会变迁和文化分化，所有这些共同消解了传统。因此，美国总统不可能如同古代许多统治者一样，宣称以上帝的名义来统治国家。虽然如此，但诸如布什、肯尼迪、罗斯福、洛克菲勒等一些商业家族仍如此牢固地嵌入美国的政治生活，以至于他们的家族成员凭借一些传统型权威的方法登上政治舞台（Baltzell，1964）。在世界各地，仍有世袭统治者要求传统的统治权，但是这种说法已经跟不上现代社会的步伐。一些传统统治者通过放弃大部分权力来坚持世袭（如英国）或者另一个极端，通过切断人民与世界的联系，在一个国家实现完全的统治（如朝鲜）。

传统型权威也是男人统治女人的父权制力量的源泉。虽然这种权力的形式受到越来越强的挑战，但仍在扩散。父母凌驾于他们孩子上的传统型权威很少受到质疑。我们大多数人也记得，孩子们以问“为什么”来挑战父母的要求时，仅仅得到“因为这是我说的”这样的答复。父母以这样的回答清楚地表示其要求不容讨论；而其他的答复将会忽视置于孩子头上的传统型权威，将父母与孩子平等对待。

法理型权威

韦伯将**法理型权威**（rational-legal authority，有时也称为科层制权威）定义为来源于合法实施有效的法规制度的合法性权力。法理型权威是在合法政府运转过程中的合法化的权力。

就如第 7 章（“群体与组织”）中解释的，韦伯将科层制看作是以理性思维管理现代化社会的组织形式。促进科层制的世界同时也在弱化传统的风俗行为。今天的高收入社会成员不是指望过去，而是通过正式有效的法规手段来操作政治系统以追求公平公正。

理性有效的规则也指导着日常生活中权力的运用。例如，班主任和任课老师的权威依赖于他们在科层制高校中所担任的职务，同样，警察也依赖于法理型权威。与传统型权威相比，法理型权威不是源自于家庭背景而是源自于政府组织的一个位置。传统的独裁者终生统治，而现代社会的总统或首相却根据法律获得和失去权力，这就反映出总统或首相的权威存在于公务中而不在于个人。

克里斯玛型权威

最后，韦伯认为权力可以通过魅力转化为权威。**克里斯玛型权威**（charismatic authority）是指通过超常的个人能力引起服从甚至奉献的合法性权力。与传统型权威和法理型权威不同的是，克里斯玛型权威很少依赖个人的血统家系或公务位置，而更多依靠个人的个性魅力。

克里斯玛型领导者运用他们的个人技能将受众转变为跟随者，历史上一直不乏其人。他们时常制定他们自己的规则向现状挑战。克里斯玛型领导者的事例从拿撒勒的耶稣到阿道夫·希特勒，各不相同。他们和印度独立运动领导者圣雄甘地、美国国内民权运动领导者马丁·路德·金等其他人成功地改变了他们周围的社会，这个事实能够说明魅力为什么总是备受争议，也可能解释他们为什么大多数英年早逝。

由于克里斯玛型权威来源于单个的个人，领

权威类型

传统型权威 其权力合法性来源于人们对于长期建立的文化传统模式的尊敬。

法理型权威 来源于合法实施有效的法规制度的合法性权力。

克里玛斯型权威 通过超常的个人能力引起服从甚至奉献的合法性权力。

导人的逝世往往会引起其创造的运动的危机。马克斯·韦伯解释道，为了运动的维持，就必须发生**克里斯玛的常规化**（routinization of charisma）——克里斯玛型权威向传统型和科层制权威的有机组合转化。例如，耶稣死后，跟随者制度化其教义，创建基于传统和科层制的教堂，通过这种方式，罗马天主教会已持续了 2 000 多年。

全球化视野中的政治

◇ 理解

政治系统已经改变了历史的进展。技术简单的狩猎与采集社会曾经在地球上普遍存在，这种社会没有正式的政府，而是以大家庭的形式运行，领导者通常由具有非凡力量、狩猎技能或者个人魅力的人来担任。但是，由于资源极少，他们可能控制他们自己的人民，却不可能去统治大面积的疆域（Nolan & Lenski，2010）。

随着专业化分工和剩余产品的出现，农业社会日益发展。农业社会中，一小部分精英获得大部分财富和权力的控制权，政治循着它自己的逻辑从家庭转变成社会制度。当领导者开始宣称拥
396 有统治的神圣权力，获得韦伯意义上的传统型权威的一些特征时，这便是历史上的关键点。领导者也可能受益于法理型权威，一定程度上他们的统治得到法律的支持。

当社会再进一步扩大时，政治采用了国家政府或政治邦国的形式。但是，政治国家的效率依靠可利用的技术。几世纪前军队徒步缓慢，甚至短距离交流也是不确定的，正因为这样，早期的政治帝国——比如 5 000 年前中东的美索不达米亚——实行许多小城邦制。

更多复杂的技术产生了更大规模的民族国家制度。目前，全世界有近 200 个独立的民族国家，每一个都具备某些不同的政治系统。然而，我们通常将其分为四类：君主制、民主制、独裁制、极权制。

君主制

君主制（monarchy，该词源自拉丁语和希腊语的词根，意为“一个统治者”）是指由单一家庭世袭传承统治的政治制度。君主制流行于古代农业社会，例如，《圣经》中所讲到的像大卫和所罗门这样伟大的国王。今天世界上仍有 26 个国家存在皇室家族，其中一些国家可追溯他们祖先到几个世纪以前。用韦伯的话来说就是，君主制是通过传统而合法化的。

整个中世纪，大部分世界的专制君主宣称拥有基于神圣的垄断权力。当然，今天这样的宣称已是很少了，但是仍有一些国家的君主——包括沙特阿拉伯和阿曼——几乎绝对控制着他们的人民。

随着工业化的进程，君主逐渐退场，让位于选举产生的公务员。今天，所有有皇室家族的欧洲国家都实行君主立宪制，即君主仅仅是国家的象征性的首领，实质性管理是选举出来的政府官员的责任，这些官员由政府首脑领导并受制度制约，形式上看，这些国家是由贵族支配，而实质上是由选举出来的公务员治理。

民主制

民主是现代世界的主流趋势，**民主制**（democracy）是把权力还给全体人民的政治系统。更确切地说，因为不可能人人都是领导者，

◎ 君主制通常在尚未工业化的社会建立。最近蔓延整个中东的政治动荡说明，在当今世界，这种形式的政治制度受到越来越多的抵制。尽管如此，阿卜杜拉国王和他的皇室成员，通过对阿拉伯遗产和文化的支持来加强他们对沙特阿拉伯的控制。

我们设计一种代议制民主的系统，将权威交到由人民选举出的领导者手中。

世界上许多高收入国家都声称是民主国家（包括那些仍有皇室家族的国家）。由于工业化和民主政府两者都需要有文化知识的大众，因而两者合到了一起。同时，随着工业化进程，农业社会君主制中的权力的传统合法化让位于法理型权威。因此，犹如君主制和传统型权威是联系在一起的一样，民主和法理型权威也是联系在一起的。

但是，诸如美国一样的高收入国家并不是真正的民主国家。原因有二：一是科层制的问题。美国联邦政府有 280 万日常工作人员。几百万由特殊津贴支付工资的政府工作人员，再加上 160 万现役军人、6.6 万立法和司法部门人员，所有这些人加起来有 440 万联邦政府工作人员。另有 1 980 万人在全国约 89 500 个地方政府工作，大多数这些工作人员从来不需任何人选举也不必直接对人民负责。

另一个原因涉及经济不平等，因为富人比穷人拥有更多的政治权利。所有政治辩论中最
397 显而易见的声音——从奥巴马总统（在图书销
售中赚到百万）以及克林顿（在卸任总统后赚了很多钱）到约翰·麦凯恩（妻子非常富有）以及萨拉·佩林（高薪的媒体名人）都是在国家的富人之中。在政治游戏中“金钱说话”。鉴于巨资公司和他们的富豪总裁占有更多的资源，美国的“民主”制度又怎么能听到“一般民众”的声音？

不过，民主国家的确提供了很多权利和自由。根据“自由之家”（一个跟踪政治趋势的组织），在 2011 年，世界 87 个国家尊重公民的许多自由，约 43% 的全球人口拥有自由。

民主与自由：资本主义和社会主义视角

尽管存在上述种种问题，但富裕的资本主义国家，比如美国，仍然宣称是民主制国家。当然，像古巴和中国一样的社会主义国家也同样宣称是民主制国家。许多迹象表明我们需要更深入地考察政治经济，即政治和经济的相互作用。

如第 16 章（“经济与工作”）详述的，美国、 398
加拿大和欧洲国家的政治生活是以资本主义的经济原则为主要特征。市场制度内追求利益要求“自由”，即要求人民有权按他们自己的利益行动，因此，资本主义视角下的政治自由就是个性解放，不论以何种方式，行动自由就是为了最大化个人利益或他人好处。从这一点来看，民主意味着个人拥有从忙于公务的人中选择他们的领导人的权利。

然而，资本主义社会却以收入和财富的极度

君主制 由单一家庭世袭传承统治的政治制度。

民主制 把权力还给全体人民的政治系统。

全球性思考

“软性独裁主义”还是有计划的繁荣？来自新加坡的报道

杰克： 如果人们有很多东西吃，有舒适的地方睡觉，他们会很幸福。

塞丽娜： 我认为自由比经济富裕更重要。

努恩： 让我告诉你们一些关于新加坡的事，当我居住在新加坡……

新加坡位于马来西亚半岛的尖角上，人口510万。对该国大多数民众而言，这个小国就如亚洲的天堂。四邻皆穷国，人口高速增长、犯罪率高、城市脏乱，可新加坡以它的富裕、清洁和安全鹤立鸡群。来自美国的参观者有时认为与其说它是一个国家，不如说是一个主题公园。

自1965年脱离马来西亚获得独立至今，新加坡以其经济发展和人均收入高引起世界注目。与美国相反，新加坡几乎没有犯罪、失业或贫困儿童，这里几乎没有交通堵塞，地下铁道车辆没有胡乱涂写。

新加坡井然有序的环境的关键之处在于无时不在的政府，政府积极提倡几乎涉及任何事物的传统道德规范。国家占有并管理绝大多数住房，并涉足许多企业，为计划生育和完成学校教育的额外年限提供税收限制。为限制交通，政府对小汽车征收高额附加费，将基本私家轿车价格增加到约4万美元。

新加坡实施严厉的打击罪犯法律，对贩毒者实行绞刑，允许警察在没有控制和审讯的情况下拘捕嫌疑犯。政府禁止一些宗教群体（包括耶和华见证会），严禁赤裸裸的色情文字。为了保持城市清洁，公共场所严禁吸烟，路上严禁饮食，对乱扔垃圾扣以高额罚款，甚至规定口香糖的使用方法。

从经济学的意义上讲，新加坡不符合常见的类型。政府控制着许多企业，包括电视台、电话、航空和出租车，似乎是一个社会主义性质的。然而，这些公司高效运转、利润丰厚，不像许多社会主义企业。新加坡的资本主义文化促进着经济增长（虽然政府提醒人们防止过度物质主义），并且许多跨国公司都落户于此。

新加坡的政治气氛如经济一样不同一般。“自由之家”组织（Freedom House，2011）将新加坡视为相对自由国家类型，法律规定了政治领导人的选举，但是一个政党——人民行动党——自独立时起就掌握着政治过程并控制着国家议会的全部席位。

新加坡不是通常意义上的民主国家，但绝大多数人在这个蓬勃发展的国家里非常幸福地过着他们自己的生活。新加坡的政治系统提供了一个简单交易：政府从民众那里得到忠诚，反过来，给民众安全保障和财富。批评家指出，这种系统相当于“软性独裁主义”，即控制人们的生活，排斥不同政见者。但是，新加坡的许多人认识到其他地方的谋生艰难，目前至少认为这种交易是好的。

你怎么想?

1. 你喜欢新加坡政治生活的哪些方面？为什么？
2. 你不喜欢新加坡政治生活的哪些方面？为什么？
3. 你认为新加坡比美国提供了更好的生活吗？为什么是或为什么不是？

不平等而著称。假如每个人行动都以个人利益为导向，不可避免就会产生一些人比其他一些人拥有更多的权力并追求他们的利益。实际上，市场系统产生不平等的财富并将财富转换为权力。国家资本主义批评家认为资本主义社会财富精英控制着社会的经济和社会生活。

相反，社会主义制度宣称自己是民主的，因为其经济满足每个人基本的住房、上学、工作

独裁制 禁止人们参与政府事宜的政治制度。

极权制 广泛管制人民生活的高度中央化的政府系统。

及医疗需要。例如，古巴尽管比美国贫穷许多，却给人民提供基本医疗服务而不管其支付能力如何。

但社会主义批评家指出，一些社会主义国家对社会生活广泛的政府管制是压迫性的。例如，古巴的社会主义政府不允许人民在国内自由流动或者出境，也禁止有组织的不同政见者。

上述关于民主与自由的两种截然不同的视角给我们提出了一个重要问题：经济平等和政治解放能否并行不悖？为了促进经济平等，社
399 会主义国家限制个人选择；相反，资本主义国家提供广泛自由，实际上更多的是针对富人而不是穷人。

独裁制

一些国家阻止人们谈论政治。**独裁制**（authoritarianism）禁止人们参与政府事宜的政治制度，独裁政府对人们的需要漠不关心，不提供选举权，使用暴力镇压不同的政见及反对者。在沙特阿拉伯和阿曼是完全的独裁制，就像埃塞俄比亚的军政府一样。最近中东的政治运动说明有时人们会站起来反对政府的严厉统治，但不总是一定如此。第446页“全球性思考”专栏关注和平的“软性独裁主义”在亚洲小国新加坡蓬勃发展。

极权制

最严厉的控制性政治形式就是**极权制**（totalitarianism），它是广泛管制人民生活的高度中央化的政府系统。极权制随着20世纪技术进步给政府提供了严厉控制人们的能力而产生。越南政府不仅严密控制参观者的行为而且监控本国公民。朝鲜或许是世界上最极权的国家之一，人民陷于贫穷，不仅仅用警察控制人民，而且通过使用监视设备和功能强大的计算机收集、存储人们的信息来控制他们。

虽然有一些极权主义政府宣称代表人们的意志，但大多数极权政府却追求以政府的意志来束缚人民。就如极权制这一术语本身所暗示的，这些政府有一个总的权力中心，不允许存在有组织的反对者，不承认人们集会的权利，控制信息传播，制造一种孤立恐惧的气氛。例如，在苏联的最后几十年，一般民众无法接触电话簿、复印设备、传真机甚至准确的城市地图。朝鲜今天的情形仍大致相同。

极权主义社会的社会化是高度政治化的，以对政治系统的服从和认同为目标。在朝鲜，领导人的照片和政治信息到处都是，提醒民众他们有责任效忠国家。政府控制学校和大众媒体仅仅呈现官方版本的事件。

极权主义政府的共同之处是，一个党派实现对社会的完全控制，并且不允许反对者存在。

全球政治系统

第16章（“经济与工作”）描述了全球经济的出现，大公司超越国界运转，全球化是否以同样的方式改变着政治？一方面，答案是否定的，虽然大多数世界经济活动是国际性的，但如同许多世纪以来，地球仍然是分立的民族国家。联合国（1945年建立）仅仅是迈向全球政府方向的微小一步，其在世界上发挥的政治作用一直受到限制。

然而，另一方面，政治已经纳入全球的进程。一些分析家认为，跨国公司已经创造了一种新的政治秩序，因为其巨大的权力能影响全世界事件。换句话说，随着公司规模超过政府，政治也逐渐融入商业。

另外，信息革命已将国内政治移向世界舞台。电子邮件、文本短信、推特网络，使得没有哪个国家能够在绝对私密的情况下掌握他们的政治事件。最近“维基百科”的解密事件表明，人们很容易传递信息，甚至包括一些政府监控的信息，所以信息能被提供给任何人，也能提供给每个人。

同时，计算机技术甚至将世界情景带到了地

方政治上。大多数参与2011年席卷中东政治反对的年轻人清醒意识到，更大的政治声音被其他地方的人们传播。此外，他们还使用手机网络传播信息和组织活动。

最后，作为全球政治进程的部分内容，几千个非政府组织（NGOs）追求解决全球问题，比如，人权（“大赦国际”）和世界生态维护（“绿色和平”）。非政府组织在全球政治文化的扩展中将继续扮演重要作用。

总之，正如单个的国家逐渐失去对他们经济的控制，政府同样不能完全掌控其国内发生的政治事件。

美国政治

◇ 理解

全球快照

丹麦人比美国人更期待政府提供更多的食物和服务。

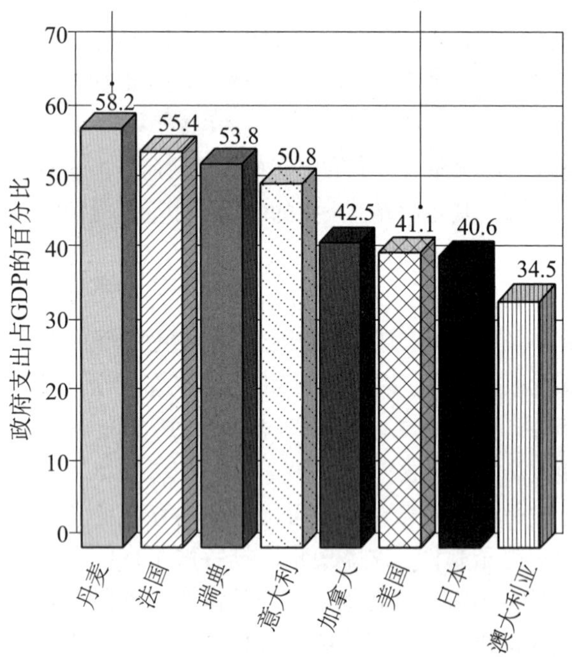

图 17—1 政府的规模（2011）

◎ 相比于其他高收入国家，美国政府运转经费占本国经济支出的比例最小。

资料来源：OECD（2011）.

在打败英国获得政治独立后，美国以代议制民主取代英国君主制，美国政治发展既反映其资本主义经济，更反映其文化历史。

美国文化与福利国家的兴起 400

美国的政治文化可归结为一个词：个人主义。《权利法案》的重点是从不适当的政府干涉中强调自由。当19世纪的诗人、散文学家拉尔夫·瓦尔多·爱默生（Ralph Waldo Emerson）说“统治得最好的政府是管理最少的政府”时，他头脑里想的正是个人主义。

但许多人不支持爱默生的观点，而认为政府在保卫国家安全、管理高速系统和教育、维持法律法规、帮助需要帮助的人们等方面是必要的。为了完成这些事情，美国政府真正变成了一个巨大而复杂的**福利国家**（welfare state，即提供给人们利益的政府机构和项目系统）。政府保障从生（出生前的营养计划）持续到死（社会保障和医疗服务）。有些项目对于在资本主义经济系统中不能很好生活的穷人是特别重要的，但学生、农场主、拥有住房者、小商业者、退伍军人、演员甚至大公司经理，也能得到许多不同补贴和支持。事实上，大部分美国成年人指望政府提供至少一部分收入。

当今的福利国家是政府规模和范围逐渐增大的结果。在1789年，联邦政府的出场仅仅是许多社团中的一面旗帜象征，整个联邦预算只有450万美元（每人1.5美元）。从那以后，联邦预算逐年稳步增长，在2011年达到3.8万亿（每人12 418美元）（U.S. Office of Management and Budget，2011）。

美国建国初期，每1 800个公民才有1个政府雇员。今天，大约1/6的工作人员是政府雇员，甚至比制造业人员还多（U.S. Census Bureau，2010）。

尽管工作人员增多，但是相比于其他高收入国家美国的福利国家规模还是小的。图17—1显示：大部分欧洲国家，特别是法国和北欧日耳曼

◎ 低收入者感受更大的经济压力，因此他们更关心经济问题，比如工资待遇。相反高收入者却为许多社会问题提供支持，比如动物权利。

语族的国家，比如丹麦和瑞典，政府规模更大。

政治谱

谁支持更大的福利国家？谁希望削减它？对这些问题的回答显示了对政治谱形成的态度。所谓政治谱（political spectrum）就是指从左边最极端的自由主义到右边最极端保守主义者。约1/4的美国成年人倾向于自由主义或者说“左派”，约1/3的人认为他们自己倾向于保守主义，属于政治上的“右派”，剩下的40%宣称是中立的，属于政治上的“中间派”（Horwitz，2008；NORC，2011：213）。

政治谱帮助我们理解两类问题：经济问题侧重关注经济不平等，社会问题涉及关于人们应该如何生活的道德问题。

经济问题

经济自由主义者支持广泛的政府经济法规，也支持更大规模的福利国家，以利于减少经济不平等，政府可以向富人增加税收，向穷人提供更多的待遇，从而减少不平等。经济保守主义者希望限制政府干预经济之手，给市场力量更多自由，这样能提供更多的工作机会，使经济更具有活力。

社会问题

社会问题是一些道德问题，从堕胎到死刑，到同性恋者的权利，再到如何对待少数族群。社会自由主义者支持各阶层人们的平等权利和机会，认为堕胎是个人选择的事件，反对死刑——死刑对少数人是不公平的。社会保守主义者的家庭价值议程支持传统性别角色，反对同性恋婚姻、针对少数人的积极行动和其他的特别项目。社会保守主义者谴责堕胎，认为堕胎是违反道德的，支持死刑。

在美国两大政治党派中，共和党在经济和社 401
会问题上更保守些，而民主党更倾向于自由主义。然而两大政党为了特定目标时都趋向大政府。例如，在2008年美国总统大选中，共和党候选人约翰·麦凯恩支持一个拥有强大军事的大政府形式，民主党候选人奥巴马也主张大政府用以扩展社会“安全网”例如提供所有人的医疗保险。两个政党都指望政府实现它们的目标原因之一就是不管谁入主白宫，政府的规模都会随着国债的规模而扩大。

阶级、种族与性别

大多数人持有复杂的保守和自由的态度。生活富裕的人在经济问题上倾向于保守主义，因为他们有财产需要保护，而在扩大教育和社会安全等社会问题上倾向于自由主义。低收入人群在经济问题上倾向于自由主义，而在社会问题上倾向于保守主义。二者呈现出相反的模式（Ohlemacher，2008）。

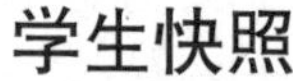

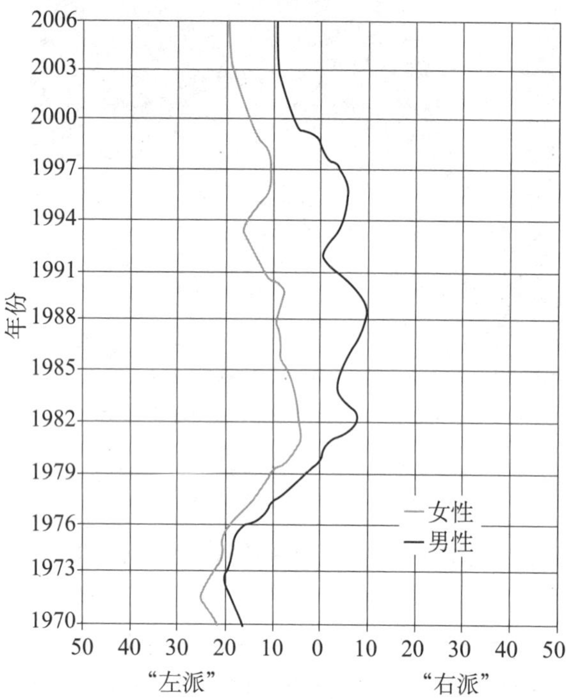

图 17—2　1970—2006 年大学生对“左—右派”政治的认同

◎ 大学生态度从 1970 年移向“右派”，而在 20 世纪 90 年代中期转向“左派”，女大学生比男大学生更倾向于自由主义。

资料来源：Astin et al.(2003)，Sex et al.（2003）and Pryor et al.(2007).

美国黑人不论贫富都比白人倾向于自由主义，特别是在经济问题上，并且投票支持民主党半个世纪（近 95% 的黑人在 2008 年投票支持了民主党人巴拉克·奥巴马）。历史上，拉丁美洲裔、亚裔美国人和犹太裔也都支持民主党（Kohut，2008）。

女性比男性更倾向于自由主义。在美国成年人中，更多的女性倾向民主党人，而更多的男性投共和党候选人的选票。例如在 2008 年有 56% 的女性投票给巴拉克·奥巴马，而只有 49% 的男性这样做。图 17—2 显示了大学生中这一模式的变化情况。虽然学生态度有一些变化——在 20 世纪 70 年代支持“右派”而在 90 年代后期开始支持“左派”——但女大学生比男大学生仍保持着更自由主义的态度（Astin et al.，2002；Sax et al.，2003；Pryor et al.，2007）。

政党认同

由于许多人持复杂混合的政治态度，在一些问题上支持自由主义观点，而在另一些问题上持保守主义立场，因此美国的政党认同是微弱的。2011 年的调查显示 49% 的人认同民主党，39% 的人认同共和党，还有 12% 支持其他党派或者说自己是“中立的”（Pew，2011）。缺乏强烈的政党认同是美国两大政党在不同选举中此消彼长各有千秋的一个原因。民主党在 1996 年入主白宫，并且在 1996 年、1998 年和 2000 年在国会发展壮大。而在 2002 年和 2004 年，时势改变了，共和党在国会取得长足进展，并入主白宫。在 2006 年形势逆转，民主党获得了国会的控制权并在 2008 年入主白宫。然而，在 2010 年的大选中，共和党赢得国会的掌控权，获得大多数众议院席位。

在美国，政治上也存在着城乡分割的现象：城市的人主要投民主党的票，而农村的人支持共和党。第 451 页的“日常生活中的社会学”专栏详细描述了美国的政治形势。

特殊利益群体

许多年来，全美的人们在争论轻武器的私人拥有权问题。诸如“防止枪支暴力布拉迪运动”的组织支持严格枪支管理法律；而其他一些组织，包括美国全国步枪协会，强烈反对限制枪支的规定。这里的每一个组织都是一种**特殊利益群体**（special-interest group），所谓特殊利益群体就是指组织起来表达对一些经济或社会问题的
观点的人群。特殊利益群体——包括老年人协会、 402
烟火制造者协会和环保者协会——在政党较弱的国家是强有力的。特殊利益群体聘请说客以他们自身的立场出发，千方百计获得许多国会议员去支持他们实现目标。在华盛顿地区就有约 13 000 个说客（Center for Responsive Politics，2011）。

政治行动委员会（political action committee，PAC）是由特殊利益群体形成的组织，它独立于政党之外，筹集资金用于支持它的政治目标。政

城乡分割：2008年大选

日常生活中的社会学

乔治：我知道洛杉矶的每一个人都投给了民主党，即没有人投票给麦凯恩。

哈利：如果你住在俄亥俄州，你会发现情况截然相反，奥巴马在这里基本没有选票。

就像对话中所说，美国政治差异的一个重要方面涉及人们居住在哪里。城乡居民的政治和投票模式截然不同。社会学家们长期以来一直在争论为什么存在这种差异。

2008年总统大选中的投票情况的第一个突出特点就是共和党候选人麦凯恩赢得了全美72%的县郡——3 115个县郡中占2 250个，民主党候选人奥巴马赢得865个县郡。

为什么在麦凯恩赢得如此多县郡的情况下奥巴马却赢得了选举？奥巴马获得了53%的人的支持，在人口多的县郡赢得了足够多的选票。民主党在大县郡影响大，例如在2008年大选中，奥巴马获得了70%的大县郡人的支持。支持共和党的县郡趋向农村性质，人口较少。麦凯恩在2008年大选中获得53%的农村的选票。很容易看出城乡分割。例如，在俄亥俄州奥巴马在波特兰市赢得足够的选票可以主宰全州，即使几乎行政区域内的全部县郡都支持麦凯恩也无济于事。

这种国家模式已吸引许多政治分析家去辨别支持民主党的城市性质的“蓝州”和支持共和党农村性质的“红州”。在县郡这一层次上更深一步的考察发现，在自由主义的美国城市和保守主义的美国农村之间出现一种政治分割现象。

是什么引起这种差异呢？典型的农村居民长久居住在一个地方，他们的价值观更传统，以家庭为基位，更可能信仰宗教，他们倾向于投共和党的票。相反，城市区域更多的家庭人数少，他们是年轻单身大学生和低收入群体，更可能投民主党的票。

你怎么想?

1. 你所在的州大多数人以哪种方式投票？你能解释为什么吗？
2. 你能解释为什么在大选中共和党宣称他们更关心“道德价值”，而民主党宣称他们更关心“经济与工作”呢？
3. 民主党候选人怎样才能在农村地区获得更多支持？共和党候选人怎样才能在城市地区获得更多支持？

资料来源：U.S. Department of the Interior（2009）.

治行动委员会将他们大部分资金直接投向支持他们利益的候选人。始建于20世纪70年代的政治行动委员会的个数已快速增至4 600多个（Federal Election Commision，2010）。

由于政治竞选成本上升，多数候选人渴望接受政治行动委员会的支持。在2010年非总统选举年的国会选举中，所有竞选资金的23%来自政治行动委员会。试图重选的议员，平均获得30万美金的捐款，对于参选众议院的，平均每人获得20万美金的捐款。在总统竞选中，需要提供更多的资金。在2008年，奥巴马和约翰·麦凯恩在他们的总统竞选中获得并花费了超过1亿美金（Pickler & Sidoti，2008；Center for Responsive Politics，2008，2011）。这种行为实践的支持者宣称政治行动委员会代表了巨大的企业、协会和教会群体的整合利益，因此政治行动委员会提高了政治参与度。批评者针锋相对地认为，捐钱给政客的组织期望投桃报李，以致政治行动委员会实际上是试图购买政治影响力（“Abramoff Effect，”2006；Federal Election Commission，2010）。

这些巨资有问题吗？答案是肯定的。在2010年选举中，拥有巨资的候选人95%最终赢得选举。对金钱的关注已引起竞选资金改革的呼吁。2002年美国国会通过了一项适度改革，限制候选人允许筹集的非管制资金的数额。尽管有这些变化，总统和国会竞选仍然在运动耗资上创造了新纪录（Center for Responsive Politics，

2009）。很快改变这种格局似乎不太可能。在2010年，最高法院拒绝限制在企业、工会和其他大型组织的选举开支（Liptak，2010）。

选民冷漠

美国政治令人不安的事实是很多人不进行投票。事实上，今日美国公民较一个世纪前更不喜欢参加投票。在2000年势均力敌的总统大选中，少数几百张选票就决定了成败，可仍然仅仅只有一半的登记选民参加了投票。即使在2008年，投票率上升到63%（自1960年以来最高的投票参与率），美国仍然比几乎所有的其他高收入国家的投票参与率要低。

谁可能去参加投票，谁又不会去投票呢？研究显示女性比男性更可能去投票。65周岁以上的人比正值读大学年纪的成年人（他们中甚至有一半没有进行选民登记）去投票的可能性要高许多。非西班牙裔白人（在2008年大选有66%的人参与投票）比非裔美国人（65%）更有可能参与投票，而西班牙裔美国人（50%）最不可能去参与投票。一般来说，在美国社会有较大利益关系的人——自己拥有住房者、有小孩的父母、受过较多学校教育及有好工作的人——更可能去投票。经济收入同样有影响：收入超过75 000美元的人（在2008年有79%的人参与投票）比收入低于10 000美元的人（50%）更有可能参与投票（U.S. Census Bureau，2009）。

当然，我们也应估计到一些无法投票的现象。首先，由于在任何给定的时候，可能有成千上万的人们生病或远离家庭住址或刚刚搬到一个新的社区，忘记进行选民再登记。另外，登记和投票是依赖读写能力的，这就排斥了读写技能有限的几千万美国选民。最后，在行动上有身体障碍的人比正常人参与投票率要低（Schur & Kruse, 2000; Brians & Grofman, 2001）。

保守主义者认为冷漠是总体上生活满意的人对政治的漠不关心，自由主义者特别是处于政治谱中最左端的激进分子则相反地认为冷漠反映了对社会深度不满的人对政治的疏离，因为他们认为选举起不到任何真正的作用。由于处于无权无势地位的人最不可能参与投票，而候选人奥巴马提高了少数派参与的程度，自由主义者对政治冷漠的解释可能更接近事实。

罪犯能投票吗？ 404

虽然投票权是美国宣称民主的一个非常重要的根据，但是除了佛蒙特州和缅因州之外的其他所有州都有法规禁止在监狱的犯人进行投票。30个州不允许犯了重罪的缓刑人员进行投票，有35个州不允许因言语获罪的缓刑人员投票。有2个州不允许刑满释放的人参与投票，还有10个州不接受恢复投票权的申请。鉴于此，在美国约有530万人（包括140万非裔美国人）丧失了投票权（Sentencing Project，2011）。

政府是否应该将剥夺政治权利作为一种惩罚的手段呢？50个州中绝大多数州的立法机构已经肯定地回答了这个问题。但是，批评人士指出这样一种实践可能是有政治动机的，因为禁止罪犯投票能对美国选举结果产生很大的影响。对于民主党候选人要胜出共和党候选人而言，重罪犯（通常是低收入者）并不是一个二对一的优先选择问题。最近一项研究得出，即使考虑到可估计的选民冷漠，如果这些法律无效，2000年戈尔就能打败乔治·W·布什成为美国总统（Uggen & Manza，2002）。

◎ 最近几年发展最明显的政治力量之一是茶党运动。支持者称政府发展过大，开支巨大，并且制约民众的自由。你认为政府是像政治谱右侧人眼中的“问题”还是政治谱左侧人眼中的“答案”？为什么？

政治	多元模型	权力精英模型	马克思主义政治经济模型
应用哪种理论视角?	结构—功能视角	社会冲突视角	社会冲突视角
权力在全社会如何展开?	权力广泛展开，所有群体都有发言权。	权力高度集中于商业、政治和军事高层领导手中。	权力为资本主义经济运转所指挥。
美国是民主的吗?	是。权力广泛展开，所以美国是民主的。	不是。一个国家的权力太集中就不是民主的。	不是。资本主义经济为政治做出决定，因此美国不是民主的。

应用理论

社会权力的理论分析

◇ 应用

权力如何扩散到整个美国群众去的问题社会学家们争论已久。权力是一个非常困难的研究主题，因为做出决定是复杂的，有时还是幕后发生的。尽管困难重重，但在美国，研究者已经提出了三种有影响力的模型。

多元模型：人民治理

与结构—功能理论紧密相关的**多元模型**（pluralist model）是将权力视作在许多竞争的利益群体之间展开的一种政治分析视角。首先，多元论认为政治是一种谈判商议的竞技场。在资源有限的情况下，没有哪一个组织企图能实现其所有目标。因此，组织以否决群体的形式运行，成功实现自己的一些目标，但主要是使对手不能达到他们的全部目标。政治过程严重依赖于在许多的利益群体中形成联盟和妥协从而使政策获得广泛支持。一言以蔽之，多元论者将权力视作向社会广泛开放的，所以人在政治系统中都至少拥有一些发言权（Dahl, 1961, 1982；Rothman & Black, 1998）。

权力精英模型：少数人统治

基于社会冲突理论的**权力精英模型**（power-elite model）是将权力视作向富人之间集中的一种政治分析视角。权力精英这一术语由米尔斯（Mills，1956）最先提出，他指出，小部分上层阶级掌控了绝大部分的社会财富、声望和权力。

米尔斯提出权力精英成员主导了美国社会的三个重要领域：经济、政府和军队。权力精英们由“超级富豪”（公司经理人员和主要股东）、首都华盛顿和各州府高官、美国军队的最高级别军官组成。

米尔斯进一步解释道，这些精英能在各部门转移，并随他们的转移建立权力。例如，副总统迪克·切尼就在商业世界中的最有权的位置和联邦政府间进进出出。科林·鲍威尔从美国军队高层人员变成国务卿。更宽泛地讲，当总统挑选内阁成员时，大多数这些政府官员是百万富翁。布什政府是这样，奥巴马政府也是这样。权力精英理论家认为由于财富和权力如此高度集中以致普通老百姓的声音被淹没，因此美国不是民主国家。他们拒绝这种多元论的观点，即不认为各种权力中心是用来相互控制和平衡的。从这一点上讲，高层人物权力足够强大以至于他们没有真正的反对者（Bartlett & Steele，2000；Moore et al.，2002）。

马克思主义模型：系统偏见

理解美国政治的第三种视角是**马克思主义政治经济模型**（Marxist political-economy model），即用社会经济系统运转的术语来解释政治的一种分析视角。如权力精英模型一样，马克思主义模型否认美国是政治民主国家的观点，但是，权力精英模型仅仅集中关注特定个人的巨额财富与权力，而马克思主义模型更进一步深入考察植根于美国制度，特别是植根于经济的偏见。如在第4章（“社会”）所引用的一样，卡尔·马克思声称社会经济系统（资本主义的或社会主义的）型塑

▲**检查你的学习** 权力多元模型的主要论点是什么？权力精英模型呢？马克思主义模型呢？

405

其政治系统，因此，权力精英不可能简单的在其他地方出现，而是资本主义本身的产物。

从这一点看，改革政治系统——比方说限制富人给政治候选人捐款数额——是不可能带来真正的民主的。问题不在于谁掌握大权或谁未投票，根源存在于系统本身，即马克思主义者所谓的“资本主义政治经济”。换句话说，只要美国以资本主义经济为主，大多数人民就会被排除在政治之外，正如他们在工厂遭受剥削一样。

◇ 评价

哪一种理论最准确呢？许多年来，每一种模型均获得了研究结果的支持。最终，美国政治系统应该如何运转，就如同科学事实一样，是一个重大的政治价值问题。

纳尔逊·波尔斯比（Nelson Polsby，1959）的经典研究支持多元模型。他研究了康涅狄格州的纽黑文的政治图景，结果表明在许多问题——包括教育、城市重建、选举的提名过程——上的关键决定是由不同群体做出的。他得出结论，在纽黑文没有哪一个群体，甚至是上层阶级也不能统治所有其他的群体。

罗伯特·林德和海伦·林德（Robert Lynd & Helen lynd，1937）通过印第安纳州曼西市（他们将其称为“中镇”以表示曼西市是一个典型的城市）的研究证明了通过制造罐头瓶玻璃的商业而积聚到单一的鲍尔斯家族的巨额财富，研究结论支持权力精英模型的观点。林德夫妇揭示了鲍尔斯家族如何控制曼西市的生活，指出以鲍尔斯家族来命名的当地银行、大学、医院和百货公司。在林德夫妇看来，权力精英在曼西市或多或少浓缩到单一的家族。

从马克思主义视角来看，关键点不是看哪些个人做出决定，而是像亚历山大·利亚泽斯（Alexander Liazos，1982：13）在分析美国时解释的一样：“资本主义社会的基本原则——社会阶级的不平等和利润超越人民的重要性——型塑了每个人的生活。”利亚泽斯得出结论，只要社会的基本制度是为了满足少数人而不是为了多数人需要而设置的，民主的社会是不可能存在的。

明显地，美国政治系统赋予了几乎每个人通过选举参与政治过程的权利，但是，权力精英模型和马克思主义模型指出美国的政治系统至少是远没有大多数人民想象的民主。大多数市民可能拥有投票的权利，但主要的政党和候选人却基本上只代表最有权力的部分人的立场，与资本主义经济运转相吻合。

不管是什么原因，对美国政府不满不仅限于茶党寻求更小政府的行动的那一小部分人。对于国会议员和其他官员将会为国家尽力做到最好，只有60%的美国成年人，有“一些”或“大量”信心（NORC，2011：334-336）。

统治之外的权力

◇ 理解

在政治上，社会目标及其实现方式总是存在着不一致。政治系统设法在统治内部解决不一致的矛盾，但是，政治行为有时会突破统治规则或者千方百计远离整个当前的政治系统。

革命

政治革命（political revolution）是指为了建立新的政治系统而推翻现有的政治系统。改革是在本系统内部通过对法律的修修补补，一个极端的例子就是政变（Coup d’état，法语，意为“推翻政府”），即一个领导者扳倒另一个领导者，更换政治首脑，而革命涉及的是系统本身的类型。

没有哪一个政治系统可远离革命，也不是哪一种政府都能由革命产生。美国的独立战争（1775—1783）推翻了英国的殖民统治，建立了代议制民主。1789年的法国革命颠覆了君主专制，却没想到为拿破仑的复辟提供了舞台。1917年俄国革命推翻沙皇专制统治，建立了以马克思 406
主义思想为指导的社会主义政府。1979年伊朗革命推翻了独裁制，但却被宗教神职人员统治。1991年的革命使苏联解体成15个独立国家，最大的就是人人皆知的俄罗斯，虽然俄罗斯不得不为其国民提供强大的政治声音，但开始逐渐转向市场经济系统。

尽管有这些明显的类型，革命还是具有许多相似的特征（Tocqueville，1955，orig. 1856；

Skocpol，1979；Tilly，1986）。

1. 不断增长的期望。常识告诉我们，当人们极端贫困缺少食物的时候，革命更可能发生。但是历史却显示，当人们的生活正在逐渐改善的时候却发生了许多革命。不是痛苦和绝望，而是不断增长的期望，使革命更可能发生。推动最近整个中东政治运动的人是比他们的先辈生活得好，却没有达到他们看到的其他国家的人民生活那样好的人。

2. 反应迟钝的政府。当政府不愿对自身进行改革，特别是社会的权力阶层要求改革的需要被忽略时，革命就更可能发生。例如，由穆巴拉克领导的埃及政府几十年来在改善自身的腐败或者造福人民上什么也没有做。

3. 知识分子的激进领导。英国哲学家托马斯·霍布斯（Thomas Hobbes，1588—1679）指出知识分子为革命提供正当化的理由，大学经常是政治变迁的中心。比如，东欧剧变中学生就起到了极其重要的作用。

4. 树立新的合法性。推翻一个政治系统不容易，但要长期维持革命的胜利果实就更加艰巨。一些革命运动大多是因为对旧政权的仇恨而积聚爆发的，可当新的领导人一旦确立马上又土崩瓦解了，这是中东地区最近政治变化的长期结果很难预测的一个原因。革命也必须提防被推翻的领导人的反革命野心。这一点能对胜利的革命往往都会迅速地、残酷无情地除去前任领导人做出解释。

◎ 北非和中东许多国家在2011年出现了巨大变化。在利比亚，民众抗议卡扎菲长期统治的运动变成一场内战。有大型民族人口居住的高收入国家也支持变革。例如，伦敦（右图），数百名与利比亚有渊源的人也支持政治变革。

科学的分析不能武断地说革命是好是坏。革命巨变所引起的全面影响的评价依赖人们价值观，并且要在许多年后才变得清晰。例如，从20世纪90年代苏联解体到现在已经过去了20多年，许多原苏联加盟共和国的未来仍然不明朗。

同样会使中东走向民主的长期趋势的“亲民主”运动还远不清晰。例如，民意调查显示仅仅60%的埃及人声称民主是最好的政府形式。此外，在罢免一个专制统治者后所产生的过渡期的真空中，一些更民主的组织会迅速地为权力而角逐（Bell，2011）。

恐怖主义

2001年9月11日，恐怖分子劫持四架民航班机，其中一架坠毁在森林地区，而另外三架先后撞击了挤满人的公共建筑。这次攻击造成了3 000多人死亡，受伤者不计其数，完全摧毁了纽约世贸中心双子塔，严重损坏了华盛顿五角大楼。这是自第二次世界大战珍珠港事件以来，美国遭受的最为严重的一次打击。甚至，这是有史以来最为严重的一次恐怖主义袭击。

恐怖主义（terrorism）是指个人或群体用以作为政治策略的暴力行动或暴力威胁。与革命一样，恐怖主义也是在确定的政治系统统治之外的政治行为。在保罗·约翰逊（Paul Johnson，1981）看来，恐怖主义具有四种显著特征。

407 首先，恐怖分子设法以合理的政治策略来粉饰暴力，即使每个国家都会在道德上谴责这种行为。恐怖分子也绕过（或者被拒绝接纳到）政治谈判的已有路线。因此，恐怖主义是弱小的组织反抗强大敌人的一种策略。恐怖主义也可能由获得宏大目标或运动支持的单个人员实施，例如，2009年一名陆军少校在得克萨斯州的胡德堡陆军基地杀害了13人（Gibbs，2009）。

最近几十年，恐怖主义在国际政治中开始变得普遍。在2009年，全球大概有11 000起恐怖主义活动，有15 000人丧生，还有58 000多人受伤。他们大多数是在伊拉克被杀，但是大多数恐怖行动发生在多个国家，包括阿富汗、印度和菲律宾（U.S.Department of State，2010）。

其次，在使用主体上，不仅有群体而且有政府也使用恐怖主义来反对本国人民。国家恐怖主义是指通常没有得到法律的支持的情况下政府官员为了控制国民而使用的暴力。国家恐怖主义在一些通过制造广泛的恐惧和胁迫而存在的独裁主义或极权主义国家中是合法的。例如，萨达姆·侯赛因就是依靠秘密警察和国家恐怖来保护其在伊拉克的权力。

再次，民主社会排斥恐怖主义，但是它们特别易受恐怖分子的袭击，因为它们为国民提供广泛的公民自由，而缺少广泛的警察网络。相反，极权政权普遍使用国家恐怖主义，广泛的警力使个人没有机会实行恐怖行动来对抗政府。

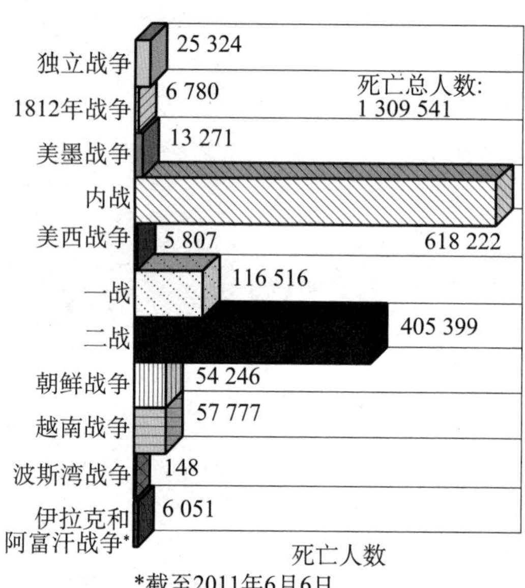

图17—3　美国在11次战争中的死亡人数

◎ 美国战争死亡人数的几乎一半发生在美国内战（1861—1865）。

资料来源：Compiled from various sources by Maris A.Vinovskis（1989）and the author.

最后，恐怖主义总是一种与界定有关的事情。政府声称拥有维持秩序的权利，哪怕是通过武力，也可以给使用暴力的敌对群体贴上“恐怖分子”的标签。政治差异可以解释为什么一个人被认为是“恐怖分子”而在另一个人眼里却是“自由战士”（Jenkins，2003）。

虽然扣押和全部杀害人质会激起全民愤怒，但要采取反恐行动却非常困难。由于大部分恐怖主义团体是神秘组织，与任何一个国家都没有正式的联系，要确定这些当事人的责任可能很困难。另外，一些军事行动会引起其他政府的质疑。然而，就如恐怖主义研究专家布赖恩·詹金斯（Brian Jenkins）警告的一样，反恐行动的失败会“鼓励其他恐怖团体开始认识到恐怖行动是一种相当便宜的发动战争的方式”（quoted in Whitaker，1985：29）。

◎ 在2011年，美国军事力量找到并击毙了本·拉登——被认为是2001年杀害了3 000名无辜民众的“9·11”恐怖袭击的幕后人。有些人为此欢呼雀跃，许多人感到如释重负。但基本没有人认为我们更接近结束全球恐怖主义。你对本·拉登死亡的看法如何？

战争与和平

◇ 分析

也许最为危急的政治问题就是**战争**（war），即在政府指挥下两个或多个国家组织化的武装冲突。虽然战争与人类一样历史悠久，但是今天人们才理解它的残酷性，因为现在人类拥有了可以毁灭整个地球的武器。

几乎20世纪的任何时刻，世界上都有一些国家陷入暴力冲突中。美国在这短暂的历史中已经参加了11场大规模的战争。从独立战争到伊拉克战争，超过130万美国公民在武装冲突中丧生，如图17—3所示，而伤者是死者的许多倍。还有数以千计的人死在“未经宣布的战争”和多米尼加共和国、尼加拉瓜、黎巴嫩、格林纳达、巴拿马、海地、波斯尼亚、阿富汗等其他地方的有限军事行动中。

战争的原因

战争如此频繁发生以至于我们可能认为武装冲突是自然现象了，但是，没有证据表明人类必须在任何情况下发动战争。相反，全世界的政府通常在被迫武装人民准备战争。

如同各种社会行为一样，战争是社会的产物，在一些地方比其他地方更为普遍。马来西亚的塞马伊人是全世界最热爱和平的人群之一，很少诉诸暴力。相反，雅诺马马人（参见本书第64页的“焦点中的社会学”专栏）却很快就能发动战争。

如果社会掌控着战争或和平的钥匙，那么在什么情况下人类会开启钥匙呢？昆西·赖特（Quincy Wright，1987）列出了五种引发战争的因素：

1. 潜在威胁。社会需要动员防止潜 408
在的对人民、领土或文化的威胁。例如，领导者就是通过强调萨达姆·侯赛因给美国造成的威胁而认为美国最近发起的解除伊拉克武装的军事运动是正当的。

2. 社会问题。当内部问题在国内形成普遍的受挫感时，社会的领导者可能会通过进攻外部的“敌人”，将其作为替罪羊来转移公众的注意力。虽然美国领导者宣称伊拉克战争是为了国家安全，但战争的开始无疑转移了国家经

◎ 诸如《海军罪案调查处：洛杉矶》（NCIS：Los Angeles）这样电视剧中刻画了恐怖主义和反恐主义的国际剧本。你认为大众传媒塑造的恐怖主义有多精确？为什么？

济斗争的注意力，提升了乔治·布什总统的声望。

3. *政治目标*。一方面，诸如越南这样的贫穷国家惯于用战争结束外国的统治。另一方面，诸如美国这样的强大国家可能从武器的阶段性演示中获益（想想索马里、海地、波斯尼亚、阿富汗的军队装备），增强美国在全球政治中的地位。

4. *道德目标*。没有国家会声称它们进行的战争是为了获取财富和权力，他们的领导人反而会用道德的紧迫性来鼓舞军事活动。美国领导者2003年通过"伊拉克自由行动"号召进军伊拉克，开战的理由就是把伊拉克人从邪恶的暴君统治下解放出来。

5. *别无选择*。第五个激发战争的因素就是缺少可供选择的办法。虽然美国的目标是通过寻找战争的替代路径来维持国际和平，但联合国在组织国家之间的冲突方面也只是发挥了有限的作用。

社会阶级与军事

第二次世界大战中，美国15～20岁的青年男子有3/4志愿或是被征募到部队服役，只有身体或精神上有问题时才被认为是不适合服役的。今天却相反，不存在需要志愿军去实现的方案或战斗，并不是每个社会成员都有同样的可能去志愿参军。

恐怖主义 个人或群体用以作为政治策略的暴力行动或暴力威胁。

战争 在政府指挥下两个或多个国家组织化的武装冲突。

最近一项研究表明，军队里很少有很富有的年轻人，也很少有非常穷的年轻人，更确切地讲，主要是工人阶级希望通过参军来获得工作，获取一些金钱用以读大学或者就是单纯地想走出他们成长的小镇。另外，年轻的士兵多数来自美国南部，因为南部的地方文化更尚武，许多军事基地也驻在那里。正如两个分析家指出的："美国军队似乎更像伯明翰或比洛克西之外的两年制走读或职业学校的结构，而不像贫民区或西班牙人聚居区或者波士顿四年制大学的结构。"（Halbfinger & Holmes，2003：1）

纵观美国历史，女性一直是美国军队的一部分。近几十年来，女性在武装力量上有着重要的作用。一是女性在军队所占的比例不断上升，现在达到军队总人数的15%。二是虽然规章保护女性远离伤害，但是现在越来越多的女性参与到战斗中，因为战斗经验对于士兵晋升到高层被广泛认为是必需的（Military Leadership Diversity commission，2011）。

◎ 政府和军方领导在白宫审看猎杀本·拉登的行动。这项行动使得美国和巴基斯坦之间关系紧张，这次行动是在巴基斯坦领导人不知情的情况之下展开的。这次事件表明针对个人恐怖主义的行动会导致政治敏感，比如针对居住在另外一个主权国家的本·拉登这样的人。

恐怖主义是一种新型战争吗?

近年来，美国政府官员将恐怖主义定义为一种新型战争。战争在历史上遵循一定的模式：它是按照一些基本规则进行的，战争双方彼此知晓，彼此的战争目标——通常与领土控制有关——也是清楚地表达出来的。

409 恐怖主义打破这些模式。恐怖分子个人和组织的身份可能无人知晓，相关人员也可能否认他们的责任，他们的目标也可能不清楚。2001年对美国的恐怖袭击并不是试图打败一个国家的军队或保卫领土，而是由一些并不代表一个国家的人因为某些原因而实施的，而这些原因在美国人看来是无法理解的。简而言之，他们是为了表达愤怒和仇恨，试图去扰乱美国，制造普遍的恐惧。

传统的战争是对称的，两个国家派送他们的部队参加战斗。而恐怖主义却相反，不是传统的战争形势而是非对称的冲突，一小部分袭击者面对非常强大的敌人凭着他们敢死的勇气使用恐怖去扯平相互间的差距。虽说恐怖分子是残酷无情的，但受攻击的国家必须学会对恐怖主义保持克制，因为那些责任主体的身份和方位一点都不为人所知。

军事主义的成本和原因

武装冲突的成本远不止战场上的伤亡。总的来说，全世界的国家为了军事目的每年花费超过1.5万亿美元（SIPRI，2010）。如此巨额的开销使得大量资源无法用于满足千百万穷人的生存需要。

国防是美国政府最大的开销，占联邦政府总开支的20%，在2012年花费总计达到了7 680亿美元。近几年，美国显现出全球唯一的超级强国姿态，占全球国防支出的43%。另外一种说法，也就是美国一个国家的国防支出和其他所有国家的总支出差不多（SIPRI，2010；U.S.Office of Management and Budget，2011）。

军费开支随着美国与苏联军备竞赛几十年而直线上升，虽然苏联已于1991解体后退出了竞赛，但是一些分析人士（他们支持权力精英理论）通过联邦政府、军队和军工企业紧密联合的**军工复合体**（military-industrial complex）将高额的军费开支与美国社会的控制联系起来。因此，军事主义的根源不仅在于外部对国家安全的威胁，而且在于本国的制度性结构（Marullo, 1987; Barnes, 2002b）。

维持军国主义的最终原因是地区冲突。例如，20世纪90年代，在波斯尼亚、车臣和赞比亚都爆发过地区性的战争，以色列和巴勒斯坦今天仍然处于高度紧张的状态，印度和巴基斯坦也一样。即使是局部战争仍有潜力发展扩大到其他国家，包括美国。印度和巴基斯坦——两个核动力国家——在2002年就濒临战争的边缘然后拉回，2003年，朝鲜也宣布拥有核武器从而提高了亚洲的紧张气氛。伊朗继续发展核技术，增加了对其可能不久就会拥有原子弹的担心。

核武器

尽管超级强权的紧张气氛有所缓和，但世界仍存有大约7 500个可开启的核弹头，意味着全球每人得承受几吨TNT的破坏威力，只要运用这些库存的一丁点儿，正如我们所知，地球所有的生命都将灰飞烟灭。爱因斯坦的才智为核武器的发展做出了贡献，他反省道："原子释放的力量已经改变了存在于我们思维模式中的任何事物，我们这样向着空前的大灾难漂去。"简而言之，世间的核武器使人们无法想象没有限制的战争，世界无法走向和平。

美国、俄罗斯、英国、法国、中国、伊朗、印度、巴基斯坦都拥有核武器，朝鲜也可能拥有核武器。随着越来越多的国家掌握核武器技术，伴随这股**核扩散**（nuclear proliferation）势头，灾难性战争的危险逐渐增长，虽然一些国家停止发展核武器——1990年阿根廷和巴西中止了核计划，1991年南非拆除了机械库。但是到2015年将会新增10个拥有核武器的国家，到2025年将会有50个国家拥有核武器（Grier，2006）。如此趋势使得即使甚至是一个最小的地区冲突也会对整个地球构成很大的危险。

◎ 追求和平的原因之一是战争遗留下的地雷导致的死亡和受伤的人数不断增加。被地雷致残的平民——大多数是儿童——正在阿富汗喀布尔医院接受治疗。

大众传媒与战争

伊拉克战争是第一场电视工作人员随着美军而行的直播战争。大众传媒提供正在进行的和具体细节的事件报道，有线电视一个星期 7 天，一天 24 小时都对战争进行现场报道。

对战争进行批判的媒体——特别是半岛电视台阿拉伯新闻频道——喜欢报道冲突的缓慢步伐、美军及盟军的伤亡人数、伊拉克平民的死伤情况，以及能够使战争结束的压力等信息。而支持战争的媒体——包括大部分美国新闻组织——
409 喜欢报道战争的快速进展、萨达姆部队的伤亡人数，认为对伊拉克平民造成的伤害是最小的或意外的而不予重视。总之，大众传媒有权向全球观众提供选择性的信息，这意味着电视和其他媒体对冲突结果的影响与正在实战中的军队差不多一样重要。

追求和平

世界如何减少战争的危险？以下是通向和平的途径。

互为威慑

军备竞赛的逻辑是将超级强权“恐怖平衡”与安全联系到一起。“确保相互摧毁”（MAD）的原则意味着首先对对方发起核攻击的一方将面临更大的报复。这种威胁政策保证了美国与苏联 50 多年的冷战与和平。但是，这种策略为耗资巨大的军备竞赛推波助澜，对阻止核扩散没有起到作用，而核扩散却意味着对和平的威胁正在增长。威胁也不能阻止恐怖主义，不能防止强权国家（如美国）针对弱小敌人发动战争（如阿富汗的塔利班或萨达姆统治下的伊拉克）。

高技术防御

既然武器是由技术创造的，那么技术同样能保护我们。战略防御计划（SDI）就是这样提出来的。在此计划下，卫星与地面装备将敌人发射出来不久的导弹摧毁（Thompson & Waller, 2001）。响应 2001 年恐怖主义袭击后的一项调查，有 2/3 的美国成年人支持星球大战计划（“Female Opinion,” 2002）。然而，有人批评指出作为应付“星球大战”的这个系统至多只是把漏雨的伞。也有人担心建造这样一个系统将会发动另一场巨大的军备竞赛。近年来，奥巴马政府已经将重点从进一步发展星球大战计划转向对可能从伊朗发射的短程导弹的防御上。

外交与裁军

一些分析家相信实现和平的最佳途径不是技术而是外交（Dedrick & Yinger，1990）。外交使团的共同工作能够通过缩减而不是增加武器库存来增进安全。

但是裁军有局限性。没有哪个国家愿意削弱自己的国防力量。成功的外交依靠相关的每个人努力解决共同的问题（Fisher & Ury，1988）。虽然美国和苏联曾成功达成过武器削减协议，但目前世界仍面临来自一些国家的不断增长的威胁。

解决潜在的冲突

最后，减少战争的危险可能依赖于通过创造一个更公正的世界来解决潜在的冲突。贫穷、饥饿和文盲是世界所有战争的根源。也许全世界需要重新考虑在军事上花费数千倍于努力解决和平问题的开支是否为明智之举（Sivard，1988；Kaplan & Schaffer，2001）。

政治：展望

◇ 评价

政治系统的改变正在进行。随着21世纪的到来，一些问题和趋势可能会很重要。

在美国，第一个棘手的问题就是美国的民主思想和投票率低之间的不一致。也许如多元论所说，许多人不想为投票操心烦恼是因为他们对他们自己的生活感到满意。但另一方面，自由主义的权力精英理论家也可能是对的，在他们看来，人民是从财富与权力集中到少数人手里的政治系统中退缩出来的。或许也如激进的马克思主义批评家指出的，人们发现了美国的政治系统没有真正的选择，选择与政策仅仅限于用来支持资本主义经济。不管如何，目前的高程度冷漠显示美国政治亟需重大改革。

第二个问题是重新思考全球政治模式。美国与苏联的冷战使人们在资本主义和社会主义的两极模式下考虑政治。然而，今天人们可能考虑更宽泛的政治系统，用各种方式将政府与经济联系起来。瑞典的“福利资本主义”与日本、韩国的“国家资本主义”就正好是两种可能选择。就一切情况而论，激起最广泛的民主参与是很重要的一个目标。

第三个问题是世界的许多地方仍然面临战争的危险。即使美国和俄罗斯处理了一些弹头，核武器的巨大库存仍然存在，核技术继续在全球扩散。另外，新的强权国家可能崛起，地区冲突和恐怖主义可能继续。我们只能希望——投票建议——领导者能找到非暴力的办法来解决这些激发战争的老问题，让我们走向世界和平之路。

日常生活中的社会学

第17章　政治与政府

你对政治进程有多重要？

如本章介绍的，在历史上，与老年人相比，年轻人较少参与政治，但是对2008年大选的研究表明，这种趋势正在改变——有证据表明年轻人也想拥有发言权。

提示

在2012年的大选中，成千上万的年轻人将为两大政党候选人做志愿者，打电话给选民或者一户一户地走访来提高公众的兴趣，筹集资金并让人们在选举日进行投票。许多名人——包括音乐家和好莱坞娱乐明星——也将为他们支持的候选人发表演说，过去的种种迹象表明他们中的大多数人会支持民主党。但投票是重中之重，你的一票和名人的一票同样重要。你登记投票了吗？你会在下一个选举日进行投票吗？

成千上万的年轻人成为协助他们支持的总统候选人竞选的志愿者。年轻人只使用电话能以什么样的方式帮助他们支持的候选人？

做出改变并不需要你成为一名竞选工作人员。成为政治进程的最简单并且最重要的途径是什么？

Lady Gaga最近加入了华盛顿的国家平等游行，支持修改法律允许公开的同性恋者能服役于国家的武装力量。你能找出其他塑造民意的名人吗？

从你的日常生活中发现社会学

1. 从性别、种族、收入、宗教和其他影响人们选举投票结果的因素来分析近几年的选举结果，数据可以在http：//www.cnn.com/ELECTION上面找到。该网站能显现出支持民主党的典型选民和支持共和党的典型选民的轮廓图，哪些变量能够最好地预测投票偏好上的差异？
2. “自由之家”——一个研究世界公民权利和政治自由的组织，发布年度报告《世界自由》。到图书馆查找复印件，或通过网站http：//www.freedomhouse.org考察全球潮流和某一个国家的政治剖面。
3. 你认为一个更民主的美国是什么样的？一个更民主的世界呢？登录mysoclab.com，阅读“从你的日常生活中发现社会学”专栏，了解更多的政治民主的信息，同时你可以找到推动民主事业的一些建议。

第17章　政治与政府

政治：权力与权威

政治是社会分配权力并组织起来做出决策的主要社会制度。韦伯认为原初权力可以转换成三种权威：

- 前工业社会依赖于传统力量转化成的权威，传统型权威与亲属关系有密切关系。
- 随着社会工业化，传统让步于法理。法理型权威是基于官僚主义和法律的权威。
- 然而，在任何时候，都有一些人通过自身魅力将权力转变为权威。克里斯玛型权威建立在非凡的个人素质基础上（例如耶稣、希特勒、甘地）。

pp.394-95

政治（p.394）：有关分配权力、树立目标并做出决策的社会制度。

政府（p.394）：指挥政治生活的正规组织。

权力（p.394）：克服他人的抵制而实现目标的能力。

权威（p.394）：人们接受为合法的而不是强迫的权力。

传统型权威（p.394）：其权力合法性来源于人们对于长期建立的文化传统模式的尊敬。

法理型权威（p.395）：来源于合法实施有效的法规制度的合法性权力。

克里斯玛型权威（p.395）：通过超常的个人能力引起服从甚至奉献的合法性权力。

克里斯玛的常规化（p.395）：克里斯玛型权威向传统型和科层制权威的有机组合转化。

全球化视野中的政治

君主制在农业社会很普遍。

- 领导是基于血缘关系。
- 在中世纪，君主专制自称是神权统治。 p.396

民主制在现代社会很普遍。

- 领导基于选举产生。
- 官僚作风和经济不平等限制了高收入国家真正民主。 p.396-99

独裁制是任何拒绝人参与政府的政治制度。

- 绝对的君主制和军政府是独裁政权的例子。 p.399

极权制将一切政治权力集中在一个集中化的领导。

- 极权制政府用恐怖统治民众，不允许任何有组织的反对。 p.399

政治自由

全球拥有195个政治独立的国家，其中87个在2010年拥有政治"自由"，60个拥有"受限的自由"，还有48个国家没有"自由"。与20年前相比，拥有政治自由的国家有少量的增多。 p.397

全球化的政治系统?

全球拥有195个政治独立的民族国家。然而跨国公司带来新的政治秩序，因为它们的大量财富给了其塑造全球事件的权力。

- 在计算机和其他新的信息技术时代，政府再也不能控制跨国界的信息流。 p.399

君主制（p.396）：由单一家庭世袭传承统治的政治制度。

民主制（p.396）：把权力还给全体人民的政治系统。

独裁制（p.399）：禁止人们参与政府事宜的政治制度。

极权制（p.399）：广泛管制人民生活的高度中央化的政府系统。

美国政治

福利国家的兴起

虽然美国的福利程度比其他高收入国家小，但美国政府的规模在过去的两个世纪内扩大了许多。 p.400

政治谱

- 政治谱从极左的自由主义到极右的保守主义，涉及对经济问题和社会问题的态度。
- 富有的人在经济议题上倾向保守，而在在社会议题上倾向自由。
- 美国的政党认同很弱。 pp.400-1

福利国家（p.400）：提供给人们利益的政府组织和项目系统。

特殊利益群体（p.401）：组织起来表达对一些经济或社会问题的观点的人群。

政治行动委员会（p.402）：由特殊利益群体形成的组织，它独立于政党之外，筹集资金用于支持它的政治目标。

特殊利益群体

- 特殊利益群体是推进政治目标的特定人口群体。
- 政治行动委员会在政治选举中扮演有力角色。 pp.401-2

选民冷漠

- 美国有很高的选民冷漠。
- 在2008年美国大选时只有63%的有资格选民参与了投票。 p.402

社会权力的理论分析

多元模型

- 认为政治权力广泛散布于美国社会。
- 与结构—功能理论紧密相关。p.404

权力精英模型

- 认为权力被集中到一小部分富裕的人手中。
- 基于米尔斯的观点。
- 与社会冲突理论紧密相关。 p.404

马克思主义政治经济模型

- 认为美国政治议程由其资本主义经济决定，从而意味着真正的民主是不可能的。
- 基于马克思的观点。
- 与社会冲突理论紧密相关。

pp.404-5

多元模型（p.404）：将权力视作在许多竞争的利益群体之间展开的一种政治分析视角。

权力精英模型（p.404）：将权力视作向富人之间集中的一种政治分析视角。

马克思主义政治经济模型（p.404）：用社会经济系统运转的术语来解释政治的一种分析视角。

统治之外的权力

革命是激进地颠覆现存的政治系统。

- 革命发生在民众期望不断提高而政府不愿改变的期间。
- 经常有知识分子领导。
- 必须建立一个在人们眼中新的合法性。 pp.405-6

恐怖主义使用暴力追求政治目标，并被一些群体广泛用来反对比其强大得多的敌人。

- 国家恐怖主义是政府官方用暴力来控制民众的一种方式。
- 谁或什么被定义为恐怖主义基于人的政治视角。
- 恐怖主义是一种非对称形式的战争。 pp.406-7

政治革命（p.405）：为了建立新的政治系统而推翻现有的政治系统。

恐怖主义（p.406）：个人或群体用以作为政治策略的暴力行动或暴力威胁。

战争与和平

战争的原因

如所有的各种社会行为一样，战争是社会的产物。在以下情况下，战争会爆发：

- 人们感到生活受到潜在威胁。
- 政府想将公众的注意力从内部社会问题转移。
- 政府想要达成特定的政治或道德目标。
- 政府除了战争没有解决冲突的其他途径可以选择。

pp.407-8

当今世界的军事主义

- 美国军队主要由工人阶级组成。
- 由于美国与苏联之间的军备竞赛，军费在20世纪下半叶急剧上升。
- 分析家指出美国社会由军工复合体统治。
- 核武器的发展与扩散增加了全球性灾难的威胁。

p.409

追求和平

- 通向和平的最近之路包括：
- 互为威慑。
- 高技术防御。
- 外交与裁军。
- 解决潜在的冲突。

追求和平最终意味着为所有人消除贫穷、饥饿、文盲和追求社会公平正义。 pp.410-11

战争（p.407）：在政府指挥下两个或多个国家组织化的武装冲突。

军工复合体（p.409）：联邦政府、军队和军工企业紧密联合。

核扩散（p.409）：越来越多的国家掌握核武器技术。

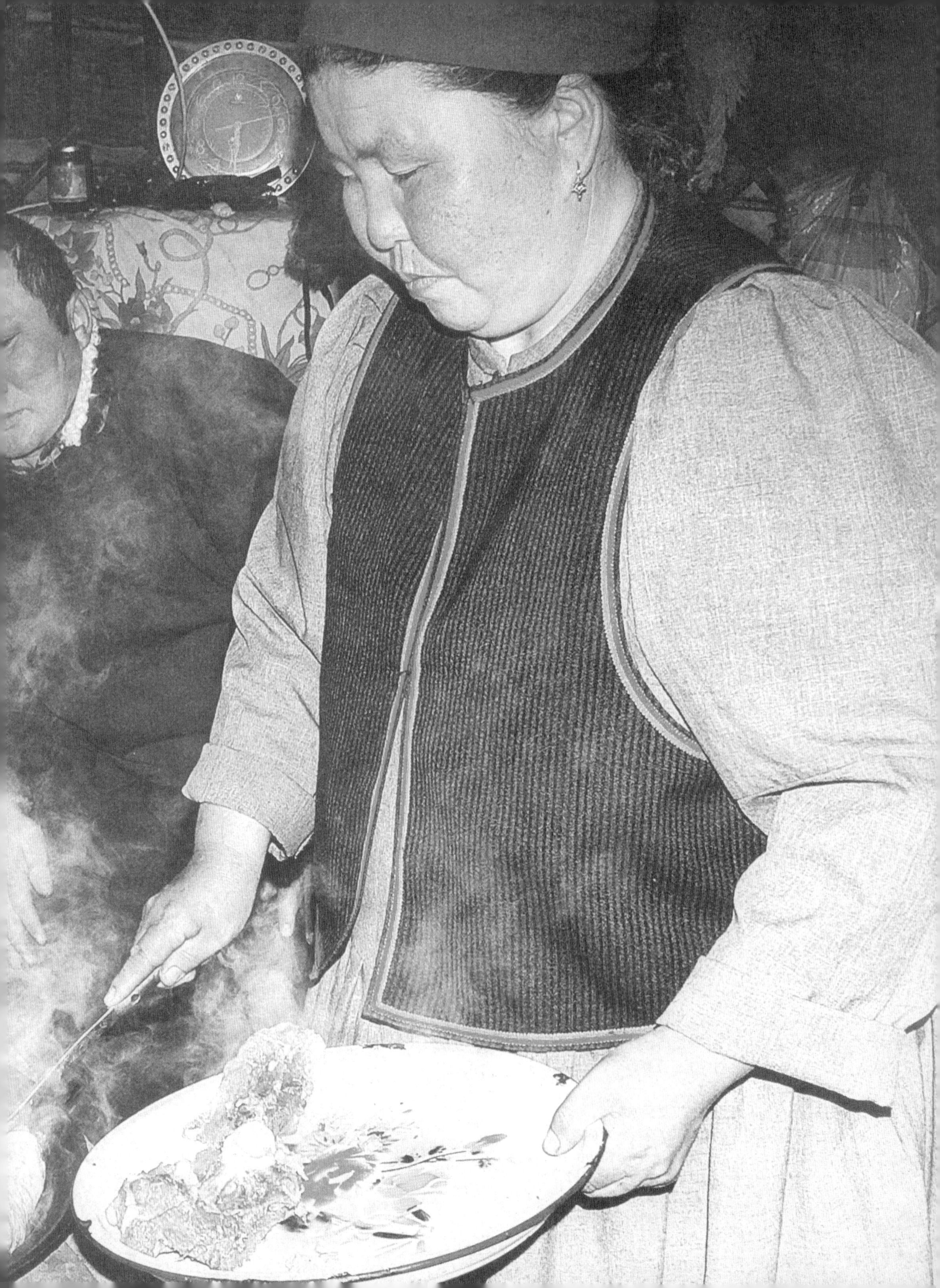

第四部分　社会制度

第18章 家　庭

学习目标

◇ 记忆

本章黑体关键名词的定义。

◇ 理解

美国以及世界各国家庭的差异。

◇ 应用

社会学的主要理论来解释家庭。

◇ 分析

家庭生活发生着怎样的变迁，以及为什么发生这样的变迁。

◇ 评价

传统家庭规范以及其他家庭规范的长处与弱点。

◇ 创造

当你面临建立自己的家庭生活时的好眼光。

418 # 本章概览

本章考察家庭，一种重要的社会组织。我们有很多理由说家庭是重要的，且家庭在任何社会中都可以找到。本章首先引入社会学家描述和分析家庭时经常使用的一些重要概念。

罗莎·伊尼奎斯生活在墨西哥的哈利斯科州，她是家里7个孩子之一，他们一同长大。在他们那里，家庭成员辛勤工作，定期去教堂，以有多个孩子为荣。罗莎还记得她去父母的朋友家玩的时候，看到了他们家的客厅有一个钟，钟面的数字被换成了他们家12个孩子的头像。

罗莎现在35岁了，住在旧金山，在一家百货商店做收银员。在某些方面，她仍然继续她父母的传统——但是并不是每一个方面。回想她的童年，罗莎说："在墨西哥，许多我认识的家庭都有6个、8个、10个孩子，有时甚至会更多。但是我是来美国寻求成功的，很显然我根本不可能有太多的小孩。"为了保住工作同时提高她家庭的生活水平，罗莎·伊尼奎斯下定决心，除了现在有的3个孩子外，她不会再要任何小孩。

大家庭的传统使得西班牙裔美国人成为美国最大的少数族群。移民妇女的平均孩子数量也仍然高于本土妇女。但是今天，越来越多的拉美裔美国人作出了和罗莎相同的决定，选择少生孩子（Navarro，2004；U. S. Census Bureau，2010）。

家庭已经伴随我们很久了。但是正如这个故事表明的，美国家庭正因为种种因素发生变迁，这些因素包括妇女渴望更多的职业选择，也希望为其子女提供更好的生活。也许家庭正发生着比其他社会组织更为迅速的变迁（Bianchi & Spain，1996）。本章将讨论家庭生活的变迁，以及美国和世界各地家庭的多样化。

家庭：基本概念

◇ 理解

家庭（family）是存在于所有社会中的、将人们联合起来形成合作群体以便相互照顾，当然也包括照顾孩童的一种社会组织。家庭关系也被称为**亲属关系**（kinship），基于共同祖先、婚姻或收养的社会纽带。所有的社会中都有家庭，但是人们把哪些人当作亲属在不同的历史时期有所不同，在今天的各种文化中也各不相同。从我们每个个体的角度看，家庭随着我们长大而变迁，我们会离开我们出生的家庭而组建我们自己的家庭。

和其他国家一样，美国的家庭由**婚姻**（marriage）形成。婚姻是指通常带有经济合作、性活动以及生育行为的合法关系。美国的传统观念认为，人们应该先结婚，然后生孩子；这一观念可以从"matrimony"一词中体现出来，在拉丁语中，该词指"为人母的状态"。今天，59%的孩子是婚生的，而41%的孩子来自单身女性，她们可能与伴侣共同居住，但也可能没有。

因此，家庭已经变得更为多样化了。哪些关系被认定为一个家庭而哪些关系不被视为一个家

家庭　存在于所有社会中的、将人们联合起来形成合作群体以便相互照顾，当然也包括照顾孩童的一种社会组织。

扩大家庭　由父母、子女和其他亲属组成的家庭，也被称为"血缘家庭"。

核心家庭　由父亲、母亲或父母双方与其子女所组成的家庭，也被称为"夫妇家庭"。

婚姻 通常带有经济合作、性活动以及生育行为的合法关系。

内婚制 同一社会类别的人们的婚姻。

外婚制 不同社会类别的人们的婚姻。

一夫一妻制 两个伴侣结合形成的婚姻。

多配偶制 一个人和两个或更多的配偶所形成的婚姻。

一夫多妻制 一个男人和两个或两个以上女人形成的婚姻。

一妻多夫制 一个女人和两个或两个以上男人形成的婚姻。

庭可能会产生重要的社会后果，因为像医疗这样的常见扩展福利往往只针对雇员的家庭成员。美国人口普查局[①]（其收集的数据常常为社会学家所用）将家庭界定为由“生育、婚姻或者领养”关系而共同居住者。本章中，所有美国人口普查局关于家庭的数据都是基于这一界定。但是，美国
419 的趋势正迈向更为宽泛的家庭界定，将同性伴侣、异性伴侣、未婚同居，以及已婚同居都视为家庭。这些亲合性家庭（families of affinity）是由那些认为他们自己生活在一个家庭中或者希望别人将其看作是一个家庭的人组成。

家庭：全球多样性

◇ 分析

要有多亲密的关系人们才会认为他们自己组成了一个“家庭”呢？在前工业社会，人们普遍认同**扩大家庭**（extended family），即由父母、子女和其他亲属组成的家庭。这种家庭有时也被称为“血缘家庭”（consanguine family），因为其所有成员都基于“血缘”。但是随着工业化，社会流动和人口迁移的增加使得**核心家庭**（nuclear family）大量增加，核心家庭是指由父亲、母亲或父母双方与其子女所组成的家庭。核心家庭也被称为“夫妇家庭”（conjugal family，conjugal 意为“基于婚姻”）。尽管美国社会中的许多人都会想念扩大家庭意义上的亲属，但是大多数人在日常中是生活在核心家庭中的。

家庭在拥有庞大福利体系的国家（参见第 17 章“政治与政府”）变迁最为迅速。第 471 页“全球性思考”专栏中，社会学家戴维·波普诺（David Popenoe）研究瑞典后指出，那里有着世界上最为脆弱的家庭。

婚姻模式

文化规范，通常还有法律，将人们界定为合适或者不合适的婚姻伴侣。某些婚姻规范提倡**内婚制**（endogamy），即同一社会类别的人们的婚姻。内婚制将人们的可能配偶限定在同一年龄、同一种族、同一宗教信仰，或者是同一社会阶层。相对地，**外婚制**（exogamy）是不同社会类别的人们的婚姻。例如在印度的农村地区，人们期望与不同村庄的（外婚制）同一种姓（内婚制）的人成婚。内婚制有利于相似地位的人们将其社会地位传给后代，保持传统的社会等级。而外婚制则将不同的社区联结起来，有利于文化的传播。

在高收入国家，法律只允许**一夫一妻制**（monogamy，该名词来自希腊语，意为“一个联合”），指两个伴侣结合形成的婚姻。南美、北美以及欧洲实行一夫一妻制，而非洲、南亚的许多国家允许**多配偶制**（polygamy，该名词来自希腊语，意为“多个联合”），即一个人和两个或更多的配偶所形成的婚姻。多配偶制有两种形式。迄今为止更为常见的是**一夫多妻制**（polygyny，该名词来自希腊语，意为“多个女人”），即一个男人和两个或两个以上女人形成的婚姻。例如，中东和非洲的伊斯兰国家就允许男人最多娶四个妻子。即便如此，大多数伊斯兰家庭还是一夫一妻制的，因为很少有男人能养得起多个妻子，还有更多个孩子。

① 美国人口普查局的数据表明，2010 年，美国有 117 500 000 个家庭户（household）。在这些家庭户中，78 800 000（67%）是其所界定的“家庭”。其余的居住单位包括单身户或是共同居住但是相互之间并没有关系的个体。而在 1950 年，整整 90% 的家庭户都是家庭。

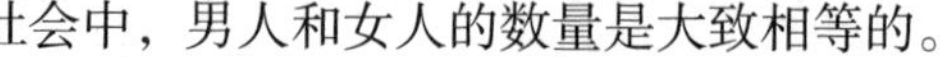

◎ 现代家庭是什么样的？如果指望大众传媒，我们会发现这个问题很难回答。在美剧《摩登家庭》(*Modern Family*) 中，杰伊·普里切特 (Jay Pritchett) 的家庭成员包括了比他小很多的娇妻、他的继子曼尼 (Manny)、他的女儿克莱尔 (Claire，已婚，育有三个子女)、他的儿子米切尔 (Mitchell，与他的同性恋男友一起领养了一个越南女儿)。你该如何来界定"家庭"？

一妻多夫制（polyandry，该名词来自希腊语，意为"多个男人"或"多个丈夫"），即由一个女人和两个或两个以上男人形成的婚姻。这一模式非常少见，但是其存在于从前的中国西藏，那里是农业耕作困难的山地，一妻多夫制防止了土地被划分成太多的小块以致最后难以供养一个家庭，同时可以把艰难的农业工作分配给多个男人完成。

世界上的大多数社会都有过某些时期允许多种婚姻模式并存。即便如此，大多数的婚姻仍然是一夫一妻制的（Murdock，1965，orig. 1949）。这种对一夫一妻制的历史选择反映了生活中的两个事实：供养多个配偶是非常昂贵的；在大多数社会中，男人和女人的数量是大致相等的。

居住模式

和社会规范配偶选择相似，社会也指定一对夫妇应该怎样居住。在前工业社会，大多数的新婚夫妇和他们一方的父母同住，后者为他们提供保护、支持以及帮助。最常见的形式是**从夫居**（patrilocality，该词来自希腊语，意为"父亲的地方"），即已婚夫妇 420
与丈夫的家人共同居住或住在丈夫家附近的居住模式。但是也有一些社会［如北美的易洛魁族人（Iroquois）］更偏好**从妻居**（matrilocality，该词来自希腊语，意为"母亲的地方"），即已婚夫妇与妻子的家人共同居住或住在妻子家附近的居住模式。当地战争频发的社会倾向于从夫居，这样儿子们就可以住得离家很近，一起保护家庭。而另一方面，只参与远距离战争的社会既可能是从夫居的，也可能是从妻居的，这取决于是儿子还是女儿有着更大的经济价值（Ember & Ember，1971，1991）。

工业社会已经出现了另一种模式。只要经济上允许，这种社会就倾向于**新居制**（neolocality，该词来自希腊语，意为"新的地方"），即已婚夫妇与双方父母都没有住在一起的居住模式。

从夫居 已婚夫妇与丈夫的家人共同居住或住在丈夫家附近的居住模式。	**从妻居** 已婚夫妇与妻子的家人共同居住或住在妻子家附近的居住模式。	**新居制** 已婚夫妇与双方父母都没有住在一起的居住模式。

世系模式

世系（descent）是指社会成员的亲属关系世代相传的体系。大多数前工业社会的亲属关系要么沿着父系传承，要么沿着母系传承。相对更为常见的模式是**父系世系**（patrilineal descent），即沿着男性传承亲属关系的体系。在这一模式下，
子女只基于其父亲而与他人联系在一起。父系世 421
系下的亲属关系传承保证了父亲的财产会传递给其儿子。大多数的游牧和农耕社会是父系世袭的，在这些社会中，男人是最有价值资源的生产者。相对少见的模式是**母系世系**（matrilineal descent），即沿着女性传承亲属关系的体系。母系世系下，母亲将财产传递给其女儿，其在园艺社会中更为常见，在那种社会中，女性是主要的

全球性思考

地球上最脆弱的家庭？来自瑞典的报告

英格：*在瑞典，政府照顾我们每个人。*

萨姆：*在美国，家庭照顾我们每个人……*

美国人可能会嫉妒瑞典，因为许多在美国发生的最糟糕的社会问题，包括暴力犯罪、毒品泛滥以及贫困，都很少在瑞典出现。相反，这个斯堪的纳维亚国家看上去已经兑现了现代福利国家的承诺，其已经形成了庞大而专业的政府机构来照顾到每个人的实际需求。

但是戴维·波普诺（David Popenoe，1991，1994）指出，这一福利国家的一大不足就是瑞典的家庭是地球上最为脆弱的。因为人们指望政府而不是配偶来实现经济支持，瑞典比其他的高收入国家更不愿意结婚。出于同样的理由，瑞典成年人单独居住的比例很高（37%，而美国的这一比例是 27%）。此外，很高比例的情侣非婚同居（12%，美国的这一比例是 6%），而 54% 的瑞典孩子是非婚生的（美国的比例是 41%）。瑞典的平均家庭户规模几乎是全球最低的（2.15 人，美国是 2.5 人）。因此，相比于美国，家庭在瑞典并没有起到那么中心的作用。

波普诺指出，在 20 世纪 60 年代，个人主义和自我实现文化的增长，加上宗教影响力的降低，开始侵蚀瑞典家庭。妇女加入劳动力大军也产生了一些影响。今天，瑞典家庭主妇占所有女性的比例是全球最低的（10%，在美国是 22%），而劳动力中女性的比重又是最高的（68%，在美国是 59%）。

但在波普诺看来，最重要的原因是福利国家的扩展。瑞典政府为其公民提供终身的服务。瑞典人能够依靠政府来生育和教育孩子、提供全面的医疗保险、提供失业救济，以及承担丧葬费用。

许多瑞典人赞同其福利国家，认为其将有助于家庭的发展。但是正如波普诺看到的，政府实际上正在取代家庭。以孩子照顾为例。瑞典政府开办由专业人员运作的孩童照顾中心，其对所有人开放，不管父母有多少收入。然而，对于那些想要在自己家里照顾孩子的父母而言，政府没有给出任何帮助。

实际上真正产生的作用是，政府福利鼓励人们去让国家做那些原来家庭成员自己去做的事情。

但是如果说瑞典的体系已经解决了如此多的社会问题，那么为什么还有人在关心家庭正变得越来越弱？波普诺认为有两个原因。第一，政府提供许多“家庭”服务的成本很高，这是瑞典的税率是全球最高之一的主要原因。第二，波普诺认为，无论怎么付出，大型孩童照顾中心的政府雇员都不可能提供同住在一个家庭中的父母所能给予孩子的那种爱与情感安全。在照顾人，尤其是照顾幼年孩子方面，小型而亲密的群体要比大型而非人化的组织可靠得多。

你怎么想？

1. 波普诺认为我们不应该用政府来取代家庭，你同意这样的观点吗？为什么？
2. 美国的福利国家体系比瑞典小很多。美国政府应该为人民做更多吗？为什么应该或为什么不应该？
3. 试列举两件你认为在孩子照顾上政府可以做得比父母更好的事情，再列出两件父母可以做得比政府更好的事情，并给出解释。

资料来源：Martin et al. (2010), National Center for Health Statistics (2010); U. S. Census Bureau (2010); European Union Statistical Division (2011); United Nations Economic Commission for Europe (2011); and U. S. Bureau of Labor Statistics (2011).

世系 社会成员的亲属关系世代相传的体系。

父系世系	母系世系	双系世系
沿着男性传承亲属关系的体系。	沿着女性传承亲属关系的体系。	沿着男性和女性传承亲属关系的体系。

食物生产者。

有着更多性别平等的工业社会承认**双系世系**（bilateral descent，双边世系），即沿着男性和女性传承亲属关系的体系。在这一模式下，子女将父母双方的人都视为自己的亲戚。

权威模式

从世界范围来看，一夫一妻制、从夫居和父系世系占主导地位，反映出全世界普遍的父权制（patriarchy）。在像美国这样的工业社会中，通常仍然是男性成为户主，而大多数的美国父母也让子女随父亲姓。但是，更为平权的家庭模式正在出现，尤其是随着女性在劳动力中的比例不断上升。

◎ 通常，我们视现代社会是冷漠而没有人情味的。在这种语境下，家庭可能是无情世界中的天堂。当然，并不是每个家庭都能实现这一承诺，但是生活在家庭中的人确实比独居者更快乐也更长寿。

家庭的理论分析 422

◇ 应用

和前几章一样，应用社会学的三大主要理论视角也为我们理解家庭带来了一系列洞见。第473页“应用理论”表格总结了我们从每一个理论视角中都可以学到什么。

家庭的功能：结构—功能理论

根据结构—功能视角，家庭承担了许多重要的任务。正因为如此，家庭经常被称为“社会的支柱”。

1. *社会化*。如第5章（“社会化”）已述，家庭是养育子女最先也是最重要的场所。理论上讲，父母帮助孩子成长，使其成为社会成员。当然，家庭社会化过程会持续整个生命历程。成年人总是在婚姻中学到很多；而当过父母的一定知道，父亲和母亲从孩子那里学到的和孩子从他们那里学到的一样多。

2. *规范性活动*。每一种文化都为了维护亲属组织和财产权利而规范性活动。**乱伦禁忌**（incest taboo）就是在某些亲属间禁止性关系或者婚姻的规范。尽管每个社会中都有乱伦禁忌，但是具体是哪些亲属间不能婚配却在各个社会中有所不同。例如，母系的纳瓦霍人禁止和母亲的任何亲属结婚。我们的双系社会对家庭的两系都有乱伦禁忌，但是仅限于近亲，包括父母、祖父母、兄弟姐妹、姑妈和姑父。然而，甚至兄弟—姐妹婚姻（但不能是父母—子女婚姻）也在古代的埃及、印加以及夏威夷贵族中被认可（Murdock，1965，orig. 1949）。

任何物种在近亲间繁殖都可能导致后代在心理和生理上的损伤。但是只有人类有乱伦禁忌，这一事实表明，限制乱伦的关键原因是社会的。为什么呢？第一，乱伦禁忌通过将性限定在夫妻之间而限制了家庭内的性竞争。第二，亲属关系定义了人们之间的权利和义务，因此近亲之间的生育将不可避免地打乱亲属关系，威胁社会秩序。第三，迫使人们在直系亲属之外结婚能够将更大的社会联结在一起。

应用理论

家庭			
	结构—功能视角	社会冲突和女权主义视角	符号互动和社会交换视角
分析的层次是什么？	宏观层次	宏观层次	微观层次
家庭对社会的重要性何在？	家庭承担了重要的任务，包括青少年社会化以及为家庭成员提供情感和经济支持。 家庭帮助规范性活动。	家庭通过财富的世代相传使社会不平等长久存在。 家庭支持了父权制、种族不平等和民族不平等。	符号互动视角提出，家庭生活的现实是由成员之间的互动建构起来的。 社会交换视角表明，择偶通常会让能带来相同水平好处的人在一起。

3. 社会地位。家庭对于人们的生育而言并不是必需的，但是家庭确实帮助维持社会组织。父母将他们自己的社会认同——在种族、民族、宗
423 教和社会阶层等方面——在他们孩子出生时就传递给他们。

4. 物质和情感安全。许多人将家庭看成是“无情世界中的天堂”，家庭提供物理保护、情感支持以及经济资助。也许这就是为什么生活在家庭里的人要比独居者更快乐更健康更富有的原因所在。

◇ 评价

结构—功能分析解释了，至少就我们所知，为什么社会是基于家庭的。但是这一视角对美国家庭生活的多样性视而不见，也忽视了其他社会制度（如政府）也可能满足人们某些相同的社会需要。最后，结构—功能主义没有看到家庭生活的负面，如父权制和家庭暴力。

不平等与家庭：社会冲突与女权主义理论

像结构—功能视角一样，社会冲突视角，也包括女权主义分析，认为家庭是我们生活方式的中心。但是该视角并不关注于亲属关系有益于社会的方式，而是指出家庭是如何使得社会不平等长久存在的。

1. 财产与继承。弗里德里希·恩格斯（1902，orig. 1884）认为家庭起源于男性（尤其是上层）确定继承人的需要，以便于他们将自己的财产传给自己的儿子。因此，家庭集中财富，并且在新一代中再生产阶级结构。

2. 父权制。女权主义者将家庭和父权制联系在一起。为了知道继承人，男性就必须控制女性的性行为。家庭因此将女性变成了男性的性财产和经济财产。一个世纪之前，美国大多数妻子的所得都属于其丈夫。今天，女性仍然承担了孩子养育和家务工作的大部分责任（Stapinski，1998；England，2001）。

3. 种族与民族。种族与民族差异在代际间延续，因为大多数人会和与自己相似的人结婚。内婚对种族和民族等级有正向影响。

◇ 评价

社会冲突和女权主义分析揭示了家庭生活的另一面：家庭在社会分层中的角色。恩格斯将家庭批判为资本主义的重要组成部分。但是非资本主义社会也有家庭（和家庭问题）。家庭也许如恩格斯指出的那样与社会不平等联系在一起，但是家庭也承担着用其他方式没有办法很好完成的社会功能。

▲检查你的学习
试述家庭的四种重要的社会功能。

建构家庭生活：微观层次理论

结构—功能和社会冲突分析都将家庭视为一个结构系统，而微观层次的分析则探讨个体是怎样型塑、体验家庭生活的。

▲检查你的学习
试述家庭带来社会不平等的三种方式。

符号互动视角

理想的情况下，家庭生活使得亲密成为可能；亲密（intimacy）一词的拉丁语词根意为

"共同分担恐惧"。当家庭成员随着时间的推移共同进行许多活动时，他们彼此间产生认同，建立起情感纽带。当然，父母的权威角色扮演限制了其与年幼子女之间的亲密程度。但是随着子女逐渐成年，亲属纽带通常会使得他们分享更多的亲密性（Macionis，1978）。

◎ 根据社会交换理论，人们基于对方能给自己带来的好处而联系在一起。通常而言，双方会认为交换是公平的或者"大致平衡的"。你怎样看待图中所示婚姻中的交换？

社会交换视角

另一种微观层次的视角是社会交换分析，其将择偶与婚姻看作是某种形式的交换（negotiation）（Blau，1964）。约会使得每个人都能了解到潜在配偶的优势和劣势。在根本上，交换理论家认为，人们对于配偶"货比三家"，以便尽可能完成最好的"交易"。

在父权制社会中，性别角色主宰了交换的元素：传统上，男性带到婚姻市场的是财富和权力，而女性带来的则是美貌。美貌的重要性解释了为什么历史上女性总是关注于其外表并且对透露年龄非常敏感。但是随着女性加入劳动力大军，他们不再那么依赖男性获得资助，因而交换的条件在两性间逐渐趋同。

424 ◇ **评价**

微观层次的分析不像结构—功能和社会冲突视角那样将家庭作为一种制度体系。互动论和交换论都聚焦于家庭生活中的个人体验。但是微观层次的分析忽视更大的图景：家庭生活对于相同社会经济地位的人而言是相似的。

家庭生活的阶段

◇ **理解**

▲检查你的学习
微观层次的家庭理论与宏观层次的有哪些不同？论述符号互动视角和社会交换视角的主要观点。

家庭是动态的组织。不仅家庭本身是不断变化的，我们每个人体验家庭的方式也是变化的，同时我们也在不断经历生命历程。新家庭开始于择偶，随着新伴侣进入婚姻生活的现实而发展。接着，至少对于大多数夫妇而言，他们会发展事业和养育子女，在子女们都离开家庭组建他们自己的家庭后，进入婚姻的晚年。我们将简单看一下这四个阶段。

择偶

11月2日，斯里兰卡的康提。在蜿蜒穿行于这个美丽岛屿上的雨林时，我们的面包车司机哈利讲述了他是怎样遇见他的妻子的。他解释道，事实上那可能不仅仅是一场包办。两个家庭都是佛教徒，而且是相同的种姓。哈利回忆道："我们从一开始就相处得很好，我们有相同的背景。我想她或者我本可以拒绝的。但是自由恋爱婚姻只发生在城市中，并没有出现在我长大的村庄里。"

在斯里兰卡的农村，和世界上其他低收入或者中等收入国家的农村地区一样，大多数人认为择偶非常重要而不能由年轻人自己决定（Stone，1977）。包办婚姻是有着相似社会地位的扩大家庭之间的联结，在通常情况下，其不仅仅是子女之间的交换，更是财富和恩惠的交换。这种婚姻中几乎没有浪漫的爱情，父母很可能在子女很小的时候就包办下这种婚姻。例如，100年前的斯里兰卡和印度，一半的女孩在她们15岁之前就已经出嫁了（Mayo，1927；Mace & Mace，1960）。正如第475页"全球性思考"专栏所示，童婚在今天世界的某些地区仍然存在。

由于传统社会在文化上更为同质，几乎所 425
有的年轻男女都被很好地社会化成好配偶。因此，父母在包办婚姻时可以很少考虑两人在个性上是否相合，因为他们知道，两人在文化上是相合的。

工业化降低了扩大家庭的重要性，削弱了传统。当年轻人开始选择自己的伴侣时，约会磨炼

全球性思考

早婚：来自印度农村的报告

当她的婚礼就要开始时，苏米特拉·乔吉哭了。她是因为高兴而流泪吗？不完全是。这位“新娘”才18个月，还在她妈妈的怀抱中。新郎呢？一个7岁的男孩。

在印度西部拉贾斯坦邦偏远的农村中，两个家庭在午夜欢聚在一起庆祝一场传统婚礼。那一天是5月2日，在印度传统中，这天是结婚的好日子。当典礼开始时，苏米特拉的父亲笑了，她的母亲摇动着婴孩，她已经睡着了。新郎穿着特殊的服饰，头上戴着红色和金色的头巾，他轻轻地抬起并握住婴孩的手。而后，当典礼进入尾声时，小男孩领着婴孩和她母亲绕着婚礼的火堆三圈半，观众们微笑着看着他们，这是他们作为丈夫和妻子的第一步。

童婚在印度并不合法，并在许多国家都被认为是反人权的。但是在印度的农村地区，传统强势，婚姻法难以执行。因此，每年都有成千上万的儿童结婚。一个社会福利工作者解释道：“在拉贾斯坦邦的农村地区，所有的女孩都会在14岁前结婚。这些家庭贫穷且不识字，他们不想把女儿留到她们的第一次月经周期。”

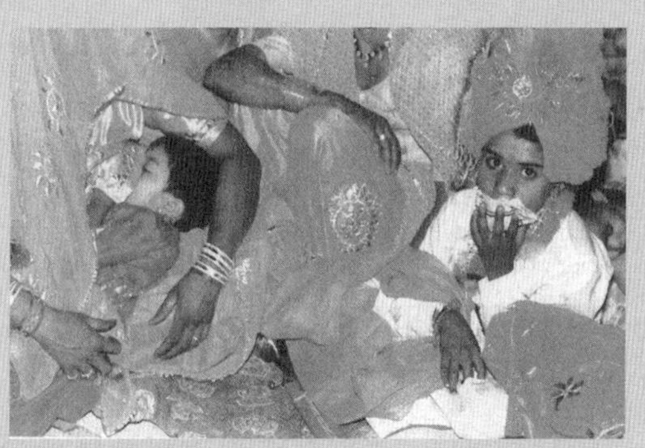

◎ 图左边的女孩18个月大，在印度拉贾斯坦邦一个小农村举行的她的结婚典礼上，她正喝奶；她的新婚丈夫七岁大。尽管并不合法，但这种儿童的包办婚姻在印度的传统而边远的地区仍时有发生。

在接下来的日子里，苏米特拉·乔吉仍然与她的父母住在一起。但是8年或者10年后，另一场典礼会把她送入她丈夫的家庭，那时她的已婚生活就开始了。

如果说婚姻的责任要等到未来的若干年后，为什么家庭要让他们的孩子如此年幼就成婚呢？女孩的父母知道，新娘越年轻，需要给新郎家庭的嫁妆就越少。而同时，女孩在如此年幼就成婚，则其童贞就必定没有问题，这提升了其在婚姻市场的价值。包办婚姻是家庭间的联合，没有人关心爱情，也没有人关心孩子们还太小，根本不知道发生了什么。

你怎么想？

1. 为什么包办婚姻在相当传统的地区常见？
2. 从双方家庭的观点出发，列举包办婚姻的优点与不足。
3. 你能否说说美国的择偶是怎样为社会所“包办”的？

资料来源：J. W. Anderson (1995) and Roudi-Fahimi (2010).

了择偶技巧，也允许了性试验。婚姻被拖延到年轻人完成学业、获得独立于父母的稳定经济状况，以及得到选择合适伴侣所需的经验之后。

浪漫爱情

我们的文化推崇浪漫的爱情为婚姻的基础，浪漫的爱情是指对另一个人的情感和性热情。我们发现很难想象没有爱情的婚姻；而从灰姑娘的童话故事到今天的电视情景剧，我们的大众文化总将爱情描写为成功婚姻的关键。

我们社会对浪漫的强调鼓励年轻人“离巢”（leave the nest）组建他们自己的家庭，而生理热情将帮助新夫妇克服共同居住的通常艰难的适应过程（W. J. Goode，1959）。另一方面，由于情感总是时时变化的，浪漫的爱情作为婚姻的基础远没有社会经济的考量来得坚实，这就是为什么美国的离婚率要远高于更多依靠文化进行择偶的国家的一大原因。

但是社会学家指出，即使在美国，社会射出的丘比特之箭比我们想象的多得多。大多数人会爱上相同种族、合适年龄、相似社会阶层的人。我们的社会通过鼓励**同质婚**（homogamy，从字面上看，意为“相似的人嫁娶相似的人”）来“包办”婚姻。同质婚指相同社会特征的人之间的婚姻。同质婚在某些社会人群（如老年人和来自传统社会的移民）比在另一些人群（年轻人和没有严格的传统生活标准的人）中更为常见。

成家：理想与现实的婚姻

我们的文化给年轻人一幅理想化的婚姻图景，即“从此以后过以上了幸福的生活”。这种乐观主义可能会带来失望，尤其是对女性，她们已经被灌输婚姻是获得个人幸福的关键的观点。同样，浪漫爱情也带来大量的幻想：我们爱上的往往是我们期望他们呈现的样子，而不是他们真实的样子。

性也可能成为失望的一大来源。在坠入爱河的浪漫迷雾中，人们可能会以为婚姻是无尽的性蜜月，只需要清醒面对一个现实：性变成了难以满足的激情。尽管随着时间的流逝，婚内性生活的频率确实有所降低，但是大约2/3的已婚者报告说他们对自己婚姻中的性表示满意。一般说来，有着最好性关系的夫妇对其婚姻最为满意。也许性对于婚姻幸福并不是最关键的，但是通常，好的性关系和好的婚姻总是联系在一起的（Laumann et al.，1994；T. W. Smith，2006）。

不忠（infidelity）——婚外性行为——是婚姻现实与我们的文化理想不相符合的又一个地方。在近期的一个社会调查中，90%的美国的成年人说婚外性行为“总是错误的”或者“几乎总是错误的”。即便如此，仍有20%的男性和14%的女性在私密的自填式问卷中表示，他们至少有过1次对配偶的性不忠（NORC，2011）。

养育子女

虽然子女总是有求于我们，但是美国的成年人还是无法抗拒地将抚养子女作为人生中最大的欢乐（Wang & Taylor，2011）。今天，大约半数的美国成人说两个小孩是理想的子女数，很少有人愿意要3个以上（NORC，2011：405，2317）。这是两个世纪前开始的变迁，那时候，平均一对夫妇有8个子女。

◎“儿子，你现在已经长大了。你欠我214 000美元。”

资料来源：© The *New Yorker* Collection, 1983, Robert Weber, from cartoonbank.com. All rights reserved.

大家庭在前工业社会广受成功，因为子女可以提供所需的劳动力。因此人们视生育子女为夫妻的责任，在没有有效生育控制的情况下，生孩子就变成很寻常的一件事。当然，前工业社会的高死亡率使得许多孩子没有办法长到成年；直到1900年，1/3的美国儿童会在10岁前夭折。

从经济上讲，工业化将子女从资产变成了负累。现在，算上大学学费的话，抚养一个孩子大约要花300 000美元（Lino，2010）。难怪美国的平均家庭规模在20世纪急剧下降为一个家庭一个孩子。[①]

家庭规模缩小的趋势在高收入国家最为常见。其图景与拉丁美洲、亚洲，尤其是非洲的低收入国家不同，在那里，许多女性在生不生孩子上几乎没有选择。在这些社会中，四个或五个孩子仍然是标准。

为人父母是非常昂贵且终生的承诺。随着美国社会给人们更多的家庭生活选择，越来越多的
美国人决定延迟生育或者不生育。在1960年， 426
几乎90%的25~26岁已婚妇女至少有一个孩子；今天，这一比重仅为71%（U. S. Census Bureau，2010）。

没有人会怀疑几乎所有的父母都会很用心地照顾自己的孩子，但是在美国，大约2/3的父母说，他们没有足够的时间可以花在孩子身上（K. Clark，2002；Cohn，2007）。除非我们愿意接受

① 根据美国人口普查局，2009年每个家庭的孩子数量的中位数是0.93。在所有家庭中，白人的平均数为0.78，非裔美国人是1.19，西班牙裔美国人是1.48。

日常生活中的社会学

谁在照看孩子？

传统上，为年幼子女提供日常照料的任务落在留在家中的母亲身上。但是现在大多数的父亲和母亲都进入了劳动力大军，找到高质量且能够负担得起的子女照料就成了父母的最优先任务。

图中呈现出了参加工作的母亲对其不足5岁的孩子的各种安排。这些孩子中的一半在家里由父母中的一个（20%）或是亲戚（32%）来照看，在剩下的那一半孩子中，23%参加了学前班或是日常照料机构，10%在非亲属的家中被照看，4%在自己家里由奶妈或是保姆照顾，另有11%没有定期的安排（Laughlin，2010）。

日常照料机构的作用在过去的几十年里迅速增长，因为许多父母无法承担对自己孩子的上门照顾。一些日常照料中心已经非常大型，它们发展成“儿童游乐场”，父母可以将他们的孩子整天地“停放”在那里。

这些机构的非人化以及其职员的快速流动使得其不能为孩子提供培养信任感所必需的温暖而前后一致的教养。但是其他的儿童照顾中心能够提供安全而健康的环境。研究发现，好的照顾中心有益于孩子，而差的机构则无益于孩子。

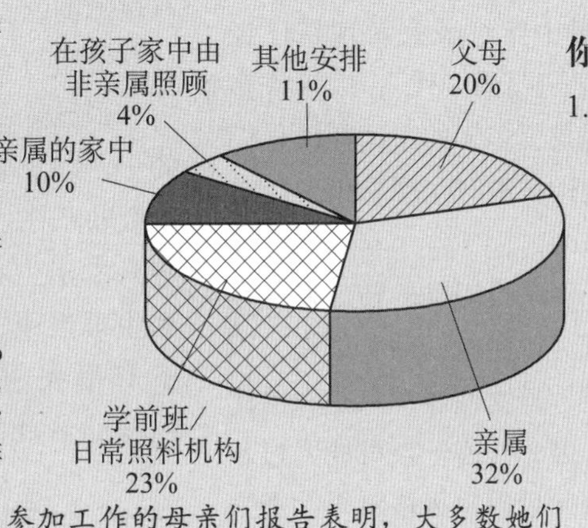

◎ 参加工作的母亲们报告表明，大多数她们的孩子是在自己家中得到照看的。

你怎么想?

1. 为什么有这么多的父母难以找到负担得起的儿童照顾？雇主应该为此而付出更多的努力吗？
2. 作为父母，你和你的配偶是否愿意缩减自己的工作时间而可以进行在家的孩子照顾呢？为什么？
3. 父母应该怎样评价儿童照顾中心的质量？他们应该关注哪些方面？

更低的生活标准，否则经济现实是摆在面前的：大多数的父母要在家庭之外追求自己的事业，即使这意味着只能花更少的时间在孩子身上。对于许多家庭来说，包括我们在这章开始时描述的伊尼奎斯的家庭，减少生育孩子数量是解决工作与家庭之间张力的重要一步（Gilbert，2005）。

外出工作父母的孩子几乎整天都在学校。但是放学之后，大约5 300 000儿童（14%的5~14岁间儿童）是“钥匙儿童”（latchkey kids），即独自在家自己照顾自己（U. S. Census Bureau，2010）。家庭价值观的传统主义者指出，许多母亲牺牲了他们的孩子，以孩子得到更少教养为代价，而进行工作。进步主义者则反驳，这些批评中的母亲只是想要男性长久以来一直享有的平等机会。

国会1993年通过的《家庭与医疗休假法案》（Family and Medical Leave Act）走出了缓和家庭与工作职责之间冲突的重要一步。这一法案允许最多90天的无薪休假来照顾新出生的孩子或是处理严重的家庭紧急情况。尽管如此，美国的大多数成年人仍然不得不面临育儿与工作职责间的失衡。当父母去工作，谁来照看孩子？本页“日常生活中的社会学”专栏给出了答案。

晚年生活中的家庭

美国人预期寿命的增加意味着夫妻会保持已婚状态一起经历很长的时间。到大约60岁的时候，大多数人完成了教养子女的任务。在这时，婚姻又回到了仅仅与配偶共同生活的状态。

和孩子的出生相似，孩子的离去——形成“空巢”——也需要适应，尽管婚姻通常会变得更为亲密、满意度更高。多年的共同生活可能已经降低了夫妻的性激情，但是理解和承诺通常会增加。

父母与孩子的个人联系通常会继续，因为大多数老年人会至少和一个子女住得较近。1/3 的美国成人（56 000 000）是祖父母。大多数的祖父母会帮忙进行子女教养或是尽其他责任。非裔美国人的单亲家庭比重很高，在这些人中，祖母在家庭生活中的地位尤其重要（U. S. Census Bureau，2006；AARP Foundation，2007）

另一面是，现在越来越多的中年人需要照顾老年父母。“空巢”可能并不能靠父 / 母搬来同住而填满，但是许多成年人发现，照顾如今能活到 80 岁、90 岁甚至更大年纪的父母和照看年幼孩童一样费力。婴儿潮中年纪最大者现在已经 65 岁了，他们被叫做“三明治一代”，因为许多人（尤其是女性）已经花了多年的时间照顾他们的孩子，如今又要花同样多的时间照顾他们年老
427 的父母（Lund，1993）。

婚姻生活最后也无疑是最困难的转变发生在配偶的死亡。妻子通常活得比他们的丈夫长，因为她们的预期寿命更长，且女性通常总是嫁给比自己年长几岁的男性。因此，妻子很可能要过若干年的寡妇生活。配偶死后单独居住对男性带来的挑战尤其大，他们的朋友通常比寡妇要少，并且他们可能缺乏家务能力。

美国家庭：阶级、种族和性别

◇ 理解

不平等的维度——社会阶级、民族与种族以及性别——强烈型塑婚姻和家庭生活。以下将依次讨论这些因素，但是要记住，这些因素对我们生活的影响是相互交织的。

社会阶级

社会阶级决定了家庭的经济安全和机会的多少。莉莲·鲁宾（Lillian Rubin，1976）访谈工人阶级女性后发现，妻子认为一个好丈夫应该有一个稳定的工作，不喝太多的酒，以及没有家庭暴力。而鲁宾访谈的中产阶级女性压根不会提到这些，她们已经简单假设丈夫就应该提供安全而有保障的家。她们理想的丈夫要容易交谈、共同分享情感与经历。

很显然，女性（与男性）期望在婚姻中获得的——以及他们最终获得的——都与他们的社会阶级联系在一起。这对于孩子来说也是一样。那些有幸出生在富裕之家的孩子有着更好的心理和生理健康，更为自信，也将比贫困之家的孩子有很大的成就（McLeod & Shanahan，1993；Duncan et al.，1998）。

民族与种族

正如第 14 章（“种族和民族”）所述，民族与种族是影响家庭生活的重要社会力量。但是请记住，美国印第安家庭、拉美裔家庭以及非裔家庭（像所有的家庭一样）不符合任何单一的概括或是类型（Allen，1995）。

美国印第安家庭

美国印第安人呈现出大量不同的家庭类型。但是，某些类型是当人们从部落地迁移到城市时出现的。男男女女到了城市之后总是寻求其他人——尤其是亲属或是同一个部落者——的帮助来安定下来。例如，有一个研究便讲述了两个迁移到旧金山的女性的故事，她们在一

◎ 随着我们经历生命历程，家庭生活经历也在不断变化。对于许多步入中年的人而言，一大重要的责任就是照顾年老的父母。老龄化进程在哪些方面改变了父母与其子女之间的关系？

多样化快照

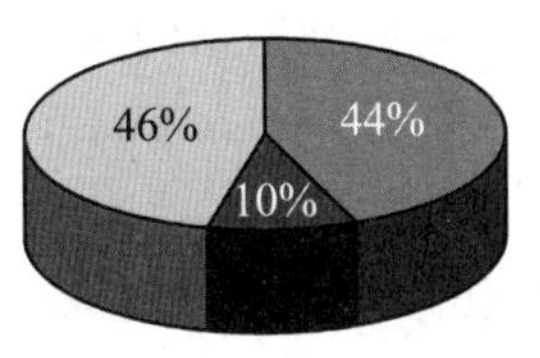

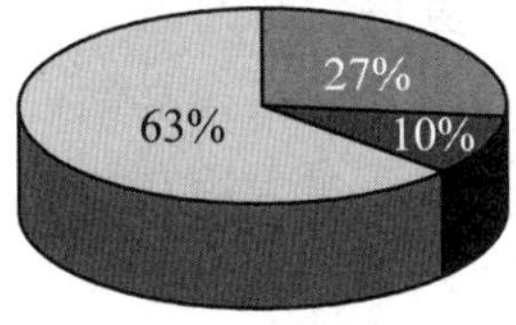

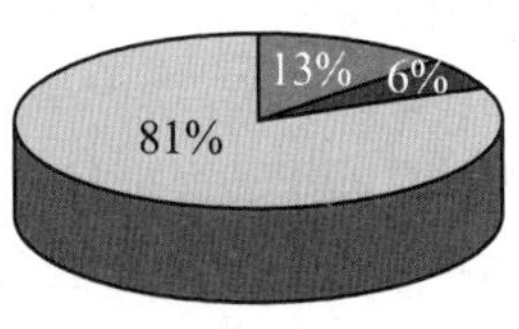

图 18—1　2010 年美国的家庭形式

◎ 种族与民族带来家庭形式的变化。

资料来源：U. S. Bureau (2010).

个印第安组织的聚会中见面，意识到她们来自于同一个部落。她们以及她们的子女决定合租同一个公寓。不久之后，孩子们之间就开始以兄弟姐妹或者表兄弟姐妹相称呼。几个月后，两个女性自己也开始认为她们是姐妹（Lobo，2002）。

迁移者也带来了很多成员不断变化的"流动的家户"（fluid household）。上述研究中还有另一个故事：一个女性和她的姑姑以及她们的孩子一起租了旧金山的一个大公寓，但是在之后一个月中，他们迎来了超过 30 位的其他城市移居者，这些人仅在公寓作短暂的停留，找到他们自己的住所后就会搬走。这种互助模式通常带有真实或虚构的亲属关系，在低收入人群中很常见。

离开部落地搬进城市的美国印第安人通常比那些留下的情况更好。因为留在部落地的人们难以找到工作，他们很难形成稳定的婚姻，而诸如酗酒和吸毒这样的问题可能会割裂父母与孩子之间的纽带。

拉美裔家庭

许多拉美裔美国人拥有扩大家庭的忠诚与支持。传统上，拉美裔父母也对子女的择偶有相当多的干预，其认同婚姻是家庭间的联结，而不仅仅是基于浪漫爱情的结合。一些拉美裔家庭也遵循传统的性别角色，在男性间鼓励男子气概——力量、勇气以及性征服——尽管尊重女性却对女性有严密的监督。

但是，被同化进更大社会的过程正改变着这些传统模式。正如本章一开始的故事所讲述的那样，许多从墨西哥来到加利福尼亚的女性偏好小家庭。同样，迁移到纽约的许多波多黎各人也并没有保持他们在波多黎各时熟知的那种强有力的大家庭。传统上男性对于女性的权威也已经有所减弱，尤其在富有的拉美裔家庭中，这些家庭的成员在过去的 20 年间已经增长了 3 倍（Lach，1999；Navarro，2004；Raley，Durden & Wildsmith，2004）。

但是总的来看，西班牙裔家庭 2009 年的平均收入为 39 730 美元，仅是全国平均水平的 66%（U. S. Bureau，2010）。许多西班牙裔家庭 428
面临失业压力或是其他贫困相关问题。

非裔美国家庭

非裔美国家庭面临着经济弱势：2009 年非裔美国家庭的平均收入为 38 409 美元，仅为全国平均水平的 64%。非裔美国人贫困的可能性比非西班牙裔美国白人高出 3 倍，而贫困意味着父母和孩子更可能失业，居住在不标准的住房中，以及健康状况差。

在这些条件下，保持稳定的婚姻是很困难。31% 的非裔美国女性到 40 岁时还从没结过婚，同龄的白人女性中，这一比例仅为 9%。这意味着非裔美国女性——通常情况下还有孩子——更可能成为单身户主。图 18—1 表明，2010 年，44% 的非裔美国家庭以单独的女性为户主，这一比例在西班牙裔家庭中为 27%，在非西班牙裔白人家庭中是 13%，在亚裔或者太平洋岛家庭中为 13%（U. S. Census Bureau，2010）。

即使没有种族，单身妈妈家庭也总是有着很高的贫困风险。23% 的非西班牙裔白人女性为户主的单身家庭是贫困的。而非裔美国女性（37%）和西班牙裔女性（39%）为户主的单身家庭，贫困率更高，这突出表现了女性是怎样在阶层、种族和性别的交叉影响下陷入弱势的。非裔美国已婚夫妇家庭占所有非裔家庭的 46%，其在经济上要强势得多，其大概能挣到同类美国非西班牙裔白人家庭的 81%。但是今天 72% 的非裔美国小孩都来自单身妈妈，而 36% 的非裔美国孩子在贫困中长大。这意味着，这些家庭是美国儿童贫困的主要来源（Martin et al.，2010；U. S. Census Bureau，2010）。

跨民族与跨种族婚姻

婚姻包含着同质：大多数配偶在诸如阶级和种族这样的因素上有着相似的社会背景。但是在 20 世纪的进程中，选择婚姻伴侣中的民族因素变得越来越不重要。例如，即使是 50 年前，一个德国或者法国移民后代的女性可以很容易地嫁给一个有爱尔兰或者英国血统的男人而一般不会引起其家庭或者社会的特别反应。

种族在择偶中的作用要强大得多。在 1967
429 年的最高法院判决（洛文诉弗吉尼亚案）之前，跨种族通婚在 16 个州被认为是非法的。今天，非裔美国人、亚裔美国人和土著美洲人占到美国总人口的 18.5%。假如人们在择偶时没有种族的考量，那么可以预期有相同比例的婚姻是跨种族的。真实的跨种族婚姻为 4.2%，这表明，种族仍然是社会关系中的重要影响因素。

但是这种模式也正在发生变化。一方面，初婚年龄已经延迟至男性平均 28.2 岁女性平均 26.1 岁。年轻人在年纪较大时结婚，其择偶时受父母的影响可能相对要少。这种选择自由的增加带来的一个结果是跨民族婚姻与跨种族婚姻的比例在上升（Rosenfeld & Kim，2005；U.S. Census Bureau，2010；Kent，2011）。

◎ 美国历史的大部分时间中，跨种族婚姻是非法的。这些法律在 40 年前才被完全废除。尽管种族和民族继续影响着择偶和婚姻的过程，但是跨种族的关系正变得越来越常见。

即使人们选择其他种族的人作为婚姻伴侣，模式也还是显而易见的。

最常见的跨种族婚姻是一个白人丈夫和一个亚裔妻子的结合，大约 21% 的跨种族婚姻是这种类型。如果考虑民族的话，最常见的“混合”婚姻是一个西班牙裔（最大的少数种族或少数民族类型）和一个非西班牙裔的结合。

但是今天的伴侣几乎有任何你能想象到的组合。大约 45% 的“混合”婚姻中，伴侣的一方或者双方会宣称自己有多民族或者多种族的认同。“混合”婚姻的伴侣更可能住在西部地区。在夏威夷、内华达、俄勒冈、加利福尼亚和新墨西哥，超过 10% 的已婚夫妇是跨种族的（Passel，Wang & Taylor，2010；U.S. Census Bureau，2010）。第 481 页“焦点中的社会学”专栏给你一个机会来分享你关于约会和婚姻中的种族和民族重要性的相关观点。

性别

社会学家杰西·伯纳德（Jessie Bernard，1982）提出，所有的婚姻事实上都包含了两种不同的关系：女人的婚姻和男人的婚姻。因为几乎没有婚姻有着平等的双方。尽管父权制已经减弱了，大多数人仍然期望丈夫比他的妻子更年长更高大，以及拥有更重要、更好的工作。

那么，为什么很多人觉得女人要比男人在婚姻中获益更多呢？无忧无虑的单身汉这样的积极的刻板印象与孤独的老处女这样的负面图景对比强烈，这表明女人只有成为妻子或者母亲才可能变得充实。

但是伯纳德也提出，已婚妇女实际上比单身女性有着更

约会与婚姻：种族重要性的降低

焦点中的社会学

1961年，来自堪萨斯的年轻人类学学生安妮·邓纳姆（Ann Dunham）嫁给了来自肯尼亚的国际学生巴拉克·奥巴马（Barack Obama）。在当时，这一婚姻是非同寻常的，仅仅因为邓纳姆是白人而奥巴马是黑人。

50年前，仅仅2%的婚姻是跨种族的。强烈的文化力量反对这种结合。20世纪60年代的调查研究表明，42%的美国北部的成年人说，他们要求法律禁止不同种族之间的通婚。而在南方，几乎3/4的成年人持有相同的看法。事实上，在1976年最高法院宣布这些法律是违宪的之前，美国16个州都确实地以法律禁止跨种族婚姻。

今天，他们的儿子巴拉克·奥巴马二世已经入主白宫。同时，今天的跨种族浪漫关系也变得更为常见。调查研究表明，几乎所有18~29岁的年轻人都宣称，他们接受跨种族的约会甚至是婚姻。但是，在年纪大点的人那里，更为传统的种族一致规范仍然在起作用：当研究者询问50~64岁的人时，仅55%的人表示如果他们家中有人要和其他种族的人结婚他们不会介意。在那些65岁以上的人群中，则仅有38%这样认为。交友网站，如默契网（Match.com），所进行的其他社会调查也证实，年轻人比老年人更愿意去和其他种族的人约会。

然而，即使在那些接受跨种族婚姻的人中间，大多数现实的婚姻还是发生在相同种族的人之间。同时考量民族和种族的话，85%的美国婚姻双方是相同的民族和种族。亚裔最可能“跨类通婚”（marry out），大约1/3会这样实践。西班牙裔次之，大约1/4的西班牙裔会与非西班牙裔结婚。大约1/6的非裔美国人会和其他种族的人结婚。最后，大约1/11的非西班牙裔白人会和其他种族的人结婚。

即使在“奥巴马时代”，种族和民族也始终影响着婚姻配偶的选择，只是不像之前那样强烈。而在婚姻上，种族一致肯定不再成为一种规范。

加入博客讨论吧！

你是怎样看待跨种族约会和跨种族婚姻的？你的个人经历又是怎样的？在校园里，你看到了哪种模式？欢迎登录MySocLab，加入“焦点中的社会学”博客，分享你的观点和经历，并看看别人是怎么想的。

资料来源：Based on Kent (2010), Taylor (2010), and U. S. Census Bureau (2010).

差的心理健康，更少欢乐，对生活的态度也更为消极。另一方面，已婚男子却通常比单身男性更为长寿，心理状态更好，自认更加快乐。这些差异提示我们，为什么离婚后的男性比女性更想找一个新的伴侣。

伯纳德总结道，再也没有什么比一个受到良好教化的女人将自己的生命投入对男人的照顾以及保障家庭的秩序井然更能保证男人的长寿、健康和快乐了。她很快补充道，如果丈夫不支配妻子或是期望妻子完成几乎所有的家务，婚姻也可能带给女性健康。调查结果证实，夫妇将“共同承担家务”列为成功婚姻的最重要因素（Pew Research Center，2007a）。

家庭生活中的转变与问题 430

◇ 分析

报纸专栏作家安·兰德斯（Ann Landers）曾说过，20个婚姻中有1个是美好的，有5个是不错的，有10个是可以忍受的，还有4个是“纯粹的地狱”（pure hell）。家庭可能是欢乐的源泉，但是对于某些人而言，现实离理想很远。

离婚

美国社会非常支持婚姻，因此，10个人中至少有9个人在某一时刻曾“喜结良缘”（tie

the knot)。但是今天，很多婚姻会走向瓦解。图18—2表明，在20世纪，美国的离婚率增长了约3倍。今天，大约25%的婚姻会在5年内走向分居或是离婚，而大约40%的婚姻最终也会这样（非裔美国人的这一比例大约是60%）。从另一个角度看的话，在所有15岁以上的人中，21%的男性与25%的女性会在某些时刻离婚。美国的离婚率是全世界第四高的，比加拿大和日本的高出1.5倍以上，比意大利和爱尔兰的高出4倍以上（Fustos，2010；United Nations，2010；European Union，2011）。

美国的高离婚率有很多原因（Furstenberg & Cherlin，1991；Etzioni，1993；Popenoe，1999；Greenspan，2001）：

1. *个人主义的上升*。今天的家庭成员聚在一起的时间更少。我们已经变得更个人主义，我们更关心个人幸福和收入，而不是配偶与家人的福祉。

2. *浪漫爱情的消退*。由于我们的文化将浪漫爱情作为婚姻的基础，随着性激情的减退，婚姻关系也可能瓦解。很多人会用一段新的婚姻来取代旧的婚姻，新的婚姻承诺带来了新的激情与浪漫。

3. *女性不再那样依靠男性*。女性参与劳动的增加降低了妻子对丈夫的经济依赖。因而，女性更容易从不幸福的婚姻中抽身。

4. *今天的许多婚姻都有压力*。在几乎所有的情况下，夫妻双方都会在外工作，工作占据了大量家庭生活的时间和精力。这使得养育孩子比以往更为困难。孩子确实带来了某些婚姻的稳定，但是结婚后的最初几年是最容易离婚的，那时候许多夫妇都有着年幼的小孩。

5. *离婚已经很好地为社会所接受*。离婚不再具有几代人之前带有的强烈的污名感。现在的家人和朋友在夫妻有冲突时阻止他们离婚的可能性降低。

6. *离婚的法律程序简单*。在过去，法院要求想要离婚的夫妻出示其中一方或双方的罪行，如通奸或躯体虐待。今天，美国所有州都允许宣布自己婚姻已经破裂的夫妻离婚。近一半的美国成人认同离婚太过容易，基于此，一些州已经考虑重写其婚姻法（Phillips，2001；NORC，2011：408）。

◎ 离婚对于不幸福婚姻的双方是一种解脱，但是这对于父母一方从此在自己社会世界中消失的孩子来说，是一个问题。离婚在哪些方面可能给孩子带来伤害？离婚有其积极面吗？正处在离婚中的父母应该怎样做才能使他们的孩子能更好地应对父母离异带来的转变？

谁会离婚?

年轻夫妇最有可能离婚——尤其是那些简单谈恋爱后就马上结婚的年轻人，他们没有多少钱，情感上也并不成熟。意外怀孕后结婚的夫妇以及一方或双方有药物滥用问题也会提高离婚的可能性。离异父母的孩子也会有更高的离婚率。研究表明，存在角色示范效应（a role-modeling effect）：看着父母完成离婚的孩子更可能考虑离婚（Amato，2001）。研究也表明，没有宗教信仰的人比那些有坚定宗教信仰的人更容易离婚。住在农村地区的人仍然比住在大城市的人有更低的离婚可能性，但是这一差异和过去相比已经大为缩小（Amato，2001；Pew Research Center，2008；Tavernise & Gebeloff，2011）。

离婚率（和结婚率）在受过大学教育的人群以及有高收入工作的人群中保持稳定。同时，离婚率在没有上过大学的人中以及从事低收入工作的人中不断上升（结婚率不断下降）。一些研究者认为，美国社会中相对弱势的群体更想要远离婚姻，这不是因为他们不想结婚，而是因为他们缺乏稳定的家庭生活所必需的经济保障（Kent，2011）。

最后，离过婚的男女更有可能再次离婚。为什么？十有八九是因为那些高风险因素随着他们从一次婚姻到了另一次婚姻（Glenn & Shelton，1985）。

离婚与子女

由于妻子通常会获得子女的抚养权但是丈夫
431 通常有更高的收入，子女的福祉往往依赖于由法院裁定的父亲的子女抚养费。正如图 18—3 所示，所有牵涉子女的离婚案中有 54% 由法院判定了子女抚养费。然而在任意一年中，这些孩子中都有超过一半的人只能拿到其合法享有抚养费的一部分甚至压根没有拿到。大约 340 万“赖债不还的父亲”（deadbeat dads）没有能够供养他们的子女。对此，现在联邦法院授权雇主可以直接从没有付抚养费的父亲或母亲的所得中扣除这部分钱；拒绝支付孩子的抚养费或是搬迁到其他州以逃避抚养费都被作为严重的犯罪（U.S. Census Bureau，2010）。

离婚对孩子的影响远不止于经济支持。离婚使得年轻孩子离开家庭环境，把他们搅入痛苦的长期争斗，让他们远离他们所爱的父亲或者母亲。最严重的是，许多孩子会为父母的破裂而自责。离婚改变了许多孩子的生活进程，引发情感问题和行为问题，提高了辍学和卷入违法事件的风险。许多专家会反驳说，对于孩子来说，离婚要比待在充斥矛盾与暴力的家中强。但是在任何情况下，父母都应该谨记，一旦离婚，其自身福祉之外的很多东西也都会岌岌可危（Wallerstein & Blakeslee，1989；Amato & Sobolewski，2001）。

再婚与混合家庭

3/4 的离婚者会再婚，大多数会在 4 年之内就再次结婚。全美来看，现在超过 1/3 的新婚至少对于其中的一方来说是再婚。从结婚中获益相对更多的男性比女性更可能再婚（U. S. Census Bureau，2007）。

再婚常常带来混合家庭（blended families），即由孩子以及孩子的生父母与继父母的某种结合所组成的家庭。与兄弟、姐妹、同母异父 / 同

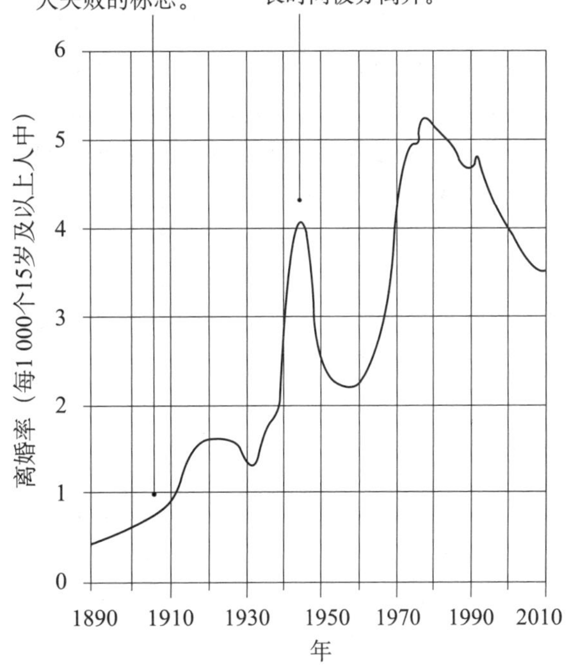

图 18—2　美国 1890—2009 年的离婚率

◎ 从长期来看，美国的离婚率是上升的。然而，从大约 1980 年开始，其呈现下降趋势。

资料来源: U. S. Census Bureau (2009) and National Center for Health Statistics (2011).

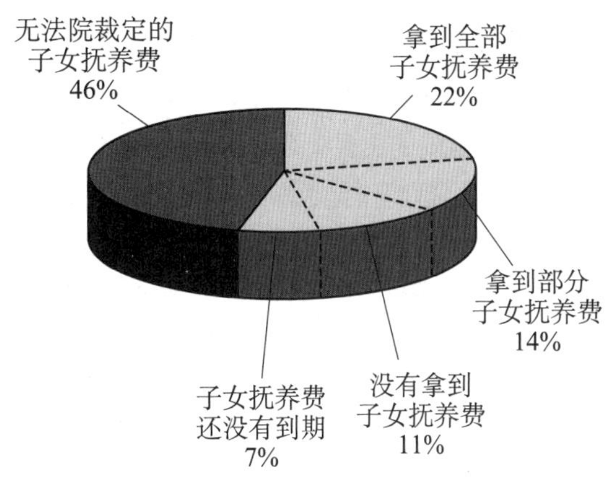

图 18—3　离婚后子女抚养费的支付

◎ 在法院裁定需支付子女抚养费的案例中，大约一半的孩子从来没有拿到过全额抚养费。

资料来源: U. S. Census Bureau (2010).

父异母的兄弟姐妹，以及一个继父 / 继母住在一起——更不用说还有一个亲身父亲 / 母亲可能住在别处已经与其他带孩子的人结婚了——混合家庭中的年轻孩子面临着界定许多新关系以及决定究竟谁是核心家庭一员的挑战。父母常常很难在一群不确定彼此之间关系的人中分配家务劳动的责任。当孩子的抚养权成问题时，前任配偶在新婚姻中可能就是不受欢迎的。尽管混合家庭要求成员适应新的环境，但是其也为家庭中的老少们提供了软化僵硬的家庭角色的机会（Furstenberg & Cherlin，2001；McLanahan，2002）。

家庭暴力

理想的家庭是快乐与支持的源泉。然而，许多家庭的恼人的现实是**家庭暴力**（family violence），即家庭成员对其他成员的情感、躯体或是性的侵犯。社会学家理查德·盖里斯（Richard J. Gelles）说，除了警察和军队，家庭就是“社会中最暴力的群体”（quoted in Roesch，1984：75）。

对女性的暴力

家庭暴力常常不会报告给警察。即便如此，美国司法部（U. S. Department of Justice，2011）估计每年大约有 500 000 人是家庭暴力的受害者。男女同时受害于家庭暴力却并不平等——女性成为受害者的可能性要比男性高 3 倍。整整 35% 的女性（仅 3% 的男性）凶杀案的受害者是被配偶、伴侣甚至是前任伴侣所杀。从全美来看，每年因家庭暴力而致死的女性人数大约为 1 100 名。
432 总的来说，比起被陌生人抢劫或者强奸或是在车祸中受伤，女性更可能被家庭成员伤害（Shupe，Stacey & Hazlewood，1987；Blankenhorn，1995；U.S. Department of Justice，2010）。

历史上，法律规定妻子就是其丈夫的财产，所以没有男性会因强奸自己的妻子而受到指控。但是今天，所有州都已经颁布了婚内强奸法（marital rape law）。该法律不再视婚内暴力为私人家庭事件；其给受害者更多的选择。现在，即便没有正式的分居或离婚，女性也可以得到法庭的保护，不受侵犯性配偶的伤害，而所有的州都已经有了“（反）跟踪骚扰法”禁止前任伴侣跟踪或者威胁对方。美国各地的社区都为因家庭暴力而离开家门的妇女和儿童建立了庇护所，提供咨询和临时住所。

最后，家庭暴力带来的远不仅仅是生理的伤害。受害者往往会丧失对他们的信任。一个研究发现，受过身体伤害或性侵犯的女性比起那些非受害者在今后建立起稳定关系的可能性更低（Cherlin et al.，2004）。

对孩子的暴力

家庭暴力也会使孩子受害。2009 年，涉嫌儿童虐待或者孩童疏于照顾的报告有超过 300 万份。在其中，大约 70 000 被确认为受害，且 1 770 名孩子死于伤害或疏于照顾。虐待给儿童留下的不仅仅是生理伤害，虐待孩子的父母滥用了权力与信任，以影响孩子一生的方式损害了孩子的情感幸福。儿童虐待和疏于照顾在幼子和最脆弱的孩子中最为常见（Besharov & Laumann，1996；U.S. Department of Health and Human Services，2010）。

尽管虐待儿童者不能被简单地归为某种类型，但是女性（54%）比男性（46%）的可能性略高。几乎所有的虐待儿童者都有一个特征：他们自己在儿童时曾受过虐待。研究表明，亲近关系中的暴力行为是有习得性的；在家庭中，暴力生产暴力（S. Levine，2001；U.S. Department of Health and Human Services，2010）。

另类的家庭形式

◇ 分析

美国的大多数家庭由已婚夫妇及其小孩组成。但是在近几十年，美国社会的家庭生活多样性不断增长。

单亲家庭

30% 有 18 岁以下孩子的美国家庭中只有单亲，这一比例在过去一代人中翻了一番多。换一种方式来看，现在 27% 的美国儿童仅与单亲同住，而在他们长到 18 岁之前，几乎半数会如此。

单亲家庭，其中85%是单亲妈妈，由离婚、死亡或者未婚女子想要生育孩子带来（U.S. Census Bureau，2010）。

成为单亲妈妈增加了女性的贫困风险，因为这限制了其工作或者继续教育的可能。这一关系倒过来仍然成立：贫困增加了年轻女子变成单亲妈妈的几率。但是单亲绝不仅仅只是贫困的问题：每年有170万孩子出生在未婚妈妈家庭，这一数值高于美国全部新生儿的40%。在近几十年，年轻单身女性的分娩率已经有所下降；同时，超过30岁女性的分娩率却在上升（Pew Research Center，2007a；Martin et al.，2010；NVSR，2010）。

回到第479页的图18—1，可以看到54%的非裔美国家庭是单亲家庭。单身父母在西班牙裔（37%）、亚裔（20%）和非西班牙裔白人（19%）中相对少见。在许多单亲家庭中，母亲们会向她们的母亲请求帮助。因而在美国，单亲家庭的上升是与父亲角色的降低以及祖父母重要性的上升联系在一起的。

研究表明，在单亲家庭中长大的孩子是处于弱势的。一些研究宣称，由于父亲和母亲都对孩子的社会成长有独立的影响，单亲很难一个人就做得很好。但是单亲家庭，尤其是对于单身妈妈而言，最严重的问题是贫困。平均而言，在单亲家庭中长大的孩子在一开始就更为贫困，受过更少的教育，最终在成年时获得更低的收入。这些孩子自己也更可能成为单亲父母（Blankenhorn，1995；Kantrowitz & Wingert，2001；McLanahan，2002；U.S. Census Bureau，2010）。

同居

同居（cohabitation）是指未婚情侣同住。作为已经长久存在的家庭生活形式，同居有时候有孩子，有时候没有，其在斯堪的纳维亚国家尤
433 其常见，在其他欧洲国家也正变得越来越普遍。在美国，同居伴侣的数量从1970年的50万增长到今天的650万（590万的异性恋情侣和58.1万的同性恋情侣），占所有家户的6%。大约一半15~45岁的美国人（51%的女性和43%的男性）在某些时候有过同居（U.S. Census Bureau，2010）。

◎ 2011年，纽约州成为认可合法同性婚姻的第六个州。纽约州的法律为美国的同性婚姻合法化的运动提供了新的动力。你期望多少个州在未来的几年内会做出同样的举措？为什么？

同居更可能出现在独立的个体或是秉持性别平等的人中（Brines & Joyner，1999）。大多数的情侣只是同居若干年。3年后，1/10的情侣会继续同居，3/10决定结婚，而6/10会分手。大量证据表明，同居可能实际上不利于婚姻，因为情侣会习惯于低承诺的关系。正因为这个原因，有孩子的同居情侣——目前美国每8个新生儿中就有1个出生于这样的情侣家庭——可能不会总成为长期的父母。图18—4呈现出，仅仅5%的出生于同居情侣家庭的孩子会和他们的生父母一起住到18岁，如果他们的生父母仍然没有结婚的话。这一比例在父母在某一时刻结婚的孩子那里上升到36%，但即便是这一比例，仍然只是父母婚后才有的孩子的70%的一半。当有孩子的同居伴侣分手时，他们的父母职责，包括经济支持，就是高度不确定的（Popenoe & Whitehead，1999；Booth & Crouter，2002；Fustos，2010；U.S. Census Bureau，2010；National Center for Health Statistics，2011）。

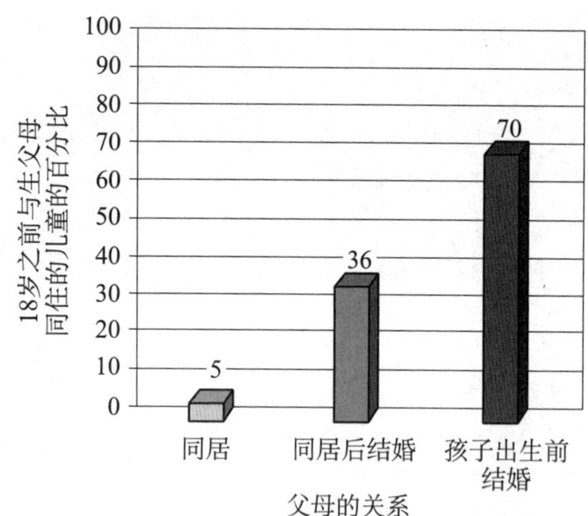

图 18—4 父母对孩子生活的介入：同居父母与已婚父母

◎ 婚姻会增加孩子在成长过程中一直与生父母住在一起的几率。

资料来源: Phillips (2001).

同性恋伴侣

1989 年，丹麦成为允许注册的同性伴侣享有（异性）婚姻同等权益的第一个国家。这一变化使同性恋夫妇具有社会合法性，且使同性恋夫妇平等地拥有继承、税务以及共同财产所有等各项权益。从那时开始，包括挪威（1993）、瑞典（1994）、冰岛（1996）、芬兰（2001）、英国（2004）、澳大利亚（2008）、爱尔兰（2011）在内的超过 15 个国家照样行事。但是，仅仅 10 个国家将婚姻——同时在名义上和实践上——真正扩展至同性夫妇：荷兰（2001）、比利时（2003）、加拿大（2005）、西班牙（2005）、南非（2006）、挪威（2008）、瑞典（2009）、葡萄牙（2010）、冰岛（2010）以及阿根廷（2010）。

在美国，2004 年马萨诸塞州成为同性婚姻合法化的第一个州。从 2011 年起，艾奥瓦州、康涅狄格州、佛蒙特州、新罕布什尔州、纽约州以及哥伦比亚特区也已经修改了其法律允许同性婚姻。新泽西州、伊利诺伊州以及夏威夷州承认同性伴侣享有婚姻的所有权利。

1996 年，美国国会通过了《捍卫婚姻法案》（DOMA），这一法律界定婚姻为一个男人和一个女人的结合。从那时起，总共有 30 个州修改了其宪法将婚姻仅仅局限在一个男人和一个女人之间的条款。2011 年 2 月，奥巴马政府宣布，司法部不再在法庭上为 DOMA 辩护。不久以后，国会开始辩论，是否要撤销 DOMA。这一提案的支持者指出，公众对同性婚姻的接纳度稳定增长。目前，大约 45% 的美国成人支持同性婚姻，而 57% 支持民事结合——为同性伴侣提供与已婚夫妇同样的权利（Newport，2005；NORC，2011：2313；Pew Research Center，2009，2011）。

美国大多数有小孩的同性伴侣抚养的是之前的异性恋伴侣的后代，另外一些伴侣则领养了孩子。但是，许多同性恋的父母对自己的性取向保持了沉默，他们不想招致对他们自己或对他们孩子的不友善关注。在一些已经广为公开的案例中，法院剥夺了同性伴侣对孩子的监管权，这引发了对孩子的“最佳利益”的关注。

同性恋父母挑战了许多传统观念。但是其同时表明，许多同性恋者与异性恋一样高度重视家庭生活。

单身

在美国 10 个人中有 9 个是会结婚的，正因为如此，我们倾向于视单身为生活的临时阶段。然而，越来越多的人选择单独生活。1950 年，10 个家户中仅 1 个是单身户。而到 2010 年，这一比例已经上升为 27%，总共有 3 140 万单身成年人口（U.S. Census Bureau，2010）。

最引人瞩目的是单身年轻女性数量的不断增长。1960 年，20~24 岁的美国妇女中，28% 是单身的；到 2010 年，这一比例激增至 79%。在这种趋势的背后，是越来越多的女性上了大学，这使得初婚年龄被延后。

完成大学学业的女性确实在生活中会更迟结婚，但是实际上，她们比没有上过大学的女性更可能结婚。原因很简单，人们受的教育越多，他们作为婚姻伴侣的吸引力就越大（Kent，2011）。

到中年，许多没有结婚的女性意识到合适男性的缺乏。因为我们期望一个女人嫁给比她年长的男子，而女性倾向于比男性活得更健康和更长寿，因此一个女人年纪越大，她要找到一个合适的丈夫就会变得越困难。

434 新生育技术与家庭

◇ 理解

医学在生育技术上的进步也在改变着家庭。1978年，英国的路易斯·布朗（Louise Brown）成为世界上第一个“试管婴儿”。自那时开始，已有成千上万的孩子在子宫外受孕。

试管婴儿来自体外受精，医生将女性的卵子和男性的精子在“玻璃”中（通常不在试管而是在一个浅盘中）而不是在女性身体中结合到一块。医生随后将形成的胚胎移植到想要生育孩子的女性的子宫中，或者将其冷冻起来，以备未来的移植。

现代生育技术使得那些靠传统方式没有办法生育的夫妇有了孩子。这些技术可能最终也会有助于减少出生缺陷的发生率。对精子和卵子的基因筛查使得医学专家能够提高获得健康婴儿的几率。但是新生育技术也带来困难而麻烦的问题：当一个女性移植了来自另一个女性的卵子所形成的胚胎时，谁是母亲？当一对夫妇离婚，他们中的谁有权利使用或者销毁他们冷冻的胚胎？父母应该使用基因筛查来选择他们孩子的特征吗？这些问题提醒我们，技术变迁太快了，快到我们还没有来得及理解其所带来的全部后果。

家庭：展望

◇ 评价

美国的家庭生活在未来还将继续改变，这些改变也将带来争论。“传统家庭价值”的倡导者反对更多个体选择的支持者；第488页“争鸣与
435 辩论”专栏概括了其中的一些问题。社会学家还不能预测这一争论的结果，但是我们可以提出五种可能的未来趋势：

第一，离婚率很可能继续居高，即使婚姻破裂伤害到了孩子。事实是，今天的婚姻几乎和一个世纪前一样持久，那时候，死亡缩短了很多婚姻的时间。不同的地方在于，现在的许多夫妻自己选择结束不能达到他们预期的婚姻。因此，即便离婚率从1980年起开始下降，其也不可能回到20世纪早期常见的低离婚率。

第二，21世纪的家庭生活将比之前任何时候都更为多样化。同居伴侣、单亲家庭、同性恋家庭以及混合家庭都在上升。大多数的家庭仍然以婚姻为基础，大多数的夫妻还是会有孩子。但是家庭形式的多样化表明了更重个人选择的发展趋势。

第三，男性将在孩子养育中发挥有限的作用。在20世纪50年代，很多人视为家庭的“黄金时期”的年代，男性就开始从积极的孩子养育中退场（Snell，1990；Stacey，1990）。在近些年，出现了反向的趋势：一些年纪较大的、受过高等教育的男性和他的孩子一起待在家里，他们中的许多人会使用计算机技术继续他们的工作。但是居家爸爸占所有有年幼孩子的父亲的百分比不超1%（U.S. Census Bureau，2010）。更大的图景是美国的高离婚率和单亲妈妈数量的上升正在削弱孩子与父亲之间的纽带，增加了孩子贫困的风险。

第四，家庭仍将继续受到经济变迁的影响。在今天的许多家庭中，夫妇两个都外出工作，这使得婚姻与家庭生活降低为疲惫的男性和疲惫的女性的互动，他们不得不在已经满满的安排中，再塞进一些与孩子共度的“珍贵时间”（quality time）。我们已经看到的家庭双职工所带来的各种长期影响，很可能交叉在一起。

第五也是最后，新生育技术的重要性在增强。什么可以做、什么应该做的伦理考量会减缓其发展，但是生育的新技术将继续改变亲子关系的传统体验。

虽然何种变迁和论战冲击着美国家庭，但是大多数的人仍然认为他们作伴侣或者父母时非常开心（NORC，2011：2353）。对未来几代人而言，婚姻与家庭生活仍然是美国社会的基石。

争鸣与辩论

我们应该挽救传统家庭吗？

艾伦：我父母昨晚真的打得很厉害。天啊，我不知道他们是否还会继续维持婚姻。

阿卜杜尔：我希望他们会，我的朋友。家庭是社会联结的纽带。

塔尼莎：听听你们说的！对每个人来说，重要的是要开心。如果婚姻能带来快乐，很好。但是人们还有很多其他获得快乐的方式。

什么是“传统家庭”？它是我们生活方式的关键，还是进步的阻碍？人们以“传统家庭”指一个男人和一个女人的婚姻，在他们生命的某段时期内，他们会养育孩子。从统计来说，传统家庭不像以前那样常见。1950年，如数据所示，90%的美国家户是家庭——使用美国统计局的定义：两个及以上的人因生育、婚姻或收养而联结在一起。到2010年，由于离婚、同居及单身的上升，仅67%的家户是家庭。

“传统家庭”不仅仅是一种方便的表达，其亦是一种道德的陈述。传统家庭的信念意味着赋予结婚与保持婚姻很高的价值、将孩子置于事业之上，以及偏好双亲家庭而不是其他另类形式。

“传统家庭乃解决之道”

在争论的一方，戴维·波普诺（David Popenoe，1993a）警告说，传统家庭自1960年以来已经被严重侵蚀。1960年，带有年幼小孩的已婚夫妇大约占所有家庭户的一半；今天，仅剩下21%。单身在增加，从1960年10%的家户到今天的27%。而离婚率自1960年开始已经增长了59%，以至于今天大约40%的婚姻会以永远分离终结。因为离婚以及越来越多的孩子来自单身妈妈，与单亲同住的孩子的比例从1960年以来已经长了近3倍，达到27%。换种方式说，今天4个孩子中仅1个会在双亲家庭中长大，并且在长大后保持稳定的婚姻（U.S. Census Bureau，2010）。

◎ 传统家庭在美国社会中是一种积极力量还是一种消极力量取决于你的观点。

根据这些数据，波普诺认为，说家庭正在崩溃恐怕并不夸张。他看到了从“婚姻文化”到“离婚文化”的根本转变，传统的婚姻承诺誓言“至死不渝”（till death do us part）现在大致就等同于“只要我快乐”。波普诺继续说，家庭弱化的文化趋势带来的负面后果是很明显的，可以在各个地方找到：随着我们越来越少地关注孩子，年轻人的犯罪率在上升，同时伴随着许多其他的问题行为，包括未成年吸烟与喝酒、婚前性行为，以及少年自杀。

正如波普诺看到的，我们必

须努力行动，快速倒转文化趋势。政府不可能是解决之道，甚至可能是问题的一部分：自1960年开始，随着家庭被弱化，政府对社会机构的投入激增。波普诺说，要挽救传统家庭，我们需要一次文化转向，就像我们对于吸烟的态度一样。在家庭问题上，我们必须以对配偶和子女的承诺取代“以我为先”（me first）的态度，公开支持双亲家庭是对孩子最为有益的家庭形式。

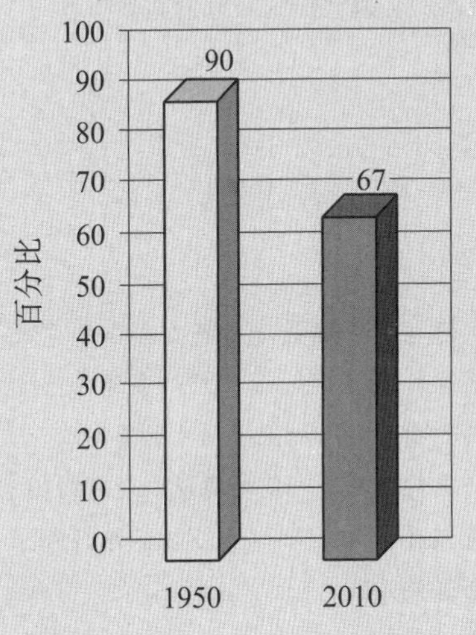

◎ 1950—2010年美国人口普查局界定的家庭占美国所有家户的比重。

“传统家庭是问题”

朱迪思·斯泰西（Judith Stacey，1993）提出了一个相反的、女权主义式的观点：甩掉传统家庭这一包袱。在她看来，传统家庭是问题而不是出路：“家庭不应该在这里继续，我们也不应该希望它继续。相反，我相信所有民主的人们，无论他们的亲属关系的偏好是怎样的，都应该努力加速其灭亡。”（Stacey，1990：269）

斯泰西认为，拒绝传统家庭的主要理由是因为其助长了社会不平等。家庭通过在代际间传递财富和“文化资本”而在维持社会等级中起着重要的作用。女权主义者批判传统家庭的父权形式，这种父权形式使得女性服从于她们丈夫的权威，而且使得她们承担主要的家务和孩童照料责任。斯泰西继续说，从同性恋权利的视角，看重传统家庭的社会也会否定同性恋人群在社会生活中的平等参与。

因此，斯泰西将家庭的崩溃视为社会进步而欢呼。她并不将家庭看成是必需的社会组织，而是视为将一部分人——富有的白人男性——凌驾于其他人，包括女性、同性恋以及穷人的政治建构。

斯泰西同时提出，“传统家庭”的概念在一个男人和女人都外出挣钱的多样化社会中变得越来越格格不入。她总结道，我们社会需要的，并不是什么回到家庭的黄金时代，而是政治与经济变革，包括女性的收入平等、全民健康保险和孩童照料、减少失业以及在学校里面进一步推进性教育。这些举措不仅将帮助家庭，也将保证在多种家庭形式中的人们都能够得到他们应得的尊重与尊严。

你怎么想？

1. 为了加强家庭，戴维·波普诺提出父母可以将他们一周的工作时间减少至60小时来将孩子置于事业之上。你同意这种观点吗？为什么？
2. 朱迪思·斯泰西认为今天的婚姻因女性拒斥父权关系而减弱。你怎样看待这一论断？
3. 我们是否需要为了我们的孩子而改变我们的家庭模式？就你看来，我们需要哪些具体的变革？

第18章　家庭

大众传媒是怎样描述家庭的？

许多人对20世纪50年代诸如《奥奇和哈利特》(*Ozzie and Harriet*)以及《天才小麻烦》(*Leave it to Beaver*)这样的流行电视剧中描述的传统家庭非常熟悉。在这两部电视剧中，都有工作的父亲、居家的母亲，以及两个(优秀的)儿子。但是，下面的图景将告诉我们，今天的电视剧不再是以家庭为中心的。

提示

今天的大众传媒中所能找到的一般模式当然和20世纪50年代，那个所谓的"家庭的黄金年代"普遍存在的模式不同。今天的电视剧强调事业通常只留给家庭(住所)很少的时间，或者，由于各种原因，稳定的婚姻仅是一种期待而不是规则(所有电视节目都证明这一点)。好莱坞有一种反家庭的偏见？这个很难说；大约是编剧发现，非传统的家庭形式能够带来更有趣的故事吧。不管怎样，大多数电视剧都表明，各个年龄层的人们(好吧，也许不包括《豪斯医生》)都可以找到并且维持令人满意的关系，不管这些关系是否遵守传统家庭形式。

近些年一档最流行的电视剧是《豪斯医生》，围绕着一家高档的新泽西医院里的聪明而好斗的医生和他的同事展开。这一电视剧的所有主要角色都没有结婚，没有孩子，和父母相处得也不好。为什么会这样呢？

柯特尼·考克斯（Courtney Cox）和她电视上的儿子丹·博德（Dan Byrd）正在海滩上玩，他们在度假，这发生在电视剧《熟女镇》（*Cougar Town*）中。这个电视剧中出现的家庭模式是怎样的呢？

另一个流行的电视剧是《费城总是艳阳天》（*It's Always Sunny in Philadelphia*），在这部剧里面，一群朋友在很多情况下像一个家庭一样运作。你觉得这个电视剧是怎样表现家庭生活的？

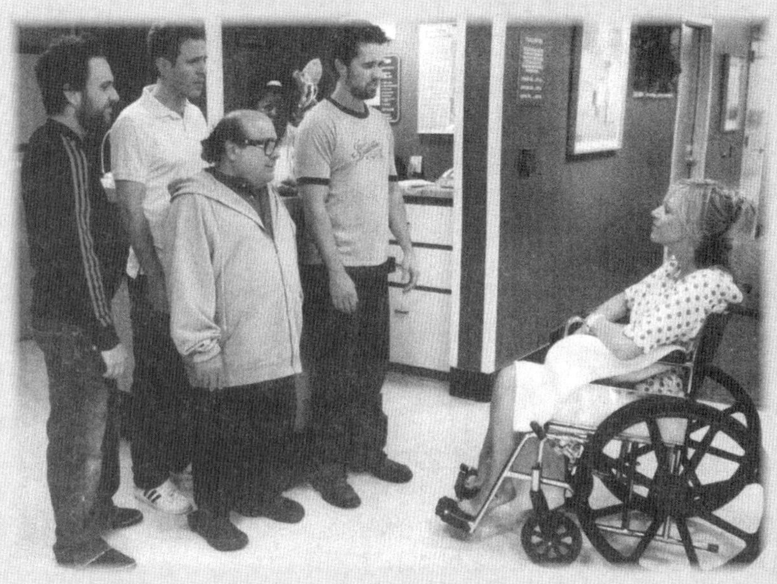

从你的日常生活中发现社会学

1. 读完了上述照片与评论之后，想一下你自己喜爱的电视剧，对每一部你喜爱的电视剧都评价一下家庭在其中的重要作用。剧中有家庭生活吗？有的话，其呈现了怎样的家庭形式？家庭是人们欢乐的源泉吗？
2. 与不同家庭成员之间的关系是不同的。你最愿意和哪个家庭成员——母亲、父亲、兄弟、姐妹——来分享秘密？为什么？在遇到危机时，你会首先向哪个家庭成员求助？为什么？谁在你的家中会最后一个才知道？
3. 这一章论述了今天社会中的家庭生活越来越与个人选择相关。今天的家庭生活比以前，如一个世纪前，更为多样化的原因是什么？登录mysoclab.com，阅读“从在你日常生活中发现社会学”专栏，你可以找到如何在今天的关系与家庭生活中做出更好选择的建议，并能了解更多的东西来看看你在本章所学的知识将怎样有益于你。

第18章　家庭

家庭：基本概念

所有的社会都基于亲属关系。家庭在不同的文化和不同的时期有所不同：

- 在美国这样的工业化社会中，婚姻是一夫一妻制的。
- 前工业社会认可扩大家庭；工业化带来核心家庭的上升。
- 许多前工业社会允许多配偶制，其有两种类型：一夫多妻制和一妻多夫制。
- 从全球来看，从夫居最为常见，但是工业社会偏好新居制，一些社会也存在从妻居。
- 工业社会是双系世系的，前工业社会是父系或者母系的。　**pp.418-21**

家庭的理论

结构—功能视角论述了家庭帮助社会顺利运行的主要功能：

- 儿童社会化，使其成为社会的合格成员。
- 规范性活动以维持亲属组织和财产权利。
- 赋予孩子社会认同（基于种族、民族、宗教或社会阶级）。
- 为家庭成员提供物质与情感支持。

乱伦禁忌限制某些亲属之间的性关系，在所有社会中都存在。　**pp.422-23**

社会冲突视角和女权主义视角指出家庭维持社会不平等的方式。

- 家庭通过将财富传递给他们的孩子而保障阶层结构的持续。
- 家庭通过使男人成为户主以及将孩子养育和家务的责任分配给女人而使性别角色长久存在。
- 人们倾向于与自己相似的人结婚加剧了种族与民族等级。　**p.423**

- 符号互动视角论述了在日常家庭生活中家庭成员是如何建立情感纽带的。
- 社会交换视角将择偶与婚姻看成是每个人都在衡量自己可能伴侣的优势和劣势的一种交换过程。　**pp.423-24**

乱伦禁忌（p.422）：在某些亲属间禁止性关系或者婚姻的规范。

家庭（p.418）：存在于所有社会中的、将人们联合起来形成合作群体以便相互照顾，当然也包括照顾孩童的一种社会组织。

亲属关系（p.418）：基于共同祖先、婚姻或收养的社会纽带。

婚姻（p.418）：通常带有经济合作、性活动以及生育行为的合法关系。

扩大家庭（p.419）：由父母、子女和其他亲属组成的家庭，也被称为“血缘家庭”。

核心家庭（p.419）：由父亲、母亲或父母双方与其子女所组成的家庭，也被称为“夫妇家庭”。

内婚制（p.419）：同一社会类别的人们的婚姻。

外婚制（p.419）：不同社会类别的人们的婚姻。

一夫一妻制（p.419）：两个伴侣结合形成的婚姻。

多配偶制（p.419）：一个人和两个或更多的配偶所形成的婚姻。

一夫多妻制（p.419）：一个男人和两个或两个以上女人形成的婚姻。

一妻多夫制（p.419）：一个女人和两个或两个以上男人形成的婚姻。

从夫居（p.419）：已婚夫妇与丈夫的家人共同居住或住在丈夫家附近的居住模式。

从妻居（p.420）：已婚夫妇与妻子的家人共同居住或住在妻子家附近的居住模式。

新居制（p.420）：已婚夫妇与双方父母都没有住在一起的居住模式。

世系（p.420）：社会成员的亲属关系世代相传的体系。

父系世系（p.420）：沿着男性传承亲属关系的体系。

母系世系（p.421）：沿着女性传承亲属关系的体系。

双系世系（p.421）：沿着男性和女性传承亲属关系的体系。

家庭生活的阶段

同质婚（p.425）：相同社会特征的人之间的婚姻。

不忠（p.425）：婚外性行为。

择偶与浪漫爱情

- 包办婚姻在前工业社会中很常见。
- 基于浪漫爱情的求爱在美国的择偶中处于中心地位，这导致了新的家庭形式。

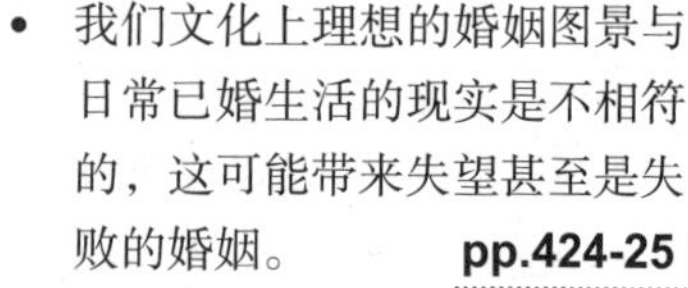

- 我们文化上理想的婚姻图景与日常已婚生活的现实是不相符的，这可能带来失望甚至是失败的婚姻。　**pp.424-25**

养育子女

- 大家庭在前工业社会是必需的，因为孩子是必要劳动力的来源。
- 随着工业化提高了养育子女的成本，家庭规模已经随着时间流逝不断下降。
- 随着越来越多的女性选择上学或是参加工作，孩子的生育越来越少。
- “家庭价值”之争围绕的中心是：父母双方都外出工作，谁来照顾孩子？ **pp.425-26**

晚年生活中的家庭

- 孩子的离开形成“空巢”，带来了对家庭生活的调整。
- 许多中年夫妻照顾老年父母，而许多年老的夫妻成为活跃的祖父母。
- 婚姻最后的转变发生在配偶一方的死亡。 **pp.426-27**

美国家庭：阶级、性别与种族

社会阶级是型塑家庭生活的重要力量。

- 社会阶级决定了家庭的经济保障和家庭成员的可能的机会。
- 出生在富裕家庭中的孩子一般比生在贫困家庭中的孩子有着更好的心理和生理健康，也会在未来的生活中取得更大的成就。 **p.427**

民族与种族可以影响到一个人的家庭生活体验，尽管很难对所有家庭归结出单一的类型来。

- 美国印第安人从部落地向城市的迁移形成了许多成员不断变化的“流动家户”。
- 随着拉美裔美国人被同化进更大的美国社会，其普遍存在的扩大家庭的传统形式也正在发生变化。
- 非裔美国家庭面临严峻的经济弱势，超过1/3的非裔美国孩子在贫困中长大。 **pp.427-29**

性别影响家庭变动，因为丈夫在大多数的婚姻中占据支配地位。

- 研究表明，婚姻带给男性的利益要比女性的多。
- 离婚后，男性比女性更可能再婚。 **p.429**

家庭生活中的转变与问题

离婚

现在的离婚率比一个世纪前高出了 4 倍。今天 40% 的婚姻都要以离婚收场。研究者指出了其中的六个原因：

- 个人主义的上升。
- 浪漫爱情的消退。
- 女性不再那样依靠男性。
- 今天的许多婚姻都有压力。
- 离婚已经很好地为社会所接受。
- 离婚的法律程序简单。 **pp.430-31**

再婚

- 3/4的离婚者最终会再婚。
- 再婚带来混合家庭，即家庭成员中包含了之前的婚姻带来的小孩。 **p.431**

家庭暴力

- 家庭暴力的受害者几乎总是女性与小孩，其比官方数据显示的更为常见。
- 大多数虐待家庭成员的家暴者在他们是孩子时也受过虐待。 **pp.431-32**

家庭暴力（p.431）：家庭成员对其他成员的情感、躯体或是性的侵犯。

另类的家庭形式

单亲家庭

- 单亲家庭的比例——现在占全美家庭的30%，比上一代人中翻了一番多。
- 单身父母增加了女性贫困的风险，这将使得孩子处于不利地位。 **p.432**

同居

- 25~44岁人群中，超过一半的人在某些时候有过同居。
- 研究表明，出生于同居情侣的孩子比起出生于已婚父母的孩子更不可能与其生父母同住至18岁。 **pp.432-33**

同性恋伴侣

- 尽管只有马萨诸塞州、康涅狄格州、佛蒙特州、新罕布什尔州、艾奥瓦州、纽约州以及哥伦比亚特区允许同性婚姻，许多的同性恋者还是形成了长期的关系，并且越来越多地为人父母。 **p.433**

单身

- 今天1/4的家户是单身户，这一比例从1950年的1/10不断上升而来。
- 单身年轻女性的数量上升非常显著，这是女性对工作有了更多的参与以及对男性的婚姻支持有了更少的依赖的结果。 **p.433**

同居（p.432）：未婚情侣同住。

新生育技术

- 尽管有伦理困境，但新生育技术正在改变着亲子关系的观念。 **p.434**

第19章 宗教

学习目标

◇ 记忆

本章黑体关键名词的定义。

◇ 理解

各种各样宗教组织之间的不同。

◇ 应用

社会学的主要理论视角分析宗教。

◇ 分析

性别在宗教组织中发挥的重要性。

◇ 评价

宗教在现代社会重要性下降这一世俗化命题的正确性。

◇ 创造

能将宗教与其他类型的知识区分开来，也能够辨别出只有宗教才能回答的那类问题的能力。

442 本章概览

本章考察了宗教作为一种重要的社会组织的意义及重要性。虽然全球各地的宗教各不相同，但都是基于“神圣”这个概念的。

在全球众多信仰宗教的国家当中，有这样一个国家，它因同时拥有许多基督教堂、犹太教会堂、佛教寺庙和清真寺（最近一项研究指出，每个用于礼拜的建筑物可容纳 1 000 人）而与众不同。

- 综观其整个历史，每一位领导人都宣称是上帝在掌管着本民族的繁荣与自由。
- 今天，该国家 80% 的人民表示他们“体验到了上帝的存在或一种精神的力量”。
- 他们每年给宗教组织提供的经费加在一起超过了 1 000 亿美元——这个数字超出了大多数低收入国家的经济总产值。
- 钱上印有国家官方的座右铭“我们信赖上帝”。
- 在学校里，他们的孩子站在国旗面前宣誓忠于这个上帝主宰下的国家。（Sheler, 2002；Aprill, 2004）

你或许已经猜到这里所描述的就是美国。美国既是一个信仰宗教的国家，也是一个外来移民较多的国家，因此，它的人民对上帝的理解多种多样。在各种各样的敬神场所——从纽约高耸入云的哥特式大教堂到洛杉矶小店面前的临时性神龛都能够看到基督教徒、伊斯兰教徒、犹太教徒、佛教徒、印度教徒、锡克教徒、耆那教徒、琐罗亚斯德教徒和其他众多宗教的信徒（Yang & Ebaugh, 2001; Sheler, 2002)。最近，在这样的国度里，印度教徒与犹太教徒的孩子们同校学习，伊斯兰教徒、佛教徒、锡克教徒、新教徒和天主教徒同在一个工厂或办公室里工作 (Eck, 2001)。正如你将要看到的，今天，其实更多的美国人是在精神上信仰宗教而不是真正地加入宗教组织。

本章从社会学的视野出发，首先解释了宗教是什么，然后从纵向与横向两个维度探讨宗教信仰形式的变化，分析其在当今社会中存在的一些重大的，有时甚至是颇具争议的问题。

宗教：基本概念

◇ 理解

法国社会学家涂尔干认为宗教涉及“超越我们知识范围以外的事情”(1965：62，orig. 1915)。我们对大多数事物、事件或者经历的解释都是**世俗的**（profane，起源于拉丁文，“庙宇以外”的意思）——认为它们是日常生活的普通组成部分。但是我们也认为有一些东西是**神圣的**（sacred），作为非凡成分而从普通中分离出来，以此激发人们的敬畏之心。把神圣的东西从世俗中分离出来便是所有宗教信仰的本质特征。因此，**宗教**（religion）就是一种涉及基于认可神圣事物的信仰和实践的社会组织。

人们在信仰问题上存在很大的差异性，没有什么东西对于所有人来说都是神圣的。尽管人们认为大多数书籍是世俗的，但犹太人认为“摩西五经”(关于《希伯来圣经》最早的五本或基督教《旧约全书》) 是神圣的，同样，基督教徒认为《圣经》的《旧约全书》和《新约全书》是神圣的，而

◎ 尽管宗教仪式有各种各样的形式，但是很多宗教仪式都超越了普通人的理解。墨西哥的庆祝活动包括祈祷和纪念那些逝去的人。图中这个男子是在洛杉矶参加悼念日的舞蹈团成员，悼念日是墨西哥祈祷和缅怀逝者的庆典。

穆斯林认为《古兰经》是神圣的。

但是，涂尔干（Durkheim，1965）解释说，无论一个宗教信仰共同体怎样去界定宗教的界限，人们都会按照日常生活的有用性来理解世俗事物：这好比是用电脑登录到互联网上或者是转动钥匙发动汽车。我们虔诚地从日常生活中分离出神圣之物，并赋予其一种“禁止”或“圣洁”的光环。例如，为了表示神圣与世俗的界限，穆斯林在进入清真寺之前会脱掉鞋子——以避免接触外面世俗地面的鞋底玷污神圣的教堂。

神圣体现在**仪式**（ritual）或正式的礼仪行为上。圣餐是基督教的中心仪式，对于信仰基督的人们而言，在圣餐过程中吃圣饼、饮圣酒是与世俗方式的吃饭截然不同的，因为圣饼与圣酒是救世主耶稣的血与肉的神圣象征。

宗教与社会学

因为宗教牵涉到超越日常生活经验的抽象观念，所以人们的常识与社会学都不能够证实或证伪宗教的学说。宗教是一个**信仰**（faith）问题——信仰是建立在说服而不是科学证据之上的
443 信念。《新约全书》把信仰定义为“未见之事的确据”（《希伯来书》11：1），极力主张基督教徒“行事为人是凭着信心，不是凭着眼见”（《哥林多后书》5：7）。

一些有着强烈信念的人可能会为社会学用科学眼光看待他们的神圣事物的思想所搅扰。然而，社会学对于宗教的研究对任何人的信念都不会构成威胁。社会学家研究宗教就好比研究家庭一样，是为了理解世界各国的宗教经验，理解宗教是如何与其他社会制度联系起来的。他们对具体宗教不做正误判断。而且，科学社会学应用更世俗的方法来回答这样的问题：为什么各种宗教在一个社会中采用特定的形式，而在另一个社会采用其他特定的形式，以及宗教活动在整体上是如何影响社会的？

宗教的理论分析

◇ 应用

社会学家研究宗教所采用的主要理论视角与研究其他主题是一样的。每一种视角都对宗教影响社会生活提出了与众不同的解释。

宗教的功能：结构—功能分析

根据涂尔干的观点 (1965，orig. 1915)，社会有它自身的、超越任何个人生活的生命与力量。换句话说，社会本身是与神相似的，社会塑造社会成员的生活，并外在于社会成员。人们信仰宗教，举行宗教庆典，歌颂社会令人敬畏的力量。

这样就不难理解，世界各国的人们为什么把日常生活中某些事物当作他们集体生活的神圣象征物了。宗教信仰社会中的成员是通过图腾做到这一点的。**图腾**（totem）本身只是自然界中的一个事物，却在集体生活中被定义为神圣象征物。图腾——也许是一个动物，也许是一个精心制作的艺术品——在宗教仪式中变为中心装饰品，它象征着超越集体的社会力量。在美国社会中，大家尊敬国旗，不允许用世俗的方法（比如像对待衣服一样）亵渎它，也不允许国旗碰到地面。

同样，在所有的传播场合美国人都要加上一句话“我们信仰上帝”（这从 19 世纪 60 年代内战时期就开始了），或者在效忠宣誓的时候加上

▲**检查你的学习**
涂尔干分析宗教的三种社会功能是什么？

宗教 一种涉及基于认可神圣事物的信仰和实践的社会组织。

信仰 建立在说服而非科学证明之上的信念。

世俗的 日常生活的普通部分。

神圣的 激发人们的敬畏之心的非凡部分。

一句“在上帝的指导下”，以此象征维系社会整合的普遍信念。

在整个美国，地方团体也通过把图腾与运动队联系起来获得团结感：从新英格兰爱国者队到艾奥瓦州立大学旋风队再到旧金山49人队，莫不如此。

涂尔干界定了宗教对于社会运行的三种主要社会功能：

1. 社会整合。宗教通过共同的信仰物、价值观和规范把人们团结起来。宗教思想与仪式建立公平做事的规则，组织我们美国的社会生活。

2. 社会控制。每个社会都会运用宗教思想提升社会认同。许多宗教通过把上帝界定为“法官”，鼓励人们服从文化规范。宗教还被用来支撑政治体制的权力。例如，在中世纪，君主通过宣称“君权神授”要求人们对统治者忠诚，意即服从统治者就是服从上帝的意志。直至今天，很多领导人仍然公开请求上帝的保佑，以此暗示他们的努力是正当的、应得的。

3. 提供意义与目标。宗教信念提供安慰感——我们简单的生活服从于更大的目标，人们被这样的信念强化之后，在面对变化甚至是灾难的时候就不再沉湎于失望。由于这种原因，我们用宗教仪式对出生、婚姻、死亡之类的主要人生变迁做出标志。

◇ 评价

在涂尔干的结构—功能分析中，宗教代表社会的集体生活。这种视角的主要缺陷是忽视了宗教的负功能，尤其是具有强烈宗教信念会产生社会冲突这一事实。恐怖分子也宣称上帝支持他们的行动，国家也会以上帝的名义发动战争。关于世界冲突的研究将可能证明宗教信念比社会阶层差异激起了更多的暴力。

▲**检查你的学习**
依据伯格的理论，信仰宗教的人群中为什么离婚率低？

建构神圣：符号互动分析

从符号互动的视角来看，宗教（像全社会一样）是社会建构的结果（尽管或许带有神灵感应）。通过各种各样的宗教典礼——从日常祈祷到一年一度的宗教庆典，如复活节、逾越节、斋月——人们强调神圣与世俗之间的区别。彼得·伯格（Peter Berger，1967：35-36）认为，把我们渺小、短暂的生命放在某种“无限广阔的意义框架”内可以给我们“基本的安全与永恒”。

婚姻是一个很好的例子。如果两个人把婚姻 444
仅仅看作是一种联系，他们就可以在任何时候分手。他们的盟约使他们更强烈地认可婚姻的神圣性——这已经被确认是具有强烈宗教观念的人离婚率较低的原因之一。更一般地讲，在我们面对风险或生命威胁——如疾病、自然灾害、恐怖分子袭击或者是战争——的任何时候我们都会求助于我们的圣物。

◇ 评价

按照符号互动视角的解释，人们通过宗教赋予日常生活神圣的意义。伯格补充说，给社会赋予特定意义的神圣化能力是由于忽略了社会本身也是建构的这一事实。我们究竟可以从被视作灾难应对策略的信仰那里获得多少力量？还有，这种微观分析忽略了宗教与社会不平等的关联，这也是我们下面正要讨论的。

不平等与宗教：社会冲突分析

社会冲突视角强调了宗教维持社会不平等的作用。卡尔·马克思认为，宗教通过使身份地位合法化与转移人们在社会不平等上的注意力为统治精英服务。

今天，大不列颠君主是英格兰教会的正式首领，这说明宗教与政治精英的紧密联系。在这样的社会中，以政治改变为目的的斗争即意味着反对宗教，延伸一点说，就是反对上帝。尽管人们满怀期望地等待“一个更加美好的世界的到来”，但宗教鼓励他们无怨地容忍各种社会问题。在一

◎ 宗教是建立在神圣之上的，而神圣是与世俗分离的，并且要求人们服从。鞠躬、下跪、匍匐在地是屈服权威最有代表性的方式。图中这些菲律宾基督徒忏悔他们的罪孽，在每年的斋戒仪式中赎罪。

段名言中，马克思把宗教描述为“被压迫生灵的叹息，是无情世界的感情，正像它是没有精神的制度的精神一样。宗教是人民的鸦片”(1964：27，orig. 1848)。

宗教和社会不平等也通过性别联系起来。事实上，世界上所有主要宗教都是家长制的，就像第 500 页“多样性思考”专栏中所解释的那样。

◇ 评价

社会冲突视角揭示了宗教权力对社会不平等的支持，然而宗教也促进社会的平等化。例如，19 世纪美国宗教组织在取消农奴制度运动过程中起了重要作用。在 20 世纪五六十年代，宗教组织和他们的领袖是民权运动的核心力量。在 20 世纪六七十年代，很多牧师反对越南战争，现今很多神职人员支持女权运动和同性恋权利之类的进步事业。

第 501 页“应用理论”表格概括了理解宗教的三种理论视角。

宗教与社会变迁

◇ 应用

宗教不仅仅是卡尔·马克思所描述的守旧的力量，在历史上某些时刻，还诚如马克斯·韦伯（1958，orig. 1904-05）所指出的，宗教会促进巨大的社会变迁。

▲检查你的学习 宗教是如何有助于维护阶级不平等和性别分层的？

韦伯：新教伦理与资本主义

韦伯认为，特定的宗教观念实行了一系列改革运动，从而产生了西欧的工业革命。作为新教运动中的一支重要力量，加尔文教派促进了工业资本主义的兴起。

如第 4 章（“社会”）中所详细解释的那样，加尔文作为宗教革命的领袖，大力宣传预定论。根据加尔文的说法，一个全知全能的上帝已经拣选拯救一部分人但也宣告大多数人永久的罪过。一个人的命运到底是永远的荣耀还是无止境的灾难，人在出生前是不知道的，只有上帝知道。

被命运的忧虑所驱使，加尔文主义者在尘世间寻找上帝宠爱的象征，结果他们把财富看作上帝祝福的象征。宗教信仰的热情和坚定不移的尽职精神让加尔文主义者一直努力工作，很多人取得了大量财富。但是财富不是为了个人挥霍，也不是为了分给穷人——穷人的困境被加尔文主义者认为是因为上帝的抛弃。加尔文主义者相信他们作为上帝的使者，响应“天职”，把利润再投资，以获取更大的成功。

总之，加尔文主义者过着勤俭的生活，并采 445
用技术革新提高工作效率，这些奠定了工业资本主义发展的基础。加尔文主义者弱化了早期的宗教狂热，抛弃了世俗的“新教工作伦理”。对韦伯而言，工业资本主义本身激发一种“祛魅”的宗教，进一步显现出一种改变社会的宗教力量（Berger，2009）。

解放神学

在历史上，基督教已经传播到被压迫的人们当中，基督教鼓舞大家强烈期待美好生活的到来。然而，在最近的几十年，一些宗教领袖和神学家开始提倡**解放神学**（liberation theology）——基督教原理与政治激进主义的结合，常常带有马克思主义的特点。

这场社会运动开始于 20 世纪 60 年代拉丁美洲罗马天主教。现今，基督教激进主义者继续帮助贫穷国家的人民解放他们自身。他们的声明很

多样性思考：种族、阶级和性别

宗教与父权制：上帝偏爱男性?

为什么美国2/3的成年人说他们认为上帝是“父神”而不是“母神”（NORC，2011：278）？或许是因为我们把诸如智慧、权威之类的上帝特点都与男性联系在一起。基本上全世界的宗教都偏爱男性，这在他们神圣的宗教作品中是一个明显的事实。

《古兰经》——伊斯兰教的经典文本——宣称男性是女性的统治者。男性主宰女性……所以驯服的女性才是好女性（quoted in W.Kaufman, 1976：163)。

基督教——西方世界的主要宗教——也支持父权制。虽然有很多基督徒尊敬耶稣的母亲即圣母玛利亚，但《新约全书》也含有下面这样的片段：

> 男人……是神的形像和荣耀，但女人是男人的荣耀……并且男人不是为女人所造的，女人乃是为男人造的。（《哥林多前书》11：7-9）

> 妇女在会中要闭口不言……因为不准她们说话。她们总要驯服，正如律法所说的。她们若要学什么，可以在家里问自己的丈夫，因为妇女在会中说话原是可耻的。（《哥林多前书》14：34-35）

> 你们作妻子的，当顺服自己的丈夫，如同顺服主。因为丈夫是妻子的头，如同基督是教会的头，他又是教会全体的救主。教会怎样顺服基督，妻子也要怎样凡事顺服丈夫。（《以弗所书》5：22-24）

> 女人要沉静学道，一味地顺服。我不许女人讲道，也不许她辖管男人，只要沉静。因为先造的是亚当，后造的是夏娃，且不是亚当被引诱，乃是女人被引诱，陷在罪里。然而，女人若常存信心、爱心，又圣洁自守，就必在生产上得救。（《提摩太前书》2：11-15）

◎ 父权制是世界上主要的宗教，包括基督教、犹太教和伊斯兰教的共有特点。可以看出男性占主导地位的一些规定，比如规定宗教领袖为男性，同时禁止妇女同男性一样接受崇拜。

犹太教也一直支持父权制，男性正统犹太教徒在日常祈祷中说：

> 我很荣幸，我的上帝，您是宇宙万物的主，我不是一个异教徒；
>
> 我很荣幸，我的上帝，您是宇宙万物的主，我不是一个奴隶；
>
> 我很荣幸，我的上帝，您是宇宙万物的主，我不是一个女人。

很多父权制宗教把妇女排除在神职人员之外。现今的罗马天主教禁止妇女接触神父袍服，一半的新教徒也是如此。但是，越来越多的新教宗教组织任命妇女为牧师，现在美国神职人员中女性比例是20%。正统犹太教坚持传统观念禁止女人做拉比，而改革与保守犹太教把男人与女人都看作精神领袖，在全美国，神学院中女性的比例从来没有如此之高（现在大约是1/3），这种明显的趋势表明男女越来越平等(Association of Theological Seminaries，2011；Hartford Institute，2011；U.S. Department of Labor，2011)。

女权主义者认为，除非在我们对上帝的理解中排除传统的性别观念，否则妇女将永远无法在教堂中与男人一样平等。神学家玛利·戴利（Mary Daly）说得更直率：“如果上帝是男性，那么男性就是上帝。”（quoted in Woodward，1989：58）

你怎么想?

1. 你或你的家人与某宗教组织有联系吗？如果有，你看到有何父权制的现象？
2. 你认为为什么很多宗教鼓励人们把上帝看成男性？
3. 你能够想象没有性别的上帝吗？解释一下你的看法。

简单：社会压迫违背了基督教道德，所以，作为信仰与正义的化身，基督教必须鼓励人们争取更大的平等。

罗马天主教皇本笃十六世像他前面的教皇保罗二世一样，谴责解放宗教——因为它用“左派”政治歪曲了传统的宗教教义。不过，解放宗教运动在拉丁美洲贫穷国家获得了发展，在那里，人们的基督信仰驱使他们提高穷人和被压迫者的生活状况 (Neuhouser, 1989; J.E.Williams, 2002)。

446

宗教组织类型

◇ 理解

社会学家根据一个连续统对美国数以百计的不同宗教组织进行分类，这个连续统以“教会”为一端，“教派”为另一端。根据这两种理想类型，我们可以通过在“教会—教派”连续统中定位来描述任何一种宗教组织。

教会

恩斯特·特勒尔奇（Ernst Troeltsch，1931）根据他的老师韦伯的思想，把**教会**（church）定义为一种充分整合为一个更大社会的宗教组织。教会组织通常持续存在几百年，包含同一家庭的数代人。教会有完善的章程和规定，教会领袖都是受过正规训练的，被正式任命的。

尽管牵涉到神圣的尊严，教会还是接受世俗的生活方式。教会成员在理性的措辞中会用到上帝（比如，善举的力量），在日常生活的具体规则中支持抽象道德标准（比如，对待别人就像你希望别人对待你一样）。教会领袖在道德教育中运用确切的抽象术语，避免了社会争议。例如，很多圣会庆祝人们的团结但不谈论他们自身的种族差异。通过淡化这种冲突，教会维持了现有的和平状况 (Troeltsch, 1931)。

国家与教会既可合作也可分离。就如**国教会**（state church）名字所暗示的，它是正式与国家联姻的教会。国教会存在于人类历史的全过程。几百年来，罗马天主教是罗马帝国的官方宗教，儒教在 20 世纪早期之前一直是中国的官方宗教。今天，英国圣公会是英格兰的官方教会，伊斯兰教会是巴基斯坦、伊朗的官方教会。国教会把社会每一成员都包含在内，这样就大大限定了宗教分歧的容忍度。

形成对比的是，**宗派**（denomination）是独立于国家的教会，它认可宗教的多元化。在包括美国在内的一些国家内宗派存在教会和国家的正式分离。美国有数十个基督教宗派——包括天主宗派、浸信会宗派、圣公会宗派、长老会宗派和路德宗派，还有各种各样的犹太宗派、伊斯兰宗派及其他传统宗派。尽管许多宗派的成员坚持他们自己的教条，但他们也承认其他人有其他信仰的权利。

教派

第二个主要的宗教形式是**教派**（sect），它是与社会相分离的一种宗教组织。教派的成员有积

应用理论

	结构—功能视角	符号互动视角	社会冲突视角
分析的层次是什么?	宏观层次	微观层次	宏观层次
宗教对社会的重要性如何?	宗教有重要作用，包括整合人民、控制行为。 宗教赋予生活的意义和目标。	通过赋予婚姻与家庭生活的神圣意义而巩固婚姻。 人们在面临危机或风险的时候常常向圣物寻求安慰。	通过宣称社会秩序的正当性而支持社会不平等。 宗教把注意力从社会存在的问题转向“未来更好的世界”。

教会 一种充分整合为一个更大社会的宗教组织。

教派 与社会相分离的一种宗教组织。

异教 很大程度上脱离社会文化传统的宗教组织。

极的宗教热情，并否定其他宗教信仰。教会试图吸收每一个人（“天主”这个词也是“宇宙”的意思），但是教派却是一种排外的组织。对于教
447 派成员来说，宗教不仅是生活的一个方面，而且是一种如何生活的固定模式。在一个极端的例子中，一个教派的成员们为了使宗教活动不受干扰，他们完全从社会隐退。阿米什派团体是北美脱离社会教派的一个例子。因为美国的文化一般认为宗教的宽容是一种美德，教派的成员有时由于认为他们追随的才是真正宗教而被指责为思想狭隘 (Kraybill, 1994; P.W.Williams, 2002)。

从组织方面看，教派没有教会那么正式。教会成员倾向于被动地听从他们的领袖，而教派成员在敬神方面可能更加自发和感性。教派还反对宗教的智能化，而强调神圣力量的个人体验。罗德尼·斯塔克（Rodney Stark，1985：314）把教会的遥远的上帝（“我们在天上的父啊”）与教派更直接的上帝（“上帝啊，保佑现在跪在你面前的可怜的罪人”）作了对比。

各教会与各教派的领导方式也是不同的。越是教会化的宗教组织，它们的领袖越多地接受正式培训和任命。教派式的宗教组织赞美上帝的个人表现时，期望它们的领袖表现出以**克里斯玛**（charisma，来自于希腊文，意为“神圣宠爱”）为表现形式的非凡灵感，所谓的克里斯玛是指能够以情动人进而使人皈依的非凡能力。

教派通常是从其他已经建立的宗教中分离出来的群体 (Stark & Bainbridge, 1979)。其精神的强度和不规范的结构使他们不像教会那样稳固，并且不少教派仅昙花一现。由于变得更加官僚化而不再那么强调克里斯玛型领导，留存下来的典型的教派变得更加像教会了。

为了维持成员关系，很多教派很积极地吸收新成员并诱导其他宗教的人改宗。教派高度评价改宗的经历，这是个人的转变或宗教的重生。例如，耶和华见证会的成员为了吸引新成员挨家挨户地向别人宣传他们的信仰。

最后，教会和教派在社会构成上有所不同。由于其更加紧密地与世界进行联系，有很好基础的教会倾向于吸收高层社会的人，而教派更多地吸收普通人。教派对新成员的开放以及它对救助和个人满足的承诺吸引了不少感觉身处社会边缘的人们。

异教

异教（cult）是指很大程度上脱离社会文化传统的宗教组织。很多教派由传统的宗教组织转变而来。然而，异教追随者通常在一个独裁的、极有性格魅力的领袖领导下过着不循惯例的生活。美国现在有 5 000 个异教组织 (Marquand & Wood, 1997)。

由于一些异教的准则和信条是非传统的，它们普遍被认为是不正常甚至是罪恶的。1997 年 39 个加利福尼亚“天门教”

◎ 在全球范围内，宗教活动的形式确实让人震惊。东南亚宗教的成员通过用绳子和锋利的钩子刺穿自己的皮肤将自己悬挂于空中以显示对上帝的虔诚。什么样的宗教活动在美国看起来很寻常，但是却令其他国家的人感到很惊讶？

◎ 万物有灵论在传统社会传播广泛，其成员恭敬地生活在他们赖以生存的自然世界上。万物有灵论者不仅在他们自己身上而且在他们周围一切事物上都看到了神的存在。他们的例子激发了本章后文描述的“新时代”（New Age）的精神。

成员集体自杀，他们宣称死亡是进入更高生活世界之门，死亡或许就是加入外星人群体，这一事实强化了公众对大多数异教所持的消极形象。总之，说一个宗教社团为异教就等于将其成员看成是疯子而予以排斥（Shupe, 1995; Gleick, 1997）。

这种指责是不公平的，因为这种宗教组织没有根本的错误。很多历史悠久的宗教——包括基督教、伊斯兰教和犹太教在内——开始时都如异教一样。当然，很少有异教能存在很长时间。一个原因就是他们与社会的分歧比教派与社会的分歧更大。很多异教要求其成员不但接受其教规还要采用一种激进的新的生活方式。这就是为什么即使研究表明大多数加入异教的人没有遭到精神损害，人们还是要指责异教对其成员进行洗脑的原因 (Kilbourne, 1983; P.W.Williams, 2002)。

历史上的宗教

◇ 理解

像其他社会机构一样，宗教随着历史的时空而产生明显的变化。让我们看看宗教在历史进程中变迁的几种不同方式。

前工业社会的宗教

早期的狩猎者和采集者信奉**万物有灵论**（animism，起源于拉丁语，意思是“生命的气息”），意即相信自然世界中的万事万物都是有意识的生命，并能够影响人类。万物有灵论者 448
将森林、海洋、山脉，甚至风看作精神力量。美国社会很多人都是信奉万物有灵论的，这揭示了他们对自然环境的崇拜。

人们信奉单一的负责创造世界的神圣力量始于园艺社会，这种社会首先出现在 10 000 ~ 12 000 年前。上帝的概念开始的时候是“牧者”，因为基督教、犹太教和伊斯兰教的鼻祖都起源于牧羊人。

在农业社会，宗教变得重要起来，并且已经发展出了负责宗教仪式和宗教组织的专门神职人员。在欧洲中世纪城镇中占主导地位的教堂——其中很多今天仍然存在——是中世纪农业社会宗教在社会生活中发挥核心作用的证据。

工业社会的宗教

工业革命使人们越来越重视科学。人们开始越来越多地从医生和科学家那里寻求知识和舒适，过去他们得向牧师求助。但是正如涂尔干（1965，orig. 1915）大约在一个世纪预期的那样，宗教在工业社会中继续存在，因为科学在人类生存的终极意义这一问题上是无能为力的。换句话说，知道这个世界如何运转是一个科学问题，而了解我们以及万事万物为什么存在却是一个信仰问题。如已经指出的那样，美国作为一个现代社会，宗教仍然表现强烈（McClay，2007; Greeley，2008）。

◎ 尽管从异教发源而来，基督教的20亿追随者仍使其成为世界上传播最广的宗教。

世界性宗教

◇ 理解

世界性宗教像文化一样多种多样。在一个地方就能够发现上千种不同宗教，每一种只有极少数的信徒。但是也有不少的世界性宗教，有上百万的追随者。我们将主要描述六种世界性宗教，它们声称一共有 50 亿的信奉者——占世界人口的 3/4。

基督教

基督教是传播最广泛的宗教，它有 20 亿的追随者，这占世界人口的 1/3。大多数的基督徒生活在欧洲或北美；美国和加拿大 80% 以上的人信奉基督教。 除了北非和亚洲是个显著的例外，在世界很多地方，认为自己是基督徒的人占了总人口很大的比例。在过去的 500 年中，欧洲的殖民化扩张将基督教传播到世界各地。基督教在西方社会的统治地位可以通过日历即人们以耶稣基督出生日期为纪元得到证明。

如前所述，基督教开始也是异教，从更加古老的犹太教中吸取元素。如同很多异教一样，基督教也是建立于一个引领者的个人魅力之上，这个引领者就是拿撒勒的耶稣，他传播个人救赎的信条。耶稣没有直接挑战他所处时代的政治权威，即罗马帝国，而是告诉他的追随者们“凯撒的物当归给凯撒”（《马太福音》22：21）。但是他的信条仍然是革命性的，它预示着信仰和爱将战胜罪恶和死亡。

基督教是**一神论**（monotheism）的典型，即只相信一个神。这个新的宗教与罗马帝国传统的**多神论**（polytheism）——相信很多个神——是十分不同的。而且基督教将人这个最高生物看作是三位一体的：上帝——造物者；耶稣基督——上帝的儿子和救赎者；圣灵——基督教上帝存在的个人经验。

根据他在世上最后几天的记述，耶稣被宣称是非凡的神灵。由于对当时政治领袖产生威胁，耶稣遭到审讯并被带到耶路撒冷判处死刑，采取的是当时一种普通的死刑方式：钉死在十字架上。这解释了为什么十字架成为基督教的一个神圣象征。根据基督教的信条，他的处罚执行 3 天后，耶稣复活，这表明他是上帝之子。

耶稣的追随者，尤其是他 12 个最亲密的弟子，即我们通常所说的传道者，在地中海地区传播基督教。起初，罗马帝国迫害基督徒。但是到了公元 4 世纪，帝国已经接受了基督教并将其作为国教——以神圣罗马帝国的官方宗教而闻名于世。

基督教有不同的形式，包括建立于君士坦丁堡（现在土耳其的伊斯坦布尔）的罗马天主教和东正教。到中世纪末，欧洲的新教改革导致产生了上百个新的派系。在美国，这种派系有数十种之多——浸信会和卫理公会是两个最大的——拥有规模可观的追随者 (W. Kaufman, 1976; Jacquet & Jones, 1991；Hartford Institute for Religion Kesearch，2011)。

伊斯兰教

伊斯兰教有大约 16 亿的追随者，这个数字几乎是世界总人数的 1/4。伊斯兰教的追随者被称作穆斯林。在中东大多数人是穆斯林，所以我们倾向于将伊斯兰教与阿拉伯人联系起来。但是世界上大多数的穆斯林生活在别处：北非和印度尼西亚的大多数人也是穆斯林。另外，穆斯林同样大量集中于南亚的巴基斯坦、印度、孟加拉国和原苏联南部加盟共和国。因为相对于其他主要宗教的信徒来说，穆斯林有其两倍的出生率，所 449
以伊斯兰教在 21 世纪有望成为统治地位的宗教。

通常估计美国的穆斯林人口有 260 万，有的估计这个数字会更大一点。不管怎样，伊斯兰教都成为了美国宗教生活中十分重要的一个组成部分。穆斯林人口不仅仅规模庞大而且非常多元化。它包括阿拉伯裔美国人和其他中东血统的人、亚裔美国人和非裔美国人 (Eck，2001；Pew Research Center，2011)。

穆罕默德是伊斯兰教的“上帝”，穆罕默德大约公元 570 年生于麦加（位于现在的沙特阿拉伯）。对于穆斯林来说，穆罕默德是一位先知，而不是如耶稣对于基督教来说的神父。《古兰经》对于穆斯林来说是神圣的，它的内容就是通过穆罕默德传达的真主的话，穆罕默德是真主的使者。在阿拉伯语里，“伊斯兰”这个词意思是“服从”和“和平”,《古兰经》劝使人们服从真主，以求内心平静。穆斯林每天祈祷五次以表达个人的虔诚。

穆罕默德死后，伊斯兰教迅速地传播开来。尽管穆斯林分成了很多分支，但是所有的穆斯林都接受伊斯兰教的五个信念：（1）承认真主是唯一的真主，穆罕默德是他的使者；（2）仪式祈祷；（3）施舍穷人；（4）在斋月禁食；（5）一生中至少到麦加真主圣殿朝圣一次（Weeks, 1998; El-Attar, 1991）。像基督教一样，伊斯兰教认为在世间人们以他们的行为向真主负责。那些顺从的人将在天堂得到回报，行恶者将遭遇无尽的惩罚。

穆斯林还必须维护他们的信念，这种信念已经引起过对不信仰者的“圣战”[以差不多相同的方式（十字军），中世纪的基督教徒也发起过]。最近几十年“圣战”意识和反西方情绪在伊斯兰世界中有所上升，很多人将美国视为军事威胁和物质主义及不道德生活方式的代表。许多美国西部人对伊斯兰教一无所知，并且常以少数恐怖行动等陈词滥调一成不变地看待所有穆斯林，混淆视听，有时还带有敌意（Eck, 2001; Ryan, 2001）。

450 在美国也有很多人将穆斯林女性视作地球上最受压迫的人。在女性所被赋予的权利方面，伊斯兰国家之间也存在差异：沙特阿拉伯的女性不可以投票甚至不能开车，突尼斯却比沙特阿拉伯给予女性更多的机会。确实，很多穆斯林女性缺乏穆斯林男人享有的个人自由。已经有很多人——也许是大多数——接受传统的教令并且从这些男女行为规范中获得安全感（Peterson, 1996）。伊斯兰教的拥护者指出：中东地区的父权制在穆罕默德出生前很长一段时间就已经完善地建立起来了，伊斯兰教实际上通过要求丈夫公正地对待妻子而提高了女人的社会地位。例如，伊斯兰教允许一个男人最多娶四个妻子，但是如果这样会引起他对任何一个女人不公平，那么这个男人就只能有一个妻子（Qur'an, “The Women,” v.3）。

犹太教

从数量上看，只有 1 500 万信徒使犹太教看起来不像一个世界性宗教。犹太教徒仅在一个国家——以色列——占人口的大多数。但是犹太教对于美国来说却有着特殊的重要性，因为北美集中了最多的犹太人，数量达 570 万人之多。

犹太人将过去看作是引导现在与将来的借鉴源泉。犹太教有着很深的历史根基，在耶稣出生前已经绵延 4 000 年，直至美索不达米亚社会。在这个时期，犹太人是相信万物有灵论的，但是这种信念在雅各——最早的伟大祖先亚伯拉罕之孙——之后改变了，雅各带领人民到达埃及。

犹太人在埃及过了几百年奴隶生活。在公元前 13 世纪，埃及公主的养子摩西，受上帝的委托带领犹太人脱离奴役。今天，犹太人在一年一度的逾越节（Passover，这个词的拉丁词根和希腊词根的意思是“大批出去”）上纪念大批人离开埃及。一经解放，犹太人就信仰一神论，他们认可一个唯一的、全能的上帝。

犹太教中一个与众不同的概念是契约，它是一种犹太人与上帝之间的特殊关系，通过这种关系犹太人变为上帝的“选民”。契约意味着遵守上帝法规的责任，特别是遵守作为西奈山摩西启示的《十诫》。犹太人将《圣经》的《旧约全书》看作他们历史的印证和犹太人生活义务的声明。特别重要的是《圣经》的前五卷书（《创世记》、《出埃及记》、《利未记》、《民数记》、《申命记》），被称为“妥拉”（Torah，意思是“教”和

◎ 由于要求教徒学习神圣的文本，许多宗教具有提升教养的功能。作为教养的一部分，大多数信奉伊斯兰教的父母通过《古兰经》教育孩子；将来，这些孩子将为下一代人做同样的工作。

“法律”）。与基督教核心概念“个人得救”相反，犹太教强调现世的道德行为。

犹太教有三个主要的派系。正统犹太教徒（包括在美国的大约 60 万人）严格地遵守传统的教义和习惯，穿传统的衣服，在礼拜上男女分离，而且只吃犹太教规定所允许的食物（按照经文规定的准备）。这些宗教习惯使在美国的正统犹太教徒从大社会中分离，使其最像是教派教会。在 19 世纪中期，一些犹太人想参与社会，这导致了更加具有教会性质的犹太教改革派（现在美国有 200 多万人）的产生。第三部分，保守犹太教（在美国大概有 150 万信徒），介于其他两部分之间（Grim & Masci，2008）。

不管哪种，由于偏见和种族隔离，犹太人有着共同的被压迫的文化史。在埃及几个世纪的奴隶制记忆、被罗马征服、在欧洲的被迫害形成了犹太人的共同特点。意大利的犹太人首先生活在隔离的犹太人区（urban ghetto，这个词来自意大利语 borghetto，意思是“城墙外的社区”），并且这种种族居住隔离迅速扩展到欧洲的其他地方。

犹太人向美国的迁移开始于 17 世纪中期。这些早期兴旺起来的移民被大部分同化到基督教社区。但是随着 19 世纪末大批犹太人进入美国，针对犹太人的歧视和隔离——通常被称作反犹主义——愈演愈烈。在第二次世界大战期间，随着纳粹政权在德国大规模虐杀 600 万犹太人，反犹主义达到了邪恶的顶点。

今天，犹太人的社会地位高于全国平均水平。但是许多犹太人仍然关心他们宗教的未来，因为在美国，犹太人家庭只有一半的儿童学习犹太人的文化和传统，并且一半多的人与非犹太人通婚。另外的一些人对此持乐观态度，认为混合婚姻的增多可以吸引更多的新人信仰犹太教（Dershowitz, 1997；Keister，2003；Goldscheider，2004）。

印度教

印度教是世界上所有宗教中最古老的，它大
约在 4 500 年前起源于印度河流域。今天，大约 451
有 8.7 亿的印度教徒，占世界人口的 14%。印度教是一种东方的宗教，主要在印度和巴基斯坦流行，但是，在南非和印度尼西亚也有相当一部分印度教徒存在。

几个世纪以来，印度教与印度文化交融，因此现在很难区分二者（虽然印度也有相当多的穆斯林人口）。这种关联也解释了为什么印度教不像基督教、伊斯兰教和犹太教那样向其他民族广泛传播。但是美国有 1 300 万印度教徒，并成为美国文化多元化的重要组成部分。

印度教不同于大多数其他宗教的原因在于它不与任何单个个人的生命相关联。另外，印度教把上帝想象为一种宇宙的道德力量而不是一个特殊的存在形式。因此，印度教——像其他东方宗教一样，如我们很快就会明白的——有时被描述为“伦理宗教”。印度教信条和实践多种多样，但是所有印度教徒都相信他们有道德职责，称作“德性”（dharma）。例如，德性要求人们遵守传统的种姓制度，种姓制度我们在第 10 章（“社会分层”）中已经描述过。

印度教的另一个准则是因果报应，它是关于人类灵魂精神过程的信仰。对于一个印度教徒来说，每一个行动都有精神上的影响，在道德发展上有活生生的影响。因果报应通过轮回转世起作用，轮回转世说即重生与死亡的循环，一个人通过重生表现一种与其前生道德质量相适应的精神状态。与基督教和伊斯兰教不同，印度教认为至高无上的上帝没有最终决定权。但在不断发展的重生循环中，可以说人们各得其所。对于那些达到解脱即精神完美状态的人来说，灵魂将不再重生。

印度教的情况表明，不是所有宗教都能被简单地标记为一神论或多神论。从将宇宙看作一个单独的道德体系这个视角来看印度教是一神教；然而印度教徒在自然万物中都看到了这种道德驱力的作用。印度教徒将这种道德驱力与个人冥想和典礼仪式相联系，而这种冥想与仪式由于印度村庄的不同而有所不同。很多教徒也参与公共事务，例如空巴梅拉（Kumbh Mela），每隔 12 年就带领 2 000 万朝圣者在恒河的圣水中沐浴。

虽然印度教的思想要素已经进入“新时代”运动——本章后面将会讨论，但是美国多数人并不能正确理解印度教。可是在这个国家有将近 260 万人宣称是亚洲印度血统，并且印度移民的数量还在增加，这些都使得印度教在美国越来越重要 (Larson, 2000; Eck, 2001；U.S. Census Bureau，2010)。

佛教

2 500 年前，丰富的印度文化促使了佛教的产生。今天，大约 3.8 亿人，即全球总人口的 6%，是佛教徒，而且几乎所有的佛教徒都生活在亚洲。在斯里兰卡、不丹、缅甸、泰国、柬埔寨、老挝和日本，佛教徒占了该国总人口的多数。佛教也在印度和中国传播得很广泛。佛教与印度教有很多相同之处：它们都认为没有审判的上帝，也都认为日常行动具有精神后果，而且都相信轮回转世说。但是像基督教一样，佛教有个人生命方面的起源。

释迦牟尼生于公元前 563 年尼泊尔的一个高贵家庭。在小的时候，他就超凡脱俗。29 岁时，他经历了个人的转变，这将他引向了多年的游历和冥想。在游历的最后，他到达了佛教徒所说的“菩提”，或者说参悟阶段。由于获得了对生命本质的理解，释迦牟尼成为佛陀。

被释迦牟尼的个人魅力所吸引，追随者把佛教教义《达摩经》传遍印度。在公元前 3 世纪，印度的统治者成为了佛教徒而且将僧侣派到亚洲各地，使佛教成为了一个世界性的宗教。

佛教徒相信生命即受苦。这种思想根源于 452
佛陀在相当穷困社会的个人游历。但是，佛陀说，苦难的解决方法不是寻求世俗的财富和权力，相反，关注于世俗之物恰是问题所在，因为它会阻碍精神发展。因此，佛陀教诲说，我们必须用冥想来超越自私的担心和欲望。只有头脑清净，人们才能与广阔宇宙的力量取得联系，这个目标被描述为涅槃，一种启蒙与和平的状态 (E.J. Thomas，1975；Van Biema，1997；Eck，2001)。

儒教

从大约公元前 200 年到 20 世纪初，儒教是一种国教会——中国的官方宗教。1949 年后，新中国的共产党政府抑制了所有宗教。但是甚至在今天，数百万的中国人还被儒教影响着。虽然中国移民已经将这种宗教传播到了东南亚的其他国家，但是，中国仍然是儒家思想的本土。只有一小部分追随儒教的人住在北美。

孔子，生活于公元前 551—前 479 年。像佛陀一样，孔子被人民的苦难深深触动。佛陀的反应是教派式的——从现实世界的隐退。孔子采取了一个更加入世的方法，指导他的追随者根据一定的道德行为准则参与世界。相同的是，印度教成为了印度生活方式的一部分，儒教则与传统的中国文化相关联。

儒教的一个中心概念就是“仁”，意思是“善”。实践中，意思是我们必须将我们的道德准则置于个人私利之上，从传统中寻求生活的准则。孔子说，在家庭中，每个人都必须诚实和宽容。从这点来说，家庭必须牢记对集体的责任。在这种模型中，各种道德责任使社会结合为一个整体。

在所有世界性宗教中，儒教由于缺少清晰的神圣观念而与众不同。或许涂尔干应该说儒教是对社会本身神圣特质的赞美。其他人可能认为儒教与其说是一种宗教，还不如说是一种严格训练的生活方式，然而我们可以看到，儒教与宗教共享一套寻求道德完善与社会和谐的信念和习俗（Schmidt，1980；McGuire，1987；Ellwood，2000）。

宗教：东方与西方

你可能已经注意到东方社会和西方社会信仰体系的两个总体性差异了。第一，在西方兴起的宗教（基督教、伊斯兰教、犹太教）都有一个清晰的焦点即上帝。然而东方的宗教（印度教、佛教、儒教），在一切事物上都看到神力，所以这些信仰体系在神圣与世俗间没有清晰的界限并且关注更多的生活准则。

第二，西方宗教的信徒集合起来做圣会庆典，在特定的时间和地点做礼拜。东方宗教的信奉者们，却相反地在日常生活中随时随地表达他们的信仰。虽然也有庙宇，但是由于没有特别的要求，它们是用于个人的祈祷而非群体的。这就是为什么像在日本这样的国家，庙宇既充满着信仰者，同时也充满了游人。

这两个不同是重要的，但是它们却无法掩盖所有宗教都具有的一个共同的要素：一种超越自私的召唤——寻求更高目标的日常追求。不同宗教可能采取不同的方法达到这个目标，但是它们都倡导一种精神意识，即生活具有比我们看到的更多的意义。

年人宣称宗教在他们的生活中是重要的，这个比例比大多数其他高收入国家都高。

据说，有学者讨论我们到底有多虔诚的问题。一些人称宗教仍然是我们生活的中心，但另一些人断定传统家庭的减少和科学重要性的提升正在削弱宗教信仰（Hadaway, Marler & Chaves, 1993；Greeley，2008）。

全球快照

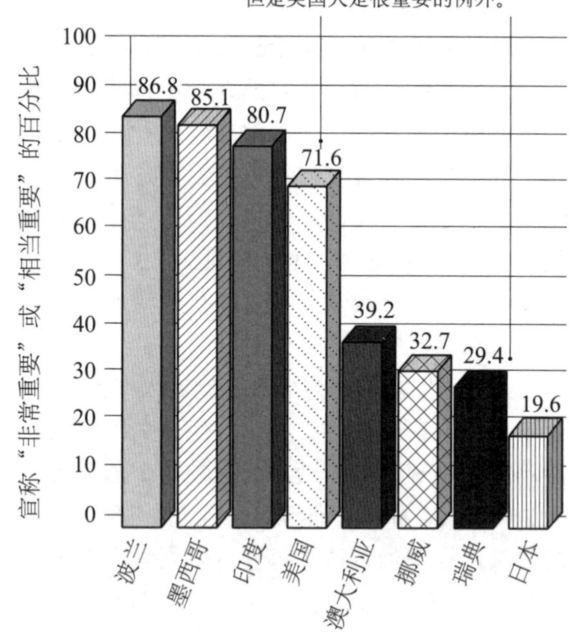

图 19—1　全球化视野下的宗教

◎ 与几乎世界上所有其他高收入的国家相比，美国是最宗教化的国家。

资料来源：World Values Survey（2010）.

美国的宗教

◇ **分析**

与几乎世界上所有其他高收入的国家相比，美国是最宗教化的国家（World Values Survey，2010）。如图 19—1 所示，我们社会中 70% 的成

宗教归属

全国性调查显示，大约 81% 的美国成年人 453
具有一种宗教信仰（NORC，2011：256）。表 19—1 显示，超过 50% 的美国成年人认为自己是

新教徒，25.7% 是天主教徒，大约 2 % 的人说他们是犹太教徒。很多人信奉其他数十种宗教，从万物有灵论到佛教禅宗，这使美国社会在宗教上与世界上任何其他社会相比都更具有多样性。这一显著的多样性来源于宪法禁止政府资助宗教和大量的来自世界各地的移民。

表19—1　2010年美国人的宗教归属

宗教	选择比例（%）
新教宗派	51.9
浸信会	18.9
卫公理会	6.1
路德宗	4.4
长老会	3.2
新圣公会	1.9
其他或无宗派	17.4
天主教	25.7
犹太教	2.0
其他或未回答	1.1
无宗教信仰	19.3

资料来源：*General Social Surveys，1972-2010：Cumulative Codebook*(Chicago：National Opinion Research Center，March 2011).

大约 90% 的美国成年人说在成长过程中他们至少接受过一些正式的宗教介绍，并且 60% 说他们现在属于某一宗教组织（NORC, 2011: 598, 2579）。

多数人认为完全相同的宗教也因地而异。在美国，新英格兰和西南部主要信奉天主教，南方主要是浸信会，在广阔的北方各州，路德宗占统治地位。在犹他州及其周边，多数人属于耶稣基督末世圣徒教会，它的信徒就是人们所熟知的摩门教徒。

宗教虔诚

宗教虔诚（religiosity）是指在个人生活中宗教的重要程度。然而，我们到底有多虔诚有赖于我们是如何准确地实施这种观念。举个例子，虽然只有 58% 的人称他们“相信神的存在并对此确信不疑”，但有 90% 的美国成年人宣称他们相信神力（NORC, 2011：601）。58% 的成年人说他们一天至少祈祷一次，但是只有 30% 说他们一周一次或差不多一周一次参加礼拜（NORC，2011：269，260）。

显然，“我们信仰什么宗教”的问题没有简单的答案，况且美国很多人实际上没有他们说的那么虔诚。尽管多数美国人说他们至少在某种程度上是虔诚的，但或许真正如此虔诚的人不到 1/3。对宗教的虔诚依不同宗教而多种多样。教派的成员在各类宗教中是最虔诚的，接下来是天主教徒和主流新教，主流新教如美国圣公会、卫理公会、长老会。一般而言，年纪大的比年纪轻的更虔诚，而且女性比男性更虔诚：49% 的男性和 63% 的女性称宗教在他们的生活中非常重要（Sherkat & Ellison, 1999; Miller & Stark, 2002；Pew Forum，2009）。

更虔诚会有什么不同？研究者已找到许多社会模式与强烈的宗教信仰之间的联系，包括青少年犯罪率低与成年人离婚率低在内。一项研究表明，宗教虔诚通过提高年轻人的教育绩效使年轻人受益，有助于团结儿童、父母和地方社区 (Muller & Ellison, 2001)。

宗教：阶级、民族和种族

信奉哪种宗教与其他许多因素相关，包括社会阶级、民族和种族。

社会阶级

简单介绍美国高成就者的名为《美国名人录》的一项研究显示名人中 33% 信奉圣公会、长老会和联合基督教会，教派性宗教团体加起来还不到总人口的 10%。犹太人也一样有较高的社会地位，在总人口中占 2%，但却在《名人录》中占 12%。

研究表明其他教派，包括公理会信徒、卫理公会信徒和天主教徒，在社会分层中处于中间位
置。低社会阶级以南方浸信会教友、路德宗教 454
徒，尤其是耶和华见证会教徒，以及其他教派成员为典型。当然，在所有派系中还存在着相当大的差别（Keister, 2003；Smith & Faris，2005；Pyle，2006)。

民族

在全世界范围内，宗教和民族相关，大多是因为一个宗教在一个单独的国家或地域占明显优势。伊斯兰教在中东的阿拉伯社会占统治地位，印度教与印度文化融合，儒教在中国社会影响深远。但是

基督教和犹太教与上述情况不同，虽然这些宗教大多是西方的，基督教徒和犹太教徒却遍布世界各地。

宗教与国家特性在美国也融合在一起。例如，美国有盎格鲁—撒克逊新教徒、爱尔兰天主教徒、俄罗斯犹太教徒和希腊东正教徒的后裔。这种国家与信仰的关联根源于具有某一主要宗教的国家移民的汇流。然而，几乎所有民族都显示了一些宗教的多元性。例如，英国祖先可能是新教徒、罗马天主教徒、犹太教徒、印度教徒、穆斯林或其他宗教的信奉者。

种族

学者们宣称，在非裔美国人的社区中教堂既是最古老的也是最重要的社会机构。被贩奴船运到西半球后，多数非洲人成为基督教的信徒，基督教在美国占统治地位。但是他们将基督教教义与非洲宗教要素融合起来。从欧洲标准来看，受这种宗教混合物的影响，非裔美国基督教徒形成了具有自发性和情感性的宗教仪式 (Frazier，1965；Paris，2000；McRoberts，2003)。

在 1940 年左右，当非裔美国人从南部乡村迁居到北部工业城市时，教会在处理混乱、贫困和偏见问题方面发挥了主要作用 (Pattillo, 1998)。黑人教会也为有才能的男性和女性提供了成功的重要途径。拉尔夫·阿伯内西、马丁·路德·金和杰西·杰克逊都因他们作为宗教领袖的贡献而享誉世界。

455 今天 87% 的非裔美国人声称有某种宗教归属，与总体人口相比较，这个比例偏高。绝大多数支持新教教派。然而，非基督教的非裔美国人数在不断增长，特别是在美国大城市。他们当中，最普遍的非基督教信仰是伊斯兰教，约有 40 万非裔美国人是伊斯兰教信奉者（Paris，2000；Pew Forum，2009）

变迁社会中的宗教

◇ 分析

就像家庭一样，宗教在美国社会中也是一直在变化的。下面我们主要讨论两种变化：宗教转会和世俗化。

宗教转会

世界上的宗教经历了许多变迁。1960 年以来，美国国家认定的像圣公会、长老会这样的主流教会流失将近 50% 的宗教信徒。在这段时期里，就像我们看到的，其他宗教派别（包括“新时代”运动）逐步普及。

很多人从一个教会转入另一个，“宗教与公共生活会众论坛”（Pew Forum on Religion & Public Life，2008）的一项调查表明，44% 的美国成年人报告他们在成长过程中有转教会的经历。由宗教机构提供的出生、成长仪式对于将近一半的美国人来说不再是终生性的了。

这种体现在个人身上的变化表明宗教组织之间出现信徒来来去去的情况。天主教有段时间曾经占据美国成年人的 1/4。但这些相对固定的统计掩盖了一个事实：大约 1/3 总人口的天主教徒离开了天主教堂。同时，同样多的人口——包括移民在内——加入了这些天主教会。一个更精确的例子是耶和华见证会：2/3 的信徒离开教堂，但这些人数被信徒依靠同伴传播而征募来的转会者所替代。

这种频繁的“进进出出”带来了美国宗教组织的竞争性和活跃“市场”。这种竞争使美国成为宗教最多元化的国家。但是，这也反映了美国信教人士与宗教机构之间关系的放松，这样，美国人在宗教信仰和教派选择上也就有了更多的选择。

6 月 4 日，纽约州的提康德罗加，夏季的礼拜规模很小：在周日可能有 40 人参加。最近爱德·凯勒说，周日早上的礼拜祈祷能够在安排孩子们的运动和游戏的同时仍保留下来实属不易，沃尔玛和其他打折店都开张了，很多疲倦的人也利用这个机会睡一会儿。爱德·凯勒认为我们这个现代社会有时看起来并不如“教堂那样友好”。

世俗化

世俗化（secularization）就是超自然力量和神圣性的重要性的历史性衰落。世俗化（拉丁

学生快照

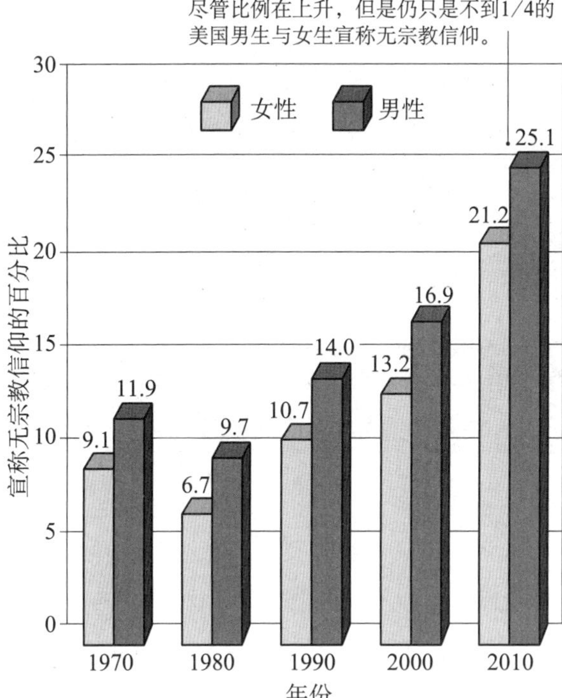

图 19—2　1970—2007 年大一新生中无宗教信仰的学生比例

◎ 最近几十年，不信奉宗教的学生比例在上升。

资料来源：Astion et al. (2010). and Pryor et al. (2011).

语中意为“现在的年代”）通常与现代相关联，现代就是以科学为主要认知方式的技术进步的社会。

今天，我们在生老病死等问题上更倾向于找有科学知识的医生，而不是找宗教领袖（宗教领袖的知识建立在信仰之上）。这种转变说明了宗教对我们日常生活的影响程度已经下降。哈维·考克斯（Harvey Cox，1971：3）解释道：

> 世界对宗教准则和因道德及意义而生的宗教仪式的关注越来越少。对于一些人来说，宗教是一种业余爱好，对于另一些人来说，它是国家或种族身份的标志，而对一些人来说，它是一种审美情趣。（宗教提供包罗万象的支配地位的系统给个人和宇宙的价值及解释越来越小。）

如果哈维·考克斯是对的，那么是否有一天宗教会消失？一些调查数据指出，没有宗教信仰的人的比例在升高。图 19—2 表明，大学生中，认为自己没有宗教偏好的大一学生的比例上升，从 1980 年至 2010 年增长了一倍多。这种趋势也体现在大部分成年人身上。另外一些分析指出，不仅在太平洋西北部（有很长的世俗传统），而且在太平洋东北部（美国基督教最初的发源地）存在大量没有宗教偏好的成年人（Meacham， 456
2009）。

但是其他社会学家不以为然。他们指出美国的大多数人仍然说他们相信上帝，并且更多的人称他们每天祈祷而不是参与国家选举投票。总之，他们提醒我们，今天对宗教的信仰比例实际上比 1850 年更高了。最后，确实有更多的人变换他们的宗教信仰，甚至有一天会彻底离开宗教组织，但是尽管如此他们的精神信仰却仍然存在（McClay，2007；Greeley，2008；Van Biema，2008；Pryor et al.，2011）。

每个人都看到了宗教的变迁，但人们对此褒贬不一。保守派倾向于将任何宗教的衰落都看作道德沦陷的标志，激进派将世俗化看作是从过去包容万物的信仰中的解放，这给人们更多的信仰选择。世俗化也产生了宗教组织惯例的变迁，如从只任命男性为神父或牧师到广泛传播与支持男女平等的态度的变迁。

根据世俗化理论，由于高收入国家的人们享有更高的生活质量和更好的保障，宗教应该在那里更加衰弱。一个全球的研究显示这种理论在西欧适用，在西欧对宗教的虔诚已经下降到很低程度。但是，最富有的国家美国是个例外，至少现在宗教在美国仍然十分盛行。

法院判决在世俗化辩论中发挥了作用。1950 年，美国国会将 5 月的第一个星期四设立为“全国祈祷日”，在这一天人们“向上帝祈祷和冥想”。在 2010 年，在威斯康星州的联邦地区法院否决了这项法律，认为其违反了教会与国家分离的原则。2011 年，联邦政府成功改变了这个决定，呼吁保留“全国祈祷日”（Perze，2010）。

引发世俗化争论的一个重要事件发生在 1963 年，当时美国高院以违背政教分离制度为名禁止在公立学校中祈祷。然而，最近几年，宗教却已经重返一些公立学校，详情可参考第 513

◎ 在最近的50年，传统的主流教派丢失了将近一半的成员，同时，“新时代”运动的成员在增长。最新的研究结果表明50%的美国成年人有转会的经历。

页“日常生活中的社会学”专栏的文章。

市民宗教

社会学家罗伯特·贝拉（Robert Bellah，1975）所讲的**市民宗教**（civil religion）是世俗化的一种表现形式，它是指把人们整合到世俗社会的准宗教虔诚。换句话说，正规的宗教可能失去力量，但是，公民关系却决定宗教的特质。美国的多数人将人们的生活方式看作是世界上道德善举的一种力量，很多人在自由和保守的政治运动中发现了宗教的特性（Williams & Demerath，1991）。

市民宗教也涉及一系列的仪式，从运动会上唱国歌到公共阅兵式上挥动国旗，在所有这些活动中，美国国旗已经成为国家身份的神圣象征，并且我们也期望人们能够尊敬它。

“新时代”探索者：没有正式宗教的精神世界

12月29日，秘鲁马丘比丘。在我们探测这个由印加人建在安第斯山上的宏伟城市的第一天即将结束之际，一个当地的萨满，或者说是宗教领袖，卢卡斯正带领12个旅行者进行感恩仪式。他跪在石屋那布满灰尘的地板上并把祭祀物品——玉米和青豆、糖、五颜六色的植物，还有少量金银——放在他前面，将其作为礼物献给大地母亲，他祈祷和平、欢乐和施善的意志。他的话语和陈设的神奇使仪式成为一次印象深刻的体验。

在最近几十年，越来越多的人在现有的宗教组织之外寻找精神上的发展。这一趋势使一些分析者断定美国正在变为一个后宗派社会。简单地说，更多的人似乎成为精神的探求者，相信人类存在的重要精神向度，这是他们独立于任何正式宗派成员关系的多少有些个别化的追求。

在关注精神世界的“新时代”和关注宗教的传统社会之间有什么具体的不同呢？如一位分析家（Cimino & Lattin，1999：62）所说：

> （精神世界）是对心灵而非大脑的宗教诉求；它……不重视教条与教理的宗教表达，直接在神的经验世界里狂欢，不管它被称作“神灵”、“神意”还是“真我”；它是经验性的和人性化的，
> 更多的是简化而不是拯救，是治疗而不是神学； 457
> 它是关于感受善而不是成为善；它既是心灵的，同时也是身体的。

美国有上百万人参与了“新时代”的精神运动。人类学家和精神领袖汉克·韦塞尔曼（Hank Wesselman，2001：39-42) 界定了五点核心价值来详细说明这一路径：

1. 寻求者信任更高层次的力量。存在着一个更高的力量，一个存在于所有事物和人中的主要力量。那么，我们中的每一个人，就像是环绕在

学生应该在学校祈祷吗？

日常生活中的社会学

那是最近在明尼阿波利斯的一个春天的下午，20 多个青少年聚在一起祈祷。当进入房间的时候他们面带温暖的微笑。当每个人都坐下后，一个声音接着另一个，祈祷开始了。一个女孩为她的兄弟祈祷，一个男孩为将至的食物祈祷，另一个请求上帝保佑一个她喜欢的处于困境的老师。然后他们共同为学校里不是基督徒的老师祈祷。祈祷之后，这些年轻人唱圣歌，讨论经文，然后互相拥抱结束了这次祈祷。

这个祈祷会的不寻常之处在于它是在帕特里科亨利高中的 133 号教室举行的，它是一个公共场所。从东海岸到西海岸的公共学校里越来越多的学生举行这样的集会，由此一些东西正在复苏。

如果你 50 多岁，你就会记得当时公立学校都将阅读《圣经》和祈祷作为一天的开始。在 1963 年，最高法院决定学校里的宗教祈祷违反了美国宪法规定的政教分离政策，并将公立学校里的宗教活动视为非法。

但是自从这个条款公布之时，批评者就认为支持其他广泛的社团和活动而禁止任何宗教活动，使学校变成了反宗教的。批评者还指出，美国宪法没有要求分离教会与国家，宪法第一修正案指出："国会不得制定支持建立宗教或禁止自由行的法律。"所以如果学生愿意，为什么不能满足学生参与宗教活动的意愿？在 1990 年，最高法院发布了新法令，只要出于自愿，宗教组织可以在学校举行集会，只是这些集会要在课余时间举行，而且组织者只能是学生而不是成年人。

◎ 尽管一些美国大学生被宗教组织所操纵，但大多数情况下提供的是普通教育。在普通学校里，你认为应当同样对待宗教群体与其他群体吗？为什么？

今天，大约 1/4 的公立学校有学生宗教组织。诸如"第一优先"（First Priority）和国家青年网之类的福音基督教组织在全国既口头也用互联网传播宗教，努力在全国扩大宗教影响。然而，学校祈祷的反对者们担心宗教的狂热会导致一些学生强迫别人加入他们的组织。这些反对意见使得学校祈祷的争论还将继续。

你怎么想？

1. 你认为学者俱乐部或其他组织在学校有同样的自由运作权吗？为什么？
2. 美国宪法的起草者在"宪法第一修正案"中提出国家不应当建立任何官方宗教，也不应当通过任何干涉个人宗教信仰自由的法律。你认为这个修正案可以应用到学校里学生信仰宗教的问题上吗？
3. 学校支持学生的心理和生理发展，他们也应该支持他们的精神发展吗？如果你是一个当地学校董事会成员，那么在公立学校你将把宗教放在什么位置上？

我们周围的神名一样，也具有了几分神圣。

2. 寻求者相信我们都是关联的。每一物和人都作为宇宙神，寻求者称之为"精神"的一部分而相互关联。

3. 寻求者信任精神世界。物理世界并非只是现有这些，还存在着一个更加重要的精神世界（或者说"精神王国"）。

4. 寻求者期望体验精神世界。精神发展就意味着获得体验精神世界的能力。很多寻求者逐渐明白献身于精神世界的助人者和领袖们（通常被称为"天使"）能够并且确实接触到了他们的生命。

5. 寻求者追求卓越。多种方式（如瑜伽、礼拜和祈祷）使人们的超越直观的物理世界的能力（"卓越"的体验）不断增长，这被寻求者看作生命的更重要目标。

从传统角度看，这种关注精神性的"新时代"看起来更像是心理学而不是宗教。也许公平

焦点中的社会学

科学威胁宗教吗?

希汉: 我相信有一天,科学会证明宗教是错误的。

苏菲: 你最好祈求上帝会证明你是对的。

拉西德: 你们俩都冷静一下,我不认为科学和宗教是在谈论同样的事情。

大约400年前,意大利物理学家和天文学家伽利略(1560—1642)用一系列令人震惊的发现发动了科学革命。在研究比萨斜塔坠落物体时,他发现了地心引力的一些规律;运用他自己制作的望远镜,他观察星空并发现地球是以太阳为轨道转动的,而不是相反。

由于这个问题,伽利略受到了罗马天主教会的挑战,多少个世纪来罗马天主教会一直在布道说地球是宇宙不动的中心。伽利略的回应使事情变得更糟——他说宗教领袖没有责任谈论科学。不久,他发现他的学说被禁止了,他自己也被囚禁起来。

伽利略的遭遇说明,从一开始,科学与宗教就有着复杂的关系。在20世纪,在造物起源这个议题上二者又起了冲突。达尔文的杰作《物种起源》认为,10亿年前人类从低等生命不断进化而来。然而这个理论违反了《圣经》在《创世记》中的解释,它说上帝创造了天堂和世界,在第三天创造了生命,并且在第五天和第六天创造了动物的生命,包括由上帝想象出来的人类。

假如历史可以倒转,伽利略肯定会是著名的"斯科普斯猴子试验"的热心观众。在1925年,田纳西州一位叫约翰·托马斯·斯科普斯(John Thomas Scopes)的乡村教师尝试在一所当地的中学教授达尔文的进化论。这一举动违反了该州法律,因为该州法律禁止讲授"任何违背《圣经》里宣传的关于神圣造物的理论",并且禁止讲"人从低级生物而来"的理论,如被发现,将处以100美元的罚款。他的被判有罪引起社会舆论的反对,所以这个案件没有送达美国最高法院,这一宣判直到1967年还没有被执行。一年过后,最高法院废除了所有这类违反宪法的、政府支持宗教的法律。

今天——在伽利略被压迫几乎4个世纪以后——很多人仍然讨论科学与宗教的明显冲突。1/3的美国成年人相信《圣经》是上帝的话,而且他们中的很多人拒绝任何违背《圣经》的科学发现。

但是妥协正在浮现:一般的美国成年人(和很多教会领导者)说《圣经》是一本上帝激发灵感的真理书,在字面上做科学判断是不正确的。那是说科学和宗教是对不同问题的不同理解方式。

伽利略和达尔文在自然世界如何运行的问题是都倾注了他们的心血。然而只有宗教才能解释我们和自然界为什么存在的问题。

科学与宗教的基本差异能够解释为什么美国在世界上既是最具科学性的也是最具宗教性的国家。正如一位科学家最近说的,正如我们所知道的理论那样,120亿年前的宇宙大爆炸创造了宇宙并导致了生命的形成的概率比在赢得彩票超级大奖的概率还要小。这一科学事实是不是表明了在宇宙起源中存在一个有智慧、有目的的力量?一个人能同时是一个宗教的而又是科学的研究者吗?

在1992年,一个梵蒂冈发言人宣称,教会对伽利略的压迫是错误的。今天,大多数科学和宗教领袖都同意科学和宗教分别代表了重要但不同的真理。很多人也相信,在今天科学发展突飞猛进的情况下,我们的世界比任何时候都需要宗教提供道德的指引。

加入博客讨论吧!

你认为为什么一些相信科学的人拒绝宗教关于人类起源的阐述?为什么一些信仰宗教的人拒绝科学的阐述?你认为宗教和科学能共存吗?欢迎登录MySocLab,加入"焦点中的社会学"博客,分享你的观点和经历,并看看别人是怎么想的。

资料来源:Gould(1981),Huchingson(1994),Applebome(1996),Greely(2008),and Pew Forum(2009).

地说，“新时代”精神将内容的合理性（强调个人主义以及宽容和多元化）和心灵专注（寻找日常生活外的意义）结合起来。正是这个结合，使得“新时代”在现代世界流行起来（Tucker，2002；Besecke，2003，2005）。

459 宗教：展望

◇ 评价

宗教上很多新的趋势表明，在接下来的几十年里，宗教仍然是我们现代社会生活中的重要组成部分。来自众多宗教文化（拉美和其他地方）中的高素质移民将强化也将多样化美国21世纪的宗教特点（Yang & Ebaugh，2001）。

世界正变得更加复杂，而且似乎正以我们力所不及的方式快速变迁。但是与其削弱宗教，还不如让这一过程点燃宗教的想象力。科学无法简单地为最基本的人类生命目的这一问题提供答案（第514“焦点中的社会学”专栏将进一步探讨科学与宗教数个世纪来的冲突与妥协）。随着新技术赋予我们改变、扩展和创造生命的力量，我们面临越发艰难的道德问题。由于不确定性很强，不难理解为什么很多人为他们的信仰寻求指导和希望。

第19章　宗教

我们的社会有多宗教化？

与其他高收入水平的国家相比，美国民众的宗教信仰人数和活动都非常突出。我们认为自己是现代、世俗的社会，然而，正如本章所描述的那样，很多人信仰宗教，至少1/3的人如此。我们日常生活中的很多方面市民宗教也是很明显的。看下面这些图：你能指出每张家庭生活照片中的宗教元素吗？

提示

正如本章解释的那样，市民宗教是指把成员整合为一个更像世俗社会的准宗教虔诚现象。具有市民宗教资格的重大事件不被命名为正式的宗教，而是确定为节假日 [holidays，一个源自“圣日”（holy days）的词]。此时人们进行包括家庭成员、邻居、朋友的聚会，举行仪式活动，分享特别的食物和饮料。

在感恩节这一天，大多数美国家庭都要团聚在一起共享大餐并且为他们的美好生活而感恩祈祷。在正式的感恩仪式中，有哪些宗教或准宗教的元素？

美国独立日那一天会怎么过？这一个特殊的日子有哪些市民宗教的特征？

近几十年，橄榄球“超级碗”已经成为重要的年度事件，你能发现“超级碗”中的市民宗教元素吗？

从你的日常生活中发现社会学

1. 列出可能被认为是市民宗教例子的其他事件、活动和娱乐方式（从选举日开始，比如棒球？）。有没有发生在当地大学的事件或者仪式包含在里面？在每个事件中，解释你看到的宗教元素和这些事件或者活动影响宗教成员的方式。
2. 美国的宗教衰落了吗？回答这个问题的方式之一是使用历史档案，如当地的报纸。去当地的图书馆找出50~100年前的当地报纸。系统地阅读报纸，比较当时和现在宗教活动与问题关注点有哪些不同。你发现了什么问题？
3. 你能说出从社会学角度学习宗教和持个人宗教信仰的不同吗？登录mysoclab.com，阅读“从你的日常生活中发现社会学”专栏，关注额外的资料，学习更多的不同。

第19章 宗教

宗教：基本概念

- 宗教是基于把神圣与世俗分离之上的重要社会组织。
- 宗教是建立信仰而不是科学证明之上的，教徒通过各种仪式表达他们的宗教信仰。 p.442

世俗的（p.442）：日常生活的普通组成部分。

神圣的（p.442）：激发人们的敬畏之心的非凡部分。

宗教（p.442）：一种涉及基于认可神圣事物的信仰和实践的社会组织。

仪式（p.442）：正式的礼仪行为。

信仰（p.442）：建立说服而非科学证明之上的信念。

宗教的理论分析

结构—功能视角分析了人们是如何通过宗教彰显社会力量的。涂尔干界定了宗教的三种主要社会功能：

- 宗教将人们团结起来，促进社会整合。
- 宗教鼓励人们服从文化规范，提升社会认同。
- 宗教提供生命的意义与目标。 p.443

符号互动视角解释了人们通过宗教赋予日常生活神圣的意义。

- 人们创造仪式以分离神圣和世俗。
- 彼得·伯格称当面临生活风险和灾难的时候人们倾向于寻求宗教的意义。 pp.443-44

社会冲突视角强调了宗教维持社会不平等的作用。

- 卡尔·马克思认为，宗教通过使身份地位合法化，转移了人们在社会不平等上的注意力。
- 通过这种方式，宗教阻碍了社会公正化、平等化的改革。
- 宗教和社会不平等也通过性别联系起来，世界上所有主要宗教都是父权制的。 p.444

图腾（p.442）：在自然界中被集体定义为“圣物”的事物。

宗教与社会变迁

- 与马克思的观点相反，韦伯认为宗教能够促进社会变迁。他证明了加尔文主义信仰如何变得不再抱有幻想，从而产生一个世俗的新教工作伦理，促进了工业资本主义的发展。
- 解放神学是基督教原理与政治激进主义的结合物，试图促进社会变迁。

pp.444-45

解放神学(p.445)：基督教原理与政治激进主义的结合，常常带有马克思主义的特点。

宗教组织类型

教会是一种与社会充分融合在一起的宗教组织。教会又分两种：一是国教会（例如，英格兰的圣公会和摩洛哥的伊斯兰教会），二是宗派（例如，基督教宗派有浸信会、路德宗，还有不同类别的犹太教、伊斯兰教和其他传统）。 p.446

教派是宗教分化的结果，以克里斯玛领袖和成员对更大社会的怀疑为特征。 pp.446-47

异教是基于新颖、反社会传统的信念和活动基础之上的宗教组织。 p.447

社会学家将美国的宗教组织沿着一个连续统进行分类，一端是教会，另一端是教派。

教会 ←——→	教派
试图吸收每一个人。	保持刚性的宗教信念。
有一种非常正式风格的崇拜。	有一种自发的和情感风格的崇拜。
有正式训练并规定领导者。	有极具魅力的领导者。
历史悠久并且组织稳定。	形成群体分离，不太稳定。
吸引社会地位高的社会成员。	吸引社会边缘群体。

教会(p.446)：一种充分整合为一个更大社会的宗教组织。

国教会(p.446)：正式与国家联姻的教会。

宗派(p.446)：独立于国家的教会，它认可宗教的多元化。

教派(p.446)：与社会相分离的一种宗教组织。

克里斯玛（p.447）：能够以情动人进而使人皈依的非凡能力。

异教（p.447）：很大程度上脱离社会文化传统的宗教组织。

历史上的宗教

- 狩猎和采集社会信奉万物有灵论，即视自然世界中的万事万物都是有意识的生命。
- 园艺社会开始信奉一神论。
- 在工业社会，科学知识向人们解释世界是如何运转的，但是人们还是信奉宗教以了解我们以及万事万物为什么存在的问题。 pp.447-48

万物有灵论（p.447）：相信自然世界中的万事万物都是有意识的生命，并能够影响人类。

世界性宗教

西方宗教

基督教

- 基督教是传播最广泛的宗教，它有20亿的追随者，约占世界人口的1/4。
- 基督教开始于异教，建立在拿撒勒的耶稣的个人魅力之上。基督教徒相信耶稣就是上帝之子并且追随他。 p.448

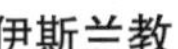

伊斯兰教

- 伊斯兰教有大约16亿的追随者——称作穆斯林——这个数字几乎是世界总人口的1/4。
- 穆斯林追寻先知穆罕默德，并且遵循伊斯兰教的神圣文本——《古兰经》。 pp.448-50

犹太教

- 犹太教有1 500万信徒，主要分布在以色列和美国。
- 犹太人的信仰建立在上帝和他的选民间的盟约上，在《十诫》和《圣经》的《旧约》上有所体现。 p.450

东方宗教

印度教

- 印度教是世界上所有宗教中最古老的，大约有8.7亿的印度教徒。
- 印度教把上帝看作一种宇宙的道德力量而不是一个特殊的存在形式，并且相信"德性"（道德职责）和"因果报应"（人类灵魂精神过程）的准则。 pp.450-51

佛教

- 有大约3.8亿的佛教徒。
- 佛教与印度教的信仰有很多相同之处，但是佛教是建立于一个人———释迦牟尼的生命上，他教人们用冥想来超越自私的担心和欲望而达到涅槃，即一种启蒙与和平的状态。 pp.451-52

儒教

- 儒教是中国的官方宗教，直到1949年共产主义革命抑制了所有宗教。儒教与中国文化紧密相连。
- 儒教教义是"仁"，或是"善"，意思是人们必须将道德准则置于个人私利之上，各种道德责任使社会结合为一个整体。 p.452

一神论（p.448）：只相信一个神。

多神论（p.448）：相信很多个神。

美国的宗教

美国是一个信教人数多而且信仰多元化的国家。研究者对"虔诚度"的操作化影响我们对"宗教"的理解：

- 81%的成年人表示信仰宗教。
- 60%的人属于一个宗教组织。
- 58%的表示坚信上帝。
- 58%的人一天至少祈祷一次。
- 仅有30%说他们每周或几乎每周都参加宗教活动。 pp.452-53

宗教归属跟包括社会阶级、种族、民族在内的多因素有关：

- 平均而言，圣公会、长老会、犹太教层次较高，浸礼会、路德宗的地位较低。
- 宗教常常与民族背景联系在一起，因为人们是从拥有不同宗教背景的国家移民而来的。
- 被奴隶船运到美国的大多数人 信仰基督，但他们也把自身的一些非洲宗教元素与基督教融合起来。 pp.453-55

宗教虔诚（p.453）：在个人生活中宗教的重要程度。

变迁社会中的宗教

- 世俗化是指宗教神秘性、神圣性重要程度的降低。
- 在美国，当一些宗教归属的虔诚度（如一些主流教会的成员标志）下降时，另外一些（如宗派成员）宗教组织的虔诚度却在增加。
- 现今，市民宗教采取准宗教的爱国主义形式把人们团结到一起。
- 精神追求者是"新时代"运动的一部分，"新时代"运动在传统的宗教组织以外还追求精神进步。

世俗化（p.455）：超自然力量和神圣性重要性的历史性衰落。

市民宗教（p.456）：把人们整合到世俗社会当中的准宗教虔诚。

第20章
教 育

学习目标

◇ **记忆**

本章黑体关键名词的定义。

◇ **理解**

教育对于你的未来工作及终生收入的重要性。

◇ **应用**

社会学的主要理论分析教育。

◇ **分析**

世界各地的学校有何不同，以及为什么不同。

◇ **评价**

教育在社会分层中的重要性。

◇ **创造**

一种能让社会中更多的人们接受教育的想象力。

466

本章概览

本章解释了一项基本的社会制度——教育的运行机制。在开篇对全球学校教育进行概述后，本章主要聚焦于美国的教育情况。

莉莎·艾迪逊在巴尔的摩长大，她的老师们都说她很聪明，应该去读大学。“我很喜欢听到老师们夸我，”她回忆道，“但我不知道该如何是好。我家里从来没有一个人上过大学，我不知道高中该学些什么，也不知道怎么样去申请一所大学，我拿什么来付学费？我的大学会是什么样呢？”

带着气馁和不确定的情绪，艾迪逊发现她自己“在学校里混起了日子”。高中毕业后的15年里，她先是在一个餐馆当服务员，然后又在一个餐饮公司当炊事助手。而现今，在她38岁的时候，她决定重回学校。“我不想后半生还做这样的工作。我这么聪明，可以做得更好。这一刻，我已经做好了读大学的准备。”

艾迪逊实现了人生的重大转折，成为巴尔的摩社区大学的学生，并在咨询了职业顾问后确定了修读商学准学位（associate’s degree，美国大学修满两年课程之肄业证书）的目标。当她完成了两年的学制后，又计划转向一所四年制的大学，以获得学士学位。然后她希望重回饮食服务行业——不过，是以高薪管理者的身份（Toppo & DeBarros，2005）。

高等教育几乎是所有美国年轻人的美国梦的一部分，然而很多人都像莉莎·艾迪逊一样，在通往大学的路上面临着诸多困难。特别是那些低收入家庭的孩子，他们的父母大多没有受过大学教育，而他们读大学的机会也很小。

在美国，读大学的是哪些人呢？高等教育对人们的工作和收入带来了哪些差别呢？本章通过关注**教育**（education）——社会向其成员提供重要知识（包括基本常识、工作技能、文化和价值观）的社会机制，对这些问题进行了回答。在发达国家，例如美国，教育主要是通过**学校教育**（schooling），即由专职教师提供的规范化指导来实现的。

教育：全球概观

◇ 分析

在美国，年轻人希望他们18岁之前的大部分时间是在学校里度过的。但在一个世纪以前却并非如此，那时只有少数精英才有上学的特权。即便是今天，贫穷国家的大多数年轻人只能接受有限几年的正规学校教育。

学校教育和经济发展

任何社会的学校教育水平都和其经济发展程度紧密关联。在人口占世界大多数的中低收入国家，一般都是由家庭和社区教给青年人重要的知识和技能。正规的学校教育尤其是那些和生计关系不大的教育，主要提供给那些不需要工作和追求个人充实的富家子弟。毕竟“学校”一词在希腊语中的本义是“闲暇”。在古希腊，像苏格拉底、柏拉图、亚里士多德这些大师的学生都来自上流社会的贵族家庭，有着充裕的闲暇时间。同样，中国古代的著名哲学家孔子也将其学识传授给了少数特权子弟。

12月30日，秘鲁库斯科地区。在秘鲁安第斯山脉高地，孩子们被家人送往当地的学校读书。但所谓的“当地”却意味着3英里甚至更远的地方，那里又没有公共汽车，于是这些几乎全部来自贫困家庭的孩子们单程都要花上至少1个小时。学校教育是由法律规定的，但在农村丘陵地区，一些家长宁愿让自己的孩子待在家里帮着耕地和饲养牲畜。

今天，国家学校教育是国家文化的反映。例如，伊朗的学校教育就与伊斯兰教密不可分。同样，在孟加拉国（亚洲）、津巴布韦（非洲）和尼加拉瓜（拉丁美洲），各国独特的文化传统形成了各自不同的教育模式。

467 低收入国家在教育方面都有一个共同点：学校教育的匮乏。在世界最贫穷的国家里（包括中非一些国家），有1/4的儿童没有上过学（World Bank, 2011）。而在全世界范围内，1/3以上的儿童没有读过中学，由此带来的后果便是1/6的世界人口不会读写。

印度的学校教育

印度目前已成为一个中等收入国家，但印度人均收入仅有美国人均收入的7%，并且多数贫困家庭还要依靠儿童来挣钱。尽管印度法律已经规定雇用童工是非法行为，但许多儿童仍然在工厂里继续工作——编织毯子或制作手工艺品——每个星期的工作时间高达60个小时，这样在很大程度上限制了他们上学的机会。

今天，约有91%的印度儿童能够念完小学。他们的教室环境往往非常拥挤，一个班的老师通常要教40个或者更多学生，而美国的公立学校每个班平均有30个学生。只有60%的印度孩子能够继续读中学，极少人可以上大学。目前约有34%的印度人不会读书和写字（UNESCO, 2010）。

教育 社会向其成员提供重要知识（包括基本常识、工作技能、文化和价值观）的社会机制。

学校教育 由专职教师提供的规范化指导。

父权制也在印度的教育中打下了深刻的烙印。印度的父母非常希望能生男孩，因为儿子和他未来的妻子能够共同来挣钱养家。但是养一个女孩却要花上一笔钱：父母需要筹备嫁妆（给男方家的财礼），而且婚后女儿要为对方家庭挣钱。因此，许多印度人不愿意花钱让女孩上学，只有56%的女孩子（男孩有64%）能够上中学。那么，当男孩在上学时，这些女孩都在做什么？印度工厂里干活的儿童大多数都是女孩——这就是一个家庭在尽可能早的时候就从女儿身上获益的方式（World Bank, 2011）。

日本的学校教育

学校教育并非一直都是日本人生活中的一部分。义务教育是工业化浪潮在1872年的产物。在这之前，只有一小部分特权子弟才能上学。而今天，日本的教育体系因其培养出了一些世界顶级人才而赢得了广泛的赞誉。

初期教育主要致力于传播日本传统，特别是对于家庭的义务。从十几岁开始，学生们就要应付一系列难度高、竞争激烈的考试。就像美国的SAT一样，所有日本学生的未来都由他们的笔试分数决定。

日本高中毕业的学生比例（95%）比美国（87%）高，但只有48%的高中毕业生能通过竞争激烈的考试进入大学，而在美国这个比例为70%。因而不难理解为何日本的学生和家长对待入学考试的态度如此认真。约有一半的学生会参加补习班来复习备考，意味着要学习到很晚来应付繁重的功课。这也是为何日本学生常常在课堂上打盹的一个原因——在老师眼里这是勤奋的标志（Steger，2006；OECD，2010）。

日本的学校教育取得了令人瞩目的成果。在许多领域，特别是数学和科学方面，日本学生（世界排名第四）的表现都几乎优于来自其他任何一个高收入国家——包括美国（世界排名第26位）在内——的学生（World Bank, 2011）。

英国的学校教育

在中世纪的英国，上学读书是权贵阶层所

◎ 在很多低收入国家，儿童入学和去工作的机会是对等的，并且女孩要比男孩接受更少的教育，但现在学校的大门向更多的女孩和女性敞开了。这些年轻的女孩正在摩加迪沙的索马里大学学习护理。

享受的特权之一，学习的是一些传统科目，而不重视那些用以谋生的实际技能。但是，随着工业革命带来的对知识型劳动力的需求，以及工人阶级自身对上学的要求，受教育人口的比重越来越大。现在，英国法律规定，凡在 16 岁以下的儿童都必须上学读书。

传统的阶层分化仍然影响着英国的学校教育。富裕家庭的孩子大多被送到所谓的“公立学校”（public school）中学习，在我们的概念中，这类学校其实是私立寄宿学校。这些精英学校招收约 7% 的英国学生，教授的科目不仅有学术类课程，还包括演讲技能、个人形象以及英国上流社会的社交礼仪等。由于这些学校的学费非常昂贵，大多数的英国学生还是选择了公立全日制学校（Department for Children, Schools, and Families, 2010）。

英国曾试图通过扩大高校体系和采用入学考试录取新生的办法来弱化社会背景对学生就学的影响。对于成绩优异的学生，政府将替他们支付大部分学费。但是许多家庭富裕的孩子没有考出好分数，也一样能够进入英国最著名的学府——牛津大学或剑桥大学，这两所学校堪与美国的耶鲁、哈佛以及普林斯顿大学相媲美。很多牛津和剑桥大学的毕业生后来都进入英国权力精英阶层，并占据了上流位置。英国政府中大部分高级官员——包括首相戴维·卡梅伦——都拥有牛津或剑桥大学的学位。

468 以上对印度、日本及英国教育的比较说明，经济发展水平对学校教育有着关键性的影响。很多落后国家的儿童，尤其是女孩，得不到上学的机会而进入了工厂。而发达国家则通过颁布法律进行义务教育来为工业发展提供人力资源，并满足人们对更好的社会公平的要求。然而，教育也受到一个国家历史和文化的影响，就像我们所看到的日本学校中的激烈竞争、英国传统的社会阶层观念对学校的渗透，以及在下文将谈到的美国学校对实用主义的强调。

美国的学校教育

美国是最早设立大众教育目标的国家之一。早在 1850 年，全国 5 到 19 岁的青少年中就有一半人上了学。到了 1918 年，美国所有的州都通过了义务教育法，要求儿童上学至少上到 16 岁，或者读完八年级。表 20—1 显示了美国在 20 世纪 60 年代中期，拥有高中文凭者第一次在成年人中占据了多数，是美国教育发展的一个里程碑。而今天，86.7% 的成人接受过高中教育，拥有四年制大学学历的则占了 29.5%（U.S. Census Bureau, 2010）。

表 20—1　1910—2009 年间美国的教育成果

年份	高中毕业率（%）	大学毕业率（%）	学龄中位数（年）
1910	13.5	2.7	8.1
1920	16.4	3.3	8.2
1930	19.1	3.9	8.4
1940	24.1	4.6	8.6
1950	33.4	6.0	9.3
1960	41.1	7.7	10.5
1970	55.2	11.0	12.2
1980	68.7	17.0	12.5
1990	77.6	21.3	12.4
2000	84.1	25.6	12.7
2009	86.7	29.5	13.0*

注：本表以25岁及以上年龄人口为统计对象。高中毕业率的计算人数包含入读大学者。高中辍学率可以通过（100%－高中毕业率）来计算。

* 作者的估计。

资料来源：U.S. Census Bureau (2010).

美国的教育体系是在高质量的生活水平（这意味着年轻人用不着去工作挣钱）和民主原则（其理念认为人人都应享有受教育的权利）的共同作用下形成的。托马斯·杰斐逊认为只有当人民懂得读书时，这个新的国家才能实现民主。如今，美国人的受教育水平是世界瞩目的，成年人当中拥有大学学历的比例在全世界仅次于挪威（OECD，2010）。

美国的学校教育还致力于提高平等的机会。全美调查显示，大多数民众认为学校教育对于个人的成功举足轻重；多数人也相信，每个人都有机会获得与自身能力和智力水平相符合的教育机
469 会（NORC, 2011：237，2244）。然而，这种观点所表达的是一种文化理念而不是现实。例如，一个世纪以前，妇女上大学的机会非常少，即使在今天，受过大学教育的人也大多来自中高收入水平的家庭。

美国的教育重视实用性，即学习的知识有助于将来的工作。这一特点是与教育哲学家约翰·杜威（John Dewey, 1859—1952）所说的进步教育（progressive education）相一致的，即倡导学校教育贴近人民生活。同样，学生也会选择那些他们认为能够提升自身就业竞争力的专业来进行学习。比如，近年来人们对国际恐怖主义的关注增加，学习地理、国际冲突和中东历史文化的学生数量也随之增加（M. Lord, 2001）。

学校教育的功能

◇ 应用

结构—功能分析关注的是学校教育对社会运行和社会稳定的支持作用。这里将简单介绍学校教育发挥作用的五种方式。

社会化

科技不发达的社会依靠家庭来传授技术和价值观，从而使生活方式代代相传。当社会出现了更复杂的技术后，他们就开始通过培训教师来发展和传授成年人工作所必需的专门知识。

在小学，儿童学习的是语言和基本的算术技能，中学则建立在这个基础之上。对于很多学生来说，大学的学习将会进一步专业化。此外，所有的学校教育还会教授文化价值和规范。例如，公民课会在政治生活方式方面给学生以指导，一些仪式——比如向国旗敬礼——能够培养爱国主义精神。同样地，像拼字比赛这样的活动能够发展竞争个性和公平意识。

文化创新

高等院校的教员创造文化，并且将其传播给学生。自然科学、社会科学、人文科学以及美术启发我们去发现生活、改变生活。例如，大学的医学研究有助于提高人类预期寿命，而社会学家和心理学家的研究能够帮助我们学会如何更好地享受生活以充分利用我们的生命。

社会整合

学校教育对异质化的人口具有模塑作用，使一个社会中的规范和价值得以共享。这是美国在一个世纪前移民高峰期颁布义务教育法的原因之一。如今，由于许多城市的种族分化严重，学校教育仍在社会整合方面继续发挥着作用。

社会配置

学校发掘人才并且根据学生的智力情况而提供相应的教育。学校教育促进精英管理，不管一个人的社会背景如何，其才智和努力都会获得回报，这就为其提供了一条向上流动的通道。

学校教育的潜在功能

学校教育还具有一些未被广泛认识的潜在功能。它为日益增长的单亲和双职工家庭的子女提
供了照顾；此外，还为成千上万的年轻人提供了 470
上学机会，从而免于过早地承受就业市场中的激烈竞争。高中和大学还将达到婚龄的青年们聚集到一起，为他们提供了相互认识的机会。最后，学校生活中建立的人际网络还为今后的职业发展积累了重要资源。

◇ 评价

结构—功能视角论强调了正规教育对现代社会运行的支持作用。但是，这一视角却忽视了老师和学生的课堂行为在不同情境下的区别，而这正

▲**检查你的学习**
请说明学校教育对现代社会运行的五种功能。

是下文将要分析的符号互动视角的关注焦点。此外，结构—功能分析很少提及现行教育体系存在的问题，以及学校教育如何在每一代人中推动等级结构的再生产，而这些则是我们在本章最后一节里将谈到的社会冲突分析的主要视角。

学校教育和社会互动

◇ 应用

符号互动视角的基本观点是人们在日常交往中建构出社会现实。我们用这种视角来解释刻板印象怎样影响课堂行为的形成。

自我实现的预言

第 6 章（“日常生活中的社会互动”）谈到了托马斯定律，它认为现实是由于人们的定义而在后来成为现实的。换句话来说，人们对他人特定行为的期望常常会促使他人采取这种行为。在这种互动中，人们建立了一个自我实现的预言（self-fulfilling prophecy）。

简・埃利奥特（Jane Elliott），艾奥瓦州赖斯维尔地区白人社区的一个小学老师，做了一个简单的实验来证实教室里自我实现预言的发生。追溯至 1968 年，当马丁・路德・金被刺杀时，埃利奥特正在教四年级。她的学生感到很困惑，问她为什么一个国家英雄会被残忍地枪杀。埃利奥特就反问她的白人学生对有色人种的态度，她很惊讶地发现他们持有许多强烈和负面的刻板印象。

为了向学生说明这种偏见的危害，埃利奥特做了一个教室实验。她发现班里几乎所有孩子的眼睛不是蓝色就是棕色。她告诉他们拥有棕色眼睛的孩子要比蓝色眼睛的孩子更加聪明和用功。为了方便对这些孩子进行区分，她在每一个学生的领子上都别了一些棕色或蓝色的布条。

谈到那个实验的结果，埃利奥特回忆了学生们的表现：“他们很快就变成我所告诉他们的那样，变化简直快得惊人。”埃利奥特说，在这之后不到半个小时，一个叫卡罗尔的蓝眼睛女孩就已经从一个“朝气蓬勃、开心无虑的小孩子变成了一个胆小犹豫的小大人”。可想而知，在后面的几个小时里，棕眼睛的孩子们变得活跃起来，比以前更加爱说爱动敢表现。这个预言实现了：因为棕色眼睛的孩子们相信自己是优秀的，所以在课堂行为上表现出了这一点，并且“骄蛮而无礼”地对待那些蓝眼睛的同学们。而那些长着蓝色眼睛的孩子则表现得大不如从前，开始变得像他们自己所相信的那样差。

那天晚上，埃利奥特找时间向大家解释了他们所经历的这件事。她将这个话题引申到种族方面，并指出如果白人儿童认为他们比黑人儿童优秀，他们在学校就会表现得比较好，就像许多受到这种偏见影响的有色人种儿童在学校表现欠佳一样。这些孩子们同时也认识到了正是社会向人们灌输了这些偏见以及由此而生的仇恨才引发了暴力冲突，从而使马丁・路德・金失去了生命（Kral, 2000）。

◇ 评价

符号互动视角解释了人们如何与他人在日常互动中建构现实。例如，当校方认定某些学生为

◎ 取得大学文凭正成为越来越多的美国人生活中的一件大事。浏览一下本页关于学校教育功能的讨论，你认为哪些功能是大学生们所知道的？你能思考一下上大学带来的其他社会影响吗？

“天才”时，可以想象，老师将会给他们以特殊对待，而学生自己也会因为被贴上这一标签而表现得与众不同。假如学生和老师都相信一个种族在学习方面优越于他人，那么随之而来的就是自我实现预言的应验。

这种视角的局限在于只看到了个体所产生的优劣观念，而忽视了这些观念还进一步构成了社会不平等体系的一部分，这就引导着我们去关注社会冲突视角。

◎ 你做学生时表现得怎么样？答案是你自己和你的老师认为你如何，你就表现的如何。电视剧《欢乐合唱团》（*Glee*）展现了一个善于激励人的老师如何帮助学生建立更强的自信心和取得更好成绩的故事。

▲检查你的学习 学校给学生贴上标签如何影响他们的实际表现和他们的反应。

471 学校教育和社会不平等

◇ 应用

社会冲突分析解释了学校教育如何导致并维持社会不平等。通过这种方法，能够解释在符号互动讨论时提到的关于“好”学生与“坏”学生的偏见最早是怎样产生的。除此之外，社会冲突视角指出学校教育是社会分层的一部分，这对结构—功能视角认为学校教育能够发展每个人才智的看法提出了挑战。

社会控制

学校教育是控制并强化人们接受社会等级观念的一种途径。萨缪尔·鲍尔斯和赫伯特·金迪斯（Samuel Bowles & Herbert Gintis，1976）声称19世纪晚期公共教育的兴起正好是与工厂主对遵纪听话的劳动力的需求同时到来的。曾经在学校里，移民不仅要学习英语，还要懂得听从命令的重要性。

标准化考试

这是一道以前被用来测量美国学龄儿童学习能力的题目：

画家和油画的关系就像 ________ 和十四行诗一样。

(a) 司机 (b) 诗人 (c) 牧师 (d) 木匠

正确的答案是“(b) 诗人”：画家创作一幅油画就像一个诗人创作一首十四行诗一样。这个问题被设计用来测量逻辑推理能力，但选出正确答案同时还需要懂得每一个名词的含义。那些不知道十四行诗是西欧的一种诗体的学生就不大可能给出正确回答。

标准化考试的命题机构声称这种不公平几乎不存在了，因为他们仔细研究过答题形式，并排除了任何包含种族或伦理偏见的题目。但批评者们坚持认为，一些基于阶层、种族或伦理的偏见将会一直存在于正式考试之中。因为这些题目总是会反映出我们社会的主流文化，少数学生因此而陷于不利位置（Crouse & Trusheim, 1988; Putka, 1990）。

学校分流

尽管关于标准化考试的争议不断，美国的大多数学校还是将它们用于进行教育**分流**(tracking)——分派学生到不同类型的教育项目中，例如大学预科、普通教育以及职业技术培训等。教育分流的初衷是帮助老师迎合每一个学生的个人需要和自身能力。然而，教育批评家乔纳森·科佐尔（Jonathan Kozol, 1992）却将之视为学校系统中“野蛮的不平等”的一个例子。大多数拥有特权背景的学生都能在标准化考试中取得较好成绩并进入更高阶段学习，接受最好的学校教育。而背景不好的学生在这些考试中的表现则普遍较差，因此只能接受强调背诵而非创造性

◎ 社会学研究已经证明了这样一个事实：来自贫困社区的孩子上学时的典型环境就像左图那样，班级人数众多并且预算微薄，无法提供高技术含量或是其他类型的指导材料；而来自富裕社区的孩子的教室则像右图那样，是小班教学，并且应用了先进的教学仪器。

的低层次教育（Bowles & Gintis, 1976；Kilgore, 1991；Gamoran，1992；Kozol, 1992）。

学校间的不平等

正如学生会被学校区别对待一样，学校本身也有着一些重要的差异。最大的区别就存在于公

472 立学校与私立学校之间。

公立教育和私立教育

全美 5 560 万小学生和中学生中约有 89% 在州立学校读书，其他的则进入私立学校。

大多数私立学校的学生都在 7 100 多所教区学校（parochial，源于拉丁语，意为“教区所属的”）中读书，它们是由罗马天主教会所开办的。由于城市移民的大量涌入，天主教学校在一个世纪前得到了迅速的发展，帮助这些移民在一个全新的并且被新教笼罩的社会保持他们的宗教传统。今天，在城市内的白人迁徙浪潮过去几十年之后，许多教区学校也招收了非天主教徒，包括那些数量日益增长的非裔美籍儿童，他们的家庭不希望让孩子去附近的公立学校读书。

新教徒同样也开办了私立学校，常被称为基督教学院，这些学校在那些希望子女既得到宗教指导又受到较好学科训练的家长中受到了欢迎。

美国同时还有 6 900 所主要招收富裕家庭青年的非宗教私立学校。这些是典型的声誉好、学费高的预科学校，模仿英国的寄宿学校，不仅开设高质量的学术课程，同时向学生教授上流社会的价值理念和生活方式。许多大学预科生终身维持着上学期间建立的关系网络，这为他们提供了极大的社会优势。

私立学校是不是比公立学校好呢？研究证明，私立学校的学生由于拥有稳定的社会背景，往往比公立学校的学生表现得更为出色。私立学校的优势包括小规模的班级、严格的学习制度以及高质量的学科设置（Coleman & Hoffer, 1987; Peterson & Llaudet, 2006）。

公立学校之间的不平等

即便是公立学校，各自的情况也未必相同。富裕地区和贫困地区在资金投入上的差异导致了资源的不均衡，这就意味着，富裕地区的儿童相比落后地区儿童来说能接受到更好的教育。资源差异的一种重要表现形式是，各州教师平均工资的差距最高达到了 35 000 美元。

地方财政对教育支持的差异也是引人注目的。在美国最富有的郊区之一弗吉尼亚州的阿灵顿，当地财政对学生的资助为每人每年 18 500 美元以上，而在犹他州阿尔派恩这些落后地区则仅有 5 000 美元，并且这一差距在近年来被拉得更大（Winter, 2004）。第 529 页“多样性思考”专栏中显示了学校资金差异对于学生日常生活的影响。

由于学校一般由地方的财政税收支持，因此
富裕地区能够比落后地区提供更好的学校教育。473
这种财政支持上的差异还会使占多数的白人受益更多。正是因此，一些街区还制定了输送学生

多样性思考：种族、阶级和性别

美国的学校教育：野蛮的不平等

“261 公学？沿杰罗姆大街向下走找到殡仪馆就是了。”乔纳森·科佐尔（Jonathan Kozol）停了车朝 261 公学走去，他将要进行为期一天的纽约市学校考察。找到 261 公学并不容易，因为这所学校没有任何标志。事实上，这里从前是一个滚轴溜冰场，现在也丝毫看不出一点学校的样子。

校长解释说，这里是北布朗克斯的少数族群区，所以 261 公学 90% 的学生都是非裔和西班牙裔。严格来说，这个学校只能有 900 名学生，但实际上他们却招收了 1 300 人。按规定每个班级不能超过 32 人，但是科佐尔发现有时一个班甚至达到 40 人。整个学校只有一个小自助餐厅，因此学生们只能分三批轮流就餐。午餐过后，孩子们也没有可以玩的地方，只得在他们的座位上动来动去，直到被召回教室。全校只有一个教室有一扇窗户可以看到外面。

那天快结束的时候，科佐尔跟一个老师谈到了学校的过度拥挤和条件落后的问题。这个老师总结了一下她的想法：“去年我住的房间很差，冬天有约 13 摄氏度，而夏天则升到了约 32 摄氏度。”

“学生们对校舍有什么意见吗？”科佐尔问。

“他们没说，”她回答道，“但是他们心里清楚。这些孩子都看电视，知道郊区的学校是什么样的，他们还会在学校里到处观察。尽管没有什么评价，但透过他们的眼睛你能发现，他们是懂得这些的。”

几个月后，科佐尔参观了坐落于纽约富裕的里弗代尔街区的第 24 公学。学校建在路的背面，隔着一块盛开着木兰和山茱萸花的草坪。学校一边是给较小的孩子们玩耍的操场，后面是开放给大孩子们用的运动场。因为这里的学校声名卓著，很多人都愿意花高价在里弗代尔买房子。这所学校共有 825 个学生，大部分是白人，少数是亚裔、西班牙裔或非裔儿童。学校还在作进一步的修缮，它有一个大图书馆，甚至还有一个天文馆，并且所有教室的窗户都挂着明亮的窗帘。

科佐尔来到一个优等班，问学生在做什么。一个小女孩自信地回答道，“我叫劳里，我们正在解决一个问题。”一个高高的、脾气温和的男生接着说，“我叫大卫。我们要做的事就是进行逻辑思考，因为我们发现许多问题的好答案不止一个。”科佐尔问他们，这样的推理能力是天生的还是学来的。苏珊带着阳光般的微笑回答道：“许多事情从我们开始上学那一刻就开始了。我们学了很多其他人不知道，也学不到的东西，因为老师只把这些教给我们。”

你怎么想？

1. 这种学校与学校之间的差别在你所在的城镇中存在吗？请作出解释。
2. 你觉得为什么公众对学校教育的不平等关注很少？
3. 我们的社会需要作出哪些改变来消除学校教育的不平等？

资料来源：Adapted from Kozol (1992: 85-88, 92-96).

的政策，以此来维护种族之间的平衡，以及学校间的机会公平。虽然只有 5% 的学生被送往较远的地方上学，但这项政策仍然备受争议。支持者提出，在存在种族隔离的事实前提下，来自富裕地区的白人学生来到经济落后的、以少数族群为主的地方上学，则是使政府给予这个地方的学校以充足的财政拨款的唯一办法。而批评者们的态度则是，输送学生上学代价高昂，并且使邻近学校的观念受到不好的影响。尽管如此，几乎得到各方共识的一点是：在多数城市地区存在种族偏见的情况下，城区与郊区都必须建立起一个有效的输送方案——但这从政治上来说目前还无法实现。自 20 世纪 90 年代以后，互送学生以达到种族平衡的做法急剧下降。尽管在 1970 到 1990 年间美国公立学校的种族隔离有所减弱，但那以后并未出现更多的改变（Logan, Oakley & Stowell, 2008）。

不过，其他旨在消除教育不平等的政策相继出台，其中一项是向全州各地方提供相等的资金支持。这是佛蒙特州所采取的做法，该州通过了一项法案，规定向各地区分配的税金必须保持均等。

然而，并非所有人都认为资金是学校教育质量的关键。例如，俄亥俄州的扬斯敦每年为每一个公立学校的学生花费 14 500 美元（比全美平均值高出 40%），但是仍有一半的学生毕不了业。新泽西州的纽瓦克每年在每个学生身上的投入是全美平均值的两倍，但仅有不到一半的学生能顺利毕业（Will, 2011）。除了钱以外还有什么其他原因？由詹姆斯·科尔曼（James Coleman, 1966）带领的研究组作过一个经典的报告，报告
474 证实，在大部分少数族群学校中，班级规模过大，图书馆紧张，科学实验室也不足。但科尔曼的报告也提醒人们，增加资金本身并不具有提升教育水平的神奇魔力，更重要的是老师、家长和学生自身的配合及努力。换句话说，即使给各个学校划拨的资金完全相等（如佛蒙特州），拥有更多文化资本的学生——他们的父母重视学校教育，教他们读书，并鼓励孩子发展想象力——依然会表现得更加优秀。简而言之，我们不能仅仅指望学校本身就能使美国社会突出的不平等问题得到解决（Schneider et al., 1998; Israel, Beaulieu & Hartless, 2001; Ornstein, 2010）。

进一步的研究证实了家庭环境对于孩子在学校的表现具有重要影响。一个研究小组调查了学龄儿童在阅读和算术方面的学习速度（Downey, von Hippel & Broh, 2004）。由于美国儿童的上学时间是每周 5 天，每天 6~7 个小时，夏季还要放假，因此研究者们估算，孩子们在学校的时间只占了除去睡觉以外时间的 13%。在学校里，家境好的学生一般要比家境差的学生学得快一些，而暑假在家的时间里，他们的学习差距则更加明显。因此，研究者们作出了这样的结论：除了学校以外，家庭和邻里环境的差别是影响儿童学习更为重要的因素。换句话说，学校拉近了一些由家庭资源不平等所形成的学习差距，但是并不能创造一个使富人和穷人的孩子平等竞争的环境，尽管我们认为学校可以做到。

通向高等教育之路

学校教育是获得一项好工作的主要途径。但是在美国的高中毕业生中，只有 70% 的人能够在毕业当年就进入大学。在 18 到 24 岁的年轻人中，接受大学教育的人占了 41%（National Center for Education Statistics, 2010）。

影响美国年轻人接受高等教育的一个重要因素是家庭收入。大学教育是昂贵的：即使在州立大学或学院，每年的学费也达到了 7 600 美元，而最高级的私立学校的学费每年则超过 50 000 美元。这就意味着读大学在那些经济较好的家庭中更为普遍。在美国，至少有一个孩子进入大学的家庭有 670 万，而这些家庭中有 47% 年收入不低于 75 000 美元（差不多是最富有的 30% 的家庭，属于高端中产阶层和贵族阶层），44% 的收入介于每年 20 000 到 75 000 美元（中产阶层和劳工阶层），只有 9% 的家庭年收入低于 20 000 美元（较低阶层的家庭，包括贫困家庭）（U.S. Census Bureau, 2010）。

经济上的差异扩大了白人和少数族群之间在高等教育水平上的差异。如图 20—1 所示，非裔美国人从高中毕业的机会小于非西班牙裔白人，而他们完成四年制或以上大学教育的机会则更少。以西班牙语为母语的西班牙裔美国人高中毕业率较低，同样，他们和白人之间在大学教育上的差异更大。在当今社会，学校教育是社会流动的重要途径，但是学校教育的承诺并没有克服在美国社会业已存在的种族不平等。

大学教育能够带来许多回报，包括更好的收入。在过去 40 年里，经济的发展使得信息处理在工作中变得越来越重要，因此，高中毕业生和四年制大学毕业生的工资差距扩大了两倍以上。事实上，在今天一个大学学位能够给一个人的终身收入增加 100 万美元。简单来说，接受更高的教育是一项很好的投资。

更具体的资料见表 20—2。2009 年，高中毕业男性的平均收入为 39 478 美元，而大学毕

多样化快照

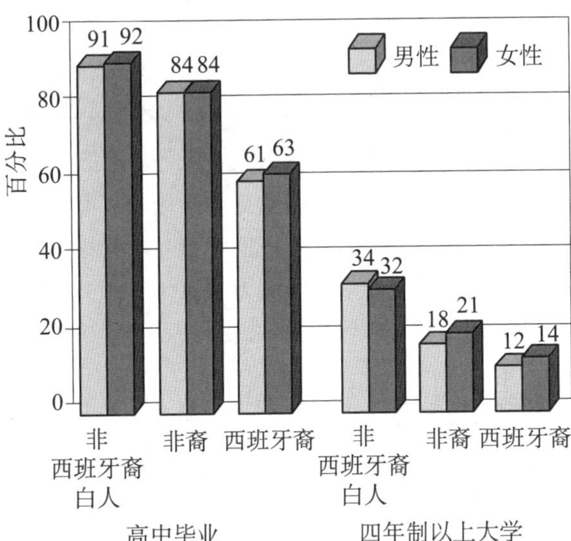

图 20—1 2009 年 25 岁及以上不同类别人口的教育成果

◎ 美国社会提供给少数族群的教育不足。

资料来源：U.S. Census Bureau (2010).

表 20—2 2009 年分性别和教育程度的人群收入中值

教育程度	男性（美元）	女性（美元）
专业学位	123 243（5.1）	83 905（4.5）
博士	100 740（4.2）	76 581（4.1）
硕士	79 342（3.3）	61 068（3.3）
本科	62 444（2.6）	46 832（2.5）
1~3 年大学	47 097（2.0）	34 087（1.8）
4 年高中	39 478（1.6）	29 150（1.6）
9~11 年学龄	28 023（1.2）	21 226（1.1）
0~8 年学龄	23 945（1.0）	18 480（1.0）

注：数字为25岁以上全职工作者的统计。括号里的值为该收入与该类受教育人群的最低收入的比例。

资料来源：U.S. Census Bureau (2010).

业的男性则为 62 444 美元。括号中的比例表明，获得学士学位男性的年收入是八年级或以下学历男性的 2.6 倍。总体来看，女性的收入低于男性，尽管受教育时间的增加也会提高女性的工资，但增幅相对较少。要注意的是，无论对于男性还是女性，收入的增加都和家庭背景有或多或少的关系，因为受教育水平最高的人往往是以较好的家庭境况为起点的。

更多机会——高等教育的扩张

美国以其 2 040 万的大学生数量，成为世界高等教育的领导者。同时，美国也具有世界上最大的留学生队伍。

取得这一成就的原因之一是，美国有 4 495 所大学，包括 2 774 家四年制大学（授予毕业生学士学位）及 1 721 家两年制大学（授予准学士学位）。尽管有些两年制大学是私立的，但是大多数是获得政府资金支持的社区大学，主要为当地（一般为一个城市或郡县）的居民服务，收费很低（National Center for Education Statistics, 2010）。

由于高等教育是获得好工作和较高报酬的途
径，政府对某些人群提供大学学费资助。二战 475
后，《退伍军人权利法案》向退伍老兵提供了大学基金，使得几万人获得了接受高等教育的机会。军队的某些机构继续为士兵提供大学学费。另外，政府还为士兵提供了大量的资助和奖学金。

社区大学

从 20 世纪 60 年代开始，由（州）政府提供财政支持的社区大学进一步拓展了民众接受高等教育的机会。根据国家教育统计中心（National Center for Education Statistics, 2010）的资料，全国 1 721 所两年制大学吸纳了全部大学在读学生的 41.3%。

社区大学有一系列特定的优势。第一，相对低廉的学费使成千上万支付不起大学学费的人们也能有机会上课和获得学位。目前，社区大学中有很多学生是他们家庭中的第一个大学生。尤其是在经济衰退的时期，社区大学的低学费就显得尤为重要。当经济衰退时，大学尤其是社区大学的入学率则高涨。

第二，社区大学对于少数族群有特别重要的意义。目前，有 40% 的非裔美籍大学生和 51% 的西班牙裔大学生在社区大学。

第三，尽管社区大学主要为本地居民服务，但是也吸引了来自世界各地的留学生。许多社区大学都在海外招生，约有 15% 的在美留学生在社区大学学习（National Center for Education

▲检查你的学习 请解释教育与社会不平等相联系的几种方式。

Statistics, 2010)。

第四，在大规模的大学中，教员的首要任务是科研，但是对社区大学来说，教员最重要的工作是教学。因此，尽管社区大学教员的教学任务很重（每学期通常有四至五门课），但社区大学对那些以教书为乐的教员仍颇具吸引力。和规模较大的大学相比，社区大学的学生能够得到教员更多的关注（Jacobson, 2003）。最后，社区大学教授的是无数人赖以谋求理想工作的知识和技能。

特权和个人价值

根据社会冲突理论的分析，如果上大学是通往富裕的必经之路，那么学校教育就把社会特权转化为了个人价值。由于我们的文化是强调个人主义的，人们倾向于将文凭看作个人能力的标志而不是家庭背景的象征（Sennett & Cobb，1973)。

当我们祝贺毕业生获得学位时，很少意识到实现这一成就所需的资源——经济和文化资本。来自年收入超过 200 000 美元的家庭的青年在 SAT 中的成绩比那些家庭年收入低于 20 000 美元的人平均高出近 400 分（College Board, 2010）。富裕家庭的孩子更容易进入大学，也更容易完成学业获得学位。在一个文凭至上的社会——以受教育程度作为评判人的标准——企业愿意雇用学历最高的应征者。这使得那些本就处于优势地位的学生受益更多，而对处于劣势的学生则更为不利（Collins，1979）。

◇ 评价

社会冲突分析解释了学校教育怎样把特权转化为个人财富，把社会地位的劣势转化为个人的缺陷，从而把正规教育和社会不平等联系起来。不过，社会冲突理论忽视了获得学位也在一定程度上反映了个人的努力以及教育也为不同背景的青年才俊提供向上流动的机会。另外，尽管有观点认为学校维持了社会不平等的现状，但是当今的学校教育已经在很多方面对社会不平等的状况提出了挑战。

第 533 页“应用理论”表格总结了几种理论视角关于教育的观点。

学校教育面临的问题

◇ 理解

美国正在爆发一场围绕学校教育质量的大辩论。大概由于我们对学校寄予了太多期望——教学、推动机会均等化、灌输纪律观念、激发想象力等——人们以是否同意公立学校承担了其应有的角色为根据，分成了不同的阵营。尽管半数成年人给所在社区的学校打分为 A 或 B，但还有一半打的是 C 或更低（Bushaw & Lopez, 2010）。

纪律和暴力

当许多老教师回忆当年的学生时代时，“学校问题”还只是上课插嘴、吃口香糖、穿着奇装异服、逃学旷课等。今天，学校里出现了更为严重的吸毒、酗酒、早孕和暴力等问题。尽管几乎所有人都认同学校应当教学生自律，但很多人认为这项工作远未完成。

学校本身并不制造暴力，很多情况下，暴力 476
是从社会渗透入学校的。近年来的几起校园枪击案唤醒了人们，许多学校所在的社区对此采取了零容忍政策，对那些有严重的不端行为或在校园内携带武器的学生实行中止或开除学籍的措施。

这些严重的校园枪击案——包括致 33 人死亡的 2007 年弗吉尼亚理工大学血案、致 8 人死亡的 2008 年北伊利诺伊大学血案，以及 2010 年得克萨斯大学奥斯汀分校一个学生闯入图书馆用 AK-47 冲锋枪自杀的案件——震惊了全国上下。这些惨案的发生也向我们提出了一个严肃的问题，即平衡学生的隐私权（典型的表现是法律禁止学校向家长通报学生的分数或心理健康状况）与确保校园安全的问题。以弗吉尼亚理工大学一案为例，假如学校能够及早将那个年轻人的心理问题反映给警察和他的家庭并引起他们的关注，那么这个悲剧就可以避免（Gibbs, 2007; Shedden, 2008）。

学生的消极性

如果说一些学校被暴力所困扰，那么更多学

应用理论

教育

	结构—功能视角	符号互动视角	社会冲突视角
分析层次是什么?	宏观层次	微观层次	宏观层次
教育对社会有何重要性?	学校教育对社会运行有极为重要的作用，包括使年轻人社会化，鼓励发现和创新以改善我们的生活。 学校通过传授共同的规范和价值使多样化的社会得到统一。	教师对学生的看法，以及学生对自我的认识，会获得实现并影响学生的学习表现。	不平等的学校教育维护了穷人和富人之间的社会不平等。 在私立学校，教育分流给予了家境好的孩子更好的教育。

校的学生则是感到厌倦无聊。造成学生消极性的一部分原因可以归结为从电视机到 iPod 等各种电子装置相比学校、父母和社区活动来说消耗了学生们更多的时间。但是，学校也有责任，因为这种教育体系鼓励了学生的消极（Coleman, Hoffer & Kilgore, 1981）。

官僚体制

那些一个世纪前为无数地方社区服务的小规模私人学校如今已经演化成了庞大的教育工厂。西奥多·赛泽（Theodore Sizer, 1984：207-9）在一项对美国高中的研究中，列举了官僚主义侵蚀学校教育的五种方式：

1. *硬性统一*。官僚体制下的学校是由校外专家（例如州教育官员）经营的，往往忽视了社区的文化特性和学生的特殊需求。

2. *数字评定*。校方将成功定义为入学率、辍学率、应试教育等数字化指标，以期来提高学生的考试成绩。在这一过程中，他们忽视了学校教育中那些难以量化的东西，例如创造性和热情等。

3. *硬性期望*。学校管理者总是希望 15 岁的学生都在上十年级，十一年级的学生在标准化语文考试中达到特定的水平。那些格外聪颖和积极的学生几乎没有提前升学或毕业的机会，而成绩不好的学生也被迫跟上升学的进度，也意味着一年接一年的失败。

4. *教学专门化*。中学的学生往往跟一个老师学西班牙语，从另一个老师那里获得指导，又从别的老师那里学习体育技能。学生们每天在各个 50 分钟课堂时间的间隙游走，结果造成没有一个学校官员对学生有较深的了解。

5. *个体责任缺失*。高度官僚体制下的学校不给学生自主学习的权利。同样，教师对于教什么和如何教也没有发言权，学习节奏的任何变化都会影响整个系统的运行。

当然，全美国有 5 500 万在校学生，学校必须通过实行官僚制度才能保障工作的正常进行。但是赛泽建议我们可以通过一些措施来使学校教育更加人性化：减少硬性规定，缩小班级规模，更广泛的培训教师使他们对学生的生活有更多的了解。就像詹姆斯·科尔曼（James Coleman, 1993）建议的那样，学校不应当是行政导向的，而应该是产出导向的。实现这一转变，或许应从根据中学生学了多少知识而不是花了多少时间来决定其毕业与否这一步开始。

大学：沉默的教室

在大学生中，消极被动的情况也很普遍。社会学家很少研究大学的教室——这是个奇怪的现象，如果考虑到学生们在教室里所花费的时间。有一个例外是戴维·卡普和威廉·约尔斯（David Karp & William Yoels, 1976）对于男女同校制大学的研究，他们发现即使在小班，也只有少数同学发言。看来，消极沉闷是教室的常态，如果有一个学生特别健谈，甚至会令其他的同学感到不快。 477

卡普和约尔斯认为，大多数学生认为课堂消极气氛的责任在他们自身。但是任何对这些年轻人在课外的表现有所观察的人都知道，他们通常都非常活跃和能言善辩。因此，很显然是学校的问题造成学生的消极性，使他们视老师如同“知识”和“真理”的代言人。学生们认为安静的聆听和记笔记才是自己应当扮演的角色。因此，研究者估计，大学课堂上只有 10% 的时间用在了讨论上面。

教员可以通过多种方式使学生融入教室：（1）对积极主动的学生，点名请他们发言；（2）鼓励学生积极参与；（3）提问分析性的而不是事实性的问题，并给学生留时间回答；（4）即使学生不愿主动回应，也去询问学生的观点。（Auster & MacRone, 1994）

辍学

如果说有很多学生在课堂上表现消极，更有一些学生则根本不在学校。辍学问题——尚未取得高中文凭停止学业——使得年轻人（他们中的大多数从起点就处于劣势）缺乏踏入职场的准备，并且面临很大的贫困风险。例如，在全部接受福利援助的人当中辍学者占了50%，在监狱人口中辍学者则占了80%（Christle, Jolivette & Nelson, 2007）。

尽管辍学率近年来已经有所下降，但令人悲哀的是今天的孩子完成高中学业的机会事实上比他们的父辈还低（Ripley, 2008）。目前在16岁和24岁之间的中学辍学率是8.1%，总计有320万年轻人。辍学率最低的是非西班牙裔的白人（5.2%），非西班牙裔的非裔美国人略高一些（9.3%），西班牙裔美国人最高（17.6%）（National Center for Education Statistics, 2010）。以上为官方统计数字，包括的是那些已知的辍学者。然而相当多的学者估计，实际的辍学率可能至少是官方数字的两倍（Thornburgh, 2006）。

一些学生因为英语的原因辍学，有些是因为怀孕，有些是因为必须工作以补贴家用。家庭经济状况处于最低的25%之列的孩子的辍学率比那些高收入家庭的孩子要高出6倍还多（National Center for Education Statistics, 2010）。这些数据表明，许多辍学学生的父母也没有受过很好的教育，揭示了社会劣势的代际传递。

◎ 对于所有美国人来说，辍学意味着获得好工作和稳定收入的机会大大降低。为什么辍学率在西班牙裔学生中特别高呢？

学术标准

教育质量可以说是当今社会所面临的最重要的教育议题了。在《国家处于危机中》（*A Nation at Risk*）——由“国家卓越教育委员会”（National Commission on Excellence in Education，NCEE）于1983年所发布的关于美国学校教育质量的综合研究报告——的开头就提出了一个警示：

> 如果一个敌对外国势力试图将现今存在的这种平庸教育强加于美国，我们便可将其视作是一种战争行为。而照现在的情况来看，我们正在任凭这一切发生。（1983：5）

作为对这一结论的支持，这篇报告指出：“接近40%的17岁少年不能够对书面材料进行推论；只有1/5的人能写一篇说理性文章；1/3的人能解出需要多步运算的数学题。”（NCEE, 1983：9）另外，SAT的成绩长期以来也几乎没有提高。1967年，数学成绩的平均分数为516，语文为543；而2010年，数学平均分仍然维持不变，语文则下降到只有501分。全国26%的十二年级学生不具备基本的阅读能力，36%达不到基本的数学水平，40%缺乏基本的科学知识（Barnes, 2002a; College Board, 2010; National Assessment of Educational Progress, 2010, 2011）。

对很多人来说，甚至连最基本的读写能力都成问题。**功能性文盲**（functional illiteracy），即缺乏日常生活所必需的读写技能，是美国1/3的儿童所面临的问题。在年龄较大的人群中，全国约有3 000万成年人（占总人口的14%）不具有基本的读写能力。

《国家处于危机中》建议进行深刻的改革。首先，号召学校要求所有学生完成若干年的英文、数学、社会研究、科学常识以及计算机等课程；其次，告诫学校只有那些成绩合格的学生才能被准许升学；最后，提出要加强教师的培训，提高教师薪水以吸引更多人才。报告总结道，学校必须满足公众的期望，而市民们要准备好为学校的出色工作埋单。

自从报告发表以来都有了哪些变化呢？在某些方面，学校有所进步。国家教育统计中心（National Center for Education Statistics, 2008）的一份报告显示，辍学率有所下降，学校开设了更多有挑战性的课程，更大比例的中学毕业生进入了大学。但与此同时，证据表明大多数小学生的阅读水平降到了标准之下，有些甚至根本不会阅读。简而言之，成绩是明显的，尚未完成的任务也是艰巨的。

478 美国的学校教育支出几乎是世界各国最多的——比日本高出一半，比欧洲平均高出一倍。尽管如此，最近一份政府报告对 65 个国家的 15 岁儿童的学习成绩进行了比较，发现美国学生在科学方面排在第 23 位，数学方面排在第 31 位。这些数据令人担心美国在科学方面正在失去对其他国家的领导力，包括中国、印度，以及韩国（OECD，2011）。

文化价值对学生在学校的努力程度也有很大的影响。例如，美国学生总的来说没有日本学生学习积极，作业量也较少。日本学生每年的在校时间比美国学生多 22 天。也许提高学校教育水平的一个简单办法就是延长学生的在校时间（TIMMS and PIRLS International Study Center，2009）。

分数膨胀

学术水平的评定取决于内容明确的评分标准，而且授予分数的前提是所做的功课合乎相应的质量要求。然而最近几十年却出现了相当多的“分数膨胀”现象，即一般水平的表现总能得到较高的分数。尽管不是所有学校都出现这一问题，但在全国的高中和大学都比较明显。

最近一项对于高中学生分数的研究揭示了 1968 年和 2010 年之间学生分数分布情况的显著变化。如图 20—2 所示，1968 年时，新入学大学生的中学在校成绩得 C+ 及以下的比例高于得 A–、A 和 A+ 的比例。然而到了 2010 年，得 A 的学生大大超过了得 C+ 及以下的学生数，这一比例超过了 11∶1（Pryor et al.，2011）。

一些大学采取了限制 A 等分数比例（一般占所有分数的 1/3）的措施。但是没有证据表明分数膨胀的问题会迅速缓解。结果，C 等（原来的意思是“一般”）的成绩便几乎消失了，使得所有学生的成绩都是“在一般之上”。

什么造成了“分数膨胀”？原因之一是现在的教师更重视学生的士气和自尊心，可能还有自己的受欢迎程度。不管怎样，现在的老师都不像过去那样严格。另一方面，升读大学和研究生的竞争日益激烈，也给高中教师造成了很大压力，迫使他们给学生打更高的分数（Astin et al., 2002）。

美国教育的新议题

◇ 理解

我们社会的学校教育不断面临新的挑战。接下来考察近来出现的几个重要的教育议题。

学生快照

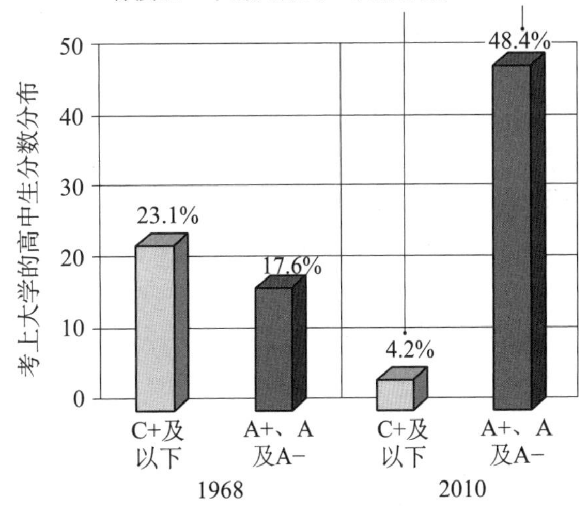

图 20—2　美国高中的分数膨胀

◎ 近年来，教师给学生们的分数越来越高。

资料来源：Astin et al. (2002) and Pryor et al. (2011).

择校

有些分析家认为，公立学校表现差是因为缺乏竞争。如果父母有选择学校的自由，那么所有的学校都有压力改进工作。这是择校政策的核心。

择校政策的目标是建立一个学校教育的市场，使家长和学生能够“货比三家”，从而作出最佳选择。有一种关于该政策的建议是政府给所有学龄儿童的家长派发教育券，允许他们自由选择公立学校、私立学校或教区学校进行消费。最近，印第安纳波利斯、明尼阿波利斯、密尔沃基、克利夫兰、芝加哥、华盛顿等主要城市和佛罗里达、伊利诺伊等州试行了择校计划，旨在促进公立学校提高教育水平，赢得家长的信任。

支持者们认为，让家长们拥有选择孩子入读学校的权利，是促进所有学校改进的唯一办法。但是反对者（包括教师工会）认为，择校政策的实施相当于放弃了国家在公共教育方面的承诺，并且在那些教育需求最为突出的中心城市，这一做法对于学校的改善收效甚微（A. Cohen, 1999; Morse, 2002）。

2002 年，布什总统签署了一项新的教育法案，弱化教育券政策，而支持另一项有更大选择机会的政策。从 2005—2006 学年开始，所有公立学校必须对三至八年级的每位儿童进行阅读、数学和科学的评分。尽管联邦政府会对学生表现较差的学校提供更多的支援，但如果这些学校的学生分数在一段时间之后没有进步，他们的学生就有权享受专门辅导或者转读其他学校。这项叫做“不让一个孩子掉队”（No Child Left Behind）的计划，能够有效辨识那些教学水平不好的学校，也提出了一些考查学生表现的测量方法。但另一方面，许多表现最差的学校也没有取得什么
479 进步。截至 2010 年，全国有 1/3 的公立学校被评定为不合格，而大多数学校可能在接下来的几年里达不到他们所设定的目标。批评者们指出，民意测验的结果表明美国大部分成年人支持对“不让一个孩子掉队”的政策进行大刀阔斧的改革，因为该政策并未使公共教育有所进步。此外，批评者们称，在奥巴马政府“力争上游”计划（“Race to the Top”）的旗号下，这项政策得到了继续推进，使得关注点从艺术、外语和文学等转移到了应试教育上（Lindlaw, 2002; Wallis & Steptoe, 2007; Dillon, 2011; Gallup, 2011; Ravitch, 2011）。

另一项更温和的择校政策是磁石学校（magnet schools，即一种具有特色的英才学校）。现在有超过 3 000 家这类学校分布在全国。磁石学校提供专门的设施和课程来推动特定领域的先进教学，例如计算机、外语、科学和数学，或者艺术等。在设有磁石学校的地区，家长们可以根据孩子的特长和爱好选择最适合的学校。

另一类择校方法涉及特许学校（charter schools），即被授予更多尝试新政策和新项目自由的公立学校。在 41 个州和华盛顿以及波多黎各，有 4 600 多家这样的学校，招收了 140 万学生，其中 61% 是少数族群。在很多这类学校，学生们的成绩优异，而这是学校获得继续运营许可的必要条件（U.S. Department of Education, 2010）。

择校运动的最后一项发展成果是营利性学校。这项计划的支持者认为，私人营利性公司能比地方政府更有效率地管理学校。当然，私人学校不是什么新事物，全美有 33 000 多所由私人组织或宗教团体开办的这类学校。所不同的是，拥有数十万学生的几百所公立学校现在由私人企业进行营利性的经营。

研究者确认，很多公立学校存在官僚机构膨胀的毛病，支出很多而教学成就很小。我们的社会长期以来都把竞争作为提高效率的办法。证据表明，营利性学校大大降低了管理成本，但是教育成果却有不同的表现。虽然有些公司宣称提高了学生的成绩，一些城市还是削减了营利性学校。近年来，巴尔的摩、迈阿密、哈特福德、波士顿等地的教育部门取消了和营利性学校的契约，但是另一些城市还打算给营利性学校一个机会。例如，费城的公立学校系统学生毕业率还不到 1/3，宾夕法尼亚州接管了该市的学校教育，并且把其中大部分学校转为营利性质。尽管学生的测验分数有所提高，学校负责人仍不满意，因此在 2010 年时转向一些非营利性组织寻求协助。鉴于营利性学校的表现不一，支持方和反对方的

情绪都在高涨，并且双方都宣称他们是为了被夹在中间的学生们的利益着想（Sizer, 2003; Garland, 2007; Richburg, 2008）。

最后，择校政策之争最近的一个发展是所谓的《家长赋权法》（Parent Empowerment law）。该项法律最早由加利福尼亚州在 2010 年颁布，目前已在全国几十个州被提上了议事日程。这类法律规定，如果一所学校对学生的学习提供不了什么帮助，又有相当多的家长通过正式的途径要求学校有所变革，那么这所学校必须被关闭（该校的学生转至另一所表现更好的学校），更换教学人员，或者实行其他的学校运营政策，如转为特许学校或者营利性学校。所有这些通常被称作“家长制动”（parent trigger）的法律，都以使家长在子女所在学校的运营事务方面享有更多话事权为目标（Richards, 2011; Russell, 2011）。

家庭学校

家庭学校教育正在美国兴起，大约有 150 万儿童（相当于学龄儿童的 3%）在家里接受他们的正规教育。

为什么家长们要承受巨大的挑战，选择在家里教育自己的子女呢？20 年前，那些最早进行家庭教育（现在在各州都是合法的）的家长多半是因为他们想让自己的孩子受到浓厚的宗教熏陶。不过，今天许多父母仅仅是信不过公立学校的教育水平，而认为自己可以做得更好。为了孩子，他们宁可调整工作日程、重新学习代数或其他必要的课程。许多家长成立了互助的组织，以分享他们各自的特长。

家庭学校的支持者指出，鉴于公立学校的表现很差，我们不应该对日益增长的家庭教育队伍感到惊奇。何况，家庭教育系统是有效的——平
480 均来说，接受家庭教育的孩子成绩好于在校的孩子。批评者认为，家庭学校教育减少了流向当地公立学校的资金，结果导致大多数学生的利益受到损失。此外，一位批评者认为，家庭学校“使那些最富有和善于表达的家长脱离了系统，而这些家长正是知道如何与学校沟通的人”（Chris Lubienski, quoted in Cloud & Morse, 2001：48）。

◎ 全国 50 个州有 41 个开办了特许学校。特许学校属于公立学校，但却作为政策以及教学项目创新中心脱颖而出。你可能会预见到，来自学生和家长的需求超出了这些学校所能提供的招生名额。结果，大部分特许学校——包括纪录片《等待超人》（*Waiting for Superman*）中报道过的华盛顿 SEED 学校——采用了彩票系统来进行招生。

残疾人教育

美国 650 万的残疾儿童中有许多都面临着就学方面的挑战。曾有许多使用拐杖和轮椅的残疾儿童，应付不了学校里的楼梯和其他障碍。另外一些具有发育障碍的儿童，例如智障儿童，需要经过特殊训练的老师花费大量精力给予照料。因此，许多具有智力以及身体残疾的儿童只有在经过家长和其他给予关注的市民的不懈努力之后，才能获得上学的机会（Horn & Tynan, 2001; U.S. Department of Education, 2010）。

大多数残疾儿童进入一般的公立学校，并且大部分时间里在普通班级学习。这一模式反映了**主流化**（mainstreaming）的原则，即将残疾儿童或有特殊需求的儿童融于总体教育项目之中。主流化是融合教育 (inclusive education) 的一种形式，对于那些肢体残疾但可以跟上班里其他人学习进度的学生来说是最好的。这种教育方式的一个好处是，使每个人学会如何与和自己不同的人相处。

成人教育

美国接近 1 亿 25 岁以上的成年人参加了各种形式的学校教育。他们的年龄分布在 25 岁到 70 多岁甚至更高，占了所有学位教育学生的 40%。接受成人教育的女性多于男性，并且大部分都有中等以上的收入。

为什么成年人又回到了教室？最普遍的原因

是提升职业水平，或接受培训以获得新的工作，但很多人仅仅是为了充实自我（U.S. Department of Education, 2010）。

教师短缺

美国学校教育面临的一个重要挑战是招募不到足够的教师。原因是多方面的，包括低工资、失望情绪、年老教师的退休，以及入学率提高而班级规模缩小，这些因素导致 2011 年美国出现将近 40 万的教师空缺。

这些缺口如何填补？每年大概有同等数量的师范类毕业生，他们之中的大多数没有特定专业的学位，例如数学、生物或英语，而且很多人不能通过他们所中意的科目的州政府资格考试。因而许多老师，特别是那些在低收入社区学校工作的人，可能仅仅比他们的学生多懂一章而已。换一个角度来说，全国接近一半的公立学校教师在 SAT 中得到的分数在全部考生中排在最末的 1/3（Quaid, 2008; Kristof, 2011）。

所有这些表明，教师短缺实际上只是优秀教师的缺乏。我们的公立学校教育要想取得进步，必须完成两件事：一是对教学水平不好的老师必须进行另外的培训或被辞退；二是需要提高优秀教学人才的工资水平以吸引他们留在学校（Ripley, 2008; Kristof, 2011）。

清退不合格的教师（可能还有校长）意味着要改变那些使得工作若干年的人难以被开除的规则。吸收优秀教师取决于各种招聘策略的运用。一些学校开出了高薪（一个 30 岁左右的公立学校老师的平均年薪仅有 40 000 美元）以吸引那些已经取得一定职业成就的教师。一些学校提供了签约奖金（特别是数学和化学方面难以填补的职位）或者是给予住房津贴（在纽约等一些城市，置业的花费往往超出了教师的经济承受能力）。最近几十年，教师与其他行业的收入差距扩大了。因为这个原因，奥巴马总统（2007）曾写道，他认为学校所在地区给那些优秀尽责的老师支付的薪水应该达到 100 000 美元每年——但是，他补充道，他们也必须能够辞退那些不合格和表现不佳的人。

另一些办法还包括更多地发挥社区大学在教师培养方面的作用，以及政府和教育管理部门降低优秀教师获取职业资格证书的难度。最后，许多学校所在地区正在把目光投向全球，从西班牙、印度、菲律宾招募有才能的人登上美国学校的讲台（Philadelphia, 2001; Evelyn, 2002; Ripley, 2008; Wallis, 2008; U.S. Census Bureau, 2010）。

关于美国教育的争论远远超出了这里所讨论
的几个问题。第 539 页“焦点中的社会学”专栏 481
强调了大学生中男性比例下降的问题。

学校教育：展望

◇ 评价

尽管美国在大学教育方面仍处于世界领先地位，但公立学校系统依旧存在许多尚未解决的严重问题。就学校教育的质量来说，美国正在落后于许多其他国家，这一事实让人怀疑美国是否能在未来的世界舞台上具有足够的影响力。

本章讨论的许多关于学校教育的问题都有其更深的社会根源。我们不能指望学校自身去提供高质量的教育。只有当学生、老师、家长，以及社区共同投入追求卓越教育的行动中来，学校才能够得以进步。简言之，教育问题是无法以权宜之计来应付的社会性问题。

在 20 世纪的很长时间里，美国只有两种教育模式：由政府设立的公立学校和由非政府组织开办的私立学校。然而近几十年来，许多关于学校教育的新思想不断涌现，包括营利性学校教育和一系列的择校计划。在未来几十年，我

◎ 教育学家们在残疾儿童教育问题上的争辩存在已久。一方面，由受过培训的老师所配备的专门设施可能会对这些儿童有所帮助；另一方面，加入普通班级能够减少这些孩子被视作“与正常人不同”而被歧视的可能性。

焦点中的社会学

21世纪的校园：男生在哪里？

梅格：我是说，学校里的男生怎么这么少？

崔西亚：这有什么，我宁愿多花点心思在工作上面。

马克：我想这对我们男生来说感觉很酷。

一个世纪以前，美国大学和学院的校园就像挂着一个招牌“男性专用”一样，几乎所有的学生和教员都是男性。虽然有一些女子学院，但是更多的大学——包括在美国最有名的耶鲁、哈佛、普林斯顿大学——是把女性排斥在外的。

自那时起，妇女渐渐赢得了更多的平等权利。到1980年为止，学校里女性的数目已经和男性持平。

但是，接下来事情发生了令人惊讶的变化：女性在校园里的比例持续增加。结果到了2009年，美国的大学本科生中，男性只占43%。当梅格·德容来到佐治亚大学她的宿舍时，迅速感受到了性别不平衡。她很快知道，她大学第一年的同学中，只有39%是男生。有的班级几乎没有男生，女生主导着课堂讨论。在课堂之外，梅格·德容和她的同学们很快就抱怨，校园里的男生太少已经影响了她们的社交生活。当然，大部分男生的感受则有所不同（Fonda, 2000）。

是什么原因导致了美国大学校园里性别比例的改变？一种理论认为，年轻的男性被工作的诱惑吸引出了校园，尤其是在高新技术领域。这种现象有时被称为“比尔·盖茨综合征”，或是“马克·扎克伯格综合征”，因为他们就是大学辍学之后建立了电脑公司而获得了财富和声望。此外，研究者指出了一种反知识的男性文化。虽然女孩子们被吸引到学校认真学习，但是男孩子对学习并不那么重视。无论对与错，确实有更多男性认为即使不付出几年时间和可观的金钱去获得大学文凭，他们也能获得很好的工作。

这种性别差异，在所有种族和所有年级都存在。在学校里的非裔美国人中，只有36%是男性。收入水平越低，大学入学的性别差异越大。

很多大学的负责人对这一情况给予了重视。为了使得入学性别更加均衡，一些学校实行了有利于男性的行动方案。但是有些州的法院判定这些措施是违法的。因此，更多的学校采取了更积极的招生手段。例如，招生时对男性申请者给予更多的关注，强调本校在数学和科学方面的优势——这些是传统上能够吸引男生的领域。同时，许多学校努力提高少数族群学生的比例，希望以此来吸引更多的男学生。

加入博客讨论吧！

为什么大学里女生的数量超过了男生？你所在的大学是否存在性别失调？是否造成了问题？如果是的话，造成了什么问题？影响的是哪些人？登录MySocLab，加入“焦点中的社会学”博客，分享你的观点和经历，并看看别人是怎么想的。

们可能会看到大众教育领域的巨大改变，这些变化在部分程度上受到了社会科学研究对不同教育措施评估结果的引导。

另一个将持续影响学校教育的因素是信息技术。如今，几乎连最贫困的小学和中学都使用了计算机用于教学指导。计算机调动了学生更多的积极性，并且有助于他们按照自己的节奏取得进步。即便如此，计算机也永远无法取代一位热爱教学的老师将个人的洞察力和想象力带入教学过程中。

科学技术也从来无法解决威胁学校的所有问题，包括暴力和僵化的官僚体制。我们需要的是一个致力于社会改变的宏伟计划，重燃这个国家的雄心，提供高水平的全民教育——实现这一目标还需要我们更多的努力。

日常生活中的社会学

第20章　教育

我们社会的学校教育的不平等问题有多严重？

所有的学校都存在这一问题，当然，表现的方式各有不同。美国的学校教育存在几个等级，反映了不同学校招收的学生所代表的社会阶层地位。下面的图片可以帮助你对教育等级制度有更多了解。

提示

私人寄宿学校提供出色的教育，并且独立生活经验有助于学生为将来进入一所好的大学取得学业成功做好准备。尽管这类学校如劳伦斯维尔中学向许多学生提供经济资助，但对大部分学生来说，就读这样一所学校每年的花费约为 50 000 美元，大约是家庭年收入的平均值。郊区的高中由政府税收支持，然而在这些富裕社区的学校读书通常要花费数十万美元，超出了相当多美国家庭的经济负担能力。市区内的公立学校招收中下收入家庭的孩子，意味着这些学校中少数族群学生的比例最高。自由民主党，如奥巴马，大力支持公共教育，但是他们像白宫的大多数其他住户一样（吉米·卡特去了公立学校），为他们的孩子选择了私立学校，出于对教育质量或是安全的考虑。

学校教育等级体系的顶层是私立寄宿学校。其中最好的学校，如新泽西州的劳伦斯维尔中学，拥有庞大的捐赠基金、小规模的班级、受过极为严谨的训练且富有极大热情的老师，以及足以媲美顶尖大学的华丽校园。按你的估计，在这样一所中学读书每年需要花多少钱？

教育等级体系的中层是最好的公立学校，绝大多数位于郊区。图片反映的是位于纽约布赖尔克里夫马诺的布赖尔克里夫高中的教室。班级人数少，老师教学水平高，并且有丰富的课外活动。你认为把孩子送到这类学校读书的家庭其收入水平通常是多少？

教育等级体系的最底层是建在美国大城市内的公立学校。位于洛杉矶的托马斯·杰斐逊高中比大多数其他公立学校要好，然而相比郊区的学校和私立寄宿学校来说，班级人数较多，教师培训不足，校园暴力的风险较高。对于入读城区内中学的学生，你有什么样的看法？

当巴拉克·奥巴马和其夫人米歇尔·奥巴马于2009年入住白宫后，他们面临着送两个年轻女儿去哪里读书的选择问题。他们最终选择了一所私立中学：斯德维尔友谊学校。他们在作出这一决定之前可能考虑了哪些因素？

从你的日常生活中发现社会学

1. 拜访一下离你的大学或住所较近的公立或私立中学。该校学生典型的社会背景是怎样的？这所学校有没有实行分流政策？如果有的话，观察这一政策是怎样运行的。一个学生的社会背景在学校分配过程中的重要性有多大？

2. 大多数人同意教育孩子是一项重要的工作，然而教师的收入水平却相对较低。参阅第279页的表11—1，了解教师的声望排名。看看你对你所在社区老师的平均工资及与其他工作收入的比较有哪些思考。你觉得老师的收入足够多吗？

3. 为什么你会进入大学？继续接受教育能够给你带来哪些好处？登录mysolab.com，阅读“从你的日常生活中的发现社会学”专栏，了解更多关于大学教育的益处，以及如何最有效地利用大学教育资源的有关建议。

第20章 教育

教育：全球概观

教育是传播知识和技术以及教授文化和价值观的社会制度。

- 在前工业社会，教育主要表现为非正式的家庭教育。
- 工业社会发展出了正规的学校系统为孩子提供教育。
- 学校教育在当今不同社会中的差异反映了社会的文化价值和经济发展水平的差异。 pp. 466-67

教育（p. 466）：社会向其成员提供重要知识（包括基本常识、工作技能、文化和价值观）的社会机制。

学校教育（p. 466）：由专职教师提供的规范化指导。

印度的学校教育

- 尽管今天的印度事实上已经属于中等收入水平国家，但父权制仍在影响着印度的教育。在校学生中男孩占据多数，而女孩子往往在很小年纪就进入工厂打工。
- 如今，印度儿童中有91%能够完成小学学业，其中60%继续升读中学。 p. 467

日本的学校教育

- 日本早期的学校教育主要集中在传播日本的文化传统上面。
- 日本的高中毕业率（95%）已经超过了美国（87%），但是由于入学考试的竞争异常激烈，只有一半的毕业生能够进入大学。 p. 467

英国的学校教育

- 中世纪时，上学读书是贵族所享有的特权。工业革命创造了对有文化的劳动力的需求。
- 传统的阶级差别仍在影响着英国的学校教育；招生额只占7%的精英学校为学生们提供了一条入读最著名高等学府的途径。 pp. 467-68

美国的学校教育

- 美国是最早实行全民义务教育的国家之一，反映了民主政治的理想和工业资本主义经济的需求。
- 美国学校教育宣称促进机会均等，但进入大学学习的机会却和家庭收入密切相关。
- 美国的教育体系强调实用型学习，为年轻人走上工作岗位做准备。 pp. 468-69

学校教育的功能

结构—功能视角关注的是学校教育对社会有序运行的贡献。学校教育的主要功能包括：

- 社会化——教授年轻人生活必需的技能，以及文化价值和规范。
- 文化创新——为学术研究产生重大发现提供机会。
- 社会整合——通过传授文化规范和价值将异质化的人口塑造进一个社会。
- 社会配置——强化精英管理，提供向上社会流动的通道。
- 潜在功能—提供儿童照顾以及建立社会网络的机会。 pp. 469-70

学校教育和社会互动

符号互动视角关注的是我们如何在日常交往中建构出社会现实。

- “自我实现的预言”描述了自我映像对孩子们在学校的表现有重要的影响。如果学生们觉得自己成绩优异，他们就可能会表现得更好，而认为自己不如别人的学生则可能真的表现较差。 p. 470

学校教育和社会不平等

社会冲突视角将学校教育与阶层、种族和性别的不平等联系了起来。

- 正规教育为生产听话的成人劳动力提供了培育其一致性的方法。
- 标准化考试被批评具有文化偏见，可能会导致弱势群体被标签为个人缺陷。
- 分流政策被批评者指出会使得更好的教育被提供给特权阶层的孩子。
- 美国的大部分年轻人在州政府资助的公立学校读书。一小部分学生——通常是最富裕的那些——入读的是私立精英大学预科学校。
- 学校资金的差异影响学校教学的质量：设于富裕地区的公立学校能够提供比贫困地区学校更好的教育。
- 主要由于上大学的开支巨大，只有70%的高中毕业生会直接升读大学；家庭经济条件越好，其子女越有可能读大学。
- 今天，获得一个大学学位能够为一个人的终生收入增加多达100万美元。

pp. 471-75

分流（p. 471）：分派学生到不同类型的教育项目中。

学校教育面临的问题

暴力问题渗透到许多学校，特别是位于落后地区的学校。

- 批评人士指责今天的学校没有努力去教授个人纪律。

pp. 475-76

学校的官僚性助长了学生的消极性。学校已经演化成庞大的教育工厂，具有以下特征：

- 要求硬性统一。
- 以数字评定定义成功。
- 对学生持有硬性期望。
- 太过要求专门化。
- 缺乏对学生个体责任的培养。

pp. 476-77

高辍学率——目前是8.1%——造成很多年轻人对迈入职场准备不足，并且面临着很高的贫困风险。

- 家庭经济状况处于最低的25%之列的孩子的辍学率比高收入家庭的子女要高出6倍还多。

p. 477

学术标准的下降反映在：

- 考试成绩平均分数较低。
- 相当高比例的高中毕业生成为功能性文盲。
- 分数膨胀。

pp. 477-78

功能性文盲（p. 477）：缺乏日常生活所必需的读写技能。

美国教育的新议题

择校运动指在使学校对公众更加负责。创新的择校政策的选择包括：

- 磁石学校。
- 营利性学校。
- 特许学校。

pp. 478-79

主流化（p. 480）：将残疾儿童或有特殊需要的儿童融于总体教育项目中。

家庭学校

- 最早进行家庭学校教育的家长信不过公立学校是因为他们希望自己的孩子受到浓厚的宗教熏陶。
- 今天，家庭学校教育的倡导者将矛头指向了公立学校落后的教育水平。

pp. 479-80

残疾人教育

- 过去，有智力障碍或身体残疾的儿童在特殊班级里读书。
- 主流化政策为他们提供了更多的机会，并且将所有孩子放在一个更加多样化的学生群体之中。

p. 480

成人教育

- 成人学生在美国的学生人口中所占的比重越来越大。
- 大部分成人学生是女性，所学的内容和工作有关。

p. 480

教师短缺

- 由于低工资、失望情绪、年老教师的退休，入学率提高、班级规模缩小等问题，2011年美国出现了接近40万的教职空缺。
- 为了应对这一问题，许多学校所在地区从世界各地引进老师。

pp. 480-81

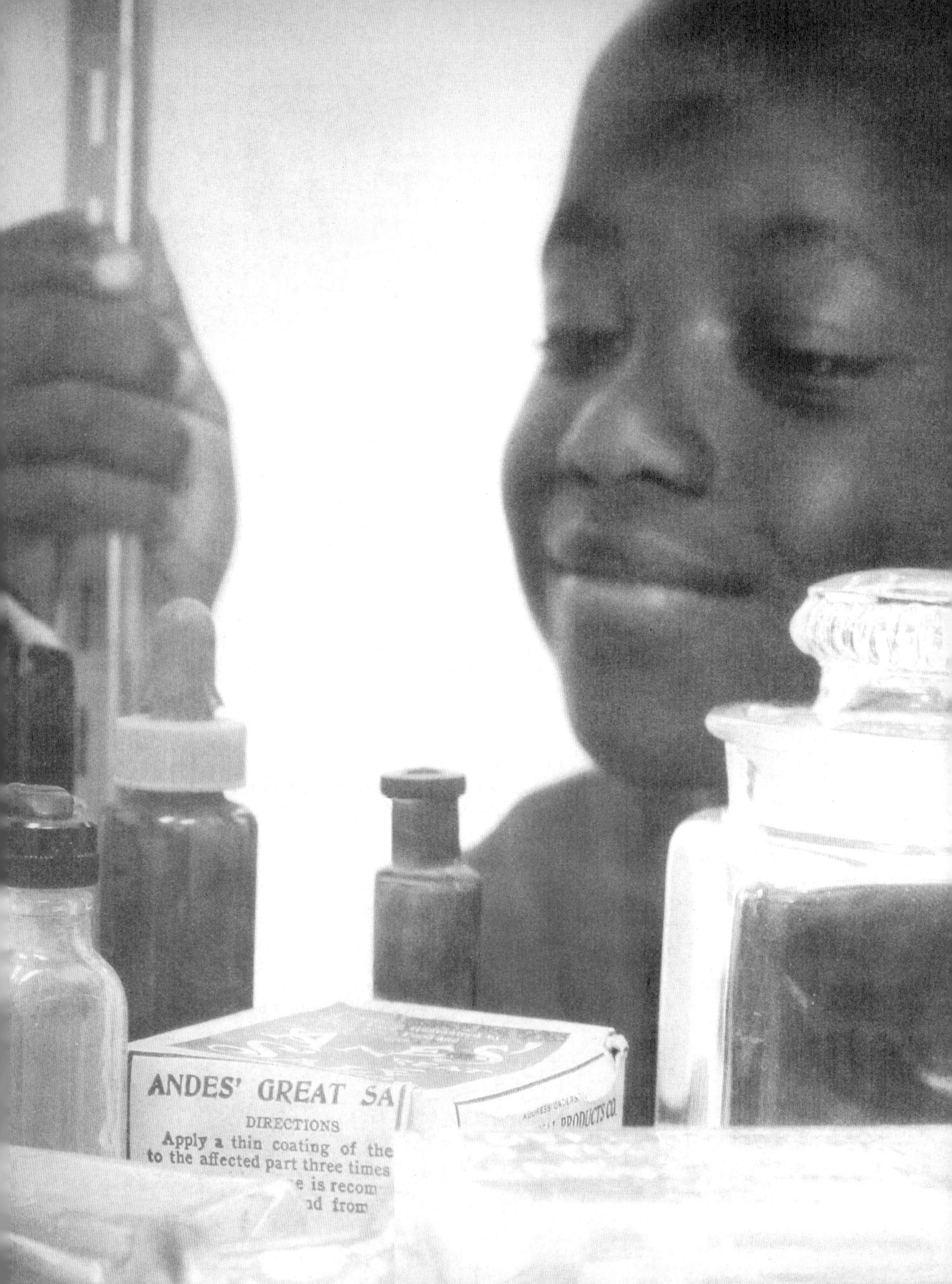
ANDES' GREAT SA
DIRECTIONS
Apply a thin coating of the
to the affected part three times
e is recom
nd from

第21章 健康与医疗

学习目标

◇ **记忆**

本章黑体关键名词的定义。

◇ **理解**

健康如何并为何是一个社会议题，而不仅仅是与生物学相关。

◇ **应用**

社会学主要理论视角分析健康和医疗。

◇ **分析**

健康模式如何以及为何在美国乃至世界各地都存在差异。

◇ **评价**

种族、社会阶级和性别等因素在健康模式中的重要性。

◇ **创造**

使我们社会中的大部分人达到更高层次健康水平的视野。

488 # 本章概览

本章探讨了包括医疗在内的健康护理这样一个重要的社会机制。本章从解释为什么健康是一个社会议题，以及社会学家们为何对于人类健康给予极大关注开始。

克里斯塔·皮特斯说她想不起来在她的一生中有什么时候是不节食的。这个来自宾夕法尼亚州一个小镇的16岁女孩，摇着头说："这就好像是，我对此无能为力。我知道我看起来不好。我妈妈说我不应该吃得那么多；学校的护士也这么说。但是假如可以由我决定的话，为什么我从来就减不了肥？"

皮特斯的确存在体重问题。虽然她只有5英尺2英寸高，但是她的体重达到了240磅。医生称她是严重肥胖，而且她如此肥胖的时间越久，她患有严重疾病甚至过早死亡的几率就越大。

皮特斯的情况并不少见。在快餐成为一种全国性食品，并且人们用"超级大餐"作为动词的美国社会，整个国家的男性和女性都在不断变胖。不是一些人——而是大部分人。据专家称，大约63%的美国成年人偏重。为了应对年轻人中不断增长的肥胖症患者，政府目前正在考虑在学校餐厅中禁止垃圾食品。

过重是个严重的健康议题。如同克里斯塔·皮特斯那样的人是患上心脏病、中风和糖尿病的高风险人群。在年轻人中间，偏重带来了跟吸烟相同的健康风险。每年，美国约有30万人死于和偏重相关的各种疾病。肥胖症不仅仅是个人问题，它也是社会问题，人们做出的选择的确发挥作用，但是我们社会中的成员却面临着一些强有力的文化习俗。想想看美国人无时无刻不面临着不健康的快餐带来的危害。我们国家消费的咸味薯片、高糖分的软饮料、高热量的比萨和巧克力糖果数量每年都在增长。汽车公司和航空公司不得不设计更大座椅，来适应那些越来越多的"超大号"的人（Bellandi，2003；Witt，2004；Bennett，2006；CDC，2010）。

健康是什么？

◇ 理解

世界卫生组织将健康定义为身体、精神及社会生活方面完全的良好状态（1946：3）。该定义强调了本章的主题：**健康**（health）不仅仅事关个人的选择，也不只是生物学的议题；健康和疾病的模式植根于社会的组织之中。

健康与社会

社会主要从四个方面型塑着人们的健康：

1. 文化模式界定健康。健康的标准各地都不尽相同。一个世纪之前，雅司病（yaws）这种传染性的皮肤病在撒哈拉以南的非洲地区十分普遍，以至于那里的人们将之视为正常（Dubos，1980）。在美国，油腻的食物很常见，以至于大多数成年人和大约1/6的儿童偏重。因此，"健康"有时候就是和你的邻居患上同样的病（Pinhey, Rubinstein & Colfax，1997；CDC，2010）。

人们将什么视为健康也反映了他们认为什么在道德上正确。我们社会中的成员（尤其是男性）认为充满竞争的生活方式是"健康的"，因为它符合我们的文化习惯，但是压力会引发心脏病和其他许多疾病。反对同性恋的人们从道德角度出发将这种性取向称作"病态的"，即使从生物角度来看这是正常的。因此，关于健康的观点担当了某种社会控制的角色，鼓励与文化规范保持一致。

2. 关于健康的文化标准随着时间改变。 489
在20世纪早期，一些医生警告妇女不要上

大学，因为高等教育会损伤女性的大脑。还有人声称手淫有害健康。我们现在知道这些观点都是错误的。此外，50年前很少有医生认识到吸烟或是过度晒太阳的危害，经过实践我们现在都意识到这些是严重的健康风险。甚至基本的卫生保健模式随着时间的推移也发生了改变。如今，大多数美国人每天都洗澡，这个频率是50年前的3倍之多（Gillespie，2000）。

3. 一个社会的科技发展影响人们的健康。在穷国，糟糕的卫生设施和不足的医疗资源是这些国家传染病流行的重要原因。随着工业化提高了生活水平，人们变得更加健康。但是工业技术也给健康带来了新的威胁。正如第22章（“人口、城市化与环境”）中的解释，高收入的生活方式通过过度使用世界的资源并产生污染来威胁人们的健康。

4. 社会不平等影响人们的健康。所有社会都存在着资源分配的不平等。大体上，富人在身体和精神上要比穷人健康很多。

健康：全球概观

◇ 理解

我们发现健康和社会生活之间存在着极为紧密的联系，事实上在历史长河中随着社会发展出更先进的科技，人类的福祉也得到改善。社会发展的差异也是今天世界各地健康水平存在显著差异的原因。

低收入国家的健康状况

12月25日，秘鲁尤卡伊。在这个位于安第斯山脉的小村庄，我们参加了圣诞的街头节庆活动。这里到处洋溢着欢乐与喜悦的气氛。令人惊奇的是，我发现经过大街的好几百个人中没有一个戴眼镜的。一个秘鲁朋友告诉我说在这个贫穷的地区，没有验光师和眼科医生，也没有人有多余的钱去配眼镜。

在美国和世界许多地方，严重的贫困使得预期寿命要比典型的富裕国家缩减数十年。非洲的大部分地区预期寿命很少达到50岁，并且在最贫穷的国家，差不多10个新生儿中的1个不到1岁就死亡，而且高于1/4的人们在20岁之前就死亡（United Nations，2008；Population Reference Bureau，2010；World Bank，2011）。

世界卫生组织报告显示，世界上有10亿人——大约占总人口的1/6——因为贫穷患上严重的疾病。糟糕的卫生状况和营养不良引发各个年龄段的人死亡。安全的饮用水普遍难以得到满足，劣质水带来大量的传染性疾病，包括流行感冒、肺炎以及肺结核等是今天这些贫穷社会中常见的导致死亡的疾病。更为糟糕的是，医疗人员极为稀少，结果，这些大量居住在中部非洲地区的世界上最穷的人，从来没有看到过医生。

在这种经典的恶性循环中，贫穷带来疾病，反过来又削弱了他们的工作能力。当医疗技术能控制传染性疾病的时候，贫穷国家的人口大幅增长。没有足够的资源支撑现有的人口，贫穷的社会只能导致病态的人口增长。因此，穷国降低人口死亡率的计划只有伴随着降低出生率的计划才能成功。

高收入国家的健康状况

到1800年，当工业革命蓬勃兴起的时候，城市里工厂的工作将人们从乡村里吸引出来。城市迅速变得拥挤不堪，并因此造成了严重的公共卫生问题。工厂排出的浓烟污染了空气，然而直到20世纪才有人意识到这对健康造成了威胁。车间里事故也频频发生。

工业化为绝大多数人提供了更好的营养和更安全的住房，逐步提高了西欧和北美人民的健康水平，以至于大约到1850年，健康开始得到改善。正是在此时，医学的进步开始控制传染性疾病。例如1854年，约翰·斯诺（John Snow）医生根据伦敦霍乱受害者的街道住址绘制成地图，结果发现他们都饮用了同一口井里的水。不久之后，科学家将霍乱与一种特定的细菌联系起来，并发展出针对这一致命疾病的疫苗。依靠科学知识的武装，早期的环境保护主义者与古老的习惯作战——如将未经处理的污水直接排放进入饮用水的河流。到20世纪早期，由于传染病导致的死亡率急剧下降。

再看看表21—1，可以看出在1900年，最主要的杀手是流感、肺炎和肺结核等。今天诸如美国这些高收入国家中，这些只是引起死亡的很小部分的原因了。现在是心脏病、癌症和中风这些慢性病造成了更多的死亡，尤其是年老的时候。

490 美国的健康状况

◇ 分析

由于美国是个富裕的国家，按照世界标准来看，健康状况总体上是好的。尽管如此，某些群体的人比其他人的健康水平还要更好一些。

谁是健康的？年龄、性别、阶级和种族

社会流行病学（social epidemiology）研究健康和疾病在社会总人口中如何分布。如早期的流行病学家追踪疾病的蔓延趋势，今天的研究者探讨健康和我们的生理与社会环境之间的联系。研究者调查了美国人口的健康状况，发现在最富有的和最穷的社区之间预期寿命存在20年的差距。健康的模式可以从年龄、性别、社会阶级和种族的视角来看。

年龄和性别

如今年轻人的死亡已比较少见。但是，年轻人却成为意外事故和近来获得性免疫缺陷综合征（AIDS，艾滋病）的受害者。

就整体而言，女性比男性享有更好的健康水平。首先，女孩比男孩在出生即刻或之后夭折的比例要低。其次，当社会化开始后，男性变得更加的具有进攻性和个人主义，这使得他们因事故、暴力、自杀而身亡的比例比女性高。正如第549页“焦点中的社会学”专栏中揭示的，长期的不耐烦、无法控制的野心和时常大光其火等的结合，医生称之为“冠状倾向性行为”与我们文化中对于男子气的定义非常匹配。

表21—1　1900—2009年间美国导致死亡的主要原因

1900	2009
1. 流行感冒和肺炎	1. 心脏病
2. 肺结核	2. 癌症
3. 胃肠疾病	3. 肺部疾病（非癌症的）
4. 心脏病	4. 中风
5. 脑出血	5. 意外事故
6. 肾病	6. 阿尔茨海默病
7. 意外事故	7. 糖尿病
8. 癌症	8. 流行感冒和肺炎
9. 幼年期疾病	9. 肾病
10. 白喉	10. 自杀

资料来源：Information for 1900 is from William C.Cockerham, *Medical sociology*, 2nd ed.(Englewood Cliffs, N.J.: Prentice Hall, 1986), p.24; information for 2009 is from Centers for Disease Control and Prevention (2011).

社会阶级和种族

政府研究人员告诉我们家庭收入在10万美元以上的成年人中81%认为他们的健康状况极好或非常好，但是家庭收入低于3.5万美元的成年人中仅有53%同样这么认为。相反地，来自高收入家庭的人中仅有3%描述自己的健康水平一般或不好，相比之下低收入家庭中则有18%。拥有较高的收入和较多的财富通过改善他们的营养促进了人们的健康，确保他们可以接受更好的健康护理，并允许他们住在更为安全和舒适的环境（CDC，2010）。

研究表明非裔美国人对于健康的渴望和希望得到医疗帮助的愿望跟白人没有差别。但是
非裔美国人之中的贫困——将近白人3倍的比 491
例——影响着人们日常的选择，并且有助于解释为什么黑人在婴儿时期更为容易死亡，并且在成年时期更易受到暴力、毒品和不良健康状况的困扰(Schnittker，Pescosolido & Croghan，2005；U.S.Census Bureau，2010；CDC，2011；McNeil，2011)。

2009年出生的白人小孩的预期寿命比非裔美国小孩要高出4岁（78.2岁对74.3岁）。性别甚至是比种族更为有效的预测健康的指标，因为非裔美国妇女要比任意族群的男性活得更长。从另外一种角度来看，81%的白人男性能活到

男子气：对健康的威胁？

焦点中的社会学

杰夫特： 辛迪，如果你不在10秒内从那儿出去，我将打扁你。

辛　迪： 冷静点！我跟你在浴室的时候一样。如果我准备好了我会出来的。

杰夫特： 你将在那里待一整天吗？

辛　迪： 为什么你们这些人总是如此着急？

医生将之称作"冠心病行为"，心理学家称之为"A类人格"，社会学家将之视为我们文化中男子气的概念。这种态度和行为的综合体，在当今社会的男性中十分普遍，包括但不限于没有耐心（"快点！从卧室滚出来！"），不加控制的野心（"我一定要得到它……我需要它！"），以及随意的敌意（"为什么这么多人都如此白痴？"）。

尽管从文化视角来看这种类型是正常的，但是却是造成那些向往成功的男士属于心脏病高发人群的重要原因之一。通过表现出A类人格特征，我们可能会完成工作，但是我们也开启了对人类心脏非常不好的复杂的生物化学进程。

这里有几个小问题可以用来评估你自己的风险程度（或者某个对你来说很重要的人的风险程度）：

1. 你是否相信你必须要积极进取地争取成功？"好人最后总会死的"，是吗？如果你对这个问题的答案是"是"的话，为了你心脏好，试着让敌意远离你的生活。将粗俗的言语从你的讲话中删去。无论日常生活中某些人一开始如何对你，试着用同情取代进攻，这在人际交往中将出奇地有效。从医学角度而言，同情和幽默改善你的健康水平，并非恼怒。

2. 你应付不确定性和对抗的能力强吗？你是否有过因"为什么服务生还不给我上菜"或者"这个顾客还是没有明白"而生气的时候？我们都喜欢知道到底是怎么回事，并且我们也喜欢别人赞同我们。但是很多时候事情往往不像我们想象的那样发展。接受不确定和事情的对立面使得我们更加成熟，也更加健康。

3. 你对于表现出积极的情感感到不舒服吗？许多男性认为从女性、孩子、其他男性那里给予和接受爱是软弱的标志。但是医学原理告诉我们爱对健康有益，而生气则会摧毁健康。

作为人类，我们对于自己如何生活有很多选择。思考你所做出的选择，反省社会中的男子气观念如何经常使我们刻薄地对待别人（包括那些我们所爱的人），并且同样重要的是，刻薄地对待我们自己的。

加入博客讨论吧！

你认为男子气对于健康是有害的？为什么有或为什么没有？何种经历使得你在男子气或女性气质上与健康建立了联系？登录Mysoclab，加入"焦点中的社会学"博客，分享你的观点和经历，并看看别人是怎么想的。

资料来源：Friedman & Rosenman（1974）and M.P.Levine(1990).

65岁，而非裔美国人仅仅是67%。同等指标对于女性来说，白人为88%，非裔美国人达到80%（Arias，2010；CDC，2011）。

婴儿的死亡率——1岁以下儿童的死亡比例——在贫穷儿童中的比例是那些出生于特权家庭儿童的两倍。尽管我们国家里最富有的儿童的健康状况是全世界最好的，我国最贫穷的儿童却和尼日利亚和越南这些低收入国家的孩子一样易于受到疾病侵袭。

吸烟

在美国所有可预防的健康危害中，吸烟位居榜首。在这个国家里，只是在第一次世界大战以后，吸烟才变得如此流行。虽然越来越多的证据证明了吸烟有害健康，但是吸烟在30年前仍然如此风行。可是如今，越来越多的人将吸烟归为一种轻微的社会失范行为，而且越来越多国家已经在公共场所禁烟（Niesse，2007）。

吸烟人数在1960年达到了顶峰，当时有45%的美国成年人吸烟。根据疾病控制和预防中心的数据，到了2009年只有21%的人仍在吸（CDC，2010）。由于香烟中含有一种能使人体上瘾的药物尼古丁，因此戒烟是困难的。很多人吸烟是为了应对压力：离婚和分居的人、失业者以及在部队服役的军人更容易吸烟。吸烟在工人阶级中比那些有着更高收入和教育的人中要更为普通。男性吸烟的比例（23.5%）比女性高（17.9%）。但是香烟，仅是烟草在女性之中流行，已经危害到了女性的健康。截至1987年，肺癌已经超过了乳腺癌成为美国女性的第一
492 号杀手，约占据了与吸烟有关的死亡总数的39%（Pampel，2006；CDC，2008，2010）。

在美国，每年大约有44万的男性和女性直接因为吸烟死亡，这一数字已经超过了因为酒精、可卡因、海洛因、凶杀、自杀、车祸和艾滋病而死亡的总数。吸烟者也会遭受更多的小病痛，如流感，而且怀孕的女烟民也增加了自发性流产和生出低体重儿的危险性。即便是那些暴露于香烟烟雾中的非吸烟者患与吸烟有关疾病的概率也会更高；健康官员估计二手烟造成每年大约5万人死于心脏病或肺癌（CDC，2008，2010）。

烟草在美国是一个90亿美元的产业。在1997年，烟草行业承认吸烟对健康有害，也同意不再向年轻人出售香烟。尽管美国有反对吸烟运动，但研究显示17%的高中生和43%的大学学生至少偶尔吸烟（American College Health Association，2010）。另外，咀嚼烟草——被认为是引发口腔癌和喉癌的原因——在年轻人中还在增多。

在国外烟草产业的销售量还在增加，特别是在那些对于烟草制品缺乏严格规章制度的低收入国家。在很多国家，尤其是亚洲，大多数男性都吸烟。在全球范围内，超过了10亿的成年人（大约是总人口的25%）吸烟，每年要消费掉6万亿左右的香烟，而且我们看到没有任何迹象表明高收入国家吸烟会减少。如果继续保持当前全球增长的势头，与烟草相关疾病的死亡人数将在2030年增加到每年800万人之多，这相当于世界上每4秒就有1个人死去（Stobbe，2008；World Health Organization，2010）.

吸烟带来的危害是真实存在的，但好消息是一个曾经的烟民大约戒烟10年后，其健康程度与那些从未吸烟的人一样好。

饮食失调

饮食失调（eating disorder）是指为了变瘦而过度节食或其他不健康的控制体重的方法而引起的失调。一种饮食失调是神经性厌食症，特征就是节食到饿死的边缘；另外一种是贪食症，包括暴饮暴食而后又通过呕吐以避免增加体重。

饮食失调有很明显的文化内涵：90% ~ 95%受到神经性厌食症或贪食症困扰的是女性。尽管来自富有白人家庭的风险水平是最高的，但是饮食失调的人来自所有社会阶层。对于女人来说，美国文化中苗条就等同于成功和对男人有吸引力。相反，我们的刻板印象中倾向于将偏重的女性（和男性，只是程度稍轻一些）看作是懒惰、邋遢，甚至愚蠢的（M.P.Levine，1987；A.E.Becker，1999）。

研究表明大多数大学阶段的女性相信“男人喜欢纤瘦的女孩”，纤瘦对于外表的吸引力来说至关重要，并且她们觉得自己还没有达到男人所喜欢的那么瘦。事实上，大多数大学的女生想要变得比大多数的大学男生所要想的更瘦。而大多数的男生则表示出对自己的体型更高的满意程度（Fallon & Rozin, 1985）。

由于很少有女性能够达到我们文化中不切实际的美的标准，很多女性自认为形象不佳。由于大众传媒兴趣集中于人们的外表，这种感觉可能刺激了化妆品、衣服和各种美容产品的销售。但这也使许多年轻女性节食到危及他们的健康甚至生命的地步。

患有饮食失调的人与之斗争的不仅仅是他们的疾病。事实上，这种与饮食失调相关联的污名被发现比那些与精神抑郁相关联的污名要更为严重（Roehrig & McLean，2010）。

这种饮食失调的现象并不仅限于美国。第552页“多样性思考”专栏解释了美国文化的引入，如何迅速导致斐济群岛这个世界偏远地区的

女性中饮食失调人数的急剧上升。

肥胖症

在美国，如神经性厌食症和贪食症之类的饮食失调是很严重的，但这不是最严重的与饮食相关的问题。整体来说，人口中的肥胖症正日益成为一个严重问题。正如本章开头部分提到的，政府报告63% 的美国成年人偏重，这是根据体质指数（BMI）在 25.0 ~ 29.9 的区间内，即大约超过健康体重 10 到 30 磅来界定的。美国所有的偏重者中，有 43% 是属于临床性肥胖，体质指数超过 30，这意味着他们至少是超出健康体重 30 磅。

◎ 美国人口中的肥胖症患病率是世界上最高的，并在不断增长。作为一个国家来说，按照体重我们是“大赢家”（big gainers）。这种趋势使诸如《超级减肥王》（*Biggest Loser*）这类电视节目开始流行，它寻找那些成功使得体重迅速下降的人。但对于整个国家肥胖趋势的解决方案来说，难道简单到只关乎个人的努力？我们的文化做出何种改变，才有助于我们整个人群迈向更为健康的生活方式？

偏重会限制身体的活动，并提高患有一系列包括心脏病、中风和糖尿病等严重疾病的风险。据美国政府称，每年用于治疗由肥胖所导致的疾
493 病的费用约有 1 470 亿美元。最严重的是，美国大概每年有 112 000 的人死于和超重相关的疾病（Ferraro & Kelly-Moore，2003；CDC，2010）。

美国是世界上肥胖率最高的国家，并且不断增长的事实引发了全国关注。在这个国家，肥胖甚至在婴幼儿中也很明显。最近一项研究发现 9 个月大的婴儿中将近 1/3 超重，即被分类为肥胖或有肥胖症危险的体重。肥胖率在婴儿和小孩中有逐渐升高的趋势——这个比例刚好是 30 年前的 3 倍——表明新生代的医疗问题将会在他们中年时更为严重，并且可能最终逆转本该迈向更高预期寿命的历史趋势（CDC，2010；Moss & Yeaton，2010；Stockdale，Mclntyre & Sauter，2011）。

肥胖的社会根源是什么呢？一个事实就是如今的社会，比起一个世纪前而言，人们的工作不再是普遍的投身于体力劳动，而是让他们老坐在电脑屏幕前。即使我们不工作的时候，大多数家庭工作是靠机器完成的（或者是其他人）。儿童也是更多地坐着——看电视或是玩视频游戏。

其次，当然是饮食。一个普通美国人比以前吃更多的咸味和高脂类的食品。而且每餐饭变得更加丰盛了：农业部最近公布了 2000 年普通的美国成年人一年要比 12 年前多消耗 140 磅的食物。比较老版和新版的食谱，过去可以供 6 人食用的现在可供 4 人食用。超重在低收入的人群中比例不断上升，其原因部分可能是他们缺乏教育以做出健康的选择，部分也是低收入社区的商店提供更多低价而高脂的快餐食品，少有健康的水果和蔬菜（Hellmich，2002）。

性传染病

虽然性活动能使双方都获得快感，并且它还是繁衍我们的物种所必需的，但是它也能传播超过 50 种性传染病（STDs）。因为我们的文化将性与罪恶联系在一起，所以一些人不仅将这些性传染病看作身体上的疾病，而且还将其视作不道德的标志。

在 20 世纪 60 年代“性革命”中，人们开始性活动的年龄提前，并且拥有多名性伴侣，因此性传染病的传染概率增加了，性传染病引起了全国性关注。性传染病的增加是 20 世纪传染性疾病总体减少的一个例外。到了 80 年代后期，性传染病——尤其是艾滋病——不断增加的威胁，使得人们远离了随意的性交（Kain，1987；Laumann et al，1994），产生一场反性革命运动。接下来的部分将简要描绘几种常见的性传染病。

淋病和梅毒

淋病和梅毒是已知的最古老的疾病中的两

多样性思考：种族、阶级和性别

性别和饮食失调：来自斐济的报告

1995年，电视传入位于南太平洋上的斐济群岛。一根电缆带来了来自美国、英国和澳大利亚的电视节目。一名哈佛大学专攻饮食失调的研究者安妮·贝克（Anne Becker，1999）带着极大的兴趣读到了这则新闻，想知道通过电视所灌输的新文化将对那里的年轻女性起到何种影响。

传统上，斐济文化强调良好的营养和看起来强壮和健康。通过减肥变得很纤瘦的观念几乎无人知晓。因此，在1995年贝克发现仅有3%的十几岁女孩报告曾用呕吐来控制她们的体重也就不足为奇。到了1998年，一个惊人的变化发生了：15%的十几岁女孩——5倍的增长——报告这一行为。贝克同时也发现62%的女孩声称她们曾经在上一个月减肥，74%的称感到自己“太胖”或“肥”。

贝克将斐济迅速增长的饮食失调同电视的引入联系起来，表明文化在塑造健康模式上的威力。神经性厌食症和贪食症等饮食失调在美国更加常见，大概有一半的大学女生自称曾有类似的行为，即使这些女生从医学观点看一点也不超重。斐济女性现在被灌输了美国女性所信奉的：“你绝不会瘦到你感受不到自己的肥胖的程度。”

你怎么想?

1. 为什么饮食失调是一个医学问题同时又是社会问题?
2. 你认为女孩子在什么年龄会知道“你绝不会瘦到你感受不到自己的肥胖的程度”。她们是怎么学习到的?
3. 你认为大众媒体在饮食失调问题上扮演着怎样的角色?

种，几乎总是通过性接触传播那些通过显微
494 镜可见的有机体而引起的。如果不治疗，淋病将会导致不孕；梅毒会毁坏主要的器官并能导致眼盲、精神紊乱甚至死亡。

2009年，美国官方统计有301 000名淋病患者和14 000名梅毒患者，尽管如此，真实确切的数据有可能比这还要高出数倍。被传染患者大部分是非西班牙裔的非裔美国人（70%）和较少数量的非西班牙裔白人（19%）、拉丁美洲裔（9%），以及亚裔美国人和土著美洲人（1%）（CDC，2010）。

淋病和梅毒都容易通过青霉素之类的抗生素治愈。因此，在美国这两种疾病都不是主要的健康问题。

生殖器疱疹

生殖器疱疹是相当普遍的疾病，在美国至少传染了2 400万青年和成年人（1/6）。虽然远不及淋病和梅毒危险，但是疱疹是不能治愈的。患有生殖器疱疹的人可能没有任何症状，或者他们可能会感到生殖器上有周期性疼痛的水疱，并伴有发烧和头疼。虽然对成年人来说疱疹并不致命，但是患有生殖器疱疹的孕妇会通过阴道分娩传播疾病，这对新生儿来说可以致命。因此，受到传染的妇女通常是通过剖宫产生下孩子（Sobel，2001，CDC，2010）。

AIDS

所有性传染病中最严重的是艾滋病（AIDS）。1981年AIDS被确认是不可治愈的，而且几乎总是致命的。AIDS是由人体免疫传染病毒（HIV）引起的，这种病毒破坏血液中的白细胞，从而削弱了免疫系统。因此AIDS是使得一个人很难抵御大量疾病最终导致死亡的疾病。

2008年美国因AIDS死亡的人数已达到16 088。但是到2009年美国官方记录新增了34 247例，从而使官方记录案例数增加到了1 108 611。在这些人中，大约有594 496人已经死亡（CDC，

2011）。

全球来说，HIV 传染了大约 3 350 万人，他们中有 250 万小于 15 岁，而且这个数目在继续增长。全球 AIDS 死亡人数现在超出了 2 500 万，其中 2009 年 180 万中大约 1% 的死亡者在美国（UNAIDS，2011）。非洲（尤其是撒哈拉以南的非洲）有着最高的 HIV 感染率，占到了全世界的 68%。一项联合国最近的研究发现，在非洲南部的国家中，15 岁的人正面临着 50% 被传染 HIV 的概率。这种风险对女孩来说尤其高，这不仅仅是因为 HIV 更容易为男性传染给女性，也因为很多非洲文化都鼓励女性要屈从于男性。有分析家认为 AIDS 危机现在威胁着非洲的政治和经济安全，并将影响整个世界（Ashford，2002；UNAIDS，2011）。

被传染后携带 HIV 的人不会呈现任何症状，所以大部分人都没有意识到他们的病情。AIDS 的病症在一年或者更长时间内不会表现出来，但是在这期间一个被传染者也可能传染给其他人。在 5 年内，美国有 1/3 的被传染者转变成了晚期的 AIDS；有一半的被传染者在 10 年内变成了 AIDS，而几乎所有的被传染者在 20 年内全部患病。在低收入国家，这种病的演变要迅速得多，从而使得很多人在感染后几年内就死了。

HIV 是可传染的，但并不会接触传染。这指的是 HIV 通过人与人之间的血液、精液或者母乳传播，而不会通过比如握手、拥抱、共用毛巾或杯盘，或者一起游泳，甚至咳嗽或打喷嚏这一类日常接触传播。通过唾液（比如接吻时）传播病毒的风险是极低的。使用安全套大大降低了通
495 过性行为传播 HIV 的概率。尽管如此，禁欲或者不与被传染的人发生关系，才是确保不被传染的唯一方式。

一些特殊行为使人们处于感染 HIV 的高风险之中。首先是与感染者肛交，因为这会导致直肠出血，从而使得 HIV 很容易从一个人传染给另一个人。很多同性恋和双性恋的男性进行肛交的事实，有助于解释为什么这类人占到了美国 AIDS 患者的 48%。

共用针头注射毒品是第二高风险的行为。目前，静脉注射毒品者占据了 AIDS 患者的 27%。同静脉注射毒品的人发生性关系也是非常危险的。因为在美国静脉注射毒品在穷人中更普遍，而 AIDS 现在已成为社会下层的一种疾病。少数族群构成了 AIDS 患者的主要部分：非裔美国人（总人口的 12.9%）占据了 AIDS 患者的 44%，拉美裔（总人口的 15.8%）占据了 AIDS 病人的 19%。几乎 80% 的女性和儿童 AIDS 病人都是非裔和拉美裔美国人。相比之下，亚裔美国人和印第安人总共只占到了 AIDS 患者的 1.4%（CDC，2011）。

滥用任何药物以及酒精，达到判断力削弱的程度时，会增加感染 HIV 的风险。换句话说，即使那些明白什么会将他们置于被传染风险中的
人们，如果他们在酒精、大麻或其他毒品的作用 496
下，也都有可能表现出很不负责任的行为。

如图 21—1 所示，美国 47% 的 AIDS 患者是通过同性性接触被传染的，尽管如此，通过各种途径被传染的异性恋者也占到了 AIDS 病人中的 26% 之多。但是异性性行为能够传播 HIV，而且风险随着性伙伴数目的增加而上升，特别是如果他们发生过高危性行为。全球来说，异性性关系还是首要的 HIV 传播途径，这占据了所有传染者中的 2/3 之多。

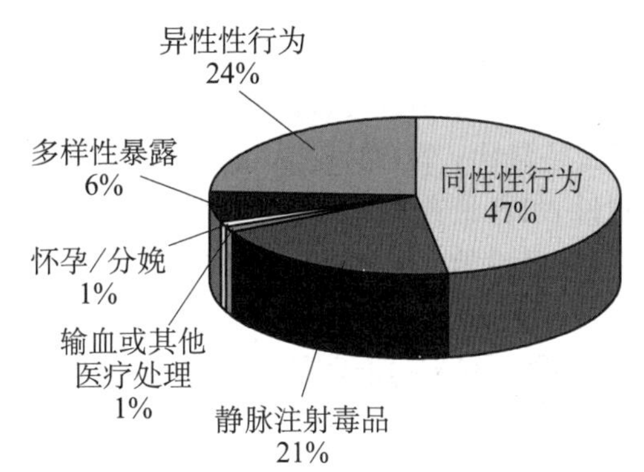

图 21—1 2009 年美国报告 AIDS 患者的传染类型

◎ 这里是数种人们传染 HIV 的途径。

资料来源：Center for Disease Control and Prevention（2011）.

在美国，仅治疗一名 AIDS 患者就要花费数十万美元，而且这个数目可能会随着新疗法的出现而增长。政府保健计划、个人保险和私人储蓄仅仅能够支付治疗费用的一小部分。另外，还有照顾至少 75 000 名因 AIDS 而成为孤儿的费用也

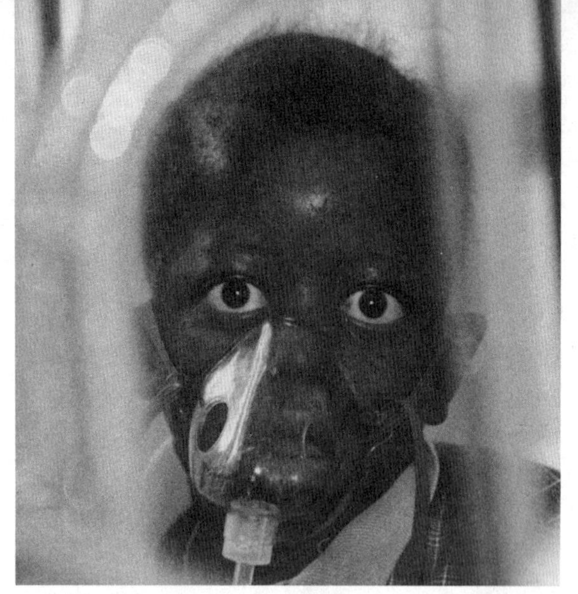

◎ 在非洲肯尼亚，大约每天有 300 人死于 AIDS。在撒哈拉以南的非洲的部分地区，传染病是如此严重，以致半数的小孩将最终感染 HIV。这个内罗毕的小孩已经患有 AIDS，正在与病魔作斗争。

在不断增长（全球范围内将近 1 500 万）。总之，毋庸置疑的是，如此庞大的比例使得 AIDS 既表现为医疗问题，也是社会问题。

在 20 世纪 80 年代早期，美国政府对于 AIDS 危机反应迟钝，很大一部分因为是最早被传染的人——男性同性恋者和通过静脉注射毒品的人，被广泛认为是越轨者。但是分配给 AIDS 研究和教育的资金迅速增加了（2011 年联邦预算提供 270 亿美元），而且研究者已经确认了包括蛋白酶抑制剂在内的某些药品可以抑制 AIDS 的症状，能极大地延长感染 HIV 的人的寿命。但是教育项目仍然是对付 AIDS 最有效的武器，因为预防才是阻挡目前为止无法治愈疾病的传播的唯一途径。

围绕死亡展开的伦理问题

现在技术的进步给予人类画出生与死亡之间界线的能力，我们必须决定如何以及何时去这样做。换言之，关于医疗技术使用的问题为健康和疾病增加了伦理的维度。

死亡何时发生？

通常的观点认为呼吸和心跳停止时生命终止。但是心脏替换和人工维持呼吸的技术，使得对死亡的这种界定已成为过去时。美国的医学和法律专家现在将死亡界定为一种不能挽回的状态，这种不能挽回的状态包括对刺激的无反应、没有动作、没有呼吸、没有反射，以及没有大脑活动的迹象（Wall，1980；D.G.Jones，1998）。

人们有没有选择死亡的权利？

今天，医疗人员、家庭成员以及病人自己面临着一个令人苦恼的负担，即决定一个临终病人应该何时死亡。这之中最为艰难的案例是美国大约有 15 000 个处于永久性植物人状态的患者，他们无法表达他们有关生和死的愿望。

一般而言，医生和医院的首要职责就是挽救病人的生命。尽管如此，一个精神健全的人在即将死亡时，可能会拒绝接受医疗甚至是食物，不管是在当时，还是通过预先准备的一份“生前预嘱”——在病人如果陷入疾病或者受伤而不能做出决定的情况下，声明其需要或不需要接受治疗保健的程度。

安乐死如何？

安乐死（euthanasia）是“无痛苦致死术”（mercy killing）的一般术语，指帮助得了不治之症的人死亡。安乐死（euthanasia 来源于希腊语，意思是“很好的死”）造成了伦理上的两难困境，它既是一种仁慈的行为又是一种杀害的形式。

是否存在“死亡的权利”是当今最难的议题之一。所有患了不治之症的人都有权利拒绝那些可能延长他们生命的治疗。但是医生是否应被允许帮助致使死亡是这场争论的核心。1994 年，华盛顿、加利福尼亚、俄勒冈这三个州要选民决定医生是否能够帮助那些想要死的人。只有俄勒冈的提案通过了，并且这条法律很快受到了挑战，并受阻于州法院，直至 1997 年，俄勒冈的选民再次投票支持这一法案。从那以后，俄勒冈州的医生合法地协助了大约 525 名临终病人死去。然而在 1997 年，美国最高法院裁决，在美国宪法下不存在“死亡的权利”，这一裁决减缓了这项法律的扩散。仅仅是在 2008 年华盛顿州成为了第二个允许医生协助自杀的州（Leff，2008）。

积极的安乐死是指允许一个临死的人得到医生的帮助从而快速地死去，它的拥护者认为有一些情况（比如当一个临死的人经受剧痛时）死亡比生存更可取。批评者反驳说允许积极的安乐死会招致滥用（参见第15章“老龄化和老年人”）。他们担心病人会在感到压力的情况下结束生命，以便减轻家人照顾他们和高额住院治疗费用的负担。在安乐死合法的荷兰，研究表明所有如此死去的人之中，大约1/5是在没有病人明确要求死亡的情况下执行的（Gillon，1999）。

在美国，大多数成年人表示赞成赋予临终病人选择在医生帮助下死亡的权利（NORC，2011）。因此，死亡权利之争肯定还会继续下去。

医疗建制

◇ 理解

医疗（medicine）是一种着眼于与疾病作斗争和促进健康的社会制度。在人类历史的大部分时间里，健康护理都曾经是个人及其家人的责任。只有当社会变得更加富有而且人们有了专业分工之后，医疗才作为社会制度出现。

今天农业社会的成员仍然求助于各种传统的保健工作者，包括草药医师和针灸医生在内的这些人在改善健康方面起着关键作用。在工业社会，医疗护理开始得到专门训练，并且有了诸如麻醉师和X光技师等执业资格的专业人员。美国现在的医疗制度是在过去200年中逐步形成的。

科学医疗的兴起

在殖民地时期，医生、草药医师、药剂师、接生婆和牧师实践着他们的医术，但是这些并非都有效：不卫生的器具、麻醉药的缺乏以及愚昧无知，使得手术成为一种折磨，而且医生杀死的人可能和他们救的人一样多。

医生通过研究人类的身体，以及它如何运转，并且注重手术来修复身体和运用药物来同疾病作斗争，使得医疗逐步成为一门科学。鉴于他们的专业知识，这些医生逐渐将自己定位为拥有医学学位的专业人员。美国医学会（AMA）成立于1847年，它象征着医疗的科学模式逐渐被接受。

医疗　一种着眼于与疾病作斗争和促进健康的社会制度。

整体医疗　是一种强调疾病的预防，并且考虑一个人整体的身体和社会环境的健康护理方式。

传统的健康护理方式仍然有其支持者。美国医学会通过寻求对执照过程的控制来反对他们。在20世纪早期，政府许可证委员会同意只给接受过经美国医学会承认的科学项目培训的医生颁发证书。结果，教授其他康复技能的学校开始关闭，这很快就使得医疗开业仅限于拥有医学博士学位的人。在这个过程中，医生的声望和收入都急剧地增长了；今天，拥有医学博士学位的人平均每年能挣25万美元。

那些采用不同方式的医疗从业者，诸如整骨医疗师，总结说他们没有选择，只能遵从美国医学会的标准。因此本来被训练通过控制骨骼和肌肉来治疗疾病的整骨治疗师（拥有骨科博士学位），现在却采取像医药医师（拥有医学博士学位）一样的方法用药物治病。脊椎指压治疗者、草药医师和接生婆仍然采用传统的方法，但是他们在医疗行业拥有较低的地位。在美国和其他国家，这种科学医疗和传统治疗之间的紧张和冲突今天仍然存在。

在昂贵的城市医学院中接受科学的医学教育，也改变了医生的社会形象，以至于大多数都有享受特权的背景并在城市中开业。过去女性在

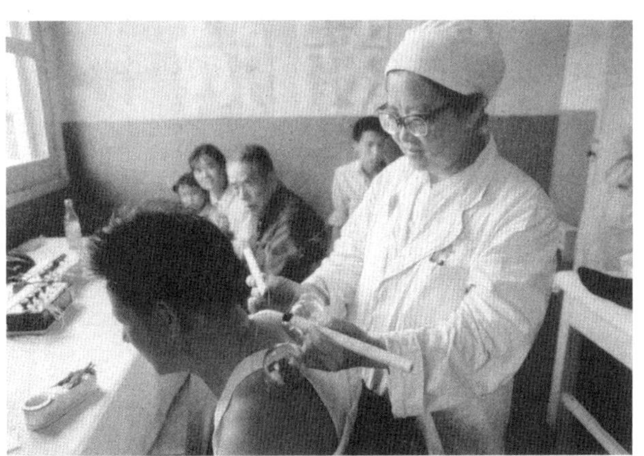

◎ 遍及全世界的传统治疗师致力于改善人们的健康状况。在中国四川遂宁市，病人正在接受传统的针灸疗法。你认为美国人接受这种传统疗法吗？为什么接受或为什么不？

全球性思考

当健康恶化时：来自俄罗斯的一份报告

皮特基亚兰塔的夜幕正在降临，这是俄罗斯西部靠近芬兰的一个小镇。安德烈，有一张历经风霜的脸，扎着长马尾的30岁男人，沿着一条热闹的街道踩着阴沉的影子前行着，他已经将下午的大部分时间花在了和朋友们在酒吧里看音乐电视、抽烟、喝伏特加上。安德烈是一名铁路工人，但在几个月前他被解雇了。“现在，”他痛苦地解释说，“除了喝酒和抽烟我已无事可干。”安德烈对他的健康问题满不在乎。“我所关心的唯一的事情就是找到一份工作。我是一个成年人了，我可不想让我的父母来供养我。”安德烈仍然认为自己还年轻，然而按照俄罗斯现在的健康模式，他的生命已经逝去了一半了（Landsberg，1998）。

1991年苏联解体以后人们的生活条件持续恶化。医生说这导致的一个结果就是很大的压力——尤其是那些挣钱太少以致无法供养家人或者完全失业的男人所承担的压力。很少有人还能吃得很好，但是俄罗斯男人却比以前更多地抽烟和喝酒。世界卫生组织指出酗酒是俄罗斯的头号杀手，抽烟的危害程度也紧随其后。

在类似于皮特基亚兰塔这样的小镇，糟糕的健康状况迹象随处可见：妇女们不再用母乳喂养婴儿，成年人遭遇事故和疾病的概率更高，而且像安德烈一样，人们在老年到来之前看起来已经很老了。医生正努力制止健康恶化，但是由于医院设备贫乏，人们很容易就被击垮了。女性的平均预期寿命已经缩短了几年，对男性来说则缩短得更多，他们现在平均只能活到59岁，大约和50年前一样。离芬兰西部也就100英里的地方经济趋势要好得多，这里的人们平均能活到75岁。

在像安德烈这样的俄罗斯男人中流传着一个笑话。他们说，他们的健康可能正在恶化，但是这个糟糕的状况也有其有利之处：至少他们不必再为退休而担心。

你怎么想?

1. 以这篇报道为根据，俄罗斯的健康状况作为医疗问题是如何成为一个社会议题的?
2. 一般而言，一个社会的经济健康如何影响到其人民的身体健康?
3. 你能想到发生在美国与此类似的故事吗?

许多治疗领域发挥着重要作用，现在却被美国医学会推到了一边。一些早期的医学学校曾经集中培训过女性和非裔美国人，但是这些学校大多数逐渐耗尽资金并关闭了。仅仅最近几十年医生的社会多样性才增加，女性和非裔美国人在医生总数中分别占据了32%和6%（U.S. Department of Labor，2011）。

整体医疗

在最近几十年，医学的科学模式与更为传统
498 的**整体医疗**（holistic medicine）结合起来，后者是一种强调疾病的预防，并考虑一个人整体的身体和社会环境的健康护理方式。整体医疗的从业者赞成使用药物、手术、人造器官和高科技，但他们不仅仅是针对病症，而是更强调对整个人的治疗，并且更为关注健康而非疾病。整体健康护理共有三个基础（Gordon，1998；Patterson，1998）：

1. *将病人当人对待*。整体疗法的医生不仅仅关心病症，同时也很关心环境和生活方式如何影响他们的病人。整体疗法的医生扩展了传统医疗的范围，他们积极地参与同疾病、环境污染及其他危害公众健康的事物作斗争。

2. *鼓励责任，而非依赖*。在科学模式中，病人依赖医生。整体医疗试图通过鼓励促进健康的行为，将一些保健的责任从医生转交给人们自己。因此整体医疗不赞成对待疾病的对抗方式，而赞成采取一种积极主动的对待健康的方式。

3. *提供私人治疗*。传统的医疗在非私人的办公室和医院中进行护理，这两者都是以疾病为中心的设置。相比之下，整体疗法的医生喜欢尽可能地为病人提供私人的放松的环境，就像在家一样随意。

总而言之，整体医疗不是反对科学医疗，而是将重点从治疗疾病转移到为每个人争取最大健康上来。因为美国医学会现在已经认可了超过50种医疗专业，所以很显然社会需要关心病人整体状况的医疗从业者。

医疗护理的成本：全球概观

因为医疗已经开始依赖于高科技，所以提供医疗护理的成本也急速上升了。全世界很多国家正采用各种策略来支付医疗护理费用。

中国和俄罗斯的医疗

中国和俄罗斯提倡所有公民都有权利享受基本医疗护理。国家拥有并运营医疗机构，医生及其他医疗护理工作人员都是政府雇员，用公共财政来支付他们的薪水。

中国 这个经济在不断增长但还是以农业为主的国家，正面临着保障超过13亿人健康的艰巨任务。中国在私人医疗上已有探索，但是政府还是掌控着大部分的医疗护理。

中国的“赤脚医生”，大概类似于美国的伞兵军医（Paramedic），为农村数百万农民带来了现代医疗护理的方法。除此之外，包括针灸和草药的使用等传统医术在中国仍然被广泛运用。中国人对待健康的方式基于对意识和身体相互作用
499 的整体关照 (Kaptchuk，1985)。

俄罗斯 俄罗斯正在从由国家支配的经济转变为更多以市场体制为主。如同许多其他事情一样，医疗护理体系也在转型。但是国家仍然主管着健康护理，并且政府宣称人人都有权利享受基本医疗护理。

就像在中国一样，俄罗斯的民众无法选择医生，而是到由政府运营的地方保健机构就诊。俄罗斯医生的收入比美国医生的收入要低得多，他们赚的钱大约相当于一名熟练的产业工人（相比而言，在美国医生赚的钱大约是产业工人的5倍）。而且，大约70%的俄罗斯医生都是女性，相比之下美国只有32%的医生为女性。与美国一样，俄罗斯女性主导的职业的经济报酬也相对较低。

公费医疗制度 政府拥有并运营着大部分医疗机构，并且雇用大部分医生的医疗护理制度。

直接付费制度 病人直接付费购买医生和医院提供的服务的医疗护理制度。

最近这些年，俄罗斯在健康护理这方面经历了倒退，部分是因为生活标准的降低，就如第556页“全球性思考”专栏中所解释的那样。对医疗救助不断增长的需求给这科层体系带来压力，它最多提供高度标准化而非个人化的护理。乐观的看法是随着市场改革的进行，生活标准和医疗服务的质量都会提高。在俄罗斯转型的不确定时期，看似确定的就是医疗护理方面不平等将会增加（Specter，1995；Landsberg，1998；Mason，2003；Zuckerman，2006）。

西方国家的医疗

生活在以资本主义经济为主的西方国家的人们，通常从他们自己的口袋中掏钱支付医疗护理费用。尽管如此，因为费用过高使得很多人无法支付医疗护理，所以政府项目出资承担了大量开支。

瑞典 1891年，瑞典开始实施一种强制的、综合的政府医疗护理制度。瑞典国民用他们的税款支付这个项目，他们的税率是全世界最高的税率之一。在瑞典很有特色的一点是医生是政府的雇员，而且大部分医院都是由政府管理的。因为这种医疗制度与在社会主义社会中建立的医疗制度相类似，所以瑞典的医疗制度也称作**公费医疗制度**（socialized medicine）。在这种公费医疗制度中，政府拥有并运营着大部分医疗机构，并且雇用大部分医生。

英国 1948年英国通过创立一种医疗服务的二元体系也制定了公费医疗制度。所有英国公民都有权享受由国家医疗服务项目提供的医疗护理，但是那些支付能力高的人也可以去私人开办的医院找医生问诊。

加拿大 自1972年以来，加拿大建立了一种为所有国民提供医疗护理的“单方支付者”医疗护理模式。如同一家大型保险公司一样，加拿大政府根据固定的酬金计划表付费给医生和医院。跟英国一样，加拿大也有医生在政府资助医疗体系以外工作，并设定他们自己的收费标准，尽管收费受到政府监管。

加拿大夸耀说自己以比美国（非普及的）医疗制度更低的成本为每个人提供医疗护理。但是，加拿大的医疗制度较少使用最先进的技术，而且反应更慢，这就意味着人们可能会为了重要手术等上数月。但是加拿大的医疗制度为所有公民提供医疗护理，无论他们的收入高低，这与在美国较低收入的人们常常无法获得医疗护理不一样（Rosenthal，1991；Macionis & Gerber，2008）。

> 7月31日，加拿大蒙特利尔市。我正在拜访一位（他的家人评价他）干得很好的口腔外科医生。然而他抱怨说加拿大政府为了压低医疗成本，将医生的年薪控制在大约数十万美元（具体的限定数额因省而异）。所以他解释许多专家离开加拿大去了美国，在那里他们能挣更多钱；其他的医生和牙医干脆限制他们的工作量。

日本 日本的医生可以私自出诊，但是政府保险项目和个人保险联合为病人支付医疗费用。如图21—2所示，日本人获得的医疗护理跟欧洲人一样，大部分医疗费用由政府来支付。

付费医疗：美国

在众多已经完成工业化的国家中，唯有美国没有覆盖全民的政府赞助的医疗护理制度。美国医疗护理制度是病人直接付费购买医生和医院提供的服务的**直接付费体系**（direct-fee system）。欧洲人有
500 70%到90%的医疗支出资金来自于政府（通过税收来支付），但是美国政府只支付医疗费用中的43%（U.S. Department of Health and Human Services, 2011）。

在美国富人能够购买全世界最好的医疗服务，但是穷人获得的医疗服务要比欧洲同等收入水平的人糟糕很多。这种差异解释了和欧洲的许多国家相

全球快照

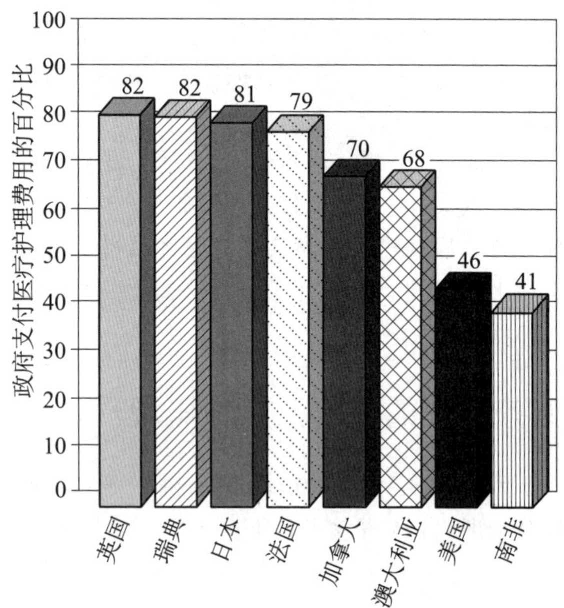

图21—2 部分国家公费治疗制度的覆盖范围

◎ 大多数高收入国家的政府比美国政府为其人民的医疗护理费用支付的比例都要高。

资料来源：World Bank (2010).

比，美国的婴儿和成年人死亡率都相对较高的原因（Population Reference Bureau，2010）。

包括缅因、佛蒙特、马萨诸塞在内的几个州，已经通过法案为州内所有人提供健康护理。为什么美国没有覆盖全国的医疗护理项目？首先在二战期间，政府冻结了工人的工资。作为一种在冻结工资之外增加补偿的方式，越来越多的雇主开始提供健康护理福利。其次，工会试图从雇主那里争取更多健康护理福利，而不是寻求政府项目。再次，公众一般来说支持个人的工人—雇主体系，而不是基于政府的体系。因为我们的文化强调自力更生。最后，美国医学会和健康保险产业一致强烈反对全国医疗护理体系。即使如此，奥巴马政府在2009年上台时，承诺让美国所有人都能享受到健康护理。

在美国健康护理费用异常昂贵毋庸置疑。医疗护理支出从1950年的120亿美元大幅度增长，到2009年将近2.5万亿美元。这个总额平均到每个人超过8 000美元，比世界上任何其他国家

医疗护理的消费都要高。那么谁来为这些医疗买单呢？

个人保险项目

2009 年，大约 1.7 亿人（56%）从其家庭成员的雇主或工会那里获得了一些医疗服务保险金。另外有 2 700 万人（9%）自己购买个人保险。虽然这些项目很少能支付全部医疗费用，但是两者加起来就有 65% 的美国人拥有个人保险（U.S. Census Bureau, 2010）。

公共保险项目

1965 年，国会确立了医疗保险和医疗补助制度。医疗保险为 65 岁以上的男性和女性支付部分医疗费用；2009 年，它覆盖了 4 300 万人，大约是总人口的 14%。同年，医疗补助制度这项为穷人服务的医疗保险计划，为 4 800 万人提供了保险金，大约是总人口的 16%。另外有 1 200 万退伍老兵（总人口的 4%）能从政府运营的医院获得免费医疗服务。总之，这个国家 31% 的人能够从政府获得医疗保险金，但是这些人中的大部分也有个人保险（U.S. Census Bureau, 2010）。

健康维护组织

在美国大约有 7 200 万人参加了**健康维护组织**（health maintenance organization，HMO），该组织对缴纳一定费用的成员提供综合医疗护理。不同的健康维护组织在成本和收益上各不相同，而且没有一个健康维护组织提供全额保险。固定的费用使得这些组织赢利，在一定程度上他们的成员能够保持健康；因此许多人对于健康采取预防的方式。同时，健康维护组织也因为拒绝支付他们认为不必要的医疗费用而遭到批评。国会目前正在争论在何种情况时病人能够诉之于健康维护组织获得更好的医疗。

总之，美国 83% 的人口拥有个人或公共的医疗保险。但是大部分医疗保险计划都不提供全额的医疗保险金，所以严重的疾病甚至威胁到财政上出现困难的中产阶级。大部分医疗保险计划也排除了某些医疗服务，比如牙齿护理、心理健康治疗以及药物滥用问题。更糟糕的是，5 100 万人（大约是总人口的 17%）根本就没有医疗保险，即使这当中 69% 的人都在工作。每年由于裁员或工作变动，很多这样的人暂时失去医疗保险。受医疗保健问题困扰的大多是低收入至中等收入的人群，这些人没有资格享有医疗补助，又支付不起使他们保持健康的预防性医疗护理费用（Brink，2002；U.S. Census Bureau, 2010）。

2010年的健康护理法案

在 2010 年，国会通过一项新的法案，使得这个国家支付医疗护理的方式发生重要改变。该项法案使得医疗保险覆盖到了更多人；同时，这项法案也有巨大的成本——估计未来 10 年花费将近 1 万亿美元——以至于这种改变需要分步实施。

新的医疗法案有以下几个重要特征： 501

1. 立即启动，所有家庭将要支付保险税。但是低收入家庭接受补助，以帮助支付保险支出；高收入家庭则要根据他们的收入缴付更高的税，来帮助这个项目积存资金。

2. 新法案实施后的六个月，根据法律将不会允许保险公司因为客户生病而拒保，也不能因为先前存在状况而拒绝支付小孩的保险金。

3. 保险公司不能在保费额度上设限，他们将为每个人终生支付医疗费用。

4. 父母能让孩子使用他们的健康医疗保险计划，一直到 26 岁。

5. 到 2014 年，保险公司将不能够因为之前存在的健康问题，拒绝支付任何年龄任何人的医

◎ 美国有着个人主义的文化，这使得许多人认为应该对自己的健康和医疗护理负责。2010 年的健康护理改革，向着政府应该确保每个人有最基本的医疗护理观点迈进了一步。并不奇怪的是，2010 的改革富有争议。在这个议题上你持什么立场？

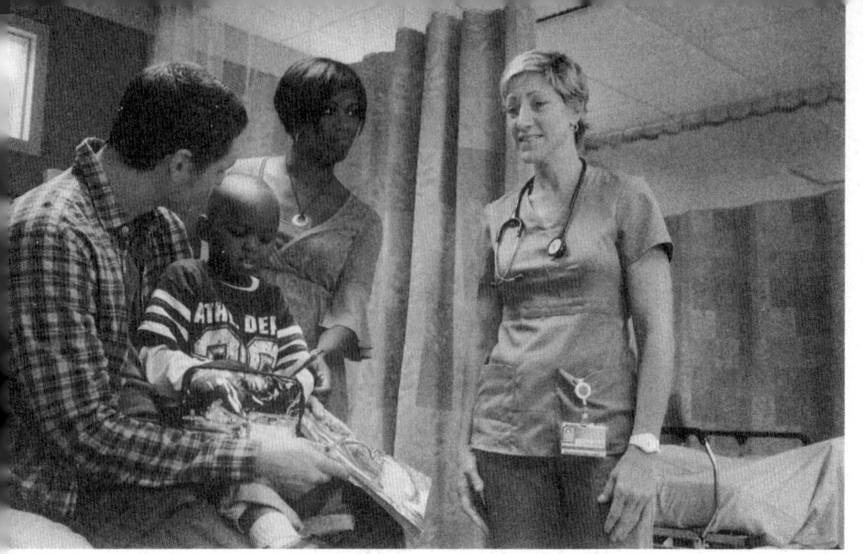

◎ 每周播放的美剧《护士当家》（*Nurse Jackie*）中正在上演着纽约一家大医院急诊室中护士所面临的种种挑战。美国对护士的需求正日益增长，你会考虑当一名护士吗？

疗费用。

6. 到 2014 年，所有家庭将都被要求购买保险。政府将监管可能的收益和成本。

7. 从 2014 年开始，对于那些不购保险的人开出罚单；这些罚金将会因时间变化而增加。

总之，2010 年的健康护理法案将针对美国 3 200 万（总计 5 100 万）的人们提供健康护理保险，这些人目前还没有得到保障。奥巴马政府宣称这笔钱尽管离健康护理全民覆盖还相差甚远，但是无论如何毕竟是向着这个目标迈了一大步。

护士短缺

医疗护理的另一个重要问题是全美护士的短缺。2008 年大约有 310 万的注册护士（拥有注册护士学位的人），自从 2004 年以来有 5% 的增长。与此同时，仍然有超过 10 万个护理岗位空缺。往前看，我们的老龄人口在未来数十年需要更多护理人员，以至于护士短缺被政府立项，计划到 2025 年增加 25 万多个岗位（U.S. Department of Health and Human Services，2010；American Association of Colleges of Nursing，2011）。

我们的社会正经历着护理需求的增长。这种不断增长的需求是由几个因素造成的。首先，医疗技术进步使得更多的疾病得到治愈。其次，医院的门诊服务快速扩大，诸如当天手术（same-day surgery）、康复和化疗等。再次，对于预防保健的关注增加，而不是简单的治疗疾病，意味着比以往有更多人接受护理。最后，也是最重要的是美国的老龄人口。相对于年轻人，我们社会的老年人享用更多的医疗服务。

护理领域仍然吸引着年轻人。自从 2004 年以来大约有 50 万人进入护理领域。即使如此，因为对于护士的需求与任何其他职业一样不断增长，新护士的供给仍然落后于快速膨胀的需求。护士供给不够的一个原因是护士学校没有足够的老师，这限制了他们的毕业生数量。一个更广泛的原因是今天的年轻女性有着更大范围的工作选择，因此很少能被传统的女性护理职业所吸引。工作期护士不断上升的年龄中位数明显地表明了这一事实，这个年龄中位数现在是 46 岁。另一个原因是现在很多护士对许多方面都感到不满，比如他们的工作条件、要应付大量的病人、过多的加班、压力重重的工作环境和缺乏从督导、医生及医院管理人员那里得到的承认与尊重。

护士的短缺正在威胁着健康护理。一项研究估计每年有超过 6 000 名住院病人死于因为护士短缺无法立即治疗。这一事实为这个领域带来改变。薪水从普通护士大约 62 000 美元上涨到注册护士 136 000 美元都在上涨，并且一名典型护士在近五年来薪水有着 16% 的增长。一些医院和医生为了吸引新的护士加入，提供了签约奖金。此外，护士项目正艰难尝试着雇用更为多元的人群，寻找更多的少数族群（当前所有护士中占到 16.8%）和更多的男性（现在仅仅是注册护士中的 7%）（Yin, 2002；Marquez，2006；American Association of College of Nursing，2010；U.S. Department of Health and Human Services，2010；U.S. Department of Labor，2011）。

健康与医疗的理论分析

◇ 应用

社会学每个主要理论都有助于我们梳理和解释有关人类健康的事实和议题。

502 结构—功能理论：角色

塔尔科特·帕森斯（Talcott Parsons，1951）将医疗视为一个社会用以维持其成员健康的策略。根据这个理论模型，疾病是功能失调的表现，因为它削弱了人们扮演他们各自角色的能力。

病人角色

社会对于疾病的反应不仅是提供医疗护理，而且是给予人们一个**病人角色**（sick role），即定义为适用于患病者的行为模式。根据帕森斯的观点，病人角色将人们从比如工作或者上课之类的常规的职责中解脱出来。然而，为了防止对这种特权的滥用，人们不能简单地声称自己生病了；他们必须“合乎事实”并且在严重的情况下获得医学专家的帮助。在获得病人角色以后，病人一定想要好转，而其一定会尽一切努力恢复健康，其中包括与健康医疗专业人员的合作。

医生角色

医生们评估人们述说的病情，并帮助他们摆脱病魔回到正常的轨道上来。为了达到这个目的，医生利用他们的专业知识，并且期望病人与其合作，向他们提供必要的信息，并遵照“医嘱”来完成治疗。

◇ 评价

帕森斯的分析将疾病和医疗同更广泛的社会组织结构联系到了一起。还有学者将病人角色的概念延伸到一些非疾病的情形，比如怀孕 (Myers & Grasmick，1989)。

病人角色概念的一个局限就是，它比较适用于一些急性病（比如流行感冒或者断腿），而对一些不能治愈的慢性病（比如心脏病）却不那么适用。另外，一个病人担任病人角色的能力（从工作中抽出时间去恢复健康）取决于这个病人的经济能力；比如许多在工作的穷人就不能够承担病人角色。最后，生病并不完全是功能失调；它也可能有一些积极的结果：许多经历重大疾病的人发现，生病让他们有机会重新评价他们的生活，并且更好地了解什么才是真正重要的（D.G. Myers，2000；Ehrenreich，2001）。

最后有批评家指出，帕森斯的分析将获得健康的责任交给医生，而不是病人。一种更倾向于预防的方式，认为我们每一个人作为个体担负着追求健康的责任。

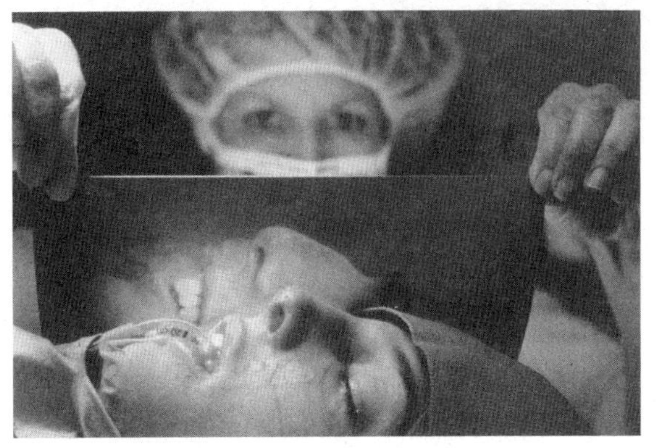

◎ 对健康的定义根植于文化标准，包括对于美丽的观点。每年数以百万计的人进行整容手术，来使得他们的外表符合社会上人们期待看到的外表。

▲检查你的学习 定义病人角色。以这种方式转变成病患的角色是如何有助于社会运转的?

符号互动理论：健康的意义

根据符号互动视角，与其说社会是一个宏观系统，不如说是一个复杂并不断变化的现实。在这个理论模型中，健康和医疗护理是人们在日常互动中的社会性建构。

疾病的社会建构

如果健康和疾病二者都是社会性建构，那么在一个贫困的社会中，人们会将饥饿与营养失调视为正常现象。同样，美国社会中很多人很少考虑油腻食物带来的不良后果。

我们对于疾病的反应也是基于是否与医疗事实相符的社会界定。AIDS 患者可能会被迫面对没有医学根据的偏见和恐惧。同样地，在一个假期前夕学生可能并不会留意真正生病的征兆，但是却会在期中考试前因为一点鼻塞声就赶往医院。简而言之，与其说健康是一个客观事实，不如说是协商的结果。

人们如何界定一种医疗情形，可能真的会影响他们的感受。大脑的状况引导着身体感觉，当出现这种身心失调时医学专家会感到惊奇（Hamrick, Anspaugh & Ezell, 1986）。运用社会学家 W. I. 托马斯的定律（参见第 6 章“日常生活的社会互动”），我们可以说一旦健康或者疾病被界定为真实的，结果它就会成为真实的。

治疗的社会建构

同样是在第 6 章，我们用了尔文・戈夫曼的拟剧论来解释医生如何调整适应他们的周遭环境（他们的办公室）和行为（“自我表演”），以让他人认为他们能胜任和负责。

社会学家琼・艾默森 (Joan Emerson, 1970）在对由男医生实施的妇产科医学检查的分析中进一步阐述了事实建构的过程。这种情况很容易会被人曲解，因为一个男人触摸一个女人的生殖器，通常会被看作一种性的行为而且可能是一种进攻性的。

为了确保人们将这种情形界定为非个人的并且专业的，医疗人员着装统一，而且诊室里的陈设是除了医疗设备而无其他。医生的态度和所有行为都是为了让病人感觉到，检查生殖器部位和医治身体其他任何部位没有区别。在检查过程中通常都有一位女护士在场，这不仅仅是为了协助医生，同时也是为了避免人们产生孤男寡女“独处”的感觉。

503 以这种方式进行情形界定的管理很少在医学院中讲授。这种缺失很不幸，因为就像埃默森分析中所表明的，了解人们在诊室中如何建构事实，与掌握治疗所需的医疗技能同样重要。

个人认同的社会建构

最后，由符号互动视角带来的洞见是手术如何能够影响人们的社会认同。原因是医疗过程对于我们如何看待自身有着重要影响，因为在我们的文化中将一些器官或身体的其他部位赋予重要的符号意义。失去臂膀的人（比如在战争中的搏斗）通常会对于是否与之前“一样是个人”有着严重的怀疑。手术的影响是重要的，甚至是当外表并没有明显改变的情况下也是如此。例如，简・埃尔森（Jean Elson，2004) 指出，美国三名女性中就有一个通过一种被称为子宫摘除术的手术将子宫摘除。埃尔森对于已经实施这个手术的女性的访谈发现，这类女性对于性别认同面临着严重的自我怀疑，实际上在问：“我仍然是女性吗？”在子宫摘除术中仅有 10% 是因为癌症；大多数是因为病痛、流血和囊肿这类严重的情形，但是并没有危险到排除其他治疗方案的地步。埃尔森指出如果他们意识到子宫的摘除对于许多女性来说有如此重要的象征性，医生可能更愿意考虑替代方案。

▲检查你的学习
解释健康、疾病治疗和个人认同都是社会性建构的意涵。

许多经历过胸部手术的女性大多有着相同的反应，质疑她们自己的女性认同，并且担心男性不再发现她们的吸引力。对于男性来说理解这些医疗方案的后果，唯一的方式是让他们想象自己对于因手术失去生殖器作如何反应。

◇ 评价

符号互动视角揭示出人们如何看待健康或有害取决于多种因素，严格说来并不是医学的因素。这个理论也表明在任何医疗程序中，病人和医疗人员都参与了事实建构的微妙过程。最后，该理论有助于我们理解肢体和其他身体器官的符号上的重要性；身体任何部位的缺失——因为事故或选择性的手术——都能对个人认同产生重要影响。

通过直接关注跟人们健康和疾病相关的意义，这也意味着关于人们的健康没有客观标准，因此符号互动理论招致了批评。无论我们如何去看待一些身体状况，这些情形实际上在人们那里都是因为定义变化引起的。例如，无论人们是以正常或不正常来界定环境，缺少足够的营养和安全的饮用水，都会使得他们遭受不健康环境带来的痛苦。

图 21—3 显示在美国今天描述自己身体状况“好于平均”水平的一年级大学生，已经比 1985 年减少很多。你认为这种趋势是反映了一种认知的转变，还是人们的健康状况真的变糟了（据说是因为吃了较多的不健康食品）？

社会冲突和女权主义理论：健康与不平等

社会冲突理论指出健康与社会不平等存在关联，并按照卡尔・马克思的观点，将医疗同资本主义的运转联系起来。研究者主要关注三个问题：获得医疗护理的机会、利润驱动的作用，以及医疗政治。

获得医疗护理的机会

健康对于每个人都很重要。然而资本主义社会通过要求人们购买医疗护理，从而让最富有的

学生快照

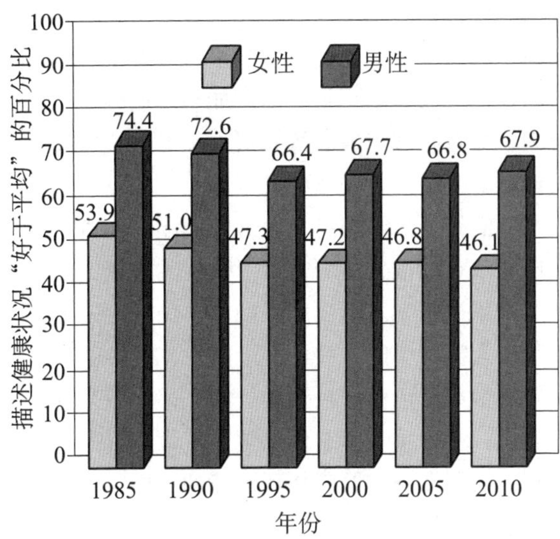

图 21—3 一年级大学生对身体健康状况的自我评估（1985—2010）

◎ 自1985年起，更少比例的学生描述自己的健康状况“好于平均”。

资料来源：Astin et al.(2002) and Pryor et al.(2011) .

人享受最好的健康护理。在美国获得医疗护理的机会问题比其他高收入国家更加严重，因为我们没有全民医疗保健制度。

冲突理论家认为，资本主义制度为富人提供最好的医疗护理，而不是为所有人。目前缺乏医疗护理的 5 100 万人当中，大多数都是中低收入人群。当严重疾病来袭的时候，在我们社会中富人和穷人的遭遇将会极大不同。

利润驱动

一些冲突理论分析者走得更远，认为真正的问题并不是获得医疗护理的机会，而是资本主义医疗自身的特征。利益动机使得医生、医院和制药业转变成为渴求金钱的利益团体。对更多利润的追求鼓励医生推荐不必要的检查和手术，并且过于依赖贵重的药物和治疗方案，而不是聚
504 焦于帮助人们改善生活条件和生活方式。

在美国每年进行的大约 2 500 万个手术中，有 3/4 是可选的，这意味着这些手术是为了促进健康长寿，而并非由于紧急医疗需要立即实施的。当然，任何医疗程序或者药物的使用都有风险，并且每年有 5% 到 10% 的病人最后受到伤害。因此社会冲突理论家认为，进行手术的决定不仅反映了病人医疗上的需求，也反映了外科医生和医院对经济利益的需求（Cowley，1995；Nuland，1999）。

最后，冲突理论家认为，我们的社会对于医生为病人安排的带着直接经济利益的检查和医疗过于宽容（Pear & Eckholm, 1991）。医疗护理应当是出于对人们的关心，而不应该为利益所驱动。

作为政治的医疗

虽然科学宣称自己政治中立，但是女权主义者觉得科学的医疗经常在重要的社会议题上带有立场。比如，医疗机构总是强烈反对政府医疗保健计划，并仅仅是近来才允许一定数量的女性加入医生队伍中来。医学自身的历史显示将女性和其他少数族群排斥在医疗体系之外的种族和性别歧视，但是这种歧视受到所谓“科学”观点的支持，大约认为这些类型的人群地位低下（Leavitt，1984）。想一下“歇斯底里症”（hysteria）的诊断，这个术语来源于希腊语“hyster”，意指“子宫”。当选择用这个词来形容一种疯狂而情绪激动的状态时，医学界是在暗指作为一个女人就等于某种程度上的无理性。

根据冲突理论的观点，即使今天科学的医疗也完全依据细菌和病毒来解释疾病，却忽略了贫困带来的破坏作用。实际上，科学的医疗通过将社会问题转换为简单的生物学问题，遮蔽了我们医疗制度中的偏见。

◇ 评价

社会冲突分析提出了关于健康、医疗和社会之间关系的一种观点。这一理论认为，社会不平等是某些人比其他人获得更好健康的原因。

对于冲突理论最常见的批评就是轻视了通过科学医疗和更好的生活水平，人们从美国医疗中获得的好处。尽管还有很大的改善空间，但是在 20 世纪之中整体而言人们的健康指数在稳步提高，并且相比其他的工业化国家来说表现不错。

▲检查你的学习 解释为什么健康和医疗护理跟社会阶级、资本主义、性别分层相关?

总之，社会学的三个主要理论视角解释了健康与医疗为什么是社会问题。第 564 页“应用理论”表格中概括了前述的三个主要理论视角。

但是不断进步的工业技术并不能解决所有的健康问题。相反，正如第 565 页“争鸣与辩论”专栏所说的，今天先进技术正引发了新的问题与焦虑。

法国著名科学家路易·巴斯德 (Louis Pasteur，1822—1895) 花费了大半生的时间研究细菌是如何引起疾病的。就在死前他说，健康更多的取决于社会环境而不是在社会环境中被发现的细菌本身（Gordon，1980：7）。解释巴斯德的深刻见解就是社会学对人类健康所作的贡献。

健康与医疗：展望

◇ 评价

在 20 世纪早期，由白喉和麻疹这样的传染病引起的死亡是很常见的。因为科学家们还没有研制出青霉素和其他抗生素，所以即使是一个小小的伤口都有可能引起感染，而且微小伤口一次小小的感染有时候都是致命的。一个世纪后的今天，美国社会中的大部分人——至少是大部分年轻人都把健康和长寿看作是理所应当的。

在美国大多数人为他们的健康承担起个人的 505
责任。即使如此仍然有几个担心的理由。不断增加的肥胖症是一个主要问题。如果这个趋势持续的话，那么年轻一代可能在某个时候首次有着较低的预期寿命，而不是更高。如果我们能够饮食合理，并且有规律地锻炼和戒烟，那么我们每个人都能够生活得更好和更长寿。

我们社会面临的另一个健康问题是本章一直讨论的双重标准，即为富人提供好的健康，但对于穷人来说带来了更高的患病率。国际比较显示美国在人类健康的一些标准上落后，因为我们人口中的大部分生活在社会的边缘。即使近来的改革之后，一个重要问题仍然是对于数以百万计的低收入人群和没有医疗护理保障的人们，我们的社会应该如何做。

最后，我们知道健康问题在低收入国家比在美国重要得多。一个好消息就是全世界的平均预期寿命总体而言已经延长了——从 1950 年的 48 岁到现在的 69 岁，而且延长最多的是贫困国家（Population Reference Bureau，2010）。但是在拉丁美洲、亚洲，尤其是非洲等很多地方，数亿成年人和孩子不仅缺乏医疗上的关照，而且还缺乏足够的食物和安全卫生的饮用水。改善全世界最贫困人群的健康状况仍是未来的重大挑战。

应用理论

健康

	结构—功能视角	符号互动视角	社会冲突视角
分析的层次是什么？	宏观层次	微观层次	宏观层次
健康如何与社会相联系？	疾病是社会的功能失调，因为它阻碍着人们扮演其日常角色。 虽然病人自己也试图好转，然而病人角色将患病的人们从责任中解脱出来。	不同的社会根据他们的生活标准对“健康”与“疾病”的界定不同。 人们如何界定他们的健康状况影响了他们的真实感受（身体与精神的情况）。	健康与社会平等相关联，因为富人比穷人有更多的机会享受医疗护理。 资本主义的医疗护理受利益驱动，不从人们的需要出发，只管治疗病症，却不把贫困看作生病的原因。

争鸣与辩论

基因预测：我们真的想知道吗？

费利萨： 在我结婚之前，我想要我的伴侣做基因测查。这就像是买一栋房子或一辆车，你应该在合同上签字之前检查一下。

伊娃： 你也期望得到质保吗？

实验室试管中的这种液体看起来够普通的，就像是一种浆状物。但是这种液体却是有史以来最伟大的医学突破之一，它甚至掌握了生命的关键。这种液体就是脱氧核糖核酸，或称DNA，是在人体细胞内发现的呈螺旋形的分子，它含有构成我们每一个人并使我们每一个人不同于他人的蓝图。

人体是由大约100万亿个细胞组成的，大部分细胞都有一个核，每个细胞核包含23对染色体（每一对染色体中的每一个分别来源于父母亲中的一个）。每一个染色体被包含在一个DNA中，被分割成片段就叫做基因。基因操纵着作为人体基础的蛋白质的生成。

如果遗传学听起来很复杂（事实上也是），那么遗传学知识的社会涵义就更复杂了。科学家于1952年发现了DNA分子的结构，而且最近这些年他们在绘制人类基因组图谱上取得了巨大成功。绘制基因图会帮助理解DNA的每一个片段是如何形成我们的有机体的。但是我们真的想要用这些来揭露生命本身的奥秘吗？一旦有了这些知识我们用它来做什么？

在人类基因组计划中，许多科学家发现了在某些疾病发生之前对其进行预防的机会。基因研究已经发现了导致一些癌症的基因突变，比如镰状红细胞贫血病、肌肉萎缩症、亨廷顿氏舞蹈症、囊肿性纤维化以及其他的一些严重的致命的病痛。将来，遗传筛选——一个科学的预测能让人们知道自己患病的命运，并让医生们能够控制基因片段以至于在疾病出现之前就阻止它。

但是许多人对这样的研究还是提出了警告，他们告诫说遗传学知识很可能会被滥用。最糟糕的是，绘制基因图类似于为纳粹培育超级种族的企图打开了方便之门。

有些父母将想要利用基因测试来评估他们未来孩子的健康（甚至眼睛和头发的颜色）看起来也不可避免。这个基因测试技术会使这些父母因为未出生的胎儿不够他们的标准或者为了制造“设计好的孩子”而去堕胎。

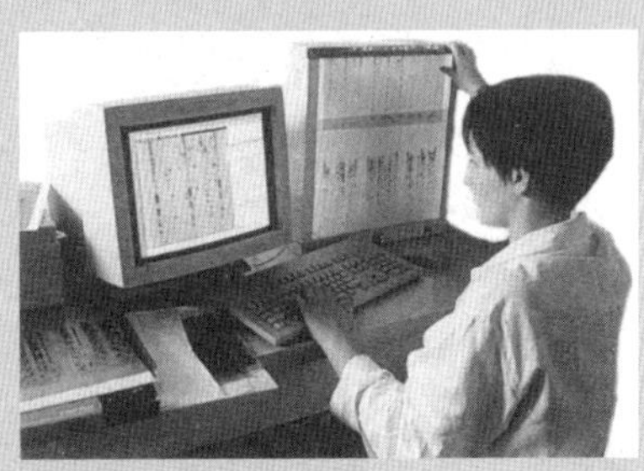

◎ 科学家对基因因素导致的很多严重疾病正了解得越来越多。如果给你一个机会，那么你会去做可以预测你未来健康状况的基因筛选吗？

然后就是出现了“基因隐私”这个问题。一个未来的妻子能在同意结婚之前要求对她的未婚夫进行基因评估吗？一个人寿保险公司能在发布一个政策之前要求基因测试吗？一个雇主能为了淘汰那些将来会因为生病耗尽公司医疗保险资金的人而去甄选应征者吗？很显然，科学上可能的事在道德上并不总是可取的。社会已经在努力解决如何合理利用我们不断丰富的遗传学知识的问题了。当基因研究在未来的岁月继续进步的时候，这样的伦理两难困境还会增加。

你怎么想？

1. 传统的结婚誓言是“不论疾病或是健康”双方始终陪伴在一起。你认为在婚事未定之前，人们是否有权知道他们可能的配偶未来的健康状况？为什么是或者为什么不是？
2. 你认为父母是否应该能够在遗传上“设计”他们的孩子？为什么是或者为什么不是？
3. 私人的公司进行基因研究能够为他们的发现获得专利权，这样他们就能从中获利，这样做是否正确？或者，这些基因研究的信息是不是对每个人来说都应该是可得的？解释你的答案。

资料来源：D.Thompson (1999) and Golden & Lemonick（2000）.

日常生活中的社会学

第21章　健康与医疗

社会如何影响着健康的模式？

特定的职业使得人们比平均水平有着更高的事故或死亡风险。一个例子是采煤，很长时间里它是有着最高死亡率的工作之一。尽管在美国煤矿事故中的死亡数量在过去这些年一直在下降，且矿工试图避免煤矿塌陷或爆炸，但矿工通常仍然要遭受长时间呼吸煤尘带来的危害。看看下面这些图片：他们如何将健康和一种生活方式联系起来？

提示

美国最危险的工作是农业（危险来自于使用大型机械设备）、矿业、木材砍伐、货车运输和高层建筑修建。军队的大多数成员每年也面临着危险。总之，工人阶级比中产阶级有着更大的风险，后者通常在办公室工作，男性也在大多数危险工作中占据主导。总的来说，每年大约有 6 000 名美国工人（不包括军队人员）在工地事故中丧失。

如同此人一样的渔船船员（见图片），在数月里同时与大海浪和经常出现的严寒低温战斗。如同电视剧《致命捕捞》（*The Deadliest Catch*）所记录的，没有死亡和严重受伤的渔季非常少见，属于幸运的渔季。还有其他什么工作危及美国工人的健康和幸福生活？

煤矿中的高死亡人数已经是过去式吗？在2007年，据报道，中国的煤矿中有3 786人死亡。上图是一起造成80名矿工死亡的瓦斯爆炸后，救援人员正在从矿井中搬运尸体。

在美国历史上，煤矿工人死亡人数最高的年份是1907年，当时3 242名矿工丧生。这张照片摄于西弗吉尼亚莫蒙加附近一起煤矿爆炸之后，该事故造成了358人死亡。在2010年有71名矿工丧生。在煤矿的历史和健康之间，你能看到何种社会模式（想想阶级、性别和其他因素）？

从你的日常生活中发现社会学

1. 到当地的法院或市政府去查阅人们死亡原因和年龄的记录。比较一个世纪之前和今天的记录。在预期寿命和死亡原因上你能发现何种模式？
2. 采访一名助产士（许多会在黄页上列出他们的服务电话号码），了解其帮助女性生育小孩的工作。助产士与产科医生之间有什么不同？
3. 从本章中你学习到的哪些知识，有助于你用来改进自己的健康？更多关于健康的社会学研究，登录mysoclab.com，阅读“从你的日常生活中发现社会学”专栏，在那里你可以找到关于本章的内容如何对自己有用的建议。

第21章 健康与医疗

健康是什么？

健康与社会

健康是一个社会问题，因为个人的健康取决于一个社会的科学技术和这个社会的资源分配情况。

- 一个社会的文化塑造着对于健康的定义，并随着时间而改变。
- 一个社会的技术发展水平影响着人们的健康。
- 社会不平等影响着人们的健康。 pp. 488-89

健康（p.488）：身体、精神及社会生活方面完全的良好状态。

健康：全球概观

低收入国家的健康

- 贫穷的国家面临着医疗设施缺乏、饥饿以及其他与贫困相关的问题。
- 低收入国家的预期寿命比美国要低20岁左右；在最穷的国家，一年出生的小孩中10%死去，并且在20岁之前有25%去世。 p. 489

高收入国家的健康

- 在19世纪，西欧和北美的工业化极大地改善了人们的健康状况。
- 一个世纪之前，传染病是主要的死亡原因；今天，美国大多数人死于诸如心脏、癌症和中风之类的老年疾病。 p. 489

社会流行病学（p.490）：研究健康及疾病在社会总人口中如何分布。

饮食失调（p.492）：为了变瘦而过度节食或其他不健康的控制体重的方法引起的失调。

安乐死（p.496）：帮助得了不治之症的人死亡，也称为“无痛苦致死术”。

美国的健康状况

谁是健康的？年龄、性别、阶级和种族

- 今天超过3/4的美国小孩出生后将至少活到65岁。
- 纵观整个生命，女性往往比男性更为健康。我们的文化中对于男子气的定义，促使了攻击性和个人主义的行为，这使得与事故和暴力一样，男性有着更高的冠状动脉疾病患病率。
- 社会地位高的人比穷人享有更好的健康、更好的营养，能获得更多的健康护理，以及更为安全和较少压力的生活环境。
- 在非裔美国人之中的贫困，差不多是白人的3倍之多，这有助于解释为什么黑人在婴幼儿期更容易死亡，并且遭受着暴力、滥用药物和健康不佳带来的不良影响。 pp. 490-491

吸烟

- 吸烟是死亡中最重要的可预防因素；美国超过44万人因为吸烟而过早地去世。
- 许多人吸烟是作为释放压力的一种方式。吸烟在男性、工人群体、离异人群、失业者以及曾在军队服役的人中更为普遍。
- 烟草制品在美国是900亿美元的产业；烟草工业在海外的销售还在增长，尤其是低收入国家。 pp. 491-92

饮食失调与肥胖症

- 饮食失调——厌食症和贪食症——都跟文化中对于苗条的期望有关；饮食失调的人中有95%是女性。
- 在美国，63%的成人过于肥胖；过胖提高了患上心脏病、中风和糖尿病的风险。
- 肥胖症的社会原因包括懒惰的生活方式、盐分和脂肪过高的食物。 pp. 492-93

性传染病

- 性传染病从20世纪60年代开始的“性革命”中成为全国关注的议题；到80年代后期，性传染病的危害，尤其是AIDS带来反性革命，人们开始远离随意的性行为。
- 特定行为使得人们有着感染AIDS的风险，包括肛交、共用针管和吸食毒品。 pp.493-96

围绕死亡展开的伦理问题

- 对于医疗技术使用的质疑，增加了健康和医疗的伦理维度。
- 对于“死的权利”的支持者认为，当使用或拒绝采用治疗方案来延长生命的时候，个人应该能够为他们自己做出决定。 pp.496-97

医疗建制

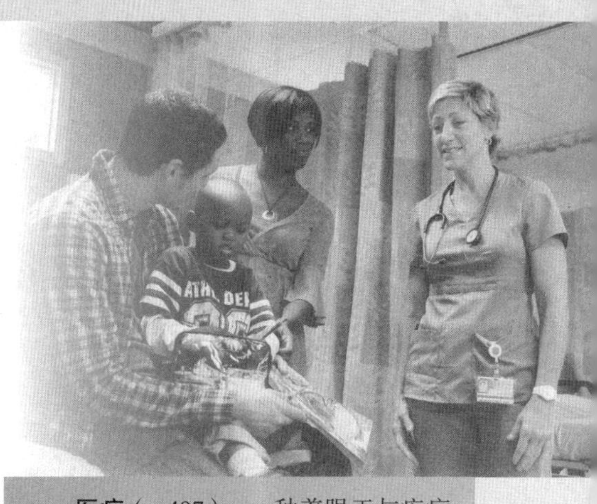

科学医疗的兴起

- 历史上健康护理是家庭的关怀，但是随着工业化开始成为了受过训练的专业人士的职业。
- 科学医疗的模式是美国医疗建制的基础。 **p. 497**

整体医疗

- 整体医疗聚焦于疾病的预防，比科学医疗采用更为广泛和更多传统的方式。
- 整体疗法的医生关注健康而不是疾病；他们强调将病人当作普通人来看待，因此人们为他们自己的健康负责，并且在人性化、放松的环境中提供治疗。

pp. 497-98

医疗护理的成本：全球概观

- 中国与俄罗斯将医疗护理定义为一种权利；政府平等地为每个人提供基本的护理。
- 西方国家将医疗护理视作一种需要购买的商品，尽管如此，大多数资本主义国家的政府通过公费医疗或国民健康保险来帮助支付医疗费用。 **pp. 498-99**

付费医疗：美国

- 有着直接付费制度的美国是高收入国家中仅有的没有全民健康护理计划的国家。
- 在美国大多数人拥有个人或政府健康保险，但是将近5 100万人没有医疗保险。

pp. 499-501

护士短缺

- 美国社会的老龄化是护士需求上升的主要因素。
- 在美国当前有超过10万个注册护士的岗位空缺。
- 今天女性职业选择范围的扩大造成了很少有年轻女性选择传统的女性职业。工资水平的上涨和努力聘用更多男性进入这个领域已经开始。 **p. 501**

医疗（p.497）：一种着眼于与疾病作斗争和促进健康的社会制度。

整体医疗（p.497）：一种强调疾病的预防，并考虑一个人整体的身体和社会环境的健康护理方式。

公费医疗制度（p.499）：政府拥有并运营着大部分医疗机构，并且雇用大部分医生的医疗护理制度。

直接付费制度（p.568）：病人直接付费购买医生和医院提供的服务的医疗护理制度。

健康维护组织（p.500）：对缴纳一定费用的成员提供综合医疗护理的组织。

健康与医疗的理论分析

结构—功能视角认为疾病是一种功能失调，因为它减少了人们扮演他们角色的能力。根据塔尔科特·帕森斯的观点，社会通过界定角色来对疾病做出反应：

- 病人角色将患病者从常规的社会责任中排出。
- 医生角色是使用专业知识来负责病人的康复。 **p. 502**

符号互动视角探究了健康和医疗是如果通过人们的日常互动社会性建构起来的：

- 我们对于疾病的反应并非总是基于医学事实。
- 人们如何界定医疗情境可能影响着他们如何去感知它。 **pp. 502-3**

社会冲突和女权主义视角聚焦在健康和医疗护理的不平等分布。他们批判美国的医疗体系，因为：

- 过于依赖药物和手术。
- 利润驱动主导。
- 过于强调疾病的生物性而不是社会原因。 **pp. 503-4**

病人角色（p.502）：定义为适用于患病者的行为模式。

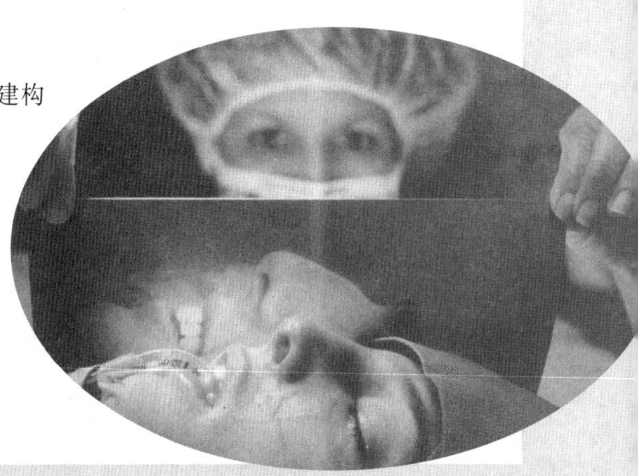

20 DE NOV
F SERVANDO Pte
PINO SUAREZ 7 a 10 hs
F SERVANDO Ote
FRAY SERVANDO PTE
PRECAUCION
20 DE NOVIEMBRE

第22章 人口、城市化与环境

学习目标

◇ 记忆

本章黑体关键名词的定义。

◇ 理解

自然环境影响社会运行的方式。

◇ 应用

人口学的概念和理论，了解全世界人口变化趋势。

◇ 分析

城市和乡村社会生活的许多不同之处。

◇ 评价

现在全球人口增长趋势和自然环境的状况。

◇ 创造

一种人们能够在可持续环境下生存的视角。

512

本章概览

本章主要探究社会变革中三个重要的且相互关联的部分：人口动态、城市化和自然环境面临的日益增长的威胁。

已经有很多关于2012年我们的地球将会发生什么的讨论，古代玛雅人曾预言这一年将有巨大的改变发生。没有人确定未来会发生什么，但有一件事是确定的：当我们迎接2012年到来的时候，我们的地球将是一个拥有70亿人口的大家庭——比历史上任何时期都多。

从某种程度上说，全球人口创纪录似乎是一件好事——更多的人活着而且比以前活得更久。但是，危险的信号已经指向一场未来的危机。一方面，越来越多的人需要越来越多的食物。而各地的食物价格都在上涨，世界上的一些地区食物的花费已经达到危机的标准。类似地，大多数人现在都住在城市中，世界上人口最多的几个城市——都在低收入国家——的人口远远比以前多。最终，地球上人口的猛增意味着我们将消耗更多的石油、水源以及其他资源；另外，我们正在创造空前的浪费高峰。

很难想象拥有70亿人口意味着什么。但考虑一下——仅仅50年之前，地球上的人口还不到现在的一半。我们无法确定未来几十年这会给我们带来什么，但可以肯定的是巨大的改变在等着我们。

人口学：对于人口的研究

◇ 应用

当12 000年以前人类第一次开始种植植物的时候，世界上所有智人的人口只有大概500万，这个数字相当于现在生活在明尼苏达州的人口。人口非常缓慢地增长，公元1年的全球人口总共达到3亿，相当于现在美国的总人口。

从1750年左右开始，世界人口开始飙升。现在我们地球上的人口以每年超过8 000万的速度增长；现在，全球人口已经达到69亿（Population Reference Bureau，2010）。

这个戏剧性事件的原因与结果就是**人口学**（demography）研究的基础，人口学就是对于人口的研究。人口学（来自于古希腊的说法，意思是“描述人类”）是社会学的同辈表亲，分析的是人口的规模与构成，同时研究人们怎样以及为什么从一个地方搬到另外一个地方。人口学不仅仅收集统计资料，同时也提出关于影响人口增长的重要问题和怎样控制人口的建议。以下几个部分展现了基本的人口学概念。

生育率

关于人口数量是从多少人出生开始研究的。**生育率**（fertility）是给定年份里一个国家的人口分娩的发生率。一个女人可以生小孩的那几十年里，从最开始的月经初潮（一般在13～19岁）到绝经期（一般在40岁末），她有绝对的能力分娩超过20个小孩。但是，生殖力旺盛以及最大限度可能的分娩，却由于文化规范、财产以及个人选择而急剧降低了。

人口学家用**粗出生率**（crude birth rate）描绘了生育率，即在某个给定的年份里，每1 000个人当中成活婴儿的数量。计算粗出生率，可用一年当中成活婴儿的出生数量除以社会总人口，然后把结果乘以1 000。2009年在美国3.07亿人口当中，有410万成活的婴儿出生，你可以发现那一年的粗出生率是13.4（Hamilton et al.，2010）。

> 1月18日，俄亥俄州科肖克顿县。刚刚吃了一顿颇有风味的马铃薯和肉，这是一顿典型的阿米什人的美味，然后我们在雅各布·拉伯的起居室聚集起来，他是阿米什农村社区当中的一个成员。拉伯夫人，一个有着4个孩子的母亲，告诉我们关于阿米什人的生活。“我所知道的大多数的妇女都有5到6个小孩，”她微笑着说，“但是当然不是每个人——有些有11个或者是12个！”

一个国家的出生率用“粗”来描绘，因为这个统计是以整个人口数量为基础的，不仅仅指女人在她们分娩的那些年里。另外，这些测量忽略了大量人种之间的区别：例如，阿米什人的生育
513 率是非常高的，而亚裔美国人却是非常低的。但是这些粗略的测量很容易计算并且允许两个有联系的国家或地区之间的生育率有误差性的比较。图22—1（a）显示了全球范围内，北美的粗出生率是很低的。

死亡率

人口规模也反映出了**死亡率**（mortality），这是一个国家人口死亡的发生率。为了测量死亡率，人口学家使用了**粗死亡率**（crude death rate），即在一个给定的年份里，人口当中的每1 000人当中的死亡数量。这一次，我们用一年当中的人口死亡数量除以总的人口数量，然后把结果乘以1 000。2009年，在美国3.07亿的人口当中有240万的人口死亡。使得粗死亡率达到7.8（Kochanek et al.，2011）。图22—1（a）显示了这个死亡率的平均水平。

第三种有用的统计人口的方法是计算**婴儿死亡率**（infant mortality rate），即给定的年份中，每1 000个出生的婴儿中，1岁以下婴儿死亡的数量。为了计算婴儿死亡率，用同一年的婴儿死亡数量除以婴儿存活数量，然后把结果乘以1 000。在2009年的时候，在美国，婴儿的死亡数量为26 531，存活数量为410万。用第一个数字除以第二个数字，再把结果乘以1 000，得出的婴儿死亡率为6.47。如图22—1（b）指出的，就世界标准而言，北美地区的婴儿死亡率是较低的。

全球快照

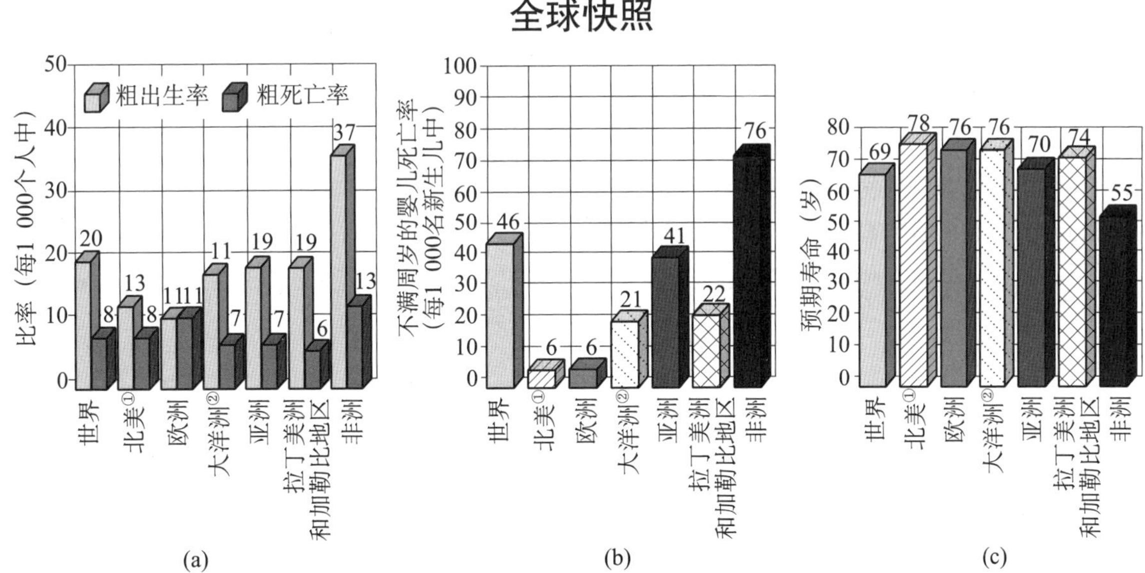

图22—1　粗出生率和粗死亡率（a）、婴儿死亡率（b），以及2010年全世界的预期寿命（c）

◎从全世界的水平来看，北美有着低的出生率和平均水平的死亡率、很低的婴儿死亡率以及很高的预期寿命。

①美国和加拿大　②澳大利亚、新西兰和南太平洋诸岛

资料来源：Population Reference Bureau（2010）.

但是请记住，不同类别的人之间存在差异。举个例子，美国的黑人，他们的贫穷负担是美国白人的 3 倍。他们的婴儿死亡率为 12.7，是白人婴儿死亡率 5.3 的两倍多。

低的婴儿死亡率很大程度上提高了人的**预期寿命**（life expectancy），即一个国家人口的平均寿命范围。在美国，2009 年出生的男性预期可以活 75.7 年，而女性则预期可以活 80.6 年。就如图 22—1（c）部分所示，北美人的平均寿命比典型的非洲低收入国家的人高 23 岁。

移民

人口规模也受移民的影响。所谓**移民**（migration），就是某指定地点的人口的迁入或迁出。迁移进入某个地区，或者叫移民移居入境，这个以迁入率来测量，即人口中的每 1 000 人中进入一个地区的数量。迁移离开某个地区，或者叫移民出境，这个以迁出率来测量，即人口中的每 1 000 人中离开一个地区的数量。两种形式的移民通常是同时发生的。它们的差额就是净移民率。

所有的国家都经历过内部的人口变迁，那就是，在国界内人口由一个地区移向另一个地区。

移民有时是人们自愿的，例如，人们从一个
514 小镇移民到一个大城市。在这样的情形下，“推力—拉力”因素就起到很重要的作用；工作岗位的不足，“推着”人们去移民，更多的别的就业机会“拉住”人们移民到大城市。移民也有可能是非自愿的。就像强制地把 1 000 万的非洲人作为奴隶运到西方北半球国家或者如卡特里娜飓风造成新奥尔良成千上万的人流离失所。

人口增长

生育率、死亡率、移民都会影响到社会的人口规模。一般而言，富裕的国家（就像美国），移民入境的因素和人口自然增长的因素，对于人口增长的影响是同样的；贫穷的国家（就像巴基斯坦）人口增长几乎全依赖于自然增长。

为了计算人口的自然增长率，人口学家用粗出生率减去粗死亡率。在 2009 年，美国人口的自然增长率为 5.6‰（粗出生率 13.4 减去粗死亡率 7.8），或者说是每年 0.6% 的人口增长率。

美国以及其他一些高收入国家的人口增长率，远低于世界平均水平的 1.2%。世界上人口增长率较低的洲为欧洲（最近没有增长）、北美（0.6%）。接近世界平均水平的是大洋洲（1.1%）、亚洲（1.2%）和拉丁美洲（1.3%）。世界上人口增长率最高的地区是非洲（2.4%）。

一种较为方便的方法来估计人口的增长率，就是将一个社会的人口增长率除以 70 这个数字。这就可以发现几年时间内人口就可以倍增。这样每年的人口增长率为 2%（在拉丁美洲国家，如玻利维亚、洪都拉斯和伯利兹），在 35 年内人口翻了一倍。3% 的人口增长率（在非洲的一些国家，如尼日尔、马里和索马里）在 23 年内人口翻了一倍。贫穷国家的快速人口增长率深深地让人困扰，因为这些国家几乎不能养活这些人口。

人口的构成

人口学家也及时地研究在某一给定时间的社会的人口构成。一种变量是**性别比**（sex ratio），

人口学 对于人口的研究。

生育率 给定年份里一个国家的人口分娩的发生率。
粗出生率 某个给定的年份里，每 1 000 个人当中成活婴儿的数量。

死亡率 一个国家人口死亡的发生率。
粗死亡率 在一个给定的年份里，人口当中的每 1 000 人当中的死亡数量。
婴儿死亡率 给定的年份中，每 1 000 个出生的婴儿中，1 岁以下的婴儿死亡的数量。

移民 某指定地点的人口的迁入或迁出。

即在一个国家当中每100个女性所能配得的男性数量。在2009年，美国的性别比是97（或者说每100个女性只能有97.4个男性与她们配对）。
515 性别比总是低于100，因为平均下来女人比男人活得更久。在某些地方，比如堪萨斯州的普莱恩维尔，有人口老龄化趋势，性别比只有89，或者说每100个女性只有89个男性与她们配对。但是印度的性别比是106，因为更多的父母更疼爱儿子而不是女儿，或者会把女胎堕掉，就算在女孩出生之后，因为更多的照料给予了男孩，不平等就提升了，女孩就有可能会死掉。

一个更复杂的方法是运用**年龄—性别金字塔**（age-sex pyramid），一种对人口的年龄、性别的图形式的描述。图22—2展示了美国和墨西哥的人口年龄—性别金字塔。更高的死亡率和上涨的年龄给予了这些图形一个大致上的金字塔形状。在美国的金字塔当中，在中间的凸出部分反映了在1940年中期到1960年中期婴儿的高出生率。在人们20到30多岁之间的紧缩反映了随后的婴儿出生率的缓慢增长。出生率从1957年的25.3继续下降到2009年的几乎只有一半的13.4。

与美国相比，墨西哥的年龄—性别金字塔展现了不同的人口发展趋向。墨西哥的年龄—性别金字塔，就像其他的低收入国家一样，底部很宽（反映了高的出生率），然后在我们称之为中年的时候很快变窄（归因于高的死亡率）。简而言之，墨西哥是一个更为年轻的社会，年龄的中位数是27岁，而美国是37岁。考虑到有很大一部分女性还在她们的生育期，因此墨西哥的粗出生率（19），高于美国（13.4），其每年的人口增长率（1.1%）几乎是美国（0.6%）的两倍。

人口增长的历史和理论 516

在过去，人们想有一个大家庭，因为劳动力是生产的关键。另外，在18世纪中叶发明避孕套之前，对于怀孕的预防是不确定的。但传染病带来的高死亡率，打断了持续的人口增长。

一个重要的人口统计的变换开始于1750年，当时世界人口数量开始上升，在1800年时，人口达到了10亿。这个里程碑（是几乎花了整个人类历史的时间才达到的）仅到一个多世纪后的1930年才又重复出现，那时地球上的人口又增加了第二个10亿。换句话说，不仅是人口增长了，连人口速度也加快了。在1962年，全球人

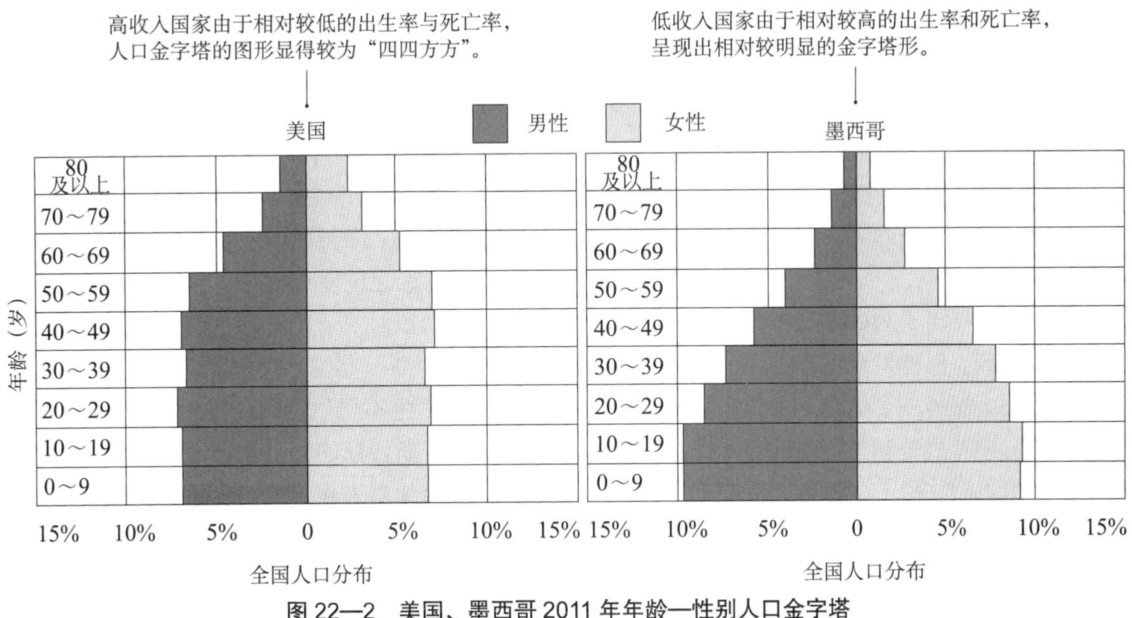

图22—2 美国、墨西哥2011年年龄—性别人口金字塔

◎ 通过观察一个国家的人口金字塔外形，你能发现其经济发展水平和未来人口增长的水平。

资料来源：U.S.Census Bureau（2011）.

口已经增长到30亿（仅32年后），在1974年达到了40亿（仅12年后）。世界人口增长到最近已经稳定下来了，但是我们地球的人口在1987年已经到达50亿，1999年到达了60亿，现在已经达到了69亿（2010）。在以前的世纪当中，甚至没有出现过人口翻倍的情况；在20世纪，已经翻了3倍了。

最近，世界每年要增加8 300万的人口；其中97%的增长来自贫穷的国家。专家预言，世界人口很快会达到70亿，并在2050年缓慢爬升到90亿左右（United Nations Population Reference Division，2009）。如何供养目前的这些人口是一个世界性难题，这样的人口增长是一件值得迫切关注的问题。

马尔萨斯理论

250年前人口的突然增长，刺激了人口学的发展。托马斯·罗伯特·马尔萨斯（Thomas Robert Malthus，1766—1834），一位英国的经济学家和教士，警告说人口增长很快会导致社会的混乱。马尔萨斯（1926，orig. 1798）推测人口将会以数学上几何级数的方式增长，例如这些数字：2，4，8，16，32，等。马尔萨斯总结说，按照这样的速度，世界人口的剧增将会失控。

食物的生产也将增加，马尔萨斯解释说，但是这只是以算术级数（就像2，3，4，5，6，等）的速度增加。因为即使采用新的农业技术，土地也是有限的。因此马尔萨斯表现出了对未来悲观的想法：人口的再生速度超过了地球能够提供的供给，最后导致对剩下资源争夺的世界范围内的饥荒和战争。

马尔萨斯指出人为的生育控制和节欲可能会改变他的预测。但他发现这其中一个做法存在道德性的错误，而另一个做法很不切实际。在马尔萨斯的脑海中，战争和饥荒缠绕着人类，所以他以一个“沮丧的牧师”而闻名。

▲检查你的学习
马尔萨斯关于人口增长的预期结果是怎么样的？关于食物生产的预期是怎么样的？马尔萨斯理论的全面结论是什么？

◇ 评价

幸运的是，马尔萨斯的预测是有瑕疵的。第一，在1850年，欧洲的人口出生率开始下降，一部分是因为小孩已成为经济的负担，而不是资产，另一部分是因为人们已经开始人为控制生育了。第二，马尔萨斯低估了人类的才智：现代的灌溉技术、化肥和农药，对农业生产的促进远超过他那时可以想象的（Yemma，2011）。 517

一些人批评马尔萨斯忽视了世界存在的富足和饥饿的不平等现象。例如，卡尔·马克思（1967，orig.1867）反对认为受难是“自然法则”而非资本主义祸害的看法。最近，“苛刻的人口学家”认为那些声称贫穷是由低收入国家的高出生率引起的说法相当于谴责受害者。相反，他们看到的全球不平等才是真正的关键（Horton，1999；Kuumba，1999）。

马尔萨斯仍然提供了重要的一课。可供居住的土地、干净的水和新鲜的空气是有限的资源，高的经济生产水平对自然环境造成了极大的损害。另外，医学进步已经降低了死亡率，推动了世界人口增长。常识告诉我们不管怎么样的人口增长都不会永远持续下去。任何地方的人都必须意识到人口增长所带来的危险。

人口转变理论

一个更加复杂的人口变化分析是**人口转变理论**（demographic transition theory），它把人口格局与社会技术发展水平联系起来。图22—3显示在四个技术发展水平上的人口发展结果。

第一阶段，工业化前的农业社会，由于多生小孩的经济价值观以及缺乏有效出生人口控制措施，有着高的出生率。低的生活标准和有限的医学技术使死亡率也相当高。疾病的蔓延抵消了出生，使人口的升降在大体上保持平衡。这就是工业革命之前欧洲数千年的状况。

第二阶段，工业化开始，由于丰富的食物供给和医学科学，带来的人口转变为死亡率的下降。但是出生率仍然很高，导致人口快速增长。在欧洲第二阶段期间，马尔萨斯确切表达了他的观点，解释他对未来的消极看法。世界上最贫穷的国家到今天仍处于这个高增长阶段。

第三阶段，一个成熟的工业经济，出生率的降低再一次抑制了人口的增长。在高标准生活水平下，把小孩抚养成人相当费钱，使得人口出生率下降。简而言之，富足使孩子从经济资产变成

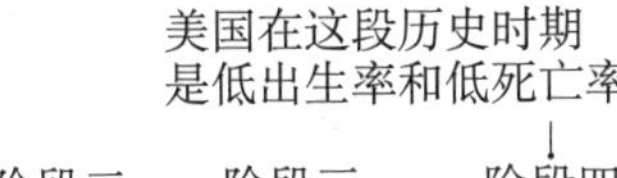

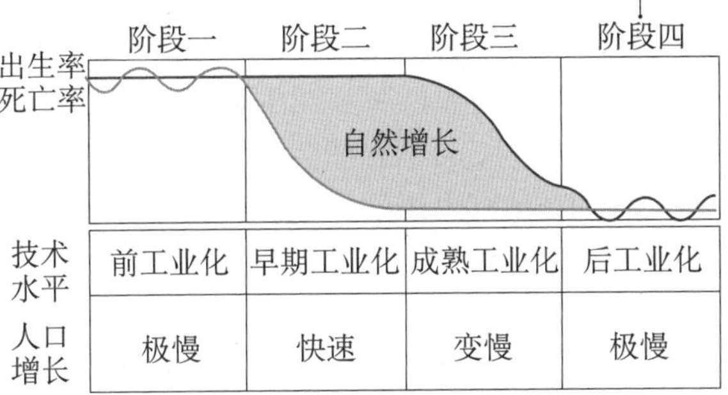

图 22—3　人口转变理论

◎ 人口转变理论阐述的是人口变化对社会技术水平发展的影响。

了经济负担。小家庭中，通过控制生育和女性外出工作，生活更加有利。出生率和死亡率相对降低，人口增长进一步减慢。

第四阶段，后工业化的经济，这时人口转变已经完成。出生率保持下降，部分是因为双职工家庭逐渐成为趋势，部分是因为抚养孩子的成本继续增长。这种趋势，加上稳定的死亡率，意味着人口增长是非常慢的，甚至负增长。在日本、欧洲和美国都有这样的情况发生。

◇ 评价

人口转变理论认为控制人口的关键在于科技。相较于失控的人口增长让马尔萨斯感到害怕，这个理论却看到科技的缓慢发展以及物质的愈渐充足。

518 人口转变理论是跟现代化理论相关联的。全球化发展的这种视角已在第 12 章提及（“全球分层”）。现代化理论是积极的，贫穷的国家能把人口问题看作是他们的工业化问题来解决。但是评论家，特别是一些依附理论家强烈地反对。他们主张，除非对全球资源进行重新分配，否则我们的星球将会迅速变成工业化社会所展现的那样，即拥有缓慢的人口增长速度，同时变成工业化社会所没有的那样，即白白地费力养活越来越多的人口。

全球人口现状：一个简短的概观

对如今世界上的人口，我们能说些什么呢？利用目前的讨论，我们可以区分重要的模式并且得出几点结论。

低增长的北半球

当北半球开始工业化革命的时候，西欧和北美的年人口增长率竟然高达 3%。但是自从那些世纪之后，增长率在稳步地下降，在 1970 年，已经下降到了 1% 以下。当后工业化社会进入第四阶段时，美国的出生率水平变成了每个妇女生育 2.1 个小孩，即一个人口学上的**人口零增长**（zero population grouth）点，人口再生产水平维持在一个稳定的阶段。在 2010 年，几乎 83 个高收入的国家，它的人口增长率都在零或者以下。

在后工业化社会中，大量的男女劳动力、抚养孩子的费用的增加、晚婚趋热、单身、避孕工具的热销以及堕胎等都成为降低人口增长的因素。

然而，对于高收入国家，人口增长不是什么有压力的问题，可是人口增长问题却成了贫穷国家的压力。相反，许多高收入国家政府，包括意大利和日本，很担心未来的人口稀少问题，因为降低的人口数量可能很难改变，并且膨胀的老年人群体需要越来越少的年轻人的照顾（Population Reference Bureau，2010；United Nations Development Programme，2010；El Nasser & Overberg，2011）。

高增长的南半球

在南半球贫穷的国家当中，人口是一个严重

◎ 这是印度加尔各答的一条街道。这似乎体现了在马尔萨斯的研究中对于未来的想法和预测。他怕人口的增长会把地球的资源消耗完，读完余下的几页，你能解释一下为什么马尔萨斯对人口有着如此深的忧虑？人口转变理论如何才是一个更具希望的分析呢？

▲检查你的学习
请阐述人口转变理论的四个阶段。

◎ 美国的人口生育率从20世纪就开始下降，到现在已经非常低了。但是美国的一些人口类别却拥有相当高的生育率。阿米什人就是一个例子，这是一个生活在俄亥俄州、宾夕法尼亚州以及其他一些州的农村地区的宗教团体。阿米什夫妇拥有5个、6个甚至更多的孩子都是很平常的事。你认为为什么阿米什人都喜欢大家庭呢？

的问题。世界上没有国家是完全没有工业化科技的，人口转变理论的第一阶段显示了当今低收入国家当中的偏远农村地区的情况。但是大部分拉丁美洲、非洲和亚洲国家处于第二阶段，它们拥有工农混合经济。由富裕国家提供的先进的医学技术，大大降低了死亡率，但是出生率仍然很高。这就是为什么落后的国家现在拥有着82%的世界人口以及97%的全球人口增长的原因。

在一些世界上最穷的国家，例如刚果民主共和国，妇女们在她们一生中平均要生超过6个孩子。但在大多数贫困国家，从原来（1950年为典型年）的一个妇女生育6个小孩的水平降低到现在一个妇女生育3个小孩的水平。但是这种生育水平还是高的，足以让全球贫穷状况变得更糟。这就是为什么各国领导人在对抗全球贫困时纷纷指出在低收入国家减少出生率的重要性。

同时也要注意，控制世界人口增长的一个关键因素是改进妇女的地位。为什么呢？因为这个简单的真理：给妇女更多的生活选择，她们就会少生些孩子。历史显示，自由决定在什么时候、在哪结婚的妇女把孩子当作是一种选择，她们可以接受教育，拥有好工作，这些都限制了她们自身的生产。

人口鸿沟

高收入国家和低收入国家在人口动态上表现出极大的不同，这种差距被称为人口鸿沟（demographic divide）。在意大利，高收入同时伴随着低出生率，妇女们一生仅生育1.4个小孩。如此之低的出生率意味着每年出生的人数要少于死亡的人数。这就意味着意大利现在的人口在逐渐减少。快进到2050年，即使假设获得一些移民加入，意大利的人口也将只与今天差不多。但是老年人的部分——现在是20%——将会随着时间而增加。

像刚果民主共和国这样的低收入国家人口模式非常不同。在那儿，妇女们平均仍然有6到7个孩子，因此即使在一个高死亡率下，到2050年这个国家的人口也将会翻一番。老年人将会非常少——大约3%——一半的国家人口在16岁以下。如此之高的生育率下，贫困问题越来越严

多样性思考：种族、阶级和性别

女孩们在哪里？中国的计划生育政策

家长们已经争论了好几个小时。父亲杨先生还是没有下定决心，另一边母亲简璎（音译）则很疲惫。最终，杨先生从简璎的手中夺过了小宝宝。决定已下：这个女孩不得不走。杨先生多盖了几层布在他的女儿身上，并将她放在垫着毯子的纸盒中，他还在她旁边放了一小瓶牛奶。然后杨先生提起这个盒子进入漆黑的夜晚，把它带向远方的镇里，留下他妻子在后面呜咽地说：“杨，我求你了，把孩子还给我！”

其实在她心里，她很清楚必须这么做。半小时后，杨先生到达镇上并找到了去当地学校的路。他亲吻他的女儿跟她道别，在学校的台阶上还给她搭了一个临时的小床，他知道天一亮学校的人就会发现她并带回去照顾。泪水在眼眶中，杨先生快速地祈祷祖先能够保佑这个孩子免受伤害。然后他

转过身消失在夜晚的黑暗中，他知道再也无法看到或听到任何有关她的消息。

这个故事也许令人心碎，但它确实在中国发生过成千上万次。是什么促使家长放弃自己的孩子？为什么一个父亲会把自己的女儿抛弃在公共场所？这个答案就在中国人口控制政策以及国家传统文化中。

回到20世纪70年代，中国的高出生率导致了人口快速增长。政府领导者已经预见经济发展建立在人口控制的基础之上。因此，他们通过了一部法律，规定一个家庭在多数情况下只能生一个孩子。夫妻双方遵守计划生育政策就可以有一些奖励，例如更好的工作、更高的工资，甚至可能是更大的住宅。另外一方面，父母双方谁违反了这个法律有了第二个孩子，就会面临高额罚款，否则他们的第二个孩子将不具备接受教育和健康照顾的合法资格。

政府通过大众传媒，比如流行歌曲，在学校中积极宣传计划生育政策。但是教育不是政府的唯一策略；你在邻居和工作场所会看到很多执法人员。大多数中国人愿意遵守政策，称现在的中国已经决心控制人口增长。但中国也是一个浸淫在传统男权社会的国家。如果政府规定只允许生一个孩子，那么大多数家庭宁可生男孩。为什么？父母把男孩视作更好的投资，因为儿子会继承家族的姓氏，会兑现照顾他们年长的父母的义务。另一方面，女孩们最终会去照顾丈夫的父母，导致很多中国人认为抚养女儿是一种珍贵资源的浪费。中国政府已经扩大了女性的权利和机会，但男权主义的传统深深地植根于国家的历史中，观念的转变十分缓慢。

世界范围内，计划生育政策招致了赞扬和非议两种声音。在积极的一面，分析者认为它成功地达到了控制人口增长的目标。这种趋势也帮助提高了生活标准，并把中国带进了中等收入国家的行列。很多独生子女家庭对于女性外出工作提高收入感到很高兴，家长们有更多的收入花在孩子的教育上。

但是计划生育政策也有弊端，在这篇文章的开头就显现出来了。自从这部法律通过，多达100万的女孩“消失了”。在某种情况下，父母得知怀的是女性胎儿，他们可能会选择堕胎，这样就可以“再试一次”。有时，家庭成员会在女孩生下来后很快将其杀死。剩下的情况中，女孩幸存下来但不会被记录在出生统计中，导致父母可以再试一次要个男孩。这种女孩作为“非公民”而成长，无法接受教育或当地健康诊所的治疗。最终，一些家长会像前文所提到的，放弃或抛弃他们的女儿，寄希望于这孩子在其他地方能找到家。

中国的计划生育政策确实控制了人口增长。在2010到2025年之间，中国人口预计将增长大约10%，低于美国预期的13%。但中国的人口控制政策已经在国家女性人口上显现出戏剧性的变化。最近一年，国家的出生记录显示女孩比男孩少了将近100万。中国人口比没有实行计划生育政策要少2 500万，但国家的男性人口依然在稳步增长。

◎ 中国的计划生育政策宣传通过广告牌传遍全中国。

你怎么想?

1. 指出中国计划生育政策招致赞同和非议的原因。公平地讲，你认为这是一个好政策吗？你能想到更好的控制人口的方法吗？请解释。
2. 什么情况下，父母认为他们可以负担更多的孩子？家庭的规模应该由夫妻来决定吗？还是政府有职责留心注意整个国家的幸福？
3. 你知道为什么美国家庭从中国收养的婴儿几乎全是女孩？

资料来源：Hesketh Lu & Xing (2005)，Baochang et al. (2007)，Yardley (2008)，McGurn (2011)，and El Nasser & Overberg (2011).

重也就并不奇怪了。大约 3/4 的人在温饱线以下（Population Reference Bureau，2010）。

519 总之，人口鸿沟现在将低出生率、人口老龄化的富裕国家和高出生率、人口年轻的贫困国家划分出来。随着人类已经找到降低整个世界死亡率的方法，人们肯定也会找到减少人口增长的方法，尤其是在贫困国家预测提出了一个如托马斯·马尔萨斯在几个世纪前设想的那样萧条的未来。

中国，正如在第 578 页“多样性思考”专栏中被描述的经历了在减少人口上坚持不懈的过程，从而脱颖而出的一个国家，其富有争议的
520 计划生育政策，颁布于 20 世纪 70 年代，大约少出生了 2 500 万人口。

城市化：城市的发展

◇ 理解

10 月 8 日，中国香港。电缆列车停在了太平山顶，我们视之为这个世界上最为壮观的景象之一：香港的夜景。百万的灯光、鲜艳的彩灯照耀着港湾，轮船、渡船和中国传统的舢板掠过，日日夜夜，很少有地方像香港一样拥有这样的能量。这个城市有丰富的经济产量，犹如芬兰和美国威斯康星。我们可以伫立于此数小时，为香港的壮观场面而入迷。

在大多数人类历史上，像香港、巴黎和纽约这些城市的景色和声音是无法想象的。我们遥远的祖先居住在狭小的游牧部落，随着植被耗尽或狩猎而迁移。少量的定居者标志着在 12 000 年前占有地球人口很小一部分的中东文明社会的出现。今天，世界上最大的三四个城市拥有着相当于那时整个星球所承载的人口。

城市化（urbanization）是人口向城市聚集的现象。城市化在一个社会当中重新分布和集中人口，并改变了许多社会生活方式。我们根据三次城市革命来回溯这些变化：10 000 多年前城市的出现、1750 年后工业城市的发展，以及今天在贫困国家的城市爆炸式增长。

城市的演变

城市在人类历史上是一个相对新的发展。大约在 12 000 年前我们的祖先就开始了持久定居，开拓了第一次城市革命的道路。

首批城市

正如我们在本书第 4 章（“社会”）中介绍的，狩猎和群居迫使人们一直迁移；然而，当我们的祖先发现了如何驯养家禽和种植作物时，他们就能够在一个地方定居。生产他们自己的食物也能造成物质的富余，这将一些人从食物生产中解放出来，使他们能够建造避难所，制造工具，编织衣物，参加一些宗教的仪式。城市的出现导致其专业化发展和更高的生活水平。

人们所知的第一座城市是耶利哥，坐落在死海西海岸北部。当第一批居住者在 10 000 年前到来时，只有 600 人。但几个世纪之后，城市成长为有数万人口并成为巨大帝国的中心。到了公元前 3000 年，埃及的城市盛行，犹如公元前 2000 年的中国和公元前 1500 年中部和南部的美国。在北美，只有很少的土著美洲人社会形成定居点，大规模的城市化要等到 17 世纪欧洲殖民者的到来。

前工业化的欧洲城市

欧洲城市追溯到 5 000 年前的希腊人和后来的罗马人，他们都创建了大帝国，在整个欧洲建立了城市，包括维也纳、巴黎和伦敦。随着罗马帝国的衰落，所谓的“黑暗时代”开始了，伴随着的是防护墙的建立和军阀侵占领地。直到 11 世纪，欧洲才变得较为安宁，贸易曾经一度盛行，为城市的增长提供了可能。

中世纪的城市与我们现在所熟知的很不一样。在高耸的大教堂之下，伦敦狭小而蜿蜒的街道，布鲁塞尔和佛罗伦萨充满了商人、技工、牧师、小贩、变戏法者、贵族和仆人。职业团体诸如面包师、木匠和制金属工人聚集在截然不同的区域或者“住处”。民族划分也把社区定义为居民，试图把那些不同于自己的人排除在外。“犹太人区”（ghetto，来自意大利语“borghetto”，意思是在“城墙之外”）这个词第一次被用来描

述邻近威尼斯的被隔离的犹太人居住区。

工业化的欧洲城市

随着中世纪的结束，稳定增长的贸易使新的城市中间阶级富裕起来，或称中产阶级（在法国，意为“城市人”）。随着金钱的增多，中产阶级超过了世袭的贵族。

大约到了1750年，工业革命造成了第二次城市的变革，最初在欧洲，随后在北美。工厂解放了巨大的生产力，造成城市前所未有的壮大。伦敦，欧洲最大的城市，在1700年人口达到了55万，在1900年扩展到了650万（A.F. Weber，1963，orig.1899；Chandler &Fox，1974）。

城市不仅壮大而且形状也发生了改变。老的迂回街道被宽阔的大道代替，通途的林荫大道促进了商业运输的浪潮。电气化的货车很快在逐渐扩大的城市中纵横交错。因为现在土地同日用品一样可以买卖，开发者把城市分成有规则大小的几块地（Mumford，1961）。城市的中心不再是大教堂而是熙熙攘攘的充满着银行、商店和高的写字楼的商业中心。

随着商业的日益发展，城市变得日益拥挤和公开化。犯罪率上升。特别在开始时，一些新的实业家过着豪华的生活，但是大多数男人、女人、孩子都靠在工厂做工生存。

工人为了改善生活所做的努力最终带来工作场所的变化、良好的住房条件和选举的权利。净水、给排水和电力设施等公共设施进一步改善了城市的生活。今天依然有许多城市人生活在贫困中，但是不断提高的生活水平部分实现了给城市居民一个更好生活的历史承诺。

美国城市的发展史

北美几千年来大多数土著人在欧洲人到来之前是流浪者，只形成极少量的永久的定居点。欧洲殖民化后农村和城镇开始扩展。

521 **殖民地：1565—1800**

在1565年，西班牙人在佛罗里达的圣奥古斯丁建立了一个殖民地，到了1607年，英国人建立了詹姆斯敦（位于弗吉尼亚）。最早的永久性殖民地是1624年荷兰人建立的新阿姆斯特丹，

◎ 在近几十年，许多处在阳光地带的美国城市进入了不断向外延伸的后工业化时期。例如，现在的洛杉矶占地500平方英里，拥有巨大的交通网络，但是当人们穿梭于城市的时候还是经常发现自己被拥堵的交通所困。后工业化还带来哪些弊端？

后来更名为纽约。

纽约和波士顿（英国人于1630年建立）由一个在一片巨大的荒野上的小村庄发展起来。它们类似于中世纪的欧洲乡镇，拥有狭窄的弯曲的街道，至今仍然蜿蜒在下游的曼哈顿岛和市区的波士顿。当第一次人口普查在1790年完成时，正如第583页的表22—1所示，只有5%的国民住在城市。

城市的扩张：1800—1860

早在19世纪，东部沿岸的城市开始扩展，城镇沿着运输路线扩大这样就开放了美国的西部地区。到了1860年，布法罗、克利夫兰、底特律、芝加哥正在改变中西部的面貌，整个美国大约1/5的人口居住在城市。

城市的扩张在北部地区非常明显；例如：纽约城的人口比北卡罗来纳州的查尔斯顿多10倍。美国被分为北部的工业城和南部的农业园，这是美国发生内战的一个主要原因（Schlesinger，1969）。

大都市时期：1860—1950

内战（1861—1865）时期由于工厂过度生产而极大地推动了城市化的进程。大量的人放弃乡下的生活，来到城市寻找更好的工作。在他们之中有成千上万的移民，大多数来自欧洲，形成了多元化的城市传统。

在1900年，纽约的城市人口剧增至超过400多万，芝加哥，一个在1860年只有10万人口的城市，增加到了200万人口。如此的增长率标志着**大都市**（metropolis，源自希腊语，意为“母亲城市”）时代的到来，大都市即社会和经济方面占支配地位的城市。大都市成为美国经济的中心。到1920年，城市地区成为大多数美国人口的聚居地。

工业科技推动了城市化进程的高速发展。在19世纪80年代，铁架和机械升降机让大楼有可能建到了十多层之高。到了1930年，纽约的帝国大厦作为一个城市的奇迹而受人尊敬，有102层直至云霄。

城市的分散：1950年至现在

工业化都市带大约在1950年达到顶峰。自那以后，发生了一些转折——学术上叫城市分散，伴随着城市地区的人们离开城市去到边远**郊区**（suburbs）而发生，郊区处于城市行政分界线之外。东北和中西部老的工业城市停止了发展，一些地区在1950年后的十年中减少了大量的人口。与此同时，郊区人口迅速增加。城市包围着中心城市的景象发展成为不断四处蔓延扩展的城市郊区。

郊区和城市的衰败

效法欧洲贵族，一些富人在城市拥有房屋，在乡下也有房产，大大超过了城市的限制。但是直到第二次世界大战为止，普通人在郊区拥有住房还是能够办到的。随着汽车的大量增多、新的交错的高架桥的出现、政府房贷的时间延长、车房维修的下降，郊区迅速成长。到了1999年，大多数美国人宁愿住在郊区，在附近商场购物，而不愿住在又老又偏远的城市购物区（Pederson，Smith & Adler，1999；Macionis & Parrillo，2010）。

在东北和中西部雪带的许多老城失去了郊区的高税收收入，它们努力为留下来的贫民所要求的社会项目支付高额的费用。许多城市陷入了金融危机，城市内部的腐朽变得严重。很快，内部的城市成为贫民窟、犯罪、吸毒、失业、贫困和少数族群的代名词。

城市评论家保罗·戈德伯格（Pall Goldberger，2002）指出，中心城市的衰落同样造成公共空间重要性的降低。从历史观点上说，城市生活的核心展示在公共街道上。法语中说久经世故的人是闲荡者，照字面意义意思是“街道人”——然而，这个词在今天的美国有一个消极的意思。曾经在公共街道和公共广场上出现的积极生活，现在则发生在购物商场、多功能观众厅、电影院休息室和带有大门的居住社区——所有都是私人空间。今天城市的活力进一步减少源于电视机、互联网和其他一些人们足不出户就能使用的媒体的普及。

后工业化的阳光地带城市

当老的雪带城进入衰败，南部和西部的阳光地带城开始快速增长。城市人口的剧增使洛杉矶、休斯敦表现为人口转移到阳光地带城，到现在有60%的美国人口住在这里。另外，今天大多数移居者进入阳光地带地区的乡村。在1950年，美国9/10的最大的城市在雪带；在2004年，10个大城市中有7个在阳光地带（U.S. Census 522
Bureau，2011）。

不像冰冷的雪带城市，阳光地带城市在城市去中心化开始后出现。尽管像芝加哥这样的城市被一环环政治上独立的郊区围绕着，而像休斯敦这样的城市向外面的边界推进到郊区。芝加哥有227平方英里，休斯敦比它还大两倍，休斯敦城市大约有9 000平方英里——相当于一个新罕布什尔州的面积。

阳光地带城的扩展受到阻碍。像亚特兰大、达拉斯、菲尼克斯、洛杉矶这样的许多城市，人们抱怨城市计划之外的发展结果导致交通堵塞、恶劣的住房条件和学校教育不能满足孩子的流入需要。不足为奇，根据这样的发展态势，选民在美国许多团体中主动投票探索限制城市扩张的方法（Lacayo，1990；Romero & Leserio，2002；W.Sullivan，2007）。

城市带：区域性城市

城市分散化的另一个结果是都市区或是区域

性城市带的形成。美国人口普查局（2010）确认了374个大都市统计区（MSAs）。这些地区每个至少包括了一个人口在5万甚至更多的城市，同时人口普查局也将579个至少包括一个1万至5万人口城市的区域列为小都市统计区。核心城市统计区（CBSAs）则包括了大都市统计区和小都市统计区。

规模最大的核心城市统计区内居住着百万的人口，占了很大的面积，并延伸到部分邻近的州。2009年，最大的大都市统计区是纽约及其邻近的位于长岛的城市区域、西康涅狄格、北新泽西及东宾夕法尼亚等，有超过2 200万的人口。第二大的是南加州城市带，包括了洛杉矶、里弗赛德和长滩，其总人口超过了1 800万。

当区域性城市不断扩大，它们开始聚合。20世纪60年代早期，法国地理学家让·戈特曼（Jean Gottman，1961）第一次使用了**城市带**（megalopolis）这个概念，用以描述一个包含了数个城市和其周围地区的特定区域。在他笔下，一个绵延400英里，北起新英格兰地区，南至弗吉尼亚州的巨大城市带在美国东海岸延伸。另外几个特大都市区，一个覆盖了佛罗里达的东海岸，另外一个则从克里夫兰延伸至芝加哥。

边缘城市

城市分散化也促成了边缘城市的形成，边缘城市可以看作是远离老市区的新商务中心。边缘城市——集中了公司写字楼、购物中心、宾馆，以及娱乐场所——与传统意义上的郊区不同，郊区集中了大部分住房。而且郊区人口在夜晚达到高峰，而边缘城市则是在工作日。

作为都市区延伸的一部分，大多数的边缘城市没有明显的地理边界。当然他们中的一些的确有地名，如位于达拉斯福特沃斯国际机场附近的拉斯科里纳斯，地处弗吉尼亚、邻近华盛顿特区的泰森角，还有费城西北部的普鲁士王。其他的边缘城市则仅仅因为穿越该地区的高速公路而得名，如1号高速公路经过的新泽西普林斯顿和靠近128号公路上的波士顿近郊（Garreau，1991；Macionis & Parrillo，2010）。

大都市 社会和经济方面占支配地位的大城市。

郊区 处于城市行政分界线之外的地区。

城市带 一个包含了数个城市和其周围地区的特定区域。

乡村的复兴

2010年的调查显示全国3.09亿人口中的83.7%都住在城市地区。表22—1显示，就美国整个历史时期而言，城市人口稳步上升。在这其中，外国移民起了重要的作用，因为这些新移民大多定居在大都市。与此同时，有相当数量的来自乡村地区的国内移民，特别是前往大城市寻找更多的社会教育和经济机会的人们。

表22—1 美国1790—2040年的城市人口

年份	人口（百万）	居住在城市的百分比
1790	3.9	5.1
1800	5.3	6.1
1820	9.6	7.3
1840	17.1	10.5
1860	31.4	19.7
1880	50.2	28.1
1900	76.0	39.7
1920	105.7	51.3
1940	131.7	56.5
1960	179.3	69.9
1980	226.5	73.7
2000	281.4	79.0
2020（预测）	290.7	84.9
2040（预测）	342.6	88.8

资料来源：United Nations (2009) and U.S.Census Bureau（2010）.

然而，在2000到2010年之间，2/3的美国村镇出现人口反弹的现象，这个趋势被分析家称为的“乡村的复兴”。增加的人口多数是来自于城市的移民。但这个趋势并没有在所有的农村地区显现：乡村地区众多的小镇（特别是那些平原州），仍然在挣扎着存活下来。但即便是在那里，人口流失在20世纪90年代也得到暂缓。

最显著的人口反弹出现在提供旅游娱乐服务的农村群落，比如湖泊、山区和滑雪场。人们来到这里既出于对自然风光的喜爱，也被这里的舒缓的生活节奏、较低的犯罪率和更好的空气质量所吸引。一些公司已经搬迁到了农村，这给农村地区提供了更多的经济良机（K.M. Johnson，1999；Johnson & Fuguitt，2000；D.Johnson，2001）。

城市化：作为一种生活方式

◇ 分析

早期的欧美社会学家将注意力放在了城市的兴起以及都市生活如何区别于乡村生活上，让我们简单罗列下这些将城市化作为一种生活方式的研究观点。

斐迪南·滕尼斯：世俗社会与法理社会

523 19世纪的晚期，德国社会学家斐迪南·滕尼斯（Ferdinand Tönnies，1855—1937）研究了工业城市生活与乡村生活的区别。在对比中，他得出了两个概念，它们至今仍是社会学的重要术语。

滕尼斯（1963，orig.1887）用**世俗社会**(Gemeinschaft，意为“社区”）一词来形容某一类型的社会组织，在这个组织里人们因为血缘和传统习俗而紧密联结。乡村的世俗社会达到了一个单一的初级群体的规模。

滕尼斯解释说，这样的世俗社会在现代社会基本上已经消失。相反，城市化促进了**法理社会**（Gesellschaft，德语中意为“协会”）的形成，一种社会组织的模式，人们仅以个人利益为基础聚集在一起。在法理社会中，人们的结合是基于个人利益基础之上的，个人的主动性被自我需求所激发，而并不是出于改善他人生计的愿望。总的来说，城市的居住者对社区和共同身份缺乏认同，只在有需求时才回应或求助他人。滕尼斯看到了城市化对紧密和持久社会关系的弱化，城市化更有利于形成一种简略的、非个人的关系，或是一种通常被称为第二种关系的商业上的联系。

世俗社会 形容某一类型的社会组织，在这个组织里人们因为血缘和传统习俗而紧密联结。

法理社会 一种社会组织的模式，人们仅以个人利益为基础聚集在一起。

埃米尔·涂尔干：机械团结和有机团结

法国社会学家埃米尔·涂尔干（Emile Durkheim，参见第4章“社会”），认同了滕尼斯关于城市化的大多数论述。但是涂尔干也指出城市并不缺乏社会联系，只是这种社会联系与乡村里的不同而已。

涂尔干将传统的乡村生活描述为机械团结，社会联系以共同情感和道德价值为基础。在对传统的重视程度上，涂尔干所说的机械团结与滕尼斯的世俗社会观点有惊人的相似。涂尔干解释说，城市化侵蚀了机械团结，但同时生成了一个新型的联系，涂尔干称之为有机团结，有机团结基于专业化和相互依赖而产生。如果将这概念看作是滕尼斯的法理社会概念的平行，则可以揭示两个学者观点的重要差异。两人都认为工业化的发展弱化了传统的力量。但是涂尔干乐观地指明了一种新的团结。过去人们是因为相似性而相互联结（机械团结），而现在涂尔干则看到了人们因为差异而走到一起（有机团结）。

涂尔干认为，比起乡村生活，城市生活提供了更多的个人选择、更高道德容忍度和个人隐私度。总的来讲，城市化过程中让不少东西失去，但同时也得到了很多东西。

格奥尔格·齐美尔：厌烦于享乐的城市人

德国社会学家格奥尔格·齐美尔（Georg Simmel，1858—1918）对城市进行了微观分析，研究城市生活如何作用于个体实践。根据齐美尔的观点，个体对城市的察觉是人、物和事的聚合。为了避免来自外界的人、事、物的过度刺激，城市人形成了一种厌倦享乐的生活态度，拒绝周遭的诱惑。这样的超然并不意味着城市人对他人和他物缺乏激情；他们对外界保持距离只是生存的

◎ 最显著的农村人口反弹出现在有着自然美景的乡镇社区。图中居住在犹他州的风景区帕克城的人，甚至找不到停车位。

策略，以便把他们的时间和精力转注于对他们真正重要的事情上。

芝加哥学派：罗伯特·帕克和路易斯·沃斯

美国的社会学家不久就加入了对迅速增加的城市的研究。罗伯特·帕克（Robert Park），芝加哥大学首个社会学研究项目的领军人物，希望走出封闭的象牙塔，用基层的视角来研究真实的城市。正如他所说的："我对自己的研究是不是真的比其他的人更为广泛的涉足了世界上各地的城市而感到怀疑。"（1950：viii）走在大街上，帕克发现城市是一个有组织的，包含不同种族社区、商业中心和工业区的万花筒。他观察"自然区域"随着时间推移而发展，最后这些"自然区
524 域"相互形成了联系。对帕克而言，城市是一个活生生的有机体——一个人类社会的万花筒。

芝加哥学派另一个主要人物是路易斯·沃斯（Louis Wirth，1897—1952）。沃斯（1938）以滕尼斯、涂尔干、齐美尔三人的学说整合成关于都市生活的全面理论而闻名。

沃斯认为，城市是一个巨大的、密集的，有着社会学意义上多样化人口的集合。这些特征促成了一种非个人、表面和短暂的生活方式。与数百万的人居住在一起，都市人比乡村的人更多地接触他人。所以都市人对他人的注意焦点不是他是谁，而是他的职业是什么——比如巴士司机、花匠，或是杂货店营业员。专门化的城市关系对所有关注它的人来说是好事，但我们应该注意到维持这种互动的是个人利益而不是友情。

有限的社会介入伴随着社会的多样化，最后使得都市人比乡村人有更多的宽容，乡村人常常出于嫉妒的心理而加强他们狭隘的传统。但是城市里各异的人群很少有共同的道德意志（T.C.Wilson，1985，1995）。

◇ 评价

无论是在美国还是欧洲，早期社会学家关于都市生活的观点都通常是混杂的。飞速的城市化困扰了滕尼斯，而同时沃斯也看到了个人关系和传统道德在匿名的城市中的不断丧失。涂尔干和帕克则强调了城市化的正面效应，指出城市化给予更多的个人自由和更广泛的选择空间。

这些观点的一个共同的问题是他们用宽泛的笔调来描述和审视城市化，忽略了社会阶级、种族和性别的作用。都市里可能有各种各样的人——穷人和富人、白人和黑人、盎格鲁—撒克逊人和拉美人、男人和女人——所有这些都形成了多样的城市生活（Gans，1968）。正如第587页"多样性思考"专栏所说的那样，美国大城市里少数族群的融合在20世纪90年代有显著的上升。在城市里我们清楚地看到了社会多样性，不同类别的人足以组成一个明显的社区（Macionis & Parrillos，2010）。

城市生态学

社会学家（特别是芝加哥学派的学者）发展了**城市生态学**（urban ecology），这是一个对城市物理和社会层面的联系的研究，其中一个城市生态学家感兴趣的话题就是为什么城市坐落在这里。概括地讲，最初的城市在那些土地肥沃、有利于庄稼耕种的地区形成。另外，前工业化时期

▲检查你的学习
在下列社会学家中——斐迪南·滕尼斯、埃米尔·涂尔干、罗伯特·帕克和路易斯·沃斯——谁对城市生活的态度更积极？谁更消极？为什么？

◎《农民的舞蹈》（*Peasant Dance*，左图，约 1565）是彼得·布勒哲尔（Pieter Breughel）的作品，表现了农村生活中出于血缘和近邻关系而产生的最本质的联合。相比之下莉莉·福勒迪（Lily Faredi）的《地铁》（*Subway*，右图）则显示出城市生活普遍的非个人性。这两张油画鲜明地捕捉住了滕尼斯所说的世俗社会与法理社会的区别。

资料来源：Pieter Breughel the Elder（c.1525/30-1569）, *Peasant Dance*, c.1565, Kunsthistorisches Museum,Vienna/ Superstock. Lily Furedi, American.*Subway*. Oil on canvas, 99 × 123cm. National Collection of Fine Arts, Washington, D.C./ Smithsonian Institute.

的人们，出于军事防务的考虑，将城市建在了山上（比如古代雅典城就坐落于当地悬崖之上），或是被水围绕的地方（比如巴黎和墨西哥城就建在岛上），随着工业革命的来临，出于经济的考虑，美国几乎所有的主要城市都建到了河流、天然良港旁，以便于贸易。

城市生态学的专家们也研究了城市自然规划问题。在1925年，欧内斯特·伯吉斯（Ernest W. Burgess），罗伯特·帕克的学生，用“同心圆”（concentric zones）一词来形容芝加哥城的布局。伯吉斯观察到，商业区由工厂环绕着，外围是那些居民区，居民区内的住房越远离嘈杂和污染的市中心，其价格也就越高。

霍默·霍伊特（Homer Hoyt，1939）进一步完善了伯吉斯的研究，认为城市里不同的区域组成了扇型的结构。比如时尚区域可能会在附近发展下一个，而工业区则顺着铁道或电车线路而延伸。

525 哈里斯和厄尔曼（Chauncy Harris & Edward Ullman，1945）也提出了另外一个设想：随着城市的分散化，城市逐渐由单一中心模式转为多核心模式。随着城市扩大，居住区、工业区和购物区相互重合，比如很少有人愿意居住在靠近工业区的地方，因此城市成为一个各个层次分明的区域混合的万花筒。

社会学领域的分析家们调查了那些有近邻关系的人们拥有的共性。看起来有三个因素解释了大多数的变异：家庭构成、社会地位、种族和民族（Shevky & Bell，1955；Johnston，1976）。有孩子的家庭往往寻找那些有独立家庭寓所，或是大公寓和好学校的地区。富人们寻找有良好素质的邻居，他们往往居住在靠近文化名胜的城市中心。而来自那些共同种族或宗教传统的人们也聚居在一些有特色的社区。

最后，布赖恩·贝利和菲利普·里斯（Brian Berry & Philip Rees，1969）将以上的观点做了总结。他们认为不同的家庭类型倾向于按照伯吉斯所说的同心圆进行分布。没有或孩子很少的家庭倾向于聚居在城市中心，而那些有很多孩子的家庭则住得要远一些。社会地位的差异是形成霍伊特所称的扇形结构的首要原因，例如，富人们占据“扇形的一端”而穷人则占据了另一端。另外，与哈里斯和厄尔曼所说的多核心模式相一致的是，不同种族和宗教信仰的人们分布在城市的不同地点上。

城市的政治经济

在 20 世纪 60 年代末，许多大型的美国城市都经受了较大的暴乱的震动。在这种动荡局面下，一些分析家从社会生态学转向社会冲突的角度来理解城市生活。这种城市的政治经济原型运用的是卡尔·马克思的有关冲突从工作地点转移到所

少数族群成为美国大城市人口主流

多样性思考：种族、阶级和性别

根据最近的全美人口普查结果，少数族群——西班牙裔、非裔，以及亚裔人口——现在在100个大城市中的半数城市占据了人口主流，而在1990年这个数据是现在的1/3。

是什么引起了这个变化呢？其中一个原因是大城市的非西班牙裔白人人口在流失。到2000年，加州的桑塔亚那失去了其1990年人口的38%；阿拉巴马州的伯明翰的降幅是40%，而密歇根州的底特律失去了53%的人口。数据显示100座美国大城市的白人人口比重从1990年的52.1%降到了2000年的43.8%。

但是，少数族群由“少数”变为“多数”的最大原因是移民数量的增加以及新移民的高生育率，这使得西班牙裔人口比重在最大的100个城市中从1990到2000年间增长了43%（接近400万）；亚裔人口也增长了40%（超过110万人）。非裔人口在20世纪90年代稳步增长。政府官员和其他政策制定者密切地注视着这些数据的变化，因为将来美国大城市的活力取决于它们是否可以满足和接纳不断膨胀的移民数量。

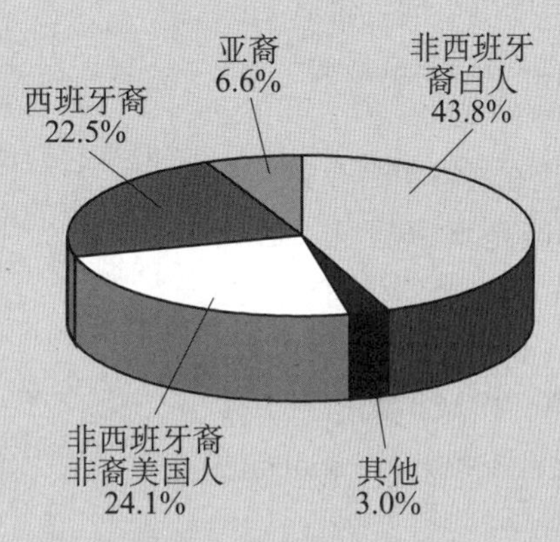

2000年美国100个最大城市人口剖面图

◎ 少数种族和民族构成了这个国家最大城市的大部分人口。

资料来源：U.S.Census Bureau（2001）.

你怎么想？

1. 为什么美国大城市的少数族群人口不断增长？
2. 少数族群人口变为“多数”给城市带来的正面效应是什么？
3. 在飓风卡特里娜之前，非洲美国人占新奥尔良人口的60%，之后只占了40%，这种变化会给这座城市的未来带来怎么样的改变？

资料来源：Schmitt（2001）and U.S. Census Bureau（2010）.

在城市的分析 (Lindstrom，1995)。

政治经济学家们不同意社会生态学的分析，社会生态学把城市看作是有着特定区域并按照其自身内部逻辑发展的自然组织形态。他们认为城市生活是由那些有权力的人来主导的，尤其是经济领域。资本主义把城市转化成一种为利润而进行贸易的状态，同时财富集中在少数人手上，这是理解城市生活的关键。依据这个观点，例如，1950年之后工业在雪带城市中的衰微是企业精英们深思熟虑决定的结果，即把他们的生产设备转移到阳光地带（那里劳动力是廉价的并且联合起来的可能性比较小）或者完全离开这个国家移到低收入国家（Molotch，1976；Castells，1977，1983；Lefebvre，1991；Jones & Wilson，1999）。

◇ 评价

事实上，许多美国城市都处于危机之中，普遍的贫穷、高犯罪率和几乎不起作用的学校，似乎在摒弃城市生态学的观点而支持政治经济模型。但是，一个批评是适用于两者的：它们在一个有限的历史时期关注于美国城市。我们所知道的有关工业化城市的东西并不适用于我们自己经历的前工业化时期的美国城镇，或今天在许多贫穷的国家快速成长的城市。以任何单一的城市模型来解释所有城市多样性的领域是不太可能的。

▲检查你的学习 请用自己的语言解释什么是城市生态学理论，城市的政治经济理论告诉我们关于城市的什么内容？

贫穷国家的城市化

526

◇ 理解

11月6日，埃及开罗。人们把那些古开罗大面积的穆斯林墓地叫做“死亡的城市”。事实上，它是有生气的：数以千计违章建筑者已经搬进坟墓地区，使这里成为生命与死亡的一个怪诞混合。孩子在石头地板上跑来跑去，晒衣绳在墓碑之间伸展，偶尔一个电视天线从坟墓顶凸出。随着开罗的人口以每天 1 000 人的速度上升，人们会住在任何他们能住的地方。

如前面提到的，城市在世界历史上已经经历了两次革命性的扩张。随着第一批城市定居者的到来，第一次城市革命开始于 8 000 年以前，并持续到永久性的定居者在好几个洲定居下来。大约在 1750 年发生了第二次城市革命，持续了两个世纪，并随着工业革命的发生迅速波及到欧洲和北美洲。

第三次城市革命现在正在进行中。今天，工业社会大约 75% 的人已经是城市居民。低收入国家的城市化进程也在剧烈地发生着。1950 年，贫穷国家里大约 25% 的人居住在城市里。到 2008 年，世界历史上第一次城市人口占大多数，即超过半数以上的人住在城市（Population Reference Bureau，2010）。

不仅更多的人住在城市；越来越多的城市也达到了 1 000 万人口的标准。1975 年，世界上只有三个城市人口达到这个标准，分别是东京、纽约和墨西哥城，而且它们都位于高收入国家。到 2010 年，有 21 座城市达到这个标准，它们之中只有五座位于高收入国家。到 2025 年，将会有 8 座新的“大城市”加入这个名单中，而且没有一座位于高收入国家（五座在亚洲，两座在拉丁美洲，一座在非洲）（Brockerhoff，2000；United Nations，2010）。

◎ 工业革命创造了很多美国的大城市。但是最近几十年，工业生产转移到国外却给底特律以及其他老工业城市带来了衰退。从这座废弃的仓库中，我们看到通用汽车总部在 2009 年宣布破产。你对这些城市的未来有什么看法？

第三次城市革命发生在发展中国家是因为很多贫穷国家进入人口转变理论中的人口高速变迁的第二时期。在拉丁美洲、亚洲，尤其是非洲，死亡率下降换来的是人口的高速增长。在一些城市地区，现在的增长率高了两倍，是因为除了自然增长，每年还有成千上万的人离开乡村来城市寻求工作、健康护理、教育以及便利的水电供给。

城市确实能够比农村地区提供更多的机会，但是它们没有提供快速适应逐渐增长的人口和日益贫穷的重大问题的办法。许多经济欠发达地区的城市——如墨西哥城、埃及开罗、印度加尔各答和菲律宾的马尼拉——不能够满足许多人最基本的需要。这些城市被可怜的、临时搭盖的陋屋——用丢弃的材料建造的房屋——包围着。就像第 12 章（“全球分层”）里说的，甚至城市垃圾堆都是成千贫穷的人的家，那些人希望从这些垃圾中找到足够让他们度过第二天的生活保障。

环境和社会

◇ 分析

人类种族的繁衍已经很是兴盛，这颗行星上的人口快速增长着。不断增长的部分人口现在居住在城市，纷繁复杂的定居者们期望能有一个比乡下村庄的人更好的生活。

但是人类为这些进步付出了很高的代价。在历史中，人类从来没有对地球有这么多的要求。这种烦扰的发展把我们带到了这一章的最后一部分：自然环境跟社会的相互影响。就像人口学一样，**生态学**（ecology）是社会学的另一个远亲，其正式的定义是生物有机体和自然环境互动的研究。生态学依赖于自然科学家和社会科学家的研究。在本书中，我们集中关注生态学的各个方面包括家庭社会观念和问题等。

自然环境（natural envivonment）就是地球的表面和大气，包括生物有机体、空气、水、土壤和其他维持生命的必需的资源。就像其他物种一样，人类依赖自然环境而生存。人类的文化智能把人同其他物种区分开来；我们根据我们的兴趣和需要采取深思熟虑的行动来改造这个世界，使得其变得更好或者更坏。

为什么社会学家对环境感兴趣？因为环境问题，从污染到酸雨到全球变暖，并不是自然世界
527 本身产生的。这些问题是人类具体行为的结果，所以它们是社会问题。

全球的角度

对自然环境的研究，需要全球化视野。这个原因很简单：撇开政治上的分歧，地球仅仅是一个**生态系统**（ecosystem），一个包含所有生物有机体与它们的自然环境相互作用的系统。

希腊语中 eco 是“房子”，提醒我们地球是我们的家，而且所有的生物和它们的自然环境是相互关联的。不管是自然环境的哪一部分的波动都会导致全球生态系统的变化。

从生态学的观点来看，美国人爱吃汉堡。拉丁美洲的人们（在世界范围内持续增长）对牛肉有很高的需求，这就使巴西、哥斯达黎加以及其他国家的大农场畜牧业快速发展。为了给快餐公司提供精肉的来源，而牲口需要喂草，所以在拉美需要大量的草地。拉丁美洲牧场主每年都要通过清除数千平方公里的森林来得到畜牧场地。而这些热带森林对维持地球的空气至关重要。砍伐森林最终会威胁到每个人，包括那些喜爱汉堡的美国人（N.Myers，1984a）。

科技和环境的赤字

社会学家指出一个简单的定律：$I=PAT$，环境的影响（I）反映在社会人口（P），以及它的富裕水平（A）和科技水平（T）上。社会中有些成员只有简单的科技——在第 4 章（“社会”）被提到的狩猎者和采集者——很少影响环境，因为他们数量少、贫穷，而且只有简单的工具。相反，当他们随着季节的规律而迁移的时候，自然会影响他们的生活，他们遭受自然灾害如火灾、洪水、干旱和暴风雪。

◎ 环境运动已经获得大量知名且有影响的人士的支持。美国前总统比尔·克林顿最近感谢了男演员马特·达蒙为世界各地的人们提供清洁水源方面所做出的努力。你在保护自然环境方面有做出过哪些努力吗？

社会在科技发展的中间阶段稍微有些能力去影响环境，这种社会都是又大又富有的。但是环境园艺（小型农场）、畜牧业（放牧动物），甚至是农业（用动物来耕犁）的作用都是有限的，因为人类始终是依靠自己的臂力来生产食物和其他东西的。

随着工业革命的发展，人类控制自然环境的能力急剧地增强。臂力让道于燃烧燃料的机器：先是煤，后是石油。机器通过两种方式影响着环境：我们消耗越多的自然资源的同时，也把更多的污染排放到大气中。更重要的是，有了工业技术的帮助，我们可以让自然屈从于我们的意愿，在山里挖通隧道，在河里筑坝，灌溉沙漠以及在北极的荒野中和在海上炼油。这就解释了为什么人们在富有的国家中，23% 的人消耗了世界上近一半的能源（World Bank，2011）。

高收入国家不仅消耗更多的资源，而且它们已经制造了比农业社会多 100 倍的物质。更高的生活标准换来的是固体垃圾（因为人们最终扔掉许多他们制造出来的东西）以及污染问题（因为工业生产会产生烟尘和其他的有害物质）。

从一开始，人们就意识到工业技术的物质利益。但是他们意识到其对环境的长期影响却是一个世纪后的事情。今天我们意识到科技力量使我们的生活更好的同时，也把我们子孙后代的生活置于风险之中。

事实已经表明我们在迅速积累着**环境赤字**（environmental deficit），人们专注于短时期的物质富裕而导致了对自然环境长期的极度的伤害（Bormann，1990）。这个环境赤字的概念因为下面三个原因而非常重要。首先，它提醒

我们，环境与社会是相关的，反映的是人们应该怎样生活的社会优先权。其次，它表明很多对环境的危害——对大气、土壤和水——都是无意识的。只把目光集中在短期利益上而砍伐森林、露天采矿或者使用一次性包装，都未能看到长远环境影响。最后，在一些方面，环境赤字是可逆的。社会制造了环境问题，但也可以消除其中的许多问题。

文化：增长与极限

不管我们是否意识到环境的危害，当我们决定采取一定的措施时，这都是一个文化问题。所以除了科学技术，文化亦对环境后果具有巨大的影响力。

增长的逻辑

当你打开电视新闻的时候，你可能会听到这样的一则报道："政府部门今天发布了一个有关经济的坏消息，我国第一季度的经济增长率仅有 0.5%。"如果你不去思考，你会发现我们的文化总是认为经济不增长就是"没有发展"（这是不好的现象），经济减少就是"衰退"或"萧条"（这是非常不好的）。增长就是"好的"——经济规模变得越来越大。更多的汽车、更多更大的房子、更多的收入、更多的消耗——我们的文化对于优越生活的定义，其核心价值观就是更多
528 （McKibben,2007）。

我们从积极的角度定义增长的原因之一是我们重视物质享受，相信金钱以及用金钱买的东西能使我们的生活更富足。我们也相信发展的观念，相信未来世界会比现在更好。另外，我们期望科学能把我们的生活变得更简单和更有价值。简单地说，"有钱就好"，"生活越来越好"，"人类是聪明的"。合在一起，这些文化价值形成了增长的逻辑。

一个有关这个世界的乐观的观点认为，按照这种增长的逻辑，越来越强大的科技力量改善了我们的生活，在未来将持续有许多新的发现。通过了解美国和其他高收入国家的历史发现，增长的逻辑已经成为改造荒野、建筑城镇和道路、追求物质富裕背后的驱动力。

然而，"发展"会导致不可预料的问题，包括环境压力。增长的逻辑相应地认为人（尤其是科学家和其他的技术专家）将会找出我们增长的道路上遇到的任何问题的解决办法。例如，如果这个世界石油短缺，我们就会提出用氢能、太阳能、核能或其他一些未知的科技来满足世界的能源需要。

环境保护论者表示这种增长的逻辑是有缺陷的，因为它假定自然资源，如石油、洁净空气、新鲜的淡水和表层土壤都是无尽的。如果我们不惜任何代价来追求增长的话，我们就会耗尽这些有限的资源。作为对马尔萨斯的回应，环境保护论者警告，如果我们呼吁让地球赡养不断增长的人口，在这一过程中——我们必定会耗尽有限的资源，破坏环境——就会损害我们自身。

增长的极限

如果我们不能发明一些方法来解决由于增长的逻辑所制造出来的一些问题，那么也许我们需要从另一个角度去思考这个世界。环境保护论者因此认为增长需要有一定的极限。简单来说，增长极限理论要求人类必须把政策转向控制人口的

◎ 最重要的社会学洞察力认为我们的物质世界中的环境的问题不只是"偶然"现象。相反，自然环境的状况受到社会生活组织方式的影响——人们如何生活和他们想些什么才是重要的。一个社会的科技水平越高，能威胁自然环境的社会力量就越大。

增长、生产以及利用资源去避免环境崩溃。

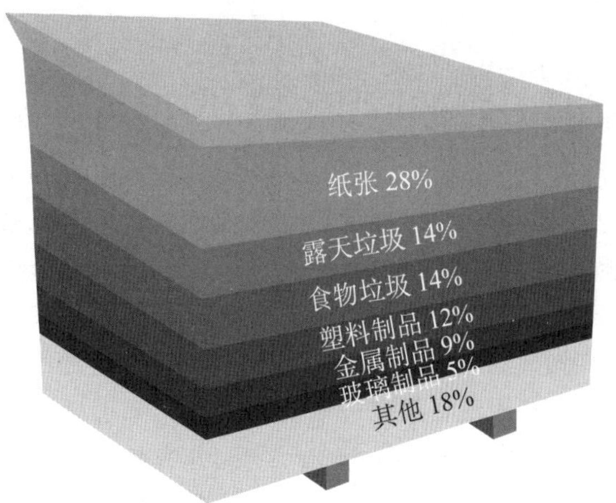

图 22—4 社区垃圾的组成成分

◎ 我们扔掉大量的东西，纸张在垃圾中占有最大的部分。

资料来源：U.S.Environmental Protection Agency (2010).

有关增长极限理论，有一本有争议的书在发起环境运动中有着比较大的影响，德内拉 · 梅多斯（Donella Meadows）和她的同事（1972）用了一个计算机模型计算地球上可用的资源、人口增长率、可耕的土地的数量、工业和食物生产水平和进入大气之中的污染物质的数量。作者承认任何的长期的预测都是有风险的，一些批评者认为他们有一些比较明显的错误（Simon，1981）。不管是对是错，这种研究结论都引起我们的深思。首先，作者认为我们快速地消耗着有限的资源。石油、天然气，还有其他能源的补给都已经急剧下降而且会继续下降，这种下降速度是加快还是减缓就要看那些富有国家保护自然资源的政策以及其他国家工业的发展速度了。在未来的 100 年里，随着资源的耗尽会影响到工业的产出，同样会影响到食物的供给。

这个增长极限理论与马尔萨斯对未来的悲观相同。接受这个观点的人们会怀疑以目前的生活方式，人类能否支撑到下一个世纪。也许我们可以试着用更少的资源生存。这并不像你想象中的那么难：研究显示，举例说明，近几十年物质消费的增长并没有带来人们幸福水平的提升（D.G. Myers, 2000)。最后，环境警告会使我们的生活方式作出根本改变，使我们减小对自然环境的压力，大范围的饥饿与冲突会强迫我们做出改变。

固体垃圾：一次性使用的社会

在美国，人们要产生大量的固体垃圾——大约每天 1.3 亿吨。图 22—4 展现了一个典型社区的垃圾的平均组成成分。

作为一个人们很重视便利的富裕国家，美国正成为一个一次性社会。事实上我们消费的产品比任何其他的国家都多，而且大部分的产品有一次性包装。例如，快餐是用纸板、塑料或者泡沫来包装的，以至于我们可以在片刻内把它扔掉。数不尽的其他产品，从电影到鱼钩，精心制作的包装使产品对顾客更具有吸引力并且防止损害和偷窃。

厂商在市场上销售用铝罐、玻璃罐或者塑料容器装起来的软饮料、酒和果汁，这些不但消耗有限资源，而且会产生大量的固体垃圾。同时有数不尽的东西被有意地设计成是用完即可丢弃的：钢笔、剃刀、手电筒、电池，甚至照相机等。其他产品，从电灯泡到汽车，都被设计成有一个有限使用寿命，之后就会变成不想要的垃圾。就像保罗 · 康内特（Paul Connett，1991）指出的那样，甚至那些用来描述我们丢掉的东西的单词——废物、垃圾，废弃物、劣货等等——也暗示我们不能立刻用的东西是显得如此之少。 529
但是不总是这样的情形，比如第 592 页“日常生活中的社会学”专栏中的解释。

生活在一个富裕的社会，平均每个美国人比那些低收入国家例如孟加拉国或坦桑尼亚的人，多消耗大约 500 倍的能源、塑料、木材、水以及其他资源，也比一些高收入国家例如瑞典和日本要高出近两倍。这种高消费水平不仅意味着生活在美国的我们消耗着地球上巨大比例的资源，而且也意味着我们产生世界的大部分废弃物。

我们喜欢说把这些东西“扔了”。但是我们扔的固体垃圾中的大部分都是不能消失的。然而，它在垃圾掩埋场中结束，照字面上理解，是淤积。在垃圾掩埋场的物质能污染储存在地表之下的水。虽然在大多数地方，法律现在对人们丢弃到垃圾掩埋场的垃圾有管制，环保署（2011）还在美国确认了 1 290 个包含危险物质的垃圾倾倒点，这些危险物质不仅会污染地表以上的水，而且会污染地表下面的水。除此之外，那些进

日常生活中的社会学

为什么祖母麦休尼斯没有垃圾?

我们经常说祖母麦休尼斯从来不扔掉任何东西。包括食物、瓶瓶罐罐、废纸，甚至是掉在地上的咖啡，什么都没扔。

她出生并成长在立陶宛——一个“古老的国家”——贫穷乡村里，她形成了一成不变的生活方式，甚至当她年轻的时候来到美国，并定居费城后也没有改变。

在她晚年的时候，我认识了她，我还记得我们全家一起去她家里为她过生日。我们不知道该送她什么礼物，因为她看起来从来不缺什么。她过着简单的生活，穿朴素的衣服，并很少对“新奇”的东西感兴趣。她没有电子设备。她总是要把简单的工具用到破旧为止。比如她厨房的刀子经历数十年的磨损而变得旧而狭小，过期的食物她也留着。她把那些不能保存的都回收回来当作菜园的混合肥料。

在她打开一个生日礼物之后，她小心地保存着盒子，再折叠包装纸和卷起丝带——无论它们所载是何礼物，对她来说都意义非凡。我们都早已料想到她会把任何收到的东西保存起来，因此我们微笑着看她把所有的东西收拾好，并且知道她会一次又一次地想到办法来使用它们。

对于她的孙子来说，祖母有时候显得很陌生，她是她的文化的产物。事实上，一个世纪以前，是没有“垃圾”的。当一双袜子穿薄以后，人们会去修补它，而且可能不止一次。当它们不能被修补的时候，就会被作为抹布或者和其他旧衣服一起被缝补成棉被。每一样东西都是有价值的——不是以这种方式就是以另一种方式。

◎ 20世纪70年代，本书作者与祖母麦休尼斯。

在20世纪，女人开始像男人一样外出工作，家庭收入增加了。人们开始买越来越多的更能“省时”的东西。不久，很少有人会在意像目前祖母所从事的这种家庭回收。很快，城市需要派出工作队一个街区一个街区地捡起一车车的废弃物。“垃圾”的时代已经开始。

加入博客讨论吧!

1. 如祖母麦休尼斯是她的文化的产物一样，我们也是自己文化的产物。你知道那些永远不知足的人是什么样吗?
2. 什么文化价值使今天的人需要省时的产品和“方便”包装?
3. 你认为最近几十年人们对于回收的必要性的意识发生了转变吗?今天的回收和曾经的祖母麦休尼斯的做法有何不同?

入垃圾掩埋场的垃圾经常堆积在那里，有时长达数世纪之久。数以亿计的轮胎、尿布和其他我们每年掩埋到垃圾场的东西不能分解腐烂，成为我们留给后代不受欢迎的遗产。

环境保护论者认为，我们应该用我们的祖父母们的方式来处理固体垃圾问题：少用资源同时把“垃圾”变成能源。一种方法就是回收，再利用我们已经丢弃的资源。在日本和其他国家，回收是一种可被接受的方法，而且在美国也越来越普遍，现在我们已经达到再使用1/3的废弃物（U.S. Environmental Protection Agency，2010）。在法律干预下，再使用诸如玻璃瓶和铝罐这样的材料一直有所增长，回收的商业价值也变得更有利润。

水和空气

海洋、湖泊和河流都是全球生态系统的鲜血。人类依赖水来解渴、洗澡、做饭、洗衣、娱乐和从事其他的活动。

根据科学家所说的水循环，地球自动进行水循环和更新土壤。这个过程从太阳热量导致地球上水的产生开始的，其中 97% 的水在海洋里蒸发并形成云。因为水的蒸发需要的是比任何污染物都低的温度，水蒸汽从海水里冒出来的时候是纯的，留下各种各样的污染物。水以雨的形式降落到地面，融入溪流和小河，最后回到海洋。水主要涉及两大关系，就是供给和污染。

水的供给

地球上不到 1% 的水中有 1/10 是适合饮用的。这并不奇怪，数千年来，世界上的水权已经显著写进法律当中。今天，世界的一些地区，尤其是热带地区，享受丰富的淡水，使用其中的一小部分用于供给。然而，高需求量伴随着有限的储备，使得水的供给在许多北美和亚洲地区成为一个人们关注的问题，他们寄希望于河而非降雨来获取水。在中国，深的蓄水层正在快速地降低。在中东，水的供给达到一个很激烈的程度。伊朗的首都现在是定量配给水。在埃及，与 1900 年相比，尼罗河只能给每个人提供当时的 1/6 的水。穿过北非和中东，到 2030 年，将会有 1 亿人缺少饮用和灌溉的水。从另一个角度，到时世界上只能提供比需求量少 40% 的水（United Nations Environmental Programme，2008；Walsh，2009）。

养育人口和复杂的科学技术的发展都大量增加了世界上对水的需求。全球水的消费量（现在估计是将近每年 4 000 立方千米或 141 万亿立方英尺）自 1950 年已经翻了一番，而且还在稳步地增长。这样下去，即使在世界上那些降雨丰富的地区，人们使用地下水的速度也会越来越快于其自然补充的速度。比如，在南印度的泰米尔纳德邦，大量的地下水被使用以至于水层在过去的几十年中下降了 100 英尺。墨西哥城——绵延 1 400 平方英里——已经从地下抽取了很多水来供应这个城市，导致城市地表在过去的世纪里下降了 30 英尺，并且继续以每年 2 英寸的速度下降。在美国偏远的北方奥加拉拉蓄水层，其位于南达科他州到得克萨斯的七个州下面，现在正在快速地被抽水，一些专家担心其在未来的数十年中会干涸。

从发展的角度来看，我们必须正视水资源是非常有价值并且是有限的这个事实。个人更节约用水——平均每个美国人一天消费 100 加仑（1 加仑≈3.8 升）的水，一生大约消耗 300 万加仑——是答案之一。然而，全世界的家庭用水占水的总用量的 10%。更为至关重要的是，我们要制止工业用水的消耗，工业上的用水量占了 20%，农田灌溉用了所有灌溉水量的 70%。

也许新的灌溉技术可以减少未来对水的需求量。但是在这里，我们再次看到了人口的增长，伴着经济的增长，给生态系统造成的压力（United Nations World Water Assessment Programme，2009；U.S. Geological Survey，2009；Solomon，2010）。 530

水污染

像墨西哥城、开罗那样的大城市，人们别无选择只好去饮用那些被污染的水，传染性的疾病如伤寒、霍乱和痢疾，都是由于水面的微生物引起的，并且在这些人群中快速蔓延。除了确保水的充足供给外，我们还要保证水的质量。

美国的水质量是符合全球标准的。但尽管如此，这里水污染的问题还是在上升。美国的小河和溪流每年要吸收成千上万吨的有毒垃圾。这种污染不仅来自有意的倾倒排放，也有来自农业肥料和草地化学药品的流走之物。

还有一个特别的问题就是酸雨——雨由于空气污染而成酸性——会伤害动植物的生命。酸雨开始于燃烧化石燃料（油和煤）发电；燃烧中释放硫化物和氮氧化物到空气中。随着风的吹拂，这些气体混入大气中，它们同空气起反应形成硫酸和硝酸，使得大气变成酸性湿气。

这是一种形式的污染导致另一种形式污染的很明显的例子：空气污染（从烟囱）最终导致水污染（在聚集酸雨的河或溪流里）。酸雨事实上已经成为一种全球现象，因为它可以使离最初污染源数千里的地区都遭到破坏性的影响。举例来说，英国的发电厂引起的酸雨已经毁坏了挪威和瑞典东北部 1 000 多公里的森林和鱼。在美国，我们可以看到相同的模式，如中西部的烟囱，已经破坏了北部地区的纽约和新英格兰的自然环境。

空气污染

由于我们被空气包围着，大部分美国人更关心空气污染胜过关心水污染。工业技术的一个料想不到的结果，尤其是工厂和交通工具，使空气质量变得越来越差。在 20 世纪中期的伦敦，工厂烟囱、汽车和用来暖房子的燃煤等增加或许使其成为有史以来空气质量最差的城市。被英国人笑称为“豌豆浓汤”的是很致命的污染混合物：在1952年持续了五天的、笼罩在伦敦上空的厚厚的雾杀死了4 000人。

在20世纪的最后几十年，空气的质量才得到提高。富裕国家通过了惩罚高污染取暖的法律，包括窒息了伦敦的燃煤。另外，科学家们想出方法使工厂和交通工具运行得更为清洁。实际上，今天汽车排放的污染物只有20世纪50年代和60年代普通小汽车的一小部分。清洁的空气提高了人们的健康水平：专家估计在过去几十年中，美国人的平均寿命因为空气质量的提高而增加了将近0.5岁（Chang，2009）。

531 如果高收入国家的人能比他们以前更容易呼吸一点，那么在贫穷社会的空气污染问题现在正变得越来越严重。原因之一是因为低收入国家的人们仍然依赖于树木、煤炭和其他一些“脏”能源来生火做饭和取暖。另外，国家迫切地促进短期的工业发展将使人们无视长期的空气污染的危险。结果，在拉丁美洲、东欧和亚洲的许多城市都遭受着像20世纪50年代伦敦“豌豆浓汤”那样严重的空气污染。

雨林

雨林（rain forests）是密集造林的区域，大部分地区环绕地球靠近赤道。最大面积的热带雨林在南美洲（特别是巴西）、非洲中西部和亚洲东南部。总之，全世界的雨林覆盖了15亿英亩，是地球陆地总面积的4.7%。

就像其他的地球资源一样，雨林成为疯狂增长的全球人口的需要的牺牲品。就像前面提到的，为了满足牛肉的需求，拉丁美洲的农场主们烧毁森林地区来增加放牧场地。在林业贸易中，我们也失去了雨林面积。正如环境学家诺曼·迈尔斯（Norman Myers，1984b：88）指出的那样，富裕国家的人们愿意出更高的价钱来购买红木和其他树木，是因为他们沉迷于“镶木地板、好的家具、奇特嵌镶板、周末游艇和高级的棺材”。在这样的经济压力下，全世界的雨林面积只有它最初的一半了，并且继续以每年至少1%（50 000平方英里）、每秒达1英亩的速度萎缩。除非我们停止这种浪费，否则雨林会在本世纪末之前消失，而雨林又是可以保护地球的生物多样性和气候的重要资源(Rainforest Foundation，2009；United Nations Development Programme，2010)。

◎ 水对生活来说是非常重要的，但它也会供不应求。印度西部的古加拉特邦已经经历一场长达十年的干旱。在拉特瓦哥哈特村，人们紧紧地围在一起，把盆不断降低至当地的水井中，都想取出剩下的最后一点水。

全球变暖

为什么雨林如此重要？原因之一就是它们能够消除大气中的二氧化碳。从工业革命开始，二氧化碳开始被人为地大量排放，其中的大多数来自于工厂及汽车废气，而且其含量在不断上升。大量二氧化碳被海洋吸收。但植物也能大量吸收二氧化碳，释放氧气。这就是为什么雨林对保持大气化学平衡至关重要的原因。摆在我们面前的问题是二氧化碳在被大量制造，而大量的植被却在不断收缩。更为糟糕的是雨林因为火灾而被不断毁坏，并因此向大气中排放更多的二氧化碳。专家估计现在大气中的二氧化碳（浓度）要比150年前高40%，而且还在快速增长（Gore，2006；Adam，2008；National Oceanic & Atmospheric Administration，2011）。

在地球的高空，二氧化碳扮演的角色类似于温室中的玻璃屋顶，它让来自太阳的热量穿过自己到达地面，同时阻止大量的热量从地球中散发。这个“温室”造成的结果，生态学家称为**全球变暖**（global warming），大气中二氧化碳含量的不断增加引起地球平均气温的上升。在过去的一个世纪里，全球气温已经上升了0.7摄氏度左右（平均达到14.4摄氏度）。科学家警告说，在本世纪全球气温将继续上升。极地的冰盖开始融化，全球海平面上升了大约6英寸。科学家预测平均温度上升导致大量冰川融化，上升的海平面将淹没整个世界上地势低洼的沿海地带：海水将覆盖印度洋上的马尔代夫岛、孟加拉国大部分、美国的大部分沿海地区（包括华盛顿特区，将一直淹至白宫的台阶）。这种变化可能会导致1亿的“气候变化难民”。另一方面，同样的温度上升进程会对世界其他地区产生极为不同的影响。美国的中西部地区，目前世界上的最高产农业地带之一，在未来很可能变成一片不毛之地（Gillis，2011；McMahon，2011；Reed，2011）。

一些科学家指出我们无法确定全球变暖的结果。其他观点认为，地球温度的变化正在整个历史中进行着，但似乎微不足道甚至和雨林或人类活动一点关系也没有。少数人是乐观的，认为大气中二氧化碳浓度越高越可能加快植物生长（通过这种气体，植物将茁壮成长），植物的增长将导致不平衡，再次降低地球的温度。但是科学家们的共识现在很清楚：全球变暖将成为严重威胁我们所有人未来的问题（Kerr，2005；Gore，2006；International Panel on Climate Change，2007；Singer，2007）。

生物多样性的减少

我们的地球是大约3 000万种动物、植物和微生物的家。随着雨林的消失和人类扩大对自然的控制，每天大约有几十种动植物消失，减少了地球的生物多样性。

但是有如此巨大数量的物种，为什么我们还要为失去的一小部分感到担忧呢？环境学家给出
532 了四个理由。第一，我们地球的生物多样性为我们提供多种多样的食物来源。运用农业高科技，科学家能够把相似的农作物同更多外来作物进行“嫁接”，使之生产出更多的食物并且有更高的抗虫性及抗病性。某些生物甚至被认为对人类的食物生产至关重要。例如蜜蜂，进行授粉的工作，这是植物生长必不可少的环节。但事实是在美国，蜜蜂的数量已经减少1/3，在中东地区则减少了2/3，这已经引发人们的严重关切。总之，保持生物多样性能够帮助养活地球上日益增长的人口。

第二，地球的生物多样性是一座蕴藏丰富的基因资源库，它们每年被医学和药理学研究员用来生产数百种新型化合物，这些化合物能够治疗疾病，延长我们的寿命。例如，现在美国孩子有一个很好机会治愈白血病，这种病在两代人之前尚无法治愈，原因就是人们从一种叫红皱藤的热带花卉中提取出化合物。一种已经被这个国家中上千万的妇女口服的避孕药是另一项有关墨西哥森林山药这种植物的研究成果。因为生物多样性本身允许我们的生态系统去控制很多类型的疾病，如果生物多样性减少了，疾病的传播几率就将大大增加，这是有可能的。

第三，任何物种的消失——不管它是雄伟的加利福尼亚神鹫、名气很大的中国熊猫、斑点枭，甚至是一种最普通的蚂蚁——都会使我们美丽而又复杂的自然环境遭到破坏。物种消失给人类的警告就摆在我们眼前：这个世界上10 000多种鸟类中有3/4正在消失。

第四，与环境污染不同，任何一种物种的灭绝都是最终和不可逆转的。有一个最重要的道德上的问题就是我们现在的人们有权利让未来人类的世界变得枯竭吗（E.O.Wilson，1991；Keesing et al.，2010；Capella，2011）。

环境种族主义

冲突理论已经发展出**环境种族主义**（environmental racism）这一概念，环境危害对穷人造成的影响最大，尤其是少数族群。历史上，排放污染的工厂总是建立在穷人和有色人种的附近，为什么呢？一部分原因是穷人被工厂的工作所吸引，而且他们的低收入决定着他们只能在有危害性的地方找到房子。有时候，这些符合他们预算额的住房就在他们平时工作的工厂的阴暗角落里。

◎ 小型的、单一的社会组织中的成员，例如印度尼西亚的明打威人，他们与大自然和谐相处；他们没有严重影响自然界的科技。虽然，在更复杂社会中的我们常常认为我们要比那些人更高级，但事实上，我们——的确，不得不——需要向他们学习很多的东西。

没有人愿意与工厂的垃圾场相邻，但是穷人们却鲜有能力抵御这些。这些年来，最严重的环境危害位于新泽西州内瓦克附近（不包括高消费阶层的卑尔根县）、芝加哥南部（不包括富裕的森林湖），或者在美国西部印第安人的保留地（不包括富裕的丹佛或者菲尼克斯郊区）（Commission for Racial Justice，1994；Bohon & Humphrey，2000）。

展望：迈向可持续发展的社会和世界

◇ 评价

这一章的人口统计分析呈现了这一时期一些令人不安的趋势。我们知道，首先，地球人口因为发展中国家常年保持的高出生率和世界各地普遍下降的死亡率而达到了创纪录的水平。减少人口在本世纪将仍是一项紧迫的需求。尽管近来人口增长率有所下降，但是如第 597 页“焦点中的社会学”中所解释的，托马斯·马尔萨斯所描述的噩梦将真的可能变为现实。

更进一步说，世界上最穷的国家中保持着最高的人口增长率，它们没有能力养活现在的这些人口，这些人口比它们将来要养活的人口要少得多。我们地球每年新增人口 8 300 万，其中 8 100 万出生于低收入国家，他们要求社会提供的不仅仅是食物，而且包括住房、学校和就业。全世界的健康、幸福最终依靠于解决好贫穷且人口过于密集的国家的经济和社会问题，以及缩小不发达国家与发达国家越来越大的差距。

城市化在持续，尤其在贫困的国家。纵观人类历史，人们希望在城市中能找到更为优质的生活。但是大量的居住在今天的超级大都市——如墨西哥城、圣保罗（巴西）、拉各斯（尼日利亚）、孟买（印度）、马尼拉（菲律宾）——的居民已经在很大程度上制造了城市问题。

纵观全世界，人类还面临着一个严峻的环境挑战。一部分问题是贫穷国家不断增长的大量人口。另一部分问题是像我们这样的发达国家中的高水平的消费。面对日益增加的环境赤字，我们所寻求的生存方式是向我们的孩子及孩子的孩子索取幸福。那些消耗地球资源最多的发达国家，正把这个世界上不发达国家的未来保障作为抵押。

解决方案在原则上是建立一种**生态可持续性文化**（ecologically sustainable culture），一种既满足当代人的需要，又不威胁到后代环境的生存方式。这种可持续生存依靠三点战略：

第一个战略是人口增长需要得到控制。目前的 69 亿人口正在危害自然环境。显而易见，世界人口攀升得越高，越困难的环境问题将会发生。尽管近来人口增长率保持较低水平，但到 2050 年，世界将有 90 亿人。很少有分析家认为我们的地球能承载这么多的人；大多数观点认为，我们必须把人口控制在 70 亿，另一些观点认为在即将到来的下个时期，我们必须减少人口（Smail，2007）。

第二个战略是保持有限的资源，这就意味着以一种对后代负责的眼光，通过高效率的使用资源来满足我们的需要，寻找可替代的资源，或者 533
在某些情况下，学会消耗较少的能源生存。

第三个战略是减少浪费，无论何时，简单、节俭地使用是最好的解决方法。学会节俭生活并不容易，但是请记住，尽管我们的国家在近几十年中消耗了越来越多的资源，但人们并没有变得更加幸福（D.G.Myers，2000）。因此回收计划也是解决方法的一部分，回收使每个人成为我们环境问题的解决方案的一部分。

最后，要使这些战略起效果取决于一个最基本的转变，那就是我们如何思考自身及身处的世界。我们利己的观点把我们

◎ 如果人类的独创性对我们的环境构成了威胁，正如我们现在面对的，那么我们还能够解决这些问题吗？最近几年，大量关于小型环保型的汽车设计展示了新技术的应用。但这种革新达到要求了吗？我们是否要对我们的生活方式做更多根本性的改变，来确保人类在接下去几个世纪中继续生存下去？

世界毁灭：人类会摧垮地球吗?

焦点中的社会学

努肖恩： 我要告诉你，人口已经太多了！人们未来要住到哪里呢？

达比： 你去过堪萨斯州和怀俄明州吗？那里非常空旷。

马可： 也许现在是。但我担心我们的孩子——或者孩子们的下一代……

你是否担忧世界正在增长的人口？想想这个：当你读完这点东西的时候，这个星球将会增加超过 1 000 人。明天这个时候，全球人口的增长将会超过 22 万。现在，正如下面这个表格所显示的那样，这个星球每秒出生 4 个人，而死亡 2 人，每年将推动世界人口增长 8 300 万人。换句话说，全球人口增长相当于每年增加一个德国。

这并不令人惊奇，众多人口学家和环境学家被未来深深困扰。地球现在承载着前所未有的人口数量：自 1974 年以来，地球已增加 29 亿人，增加的人口已经超过 1900 的年人口总和。也许托马斯·罗伯特·马尔萨斯，那个预言过多的人口将会导致战争和痛苦的人，是对的？莱斯特·布朗（Lester Brown）和其他新马尔萨斯主义者预言如果我们不改变生活方式，大动乱就为时不远了。布朗承认马尔萨斯在猜测要多少的技术（尤其是土地肥沃及改变作物的基因）才能够增加这个星球的农业产出时是失败的。但是他坚持地球增加的人口将迅速超过其有限的资源所能承受。穷国的家庭将找不到柴火，而富国的人们正在消耗石油资源，每个人都正在消耗我们的干净水源，用垃圾毒害我们的星球。一些分析家认为我们已经超过了地球"人口承载力"，为了确保我们在未来能够生存，我们必须维持现有人口数，或者减少人口数量。

但另一些分析家，反马尔萨斯主义者，强烈地反对这种说法。朱利安·西蒙（Julian Simon）指出在马尔萨斯预言的巨大灾难的两个世纪后，地球已经养活了 6 倍的，在平均水平上比以前更长寿、更健康的人口。通过更多的先进技术，人类已经找出了增加（作物）产量和限制人口的方法。正如西蒙认为的那样，这值得庆祝。人类的足智多谋一直以来已经证明厄运论者的错误，西蒙打赌说这一切将会持续下去。

全球人口增长（2010）

	出生	死亡	净增长
每年	140 213 443	56 897 968	83 315 475
每月	11 684 454	4 741 497	6 942 956
每天	384 146	155 885	228 262
每小时	16 006	6 495	9 511
每分钟	267	108	159
每秒钟	4.4	1.8	2.6

加入博客讨论吧！

你打赌的话你会选择哪一边？你认为地球能承载 80 ~ 100 亿人吗？你认为对于全球人口增长我们该做点什么？欢迎登录 Mysoclab，加入"焦点中的社会学"博客，分享你的观点和经历，并看看别人是怎么想的。

资料来源：Brown (1995), Simon (1995), Scanlon (2001), Smail (2007), Population Reference Bureau (2011), and U.S. Census Bureau (2011).

自身的利益作为生存的准则，但是可持续发展所能接受的环境需要一种利他的观点来帮助我们认识到现在与未来紧密联系，以及每个人为什么分工合作。南半球的大多数国家都是不发达的，不能够满足其国民的最基本需要。北半球的大多数国家都是发达国家，在同时期消耗了比地球承载力更多的资源。这一切的改变需要建立一种可持续的生态系统，这来得很慢而且昂贵。但不对地球环境赤字作出反应的代价，将毫无疑问是更大的（Kellert & Bormann，1991；Brown et al.，1993；Population Action International，2000；Gore，2006）。

最后想想，恐龙统治了这个星球 1.6 亿年，接着永久性地灭绝了。人类过于年轻，才在地球上存在了 25 万年。相比较那些愚蠢的恐龙，我们的物种具有巨大的智力天赋。但是我们将会如何使用这种能力？有何机会使我们的物种从现在开始一直繁荣 1.6 亿年——还是仅仅 160 年？答案取决于这一地球上 3 000 万物种之一来做出选择：人类。

日常生活中的社会学

第22章 人口、城市化与环境

为什么环境是一个社会问题？

正如本章所阐述的，自然环境的状况取决于社会的组织形态，尤其是当物质消费和经济增长依附于文化价值时。

提示

如果膨胀是“好时代”，那么缩小就是“倒退”甚至是“衰退”。这种世界观意味着生活在不断增长的自然环境的压力之下是正常的——甚至是值得的。可持续发展的观念对于世界人口增长具有重要的意义，这取决于我们是否学会以现有的条件来生活甚至可能是在比现在还不如的条件下生存。尽管很多人似乎是这么想的，但其实不需要一辆价值6 000镑的多功能车来把家搬到城市里居住。实际上，可能一辆车都不需要。这种新的思维方式要求我们不根据我们所拥有的以及消费的来界定社会地位和个人成功。你能想象这种社会吗？它将会是什么样的？

我们希望看到经济自然稳定地增长。当经济在几个月内停滞不前时，我们就会说我们正在经历“停滞”。我们应该如何定义发生在2008年秋天的那一段经济衰退期呢？

如何使我们的社会成员相信，较小的车（而不是较大）将会让我们生活得更好？为什么我们似乎总是不仅仅满足于更大的车，而且还要更大的住宅和拥有越来越多的物质财富？

从你的日常生活中发现社会学

1. 这里有一个关于增长失控的例子（Milbrath, 1989：10）："一个池塘里长着一朵睡莲。这朵睡莲每天都会长大两倍。30天后，它就占满了整个池塘。那么它在哪一天长到这个池塘的一半？"当你意识到这个问题的时候，讨论一下这个例子对人口增长所带来的暗示。
2. 我们每个人的脑海中都生成了一幅我们居住城市的心象地图。在勾画这幅你熟悉城市的心象地图时，尽可能详细地描述各个场所、区域、道路和交通设施。在你完成这幅地图后，看着你认为重要的地点，然后试着找出你遗漏掉的地方。一个好方法是把它与真实的地图或者其他人描绘的更好的地图相比较，试图找出它们的不同之处。
3. 你认为世界人口不断增长是一个值得关注的问题吗？我们现在的自然环境情形如何？登录mysoclab.com，阅读"从你的日常生活中发现社会学"专栏，了解关于这些问题的其他讨论以及关于你可以更好地参与促进一个更安全的世界的方式建议。

第22章 人口、城市化与环境

人口学：对人口的研究

人口学分析人口的数量和结构，以及人们迁移的方式和原因。人口学家收集数据并研究影响人口的若干因素。

生育率

- 生育率是一个国家人口分娩的发生率。
- 人口学家用粗出生率来描述生育率。

死亡率

- 死亡率一个国家人口死亡的比率。
  人口学家用粗死亡率和婴儿死亡率来计算死亡率。

移民

- 净移民率是迁入率和迁出率之差。

人口增长

- 大体上，发达国家的移民人口的增长几乎与自然出生人口的增长差不多；贫穷国家的人口增长几乎全部都是自然出生人口。

人口的构成

- 人口学家用年龄—性别金字塔来描述人口的组成结构，并预测人口发展趋势。 **pp. 512-15**

人口学（p.512）：对于人口的研究。

生育率（p.512）：给定年份里一个国家的人口分娩的发生率。

粗出生率（p.512）：某个给定的年份里，每1 000个人当中成活婴儿的数量。

死亡率（p.513）：一个国家人口死亡的发生率。

粗死亡率（p.513）：在一个给定的年份里，人口当中的每1 000个人当中的死亡数量。

婴儿死亡率（p.513）：给定的年份中，每1 000出生的婴儿中，1岁以下的婴儿死亡的数量。

预期寿命（p.513）：一个国家人口的平均寿命范围。

移民（p.513）：某指定地点的人口的迁入或迁出。

性别比例（p.514）：在一个国家当中每100个女性所能配得的男性数量。

年龄—性别金字塔（p.515）：人口的年龄、性别的图形式的描述。

人口增长的历史与理论

- 历史上，人口增长缓慢原因是高出生率大部分抵消了高死亡率。
- 大概在1750年，人口统计的转变开始于人口的急剧的增长，主要原因是死亡率的下降。
- 17世纪末期，托马斯·罗伯特·马尔萨斯警告人口增长将会威胁到食物供应，结果导致社会灾难。
- 人口转变理论认为技术进步将会逐步减缓人口增长。
- 当前，世界人口每年增加8 300万，而增长人口的97%来自于发展中国家。世界人口被预期在2050年会达到90亿。 **pp. 516-20**

人口转变理论（p.517）：一个把人口格局与社会的科技水平联系起来的观点。

人口零增长（p.518）：人口再生产水平维持在一个稳定的阶段。

城市化：城市的发展

第一次城市革命开始于10 000年前城市的兴起。

- 在2 000年前，城市开始在世界各地出现，除了北美和南极洲地区。
- 工业化之前，城市建筑发展缓慢，街道狭窄，拥挤，社会关系个体化。 **p. 520**

第二次城市革命开始于1750年的欧洲，工业革命推动城市快速发展。

- 城市的自然形状发生改变，规划者为促进贸易创造了宽阔的、有规则的街道。
- 对商业的重视和城市规模的扩大使得城市生活更没有人情味。 **p. 520**

第三次城市革命现在正发生在发展中国家。今天，世界上最大的城市大多数都出现在欠发达国家。 **p. 526**

北美城市化已经有400多年的历史，并一直延续至今。

- 北美城市化因为欧洲殖民者的到来而兴起。
- 到1850年，沿着海岸诞生了数百个新城市。
- 到1920年，绝大多数美国人居住在城市。
- 大约从1950开始，城市分化导致郊区和卫星城的发展以及农村人口的回升。
- 在整个国家，阳光地带城市——而不是早期的雪带城市——在人口和规模上正在增长。 **pp.520-22**

城市化（p.520）：人口向城市聚集的现象。

大都市（p.521）：社会和经济方面占支配地位的大城市。

郊区（p.521）：处于城市行政分界线之外的地区。

城市群（p.522）：一个包含了数个城市和其周围地区的特定区域。

都市化：作为一种生活方式

19 世纪欧洲快速的城市化使得早期的社会学家对比乡村和城市生活。这些早期的社会学家有欧洲的滕尼斯、涂尔干和齐美尔，美国的帕克和沃斯。

斐迪南·滕尼斯在他的世俗社会和法理社会的概念上建立了他的分析。

- 世俗社会，乡村社会的典型，相当于一个单一的初级群体把人们连接在一起。
- 法理社会，现代社会的典型，人们仅仅因为个体的利益而不是有帮助群体提升幸福感的愿望聚集在一起。

埃米尔·涂尔干对滕尼斯的很多观点表示赞同，但他声称城市居民并不是缺乏社会契约，社会团结主要有以下两种区别：

- 机械团结将社会契约建立在普遍认同的情感和道德价值之上。这种社会团结的典型就是传统的乡村生活。
- 有机团结将社会契约建立在专业化和相互依赖之上。这种社会团结的典型就是现代都市生活。

格奥尔格·齐美尔声称过度刺激的城市生活会造成城市中产生一种厌世的态度。

在美国的芝加哥大学，罗伯特·帕克声称城市将允许更大的社会自由。

路易斯·沃斯看到，尽管城市具有包容性，但大量的、密集的、不同种类的人也将创造出一种非个人的和利己主义的生活方式。 **p. 522-24**

世俗社会（p.523）：形容某一类型的社会组织，在这个组织里人们因为血缘和传统习俗而紧密联结。

法理社会（p.523）：一种社会组织的模式，人们仅以个人利益为基础聚集在一起。

城市生态学（p.524）：对城市的物理和社会层面的联系的研究。

环境和社会

环境状况是一个社会问题，因为它反映了人类如何开展其社会生活。

- 社会的发展导致环境赤字，因为他们的生活方式只注重眼前利益，而忽视带来的长期后果。 **pp. 526-27**
- 社会技术越复杂，改变自然环境的力量就越大。
- “增长的逻辑”理论支持经济发展，声称随着环境问题的出现，人类能够解决它们。
- “增长的极限”理论认为社会的发展需要一定的限制，以防环境的崩溃。 **pp. 527-28**

环境问题包括：

- 清除固体垃圾——我们丢弃的东西中有54%都进入了垃圾填埋场，而垃圾填埋场越来越满，并会污染地表以下的水。
- 保护有质量的水和空气——清洁的水资源在世界部分地区的供应已经比较低了。工业技术导致空气质量下降。
- 保护雨林——雨林能够吸收大气中的二氧化碳，而且是这个星球的大部分物种共同的家。在发展压力之下，现在世界上的雨林只是其原来面积的一半，而且每年以1%的速度收缩。
- 环境种族主义——冲突理论指出这样一种状况：穷人，特别是少数族群，他们遭受到绝大多数的环境伤害。 **pp. 528-32**

生态学（p.526）：生物有机体和自然环境互动的研究。

自然环境（p.526）：地球的表面和大气，包括生物有机体、空气、水、土壤和其他维持生命的必需的资源。

生态系统（p.527）：一个包含所有生物有机体与它们的自然环境相互作用的系统。

环境赤字（p.527）：人们专注于短时期的物质富裕而导致了对自然环境极度的长期的伤害。

雨林（p.531）：密集造林的区域，大部分地区环绕地球靠近赤道。

全球变暖（p.531）：大气中二氧化碳含量的不断增加引起地球平均气温的上升。

环境种族主义（p.532）：环境危害对穷人造成的影响最大，尤其是少数族群。

生态可持续性文化（p.532）：一种既满足当代人的需要，又不威胁到后代的环境的生存方式。

第23章 集群行为和社会运动

学习目标

◇ 记忆
本章黑体关键名词的定义。

◇ 理解
集群行为和社会学家研究的其他行为有什么不同。

◇ 应用
社会学的视野看待各种各样的集群行为。

◇ 分析
社会运动（采用一些社会学理论）。

◇ 评价
灾难的后果（不仅考虑身体受害或是生命丧失，同时也考虑人类社会的崩溃）。

◇ 创造
一种能带来令人满意的社会变迁的洞察力。

540 本章概览

本章讨论社会学家称为“集群行为”的各种行为，包括群众行为、谣言与流言、恐慌、灾难以及社会运动。

许多人还记得那一天是地球震动日。2011 年 3 月 11 日，日本发生了 9.0 级的大地震。它将整个日本推近美国约 15 英尺，甚至引起了地球自转方式的轻微改变。但这些是科学家的观察。对于日本东北部的人来说，这是他们永远难忘的一天。他们中的大约 20 000 人，就在这一天失去了自己的生命。

大地震导致无数的建筑崩塌。但这不是最糟糕的。沿着海岸线，就算是那些专为这样的突发事件而建的最坚固的建筑，也没有能挡住由海底剧烈的地球运动释放出的力量所引发的高达三层楼的海啸。海浪越过海堤洗荡城镇，冲刷了整个日本东北部。

即使如此，灾难也没有结束。在地震中受损并且被灌入大量海水的福岛第一核电站开始了核泄漏。辐射很快就在日本的首都东京被检出，几天后，甚至在美国都检测到了轻微的辐射量。辐射对日本人民的长期影响不容乐观（Gibbs，2011）。

在日本以及全球，这一自然灾难带来破坏的电视影像以及新闻图片让人眩晕。在这个有时候我们相信人类已经控制了自然的时代，公众意识到在面对根本未受我们控制的力量面前，我们是多么不堪一击。此外，2005 年，当卡特里娜飓风肆虐新奥尔良城时，我们有机会观察到社会中的人们是怎样应对重大灾难的；随着整个社会的四分五裂，他们需要同时应对物理破坏以及社会解体。

研究诸如持续威胁日本人民的地震这样的灾难是社会学家检视集群行为的一个例子。**集群行为**（collective behavior）是牵涉大量人群的活动，集群行为未经计划，往往有争议，有时甚至是危险的。本章探讨各种各样的集群行为，包括人们面对以下事件的反应——灾难、暴徒与暴乱行为、恐慌与大众歇斯底里、谣言与流言以及时尚与时狂。此外，本章也将检视社会运动，即旨在从某些重要方面变革人们生活的一种集群行为。

集群行为研究

◇ 理解

集群行为很复杂，三个方面的原因使其难以研究：

1. 集群行为是多样的。集群行为包括了大量的人类行为。粗看起来，很难发现灾难和时狂、谣言或是暴徒行为有什么共同点。

2. 集群行为是变异的。有些谣言，如某些人对 2012 世界末日的恐惧，传遍了整个美国甚至整个世界。但是另一些谣言却很快销声匿迹了。为什么某些谣言能流行，另一些却不能呢？

3. 大多数集群行为是短期的。社会学家对诸如家庭这样的社会组织有长期的研究，因为它们始终是社会的一部分。但是灾难、谣言或是时狂来得快，去得也快。

一些研究者很快就会指出，这些问题不仅存在于集群行为中，也存在于大多数的人类行为中（Aguirre & Quarantelli，1983）。同时，集群行为也并不总是特异的，每个人都能预见运动事件或是音乐节日时会形成群众集群。社会学家可以直接对这些集群进行第一手的研究，也可以用录像 541
带将它们记录下来以后研究。研究者甚至可以参与某些自然灾难，如在美国的某些地区比较常见的龙卷风，以便研究人们是如何应对此类事件的（D. L. Miller，1985）。

通过努力，社会学家现在对集群行为有了大量的了解。首先要明白的是，所有的集群行为都涉及某些**集群**（collectivity）的行动。集群是指大量的人群，其存在极少的互动，但是这种互动并不是预先计划或是符合常规规范的。集群有两种类型：一种是局部的集群，它指在身体上相互之间靠得很近的人们，比如说群众和暴乱者；另一种是分散的集群或者说大众行为，这种集群所涉及的人们尽管分散在一个较大的区域但却仍能相互影响。这类集群行为包括谣言、舆论以及时尚。

一定要记住，集群和我们已经熟悉的社会群体（参见第7章“群体与组织”）是不同的。以下是三个重要差异：

1. *集群中的人们很少或者没有社会互动。*群体中的人们有频繁而直接的互动；而暴徒或者其他局部的集群中的人们互动却非常少。分散的集群中的大多数人，比如说在时狂中，根本就没有互动。

2. *集群没有清晰的社会边界。*群体中的成员共享一种认同感，但是集群行为中的人们通常没有这种认同。局部的群众中的人们也许有相同的关注对象，如站在平台上威胁要往下跳的某个人，但是他们和周围的人没有统一感。分散的集群中的个体，比如担心要应征入伍的学生，几乎意识不到他们之间有共同的成员关系。再举一个例子，人们可能会共同关注许多问题，但是通常很难明确地知道某个人属于环保运动者或者女权运动者之列。

3. *集群形成微弱而非传统的规范。*传统文化规范通常调节着群体中人们的行为。某些集群，如一架飞机上共同旅行的乘客，也可以观察到传统规范，但是他们之间的互动常常局限于为尊重邻座私人空间而礼貌地小声交谈。其他集群，比如比赛后走向街头酗酒甚至掀翻汽车的激动的球迷，他们的行为没有什么清晰的规范可言（Weller & Quarantelli，1973；Turner & Killian，1987）。

局部的集群：群众

◇ 应用

集群行为的一种主要形式是**群众**（crowd），即有共同关注点并且互相影响的暂时聚集在一起的人群。群众是个相当新的名词：我们的先辈大多没有见过大型的群众。例如在中世纪的欧洲，大量人群聚集在同一个地方的唯一时间只有战场上的两军对垒（Laslettt，1984）。然而今天，25 000人或以上的群众在摇滚音乐会、体育赛事现场，甚至是大型高校的注册大厅里经常可以看到。

某些政治事件和示威活动，包括2011年在中东城市进行的大集会，人数达到或超过10万。在华盛顿特区奥巴马总统的就职典礼上，估计聚集了约150万人（M. Tucker，2009；Bialik，2011）。

所有的群众都包含了大规模的人群，但其在社会动力上并不相同。赫伯特·布卢默（Herbert Blumer，1969）定义了四种群众：

一是偶合群众。偶合群众是相互之间互动很少甚至没有互动的松散的人群集合。躺在沙滩上的人们或是冲向某个汽车事故发生地的人们相互之间仅是一面之识。

二是常规群众。常规群众产生于有意的计

◎ 2011年5月2日，大量人群因为美国在巴基斯坦的军事行动击毙了奥萨马·本·拉登的通告而聚集在白宫门前。这样的群众在哪些方面与更为传统的社会群体不同？这里我们看到的是哪种类型的群众？

划，如一次国家拍卖、一场大学演讲或是一次总统就职。在这种情况下，人们的行动遵循一套清晰的规范。

三是表意群众。表意群众形成于带有情感性诉求的事件，如某个宗教的复兴、一场 AC/DC 音乐会，或是纽约时代广场上的新年庆典。激动是人们加入表意群众的主要原因，其使得参与者对这一自发的参与经历感到愉悦。

四是行动群众。这种群众是由强烈但单一的目标所激发的，如观众听到枪声后涌向音乐厅的大门或是顾客听到枪声后逃离购物商场。行动群众是由强烈的情感所激发的，这可能在某些时候引发暴徒暴力。

任何一种群众都可能从一种形式转变为另一种形式。2001 年，南非约翰内斯堡的一个足球场里有超过 10 000 名的球迷组成的常规群众，
542 他们正在观看一场势均力敌的比赛，在一个球队得分之后，群众爆发了，人们开始冲向球场。几秒钟之内，一个行动群众就形成了。出现了踩踏，导致了 47 人丧生（Nessman，2001）。2009 年，当美国航空公司的一架飞机从一个纽约机场起飞后几分钟即紧急迫降在哈得逊河时，机上的一些乘客立即恐慌起来，形成一个行动群众。但是当飞机平静下来后，人们服从指挥异常安静而有秩序地撤离了飞机（Ripley，2009）。

群众有计划地行动并不仅仅是不断高涨的情绪的产物。抗议群众（我们可以将之列为布卢默四种群众之后的第五种群众）可能出于政治目的进行游行、联合抵制、静坐或是罢工（McPhail & Wohlstein，1983）。2010 年和 2011 年在中东的各大城市中发生的反政府示威游行便是抗议群众的例子。在某些情况下，抗议群众有常规群众的低能量特征，但是在另一些情况下（尤其是政府力量不断进攻时），人们变得情绪高涨而形成行动群众。

集群行为 牵涉大量人群的活动，集群行为未经计划，往往有争议，有时甚至是危险的。

集群 大量的人群，其存在极少的互动，但是这种互动并不是预先计划或是符合常规规范的。

暴徒与暴乱

当一个行动群众转向使用暴力时，可能会导致暴徒的诞生。**暴徒**（mob）是以暴力和破坏为目标的高度情绪化的群众。不过也许正是因为其强烈的情绪，暴徒很快就会走向分崩瓦解。一个暴徒集群能持续多长的时间取决于其是否有明确的目标，以及其领导者是试图激发群众还是让群众平静下来。

“私刑”（lynching）是美国最为臭名昭著的暴徒行为。这一术语来自威廉·林奇（William Lynch），一个殖民地时期的弗吉尼亚人。那个时期还没有正式的警察和法庭，林奇就在他的社区里把自己作为法律和秩序。林奇这个名字很快就成了在法律允许的范围之外采取暴力行为和凶杀的代名词。

在美国，“私刑”总是与种族肤色联系在一起的。南北战争之后，所谓的私刑暴徒就是刚获得解放的非裔美国人的恐怖。任何对白人特权提出挑战的有色人种都有可能被充满仇恨的白人吊死或是活活烧死。

私刑暴徒通常是由感受到被解放奴隶的威胁的贫穷白人组成，他们在 1880—1930 年间达到了顶峰。警方在这一时期记录了大约 5 000 起私刑案件，尽管实际上发生的数量无疑远高于这一数字。私刑常常是受欢迎的，能吸引成百上千的围观者；有时受害者很快就被杀害了，但有时受害者在死前会受尽折磨。这些恐怖杀戮绝大多发生在美国南方（Deep South），那里的农业经济依赖于廉价而顺从的劳动力。在西部边境上，私刑暴徒也将墨西哥人和亚洲人后裔视为目标。在被记录的私刑案件中，大约 25% 是白人杀害白人。妇女很少被处“私刑”；现在知道的案件只有大约 100 起，受害者几乎都是有色人种的女性（W. White，1969，orig. 1929；Grant，1975；Lacayo，2000）。

高度活跃且没有特定目标的群众行为便是**暴乱**（riot）——高度情绪化、暴力化且无人指导的一种社会性爆发。和暴徒的行为不同的是，暴乱通常没有清晰的目标，而也许仅仅是表达某种不满。

大多数的暴乱源于某种长期的不满或是怨气；暴力行为由某些轻微的事件引发，导致人们

开始毁坏财产或是伤害他人（Smelser，1962；M. Rosenfeld，1997）。暴徒行为通常在某些具体的暴力目标达成之后就会结束（如一次私刑）；但是暴乱会继续下去，直到暴乱者筋疲力尽或是警察和社区领导者逐渐控制了局势。

纵观美国历史，暴乱总是由社会不公正所激发的。例如，产业工人曾因为不公平的工作条件而以暴乱发泄愤怒。1886 年，芝加哥工厂的工人为 8 小时工作制的艰苦斗争导致了激烈的“干草市场暴乱”(Haymarket Riot)，11 人死亡，大量人受伤。监狱里的囚犯有时候也会通过暴乱来表达愤怒和绝望。

此外，种族暴乱在美国时常发生。20 世纪早期，芝加哥、底特律和其他城市中都发生了白人群众攻击非裔美国人。20 世纪 60 年代，在长期的偏见和歧视中，看似琐碎的事件最终点燃了愤怒，导致大量的内城贫民区发生了暴力骚乱。1992 年在洛杉矶，白人警察殴打黑人驾车者罗德尼·金（Rodney King）却被判无罪掀起了一场激烈的暴乱，暴力和大火杀死了 50 余人，成千上万人受伤，数亿美元的财产遭到了破坏。

并非所有的暴乱都源于憎恨。暴乱也可能产生于非常正面的情感。例如 2000 年，纽约欢庆波多黎各日的年轻男子们开始在人群中向年轻女子身上喷水。在之后的几个小时里，性暴力肆虐，很多妇女被抚摸，被扒去衣服和受到攻击，最终导致了一篇报道所写的“大麻、酒精、热浪、雄性激素的白痴和警察（守卫）无力”的混乱场面（Barstow & Chivers，2000：1）。在一些州立大学的校园里，体育比赛在主场的胜利足以使成百上千的学生拥向街头，酗酒，既而纵火以及与警察发生冲突。正如一位分析家看到的，在一种“一切皆有可能”（anything goes）的文化中，某些人认为他们可以为所欲为而不受惩罚（Pitts，2000；Madensen & Eck，2006）。

群众 有共同关注点并且互相影响的暂时聚集在一起的人群。

暴徒 以暴力和破坏为目标的高度情绪化的群众。

暴乱 高度情绪化、暴力化且无人指导的一种社会性爆发。

群众、暴徒与社会变迁

暴乱能带来什么？一个答案是“权力”。普通人在集群式行动时能够获得权力。近年来，纽约、辛辛那提、洛杉矶以及其他城市的示威游行者已经成功地将全美注意力都转向其所宣称的警察办事过程中的种族不平等问题，促使警察部门认真检视了自己的公务行为。群众拥有挑战现状并在某些时候导致社会变迁的力量，这使得群众备受争议。纵观历史，现状的拥护者害怕“暴徒”视之为威胁，而那些寻求变革者却支持集群行动。

群众行为的解释

如何解释群众的行为？社会科学家已经发展了若干理论。

感染理论

集群行为的早期解释是由法国社会学家古斯塔夫·勒庞（Gustave Le Bon，1841—1931）提出
的。根据勒庞的感染理论（1960/1895），群众对 543
参与其中的成员有催眠作用。在大量人群中的匿名性导致人们忘记个人责任感，而屈服于群众的感染性情绪。因此，群众就像自己拥有生命一样，不断煽动情绪，使得人们走向非理性，甚至是暴力行为。

◇ 评价

勒庞认为群众带来匿名性并且产生强烈情绪的观点毫无疑问是正确的。但是正如克拉克·麦克费尔（Clark McPhail，1991）指出的：大量研究表明“疯狂的群众”并不拥有自己的意志。群众的行动来自特定个体所作出的政策和决策。例如，2010 年，一个德国音乐节上 47 人因为踩踏死亡，当时，大量的人群在通过通道进入音乐会场地时突然变得惊慌失措。警察将当时的情景描述为“非常混乱”。但之后的调查却发现，恐慌并非来自群众突然而离奇地“变得疯狂”，而是因为在人们还在不断涌入音乐会场地时警察突然关闭了通道的一端。这一行动引发了恐慌，已经在通道里面的人被踩踏并且无处可逃

▲检查你的学习 请陈述群众行为的感染理论。对这一理论有哪些批评？

（Grieshaber & Augstein，2010）。

最后需要说明的是，尽管集群行为可能带有强烈的情绪，但是正如感染理论所指出的那样，这些情感未必就是非理性的。情绪——也包括行动——能够反映真正的恐惧（如音乐会的恐慌）或者源于不公平感（如在对警察不公进行的抗议中）（Jasper，1998）。

◎ 2011 年，人们因日本地震、海啸以及核灾难而聚集。正是因为这一原因，大量人群聚集在都柏林参加“声援日本人民”音乐会。此处描述的哪种群众行为理论能够最好地解释这一现象？

趋同理论

趋同理论认为群众行为并非来自群众本身，而是来自参与其中的某些人。根据这种理论，群众是具有相似观念的个体的集合。感染理论认为群众使得人们按照某种方式行动，趋同理论刚好相反，其声称希望按照某种方式进行行动的人们聚集起来形成了群众。

在过去的一年，中东反对政府镇压的政治示威游行所形成的群众并没有促使参与者去反对他们的政治领导人。相反，参与者走到一起正是因为他们已有的政治态度。

◇ 评价

通过将群众与更为广泛的社会力量联系在一起，趋同理论反对勒庞所谓群众行为是非理性的观点，而认为群众中的人们是在表达他们已有的信念和价值。但是公正地说，勒庞值得肯定的是，有时人们在群众中的所作所为是他们单独一个人时没有勇气完成的，因为群众正是在大量的人群中稀释了责任感。此外，群众通过将大量想法相近的人聚集在一起强化了情绪。

▲**检查你的学习** 请陈述群众行为的趋同理论。这一理论面临哪两种批评？

紧急规范理论

特纳和基利安（Ralph Turner & Lewis Killian，1987）发展了群众动力的紧急规范理论。这些后来的研究者承认社会行为是不可能被完全预知的，但是当利益相近的人们形成群众，则可能会带来特定的行为模式。

▲**检查你的学习** 批评性评论论述群众行为的紧急规范理论，对这一理论的批评有哪些？

在特纳和基利安看来，群众中的个体是有着不同的利益和动机的。特别是在表意群众、行动群众和抗议群众中，规范可能是模糊而多变的。如在日本的地震和海啸刚结束时，大量的人惊慌逃命；但是很快，人们就开始相互救助，日本人通过一种集体努力来重建其生活方式。总之，当群众中的个体回归传统或者创造出新规范时，其行动可能随着时间不断改变。

◇ 评价

紧急规范理论是群众动力的折中理论。特纳和基利安（1993）认为，群众行为并非如感染理论所述是非理性的，也并非如趋同理论所认为的那样有计划。群众行为当然反映了参与者的欲求，但是其也受到随事态发展而出现的规范的影响。

决策在群众行为中有重要的作用，尽管局外的观察者可能不会意识到这一点。例如，惊慌失措的人们拼命挤向地势较高的地方可能会被认为其是非理性恐慌的受害者，但是从他们的角度来看，想要在即将到来的海啸中逃过一劫就足以说明一切。

紧急规范理论指出群众中的个体扮演着不同的角色。一些人成为了领导者，另外的人则成为了副手、普通成员、旁观者甚至反对者（Weller & Quarantelli，1973；Zurcher & Snow，1981）。

分散的集群：大众行为 544

◇ 应用

人们以群众的形式聚集在一起并不是集群行为的唯一形式。**大众行为**（mass behavior）指在一个宽广的地域范围的人们所形成的集群行为。

大众行为 在一个宽广的地域范围的人们所形成的集群行为。

谣言 人们通常口口相传的未经证实的信息。 **流言** 关于私人事务的谣言。	**舆论** 对有争议问题的普遍态度。 **宣传** 意图塑造公众舆论的信息发布。	**时尚** 有大批人喜爱的社会模式。 **时狂** 人们短暂但狂热追求的非常规社会模式。	**恐慌** 在一个地方的人们以非理性、疯狂甚至通常是自我毁灭的行为来应对威胁或是其他刺激的一种集群行为形式。	**大众歇斯底里**或**道德恐慌** 人们以非理性甚至是极度的害怕来应对真实或者假想事件的一种分散的集群行为形式。

谣言与流言

大众行为的一种常见形式是**谣言**（rumor）。谣言指人们通常口口相传的未经证实的信息。人们当然通过面对面交流的形式传递谣言，但是今天的现代科技手段——包括电话、大众媒介、电子邮件、手机短信以及网络——使得谣言的传播比以往任何时候都要更快。

谣言有三个主要特征：

1. *谣言勃发于不确定的环境。*当人们对事件缺乏明确和肯定的信息时，谣言就会四起。没有人真正知道为什么那个年轻人要在2007年的弗吉尼亚理工大学的校园里枪杀包括自己在内的33个学生和教授，因而谣言很快就在许多其他高校校园中出现：同样的暴力事件也可能在这里发生。

2. *谣言并不稳定。*人们在传播谣言时，也会改变谣言，通常是按照自己的喜好“添油加醋”。保守的“法律与秩序”派对弗吉尼亚理工大学校园暴力有一种解释，但是更为自由的“枪支控制”派则有另一种解释。

3. *谣言很难停止。*很多人都注意到谣言传播得很快，因为一个人可以向很多人传播信息。大众媒介和网络可以迅速地将局部问题和事件传播到全国甚至全世界。电子邮件在谣言传播中特别重要，因为我们总是倾向于相信朋友的话（Garrett，2011）。当然，谣言最终会消散。但是，总体而言，控制谣言的唯一方式是由可信赖的来源将事实真相清晰而令人信服地陈述出来。

谣言可能引发群众行为或其他形式的集群行为。为此，政府在危机时期会建立谣言控制中心来管理信息。但是一些谣言还是产生了，也许仅仅因为人们喜欢这些谣言。第610页“日常生活中的社会学”专栏给出了一个经典的案例。

流言（gossip）是关于私人事务的谣言。查尔斯·霍顿·库利（Charles Horton Cooley，1962，orig. 1909）认为谣言包含了许多人都关心的问题，但是流言只会使熟悉某一特定个人的一小圈子人感兴趣。因此谣言传播广泛但是流言却倾向于只在局部流传。

社区中的流言是一种社会控制手段，通过赞扬或批评使得人们更为遵守当地的规范。而且，人们对其他人的流言也降低了他人的地位，同时提升了自己作为一个社会“局内人”的状态（Baumgartner，1998；Nicholson，2001）。但是，没有哪个社区想要不受控制的流言，那样就没有人知道应该去相信什么，因此总是传播他人流言蜚语的人会被斥之为“好管闲事”。

公众舆论与宣传

分散的集群行为的另一类型是**公众舆论**（public opinion）：对有争议问题的普遍态度。谁是“公众”或者谁不是“公众”是随事件的不同而不同的。在美国，多年以来，众多的争议性问题上都已经形成了“公众”：从全球变暖和大气污染到枪械管理和健康保护。近年来，公众又在为平权行动、竞选财务改革以及公共广播和电视的政府资助争论不断。

无论什么问题，总有一小部分人没有任何看法；这可能是因为他们的无知或是漠视。即使在许多重要问题上，调查也发现有5%～20%的人没有明确的想法。在某些情况下，没有看法的公众甚至可能是“大多数”。例如2011年的一个

日常生活中的社会学

谣言：保罗死了！

20世纪最著名的摇滚乐团大概要属披头士乐队——保罗·麦卡特尼（Paul McCartney）、约翰·列侬（John Lennon）、乔治·哈里森（George Harrison）和林戈·斯塔尔（Ringo Starr）——他们的音乐在20世纪60年代引发了一场文化革命。但是，今天的年轻人可能已经不知道乐团最流行时流传的关于保罗·麦卡特尼的谣言（Rosnow & Fine，1976；Kapferer，1992）。

1969年10月12日，一个年轻人打电话给底特律的一个电台节目主持人，声称他发现了保罗·麦卡特尼已经去世的以下"证据"：

1. 在《不可思议的神秘之旅》（*Magical Mystery Tour*）这一专辑的《永远的草莓地》（Strawberry Field Forever）这首歌的最后，如果过滤掉背景中的杂音，你就会听到一个声音在说："我埋葬了保罗。"

2. 在《披头士》（*The Beatles*）这一专辑［通常被叫做《白色相薄》（*White Album*）］的歌曲《革命9》（Revolution 9）中有一段歌词是"第九，第九，第九"，当用后进播放时，好像在说："打开我吧，死人。"

两天后，密歇根大学的学生报纸刊出了题为"保罗·麦卡特尼已死：我们有更多的证据"的报道。这使得数百万粉丝竞相在披头士的专辑中证实以下"线索"：

3.《不可思议的神秘之旅》专辑中的一张图片上，约翰、乔治和林戈都戴着红色康乃馨，但是保罗却戴了一朵黑色的花。

4.《佩珀中士的孤独之心俱乐部乐队》（*Sergeant Pepper's Lonely Hearts Club Band*）的专辑封面上，一个黄色的花朵组成的坟墓被摆成了保罗的贝司的形状。

5. 而在上述专辑中，保罗·麦卡特尼穿的衣服上有一个补丁，上面写着三个字母"OPD"，这些字母是某个警察局的缩写，还是证实保罗已经被"正式宣布死亡"（officially pronounced dead）？

6. 在同一张专辑的背面，其他三位披头士都面向摄像机，而只有保罗是背对着摄像机的。

7. 专辑《修道院之路》（*Abbey Road*）的封面上，约翰·列侬一副牧师打扮，林戈·斯塔尔戴着送葬者的黑领带，而乔治·哈里森则一副工人装束，看起来已经准备好要挖坟。保罗·麦卡特尼光着脚，在中国西藏的仪式中，这正是尸体要埋葬时的样子。

8. 同样在专辑《修道院之路》的封面上，约翰·列侬的甲壳虫轿车出现在保罗的后面，车牌上印着"28 IF"，就好像在说，如果还活着的话，保罗该28岁了。

坊间谣言保罗·麦卡特尼在1966年11月的一次车祸中已经因为头部受伤身亡，而在车祸之后，唱片公司总裁秘密地给他找了个替身。这一"新闻"使全球乐迷伤心不已。

当然，保罗·麦卡特尼没有死，现在还活得好好的。他喜欢"保罗死了"这样的笑话，有人怀疑是他在朋友的一些帮助下自己制造了自己"死亡"的一些细节。但是这个故事有其严肃的一面，其表明了谣言能够快速形成且在不信任的环境中不断流传。20世纪60年代末，许多年轻人都倾向于相信是媒体和其他强大的利益群体合谋隐瞒了保罗·麦卡特尼死亡的真相。

回到1969年，保罗·麦卡特尼在一次《生活》（*Life*）杂志的采访中否认了自己已经死亡的谣言。但是数千名多疑的读者注意到，杂志中保罗·麦卡特尼照片的反面是一个汽车广告。把这个照片对着光看的话，汽车刚好压过保罗·麦卡特尼的胸膛，挡住了他的头。又是一条新证据！

你怎么想？

1. 什么样的事件可能产生谣言？
2. 你的校园里最近正流传哪种谣言？它们是怎样开始的？又是怎样结束的？
3. 总的来说，你觉得谣言是有益的、有害的，还是无害的？为什么？

调查表明，当问及对茶党运动的看法时，55%的美国成年人表示他们要么缺乏足够的知识来形成观点（36%），要么他们没有明确想法（19%）。另一些人甚至直接拒绝回答（2%）（CBS News，2011）。

当然，并不是每个人的观点都有相同的分量。某些人更愿意发表他们的观点，而他们说出的观点也更有影响力，因为他们受过更好的教育，经济条件更优越，或者社会联系更广泛。通过成立相应的组织，各个人都能够增加自己说话的分量。例如，通过美国医学会，医生就可以对美国的医疗保健发表很多观点；同样，美国教育协会的成员可以对公共教育产生许多影响。

特殊利益群体和政治家都试图通过宣传来型塑公众品位和公众态度。**宣传**（propaganda）是指意图塑造公众舆论的信息发布。尽管我们总是倾向于否定宣传，但是宣传并不必然是虚假的。
545 信息与宣传是有所不同的，这种不同主要取决于发布者的意图。我们发布信息使人明了，而我们通过宣传使人同意我们的看法。政治演讲、商业广告甚至某些大学讲座都可能包含宣传的成分，努力引导人们以某种特定的方式思考或行动。

当然，有时候，宣传的讲述就是不真实的；但是在通常情况下，宣传是将哪部分真实呈现出来的问题，我们通常把这样的实践叫做“诠释”（spin）。例如在近期关于油价上涨的争论中，奥巴马总统说美国现在进口的石油少于全部消费的一半。麦康奈尔（McConnell）参议员反对说，美国消费的石油超过60%依赖进口。他们两个有人在撒谎？不。这两个不同的说法只是基于不同的计算方法。两个人陈述的都是事实，只不过是通过对事实进行“诠释”来支持特殊的政治立场而已（Morse，2011）。

时尚和时狂

时尚和时狂同样涉及处在相当广阔地域中的人们。**时尚**（fashion）是有大批人喜爱的社会模式。人们对衣服、音乐和汽车的品位以及政治观点经常发生变化，形成了时尚的兴起与衰弱。

在前工业社会，服饰与个人穿着变化很少，反映的是传统风。女人和男人、富人和穷人、律师和木匠穿着不同的衣服以及留着不同的发型，反映出他们的职业和社会地位（Lofland，1973；Crane，2000）。

但是在工业社会，确立的风格让位于不断改 546
变的时尚。首先，现代人更少关注传统，而是经常热切于尝试新的“生活方式”。更高的社会流动也促使人们以穿着来表达自己。德国社会学家齐美尔（1971，orig. 1904）指出，富人经常是潮流的引领者；他们把大量的钱用于奢侈品的消费，吸引了众多的目光。正如美国社会学家托尔斯坦·凡勃伦（Thorstein Veblen，1953，orig. 1899）所述，时尚是包含“炫耀性消费”的，人们购买（从设计师手袋到悍马汽车）昂贵产品并非因为他们需要，而仅仅是为了炫耀他们的财富。

想要看起来有钱的普通人踊跃购买已经被富人引领为时尚产品的相对廉价一点的复制品，就这样，时尚就在阶层结构中向下传递。但是最终，当太多的普通人都追随了时尚，时尚就会丧失其声誉，因此富人就会转向某些新的事物。总之，时尚源自富裕的第五大街和罗迪欧大道，在全美的塔吉特和沃尔玛变得流行，最终随着转向新的事物而退到一边。

但从20世纪60年代以来，美国出现了与此相反的模式，许多有钱人喜爱的时尚都来自社会地位较低的人。这一模式开始于牛仔裤——手工劳动者穿的非常耐磨的服

◎ 时尚指的是在全社会流行的社会模式。在现代社会，大众媒介在引导人们品位上起着重要的作用。例如，流行电视节目《天桥骄子》（*Project Runway*）定义了什么是有吸引力的服装。时狂是变化更为迅速的社会模式。《天桥骄子》也是电视上“真人秀”大行其道这一时狂的一个案例。

装。在20世纪60年代的民权运动和反战运动中，牛仔裤在想要成为“普通人”的大学生中流行开来。今天，嘻哈文化的符号使得哪怕是最有影响力的艺人和名人都模仿源于内城区穷人的风格。就连富人和名人也经常强调自己的草根性：珍妮弗·洛佩兹（Jennifer Lopez）在一首歌中唱道：“不要被我的摇滚迷惑，我依然是，我依然是那个来自街角的珍妮。”

时狂（fad）是指人们短暂但狂热追求的非常规社会模式。时狂，有时也被叫做疯狂，在高收入国家中非常普遍。这些国家的许多人有钱花费在有趣但是通常也是轻浮的事物上。在20世纪50年代，两个年轻的加利福尼亚人制造了一个颜色鲜艳的塑料圆环，你可以通过臀部的扭动使其在腰间旋转，这是澳大利亚一个流行玩具的翻版。“呼啦圈”很快演变成全美疯狂。但在不到一年的时间内，呼啦圈就消失了，只是时不时再出现一下。口袋妖怪卡片是时狂从狂热到消失的又一个例子（Aguirre Quarantelli & Mendoza，1988）。

时狂和时尚有什么不同？时狂抓住了大众的想象但是立马又衰亡。而由于时尚反映了像个性和性吸引这样基本的文化价值，其可以持续一段时间。因而，时尚而不是时狂成为流行文化中更为持久的部分。例如，裸奔凭空出现却又立马消失；但最早出现于19世纪70年代加州淘金热时艰苦矿营中的牛仔裤，却作为一种时尚，至今仍然流行。

恐慌和大众歇斯底里

恐慌（panic）是指在一个地方的人们以非理性、疯狂甚至通常是自我毁灭的行为来应对威胁或是其他刺激的一种集群行为形式。恐慌的经典图景是在一个坐满人的剧院中，当有人高喊“着火”后，人群向出口奔涌。在他们的逃脱过程中，他们相互踩踏，堵塞了出口以至于实际上只有少数人可以逃生。

与恐慌紧密联系在一起的是**大众歇斯底里**（mass hysteria）或者说**道德恐慌**（moral panic）。这是人们以非理性甚至是极度的害怕来应对真实或者假想事件的一种分散的集群行为形式。无论引发歇斯底里的原因真实与否，大量的人都会严肃对待。

道德恐慌的一个例子是20世纪60年代以焚烧国旗来反对越南战争所引发的争议。20世纪80年代，对艾滋病或者艾滋病患者的恐惧在某些人中引发了道德恐慌。最近，对即将到来的2012年灾难的恐惧也引发了道德恐慌。

有些时候，这些状况不会给任何人带来真正的危险：我们不得不拭目以待2012年在这个星球上究竟会发生什么。在艾滋病的案例中，仅仅与艾滋病患者互动是不可能感染HIV的；然而在另一层面，如果对艾滋病的恐惧会引发针对艾滋病人的仇恨犯罪的话，这种恐惧就是一个危险。

道德恐慌在我们的社会中常见的一大原因是大众媒介的影响。电视和其他媒体总是充斥着疾病、灾难和严重犯罪以吸引观众。就像埃里希·古德（Erich Goode，2000：549）指出的那样：“大众媒介兴盛于恐怖；引发道德恐慌就是媒体在做的。”粗略估计，已有数百万网站发布了对2012年的恐惧。

大众歇斯底里有时候是由极端情况下会使人陷入混乱的事件所触发的。当然，人们看到其他人被恐惧击倒可能会使他们自己变得更害怕，歇斯底里也就油然而生。2009年，总统747座机
和一架空军战机低空飞过纽约城“摆造型”，使得 547
成千上万对“9·11”袭击记忆犹新的人们冲上街头，尽管大家很快就意识到根本就没有什么危险。

灾难

灾难（disaster）是对人们生命和财产造成广泛伤害的通常未曾预料到的事件。灾难有三种类型。地震、洪水、飓风以及森林大火是第一种自然灾难（K. T. Erikson，2005a）。第二种类型是技术灾难，其普遍被认为是事故，但是更准确地说，是对技术控制的失败（K. T. Erikson，2005a）。2011年福岛第一核电站的核泄漏是最近的一次技术灾难。第二个案例是2010年因墨西哥湾一个石油平台发生爆炸造成的漏油事件，2亿加仑的石油泄漏到了水中。第三种灾难是蓄意灾难，一个或几个有组织的群体故意给他人造成伤害。战争、恐怖袭击以及在利比亚（2011）、

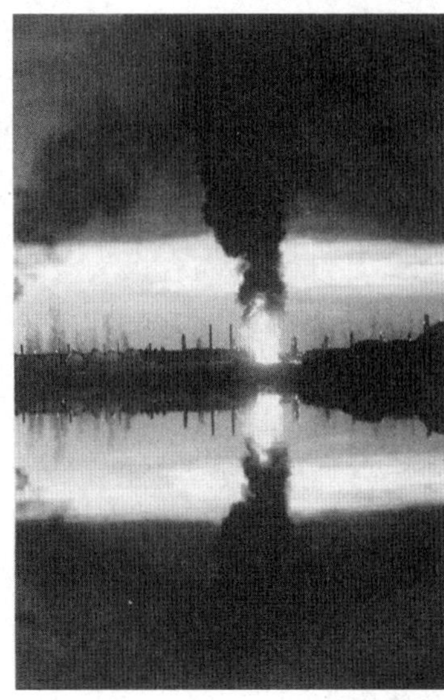

◎ 社会学家将自然灾难划分为三种类型。2011 年带给日本大洪水的海啸是一种自然灾难。2010 年墨西哥湾的漏油事件是一个技术灾难。从 2003 年起在苏丹的达尔富尔地区对成百上千人的屠杀以及将数百万人赶出家园则是一个蓄意灾难。

南斯拉夫（1992—1995）以及卢旺达（1994）等地发生的种族灭绝，都是蓄意灾难。

灾难带来的全部危害可能只有在灾难发生后很多年才能完全展现出来。第 614 页“全球性思考”专栏提供了一个技术灾难，这一灾难已经发生超过了 50 年，但是其仍然在影响着人们及其后代。

凯伊·埃里克森（Kai Erikson，1976，1994，2005a）研究了各种类型的灾难。从对洪水、核污染、原油泄漏以及种族灭绝的研究中，埃里克森得出了关于灾难后果的三个主要结论：

第一，灾难是社会事件。我们都知道灾难有害人们的生命和财产，但是很多人都没有意识到，灾难也破坏人类社区。1972 年，大坝决堤，滔滔洪水冲向西弗吉尼亚的布法罗克里克，导致 125 人丧生，1 000 间房屋被毁，4 000 人无家可归。待洪水退去救援纷至，人们不仅仅因为家人和朋友的丧生，同时也因为整个生活方式的丧失而麻痹。尽管之后有近 40 个年头的努力，他们仍然没有能够重建他们曾经熟悉的社区生活。我们能够准确指出灾难是什么时候发生的，但是正如埃里克森指出的，我们没有办法知道其影响什么时候会结束。本章开头讨论的 2011 年日本地震后发生的核泄漏事件的全部后果，至今仍然并不清楚。

第二，埃里克森发现当事件中存在某种有毒物质时，其造成的社会损害尤为严重。而有毒物质常常在技术灾难中出现。正如尤特里克岛（Utrik Island）上空飘落的放射性物质告诉我们的，当人们暴露在他们害怕或者没有办法控制的危险物质中时，他们会感到自己“中毒”了。

第三，当灾难是由他人行动引发时，灾难的社会性损害最为严重。这可能因为疏忽大意而发生（在技术灾难中），也可能因为有意的行动而发生（在蓄意灾难中）。埃里克森指出，我们关于“他人不会危害我们”的信条是社会生活的根本基础。但是当他人疏忽大意（如在 2010 年的墨西哥湾漏油事件中）或者有意要伤害我们（如 2011 年某些政府领导人使用致命武力来镇压抗议）时，那些灾难的幸存者恐怕会永远失去对他人的信任。

社会运动 548

◇ 分析

社会运动（social movement）是推动或者阻碍社会变迁的一种有组织的行动。社会运动是最重要的集群行为之一，因为通常其对我们的社会有持久的影响。

诸如 2011 年横扫几乎整个中东的政治运动，

全球性思考

永无止境的原子弹灾难

1954年3月1日天才刚刚亮的时候，南太平洋马绍尔群岛中的一个由珊瑚和火山岩形成的尤特里克岛已经非常温暖了。这个岛上住了159人，他们靠打鱼为生，就像他们的先祖在几百年间做的那样。岛上的居民对外面的世界知之甚少：一个来自美国的传教士教育当地的孩子，24个军人驻扎在一个小型的美国气象站，气象站里有一个机场，每周有一次航班。

清晨6点45分，西方的天空突然发出从未见过的亮光，几秒钟之后，如地震般的轰鸣漫过整个小岛。一些尤特里克岛居民以为世界末日正在降临。确实，他们所熟知的世界永远消失了。

大约向西160英里外的比基尼岛（Bikini Island）上，美国军方刚刚引爆了一颗原子弹，这个巨大炸弹的威力比二战末期摧毁日本广岛的那颗强1 000倍。巨大的爆破震动了整个岛屿，将尘埃与放射性物质的巨大云朵升入天空。军方原本预期风会将云向北带入海洋中的开放地带，但是云却被吹向了东方。到中午的时候，放射性云团吞噬了一条日本渔船，使得船上的23人暴露在放射性物质中，这些放射性物质最终将使他们致病或是丧生。讽刺的是，这条渔船竟然叫做“幸运龙”号。到傍晚的时候，致命的云团到达了尤特里克岛。

云团由来自比基尼岛的珊瑚和岩石颗粒构成，这些颗粒缓缓地落在了尤特里克岛上。孩子们记起了他们的传教士老师给他们看过的下雪的照片，纷纷跑出去，在白色粉末的天地中玩耍。没有人意识到，这些粉末受到了致命的放射性物质的污染。

三天半以后，美国军队降落在尤特里克岛上，并且要求所有人必须马上撤离，不能带任何东西。有3个月，岛上的居民都住在一个军事基地，之后，他们被送回了家。

那个致命的清晨使岛上的很多人注定要英年早逝，他们因辐射通常会罹患癌症或是其他疾病。但是即使在今天，幸存者仍然认为他们自己和他们的岛屿中存在着放射性物质的毒，而且他们坚信，这种毒永不会消失。放射性物质或许仍然存在他们的身体中或是岛屿的土地和沙子中，又或许已经消失了，但是可以肯定的是，它已经深植进这些人的文化当中。爆炸已经过去50多年了，但人们仍然会谈论那个“一切都被改变了”的清晨。这一灾难带来的损害远不仅仅是医学的，它是一种社会变迁，它导致人们深信他们所有的人都生病了，生活也再不可能和之前一样，住在世界另一端的有权势者本可以避免这一灾难的发生，但是他们却没有那么做。

你怎么想？

1. 为什么说像这样的灾难或者2011年日本核泄漏那样的灾难永远不会真正结束？
2. 原子弹实验以怎样的方式改变了尤特里克岛上居民的文化？
3. 美国政府从来没有正式对这一灾难负责。在尤特里克岛居民身上发生的故事让你看到了全球分层的哪些要素？

资料来源：Based on K. T. Erikson (2005a).

这样的社会运动在当今世界是非常常见的。但是并非一直如此。前工业社会受到传统的紧紧束缚，社会运动少之又少。然而工业社会和后工业社会随处可见的亚文化与反文化推动着社会运动来处理各种各样的公共问题。例如在美国，同性恋权利运动已经在很多城市和若干州赢得了合法权益，禁止基于性取向的歧视、允许正式同居，在某些地方甚至认可同性恋婚姻。和所有寻求变

社会运动 推动或者阻碍社会变迁的一种有组织的行动。

声明 试图说服大众和公共官员通过社会运动来应对某个特殊问题是非常重要的过程。

迁的社会运动一样，同性恋权利运动也激起了想要限制同性恋社会接纳度的传统主义者的反对。在今天的社会中，几乎每一个重要的社会问题都带来了期望改变现状的社会运动以及维持现状的反对派。

社会运动的类型

社会学家根据若干变量对社会运动进行分类（Aberle，1966；Cameron，1966；Blumer，1969）。其中的一个变量是：谁被改变了？一些社会运动仅仅针对特定的目标人群，但是另一些社会运动试图改变每一个人。第二个变量是：改
549 变了多少？一些社会运动仅仅寻求我们生活的有限改变，但另一些社会运动追求社会的激进转型。将这两个变量放在一起我们获得四种社会运动，见图 23—1。

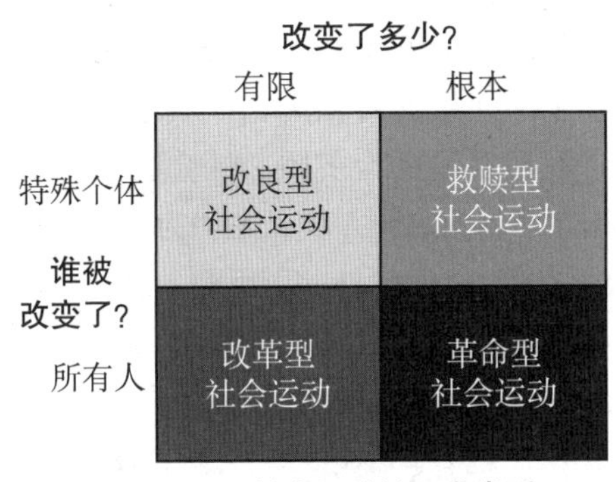

图 23—1 社会运动的四种类型

◎ 社会运动有四种类型，反映“谁被改变了”以及“改变了多少”。

资料来源：Based on Aberle (1966).

改良型社会运动（alternative social movement）对现状的影响最小，因为其只寻求对小部分人的有限的改变。改良型社会运动的目标是帮助某些人改变他们的生活。例如，“守约者运动”（Promise Keepers）就是一种改良型社会运动，其鼓励人们过更为纯洁的生活，并对他们的家庭有更多助益。

救赎型社会运动（redemptive social movement）同样只针对特殊的人群，但是其寻求根本性的变迁。救赎型社会运动的目标是帮助某些人赎回他们的生活。例如，嗜酒者互戒协会（Alcoholic Anonymous）就是帮助酗酒者戒除酒瘾的组织。

改革型社会运动（reformative social movement）的目标仅仅是有限的社会变迁，但是针对的是所有人。第 3 章（“文化”）中描述的多元文化主义就是推进社会各种族和各民族社会平等的教育和政治运动。改革型社会运动通常在现有的政治体系中进行。有些运动是革新的，推进新的社会模式；而另一些则是极端保守的，通过不断维持现状或是保持旧有社会模式来反对革新者。因此，正如多元文化主义者推进更大的种族平等，而白人特权组织则试图保持白人已有的主导权。

革命型社会运动（revolutionary social movement）是所有社会运动中最为极端的，其寻求的是整个社会的转型。这种社会运动有时追求具体的目标，有时编织乌托邦梦想，它们斥现有的社会制度为有缺陷的并希望以完全不同的新制度取而代之。左翼共产党（推进政府对整个经济的控制）和右翼的军事组织（提倡消灭“大政府”）都是在寻求对我们生活方式的根本性变革（van Dyke & Soule，2002）。

声明

1981 年，疾病预防与控制中心开始追踪一种奇怪的疾病，它能快速致人死亡，而得病的大多数人是男同性恋者。后来人们把这种疾病叫做艾滋病（获得性免疫缺陷综合征）。尽管这是一种致死性的疾病，但是大众几乎没有关注，媒体上也鲜有报道。大约五年之后，越来越多的患者死于该病，人们才开始将艾滋病看成是一个严重的社会威胁。

公众想法的改变是“声明”的结果。**声明**（claims making）是指试图说服大众和公共官员通过社会运动来应对某个特殊问题是非常重要的过程。换句话说，如果一项社会运动要形成，某些问题就必须为公众所关注。通常，声明开始于小范围的人群中。在艾滋病的案例中，大城市

◎ 声明是试图使他人相信某些问题是重要的，有必要进行某些变革。2011 年关于联邦赤字的争论带来了各种各样的声明。大概没有比“国债钟”（National Debt Clock）更为直接有效的了，它不仅显示了我们国家欠下的国债总量，还显示了平均每个人要负担多少。

（最著名的是旧金山和纽约）的同性恋群体纷纷游说人们相信这一致命疾病带来的危险。随着时间的推移，如果大众媒介开始关注这一问题或是公共官员开始就问题发表演说，社会运动就可能获得力量。

如今，艾滋病已经得到公众的大量关注，旨在治愈这一致死疾病的研究也正在进行中。声明继续在大量问题上不断发挥作用。例如，最近一场禁止在开车时使用移动电话的运动已经指出，每年都有成千上万的车祸与开车时使用电话有关；到目前为止，已有 8 个州出台了禁止这一行为的法律，另有 20 个州禁止开车新手使用移动电话，而在其他州，争论仍然在继续（McVeigh,
550 Welch & Bjarnason，2003；Macionis，2010；Governors' Highway Safety Association，2011）。

社会运动的解释

由于社会运动是有计划而且长期持续的，因此社会学家发现这种集群行为比本章之前讨论的暴徒行为或是大众歇斯底里这样的短期过程更容易解释。不少理论相当重要。

剥夺理论

剥夺理论认为寻求变革的社会运动发生于感受到剥夺的人中。人们觉得自己缺少足够的收入、没有安全的工作条件、缺乏基本政治权利或者没有基本的人格尊严时，他们可能会组织一场社会运动来使得事态更为公正（Morrison，1978；J. D. Rose，1982）。

三 K 党（Ku Klux Klan）的出现以及白人为了在南北战争后的美国南方加强种族隔离而制定的黑人乘客隔离法证明了剥夺理论。随着奴隶制的终结，白人地主失去了免费劳动力，而贫困的白人也丧失了其相对非裔美国人的社会优越感。这一变化带来了剥夺感，使得白人想要让所有有色人种“回到他们该在的地方”（Dollard et al.，1939）。当然，非裔美国人的剥夺感要更强，但是作为种族化社会中的少数一族，他们几乎没有机会能够组织起来。但是到 20 世纪，非裔美国人确实成功地组织了起来去追求社会平等。

正如第 7 章（“群体与组织”）所述，剥夺是个相对的概念。不管一个人实际有多少金钱和权力，人们只有在与其他人的比较过程中才会感受到满足或是剥夺。因此，**相对剥夺**（relative deprivation）是由某些具体的比较而感受到自己处于劣势（Stouffer et al.，1949；Merton，1968）。

托克维尔对法国大革命的研究提供了相对剥夺的经典案例（1955，orig. 1856）。为什么反抗出现在了封建主义被推翻、社会不断进步的法国，而不是农民更为贫困、社会更为传统的德国？托克维尔的解释是，正是因为境况糟糕，德国农民除了封建奴役外一无所知，因此他们几乎想象不到其他的生活也就不可能感到剥夺。而法国农民已经看到了自己生活的进步，这使得他们渴望更多的变革。因此，是法国，而不是德国，有了相对剥夺感。正如托克维尔看到的，不断增长的自由和财富不能让人们满足，因为其已经激发人们想要过一种更好的生活。

回到美国，托克维尔的洞见帮助我们理解 20 世纪 60 年代的暴乱。非裔美国人的抗议暴乱并没有发生在大量黑人生活在贫困中的南方，而是发生在底特律——那一时期的底特律汽车工业正在兴起，黑人失业率很低，黑人房屋所有率在全美最高（Thernstrom & Thernstrom，1998）。

◇ 评价

剥夺理论挑战了以下常识：最为贫困的人是最可能组织起来发动变革的。人们并不仅仅因为他们在绝对意义上受苦而组织起来，事实上，社会运动因相对剥夺感而兴起。托克维尔和马克思——他们在很多方面都不相同——都认为，相对剥夺在社会运动的形成中很重要。

但是大多数的人都会不时经历某些不满的状况，因而剥夺理论需要我们思考的是：为什么社会运动在某些人中兴起，而在另一些人中却没有？剥夺理论的第二个问题在于其循环论证：我们认为剥夺带来了社会运动，但是通常，剥夺的唯一证据就是社会运动本身（Jenkins & Perrow，1977）。剥夺理论的第三个不足是其只关注社会运动的原因，而对运动的发展一无所知（McAdam, McCarthy & Zald，1988）。

大众社会理论

威廉·科恩豪泽（William Kornhauser）的大众社会理论（1959）认为，被社会性孤立的人将社会运动作为获得归属感和价值的一种途径。根据这种理论，社会运动最可能发生在非个人化的大众社会。这一理论指出了社会运动的个人后果和政治后果：为漂泊在社会上的人们提供社区归属感（Melucci，1989）。

551 科恩豪泽指出，社会关系弱的人最希望参加社会运动；而有着良好社会联系的人们是不愿意在社会运动中寻求归属感的。

科恩豪泽认为参加社会运动的人更可能是渴望加入群体的心理脆弱者，他们很可能被群体领袖操纵。因此，在科恩豪泽看来，社会运动几乎不可能是民主的。

◇ 评价

科恩豪泽的贡献在于，其理论同时关注了产生社会运动的社会以及参与社会运动的人。但是其一大不足在于，我们多大程度上生活在“大众社会”是缺乏清晰的测量标准的，因此其理论很难被检验。

其理论的第二大不足是，以人们对归属的需求来解释社会运动忽视了运动所追求的社会公正问题。换句话说，大众社会理论鼓吹的是有缺陷的人，而不是有缺陷的社会，带来了社会运动。

大众社会理论的实际研究如何呢？结果是一片混乱。弗朗西斯·皮文和理查德·克劳沃德（Frances Piven & Richard Cloward，1977）的研究支持科恩豪泽的观点，皮文和克劳沃德发现，常规社会模式的崩塌促使贫穷者形成社会运动。同时，对新墨西哥州监狱的研究表明，当监狱推进囚犯之间社会联系的项目被暂停时，囚犯会更多地对其处境表示抗议（Useem & Goldstone，2002）。

但是也有研究对科恩豪泽的理论表示怀疑。一些研究者指出，德国的纳粹运动并没有大量吸引社会孤立者（Lipset，1963；Oberschall，1973）。同样，20 世纪 60 年代参与城市暴乱的许多人都和他们的社区有紧密的联系（Sears & McConahay，1973）。也有证据表明，参加宗教运动的大多数年轻人有着相当正常的家庭关系（Wright & Piper，1986）。最后，研究者检视 20 世纪 60 年代政治运动者的传记发现，对政治目标深层而持久的信念，而不是与社会分隔，带来了社会运动（McAdam，1988，1989；Whalen & Flacks，1989）。

▲检查你的学习
请陈述社会运动的剥夺理论的基本思想。这一理论受到了哪些批评？

▲检查你的学习
请陈述社会运动的大众社会理论的基本观点，这一理论受到了哪些批评？

◎ 一个有意思的事实是：20 世纪 60 年代美国城市中的非裔美国人暴乱在北方更为常见（如图，底特律），但是那里有很好的工厂工作，生活水平也要比南方更高；而南方有更多人生活在农村地区，收入也更低。相对剥夺理论认为这一看起来的矛盾是因为在北方，生活不断改善，人们更加期待平等。相对于这样的目标，二等公民的现实变得令人难以忍受。

◎ 社会运动经常借由强有力的视觉图像释放出巨大的能量，这是文化理论的一个核心观点。在第二次世界大战中，这张六个士兵在太平洋小岛琉璜岛上插上美国国旗的照片增加了美国国内人民的斗志，也成了纪念雕塑的灵感。大约25年后，报纸发表了右侧的照片。在越南南部，孩子们在美军飞机进行的凝固汽油弹攻击中奔跑。照片中间的女孩已经脱去了着火的衣服。这一照片增强了反越战社会运动的力量。

文化理论

近年来，社会学家提出了文化理论：社会运动不仅仅依赖于物质资源和政治权力结构，同时也依赖于文化符号。即，只有当人们形成“能够合法化和激发集群行为的对世界的共识”（McAdam, McCarthy & Zald，1996：6；See also J. E. Williams，2002），处于特殊情境下的人们才可能被动员起来形成社会运动。

正如剥夺理论所述，动员在一定程度上依赖于公平感。此外，人们也必须相信，靠单独行动的话他们是不可能有效地应对现有的处境的。

最后，当社会运动发展出能为组织起来的行动带来强烈情感和直接能量的符号和社区感时，社会运动的力量不断壮大。2011年9月11日恐怖袭击后媒体播出的熊熊燃烧的世界贸易中心双子塔促使人们行动起来支持“武力对抗恐怖主义”。同样，同性恋伴侣庆祝自己婚礼的照片促进了同性恋权利运动，也促使反同性恋运动不断试图阻止同性恋婚姻的蔓延。大量社会运动使用各种各样颜色的橡胶手环来显示人们对其目标的支持。

▲检查你的学习
请陈述社会运动的文化理论的基本观点。这一理论面临的主要批评是什么？

◇ 评价

文化理论的一大力量在于提醒我们，社会运动并非仅仅依赖于物质资源，同时也依赖于文化符号。同时，有力的符号（如国旗和爱国主义以及效忠领袖的观念）有助于维持现状。符号是如何以及在什么时候将人们从体系的拥护者转变成抗议者仍然值得进一步的研究。

资源—动员理论 

资源—动员理论指出，如果没有有效的资源，包括金钱、劳动力、办公室与通信设备、大众媒介以及良好的公众形象，就没有哪一个社会运动可以成功，甚至不可能顺利被发起。简单来说，所有的社会运动都随着它获取资源、动员群众以及寻找联盟的好坏程度或兴起或没落。

局外人和局内人一样，对社会运动的结果有着重要的影响。因为社会弱势群体，顾名思义，缺乏一项成功的社会运动所必需的金钱、关系、领导技术以及组织能力，需要富有同情心的局外人来填补资源缺口。在美国历史上，富有的白人，包括大学生，在20世纪60年代的黑人公民权运动中发挥了至关重要的作用，而富裕的白人也作为领导者参与到妇女运动中。

使人们相互联结的资源同样很重要。比如近期，包括Facebook和Twitter在内的互联网成为了重要的资源，在中东的很多国家的政治运动中，其帮助动员了成千上万的参与者（Preston，2011）。

在美国，2008年的总统大选中，巴拉

克·奥巴马在 YouTube 上的视频被点击观看了近 20 亿次，这显然有助于其成功当选。今天，41% 的美国选民说他们现在通过互联网来获得大多数的政治新闻（Pew Research Center，2011）。

当然，就某一特殊的问题采取基于互联网的运动，这种做法在美国比在其他任何地方都普遍。2007 年，自由运动组织 MoveOn.org 使用互联网进行“虚拟游行”，全美的人都可以打电话给他们选区的国会议员来反对在伊拉克“增加”驻军。

能够将组织的观点放上互联网使得校园中以及其他地方的很多人增加了对各种社会运动的支持。例如，“夺回黑夜”是一个一年一度的集
553 会，在这一集会上，人们发表演讲反对妇女暴力、儿童暴力以及家庭暴力。使用可资利用的网络资源，即使是少数几个人也可以组织起一场有效的政治运动（Passy & Giugni，2001；Packer，2003）。

◇ 评价

资源—动员理论承认资源和不满都是社会运动成功所必需的。研究证实，建立联盟以获取资源是非常重要的，研究也表明，缺乏资源的社会运动可能会不顾一切地转向暴力以唤起对其诉求的关注（Grant & Wallace，1991；Jenkins, Jacobs & Agone，2003）。

这一理论的批评者指出，“局外人”和资源并不总是社会运动成功所必需的。他们提出，只要组织有效且有非常忠诚的成员，即使是相对缺乏权力的人群也可以带来变迁（Donnelly & Majka，1998）。艾尔东·莫里斯（Aldon Morris，1981）补充道，20 世纪 50 年代和 60 年代公民权运动的胜利归功于仅仅依赖自己的技术和资源的有色人群。资源—动员理论的第二大问题在于，其过分强调了有权势者想要改变现状的程度。一些富裕的白人确实为黑人公民权运动提供了有价值的资源，但是可能更为常见的是，精英总对重大变革漠不关心或者表示反对（McAdam，1982，1983；Pichardo，1995）。

结构—紧张理论

关于社会运动最有影响力的一大理论是由尼尔·斯梅尔塞（Neil Smelser，1962）提出的。结构—紧张理论定义了促进社会运动发展的六大因素。斯梅尔塞的理论也指出了哪些因素促进非组织化的暴徒或者暴乱行为，而哪些因素促进高度组织化的社会运动。20 世纪 80 年代末改变东欧的政治运动证明了斯梅尔塞的理论。

▲检查你的学习
请陈述资源－动员理论的主要观点。对这一理论有哪两个批评？

1. 结构性诱因。当人们开始认为其所处的社会存在某些严重的问题时，社会运动就会开始出现。在东欧，这些问题包括低生活标准以及中央政府的政治高压。

2. 结构性紧张。当社会不能满足人们的期望时，人们就开始有相对剥夺感。东欧进行政治运动是因为人们的生活标准相对于西欧要低很多；人们当然也知道，人们的生活标准比那些年的政府宣传引导他们期望的标准要低。

3. 解释的成长与传播。一场组织良好的社会运动不仅要求对问题有清晰的界定，而且要求对其原因和结果有明确的陈述。如果人们对其为何要遭受痛苦感到困惑，那么他们很可能将他们的不满以没有组织的骚乱的形式表现出来。在东欧的例子中，知识分子在政治运动中有着关键性的作用，他们指出了这些国家的社会主义体系的经济和政治缺陷，并提出了增进民主的策略。

4. 促生性因素。不满可能会存在很长一段时间直到某个特殊的事件引发集群行为。1985 年发生的这样一个特殊事件就是戈尔巴乔夫在苏联上台并且开始了他的“新思维”（改革）。随着莫斯科放松了其对东欧的严格管制，东欧人民有机会重组政治和经济生活，追求更多的自由。

5. 行动动员。一旦人们就某一问题达成了共识，他们就准备付诸行动——分发传单、举办集会并且与支持他们的群体建立同盟关系。波兰的团结工会运动——得到了美国里根政府以及梵蒂冈教皇约翰·保罗二世的支持——最先的成功鼓舞了整个东欧要求变革。变革的步调变得越来越快：波兰花了 10 年完成的变革在匈牙利仅用了几个月就完成了，在其他的东欧国家则只用了几个星期。

6. 社会控制能力的下降。任何社会运动的成功在很大程度上有赖于政府官员、警察以及军队的反应。有时候国家会快速镇压一场社会运

◎ 对自然环境的关心是“新社会运动”的一个例子，其关注我们社会环境和物理环境的改善。近期，演员莱昂纳多·迪卡普里奥（Leonardo DiCaprio）在“直播地球”（Live Earth）音乐会上发表演讲。这一音乐会在七大洲同时上演，引发人们对全球变暖和其他环境问题的关注。

动，但是戈尔巴乔夫对东欧采取了不干预的政策，为变革开启了大门。讽刺的是，东欧开始的社会运动很快就蔓延到了苏联自身，最终在1991年结束了共产党在苏联的统治，形成了一个新的大为松散的政治联盟。

◇ 评价

554 斯梅尔塞的分析解释了各种因素是怎样推动或是阻碍了社会运动。结构—紧张理论也解释了为什么人们在应对他们的问题时会采用组织化的社会运动或者是自发性的暴民行动。

但是斯梅尔塞的理论中也有一些和科恩豪泽的理论相同的循环论证。斯梅尔塞说，社会运动是由紧张引发的，但是能证明紧张的唯一证据通常就是社会运动本身。此外，结构—紧张理论是不完整的，其忽视了如大众媒介或是国际联盟等资源在社会运动的成败中所起到的重要作用（Jenkins & Perrow，1977；McCarthy & Zald，1977；Olzak & West，1991）。

▲检查你的学习
根据结构—紧张理论，哪六个因素影响了社会运动的形成？这一理论面临的两个批评是什么？

政治—经济理论

▲检查你的学习
请陈述社会运动的政治—经济理论的基本观点，这一理论面临的主要批评是什么？

马克思主义政治—经济理论对社会运动也有所论述。根据这种理论，社会运动在资本主义社会中产生，因为资本主义经济体系不能够满足大多数人的需求。尽管经济生产率非常高，美国社会仍然处在危机之中，数百万的人不能找到合适的工作，生活在贫困线以下，并且没有医疗保险。

社会运动的兴起正是对这些状况的一种回应。工人们组织起来以要求更高的工资，市民们联合起来要求能够保护所有人的健康政策，人们进行示威游行反对以社会福利项目为代价斥巨资发动战争（Buechler，2000）。

◇ 评价

政治—经济理论的一大贡献在于其是一种宏观理论。其他的理论都是以个体的特性（如社会联系弱或是相对剥夺感）或者是运动的特性（如可资利用的资源）来解释社会运动的产生，但是政治—经济理论关注于社会本身的制度结构（经济和政治体系）。

这一理论能够解释经济问题相关的社会运动，但是其在解释近期兴起的与经济问题无关的社会运动，如肥胖、动物权利、自然环境等问题时，解释力有限。

新社会运动理论

最后一种理论取向提出了通常所谓的“新社会运动”。新社会运动理论认为近期在北美和西欧等后工业社会发生的社会运动有新的关注点（McAdam，McCarthy & Zald，1988；Pakulski，1993；Jenkins & Wallace，1996）。

第一，旧社会运动（如由劳工组织发起的那些）关注点大多集中于经济问题，但是新社会运动倾向于关注社会及物理环境的改善。例如，环境运动正试图阻止全球变暖、呼吁如核安全或是自然资源保护这样的其他环境问题。

第二，今天大多数的社会运动都是全球性的，关注于全球生态、妇女和同性恋的社会地位、动物权利以及反对战争。换句话说，随着全球化进程联结了世界各国，社会运动也变得全球性了。

第三，大多数过去的社会运动都汲取工人阶

社会运动理论

总结

剥夺理论	体验到相对剥夺的人们发起社会运动。社会运动是寻求变迁的一种手段，这种变迁能够使得参与者从中获取更大的利益。社会运动尤其可能在不断上升的期望没有办法得到满足时发生。
大众—社会理论	缺乏稳定的社会关系的人们更容易被动员起来参与社会运动。社会衰退期更可能产生社会运动。社会运动使得参与者有归属感和社会参与感。
文化理论	人们因文化符号参与社会运动，这些文化符号将某些原因定义为公正。运动本身试图成为权力和正义的象征。
资源—动员理论	人们会因上述三个理论所提出的原因参加社会运动，但是人们也可能因为成员之间已有的社会联系而加入社会运动。但是社会运动的成败很大程度上取决于其可资利用的资源。而社会中反对者的资源也很重要。
结构—紧张理论	人们组织起来是因为他们就以下问题达成了共识：社会并没有以他们认定应该的方式在运行。社会运动的发展体现了很多因素，包括对其合法性的信念以及触发行动的突发性事件。
政治—经济理论	人们联合起来反对因资本主义而来的社会弊病，包括失业、贫困，以及健康保健的缺乏。因为资本主义经济必然不能满足人们的基本需求，所以社会运动是必然的。
新社会运动理论	参与社会运动者是由生活质量问题动员起来的，而不必然是经济问题。在范围上，动员既可能是国家性的，也可能是全球性的。新社会运动的兴起是和大众媒介以及新信息技术的发展联系在一起的。

级的大力支持，但是关注非经济问题的新社会运
555 动通常从中产阶级和中上阶级中获取支持。正如第 17 章（“政治与政府”）所论，越富有的人通常在经济问题上越是保守（因为他们有财产需要保护），但在社会问题上越是自由（部分源于其受过的高等教育）。在美国及其他富裕国家，受过高等教育的专业职业者——这些人最可能支持“新社会运动”——正在不断增加，这一事实表明，新社会运动将会不断增加（Jenkins & Wallace，1996；F. Rose，1997）。

◇ 评价

新社会运动理论的一大力量在于，其认识到社会运动已经随着全球经济而变得国际化。这一理论也突出了大众媒介和新信息技术在团结全世界的人们来追求政治目标上的力量。

但是，批评者指出，这一理论夸大了新旧社会运动之间的差异。例如，妇女运动关注的很多问题与工会组织几十年来关注的完全一样，如工作条件与工资。同样，抗议美国军事力量使用的很多人都将全球经济平等作为其首要目标。

上面提到的七个理论都对社会运动的发生提出了某种解释，本页“总结”表格作了全面的回顾。

性别和社会运动

性别在社会运动的进程中有显著的影响。出于美国传统的性别观念，男性比女性更愿意参加公共生活，包括引发社会运动。

▲检查你的学习 “新”社会运动是如何不同于“旧”社会运动的?

道格·麦克亚当（Doug McAdam，1992）研究了密西西比 1964 年的一个选民登记项目“自由之夏”（Freedom Summer），他发现项目成员认为在并不友好的白人社区中进行非裔美国人选民登记是危险的，因此这项工作被定义为“男人的工作”。项目中的许多女性尽管有着比男性更多的社会运动经验，还是最终选择在幕后进行文秘工作或者教学任务。麦克亚当发现，只有最有才干和忠诚的女性才可能突破社会运动中的性别障碍。

总之，女性在很多社会运动（包括美国的废奴运动和女权运动）中担任领导角色，但是男性统治已经成为标准，即使在反对社会现状的社会运动中也是如此。另一方面，在最近给埃及带来变革的政治运动中，女性和男性一起成为领导者，这表明了走向性别平等的趋势（Herda-Rapp，1998；MacFarquhar，2011）。

社会运动的阶段

尽管社会运动之间存在大量的差异，但是正如图 23—2 所示，所有的社会运动都以大致相同的方式进行。研究者将典型社会运动的生命历程划分为四个阶段（Blumer，1969；Mauss，1975；Tilly，1978）。

阶段1：出现

社会运动是由“并非一切都很好”的感知所引起的。某些社会运动，如公民权运动和妇女运动，是由广泛的不满所引起的。另一些社会运动仅仅当少数先锋群体想要增进公众对某些问题的认知才出现。例如，同性恋运动者帮助公众关心艾滋病带来的威胁。

阶段2：联合

在出现阶段之后，社会运动必须界定自己并且发展出“走向公众”的策略。领导者必须制定政策、决定执行策略、建立道德并且招募新的成员。在这一阶段，社会运动可能会从事诸如示威游行这样的集群行动来引起媒体的关注，增加公众的认知。社会运动也可能与其他组织建立联盟以获取必要的资源。

阶段3：官僚化

556 要形成政治力量，社会运动就必须成为公认的官僚化组织（如第 7 章“群体与组织”所述）。随着这一进程，运动减少对少数领导者的魅力和天才的依赖，而更依赖于有能力的员工们。如果社会运动没有以这种方式变得组织化，那么一旦领导下台，社会运动就可能面临解体，很多的大学组织就是这样。而美国妇女组织（NOW）已经很好地官僚化，其可以可靠地为女权主义说话，不论其是否更换领导班子。

但是官僚化也可能伤害社会运动。皮文和克劳沃德（Piven & Cloward，1977）调查研究了美国历史上各种社会运动的命运后发现，领导者在有些时候如此醉心于组织的建立以至于他们忽视了对人们变革“激情”的保持。在这种情况下，抗议的激进面就丧失了。

阶段4：衰退

最终，大多数的社会运动都会开始衰退。弗雷德里克・米勒（Frederick Miller，1983）认为衰退可能有四个原因：

第一，如果成员已经达成他们的目标，衰退就是成功的标志。例如，妇女普选运动（women’s suffrage movement）在赢得了妇女的选举权后就解散了。但是在现代妇女运动中，获得一个胜利只会导致另一个新目标的设立。

第二，社会运动有可能因为组织失败而结束。这些组织失败包括领导无力、成员兴趣消失、资金不足或是权威者的压制。当早期努力的兴奋被日复一日的常规替代后，一些人就失去了运动兴趣。运动中目标和策略存在的内部冲突导致的碎片化是另一个常见的问题。反对越南战争的民主社会学生会（Students for a democratic Society）在 20 世纪 60 年代末期分裂成了许多小的派别，因为成员对变迁的目标和策略并未达成

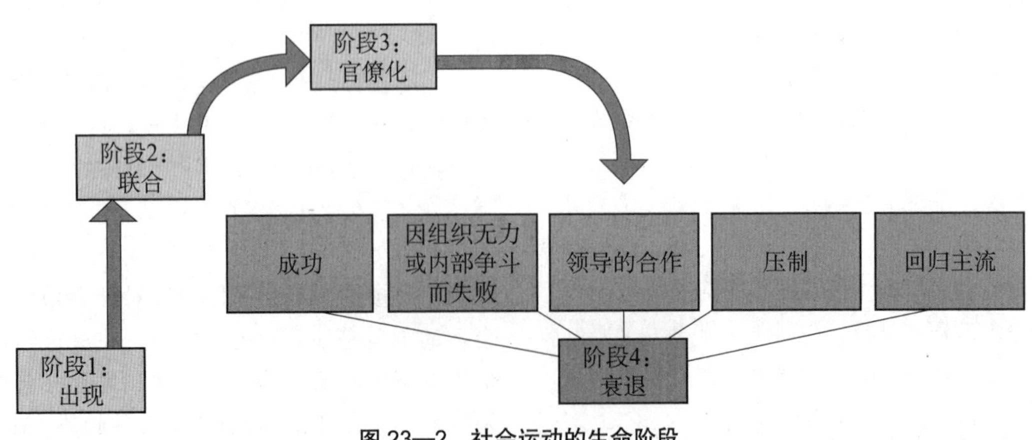

图 23—2 社会运动的生命阶段

◎ 社会运动通常经历四个阶段。最后一个阶段是衰退，上面五个因素中的任意一个都可能带来衰退。

共识。

第三，如果社会运动的领导者被金钱、名望或者“体制内”权力所吸引，社会运动就可能四分五裂。这种“出卖”正是第7章（“群体与组织”）所讨论的寡头铁律的一个例子：组织领导者能够利用其地位来牟取私利。例如，弗农·乔丹（Vernon Jordan）一度是美国城市联盟（National Urban League）运动的领导者，最终却成为克林顿总统的亲密幕僚，一个有权有钱的华盛顿内部人士。但是这一过程也可能以完全不同的方式进行：某些人放弃了高收入的事业参与社会运动。凯特·斯蒂文斯（Cat Stevens）是20世纪70年代的一个摇滚歌星，在他变成一个伊斯兰教徒并改名为尤素福·艾拉姆（Yusuf Islam）后，他此后的一生都在为他的宗教的传播而努力。

第四也是最后，社会运动也可能因压制而终止。政府官员可以通过吓走参与者、劝阻新成员，甚至是把领导者投入监狱等方式来破坏社会运动。通常来说，社会运动越具有革命性，来自政府的压制就越多。一直到1990年，南非政府都禁止非洲人国民大会（African National Congress），该组织期望推翻支持种族隔离的国家体系。即便只是非洲人国民大会组织的嫌疑成员也会被抓入监狱。1990年政府取消了这条数十年的古老禁令并且释放了其领导人纳尔逊·曼德拉（Nelson Mandela，1994年当选为南非总统）后，南非才开始了种族平等进程。

除了米勒提到的原因，社会运动衰退的第五个原因可能是“回归主流”。某些运动成为体系内被接受的一部分——通常在某些目标已经实现之后——因此其可以继续发展但是不再挑战现状。例如，美国劳工运动现在运行得很好，其领导人控制着大量的金钱，而在某些批评者看来，现在的劳工运动已经和其过去所反对的企业界巨头诸多相似，而不像是普通工人的团体。

社会运动与社会变迁

社会运动引导或者抗拒社会变迁。我们社会的政治生活在很大程度上是基于对社会运动的争论：问题是什么？什么是正确的解决之道？

但是基本不存在疑问的是，社会运动改变了我们的生活方式。有些时候我们轻视过去社会运动的成功，将他人艰苦奋斗获得的成果当作理所当然。一个世纪前就开始的美国工人运动为结束工厂中的童工、限制工作时间、提高工作场所安全性以及建立与雇主集体谈判的工人权利而不断斗争。今天的环境保护法律是成功的社会运动的又一成果。此外，之前几代妇女的斗争才使得今天的女性享有了更多的合法权利和经济机会。

正如第624页“焦点中的社会学”专栏所述，一些大学生成为了追求社会和政治目标的运动的一员。记住，社会运动对于社会未来发展方向很重要，你怎么看？你愿意表明你的立场吗？

社会运动：展望

◇ 评价

20世纪60年代的10年充斥着大量的社会抗议，自这个动荡的年代以来，美国社会被许多社会运动和反对运动不断推拉，这些运动关注了从堕胎到政治竞选财政到医疗保障再到战争的大量问题。当然，不同的人会用不同的方式来看待问题，正如他们喜欢以不同的政策作为解决之道。总之，社会运动及其提出的问题总是“政治的”（Macionis，2010）。

基于三个原因，社会运动的规模很可能会增长。第一，随着女性、非裔美国人、同性恋，以及历史上的其他边缘人群获得更多的政治话语，557
抗议会不断增加。第二，在一个全球的层次上，信息革命带来的技术意味着只要有一台电视、一台个人电脑或者一部手机，任何人都可以很好地获取政治事件的信息，通常在事件一开始就是如此。第三，新技术和全球经济的出现意味着现在的社会运动正团结全世界的人们。因为许多问题是全球性的，我们可以期待形成全球性的社会运动来解决这些问题。

焦点中的社会学

你愿意表明立场吗?

米莎：为什么这个校园里没有更多的学生愿意参加？

迪安娜：我现在事情多得自己都处理不完，谁有时间去拯救世界！

贾斯廷：有些人需要得到更好的照顾。世界需要很多拯救！

你对现在的社会满意吗？可以肯定的是，每个人都可以改变我们生活方式的某些部分。事实上，调查表明，如果可以的话，很多人会改变很多！在回答问题“总的来说，你对这个国家的社会运行方式满意吗”时，人们对美国社会流露了大量的悲观失望（Pew Research Center，2011）。仅仅 22% 的美国成人样本回答了“是”，而 73% 表示，他们并不满意（剩下的 5% 回答了“不确定”）。

你可能会认为大多数的人会因为这种广泛的不满而想要做点什么，但是你错了。调查结果表明，仅仅 23% 回答说他们愿意给追求社会变迁的某些组织捐钱，而仅仅 6% 的美国成人表示他们在过去五年间曾参加过示威或是游行（NORC，2010：1150-51）。

许多大学生可能会认为这种冷漠是由年龄带来的。即，年轻人有兴趣也有理想去挑战现状，但是年纪大点的成年人只关心他们的家庭和工作。这种情绪当然可以追溯到 20 世纪 60 年代运动中的一个流行口号：“不要相信 30 岁以上的人。”

但是有证据表明，是时代改变了：比起 20 世纪 60 年代和 70 年代的大学生，2010 年进入高校的大学生的政治兴趣明显要低。

正如下图所示，当被要求在选项中选择重要的人生目标时，仅仅约 33% 的大学新生选了不断跟进政治事务，而约 29% 勾选了参与社区运动项目。此外，只有约 32% 的学生表示他们在过去的一年中经常讨论政治，只有约 11% 报告说他们参与了地方、州或者全国的政治选举。只有一个选项被接近一半的大学生（约 45%）勾选，那就是使用电子邮箱、请愿书或是博客的方式公开表述自己的观点（Pryor et al.，2011）。

当然，人们有很好的理由来逃避政治争论。每次对体系的挑战——不管是在校园还是在国家政治舞台上——都可能招致批评甚至带来敌人。

但是美国人不愿意参与社会运动的最重要原因可能是关于变迁应该怎样出现的文化规范。在我们的个人主义文化中，人们愿意以个人责任而不是集群行动作为表达

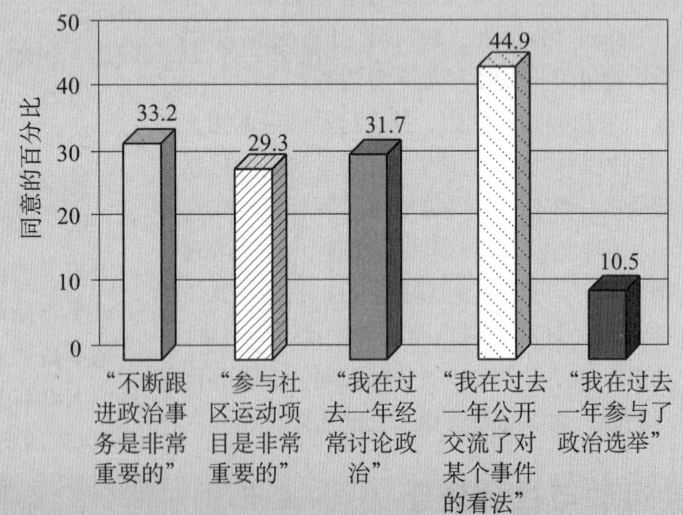

2010 年大学新生的政治参与：一项调查结果

◎大多数的大学新生是有限表达自己政治兴趣的年轻人。

资料来源：Pryor et al. (2010).

社会问题的手段。例如，当问及处理种族不平等、阶级不平等以及性别不平等等问题的最佳方式时，大多数的美国成年人认为，每个人都应该依靠辛勤工作和自身努力，只有少数人认为社会运动和政治活动是带来变革的最佳方式。这一个人主义倾向可能是美国成年人参加合法示威游行的可能性仅仅是欧洲成年人的一半的原因（World Values Survey，2011）。

当然，社会学是反对我们的文化个人主义的。正如C·赖特·米尔斯（C. Wright Mills，1959）在数十年前所论，许多我们个人遇到的问题都是由社会结构带来的。因此，正如米尔斯所述，对许多人生问题的解决是有赖于集体努力的，即有赖于人们愿意表明他们的信仰和立场。

加入博客讨论吧！

你曾经参与过政治游行吗？游行的目标是什么？取得了怎样的成果？你怎样看待美国大多数18～24岁的年轻人都不愿意投票？你怎样解释这种政治冷漠？欢迎登录MySocLab，加入“焦点中的社会学”博客，分享你的观点和经历，并看看别人是怎样想的。

日常生活中的社会学

第23章　集群行为与社会运动

今天的社会运动其范围有多大？

社会运动试图带来（或抵制）变迁。一些社会运动关注地方，另一些则以国家为范围，而还有一些应对跨国或者说全球问题。

提示

每一个社会运动都会声明世界应该是怎样的。在几乎所有情况下，有些人不同意这种声明，也许就会形成反向运动。许多人当然会赞同烟草制品是有害的，但是他们也许也会指出，减少烟草使用的最佳方式并不是政府行动（减少人们的自由），而是引导人们作出更好的选择或是帮助试图戒烟者的制度项目。同样，“多样化”运动可能会带来平权运动反对者的反对，或是导致偏爱某些种族人群的运动项目的反对。最后，几乎所有的全球问题同时也是本地问题，它们也在本地影响着人们的生活。毕竟，在全球传播的病毒威胁着每一个人。艾滋病或是饥饿肆虐的国家可能变得不稳定，威胁着全球和平。

得克萨斯州奥斯汀的这些大学生最近走上街头，参与了寻求更高烟草税的“袅袅起烟”（Up in Smoke）运动以及其他试图减少得克萨斯人消费烟草制品的政府运动。你能够想到这一运动的反对运动是什么吗？其目标可能是什么？

这些费城天普大学的学生正在参与一个旨在大学校园内提升社会多样性的全美社会运动。你的校园里也发生过类似的社会运动吗？

艾滋病疫情正在威胁着全世界的人民。这些乔治华盛顿大学的学生最近将自己缠绕在红色胶带中，以这种方式来呼吁联邦政府需要做更多的事情来与全球艾滋病作斗争。这一全球事件可能会怎样影响到在美国的人？

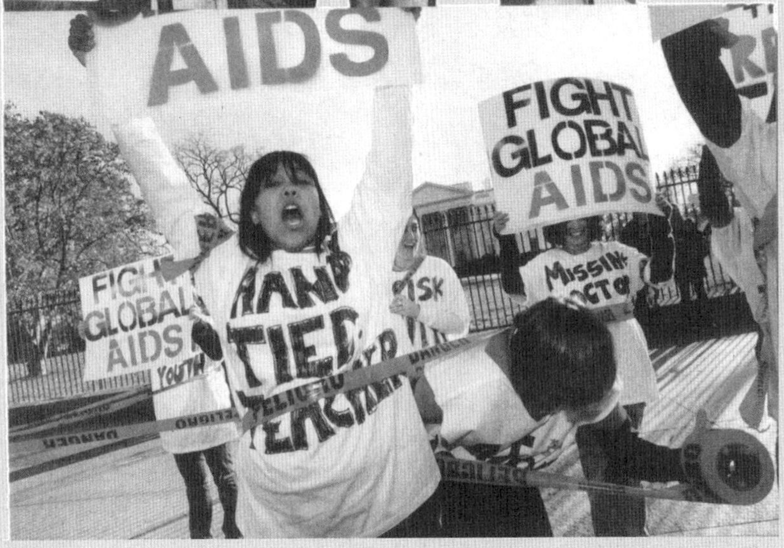

从你的日常生活中发现社会学

1. 你校园中的组织进行了哪些社会运动？邀请若干运动领导，让他们向你的同学们描述其组织目标和策略。
2. 找10个同学一起做以下这个实验：第一个人写下一个关于某重要人物的具体的“谣言”，然后口头传给第二个人，第二个人再传给第三个人，以此类推。最后一个听到“谣言”的人重新把它写下来。比较第一个人和最后一个人写下的“谣言”。你的实验结果令你惊讶吗？为什么？
3. 你参加过校园中或是社区中的社会运动吗？登录mysoclab.com，阅读“从你日常生活中的发现社会学”专栏，学习更多关于社会运动重要性的知识，也学习那些可以让你周围的世界为之一新的建议。

第23章　集群行为和社会运动

集群行为研究

集群行为与群体行为不同：
- 集群中的人们很少或者没有社会互动。
- 集群没有清晰的社会边界。
- 集群形成微弱而非传统的规范。　pp. 540-41

集群行为（p.540）：牵涉大量人群的活动，集群行为未经计划，往往有争议，有时甚至是危险的。

集群（p.541）：大量的人群，其存在极少的互动，但是这种互动并不是预先计划或是符合常规规范的。

局部的集群：群众

群众，集群行为的一种重要类型，有不同的类型：
- 偶合群众。
- 常规群众。
- 表意群众。
- 行动群众。
- 抗议群众。　pp. 541-42

暴徒与暴乱

群众变得情感强烈就可能引发暴力的暴徒与暴乱行为。
- 暴徒有明确的目标，暴乱则涉及没有目标的破坏。
- 群众行为可能威胁现状，因此在历史上，群众总是指向社会变迁的。

p. 542

群众行为的解释

社会科学家提出了若干理论来解释群众行为：
- 感染理论视群众为匿名的、易受感染的、受情绪支配的。
- 趋同理论认为群众行为反映了参与者的欲求。
- 紧急规范理论认为随着事件的展开，群众会发展出其自己的行为。

pp. 542-43

群众（p.541）：有共同关注点并且互相影响的暂时聚集在一起的人群。

暴徒（p.542）：以暴力和破坏为目标的高度情绪化的群众。

暴乱（p.542）：高度情绪化、暴力化且无人指导的一种社会性爆发。

分散的集群：大众行为

谣言与流言

谣言——人们非正式传播的未经证实的信息——在不确定的环境中兴起且很难停下。
- 关注公共问题的谣言可能会引发群众行为或其他集群行为。
- 流言是关于人们私人事务的谣言。

公众舆论与宣传

公众舆论是人们关于重要且有争议问题的态度。
- 公众态度时时变迁，无论是何时何事，总有一小部分人没有任何意见。
- 特殊利益群体和政治领袖试图通过宣传型塑公众态度。　pp. 544-45

大众行为（p.544）：在一个宽广的地域范围的人们所形成的集群行为。

谣言（p.544）：人们通常口口相传的未经证实的信息。

流言（p.544）：关于私人事务的谣言。

公众舆论（p.544）：对有争议问题的普遍态度。

宣传（p.544）：意图塑造公众舆论的信息发布。

时尚和时狂

工业社会中的人以时尚作为一种社会声望。

- 时狂比时尚更为非常规；尽管人们可能出于热情追逐时狂，但时狂通常很快就消散。
- 时尚反映基本的文化价值，这使得时尚持续的时间更长。 **pp. 545-46**

恐慌和大众歇斯底里

恐慌（地区范围）和大众歇斯底里（国家范围）是人们以非理性的、疯狂的，通常也是自我破坏的行为来应对真实或想象的重大事件所形成的集群行为。 **pp. 546-47**

灾难

灾难是给许多人带来巨大伤害的通常未被预料到的事件。灾难有三种类型：

- 自然灾难（如：2011年的日本地震）。
- 技术灾难（如：2010年墨西哥湾漏油事件）。
- 蓄意灾难（如：卢旺达种族灭绝）。

pp. 547

时尚（p.545）：有大批人喜爱的社会模式。

时狂（p.546）：人们短暂但狂热追求的非常规社会模式。

恐慌（p.546）：在一个地方的人们以非理性、疯狂甚至通常是自我毁灭的行为来应对威胁或是其他刺激的一种集群行为形式。

大众歇斯底里（道德恐慌）（p.546）：人们以非理性甚至是极度的害怕来应对真实或者假想事件的一种分散的集群行为形式。

灾难（p.547）：对人们生命和财产造成广泛伤害的通常未曾预料到的事件。

社会运动

社会运动是一种重要的集群行为。

- 社会运动试图推进或抵制变迁，并且其经常对社会有长期的影响。 **p. 548**

社会运动的类型

社会学家通过其试图涉及的人以及其试图完成的变迁的程度来对社会运动进行分类：

- 改良型社会运动寻求某些人的有限变迁（如：守约者运动）。
- 救赎型社会运动寻求某些人的根本变迁（如：嗜酒者互戒协会）。
- 改革型社会运动寻求对整个社会的有限变迁（如：环境保护运动）。
- 革命型社会运动寻求对整个社会的根本变迁（如：共产主义运动）。 **pp. 548-49**

社会运动的解释

- 剥夺理论：社会运动产生于在如收入、工作条件安全性或者政治权力等方面感受到剥夺的人。
- 大众社会理论：社会运动吸引社会隔离者，他们通过运动追求认同感和行动感。
- 文化理论：社会运动不仅依赖于金钱和资源，而且依赖于动员性的文化符号。
- 资源—动员理论：社会运动的成功与可资利用的资源联系在一起，如金钱、劳动力和大众媒介。
- 结构—紧张理论：社会运动的发展是六个因素的结果。清晰陈述的不满带来社会运动，而未受指导的愤怒带来暴乱。
- 政治—经济理论：社会运动发生在没法满足社会大部分人需求的资本主义社会。
- 新社会运动理论：后工业社会的社会运动在范围上通常是全球性的，其关注生活质量问题。 **pp. 550-55**

社会运动的阶段

社会运动一般包含连续的几个阶段：

- 出现（界定公共问题）。
- 联合（进入公共领域）。
- 官僚化（正式组织起来）。
- 衰退（由于失败，在有些时候也因为成功）。

pp. 555-56

社会运动（p.548）：推动或者阻碍社会变迁的一种有组织的行动。

声明（p.549）：试图说服大众和公共官员通过社会运动来应对某个特殊问题是非常重要的过程。

相对剥夺（p.550）：由某些具体的比较而感受到自己处于劣势。

第24章 社会变迁：传统社会、现代社会和后现代社会

学习目标

◇ 记忆

本章黑体关键名词的定义。

◇ 理解

社会变迁的主要原因。

◇ 应用

社会学主要理论来更深入地评价现代社会。

◇ 分析

现代社会（在主要社会学思想家的引导下）。

◇ 评价

现代生活的优势和挑战。

◇ 创造

能力以利用现代社会的优势并有效面对现代社会的挑战。

564

本章概览

本章探讨了社会变迁，通过描述社会变迁的过程和识别社会变迁的原因来解释现代社会与以前的传统社会有什么不同。

纽约城东第十大街253号，有一幢存在了一个多世纪的五层红砖公寓楼。1900年的一天，39岁的朱利叶斯·施特赖谢尔、33岁的克里丝汀·施特赖谢尔以及他们的四个孩子搬进了其中的一间小公寓。这样的公寓在整个楼里有20间。施特赖谢尔夫妇是1885年从自己的祖国德国移民到纽约的，然后在这座城市相识并结婚。

施特赖谢尔夫妇应该很满意自己的生活。朱利叶斯在离公寓楼仅几个街区的地方经营一家小服装店，克里丝汀则在家看孩子、做家务。和同时代的大多数人一样，朱利叶斯和克里丝汀都没有读过高中，他们一周工作6天，每天工作10～12个小时，家庭收入大概每月35美元（这是当时美国家庭的平均收入），或者约每年425美元（换算成现在的购买力，也就是11 200美元略少一点，这意味着全家人生活可以摆脱贫困线）。他们将几乎一半的收入用于购买食品，剩下的大部分都付房租了。

如今，桃乐茜·萨博住在城东第十大街253号，她一个人住着施特赖谢尔夫妇曾经住了大半辈子的房子。87岁的她，退休前在附近的一个博物馆教艺术。萨博的生活在很多方面远比施特赖谢尔夫妇所能知道的要舒服。一方面，施特赖谢尔夫妇住在这里的时候，楼里没有电（那时人们用煤油灯和蜡烛照明）和自来水（克里丝汀每周一的大部分时间都在洗衣服，用的水都是从街区尽头的公用水源提来的）。那时没有电话、电视，当然也没有电脑。而今天，在萨博看来，这些便利都是再自然不过的了。尽管她不算富有，但她的退休金和社保金是施特赖谢尔夫妇收入的好几倍（以现在的购买力计算）。

萨博有自己的担忧。她很关心环境问题，经常发表关于全球变暖的言论。但是一个世纪以前，如果施特赖谢尔夫妇和他们的邻居也关心过"环境"，那他们担心的很可能就是大街上发出难闻的气味。在那个纽约城刚刚有机动车的年代，成千上万的客车、货车和担架车都是用马拉的。这些牲口每天要向大街上排泄60 000加仑的马尿和250万磅的粪便（Simon & Cannon，2001）。

今天的人们很难想象一个世纪以前的生活有多么不同。那时不仅生活艰难得多，人的寿命也比现在短不少。统计数字显示，100年前，男人和女人的平均寿命分别是46岁和48岁，而现在男女的平均寿命则分别是76岁和81岁（Kochanek et al.，2011）。

在20世纪，很多方面都朝好的方向变化。然而，就像在这一章解释的那样，社会变迁并不总是积极的。相反，变迁也会产生负面结果，带来难以预料的新问题。确实，我们应该看到，早先的社会学家深陷于对现代性的评价之中。同样地，今天的社会学家能够看到后现代性——由信息革命和后工业经济引起的社会变迁——的正负两面。但有一点是明确的，不管是向好的还是向坏的方面变化，社会变迁的速度从未像现在这样快过。

什么是社会变迁?

◎ 面对19世纪日益迅速的社会变迁，保罗·高更（Paul Gauguin）离开了法国本土前往南太平洋。在那里，他沉醉于更加简单并且似乎没有时间感的生活。他将那种环境浪漫地描绘于许多油画中，包括这幅《神圣的春天》（*Nave Nave Moe*）。

资料来源：Paul Gauguin, French (1848-1903), *Nave Nave Moe* (*Sacred Spring*), 1894.Hermitage, Saint Petersburg, Russia. Oil on canvas, 73×98 cm. © The Bridgeman Art Library International Ltd.

◇ 理解

在前面的章节中，我们考察过相对固定或静止的社会模式，包括地位和角色、社会分层
565 和社会制度。我们也分析过型塑我们生活方式的动力，包括技术革新、科层机构的膨胀和城市的扩张。这些都是**社会变迁**（social change）——也就是文化和社会制度随着时间推移而发生的变化——的不同方面。社会变迁的过程有以下四个主要特征。

1. 社会变迁时刻都在进行。有句谚语说得好："除了死亡和缴税，没有不变的事物。"然而，甚至我们对于死亡的理解也已发生很大的变化，因为在过去一个世纪，美国人的平均寿命翻了一倍。回到施特赖谢尔夫妇生活的时代（1900年），那时美国人不用缴纳所得税。但在整个20世纪之中，随着政府的规模和职能不断扩张，税收猛增。简言之，即使那些似乎很稳定的事物也随着社会的变迁而改变。

另外，一些社会比另一些变化得快。如同在第4章（"社会"）中解释的那样，狩猎与采集社会变化得较慢；相反，生活在当今高收入社会中的人们，一生中都会经历重大变化。

再一点，在特定社会里，一些文化要素比另一些变化得快。奥格本（1964）的文化堕距（cultural lag）理论（参见第3章"文化"）声称物质文化（也就是物体）通常比非物质文化（观念和态度）变化得快。比如，使得科学家能够改变甚至制造生命的基因技术，就比我们人类决定何时以及如何使用该技术的道德标准发展得快。

2. 社会变迁有时是蓄意的，但多数情况下是无计划的。工业社会带来了很多变化。例如，科学家开始寻找更高效的能源。广告商试图说服我们如果没有4G手机或者最新的电子产品，我们的生活就是不完善的。然而很少有人能够想象不断进行着的变化会带来什么后果。

早在1900年，当整个国家都以马匹进行运输的时候，很多人都梦想能有一种机动车辆，可以载着他们一天内走完过去需要几周甚至几个月才能走完的旅程。但是没有谁能够预知汽车在提供便利的同时，会在多大程度上改变美国人的生活，如家庭成员天各一方、影响环境、城市和郊区重新划分等。同样，推进汽车革命的先行者无法预测到仅仅在美国，每年就有34 000人丧生于交通事故（National Highway Traffic Safety Administration, 2010）。

3. 社会变迁的好坏是有争议的。汽车的发展史表明社会变迁带来的结果好坏都有。资本家欢迎工业革命是因为新技术提高了生产力，扩大了利润。但是，工人们担心机器会让他们的技术过时，因而抗拒这种"进步"。

今天，和过去一样，黑人和白人之间、男女之间、同性恋和异性恋之间的社会互动模式在发生改变，对此，仍然是有人欢喜有人愁。

4. 一些变化比另一些重要。一些变化（如服装和时尚）的重要性非常短暂，另外一些变化（如计算机的发明）则会改变整个世界。信息革命会像工业革命一样重要吗？如同汽车和电视一样，电脑也是正负效应都有：提供新的就业机会的同时使原有的一些机会消失；让全球的人们都通过电子网络联系起来的同时，却让同一个办公室的人变得疏远；威胁个人隐私的同时也在提供海量信息。

社会变迁的原因

◇ 理解

社会变迁有很多原因。在一个由复杂的交通和运输技术联系起来的世界里，某个地方的变化常常使得其他地方也跟着变化。

文化与变迁

第 3 章（“文化”）阐述了文化变迁的三个重要渠道。首先，发明产生新事物、新观念和新的社会类型。始于 20 世纪 40 年代的火箭推进力研究，使得人类制造了能够到达其他星球的宇宙飞船。

其次，当人们开始注意世界上存在的各种元素时，新的发现就成为可能了。例如，医学进步使得人类对自己的身体有了越来越多的了解。除了对人的健康的直接影响外，医学上的发现还延长了人的平均寿命，也使美国步入老龄化的“银色”社会（参见第 15 章“老龄化和老年人”）。

最后，当产品、人和信息从一个社会向另一个社会扩展的时候，这种传播会引起变迁。拉尔夫·林顿（Ralph Linton，1973a） 566
认为许多我们熟悉的文化因素起源于其他国家。例如，用布做衣服起源于亚洲，我们每天都看到的钟表是欧洲人发明的，我们装在口袋里的硬币最早是土耳其人开始使用的。

通常，物质的传播比文化观念快。也就是说，像在克隆技术上的突破比我们对它的理解要快一样，我们还不知道克隆何时甚至是否能够在伦理上为人们所接受。

冲突与变迁

社会上的紧张局面和冲突也会导致变迁。马克思认为，阶级斗争是推动社会从一个历史时期向另一个历史时期发展的动力（参见第 4 章“社会”和第 10 章“社会分层”）。他认为，在工业资本主义社会，资本家和工人之间的斗争推动社会朝着社会主义生产制度前进。在马克思逝世后的 100 多年里，事实证明这种模式有些过于简单化了。然而，马克思成功地预见到由于不平等引起的社会冲突（不仅包括阶级不平等，还包括种族和性别上的不平等）将促使每个社会发生变化，包括我们现在的社会，从而改善劳动人民的生活。

◎ 这些年轻人是在参加 2005 年中国成都举行的嘻哈舞蹈比赛。嘻哈音乐、服饰和舞蹈已经在中国流行了，这正是文化传播的最佳注脚。文化类型在不同的地区流传，但却并不总是如其先前含义一样。中国的年轻人对嘻哈的理解和创造该舞蹈的美国黑人会有什么不同呢？

观念与变迁

韦伯也为我们理解社会变迁做出了贡献。尽管韦伯同意冲突带来变迁的观点，但他把大多数社会变迁的原因归结为观念的变化。比如，有巨大感召力（克里斯玛）的人（马丁•路德•金就是个很好的例子）能传递一些有时候会改变世界的观念。

为了强调观念的重要性，韦伯还举出了早期新教徒的宗教信仰如何为工业资本主义的传播创造条件的例子。工业资本主义最早在西欧出现，那里的新教徒有着很强的工作伦理，该事实向韦伯（1958，orig. 1904-05）证明了观念的力量带来的变迁。

观念还会引导社会运动。第 23 章（“集群行为和社会运动”）解释了当人们团结起来为实现一个共同目标（如清洁环境或者提高被压迫人民的生活水平）而努力时，变迁是如何发生的。

人口变化

人口结构也在社会变迁的过程中起着重要的作用。如本章开头所述，一个世纪前，典型的家庭（4.8 人）几乎是现在家庭（2.6 人）规模的两倍。妇女生的小孩越来越少，越来越多的人选择独身。另外，当美国人口越来越老龄化时，变迁也出现了。如第 15 章（“老龄化和老年人”）所解释的，2000 年时，12% 的美国人口超过 65 岁，这个数字是 1900 年时的 3 倍。到 2030 年，老年人将达到总人口的 20%（U.S. Census Bureau, 2010）。医学研究和卫生保健部门已经广泛关注老年人了。我们的生活方方面面因此发生变化，就连家居产品也正在被重新设计，以满足老年消费者的要求。

社会内部和不同社会之间的移民是另一个导致变迁的人口因素。1870—1930 年，数百万的外国移民进入美国的工业城市。另外数百万生活在农村的人也加入了这个行列。结果是农业社区衰落，城市扩张，美国第一次成了一个人口大部分集中在城市的国家。同样，当今天的人们从雪带迁移到阳光地带，与来自拉丁美洲和亚洲的移民杂居在一起时，类似的变化也在进行着。

现代性

567

◇ 分析

社会变迁研究的一个核心概念是**现代性**（modernity），即源于工业化的一种社会类型。在日常使用中，现代性（其拉丁词源的意思是“最近的”）指的是与过去相对的现在。社会学家运用这个包罗万象的概念，把所有始于 18 世纪 50 年代由西欧工业革命所引起的社会类型都包括进去了。因而，**现代化**（modernization）就是自工业化开始后的社会变迁的过程。表 24—1 提供了一些发生在 20 世纪的变化的简单描述。

表 24—1　　美国：一个变迁的世纪

	1900年	2000年
全国总人口	7 600 万	2.81 亿
城市人口百分比	40%	80%
平均寿命	46 岁（男），48 岁（女）	74 岁（男），79 岁（女）
年龄中位数	22.9 岁	35.3 岁
平均家庭收入（美元）	8 000（2000 年购买力）	40 000（2000 年购买力）
收入中用于食物支出的比例	43%	15%
拥有抽水马桶的家庭比例	10%	98%
汽车拥有量	每 2 000 户有 1 辆	每户有 1.3 辆
离婚率	每 20 对夫妻中约有 1 对离婚	每 20 对夫妻中约有 8 对离婚
平均每人每年消费的石油产品（加仑）	34（约为 155 升）	1 100（约为 5 000 升）

现代化的四个方面

彼得•伯格（Peter Berger，1977）在其颇有影响的社会变迁研究中，指出了现代化的四个主要特征。

◎ 乔治·图克 1950 年画的《地铁》(*The Subway*) 描绘了现代生活中常见的问题：弱化的社会联系和销蚀的传统造成了芸芸众生中每个人都很相像，但是每个人对于其他人而言又是如此陌生。

资料来源：George Tooker, *The Subway*, 1950, egg tempera on gesso panel, $18\frac{1}{8} \times 36\frac{1}{8}$ inches, Whitney Museum of American Art, New York. Purchased with funds from the Juliana Force Purchase Award, 50.23. Photograph © Whitney Museum of American Art.

1. 传统的小型社区的衰落。现代化意味着“一些社区就算没有毁灭，也会持续衰落下去。这些社区相对富有凝聚力，在人类历史进程中的大部分时间里，人们居住在那里并认识到团结及其价值所在”(Berger, 1977：72)。几千年以来，在狩猎和采集者的营地以及欧洲和北美的农村，人们生活在很小的社区里，社会生活以家庭和社区为重要内容。尽管选择范围有限，但这样的传统生活方式使得每一个人都有一个明确的位置，人们都可以强烈地感觉到彼此的身份、归属和目的。

当然，在美国的边远地区仍然存在着一些小而封闭的社区，但它们只是一小部分美国人的家园。它们与外界的隔绝主要体现在地理位置上。汽车、电话、电视和电脑让农村的家庭熟悉大型社会所发生的一切，并把他们与整个世界联系起来。

2. 个人选择的扩张。生活在传统的、前工业化社会的人们把自己的生活看成超自然的力量——上帝、灵魂或者干脆就是命运——控制的结果。随着传统力量的逐步削弱，人们开始把自己的生活看成一系列永不休止的选择的过程。例如，很多美国人选择一种（有时候是一个接一个）富于变化的生活方式。事实上，现代文化的一个共识是人们应该掌控自己的生活。

3. 社会多样性的增长。在工业化前的社会里，牢固的家庭纽带和强大的宗教信仰加强了同一性，阻止了社会分化和变迁。当传统失去其控
568 制作用，人们拥有越来越多的个人选择时，现代化促进了一种更合理、更科学的世界观的形成。城市的扩张、非个人的科层机构的增多，以及来自不同背景的人们的融合，结合起来促进了不同信仰和行为方式的产生。

4. 对未来的关注和对时间更清楚的认识。现代社会之前，人们关注的是过去，但现代社会的人们则更多考虑未来。现代社会的人们不仅向前看，而且对新发明和新发现能改善他们的生活这一点深信不疑。

现代社会的人们按照分钟来安排每日例行公事。自从中世纪晚期引进钟表以来，欧洲人就不再按照阳光和季节的变化来考虑问题，而是以天、小时和分钟为单位了。由于很关心个人得失，现代社会的人们要求精确计量时间，倾向于同意“时间就是金钱”的说法。伯格指出，一个社会现代化程度高低的标志之一就是有多少人戴手表。

现代化也促进了社会学的发展。如同第 1 章（“社会学的视野”）所解释的，这门学科起源于欧洲发生工业革命之时，即西欧社会变迁最为迅速的时期。早期的欧洲和美国的社会学家试图为人类分析现代社会兴起的原因及其正面或负面的影响。

最后，在比较工业社会和之前的社会时，我

们很容易认为我们现代世界中的一切都是新的。但事实并非如此。第 639 页“日常生活的社会学”专栏中，我们可以通过历史地了解最受欢迎的现代服饰——牛仔裤——来理解上述观点。

滕尼斯：社区的消失

在世俗社会和法理社会（参见第 22 章“人口、城市化与环境”）理论中，德国社会学家滕尼斯（1855—1937）就现代化提出了颇有影响的论述。和伯格（滕尼斯的研究曾对他有过很大影响）一样，滕尼斯（1963，orig. 1887）也把现代化看成世俗社会或者人类社区的消失过程。在滕尼斯看来，工业革命通过引入商业化的方式强调事实、效率和金钱，削弱了家庭和传统的社会结构。当人们主要以个人利益为出发点与别人打交道时——这是一种被滕尼斯称作法理社会的状态——欧洲和北美社会就渐渐地失去了其存在的基础，变得缺乏人情味。

20 世纪早期，至少美国部分地区的情况接近滕尼斯的世俗社会的概念。在小村庄或城镇，生活了几辈子的家庭依靠勤劳和慢节奏的生活方式维系着。电话（发明于 1876 年）几乎没有，直到 1915 年才有人打了第一个越洋电话。生活中没有电视（1933 年发明，1950 年后才比较普遍），每个家庭都有自己的娱乐方式，经常是在夜晚的时候朋友们聚在一起，或分享见闻，或分担苦痛，或载歌载舞。没有迅疾的交通工具（福特的汽车生产线开始于 1908 年，但汽车直到第二次世界大战后才变得普遍），很多人理解的世界就是自己的家乡。

过去的这些社区会因为难以避免的紧张局面和冲突而分裂。但根据滕尼斯的观点，由于世俗社会的传统精神，人们“仍然十分团结，尽管也有各种各样的因素会导致分裂”（1963：65，orig. 1887）。

现代性使得社会发生彻底的改变，就像滕尼斯所说的，人们“还是发生分裂，尽管有很多使之联合的因素”（1963：65，orig. 1887）。这就是被称作法理社会的世界。大多数人——特别是在大城市里——和陌生人生活在一起，对路过的人们冷面以待。在一个流动性很大、人们之间相互陌生的社会，人们倾向于把个人需要凌驾于对集体的忠诚之上，越来越多的成年人在与人打交道的时候相信“再小心也不为过”的说法（NORC，2003：181）。所以，当研究人员得出这样的结论也就不足为奇了：即使我们变得富有，现代社会的健康度还是在下降（D.G. Myers，2000）。

◇ 评价

滕尼斯的世俗社会和法理社会理论是被引用得最多的现代化模式。该理论的优点在于把变迁的很多方面综合起来考虑：人口的增长、城市的兴起以及人际交往过程中越发冷漠的现状。尽管现代生活缺乏人情味，但仍然是一定程度的世俗社会。即使生活在一群陌生人中间，现代社会里的友谊仍然可以很牢固、持久。一些分析家还认为滕尼斯更喜欢或许甚至有点理想化了的传统社会，而忽略了来自家庭、社区和友谊的纽带，这些在现代社会还是一样有活力。

▲检查你的学习
作为某种社会组织，世俗社会和法理社会有什么不同？

569

涂尔干：劳动分工

法国社会学家涂尔干的思想已经在第 4 章（“社会”）中讨论过。与滕尼斯一样，他对工业革命引起的巨大社会变迁很感兴趣。对涂尔干（1964a，orig. 1893）来说，现代化以不断的**劳动分工**（division of labor），或者专门的经济活动为主要特征。传统社会里的每个人的日常活动都或多或少地相似，现代社会的运转则是以人们扮演高度分化的角色为基础。

涂尔干解释说，工业化之前的社会是通过机械团结，或者说是因为具有相同的道德情操而存在的。换言之，工业化之前的人们认为每个人都差不多，做着相同的工作，属于同一个集体。涂尔干的机械团结的概念和滕尼斯的世俗社会基本相同。

随着现代化的进行，劳动分工变得原来越明显。对涂尔干而言，这种变化意味着更少的机械团结，而更多另外一种联系：有机团结，或者说是从事不同工作的人们之间的相互依赖。简言之，现代社会不是由于相似性而是由于差异性而存在。所有人都必须依赖别人来满足自己的需求。有机团结与滕尼斯的法理社会概念很一致。

尽管涂尔干和滕尼斯的思想有很多相似之处，他们对现代性的理解还是有些不同。对滕尼斯而言，现代的法理社会意味着社会团结的消失，因为现代社会的人们失去了农村里的“自然的”和“有机的”纽带，而只剩下大型工业化城市的“人造的”和“机械的”纽带。涂尔干对此持有不同的看法，甚至是彻底推翻了滕尼斯阐述的这些观点。涂尔干给现代社会贴上“有机的”变迁标签，认为在自然性方面，现代社会并不比任何社会差；他把传统社会描述成“机械的”，是因为其管制得太严格了。在涂尔干看来，现代化不是社区的消失，而是从建立在相似性基础上的社区（亲属关系和邻里）向以经济上相互依赖为基础的社区转变。因此，涂尔干对现代性的认识较之滕尼斯更复杂、更积极。

◇ 评价

涂尔干的研究与滕尼斯很像，是对现代性很有影响的分析。两者之中，涂尔干更乐观，他也担心现代社会如此多样化以致终有一天会堕入一种**失范**（anomie）状态，在那样的环境里，规范和价值观变得无力而不协调，社会也无法再为个人提供什么道德导向。生活在道德规范那样苍白无力的社会中，人们会变得自私自利，把自己的需求置于其他人之上，迷失生活的目的。

自杀率——涂尔干认为是衡量失范状态的重要指标——在20世纪的美国确实出现了增长。很大一部分美国成年人陈述说，他们无法用是非标准来判断道德问题，而是常常感到一些令人迷惑的“灰暗的阴影”（NORC，2011：604）。然而，共同规范的价值观仍然似乎足够强大，每个人也会因此而获得对生命的意义和目标的认识。不管失范状态会带来什么危险，大部分人看上去都很珍惜现代社会赋予他们的个人自由。

韦伯：理性化

对韦伯而言（在第4章“社会”中亦有讨论），现代性意味着以一种理性的思维方式取代传统的世界观。在工业化之前的社会，传统总是变迁的阻力。对传统社会的人们来说，“真理”基本等同于“以前是什么样”（1978：36，orig. 1921）。而对于现代社会的人，“真理”是理性思考的结果。由于看重效率，不太受过去的羁绊，现代社会的人们能接受让他们实现目标的社会模式。

同滕尼斯和涂尔干的工业化削弱传统的 570
观点相呼应，韦伯宣称现代社会是“祛魅”

▲检查你的学习 定义机械团结和有机团结。什么使涂尔干对现代世界的看法比滕尼斯更乐观？

◎ 韦伯认为，现代社会的显著特征是理性的世界观。基本上韦伯对现代性的所有研究都集中在他认为能代表其所处时代的不同类型的人身上：科学家、资本家和官僚。每一类人都是极端理性的：科学家孜孜以求于发现真理，资本家热衷于追求利润，官僚则要维护制度体系的一致。

传统与现代：牛仔裤的历史

社会学家喜欢比较“传统”与“现代”。滕尼斯、韦伯甚至马克思都发展出种种理论（关于这些理论的讨论见本章的不同部分）来比较“以前”和“现在”的社会模式。这些理论是具有启发性的。但用“传统与现代”这一词组进行思考就是在促使我们认为过去和现在鲜有相同之处。

本章讨论的所有思想家都将过去与现在看作是极为不同的。但当今社会的无数要素——从宗教到战争——已经在很长一段时间里是人类社会的一部分了。这同样是事实。另外，许多我们认为是“现代的”文化要素实际上存在的时间比我们许多人以为的要长得多。

现在流行于大学生中的文化的一个元素——牛仔裤被我们认为绝对是属于现代的。这种服饰普遍到几乎可以被视作所有年轻人的“制服”。它在20世纪60年代后期开始横扫大学校园并进入流行文化的中心。

但许多人可能会惊讶地得知牛仔裤实际上已经被人们穿了几个世纪了。为了理解得更清楚，让我们思考下用来定义这种服饰的词语的原本涵义。dungarees（20世纪60年代之前牛仔裤的通俗名字）这个术语源于印地语单词dungri。这个单词是印度城市Mumbai（即现在的孟买）的一个地区的名字，这个地区是牛仔布这种粗质地布料的原产地。从那开始，这种布料向西传播到了欧洲。而这个术语牛仔裤（jeans）可以追溯到意大利城市热亚那（Genoa）的名字。在17世纪50年代的热亚那，这种棉布料（牛仔布也叫斜纹棉布）被广泛用于服装制作。这种布料的另一个名字denim则意指法国城市尼姆（Nîmes），它反映了这样一个事实：在稍晚些时候，人们将这种布料称为“de Nîmes”。

艺术史学家发现16世纪的一些油画显示当时的人们，主要是穷人会穿牛仔裤。而在18世纪开始的时候，英国的水手们不仅将这种布料用来制作船帆，而且还将它用来制作吊床以及时尚的船员服。

一个多世纪之后，在1853年，美国服装制造商李维·斯特劳斯（Levi Strauss）把dungarees卖给加州淘金热中的矿工们。这种熟悉的蓝白色的织物非常坚韧和耐用。牛仔裤便成为了那些只有有限的预算但从事高强度体力劳动的人们选择的服装。

在获得金矿矿工的欢迎之后，牛仔裤也在美国西部的牛仔（cowboys）中流行起来。到20世纪初期，牛仔裤几乎为所有的劳动人们所喜爱。到了20世纪30年代，美国大多数的犯人也穿牛仔裤了。

上述状况使得牛仔裤成为较低社会地位的象征。这的确成为许多中产阶级民众看不上这种服饰的理由。结果，尤其是在较高收入的社区，公立学校的官员们禁止学生穿牛仔裤。

然而，到了20世纪60年代，以年轻人为基础的反文化运动在美国兴起。这种新兴的文化从根本上就拒斥“向上看”并且模仿富人和

◎ 通过16世纪的艺术，可以发现穷人会穿着“牛仔裤”，到了19世纪，牛仔裤开始成为西部牛仔们的制服，20世纪60年代，牛仔裤也开始在校园中风行，而最近，在工作场所穿牛仔裤也变得可以接受了。

名人的格调的旧模式。取而代之的是，它开始"向下看"并且模仿劳动人民甚至底层人民的样子。到了20世纪60年代，摇滚明星、好莱坞电影明星和大学生们都偏爱牛仔裤，他们将它作为支持劳动人民的宣言——这是那个年代左派政治态度的一部分。

当然，这个新风尚是有利可图的。到了20世纪80年代，时尚行业通过在富有的人群中推出"设计师牛仔裤"（designer jeans）从而在牛仔裤流行风潮中获利。这些富人在他们一生中都不会去工厂。在一位少女波姬•小丝（Brooke Shields，美国著名女演员和模特）的帮助下，Calvin Klein牌牛仔裤（1980年）成为富人的所有渴望。这些人能够买得起比普通人穿的贵三四倍的牛仔裤。

到了这个世纪开始的时候，牛仔裤不仅在学校中也在职场中成为可接受的装束。尤其在高科技领域，许多美国公司的CEO们通常穿着牛仔裤工作甚至出席公共场合。

就像你了解到的那样，牛仔裤实际上有很长的历史。它同时存在于"过去"和"现在"，并且不断呈现新的不同的意涵。这表明在一个社会不断创新和重塑的世界里，将文化元素定义为非"传统"即"现代"是有局限性的。

你怎么想?

1. 你对牛仔裤的态度与你的父母不同吗？如果是这样，如何不同？为什么？
2. 你认为在20世纪60年代前后牛仔裤流行趋势的变化意味着我们的社会发生着更广泛的变化吗？请解释。
3. 在你所在的校园中，牛仔裤的流行程度情况如何？在你的教授中呢？你能解释这些情况吗？

资料来源：Based, in part, on Brazillian (2011).

▲检查你的学习 韦伯怎样理解现代性？所谓现代社会（包括科学家、资本家和官僚）是"祛魅"的是什么意思？

（disenchanted）的，即在以前是不容置疑的真理开始受到理性思考的挑战。简言之，现代社会不再允许神的存在。韦伯在一生中研究各种现代"类型"——资本家、科学家和官僚——所有这些人都有着"祛魅"的世界观。韦伯认为这种世界观主宰着人性。

◇ 评价

与滕尼斯和涂尔干，尤其是与后者相比，韦伯对现代社会持批判态度。他深知科学可以创造技术和组织上的奇迹，但他担心科学的发展会使我们不再关注更基本的问题：人类存在的意义和目的是什么。韦伯担心理性化的过程，特别是在科层机构方面，会用无穷无尽的制度和规则腐蚀人类精神。

一些批评韦伯的人认为，韦伯以为是科层机构引起的异化其实是起源于社会不平等。这样的批评把我们引向马克思的观点。

马克思：资本主义

对马克思而言，现代社会就是资本主义的同义词，他认为工业革命主要是资产阶级革命。马克思把资产阶级的起源追溯到中世纪欧洲的商业扩张。当工业革命为社会带来强大的新的生产制度时，资产阶级逐渐取代了封建贵族。马克思同意如下观点：现代性削弱了社区（如滕尼斯所述），加剧了劳动分工（如涂尔干所述），形成了理性的世界观（如韦伯所述）。但他把这一切看成资本主义走向繁荣的必要条件。根据马克思的观点，资本主义把生活在农场和小城镇的人口引向集中在城市的不断扩张的市场体系。工厂要提高生产效率就需要劳动分工，而资本家对利润的永
恒不变的追逐则证明了理性化的特征。 571

前面的一些章节把马克思描绘成一个强烈批评资本主义社会的人，但他对现代性的未来却还有些乐观。马克思不像韦伯那样把现代社会看成科层制的"铁笼"，他相信资本主义社会的社会冲突会为革命性的变化埋下种子，最终进入平等的社会主义社会。在他看来，社会主义社会将利用工业技术创造的奇迹丰富人们的生活，而且，这样的社会将不再有阶级——这个社会冲突和苦难之源。尽管马克思毫无疑问是批评现代社会的，但是他为人们设想了一幅充满自由、创造力和共同体的未来景象。

◇ 评价

马克思关于现代化的理论是一种复杂的关于资本主义的理论。但他低估了科层制在现代社会中的主导作用。尤其在一些社会主义社会中，科层制的僵化性影响变得和资本主义的非人性的方面一样糟糕，甚至更糟糕。

现代性理论

◇ 应用

如同在前几章叙述的和在第 642 页“总结”表格中所总结的，现代性的兴起是个复杂的过程，涉及很多方面的变化。我们如何能理解这么多正在进行的变化呢？社会学家研究出关于现代社会的两种基本解释：一种受结构—功能理论指导，另一种建立在社会冲突理论之上。

结构—功能理论：作为大众社会的现代性

一个基本路径——依据滕尼斯、涂尔干和韦伯的观点——把现代性理解成**大众社会**（mass society）的出现（Kornhauser，1959; Nisbet, 1966; Berger, Berger & Kellner, 1974; Pearson, 1993）。大众社会是指传统纽带被繁荣和科层制削弱的社会。大众社会的生产力水平非常高，总的来说，人们的收入比任何时候都高。同时，它又有着亲缘关系疏远、邻里之间缺乏人情味等特征，因此，人们常感到与社会隔绝了。尽管许多
572 人在物质上很富有，但是他们的内心很空虚，在考虑该如何生活的问题时常常不能获得明确的道德指引。

现代生活的大众化范围

大众社会理论认为，首先，现代生活的范围大大地扩张了。工业革命之前，欧洲和北美有着数不尽的村庄和小城镇。在那些小社区里，人们的一生都与亲人生活在一起、接受相同的传统，滕尼斯的世俗社会的概念就是受此启发。流言是一种非正式却高度有效的手段，可以确保社区标准的一致性。这些有着很强的道德取向、很难容忍社会差异的小社区证明了涂尔干所描述的机械团结的状态。

比如，1690 年以前，英格兰法律要求每个人都定期参加圣餐礼这一基督教仪式（Laslett, 1984）。在北美大陆，所有新英格兰殖民地当中，只有罗德岛没有遵守这种规定。为了达到对约定俗成的规范的遵守，社会分歧受到压制，亚文化和反传统文化的现象极少，社会变迁缓慢。

工业革命带来的人口增加、城市扩张和经济活动的分化逐渐地改变了这种模式。人们开始通过所从事的工作相互认识，而不是因为是亲戚或者住在同一地方。人们把绝大多数的其他人看作陌生人。以前在农村里进行的面对面的交谈被没有人情味的大众传媒如报纸、收音机、电视和电脑网络所取代。原先由家庭成员、朋友和邻居承担的日常任务，现在越来越多地被视为大型组织担负的责任；公众教育让越来越多的人走进学校；警察、律师和法庭监督着刑事司法体系的正常运转。甚至慈善活动也成了在各种社会福利机构中工作的职员的事情了。

地理位置上的流动性及不断接触不同的生 573
活方式都削弱了传统价值观。人们开始对社会差异更宽容，更注重维护个人利益和选择自由。由于种族、性别或者宗教信仰不同而将人区别对待被认为是落后的和不公平的。在这一过程中，生活在社会边缘的少数族群获得更多的权力和更多参与公众生活的机会。

大众媒体促使了全民族文化的产生，各地区之间的传统差异消失。正如一个分析家所说：“甚至在巴吞鲁日，当地的孩子也不说‘y' all’，而是像电视上那样说‘you guys’”（Gibbs，2000：42）。大众社会理论的支持者担心，把具有不同背景的人们变成一个大群体会使每个人失去个性。

不断扩张的政府

在欧洲小型的前工业社会，政府基本上和一个地方贵族差不多。一个王室家族名义上统治着整个国家，但是由于缺乏有效的交通和通信手段，即使最有权威的君主的权力也远不及当今的

▲检查你的学习
马克思怎样理解现代社会？在我们讨论的四位理论家（滕尼斯、涂尔干、韦伯和马克思）中，谁对现代社会最为乐观？谁最为悲观？请解释你的选择。

总结 传统社会和现代社会：巨幅图景

基本要素	传统社会	现代社会
文化模式		
价值	同质的；神圣任务；几乎没有亚文化和反传统文化	异质的；大众任务；很多亚文化和反传统文化
规范	一致的道德信念；不能容忍差异	多元化的道德观念；对差异的高度容忍
时间导向	现在关注的是过去	现在关注的是未来
技术	未工业化的；人类或畜力	工业化的；先进的能源
社会结构		
身份和角色	身份单一；多是先赋性的；没有什么专业化角色	很多身份；部分先赋性的和部分自致性的；许多专业化角色
关系	典型的初级关系；没有匿名性或隐私	典型的次级关系；大量的匿名性和隐私
交流	面对面的	面对面的交流由大众传媒取代
社会控制	非正式的流言	正规的政策和法律制度
社会分层	僵化的社会不平等模式；没有什么流动性	流动的社会不平等模式；高流动性
性别模式	公开的父权制；女性的活动局限于家庭之中	父权制的衰落；有偿劳动力中女性数量的上升
居住模式	小范围的；人口非常少并且非常分散地分布在各乡村和小镇	大范围的；大量人口集中在城市
社会制度		
经济	立足于农业；有很多家庭手工作坊；几乎没有白领职业	基于工业化大生产；工厂成为生产中心；白领职业增多
政府	小型政府；政府对社会很少干预	巨型政府；政府对社会干预很多
家庭	扩大家庭是社会化和经济生产的最基本的途径	核心家庭保留着一些社会化的功能，但更多的是作为消费单位而不是生产单位
宗教	宗教指引着世界观；专职宗教人员	宗教衰落，科学兴起；广泛的兼职宗教人员
教育	只有精英才能享受正规的教育	基础教育普及化，接受高等教育的比例也在增长
健康	高出生率，高死亡率；因为低生活水准和简单的医疗技术，人们的平均寿命短	低出生率，低死亡率；由于生活水平的提高和医疗技术的改进，人们的平均寿命延长
社会变迁	缓慢；经历几代人才有明显的变迁	迅速；一代人就会经历显著的变迁

政治领袖。

因为技术革新使得政府得以扩张，中央政府的规模和重要性都增加了。当美国赢得独立而不再是英国的殖民地时，联邦政府不过是一个主要以国防为目的的小机构。自那以后，政府承担起了来自社会生活的更多方面的责任：国民教育、规定工资和工作条件、制定各种产品的标准以及对生病和失业人群提供经济援助。为了支付用于这些方面的费用，税收激增：今天的美国普通工人每年将近有4个月的收入用于支付政府的各种各样的服务费用。

在大众社会，权力集中在大型科层机构中，地方社区的老百姓对自己生活的支配权很少。比如说，政府官员要求各地学校必须有标准的教育方案，各地的产品必须获得政府认可，每个市民必须保留各种缴税记录。虽然这些规定或许能保护人们，促进社会平等，但它们也迫使我们越来越多地与来自远方且毫无温情可言的科层机构的人打交道，这些人我们连名字都叫不上来。这破坏了家庭和地方社区的独立性。

◎ 社会冲突理论并不将现代性视为无个性的大众社会，而是将其视为不平等的阶级社会，在这样的社会中一些群体属于被统治阶级。这个亚利桑那家庭像许多土著美洲人一样，生活在保留地中。这里贫困盛行，许多活动房里没有电和自来水。

▲检查你的学习 用你自己的话阐述关于现代性的大众社会理论。关于这一理论的两种批评是什么?

◇ 评价

现代生活范围的不断扩大当然有积极的方面，但这些好处是以牺牲一些人类的文化遗产为代价的。现代社会增加了个人权利，容忍更大的社会分化，提高了人们的生活水平（Inglehart & Baker，2000），但也出现了韦伯最担心的科层机构过度膨胀，以及滕尼斯担心的自私自利和涂尔干担心的失范倾向。现代社会的规模、复杂性和对社会分化的宽容都注定了传统价值观和家庭模式的消亡，这使得人们处于孤立、无权和物质主义的境地。如同第17章（“政治与政府”）中指出的，美国选民的冷漠是个严重的问题。当生活在巨大的、没有人情味的社会里的人们认为，任何个人都不会对事情的发展产生多大的影响时，我们应该对选民的冷漠感到吃惊吗？

有时批评家会说，大众社会理论把过去理想化了。他们提醒我们，很多生活在小城镇的人其实渴望在城市里过更好的生活。而且，大众社会理论忽略了社会不平等问题。批评家说这种理论会吸引保守人士的兴趣，那些人维护传统道德观而忽视妇女和其他少数族群遭受的不平等待遇。

社会冲突理论：作为阶级社会的现代性

对现代性的第二种解释主要来源于马克思的观点。从社会冲突的角度看，现代性是以**阶级社会**（class society）——一个有着明显社会分层的资本主义社会——的形式存在的。也就是说，尽管这种视角同意现代社会已经扩张到很大的规模，但是它把现代性的核心看成是一个不断扩张的、以不平等为标志的资本主义经济（Habermas, 1970; Harrington, 1984; Buechler, 2000）。 574

资本主义

阶级社会理论同意马克思的说法，现代社会

大众社会 传统纽带被繁荣和科层制削弱的社会。

阶级社会 一个有着明显社会分层的资本主义社会。

生活范围的不断扩大是由资本主义的增长和其释放的贪婪所致。因为资本主义经济追逐利润最大化，生产和消费都稳步增长。

根据马克思的观点，资本主义是建立在赤裸裸的利己主义的基础上的（Marx & Engels, 1972：377，orig. 1848）。这种利己主义削弱了曾经让小型社区团结在一起的社会纽带。资本主义把人也看成商品：人是劳动力资源和产品的消费市场。

资本主义支持科学的发展，不仅因为它是提高生产力的关键，还因为它是维持现状的意识形态。也就是说，现代社会鼓励人们把人类的幸福看成需要工程师和其他专家解决的技术难题，而不是通过追求社会公正能办到的。例如，资本主义文化寻求通过医药科学而不是消除贫困来提高人们的健康水平，而贫困确实是健康状况低下的核心原因。

商业也在宣扬科学逻辑，通过提高效率来增加利润。就像在第16章（“经济与工作”）中解释的，随着全球化的日益扩张，作为跨国公司的资本主义公司规模巨大，控制了难以想象的财富。依据阶级社会的观点，不断扩张的生活范围与其说是法理社会的作用，还不如说是资本主义不可避免的破坏性结果。

持续的不平等

现代性渐渐地消磨了前工业化社会里将贵族区别于普通人的严格的等级制度。但是，阶级理论认为，不同于以前的贵族可以生而坐拥财富和权力，现在的精英人群是那些资本主义体制下的百万富翁。在美国，并没有君主世袭制，但5%的富人却控制了60%的私人财产。

国家又是怎样的呢？大众社会理论家们认为国家在努力促进平等，解决社会问题。马克思不同意这种观点，他怀疑国家除了进行一些影响不大的改革外什么也做不了。因为在他看来，真正的权力掌握在控制经济的资本家手中。其他阶级社会理论家补充说，至于劳动人民和少数族群享有更多的政治权利和更好的生活，那是政治斗争的结果，而不是政府的善意带来的。总之，他们的结论是：尽管我们看上去享有民主，但大部分人在面对那些富有的社会精英时处于无权地位。

◇ 评价

阶级社会理论没有考虑涂尔干认为的现代社会的人们所遭受的失范之痛，而是宣称他们的痛苦来自于异化和无权。毫无疑问，阶级社会理论对现代性的解释在自由主义者和激进分子中间获得了广泛支持，因为这些人希望获得更大的平等，期许更多的规范或抛弃资本主义市场体制。

对阶级社会理论的一个最基本的批评是，它忽视了现代社会的日益繁荣，以及这样的事实——基于种族、民族和性别的歧视行为现在已属非法，而且被普遍认为是社会问题。而且，多数美国人并不希望生活在一个奉行平均主义的社

▲检查你的学习 用你自己的话阐述关于现代性的阶级社会理论，对它的一些批评是什么？

◎ 大众社会理论将当今世界中的焦虑感和意义缺失与摒弃传统的急速社会变迁联系起来。当今的空虚和孤独的意象在左边的照片中被捕捉到。相反，阶级社会理论将上述感觉与社会不平等联系起来。社会不平等使得一些人群沦为被统治阶级（或者非公民）。这一观点在右边的照片中得以表达。

现代性的两种解释

总结

	大众社会	阶级社会
现代化过程	工业化；科层机构的增多	资本主义的增长
现代化结果	生活范围的扩大；政府组织和其他非正式组织的增加	资本主义经济的膨胀；持续的社会不平等

会里；他们更喜欢能通过不同的回报制度来反映人与人之间才智差别和不同的努力程度。

极少有观察家认为中央集权的经济体制能够治愈现代性的顽疾。美国的很多其他社会问题——从失业问题、贫困问题、工业污染问题到低效能的政府——在社会主义国家一样存在。

本页“总结”表格对比了现代性的两种解释。大众社会理论关注的是生活范围的扩张和政府机构的扩大；阶级社会理论则强调资本主义的扩张和持续的不平等状态。

现代性与个人

大众社会理论和阶级社会理论都对工业革命之后发生的巨大社会变迁很关注。但从这些宏观层次的视角出发，我们也能对现代性如何型塑普通人的生活做些微观的观察。

大众社会：身份认同的问题

现代性使人们不再生活在过去的小型的、联系密切的社区中。现代社会中的大部分人都拥有表达个性的隐私和自由。然而，大众社会理论指明，如此多的社会分化、广泛存在的孤立状态和
575 急剧的社会变迁，使很多人根本难以确定任何一致的身份认同（Wheelis, 1958; Berger, Berger & Kellner, 1974）。

第 5 章（“社会化”）解释说，人们的个性主要是其社会经济的结果。过去那种小型的、同质的、变化缓慢的社会为人们确定身份认同提供了或许有点狭小但却牢靠的基础。即使到了今天，活跃在美国和加拿大的阿米什社区还在教年轻人“正确的”为人处世方法。虽然不是每个出生在阿米什社区的人都能够忍受这种对一致性的严格要求，但大多数人还是以此确定了相当完整且令人满意的身份认同（Kraybill & Olshan, 1994; Kraybill & Hurd, 2006）。

大众社会的情况则不同。社会不断分化且变化得很快，个人确立身份认同所需的基础如同流沙一样不牢靠。人们需要自己做很多决定，很多人——特别是有钱人——常常在选择面前不知所措。由于没有标准帮助人们做出好的选择，自由选择的意义也就不大。在宽容的大众社会，人们感到应该选择这样而不是那样的时候，并没有太多理由可言。结果是很多人的身份认同摇摆不定，不断改变生活方式、与他人的关系，甚至宗教信仰，以期看清那捉摸不定的“真我”。“相对论”的广泛存在使得人们在没有道德标准的情况下，失去了传统赋予他们的安全感和确定性。

对大卫•理斯曼（David Riesman，1970, orig. 1950）而言，现代化引起了**社会性格**（social character）——体现在特定社会成员身上的共同人格模式——的改变。前工业化社会鼓励理斯曼所说的**传统指向**（tradition-directedness）——严格遵守历史悠久的生活方式。传统社会的人们依照祖先的模式过自己的生活，甚至到了“好好生活”就等于“做人们一直在做的事情”的地步。

传统指向与滕尼斯的世俗社会和涂尔干的机械团结理论一致。由于文化上的保守，传统指向

社会性格 体现在特定社会成员身上的共同人格模式。

传统指向 严格遵守历史悠久的生活方式。

他人指向 对最新潮流和时尚的开放性，这常常通过模仿他人表达出来。

指导下的人们行为处事方式都差不多。有时候我们也会在现代社会发现某种一致，传统指向下的一致与此不同，它并不是为了模仿某个名人或赶时髦。相反，人们之间有相似之处是因为受相同的文化基础的影响。阿米什人就是传统指向的例证：在阿米什文化里，传统成了把世世代代联系在一种牢不可破的正当的生活方式下的纽带。

经历社会分化和急剧变化的现代社会的人们认为，传统指向下的个性是不正常的，因为它的要求太苛刻了。总的来说，现代社会的人们很看重个性上的灵活性，如适应能力、对他人的敏感度。理斯曼把这种社会性格称作**他人指向**（other-directedness）——对最新潮流和时尚的开放性，这常常通过模仿他人表达出来。由于他人指向下的人们是在不断变化着的社会中进行社会化，所以他们也形成了不稳定的身份认同，其主要特点是表面化、不一致和变化。他们像穿新衣服一样表现出不同的“自我”，寻找自己效仿的榜样，随着场景的变换而上演不同的“表现”(Goffman, 1959)。在传统社会里，这样的多变性会让人觉得你不可靠，但在一个不断变化的现代社会，这种变色龙似的适应各种环境的能力却很有用。

如果一个社会里的人们重视现在而非传统，人们就会渴望获得别人的认可，在自己的同时代的人中寻找自己的榜样，而不仅仅是长者。在没有明确的标准的指引下，来自同辈的压力是不可避免的。我们的社会希望每个人做真实的自我，可是当社会环境变化太快的时候，人们如何能找到真实的自我呢？这个问题的根源在于当今的工业社会里身份认同危机太普遍了，不断有人在问“我是谁”并试图得到答案。

576 **阶级社会：无权的问题**

阶级社会理论关于现代性对个人影响的描述与众不同。这种视角认为，持续的社会不平等破坏了现代社会个人自由的基础。对一些人来说，现代性带来很多特权，但对于许多人而言，日常生活就是处理经济上的不确定和一种越来越强烈的无权的感觉（K.S. Newman, 1993; Ehrenreich, 2001）。

对于少数族群，相对弱势的问题更加突出。同样，虽然妇女更广泛地参与到现代社会中，但她们仍然要为破除传统性别歧视的障碍奔走疾呼。这种论断不同意大众社会关于人们因为有太多自由而饱受痛苦的观点。根据阶级社会理论，我们的社会仍然没能做到让大多数人充分参与到社会生活中来。

就像第 12 章（“全球分层”）中解释的，世界资本主义范围的扩大使这个星球上更多的人生活在跨国公司的影响下。结果是，全世界收入的 75% 集中在人口只占世界 18% 的高收入国家。所以，当阶级社会理论家呼吁穷国的人们应争取更多的权力才能主宰自己的生活时，我们还会感到奇怪吗？

广泛存在的无权问题使得赫伯特•马尔库塞（Herbert Marcuse，1964）对韦伯的现代社会是理性的说法提出挑战。马尔库塞谴责现代社会的不理性，因为其无法满足许多人的要求。尽管现代资本主义社会创造了无可比拟的财富，贫困仍是超过 10 亿的人每天必须面对的痛苦。马尔库塞进一步说，技术进步使人们更加无法控制自己的生活。高端技术使一小部分专家，而不是大多数人，获得了很多权力，前者控制着对诸如计算机的运用、能源制造和医疗保健等问题的讨论。一种普遍的看法是技术解决了很多问题，但马尔库塞却不这么认为，他认为科学是导致这些问题的原因。总之，阶级社会理论声称，人们遭受痛苦是因为现代的科学社会把财富和权力都集中在少数特权阶层手中。

现代性与进步

在现代社会，大多数人期待且欢迎社会变迁。我们把现代性同进步（progress，来自拉丁文，意为“向前移动”）的观点联系起来，那是一种不断提高的状态。与此相对，我们把稳定看作停滞不前。

由于我们对变化的偏好，我们的社会倾向于 577
把传统文化看成是落后的。但是变化，特别是朝着物质财富方向的变化，却是好坏参半的事情。如同第 648 页“全球性思考”专栏所显示的，社会变化太复杂了，不能简单地将其等同于进步。

卡亚波和嘎勒的例子已经表明，即使变富

有也有利有弊。从历史的角度看，在美国，生活水平的提高使人的寿命更长，物质生活上更安逸。同时，很多人怀疑每天的例行公事带来的压力太大了，以致一家人都没有时间一起放松，甚至聚在一起都很难。也许这就是为什么在收入最高的国家，最近几十年人们的幸福感呈下降趋势的原因（D. G. Myers, 2000；Inglehart，Welzel & Foa，2009）。

科学也是一样有利有弊。与其他国家的人们比起来，美国人对科学改善生活这一点深信不疑（Inglehart et al.，2000）。但是调查显示，很多美国成年人感到科学“使我们的生活方式变化得太快了”（NORC，2011：1762）。

新技术总是引发争议。一个世纪以前，汽车和电话的发明使得更迅疾的交通和更有效的通信成为可能。但同时，这些技术也使传统的对家乡，甚至对家庭的依附变弱了。今天，人们怀疑计算机技术会不会带来同样的问题：把人们和世界联系起来的同时却把我们与门外的社区隔离开来；提供更多信息的同时也威胁到了个人隐私。简言之，我们都意识到社会变化来得更快了，但至于某个变化到底是好是坏，可能还是因人而异。

现代性：全球各异

10 月 1 日，日本神户。乘坐由电脑控制的单轨列车在神户的街头高高驶过，或者坐在时速 200 英里开往东京的子弹列车里，我们认为日本代表着社会的未来；其国民深爱高科技。然而，日本人在其他方面仍很传统：极少有女性公司领导，几乎没有女政治家，年轻人对长辈尊重有加，社会井然有序，与很多美国城市的混乱状态形成鲜明对比。

日本是个既传统又现代的国家。这种矛盾提醒我们尽管对比传统和现代社会很有意义，但新旧社会常以难以预料的方式共存着。在中国，古
578 老的儒家思想正和当代的社会主义思想并存着。在沙特阿拉伯和卡塔尔，对现代技术的利用同尊重古老的伊斯兰文明并行不悖。类似地，在墨西哥和拉美的很多地区，即使人们希望经济不断发展，也不妨碍他们尊重有好几百年历史的基督教仪式。总之，传统与现代的结合绝不是想象中的那么不同寻常；相反，我们在全世界的每个角落都能寻找到其存在的痕迹。

后现代性

◇ 理解

如果现代性是工业革命的产物，那么信息革命还会带来一个后现代时期吗？许多学者是这么认为的，他们使用**后现代性**（postmodernity）这一术语来指称以后工业社会为主要特征的社会模式。

后现代性到底指的是什么尚有争论。这一术语已经在文学、哲学甚至建筑圈里使用了好几十年。自 20 世界 60 年代以来，这一术语随着左派政治学的传播而掀起的社会批评浪潮进入了社会学。尽管后现代性思想有很多的变体，但所有这些变体都有以下五个主题（Hall & Neitz，1993；Inglehart，1997；Rudel & Gerson，1999）：

1. *在很多重要的方面，现代性已经失败。*现代性的前景是生活中不再有物品短缺的情况。然而，正如后现代主义批评家所看到的，在解决诸如贫穷的社会问题方面，20 世纪并不成功，因为很多人仍然缺乏经济上的安全感。

2. *“进步”的光环在消失。*现代社会的人们在展望未来的时候，总是期待自己的生活会有很大的进步。但是，后现代社会的人们（甚至领袖）对未来却不再那么信心十足。一个多世纪以前让人类社会进入到现代社会的强烈的乐观心理，已经被彻底的悲观情绪所取代，多数美国人认为生活正在变糟糕（NORC，2011：370，392）。

3. *科学不再是解决问题的途径。*现代社会的重要特征是科学的世界观，人们坚信科学技术会让生活变得更好。但后现代批评家认为，科学并未能解决很多老问题（如健康状况差），却带来了一些新问题（如污染和自然资源的减少）。

后现代主义思想家怀疑科学，认为其宣扬绝对真理。相反，他们认为世界上没有绝对的真

全球性思考

“现代性”意味着“进步”？巴西卡亚波社区和佐治亚嘎勒黑人社区

四周一片漆黑，点点火光摇曳。族长堪荷克坐在那里，准备开始其精彩的晚间故事讲演，这些年来，每个夜晚他都这样（Simons, 2007）。这样的夜晚对于繁荣的巴西亚马逊地区的一个小社区卡亚波（Kaiapo）来说，是个享受文化遗产的时间。因为传统的卡亚波人没有书面语言，长者就依靠这样的夜晚来向后世子孙传授部族文化。过去，村民们听到的都是卡亚波勇士如何击退前来寻找奴隶和黄金的葡萄牙人。

但随着时间的推移，只有一小部分年长的村民前来参加这种仪式了。“都是那大魔头惹的祸！”在解释来听故事的人那么少的时候，一个人抱怨道。“大魔头”确实把他们打了个措手不及，整个村庄的很多窗户都能看到其发出的蓝光。卡亚波社区的小孩，甚至很多大人，正在看电视里播放的连续剧。几年前村里安装了卫星天线，而此举带来的后果是任何人都无法想象的。最终，他们的敌人用枪炮没有做到的，而卡亚波村民自己做到了：越来越多的人开始去收看黄金时间的电视节目，而不是去听长者讲晚间故事。

卡亚波村民是23万美洲土著的一部分。他们以独特的身体彩绘和华丽的节日服装而闻名。20世纪80年代，他们因为开采金矿和收获了很多桃花心木而变得富有。现在他们必须认真考虑这些新发现的财富到底是福还是祸。

对一些人来说，拥有财富意味着有机会通过旅游和收看电视来了解外面的世界。另一些人，如族长堪荷克，却不是很确定。坐在火边，他自言自语道：“我一直在说，应该买些像刀子、鱼钩之类的有用的东西，电视又不能当饭吃。它只不过让我们的子孙看到白人的生活。”村庄里最老的祭司拜伯特帕普点头同意：“夜晚是老年人教导年轻人的世界，但是现在电视把这个世界偷走了。”（Simons,

理。这意味着客观现实并不存在，而很多现实不过是社会建构的结果。

▲检查你的学习
用你自己的话阐述后现代社会的特征。

4. *文化争论加剧*。因为人们得到了他们真正想要的物质享受，所以思想变得更加重要。从这个意义上讲，后现代性也是后物质时代。在这样的时代，更多的职业跟某种象征有关，诸如社会正义、环境和动物权利等议题也越来越引起公众的关注。

5. *社会习俗在改变*。就如同工业化给社会习俗带来翻天覆地的变化一样，后工业社会的兴起又要再次改变社会。例如，后现代家庭不再恪守某一种家庭模式，相反，每个人都可以从各种新的家庭形式中进行选择。

◇ 评价

分析家们认为美国和其他高收入社会正进入后现代时期，他们批评现代性没能满足人类的要求。而在过去一个世纪中，人类寿命的延长和生活水平的提高则可以说明现代性的优势。即使我

2007：522）

北方很远的地方是美国。从佐治亚的海边坐半个小时轮渡，能够到达一个满是沼泽的小岛——霍格哈蒙克（Hog Hammock）社区。住在岛上的是70个非裔美国人，他们在小岛上生活的历史可以追溯到1802年第一批黑奴到来的时候。

每当走过坐落在长满西班牙苔藓的松林时，旅游者常常会感到回到了遥远的过去。当地的嘎勒人（Gullahs，有些地方叫Geechees）操着一种英语和西非语言的混合语言。他们靠打鱼所获在这里生活了好几百年。

但这种生活方式的未来却不容乐观。生活在霍格哈蒙克社区的年轻人，除了打鱼和制作传统手工艺品以外，基本上找不到别的工作。“我们已经在这里生活了九代，现在还是在这里。”一个当地人说。然后，在谈到小岛上的19个孩子的时候，她又说：“并不是他们不想待在这里，而是他们在这里无事可做——他们需要找到工作啊。”（Curry，2001：41）

同样重要的是，大陆上的人想要在水边寻找可以度假或长期居住的地方，现在小岛成了上佳的房地产市场了。不久前，一所大房子被拿去出售，当社区的人得知房主开出的价格竟然超过百万美元时，大家都吃惊不小。当地人太清楚了，高价财产意味着高额税款，没几个人买得起。总之，该岛很有可能成为另一个希尔顿头岛（Hilton Head），后者曾经是南卡罗来纳海边的一个嘎勒黑人社区，现在已经成了美国大陆上有钱人的度假场所了。

霍格哈蒙克人很可能卖掉自己的房子，移到内陆去。但没什么人愿意那样，尽管房子能卖个好价钱。相反，从这里迁走就意味着他们文化遗产的消失。

卡亚波和霍格哈蒙克的故事都告诉我们，变迁不一定意味着“进步”。这些人可能会向现代性前进，但这个过程带来的结果有好有坏。最终，这两群人都有可能会有更好的生活，有更好的住所、更好的服饰，以及新的技术。另一方面，他们的新财富将是以牺牲传统为代价的。这样的情景在全世界很多地方都在上演，越来越多的传统文化在财富和富有社会的物质主义的诱惑下被遗弃了。

你怎么想？

1. 为什么社会变迁对于传统社区的人们既意味着得到也意味着失去？
2. 这里介绍的变化提高了卡亚波的生活水平吗？嘎勒社区又怎么样？
3. 在现代性面前，传统社区的人们还有别的选择吗？请回答并解释。

们接受后现代主义者的观点——科学已经无能为力，进步不过是谎言——那我们又有什么可以替代它们呢？

社会正在变得更好还是更糟？第651页“焦点中的社会学”专栏将向你表明美国人的生活在一些方面确定变得更好，但在另一些方面却
579 不是。

展望：现代化和全球的未来

◇ 评价

回溯第1章，我们把整个世界设想成一个1 000人的大村庄。这个“地球村”中有200人来自高收入国家，另外130人则是一贫如洗，生活困难。

全世界的穷人的艰难处境表明世界急需改变。但第12章（“全球分层”）在为什么世界上有

◎ *基于你在这一章读到的所有内容，你认为我们的社会总的来说是在变好还是在变坏？为什么？*

10亿穷人的问题上呈现了两种针锋相对的观点。现代化理论宣称，过去全世界都很贫穷，技术革新特别是工业革命，提高了人类的生产力，使许多国家的生活水平改善了。从这一观点出发，解决全球贫困的办法是在全世界范围内推进技术进步。

然而，由于前面提到过的原因，全球现代化实现起来很难。回忆一下大卫·理斯曼对前工业化社会的人们的描述吧。他把他们描述成传统导向的人，常常对变化持抵制态度。因此，现代化理论家倡导世界上的富裕社会帮助穷国实现经济增长。工业国家可以通过向贫穷地区出口技术、吸引这些国家的留学生，以及提高外国援助等方式刺激经济增长。

对第12章关于现代化理论的回顾预示着拉美政策的成功，以及在一些小的亚洲国家和地区，如中国台湾、韩国、新加坡和中国香港获取更大成功的可能性。但是，在世界上最贫穷的国家推动经济发展的困难更多。即使在已经发生巨大变化的地方，现代化还涉及协调问题。例如，
580 生活在巴西卡亚波的传统的人们，可能通过发展经济得到财富。但是，当他们被卷入建立在以西方物质主义、流行音乐、时髦服饰和快餐为基础的全球化的“麦当劳文化”中去时，他们失去了自己的文化身份和价值观。一位巴西人类学家表达了其对卡亚波未来的期待：“至少他们能迅速明白看电视的后果……现在（他们）可以做个选择。”（Simons, 2007：523）

但并不是所有人都认为现代化真的能在一些国家实现。根据全球分层理论的第二种视角——依附理论，如今的很多贫穷社会没有能力实现现代化，即使这些社会的人们希望那样也不行。按照这种观点，经济发展的主要障碍不是传统观念，而是富有的资本主义社会在全球占统治地位。

依附理论声称，发达国家实现现代化是以牺牲发展中国家为代价的，它们掠夺穷国的自然资源和劳动力。即使今天，世界上最贫穷的国家与发达国家的经济关系中仍然处于不利地位：发达国家购买贫穷国家的原材料，然后向贫穷国家出售他们能买得起的各种产品。根据这种观点，与发达国 581 
家继续这种贸易关系只是全球不平等的延续。

不管你认为哪种方式更合理，应该记住这样一点：发生在美国的变化不再是独立进行且与其他国家没有丝毫关系的。20世纪初，如今的高收入国家的大部分人，当时都生活在相当小的区域，对外面的世界知之甚少。如今，一个世纪以后，整个世界成了一个大村庄，因为所有人的生活都日益紧密地联系起来了。

20世纪见证了人类取得的空前成就。然而，与人类生存相关的很多问题，包括寻找生命的意义、平息国与国之间的冲突，以及消除贫困等理想依然存在。第652页“争鸣和辩论”专栏提出了一个两难问题：如何平衡个人自由和社会责任。棘手的问题尚未解决，新的烦恼又来了：如何控制人口增长，建立环境可持续发展的社会。在下一个百年里，我们必须准备好以极大的想象力、同情心和决心来解决这些问题。随着我们对人类社会了解的增多，我们有理由相信我们能够很好地解决问题。

焦点中的社会学

追踪变迁：美国人的生活正在变得更好还是更糟?

弗劳伦斯：我觉得生活很棒！难道你不这样认为吗?

萨门塞：我猜这取决于你指的是什么。

弗劳伦斯：嗨，我觉得很好，但你想要使一切变得更纠结。

萨门塞：好吧，抱歉听起来像个学社会学的，但生活就是很纠结。在某些方面，生活变得更好，但在另一些方面却并非如此。

在这一章开始的时候，我们去看了看一个多世纪前，1900年美国大城市的生活状况。很容易看出，在许多方面，我们的生活比祖父辈及曾祖父辈的时候好了很多。然而，在近几十年，并非都是好的迹象。现在看看自1970年以来影响美国社会的一些潮流（Miringoff & Miringoff, 1999; D. G. Myers, 2000; Gibbs, 2009; Inglehart, Welzel & Foa, 2009）。

首先是好消息：经过测量，美国人的生活水平明显提高。电视能收到几百个频道，而不是只有三四个台。汽车动力更强劲，跑得更快，数量也更多。婴儿死亡率急剧下降，也就是说，越来越少的婴儿会在出生不久就死去。而且长寿的人口比率增加，65岁以上的老年人比以往任何时期都能活更长的时间。更多的好消息是：老年人的贫困率比1970年时低了很多。教育是另一个有明显进步的领域：辍学的人比率下降，完成大学学业的人比率升高。甚至在高速公路上酒驾造成的死亡人数也只有1980年的一半。

其次，一些指标显示生活几乎和20世纪70年代一样。例如，现在青少年吸毒情况与上一代人差不多。尽管失业率在最近一两年有所上升，但在过去30年，总的失业水平保持稳定。美国正在销售的住房面积与1970年基本相同。在最近的一个世纪中，调查显示人们并没有感到比以前更快乐。

最后是坏消息：通过测量，在有关孩子的一些方面，美国人的生活质量实际上是下降了。官方数据显示，儿童受虐待的比率和年轻人的自杀率都上升了。尽管在过去的15年里暴力犯罪的水平有所下降，但依然要比1970年高。作为衡量经济保障的指标，每小时平均工资的购买力呈持续下降的趋势。这意味着更多的家庭如果想要维持收入水平，就要有两个甚至更多的人出去工作。在工作和收入方面，人们对未来的信心不足以和以前相比。没有健康保险的人的数量也在上升。另外，这个国家的经济不平等也在加剧。

总之，以上证据不能让我们得出“进步随着时间而来”的结论。社会变迁是而且很可能将继续是一个复杂的过程，它能反映一个国家需要优先考虑的事情，以及我们想要实现这些目标的愿望。

◎ 研究显示，今天的美国人在经济方面要比之前的人生活得更好。但同时，在个人幸福感方面从长期看却并没有增长。你怎么解释这一矛盾？

加入博客讨论吧！

你认为美国人的生活质量是否提高了？你觉得你这一代人将比你的父辈生活得更好吗？请解释。登录MySocLab，加入“焦点中的社会学”博客，分享你的观点和经历，并看看别人是怎么想的。

争鸣与辩论

个人自由与社会责任：我们能两者兼顾吗？

萨缪尔：我觉得自由是最重要的事情。让我做我想做的。

萨吉：但是如果人人都这样，这个世界将会怎样？

多琳：难道没有一种方法既能做真实的自我，同时也能对他人负责吗？

我们总是不得不解决的一个问题，就是做出的决定要对他人负责。但我们到底要为别人负什么责？为了弄清这个问题，让我们来看看发生在1964年纽约城的一件事情。

在3月一个寒冷的晚上，午夜过后不久，基蒂·吉诺维斯将车开进了她公寓楼的停车场内。她关掉了引擎，锁好车门，沿着柏油路向公寓门口走去。突然，一个人挥刀向她刺来，她恐惧地尖叫着，但匪徒还是在不停地捅她。楼上的窗户打开了，邻居好奇地探头向下看出了什么事。但行凶还在继续，足足持续了30分钟，直到吉诺维斯死在门口。警察没能确认凶手，他们的调查揭露了这样一个令人震惊的事实：几十个目睹了基蒂·吉诺维斯被杀的邻居中，没有一人出手相救，甚至都没有报警。

这个惨剧已经过去了几十年了，我们现在仍然面临这样的问题：我们应该为其他人做什么？作为现代社会的一员，我们珍视自己的权利和个人隐私，但有时候却不愿承担责任，而对需要帮助的人们冷漠以待。当听到呼救声的时候，人们都表现得漠不关心，我们是不是有点太在意个人自由这样的现代观念了？在一个强调个人权利的文化氛围中，我们能否对人类共同体还有些理解？

这些问题突出了传统与现代社会体制之间的紧张状态，这一点我们能够从这一章所介绍的社会学家的论著中看到。滕尼斯、涂尔干和其他一些人都断言，在某些方面传统社区和现代个人主义之间无法融合。也就是说，社会只有在涉及如何生存的问题时，通过限制个人选择的范围，才能在道德层面上把一个社区的人团结起来。简言之，尽管我们对社区和自主权都很重视，但鱼和熊掌不可兼得。

社会学家阿米塔伊·埃兹欧尼（Amitai Etzioni，1993，1996，2003）试图找到一条中间路线。如社群运动（communitarian movement）建立在一个简单的理念之上：权利带来责任。换种方式表达，我们追求个人利益的时候意味着更大的社区责任，这样才能达到平衡。

埃兹欧尼认为，现代社会的人们太关注个人权利了。我们希望制度为我们服务，但又不愿为其运行做出努力。例如，我们相信因犯罪而遭到起诉的人，直到出庭受审那天都还可以行使自己的权利，但越来越少的人愿意去当陪审团的陪审员；与此类似的是，我们很愿意享受政府提供的服务，但是当需要为此缴税时，我们却很不情愿。

◎ 当今世界，人们可以找到表现诸如邻里互助、乐于助人等古老传统美德的新途径。美国在校大学生们找到的一个助人方法就是参与“仁爱之家”项目（Habitat for Humanity projects）。你所在的社区能找到这样的机会吗？

社群主义提出四点

平衡个人权利和社会责任的建议。第一，我们的社会应该抑制“权利文化”的扩张，这种文化让我们把个人利益置于社会责任之上。在讨论个人权利时，不断被引用的宪法从未赋予我们想做什么就做什么的权利。第二，我们必须记住，任何权利都和责任有关，我们不能只是从社会获取而从不给予。第三，每个人的幸福可能都需要限制个人权利。比如说，对公众安全负有责任的飞行员和公共汽车司机可能会被要求参加药检。第四，没人可以无视一些关键的责任，如遵守法律，如对像基蒂•吉诺维斯那样的呼救做出回应。

社群运动吸引了很多人的注意，他们认为个人权利和社会责任都很重要。但是埃兹欧尼的提议遭到了左右两派的批评。左派认为，从选举人的冷漠、街头犯罪到越来越少的退休金、数百万工人无法享受医疗服务等，这样的社会问题无法通过“社会责任”这样的概念来解决。在他们看来，我们需要的是，扩大政府的服务项目以保护人们，减少不平等。

右派的保守人士看到了埃兹欧尼提议中的其他问题（Pearson, 1995）。在他们看来，社群运动支持自由主义者的目标，如对抗偏见、保护环境等，但却忽略了保守人士的目标，如加强宗教信仰的建设、支持传统家庭模式等。

埃兹欧尼回答说，来自两方面的批评表明他为严重的社会问题找到了一种温和的、明智的解决办法。但争论也表明在像美国这样的多元社会，人们会很快接受权利，但却不愿意承担责任。

你怎么想?

1. 你有没有在别人需要帮助或经历危险的时候袖手旁观？为什么？
2. 半个世纪前，肯尼迪总统这样说过：“不要问你的国家能为你做些什么，要问你自己可以为国家做些什么。”你认为今天的人们还支持这种观点吗？为什么？
3. 你愿意当陪审员吗？你介意缴纳你要缴的税吗？在你大学毕业后，你愿意服一年兵役吗？为什么？

日常生活中的社会学

第24章　社会变迁：传统社会、现代社会和后现代社会

传统是现代的对立面吗？

从概念上说，这也许是对的。但就像本章解释的那样，在我们的日常生活中，传统与现代的社会模式以各种有趣的方式结合在一起。看下面的这些照片并识别哪些元素是传统的，哪些是现代的。它们看上去是协调的还是冲突的？为什么？

提示

尽管社会学家在分析时将传统和现代视为对立的概念，但每个社会都会以各种方式将这两种元素融合在一起。人们也许对传统和现代生活的本质存在争议，但这两种模式随处可见。技术变迁总是带来一些社会改变——例如，手机的运用改变了人们的社会关系网和经济机会；同样地，麦当劳餐厅的扩张不仅改变了人们吃什么而且改变了人们在哪里用餐，以及和谁一起用餐。

这些女孩生活在土耳其的伊斯坦布尔。土耳其经历了关于传统和现代社会价值的长期争论。什么导致传统或现代的着装方式？你们认为这些着装上的不同会影响交友模式吗？这样的情形在美国也是如此吗？

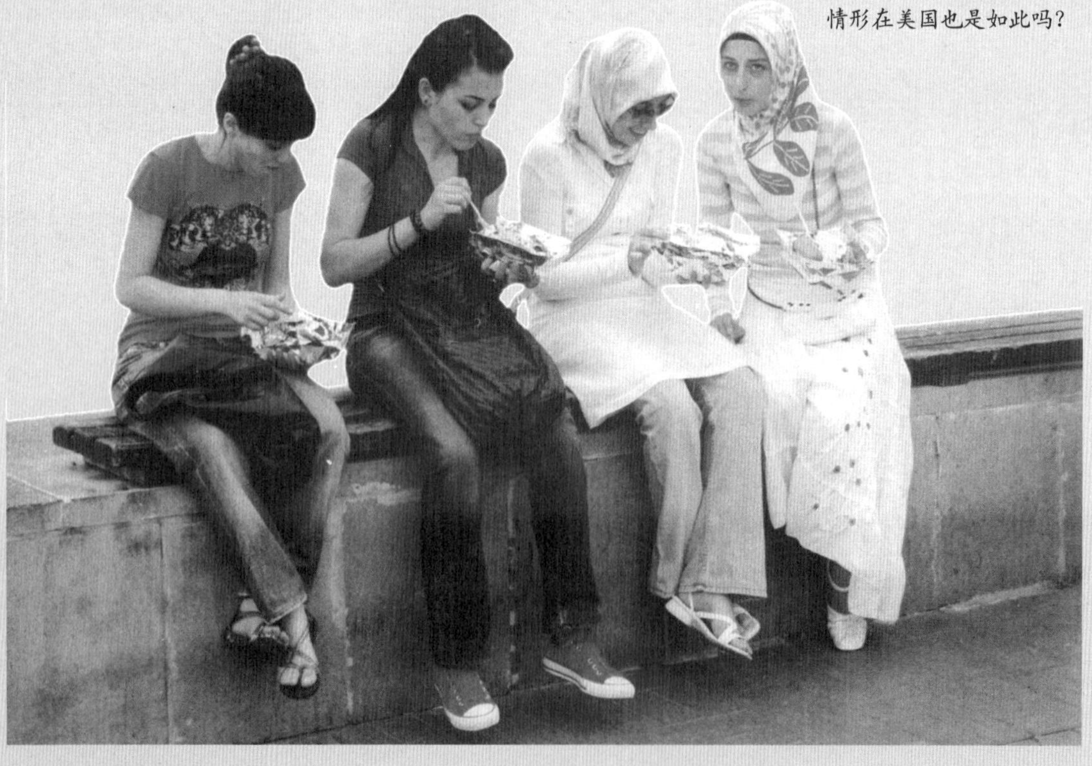

当乌克兰的基辅市的第一家麦当劳餐厅开业时，许多人路过顺便尝尝汉堡，了解什么是“快餐”。当大型公司在全球扩张时，它们改变了传统与现代的平衡并有利于后者吗？如果是真的，那是怎样改变的呢？

在沙特阿拉伯的利雅得，这些年轻人正在购买最新款的手机。这些现代科技威胁到了社会的传统了吗？

从你的日常生活中发现社会学

1. 传统和现代在你的生活中怎样融合？指出在哪些方面你是传统的，在哪些方面你是完全现代的。
2. 请你的同学或朋友在 5 个方面对 2060 年的美国做下预测。到那时，现在 20 多岁的年轻人将会是资深公民了。在哪些议题上他们取得了共识？
3. 你认为哪些是现代社会生活的优点？哪些是缺点？登录 mysoclab.com，阅读“从你的日常生活中发现社会学”专栏，了解更多关于现代生活的益处与挑战。这些信息将会对你自己的生活有所帮助。

第24章 社会变迁：传统社会、现代社会和后现代社会

什么是社会变迁？

社会变迁就是文化和社会制度随着时间推移而发生的变化。每个社会都时刻发生着变迁，有时快，有时慢。社会变迁经常产生争议。 **pp.564-65**

社会变迁（p.565）：文化和社会制度随着时间推移而发生的变化。

社会变迁的原因

文化

世界上所有的社会形态越来越紧密地联系在一起。

- 发明产生新事物、新观念和新的社会类型。
- 当人们开始注意世界上存在的各种元素时，新的发现就成为可能了。
- 当产品、人和信息从一个社会向另一个社会扩展的时候，这种传播会引起变迁。 **pp.565-66**

社会冲突

- 马克思认为资本家和工人之间的斗争推动社会朝着社会主义生产制度前进。
- 源自阶级、种族和性别不平等的社会冲突将产生社会变迁，从而改善劳动人民的生活。 **p.566**

观念

韦伯将大多数社会变迁的根源归结于观念：

- 工业资本主义最早在西欧出现，那里的新教徒有着很强的工作伦理。该事实证明了观念的力量带来的变迁。 **p.566**

人口因素

人口结构也在社会变迁的过程中起作用：

- 美国人口的老龄化导致家庭生活的变迁以及针对老年人需求的消费产品的发展。
- 社会内部和不同社会之间的移民促进变迁。 **p.566**

现代性

现代性意指工业化的社会结果，它包括：

- 传统社区的衰落。
- 个人选择的扩张。
- 社会多样性的增长。
- 关注未来。 **pp.566-68**

滕尼斯将现代化视为从世俗社会向法理社会变迁的过程。这一过程以传统社区的消失和个人主义的崛起为标志。 **pp.568-69**

涂尔干将现代化视为社会劳动分工的扩大。以共同的活动和信仰为基础的机械团结被有机团结所取代。在有机团结的社会中，差异性使人们互相依赖。 **pp.569-70**

韦伯将现代性视为传统世界观的衰落和理性的崛起。韦伯对现代理性组织的去人性的影响感到担心。 **pp.569-70**

马克思将现代性视为资本主义对封建主义的胜利。资本主义产生社会冲突。马克思声称社会冲突将带来革命性的变迁并导致一个平等的社会主义社会。 **pp.570-71**

现代性（p.566）：源于工业化的一种社会类型。

现代化（p.566）：自工业化开始后的社会变迁的过程。

劳动分工（p.569）：专门的经济活动。

失范（p.569）：涂尔干的概念，用以描述社会无法为个人提供道德导向的状态。

现代性理论

结构—功能理论：作为大众社会的现代性

- 根据大众社会理论，现代性扩大了生活范围，同时扩大了政府和其他正式组织的角色，以执行那些以前地方社区中的家庭承担的任务。
- 文化多样性和急速的社会变迁使得现代社会的人们在发展稳定的身份认同和在生活中寻找到意义方面产生困难。 **pp.571-73**

社会冲突理论：作为阶级社会的现代性

- 根据阶级社会理论，现代性从资本主义兴起发展成全球性的经济系统从而导致持续的经济不平等。
- 通过将财富集中在少数人手上，现代资本主义社会产生了大范围的异化感和无权感。 **pp.573-74**

现代性与个人

大众社会理论和阶级社会理论都是宏观层次的路径；然而，从这两种理论出发，我们也能对现代性如何型塑普通人的生活做些微观的观察。

大众社会：身份认同的问题

- 大众社会理论指明现代社会的剧烈社会分化、广泛存在的孤立状态和急剧的社会变迁，使人们难以建立起稳定的身份认同。

大卫·理斯曼描述了现代性造成的社会性格的变化：

- 前工业化社会呈现传统指向：社会中的每个人都依靠相同的坚实的文化基础，并且人们依照祖先的模式生活。
- 现代社会呈现他人指向：因为他人指向的人们是在不断变化着的社会中进行社会化，所以他们也形成了不稳定的身份认同，其主要特点是表面化、不一致和变化。 **pp.574-75**

阶级社会：无权的问题

- 阶级社会理论声称今天大多数人所面临的是经济上的不确定和无权。
- 赫伯特•马尔库塞声称现代社会是不理性的，因为太多人的需求无法得到满足。
- 马尔库塞还相信技术进步会进一步降低人们对他们自己生活的控制力。
- 人们遭受痛苦是因为现代社会把财富和权力都集中在少数特权阶层手中。 **p.576**

大众社会（p.571）：传统纽带被繁荣和科层制削弱的社会。

阶级社会（p.573）：一个有着明显社会分层的资本主义社会。

社会性格（p.575）：体现在特定社会成员身上的共同人格模式。

传统指向（p.575）：严格遵守历史悠久的生活方式。

他人指向（p.575）：常常通过模仿他人表达出来的对最新潮流和时尚的开放性。

现代性与进步

社会变迁太复杂且太具有争议性而不能简单地等同于进步：

- 生活水平的提高使人的寿命更长，物质生活上更安逸；与此同时，许多人感到压力大，很少有时间与家人一起休闲；在最近几十年测量到的个人幸福感没有上升。
- 科学和技术为我们的日常生活带来许多便利，然而，许多人担心生活变化得太快；汽车和高端通信技术的使用弱化了人们对家乡甚至对家庭传统的归属感。 **pp.576-77**

后现代性

后现代性意指后工业社会的文化特征。后现代主义社会批评家关注现代性，特别是科学未能实现它的繁荣与幸福的承诺。 **p.578**

后现代性（p.578）：以后工业社会为主要特征的社会模式。

展望：现代化与我们全球的未来

现代化理论将全球的贫困与贸易的力量联系起来。富裕国家能帮助贫穷国家发展他们的经济。

依附理论将全球的贫困解释为世界经济系统的产物。跨国公司的运作使得贫穷国家在经济上依附于富裕国家。

pp.578-81

测试样题

这些问题与本书所附测试题库中的题目相类似。

第1章　社会学的视野

选择题：

1. 关于婚姻中个人对配偶的选择，社会学的视野告诉了我们什么？
   a. 对于个人的感情，例如爱情，没有任何的解释。
   b. 人们的行为反映了人类自由的意愿。
   c. 社会的运作支配了我们的许多个人选择。
   d. 在爱情中，双方相互吸引。
2. 哪一位早期的社会学家研究了自杀行为的特征？
   a. 彼得·伯格
   b. 埃米尔·涂尔干
   c. 奥古斯特·孔德
   d. 卡尔·马克思
3. 社会学对于个人成长的贡献是通过帮助人们 ______。
   a. 发现生活中的机会
   b. 发现生活中的约束
   c. 更活跃地参与到社会中去
   d. 以上全部
4. 社会学的学科理论首先发展于 ______。
   a. 经历了急速社会变迁的国家
   b. 社会变迁不频繁的国家
   c. 历史充满战乱的国家
   d. 世界上最贫穷的国家
5. 哪一位早期的社会学家在1838年创立了"社会学"这个词？
   a. 卡尔·马克思
   b. 赫伯特·斯宾塞
   c. 亚当·斯密
   d. 奥古斯特·孔德
6. 哪一种理论视角最接近早期的社会学家奥古斯特·孔德和埃米尔·涂尔干的思想？
   a. 符号互动视角
   b. 结构—功能视角
   c. 社会冲突视角
   d. 以上都不是
7. 哪一个词指的是一种社会模式可知的、可预期的结果？
   a. 显著功能
   b. 潜在功能
   c. 正功能
   d. 负功能
8. 社会学的社会冲突视角引起了人们对哪方面的关注？
   a. 社会构成对社会整体运作的贡献
   b. 人们在相互接触的过程中如何建立目标
   c. 社会不平等的模式
   d. 社会的稳定方面
9. 在早期的社会学家中，哪一位女性研究了奴隶制的罪恶并翻译了奥古斯特·孔德的著作？
   a. 伊丽莎白·凯蒂·斯坦顿
   b. 简·亚当斯
   c. 哈丽雅特·马蒂诺
   d. 玛格丽特·米德
10. 下面哪一个是从微观层次举例说明的？
   a. 美国政治系统的运行
   b. 全球恐怖主义的特征
   c. 军队中的阶级不平等
   d. 两个新的室友开始认识彼此

答案：1.(c)；2.(b)；3.(d)；4.(a)；5.(d)；6(b)；7.(a)；8.(c)；9.(c)；10.(d).

问答题：

1. 解释一下为什么运用社会学的视野让我们感觉好像对生活的控制力减弱了。实际上，社会学视野在哪些方面使我们对生活的控制力大大增强了？
2. 在该学科的三个主要理论视角的指导下，对电视媒体、战争、大学从社会学的角度提出问题。

第 2 章　社会学研究

选择题：

1. 科学被定义为______。
   a. 一个逻辑的系统，直接来源于知识和系统的观察
   b. 基于一些终极真实的信念的信仰
   c. 基于社会传统的知识
   d. 来自于被大家所认同的“专家”的信息
2. 经验证据指的是______。
   a. 定量的而不是定性的数据
   b. 人们所认为的“常识”
   c. 人们可以用它们的感官所证实的信息
   d. 每个已知社会的特征
3. 当设法衡量人们的“社会阶级”时，你必须记着的是______。
   a. 你的衡量方法永远都不可能既可靠又可行
   b. 有很多方法来操作这个变量
   c. 没有办法来衡量“社会阶级”
   d. 在美国，每个人都同意“社会阶级”的含义
4. 哪一个词指的是一系列数中出现的最多的数？
   a. 众数
   b. 中值
   c. 平均数
   d. 以上全部
5. 当测量任何一个变量时，信度指的是______。
   a. 你测量的是否是你真正想测量的
   b. 这个研究者有多可靠
   c. 每个人都会同意的结果
   d. 重复测量是否可以得出一致的结果
6. 我们可以确切地说两个变量是相关的，如果______。
   a. 一个变量的改变没有导致其他变量的改变
   b. 一个变量在其他变量产生之前产生
   c. 它们的取值一起变化
   d. 两个变量测量的是同一样东西
7. 下面哪一个不是因果关系的显著特征？
   a. 自变量必须在因变量变化之前发生变化
   b. 每一个变量都应该是相对独立的
   c. 两个变量必须表现出相关性
   d. 无法证明相关性是错误的
8. 解释社会学是怎样的一种社会学？
   a. 关注的是行动
   b. 认为客观的事实“展示在那儿”
   c. 关注人们的行为所表达出来的含义
   d. 追求提升社会的正义感
9. 为了研究在考试中播放轻音乐对考试发挥的影响，研究者做了一个实验：一组参加考试者听音乐，另一组不听。根据这一章对实验的论述，听音乐的一组称为______。
   a. 安慰剂
   b. 控制组
   c. 因变量
   d. 实验组
10. 在参与观察中，“闯入”环境这一问题通常在谁的帮助下得到解决？
    a. 关键信息
    b. 研究助手
    c. 更多的预算
    d. 以上全部

答案：1.(a)；2.(c)；3.(b)；4.(a)；5.(d)；6(c)；7.(b)；8.(c)；9.(d)；10.(a).

问答题：

1. 解释真理的各种类型。科学作为发现真理的方式有何优势和局限？
2. 比较和对比实证社会学、解释社会学及批判社会学。在这些取向中哪一种能最好地描述涂尔干、韦伯和马克思的著作？

第 3 章　文　化

选择题：

1. 在世界所有的国家中，美国是最______。
   a. 文化多元的
   b. 文化同质的
   c. 变化缓慢的
   d. 抵制文化多样性的
2. 社会成员所创造的思想是______的组成部分。
   a. 高雅文化
   b. 物质文化
   c. 规范
   d. 非物质文化
3. 社会学家将符号定义为______。
   a. 侮辱他人的任何姿势

b. 物质文化的任何要素

c. 对共享一种文化的人具有意义的任何事物

d. 导致文化震惊的文化模式

4. 美国文化坚信 ______。

a. 过去的传统

b. 个人主义

c. 所有人机会平等

d. 以上三个都是

5. 在期末考试中作弊是一个违反校园 ______的例子。

a. 习俗

b. 符号

c. 民德

d. 高雅文化

6. 亚文化涉及 ______。

a. 没有文化的一部分人

b. 流行文化的要素

c. 拥有高雅文化的人

d. 将一个社会的人口分为几个部分的文化模式

7. 美国的哪个地区的人口在家说英语之外的其他语言最多？

a. 西南部

b. 东北部

c. 西北部

d. 南部

8. 社会学家用“文化堕距”这个词来指 ______。

a. 美国缓慢的文化变迁过程

b. 某些社会比其他社会变迁得快的事实

c. 某些文化要素比其他要素变化得快的事实

d. 比其他人文化更少的人

9. 种族中心主义是指 ______。

a. 为你的种族感到骄傲

b. 用你自己的文化标准来评判其他文化

c. 认为其他文化比你的文化优越

d. 用文化自身的标准来评判该文化

10. 关注文化和社会不平等之间关系的理论视角是 ______。

a. 结构—功能视角

b. 社会冲突视角

c. 符号互动视角

d. 社会生物学

答案：1.(a); 2.(d); 3.(c); 4.(b); 5.(c); 6.(d); 7.(a); 8.(c); 9.(b); 10.(b).

问答题：

1. 在美国热狗、汉堡、法国煎饼以及冰淇淋很久以来被当作国民喜爱的食物。什么文化模式有助于我们解释人们对这类食物的喜爱？

2. 根据你从本章中所学的知识，你认为一个全球性文化正在出现吗？你对全球文化前景的态度是积极的还是消极的？为什么？

第4章 社 会

选择题：

1. 下面哪一个是伦斯基所认为的社会变迁的原因？

a. 新宗教运动

b. 工人和工厂主间的冲突

c. 蒸汽机

d. 人们共有的道德价值观的延伸

2. 园艺社会涉及 ______。

a. 猎取动物并采集植物果实的人们

b. 游牧民

c. 已经学会驯养动物的人们

d. 使用简单手工工具种植作物的人们

3. 伦斯基说更加复杂的技术的发展对社会 ______。

a. 有正负两面作用

b. 完全正面作用

c. 大部分负面作用

d. 对社会有一点或者没有任何作用

4. 马克思相信工业资本主义经济体系 ______。

a. 非常多产

b. 财富集中在少数几个人手中

c. 导致两大阶级间的冲突：资本主义和无产阶级

d. 以上全部

5. 马克思认为下面哪个是社会的“基础”？

a. 技术

b. 经济

c. 主导思想

d. 团结的类型

6. 韦伯不像马克思那样，他认为异化是由什么导致的？

a. 社会变化太迅速

b. 广泛的社会不平等

c. 现代社会中高度的理性

d. 以上全部

7. 伦斯基所说的“工业”社会及马克思说的“资本主义”社会，韦伯称为 ______。

a.“理性”社会

b.“理想”社会

c.“传统”社会

d.“科技”社会

8. 马克思的唯物主义分析与韦伯的什么分析相对应？

a.“乐观主义”分析

b.“理想主义”分析

c.“传统”分析

d.“科技”分析

9. 涂尔干认为社会是 ______。

a. 仅仅存在于人们的头脑中的

b. 不断变化的

c. 一个主观现实

d. 根本就不明确存在

10. 下面哪个问题可能会是涂尔干对正在进行的恐怖战争所关注的？

a. 反恐战争会使美国人团结一致吗？

b. 哪个阶级将从反恐战争中获利最大？

c. 战争是如何导致新科技的产生的？

d. 战争如何扩大官僚的范围？

答案：1.(c)；2.(d)；3.(a)；4.(d)；5(b)；6.(c)；7.(a)；8.(b)；9.(c)；10.(a)。

问答题：

1. 从现在开始的一个世纪，马克思、韦伯和涂尔干将会如何想象美国社会？他们每个思想家都会问什么样的问题或有何担忧？
2. 将马克思、韦伯和涂尔干联系到一个社会学理论流派，并解释你的选择。

第 5 章　社会化

选择题：

1. 金斯利·戴维斯对安娜（被社会隔离 5 年）的研究表明 ______。

a. 人类和动物拥有一样的本能

b. 缺少社会经历，儿童的人格得不到发展

c. 所有人生来就具有人格

d. 在生命最初的几年中许多人类本能会消失

2. 大部分社会学家认为 ______。

a. 人类行为由本能引导

b. 人类的生物性特征在青春期得到发展

c. 抚育是人类天性

d. 以上全部

3. 劳伦斯·科尔伯格社会化研究的内容是什么？

a. 认知

b. 社会性别在社会化中的重要性

c. 生物本能的发展

d. 道德推理

4. 卡罗尔·吉利根通过下述哪点完善了劳伦斯·科尔伯格的研究？

a. 女孩和男孩以不同的标准来判断对错

b. 女孩比男孩更关心对与错

c. 男孩比女孩更关心对与错

d. 现在的孩子没有其父母那么关心对与错

5. 乔治·赫伯特·米德认为自我是 ______。

a. 人格中由个人意识和个人形象组成的部分

b. 体现在个体身上的文化内容

c. 自我中心的基本驱力

d. 婴儿生来就具有

6. 为什么家庭对社会化而言如此重要？

a. 家庭成员给婴儿和儿童提供了必需的照顾

b. 家庭给予儿童关于阶级、种族和宗教信仰的社会身份

c. 父母对儿童的自我概念影响巨大

d. 以上全部

7. 社会阶层地位影响了社会化：低阶层家庭的父母强调 _____，而家境富裕家庭的父母则强调 _____。

a. 独立；保护孩子

b. 独立；依赖

c. 顺从；创造性

d. 创造性；顺从

8. 在全球化视野下，下述关于儿童的论述中哪个是正确的？

a. 在每个社会，生命的头个十年是玩耍和学习的时间

b. 富裕社会儿童的童年期长于贫穷社会

c. 贫穷社会儿童的童年期长于富裕社会

d. 童年期的定义来自生物学上的不成熟

9. 一般而言，现代的高收入国家对老年人的定义为 ______。

a. 最具智慧的人

b. 处于潮流和趋势先锋的人

c. 与年轻的成人比起来不那么重要的人

d. 以上全部

10. 在尔文·戈夫曼看来，全面控制机构的作用在于 ______。

a. 对外部世界某人成就的奖励

b. 对如何生活给人以更多选择

c. 鼓励在被监督环境下的终生学习

d. 从根本上改变个体的人格和行为

答案：1.(b)；2.(c)；3.(d)；4.(a)；5.(a)；6.(d)；7.(c)；8.(b)；9.(c)；10.(d).

问答题:

1. 说明“先天—后天”争论中双方各自的观点。在哪些重要方面先天观点与后天观点是一致的？

2. 弗洛伊德、皮亚杰、科尔伯格、吉利根、米德和埃里克森的观点有哪些共同之处？他们的理论有哪些不同？

第 6 章
日常生活中的社会互动

选择题:

1. 在下列术语中，哪个界定了我们与他人发生联系时的对象与内容？

a. 角色

b. 地位

c. 角色丛

d. 主要地位

2. 在美国社会中，有可能成为主要地位的是 ______。

a. 职业

b. 身体或精神上的残障

c. 种族或肤色

d. 以上全部

3. 角色丛指的是 ______。

a. 在任一社会中发现的一些角色

b. 由单一地位所衍生出来的一系列角色

c. 或多或少有些相同的一系列角色

d. 在任何组织内的一些角色

4. 弗兰克在大学时擅长踢橄榄球，但是他没有足够的时间去学习。这种情况属于 ______。

a. 角色丛

b. 角色紧张

c. 角色冲突

d. 角色隐退

5. 托马斯定律认为 ______。

a. 我们的地位及角色决定了我们的品格

b. 大多数人想把自己提高到无法胜任的职位

c. 人们只能通过语言来了解世界

d. 如果情境被认定是真实的，则会导致结果的真实

6. 下列关于自我呈现的描述，哪个是正确的？

a. 试图在他人的心目中塑造形象

b. 将主要地位付诸行动

c. 对角色引退过程的再三思量

d. 试图转移他人的注意力

7. 保罗·艾克曼指出，能够识别他人骗局的重要线索是 ______。

a. 笑容

b. 运用机智

c. 行为表现的前后不一致性

d. 以上全部

8. 从拟剧论的分析角度，机智被认为是 ______。

a. 帮助某人承担新的角色

b 帮助对方“保留面子”

c. 使某人更加困难地扮演某个角色

d. 通过协商，使局面向有利于你的方向发展。

9. 在关于人类情绪的研究中，阿里·罗斯柴尔德认为，公司通常会 ______。

a. 试图调整员工的情绪

b. 希望员工能够“非情绪化”

c. 鼓励员工表达他们真实的情感

d. 通过让消费者更情绪化来从中获利

10. 在下列哪种情况时，人们更能“明白”一个笑话？

a. 能够从多文化的角度了解某个事物

b. 与笑话的叙述者有着不同的社会背景

c. 能够领悟两种同时呈现的迥异社会现实

d. 明白某人讲笑话的动机

答案：1. (b)；2. (d)；3. (b)；4. (c)；5. (d)；6. (a)；7. (c)；8. (b)；9. (a)；10. (c).

问答题:

1. 请解释尔文·戈夫曼关于“自我呈现”的观点。这种呈现的要素是什么？试以这种方法分析在讲台上授课的教授。
2. 在人类的多种情绪中，哪些是根植于生物性的？哪些又是被文化所主导的？

第 7 章　群体与组织

选择题:

1. 查尔斯·霍顿·库利将规模较小且群体成员共享亲密持久的关系的社会群体称为 ______。

   a. 表述群体
   b. 内群体
   c. 初级群体
   d. 次级群体

2. 下列哪种领导类型与工作的完成有关？

   a. 放任型领导
   b. 次级群体领导
   c. 表意型领导
   d. 工具型领导

3. 所罗门·阿希的实验中要求受试者选出长度相同的一条线，他的实验说明 ______。

   a. 群体鼓励成员遵从群体
   b. 大多数人比较固执拒绝改变他们的主意
   c. 群体通常产生冲突
   d. 群体成员很少能就所有的事情都达成一致

4. 在评价和决策中作为参照点的社会群体被称为 ______。

   a. 外群体
   b. 参照群体
   c. 内群体
   d. 初级群体

5. 对于网络最正确的解释是 ______。

   a. 最紧密结合的社会群体
   b. 一种范畴，由有相同之处的人构成
   c. 多数成员认识彼此的社会群体
   d. 较弱的社会联系网

6. 在护士眼中，医院属于：

   a. 规范型组织
   b. 强制型组织
   c. 功利型组织
   d. 以上全部

7. 科层制这种组织类型的特征是 ______。

   a. 专门化劳动分工
   b. 职务分等
   c. 设有一套规章制度
   d. 以上全部

8. 根据罗伯特·米歇尔斯观点，科层制通常意味着 ______。

   a. 无效率
   b. 寡头政治
   c. 异化
   d. 专门化

9. 罗莎贝丝·莫斯·坎特主张大型商业组织 ______。

   a. 需要提供“开放”的机会以激励员工
   b. 必须有明确并且稳定的规章制度以求在日新月异变化的环境中生存
   c. 运作的好坏取决于领导人的能力
   d. 如果不采用最新的技术将会遭受损失

10. “社会的麦当劳化”意思是 ______。

    a. 组织能够比家庭更有效地提供食物
    b. 具有高效、一致性和可控制性特征的去人格化组织变得越来越普及
    c. 组织能够在完成工作时同时满足人类需求
    d. 今天的社会是一个大型的社会网络

答案：1. (c)；2. (d)；3. (a)；4. (b)；5. (d)；6. (c)；7. (d)；8. (b)；9(a)；10. (b).

问答题:

1. 初级群体与次级群体有哪些区别？列举你生活中的五个初级群体和五个次级群体。
2. 按照马克斯·韦伯的观点，科层制的六个特征是什么？这种组织模式有哪些优点？在组织的发展过程中，这种模式存在哪些问题？

第 8 章　性与社会

选择题：

1. 那些兼有女性和男性生殖器官的人被称为 ______。
   a. 无性人
   b. 双性恋者
   c. 性倒错者
   d. 两性人
2. 对人类性行为的全球化视野告诉我们 ______。
   a. 尽管性涉及生物学，但它也是一种在世界各地千差万别的文化特质
   b. 世界各地的人们有着相同的性活动
   c. 所有社会的人们都羞于谈性
   d. 以上全部
3. 为什么每个社会都有乱伦禁忌？
   a. 这限制了家庭成员之间的性竞争
   b. 这有助于人们界定彼此的权利和义务
   c. 这将家庭成员整合进更大范围的社会当中
   d. 以上全部
4. 性革命出现的年代为 ______。
   a.19 世纪 90 年代
   b.20 世纪 20 年代
   c.20 世纪 60 年代
   d.20 世纪 80 年代
5. 调查数据表明，占美国成年人最大比例的人们反对下面哪种行为？
   a. 婚外性
   b. 同性恋
   c. 婚前性
   d. 只图享乐的性
6. 劳曼对美国社会的性的研究发现 ______。
   a. 只有 1/3 的成年人在性方面很活跃
   b. 性活动有相当的不同，因此，没有哪种模式是正确的
   c. 单身的人比已婚的人发生的性行为要多
   d. 多数已婚男人承认在他们婚姻的某个时间里欺骗他们的妻子
7. 表示“对两种性别的人的性吸引”的概念是 ______。
   a. 异性恋
   b. 同性恋
   c. 双性恋
   d. 无性恋
8. 与 1950 年相比，今天美国青少年怀孕的比例 ______。
   a. 更高了
   b. 相同，但是更多青少年的怀孕是选择性的
   c. 相同，但是更多怀孕青少年是已婚的
   d. 更低了
9. 今天，美国多数年轻人在人生的哪个时段性比较活跃？
   a. 结婚时
   b. 大学中期
   c. 高中末期
   d.13 岁时
10. 如果我们回顾历史，我们看到一旦社会生育控制的技术发展了，______。
    a. 社会对性的控制就会更加严厉
    b. 实际出生率就会上升
    c. 对性的态度就会变得更加宽容
    d. 人们就会不再关心乱伦

答案：1.(d)；2.(a)；3.(d)；4.(c)；5.(a)；6.(b)；
7.(c)；8.(d)；9.(c)；10.(c).

问答题：

1. 什么是“性革命”？“性革命”带来哪些改变？你能指出变化的原因吗？
2. 本章讨论的问题中（卖淫、少女怀孕、色情、性暴力和堕胎），你认为，今天的美国社会中哪一个问题是最紧要的？为什么？

第 9 章　越　轨

选择题：

1. 犯罪是越轨的一种特殊类型，犯罪是 ______。
   a. 指违反了法律
   b. 包括惩罚
   c. 指社会规范的任何违反
   d. 总是涉及一个作为罪犯的特定的人
2. 埃米尔·涂尔干将越轨解释为 ______。
   a. 是由富人界定的，用于反对穷人
   b. 不仅仅有害于受害人，而且危及整个社会

c. 通常与公众道德不一致

d. 任何社会都有

3. 应用罗伯特•默顿的紧张理论，一个以出售非法毒品谋生的人是下面哪种类别的一个例子？

a. 遵从者

b. 革新者

c. 退却主义者

d. 仪式主义者

4. 标签理论将越轨规定为 ______。

a. 社会生活的常态部分

b. 总会改变人的社会身份

c. 与其说起源于人们做了什么，还不如说起源于其他人是如何作出反应的

d. 以上全部

5. 当杰克的朋友们开始称他为“笨蛋”的时候，杰克离开了那帮朋友，花费更多的时间吸食大麻。他也开始和其他的一些吸毒者在外面闲荡，而且还没到学期结束，他就放弃了大学学业了。埃德温•雷梅特认为这种情形是下面哪种情况的例子？

a. 初级越轨

b. 次级越轨的发展

c. 越轨亚文化的形成

d. 退却主义的开始

6. 社会冲突视角主张社会依据 ____ 来命名越轨者。

a. 一个人是否有权力

b. 社会的道德价值

c. 行为发生的频率

d. 行为的危害程度

7. 从一个大学宿舍的学习休闲室偷窃一台电脑是下面哪种刑事犯罪的例子？

a. 入室行窃

b. 偷盗汽车

c. 抢夺

d. 盗窃

8. 本章未勾画街头犯罪的轮廓而所使用的美国联邦调查局的犯罪统计表反映了 ______。

a. 所有发生的犯罪

b. 警察所指导的犯罪

c. 暴力犯罪

d. 导致有罪判罚的犯罪

9. 在美国，因为暴力犯罪而被逮捕的人中，多数是 ______。

a. 白人

b. 非裔美国人

c. 西班牙裔美国人

d. 亚裔美国人

10. 下面哪个选项是惩罚罪犯的最古老的理由？

a. 威慑

b. 补偿

c. 社会保护

d. 假释

答案：1.(a)；2.(d)；3.(b)；4.(c)；5.(b)；6.(a)；7.(d)；8.(b)；9.(a)；10.(b).

问答题：

1. 一般常识认为越轨就是坏人做坏事，社会学对越轨的看法与常识有哪些不同？

2. 研究（Mauer，1999）表明，20 ~ 29 岁的黑人男性当中，三个里面就有一个是在监狱或被判缓刑或假释中。在本章中提到的哪些因素可以解释这一模式？

第 10 章　社会分层

选择题：

1. 社会分层是指 ______。

a. 职业专门化

b. 按等级对人们进行分类

c. 一些人比另一些人更努力工作的事实

d. 个人天赋与个人努力程度方面的不平等

2. 回顾历史并环顾今日之世界，我们会发现社会分层可能涉及的差异包括 ______。

a. 人们的不平等程度

b. 什么资源被不平等地分配

c. 为何一个社会主张人们注定不平等

d. 以上全部

3. 社会分层中的种姓制度是 ______。

a. 建立在个人成就的基础上

b. 建立在精英主义的基础上

c. 建立在出生的基础上

d. 这种制度涉及一个人的社会地位随时间而可发

生转变

4. 莎莉有两个高级文凭，一份一般水平的薪水，从事低声望的工作。用什么概念能最好地描述她的情况？
   a. 低地位一致性
   b. 水平社会流动
   c. 向上社会流动
   d. 高地位一致性
5. 按照戴维斯—摩尔论题，______。
   a. 平等对社会具有功能
   b. 一个社会越是不平等，这个社会的生产效率就越高
   c. 重要的工作以充足的回报从不重要的行业中吸引有能力的人
   d. 相对于种姓制度来说，一个社会越是强调精英主义，它的生产效率就越低
6. 卡尔·马克思认为，社会“再生产着阶级结构”，他的意思是指 ______。
   a. 社会从不平等中获益
   b. 阶级差别从一代传给另一代
   c. 任何地方的阶级差别都是一样的
   d. 无阶级的社会是不可能存在的
7. 马克斯·韦伯认为社会分层建立在什么基础上？
   a. 经济阶级
   b. 社会地位或声望
   c. 权力
   d. 以上全部
8. 有着何种生产技术的社会，其社会分层程度最低？
   a. 狩猎和采集社会
   b. 园艺 / 畜牧社会
   c. 工业社会
   d. 后工业社会
9. 结合库兹涅茨曲线，哪种类型的社会，其社会分层程度最突出？
   a. 狩猎和采集社会
   b. 园艺 / 畜牧社会
   c. 农业社会
   d. 工业社会
10. 根据“钟形曲线”的观点，在美国下列何种因素对人们的社会地位最为重要？
   a. 家庭背景
   b. 智力
   c. 努力工作
   d. 你认识谁

答案：1. (b)；2. (d)；3. (c)；4. (a)；5. (c)；6. (b)；7. (d)；8. (a)；9. (c)；10. (b)。

问答题：

1. 试解释为什么社会分层是社会的产物，而不只是个人差异的反映。
2. 种姓制度和阶级制度有何区别？有何相似之处？为什么工业化将精英主义这一程度加入社会分层中？

第 11 章
美国的社会阶级

选择题：

1. 从工作或投资中的所得是指下列哪项？
   a. 收入
   b. 资产
   c. 财富
   d. 权力
2. 美国最富有的 20% 的人，大概拥有这个国家私人财富的份额是多少？
   a. 35%
   b. 55%
   c. 85%
   d. 95%
3. 美国超过 25 岁的成人完成大学学业的比例是多少？
   a. 10%
   b. 29%
   c. 40%
   d. 68%
4. 非裔美国家庭的平均收入是非西班牙裔白人家庭收入的多少比例？
   a. 87%
   b. 77%
   c. 67%
   d. 57%
5. 下列哪一个是指工人阶级？

a. 上层阶级

b. 中产阶级

c. 下层中产阶级

d. 底层阶级

6. 高收入家庭成员的健康状况是下列哪项？

a. 生活在更安全更少压力的环境

b. 更倾向于用“极好”来描述自己的健康状况

c. 寿命更长

d. 以上全部

7. 下列美国人口中哪种 1/5 的人口的收入经过上一代后变化最大？

a. 最上层的 1/5

b. 中间的 1/5

c. 最底层的 1/5

d. 所有人的变化相同

8. 发生在个人一生中的社会地位的变化是指 ______。

a. 代际社会流动

b. 代内社会流动

c. 结构性社会流动

d. 水平社会流动

9. 多少比例的美国人被官方统计为穷人？

a. 44.3%

b.24.3%

c.14.3%

d.4.3%

10. 下列哪个年龄段的美国人中，贫困人口的比例最高？

a. 超过 65 岁的老年人

b. 中年人

c.18 ~ 24 岁的年轻人

d.30 多岁的人

答案：1.(a)；2(c)；3.(b)；4.(d)；5.(c)；6(d)；7(a)；8(b)；9(c)；10(c).

问答题：

1. 我们常常听人们说美国是一个中产阶级社会，这个观点是从哪里来的？是基于哪些你在本章中所读到的内容？你认为这个观点对吗？为什么？

2. 美国贫困的范围是什么？根据年龄、种族和民族，以及性别来划分，谁是穷人？

第 12 章 全球分层

选择题：

1. 在全球化视野下，所有人口中最富裕的 20% 大概赚取了世界总收入的多大份额？

a. 20%

b. 40%

c. 60%

d. 80%

2. 美国、加拿大和日本都被认为是 ______。

a. 高收入国家

b. 中等收入国家

c. 低收入国家

d. 这三个国家分别属于不同的类别

3. 低收入国家 ______。

a. 均匀地散布在世界所有的地区

b. 大部分在非洲和欧洲

c. 都在拉丁美洲

d. 包含世界人口的大多数

4. 中国和印度现在是 ______。

a. 世界上最贫穷的国家

b. 世界上的低收入国家

c. 世界上的中等收入国家

d. 世界上的高收入国家

5. 下列哪一个是中等收入国家的人均年收入的范围？

a. 250 ~ 1 000 美元

b. 1 000 ~ 2 500 美元

c. 2 500 ~ 10 000 美元

d. 10 000 ~ 25 000 美元

6. 贫穷国家的贫困如何与美国的贫困相比较？

a. 在贫穷国家，男人更可能陷入贫困。

b. 在多数贫穷国家，贫困问题几乎都已经解决了。

c. 在贫穷国家，多数人并不认为贫困是一个问题。

d. 在贫穷国家，存在着更多的绝对贫困。

7. 新殖民主义是这样一个过程，通过这个过程，______。

a. 富裕国家获得了取代旧殖民地的新殖民地。

b. 跨国公司支配着某个贫穷国家的经济。

c. 富裕国家准予它们的前殖民地独立。

d. 大公司立刻在许多国家做买卖。

8. 下列哪个陈述是现代化理论的基础？

a. 世界上的贫穷的主要原因，是由简单的技术和传统文化所引起的低生产力。

b. 贫穷国家如果继续作为全球的资本主义经济的一部分，则永远不能富裕起来。

c. 世界上的贫穷的主要原因是跨国公司的运转。

d. 多数贫穷国家在过去比今天更富裕。

9. 根据沃尔特·罗斯托的理论，哪一个是经济发展的最终阶段？

a. 科技的加速成熟阶段

b. 传统阶段

c. 大众高消费阶段

d. 起飞阶段

10. 按照这种说法，即 ____，依附理论不同于现代化理论。

a. 贫穷国家为它们自己的贫困负责

b. 资本主义是促进经济发展的最佳途径

c. 对于贫穷国家来说，经济发展不是一个好主意

d. 全球分层产生于富裕国家对贫穷国家的剥削

答案：1. (d)；2. (a)；3. (b)；4. (c)；5. (c)；6. (d)；7. (b)；8. (a)；9. (c)；10. (d).

问答题：

1. 相对贫困与绝对贫困的差别是什么？用这两个概念来描述全球分层。

2. 为什么许多分析家认为低收入国家的经济发展依赖于提高妇女的社会地位？

第 13 章　性别分层

选择题：

1. 性别不只是一种差别，而且还是一种

a. 权力

b. 财富

c. 声望

d. 以上全部

2. 人类学家玛格丽特·米德研究了新几内亚的三种社会的性别，发现 ______。

a. 所有社会都用相同的方式界定女子气

b. 所有社会都用相同的方式界定男子气

c. 在一个社会认为是女子气的东西在另一个社会则可能是男子气的表现

d. 在世界各地性别的意义正在走向更加平等

3. 在美国社会长大的我们，性别塑造了我们的 ______。

a. 感情

b. 思想

c. 行为

d. 以上全部

4. 美国社会的“美人神话”鼓励 ______。

a. 妇女相信她们个人的重要性依赖于外表

b. 美丽的女人认为她们不需要男人

c. 男人改善他们的外表以吸引女人的注意

d. 妇女认为她们同今天的男人一样拥有在身体上的魅力

5. 在美国，从事付薪工作的妇女占多大比例？

a. 80%

b. 60%

c. 50%

d. 30%

6. 在美国劳动力当中，______。

a. 男人和女人从事同样类型的工作

b. 男人和女人有相同的报酬

c. 妇女仍然集中在几种类型的工作

d. 工作着的妇女大多数是“粉领工作”

7. 在美国，下面哪类人中间，妇女比男性从事更多的家务？

a. 为收入工作的人们

b. 已婚的人们

c. 有小孩的人们

d. 以上全部

8. 在美国，全职工作的妇女所挣收入相当于全职工作的男人每挣 1 美元的多少？

a. 77 美分

b. 86 美分

c. 90 美分

d. 98 美分

9. 2010 年选举后，妇女在国会中占有大约多少席位？

a. 7%

b. 17%

c. 37%

d. 57%

10. 哪类女权主义接受美国社会现状，但是希望赋予妇女与男人相同的权利和机会？

 a. 社会主义女权主义

 b. 自由主义女权主义

 c. 激进的女权主义

 d. 以上全部

答案：1. (d)；2. (c)；3. (d)；4. (a)；5. (b)；6. (c)；7. (d)；8. (a)；9. (b)；10. (b).

问答题：

1. 自然性别与社会性别有什么不同？二者通过什么方式相联系？
2. 为什么性别被认为是社会分层的一个维度？性别与其他不平等维度（如阶级、种族与民族）存在怎样的相互关系？

第 14 章　种族和民族

选择题：

1. 种族是指为一个社会所重视的 ______，而民族是指 ______。

 a. 生物特征；文化特征

 b. 文化特征；生物特征

 c. 差异；我们所共有的

 d. 我们所共有的；差异

2. 西班牙裔美国人占美国人口的比例是多少？

 a. 45.8%

 b. 35.8%

 c. 25.8%

 d. 15.8%

3. 少数族群被定义为怎样一类人？

 a. 由于不同的外貌特征使得他们不同的人？

 b. 人口少于国家一半人口的那类人

 c. 被定义为有差异的且处于劣势的人

 d. 低于平均收入的那类人

4. 在美国，现在有四个州出现了“少数族群占人口多数”的情况。下面哪一个不属于这四个州？

 a. 加利福尼亚

 b. 佛罗里达

 c. 夏威夷

 d. 新墨西哥

5. 根据博加德斯社会距离量表进行的研究表明美国大学生 ______。

 a. 相比 50 年前的学生偏见更少

 b. 认为阿拉伯人和穆斯林应该被赶出美国

 c. 对非裔美国人有强烈的偏见

 d. 以上全部

6. 偏见是一种 ______，而歧视是一种 ______。

 a. 生物性；文化

 b. 态度；行为

 c. 选择；社会结构

 d. 富裕的人所想的东西；富裕的人所做的事

7. 美国不是真正的多元主义社会，是因为 ______。

 a. 我们国家部分人口生活在“少数民族聚集地”

 b. 这个国家有奴隶制的历史

 c. 不同种族和民族的人群在社会地位上不平等

 d. 以上全部

8. 下列哪个词语反映了来自厄瓜多尔的移民学习说英语的事例？

 a. 种族灭绝

 b. 种族隔离

 c. 同化

 d. 多元主义

9. 15 世纪晚期，随着第一批欧洲人来到美洲，土著美洲人 ______。

 a. 不久尾随而至

 b. 刚刚从亚洲移民过来

 c. 和他们一起从欧洲来到美洲

 d. 已经在这片土地上定居了 30 000 年

10. 下列哪一人群是亚裔美国人中最大的一支？

 a. 华裔美国人

 b. 日裔美国人

 c. 韩裔美国人

 d. 越南裔美国人

答案：1. (a)；2. (d)；3. (c)；4. (b)；5. (a)；6. (b)；7. (c)；8. (c)；9. (d)；10. (a).

问答题：

1. 种族和民族之间有什么不同？说种族和民族是社

会所建构起来的意味着什么？

2. 什么是少数族群？运用本章所举具体事实来支持非裔美国人和阿拉伯裔美国人都属于美国少数族群的论断。

第 15 章 老龄化和老年人

选择题：

1. 世界上什么地方的老年人口比例增长最快？
   a. 低收入国家
   b. 世界上所有国家
   c. 高收入国家
   d. 美国
2. 美国人口的平均（中位数）年龄是多少？
   a. 67 岁
   b. 57 岁
   c. 47 岁
   d. 37 岁
3. 当我们查看美国的老年人口时，我们会发现很大比例的 ______。
   a. 男性
   b. 女性
   c. 收入颇丰的人
   d. 已婚者
4. 工业化对老人的社会地位有哪些影响？
   a. 社会地位下降
   b. 很少或没有影响
   c. 社会地位上升
   d. 男性社会地位上升，女性社会地位下降
5. “老人统治”这个术语意味着怎样的社会？
   a. 这里有许多的社会不平等
   b. 男性支配着女性
   c. 宗教领导人掌权
   d. 最老的人有着最多的财富、权力和权利
6. 退休的概念首先出现在什么样的社会里？
   a. 狩猎和采集社会
   b. 园艺社会
   c. 工业社会
   d. 后工业社会
7. 在美国，65 岁以上人口的贫困率 ______。
   a. 高于全国平均水平
   b. 和全国平均水平一样
   c. 低于全国平均水平
   d. 高于其他任何年龄类别
8. 在美国，哪些人为老人提供了最多的照护？
   a. 家政人员
   b. 护士
   c. 其他老年人口
   d. 妇女
9. 研究老年人口的结构—功能视角包括 ______。
   a. 脱离理论
   b. 活动理论
   c. 社会不平等
   d. 以上全部
10. 人们签订的关于在特定条件下希望使用何种医疗程序的文件被视为 ______。
   a. 死亡意愿
   b. 生的意愿
   c. 合法信任
   d. 律师的权力

答案:1.(c); 2.(d); 3.(b); 4.(a); 5.(d); 6(c);
7(c); 8(d); 9(a); 10(b).

问答题：

1. 什么是“美国的银发浪潮”？导致这一趋势的两个要素是什么？这一浪潮对于我们的生活可能带来什么样的结果？
2. 年龄歧视与性别歧视、种族歧视是否相同？如果不同，体现在哪些方面？如果老人面对诸多不利因素，那么他们是否应该被视为少数族群？为什么是或者不是？

第 16 章 经济与工作

选择题：

1. 经济是一种社会制度，它指导：
   a. 商品和服务的生产
   b. 商品和服务的分配
   c. 商品和服务的消费
   d. 以上全部
2. 美国工业革命开始的新英格兰地区最早期纺织工

厂雇佣的是 ______。

a. 大多是只需支付男性工资大约一半的女性

b. 大多是来自亚洲和拉美的移民

c. 最早在美国的人

d. 以上全部

3. 房屋建造和汽车生产属于哪种产业？

a. 第一产业

b. 第二产业

c. 第三产业

d. 服务业

4. 下列哪个选项是后工业经济上升的标志？

a. 工厂的扩张

b. 消费比例的减少

c. 计算机技术的发展

d. 更大的机械

5. 今天，美国从事工业工作（第二产业劳动）的劳动力的比重约为多少？

a. 13%

b. 50%

c. 73%

d. 90%

6. 经济全球化带来了 ______。

a. 世界不同地区成为一种经济活动的不同部分

b. 美国正失去工业工作

c. 更多的商品在多国流通

d. 以上全部

7. 资本主义达到经济“公正”的手段是 ______。

a. 做有利于最穷社会成员的事情

b. 市场的自由

c. 使每个人或多或少社会平等

d. 以上全部

8. 社会主义经济与资本主义经济相比较的不同点是：

a. 更有效率

b. 更少经济平等

c. 更多经济平等

d. 使用更多的商业广告

9. 在美国，工会中的非农劳动者比重约为多少？

a. 12%

b. 33%

c. 52%

d. 72%

10. 最大的 2 848 家公司，每家的资产都超过 25 亿美元，占全美所有公司资产的多少？

a. 10%

b. 25%

c. 50%

d. 75%

答案：1. (d)；2. (a)；3. (b)；4. (c)；5. (a)；6. (d)；7. (b)；8. (c)；9. (a)；10. (d).

问答题:

1. 工业革命在哪些具体方面改变了美国的经济？信息革命又是如何再一次改变美国经济的？
2. 资本主义区别于社会主义的核心特征是什么？在生产率、经济不平等以及个人自由的范围等方面比较两个经济系统。

第 17 章　政治与政府

选择题:

1. 马克斯·韦伯对权力的定义为 ______。

a. “财富阴影”。

b. 面对他人的抵抗而获取希望的目标的能力。

c. 政府的社会形式。

d. 科层制的产物。

2. 马克斯·韦伯认为权力与权威的主要差别是 ______。

a. 权力是把社会控制到一起的更好的方式。

b. 权威以粗暴的武力为基础。

c. 权力包括对公平的特别要求。

d. 人们典型地视权威是合法的而不是强迫的。

3. 包括美国在内的现代社会主要依靠哪种类型的权威？

a. 克里斯玛型权威

b. 传统型权威

c. 法理型权威

d. 无权威

4. 权力掌握在全体人民手中是哪种政治制度？

a. 民主制

b. 贵族制

c. 极权制

d. 君主制

5. 社会学家使用术语“政治经济”时指的是 ______。
   a. 人们“用钱袋投票”的事实
   b. 政治与经济系统相互联系的事实
   c. 任何民主政治系统
   d. 政府最有效率的一种形式

6. 社会主义社会是典型的民主的声称是建立在如下哪个事实上？
   a. 这些社会成员拥有相当多的个人自由
   b. 这些社会没有精英
   c. 这些社会能满足每个人的基本经济需要
   d. 这些社会生活水平高

7. 集中所有的权力到一个地方并严密管制人民生活的政府属于哪种类型？
   a. 贵族制政府
   b. 民主制政府
   c. 独裁制政府
   d. 极权制政府

8. 2008 年美国总统大选中，约有几成注册选民实际参加了投票？
   a. 接近 100%
   b. 约 81%
   c. 约 63%
   d. 约 27%

9. 马克思主义政治经济模型提出了 ______。
   a. 权力集中到小部分“权力精英”手中
   b. 植于资本主义系统的反民主偏见
   c. 权力在全社会广泛伸展
   d. 许多人不参加投票是因为他们对生活感到基本满意

10. 在美国历史上哪次战争造成的损失最多？
   a. 国内战争
   b. 第二次世界大战
   c. 朝鲜战争
   d. 越南战争

答案：1. (b)；2. (d)；3. (c)；4. (a)；5. (b)；6 (c)；7 (d)；8 (c)；9 (b)；10 (a).

问答题：

1. 权力与权威有什么区别？前工业社会和工业社会是如何以不同的方式创造权威的？

2. 试比较多元模型、权力精英模型和马克思主义政治经济模型中的政治权力。你认为哪一个模型最有道理？为什么？

第 18 章　家　庭

选择题：

1. 家庭作为社会组织存在于？
   a. 多数但不是所有的社会
   b. 低收入而不是高收入国家
   c. 高收入而不是低收入国家
   d. 每个社会

2. 社会学家使用哪个词描述一个包含家长、孩子和其他亲属的家庭？
   a. 核心家庭
   b. 扩大家庭
   c. 近亲家庭
   d. 夫妻家庭

3. 一个女人和两个或更多男人结合的婚姻系统称为 ______。
   a. 多配偶制
   b. 一夫多妻制
   c. 一妻多夫制
   d. 双边婚姻

4. 社会学家称美国的婚姻遵循同质婚。这意味着伴侣 ______。
   a. 性别相同
   b. 具有相似的阶级、年龄和种族
   c. 迫于社会压力结婚
   d. 基于爱情而不是父母的选择结婚

5. 家庭的功能包括以下哪个？
   a. 孩子的社会化
   b. 规范性行为
   c. 孩子的社会位置
   d. 以上全部

6. 哪个理论视角可以描述为人们选择可以和他们提供相同条件的伴侣？
   a. 结构—功能视角
   b. 社会交换视角
   c. 社会冲突视角
   d. 女权主义视角

7. 下列哪个是人们婚姻中最困难的转变？

a. 第二个孩子的出生

b. 最后一个孩子离家

c. 夫妻一方的死亡

d. 退休

8. 在美国，许多拉美裔家庭的特点是 ______。

a. 强扩大式亲属关系

b. 父母对孩子恋爱的控制

c. 传统的性别角色

d. 以上全部

9. 哪类单身女性的孩子人数在占美国人口数最多？

a. 非裔美国人

b. 亚裔美国人

c. 西班牙裔美国人

d. 非西班牙裔美国白人

10. 哪类人在美国的离婚风险最大？

a. 同性恋夫妻

b. 短期恋爱后结婚的年轻人

c. 父辈没有离婚经历的夫妻

d. 如愿怀孕的夫妻

答案：1. (d)；2. (b)；3. (c)；4. (b)；5. (d)；6. (b)；7. (c)；8. (d)；9. (a)；10. (b)

问答题:

1. 社会学家指出家庭生活反映的不只是个体的选择而同样包括社会结构。举例说明社会怎样塑造了家庭生活。

2. 你认为，总的来说，美国的家庭是变得更加脆弱还是仅仅变得更加多样化？解释你的观点。

第 19 章　宗　教

选择题:

1. 涂尔干会用什么术语来指代我们生活的日常要素？

a. 宗教

b. 世俗

c. 神圣

d. 仪式

2. 对宗教意义上的信仰或信念的最好描述是 ______。

a. 我们从科学所了解的

b. 我们的感觉告诉我们的

c. 我们的文化传统

d. 说服人相信看不见的事情

3. 社会学研究宗教的原因是为了了解 ______。

a. 生活的意义

b. 某一种宗教是否正确

c. 宗教现象如何影响社会

d. 人们希望加入哪种宗教组织

4. 根据涂尔干的观点，下列哪一点不是宗教的重要功能？

a. 产生社会冲突

b. 产生社会整合

c. 提供社会控制

d. 提供意义和目标

5. 彼得•伯格认为我们在遇到下列哪种情况下会求助于宗教？

a. 社会冲突

b. 最好的时代

c. 熟悉的日常惯例

d. 我们无法控制的重大事件

6. 哪一个社会学家解释了宗教对社会不平等的支持？

a. 埃米尔•涂尔干

b. 卡尔•马克思

c. 马克斯•韦伯

d. 恩斯特•特勒尔奇

7. 哪一种宗教组织形式是更大的宗教组织的分支？

a. 异教

b. 教会

c. 宗派

d. "新时代"精神

8. 宗派是下列哪种宗教组织类型？

a. 有正式训练的领袖

b. 属于更大的宗教团体

c. 拒绝克里斯玛的重要性

d. 脱离于更大的社会团体

9. 下列宗教中哪一种可以在美国发现？

a. 伊斯兰教

b. 犹太教

c. 基督教

d. 以上全部

10. "世俗化"这个术语是指下面哪个意思？

a. 宗教在人们的生活中越来越重要

b. 提升宗教极端主义

c. 宗教和神圣重要性的下降

d. 抗拒社会变迁的教派

答案：1.(b)；2.(d)；3.(c)；4.(a)；5.(d)；6.(b)；7.(b)；8.(d)；9.(d)；10.(c).

问答题：

1. 所有宗教信念强调的"神圣的与世俗的"之间的根本区别是什么？
2. 教会、宗派与异教有什么不同？

第 20 章 教 育

选择题：

1. 在美国和其他国家，规定所有学生都必须入学的法律始于什么时候？
   a. 国家独立
   b. 工业革命
   c. 二战之后
   d. 计算机时代
2. 日本和美国不同之处在于，大学入学更多地依靠 ______。
   a. 运动技能
   b. 种族和民族
   c. 家庭财富
   d. 考试成绩
3. 美国成年人有多大比例完成了高中教育？
   a. 45.3%
   b. 65.5%
   c. 86.7%
   d. 99.9%
4. 运用结构—功能视角，学校教育承担了哪些职能？
   a. 把各类人群联系在一起
   b. 创造新文化
   c. 使年轻人融入社会
   d. 以上全部
5. 社会冲突视角强调教育如何 ______。
   a. 反映和强化社会不平等
   b. 帮助学生准备将来的职业生涯
   c. 有隐性的和显性的功能
   d. 以上全部
6. 社区大学对美国高等教育的作用体现在哪里？
   a. 显著提高了进入大学的机会
   b. 容纳了几乎 40% 的全美国大学生
   c. 容纳了一半的西班牙裔学生
   d. 以上全部
7. 美国 16 ~ 24 岁之间的人有多大比例在完成高中教育之前辍学？
   a. 1.3%
   b. 8.1%
   c. 29.3%
   d. 39.3%
8. 支持择校运动的观点认为，美国的公立学校效率低下的原因是 ______。
   a. 缺乏竞争
   b. 许多学校缺乏资金
   c. 高贫困率
   d. 太多的家长没有参与学校教育
9. 本章提供的许多证据支持了下列哪种观点？
   a. 美国的学校比其他高收入国家的好
   b. 大多数公立学校运行良好，大多数私立学校却不是
   c. 缺乏和整个社会的合作，学校自身不能提高教育的质量
   d. 以上全部
10. 美国大学生中有多少比例是男性？
    a. 63%
    b. 53%
    c. 43%
    d. 33%

答案：1.(b)；2.(d)；3.(c)；4.(d)；5.(a)；6.(d)；7.(b)；8.(a)；9.(c)；10.(c)

问答题：

1. 为什么工业化使社会扩大了教育系统？美国的经济、政治和文化体系如何影响学校教育？
2. 从结构—功能理论视角看，为什么学校对于社会的运行是重要的？从社会—冲突理论视角看，学校教育是怎样在每代人之间制造社会不平等的？

第 21 章
健康与医疗

选择题：

1. 健康是一个社会问题，是因为 ______。
   a. 文化模式界定了人们将什么视为健康
   b. 社会不公平影响了人们的健康
   c. 一个社会的工业技术影响了人们的健康
   d. 以上答案都是
2. 今天在世界上最贫困的国家，大部分人在什么年龄前死亡？
   a. 十几岁
   b. 50 岁
   c. 65 岁
   d. 75 岁
3. 工业革命减少了由 ______ 引起的死亡，增加了由 ______ 引起的死亡的比例。
   a. 疾病；战争
   b. 饥饿；意外事故
   c. 诸如流行性感冒之类的传染病；诸如心脏病之类的慢性病
   d. 诸如心脏病之类的慢性病；诸如流行性感冒之类的传染病
4. 社会流行病学是对 ______ 的研究。
   a. 哪种细菌导致了一种特殊的疾病
   b. 人群中健康与疾病的分布
   c. 什么样的人成为医生
   d. 全世界医生的分布
5. 在美国年轻人中最大的死亡原因是什么？
   a. 癌症
   b. 流行性感冒
   c. 意外事故
   d. 艾滋病
6. 在美国，哪一种人拥有最高的预期寿命？
   a. 非裔美国男人
   b. 男性白人
   c. 非裔美国女人
   d. 女性白人
7. 在美国，最大的可预防的死亡因素是什么？
   a. 性传染病
   b. 汽车事故
   c. 吸烟
   d. 艾滋病
8. 大约有多大比例的美国成年人超重？
   a. 2/3
   b. 一半
   c. 1/3
   d. 1/5
9. 那一种性传染病是在美国成年人中最常见的？
   a. 艾滋病
   b. 生殖器疱疹
   c. 淋病
   d. 梅毒
10. 社会冲突理论分析称资本主义对人类健康有害，是因为______。
   a. 资本主义不鼓励人们控制自己的健康
   b. 资本主义几乎没有赋予医生们工作的经济动机
   c. 资本主义降低了平均生活标准
   d. 资本主义使得能获得的医疗护理的质量取决于收入的高低

答案：1. (d)；2. (a)；3. (c)；4. (b)；5. (c)；6. (d)；7. (c)；8. (a)；9. (b)；10(d).

问答题：

1. 为什么健康既是一个生物学问题也是一个社会问题？社会冲突理论在对健康和医疗的分析时如何将健康界定为一个社会问题？
2. 描述帕森斯的结构—功能理论对健康和疾病的分析。病人角色是什么？它何时以及是如何使用的？

第 22 章
人口、城市化与环境

选择题：

1. 人口学被定义为对什么的研究？
   a. 政治统计系统
   b. 人类文化
   c. 人类人口
   d. 自然环境
2. 世界上哪个地区出生率和死亡率都最低？
   a. 拉丁美洲

b. 欧洲

c. 非洲

d. 亚洲

3. 高收入国家发展主要来源于 ______，低收入国家的发展主要来源于 ______。

a. 外国移民；自然增长

b. 移民出境；自然增长

c. 自然增长；外国移民

d. 内部迁移；自然增长

4. 一般来说，一个国家平均收入水平越高，______。

a. 人口增长越快

b. 人口增长越慢

c. 外国移民水平越低

d. 城市化水平越低

5. 在美国，城市分散已经导致______。

a. 郊区扩张

b. 巨型城市的发展

c. 边缘城市的发展

d. 以上全部

6. 斐迪南·滕尼斯所提到的人们由于个体利益基础上而聚集在一起组成的社会组织形态是______。

a. 机械团结

b. 有机团结

c. 法理社会

d. 世俗社会

7. 世界上第三次城市革命现正发生在______。

a. 美国

b. 欧洲和日本

c. 中等收入国家

d. 低收入国家

8. 环境赤字指的是______。

a. 由于短期内过度使用开发原材料而引起很长一段时间内环境的破坏

b. 公众对自然环境缺乏注意

c. 自然科学家忽视环境问题的社会层面

d. 缺乏对重要的环境计划的资金投入

9. 以下哪种论断反映了“增长极限”理论？

a. 人们对地球上的有限资源消耗过快

b. 不管技术的发展制造了什么问题，依靠技术都能解决

c. 地球上的生活质量正越来越好

d. 如今较高的生活标准对未来几代人有益

10. 环境种族主义是指 ______。

a. 在环境运动中，一些少数族群被凸显出来

b. 偏见主要是由环境污染和其他环境问题造成的

c. 环境中的危险对穷人和少数族群的影响最大

d. 以上全部

答案：1.(c); 2.(b); 3.(a); 4.(b); 5.(d); 6.(c); 7.(d); 8.(a); 9.(a); 10.(c).

问答题：

1. 根据人口转变理论，经济发展如何影响人口形态？

2. 根据斐迪南·滕尼斯、埃米尔·涂尔干、格奥尔格·齐美尔和路易斯·沃斯的观点，城市化作为一种生活方式的特征是什么？写出这几位思想家的几种不同观点。

第 23 章
集群行为和社会运动

选择题：

1. 关于集群行为下面哪个是正确的？

a. 它通常涉及大量的人

b. 它通常是自发的

c. 它通常是传统的

d. 以上三者都对。

2. 以下哪个是集群行为的好例子？

a. 大学自习室安静做作业的学生

b. 离开足球场时扔酒瓶的狂热球迷

c. 在自助餐厅排队等待服务的学生

d. 以上全部

3. 暴徒行为和暴乱的区别是暴徒行为 ______。

a. 一般具有明确的目标

b. 不是暴力的

c. 不涉及具有激烈情绪的人

d. 持续时间长

4. 哪个理论认为“集群可以让人变得疯狂”？

a. 紧急规范理论

b. 趋同理论

c. 感染理论

d. 亚文化理论

5. 当社会学家谈及“大众行为”时，他们认为 ______。
  a. 人们参与暴乱或暴动
  b. 许多人分散在一个大范围内用特定方式思考或行动
  c. 团体中的人们的行为失去理性
  d. 人们模仿别人的行为
6. 以下哪个可以作为科技灾难的例子？
  a. 由于闪电而引起的黄石国家公园火灾
  b. 第二次世界大战中数百万人的死亡
  c. 卡特里娜飓风冲击海湾
  d. 切尔诺贝利核电站的核泄漏
7. 呼啦圈、裸奔和收集扑克牌是关于 _____ 的例子。
  a. 风格
  b. 时尚
  c. 时狂
  d. 受欢迎的社会运动
8. 剥夺理论认为社会运动在 ______ 的集群中产生？
  a. 感觉无依靠的群体
  b. 贫穷并感觉没有什么东西能失去的群体
  c. 认为他们缺乏权利、收入或其他他们认为应该有用的东西的群体
  d. 被特定的文化象征驱动的群体
9. 哪个理论认为社会运动如果没有努力、金钱和领导者就不能发生？
  a. 资源—驱动理论
  b. 剥夺理论
  c. 大众—社会理论
  d. 政治—经济理论
10. 什么事实可以证明性别在美国社会运动中的作用？
  a. 极少数的妇女对大多数的公众论点感兴趣
  b. 男人通常充当领导者的角色
  c. 男人试图避免参与社会运动
  d. 妇女通常担任领导者的角色

答案：1.(d)；2.(b)；3.(a)；4.(c)；5.(b)；6.(d)；7.(c)；8.(c)；9.(a)；10.(b).

问答题：

1. 集群行为的概念包括广泛的社会模式。列举出一些社会模式。它们有哪些共同的特性？它们有哪些不同？
2. 近期的社会运动（环境、动物权利、枪支控制）和老的改革运动（工人组成联盟的权利或是妇女选举的权利）在哪些方面存在不同？

第 24 章
社会变迁：传统社会、现代社会和后现代社会

选择题：

1. 社会学家用“现代性”来指 ______ 而出现的社会模式。
  a. 伴随着第一次人类文明
  b. 伴随着罗马帝国的衰落
  c. 工业革命之后
  d. 伴随着信息革命
2. 以下哪些是社会变迁的共同原因？
  a. 新观念和新事物的发明
  b. 一种文化系统向另一文化系统的传播
  c. 对已存在事物的发现
  d. 以上全部
3. 卡尔·马克思强调 ______ 在社会变迁过程中的重要性。
  a. 移民和人口因素
  b. 观念
  c. 社会冲突
  d. 文化传播
4. 马克斯·韦伯分析了加尔文教义如何推动资本主义精神的产生，这一分析强调了 ______ 在社会变迁中的重要性。
  a. 发明
  b. 观念
  c. 社会冲突
  d. 文化传播
5. 斐迪南·滕尼斯在描述传统社会时使用了以下哪个术语？
  a. 世俗社会
  b. 法理社会
  c. 机械团结
  d. 有机团结
6. 根据埃米尔·涂尔干的观点，现代社会有什么样的特点？

a. 对传统的尊重

b. 人与人之间广泛存在疏远

c. 具有共同的价值观和信仰

d. 劳动分工加剧

7. 对马克斯·韦伯而言，现代性意味着 _______ 的兴起，对卡尔·马克思而言，现代性意味着 ______ 。

a. 资本主义；失范状态

b. 理性；资本主义

c. 传统；自我利益

d. 分工细化；法理社会

8. 以下关于现代性作为大众社会的叙述中，哪一个不正确？

a. 现在贫穷问题比过去更严重

b. 亲属纽带变得松散

c. 包括政府在内的官僚机构规模扩大

d. 人们在考虑如何生活的问题时遇到道德上不确定的问题

9. 把现代性描述成阶级社会的社会学家关注的是以下哪个方面？

a. 理性作为人们思索世界的一种方式

b. 相互依存

c. 资本主义的兴起

d. 失范状态的巨大风险

10. 大卫·理斯曼描述了现代人身上非常典型的社会性格，即他人指向的社会性格，其特征是 ________。

a. 严格遵守传统

b. 热衷于追随潮流和时尚

c. 极度宣扬个人主义

d. 以上全部

答案：1.(c); 2.(d); 3.(c); 4.(b); 5.(a); 6.(d); 7.(b); 8.(a); 9.(c); 10.(b).

问答题：

1. 讨论滕尼斯、涂尔干、韦伯及马克思是如何描述现代社会的？他们对现代性的理解有哪些异同之处？

2. 一些分析家把美国称作“大众社会”，这是由哪些特征导致的？为什么另一些分析家把美国称作“阶级社会”？

参考文献*

第一章

American Sociological Association. *Careers in Sociology.* 6th ed. Washington, D.C.: American Sociological Association, 2002.

———. "What Can I Do with a Master's Degree?" Washington, D.C.: 2011a. [Online] Available at http://www.asanet.org/research/masters.cfm

———. Department of Research and Development. "Research on Jobs and Careers in Sociology." 2011b. [Online] Available at http://www.asanet.org/employment/factsoncareers.cfm

Baltzell, E. Digby. "Introduction to the 1967 Edition." In W. E. B. Du Bois, *The Philadelphia Negro: A Social Study.* New York: Schocken Books, 1967; orig. 1899.

Barro, Robert, and Jong-Wha Lee. "Educational Attainment in the World, 1950–2010." National Bureau of Economic Research. 2010. [Online] Available at http://www.nber.org/papers/w15902

Berger, Peter L. *Invitation to Sociology.* New York: Anchor Books, 1963.

Bowles, Samuel, and Herbert Gintis. *Schooling in Capitalist America: Educational Reform and the Contradictions of Economic Life.* New York: Basic Books, 1976.

Central Intelligence Agency. *The World Factbook.* 2011 (updated biweekly). [Online] Available at http://www.cia.gov/library/publications/the-world-factbook/index.html

Comte, Auguste. *Auguste Comte and Positivism: The Essential Writings.* Gertrud Lenzer, ed. New York: Harper Torchbooks, 1975, orig. 1851–54.

Deutscher, Irwin. *Making a Difference: The Practice of Sociology.* New Brunswick, N.J.: Transaction, 1999.

Du Bois, W. E. B. *The Philadelphia Negro: A Social Study.* New York: Schocken Books, 1967; orig. 1899.

Edwards, Tamala M. "Flying Solo." *Time* (August 28, 2000):47–55.

Ehrenreich, Barbara. *Nickel and Dimed: On (Not) Getting By in America.* New York: Holt, 2001.

Feng Hou, and John Myles. "The Changing Role of Education in the Marriage Market: Assortative Marriage in Canada and the United States since the 1970s." *Canadian Journal of Sociology.* Vol. 33, No. 2 (2008):335–64.

Harrison, C. Keith. "Black Athletes at the Millennium." *Society.* Vol. 37, No. 3 (March/April 2000):35–39.

Hoefer, Michael, Nancy Rytina, and Bryan C. Baker. "Estimates of the Unauthorized Immigrant Population Residing in the United States: January 2010." U.S. Department of Homeland Security, Office of Immigration Statistics. February 2011. [Online] Available at http://www.dhs.gov/xlibrary/assets/statistics/publications/ois_ill_pe_ 2010.pdf

Kochanek, Kenneth D., Jiaquan Xu, Sherry L. Murphy, Arialdi M. Miniño, and Hsiang-Ching Kung. "Deaths: Preliminary Data for 2009." *National Vital Statistics Reports.* Vol. 59 No. 4. March 16, 2011. http://www.cdc.gov/nchs/data/nvsr/nvsr59/nvsr59_04.pdf

Lapchick, Richard, with Christopher Kaiser, Christina Russell, and Natalie Welch. "The 2010 Racial and Gender Report Card: National Basketball Association." Orlando: The Institute for Diversity and Ethics in Sport (TIDES), University of Central Florida. [Online] Available June 9, 2010 at http://web.bus.ucf.edu/documents/sport/2010_NBA_RGRC.pdf

Lapchick, Richard, with Jamile M. Kitnurse, and Austin Moss II. "The 2010 Racial and Gender Report Card: National Football League." Orlando: The Institute for Diversity and Ethics in Sport (TIDES), University of Central Florida. [Online] Available September 29, 2010 at http://web.bus.ucf.edu/documents/sport/2010-NFL-Racial-and-Gender-Report-Card.pdf

Lapchick, Richard, with Christopher Kaiser, Daniel Caudy, and Wayne Wang. "The 2010 Racial and Gender Report Card: Major League Baseball." Orlando: The Institute for Diversity and Ethics in Sport (TIDES), University of Central Florida. [Online] Available April 29, 2010 at http://web.bus.ucf.edu/documents/sport/2010_MLB_RGRC.pdf

Lengermann, Patricia Madoo, and Jill Niebrugge-Brantley. *The Women Founders: Sociology and Social Theory, 1830–1930.* New York: McGraw-Hill, 1998.

Martin, Joyce A., et al. "Births: Final Data for 2008." *National Vital Statistics Reports.* Vol. 59, No. 1 [Online] Available December 2010 at http://www.cdc.gov/nchs/data/nvsr/nvsr59/nvsr59_01.pdf

Mills, C. Wright. *The Power Elite.* New York: Oxford University Press, 1956.

National Conference of State Legislatures. "Same Sex Marriage, Civil Unions and Domestic Partnerships." 2011. [Online] Available at http://www.ncsl.org/IssuesResearch/HumanServices/SameSexMarriage/tabid/16430/Default.aspx

Oakes, Jeannie. "Classroom Social Relationships: Exploring the Bowles and Gintis Hypothesis." *Sociology of Education.* Vol. 55, No. 4 (October 1982):197–212.

———. *Keeping Track: How High Schools Structure Inequality.* New Haven, Conn.: Yale University Press, 1985.

OECD (Organisation for Economic Co-operation and Development). "Education at a Glance 2010: OECD Indicators." 2010. [Online] Available at http://www.oecd.org/edu/eag2010

Peters Atlas of the World. New York: Harper & Row, 1990.

Population Reference Bureau. "2010 World Population Data Sheet." July 2010. [Online] Available at http://www.prb.org/Publications/Datasheets/2010/2010wpds.aspx

Rubin, Lillian Breslow. *Worlds of Pain: Life in the Working-Class Family.* New York: Basic Books, 1976.

Schoen, Robert, and Yen-Hsin Alice Cheng. "Partner Choice and the Differential Retreat from Marriage." *Journal of Marriage and the Family.* Vol. 68 (2006):1–10.

Schwartz, Christine R., and Robert D. Mare. "Trends in Educational Assortative Marriage from 1940 to 2003." July 2005. [Online] Available April 22, 2009, at http://www.ccpr.ucla.edu/ccprwpseries/ccpr_017_05.pdf

Steele, Shelby. *The Content of Our Character: A New Vision of Race in America.* New York: St. Martin's Press, 1990.

Tocqueville, Alexis de. *The Old Regime and the French Revolution.* Stuart Gilbert, trans. Garden City, N.Y.: Anchor/Doubleday, 1955; orig. 1856.

UNESCO. *Literacy Fact Sheet 2010.* 2010. [Online] Available at http://www.uis.unesco.org/template/pdf/Literacy/Fact_Sheet_2010_Lit_EN.pdf

United Nations Development Programme. *Human Development Report 2010.* Statistical Tables. [Online] Available at http://hdr.undp.org/en/statistics/data

United Nations Food and Agriculture Organization. "Food Security Statistics." 2011. http://www.fao.org/economic/ess/food-security-statistics/en/

U.S. Census Bureau. "American Community Survey, 2009." 2010. [Online] Available at http://factfinder.census.gov

U.S. Department of Education, National Center for Education Statistics. "The Condition of Education." 2010. http://nces.ed.gov/programs/coe/index.asp

U.S. Department of Homeland Security. *Yearbook of Immigration Statistics 2009.* August 2010. [Online] Available at http://www.dhs.gov/xlibrary/assets/statistics/yearbook/2009/ois_yb_2009.pdf

Upthegrove, Tayna R., Vincent J. Roscigno, and Camille Zubrinsky Charles. "Big Money Collegiate Sports: Racial Concentration, Contradictory Pressures, and Academic Performance." *Social Science Quarterly.* Vol. 80, No. 4 (December 1999):718–37.

Weitzman, Lenore J. *The Divorce Revolution: The Unexpected Social and Economic Consequences for Women and Children in America.* New York: Free Press, 1985.

———. "The Economic Consequences of Divorce Are Still Unequal: Comment on Peterson." *American Sociological Review.* Vol. 61, No. 3 (June 1996):537–38.

Welch, Susan, and Lee Sigelman. "Who's Calling the Shots? Women's Coaches in Division I Women's Sports." *Social Science Quarterly.* Vol. 88 (2007, special issue):1415–34.

World Bank. "Edstats." 2009a. [Online] Available February 1, 2009, at http://ddpext .worldbank.org/ext/DDPQQ/member.do?method=getMembers&userid=1&queryId=189

———. "World Development Indicators." 2010 (updated three times a year in April, September, and December). [Online] Available at http://data.worldbank.org/data-catalog/world-development-indicators

Wright, Earl, II. "The Atlanta Sociological Laboratory, 1896–1924: A Historical Account of the First American School of Sociology." *Western Journal of Black Studies.* Vol. 26, No. 3 (2002a):165–74.

* 更多参考文献，请在中国人民大学出版社网站上下载：www.crup.com.cn。

关键名词表

abortion（**堕胎**）：有意中止怀孕。

absolute poverty（**绝对贫困**）：缺乏维持生存的基本必需品。

achieved status（**自致性地位**）：个人自愿获得的、能够反映其能力与努力的社会地位。

activity theory（**活动理论**）：认为高水平的活动会增加老年人对自身的满意度的观点。

Afrocentrism（**非洲中心主义**）：对非洲文化模式的强调和提升。

ageism（**年龄歧视**）：对老人的偏见和歧视。

age-sex pyramid（**年龄—性别金字塔**）：人口的年龄、性别的图形式的描述。

age stratification（**年龄分层**）：社会中不同年龄阶段的人在财富、权力和权利上的不平等分配。

agriculture（**农业**）：利用动物拉动的犁或其他更强大有力的方式来进行大面积耕作。

alienation（**异化**）：由于无权力而遭受的孤立和痛苦的经历。

animism（**万物有灵论**）：相信自然世界中的万事万物都是有意识的生命，并能够影响人类。

anomie（**失范**）：涂尔干描述社会向社会个体提供很少的道德指导的一种状态。

anticipatory socialization（**预期社会化**）：可以帮助一个获得想要的地位的预先学习。

ascribed status（**先赋性地位**）：个人与生俱来的，或通过后天努力也无法改变的社会地位。

asexuality（**无性恋**）：对任何一种性别的人都缺乏性吸引。

assimilation（**同化**）：少数族群逐渐采纳占主流地位的文化模式的过程。

authoritarianism（**独裁制**）：禁止人们参与政府事宜的政治制度。

authority（**权威**）：人们接受为合法的而不是强迫的权力。

beliefs（**信念**）：人们坚持认为是真理的特定思想。

bilateral descent（**双系世系**）：沿着男性和女性传承亲属关系的体系。

bisexuality（**双性恋**）：对两种性别的人都有性吸引。

blue-collar occupations（**蓝领职业**）：低社会声望的职业，往往涉及体力劳动。

bureaucracy（**科层制**）：为有效完成任务而理性构建的一种组织模式。

bureaucratic authority（**科层制权威**）：参见 rational-legal authority（**法理型权威**）。

bureaucratic inertia（**科层惯性**）：永久设置科层组织的倾向。

bureaucratic ritualism（**科层制仪式主义**）：严格遵循成文的程序规则而损害了组织的目标。

capitalism（**资本主义**）：自然资源以及生产产品和服务的生产资料个人私有的经济体系。

capitalist（**资本家**）：拥有并操纵工厂和其他公司来牟取利润的人。

caregiving（**照护**）：由家庭成员、其他亲戚或朋友为不能独立的老人提供的非正规的免费照料。

caste system（**种姓制度**）：按照出生和归属进行社会分层。

cause and effect（**因果关系**）：一个变量（自变量）的变化引起另一个变量（因变量）发生变化的一种关系。

charisma（**克里斯玛**）：能够以情动人进而使人皈依的非凡能力。

charismatic authority（**克里斯玛型权威**）：通过超常的个人能力引起服从甚至奉献的合法性权力。

church（**教会**）：一种充分整合为一个更大社会的宗教组织。

civil religion（**市民宗教**）：把人们整合到世俗社会当中的准宗教虔诚。

claims making（**声明**）：试图说服大众和公共官员通过社会运动来应对某个特殊问题是非常重要的过程。

class conflict（**阶级冲突**）：整个社会阶级之间因社会财富和权力的分配而产生的冲突。

class consciousness（**阶级意识**）：马克思的术语，即工人意识到他们作为一个阶级，团结起来反对资本家并最终推翻资本主义本身。

class society（阶级社会）：一个有着明显社会分层的资本主义社会。

class system（阶级制度）：社会分层同时建立在出生和个体成就的基础之上。

cohabitation（同居）：未婚情侣同住。

cohort（同期群）：通常指的是年龄一致的人群。

collective behavior（集群行为）：牵涉大量人群的活动，集群行为未经计划，往往有争议，有时甚至是危险的。

collectivity（集群）：大量的人群，其存在极少的互动，但是这种互动并不是预先计划或是符合常规规范的。

colonialism（殖民主义）：一些国家通过对其他一些国家实施政治和经济控制而使自身富裕起来的过程。

communism（共产主义）：社会所有成员享有社会平等的一种假说性的经济与政治体系。

community-based corrections（社区矫正）：罪犯在未被捕的状态下，身处社会而不是监狱的高墙内进行的矫正项目。

concept（概念）：用一种简化的形式来表示世界某一部分的精神产物。

concrete operational stage（具体运演阶段）：皮亚杰的概念，即个体开始认识到自己周围环境中因果关系的人类发展阶段。

conglomerate（联合公司）：由大量小公司组成的巨型公司。

conjugal family：参见 nuclear family（核心家庭）。

consanguine family：参见 extended family（扩大家庭）。

conspicuous consumption（炫耀式消费）：购买或使用商品以显示自身的社会地位。

control（控制）：为了研究一种变量的作用而保持其他变量不变。

corporate crime（公司犯罪）：一个公司或者代表公司行动的人的违法行为。

corporation（公司）：包含权利和责任并与其成员相分离的依法存在的组织。

correlation（相关性）：两个（或多个）变量同时发生变化的一种关系。

counterculture（反文化）：强烈反对被社会广为接受的文化模式的文化模式。

crime（犯罪）：违反社会正式颁布的法律。

crimes against the person（针对人身的犯罪）：对他人直接使用暴力或以暴力相威胁的犯罪，也称暴力犯罪。

crime against property（针对财产的犯罪）：偷盗他人财产的犯罪，也称财产犯罪。

criminal justice system（刑事司法系统）：由警察、法院和监狱官员对违法行为做出正式的反应。

criminal recidivism（累犯）：先前被判罪的人后来再犯罪。

critical sociology（批判社会学）：关注社会变迁的必要条件的社会研究。

crowd（群众）：有共同关注点并且互相影响的暂时聚集在一起的人群。

crude birth rate（粗出生率）：某个给定的年份里，每 1 000 个人当中成活婴儿的数量。

crude death rate（粗死亡率）：在一个给定的年份里，人口当中的每 1 000 个人当中的死亡数量。

cult（异教）：很大程度上脱离社会文化传统的宗教组织。

cultural integration（文化整合）：一个文化体系中各组成要素之间具有密切的联系。

cultural lag（文化堕距）：由于某些文化要素的变迁快于其他要素，从而扰乱了一个文化体系的事实。

cultural relativism（文化相对主义）：以文化自身的标准来评价一种文化的做法。

cultural transmission（文化传递）：一代人将文化传递给下一代人的过程。

cultural universals（文化普遍性）：每种已知文化的共同特质。

culture（文化）：共同塑造人们生活方式的思维方式、行为方式和物质产品。

culture shock（文化震惊）：当人们经历一种不熟悉的生活方式时所产生的迷惑。

Davis-Moor thesis（戴维斯—摩尔论题）：认为社会分层对社会运行是有益的。

deductive logical thought（演绎逻辑思考）：将概括性的理论转化为经得起试验论证的特定的假说的一种论证方法。

democracy（民主制）：把权力还给全体人民的政治制度。

demographic transition theory（人口转变理论）：一个把人口格局与社会的科技水平联系起来的观点。

demography（人口学）：对于人口的研究。

denomination（宗派）：独立于国家的教会，认可宗教的多元化。

dependency theory（依附理论）：一种经济和社会发展的模式，该模式根据历史上富裕国家对贫穷国家的剥削来解释全球的不平等。

dependent variable（因变量）：因为另一个变量（自变量）改变而发生变化的变量。

descent（世系）：社会成员的亲属关系世代相传的体系。

deterrence（威慑）：设法通过惩罚来阻碍犯罪行为。

deviance（越轨）：违反了被认可的文化规范。

direct-fee system（直接付费制度）：病人直接付费购买医生和医院的服务的医疗护理制度。

disaster（灾难）：对人们生命和财产造成广泛伤害的通常未曾预料到的事件。

discrimination（歧视）：不平等地对待不同人群的人。

disengagement theory（脱离理论）：认为社会功能有条不紊的实现在于让上年纪的人们从责任位置上脱离出来的观点。

division of labor（劳动分工）：专门化的经济活动。

dramaturgical analysis（拟剧论分析）：戈夫曼的术语，指从剧本角色扮演的角度来研究社会互动。

dyad（二人群体）：由两名成员组成的社会群体。

eating disorder（饮食失调）：为了变瘦而过度节食或其他不健康的控制体重的方法引起的失调。

ecologically sustainable culture（生态可持续文化）：一种既满足当代人的需要，又不威胁到后代的环境的生存方式。

ecology（生态学）：生物有机体和自然环境互动的研究。

economy（经济）：组织社会产品和服务的生产、分配以及消费的社会制度。

ecosystem（生态系统）：一个包含所有生物有机体与它们的自然环境相互作用的系统。

education（教育）：社会向其成员提供重要知识（包括基本常识、工作技能、文化和价值观）的社会机制。

ego（自我）：弗洛伊德的概念，即个人在天生追求愉悦的驱力和社会要求之间的有意识的平衡努力。

empirical evidence（经验证据）：能够用我们的感官得到确认的信息。

endogamy（内婚制）：同一社会类别的人们的婚姻。

environmental deficit（环境赤字）：人们专注于短时期的物质富裕而导致了对自然环境极度的长期的伤害。

environmental racism（环境种族主义）：环境危害对穷人造成的影响最大，尤其是少数族群。

ethnicity（民族）：共享某一文化传统的群体。

ethnocentrism（种族中心主义）：用自己的文化标准评判另一种文化的做法。

ethnomethodology（常人方法学）：哈罗德·加芬克尔提出的概念，研究人们是如何理解日常生活中的共同情境的。

Eurocentrism（欧洲中心主义）：欧洲（特别是英国）的文化模式占统治地位。

euthanasia（安乐死）：帮助得了不治之症的人死亡，也称为“无痛苦致死术”。

exogamy（外婚制）：不同社会类别的人们的婚姻。

experiment（实验）：在高度受控的条件下研究因果关系的一种研究方法。

expressive leadership（表意型领导）：关注群体福利的领导类型。

extended family（扩大家庭）：由父母、子女和其他亲属组成的家庭，也被称为“血缘家庭”。

fad（时狂）：人们短暂但狂热追求的非常规社会模式。

faith（信仰）：建立说服而非科学证明之上的信念。

false consciousness（伪意识）：马克思反对的思维，即从个体的缺点而非社会弊端来解释社会问题。

family（家庭）：存在于所有社会中的、将人们联合起来形成合作群体以便相互照顾，当然也包括照顾孩童的一种社会组织。

family violence（家庭暴力）：家庭成员对其他成员的情感、躯体或是性的侵犯。

fashion（时尚）：有大批人喜爱的社会模式。

feminism（女权主义）：要求男女社会地位平等的主张。

feminization of poverty（贫困的女性化）：女性贫困率上升的趋势。

fertility（生育率）：给定年份里一个国家的人口分娩的发生率。

folkways（习俗）：人们常规的或临时的互动规范。

formal operational stage（形式运演阶段）：皮亚杰的概念，即个体开始抽象和批判思考的人类发展阶段。

formal organization（正式组织）：为有效达成目标而构建的大型次级群体。

functional illiteracy（功能性文盲）：缺乏日常生活所必需的读写技能。

Gemeinschaft（世俗社会）：形容某一类型的社会组织，在这个组织里人们因为血缘和传统习俗而紧密联结。

gender（性别）：社会的社会成员赋予的、作为女性或男性的个人特质和社会地位。

gender-conflict approach（性别冲突视角）：关注男性与女性之间不平等和冲突的观点。

gender roles（sex roles）[性别角色（性角色）]：一个社会中与每个性别相联系的态度和行为。

gender stratification（性别分层）：男女之间在财富、权力和声望方面的不平等分配。

generalized other（概化他人）：米德的概念，即我们在评价自身时，用普遍的文化规范和价值标准作为参考。

genocide（种族灭绝）：一个种族被另一个种族有组织的杀戮。

gerontocracy（老人统治）：一种社会组织形式，在这里老人有着最多的财富、权力和威望。

gerontology（老年学）：对老人和老龄化的研究。

Gesellschaft（法理社会）：一种社会组织的模式，人们仅以个人利益为基础聚集在一起。

global economy（全球经济）：跨越了国界线的经济活动。

global perspective（全球化视野）：对更大范围的世界及我们的社会在这个世界中的地位的研究。

global stratification（全球分层）：世界整体上的社会不平等模式。

global warming（全球变暖）：大气中二氧化碳含量的不断增加引起地球平均气温的上升。

gossip（流言）：关于私人事务的谣言。

government（政府）：指挥政治生活的正式组织。

groupthink（群体思维）：群体成员为保持一致性而导致群体决策偏颇的倾向。

hate crime（出于仇恨的犯罪）：罪犯被种族的或者其他的偏见所激发而实施的一种针对某个人或者某个人的财产的犯罪行为。

Hawthorne effect（霍桑效应）：仅仅因为意识到被研究而导致研究对象行为改变。

health（健康）：身体、精神及社会生活方面完全的良好状态。

health maintenance organization（HMO）（健康维护组织）：对缴纳一定费用的成员提供综合医疗护理的组织。

heterosexism（异性恋主义）：将任何不是异性恋的人贴上“酷儿”标签的观念。

heterosexuality（异性恋）：对异性的性吸引。

high culture（高雅文化）：区分出一个社会的精英阶层的文化模式。

high-income countries（高收入国家）：拥有最高生活水平的国家。

holistic medicine（整体治疗）：一种强调疾病的预防，并考虑一个人整体的身体和社会环境的健康护理方式。

homogamy（同质婚）：相同社会特征的人之间的婚姻。

homophobia（同性恋恐惧症）：害怕和担心与男同性恋、女同性恋或双性恋者进行亲密的人际接触。

homosexuality（同性恋）：对同性的性吸引。

horticulture（园艺）：使用手工工具种植作物。

hunting and gathering（狩猎和采集）：通过使用简单的工具来猎取动物和采集植物果实。

hypothesis（假设）：两个（或多个）变量之间的一种可能关系的陈述。

id（本我）：弗洛伊德的概念，即人类的基本驱力。

ideal type（理想类型）：抽象地阐述任何社会现象的本质特征。

ideology（意识形态）：确保社会配置和不平等模式合法化的文化信仰。

incest taboo（乱伦禁忌）：禁止在某些亲属之间发生性关系或者结婚的规则。

income（**收入**）：从工作或投资中获得的财产。

independent variable（**自变量**）：引起其他变量（因变量）发生改变的变量。

inductive logical thought（**归纳式逻辑思考**）：将特定的观察结果转化为概括性的理论的一种论证方法。

industrialism（**工业主义**）：通过高级能源驱动大机器的商品生产。

infant mortality rate（**婴儿死亡率**）：给定的年份中，每1 000个出生的婴儿中，1岁以下的婴儿死亡的数量。

infidelity（**不忠**）：婚外性行为。

in-group（**内群体**）：成员对之有尊重感与忠诚感的社会群体。

institutional prejudice and discrimination（**制度性偏见和歧视**）：嵌入社会制度运行中的偏见和歧视。

instrumental leadership（**工具型领导**）：关注如何实现群体目标的领导类型。

intergenerational social mobility（**代际社会流动**）：子女和父母之间向上或向下的社会流动。

interpretive sociology（**解释社会学**）：关注人们对他们社会世界所赋予的意义的社会研究。

intersection theory（**交叉理论**）：种族、阶级和性别之间的交互作用常导致多方面的不利。

intersexual people（**两性人**）：身体（包括生殖器官）既有男性特征，又具有女性特征的人。

interview（**访谈**）：研究者亲自向被调查者提出一系列问题。

intragenerational social mobility（**代内社会流动**）：发生在个人一生中的社会地位的变化。

kinship（**亲属关系**）：基于共同祖先、婚姻或收养的社会纽带。

labeling theory（**标签理论**）：认为越轨和遵从的起因不在于人们做了什么，而在于他人对人们行为的反应。

labor unions（**工会**）：通过谈判与示威等手段寻求改善工人工资水平和工作条件的工人组织。

language（**语言**）：让人与人之间进行交流的一套符号系统。

latent functions（**潜在功能**）：任何社会模式的不可知的、不可预期的结果。

liberation theology（**解放神学**）：基督教原理与政治激进主义的结合，常常带有马克思主义的特点。

life expectancy（**预期寿命**）：一个国家人口的平均寿命范围。

looking-glass self（**镜中我**）：库利的概念，一个建立在我们如何认为他人怎样看待我们的基础上的自我形象。

low-income countries（**低收入国家**）：生活水平较低的国家，大部分人都很贫困。

macro-level orientation（**宏观层次定位**）：广泛地关注将社会组织成一个整体的社会结构。

mainstreaming（**主流化**）：将残疾儿童或有特殊需要的儿童融于总体教育项目中。

manifest functions（**显著功能**）：任何社会模式的可知的、可预期的结果。

marriage（**婚姻**）：通常带有经济合作、性活动以及生育行为的合法关系。

Marxist political-economy model（**马克思主义政治经济模型**）：用社会经济系统运转的术语来解释政治的一种分析视角。

mass behavior（**大众行为**）：在一个宽广的地域范围的人们所形成的集群行为。

mass hysteria（moral panic）[**大众歇斯底里（道德恐慌）**]：人们以非理性甚至是极度的害怕来应对真实或者假想事件的一种分散的集群行为形式。

mass media（**大众传媒**）：向广大受众传递非个人信息的途径。

mass society（**大众社会**）：传统纽带被繁荣和科层制削弱的社会。

master status（**主要地位**）：对于社会认同极其重要的、贯穿个人整个生命过程的一种社会地位。

material culture（**物质文化**）：一个社会的成员所创造的任何有形事物。

matriarchy（**母权制**）：一种由女性统治男性的社会制度。

matrilineal descent（**母系世系**）：沿着女性传承亲属关系的体系。

matrilocality（**从妻居**）：已婚夫妇与妻子的家人共同居住或住在妻子家附近的居住模式。

measurement（**测量**）：为特定个案确定变量取值的过程。

mechanical solidarity（**机械团结**）：涂尔干的术语，

指以共有的情感和道德价值观为基础的社会关系，在前工业社会成员中很强大。

medicalization of deviance（**用医学的方法处理越轨**）：把道德的和法律的越轨转化为一种医学的情形。

medicine（**医疗**）：一种着眼于与疾病作斗争和促进健康的社会制度。

megalopolis（**城市群**）：一个包含了数个城市和其周围地区的特定区域。

meritocracy（**能人统治**）：社会分层完全建立在个人品质的基础之上。

metropolis（**大都市**）：社会和经济方面占支配地位的大城市。

micro-level orientation（**微观层次定位**）：注重对特定的情形下社会互动的密切关注。

middle-income countries（**中等收入国家**）：在世界范围内生活状况处于平均水平的国家。

migration（**移民**）：某指定地点的人口的迁入或迁出。

military-industrial complex（**军工复合体**）：联邦政府、军队和军工企业紧密联合。

minority（**少数族群**）：由于身体上或文化上的显著差别而被社会隔离和歧视的任何一类人群。

miscegenation（**种族间通婚**）：不同种族的配偶之间繁衍后代。

mob（**暴徒**）：以暴力和破坏为目标的高度情绪化的群众。

modernity（**现代性**）：源于工业化的一种社会类型。

modernization（**现代化**）：自工业化开始后的社会变迁的过程。

modernization theory（**现代化理论**）：一种经济与社会发展的模式，该模式根据国家间的技术和文化差异来解释全球的不平等。

monarchy（**君主制**）：由单一家庭世袭传承统治的政治制度。

monogamy（**一夫一妻制**）：一个女人和两个或两个以上男人形成的婚姻。

monopoly（**垄断**）：单一生产商控制市场。

monotheism（**一神论**）：只相信一个神。

moral panic（**道德恐慌**）：参见 mass hysteria（**大众歇斯底里**）。

mores（**民德**）：广泛被遵守并且具有重大道德意义的规范。

mortality（**死亡率**）：一个国家人口死亡的发生率。

multiculturalism（**文化多元主义**）：承认美国文化的多样性并促进所有文化传统平等性的观点。

multinational corporation（**跨国公司**）：在许多国家中运转的大企业。

nature environment（**自然环境**）：地球的表面和大气，包括生物有机体、空气、水、土壤和其他维持生命的必需的资源。

neocolonialism（**新殖民主义**）：全球力量关系格局的一种新形式，它不是通过直接的政治控制而是由跨国公司来实施经济剥削。

neolocality（**新居制**）：已婚夫妇与双方父母都没有住在一起的居住模式。

network（**网络**）：较弱的社会联系网。

nonmaterial culture（**非物质文化**）：一个社会的成员所创造的所有思想。

nonverbal communication（**非言语交流**）：主要通过肢体动作、姿势与面部表情而非语言来进行沟通。

norms（**规范**）：一个社会用以指导其社会成员行为的规则和期望。

nuclear family（**核心家庭**）：由父亲、母亲或父母双方与其子女所组成的家庭，也被称为“夫妇家庭”。

nuclear proliferation（**核扩散**）：越来越多的国家掌握核武器技术。

objectivity（**客观性**）：在进行研究时保持个人中立。

oligarchy（**寡头政治**）：由极少数人统治许多人。

oligopoly（**寡头垄断**）：少数生产商控制市场。

operationalize a variable（**变量的操作化**）：对变量赋值之前要确切地说明将被测量的内容。

organic solidarity（**有机团结**）：涂尔干的术语，指以专门化和相互独立为基础的社会关系，在工业社会成员中很强大。

organization environment（**组织环境**）：影响一个组织运行的、组织之外的因素。

organized crime（**有组织的犯罪**）：提供非法商品或服务的交易。

other-directedness（**他人指向**）：常常通过模仿他人表达出来的对最新潮流和时尚的开放性。

out-group（**外群体**）：成员对之有竞争感或对立感的

社会群体。

panic（恐慌）：在一个地方的人们以非理性、疯狂甚至通常是自我毁灭的行为来应对威胁或是其他刺激的一种集群行为形式。

participant observation（参与观察）：调查者通过参加人们日常的生活来对人们进行系统观察的一种研究方法。

pastoralism（畜牧）：驯养动物。

patriarchy（父权制）：一种由男性统治女性的社会制度。

patrilineal descent（父系世系）：沿着男性传承亲属关系的体系。

patrilocality（从夫居）：已婚夫妇与丈夫的家人共同居住或住在丈夫家附近的居住模式。

peer group（同辈群体）：一个有着相同兴趣、社会地位和年龄的成员组成的社会群体。

personality（人格）：一个人相对稳定的行动、思考、感知的方式。

personal space（个人空间）：个体认为实际隐私的周围领域。

plea bargaining（辩诉协议）：一种法律上的沟通，即原告减小控诉，以换取被告的有罪请求。

pluralism（多元主义）：所有种族和民族虽然有明显区别但拥有平等的社会地位的状态。

pluralist model（多元模型）：将权力视作在许多竞争的利益群体之间展开的一种政治分析视角。

political action committee（PAC）（政治行动委员会）：由特殊利益群体形成的组织，它独立于政党之外，筹集资金用于支持它的政治目标。

political revolution（政治革命）：为了建立新的政治系统而推翻现有的政治系统。

politics（政治）：有关分配权力、树立目标并做出决策的社会制度。

polyandry（一妻多夫制）：一个女人和两个或两个以上男人形成的婚姻。

polygamy（多配偶制）：一个人和两个或更多的配偶所形成的婚姻。

polygyny（一夫多妻制）：一个男人和两个或两个以上女人形成的婚姻。

polytheism（多神论）：相信很多个神。

popular culture（流行文化）：在社会大众中广泛传播的文化模式。

population（总体）：一项研究所关注的群体。

pornography（色情）：试图带来性冲动的、直接暴露性的事物。

positivism（实证主义）：基于社会行为的系统观察来对社会进行研究。

postindustrial economy（后工业经济）：基于服务业和高科技的生产体系。

postindustrialism（后工业主义）：支持一种以信息为基础的经济的技术。

postmodernity（后现代性）：以后工业社会为主要特征的社会模式。

power（权力）：克服他人的抵制而实现目标的能力。

power-elite model（权力精英模型）：将权力视作向富人之间集中的一种政治分析视角。

prejudice（偏见）：对某一整体人群刻板的、不公正的概括判断。

preoperational stage（前运演阶段）：皮亚杰的概念，即个体首次使用语言和其他符号的人类发展阶段。

presentation of self（自我呈现）：戈夫曼的术语，指个人努力在他人心中形成某种特定印象的过程。

primary group（初级群体）：群体成员共享亲密持久的关系、规模较小的社会群体。

primary labor market（初级劳动市场）：提供能给工作者带来广泛的利益的职业。

primary sector（第一产业）：从自然环境中提取原材料的经济部门。

primary sex characteristic（第一性征）：用于生育的生殖器官。

profane（世俗的）：日常生活的普通组成部分。

profession（专业职业）：需要广泛的正式教育的有声望的白领职业。

proletarians（无产者）：出卖自己劳动力换取工资的人。

propaganda（宣传）：意图塑造公众舆论的信息发布。

prostitution（卖淫）：性服务的出售。

public opinion（公众舆论）：对有争议问题的普遍态度。

queer theory（酷儿理论）：美国社会中挑战异性恋的

一系列成果。

questionnaire（问卷）：研究者向被访者所呈现的一组事先写好的问题。

race（种族）：社会建构起来的某类人群，他们共同拥有被社会成员认为是重要的生物遗传特质。

race-conflict approach（种族冲突视角）：关注不同种族、不同民族之间的不平等与冲突的观点。

racism（种族主义）：相信一个种族先天地优于或劣于另一个种族。

rain forests（雨林）：密集造林的区域，大部分地区环绕地球靠近赤道。

rationality（理性）：一种强调深思熟虑并依据客观事实计算最为有效的途径完成某个特定任务的思维方式。

rationalization of society（社会的理性化）：韦伯的术语，即把从传统到理性的历史变化视为人类的主要思维模式。

rational-legal authority（法理型权威）：来源于合法实施有效的法规制度的合法性权力。

reference group（参照群体）：人们在评价和决策中作为参照点的社会群体。

rehabilitation（复原）：一种革新罪犯以预防再犯的计划。

relative deprivation（相对剥夺）：由某些具体的比较而感受到自己处于劣势。

relative poverty（相对贫困）：某些人缺失是因为某些人拥有更多。

reliability（信度）：测量的一致性程度。

religion（宗教）：一种涉及基于认可神圣事物的信仰和实践的社会组织。

religiosity（宗教虔诚）：在个人生活中宗教的重要程度。

replication（复制）：由其他研究者对研究进行重复。

research method（研究方法）：进行研究的系统的计划。

resocialization（再社会化）：为了彻底改变犯人或病人的人格而详细控制其环境的过程。

retribution（补偿）：一种道德的复仇行为，通过它社会使罪犯遭受到与由其罪行引起的同样多的苦楚。

riot（暴乱）：高度情绪化、暴力化且无人指导的一种社会性爆发。

ritual（仪式）：正式的礼仪行为。

role（角色）：拥有特定社会地位的个人所期望的行为。

role conflict（角色冲突）：两个及以上的地位所衍生的角色之间的冲突。

role set（角色丛）：由单一地位所衍生的一系列角色。

role strain（角色紧张）：由单一地位所衍生的角色之间的紧张。

routinization of charisma（克里斯玛的常规化）：克里斯玛型权威向传统型和科层制权威的有机组合转化。

rumor（谣言）：人们通常口口相传的未经证实的信息。

sacred（神圣的）：激发人们的敬畏之心的非凡部分。

sample（样本）：可以代表整体的总体的一个部分。

Sapir-Whorf thesis（萨丕尔—沃尔夫假说）：人们通过语言的文化透镜来看待和理解世界的观点。

scapegoat（替罪羊）：人们为了自己遇到的麻烦而不公平地指责基本上没有权力的某个人或某类人。

schooling（学校教育）：由专职教师提供的规范化指导。

science（科学）：一种基于直接、系统的观察所得认识的逻辑体系。

scientific management（科学管理）：泰勒提出的概念，指运用科学的原则来运行企业或其他大型组织。

scientific sociology（科学的社会学）：建立在系统地观察社会行为的基础上的、对社会的研究。

secondary group（次级群体）：群体成员追求某个具体的目标或行为、大型的、非个人的社会群体。

secondary labor market（次级劳动市场）：提供的职业仅给予劳动者最低限度的利益。

secondary sector（第二产业）：将原材料转化为生产产品的经济部门。

secondary sex characteristic（第二性征）：除了生殖器官外，使成熟女性和成熟男性相区别开来的身体的发育。

sect（教派）：与社会相分离的一种宗教组织。

secularization（世俗化）：超自然力量和神圣性重要性的历史性衰落。

segregation（种族隔离）：各类人群在身体上和社会上的分离。

self（自我）：米德的概念，即个体人格中由自我意识和自我形象所组成的部分。

sensorimotor stage（感知运动阶段）：皮亚杰的概念，即个体仅通过感官认识世界的人类发展阶段。

sex（性）：女性和男性之间生物区别。

sexism（性别歧视）：认为一种性别内在地优于另一种性别。

sex ratio（性别比例）：在一个国家当中每 100 个女性所能配得的男性数量。

sexual harassment（性骚扰）：有意的、重复的、不受欢迎的性方面的评论、姿势或身体接触。

sexual orientation（性取向）：一个人对另一个人浪漫的、情感上的吸引。

sick role（病人角色）：定义为适用于患病者的行为模式。

significant others（重要他人）：像父母这样对社会化有重要作用的人。

social change（社会变迁）：文化和社会制度随着时间推移而发生的变化。

social character（社会性格）：体现在特定社会成员身上的共同人格模式。

social conflict（社会冲突）：社会各个集团对有价值的资源的争夺。

social-conflict approach（社会冲突视角）：一种建构理论的框架，这种理论将社会看作是一个充满了不平等的舞台，而正是这种不平等带来了社会冲突和社会变迁。

social construction of reality（现实的社会建构）：人们通过社会互动能动性地塑造现实的过程。

social control（社会控制）：社会用以调节人们思想和行为的努力。

social dysfunction（社会负功能）：任何可能扰乱社会正常运行的社会模式。

social epidemiology（社会流行病学）：研究健康及疾病在社会总人口中是如何分布的。

social functions（社会功能）：任何社会模式下社会作为一个整体运转的结果。

social group（社会群体）：由两个或以上的人组成、彼此认同和互动的人群。

social institution（社会制度）：社会生活的主要范围，或者社会的次级系统，组织起来以满足人类的需要。

social interaction（社会互动）：人们在与他人的联系中如何采取行动并做出反应的过程。

socialism（社会主义）：自然资源以及生产产品和服务的生产资料集体所有的经济体系。

socialization（社会化）：人们发展自己的人类潜能并学习文化的贯穿一生的社会经历。

socialized medicine（公费医疗制度）：政府拥有并运营着大部分医疗机构，并且雇用大部分医生的医疗护理制度。

social mobility（社会流动）：从社会阶梯中的一个位置移到另一个位置。

social movement（社会运动）：推动或者阻碍社会变迁的一种有组织的行动。

social stratification（社会分层）：社会将人们按层次分成若干类别的机制。

social structure（社会结构）：任何相对稳定的社会行为模式。

societal protection（社会保护）：通过暂时的关押或者永久的服刑致使罪犯无力进一步犯罪。

society（社会）：一个特定的地域内相互影响且分享共同文化的人们。

sociobiology（社会生物学）：探讨人类的生物性如何影响人们创造文化方式的一种理论视角。

sociocultural evolution（社会文化进化）：伦斯基的术语，即社会获得新技术时发生的变化。

socioeconomic status（SES）（社会经济地位）：建立在多个社会不平等维度上的综合等级。

sociological perspective（社会学的视野）：社会学的独特观点，即从特定的个人行为中寻求一般的模式。

sociology（社会学）：关于人类社会的系统研究。

special-interest group（特殊利益群体）：组织起来表达对一些经济或社会问题的观点的人群。

spurious correlation（虚假相关）：由某些其他变量所引起的两个（或多个）变量之间表面的且是假的联系。

state capitalism（国家资本主义）：公司私人所有但与政府紧密合作的经济与政治体系。

state church（国教会）：正式与国家联姻的教会。

status（地位）：个人所拥有的社会位置。

status consistency（地位一致性）：从社会不平等的多个维度来衡量一个人社会身份统一性的程度。

status set（地位群）：个人在特定时间内所拥有的全

部地位。

stereotype（刻板印象）：应用于对某个群体中的每一个人的简化描述。

stigma（污名）：一种强有力的消极标签，能极大地改变一个人的自我概念和社会身份。

structural-functional approach（结构—功能视角）：一种建构理论的框架，这种理论认为社会是一个复杂的系统，系统的各部分一起运作以促进社会的团结与稳定。

structural social mobility（结构性社会流动）：由于社会自身的变化而非个人努力所导致的多数人的社会位置的变化。

subculture（亚文化）：将一个社会的人口分为几个部分的文化模式。

suburbs（郊区）：处于城市行政分界线之外的地区。

superego（超我）：弗洛伊德的概念，即人格中内化于个体的文化价值与规范。

survey（调查）：通过问卷和面对面访谈收集调查对象对一系列陈述或问题作出的回答的研究方法。

symbol（符号）：任何由共享文化的人们承认的、承载特定意义的事物。

symbolic-interaction approach（符号互动视角）：一种建构理论的框架，它把社会看作个体之间日常互动的产物。

technology（技术）：人们用以改变他们周围生活方式的知识。

terrorism（恐怖主义）：个人或群体用以作为政治策略的暴力行动或暴力威胁。

tertiary sector（第三产业）：有关服务而非产品的经济部门。

theoretical approach（理论视角）：对于社会的基本印象，其引导了思考和研究。

theory（理论）：对特定的事实如何联系的以及为什么会有这种联系的一种概述。

Thomas theorem（托马斯定律）：假定真实的情境在其结果中也为真。

total institution（全面控制机构）：人们与社会其他部分隔离，并处于某种管理机构控制下的环境。

totalitarianism（极权制）：广泛管制人民生活的高度中央化的政府系统。

totem（图腾）：在自然界中被集体定义为“圣物”的事物。

tracking（分流）：分派学生到不同类型的教育项目中。

tradition（传统）：代代人相传的价值观和信仰。

traditional authority（传统型权威）：其权力合法性来源于人们对于长期建立的文化传统模式的尊敬。

tradition-directedness（传统指向）：严格遵守历史悠久的生活方式。

transsexuals（性倒错）：那些感到自己是某种性别，即使在生理上他是另一种性别的人。

triad（三人群体）：由三名成员组成的社会群体。

underground economy（地下经济）：没有按照法律要求将收入上报给政府的经济行为。

urban ecology（城市生态学）：对城市的物理和社会层面的联系的研究。

urbanization（城市化）：人口向城市聚集的现象。

validity（效度）：实际测量的与想测量的一致性的程度。

value（价值观）：文化上规定的，用来确定什么是可行的、好的、美丽的标准，为社会生活提供广泛的指南。

variable（变量）：取值随着情况的改变而改变的一个概念。

victimless crime（无受害人的犯罪）：没有明显的受害人的违法行为。

war（战争）：在政府指挥下两个或多个国家组织化的武装冲突。

wealth（财富）：金钱和其他资产价值的总和减去应偿还债务。

welfare capitalism（福利资本主义）：将基本的市场经济与广泛的社会福利联结起来的经济与政治体系。

welfare state（福利国家）：提供给人们利益的政府组织和项目系统。

white-color crime（白领犯罪）：社会地位高的人在他们的职业过程中的犯罪。

white-color occupations（白领职业）：高社会声望的职业，往往涉及脑力劳动。

zero population growth（人口零增长）：人口再生产水平维持在一个稳定的阶段。

主题索引*

（所注页码为英文原书页码，即本书边码）

* 更多主题索引，请在中国人民大学出版社网站上下载：www.crup.com.cn。

译后记

对于任何一门学科的初学者来说，入门教材的影响十分重要。在社会学高度发展的美国，社会学入门教材种类繁多，或许会有一两百本。但是，其中具有广泛影响的不过几种。展现在读者面前的这本由麦休尼斯撰写的《社会学》便是其中之一。这本教材自 1987 年出版以来，每两年就出版一个新的修订版，连续 15 年成为畅销书。因而在 2002 年，美国社会学协会将"教学杰出贡献奖"授予麦休尼斯，以表彰他在其教科书的发展中创造性地对全球性材料的使用和新教学技术的引进。到 2012 年时，该教材已出版到第 14 版。我们组织翻译这本教材的最新版，就是希望它在传播社会学知识方面，发挥出更大的作用。

本书翻译的具体分工是：前言（李学斌），第 1 章、第 2 章（风笑天、陈筱青），第 3 章（方纲），第 4 章（祝建华），第 5 章（聂伟、肖心月），第 6 章（李芬），第 7 章（肖洁），第 8 章（李学斌），第 9 章（肖富群），第 10 章（方长春），第 11 章（李明），第 12 章（肖富群），第 13 章（李学斌），第 14 章（方纲），第 15 章（宋阳），第 16 章（王晓焘），第 17 章（董海军），第 18 章（时聪聪），第 19 章（刘成斌），第 20 章（刘婷婷），第 21 章（乔玲玲），第 22 章（祝建华），第 23 章（王晓焘），第 24 章（王捷），测试样题、关键名词表（李学斌）。

由于译者的学识水平有限，译文中一定会存在一些疏漏和不当之处，敬请读者批评指正。

风笑天

2014 年 3 月于南京

图书在版编目（CIP）数据

社会学：第14版 /（美）麦休尼斯（Macionis, J. J.）著；风笑天等译. — 北京：中国人民大学出版社，2014.11
（社会学译丛·经典教材系列）
ISBN 978-7-300-20109-2

Ⅰ. ①社… Ⅱ. ①麦… ②风… Ⅲ. ①社会学 - 教材 Ⅳ. ①C91

中国版本图书馆CIP数据核字（2014）第234393号

社会学译丛·经典教材系列
社会学（第14版）
[美] 约翰·J·麦休尼斯 著
风笑天 等 译
Shehuixue

出版发行	中国人民大学出版社		
社　　址	北京中关村大街31号	邮政编码	100080
电　　话	010-62511242（总编室）		010-62511770（质管部）
	010-82501766（邮购部）		010-62514148（门市部）
	010-62515195（发行公司）		010-62515275（盗版举报）
网　　址	http:www.crup.com.cn		
经　　销	新华书店		
印　　刷	涿州市星河印刷有限公司		
规　　格	215mm × 275mm　16开本	版　　次	2015年1月第1版
印　　张	45.75 插页3	印　　次	2020年7月第4次印刷
字　　数	1 185 000	定　　价	138.00元

尊敬的老师：

您好！

为了确保您及时有效地申请培生整体教学资源，请您务必完整填写如下表格，加盖学院的公章后传真给我们，我们将会在 2～3 个工作日内为您处理。

请填写所需教辅的开课信息：

<table>
<tr><td>采用教材</td><td colspan="2"></td><td>□ 中文版 □ 英文版 □ 双语版</td></tr>
<tr><td>作　者</td><td></td><td>出版社</td><td></td></tr>
<tr><td>版　次</td><td></td><td>ISBN</td><td></td></tr>
<tr><td rowspan="2">课程时间</td><td>始于　　年　月　日</td><td>学生人数</td><td></td></tr>
<tr><td>止于　　年　月　日</td><td>学生年级</td><td>□ 专科　□ 本科 1/2 年级
□ 研究生　□ 本科 3/4 年级</td></tr>
</table>

请填写您的个人信息：

<table>
<tr><td>学　校</td><td colspan="3"></td></tr>
<tr><td>院系/专业</td><td colspan="3"></td></tr>
<tr><td>姓　名</td><td></td><td>职　称</td><td>□ 助教 □ 讲师 □ 副教授 □ 教授</td></tr>
<tr><td>通信地址/邮编</td><td colspan="3"></td></tr>
<tr><td>手　机</td><td></td><td>电　话</td><td></td></tr>
<tr><td>传　真</td><td colspan="3"></td></tr>
<tr><td>official email(必填)
(eg:XXX@ruc.edu.cn)</td><td></td><td>email
(eg:XXX@163.com)</td><td></td></tr>
<tr><td colspan="4">是否愿意接受我们定期的新书讯息通知： □ 是　□ 否</td></tr>
</table>

系 / 院主任：________(签字)

(系 / 院办公室章)

____年____月____日

资源介绍：

—教材、常规教辅(PPT、教师手册、题库等)资源：请访问 www.pearsonhighered.com/educator；　(免费)

—MyLabs/Mastering 系列在线平台：适合老师和学生共同使用；访问需要 Access Code；　(付费)

地址：北京市东城区北三环东路 36 号环球贸易中心 D 座 1208 室（100013）

电话：(8610)57355003　　传真：(8610)58257961

Please send this form to：**郭笑男(Amy)copub.hed@pearson.com/Tel：5735 5086**

出教材学术精品　育人文社科英才

中国人民大学出版社读者信息反馈表

尊敬的读者：

感谢您购买和使用中国人民大学出版社的____________一书，我们希望通过这张小小的反馈表来获得您更多的建议和意见，以改进我们的工作，加强我们双方的沟通和联系。我们期待着能为更多的读者提供更多的好书。

请您填妥下表后，寄回或传真回复我们，对您的支持我们不胜感激！

1. 您是从何种途径得知本书的：

   ❑书店　❑网上　❑报刊　❑朋友推荐

2. 您为什么决定购买本书：

   ❑工作需要　❑学习参考　❑对本书主题感兴趣

   ❑随便翻翻

3. 您对本书内容的评价是：

   ❑很好　❑好　❑一般　❑差　❑很差

4. 您在阅读本书的过程中有没有发现明显的专业及编校错误，如果有，它们是：____

   ____

   ____

   ____

5. 您对哪些专业的图书信息比较感兴趣：________________

   ____

6. 如果方便，请提供您的个人信息，以便于我们和您联系（您的个人资料我们将严格保密）：

   您供职的单位：________________

   您教授的课程（教师填写）：________________

   您的通信地址：________________

   您的电子邮箱：________________

请联系我们：

电话：62515637

传真：62510454

E-mail：gonghx@ crup. com. cn

通讯地址：北京市海淀区中关村大街31号　100080

中国人民大学出版社人文分社